本套书为

河南省民间文化遗产抢救工程系列成果

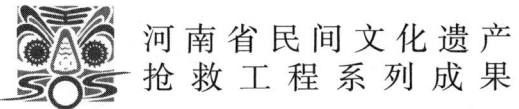
河南省民间文化遗产
抢救工程系列成果

嵩山文化大系

主编　梅耀元

嵩山名人传

梅耀元　编著

河南人民出版社

图书在版编目（CIP）数据

嵩山名人传 / 梅耀元编著 . — 郑州：河南人民出版社，2019.8
（嵩山文化大系 / 梅耀元主编）
ISBN 978 – 7 – 215 – 10775 – 5

Ⅰ．①嵩… Ⅱ．①梅… Ⅲ．①名人 – 列传 – 登封 Ⅳ．①K820.861.3

中国版本图书馆 CIP 数据核字（2017）第 283854 号

河南人民出版社 出版发行

（地址：郑州市郑东新区祥盛街 27 号 邮政编码：450016 电话：65788059）
新华书店经销　　河南瑞之光印刷股份有限公司印刷
开本　889 毫米×1194 毫米　1/16　　印张　50.25
字数　1 316 千字
2019 年 8 月第 1 版　　2019 年 8 月第 1 次印刷

定价：300.00 元

"嵩山文化大系"编撰单位与工作人员名单

领导机构 河南省民间文化遗产抢救工作委员会　河南省民间文艺家协会

参与单位 登封市科普作家协会　嵩山文化研究会　国际少林武术家协会

工作策划 程健君　刘爱芳　李松坤　吴聚财　段玉山

学术指导 张振犁　民间文艺学家、河南大学教授

　　　　　　夏挽群　民间文艺学家、中国民间文艺家协会顾问、河南省民间文艺家协会名誉主席

　　　　　　张国臣　嵩山文化学者

　　　　　　周昆叔　环境考古学家、国家文物局专家组成员

　　　　　　谢均祥　族史研究专家、河南中原姓氏文化研究所所长、研究员

　　　　　　程健君　民间文艺学家、中国民间文艺家协会副主席、河南省文联副主席

　　　　　　陈江风　民间文艺学家、河南省民间文化遗产抢救工程专家组组长

　　　　　　高有鹏　民间文艺学家、上海交通大学教授

　　　　　　耿相新　历史学家、民间文艺学家、中原出版传媒集团公司总编辑

　　　　　　马世之　考古学家、河南省社会科学院考古研究所研究员

　　　　　　徐金星　嵩洛文化专家,《洛阳市志·文物志》(主编)、《洛阳市志·白马寺志》(主编)

　　　　　　魏　敏　民间文艺学家、河南省文联编审

总 编 审 梅淑贞

总　　编 梅耀元

副 总 编 秦慧君　李振亮

美　　编 梅淑贞　宋瑞敏　梅耀元　李振亮

统　　筹 姜献永　赵镇威　张松波　靳银东

参与工作　李春敏　焦红波　王向民　邢希芬　吕宏军　韩有治
　　　　　　赵爱娟　王雪宝　弋梅荣　耿　直　阎锦木　陈　明
　　　　　　宋瑞敏　刘振海　王丽霞　唐仁福　景新源　郝焕斌
　　　　　　王占敏　李振敏　王昭渠　常松木　杨朝玲　孙宏欣
　　　　　　贾艾莉　郜明朝　吴卫永　陈俊杰　黄天弘　郝晓科
　　　　　　付秋红　尚自昌　孙淑霞　曹书敏

"嵩山文化大系"（全十册）

《嵩山通志》	梅淑贞			主编
《嵩山三教志》	梅淑贞	秦慧君	梅耀元	编著
《嵩山艺文志》	梅耀元			编著
《嵩山神话传说》	梅淑贞			主编
《嵩山古遗存》	梅耀元			编著
《嵩山民俗》	梅淑贞			编著
《嵩山古诗》	梅淑贞			主编
《少林武术发展史》	李振亮	焦红波		编著
《嵩山碑刻》	梅淑贞			编著
《嵩山名人传》	梅耀元			编著

作者简介

梅耀元,女,1984年生。中国地质大学(北京)第四纪地质学专业地质景观规划与评价方向理学博士,研究领域为地质环境。现任教于郑州大学旅游管理学院。在生态环境、旅游景观规划与评价、遥感方面等开展有多项地质科学考察与研究,发表有多篇学术论文。如中国地质大学出版社出版的科学研究专著《克什克腾植被分布与地貌关系研究》;八一电影制片厂和中国地质大学(北京)联合制作出版的《阿尔山国家地质公园》《呼伦贝尔地质公园》《鄂伦春地质公园》《扎兰屯地质公园》等多部地质科学纪录片和光盘的解说词。

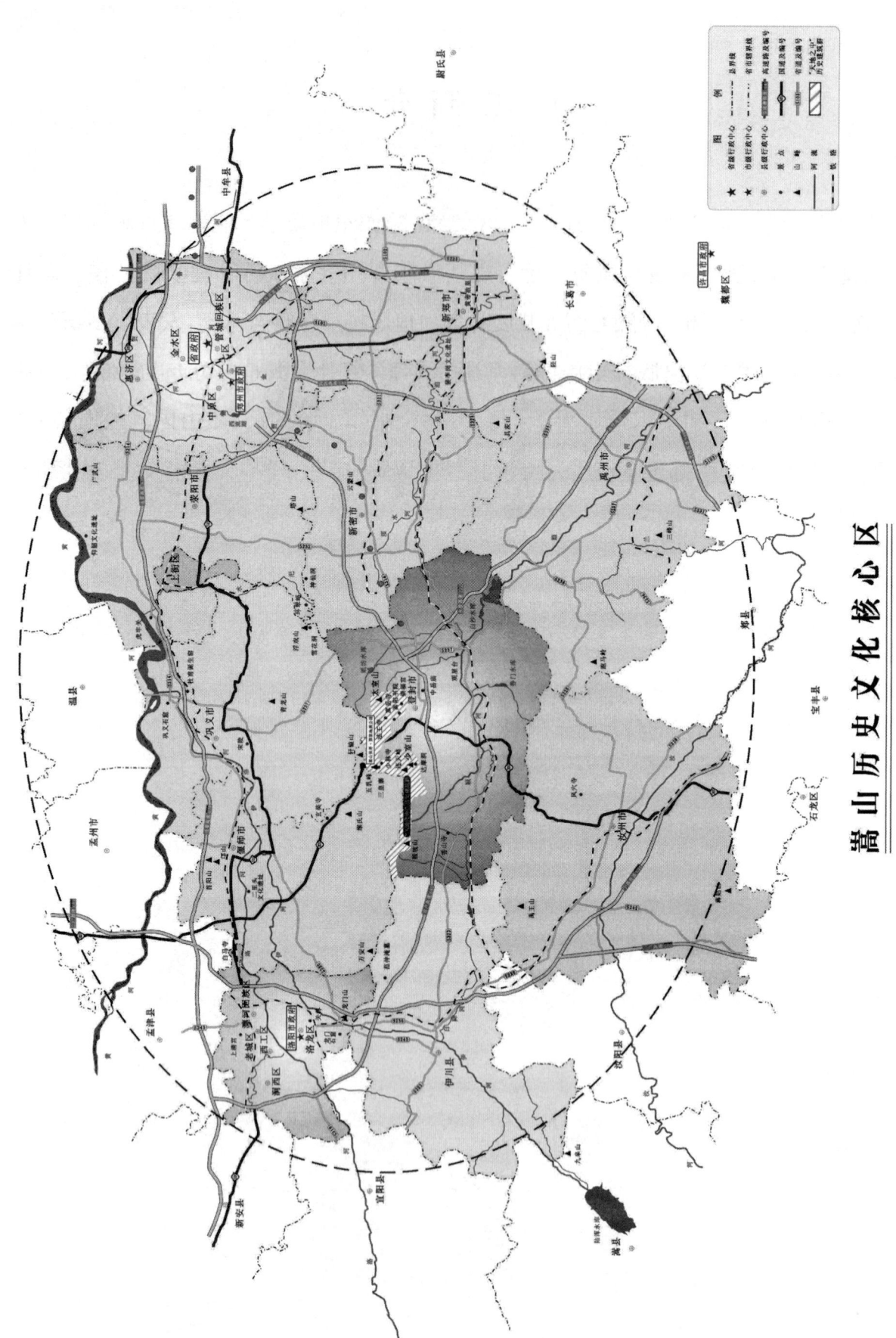

嵩山历史文化核心区

中国文化的神圣大山

——"嵩山文化大系"序

高有鹏（上海交通大学人文学院教授，中央电视台百家讲坛主讲人）

  嵩山文明是中国文化的核心内容，被誉为天地之中。司马迁在《史记·封禅书》中说，昔三代之居皆在河洛之间，就是这个意思。《孟子·万章上》《古本竹书纪年》《世本·居篇》《史记·夏本记》《今本竹书纪年》都提到"禹都阳城"，也是这个意思。如今，嵩山洛口伏羲台、八卦台、力牧台、夏朝的古钧台及汉石阙、周公测影台等古老的文化遗迹，都有力证明了这些历史的真实。

  嵩山是一个文化整体，包括以嵩山主要山脉的太室山与少室山，和周围地区以嵩山为地望的登封、伊川、偃师、巩义、荥阳、新郑、禹州、新密、汝州等广大地区。黄河、颍河、伊河、洛河、溱河、洧河、汝河等河流在大山中分布，融入黄淮大平原，成为中华民族的心脏。历史上，从夏王朝开始，商、西周、东周、东汉、曹魏、西晋、北魏、隋、唐、后梁、后唐、后晋等朝代相继在嵩山地域建立政治文化中心，西周、西汉、新莽和十六国后赵、五代后梁、后唐、后晋、后汉、后周以及北宋、金等朝代，也都以嵩山为文化中心，设立中央政权。《诗经》《周礼》《史记》等浩瀚的典籍，包括清代景日昣的《说嵩》，都详细记录了这些历史。近年来的考古发现，更进一步以实物的形制，证明了嵩山与嵩山文明的谱系特征及其特殊价值。

  嵩山以五岳中的中岳而闻名，是集结中华民族信仰的大山，是天然的中国文化博物馆。嵩山是中国文化的神山、圣山，被称为崇山、崇高、天室山，见证着中华民族的重要形成与发展壮大。考古发现，100万年前，嵩山地域就有旧石器时代早期的张湾猿人。这里分布着9000~7000年的裴李岗文化、磁山文化，分布着7000~5000年的仰韶文化，分布着5000~4000年的龙山文化，分布着4000~3700年的二里头文化。从遗存的动物化石、火迹灰坑与石器、骨器、陶器等原始文化遗址中，可以看到，这里很早就有我们的祖先在这里生活，是我国原始文明密集分布区。

  笔者曾经考察嵩山文明的历史。轩辕黄帝是较早的嵩山神，他在这里留下许多神话遗迹和众多的神话传说故事，诸如具茨山、风后岭、大隗山、演兵洞等神话风景。后人建立中岳庙，把黄帝称作天中黄帝，就是对轩辕黄帝统一天下丰功伟绩的纪念。传说中的尧、舜、帝喾也都在这里活动。禹都阳城不仅是一则传说，而且是一种文化谱系的表达。大禹的父亲鲧，是中国上古时期的重要历史人物，是黄帝的后裔，是颛顼的儿子，曾经被尧封于崇地，即嵩山为伯爵，所以历史上称为崇伯鲧，或崇伯。神话传说中的大禹视嵩山为他治理天下洪水的大本营，他在嵩高山开辟大山通道，让河水浚流，平息

水患,化作大熊,被妻子涂山氏误解,"石破北方而生启",形成启母石和启母庙的传说故事。当年,大禹与涂山氏在此相会,涂山氏高歌"候人猗兮",形成一场轰轰烈烈的爱情,这应该是中国文化最早的神话史诗。

嵩山是诗歌的大山,这里有传说中的《击壤歌》《箕山歌》《涂山女歌》《嵩高八章》《顺伊洛河吹箫》和《诗经》中的《大雅》《小雅》《桧风》《郑风》等诗篇,保存许多关于嵩山的歌唱。如《诗经·大雅·崧高》歌唱道:"崧高维岳,峻极于天。维岳降神,生甫及申。维申及甫,维周之翰。"东汉张衡在这里留下《轩辕道》;三国曹植在这里留下《黄帝赞》《帝喾赞》;北朝庾信在这里留下《黄帝见广成子于崆峒山》;唐朝卢照邻在这里留下《中和乐九章·歌登封》,刘希夷在这里留下《嵩岳闻笙》,宋之问在这里留下《登嵩山岭应制》《嵩山天门歌》《幸少林寺应制》,李白在这里留下《送别嵩山七首》《送裴十八图南归嵩山》《送于十八应四子举落第还嵩山》《嵩山采菖蒲者》《赠嵩山焦炼师》《题嵩山逸人元丹丘山居》,杜甫在这里留下《寄张十二山人彪》《凭孟仓曹将书觅土娄旧庄》《奉寄河南韦尹丈人》,白居易在这里留下《嵩阳观夜奏霓裳》《从龙潭寺至少林寺题赠同游者》《梦上嵩山时足病未平》《观嵩洛有叹》《早春题少室东崖》;宋朝欧阳修在这里留下《嵩山杂咏》《赠嵩山许道人》《箕山》,苏轼在这里留下《少林寺》《将军柏》《启母石》等,如琳琅满目。这里山山水水,一草一木,都有诗篇与歌声相伴,成为中国诗歌文化的宝库。

在人文教化发展中,嵩山以博大的胸怀拥抱世界,有佛教禅宗祖庭少林寺,有道家洞天中岳庙,还有儒学圣地嵩阳书院。嵩山不是中国道教文化的发源地,但是有众多道教领袖在这里传经布道。如唐代《三洞珠囊》卷五引《道学传》卷二《张天师传》称:"张天师弃家学道,负经而行,入嵩高山石室,隐斋九年,周流五岳,精思积感,真降道成,号曰天师。"张道陵的五斗米道,起源于嵩山。北魏太平真君年间,嵩山道士寇谦之改革道教,"清整道教,除去三张(张陵、张衡、张鲁)伪法","专以礼度为首",佐国扶命,使道教由民间宗教转化为国家宗教。不用说,毗邻白马寺,嵩山汇聚了早期的佛教与佛教文化,达摩在这里面壁十年,留下了美好的传说。

少林寺钟楼前开元碑阴刻"混元三教九流图赞",释迦牟尼、孔子、老子三圣合体图像;少室山安阳宫主殿洞有三皇洞,供奉释迦牟尼、孔子、老子;宗教与武术相融,与音乐和舞蹈相融,与社会风俗相融,与医术和中药相融,与各种人文艺术相融。嵩山既有体现原始文明生殖崇拜的摸摸会,又有佛教文化与道教文化共为一体的中岳庙会,在大山的怀抱中,历史与时代一同见证文化多元共存。

嵩山是屹立天地间的一部大书,是中国文化神圣的碑石,是刻写在大地上的天书。这里发现了中原地区珍贵的岩画。这里诞生了河图洛书的神话传说,成为中华民族重要的文化图腾。而且,嵩山现存的太室山庙阙、启母庙阙、少室山庙阙的铭记,都是我国最早的刻石,已纳入《世界文化遗产名录》。这里出土了《东汉侍廷里父老僤买田约束石券》,见证汉代社会的土地制度;这里保存了《熹平石经》《袁安碑》《汉故安乡侯张公碑》《东汉袁敞碑》《甘陵相尚府君(博)之碑》《仙人王子乔碑》和《夷齐庙碑》,见证汉代文化的灿烂辉煌;这里保存了校正五经文字、统一诸家经本的《洛阳太学石经》,保存了记录管理水利的《王诲碑》、堂溪典请雨嵩高山的《汉堂溪典嵩高山石阙铭》,这里保存了《韩仁铭碑》《河南梁东安乐肥君(致)之碑》,见证汉代社会的风风雨雨。这里的《正始石经》,以古、篆、隶三种不同的字体对照刊刻,展现出我国书法从篆书到隶书发展变化的历史轨迹。这里的《大晋龙兴皇帝三临辟雍皇太子又再莅之盛德隆熙之颂碑》,记录了晋武帝司马炎在太学中举行乡射礼的教育历史;《西晋韩寿墓表》《东武侯王基墓碑》《晋故处士成君(晃)之碑》《晋武帝贵人左棻墓碑》《荀岳墓志》《中岳嵩高灵庙之碑》《中岳嵩阳寺伦统碑》《北齐姜纂造像题记》和《韩寿墓表》《元怀墓志》《元悰墓志》《高猛墓志》《元肥墓志》以及《巩义石窟》《北齐刘碑造像碑》《在孙寺造象记》《库庄造像记》《北齐造佛像碑》《东魏造佛像碑》《北齐姜纂造像碑记》《齐造神碑记》《齐宋买造像记》《孟阿妃造像记》等，都是书法的精品、经典。大唐一代，李世民、李治、武则天、李隆基、李豫、颜真卿、王行满、李邕、徐峤、徐浩、徐珙、颜师古、褚遂良、刘禹锡、薛稷、薛曜、王知敬、钟绍京、狄仁杰、欧阳通、柳公权、张旭、孙过庭等；大宋一代，欧阳修、司马光、程颢、程颐、邵雍、鲜于侁、文彦博、苏轼、苏辙、王曾、孙崇望，等等；元明时期的赵孟頫、董其昌、朱载堉，都在这里留下珍贵的墨宝。嵩山是中国书法艺术与书法文化的宝库。

嵩山是中国文化的大山，是中华民族神圣的大山。它不仅属于中原，也不仅属于中国，而是人类文明的一部分，是中华民族对人类文明的重要贡献。

了解嵩山与嵩山文化，是打开中国文化的一条重要通道。

文化是民族的灵魂和血脉，是中华民族的精神家园。中国优秀传统文化蕴藏着中华民族千百年来的聪明才智、情感、意志和信念，对于实现中华民族伟大复兴事业中的文化自信、理论自信，具有重要的价值意义。中国文化走向世界，与世界进行平等对话、交流、沟通，需要弄清自己的文化家底，懂得自己的价值意义。深入挖掘中国优秀传统文化的价值，成为中华民族伟大复兴的重要基础。因此，面对这座中国文化的神圣大山，深入挖掘嵩山文化的底蕴和内涵，盘点整理博大精深的嵩山文化，是时代赋予我们的一项艰巨的工作。尤其值得赞扬的是"嵩山文化大系"的编撰者们，完全是出自于对嵩山文明的热爱，自发地组成一个团队，近十年时间，有的是利用工作的业余时间，有的是在退休以后，以坚韧不拔的精神，遍查历史文化典籍，通过对嵩山文化景观和自然风光的深入考查，不断挖掘、整理、研究嵩山文明，编撰出这套卷帙浩繁的"嵩山文化大系"，给中国文化，给人类文明，在文化遗产的保存与传承上增添了不可或缺的内容与光彩。

"嵩山文化大系"主要从山水与文明、神话传说故事、名人史迹、古代诗选、综艺文释、碑刻文释、民俗风情、古文化遗存、宗教发展、少林武术等多个方面梳理嵩山文化的历史脉络，勾陈历史文献，辨析其中的历史文化疑案，全方位描绘出嵩山文化的历史地理与文明现状。因为这套书中的内容有世界文化遗产、世界非物质文化遗产，有国家民间文化遗产，有国家文化遗产和非物质文化遗产项目，还有全国、河南省重点文物保护单位，具有丰富深厚文化底蕴。既有历史的挖掘，又有现实的记录。将古老的历史文化不断激活，这是展示、介绍、宣传、保存中国优秀传统文化的一部力作。

中华传统文化源远流长，其遗留与积存，为数极多，但系统展示区域文化的史料不多。"嵩山文化大系"的问世，使人们通过阅读，能够世代相传地吸取、传承、弘扬嵩山文化，这对促进嵩山文化进一步的挖掘和研究，开展国内区域间和世界各国间的文化交流等方面，都有着极为重要的作用，具有不容忽视的历史价值。

2017年1月

总　序

　　文化是人类在社会历史发展过程中所创造的物质财富和精神财富的总和。文化是不断向前发展的，是社会生活的物质要素和精神要素的统一，是人的生命活动发展的特殊方式。有了人类社会才有文化，文化是人们社会实践的产物。一定文化（指观念形态的文化）是一定社会的政治和经济的反映，又给予伟大影响和作用于一定社会的政治和经济。

　　这里所说的文化，是关于嵩山的文化。现在学术界有很多争论，有人认为嵩山地域的范围很大，河洛地区就在嵩山地域之内，所以嵩山文化包括了河洛文化；也有人认为，河洛文化是嵩山文化的中心；还有人认为，嵩山地处洛阳盆地盆沿之上，距洛阳60公里，是处在河洛文化的地盘上，应该从属于河洛文化……编者认为，嵩山文化与河洛文化有很多相同之处，如地域上的重叠性、形式上的多样性、文化上的侧重性、内容的多元化等。但嵩山文化与河洛文化各有自己的体系，说嵩山地域在河洛地域也好，还是说河洛地域在嵩山地域也好，这两种说法的地域概念似乎并不矛盾。但与河洛文化稍有不同的是，嵩山文化则是以嵩山为中心而辐射在嵩山地域的一种有着其独特渊源的社会历史因素所形成的文化，与河洛文化相比，更加强调突出了嵩山在这一地域文化中的源头和先导作用，她应当属于区域文化范畴。

　　在中华民族的文明发展史上，从黄帝统一中原部落开始，嵩山地域逐渐成为我国古代政治、经济和文化的活动中心，嵩山地域都占有不可取代的的源头与核心地位。在此地域产生的嵩山文化，是指孕育、诞生、发展、繁荣、传承于以嵩山为中心及其周围的黄河、伊河、洛河、颍河上游流域的嵩山地域文化，经历了距今100万~1万年之间的旧石器时代，经历了距今1万~3600年之间的新石器时代中的距今9000~7000年的裴李岗文化、距今7000~5000年的仰韶文化、距今5000~4000年左右的龙山文化、距今4000~3600年二里头文化的发展序列，以华夏先祖尊奉信仰的嵩山"山"文化和"中"文化为渊源，以闻名天下的嵩山称号"神山""祖山"和"天地之中"为根本，以轩辕黄帝、华夏部族以及后来商、周部族的文化系统为先导，涵盖了古代各历史时期的山水文化、神祇信仰、礼乐制度、三教源流、军事战争、文学艺术、文献典籍、民俗风情、少林武术以及姓氏、名人、建筑、教育、科技、考古、天文等多种传统文化元素的根基文化。著名民俗学家丁慰南说："嵩山文化的本体决不是某单一的文化现象的遗迹，而是我国几千年来历史上多种文化'元素'积淀融合而成的产物。"正因为嵩山地域在历史上占据着这么多文化元素的源头，故被当今考古、历史、政治、文化界称之为天地之中、文明之源、华夏之根。

一、嵩山与嵩山区域文化

中岳嵩山的名称,历来变化甚多。黄帝时期称太室;尧舜时称外方、嵩高、中岳嵩高,夏朝时称为外方、崇山、崇高,商称嵩高中岳,夏、商、周三代尊称嵩山为太室、天室、大室。西周时称黄室、嵩高中岳、中岳嵩高,称嵩山地域为地中、天地之中、中国。周平王由镐京东迁洛阳以后,定嵩高太室山为"中岳",称中岳嵩高,以后历代均沿称嵩高为中岳。嵩山位于天地之中,泰、华、衡、恒四山拱卫四方,故嵩山也称"天中之山",自古即为华夏民族所奉祀的名山。

嵩山东西绵亘200公里,主体面积约450平方公里,地域面积约11110平方公里。嵩山地跨河南省的巩义、偃师、伊川、登封、新密、新郑、荥阳、禹州、汝州等县市,与郑州、洛阳相连,嵩山主体部分太室山和少室山位于登封市境内。嵩山北瞰黄河、洛水,南临颍水、箕山,东通郑汴,西连十三朝古都洛阳,素为京畿之地,是古都洛阳重要的东方屏障,具有深厚的文化底蕴,是宋代程朱理学的发祥地之一,也是中国佛教禅宗的发源地和道教圣地。

嵩山属秦岭山脉伏牛山系东延的系列山脉,向东北、东、东南方向扇形展开,地势自西向东逐渐降低。区内地势起伏较大,地貌类型复杂多样。《山海经·中次山经》中说:嵩岳西起昆仑,过秦岭,进入河南后,经熊耳山、伏牛山、大苦山,自龙门以东有香山、万安山、八风山、马鞍山、五佛山、青龙山、挡阳山、少室山、轩辕山、君子山、太室山、讲山、牛山、东龙门山、浮戏山等,北至巩义、偃师的北邙山、敖仓山。山体到登封分为三支,往东有新密青屏山、新郑的风后岭,东北有新密的浮戏山,往南有马岭山、密岵山、荟萃山,东延为具茨山、大隗山,西延隔颍水为箕山、大小鸿山、风穴山,诸多支系山脉构成矗立中原大地的庞大的嵩山山系。嵩山各大山脉的高度一般为700米~1500米之间。其中最高的少室山最高峰连天峰海拔1512.4米,太室山主峰峻极峰海拔1492米,而黄帝居住的具茨山峰海拔793米,上古名人许由所在的箕山峰海拔仅723米。嵩山山脉呈东西向横贯全区,各大山脉绵延起伏,如一条巨龙盘踞在中原腹地。

嵩山不仅有连绵起伏的山峰和丘岭,还有庞大密集的水系。其中,挡阳山与少室山相连,称少室通阜,为颍水发源地;鸿山贯宝山南麓是洗耳河的发源地;八风山是洧水的发源地,洧水西流入伊河;阳城山是浕水的发源地,浕水入新密后,纳溱水,称双洎河;轩辕山北麓的休水河、五指岭北麓的石子河、东西泗河,均北流入洛河;伊河、洛河在巩义神堤村汇流,叫伊洛河;黄河、洛河在巩义神都山下汇流的地方,叫洛汭。在嵩山主要的分支山脉之间,都有独立的水系分布,蜿蜒着黄河、洛河、伊河、颍河、汝河、溱水、洧水等河流。山脉与水系相间,水流河谷与盆地相互串连,形成了地势低凹的开阔地带和较为平坦的盆地,这里有充足的水源,有繁茂的林木,地理位置优越,生态环境良好,是中华文明的天然"摇篮",为华夏的原始先民聚居、生产与生活提供了极为有利的条件,也为嵩山区域文化的形成和发展,奠定了由自然要素与人文因素作用而形成的一个综合性的基础。

嵩山远古时期人们崇信的"天室",是祭祀华夏民族先祖的"祖山",也是历代帝王进行"祭天法祖"的神圣之山。古人认为,嵩山是大地距离上天最近的地方,圣地灵境,天地相通,得天独厚。嵩山地域不但处于"天地之中"优越的地理位置,融四方文化于一体的中心地带,又率先跨入"文明的门槛",而且在以后的数千年里,长期是我国政治、经济、文化、交通的中心,这不但使嵩山文化在"野蛮"进入"文明"的大变革时期,抢占了先机,充分展示了她的先导性,并为她最终成为中华民族的主体文化,为她的正统地位打下了宽厚坚实的基础。

嵩山文化是产生于嵩山地域的一种区域性文化,关于嵩山文化区域的界定,从大的范围说,我国著名民俗专家张振犁教授称:"嵩山文化,狭义指包括北至黄河,南至河南襄城一带,东至虎牢关,西至华山,方圆数千里的(包括河洛文化)的地域。广义就是中原文化的泛称。简单地说,嵩山文化区基本上涵盖了中原腹地的沿黄河、颍河、洛河、伊河、汝河、溱水、洧水两岸的广大河谷、盆地、平原的肥沃地带。嵩山地域之所以被称为中原文化及后来华夏文明的摇篮,是因为炎黄先民在这块土地上开发、经营了近万年。就像埃及原始先民开发尼罗河流域,巴比伦先民开发美索不达米亚(希腊语:底格里斯河和幼发拉底河中间的地方,意为两河之间)和印度先民开发洹河、印度河流域,而创造世界文明古国一样,中国中原地区的'嵩山区'先民开创华夏文明,首先是由独特的地理环境和自然条件所造就。"

从小的范围说,嵩山地域就是当今我国考古界、地质界、历史界的一些专家将以嵩山主要山脉的太室山与少室山所在的登封以及嵩山余脉的所在地伊川、偃师、巩义、荥阳、新郑、禹州、新密、汝州的九个县级市,以及为邻的古都郑州和洛阳的这个地域,称之为"嵩山历史文化核心区"或"嵩山文化圈"。这与考古中发现的以嵩山为中心及其周围的黄河、颍河、洛河、伊河、溱水、洧水一带的中原腹地的范围完全一致,实际上也是秦汉以前以"中国"一词称名的小"中国"。嵩山地域从上古以后各历史时期的古代文明不断代,原始文化序列清晰,历史遗迹随处可见,她不但是一部完整的嵩山区域文化史,还是中华文明史的一个完整的缩影。完全可以说,这是一个在中华民族发展史上占据着重要位置的地域。因此,我国著名环境考古学家、国家文物局专家组成员、中华文明探源工程专家组组长周昆叔称"嵩山文化是中华文化的发动机、孵化器"。

孕育、诞生、发展、繁荣、传承于嵩山区域的嵩山文化,就是嵩山区域在一定的历史、经济条件下产生的古代文明,这一文明的产生、发展,奠定了华夏民族文化的基本模式,同时也包容了几乎整个奴隶社会、封建社会主体文化的发展和演变历史。嵩山文化不同于其他区域文化,如山东齐鲁文化、河北燕赵文化、山西晋文化、陕西秦文化、两湖荆楚文化、江浙吴越文化、川渝巴蜀文化等,嵩山文化不是一般性的区域文化,她对中华民族文化的形成和发展起着巨大的奠基作用。因此有人说,嵩山文化以黄帝统一古华夏部落,与炎帝成为我国远古时代华夏民族的共主,具有中华传统文化的根源性;以夏文化和商周文化为主干,具有中华传统文化的厚重性;以秦汉三国两晋南北朝隋唐的分裂融合为兼容并蓄的全面繁荣,具有中华传统文化的博大性。从黄帝竖起中国大一统的旗帜,到大禹开国建立夏朝,再到嵩山区域的民族融合的与时俱进,外来佛教的中国化,及"河洛"南迁等一系列重大的事件说明,嵩山文化既有强大的吸收、包容、凝聚的力量,把周围的文化吸纳进来,同时也有很强大的辐射作用,把自己的文化传播、渗透出去,影响周围地区,乃至海内外,具有中华传统文化的辐射性。

嵩山文化不仅是名山文化、中央文化、国都文化,在历史上长期处于主导和核心地位,它还是中华文明的摇篮,是中华民族的根亲文化、母体文化、主流文化,是中国传统文化的源头与核心,是构成中国传统文化最主要的组成部分,是华夏五千年文明的源泉与主脉,在中国古代文化史上占有十分重要的地位。中国民俗学会名誉会长、中国民间文化遗产抢救工程专家委员会副主任、文化部中国民族民间文化遗产保护工程专家委员会委员乌丙安说:"嵩山的中岳之中,占据了五行方位中央的最佳位置,理应在发扬和开拓中华名山文化的跨世纪文化建设中发挥领头羊的导引作用。在积极倡导中华名山文化的大潮中,建设并发展嵩山文化。"

二、三十六亿年的嵩山地质

地球的年龄约为46亿年,远古时的地球全是被水包围着,后来地壳不断运动后才形成陆地、海洋。据地质学家研究,嵩山是世界上最早出露大海的古陆地。35亿年左右,当地球尚处在天地茫茫、混沌未开、一片汪洋之时,嵩山在大海中已经形成了小块的陆核,之后在漫长的造陆和造山运动中碰撞、裂变、聚集,山体开始在海水中沉浮慢慢地发育成长。

嵩山地域清晰地保存着发生在距今25亿年的"嵩阳运动"、距今18亿年的"中岳运动"、距今5.6亿年的"少林运动"等三次前寒武纪造陆和造山运动所形成的角度不整合接触面及典型的构造形态遗迹。嵩山一次又一次地浮出水面,又一次又一次地沉入海底,历经千万次激烈的起伏、颠簸、沉积、褶皱,历经无数回剧烈的碰撞,终于横空出世,成为世上山龄最长的山脉之一。嵩山经历了这三次大的造山运动,其独特的地质地貌景观,成为世上绝无仅有的地质经典之作。

据中外地质学家考察,嵩山经过这三次大的造山运动,才结束了地质史上的元古代,进入了古生代的寒武纪和奥陶纪。又经过约两亿年,此处地壳上升至海平面以上,因其受风化和剥蚀作用,形成了嵩山地区的含煤地层。

大约在6亿年前后,当时的陆地还没有完全浮出地表,但是北边的中国已开始浮出地表,这里面也包括了嵩山。也就在这一时期,嵩山最后一次升出海面矗立于世间时,以高著称于世的喜马拉雅山和整个秦岭都还在海底沉睡。

大约在2.3亿年前后,中国的版土上,又发生了一次延续很长时间的地壳运动,即南北广大地区的"燕山运动",嵩山受到南北方向的推挤,在这里已经形成了1500多米的高度,成就了今天瑰丽多姿的山势及地质地貌,确定了嵩山地质的基本格局。

嵩山地域内连续完整地显露着太古代、元古代、古生代、中生代和新生代五个历史时期的变质岩、沉积地层,加之伴随历次构造运动,形成了地球上独一无二的嵩山"五代同堂"的地质奇观。嵩山地质构造以其岩龄古老、类型齐全、构造复杂、形迹各异、发育完整、出露良好而闻名中外,被国际地学界誉为"地学百科全书"和"天然地质博物馆"。嵩山地域位于天地之中,上下数十亿年,大自然所造就的嵩山各地质时期千变万化的地质遗存和类型多样的地势地貌,使嵩山成为世界地质史上的一枝奇葩。

嵩山复杂的地质地理条件,经过漫长的地质作用,形成了独特的气候条件,造就了种类繁多的地质遗迹。内外力的地质作用形成了宏伟壮阔的构造形迹、典型的地层层型剖面、灭绝的动植物化石、重岩叠峰的断块山体、千尺飞泻的悬流瀑布、清流晶莹的素湍绿潭、幽静宜人的湖光山色。嵩山地质不仅给地质科学的研究留下了各历史时期千姿百态的地质变化遗迹,而且为人类提供了适宜居住的生活环境。

鉴于嵩山地质在世界地质的独特性,世界上许多国家著名的地质科研部门和地质大学都将嵩山列为科研、考察、教学的基地。2004年2月13日被联合国教科文组织列为世界地质遗产,命名为"嵩山世界地质公园"。

三、嵩山文化一万年

　　以嵩山为中心的嵩山地域是东方文明的重要发祥地,这里不但最早进入文明时代,而且在以后的漫长时期里,成为我国政治、经济、文化、交通的中心。在史前考古学文化方面,从旧石器时代文化遗址说起,大约在100万年以前,嵩山地域就有了人类生活的史迹。在嵩山地域汝州张湾村发现的旧石器时代早期的简单石器劳动工具,是人类早期的活动遗物。洛阳北窑旧石器文化遗址除了出土有动物化石及人类用火痕迹,还有近800件石制品连续分布在黄土地层内,在国内外十分罕见,这就把旧石器考古与黄土研究紧密联系起来,对研究全球气候变化和探索黄土时期的人类生活环境有着重大的意义。荥阳织机洞遗址展示了旧石器时代与新石器时代的过渡和交替,对于追溯嵩山古文化的渊源和研究嵩山古代环境面貌及其与人类的关系提供了珍贵的史料。

　　大约距今一万年左右,嵩山地域进入新石器时代。新石器时代与旧石器时代相比,人类社会有质的飞跃,首先是陶器的出现、石器的精致化;其次是原始农业的产生,我们的先民已进入了农业定居阶段,早期的聚落已经形成。到了新石器时代中晚期,出现阶级分化,王权开始形成,文明在嵩山地域最先产生。人类在进入新石器时代后,嵩山作为中国史前文化最发达的地区之一,孕育了原始社会最著名的裴李岗文化、仰韶文化、龙山文化和二里头文化等,使嵩山区域最早成为原始文化的核心部分,在中国文化发展史上,占有相当重要的地位。嵩山文化核心区内,嵩岳高山纵横,河(黄河)、颍、洛、伊、溱、洧诸水纵横其间,这就形成了原始先民们居住、生产、生育、繁衍的最理想的地区。嵩山地域现在保存的大量的古文化遗存就足以证明,嵩山地域经历了距今100万~1万年之间的旧石器时代,经历了距今1万年~3600年之间的新石器时代中距今9000~7000年的裴李岗文化、距今7000~5000年的仰韶文化、距今5000~4000年的龙山文化、距今4000~3600年二里头文化等,从1万年至今,一直延续不断,前后相接,形成了一个完整的文化发展系列。其遗址数量之多、分布之密,居全国之冠,它们充分反映了嵩山地域原始社会时期的繁荣景象。

　　从考古学上看,嵩山地区的新石器早期文化是裴李岗文化,在此基础上形成仰韶文化、龙山文化、二里头文化。从考古成果看,嵩山地域的新石器时代文化遗址有1000余处,每处遗址一般包含着几个文化层的堆积。各文化层的叠压层次清晰,具有明显的时代连续性,如郑州的林山寨遗址、吴湾遗址,洛阳的矬李遗址,登封的袁村遗址,汝州的中山寨遗址等,其中每个遗址上都堆积有新石器时代的多种文化遗存,其类型有裴李岗文化、仰韶文化遗存;有仰韶文化、龙山文化遗存;有裴李岗文化、仰韶文化、龙山文化遗存;有仰韶文化、龙山文化、二里头文化和商代文化遗存等等,对研究嵩山地域中的各文化之间的发展过渡和承袭关系具有重要价值。

　　中华民族史前时期的"英雄人物"——"三皇""五帝"生活在这里,"河图洛书"的传说也发生在这里。大量的考古发掘和田野调查资料证明,人类生活环境早在8千至1万年以前,这里已经是农业文化的稳定时期,物质文明和精神文明已达到了相当高的水平。从传说中的燧人氏、伏羲氏、神农氏的"三皇",到中华民族始祖黄帝、颛顼、帝喾、尧、舜的"五帝",他们是远古人类始祖和人文始祖,他们在嵩山的活动情况,皆是嵩山文化的源头和组成部分。相传上古之世,有龙马负图出于河,伏羲据此画八卦。上古时代的主要生产之事,都萌生于伏羲手中。如神农氏在嵩山地域尝百草、制造耒、耜等农具、始种五谷。如生于嵩山地域的炎、黄二帝,《国语·晋语四》载:"昔少典娶于有蟜氏,生黄帝、炎

帝。""黄帝都新郑"。如尧帝巡狩,崩于阳城。如舜帝迁居负黍城,《世说》载:舜迁于负黍(今登封大金店一带)。如帝喾都西亳(今偃师)。在中国文明早期阶段的历史上,远古人类以不屈不挠的顽强意志、勇于探索的精神和卓越的聪明才智,绘就了人类文明史上光辉绚丽的画卷。

炎黄文化是华夏文明的前身,而炎黄帝族系的形成和发展,却经历了漫长的复杂演变过程。在中原聚居的众多部族之间,由于利益的冲突,经历了长期的斗争。黄帝部落的大发展,为中华民族的物质文明奠定了牢固的基础。以后历经颛顼、帝喾、尧、舜、禹、文王、武王的对以嵩山为中心及其周围的河洛、伊洛平原以及整个中原文化的开发,便成就了古代华夏文明繁荣昌盛的壮丽景象。

远古时代各部落的融合与分化过程,打破了部落的地方隔绝,完成了地区性部落联盟向国家与民族的过渡。公元前21世纪,中国历史上的第一个王朝——夏王朝在嵩山地域诞生,夏为中国历史上第一个奴隶制国家。夏王朝的建立,标志着人类社会由"野蛮"跨入"文明"。从考古发现来看,此时的生产力有了一次突飞猛进的发展,出现了青铜礼器、文字和城市,率先进入了文明时代,并从此在相当长的时期内,成为中国古代文明的核心。著名历史学家刘庆柱说:"学术上严格意义的古代文明起源、形成,实质上就是国家的起源、形成,因此说古代文明起源与形成是个政治范畴的问题。"嵩山之所以称为华夏文明的摇篮,就因为嵩山地域的华夏先辈不断繁衍生息,逐渐发展进步,形成疆域,出现"国家"。史料记载,夏王朝的统治区域西至华山之东,东到豫东平原,北达济水之南,南抵淮河沿岸,方圆千里,展示了人类社会的文明和进步。

嵩山地域作为中华民族的发源地,从一开始就具有非同寻常的生命力。通过继承发展的凝聚性和相互交流的多样性,终于形成了以商周文明为核心的主体部分,并导致多民族的统一国家的形成和壮大。因此,我国文物考古界的有关专家称黄河为中华民族的母亲河,称嵩山为中华民族的父亲山,称"天地之中"的嵩山地域为中华民族形成的中心!

由夏以降,商、西周、春秋、战国、东汉、曹魏、西晋、北魏、隋、唐、武周、后梁、后唐、后晋均曾建都于嵩山地域,许多影响中国历史的重大政治、军事事件发生在这里,许多彪炳史册的民族英才生活在这里,许多光耀千秋、泽被万世的科学文化成果诞生在这里。嵩山地域号称是"举手摸到秦文化,抬脚踢到汉砖瓦"的"文物之乡",古代文化遗存数量之多,分布之密,为全国之冠。从夏王朝到春秋战国,从汉魏两晋到南北朝,从隋唐五代到宋金元明清,都清晰地记录了华夏民族的先祖们在这里繁衍生息、生产活动和后来炎黄子孙自强不息、发展壮大的历史足迹。从一定意义上讲,一部嵩山地域史,就是一部中国发展史;嵩山文明5000年,就是中华文明5000年。

以中岳嵩山为中心的黄河、颍河、伊河、洛河、溱水、洧水、汝河流域孕育、产生、繁衍的"嵩山文化",正是在这一土地上孕育、产生、繁衍的一种中国最古老、最权威的文化。嵩山文化从古到今,一脉相承,延绵不断,流传至今。有学者认为,广义的嵩山文化产生于史前原始社会时期的旧石器时代,距今至少有170万年的历史,是目前所知世界上产生和形成最早的文化之一。即使从新石器时代的裴李岗文化算起,迄今也已延续了大约一万年之久,这是世界文明、文化史上仅有的现象。

四、天室、祖庙、地中、华夏、中国

嵩山地域是人文始祖黄帝的主要活动区域,为嵩山成为政治中心及"天地之中"奠定了基础。距今5000年前后,轩辕黄帝在嵩山地域修德振兵、抚万民、度四方、融炎帝、一统天下,建都有熊(今新郑），带领先民们创文字、织丝帛、分州土、立朝市、定历律、制舟车、撰《内经》等等，创造了最为先进的民族文化，奠定了中华民族的根基。

黄帝建都于嵩山地域之后，即把太室当做祭天的神山。《史记·封禅书》说"天下名山八，而三在蛮夷，五在中国。中国华山、首山、太室、泰山、东莱，此五山，黄帝之所常游，与神会。"可以说，从黄帝时期开始，就开创了祭祀嵩山的先例。正由于此，嵩山成为了中华民族的文化圣山。

《五帝本纪》载，黄帝打败了炎帝（族）、蚩尤，统一了华夏，天下万国的诸侯都尊黄帝为天子。据历史记载和文物佐证，黄帝统一天下，奠定中华，肇造文明，缔造了最早华夏族的核心。从黄帝开始有了民族融合，有了国家雏形，有了制度草创，有了农业大发展，有了物质和文化建设。相传尧、舜、禹、皋陶、伯益、汤等均是他的后裔，因此黄帝被奉为中华民族的共同始祖。《礼记·郊特牲》载："万物本乎于天，人本乎于祖。"由于黄帝开创华夏文明的功绩，夏、商、周、秦、汉时都把黄帝作为共同的祖先进行祭祀。

嵩山古时称嵩高、崇（古写的"崈"）山，据《唐汉字解字·汉字与日月天地》解释，"嵩"字原本指对男性生殖器的崇拜，故音"竽"。而"崇"字是一个会意字兼形声字，从古写的"崈"字可以看出，崈本身就是以宗在上，山在下，顾名思义，有山之宗的意思。崇的称名起源很早，《国语·鲁语》载："在昔有虞，有崇伯鲧。"相传，"鲧作城郭"，其地因山为名，故址就是现在登封的王城岗夏代遗址。崇，古音从宗声。宗，《说文》载：尊祖庙也。从字源学的角度看，祭祀祖先的所在叫宗，祭祀天帝的所在也应该叫宗。因此，后人理解的嵩山是天人合一，具有"天室"与"宗庙"双重的尊贵地位。一方面，嵩山古称"天室"，是天帝居住的地方，是神宗所在，也是上天与人间沟通的地方；另一方面，嵩山又称崇高山，是华夏民族的宗庙，宗庙祭祀的主神为华夏始祖轩辕黄帝。在华夏文明起源与形成过程中，存在着两条主线：一是神祇信仰，二是祖先崇拜。而嵩山恰恰是集这两条主线的条件于一身。换句话说，嵩山祖庙所祭祀的始祖主神和古人祭祀的嵩山天神是一个天人合一的人物——即轩辕黄帝。因此，在敬仰天神、崇拜祖先的远古时期，"嵩高山""崇高山"即为华夏民族所祭天法祖的神山和祖山，是我们华夏民族的族根和精神归属。

"天有心，地有胆，天心地胆在告县"，这是登封广为流传的一首民谣，民谣中所说的天心地胆即位于登封市东南12公里处的告成周公测影台。即3000年前的西周初年，周公因营建洛邑选址时，曾在此建测影台，据地表、测日影、求地中。《周礼·地官·大司徒》："以土圭之法测土深，正日景（影），以求地中。"郑众注："土圭之长，尺有五寸。以夏至之日，立八尺之表，其景（影）适与土圭等，谓之'地中'。""地中"即国家的中央地区。在古代人们还没有认识到地球是圆的之前，我们中国人传统的宇宙观就一直认为，地球直观上看是一个平面，进而认为平面为方形，而方形必然有一个中心点，这个中心点则与圆形天的中心相对应。《周礼》中说："谓之地中，天地之所合也，四时之所交也，风雨之所会也，阴阳之所和也。"所谓的"地中"，与天相对应，就是"天地之中"，是天地相合之地、四时交汇之地、风雨相会之地、阴阳相和之地，是圣山灵境，而阴阳相和之地意义更为深远，古代以为万物乃阴阳相和而生，因而"地中"作为阴阳相和之地，也就是天地万物发生发展的根源之地。

华夏、中国的名称据考证源于嵩山地域。

"华夏"之名，源于夏代。其"夏"的得名，显然与夏王朝的建立有关，古人解释"夏"为"大国"，乃自称美名；周人往往自称为"夏"，历史上有"周人尊夏"的记载。

至于"华夏"之"华"名，似由一望可辨的服饰而来，夏人冠冕衣大带采饰，《周礼》解"冕服采章曰华"，亦当为自称美名。《左传》定国十年："中国有礼仪之大，故称夏，有服章之美，故称华。"故"华"为

美好之意。《左传》载:"冕服采章曰华,大国曰夏。"《疏》:"华夏为中国也"。系释"华夏",乃文物典章制度最盛的炎黄中国而言。

有专家考证"华"与"夏"二字之初源,应为地名、国名,亦民族部落名之转化,民族愈发展,地理范围愈广大,滋"大国曰夏"之意,后逐沂称"中国"。

说华,非今陕西之华山,陕西之"华",古称"太华",似乎东周始而显名;华夏之"华",是另一地,当在嵩山一带。《国语·郑语》云:"前华后河,右洛左济。"说的是公元前773年,郑桓公姬友见西周衰败,西周将乱,诸侯多叛,为预避国难,求教于太史伯。太史伯救之曰:只有出居"前华后河,右洛左济"之地,"主芣騩而食溱洧"才能逢凶化吉,兴旺发达。即《史记》中所说之"独雒之东土,河济之南可居"之地。芣騩,山名,溱、洧,水名,皆在嵩山地域的密、郑一带。然而,此地当时已先有东虢、郐国两个国家居住,因其国君皆贪心好利,有失民心。这为后来郑桓公灭两国创造了有利条件。此地西陲与东周王室为邻。考东虢、郐两国具体位置,《国语·郑语》说"其济洛、河颍之间,是其子男之国,虢、郐为大";《史记·郑世家》裴骃解,"虢在成皋,郐在密县","右洛左济"其左陲,在黄河与济水交汇处,与"夏桀之居"之"左河济",两左陲东疆正相一致。因此,可证虢、郐两国国土,正处在夏桀时的国土之内,不言而语,"前华后河"的"华"地,也必然在嵩山地域的范围之内。

嵩山地域古有华国。同样是《国语·郑语》记载,公元前773年,郑桓公见西周衰败,诸侯多叛,问太史伯:郑国何处可以立国。太史伯对桓公曰:"虢、郐十邑,华其一也"。华,即指华国。太史伯谓郑桓公曰:"华,君之土也。"华,西周时期封国,都城为华阳。简称"华"或"莘"。考其地望,"华"应在嵩山之南,在今新郑、新密一带。《潜夫论·志氏姓》云:"华氏……子姓也。"《水经注·洧水》对华城的记述颇详:洧水又东与黄水合,《经》所谓澮水(溱水),非也。黄水出太山南黄泉,东南流迳华城西。

华阳故城位于新郑市区北20公里的郭店镇华阳寨村周围一带,平面呈南北长方形,各面城墙中部均有折曲,周长2300余米,面积约36万平方米。华阳故城城南、城东是一条古河道,宽20米~70米,深4米~8米,古名华水,现今潮河的源头。华阳故城就座落在古华水北面较高的岗地,距其源头郭店村南仅1.5公里。据《水经注》《新郑县志(乾隆版)》记载"为七虎溪,亦谓之为华水也"。西晋史学家司马彪曰:"河南密县有华阳山"。国在山水间,故而名华。

华阳故城春秋属郑,战国归韩。秦灭六国后堕城毁门,华阳故城遭到严重破坏。隋代伊斯兰教徒入住城内。唐以后对城墙整修,局部增高并增加马面设施。清咸丰年间华阳寨村建清真寺,整修南门,门上刻青石门额"古华邑"。华阳城自古就是很重要的城邑。2013年5月被国务院核定为第七批全国重点文物保护单位。

华夏之"夏",是指夏民族所分布的地区。从禹的族源上说,禹也是始祖黄帝的后裔。《史记·夏本纪》云:"禹之父鲧,鲧之父曰帝颛顼,颛顼之父曰昌意,昌意之父曰黄帝。禹者,黄帝之玄孙而帝颛顼之孙也。"由此可知,同在嵩山地域的夏族和黄帝族一脉相承。其"夏"得名,显然与夏王朝的建立有关。《史记·夏本纪》之《索隐》引《连山易》载:"鲧封于崇",史书称夏部族的祖先鲧和禹为"崇伯鲧"和"崇禹",说明他们曾是崇山即嵩山地域的部落首长。《太平御览·地部四》嵩山条引韦昭注云:"崇、嵩古通用。夏都阳城,嵩山在焉"。史料记载,夏代第一个帝王大禹在嵩山地域治理洪水,辟山筑道,开拓了夏朝统治的基地,而且夏启、太康、胤甲、孔甲、帝皋、夏桀6个帝王先后都居于此,同时连后羿、寒浞、少康都攻占过这里。

"华"在西周时期有文献记载。周穆王时的命簋铭云:"唯十又一月初吉甲辰,王在华,王锡命鹿,用作宝彝,命其以多友饲钦。"著名考古学家唐兰也在他的《西周青铜器铭文分代史微》中说:"华,地名……在河南省密县,西为嵩山,是夏族旧居,所以华即夏,中华民族起源于此。"

而"中国"一词,最早见于《尚书·梓材》和1965年在陕西宝鸡县贾村塬出土的西周青铜器《何尊》,其底部铸有一篇122字的铭文,其中有"宅兹中国"四个字,就是指嵩山周围及伊洛河一带。"中国"的本意为"天地之中""中央之国",与"四方"相对,故文献又称之为"土中"。在嵩山地域文化中,有两个概念特别突出,一是自然的"嵩山",二是西周都城"洛邑"。著名河洛文化学者徐金星在谈到嵩山与洛阳的关系时,曾经有过一个形象的比喻。他说洛阳是一个天然的盆地,而嵩山则是在这个天然盆地的盆沿之上,它们之间是无法分割的。在古人以天为命的理念中,嵩山就是古都洛阳所依附的一座神山和祖山。夏、商、周三代之所以要在嵩山地域建都,首先是以"天室""祖庙""天地之中"的嵩山为根本,必须是在"毋远于天室"的前提下,依靠嵩山来建立国家,以取得天神和祖先的庇护。如司马迁《史记》所载:"昔三代之居,皆在河洛之间,故嵩高为中岳,而四岳各如其方。"于是作为"天地之中"的嵩山地域,很自然地就成为实际意义上的"中国",成为夏、商、周三代的中心。

由于夏、商、周的疆域面积小,《孟子·商公孙丑(上)》曰:"夏后,殷、周之盛,地未有过千里者也。"《诗经·商颂》曰:"邦畿千里,维民所止。"据史料记载,夏代的疆域面积为210万平方公里;商代的疆域面积为300万平方公里;周代的疆域面积为320万平方公里,三代的疆域面积均未超过400万平方公里。所以,秦汉以前,以"中国"一词称名的嵩山地域,实际上是一个小中国;秦汉以后,经过华夏民族的发展,随着国家的统一,疆域和版图的扩大,过去的"中国"已经成为了一个大中国。而原来以"中国"称名的嵩山地域,在统一帝国后,连同整个河南,已经成为属于大中国的"中原"或"中州"。

故"中国"一词的初义来自"天地之中"。"惠此中国,以绥四方"是《诗经》中的古训。"宅此土中",是包举宇内、一统山河的象征;"迁宅土中",更是寄托了一代代贤圣"囊括四海、并吞八荒"的伟大抱负。正是在大自然恩赐的这块小"中国"的丰土吉壤上,产生了华夏民族的先祖。

历史发展与文献证明,以嵩山为中心的嵩山地域是华夏祖先最早生活的地方,是中华民族的摇篮。经过夏、商、周三代文明的发展,嵩山文化成为了中华民族的文化之根。

夏、商、周以降,对嵩山的祭天法祖已成定习。太室祠(中岳庙)成了古代帝王祭祀远古始祖、中岳主神—轩辕黄帝而设的官方庙宇。从周时的太室祠到公元前110年,汉武帝刘彻祭祀嵩山,起神官斋戒七日,"闻嵩山呼万岁者三,登礼罔不答。其令祠官加增太室祠(周时旧祠),赐山下三百户为之奉邑,祠衙合一,专奉祭祀",至今香火已绵延3000余年。从北魏孝文帝迁都洛阳,亲撰祭文,认定"轩辕曜哲,伊祁载形。逮于有周,实光洛征",到武则天封禅中岳,尊中岳主神为"天中黄帝";从宋太祖赵匡胤向中岳主神黄帝敬献衣冠剑履、冕服,令祠官按宗庙谥册之制、详定中岳仪注及冕服制度,到元世祖忽必烈为中岳神加封号"中岳中天大宁崇圣帝";从明代历任皇帝即位及有关国家大事对中岳主神黄帝的祭告,到创造"康乾盛世"的乾隆皇帝亲祭中岳,这一系列漫长的嵩山朝圣活动,都说明了华夏始祖和中岳嵩山主神轩辕黄帝在后世帝王心目中的崇高地位。尤其是在那种"天人合一、君权神授"的大一统封建社会中,他们之所以要到嵩山祭天法祖,主要是为了向世人宣布,他们统治的权力和正义性来自于上天和先祖的赐予和庇护,他们正统至尊的地位不可动摇。

五、河图·洛书·太极·八卦与洛汭

在古人心目中,嵩山是神秘的"天室",嵩山地域也是神秘的历代统治者封禅祭拜天地山川的中

心。闻名古今的洛汭就是嵩山北麓神都山下黄河与洛水的交汇处,这也是中国文明起源中太极图、伏羲八卦和上古时期帝王们修坛沉璧,出现"龙马负图""神龟献书"的河出图、洛出书之处,反映了嵩山地域的史前文化在中华文明史上具有独特的地位。

河图洛书的出现及历代皇帝祭祀河流山川的地点就在巩义市南河渡村、北至神堤村、黄河以南的洛河湾的"洛汭",周围称为洛汭地区。这一地区早在远古时代便是人烟稠密、物产丰富的地方,从考古发现的裴李岗文化遗址、仰韶文化遗址、龙山文化遗址,以及夏、商、周的众多遗址便是最好的证明。据先秦典籍记载,洛汭是中华文明发源的集中地,又是向四面八方辐射华夏文化的核心地区。河图、洛书、太极图、八卦,在科学家心目中,有着博大精深的文化内涵。

相传伏羲氏时,神都山下的黄河与洛河交汇处的洛汭中,有一匹龙马从黄河浮出,背负"河图";还有一只神龟从洛河中浮出,背负"洛书",伏羲依此"图"和"书"画"太极"与"八卦",这就是后来《周易》一书的来源。《易经·系辞上》曰:"河出图,洛出书,圣人则之。"孔安国认为:"河图则八卦是也,洛书则九畴是也。"

有人发表文章说太极图起源于洛汭,认为太极图虽然含有深奥的哲理,但它的图像是来自于自然、受自然的启发而形成的。具体一点说,在洛汭黄河水暴涨时,堵截洛水倒流,如洛水同时暴涨,黄、洛两水在洛汭交汇撞击,形成旋涡,清浊分明。通过这个自然现象触发灵感,启迪了伏羲创造出"太极"和"八卦"。太极是中国古代的哲学术语,意为派生万物的本源。太极图形象化地表达了阴阳轮转、相反相成是万物生成变化根源的哲理。而八卦是表示事物自身变化的阴阳系统,用"—"代表阳,用"— —"代表阴,用这两种符号,按照大自然的阴阳变化平行组合,组成八种不同形式,叫做八卦。八卦其实是最早的文字表述符号。它在中国文化中是与"阴阳五行"一样用来推演世界空间时间各类事物关系的工具。每一卦形代表一定的事物。乾代表天,坤代表地,巽代表风,震代表雷,坎代表水,离代表火,艮代表山,兑代表泽。八卦互相搭配又变成六十四卦,用来象征各种自然现象和人事变动。《易经·系辞上》曰:"易有太极,是生两仪,两仪生四象,四象生八卦。"伏羲依河洛而画八卦,文王依八卦而演《周易》,遂使河洛八卦成为华夏文明的源头活水。

河图洛书神话中所包含的哲理,是我国上古游牧时代(伏羲时代)广大牧民在生活实践中创造的文化结晶。它是我国自然科学的萌芽,也是人文科学发展的基础和起点。

除伏羲氏外,洛汭还跟远古时代帝王祭天、决策国家重大事件有关,因而成为上古帝王祭天的圣地,是"君权神授"传统文化现象之源。史料记载,黄帝、尧、舜、大禹、商汤、周武王都曾在洛汭祭天,修坛沉璧,受命、禅位,均得到了自然界赐予的龙马负图、神龟负书的奇观圣景,达到了君权天授的目的。尽管上述记载传说性、神话性很强,但是这些帝王们利用古人对天神的信仰,来达到自己的政治目的,则是完全可信的。可见,这里是中华文明的发祥地之一,又是向外辐射的文化核心地区。至今这里尚有神都山、伏羲台、羲皇池、羲圣祠、图门、龙峰、图录文、洛壁书、河渎庙等遗址。

河图洛书是以天地之数的奇妙组合来涵盖天人合一思想的宇宙图式。图中数字的结构和方位,是按照阴阳五行相生相克的原理配置的。河图洛书的基本内容是代表"天命""神意",应帝王圣君出世而出现。《三国志·魏志·文帝纪》:"君其祗其大礼,飨兹万国,以来承天命。"裴松之注引《献帝传》:"河图洛书,天命瑞应。"后世人将其内容总结为:一是天文占验,二是地理情况,三是受命帝王的祥瑞、符命之类的神话。河图洛书的文化性质是古代神话传说与古代历史传说的结合体,在神话外衣里,包含古代各方面的文化知识。后经过东汉《七纬》对其内容加以充实,使其内容更加丰富,涉及古代哲学、史学、文学、地理、天文、历法、气象、几何、数字、预测、礼制、宗教、歌谣、民俗等,是极有价值的文献资料。这是河图洛书长期存在、流传的根本原因。

河图洛书之说，文字部分距今已有2000余年，图样部分距今已经1000多年，是嵩山文化中的重要组成部分，有着重要的文化价值。2000多年来，它不仅对我国古代多种学科起到了极为重要的奠基作用，而且对现代的哲学、预测学、数学、物理、化学、生物学等也有很大影响。因此，以"河图""洛书"和太极、八卦起步的《易经》，历来被尊为中华文明之始、中国文化的百科全书，甚至被人誉为"中国先民心灵的最高成就。"河图洛书所反映的天人合一思想是东方哲学的精髓，因而对我国古代的政治、经济、军事、科技、文化等，都产生了深刻的影响。尤其是在当今，河图、洛书、太极、八卦，在海内外已成为中华文化独特的文化标志。

六、神话传说故事

神话、传说、故事是一个民族古老的记忆。远古时代，在进入有文字记载的历史之前，实质上是一个"传说的时代"。虽然文字还没有产生，但有关史实靠口耳相授而流传下来。

嵩山地域是中华先祖最早的集聚地，我国古代黄帝、帝喾、唐尧、虞舜、夏禹等神话，多传于此。从原始社会到奴隶社会，这里产生了大量的神话。盘古、女娲的《盘古开天地》《盘古初分》《女娲补天》《滚磨成亲》，有巢氏的《落地而居》，燧人氏的《钻木取火》，伏羲氏的《伏羲八卦》《神农播五谷》，黄帝的《指南车》，嫘祖的《养蚕造丝》，仓颉的《仓颉造字》以及夏朝时的《大禹治水》《启母石》等神话在这里广泛传播。

古老的嵩山地域是产生神话的沃土，许多有关盘古、女娲、伏羲、夸父、黄帝、尧、舜、许由、大禹、商汤、周公、老子等的远古神话和丰富多彩的民间传说、民间故事、寓言、笑话是嵩山文化的精华。它们不但具有源头文化的价值，而且曲折、生动地展现了中华民族的先民们为生存而进行斗争的古代文化风貌，这些具有原始文化特色的民间口头创作，无不闪耀着中华民族文明智慧的光辉。从夏、商、周起，历经秦汉、三国、魏晋六朝、隋唐五代、宋、金、元、明、清各代，在嵩山地域中发生的重要事件、出现的伟大人物、学术思想、文献典籍、文学作品、碑碣石刻以及风景名胜等，在当地的民间都流传有与之相应的神话、传说、故事。它们伴随着历史的脚步，一直保留至今，成为嵩山文化的重要组成部分。

嵩山地域流传的远古神话，反映了这一地区漫长的远古中原人类居住、活动的社会生活的实际，表现了中华民族不断与自然、灾难、环境作抗争的英雄气概，歌颂了"劳动创造生活，人民创造世界"的光辉历史，展示了我们的祖先不惧恶魔，不怕困难，战天斗地的大无畏精神，从而探寻了人的生命和命运这一永恒的主题，表达了先民的心理愿望和生活渴求，折射出中华民族的信仰与追求。

七、主要学术成就与宗教信仰

在中国文化史上，儒学长期以来居于正统地位。嵩山地域在儒学发展过程中，有着非常重要的意义。嵩山地域既是儒学的发源地，又是其传播、发展、演变的重要地区。追根溯源，周公是儒家文化的先驱，孔子在继承殷、周文化的基础上而创立了儒家理论学说。

依据传统说法，儒家学派的创立者是春秋战国末期的重要思想家和教育家孔子。然而，在孔子以

前已经出现了诸多儒学思想的要素。礼乐是儒家思想的核心内容,而追寻礼乐产生就成为追寻儒学发展脉络的一个关键。在华夏文明的起源与形成过程中,存在着两条主线。一是以神祇信仰为内核的非礼乐系统文化由盛而衰,二是以祖先崇拜为内核的礼乐系统文化从无到有、由弱到强,二者形成鲜明对比。而夏商两代的礼乐文化的勃兴与扩展,成为礼乐文化的集大成者,使礼乐文化成为华夏文化的主流。这在儒学乃至整个华夏文明的发展过程中,均具有里程碑式的作用。

在礼乐制度发展过程中,周朝是最早对"礼"和"乐"作出规定的时代。周公制礼作乐,奠定了儒家学说的基础,对巩固周王朝发挥了重大作用。成王、康王之时,天下安宁,40年不用刑罚,史称"成康之治"。正是因为周公封于鲁、周公后人治理于鲁,故鲁国成为保存西周典籍及文物制度最多、最丰富的国家,成为周公思想、儒家思想的根基深厚之国,所谓"周礼尽在鲁也"。后鲁国诞生孔子,孔子向往周,故又有了"孔子入周问礼乐"之事。就是说,孔子不但长期受周文化熏陶,还不远千里到周王室学习。孔子向老子请教诸如"先王之制""礼乐之源""道德之归"等许多事情。在此基础上,孔子倾毕生精力,丰富、发展、弘扬周公开创的礼乐学说,整理编订《诗》《书》《礼》《易》《乐》《春秋》等古代典籍,兴办教育,诲人不倦,成为一位伟大的思想家和教育家。鉴于周公在儒家学说中的创始作用,历代儒家尊周公为"元圣"。因此说,嵩山地域实为儒学渊源之乡。

经学本系阐释儒家经典之学,在汉、魏、晋以后的相当长的一个时期内,一直是中国文化的正统,对我国传统文化的哲学、史学、文学、艺术等产生过重大的影响。东汉时,今文经学派和古文经学派在洛阳展开了空前热烈的大讨论。当时古文经学大师辈出,最有名的如桓谭、班固、王充、贾逵、张衡、许慎、马融、服虔、郑玄等。许慎的《说文解字》是文字学、古文经训诂的一大总结;郑玄则是古文经学的集大成者,"郑学"成为魏晋以后经学的主流;而东汉洛阳太学则是当时讲授儒经、抒发己见、著书立说、相互诘难最重要的学术场所,立于洛阳太学的《熹平石经》,更是经学的范本。

魏晋时期,以国都洛阳为中心,玄学大为流行。这种哲学思潮用唯心主义解释天道自然,以老庄思想糅合儒学经义,以虚无玄远的"清谈"相标榜,引领当时的社会风尚。早期的代表人物是何晏和王弼。何晏撰有《论语解释》《道德论》等;王弼撰有《周易注》《老子注》《老子指略》等。他们认为"无"是宇宙万物的本体,"凡有皆始于无",名教出于自然。接下来的代表人物有嵇康、阮籍,他们反对司马氏为夺权而标榜的名教,"非汤武而薄周孔",主张"越名教而任自然"。再后来,经西晋重臣曾任中书令、尚书令等诸多要职的王衍的大力提倡,玄学更为盛行,其势力甚至已超过原来的经学,从而取得了思想上的支配地位。西晋玄学的另一派代表人物是向秀、郭象。向秀认为万物自生自化,主张合儒道为一,撰有《庄子注》等;洛阳人郭象,将向秀的《庄子注》述而广之,阐发老庄思想。

理学是佛学和道家学说渗透到儒家学说后而形成的一种新儒家学派。它不但是两宋300多年的支配思想,而且对宋以后的中国社会、中国文化都产生过重大影响。宋代理学的创立者邵雍和程颢、程颐兄弟祖籍都在嵩山地域,他们长期在嵩山地域聚徒讲学,著书立说,进行理学研究、讲学传播。嵩山的伊川书院和嵩阳书院是他们传播理学的重要场所。

程颢、程颐兄弟创立了一套系统的客观唯心主义体系。程颢著有《明道文集》《明道先生语录》等;程颐著有《伊川文集》《易传》《经说》等。后人收集整理,编为《二程全书》。他们把儒学提高到了"本体论"的层面,把"理"或"天理"作为哲学的最高范畴,"理"是宇宙天地万物的本源,是人类社会的最高准则。理是第一性的,它产生出天地万物,又存在于天地万物之中,"一草一木皆有理","理"是永恒的。他们又把理作为封建伦理道德的最高准则,认为"为君尽君道,为臣尽臣道,过此则无理","父子君臣,天下之定理";还把"三纲""五常"纳入"理"的范畴,进行"饿死事小,失节事大"的说教。

理学中有价值的内容,是它包含有朴素辩证法的因素,认为事物的矛盾具有普遍性,对立面相互作用是事物发展变化的原因,"万物莫不有对""天地间无一物无阴阳",还提出了"动静相因""物极必反"的辩证观点。同时理学重视气节,把气节置于生命之上,有它积极的一面。宋代理学对中国影响很大,对塑造中国文化,对塑造中国民族性格起了重要作用。

老子是公认的道家学说和道教的鼻祖。姓李,名耳,字伯阳,亦称老聃,曾作过京都洛阳周王室守藏室之吏。他生活的时代,社会动荡。他纵观社会的治乱祸福、历史兴衰成败,并融合多种思想观点,创立自己的学说。他认为:"道"是世界万物的根本。"道生一,一生二,二生三,三生万物",而"道"则是"先天地生""惚兮恍兮""寂兮寥兮""不可名状""视之不见、听之不闻、搏之不得"的精神实体。"道"创生万物,在万物创生后,还要守着"道"的精神,依"道"而行。"万物道既是万物之母,又是万物之宗,道是天地万物的根源,又是天地万物的依据。"《道德经》五千言,又名《老子》,被称作道家学说或道家学派的最高经典。道家构筑了中国历史上第一个严格意义上的形而上学体系,是中国哲学、科技、政治、宗教、文学艺术及风俗习惯得以创生及发展的活水源头。不仅对中国文化产生了重大而深刻的影响,而且对世界文明的发展也具有积极影响。

道教在嵩山的形成与发展,主要与古代人们对山神的崇拜有关。道教是在汉代及以后特定的历史条件下,在中国原始宗教信仰的基础上,以"道"为最高信仰,综合古老的巫史文化、鬼神信仰、民俗传统、各类方技术数,以道家黄老之学为旗帜和理论支柱,囊括儒、道、墨、医、阴阳、神仙诸家学说中的修炼思想、功夫境界、信仰成分和伦理观念,构成度世救人、长生成仙,进而追求体道合真的总目标下的神学化、方术化的宗教体系。

史料记载:道学创始人张道陵先是在嵩山古洞里修炼九年,后在四川鹤鸣山继续修炼,创立了天师道(即五斗米道)。张道陵创立的天师道,常被农民用作组织和发动起义的号召,统治阶级对它怀有戒心,也深为当时士大夫所不满。北魏时寇谦之居嵩山修道,声名渐著。神瑞二年(415年),他宣称太上老君亲临嵩山授予他"天师之位",赐《云中音诵新科之戒》20卷,传授导引服气口诀诸法,并令他整顿道教,除去伪法,专以礼度为首,而加之以服食闭炼。寇谦之亦依之对道教进行整顿;泰常八年(423年),他又称老子玄孙李谱文降临嵩山,亲授《录图真经》60余卷,赐以劾召鬼神与金丹等秘法,并嘱其辅佐北方太平真君(北魏太武帝)。始光中(424~428年),寇谦之亲赴魏都平城(今山西大同),献道书于太武帝拓跋焘,倡议改革天师道、五斗米道,制订乐章,建立诵戒新法。帝赐于平城东南建立新天师道场,重坛五层,遵其新经之制,后人称为"新天师道";太延年间(435~444年),太武帝听从寇谦之的进言,改年号为"太平真君",并亲至道坛受箓,成为道士皇帝,封寇谦之为国师。至此,天师道大盛。终北魏之世,崇信不衰。后周承魏,崇奉道法,每帝受箓,如魏之旧。由此,寇谦之的改革使民间道教走向官方道教。中岳庙内被称为道教立碑之始的《中岳嵩高灵庙碑》记述的就是寇谦之改革道教的事迹。而后金代王重阳的全真教在嵩山地域兴起后,王重阳所传七弟子,其四在嵩山地域为开教祖庭:丘长春在嵩阳崇福宫传全真龙门派;谭长真在宜阳韩城传全真南无派;孙不二在洛阳三井洞传全真静修派;刘处玄在洛阳云溪观传全真随山派。《云笈七签》载:"北邙为天下七十二福地之第七十,中岳嵩山为道教三十六小洞天之第六小洞天。"嵩山中岳庙是我国最大的道教建筑群,嵩山崇福宫是我国北宋时期最大的道宫,邙山上的上清宫是我国的四大道观之一。修真胜地,分列南北,堪称钟灵毓秀。今天,我们仍然可以看到当年的胜迹。

在我国历史上,发生于东汉时期的古代印度佛教的传入,是一次大规模的外来文化输入。佛教的教义,包括苦集灭道"四圣谛"、灵魂不灭、生死轮回、因果报应、慈悲为本等。佛教初传于东汉的国都

洛阳,最先在当时的政治、经济、文化中心区——嵩山地域生根、开花,经过魏晋南北朝数百年的吸收消化,逐步与中国传统文化融合为一体后开始枝繁叶茂,至隋唐之际,佛教便蓬蓬勃勃地发展起来。在佛教初传时期,一些著名的外来译经大师聚集在嵩山地域,译出了大量的佛教经典,形成了以嵩山地域为中心的大规模的译经和传经活动。正是这些大量的汉译佛经,为佛教推向全国提供了基础。

在中国佛教史上,嵩山地域有许多寺院闻名遐迩。白马寺是中国早期佛经翻译、佛教传播和进行各种佛事活动的中心,法王寺是东汉时期全国广建寺院的首唱,永宁寺是一座接待安置外国僧人译经的重要场所,嵩阳寺是北魏孝文帝的离宫,永泰寺是全国第一所皇家尼僧寺院,会善寺在唐代则以佛教戒坛而著称于世。著名的禅宗祖庭少林寺早期则是以译经而闻名于佛教丛林,后则以禅宗与武术结合而名扬天下。从嵩山地域历史遗存的白马寺、法王寺、慈云寺、少林寺、刘碑寺、石窟寺、风穴寺、卢崖寺、清凉寺、灵岩寺、香山寺、唐僧寺等众多的名家寺院看,就知道嵩山地域曾经有过的高僧云集,寺院密布,佛教辉煌。无论是在不同文化的协调中和佛教经典的最初翻译中,还是在佛教寺院的广建中,嵩山地域为中国佛教的传播与发展,都做出了巨大的贡献。

佛教在中国传播与发展的过程中,外来佛教对中国文化的影响是多方面的,虽然也一直存在着与中国传统文化的冲突,但最终与中国传统文化融合,密不可分。尤其在一般民众心中,佛教观念已成为日常生活的价值观念。时至当代,佛教文化已成为传统文化的一部分,在中国这块土地上扎下了根。嵩山地域和嵩山文化在推动佛教民族化、中国化过程中起到了不可忽视的重要作用。

自中国原始社会解体,进入文明时代后,中国思想学术史上先后出现了儒学、经学、玄学、道学、佛学、理学等学派。嵩山文化在历史上,出现了五次大的文化演变:一是中国传统文化的官学化,二是吸收和改造佛学并使儒、道、佛融为一体,三是寇谦之在嵩山将原来民间的五斗米改革为官方的新天师道,四是宋儒理学对中国文化彻底全面地加以改造,五是金末元初的儒释融会。这些学术思想和文化演变,对形成中华民族、中国人民的思想观念和"品格",对中国人民的社会生活、文化生活都产生了关键性的影响。古代的嵩山三教荟萃,多种学说和学派共存与发展。

八、民俗风情

以嵩山为中心的嵩山地域,是中国古代文明的发祥地。进入文明时代之后,逐步成为中国政治、经济、文化、交通的中心,因此不管是在姓氏开始形成的时期,即三皇五帝时期,还是在姓氏发展的夏商二代、在姓氏普及时期的周代,以及北魏孝文帝实行汉化政策等时期,嵩山地域均是姓氏形成、起源的一片沃土,给形成姓氏的种种方式(如:以图腾取姓,以氏族、部落取姓,以封国、邑、亭、乡名取姓,以先人名或字、先人谥号、爵位、官职、技艺取姓,赐姓,改姓等)提供了最理想的条件。伏羲氏、有河氏、有洛氏生活于此,黄帝族生活于此,帝喾居于此(偃师),夏后氏生活于此,涂山氏也生活于此。《史记·五帝本纪》载:"自黄帝至舜、禹,皆同姓而异其国号""帝禹为夏后而别氏,姓姒氏;契为商,姓子氏;弃为周,姓姬氏",以上姓氏均与嵩山地域有渊源关系。夏、商、周三代,嵩山地域为王畿之地,封国甚多,不少姓氏渊源于此。北魏太和二十年(496年),孝文帝在国都洛阳下诏,将鲜卑族117个(或说118个)复姓改为汉族单姓,共改得114个姓。著名学者袁义达先生说:"姓氏是中国人一直使用的代表血缘关系的一种符号,代表中国几千年来父系相传的一种文化。"众多姓氏,根在嵩山地域,充分证明了嵩山地域在"中华民族形成和进化"过程中的重大作用。

由于嵩山地域奴隶制最早取代原始公社制,在以后的长时期里,又是我国境内各地区、各民族以至境外不少地区、国家、民族交往的中心,这就决定了嵩山地域的民风民俗,必然会具有表率及示范作用,从而对周边及其他地区甚至境外产生深远的影响。同时,各地的民俗时尚也流传到嵩山地域,而被有选择地、程度不同地吸纳和接受。

嵩山地域的民风民俗是在漫长的时期内逐渐形成、演变,反映在广大人民群众一年四季日常生活的方方面面,内容极为丰富多彩。如农业、手工业、餐饮业、商业等经济活动,日常生活中的衣、食、住、行,节日庆典,集会结社,人生礼仪,婚丧嫁娶,信仰崇拜,邻里乡亲,游戏娱乐,民间艺术等无处不在,无时不有,和广大民众的生活水乳交融。嵩山民俗文化既受不同时期政治、经济、文化、宗教等发展变化的影响,又具有相对的独立性,能够多侧面、多角度地反映各个时期的社会现实。嵩山民俗特有的先导性、正统性、开放性,是和嵩山地域独特的历史地位、嵩山文化独有的特征和优势相吻合的,但它同时也在更多方面体现了我们民族共同的风俗时尚。

九、名人文化

以嵩山为中心的嵩山地域,作为中国古代文明的发祥地,长时期是中国政治、经济、文化的中心,历史上有许许多多对中国历史产生过重大影响,或对中国文化做出重大贡献的政治家、军事家、哲学家、史学家、文学家、艺术家、科学发明家等长期生活或活动在这里。翻开嵩山历史名人谱,我们可以看到,从三皇五帝到大禹商汤,从周武王到汉武帝,从曹操到孝文帝,从隋炀帝到武则天,从后周柴荣到宋徽宗,从忽必烈到清乾隆……这些历史上的王者,既是一个国家的统治者,又是一个历史的创造者,他们以自己的心血与睿智,与天下人民一起,塑造了中华民族不朽的精神内涵,推动着历史的车轮滚滚向前。

在彪炳史册、享誉时代的名人行列中,和嵩山地域相关的名人有炎黄二帝、唐尧、虞舜、帝喾、大禹、夏启、后羿、杜康、商汤、伊尹、贾谊、华佗、韩非子、子产、弦高、郑国、庄子、周文王、周平王、周武王、周公、老子、孔子、吕不韦、刘邦、项羽、张良、田横、陈胜、刘秀、刘彻、桑弘羊、司马懿、鬼谷子、苏秦、孙膑、庞涓、郑国、韩擒虎、宇文凯、蔡伦、马钧、李冲、班固、张衡、马援、司马迁、陈寿、蔡邕、张道陵、曹操、曹植、曹丕、袁绍、董卓、吕布、司马师、刘禅、拓跋宏、裴秀、左思、钟繇、达摩、寇谦之、李世民、李治、武则天、柳宗元、张旭、褚遂良、李龟年、杜甫、李白、吴道子、白居易、李商隐、元稹、韩愈、刘希夷、宋之问、孟浩然、玄奘、神秀、僧一行、潘师正、赵匡胤、赵炅、赵恒、李诫、文彦博、范仲淹、欧阳修、苏洵、苏轼、苏辙、蔡京、颜真卿、赵普、王安石、司马光、吕蒙正、邵雍、程颢、程颐、朱熹、李纲、杨时、李诫、丘处机、元好问、耶律楚材、赵秉文、李纯甫、王重阳、忽必烈、完颜彝、赵孟頫、姚枢、郭守敬、董其昌、王应鹏、俞大猷、唐顺之、高拱、王铎、冯时可、程宗猷、汤斌、耿介、景冬旸等,他们有的是雄才大略的开国君臣,有的是潜心治学的文化圣人,有的是叱咤风云的英雄豪杰,有的是胸怀大义的仁人志士……这些历朝历代的名人堪称中华文明的火炬,千百年来,指引着一代又一代的中国人自强不息、百折不挠、奋勇前进。

十、碑刻文化

碑刻是一种特殊的历史文化的传播载体,以其独特的方式记录着当时社会政治、经济、文化,乃至

军事、宗教、民俗等方方面面的信息,它在补史证史、记载各时代书法艺术方面,在我国传统文化史上有着重要的、不可替代的作用。嵩山的碑刻漫山遍野,这些碑刻文字所反映的社会经济和历史文化领域的内容十分广泛,是嵩山地域文化研究中的第一手原始资料,具有较高的历史、科学和艺术价值。嵩山碑刻主要分布在嵩山的太室、少室、邙岭之中,由此向四周放射,由密集到疏散,逐渐分布在嵩山系列山脉及其所在县市区的寺庙宫观、园林建筑、城镇村庄、丧葬墓地及古文化遗址上。嵩山碑刻作为嵩山文化的重要组成部分,在数量、质量、品类、内容、规模、年代诸方面占天下之先。嵩山碑刻不仅是我国石刻档案的大宗,也是我国书法演变发展的真实记录。嵩山碑刻向来以数量庞大、内容丰富、书法精湛、史料性强而著称于世,是我国重要的文化遗产和旅游资源。

嵩山地域的现存碑刻上自东汉、三国、西晋、北魏,下至唐、宋、金、元、明、清,时代绵延不断,碑刻发展变化明显,碑刻形式多种多样,书法遗迹充分。碑文内容十分丰富,涉及面很广。既有人物传记、改朝换代经过、军事战争纪实、重大历史事件纪实、自然灾害实录、建筑物兴废史记、官方诏令和牒文、典章制度、道家经箓、佛教经典、民间守则,又有民间生产组织机构及分配形式、诗赋名作等。涉及哲学、宗教、历史、地理、经济、政治、军事、文化、艺术、教育、科学、技术、民族等许多方面,它们以石刻的形式记录了古代文明。这些重要的石刻不但有其重要的政治意义,也有着珍贵的历史价值、文学价值和书法价值,能代表各个历史时期的史实和时代精神。它们不仅对纂志征事、正经补史、考字习书、研究嵩山古代社会发展史和中国书法演变发展史有着重要的实证作用,还给社会发展提供极为详实的历史依据。

嵩山地域中有众多的石窟及摩崖、造像、石碑、刻石、碑刻、石阙、石经、墓志、画像石等,还有满布纹饰的陛石、碑额、石柱、额枋等,这些珍贵碑刻文物,反映了2000多年来历代石刻艺术创作的伟大成就。据不完全统计,嵩山历史文化核心区的碑刻现有2600余通,有龙门石窟、巩义石窟及分散于嵩山各市县的造像题记3500余品,还有出土的古代墓志5000余方。石刻文献,林林总总,堪称是一部绵延2000余年的中华石刻通史。

十一、史料典籍与科学艺术

历数中国五千年文明史,文化艺术瑰宝如繁星盈天,举世瞩目。寻根溯源,博大精深的中国文化——哲学、历史、伦理、政治、医学、农桑、文学、美术、书法、音乐、舞蹈等,大都发端于嵩山地域。

嵩山地域诞生了中国最古老的文化经典,孕育了中国最原始、最具生命力的艺术萌芽。素有美术起源之称的仰韶文化中的陶绘代表作《鹳鱼石斧图》,就是出土于嵩山汝州。在洪荒时代,人类就已经知道利用声音的高低、强弱等来表达自己的意思和感情。随着人类劳动的发展,逐渐产生了统一劳动的节奏号子和相互间传递信息的呼喊,这便是最原始的音乐雏形。音乐与诗歌、舞蹈同源。产生于黄帝时期的二言诗《弹歌》,是我国最早的诗歌。我国最古老、最具代表性的舞蹈,用于国家大典和宫廷祭祀活动的《六代乐舞》(包括黄帝时期的《云门大卷》、唐尧时期的《大咸》(也称《大章》)、虞舜时期的《韶》、夏禹时期的《大夏》、商汤时期的《大濩》以及周武王时期的《大武》),是远古时期华夏族乐舞,也是周公制礼作乐时所继承和依据的经典之乐。《易经》与哲学,《尚书》与史学,《诗经》与文学,《道德经》与伦理学,《山海经》与地理、民俗学,《周礼》与政治学,蔡邕的《笔论》与书学等,这些占据着源头地位的经典之作,其根大都在嵩山历史文化核心区内。

同样,嵩山地域也是中国典章文化的策源地。历史上,许多著名的史学典籍都是出自于嵩山地域,而后流播于全国。西周时,周公姬旦营建洛邑后,在主持东都政务时,制定《礼乐》,成为西周奴隶制国家的统治纲领;东周时,孔子入周问礼于老聃(老子),访乐于苌弘;道祖老子在这里写出了千古名篇《道德经》,成为道家哲学思想的重要来源;西汉司马迁在洛阳受命写《史记》;大学者蔡邕鉴于"经典去古久远,文字多谬,俗儒穿凿频误后学"的情况,于熹平四年(175年)奏定《七经》文字,刻《熹平石经》立于东汉太学,作为法度森严的官定标准范本。东汉班固撰《汉书》,许慎撰《说文解字》,三国陈寿撰《三国志》,北宋司马光撰《资治通鉴》,欧阳修撰《新五代史》与《新唐书》等,这些历史上的皇皇巨著,都与嵩山地域有着不解之缘。

嵩山地域的古代科学技术成果作为嵩山文化的一个重要组成部分,同样有着惊人的辉煌历史,并处于当时那个时代的最前列。从早期的仰韶文化历经龙山文化到二里头文化,反映了从黄帝的农耕、陶绘,尧、舜的农业开发,到夏王朝文化巨大成就的取得,无一不是在以嵩山为中心的广大中原地区发展起来的。从上古时期起,聪明智慧的嵩山人就有了许多发明创造。如旧石器时代的石器,新石器时代的陶器、骨器、青铜器,夏代杜康(少康)酿造的美酒等,都是人类历史上最早的智慧结晶。

嵩山以其沟通天地的神奇和奥妙,使其一批又一批纵横八方、威名远播的名人志士和英雄豪杰,在嵩山开始了科学与艺术的创造,百舸争流,绵延不绝。春秋时期的老子在嵩山写出了千古名篇《道德经》,标志诸子散文的出现;战国时期水利专家郑国奉命在秦国设计修筑了我国第一条长300多里的大运河——"郑国渠";西周初期,周公姬旦通过古阳城测景(影)台的测影,确定了嵩山地域为"天地之中";西汉小说家虞初在这里根据《周书》写成了小说集《周说》,被推为中国古代小说家鼻祖;东汉太史令张衡因探索天文奥秘而创制天文测具浑天仪、候风地动仪,撰写天文著作《灵宪》,绘制我国第一张完备的星图《灵宪图》等,被称为"地动仪的鼻祖";东汉蔡伦在这里发明了造纸术,创制成"蔡侯纸",成为世界发明的先驱;东汉水利家王景主持治理的黄河,后世评价:"王景治河,千年无患";蔡邕在嵩山古洞里学书三年,写出了流传千古的论著《笔论》《九势》与《篆书势》《隶书势》,为后世书法发展奠定了基石;文学家曹植在这里撰写的《洛神赋》,成为我国文学史上不朽的名篇;魏晋时期的机械制造家马均在这里发明、改进、制作的指南车、织绫机、龙骨水车、水转百戏、翻车、转轮式发石机等,创下了我国科技制造业的奇迹;魏晋数学家刘徽注《九章算术》,太医令王叔和著《脉经》,西晋司空裴秀创制《制图六体》,当时在国家引起了巨大轰动;著名的"建安七子""竹林七贤""金谷二十四友"等文学名流在这里谱写了最华彩的篇章;左思一篇《三都赋》,曾一度导致"洛阳纸贵";散文家杨衒之以京城洛阳佛寺的兴废而撰写的《洛阳伽蓝记》,用优美的文笔描绘出一幅京都洛阳的巨幅图画,成为后世研究北朝城市经济地理的珍贵资料;唐代天文学家和佛学家僧一行在这里观天测雨,计算子午线,编制《大衍历》,成为天文学史上的一大创举;"诗仙"李白在这里寻仙访道,赏景咏诗,为嵩山留下了千古不朽的诗篇;杜甫从这里走出,沾着嵩山泥土的芬芳,带着乡亲的眷顾和牵挂,最终成为"诗圣";诗人白居易以所作大量感叹时世、反映人民疾苦的诗篇,成为唐朝现实主义诗歌的巅峰人物;画圣吴道子用嵩山自然的水墨和色彩,使其"吴带当风"成为画作艺术的永恒;出自于嵩山地域的"唐三彩""汝瓷""钧瓷"是唐宋时期朝廷专用的贡品,他们的光彩和美丽至今还是中国陶瓷业的骄傲;北宋王安石、欧阳修、司马光、苏洵、苏轼、苏辙、范仲淹、梅尧臣等一批思想和文学大家相继在这里著书作诗,他们的诗文与嵩岳同高、与日月同辉;北宋建筑大师李诫所写的建筑巨著《营造法式》,成为当时建筑科学技术的一部百科全书;金元时期被称为"北方文雄"的元好问,正逢国家危难、山河破碎之时,和其文友们一起在嵩山腹地创作了大量的忧患诗,用诗记录了当时国破家亡的现实,成为嵩山文化特有的

一道风景;天文学家郭守敬在这里建造观星台,主持编订的《授时历》,比西方发明的、当今世界上通用的公历《格里高利历》要早300多年;旅行家、地理学家徐霞客在这里旅行考察,所写的嵩山游记,给嵩山留下了永久的纪念……他们每个人都在中华民族的历史上留下了浓墨重彩的一笔。嵩山地域的古代科技成就与艺术成果,不但对于中华民族几千年来屹立于世界民族之林做出了巨大贡献,而且对东方各国乃至西方世界都产生了重要影响。这些千古不朽的壮举,这些人类智慧的结晶,在华夏民族漫长的历史长河中,世代传唱,历久弥新。

十二、少林武术

少林武术是指在嵩山少林寺这一特定佛教文化环境中形成的以佛教信仰为基础、以佛教禅宗智慧为文化内涵、以少林武术完整的技术和理论体系、以少林寺武术技艺和套路为主要表现形式,是中国武术界各大派系中历史最悠久、种类最繁多、体系最庞大的门派。

佛教作为异国宗教,自汉时传入中国,它与中国传统文化产生了互动互融的影响,并最终形成了中国化的佛学宗派——禅宗。禅宗简单易行的修行方法,使传统佛教摆脱了繁琐高深的理论和严酷的修行戒律,迅速融于中国社会,这为僧人习武现象的出现营造了理论依据,从而为少林武术的诞生奠定了基础。佛教以普度众生、大慈大悲为主旨。禅宗以宽容开放的精神接纳了武术,并集寺院武术、民间武术、军事武术于一体,在汇集百家武术的基础上创造了少林武术。

少林武术源于北魏,然而嵩山作为华夏文明的发源地,早已是中国政治、经济、文化的中心。从黄帝起,到大禹在此建立第一个华夏王朝,在漫长的人类历史中,人与天斗,人与兽斗,人与自然环境斗,嵩山人民的生活与原始武术的萌生相辅相成。早在少林寺建寺之前,少林寺北侧的轩辕关自周至秦汉都是军事重镇。在冷兵器时代,武术与军事的关系十分密切,少林寺地区频繁发生战争,两军对垒力者胜,这对居住在这里的人们习武风俗的形成和少林武术的孕育产生起到了巨大的影响与促进作用。少林武术的产生由跋陀落迹嵩山、达摩面壁少林、寺僧的生存生活及禅宗的世俗化缘起,到习武维护寺产经济的需要,体现了少林武术健身与护教的价值;从唐初少林僧人助唐平定王世充,到明代少林僧人御敌抗倭,体现了少林武术在军事实践中的价值。少林武术不但使少林武僧超越与世隔绝的修行生活,英勇报国,更使少林武术同搏斗格杀的武术融为一体,在众多的武术流派中独树一帜,成为中国武术的杰出代表。可以说,少林武术的发展过程是传统的中国文化与异国宗教文化的融合与张扬的过程。

翻阅少林武术发展史,少林僧人正义、爱国的精神,始终贯穿于少林武术发展提高的过程中。少林武术得以名扬天下,除了武技高超之外,还因为少林武僧在民族危难的时刻能挺身而出,为民族、为人民而赴沙场、洒热血。少林寺僧人从唐初帮助李世民战王世充至明代镇守边关、平叛抗倭、抵御外敌,保家卫国,使少林武林一直受到社会的广泛尊重和重视。清廷禁武,使少林武术从历代政治的重心中游离出来,但在复杂的社会民族矛盾中,依托民间强烈的爱国热情,少林武术产生了新的发展动力,促进了少林武术更快地传播发展。

回顾少林武术发展史,少林武僧在历次大的争战中,都充分体现了佛教禅宗教义中慈悲为怀、普渡众生、扶正祛邪、弃恶扬善等思想。这与中国传统文化中儒家思想的核心"仁"是一致或相通的。"仁"与"禅"相融合,形成了少林武术"武德"的主要精神。

武以禅魂,禅以武传,禅武相融,相得益彰。这就是少林武术的特点"禅武合一"。

所谓"拳者小拳,禅者大拳",一代代禅宗祖师将禅宗智慧赋予少林功夫,使之从优化人体运动技能和攻防格斗的武艺,到两军对垒时排兵布阵的武学,在持戒修行的武德约束下,提升为放下我执的武道,最终追求的至高境界是无我、空性的"禅武合一"。所以,少林功夫的最终主体是禅者,禅心运武,透彻人生,内心无碍无畏,表现出大智大勇的气概。禅武合一不仅将少林功夫提高到民间武术难以企及的精神品格的高度,更重要的是,它为相当大的一类人群提供了一条有着完整方法的内在超越之路。"天下功夫出少林"作为民间流传的说法,透露出传统社会对"禅武合一"理念与方法的广泛认可。少林武术以禅入武、以武扬禅、禅武不二的文化内涵,已得到世界武术界的赞同,当今,少林武术作为中国传统文化的杰出代表和人类文明的生动展示,已经成为中华民族的精神财富和全人类共同享有的文化遗产。

结束语

嵩山,有许多思想信仰从这里发端,有许多文化种类从这里起源,有许多帝王将相、英雄豪杰在嵩山活动,有许多名人志士为嵩山提笔赋诗,讴歌吟唱……正因为有了那么多,人们才称它为文化之源、华夏之根!

一万年岁月的烟雨风尘在嵩山文化的山野上留下了深刻的痕迹,这些痕迹的文化内涵则为中华民族精神的源泉。从《盘古开天辟地》《伏羲降龙》《二郎神担山赶太阳》《后羿射日》《明火的发明》,到《黄帝治国》《大禹治水》《子产执法》等远古神话与传说中,就隐藏着一个民族精神起源的密码,体现出了一种"战天斗地""自强不息"与"厚德载物"的精神。在漫长的历史长河中,嵩山的文化精神是伴随着环境的变化而变化,特别是随着文化的发展而发展,嵩山文化精神是在"邈彼嵩华,维岳之峻。岩岩高大,配天作镇"的嵩山文化背景下,通过众多标志性人物的具体行为体现出来的:大禹治水三过家门而不入的奋争精神,许由拒绝荣禄、谦让隐退的高风亮节,伯夷叔齐互让王位、信崇仁义、忠孝节烈的圣贤道德,田横和500壮士"富贵不能淫,威武不能屈"的崇高情操,达摩在山洞面壁九年的坚强意志,玄奘西天取经历经磨难、百折不挠的高贵品质,杜甫"三别""三吏"中的忧国忧民的忧患意识,李白"黄河之水天上来,奔流到海不复回"的豪迈气概,南宋英雄岳飞抗金凛然无畏的民族气节,女真族英雄完颜彝为在抗击蒙古军入侵的战争中,勇敢杀敌,慷慨赴死不低头的钢铁意志,以及嵩山文化所体现的系列精神和品质,诸如仁爱豁达,笃行纲纪;自力更生,自强不息;天下兴亡,匹夫有责;抗击强暴,英勇不屈;同甘共苦,团结互助;勤俭节约,艰苦奋斗;尊祖睦亲,爱国爱乡;不怕吃苦,勇于开拓;辉煌大气,厚重深沉;崇尚自然,天人合一等等,都是我们中华民族面向未来、面向世界厚重而宝贵的精神动力。

我们通过对嵩山历史文化和自然风光等方方面面的考查和研究,主要从自然山水、文化遗存、神话传说、名人史迹、宗教发展、民俗风情、碑文石刻、少林武术及古代散文和诗词等十个方面突出地相互印证而又有所侧重地表现中国传统文化渊源的嵩山文化,编撰《嵩山通志》《嵩山神话传说故事》《嵩山三教志》《嵩山名人传》《嵩山古诗》《嵩山艺文志》《嵩山碑刻》《嵩山民俗》《嵩山少林武术发展史》《嵩山古遗存》,结集为一套"嵩山文化大系"丛书。

历史上有关嵩山文化的资料浩如烟海,一套书的内容和篇幅毕竟有限;嵩山有太多的自然风景、神话传说、宗教学术、英雄伟人、民俗风情、碑碣石刻、少林武术、典籍诗文、文化遗存等,更难以把博大

精深的嵩山文化全部都选入书中,有很多东西我们只能忍痛割爱。在撰写"嵩山文化大系"过程中,我们尽可能从多方面吸纳历史、文物、考古学界多年来的史学研究和考古发掘的最新成果,参阅和征引了不少古人和今人的著作。对资料显示的不同之处,我们反复地查找了多种不同的资料,并进行反复的对照和论证后,都在这本书中进行了编校。行文中一般不做过多考证,寓观点精神于叙述之中。力争做到雅俗共赏,科学性、知识性、可读性兼备。尽管我们作了很大的努力,但对于全套书仍难免存在疏漏之处,敬请有关专家学者、同仁朋友以及广大读者不吝赐正。

文化的自觉与繁荣不仅是中华民族复兴的重要标志,更是民族安顿心灵、寻求意义的精神归属。因此,我们有必要重新审视嵩山文化的意义和价值,不遗余力地捍卫中华民族自己的文化根脉和特性,努力使大家对嵩山文化有全面的认识并充满敬意。

写于2012年8月
修改于2017年12月

目　录

前　言	1
凡　例	1
上古	1
燧人氏	1
伏羲氏	1
神农氏	2
女娲	3
有巢氏	3
少典	4
黄帝	4
方雷	5
方嫘	6
风后	6
蚩尤	7
广成子	8
仓颉	8
昌意	9
颛顼	9
帝喾	9
阏伯	10
祝融	11
唐尧	11
许由	12
巢父	13
虞舜	14
崇伯鲧	14

夏 ... 16
大禹 ... 16
涂山氏 ... 17
伯益 ... 17
启 ... 18
太康 ... 19
后羿 ... 19
少康 ... 19
孔甲 ... 21
夏桀 ... 21

商朝 ... 23
商汤 ... 23
伊尹 ... 24
太甲 ... 25
仲丁 ... 25
河亶甲 ... 26
伯夷、叔齐 ... 26

西周 ... 28
周武王 ... 28
箕子 ... 29
姜尚 ... 30
周公 ... 31
管叔 ... 32
蔡叔 ... 32
康叔 ... 32
周成王 ... 33
周昭王 ... 34
周穆王 ... 34
尹吉甫 ... 35
周恭王 ... 36
申伯 ... 37
甫侯 ... 37
周宣王 ... 38
周幽王 ... 38

春秋 ... 39
宜臼 ... 39
郑桓公 ... 39
郑武公 ... 40

郑庄公	41
颍考叔	42
武姜申	42
郑太叔	43
祭仲	43
佚之狐	44
烛之武	44
姬忽	44
郑子亹	45
郑子婴	45
郑厉公	45
姬阆	45
隗氏	46
管仲	46
弦高	47
宋襄公	48
狐偃	48
叔詹	49
郑文公	50
晋文公	50
董狐	50
姬郑	51
郑穆公	51
楚庄王	51
姬瑜	52
郑襄公	52
唐苟	53
子驷	53
公子嘉	53
郑简公	53
冯简子	54
王子乔	54
良霄	55
罕虎	55
然明	55
姬侨	56
子羽	56
裨谌	57

裨灶	57
公孙段	57
公孙黑肱	57
渔父	58
周景王	58
游吉	58
刘文公	59
王子朝	59
郑献公	60
邓析	60
老子	61
孔子	62
苌弘	63
西施	64
程本	64
颛孙师	65
周敬王	65
单武公	66

战国 67

子张	67
列子	67
郑繻公	68
聂政	68
子阳	69
郑康公	69
韩哀侯	69
韩懿侯	69
申不害	70
韩昭侯	70
王诩	71
孙膑	71
庞涓	72
周惠公	72
白圭	72
韩釐王	73
韩宣惠王	73
公孙侈	73
扁鹊	73

张仪	74
苏秦	74
韩桓惠王	75
郑国	75
周赧王	76
白起	77
吕不韦	77
蒙骜	78
韩非	78
韩王安	79

秦 80
- 荀悦 80
- 陈胜 80
- 吴广 82
- 孔鲋 82
- 邓说 83
- 田臧 83
- 田横 83
- 项羽 84
- 申阳 85

西汉 86
- 刘邦 86
- 纪信 87
- 萧何 88
- 张良 88
- 贾山 89
- 陈平 89
- 韩仁 90
- 周勃 90
- 贾谊 90
- 剧孟 91
- 晁错 92
- 刘启 93
- 窦婴 93
- 灌夫 94
- 韩安国 94
- 汲黯 95
- 刘彻 95

卜式	96
桑弘羊	97
司马迁	98
任安	99
虞初	99
韩千秋	100
田广明	100
黄霸	100
贾嘉	101
刘询	101
董忠	101
褚少孙	102
贾捐之	102
卓茂	102
杨雄	103
杜子春	104
王莽	104
申屠圣	105
原涉	105
师史	106

东汉 ······ 107

桓谭	107
刘秀	108
贾逵	109
侯霸	110
杜诗	110
董宣	111
祭遵	112
祭肜	112
常十	113
郅恽	113
向长	114
索卢放	114
张勋	114
杨震	114
王霸	115
孙堪	116
郭贺	116

刘庄	116
明德皇后	117
郭弘	117
郭躬	118
黄香	118
王充	119
竺法兰　摄摩腾	120
王景	121
刘炟	121
班固	122
班超	123
班昭	123
窦宪	124
袁安	125
王涣	125
袁敞	126
邓绥	126
蔡伦	126
阎章	128
阎姬	128
朱宠	128
阎显	129
许慎	129
马融	130
刘祜	130
庞参	131
崔瑗	131
张陵	132
张衡	132
梁冀	134
服虔	134
李固	135
王海	135
虞诩	136
单超	137
种暠	137
尹勋	138
杜密	138

波才 ……………………………………………………………… 139
　　吕强 ……………………………………………………………… 139
　　陈寔 ……………………………………………………………… 139
　　马元义 …………………………………………………………… 139
　　李膺 ……………………………………………………………… 140
　　刘保 ……………………………………………………………… 140
　　何皇后 …………………………………………………………… 141
　　张让 ……………………………………………………………… 141
　　何颙 ……………………………………………………………… 142
　　董卓 ……………………………………………………………… 142
　　蔡邕 ……………………………………………………………… 143
　　蔡琰 ……………………………………………………………… 144
　　吕布 ……………………………………………………………… 144
　　华佗 ……………………………………………………………… 145
　　乐羊子妻 ………………………………………………………… 145
　　阮瑀 ……………………………………………………………… 146
　　桑钦 ……………………………………………………………… 146
　　邯郸淳 …………………………………………………………… 146
　　刘德升 …………………………………………………………… 147
　　郑泰 ……………………………………………………………… 147
　　唐姬 ……………………………………………………………… 148
　　袁绍 ……………………………………………………………… 148
　　刘宏 ……………………………………………………………… 149
　　种劭 ……………………………………………………………… 149
　　刘翊 ……………………………………………………………… 149
　　吴雄 ……………………………………………………………… 150
　　阮瑀 ……………………………………………………………… 150
　　刘协 ……………………………………………………………… 150
　　屈伯彦 …………………………………………………………… 151
　　颜良 ……………………………………………………………… 151
　　郑浑 ……………………………………………………………… 151
　　郑崇 ……………………………………………………………… 152
　　张伯雅 …………………………………………………………… 152
三国 ………………………………………………………………… 153
　　枣祗 ……………………………………………………………… 153
　　张仲景 …………………………………………………………… 153
　　钟繇 ……………………………………………………………… 154
　　曹操 ……………………………………………………………… 155

荀攸	156
关羽	156
胡昭	157
荀彧	157
郭嘉	158
繁钦	159
赵俨	159
司马徽	159
徐庶	160
司马懿	161
王肃	161
阮籍	162
嵇康	162
曹丕	163
辛宪英	164
曹植	165
辛毗	166
何晏	166
曹叡	167
山涛	167
刘禅	167
司马昭	168
钟会	169
张飞	169
杜预	170
冯熙	171
王弼	171
陈寿	172
马钧	173
向秀	174
郤正	174
田真	175
朱士行	175
杜夔	176
戏志才	176
孟光	176
郗鉴	177

两晋十六国 ... 178

- 皇甫谧 ... 178
- 司马炎 ... 179
- 裴秀 ... 179
- 成公绥 ... 180
- 阮咸 ... 180
- 杨肇 ... 181
- 张华 ... 181
- 司马彪 ... 182
- 潘岳 ... 182
- 石崇 ... 183
- 韩寿 ... 184
- 左思 ... 184
- 左棻 ... 185
- 郭象 ... 185
- 贾南风 ... 186
- 司马衷 ... 186
- 陆机 ... 187
- 嵇含 ... 187
- 潘尼 ... 188
- 司马邺 ... 188
- 褚䂮 ... 189
- 司马睿 ... 189
- 郭璞 ... 190
- 郑阿春 ... 191
- 褚裒 ... 191
- 褚蒜子 ... 192
- 褚爽 ... 192
- 褚秀之 ... 192
- 褚淡之 ... 193
- 褚叔度 ... 193
- 褚灵媛 ... 193

南北朝 ... 195

- 范泰 ... 195
- 寇谦之 ... 195
- 谢灵运 ... 196
- 拓跋嗣 ... 197
- 拓跋焘 ... 197

荀雍	198
褚湛之	198
鲍照	198
元丕	199
张宗之	199
徐謇	200
褚渊	200
褚炫	201
褚澄	201
李冲	202
江淹	203
元法僧	204
郑道昭	204
萧衍	205
元澄	206
李显达	206
拓跋宏	206
奚康生	207
元鰓	208
褚球	208
稠禅师	209
庚肩吾	209
元恪	209
元树	210
元怿	211
慧可	211
元愉	212
元遥	213
元延明	213
褚贲	213
于谨	214
元顺	214
元谐	214
元桢	214
邢子才	215
元太兴	215
褚蓁	216
元安寿	216

元鉴	216
蒋少游	216
元禧	217
褚翔	217
元宝炬	217
元子攸	218
元脩	218
元深	219
柳蚪	219
元英	219
元诩	220
元嘉	220
冯亮	220
永泰公主	221
裴衍	222
杨愔	222
元晖	223
宇文福	223
转运公主	223
明练公主	224
跋陀	225
元匡	226
房谟	226
元世遵	227
元融	227
郦道元	227
胡仙真	228
褚令璩	228
元雍	229
郑俨	229
元颢	229
褚向	229
元徽	230
王琚	230
元天穆	230
元罗	230
赵肃	231
山伟	231

元彧	232
李长寿	232
菩提达摩	232
李延孙	234
元文遥	234
赵刚	234
孟威	235
元孚	235
元欣	235
元仲景	235
郑道邕	236
长孙绍远	236
薛寘	236
元晖业	237
荀仲举	237
杨衒之	238
刘碑	238
褚该	239
元伟	239
元景安	239
庚信	240
江总	240
贺若敦	241
褚玠	241
元善见	242
高洋	242
斛斯徵	243
静蔼	243
高湛	243
元行恭	243
陈月仪	244
元韶	244
于翼	244
元定	245
长孙俭	245
韩褒	246

隋朝 247
　　刘佑 247

周摇	247
贺若谊	248
元亨	248
元晖	248
元孝炬	249
元褒	249
元景山	249
元岩	250
王谊	250
长孙览	250
元谐	251
卫玄	251
杨坚	252
独孤伽罗	253
长孙平	253
元胄	254
贺若弼	254
于文弼	255
于仲文	255
元善	255
长孙炽	256
元寿	256
释法侃	256
长孙晟	257
智命	257
赵轨	257
宇文恺	257
元弘嗣	258
杨玄感	259
斛斯政	259
张须陀	260
翟让	261
元文都	261
宇文庆	261
杨广	262
郑善果	263
窦建德	263
李密	264

王世充 265
花木兰 266
释智命 266

唐代 267

李玄道 267
徐文远 267
丘和 268
褚亮 268
道岳 269
长孙操 269
颜师古 269
孙思邈 270
韦机 271
王绩 272
丘行恭 272
长孙无忌 273
郑世翼 273
褚遂良 274
元仁惠 274
李世民 275
长孙敞 275
长孙顺德 276
长孙皇后 276
李怀林 277
郑元璹 277
郭孝恪 278
玄奘 278
狄仁杰 280
上官仪 281
孟诜 281
武则天 282
元万顷 284
丘神勣 284
骆宾王 284
李治 285
朱敬则 286
王希夷 286
卢照邻 287

张亮	287
徐有功	288
王玄策	288
李峤	290
李日知	290
杜审言	291
司马承祯	292
杜并	293
苏味道	293
刘允济	293
薛稷	294
王勃	295
杨炯	296
毕构	296
薛曜	296
陈章甫	297
姚崇	297
刘希夷	298
杜易简	299
明崇俨	299
贾言中	300
李弘	300
武什方	301
崔融	301
王畯	302
阳峤	302
元行冲	303
宋之问	303
沈佺期	304
王琚	304
田游岩	305
武攸绪	305
陆余庆	306
陈子昂	306
元希声	307
李旦	307
王知敬	308
张文仲	308

吉顼	309
万国俊	309
崔元综	310
房融	310
武平一	310
上官婉儿	311
卢藏用	311
许景先	312
贾曾	312
褚璆	312
燕钦融	312
李虔纵	313
杜闲	313
陆坚	313
孙季良	314
许景先	314
王湾	314
元丹丘	314
张说	315
毋煚	316
吴兢	316
张九龄	317
李邕	318
元延祖	319
张廷珪	319
一行	319
李林甫	321
吴道子	321
郑虔	322
李隆基	323
王之涣	324
孟浩然	325
卢鸿	326
刘慎虚	327
李颀	327
张均	328
罗希奭	328
陆据	328

吉温	328
张垍	329
元正	329
于休烈	329
房琯	330
郭子仪	330
祖咏	331
王缙	331
王维	332
李白	333
高适	335
萧昕	336
张諲	336
安禄山	336
徐浩	337
崔曙	338
储光羲	338
颜真卿	339
郑常	340
李筌	340
李揆	341
张彪	341
杜甫	342
元融	343
李龟年	343
马炫	344
郑寓	344
李观	344
沈千运	344
王季友	345
岑参	345
萧颖士	347
贾至	347
刘方平	347
元结	348
白锽	349
张谓	349
钱起	349

姓名	页码
李泌	350
独孤及	352
孟云卿	353
于颀	354
李豫	354
刘长卿	355
孔述睿	355
戴叔伦	356
韦应物	356
释皎然	357
王虔休	358
郑珣瑜	358
顾少连	359
李适	359
郑云逵	360
房式	360
卢坦	361
郑余庆	361
李益	362
毕垌	362
孟郊	363
郑絪	363
李华	364
房孺复	364
宋玉	364
武元衡	365
李涉	365
李素	366
权德舆	366
武儒衡	367
唐衢	367
独孤朗	368
郑还古	368
贾餗	368
郑覃	369
韦士仪	369
裴度	369
王建	370

韩愈	370
张仲素	372
刘禹锡	372
白居易	373
李渤	374
独铁郁	375
郑浣	375
元稹	376
马异	377
贾岛	377
郑肃	378
郑亚	378
徐商	378
曹确	378
姚合	379
刘乃	379
施肩吾	380
李德裕	380
许浑	381
李贺	382
卢仝	383
毕諴	383
杜牧	384
郑朗	384
方干	385
郑从谠	385
温庭筠	386
李商隐	386
卢携	387
郑颢	388
郑畋	388
韦庄	389
聂夷中	390
张全义	390
裴铏	391
房千里	392
郑处诲	392
孙儒	393

郑綮	393
于僧翰	394
徐彦若	394
郑准	394
郑钰	394
郑裔绰	395
郑仁表	395
释亚栖	395
郑审	396
郑町	396
郑谷	396
李晔	396
释亚楼	397

五代十国 …… 398

李袭吉	398
朱温	398
王彦章	399
张图	400
索长官	400
杨凝式	400
袁义	401
高万兴	401
李保殷	401
李存勖	402
卢质	403
刘崇远	403
石敬瑭	403
郑受益	404
潘环	404
刘知远	405
桑维翰	406
郭威	406
李三娘	407
石重贵	407
柴荣	408
刘承祐	409
史弘肇	409
李光美	410

聂崇义 ... 410
柴宗训 ... 410

北宋 ... 411
王彦升 ... 411
崔颂 ... 411
杨朴 ... 412
赵普 ... 412
罗彦瓌 ... 413
祁廷训 ... 414
李琪 ... 414
高怀德 ... 414
王审琦 ... 415
赵匡胤 ... 415
石熙载 ... 417
郭忠恕 ... 417
孔承恭 ... 418
梁同翰 ... 419
杨业 ... 419
曹彬 ... 420
王瓘 ... 420
张图 ... 420
卢多逊 ... 421
毕士安 ... 421
赵光义 ... 422
赵仁安 ... 423
张颐 ... 423
康保裔 ... 423
陈省华 ... 423
程德玄 ... 424
张齐贤 ... 424
万适 ... 425
温仲舒 ... 425
吕蒙正 ... 426
李建中 ... 427
何承矩 ... 427
王禹偁 ... 428
李溥 ... 428
种放 ... 429

崔鶠	429
杨延昭	430
魏野	430
陈尧叟	431
寇准	432
陈尧佐	432
崔瓐	434
王曙	434
寇瑊	434
赵恒	435
陈尧咨	436
王博文	437
王随	438
赵仁安	439
王曾	439
吕夷简	440
卢士宏	441
王德用	441
范雍	442
种世衡	442
张尧佐	443
蔡齐	444
范仲淹	445
程戡	446
燕肃	446
滕宗谅	447
张昪	448
谢绛	448
赵尚宽	449
宋庠	449
孙甫	450
宋祁	450
包拯	451
尹洙	452
李淑	453
梅尧臣	453
富弼	454
尹源	455

刘几	455
文彦博	456
李及	457
郭游卿	457
武宗元	457
祖无择	458
程珦	459
欧阳修	460
范镇	461
许希	462
苏洵	462
赵祯	463
邵雍	464
吴几复	465
盛陶	466
李南公	466
王拱辰	467
吕诲	468
宋道	468
宋迪	469
孙固	469
韩维	469
常秩	470
吕公著	470
司马光	471
冯京	473
王安石	473
郭逵	474
张贵妃	475
种诂	475
种谔	475
范纯仁	476
孙路	477
范子奇	477
种谊	477
程颢	478
程颐	479
朱光庭	480

郭忠孝	480
苏轼	480
苏辙	482
马仲甫	483
杨畏	483
刘绚	483
黄庭坚	484
李格非	485
李诫	485
蔡京	487
赵顼	487
秦观	488
米芾	488
种师道	489
李复	490
晁补之	490
杨时	490
游酢	491
楼异	493
张耒	493
晁咏之	494
王古	494
邵伯温	494
蔡卞	495
崔鶠	496
陈恬	496
李廌	496
种师中	497
晁说之	497
尹焞	498
张克公	499
晁冲之	499
翟兴	500
翟进	501
张锐	501
范坦	501
席旦	502
李彦仙	502

  曹祖 ... 503
  任谊 ... 503
  范宽 ... 504
  朱弁 ... 504
  傅察 ... 505
南宋 ... 506
  毕仲游 ... 506
  韩驹 ... 506
  朱敦儒 ... 507
  吕本中 ... 508
  富直柔 ... 508
  曾几 ... 508
  陈与义 ... 509
  曹勋 ... 510
  岳飞 ... 511
  李处权 ... 512
  董先 ... 512
  邵博 ... 513
  康与之 ... 513
  曾开 ... 513
  陈寿 ... 514
  郭雍 ... 514
  赵构 ... 514
  王十朋 ... 515
  周必大 ... 516
  杨万里 ... 516
  朱熹 ... 517
  李处全 ... 518
  赵蕃 ... 518
  郑方 ... 519
  张端义 ... 519
金代 ... 520
  完颜亮 ... 520
  完颜雍 ... 521
  许安仁 ... 521
  丘处机 ... 522
  王庭筠 ... 523
  宗端修 ... 524

秦略 524
刘昂霄 525
秦志安 525
冯璧 526
张毂 526
赵秉文 526
完颜珣 527
张行信 528
杨云翼 528
李俊民 529
李纯甫 529
麻九畴 531
雷渊 531
王渥 532
姬汝作 533
黄久约 533
辛愿 533
元好问 534
薛玄 535
李献能 535
完颜彝 536
张潜 537
高仲振 537
王予可 538
刘昂霄 538
李汾 539
杜时升 539
杜瑛 540
释继洪 540
赵宜之 541
吕大鹏 541
胡天作 541

元代 542
 杨奂 542
 耶律楚材 542
 姚枢 544
 许衡 545
 孛儿只斤忽必烈 546

姚守中	547
刘庭秀	548
克烈士希	548
郭守敬	549
王恂	550
姚燧	551
郑汝翼	552
秦长卿	552
汪元量	552
白居敬	553
赵孟頫	554
赵宏伟	555
明格公	555
石子章	555
欧阳玄	556
孛儿只斤·爱育黎拔力八达	557
邵元	557
王沂	559
王翰	559
贾鲁	559
妥欢贴睦尔	560

明朝 562

朱元璋	562
傅英	563
山锡之	563
高逊志	563
边宁	564
任昂	564
高启	564
朱棣	565
朱橚	565
察罕帖木儿	567
刘先	567
王彰	568
朱高炽	569
薛瑄	569
周叙	571
朱瞻基	572

刘定之	572
周济	573
邢恭	573
陈纪	574
李春	574
曾泉	574
滕昭	574
马文升	575
朱祁镇	576
朱祁钰	576
李原	577
刘槃	577
刘健	578
白良辅	579
朱见沛	579
董敬	580
杜忠	580
朱见深	580
刘宇	581
李瀚	581
乔宇	582
都穆	582
秦金	583
朱祐樘	583
李梦阳	583
陈凤梧	584
王尚絅	585
李乘云	586
胡缵宗	586
何景明	586
高尚贤	587
毛伯温	587
薛蕙	588
黄省曾	588
朱厚照	589
赵迎	590
谢榛	590
焦子春	591

李升	591
王冕	591
王应鹏	592
刘六　刘七	592
高捷	593
俞大猷	593
唐顺之	595
卢楠	596
朱厚熜	597
高拱	597
朱衡	598
李攀龙	599
徐学谟	600
董世彦	600
镏绩	601
温新　温秀	601
陈万言	601
赵之韩	601
陈纲	602
王世懋	602
朱载堉	603
朱载壡	604
陆柬	605
冯时可	605
千万里	606
陆仁	607
周梦旸	607
王士性	607
李维桢	608
赵南星	608
朱朝伦	609
李化龙	609
穆光胤	610
董其昌	611
金忠士	612
公鼐	612
程绍	613
张维新	614

董九贡	614
程宗猷	614
叶秉敬	615
靳于中	616
崔应科	616
区大相	617
朱翊钧	617
傅梅	618
袁宏道	618
黄承玄	619
文翔凤	620
弓省矩	620
毛文炳	621
朱由校	621
田珍	622
汤九州	622
连标	622
高出	623
刘理顺	624
禹好善	624
徐霞客	625
朱常洵	626
刘景曜	626
王述古	627
阴化阳	627
吕维祺	627
焦宏祚	628
王则古	628
李际遇	629
王升	629
王铎	630
黄守才	631
李自成	631
朱敏汀	632
常克念	632
朱由检	633
顾炎武	633
蔺完植	634

方汝浩	634
徐日泰	634
钱祚徵	635
刘禋	635
鲁世任	635
李乘云	636

清代 ·········· 637
 陈元赟 ·········· 637
 孙奇逢 ·········· 638
 赵来鸣 ·········· 639
 艾元复 ·········· 639
 张光祖 ·········· 639
 王鑨 ·········· 640
 马上骧 ·········· 640
 张璠 ·········· 641
 耿介 ·········· 641
 叶封 ·········· 642
 王日藻 ·········· 643
 毛奇龄 ·········· 643
 陈维崧 ·········· 644
 李经世 ·········· 646
 傅景星 ·········· 646
 汤斌 ·········· 646
 李芝兰 ·········· 647
 阮汉闻 ·········· 647
 郜锦屏 ·········· 648
 蔺挺达 ·········· 648
 刘延祐 ·········· 649
 余正华 ·········· 650
 郭一鄂 ·········· 650
 董色起 ·········· 650
 张奇勋 ·········· 650
 张凤鸣 ·········· 650
 史永櫄 ·········· 651
 张沐 ·········· 651
 陈日章 ·········· 651
 高一麟 ·········· 652
 王士祯 ·········· 652

傅而师	653
田雯	654
陈鸣皋	655
阎兴邦	655
王又旦	656
赵士毅	657
爱新觉罗·福临	657
冉觐祖	657
郭遇熙	658
高绪之	659
张庆发	659
景暹	659
董祚宏	659
贾之彦	659
何锡爵	660
程宗濂	661
焦复亨	661
焦贲亨	661
张坝	662
焦钦宠	662
杨晋	663
潘耒	664
仝轨	664
刘湛	665
吕履恒	665
窦克勤	666
李来章	667
吕谦恒	667
爱新觉罗·玄烨	668
傅而保	669
梁家蕙	669
宋至	670
颖如琇	670
赵冬晟	671
赵御众	671
张信	672
任枫	672
郭文华	672

邵定	673
高有闻	673
罗夔友	673
刘青藜	673
郃煜	674
苌仕周	674
景日昣	674
顾嗣立	675
毛汝诜	676
李淑沅	676
任天笃	677
施奕簪	677
马士光	677
杨居午	678
爱新觉罗·胤禛	678
吕法曾	679
张汉	679
岳钟琪	680
王士俊	680
刘堉	681
桑调元	682
王聿修	683
李绿园	683
乔履信	684
张钺	684
何源洙	685
赵经	685
爱新觉罗·弘历	685
李时升	687
许勉燉	688
曹鹏翊	688
刘墉	689
钱九府	689
苌乃周	690
钱青简	691
王刻石	691
钱九韶	692
刘潜	692

刘玉威	692
张抱	693
万邦荣	693
王九式	693
裴希纯	693
武亿	694
洪亮吉	695
孙枝荣	696
白昭	696
杜蒂	696
爱新觉罗·颙琰	696
白士宏	697
马时芳	697
徐攀桂	698
魏士俊	698
余靖	699
王勋臣	699
弓士骏	699
白居敬	700
刘受书	700
李炳南	700
周开谟	700
爱新觉罗·旻宁	701
刘廷芳	701
魏文翰	702
赵广思	702
阎坛	702
秦阿灼	702
董以威	702
马鉴	703
陈亢勋	703
王兆吉	703
郜锦	703
程式渊	703
张可象	704
武穆淳	704
陆继辂	704
康应魁	704

孙九同	706
刘光三	706
弓翊清	706
张调元	707
王格正	707
梁文秀	707
胡玉如	708
杨炳堃	708
常茂徕	709
曹肃孙	709
杨万辉	709
郭祥泰	710
弓嵩保	710
刘凌汉	711
翟峒山	711
牛浩然	711
牛昶昞	712
苏鹏翥	712
刘玉渊	713
景纶	713
刘化镇	713
杨遬渐	714
王德魁	714
翟允之	714
牛凤山	715
沙春元	715
王守基	716
李常华	716
王莲塘	716
牛瑄	716
张汝梅	717
牛长庚	717
胡振南	717
王鉁	717
王化堂	718
叶赫那拉·杏贞	718
杜鹿鸣	719
魏联奎	719

刘莲青	720
许作霖	720
曹广权	720
杜希春	721
赵秉钧	721
田春荣	722
康有为	722
王棽林	723
刘邦骥	723
林东郊	724
爱新觉罗·载湉	725
弓泰	725
卢士选	725
田春同	726
王抟沙	726
王天纵	726
宋淑信	727
赵承元	727
席书锦	728
后记	729

前　言

嵩山古称"外方""天室""太室""崇山",是古人心目中的一座连接上天与人间的神山和祭祀华夏先祖的祖山。从地理位置上来说,它位于洛阳盆地的盆沿之上,是历朝历代为建立国家、建都洛阳,以取得上天和祖先的庇护和依靠。正如司马迁在《史记》中所说:"昔三代之居,皆在河洛,故以嵩高为中岳,而四岳各如其方。"历史上,我们把以嵩山为中心的登封以及嵩山余脉区域内的巩义、荥阳、新密、偃师、新郑、汝州、禹州、伊川9个县市,以及与此相邻的古都郑州和洛阳区域,称为"嵩山历史文化核心区"。

嵩山历史文化核心区不仅是黄帝建国立都有熊(新郑)、帝喾以亳(偃师)为都的地方,而且还是夏、商、周的王都所在。夏禹开国建都阳城(登封),其子启都阳翟(禹州)及夏后期的夏都斟鄩(偃师)(古本《竹书纪年》记载:"太康居斟鄩,羿又居之,桀亦居之");商汤灭夏后建都于西亳(偃师)、商朝仲丁隞都(郑州)、西周东都洛邑(洛阳)与东周国都洛邑(洛阳)。在相当长的历史时期内,这里都是国家政治、经济和文化的中心。历史上有许多对中国历史产生过重大影响,或在历史做出了巨大贡献的名人都曾经生活或活动在这里。正是这些民族的骄子、国家的栋梁、百姓的代表,影响并推动了历史发展的进程,谱写了华夏文明最辉煌的篇章。

嵩山历史文化核心区在地理位置上,自古为兵家必争之地,《汉书·陆贾传》称它为"居天下之膏腴,人众车舆,万物殷富"的地方。从陈胜、吴广的农民起义,到楚汉战争的鸿沟对垒;从唐初李世民与王世充的洛口大战,到武则天定都洛阳、封禅嵩山;从金宣宗置兵少室山,到金军和蒙古军交战在钧州三峰山,多少英雄豪杰都在嵩山历史文化核心区的大地上留下了深深的印记,他们的事迹将永远彪炳史册!

在嵩山历史名人的金榜上,叱咤风云、留名千古的人物灿若群星,细细梳理他们的来龙去脉,主要有三种:一是生长于嵩山历史文化核心区的名人。他们从这里走出去,到外地建功立业,后来成为了地方或国家的名人;二是嵩山历史文化核心区的外来者。他们祖籍虽在外地,但长期居住、任职或活动于嵩山历史文化核心区,或对嵩山历史文化核心区的某个地方、某一方面产生过大的影响或做出了重要贡献;三是葬于嵩山历史文化核心区的帝王、名宦及有突出事迹的名人等。

一部25史,绝大部分是人物传记,而这个地域的历史名人见于二十五史、有事迹可查者不下5000人,见于文集、方志、野史、笔记、家谱中的历史名人更是难以计数。鉴于嵩山地域在中国历史上的特殊地位,研究嵩山历史名人,对他们本人的历史行为进行认真梳理和总结,不仅有利于弘扬地方文化,而且对于认识整个中华民族的历史,促进我国传统文化的发展,都具有重要的历史意义和现实意义。

历史唯物主义者认为，历史是人民群众创造的。因此，历史的研究离不开对个人活动的具体研究，通过对历史人物的研究，可以揭示出支配历史人物活动的物质力量，有助于从一个方面认识人类社会历史发展的客观规律。

人世间再显赫的权位不能永固，再巨大的财富不能长留，唯思想文化可以绵长永久地流传下去。人类有思想的天性，思想有传播的功能，文化是毁灭不了的。虽然历史上的这些名人早已逝去，与之相关的事业已不复存在，但他们的精神却弥漫在漫长的岁月里、存活于后人心目中，他们创造的文化产品盛载于浩瀚的文史典籍里。这些已逝的名人蕴藏着人类文化特有的力量，超越时空，至今依然影响着人们的思想和感情。

《嵩山名人传》收录人物范围广，收入此书的大都是在历史发展的长河中，对国家和民族有影响或有贡献的名人。这些名人中有的叱咤风云、顺应历史潮流，成为时代的英雄；有的矢志革新，以国家的富强和民族的复兴为己任，成为人们学习的榜样；有的创造出了文学艺术、科学文化等专业成果，造福人民；也有的逆历史潮流而动，独断专行，贪污受贿，扭曲了自身的世界观和价值观，留下了不光彩的名声。这些名人的事迹至今还流传在当地人民群众中间，或好或坏，他们永远是历史的一面镜子。将这些正反两方面名人的史料搜集在一起，加以简要而科学的总结，汇辑成书，不但能满足人们对嵩山名人了解的愿望和要求，有助于后人以史为鉴，起到资治、教化、存史、交流的作用，而且对研究整理嵩山文化具有重要的参考价值。

编写《嵩山名人传》，是一个巨大的文化工程。为了更好地完成这一艰巨的工程，我们坚持一切从实际出发，以努力公正的态度，认真写好历史上的每一个名人。尽可能地从多个史料中，从不同的人物评价中，找出原始材料，去粗取精、去伪存真，客观真实地反映出这些名人真实的人生面貌。尽管如此，编写这样众多的人物传记，亦难免出现疏漏和不足，恳切希望广大读者给予批评指正，我们在此表示真诚的谢意。

2013 年 5 月

凡 例

一、"嵩山文化大系"是在河南省民间文化遗产抢救工作委员会的领导和关怀下立项编写的。目的是帮助读者了解、研究嵩山的历史状况，以促进嵩山地域政治、经济和文化的发展。

二、本书涉及范围为"嵩山历史文化核心区"，其地域划分是以嵩山为中心，所涉及的面积主要涵盖嵩山主要位置区的登封和嵩山余脉地区伊川、偃师、巩义、荥阳、新郑、禹州、新密、汝州9个县级市，以及相邻的古都郑州市和古都洛阳市，也就是被史学界、考古界、地学界所说的"嵩山文化圈"，书中简称"嵩山地域"或"嵩山地区"。

三、本书所选古代名人主要有三个条件：一是生长于嵩山地区的名人，他们从这里走出去，到外地建功立业，后来成为了地方或国家的名人；二是嵩山地区的外来者，他们祖籍虽在外地，但长期居住、任职或活动于嵩山地区，或对嵩山地区某个地方、某个方面产生过重大影响；三是墓葬于嵩山地区的帝王、名宦及有突出事迹的名人。

四、本书所写的内容为古代名人，史料大都来源于嵩山历史文化核心区的地市及各县(市)的地方志、史料及其他印刷出版的相关史料。

五、本书对不同版本的史料对同一名人或事件存在不同说法的问题，编者以正史记载为准；个别事件中人物姓名有不同之处的，也以正史资料的记载为准。

六、本书所选古代名人的事迹，有好有坏，有优有劣，编者以真实为出发点，进行人生概述，包括摘录社会、后人及史料对名人的评价，以便观览他们的人生作为，有助于后人以史为鉴。

七、本书中所说的古代洛阳，为洛阳京畿辖域，而非今日的洛阳。其大致范围是：南始中岳嵩山，北至太行王屋，东及虎牢，西迄函谷。按现在的区划是南达临汝、登封，北至济源，东及荥阳、巩义，西迄三门峡陕县、灵宝。

八、本书所选名人的时间为先秦至清代。

九、本书在摘录古书中记载时，一律使用规范化汉字。古文中的冷僻或疑难字，在现代汉字中查不到的，经电脑专业人员组字，尽可能恢复原字形态。但由偏旁组成的汉字毕竟与规范化的汉字相比有差距，请读者理解。

十、时间记述，清代以前历史纪年、民国纪年括号加注公元纪年；中华人民共和国建立以后，直接写公历时间。

上　古

燧人氏

燧人氏，相传是第一个"钻木取火"的人。发明用火，是很重要的一种进化。原始人不知道熟食，猎取到野兽后就连毛带血地生吃。经过长期观察，他们才慢慢发觉由于雷电或火山爆发所引起的森林大火不但可以取暖，而且可以吓跑野兽，同时还发觉被火烤焦的兽肉，吃起来比生肉更香、更有味、也更容易消化。于是，他们逐渐地学会了如何保存天然火种不让它熄灭，用火来烧熟食物、驱逐寒冷、围猎猛兽。由于有了火，过去许多不能生吃的东西可以熟食了，可食之物的范围扩大了；由于熟食，"猿人"的躯体有了新的发展，脑量有了增加，因而在形体上逐渐进化到了"古人阶段"——即猿人和现代人之间的过渡阶段。此后又经历了若干年，通过长期的观察实践，原始人发现燧石加工或久钻一块坚硬的木头时，往往由生热而迸出火光，根据这个道理，他们慢慢学会了"钻木取火"。在我国"旧石器时代"遗址中，曾发现用火的痕迹，这说明远在四五十万年以前，居住在这里的人类，就已经知道熟食了。

燧人氏钻木取火

伏羲氏

伏羲氏，我国上古时期的帝王，古代三皇之一。也称伏戏、包牺、密羲，亦称牺皇、羲皇，姓风。据说他生于成纪（今甘肃省秦安县北），活动于嵩山、河洛，死于淮陈（今河南省淮阳县），终年150岁。传说母亲叫诸英，是古代化胥国君的公主。他与女娲是兄妹。相传伏羲氏教人结网捕兽捕鱼，"养牺畜以供庖厨"，又说他"教民嫁娶之礼"和琴瑟之乐，画八卦以代结绳。死后葬宛丘（今河南省淮阳县）。这些传说所反映的时间，大致在人类社会进入到"中石器时代"以后。这时，石器的制作比以前进步，石器的种类比以前增多，因而猎获野兽的效率比以前提高。特别是像弓箭、矛、鱼叉等一类狩猎

工具出现后,连空中的飞鸟、水中的游鱼,都成了猎取的对象。猎获物多了,一时吃不完,饲养起来让它繁殖,要吃时再宰掉,以后再遇到刮风下雨的日子无法出外围猎,或者围猎一无所获时,就不会再像以前那样闹饥荒了。牧畜的饲养,使人类的生活相对安定下来。人类社会的发展,慢慢地进入到了有组织的氏族社会阶段。氏族社会,是以妇女为中心的母系社会,妇女在生产上占有重要的地位。这时候,在婚姻方式上,已经摆脱了同族间"乱婚"的现象,而采取了氏族与氏族间兄弟姊妹对偶婚姻的形式,出现了"嫁娶"。由于氏族社会是以母系为中心,因此这时出嫁的不是女子,而是男子。

伏羲氏

《易经·系辞》上说:"易有太极,是生两仪,两仪生四象,四象生八卦。"这里说的是八卦来源于太极,太极图象始于洛汭。其地理位置就在伊、洛、河三川之地。"洛汭"就在黄河南、洛河北,中间夹着邙田村,与黄洛三角汇合于此,故名"神堤"。《巩县志》记载:"伏羲(癸酉)元年,河出图(纪)画八卦造书契。"今巩义东洛口东麓曰"图文麓羲皇山",有一台地称为"伏羲画卦台",隋文帝开皇二年(582年)在此敕建"羲皇祠",元谯国公曹铎于祠立"河洛书院"。传说伏羲在洛汭画八卦,其源不仅是"太极图",确实与河图洛书有关。河图、洛书与伏羲八卦以及后来的《周易》,共同构成了一个完整的原始哲理体系,体现着我国哲学、数理、天文、历法、文字的起源。河图、洛书蕴含着天地阴阳说的胚芽,所以,《史记》说:"《易》著天地、阴阳、四时、五行"。至今,这里还有伏羲台、羲皇池、羲圣祠、图门、龙峰、图录文、洛璧书、河渎庙等遗址。

伏羲在嵩山留下的遗迹很多。嵩山新密市因境内有众多伏羲和女娲的遗迹和信仰活动,于2008年被中国民间文艺家协会命名为"中国羲皇文化之乡"。嵩山系中的浮戏山山名"浮戏",实际上就是"伏羲"。嵩山少室山上的三皇寨,也因供奉三皇伏羲氏、神农氏和黄帝而得名。嵩山的许多庙宇内,供有伏羲神像。嵩山地区的各市县,流传有大量有关伏羲的神话。

神农氏

神农氏是古代农业和医药的发明者,古代三皇之一。一说神农氏为炎帝,姜姓,居于陈(今淮阳)。关于神农氏的传说,大都与农业生产有关。有说他始创耕具耒、耜等,教人种植五谷,教育人民从事农业生产;有说他"身亲耕、妻亲织";有说他作五弦琴,将八卦变成六十四卦;有说他尝百草,发明医药,设立集市,为人民治病。后来农家学派就奉他为祖师,后人把他奉为原始时代最理想的人物,他替人类解除痛苦,改进了人类的物质生活。

"神农氏"的传说所反映的人类社会发展阶段,大致相当于"新石器时代"。在这个时代,人类通过长期的劳动,逐渐

炎帝神农氏

积累了丰富的辨认和培植可食植物的经验;石器的制作又比先前更进了一步。石刀、石镰和木制耒、耜等农具的出现,说明农业已经产生。当然,农业还是极为原始的,人们只知道在砍倒烧光的林地上播种谷物,等待收获,还不知道施肥和进行田间管理。这种农业,后世称之为"锄耕农业"。这时饲养牲畜有了进一步的发展,畜牧业与农业需要分别进行,因而开始了第一次社会大分工。由于社会的分工,导致了原始交换的萌芽,这种交换当然还只是偶然的,不过越到后来便越成为经常的了。我国典型的"新石器时代"的"仰韶文化"遗址所发掘的器物,便展示了古史传说中"神农氏"时代"锄耕农业"经济的某些社会图景。

女 娲

女娲造人

女娲,中国古代传说中人类的始祖,上古女王,姓风。传说,她是伏羲的妹妹,继伏羲之后为天下的女帝王。据说,诸英生下伏羲三个月后,又生下了一个女孩,因生时环身如娲,故名"女娲"。女娲长大后,与其兄伏羲来到嵩山、河洛,助兄发现了龙马负图、神龟背书,创造了八卦,为人类的发展做出了巨大贡献。相传,女娲神通广大,是造物之神。中国是黄种人,这大概与女娲用黄土和泥造人有关。相传,古时大水过后,人烟稀少,为了加快人类的增长,女娲使用水与黄土和泥,仿造人的模样,捏成男人和女人,等晒干后,他们便成为真人夫妻。她为了拯救万民于水火之中,用神力炼五色石补天,折断鳌足,支撑四极,治平洪水,杀死野兽,使人得以安居。《说文》云:"娲,古之神,圣女,化万物者也。"后来,她向伏羲建议,禁止兄妹相婚配,下令让男女同辈同婚,不同辈的不能同婚,并制定婚礼。嵩山上有女娲庙,许多庙宇里供奉有女娲神,嵩山地区的民间有多种不同的女娲传说。

有巢氏

相传有巢氏"构木为巢"。所谓"构木为巢",是指原始人用树枝架着完全似鸟巢般的住所,在树上居住。早在五六十万年前,人类最早的祖先——"猿人",刚从树上降落到地面来生活,初步学会直立行走,他们拿着自己制造的粗糙石器,在那遮天蔽日的森林里和鸟兽逼人的原野上,用集体的力量猎取虎、羊、熊、鹿等野兽,掘取、采集植物的根茎和果实,来维持自己艰苦的生活。最初,他们还保持着在树上居住的习惯,"构木为巢";后来,由于地面的活动日益经常,在长期的生活实践中,又渐渐学会了

有巢氏造屋

利用野兽的洞穴,或者亲自在土崖边挖掘洞穴来作为防御野兽侵袭的藏身处所。嵩山东北麓的"织机洞"就是一个上古洞穴住址,是"中国猿人"的遗址。

少 典

少典,史载是炎帝和黄帝的父亲。司马迁在《史记·五帝本纪》中说,炎黄二帝是同父异母兄弟,他们的父亲叫少典,是5000年前原始社会时期有熊部落的首领。据史书记载,新郑古为有熊氏之墟,黄帝轩辕氏居有熊。有熊氏之域,即大隗,今位于新郑、禹州、新密交界的具茨山,属新密市管辖。传说是因为黄帝时期有一位"胸怀至道"的哲人名叫大隗,居住在具茨山上而得名。《庄子·徐无鬼》中记载:"黄帝见大隗于具茨之山。"意思是说,黄帝曾往具茨山向大隗求教过治理天下的道理。因此,人们便将大隗居住过的这段山脉称作大隗山。上古时候没有省、市、县、乡这种明确的区域划分,大都凭借山、水、沟、壑等自然地貌作界线,在此一定区域内居住和生活的氏族或部落,后来也就成了侯国和方国。少典作为部落酋长和国君的有熊氏或有熊国就类似于这种情况。根据历史记载、民间传说佐证和当代专家的权威论证,和庄镇能庄村的熊冢就是黄帝父亲少典的陵墓。2006年12月16日,新郑市在少典墓遗址立碑保护,以兹纪念。

黄 帝

黄帝轩辕氏

黄帝,五帝之首,古代三皇之一。姓公孙,又说姓姬,名轩辕,代神农为天子。5000年前的仰韶文化时期,在嵩山东南麓的新郑、新密一带居住着一个以熊为图腾的有熊氏部落,其国君为少典。据《史记·五帝本纪》和《大明一统志》等史书记载,黄帝是有熊国君少典之子,本姓公孙,因出生于轩辕之丘(嵩山新郑市西南),故曰轩辕氏,又曰缙云氏、帝鸿氏、帝轩氏。又因成长于有熊国的姬水(源流在新郑市境内)之滨,故以姬为姓。晋皇甫谧《帝王世纪》曰:"黄帝,少典之子,姬姓也。……受国于有熊,居轩辕之丘,故因此为名,又以为号。……有熊,今河南新郑是也。"姬轩辕宽厚仁慈,善恶分明,见识渊博,深得部族爱戴,被拥立为有熊部落首领。黄帝成长在姬水时,"神农氏世衰。诸侯相侵伐,暴虐百姓,而神农氏弗能征。于是轩辕乃习用干戈,以征不享"。黄帝与炎帝战于阪泉之野(今河北涿鹿县东南),"三战,然后得其志。"同炎帝结为联盟。不久,居住在今山东济水一带的九黎族部落首领蚩尤,见中原地区水肥草厚,便向中原扩张,攻打炎帝。神农氏炎帝不能胜,请求姬轩辕征讨蚩尤。姬轩辕倾有熊国兵力,联合炎帝及其他部落,开向涿鹿(今偃师、巩义市境内),造指南车,破蚩尤大雾,依风后《握奇经》设八阵,经"五十二战"擒杀蚩尤,又北上驱赶不断向南扩张的荤粥族,在釜山(今河北省涿鹿县西北)会合诸侯,庆祝胜利,命令四方诸侯缴出兵器、兵符,然后班师南下,回归有熊。姬轩辕战败蚩尤,回有熊国后,诏告天下,在西泰山(今新郑市西北)大会诸侯,统一万国部落氏族,定都有熊(轩辕丘),建立原始国家体制、创造中华民族历史上的第一个文明古国。据《御批历代通鉴辑览》:"帝自涿鹿还,诸侯咸尊为天子,以代神农氏,因有土德之瑞,色尚黄,故曰黄帝。"此时,黄帝所辖区域东至渤海,西达陇右,南到长江,北抵燕山,初步奠定了中华民族的版图。黄帝举风后、力牧、太山稽、常先、大鸿为相,命仓颉为左史、沮涌为右史,辅佐治国。黄帝亲临四方,体察民情,登具茨山访大隗,求治国之道;登具茨山升于洪堤,拜华盖童子,受《神芝图》;登崆峒山(具茨山西麓),访广成子问道;巡河洛,修坛沉璧,以得"河图"、"洛书";于荆山(今河南省灵宝市境)铸鼎、崟山(即密岵山,在今嵩山登封市大冶镇境)炼丹,为百姓治病。据《史记·记禅书》记载,汉代大儒中公说过黄帝常游嵩山,与山神相会。黄帝在位期间,修明政治,整治军旅,天下大治。传说黄帝时期,有许多发明创造。制定天文星官、创造文字、厘定律吕、修城筑宫、研制器物、制造舟车、种植庄稼、驯养牲畜等,并按照一年四季不同的气候条件,先后发明了蚕丝、衣服、凿井、火食、釜甑、杵臼、炼铜、毡子、床、灯、灶等等。由于这些发明创造,使中华民族进入了文明时代,跻身于世界"四大文明古国"之列。因而,黄帝被尊奉为中华民族的人文始祖。

传说中有许多事物发明都归在他一个人身上,或者他的臣子身上,约举如下:一作衣、裳、履;二作杵、臼、釜、甑;三作宫室;四作铸钟及鼎;五作井;六作舟车;七作乐器、定律吕;八作文字;九作甲字、造历;十作医术。

传说黄帝在位百年,享年110多岁。死于荆山,葬于桥山(今陕西省黄陵县)。黄帝娶了嫘祖,生二子,一曰玄嚣,二曰昌意,昌意生高阳,就是颛顼(五帝中的二帝)。他的儿子有25人,其中得姓者14人,分为后世的各国。其子孙得传位者有少昊、颛顼、唐尧、虞舜,及夏、商、周以下,逐渐形成以华夏族为主体、由众多民族相融合的中华民族。有熊国所在的嵩山地区保存有大量的有关黄帝的资料和传说、故事。史料记载,黄帝常在嵩山祭祀天地河川之神,寻真问道。黄帝在嵩山地区的活动遗址有黄帝故里、河汭、云岩练兵处、云岩宫、修德观、天仙庙、力牧台、具茨山、大鸿山、香山、密岵山等。

方 雷

方雷,黄帝的大臣,嫘祖之父。又称西陵氏,因居于西陵而得名,所居之山方正有棱角,故又称方氏。初从黄帝活动于陕、甘及山西南部。后随黄帝入中原,活动于今禹州、具茨、箕山一带,因"佐黄帝伐蚩尤(即著名的涿鹿之战)有功,封方山(即今禹州市方山)"。方雷又称雷公,精医学药理,黄帝曾向其求教药经。与歧伯合著《内外经》,并开剂药治病疗伤。其药谱后世称"方"或"处方"。

方雷后裔又分为"方、雷、邝"三姓,繁衍于大江南北,惟方姓一支被公认为中华民族方氏始祖,根在禹之方山。现方山崖壁尚有居住之洞穴。方山脚下原有庞大的方氏祖茔,至今仍有遗骸、陶片、剑镞之类被水冲出。

方 嫘

嫘祖

方嫘,传为养蚕织丝之始祖,世称嫘祖。北周以后被奉祀为先蚕(即蚕神)。嫘祖娘娘,为西陵氏之女,黄帝正妻。嫘祖贤惠、忧民。黄帝为部落联盟首领,嫘祖助夫君供给衣冠,带领人们日夜操劳,亲手指导整理毛皮。野兽有限,皮毛奇缺,大小首领衣不遮体,普通民众更无衣穿。一天,聪颖的嫘祖在妇女们采摘的各色野果中,发现有一种白色的果实咬不烂,用手撕,果实的外壳好像还有絮状的东西。嫘祖对此十分好奇,便询问白色果实是在什么山上、树上摘的?随后,她亲自带领妇女们上山,仔细观察白色的果实的来龙去脉,最后终于弄清这种白色的果实是一种虫子口吐细丝绕织而成。从此,在嫘祖的倡导下,开始了栽桑养蚕的历史。后世人为了纪念嫘祖的这一功绩,将她尊称为"先蚕圣母"。嫘祖与黄帝所生之子昌意,是有虞氏及夏的祖先;另一个儿子玄嚣,则是商人与周人的祖先。

风 后

风后,黄帝开国功臣,著名军事家,原始伏羲氏的后裔。这个部落曾聚居于风地(今湖北省天门市境),后世遂以风为姓。风后足智多谋,兼有文治武功之才,黄帝拜他为将,主持国家军务。他治军从严,练兵求精。演方阵用于进攻,演圆阵用以守卫,并善于集中兵力于两翼,以钳制包围敌人。在武器使用上,前列干戈,后列弓弩。战斗中近以拼杀,远以射击。车辆使用上,既懂车以运输、守卫,又能用车载将士以攻敌,改徒步战斗为车战。在与蚩尤作战中,蚩尤兄弟虽勇力过人,但徒步难敌车攻,蚩尤终于被擒。在消灭蚩尤中,良策多出于风后。黄帝开国,拜他为相。他辅佐黄帝建立健全部落联盟管理体制,统一政令,集权力于中央。以仁道治天下,部落之间的争端由黄帝仲裁解决。风后武以克敌,文以兴国,其功至大。黄帝为褒奖他的功勋,以具茨山之主峰赐封给他,命名为风后岭。相传风后著有《握奇经》1卷;《风后》13篇;图2卷;《孤虚》20卷。前二者为讲述战法的兵书,后者为古时占卜推算日时之法。

清乾隆四十一年《新郑县志》载:"风后,伏羲之裔,黄帝臣三公之一也。善伏羲之道,因八卦设九宫,以安营垒,定万民之窠。蚩尤之灭,多出其徽猷。……风后著有《握奇经》1卷……风后将伏羲八卦原理运用到军事上作八阵图"。其中所说的"九宫",是在八卦离、艮、兑、乾、巽、震、坤、坎之中加一卦为中。黄帝与风后研制的八阵图,最早见于《握奇经》。其中总布阵为"八阵四为正,四为奇。余奇为握奇,或总称之。先出游军定两端,天有冲圆,地有轴,前后有冲,风附于天,云附于地。冲有重列四队,前后之冲各三队。风居四维,故以圆。天居轴单列各三队,前后之冲各三队。风居四角,故以方。天居两端,地居中间,总为八阵。阵讫,游军从后慑敌,或惊其左,或惊其右,听音望麾,以击四奇。"据说,当年黄帝在与蚩尤交战中就是运用这种八卦阵歼灭蚩尤的。新郑市具茨山一带是黄帝与风后研究军事理论和演兵布阵的地方,周围有黄帝45里兵马营、黄帝饮马泉、大鸿山黄帝练兵处和云岩宫、力牧台等。

蚩 尤

蚩尤,中华始祖之一。上古时代九黎族部落酋长,中国神话中的武战神。相传蚩尤面如牛首,背生双翅,是牛图腾和鸟图腾氏族的首领,双角牛头又是传统的龙文化里的龙。他有兄弟八十一人,都有铜头铁额,八条胳膊,九只脚趾,个个本领非凡。蚩尤曾与炎帝大战,后把炎帝打败。于是,炎帝与黄帝一起联合来战蚩尤。蚩尤率81个兄弟举兵与黄帝争天下,在涿鹿展开激战。

黄帝大战蚩尤

涿鹿在何处呢?传统观点认为,涿鹿在河北。但近年来马世之等一批历史学家认为,涿鹿在嵩山的偃师、巩义境内。《水经注》载:"(洛水)又东,浊水注之。"不少文献记载,涿鹿又称浊鹿、浊陆,实际上是浊水旁边的陆地。

据嵩山地区民间传说,蚩尤原为黄帝部落,是嵩山一代著名猎户,住在少室山阴五乳峰下一天然石洞中。由于蚩尤勇猛异常,众人推为首领。轩辕黄帝初为氏族首领时,跟随蚩尤的人已相当多。蚩尤不断地扩充势力,志在与黄帝争夺首领。据传,蚩尤在嵩山时住过的洞,正是达摩驻锡少林时面壁坐禅之洞,后人称为达摩洞。黄帝为了维护统治,维持在部落中的威望,曾率兵围伐蚩尤,与蚩尤大战于少室山阴鄂岭谷口。蚩尤兵败而逃,后成为东夷领袖。

传说蚩尤有八只脚,三头六臂,铜头铁额,刀枪不入。善于使用刀、斧、戈作战,不死不休,勇猛无比。在涿鹿一战中,黄帝不能力敌,请天神助其破之。杀得天昏地暗,血流成河。蚩尤被黄帝所杀,帝斩其首葬之,首级化为血枫林。后黄帝尊蚩尤为"兵主",即战争之神。他勇猛的形象仍然让人畏惧,黄帝把他的形象画在军旗上,用来鼓励自己的军队勇敢作战,诸侯见蚩尤像不战而降。涿鹿之战,蚩尤战死,东夷、九黎等部族融入了炎黄部族,形成了今天中华民族的最早主体。

广成子

广成子

广成子,中国道教传说中的一位神仙。黄帝时期汝州人,住临汝镇崆峒山的石室之中。传说广成子活了1200岁后升天,在崆峒山留下了两个升天时的大脚印。黄帝曾向他问道。广成子的故事首先出现在《庄子·在宥》,大意如下:

广成子住在嵩山南麓临汝西南崆峒山的一个石洞里。黄帝听说后曾专程去拜访他,向他请教修炼道术的要诀。广成子对黄帝说,"你所治理的天下,候鸟不到迁徙的季节就飞走,草木还没枯黄就凋落了,我和你这样的人有什么可谈呢?"黄帝回去后三个月不理朝政,什么事都不干,然后又去见广成子,很恭敬地跪着走到广成子面前,再三叩拜求教修身的方法。广成子回答:修道所达到最高境界就是心中一片空漠,即看不见什么,也听不见什么。凝神静修,你的肉体必然就会十分洁净,你的心神也会非常清爽。不使你的身体劳顿,不使你的精神分散,你就可以长生。注重内心的修养,排除外界的干扰,知道过多的俗事会败坏你的真性。我能专注于养性,永远心境平和清静无为,所以活了1200岁,而形体上没有一点衰老的迹象。得到我道术的可以成为君王,失去我道术的只能成为凡俗之辈。我的道将把你引向无穷之门,游于无极的原野,与日月同辉,与天地共存。凡人都将死去,而得我道的人却会长存于天地之间。

天下崆峒有三,汝州为"中崆峒"。广成子住汝州崆峒是国内大部分学者公认的。四五千年前,汝河流域雨量充足,汝河的水面十几里宽。汝州西部崆峒山周围一片汪洋,崆峒山实际是个小岛,岛上有个天然石洞,广成子就住在石洞里。汝州有关黄帝问道广成子的地名传说也很多。崆峒山一带汉代为皇家猎场"广成苑"和重要军事重镇"广成关"均为纪念广成子而命名的。黄帝拜访广成子后,广成子授黄帝《道戒经》70卷、《自然之经》1卷、《阴阳经》1卷。

一说广成子是太上老君的化身,《太上老君开天经》:"黄帝之时,老君下为师,号曰广成子。二说'道'的化身曾三次降于人间,分为黄帝时期的广成子、西周时期的老子、东汉时期的张道陵。消自阴阳,作《道戒经》、《道德经》。黄帝以来,始有君臣父子,尊卑以别,贵贱有殊。"

仓 颉

仓颉

仓颉,黄帝时创造文字的史官。史皇氏,今河南省南乐县人。据《说文解字·叙》载:"黄帝之史仓颉,见鸟兽蹄坑之迹,知分理之可相别异也,初造书契,百工以治。"仓颉生而能书,见结绳记事法,"庶业纂繁,饰伪萌生",便根据鸟兽爬行的痕迹,知文理之可相别异,初创书契。后人感其德,尊称他为"字圣"、"斯文鼻祖"。由于仓颉是黄帝时的史官,生前在嵩山有大量的活动,嵩山登封有仓帝城,嵩山新郑有仓颉造书台,嵩山地区有大量的有关仓颉造字的多种民间传说和故事。

昌 意

昌意,黄帝的次子,颛顼的父亲。始封于若水,黄帝入主中原后,迁封于华夏、东夷两大部落集团交界区域的濮阳、南乐一带。昌意早年娶涂山氏为妻,名晶濮,生子颛顼。颛顼10岁,奉昌意之命入东夷,佐少昊氏,世称孺帝。少昊去世,华夏、东夷两大集团融合,成为颛顼部族,颛顼回其父封地帝丘即位,为大首领。昌意一生事迹,史籍记载不多,但他是从黄帝到颛顼之间促成中原各部族大一统局面的重要人物,起着承前启后的作用,也是中华民族重要的先祖之一。

颛 顼

颛顼,上古五帝之一,传说中古代部族首领,即高阳氏。黄帝孙,昌意子。生于若水。年14佐少昊,24岁即帝位,在位78年。初国于高阳,后徙于帝丘(今淮阳县东南)。实为原始社会后期,我国西部华夏部族集团与东方东夷部族集团融合后的颛顼部族的首领。他的统治区域,北至幽陵,西至流沙。是后来禹贡传说的起源。作为皇天上帝的颛顼,十分重视人事治理,努力发展农业生产,曾命南正重司天以属神,火正黎司地以属民,"绝地天通"实行人神分职,标志着原始宗教向神权的过渡。从左传所记郯子的话来看,既然说:"自颛顼以来,不能纪远,乃纪于近,为民师而命以民事。"大概这是神话色彩渐淡的时期了。

帝 喾

帝喾,上古五帝之一。传为炎黄联盟重要首领之一,为中国上古时代传说五帝中的第三个帝王。姓姬名夋,号高辛氏。常活动于洛阳一带。相传为黄帝的曾孙,尧的父亲。祖父玄嚣、父亲蟜极,都当过辅佐帝王的大臣,却都没有登上过王位。帝喾的叔父颛顼,是继黄帝之后五帝中的第二位帝王。帝喾从15岁起,就帮助颛顼处理政务,积累了丰富经验,因为精明能干,政绩卓著,30岁就继承了颛顼王位,成为五帝中的第三位帝王。《竹书纪年》载:"高喾高辛氏元年,帝即位居亳。"《史记·五帝本纪》说他从小就聪明过人,又能洞察秋毫。他继颛顼之后再一次打败共工氏。当首领时,能掌三辰(日、月、星)以利民,取地之材而节用,对"观时"、"治气"、发展农事生产均有所

帝喾

贡献。继颛顼帝位后，能顺应自然规律，因地制宜地组织臣民发展生产，收获的东西平分给臣民。不但自己穿普通的衣服，按时参加劳动，讲究信用，不谋私利，态度和蔼，还耐心教诲人民节用财物，改善了人民的生活，为黎民百姓办了很多好事，得到广大人民的拥戴。因亳都位居天下之中，他在"天下之中"的地方号令四方，治理国家，凡是日月照耀、风吹雨洒到的地方的人们，没有不敬重他、不服从他的。《史记》的这些记载，说明帝喾在青年时代就很有作为。据《史记·五帝本纪》载："高辛氏生而神灵，自言其名。善施利物，不于其身。聪以知远，明以察微。顺天之义，知名之急。仁而威，惠而信，修身而天下服。取地之才而节用之，抚教万民而利诲之，历日月而迎送之，明鬼神而敬事。其色郁郁，其德嶷嶷，其动也时其土。帝喾溉执中而偏天下，日月所照，风雨所至，莫不服从。"帝喾曾建都于西亳，有四妻四子。

帝喾的元妃姜嫄生弃，又名后稷，封于邰，是以后周族的始祖。次妃简狄生契，封于商，成为商族的始祖。次妃常仪生挚，曾接替帝喾为王，史称帝挚，仍都居于亳，因荒淫无度，无能力，仅在位9年被废，让位于尧。次妃庆都，生尧，继帝挚之后为帝，是我国原始氏族社会时期五帝之中著名的第四位帝王。帝喾和他的儿子都是不同凡响的人物，都对中国的进步、文明作出了贡献。在中国历史上都有一定的位置。加上夏禹是颛顼的孙子、黄帝的玄孙，所以，史学家近年提出了夏、商、周"三代同源"的说法，说明夏商周三代的根，都与嵩山有关。帝喾在嵩山的活动遗迹有帝喾之墟（即帝喾时的国都，在偃师高辛庄一带）。

《旧志》说："高辛故都在治（偃师老城）西五里，今高庄，其遗址也。"居亳（今嵩山偃师市）。《括地志》载："亳邑故城在嵩山东麓的偃师县西十四里，本帝喾之墟商汤之都也。"又曰："河南偃师为西亳，帝喾及汤所都，盘庚亦徙都之。"说明帝喾曾定都于"西亳"，即今天的偃师尸乡沟商城遗址，古籍记载大都一致。

在当今的高辛庄一带仍有不少与帝喾有关的遗迹和传说。在高庄村的一个自然村五里堡，有个50多亩大的洼地，叫"亳坑"，在亳坑有一片高阜地带，传说是帝喾其子帝挚会见朝臣的地方，叫"国论台"，当地农民俗称"古论台"、"咕噜台"。1931年，原中央研究院历史院士石璋如先生曾到该地考察，发现了"咕噜台"遗址，从遗物分析，确认为新石器时代的文化遗址，后被命名为"咕噜台龙山文化遗址"，该遗址年代正是帝喾在位时期。在高庄村西至塔庄村之间，古代有一个与洛水相连的大水池，传说帝喾在此池浴身而得名为"帝浴池"。这个帝浴池有可能就是《洛阳伽蓝记》中所说的"鸿池"。1983年我国考古工作者发现的"偃师商城"，其东城垣南段西拐，正是因为城外有"鸿池"之故。据勘探可知，在地面下3米处发现大面积淤积的污泥层。这个帝浴池形成较早，在历史的各个时期有着不同的用途，在原始社会末期帝喾建亳都于此，曾在此池浴身，说明它是亳都旁边的一个水上乐园。根据偃师商城东城门的发掘可知，城内800米长的排污沟，汇合各宫城支渠水，经过二城门下泄入该池，说明在偃师商城时期，该池承担着偃师商城的蓄污功能。

阏 伯

阏伯，我国古代传说中火神。传为帝喾高辛氏之子，封于商丘为火正。《左传》载："或高辛氏有二子，伯曰阏伯，季曰实沈，居于旷林，不相能也，日寻干戈，以相征讨。后帝不藏，迁阏伯于商丘。"因为他管理火种有功，后人尊为火神，建庙祭祀。嵩山的庙宇内，大都供有火神，当地百姓以求平安无事。

祝 融

祝融,我国原始社会末期著名氏族领袖。本名重黎,黄帝后裔颛顼高阳氏的玄孙。帝喾高辛氏时任火正(官名),受封于有熊氏故墟(今嵩山新郑一带)。他以火施教,能光融天下,为民造福。帝喾时代,共工氏(炎帝后裔一支)作乱,帝命重黎讨伐,诛而不尽。帝怒,庚寅日诛黎,以其弟吴回继之,使复居火正。吴回死,其子陆终嗣继。陆终子族6人,历唐尧、虞舜至周,散居各地。第四子求言(妘姓)之后代,西周时建立郐国(今新密、新郑一带),后为郑武公所灭。

《路史·禅通记》:"祝诵氏,一曰祝和,是为祝融氏,未有嗜欲,无所造作。师于广寿,以毓其德,刑罚未施,而民劝化,三纲正、九畴序,是以天下洽和,万物咸若。于是听弇州之鸣鸟,以为乐歌,作乐《属续》以通伦类,谐神明而和人声,是以耳目聪明,气血和平,而寿命长,移风易俗,天天大治,则乐歌为之节文也。以火施化,号赤帝,故后世火官因以为号。都于会,故郑为祝融之墟。其治百年,葬衡山之阳,是以谓祝融峰也。"

祝融

唐 尧

尧帝爱民

唐尧,传说中五帝之一。帝喾之子,传说中父系氏祖公社后期部落联盟首领。名放勋,号陶唐氏,史称唐尧。居平阳。相传尧曾设官观测天象,掌管时令,制定历法。这些措施对当时的农业生产起到了十分重要的推动作用。当时,洪水为患,一度"汤汤洪水滔天,浩浩怀山襄陵",尧无奈。四方部落首领反复推荐,命鲧治水,九年功不成。尧虽初"封于唐"即山西、河北一带,但他不忘先祖黄帝根在嵩山,在作了部落联盟首领后,常活动于嵩山河洛。据《竹书纪年》、《水经注》等记载,遵照中国古代君权天授的传统思想,唐尧曾在嵩山脚下洛水与黄河交汇处的洛汭举行规模盛大的祭祀仪式"修坛沉璧"。为祭祀天神,将祭品玉璧沉入河水,结果均出现了龙马负图和神龟负书的天象。象征天命、神权的河图洛书的出现,使尧的祭祀有了神圣而庄严的结果:借天命而行事,按天命禅让,尧禅舜,求得了君权神授的美名。其中史书记载有尧让位于许由、许由不受和尧治理国家平稳的故事。唐尧巡狩于阳城(今登封市告成镇一带),并死于嵩山,葬于嵩山。传说,尧时划定我国疆土为十二州。尧在位70年,其时,岁月太平,人寿年丰。故后人将理想中的太平盛世,称之为"尧天"、"尧年"。史料所载尧的事迹有下列几点:一是授时。这是根据天文和地理的知识,以作农业的指导。二是治水。参合孟子的说法,尧的时代,洪水成灾,由于尧的努力平治,使人民稍得安居。三是禅让。尧咨询四岳,选定舜为其继任人,并对舜进行了三年的考核后,要以治天下的责任托付给他,在嵩山偃师首阳山禅位于舜。

尧晚年时想让位给许由,许由坚辞不受,隐居于嵩山山系的箕山,尧又让许由作九州长,许由认为此话弄脏了他的耳朵,就到山泉边洗耳以示清高。《河东赋》载,尧曾游于阳城,故于嵩高山瞰其遗迹也。《路史》载:"尧,坛于黄城。"位于嵩山登封君召乡黄城寨西南角的禅让台,当地群众叫"封将台",或"点将台"。尧走过的村庄叫成了"三过尧"村。嵩阳书院的道统祠和观星台内的帝尧殿,都奉祀有帝尧的塑像。

许 由

许由与巢父

许由(前2155~?),中华隐士之开山鼻祖,远古时代的贤人,高洁清节的名士,尧、舜、禹的老师,"三皇五帝"的五帝中唐尧时的奇人、高人。一作许繇,字武仲,一字道开,嵩山脚下登封黄城沟(今登封君召乡黄城村、陈家沟、李家沟一带)人。许由所处的尧舜时代约公元前22世纪前后,其时我国处于传说中的英雄时代,正是我国由野蛮向文明过渡的时期,此时的国家形态为城邦结成的方国军事联盟,当时方国林立,万国并存,尧帝是当时的方国联盟盟主。许由在辞尧禅让之前是一位方国酋长,是尧的老师,也是尧的臣子,更是一方诸侯。许由不仅作过掌管四时方岳之职的四岳、掌管祭祀的礼官秩宗,还作过掌管刑律的理官,并制作五刑,后被封于嵩山脚下的登封、许昌一带。在许由的卓越领导下,许部落在许地(今许昌一带)迅速发展壮大。尧很欣赏许由的才干,意将帝位禅让于他,尧对许由说:"日月都出来了,还要我这小火把干吗?及时雨都下了,还要人工灌溉干吗?我实在不如你,所以请允许我把天下交给你吧!"许由坚辞不应,回答:"算了吧!小鸟在树上做巢,所需要的不过一枝。老鼠在溪流喝水,所需要的也不过满腹。你把天下让给我,我要拿来做什么呢?况且天下已经经你治好了,你想把美名让给我吗?我要这空名做什么?"尧曾三次到黄城沟许由居住的地方相请,许由坚辞不受。尧见他不接受禅让,就想召他做九州州长。许由逃避箕山(今嵩山之阳的登封市东南箕山)下隐居。尧又找他劝说,许由因为不愿多听,就到箕山下颍河边洗耳。时另一隐者巢父正牵牛来此饮水,知其故,责许由应避深山,不当浮游钓誉,恐许由洗耳之水污牛口,乃牵牛到上游饮之。后人根据"许由洗耳"的典故,反其意而用之,并成成语"洗耳恭听",成为请人说话时说的客套话,其意是把耳朵洗干净,恭敬地听别人讲话。许由因辞尧禅让,以自己淡泊名利的崇高节操赢得了后世的尊敬,从而被奉为隐士的鼻祖。《庄子·天地》篇云:"尧之师曰许由。"《吕氏春秋·孟夏纪·尊师》篇云:"帝舜师许由。"《帝王世纪》云:"(禹)乃以尹寿、许由为师。"因许由曾作过尧、舜、禹的老师,后人因此亦称他为"三代宗师"。战国时代的思想家荀子就曾称赞说:"许由是一个重义轻利的圣人。"据史料记载,许由一生博学多才,精通天文历法,地理秘诀,四时八节,农耕牧渔;强族昌盛之法,善治国安邦,用人治世之道;能观草识药,品味知性,治疗人间疑难杂症,可谓上古医学之祖;善研易究农垦荒渊,疏水归槽变桑田。虽智慧超群,自律甚严,惟推"据义覆方,邪膳不食",以"日出而作,日落而息,耕田而食,凿井而饮"为座右铭,淡泊名利,超然物外,逸静而乐。死后葬于箕山,尧曾为他筑墓,号曰"箕山公神"。《史记·伯夷列传》中司马迁就曾说过:"余登箕山,其上盖有许由冢云。"

许由在嵩山的活动遗址有尧访许由时的所在地登封市君召乡黄城寨西南角的禅让台,当地群众叫"封将台"或"点将台",有许由在颍河边洗耳的洗耳泉,许由所隐居的箕山及箕山上的许由冢、许由庙(庙前原有许由阙,已毁)等,这些遗迹都还存在,都成为当地的名胜。登封的文史资料记载有大量有关许由的传说故事和许多历代文人高士赞美许由的诗文。

巢 父

巢父,尧时著名隐士。姓樊名仲甫,号巢父。《高士传·巢父传》载:巢父是上古尧时的隐士,居深山不营世利,年老以树为巢,就寝其上,故被人们称为"巢父"。相传,许由不愿接受尧的禅让,而遁耕于嵩山南麓的颍水之阳的箕山。尧又让许由为九州长,许由不想再听到这种话,就到颍水之滨洗耳朵。刚好巢父牵着牛犊来饮水,看到许由在洗耳朵,便问其缘故。许由回答:"尧欲召我为九州长,恶闻其志,是故洗耳。"巢父听后说他:"你如果生活在高岸深谷、人道不通的地方,谁能见到你?你为什么不将你的光芒隐藏起来?你为什么要让别人看到你呢?我看你只不过是浮游欲闻、沽名钓誉罢了。先生,不要让你洗耳朵之水脏污了我的犊口。"于是,巢父牵着牛犊到颍水的上游饮牛去了。许由乃高风亮节之人,但比之巢父,自愧弗如,于是惭而自退。此故事流传已久,《路史》、《逸士传》等古籍中都有记载。

箕山下颍水河畔有巢父的牵牛墟。明人付文曾有《箕阴避暑》诗一首:"独爱云林境界幽,箕山蔽日翠光浮。弃瓢崖畔排烦热,洗耳溪边枕细流。每有凉风来树底,更无尘事到心头。许由巢父今何在?千古箕山五月秋。"也有人说,巢父与樊仲甫为两个人,许由以尧让天下事告巢父,巢父洗耳,樊仲甫驱牛。

巢父在嵩山的活动遗址,有位于登封市告成镇石羊关村西北约500米处两岭之间的巢父墓,墓石右侧约50米处的山坡上,有一巨石,形如铁把油灯,俗称"巢父千年灯"。有位于箕山下颍水河畔的巢父牵牛墟,有位于箕山之上的巢父饮牛坑。

虞 舜

舜帝和百姓在一起

虞舜,传说中的五帝之一,我国氏族社会后期部落联盟的领袖,中华民族的共同始祖。姚姓,传说目有双瞳而取名"重华",号有虞氏,史称虞舜。死后,禅位于禹。传说舜年幼丧母,经常受后母虐待和父亲的棒打甚至于残杀,但他却以宽容父母、孝心不怨的孝悌而闻名天下。后受四岳推举,尧命他摄政,并将其女娥皇、女英婚配与舜,以观其处理家庭事务的能力。并让自己的9个儿子和舜共同生活,以观其处理社会事务的能力。后来,尧让舜负责推行五常之教,总理百官,又令舜在明堂的四门负责接待四方诸侯宾客,而舜不仅能服众还使诸事井井有条。舜还通过璇玑玉衡等仪器观测天象,校定统一东方诸侯的历法,祭祀天地和群神,并巡狩天下。同时,对天下12州,实施仁政。舜举贤任能,任用"八恺"为司空,掌管水土,规划天下大事;任用"八元"为司徒,职掌五教,辅佐尧帝,除去鲧、共工、颧兜、三苗等"四凶",使天下大治。尧年老时"率舜等升于首阳山"。据《山海经》及《太平御览》等书记载,尧在首阳山(位于嵩山偃师)禅位于舜。舜在位期间,巡行四方,委任禹接替其父鲧继续治水,并最终消除了水患。舜晚年又咨询四岳,挑选贤人治理民事,并选拔治水有功的禹为自己的继承人,受万民拥戴。舜时,天下太平,后人即把太平盛世称之为"尧天舜日"。

舜的一生,20岁时因为孝顺而闻名,30岁时被尧举用,50岁时代理天子政务,61岁时接替尧登临天子之位。舜践帝位39年,舜帝享年100岁。舜在南方巡狩,崩于湖南苍梧,葬于零陵。舜帝是道德文化的鼻祖,舜文化是道德文化。《史记》载:"天下明德,皆自虞舜始。"

有关舜在嵩山活动,《虞书》曰:舜五载一巡狩。春至岱、衡、秋华、科恒、望于山川。马端临曰:舜一岁巡五岳,具望秩之礼。据《世说》记载,舜迁于负黍(今登封市大金店镇一带),十五年命夏后主祭太室,帝舜名嵩山为中岳嵩高。《竹书纪年》曰:帝舜十五年,帝命夏后有事于太室。其所有事,盖省方问俗之事。由于舜在嵩山偃师首阳山继承尧位,首阳山顶至今还有舜帝庙。嵩山地区的很多村庄都建有舜王庙,春祀帝舜;有很多村庄建有水王庙,奉祀尧舜禹汤;有很多庙宇内的大殿内,都绘有虞舜孝行感天(24孝之首)在内的24孝图的壁画。嵩山地区民间流传有大量的有关舜帝的神话,各县市的民间文学集成有录。

崇伯鲧

崇伯鲧,上古时期崇山(嵩山)一带的部落首领。居于崇,即嵩山,号崇伯,姒姓。大禹的父亲。传

— 14 —

说上古时期,在黄河中下游一带分布着许多大大小小的氏族部落,鲧所率领的夏部族活动范围在今天的嵩山一带,鲧又被称为"崇伯鲧"。《国语·夏本纪》载:"昔夏之兴也,融降于崇山。"崇山古称外方山,后称嵩山,属于秦岭支脉,位于西接熊耳山脉,东临豫东平原,北近伊洛盆地,南到颍汝河谷,古称中岳。以鲧、禹为祖先的夏部族兴起在此山的周围,这一部族是构成华夏民族主要来源,而鲧则被人们尊为夏人的祖先。嵩山周围往东就属黄淮平原地区,地势低下,容易发生水灾,鲧部落在和水患的长期斗争中,积累了丰富的治水经验。一年,黄河流域出现了一场罕见的特大洪水,水浪滔天,人无安身之地,大家向帝尧推荐鲧来率众治水。据《史记·三代世表》云:鲧为黄帝曾孙。由四岳推举,奉尧命治水。鲧之时,尧为天子。当时遇到特大洪水,洪水滔天,浩浩荡荡,民众苦不堪言。尧用鲧治水。鲧在治水过程中尽心尽力。他用筑堤防水之法治水,九年未能治平水患,被舜杀死在羽山(今山东省蓬莱),即新安青要山西三里的地方。鲧虽被杀,但他以筑堤堵水防患之法,为其子禹治水提供了前车之鉴,终于使禹改变了治水方法,才获得了最后的成功。鲧还在治水过程中采用和改进了建造城墙的建筑技术,这和筑堤技术一样,都对后世产生了重要影响。今天的黄河也是靠横卧两岸的大堤的约束而顺流入海。作为夏族的先祖,鲧的功劳还是不可磨灭的。鲧在嵩山的活动遗迹,有鲧原居住地石纽屯演变而来的水牛屯儿(登封市区以西的马庄、尚庄、张庄、左庄、王庄一带)。由于他长期在嵩山地区活动,这里至今流传有鲧盗息壤、崇伯上任、崇伯点化、鲧黜玉溪等大量的传说和故事,嵩山史料有录。

夏

大 禹

大禹建国

大禹,我国夏王朝的创立者。传说嵩山一带古代部落联盟的首领,夏后氏部落的酋长、领袖。鲧之子,黄帝的玄孙,帝颛顼的孙子。姒姓,亦称大禹、戎禹、夏禹,名文命。相传生长于嵩山,家居于登封,治水于嵩山,建都于阳城。帝尧时洪水泛滥,命鲧治水9年未平,被尧杀死于羽山。虞舜时,大禹由四方部落推选,奉舜命继其父志,继续治理洪水长达13年之久,三过家门而不入,终于吸取父亲治水的教训,改"堵"为"导",由西向东,开通河道,引水入海,以疏导之法获得了成功,消除水患。大禹首先治理了嵩山的姬水、颍水、洧水,又治理了黄河、长江等。他领导人民疏通江河、兴修沟渠,灌溉农田,发展农业。据《淮南子》载,禹在嵩山治水期间,其妻涂山氏为其送饭并化石生子。禹因治水有功,建立了极高的个人威望,被四岳(四方部族首领)推荐,舜选他为自己的继承人,继任为部落联盟首领。据史料记载,舜死后,禹继帝位,面南以临天下,定国都为阳城(今登封告成镇),国号称为"夏"。据说,禹曾铸造象征权力的九鼎,"以铜为兵",划天下为九州,嵩山属豫州,居天下之中。禹始都阳城地在今嵩山以南,颍水之北,后又迁都阳翟(今禹州市)。实际上,禹把全国分成九大区域进行管理,已建立了奴隶制国家。

按照尧、舜时代的禅让制,应该把权位让给伯益。伯益是禹治水的重要助手,为大家所拥护,因此,被推荐为禹的继承人。但伯益不拥有实权,得不到锻炼,当禹死后,他的儿子启利用已得的权势,杀死伯益,继承禹的位置,开始了"家天下"的历史。从此,世袭代替了禅让制。

禹在嵩山的活动遗迹很多,有启母石、启母庙、启母阙、启母冢、少姨庙、轘辕关、禹王锁蛟井、阳城遗址、龙门、出河图洛书之处、焦河、姬水、颍水、洧水、黄河等。嵩山的伊阙、轘辕关都是大禹在治水中开凿的。禹在治理洛水时,在浪底沙滩挖出一块刻有文字的龟壳,以九为最大数。《册府元龟》载"夏禹即天子位,锥出龟书,65字,是为洪范,此所谓锥出书也"。嵩山地区民间流传有大量的大禹治水的神话、传说与故事。2008年1月,嵩山地区的登封市和禹州市同时被中国民间文化遗产委员会命名为"大禹文化之乡"。

涂山氏

涂山氏亦称女娇,中国上古神话中涂山氏是夏族的始祖神,大禹的妻子。史学家们考证,如今汉族姓氏的涂姓是涂山氏族的直系后裔。涂山氏为夏之盟国,禹在创建夏王朝过程中,得到涂山氏的大力支持,因而故而禹在涂山举行万国大会。涂山氏是嵩山地域中的一个小国,其地在今河南省嵩县境。涂山亦称三涂山。《史记·周本纪》载武王曰:"我南望三涂,北望岳鄙。……"即指三涂山。夏族的始祖神为涂山氏,夏族就是日后建立中国第一个王朝夏的一个部落集团。涂山氏族佐禹治水期间,励精图治,呕心沥血,鞠躬尽瘁,为国为民立下不朽功勋,涂山氏佐禹治水有功而赐涂氏始焉。《吕氏春秋音初篇》记载禹时涂山氏之女唱"候人兮猗",这是有史可稽的中国第一首情诗。等候人的是女娇,被候的就是大名鼎鼎的治水英雄禹。《史记索隐》引《世本》:"涂山氏女名女娲,是禹娶涂山氏女号为女娇也。"《史记正义》引《帝系》说:"禹娶涂山氏之子,谓之女娲,以生启也。"《帝王世纪》云:"涂山氏,禹之妻,夏启之母也。"

嵩山古有供奉涂山氏的启母庙,位于太室山南麓的启母阙后、启母石旁。启母庙始建于汉。《河南府志》载:"汉武帝元封元年用事华山,至中岳见夏后启母石。"安帝延光二年(123年),颍川太守朱宠又在庙前建启母阙。唐高宗幸嵩山,敕令重修,命崔融作碑铭,文内有云:"红葩夺日,飞累榭于山间。绮缀冲风,架回廊于木末。"从中可想见其庙的壮丽矣。

伯 益

伯益,大禹治水的重要帮手。传说,上古时炎帝族从西北迁入黄河中游后,曾长期居住在嵩山附近的伊水洛水流域。其中一支举伯益为部落首领,以崇拜山岳为特征,号称"四岳"。伯益是舜的大臣皋的儿子,年轻时曾发明打井取水。舜时伯益因善于狩猎与畜牧,被推举为九官之一的虞官,负责治理山泽,管理草木鸟兽,并佐舜调驯鸟兽。因他畜牧和驯服鸟兽有功,被舜赐姓嬴氏,并赐给其封土。大禹治水时,伯益立下汗马功劳。大禹继承舜的王位后,伯益又辅佐大禹处理政务,联系百姓,治理水土,开垦荒地,种植水稻,凿挖水井。舜时,三苗族离心离德,舜便派大禹武力征服,三苗族不服,伯益提议,要恩威并举,德武相济。大禹接受了伯益的建议,撤退军队,实行文教德治,三苗族受到感化,终于归顺。伯益还将跟随大禹治水时所经历的地理山川、草木鸟兽、奇风异俗、

伯益

轶闻趣事记录下来,成为《山海经》的素材。大禹在位10年,东巡会稽时去世,临终遗命传位给伯益。伯益为大禹守丧三年后,也像大禹避让舜的儿子商均一样,避让王位给大禹的儿子夏启,自己隐居到箕山之北。《孟子》载:"禹避舜之子于阳城","益避禹之子于箕山之阴"。《史记》载:"伯益旧政,就国于箕山之阴,是箕山为益封国也。"夏启六年,伯益被夏启杀害。

　　伯益的后嗣非常发达显赫,他是赵姓、黄姓、江姓、秦姓、徐姓、马姓、梁姓等10多个姓氏的始祖。伯益发明凿井技术,后被世人尊为"井神",民间有些地方打井动土时,要供奉土地神和井神,以求平安。因伯益调驯鸟兽,后世尊他为"百虫将军"。每逢天遭蝗虫、猛兽之灾,人们总要想起能调驯鸟兽的伯益,希望他能指点人们用火攻、挖沟土埋、设置陷阱等方法驱除蝗虫、猛兽,使人们免遭虫兽的伤害,保佑天下黎民过上安定的生活。嵩山地区民间建有多座虫王将军庙,供奉伯益。嵩山地区的虫王庙,历史悠久,始建的年代各有不同,其中嵩山巩义市汉代就有虫王将军庙,晋代元康五年(295年)又大规模地修葺了一次,保存至今。

启

夏启

　　启,禹之子,姒姓。其母涂山氏女。据《穆天子传》记载,夏启生于嵩山脚下,居住嵩山。大禹治理了洪水,统一了黄河中下游的众多小国,建立了以阳城为统治中心的夏王朝。成绩的取得,与他的儿子启的帮助是分不开的。史书记载,启十分贤能而且有才干,受到夏王朝多数人的拥戴。但是按照原先部落联盟禅让制的传统,大禹生前,已确定东夷族的伯益为继承人。大禹去世后,传位给伯益。但启不同意,他把父亲辛辛苦苦打下来的江山看作自家的私有财产,他认为父亲死了,应当由儿子继承王位。于是,启就使用武力杀死了伯益,史书记载:益干涉启的君位,启杀了益。启然后在钧台(今嵩山南麓的禹州)召开诸侯大会,宣布自己为第二代夏王。启就这样一改昔日君主禅让的做法,登上了王位,成了中国历史上第一位废除禅让制、实行父位子继的世袭国王。历史上,从夏启开始,"禅让"制度结束,"父传子,家天下"的私有王位继承制正式确立。启上台后,有扈氏(今河南省原阳县一带)不服,说启破坏了天下公有的老传统,天下应该是伯益的不应该是启的。欲颠覆启政权,启因伐之,大战于甘,并作《甘誓》这篇书。由于启肯关怀民众,大家都愿意支持启。所以有扈氏的叛乱最终被镇压下去,社会重新得到了安定。天下诸侯出于对禹的追念和对启的敬佩,都愿意拥戴启为国君,再也没有人觉得启继承王位有什么不合理的了。启在位9年,崩,葬于箕山之阴。作为夏代遗迹的钧台(即夏台),据《水经注》记载,原在城南三峰山东。后移建于西北隅。

　　启在嵩山的活动遗迹,除了禹州市的古钧台,还有登封市告成镇东南的石启洞、启母冢等。

太 康

太康,夏王朝的第三代国君。禹之孙,启之长子。夏启死后,他的儿子太康即王位。他把都城从阳翟(今禹州市)迁到了斟鄩(今偃师市)。他自以为父死子继的王位继承制已经巩固,作了国王后不需要再在政治上劳心费神,所以,他田猎无度,不理国政。东夷部落的首领后羿便想利用这个机会消灭夏王朝。一次,太康又带着随从跑到百里外的洛水打猎,后羿就带兵涌入夏都斟鄩,自立为王,并且派兵把守在洛水岸边不准太康回国。夏朝的王族仓皇出逃。后羿闻太康欲归来,整师而出。由于太康早已失去诸侯们的支持,临危之际无人相助。太康知道大势已去,就向东南方向流亡,在那里建立了一个小城池阳夏(今河南太康县),直至病死。太康无道失国,后羿废太康,这便是历史上著名的"太康失国"。太康在嵩山地区留下的遗迹有"二里头文化遗址"(即太康、仲康及帝桀的国都——夏都斟鄩),现为全国文物保护单位。

后羿射日

后 羿

后羿,传说中东夷部落有穷氏的首领,第一个夺取了夏王朝权位的人。又称夷羿、羿。居夏都斟鄩专政 27 年,后被部下所杀。后羿看到太康天天出宫打猎游玩,荒淫无度,不理民政时,便带兵乘机涌入夏都,自立为王,制造了历史上有名的"太康失国"。后羿是个神射手,力大无穷又能百发百中,传说当时十日并出,植物枯死,猛兽长蛇为害。羿射九日,杀猛兽长蛇,使民众安居乐业。后从西王母处取不死之药,希冀长生,被其妻嫦娥窃去。其妻食后升天。后羿在治国方面一窍不通,不久就厌恶了政事,沉湎于游猎之中。左右大臣见羿竟是这样,纷纷进谏,但羿听不进去,他只相信他的手下一个叫寒浞的人。寒浞不仅会谄媚羿,更会拉拢和愚弄周围的人,几年下来,羿周围的人都被收买了。一天,后羿在外玩得正高兴,寒浞就指使亲信杀了后羿,这样夏王朝的政权又落入了寒浞的手中。

少 康

少康,又名杜康,传为夏朝第六代国王,我国酿酒的发明者,后世称之为"酿酒之祖"。夏王相之子,仲康之孙,大禹之玄孙。姒姓。生于山东济宁,后迁居嵩山的伊川。启崩,子太康继位,太康荒淫失政,国势日衰,为东夷有穷国国主后羿所败,大权落在后羿和寒浞手中,兄弟 5 人流落于洛水,太康忧郁而死。太康失国后,羿和寒浞忌惮大禹的威望,在夺取了夏王朝的政权时并没有把夏禹的后人都

杜康造酒

杀掉。他的弟弟仲康就带领一部分族人在斟鄩(偃师西南的二里头)建立了一个小朝廷,这个小朝廷到了仲康的儿子相时取得了不小的发展。但不久引起寒浞的注意,寒浞派人杀了相。相的妻子缗从墙洞里偷跑出去,幸免于难。她逃到娘家(今山东济宁市),生下遗腹子少康。在少康刚刚懂事时,缗对他寄予了很大的希望,从小就把他祖父一辈太康荒唐失国、仲康做傀儡忧愤而死、他父亲相被杀害等惨痛的经过告之于他,叮嘱他长大后报仇雪恨,恢复夏朝。少康在外祖父有仍鬲氏那里长大后,很有出息,但不久因为寒浞的追杀,被迫逃到了有虞氏那里,有虞氏非常赏识这个青年,不仅把自己的女儿嫁给了少康,还把自己的一块叫"纶邑"(今嵩山脚下的登封市颍阳一带)的土地让少康管理。少康把纶邑管理得井井有条,发奋图强,广布恩德,深得老百姓的爱戴。经过一段积蓄,少康具备了相当强的实力,伺机反攻。这时,夏王朝已经是寒浞的儿子过浇当政,少康暗中派人刺探过浇的情况,还派人先偷偷杀了过浇的儿子。一切准备好后,少康集合所有的兵力杀奔夏朝旧都,过浇想顽抗,但是大势已去,最终被少康消灭。夏王朝得以恢复,史称"少康中兴"或"少康复国"。少康在位21年,病卒。史料记载,少康中兴,有田一成,众一旅,而邑诸纶。

少康没称王时,曾在伊川一带活动。相传,他是造酒先祖,为找到天下名泉,他跋山涉水,踏遍神州,终于在嵩山伊河上游找到了一条小溪,追踪寻源,来到了嵩山南麓的汝州市境内的凤凰岭下。许慎《说文解字》中说:"古者少康初作箕帚、秫酒。少康,杜康也。"所酿之酒名"杜康酒",后世称佳酿为"杜康"。曹操《短歌行》:"慨当以慷,忧思难忘。何以解忧?唯有杜康。"公元前1994年,少康年老隐退,重返伊川故里酿酒,使"杜康"名声越来越大。少康死后,葬于伊川虎山北侧。

少康在嵩山的活动遗迹主要有登封市的颍阳镇(古纶邑),颍阳镇北的少康练兵的大校场,镇北紫云山上有少康藏兵洞;伊川县的杜康村、杜康祠;禹州顺店镇北4公里处的少康居住地的康城;汝州市的凤凰山等。由于一些风物的遗留和存在,当地流传有大量的杜康造酒的传说和故事。

杜康造酒图

孔 甲

孔甲,中国上古夏朝的第十四代国王。不降的儿子、扃的侄子。孔甲性情乖僻,父不降怕他治理不好国家,就没有传位给他,而内禅给北扃,扃死后传位于子廑,廑死后,才又由孔甲继位。孔甲在位期间,肆意淫乱,沉湎于歌舞美酒之中(传说他是一种叫做"东音"的乐调的创始人),又笃信鬼神,是一位胡作非为的残暴昏君。各部落首领纷纷叛离,夏朝国势更衰落,逐渐走向崩溃。司马迁说:"帝孔甲立,好方鬼神,事淫乱。"《国语·周语下》载:"孔甲乱夏,四世而陨。"在位31年,病死,葬于今北京市延庆县东北三崤山。

据汉代桓谭《新论》(又一说,晋刘勰《新论》)记载,夏第14代国王孔甲在箕山打猎,遇大风,为避风入民宅。《竹书纪年》载:"帝孔甲三年,王畋于萯山。"原书注曰:"此山在巩县北,临黄河。""孔甲游于东阳,田于萯山。""帝王世纪以为即东首阳山(今巩义市康店乡北山头村)。"

《史记·夏本纪》和《列仙传》载传说,孔甲很喜欢养龙,他弄来一雌一雄两条龙,但无人饲养。听说帝尧后裔刘累曾跟着精通养龙技术的豢龙氏学过驯化龙本领,就赐他"御龙氏"的名号,命他住在孔甲的都城附近(嵩山偃师县南),负责驯养这两条龙。后来,由于饲养不善,死了一条雌龙,刘累怕孔甲治罪,便偷偷地带着家眷南逃至鲁县(即鲁山县)躲了起来。孔甲无奈,又觅到一个名叫师门的养龙高手。师门将那条雄龙养得精神抖擞,神采焕发,孔甲十分高兴。但是,师门生性耿直,常常批驳孔甲对养龙不懂装懂,惹得孔甲恼羞成怒,终于命人将他杀了,尸体埋在城外远郊旷野。不久,天降大雨,又刮起大风,等到风停雨止,城外的山林又燃烧起来。孔甲本来就信神信鬼,这一下更认定是师门的冤魂在作祟,只得乘上马车,赶到郊外去祈祷。祈祷完毕,孔甲登车回城,走到半路,在车中死去。

夏 桀

夏桀,夏朝最后一个国王,中国历史上有名的暴君。姒姓,又名履癸,夏发之子。夏发崩后继帝位。在位52年(前1818~前1766)仍以嵩山西北麓的斟鄩(今偃师二里头)为国都。即位后伐有施,有施把其女妹喜嫁给他;伐岷山,岷山献给他美女2人。这时夏朝的国力已经衰落,内忧外患不断,老百姓的生活困苦难熬。但夏桀却荒淫无度,暴虐不止,他根本不把国家的安危放在心上。为了追求享乐,不惜动用成千上万的奴隶,花费数不清的财物,用7年时间建成一座高大豪华的宫殿,叫作倾宫。他还在各地建造了许多华丽的楼台,供自己游乐。夏桀贪恋女色,传说他的后宫里美女如云,弹奏歌舞的女乐就达3万人。他对最宠爱的女人妹喜言听计从。妹喜在宫中听腻了音乐,想听撕裂布帛的声音,桀就向全国征集大量布帛,全堆在宫中,令人撕帛以博得妹喜一笑。桀在饮食上贪得无厌,嗜酒如命,他在宫中建有酒池,酒

夏桀

池大的可以行舟,做酒剩下的酒糟堆有 10 里长。夏桀喝醉酒后,还要把人当马骑,如稍有反抗,就会被痛打,甚至被杀掉。夏桀喜欢阿谀奉承的人,听不进正直忠臣的直言规劝。有个叫关龙逢的大臣,劝他不要胡作非为,夏桀不但充耳不闻,反而把他杀了。于是,忠臣都不敢接近夏桀,他们纷纷逃离到其他国家。剩下一些奸臣整天围着他转,把整个朝廷搅得乌烟瘴气,夏朝的统治日渐衰落。曾囚汤于夏台(今禹州市),后又被释放。因暴虐,各部族皆与其离心。这时,位于夏朝东部的商族首领汤看到了夏人对夏桀的强烈不满,乘机率兵大举进攻,伐桀于鸣条(今嵩山脚下的登封市境内),推翻了夏朝。夏朝亡国,桀败逃至昆吾(今河南濮阳东),汤灭昆吾。夏桀逃跑到了南巢(今安徽巢县西南),汤追到那里,把他流放在南巢,直到他死去。至此,从大禹立国的公元 2070 年开始,到夏桀亡国的公元前 1600 年为止,夏代共经历了 14 代,17 王,约 470 年。

商　朝

商　汤

商汤(？～前1588),商朝开国国王。子姓,名履,亦称天乙、唐、太乙、高祖乙等,灭夏后,又称汤、成汤、武王、成唐或武汤。商人是原活动于黄河下游地区的一个部落。商族的第一位有世系可考的祖先叫契,是商族部落的首领。契帮助夏禹治水有功,舜为了表彰他的功绩,赐给他子姓,又把他的氏族正式命名为"商族"。从契以后传14代到汤,后商部落逐渐发展壮大,成为夏朝的一个方国。商自契至汤曾8次迁都。汤建都于嵩山东北麓的亳(今河南省郑州市),另一说建都于嵩山西北麓的西亳(今河南省偃师市)。作《帝诰》,举伊尹,兴国政。汤建立了由70辆装备精良的战车和6000名敢死之士组成的精锐之师,形成商汤军团的主力。夏朝到桀在位时,国力日衰,矛盾异常尖锐。汤乘机起兵,首先灭了位于夏朝东南的属国葛(今河南宁陵一带)及10多个小国和部落,接着又灭了夏朝北部的属国韦(今河南滑县一带)、夏朝东部的属国顾(今河南原阳、武陟一带)和夏朝东北部的属国昆吾(今河南濮阳西南)等几个夏朝的盟国,使夏王朝完全陷于孤立无援的境地。最后,向夏桀发起总攻,双方在嵩山脚下的鸣条(今登封市境内)会战。夏桀亲自带兵去迎战,但士兵已无心应战,纷纷逃散或投降,剩下孤家寡人的夏桀慌忙逃跑到南巢(今安徽巢湖一带)。史料记载,汤11次征伐而无敌于天下,作《汤誓》大败夏桀于鸣条之野。汤乃践天子位,建立了第二个奴隶制国家——商朝。商汤征伐夏桀的军事行动,就是借"天命"而行事,在执行天罚。《竹书纪年》:"汤乃东至于洛,观帝尧之坛。沉璧退立,黄鱼双踊,黑乌随之,止于坛化为黑玉。又有黑龟,并赤文成字,言夏桀无道,汤当代之。"

商灭夏后,汤为了防止夏后氏部落反抗,亲率重兵驻守斟鄩之东,随之将国都西迁至高祖帝喾所居以西的尸乡(今偃师市一带)西亳。商朝建立后,汤对夏后氏及其部落用软硬兼施的办法进行统治,巩固了政权,一方面把夏的一些贵族封官,

商汤灭夏

另一方面又将部分夏民和俘虏当作奴隶。从此汤威震四方,诸侯均从汤为臣。

约公元前17世纪,中原大旱7年,商帝汤剪去头发和指甲,祷雨于桑林(今荥阳市西北桑林园村),用6件错事来责备自己:"政不节欤?使民疾欤?宫室崇欤?妇谒盛欤?苞苴行欤?谗夫兴欤?"不久大雨,当年田禾丰收,遂作《桑林》之乐曲来庆贺。百姓感激商汤,后在嵩山地区建了很多汤王庙,以祭祀商汤。据中国历史大事年表载:"汤即位17年灭夏,又13年而死。"卒后葬于西亳城外东北方(今偃师市山化乡)。

商汤在嵩山的遗迹有位于嵩山西麓偃师城西的尸乡沟商城遗址——汤都西亳城,距今约3600年,与商初纪年大致相同,要早于郑州商城,为全国重点文物保护单位;有位于郑州老市区偏东南部的郑州商代遗址,距今约3500年,全国重点文物保护单位,学术界认为是商汤之亳都,有学者认为是仲丁之隞都;还有位于嵩山偃师市山化乡蔺窑村西南1.5公里处汤王墓、汤王庙。

伊　尹

伊尹

伊尹(约前1630~前1550年),商朝名师贤相,杰出的政治家、军事家。《中国将相辞典》所载自先秦至清朝的878位将相,《中国历代名师》所载52位名师,伊尹均名冠首位,称"中华第一名相"。名挚,尹为官名,夏末商初人,出生在嵩山脚下的伊水(伊河)之滨,史称伊尹。自幼被卖到了有莘国(开封县陈留镇一带),为有莘国君当奴隶。由于他聪明手巧,会一手出色的烹调技术,国君很喜欢他,就让他专门担任招待宾客的厨子。伊尹经常向客人打听各国的情况,了解政治形势的变化,对于各种政治变化既敏感又有见识,有干大事业的抱负。后商朝左相促尥发现了他,很想把他赎买带走。但有莘国的国君不同意伊尹离开莘国。后出计谋,让伊尹作为莘国国君的女儿嫁给汤时的陪嫁男奴,来到商国,汤用为"小臣"。因他精通治国之道,被商汤授以国政。商汤在伊尹的帮助下,逐步除掉了夏在东方的羽翼,攻下夏都斟鄩(嵩山偃师西南二里头),俘虏并监禁了夏桀,灭掉了夏王朝,在夏的故都斟鄩建立起新的都城,号称"西亳",开始了我国历史上第二个奴隶制王朝——商王朝的统治。商朝建立初期,伊尹帮助商汤制订各种典章制度,使商朝政治上比较稳定,经济比较繁荣。商汤灭夏朝,建商朝,伊尹助汤伐桀,是功臣,又是军师,对我国古代政治、军事、经济、文化、教育等方面都做出过卓越的贡献。汤死后,历外丙、仲壬二帝,帝外丙在位3年,帝仲壬在位4年。仲壬崩,伊尹立太甲为帝。太甲既立3年,不明,暴虐,不遵汤法,乱德,于是伊尹放太甲于桐宫(今嵩山西麓的偃师市西南),伊尹随摄政当国,以朝诸侯。太甲居桐宫3年,悔悟,伊尹复还政于太甲。太甲之后,沃丁八年,伊尹病死,葬于嵩山的偃师。沃丁以天子之礼安葬伊尹,报答他对商朝的贡献。

伊尹辅佐成汤开创了商王朝,汤死后,又先后辅佐成汤的儿子外丙、仲壬和成汤之孙太甲三王。他主持建造了偃师商城,规范了甲骨文,政治上主张"居上克明,为下克忠",强调"任官惟贤才,左右惟其人",并经常用"明德则天下存,失德则天下亡"教育商王,对商的创立及巩固起了重大作用。世传《伊尹》51篇,《伊说》27篇。

嵩山北麓的偃师市赫田寨丁、杜楼村东一带有伊尹墓,嵩山洛阳市东关大街有伊尹祠。据说,站在伊尹墓前,面南向伊尹祠,拍手或呼叫,回声很灵,传说在此求愿,极灵验。此回音壁与北京天坛回音壁有同工之妙,但要早3000多年。

太 甲

太甲(？～前1557年),商朝第四位帝王(一说前1579年～前1557年在位,在位23年)。商汤嫡孙,太丁之子。姓子,名至。庙号太宗,谥号文王。其叔父仲壬崩后立为帝。太甲在位初年,任用伊尹为相,商朝比较强盛。可他即位三年时,太甲开始按照自己性子办事,凶恶残暴,不遵守先祖成汤制定的法典,胡作非为,于是伊尹把他放逐到桐宫(今嵩山偃师西南)替中壬守丧。伊尹代理太甲处理国事,接受诸侯的朝见。太甲在桐宫守丧3年,悔过自新,于是伊尹又把他迎回国都,交还了政权。太甲复帝后,沉痛接受教训,注重品德修养,诸侯都归顺殷商王朝了。伊尹曾作《太甲训》3篇赞美他。

仲 丁

仲丁,商朝第十位帝王。姓子名庄,商王太戊子。太戊死后继位。在位11年,病死,葬于狄泉。《史记》载:"中宗崩,子帝仲丁立。帝中宗迁于隞。"仲丁于己未年即位。史载,仲丁元年,帝仲丁自亳迁于隞(在嵩山东麓的郑州市,即郑州商都)。这是商朝的第一次迁都。仲丁迁都,是出于形势所逼。太戊时,商朝得到了70多年的稳定发展。但是奴隶主贵族在这段时期乘机聚敛财富,争权夺利。到太戊晚年,这种统治阶级内部的矛盾更加尖锐。一些诸侯方伯利用商王室的内部混乱,不断扩大势力。仲丁迁都于隞,是为了摆脱旧都奴隶主贵族的势力,同时也可以加强对诸侯与方国的控制。当时东南诸夷对商王朝,时而臣服,时而反叛。仲丁迁都后,发动了对兰夷的征伐。不过,出师未捷身先死,仲丁还没有完成对兰夷的征服,就病死了。仲丁死后,王室经常发生王位的纠纷,诸弟争夺王位,造成继承上的九世(历经仲丁、外壬、河亶甲、祖乙、祖辛、沃甲、祖丁、南庚、阳甲九王,故名九世)之乱,于是诸侯不朝,商朝一度中衰。仲丁死后由弟弟外壬夺得王位。商朝建立之前,商族曾有八次迁徙,从汤至太戊,都城一直在亳。自仲丁后,商都五迁。

仲丁

河亶甲

河亶甲,商朝第十二帝。在甲骨文中作戋甲,姓子名整,商王太戊子,商王仲丁、外壬之弟。《史记·殷本纪》云:"帝外壬崩,弟河亶甲立,是为帝河亶甲。"河亶甲即位时,内外忧患,矛盾重重,只得以迁都来扭转不利的局势。《古本竹书纪年》中说:"河亶甲整即位,自嚣(即隞,今郑州商都)迁于相(今河南安阳)。"司马迁也说:"河亶甲居相。"相都在今河南内黄东南。河亶甲这次迁都在一定程度上缓解了王族内部的矛盾。稍事整饬后,河亶甲想完成哥哥仲丁的遗愿,便发动了"征兰夷,再征班方"的战争。同时在方国大彭的帮助下,使得邳归顺了商朝。河亶甲在讨伐兰夷时,兰夷逃往班方,于是,河亶甲令彭伯、韦伯率军征讨班方,班方臣服。这样姺就被孤立起来,也归顺了商王朝,纳贡称臣。河亶甲在位时对商朝的稳定是有贡献的,他为其后的祖乙复兴打下了基础。河亶甲在位9年,死后葬于相(今河南省内黄县境内)。祖乙继位。

伯夷、叔齐

伯夷、叔齐,商代末年商朝属国孤竹国君的儿子。伯夷、叔齐都是孤竹国君的儿子。父亲想立叔齐继位,叔齐让于伯夷,伯夷说这是父亲的意思。就躲避开了。兄弟互让继承父亲王位,皆出走在外。伯夷、叔齐听说西伯善于赡养老者,商量着去投奔。到了以后,正逢西伯死了,武王把他父亲的神主带在车上,称为文王,向东伐纣。他兄弟曾"扣马而谏",阻武王伐纣说:"父死不葬,就从事战争,可以算得孝吗?以臣杀君,可以算得仁吗?"左右的人预备对他二人动武。太公却说:"这是有义气的人(不能伤害他)。"就叫人把他二人扶走了。

武王平定了殷的乱事,商亡,天下都归附周了,偏偏伯夷、叔齐认为可耻,不愿吃周国的米,就在首阳山隐居,采野菜充饥,后来饿得厉害,要死了,作了首歌说:"登上西山采野菜呀,去了一个暴君,还不知道自己的错。神农、虞、夏的时代一会儿就过去了,我又有什么地方可去呢?唉!死了算了,是我的命不逢时啊!"就这样在首阳山"义不食周粟"而亡。

伯夷、叔齐从兄弟让国到首阳采薇最后魂断西山,发生了一系列巨大的事变。从这些事变中,伯夷叔齐的思想和行为表现超人,甚至令人不可思议。第一,孤竹国君墨胎氏临终遗命,意立叔齐为国君。墨胎氏死后,叔齐让伯夷。叔齐的伦理依据是"长幼有序"。伯夷不肯,他的伦理依据是"父命难违"。二人都不肯为君,于是选择了逃走。第二,伯夷、叔齐来到西周,正赶上文王故,武王举兵伐纣。二人扣马

伯夷叔齐

力谏。他们的思想标准是"父死不葬,爰及干戈",是为不孝,"以臣弑君",是为不仁、不义。第三,武王灭纣,天下宗周后,伯夷、叔齐认为武王不仁,不义,不孝,吃周的粮食是可耻的行为。于是"耻食周粟",采薇而食,最后干脆绝食,饿死在首阳山上。伯夷、叔齐的特立独行,充分反映了"不降其志,不辱其身"的民族气节。

伯夷、叔齐的美德,自古以来就广为人们传颂。伯夷、叔齐的"仁、义、礼、孝",对中国传统文化的形成产生过重要影响。儒家思想的主要精髓,都能从伯夷、叔齐的思想行为中找到源头。孔子赞叹:"伯夷、叔齐古之贤人也,求仁得仁,又何怨乎?""不降其志,不辱其身"。孟子评价:"伯夷,圣之清者也"。韩非子说:"圣人的道德应如尧舜,行为应如伯夷"。屈原曰"行比伯夷,置以为像兮……"屈原也说,行为要与伯夷看齐,要把夷齐作为学习的榜样。司马迁也为伯夷、叔齐撰文立传,还特别重视孔孟对他们的推崇,说:"伯夷、叔齐虽贤,得夫子名益彰"。

伯夷、叔齐在嵩山的遗迹有首阳山,有位于偃师市西北的伯夷、叔齐墓,太室山三皇口东南的"二仙洞"。

西 周

周武王

周武王

周武王(？~前1043年),西周王朝的开创者。周文王姬昌之子。姓周,名发。周,原来是商朝的一个西属小国。周文王在位50年,实行许多仁义的政策,国力逐渐强大,逝世时天下三分已得其二,为灭商奠定了基础。武王姬发继承父志,联合天下反商势力,结成同盟,在盟津会师,共同伐纣。公元前1046年,率诸侯伐商。牧野(今河南省淇县西南)之战武王大胜,"小帮周"猝然间灭掉了"大邑商",占据了北及燕山、南达江淮、东至沿海的原来商王朝统治的广大地区,建立了西周王朝,定都镐京。周武王为巩固新建的政权,首先派兵征讨商朝各地的残余力量,讨伐了99国,另有652国向武王臣服。同时,在政治上采取了以殷治殷、分而治之的办法,安抚殷商遗民,释放被纣王囚禁的百姓,散发财物、粮食,赈济饥民和贫弱百姓。其次,采取封邦建国的方略,实行对全国的统治。武王把全国分成若干个侯国,分封给灭商大业中做出了贡献的姬姓亲族和有功之臣。通过种种努力,政权巩固了,但如何控制骤然扩大的辽阔疆域和人数众多的殷族遗民,就成为周王朝所面临的严重问题。特别是作为西周政治、经济、文化中心的国都镐京,偏于西土,对东方的控制是不相适应的。怎样才能有效地统治四方,稳定全国的局势,是摆在西周王朝面前的严峻现实。史料记载:周武王在孟津会诸侯,路过嵩山。七年,武王去新邑,又过嵩山。武王徵九牧之君,登幽之阜,以望商邑曰:"自洛汭延于伊汭,居易无固,其有夏之居。我南望三途,北望岳鄙,顾詹有河,粤詹雒、伊,毋远天室。""此天下之中,四方入贡,道里均也。"周人把嵩山称为"天室"、"大室",是神住的地方,是沟通天地的神山,只有"依天室","无远天室",才能获得正统的天命,上天就会永远保佑他们。因此,武王主张:"依天室,定天保。"武王曾向上天祈告,曰:"我要顺从天意,在中央地区的洛邑,营建新都,从这里治理四方的民众。"史料记载,"营周居于洛邑而后去",是说武王曾经在洛邑作了兴建周天子的宫殿和官署的规划蓝图之后,回镐京去了。不料,武王回到镐京,次年去世,年43岁。所以,营建洛邑是武王亲自制定的宏伟计划,迁都洛邑是武王的重大决策,只是没有来得及实现,而作为一个遗愿留给了成王。武王曾在太公望的陪同下,登上嵩山太室之巅,举行了盛大的封禅典礼。

箕　子

箕子,殷末周初的哲学家、政治家。姓名,子胥余,因封国于箕,即今河南登封市东南。爵为子,故称箕子。河南商丘人。箕子是文丁的儿子,帝乙的弟弟,纣王的叔父,官太师。箕子封于朝鲜的传说,则又见于中国的史书。《史记》说,箕子是殷商末期纣王的叔父。纣王无道,杀戮忠臣,箕子谏而不听,"乃详狂为奴,纣又囚之"。不久,周武王伐纣成功,"释箕子之囚","于是武王乃封箕子于朝鲜"。这是有关朝鲜的重要的传说之一。

我国历史上所记载的朝鲜最早是西周灭商之后,商朝遗臣箕子到朝鲜半岛与当地土著建立了"箕氏侯国",这个国家在中国的汉朝时代被燕国人卫满所灭。公元前3世纪末,朝鲜历史上第一次有所记载。在中国汉代的历史学家司马迁的名著《史记》中记载,商代最后一个国王纣的叔父箕子在周武王伐纣后,带着商代的礼仪和制度到了朝鲜半岛北部,被那里的人民推举为国君,并得到周朝的承认。史称"箕子朝鲜"。

箕子性耿直,有才能,在纣朝内任太师辅朝政。箕子著名的巫学家及其"占卜"宗师,其专职是占卜阴阳、观测天象、授时制历,并以此指导国家的农事、渔牧或者出征讨伐活动。纣王当政后,箕子曾官居太师,辅佐朝政。纣王即位不久,箕子见他开始使用象牙筷子,就叹息道:"用了象牙筷,就要用玉杯来配,然后就会追求其他的珍奇物品,这就是奢华享乐的开端呀!国君一讲究享乐,国家怎么能搞得好呢!"后来纣王越来越荒淫残暴。比干、箕子、微子、辛甲等大臣纷纷向纣王进

平壤箕子墓

谏,纣王执意不听。比干因谏而死,箕子曰:"知不用而言,愚也;杀身以彰君之恶,不忠也,二者不可,然且为之,不祥莫大焉。"无奈之下,箕子为保全性命就佯狂披发为奴,隐而鼓琴自悲为乐;一说"箕子漆身为厉(麻风)以避杀身之祸",后来纣王下令将他囚禁起来。

周武王灭商之后,命如公将他释放出来,并向他请教治理天下之道,如何才能得到商民的拥护。箕子认为应当施行仁政,用安抚的手段来争取民心。武王好言安慰,请他归顺大周,但是箕子宁死不降,要远走辽东。周武王无奈,并且敬佩箕子的操行,就答应了他的请求,封他为朝鲜侯,并免行君臣之礼。箕子也很感念武王的恩德,临行前写了一篇《洪范》给武王。文章中详细总结了殷商王朝灭亡的经验教训,奉劝武王一定要实行仁政。

《尚书大传·洪范》中都有记载。周武王灭殷封箕子于朝鲜,箕子朝鲜侯国正式成立。其受封之地即今之平壤。《三国遗事》记载:"都平壤城(今西京)。"箕子朝鲜的历史延续千余年,直到西汉被燕

国人卫满所灭,建立了卫满朝鲜。箕子朝鲜可以说是朝鲜半岛文明开化之始,据说今之朝鲜喜爱白色之民俗即商代尚白之遗风。箕子胥余是殷末著名贤臣,因其品行高尚,被孔子誉为殷之"三仁"之一。因纣王无道,受到政治迫害的箕子率其族人出走朝鲜。箕子入朝鲜半岛不仅传去了先进的文化,先进的农耕、养蚕、织作技术,还带入了大量青铜器,另外还制定了"犯禁八条"这样的法律条文,以至于箕子朝鲜被中原誉为"君子之国"。自古以来,中朝两国人民都珍视这一有据可查的史实。在朝鲜有自己的历史记载以来,或者说直到20世纪60年代前,朝鲜、韩国的史书、教科书都沿袭了这一历史学说。

后来箕子自封地朝鲜返回国内去朝拜西周王朝时经过故地朝歌,看到曾经高大威严的王宫成了一片废墟,荒凉败落、长满禾黍,伤感悲痛之余就写了一首《麦秀歌》,以寄托自己的哀思。诗曰:"麦秀渐渐兮,禾黍油油,彼狡童兮,不与我好兮。麦秀渐渐兮,禾黍油油,彼狡童兮,不我好仇。"诗意大致是:"(朝歌田野)麦穗已秀齐,早秋的禾苗也染绿大地,你这个顽劣的小孩呀,不和我友好自顾瞎淘气。(朝歌大地)麦穗已秀齐,早秋的禾苗已染绿大地,你这个可恶的小孩呀,不听我的话落下啥结局!"他这首诗为后世屈原、杜甫、李煜、陆游、辛弃疾等众多文人所推崇、效仿。唐代大文学家柳宗元后来专门撰文称颂箕子,尤其对他教化朝鲜、推行道德,做了充分的肯定,表达了自己深深的敬意。

箕子墓位于平壤牡丹峰,并在墓旁建有箕子庙(平壤市原箕林过去还有"箕子墓斋室碑"等古迹)。从那时起,箕子墓受到历代王朝的祭扫与修缮,由于陵寝地处平壤中心的牡丹峰脚下,与乙密台、七星门、浮碧楼等名胜比邻,因而历来亦是平壤的著名景观之一。1959年春,在建设牡丹峰青年公园时,金日成主席亲自下令毁掉了箕子墓。据说此墓未见文物出现,但至今未见正式发掘报告,朝鲜政府也未就此事作过宣传,所以现在我国以及韩国、倭国的一些介绍箕子的著作或论文中仍然在说箕子墓现位于平壤牡丹峰。

姜 尚

姜太公像

姜尚(约前1128～约前1015年),中国历史上最享盛名的政治家、军事家和谋略家。商末周初人。字子牙,姜姓,吕氏。本名吕尚,又名姜望,尊称"太公望"。后人多称其为姜子牙、姜太公。虞夏之际,炎帝后裔伯夷掌四岳,曾帮助大禹治水立过功,被封在吕,子孙从其姓,吕尚乃伯夷后人,姜为尚之族姓。因周文王曾封尚为专管军事的太师,故又称"师尚父"。传说,姜尚早年很穷,虽有才华,但怀才不遇,后听说文王求贤,遂到渭水支流钓鱼,果为文王所赏识。文王被囚羑里归国后,重用姜尚,参与策划伐商大计。周武王伐纣,太公为军师;牧野决战,太公出阵;灭商兴周,功推第一。周初分封,首封为齐,为齐侯,封于营丘(后称临淄,今山东淄博东北)。齐者,脐也。若以鲁为首,燕为足,则介于首足中间是为脐(齐)。太公治国有术,齐国如日东升;遗教子孙,泽被后世,后世有齐桓公"九合诸侯,一匡天下",荣升五霸首座,将太公遗业推向顶点。传说,古代兵书《六韬》

为他所著。

姜太公是齐国的创建者,周文王图商、武王克殷的主谋、周朝的开国元勋之一,齐文化的奠基者,亦是中国古代的一位影响久远的杰出的韬略家、军事家与政治家。历代典籍均尊崇其历史地位,儒、道、法、兵、纵横诸家皆追认他为本家人物,被尊为"百家宗师"。唐宋以前,姜太公被历代皇帝追封为武圣;唐肃宗追封姜太公为武成王;宋真宗时,又追封姜太公为昭烈武成王。到了元朝时期,民间出现了一些关于姜太公的神话传说。到明代万历年间,许仲琳创作了小说《封神演义》,从此,姜太公由人变成了神,民间广为信奉。

周 公

周公(约前1100~?),西周杰出政治家、思想家、军事家、教育家,中国儒家思想的奠基人。姓姬,名旦,又作叔旦。为周文王第四子,武王弟。因其封邑在周(今陕西省岐山东北),故称周公。周公一生政绩卓越,并与嵩山地区紧密相连。少时,知书达礼,性情敦厚,很不同于其他兄弟。辅佐武王灭商。先是武王即位后,周公出谋划策,辅佐武王;武王九年,周公随武王大会诸侯于孟津;武王十一年,牧野之战时,为武王作《牧誓》。武王在位不到4年就去世了,成王年幼继位,由他摄政。"三监"(武王灭商以后,为了让殷人不绝后祀,殷商的百姓仍由武庚管理,但武王不放心,所以派了自己的3个弟弟管叔、蔡叔、霍叔监督武庚,他们3人,历史上称为"三监")怀疑周公有称王的野心,于是就勾结武庚,联合东方夷族,发动叛乱。周公无奈,率兵东征。经三年战斗,先后平定"三监"和夷族叛乱,灭东方17国。

武王灭商后,曾以嵩山是"天室"为由,要在位于天下之中的嵩山伊洛地区建成一个能控制东方的据点,以便控制遥远的东部地区。为完成武王这个遗愿,周公选址在嵩山脚下的阳城(今登封市告成镇)建立测影台,"以土圭之法测土深,正日景,以求地中(夏至之景,尺有五寸,谓之地中),验四时。"通过立土圭,测日影,求得地中,营建洛邑(今洛阳)作为东都,以加强对东方的控制,作为统治中原的政治中心;检验四时季节的变化,指导农业生产。唐开元十一年(723年),为保存周公测影遗制,太史监南官说仿周公土圭旧制,换以石圭石表,即保存至今的周公测影台。

周公的制礼作乐

周公为了巩固政权和加强统治阶级的内部团结,他参照商王朝的礼乐制度结合周族的传统,制定了一套区别君臣、上下、父子、亲疏、尊卑的维持周统治阶级关系的礼制和典章制度,这就是历史上后传的《周礼》——"制礼作乐"。他建立了政治、军事、刑罚等各种典章制度,确立了周朝的统治体制,他主张"明德慎罚"、奖励农桑,民食充裕。曾以王命的形式,发表有著名的《酒诰》,《尚书》的《大诰》、《康诰》、《多士》、《无逸》、《立政》等篇,记载了周公治国的思想和言论。周公确立的周朝统治体制,他的思想和言论,在中国历史上具有重大影响,奠定了中

国几千年古代社会的统治基础。成王成人后,周公还政于成王,千古传为美谈。《尚书·大传》:"周公摄政,一年救世主乱,二年克殷,三年践奄,四年建侯卫,五年营成周,六年制礼作乐,七年致政成王。"周公死前交待:"一定要把我葬在成周,以表明我不敢离开成王!"周公死后,成王将他葬在毕原,以表明不把周公看作臣子。为了表彰周公的丰功伟绩,成王命令鲁国郊祭文王,并可使用天子礼乐,"以褒周公之德也"。

周公在洛阳所著的《周易》一书,后来被称为"群经之首,大道之源"。除此以外,他还发表了许多文告,提出了敬德思想和勤勉抑奢学说,不仅对周初统治阶级治理战后的混乱局面起到了积极作用,而且为以后孔子学说的产生奠定了基础。

周公被后人尊为中国传统文化的先驱,称为"元圣",唐代时被封为"文宪王"。几千年来,嵩山地区的人都尊敬周公,把周公作为吉祥、胜利的象征。周公在嵩山地区的遗迹主要有位于洛阳市瀍河西岸的西周成周(洛邑)城,有位于嵩山太室山南麓告成镇北观星台前的"周公测影祠"和周公测影台(周公测影祠与观星台为同一个文物景点),有位于嵩阳书院道统祠中周公塑像,有位于洛阳市定鼎南路中段东侧的洛阳周公庙。登封观星台、嵩阳书院、洛阳周公庙均为全国文物保护单位。

管 叔

管叔(与周武王同时代),西周初"三监"之一,管国始封君。姓姬,名鲜,周文王第三子,周武王之弟,成王叔。公元前1046年武王伐纣灭商胜利,次年(前1045年)封其弟叔鲜于管,建立了管国(今郑州市管城区),使其"相纣子武庚禄父治殷遗民",故姬鲜亦称管叔或关叔,又称叔鲜。周成王元年(前1043年),武王崩,周王年幼,周公旦摄政,姬鲜和蔡叔、霍叔等不服,疑周公不利于成王,于是勾结武庚禄父,联合东方夷族叛周。周公东征,经三年乱平,官叔被周公所杀,一说自杀,管国国除。

蔡 叔

蔡叔,周初"三监"之一。姓姬,名度,周文王之子,武王之弟。武王灭商后,封于蔡(今上蔡县)。武王崩,周王年幼,周公旦摄政,他和蔡叔、霍叔等不服,勾结武庚,联合东方夷族叛周,后被周公放逐。

康 叔

康叔,西周卫国国君。周代卫国始祖。姓姬,名封。周文王之子,周武王弟。初封于康(今嵩山禹州西北),故称康叔,亦称康侯。周公平定武庚和三监(管叔、蔡叔、霍叔)及武庚叛乱之后,把殷民七族和商故都周围的土地封给他,南境到过圃田泽(今河南中牟西北),东境有帝丘(今河南濮阳)一带。建都沫(即朝歌,今河南淇县),国号卫。他曾兼为周成王的司寇。《尚书·康诰》即其受封时所接受的策命诰辞。

周成王

周成王(前1055～前1021年),西周第二代王,历史号称"一代明君"。姓姬,名诵,或作庸,周武王之子。"成王在丰,使召公营洛邑,如武王之意。周公复卜申视,测以土圭之法,卒营筑,居九鼎焉。"姬诵12岁继位,由武王弟周公旦摄政。管叔、蔡叔疑周公欲篡王位,与武庚联合作乱。周公率军东征,经3年,诛武庚、管叔,流放蔡叔,又东伐淮夷及奄,命召公奭于洛邑建东都,以镇抚东方,并安置殷遗民。周公摄政7年后还政。姬诵营建洛邑,东伐淮夷,继续分封诸侯,周王朝疆域进一步扩大,政局安定,以至边境息(慎)族等来朝纳贡。成周五年,周成王迁居成周,洛邑就正式做了西周王朝的国都。洛邑(东都成周)和镐京(西都宗周)并立,在西周初期是周王朝的正式国都。由于洛邑"处于天下之中",充分发挥了统治四方的中心作用,既保证对四方贡献的征收,奠定了西周强盛的基础,又利用伊、洛一带的优越地理条件,驻扎重兵控制东方诸侯,巩固了西周统治的军事战略要地,以及集中迁移殷遗民于成周,加强了监督、管理和利用。成王执政后,继续分封诸侯,以加强对新征服地区的统治,建立起周王室为主干的宗法制度。秉承了武王之志,铲除了商朝遗留下来的各种不安定因素,政治清明,经济繁荣,社会稳定,人民安居乐业,奠定了周王朝政治、经济、文化的基础,为周王朝的长治久安创造了条件。成王在位37年,是历史上公认的一代明君。成王三十七年四月甲子日,成王病卒,年50岁,葬于毕原。与文王、武王、周公葬在一起。《尚书》、《诗经》中有70多篇文献,赞扬了成王的言行事迹。

周成王

出土于陕西宝鸡市的何尊,其底部是一篇122字的铭文。此铭文是周成王的一篇重要的训诫勉励的文告,内容记述了周成王迁都洛邑成周,在天室山(嵩山)下为武王举行盛大祭礼,对其宗族子弟进行训诫,并向天宣告定都于成周的史实。铭文大意为:"成王五年四月,周王开始在成周营建都城,对武王进行福祭。周王于丙戌日在京宫大殿大室中对宗族小子何进行训诰,内容讲到何的先父公氏追随文王,文王受上天大命统治天下。武王灭商后则告祭于天,以此地作为天下的中心,统治民众。周王赏赐何贝30朋,何因此作尊,以作纪念。"铭文中有"其余宅兹中国,自之乂民。"这是"中国"这个词语首次在何尊铭文中出现。

周成王在嵩山留下的遗迹有位于洛阳的西周成周(洛邑)城,有古"洛邑",洛邑的具体方位说法不一,但多数史学者认为是在洛阳市老城东关。

周昭王

周昭王（？～前1002年），周朝第4代王。姓姬，名瑕，周康王之子。昭王自幼养尊处优，即位后没有贤能的大臣劝谏、辅佐，生活变得奢侈荒唐，政治昏暗。在局势上，有些诸侯开始不听昭王的命令，中断了贡奉。昭王一味地对他们出兵讨伐，劳民伤财。在这些诸侯国中，昭王与楚国的关系是最紧张的。"周之宗盟，异姓为后。"楚是周王朝的异姓国，一开始就受到周天子的歧视，甚至在诸侯盟会上，都没有与盟的资格。周王室对齐、晋等诸侯国均有赏赐，而楚国则无。起初，楚国慑于周王朝的强大，不得不进贡苞茅等物品，表示臣服。周昭王时，由于楚国的勃兴，引起周天子的惊恐，不得不领兵亲征，企图遏制楚国的发展。昭王十六年（约前985年），周昭王第一次亲率大军南征荆楚，经由唐（今湖北随州西北）、厉（今湖北随州北）、曾（今湖北随州）、夔（今湖北秭归东），直至江汉地区，大获财宝，铸器铭功。第二次，周昭王十九年（约前982年），周昭王派祭公、辛伯攻楚，"天大曀，雉兔皆震，丧六师于汉。"这次渡汉水时，阴风骤起，气候恶劣，将士惊恐，军队大部丧失。第三次攻楚，昭王末年"南征而不复"。实际上是周昭王南征，因扰害百姓而被船民设计而淹死于汉水，全军覆没。周人讳言此事，模糊曰："南巡不返"。其真相为昭王南征途中，强征人民运输粮草，撑船拉纤，供应精美的食品和醇酒，征用渔民的船只，用完后还要将船凿沉。周军渡过汉水后，楚王担心敌不过周天子，派人前来请罪。昭王就顺水推舟，斥责了楚王一番，然后在楚国境内抢掠了百姓大批财物，欲返。船民含愤挑出了一些船只，将它们拆散后再用胶水粘合起来，又用彩色图案将痕迹掩盖起来。昭王和将士登上船只，装满了车、马及财物，船行到江心，胶水经江水浸泡溶解，船板纷纷散裂，船只下沉，昭王和随行大臣也跌落江中而亡。南征的失败，不仅是周王朝由盛到衰的转折点，也是楚国日益强大逐步走上与周王室分庭抗礼的一个标志。昭王死于汉水，葬于嵩山少室山。

周穆王

周穆王骑八骏而周游天下

周穆王，周朝第5代王，我国历史上最富于神话色彩的君王之一。姓姬，名满，周昭王之子。传说享寿105岁，在位时间约为55年（前976年～前922年），一说54年（前1001年～前947年）。

姬满继位时，年已50岁，这时经营百余年的王朝开始衰败。穆王面对社会危机、人民愤怨、诸侯离心的严重局势，没有灰心丧气，而是决心恢复文武之道，他选用贤良人才，以祖辈的美德为榜样，经过10多年的治理，使社会逐步安定,国力也变得强大。周穆王致力于向四方发展,曾因游牧民族戎狄不向周朝进贡,两征犬戎,获其5王,并把部分戎人迁到太原(今甘肃镇原一带)。还东攻徐戎,在涂山(今安徽怀远东南)会合诸侯,巩固了周在东南的统治。并制定墨、劓、膑、宫、大辟5刑,其细则竟达3000条之多。后世流传穆王西征的故事,如晋朝汲冢出土战国竹简《穆天子传》所载,反映了当时穆王意欲周游天下,以及与西北各方国部落往来的情况。据《穆天子传》记载,周穆王喜好游历,曾于穆王13年至17年驾八骏之乘驱驰9万里,西行至"飞鸟之所解羽"的昆仑之丘,观黄帝之宫。又设宴于瑶池,与西王母做歌相和。据现代学者考证,周穆王西游之地应是里海黑海之间的旷原,这是中国与西域进行交流的最早史料记载。

　　史书有关周穆王在嵩山活动有以下记载:据《穆天子传》记载,周穆王游于黄室之丘(唐代颜师古注:黄室之丘,嵩高山也。专家注解:黄帝居住在嵩山太室山一带),观看了启母石和启所居的地方,并进入启的住室。周穆王南游时,在黄竹(嵩山西)路上,"日中大寒,北风雨雪,有冻人。天子作诗三章以哀民。"据传周穆王骑八骏而周游天下,游至嵩山登封的唐庄时,人困马乏,他的神马跑过之地涌出了甘泉,人们遂称之为"马跑泉",后人即把这一带的村庄(今唐庄的张村、屈村、陈村、郭村、申楼、程堂等)都称之为"马跑"。周穆王狩猎于圃田,遇猛虎,禁卫勇士高奔戎生擒猛虎来献,穆王命令将虎关养于东虞(今嵩山荥阳汜水镇西),因而称这个地方为"虎牢"。

尹吉甫

　　尹吉甫(前852~前775年),周宣王的大臣,官至内史,《诗经》的主要采集者,被尊为中华诗祖。黄帝之后伯修族裔,族居中原,是西周晚期南燕(今河南延津县北)贵族,本姓姞,后改姓吉。因其父辈是南燕贵族庶出分支,于是早年随父母叔姑等迁居卫国复关(今河南濮阳县西)。

　　尹吉甫的一生是一个伟大的传奇。尹吉甫青年时代,从事过农业和木工,后来作为"士",随孙子仲南平陈宋;尹吉甫以乡长"良人"身份,曾组织两千人的部队参加过宣王初期的南征北战和东征西讨等系列军事行动,足迹几乎遍布西周全境以及大部分分封诸侯国,为"宣王中兴"立下了巨大功勋;尹吉甫长期作为宣王"尹氏",恒秉简书之职,是宣王策命工作的重要人物;尹吉甫作为近臣"侍子",在宫廷外参加了护韩北迁、东迎庄姜等重要活动,在宫廷中参与了卫国乃至周王朝的国事,曾亲身教育过宣王之子姬宫涅,也就是后来的周幽王。尹吉甫在其极富传奇色彩的一生中,在各个时期各种场合写下了许多颂词、祭文以及抒情诗篇,这些颂词、祭文以及抒情诗篇遗留下来的部分就是我们今天看到的《诗经》,它成了中华文化的经典性著作。因此,尹吉甫是无可争辩的中华诗祖,是中国历史上著名的文学家和军事家。

　　尹吉甫一表人才,而又多才多艺,善音律,懂木工,能歌善舞,能文能武。正因为如此,年轻时的尹

尹吉甫

吉甫就吸引了比他小十多岁的活泼可爱、聪明伶俐而又能文能舞的卫国小公主仲姬(孙子仲之女)的注意,并最终成为他的恋人和前妻。两人在自由恋爱和结合期间,仲姬也为我们留下了《有杕之杜》、《君子阳阳》、《女曰鸡鸣》等40多首诗篇,并保留在《诗经》之中。因此,仲姬也是中国当之无愧的第一女诗人。遗憾的是,古代的自由恋爱和自由结合始终不能被社会所接受,加上双方身份、地位以及年龄的差异,尹吉甫和仲姬最终仳离。最后,尹吉甫与父母为其明媒正娶的姜氏白头偕老。

周幽王六年,年逾古稀的尹吉甫佐伯士西征时,因伯士不听其谋而招致惨败。伯士把责任全污在尹吉甫身上,尹吉甫不服而申诉,伯士最终被杀。无巧不成书,伯士恰恰是仲姬的第二任丈夫,是时任周幽王卿士的南燕国君蹶父之子。于是,尹吉甫遭卫国驱逐,回南燕则不被容留,尹吉甫只好携妻子和子女南流至房陵(今湖北省房县),最后抑郁而逝。

尹吉甫一生写下了300余篇著名诗篇。遗憾的是,他的诗篇散留各处,在传播过程中还有遗失。最后,东周乐师收集诗篇以配乐,无意中使尹吉甫的散诗汇集成册,最终定型为305篇,其中包括了其女友兼前妻仲姬所写的43篇诗篇。尽管如此,尹吉甫是中国无可争辩的第一个诗人,真所谓:"诗篇肇始,源自作者一生东西南北;诗祖巨献,垒自作者一生勤劳困苦"。尹吉甫的诗,反映了作者一生的经历,同时,诗篇为我们保留了作者所处时代的一些非常重要的历史纪录。尹吉甫的诗篇,是中国的伟大史诗。毋庸置疑,尹吉甫的诗,既是中国私人诗篇之始,也是中国史诗之始也。

西汉扬雄《法言·学行》载:"昔颜尝晞夫子矣,正考甫尝晞尹吉甫矣,公子奚斯尝晞尹吉甫矣。"晞,仰慕也。正考甫,宋襄公(西历前650~637年在位)之臣也。奚斯,鲁僖公(西历前659~627年在位)之臣也。正考甫、奚斯是仰慕尹吉甫之文也。

东汉应劭《风俗通义·正义》载:彭城相袁元服,名贺。按语曰:贺早失母,不复继室,云:"曾子失妻而不娶,曰:'吾不及尹吉甫,子不如伯奇,以吉甫之贤,伯奇之孝,尚有放逐之败,我何人哉?'"曾子、袁元服等是崇拜尹吉甫之贤也。魏文帝曹丕《与张既诏》曰:"卿逾河历险,以劳击逸,以寡胜众,功过南仲,勤逾吉甫。"曹丕是赞美尹吉甫之勤也。元代脱脱《宋史·志(卷58)》载,乾道六年,著作郎傅伯寿言:"尹吉甫之伐玁狁,召虎之平淮夷,寔亚鹰扬之烈。"民国赵尔巽《清史稿·志(卷59)》亦载,清圣祖六十一年,补祀功臣,增有仲山甫、尹吉甫等人。此是敬纪尹吉甫之功也。

周恭王

周恭王,西周第6代国王。姓姬,名繄扈,谥号周共王。周穆王子。穆王死后继位。在位22年,病死,葬于毕原。姬繄扈继位时,国家因穆王远游,耗费了巨量财富,弄得财政十分空虚,经济上渐渐难以支持。但是,在许多场合又不得不维持着天子的架子。如为了表示赏罚分明,共王不得不将都城附近的土地陆继分封给诸侯和大夫,使自己直接支配的地域越来越小,收入越来越少。西周开始衰落下去。

周恭王在嵩山的活动遗迹有密国(今新密市)。密国原本在今甘肃省灵台县,是周初年商代密须国故地上分封的姬姓国家。根据史书记载,周文王三年,密须国的国民仰慕周文王的圣德,把国君绑了起来献给文王,周文王于是在密须国故地建立起密国。到了周恭王的时候,恭王到密国游玩,喜欢上密国的三个美女,但密康公不愿意献出这3个美女,周恭王怀恨在心,当年秋天,发兵攻打密国。甘肃密国被灭后,周恭王把当地的民众迁到了今天的嵩山东麓的新密市境内,让他们仍旧使用密国的国号。由于密国原本在甘肃,现在迁到了豫西,所以称新密,这就是新密的来历。密国在春秋时期被郑国所灭,版图也划归郑国。密城在春秋战国时期又叫新城,或新密,西汉时设置密县,县治在今天的古密城。隋代的时候迁在今天的新密老城。考古发掘新密市区东南的大隗镇,是历史上密国的国都。

申 伯

申伯(西周厉王至宣王时期),西周著名政治家、军事家。申国(今南阳市)开国君主,申氏的始祖。姜姓,相传炎帝居于姜水畔,便以姜为姓。至商代有后裔孤竹君的长子伯夷与叔齐一起投奔到周。到周后反对武王伐商,武王灭商后他们又逃到首阳山,因不食周粟而死,他们的后裔仍留在商朝。成王继位后封伯夷的后裔为申侯,国于申,以其为方伯,故称申伯。西周宣王时,为了遏制"南土"楚国势力的崛起,又能"封建亲戚以蕃屏国",宣王改封其舅申伯于南阳,建立申国(今河南省南阳市)。申伯就国的时候,宣王为其举行了盛大的欢送仪式,大臣尹吉甫作《嵩高》一诗歌咏其事,此篇后收入《诗经》。《诗经·嵩高》中有"嵩高维岳,峻极于天。维岳降神,生甫及申"流传于后世,《释诂》解释"岳降神灵和气,以生申伯、甫侯二人,有德能成大功,是岳神生申甫之大功,故特言申、甫也。"

申伯

申伯就国南阳后,改进石、陶生活用具,发展金属生产工具,扩大黄牛饲养,鼓励国人垦荒。同时调整防御思想,加强战车与水军建设,有效地阻止了楚国势力的北进,为申国农业、手工业的发展奠定了基础,同时也为"宣王中兴"作出了贡献。西周末年,幽王废申后所生之子宜臼,立褒姒之子伯服为太子,引起了申侯(申伯之子)的不满。申侯与缯、西戎联合伐周,导致西周的灭亡。公元前770年,申侯立太子宜臼为周王(周平王),迁都嵩山西麓的洛邑,再次充当了扭转乾坤、开辟新时代的角色。今嵩山脚下的登封市寺庄申家湾,相传为申伯故居。

甫 侯

甫侯,一说吕侯。周穆王大臣。曾制订《甫刑》,一作《吕刑》,即今《尚书·吕刑》篇。其时周王室开始衰微,诸侯有的不遵王命,社会秩序不安,他建议周穆王,加强刑法,于是作五刑三千条,其中墨刑千条,劓刑千条,膑刑五百条,宫刑三百条,大辟(死刑)二百条。这些刑罚贵族均可用钱赎罪。因这五刑是他建议制订的,故名曰《甫刑》。《甫刑》于穆王时,起到了整治乱世的重要作用。

甫侯曾劝谏,辅佐宣王中兴。周宣王立志复兴周朝,大力经营南蛮,百濮、荆楚和淮夷,将甫侯和申伯的封地迁到今河南南阳一带,以镇守南方。《诗经·大雅·嵩高》一诗曰:

崧高惟岳,峻极于天。惟岳降神,生甫及申。

惟申及甫,惟周之翰。四国于蕃,四方于宣。

邓玄注曰:"言周道将兴,五岳为之生贤辅佐仲山甫及申伯,为周之干臣,天下之藩卫,宣德于四方,以成其王功。"这首诗对后世影响很大。以此为基础,后来诗人又创作出不少新的诗句,如宋代李刘的诗"是日人间岳降神"、华岳的诗"崧岳当年曾降神"、陈文蔚的诗"合是地灵神降岳",其他还有"谁知此岳复降神""天欲中兴神降岳"等。

出自甫侯的姓有吕、仲、蒲等姓。吕国灭亡后,子孙均以国为氏,形成吕姓的主脉。因甫侯又称仲山甫,一部分后裔也以仲为姓,仲姓的望族世居今嵩山地域的登封。

周宣王

周宣王(前827年~前782年),西周朝的第十一位王。姬姓,名静(一作靖),周厉王之子。死后被追谥为世宗。厉王时国人暴动,大臣召穆公虎将太子静隐藏在自己家中,被国人包围。召公以己子代替太子,使太子得以脱身。共和十四年(前828年),厉王死于流放地彘(今山西霍县),大臣拥立静为王。宣王即位后,整顿朝政,使已衰落的周朝一时复兴。宣王的主要功业是讨伐侵扰周朝的戎、狄和淮夷。宣王四年(前824年),秦仲为大夫,攻西戎,被杀。宣王又命其子秦庄公兄弟5人伐西戎,得胜。宣王五年(前823年),宣王与尹吉甫一起伐犹(即西戎)于彭衙(今陕西澄城西北)。尹吉甫在征犹战争中率师直攻至太原(今甘肃镇原一带),迫使犹向西北退走。对于侵犯江汉地区的淮夷,周宣王命召穆公及卿士南仲、大师皇父、大司马程伯休父等率军讨伐,沿淮水东行,使当地大小方国中最强大的徐国服从,向周朝见。宣王十八年(前810年),南仲派驹父、高父前往淮夷,各方国都迎接王命,并进献贡物。其时,宣王还命方叔率师征伐荆蛮(即楚国)。为了巩固对南土的统治,宣王将其舅申伯徙封于谢(今河南南阳)。宣王二十二年(前806年),继续西周早年的分封,封其弟友于郑(今陕西华县东)。中兴,为时短暂。宣王晚年,周王朝重新出现了衰象。宣王干涉鲁国的君位继承,用武力强立鲁孝公,引起诸侯不睦。宣王三十一年(前797年),伐太原戎。宣王三十六年(前792年),伐条戎、奔戎,都归失败。3年后,伐申戎,虽取得胜利,同年却在千亩之战中败于姜氏之戎,丧失了调遣的南国之师。宣王死后子幽王继位,社会矛盾进一步发展,终于导致西周的覆亡。

周宣王八年(前820年),宣王到嵩山巡狩。因以畋猎选车徒,于是有《车攻》、《吉日》之诗。夫宣王能修成康东都方岳之礼,《车攻》谓之复古。兵车会同,陟方于嵩高,可知也。时方营谢以封申伯。申甫生于嵩,吉甫的《嵩高八章》之作,在斯时矣。

周幽王

周幽王(前795年~?),中国西周末代君主。姬姓,名宫涅(一作湦、湟),周宣王之子。公元前781年即位。在位时,沉湎酒色,不理国事,各种社会矛盾急剧尖锐化,政局不稳,地震、旱灾屡次发生。自然灾害严重,泾、渭、洛"三川皆震"。他贪婪腐败,重用"为人佞巧,善谀好利"的虢石父主持朝政,引起国人怨愤。又听信宠妃褒姒的谗言,废嫡立庶,废除申后及太子宜臼,立褒姒为后及其子伯服为太子,并加害太子宜臼,致使申侯、缯侯和犬戎各部攻周。周幽王为取悦褒姒,数举骊山烽火,失信于诸侯。结果,被犬戎兵杀死于骊山之下,西周灭亡。

春 秋

宜臼

宜臼(约前781～前720年),东周第一代王,周平王。公元前770至前720年在位。姬姓,又作宜咎,西周幽王的太子,为申后所生。西周末年,周幽王宠爱褒姒,欲废申后及太子。申侯联合犬戎攻东周幽王后,宜臼被申、鲁、许等诸侯国拥立为周王。周平王摄政后,依仗晋、郑、虢等诸侯的力量,勉强支持残局。但是周室衰微,周的国力已衰,军力不振,经济困难,大片土地已分封给诸侯国,尤其是宗周一带的故土都给了秦国,周王直接控制的地盘越来越小了,周王室的土地仅仅是方圆几百里,东至荥阳,西至潼关,南至汝水,北至沁水南岸,周天子失去其天下共主的地位。相反,诸侯国的地盘却越来越大,势力越来越强,诸侯各国之间兼并、掠夺土地,越来越有发展,出现了诸侯争霸的混乱局面,中国历史从此进入春秋时期。

宗周镐京距犬戎很近,一旦犬戎轻骑杀来,将人死国亡。因此,为避犬戎,平王把都城从镐京东迁至洛邑(洛阳),史称东周。至此,周王朝从两个都城变成了一个都城,历史上将此说成为"平王东迁"。成周洛邑如武王所说,这里地势险要,北有大河,南有嵩岳,东有虎牢,西有函谷,平原上又有伊、洛、涧,易守难攻。武王称这里为中国,即是天下之中,国之中央,中国之名自此开始。就诸侯国而言,成周被郑、卫、秦、晋四个诸侯国环绕。周王室居于全国中心,既安全,又便于控制和领导各诸侯国。这个有利的条件,使已经衰败的周王朝又延续了500多年。在位51年,病卒于成周洛邑。

周平王病死后,因其太子洩父早死,立平王之孙林为太子,是为周桓王。

周平王在嵩山地区的活动遗迹主要有洛阳东周王城和成周城。

郑桓公

郑桓公(？～前771年),周王室重臣。姓姬,名友。周厉王少子,周宣王同父异母的小弟。公元前806年,郑桓公被周宣王分封在棫林(在今陕西凤翔南),国号"郑",这是西周最后一个封国。周宣王死,周幽王继位。周幽王昏庸无能,整天围着一个叫褒姒的"冷美人"转,为博褒姒一笑,他竟点燃了只有战争才用的信号——烽火。各诸侯国一见烽火燃起,纷纷前来勤王救驾,走到一看,原来是幽王为博美人一笑而搞的恶作剧,诸侯们心里自然很不高兴。周幽王八年(772年),幽王任命郑桓公为王朝司徒(三公之一，管理地籍与户籍）。这时，他预见幽王政治腐败会导致灾难，对西边少数民族的入侵无能为力，就想为自己的部族和妻室儿女找一条出路。为了保住自己的人民和亲眷不受战争的袭扰，他遂求教太史伯"逃死"之策，太史伯建议他向"洛之东土，河济之南"发展。幽王二年（前780年），桓公"伐郐克之，乃居郑父之丘"。幽王八年（前774年），桓公被召回镐京任司徒之职，他勤政爱民，颇受朝臣及百姓拥戴。幽王九年（773年），郑桓公把郑国的眷属、部族、财产由陕西的棫林迁移到"河济之南、洛之东土"的东虢国（今荥阳市东北）与郐国（今新密市东北）之间，这便是历史上有名的"桓公寄孥"。他用官爵、财物大肆贿赂郐国君臣（郐国的国君贪图财物，对郑桓公一点防备都没有），为以后在东方建立郑国打下了基础。幽王十一年（前771年），犬戎族攻入镐京，打进周王室，西周灭亡，郑桓公也在护驾中以身殉职。

郑桓公的儿子掘突，平王赐虎牢之地，便把郑国东迁，并在东虢和郐国之间一个叫京的地方建都。这是武公东迁后建设的第一个都城。

郑桓公

郑武公

郑武公

郑武公（？～前744年），春秋郑国国君。公元前770至前744年在位。姓姬，名掘突，郑桓公长子。继桓公袭任郑国国君和周平王卿士，史称郑武公。这时，周王室被迫东迁洛阳，郑武公就以护驾的名义带领大军一同东迁。由于保护平王东迁有功，他继承了其父的司徒之职。武公初居留（今开封陈留），于平王二年（前769年）灭郐国（今河南省新密市东），平王四年（前767年）又灭东虢（今荥阳市东北），在郐国的旧址上建立了新的郑国。秦统一六国后，为了区别于西周时陕西的郑国，故将春秋、战国时郑、韩都城称为新郑。郑武公相继把鄢、历、补、丹、依、华莘、蔽、依等八个诸侯小国相继归顺郑国，纳入郑国版图，推行包括释放商奴，发展工商，繁荣经济；开发滩涂，发展农桑，强国富民；兴建乡校，教化民众，广集民意；加固京城，扩建城邑，巩固国防的"武公之略"，为郑国400多年基业奠定了坚实的基础。

郑武公娶申女为夫人，称武姜，生太子寤生、少子叔段。由于寤生出生时难产，所以他母亲武姜很不喜欢他。武姜总和武公商量，要调换太子。后郑武公积劳成疾，病重时，武姜请立少子共叔段，不许。平王二十七年（前744年）郑武公病卒，年50多岁，葬于嚣山之原。

郑姓出自姬姓,是周朝王室的后裔。因为郑国的子孙都用国名作为姓氏,即郑氏,为郑氏家族扎下了根基,故有"天下郑氏出荥阳"一说。

郑庄公

郑庄公(前757~前701年),春秋时郑国第三代国君,历史上堪称"春秋初霸"。郑武公子,姓姬,名寤生。共在位43年,以深谋远虑、英武善变而著称于诸侯。13岁继位为郑国国君和周王朝卿士。公元前707年,周桓王宣布罢去郑庄公在王室的权力,并联合陈、蔡、卫等国发兵伐郑,双方军队相遇,展开激战。几个小国的军队刚一交锋便败下阵来,周桓王也在双方的混战中,被郑国的将领祝聃射中了肩膀,差点丢掉了性命。从此,人们不再把周王室看在眼里,历史也进入了春秋争霸时代。郑庄公15岁继位,在政期间,励精图治,艰苦创业,采取了一系列富国强兵的措施,首先修建了"密邑"新城,加强士兵训练,增强了郑国的防御能力。在政治上,郑庄公"挟天子以令诸侯",发动对周王的战争,取得对周王室的支配权,使周王失去天下共主、号令诸侯的地位。在国防上,对内平定了其弟共叔段的叛乱,稳定统治,加强集权。经济上,实行正确的商业政策,不强买强卖,促进了商业发展,增加了税收;同时鼓励开垦荒地,发展农业和手工业,在发展生产的同时,加紧国库储存,使郑国有了雄厚的经济实力。军事上,对外扩张,采取远交近攻的策略,联合齐、鲁等国,击败当时郑国的对手卫、宋、陈、蔡等国,扩大了势力和疆域,从而建立一个新型的郑国,成为春秋初期诸侯中的强者。桓王十九年(前701年),庄公卒,葬于邬(今新密市曲梁乡王岗村)。

掘地见母

历史上,郑庄公"掘地见母"的故事千古流传。大意为其母亲武姜在郑庄公当了太子后,一直想换太子的愿望没有实现。庄公登基时才15岁,此时弟弟共叔段12岁。其母亲武姜想趁庄公年龄小,临朝行政,借机把江山易位给叔段。可是,庄公寸权不让,一切权力都抓到手,一方面加紧备战,一方面又派人暗地严密监视叔段与武姜的一切行踪,以防不测。公元前722年,在母亲武姜的怂恿下,庄公的弟弟共叔段发动叛乱。早已严阵以待的郑庄公很快就把叔段击败,叔段逃往共地(今辉县境,当时属卫国)避难,所以历史上又叫共叔段。因母武姜支持其弟共叔段的叛乱,郑庄公对母后十分恼恨,把她逐出国都,安置在黄城寨(即城颍,当时为郑庄公的陪都,今登封市君召乡陈窑村和黄城村交界处),并且立誓与母"不及黄泉,无相见也!"但武姜毕竟是自己的母亲,郑庄公不久又后悔起来。后颍谷封人颍考叔为郑庄公与母后的会见设了计谋:郑庄公一行天黑由洛阳出发,在天明时赶到颍阳,让他们母子在黄城寨相见。并派人事先在颍阳疙瘩庙坡北侧挖沟(当地人称之为阴司沟、阴司涧)而进,一直通到黄城寨,上面芦席造天,下面黄土铺地,郑庄公等随行在颍阳东疙瘩庙北坡下洞,行至庙沟时,郑庄公大哭不已,故此地叫大溏沱(又名西安乐)。又行了一段路,郑庄公还在小声啼哭,故此地叫小溏沱(又名东安乐)。又行了一段路,郑庄公在颍考叔的劝说下不哭泣了。君主不哭叫封嘴,故后人称此地为冯村(今大冯村)。至今民间流传着一个顺口溜:郑庄公,想亲娘;上盖天,下盖地;大溏沱,小溏沱,咕咕咚咚到黄城!这便是历史上有名的"掘地及泉,隧而相见"。

郑庄公在嵩山地区的活动遗迹主要有位于新密市的郑庄公冢,位于新郑的郑韩故城、望母台,位于荥阳东南的京城遗址,位于登封的掘地见母遗址(黄城寨遗址)等。

颍考叔

颍考叔

颍考叔(？～前712年),春秋时郑国(都于新郑)大夫,嵩山历史文化名人。初为颍谷(今登封市西南一带)封人,即掌管郑国西部边疆的官吏。郑庄公因出生时难产,自小母亲武姜就讨厌他,而偏爱其弟共叔段。郑庄公即位后,其母为共叔段请封京城(今嵩山荥阳东南),共叔段在京城修城扩兵,并将郑国的属地收为己有,做好了叛乱的一切准备,与其母姜氏约定日期,由姜氏打开都城大门,里应外合以夺取王位。郑庄公二十二年(前722年),郑庄公平定其弟共叔段叛乱,逐其母武姜于城颍(今登封市君召乡陈窑村与黄城村交界处),并发誓"不及黄泉勿相见"。颍考叔劝庄公"掘地及泉,隧而相见",庄公从之,后母子和好如初。郑庄公感激颍考叔成全他们母子之情,颍考叔得到重用,被封为大夫。郑庄公三十二年(前712年),郑庄公与鲁国、齐国讨伐许国。出发时颍考叔与公孙阏争车有隙,作战中,颍考叔持旗先登城,被公孙阏从城下射死。颍考叔死后,葬于其封地颍谷的翟峪沟(今登封市君召乡境内)。

《左传》载:颍考叔真是个纯正的孝子啊,不但爱自己的母亲,又影响到郑庄公也爱他的母亲。后世遂称颍考叔为纯孝伯。颍考叔在嵩山的遗迹有位于登封颍阳镇的颍考叔祠堂,人称"纯孝伯祠",现仍存王沂撰写的《重修孝伯庙碑》;后人在登封的石道镇、颍阳镇都建有颍考叔庙。颍阳的颍考叔庙宋时改建为书院,元顺宗还特赠"颍谷书院"匾额。历代名人吟诵颍考叔的诗词很多,如宋代的苏轼、金代的元好问、明代的区大相、王十朋等都写有纪念颍考叔的诗。

武姜申

武姜申(与郑武公同时代),郑武公之妻,郑庄公之母。侯(今唐河县南)女。生庄公及共叔段。

偏爱少子段,曾请武公立幼,不果。庄公即位,她支持共叔段叛乱。公元前722年庄公平乱后将其放逐到边城颍(今登封市君召乡陈窑村与黄城村交界处),立誓"不及黄泉勿相见"。后颍考叔谋"掘地及泉,隧而相见",才和庄公母子如初。

郑太叔

郑太叔,春秋时期郑国的贵族。名段,喜欢斗兽,为了显示自己的勇猛,亲自上场表演。《诗经·郑·太叔于田》:"叔于田,乘乘马。执辔如组,两骖如舞。叔在薮,火烈具举。襢裼暴虎,献于公所。将叔勿狃,戒其伤女。叔于田,乘乘黄。两服上襄,两骖雁行。叔在薮,火烈具扬。叔善射忌,又良御忌。抑磬控忌,抑纵送忌。叔于田,乘乘鸨。两服齐首,两骖如手。叔在薮,火烈具阜。叔马慢忌,叔发罕忌,抑释掤忌,抑鬯弓忌。"此诗描述"太叔"乘车出外打猎的经过,赞美了"太叔"娴熟的驾驭技能,高超的射技和英武勇敢。诗的描写突出了太叔射御的动作,火烧的场面,尤其是歌颂郑太叔段多才好勇,能袒身空手搏虎:"襢裼暴虎,献于公所",刻画出一个生动、鲜明的贵族猎人形象。姚际恒说此篇"描摹工艳,铺张亦复扬厉,淋漓尽致,为《长杨》《羽猎》(扬雄的作品)之祖",是颇有道理的。

祭 仲

祭仲(?~前682年),春秋时郑国(都于新郑)大夫,郑庄公的重要谋臣。字仲足,亦称祭足、祭仲足。郑庄公二十二年(前722年),庄公弟共叔段叛乱,他协助庄公平定共叔段。公元前718年,庄公侵卫,他为三军之一。郑庄公三十七年(前707年)率左拒之师参与繻葛之战,大败周桓王。因功被郑庄公提拔为上卿,封食邑于祭(今郑州东郊祭城)。四十三年(前701年),郑庄公死,他立太子忽,是为昭公。旋被宋人劫持,被迫改立太子突,是为厉公。厉公四年(前697年),厉公奔蔡,昭公复位。郑子亹元年(前694年),齐伐郑,师至首止(今睢县东南),郑子亹往见齐襄公,为齐所杀。他预知齐襄公与郑子亹有怨,称病未往,以此免祸,时人曰"祭仲以知(智)免"。

祭仲

他是当时郑国政局中举足轻重的人物,他最大的两个贡献在于,他以自己的谋略与智慧协助郑庄公活跃于政治舞台上,并在庄公之后支撑了郑国的局面。他一生的活动分两个阶段:在庄公时,郑庄公的决策多出于祭仲的建议,他作为一名重要谋臣发挥着极为重要的作用。庄公死后即进入了政治生涯的第二阶段,他连续经历了昭公、厉公、复位昭公、子亹、子仪几个执政期,在郑国的多难年代,他是国家事实上的顶梁柱。甚至在他死后,齐桓公的大臣认为"祭仲已死,郑国无人",才敢于出兵干涉郑国内政。祭仲在他的后一阶段虽有失误,但总体上看,他以自己的足智多谋兴旺了郑国,支撑了郑国。

佚之狐

佚之狐（与郑文公同时代），春秋时郑国（都于新郑）大夫。晋文公重耳出亡过郑时，郑文公不以礼相待。及重耳即位，郑文公又背晋亲楚。公元前630年，晋文公重耳与秦穆公联合伐郑。在国家危难关头，佚之狐建议郑文公派烛之武劝说秦国退兵，从而解除了郑国的危难。

烛之武

烛之武退秦师

烛之武（与郑文公同时代），春秋时郑国（都于新郑）大夫，著名游说家。烛之武原是郑国一位隐士，以养马为生。他胸怀韬略，机智善辩，开春秋战国时期游说之先声。郑文公四十三年（前630年），秦穆公与晋文公联兵攻郑。郑国将国相叔詹献出后，晋文公仍不撤军。郑文公听佚之狐建议，请烛之武去劝秦退兵。烛之武从国家的安危大局出发，不记与郑文公的前嫌，冒死出城，面见秦穆公。烛之武向秦穆公陈述秦晋共同伐郑可能出现郑国灭亡后，秦晋之间发生战争的严重后果，对秦国无利反而有害；如果郑国不亡，秦国可向东方发展，将郑国当作秦国的一个城邑，将更加有利；加之用晋国国君过去对秦国的不讲信用、贪欲扩疆、失约背叛等事实，极力说服了秦穆公退兵。于是，烛之武代表郑国与秦国双方签订了盟约。秦同时派杞子、逢孙、杨孙三位将领，带兵两千军队把守郑城北门，防止晋军进攻，秦穆公率领大军即西返秦国。秦兵一撤，晋兵孤立，亦被迫撤退，郑国得以保全。秦晋围郑，郑国危而不亡，全赖烛之武舌辩之力。郑文公命他为大夫，在溱水东岸建立烛城作为他的封邑。

姬 忽

姬忽（？～前695年），春秋郑国国君，郑昭公（前696～前695年在位）。郑庄公之子。郑庄公三十八年（前706年），他以太子领兵救齐，大败北戎于齐郊。庄公死，继立为君。旋因大夫祭仲为宋劫持，谋立公子突（即厉公）而奔卫。不久，厉公欲杀祭仲谋泄奔蔡，他被迎返复位。后在出猎时被大夫高渠弥射杀。

郑子亹

郑子亹(？～前694年),春秋郑国国君。郑庄公之子,郑昭公之弟。郑昭公二年(前695年),昭公被大夫高渠弥射死,祭仲与高渠弥立他为君。次年,齐襄公会诸侯于首止(今河南睢县东),被齐襄公伏甲所杀。

郑子婴

郑子婴(？～前680年),春秋郑国国君。名子婴,一名子仪,子亹之弟。郑子亹元年(前694年),郑子亹、高渠弥被齐襄公杀死后,大夫祭仲立他为君。史称郑子。公元前693年至公元前680年在位。郑子婴十四年(前680年),被出亡在栎(今嵩山禹州市)的郑厉公使傅瑕杀死。无谥号。

郑厉公

郑厉公(前704～前673年),春秋郑国国君。姓姬,名突,郑庄公之子,郑昭公之弟。郑庄公四十二年(前701年),庄公死,大夫祭仲立太子忽为君,是为昭公。姬突得到宋庄公支持,由宋劫持祭仲,迫使祭仲逐昭公而立他为君。在位4年,欲杀祭仲,谋泄奔蔡。后居栎(今嵩山禹州市)。郑子婴十四年(前680年),他借郑大夫傅瑕之力,得入郑复位,旋杀傅瑕。前后在位11年。

姬阆

姬阆(？～前653年或前652年),东周第五代国王,周惠王。周庄王的儿子,在位25年,病死,葬处不明。周惠王在公元前676年继位后,占用为国的园圃饲养野兽,为国的人民不满,惠王二年(前675年)有五大夫作乱,立王子颓为王,惠王奔温(今河南温县南),郑厉公在栎地(今禹州市)收容惠王,并在惠王四年(前673年)与虢国协助平定"子颓之乱",惠王复位,郑国因功获赐予虎牢(今河南荥阳汜水镇)以东的地方,虢国也获赐土地。周惠王晚年宠爱陈国的女子惠后,准备废去太子郑,欲立惠后所生的庶子子带为嗣,约郑联楚、晋以成此事,但此时齐桓公称霸天下,与诸侯会盟力挺太子,周惠王未能如愿。周惠王死后太子周襄王即位。周襄王在位期间宋襄公、晋文公、秦穆公相继称霸。公元前652年12月,姬阆病死,死后谥号为惠王。《左传》称周惠王在鲁僖公七年(前653年)冬天去世。

隗 氏

隗氏,狄国国君之女,周襄王王后。在春秋历史上,有一个被周王封为王后的狄女隗氏,她的废立,引起了一次大的政治动乱。隗氏为狄人首领之女。狄人是位于当时华夏北方的诸多部落,在夏、商、西周时期,经过中原王朝多次征伐,他们居于四裔之地。春秋时期,王室衰微,大国争霸,狄人遂进入中原,散居于各国之间,洛邑周围也分布着众多的狄人。狄人以游牧狩猎为生,未有城邑,他们形成松散的部落联盟,联盟的首领即君长居无定所,因此又称"行国"。周襄王十七年(前636年),滑国(国都在今偃师市东南)亲附卫国,背叛他的盟国郑国,郑国大为不满。郑国派军队进入滑国,滑国表示叛卫归郑。但郑国军队离开后,滑国再次背叛郑国。郑国大怒,郑公子士泄、堵俞弥决定率军伐滑。周襄王派伯服、游孙伯出使郑国,为滑请命。郑文公怨恨周襄王偏袒滑、卫两国,把两个使者拘押起来。襄王大怒,决定借狄师伐郑。大臣富辰进谏说:"周、郑之争,乃兄弟之争,若用无忠义之心、昧顽奸诈的狄人伐郑,必导致外侮。"襄王不听,派颓叔、桃子见狄君,借狄师伐郑,占领了郑国的栎地。襄王于是感激狄人,将纳狄君之女隗氏为王后,富辰谏阻,襄王不听,于是废黜元妃,立隗氏为后。

隗氏虽有韶颜,素无闺德。她像其他狄女一样,专好驰马射箭,狄君每出行,必自愿随行,日与将士们驰逐原野,全无拘束。现在嫁与周王,居于深宫,如笼中之鸟、栏内之兽,甚不自在。于是,她频频狩猎,襄王国事繁忙,无暇相陪,襄王的弟弟王子带常为其护驾。王子带精于骑射,隗氏与他迅速勾搭成奸,淫乱于宫内外,秽声闻于朝野。襄王闻隗氏与王子带私通,发布诏令废黜了隗氏。

颓叔、桃子商议道:"当初是我们出使狄国迎聘的隗氏,今隗氏被废,必然仇恨我们。"于是与王子带逃到狄国,巧言令色,进谗于狄君,狄君闻其女被废,大怒。当年秋天,举兵伐周。谭伯率周师迎战,但敌众我寡,周师大败。富辰对其族人说:"当初,我劝谏大王不要纳狄女为后,大王不听,才有今日之难。如果我不出战,大王必认为我有怨气。"于是率族人迎敌,皆战死。周襄王仓促逃到郑国,郑国不计旧恶,接纳了襄王。狄人遂入洛邑,王子带僭称王号,立隗氏为王后。但周人恶之,王子带与隗氏出居于温邑(今温县西),在那里修建了豪华的宫苑,日日宴乐,荒淫无度。

周襄王向晋、秦、鲁等诸侯国派去使者,要求各国派兵平叛。秦穆公派军东征,欲助襄王。晋国大臣狐偃对晋文公说,欲谋霸主,必须尊周,现助襄王复辟,这是图谋霸业的资本。于是,晋文公发兵,左师围王子带于温,右师迎襄王于汜,护送于王城,取王子带、隗氏而杀之。作为对晋文公的酬劳,襄王把黄河以北的温邑、阳樊等四个城邑赐给晋国。于是,晋国拓疆至南阳(太行山以南,黄河以北)。

管 仲

管仲(? ~前645年),春秋初期齐国著名的政治家、哲学家、改革家。字仲,名夷吾。嵩山登封颍上(今登封君召乡红石头沟颍上河村)人。管仲自幼刻苦自学,通诗书,懂礼仪,知识丰富。管仲的父亲是齐国的大夫,后来家道衰落,为了谋生,管仲做了商人,见过许多世面,从而积累了丰富的社会经验。管仲任齐国上卿(相当于丞相)辅佐齐桓公时,实行了一系列的改革。主张"是必立,非必废,有功必赏,有罪必罚。"带头执行尚贤政策,提出了著名的"仓廪实而知礼节,衣食足而知荣辱"的以人为本的思想,把礼、义、廉、耻当作"国之四维"。管仲注重发展农业,实行租税改革,合理征收赋税,减轻农民负担,鼓励民众参与境外贸易,扩大交流,推动了商品的流通,并运用国家力量发展盐铁事业,使齐国的经济发展很快。管仲第一次提出了按照人们的职业把人口划分为"士、农、工、商"四大社会集团,第一次向齐桓公提出了实现中原称霸的谋略,打起了"尊王攘夷"的旗号,开始了兼并诸侯、统一中国的霸业。管仲曾先后主持了三次武装会盟、六次和平会盟,还辅助王室一次(史称"九会诸侯,一匡天下"),使齐国国力空前强盛,成为当之无愧的五霸之首。管仲为创立齐国的霸业立下了不朽的功勋,被齐桓公尊为"仲父"。

管仲著有文集《管子》,《管子》一书被一些专家学者列为影响中国的100本书之一。

嵩山地区的洛阳、伊川、登封、偃师一带流传有很多管仲的传说和故事。

管仲

弦　高

弦高,春秋时期郑国著名爱国商人。公元前632年,晋国在城濮之战中打败楚国,成为中原霸主。一向归附楚国的陈、蔡、郑三国与晋国签约,表示臣服。暗地里,郑国又与楚国结盟。晋文公知道后,决定联合秦国征伐郑国。秦穆公正想向东扩张势力,就亲率大军出征。晋秦两国兵马驻扎在郑国边境,声势十分浩大。郑国国君慌了神,派大臣烛之武去劝说秦穆公退兵。烛之武向秦穆公陈述秦晋共同伐郑可能出现郑国灭亡后,秦晋之间发生战争的严重后果。秦穆公考虑到秦国的战略利益,决定与郑国单独讲和,还派了3个将军带了两千人马,替郑国守卫北门,自己带领其余的兵马回国。晋国无心再战,于是也与郑国订了盟约,撤兵而回。

弦高犒师退秦兵

两年后,公元前628年,晋文公病死,晋襄公即位。秦穆公趁机讨伐郑国。派孟明视为大将,西乞术、白乙丙为副将,率领300辆兵车,长途奔袭,进攻千里之外的郑国。秦国的大军进入滑国(今河南偃师南)时,郑国商人弦高恰巧赶着一群牛往洛阳贩卖途中经过滑国。见到秦军的大队人马,弦高心生疑惑,派人打探,得知秦军要偷袭郑国,危急时刻,弦高急中生智,命手下的伙计奚施坐车速回郑国禀告,并让塞他假托君命,先带礼物去见秦军,称郑国使者将来送牛犒劳秦师。塞他走后,

弦高将牛群寄放在客店,将自己扮作使者模样,让几个伙计扮作随从,带上东西,乘马车直奔秦营而来。听说郑国使者来犒劳秦军,秦军主将孟明视不禁大吃一惊。弦高入帐,镇静自如地说:"在下姓弦名高,乃郑国使者。我们的国君听到将军要路过敝国,特派在下前来送上一份微薄的礼物,慰劳贵军将士,表示我们一点心意。"接着,他献上4张熟牛皮和12头肥牛。孟明视原来打算在郑国毫无准备的时候,进行突然袭击。现在郑国使臣老远地跑来犒劳军队,这说明郑国早已有了准备,要偷袭就不可能了。他收下礼物,命部下款待弦高。奚施回郑国向国君报告了秦军来袭的情况,国君急忙叫人到北门去观察秦军的动静,果然发现替郑国把守北门的秦军已秣马厉兵,正准备与即将伐郑的秦军里应外合,郑国马上加强了防备。秦军探知郑国戒备森严,认为郑国早有防备,若去偷袭,必无功而返,就"顺便"消灭了滑国后撤兵返回。就这样,一场灭顶之灾被机智的弦高化解了,国人都很感激弦高。郑穆公要以"存国之功"赏给弦高高官厚禄,弦高却婉言谢绝,继续作他的平头百姓。

宋襄公

宋襄公(?~前637年),春秋五霸之一,宋国国君(前650~前637年在位)。春秋时期宋国宋桓公次子,姓子,名兹甫,谥号曰襄,称"宋公兹甫",简称"宋兹甫"。周襄王二年(前650年)立,以其庶兄目夷为相,行"东宫图治",核心有弦高、华元、华椒和乐祁。周襄王十年(前642年)齐桓公病逝,齐国发生内乱,宋襄公率领卫国、曹国和邾国等四国人马打到齐国,助齐国平定内乱,拥立齐孝公,襄公因此小有名气。齐桓公死后,宋襄公雄心勃勃,想继承齐桓公的霸业。周襄王十四年(前638年)攻打临近的嵩山东南麓的郑国,同援郑的楚军战于泓水(今河南柘城西北)。面对强大的楚军,他却强调以"仁义"治军,提出所谓君子作战"不重伤"、"不以险阻"、"不鼓不成列"、"不擒二毛"等,待楚军全部渡过泓水并摆好阵势后再交战,结果宋军被楚军打败,襄公被射中了大腿。次年,宋襄公因重伤而卒,其子宋成公王臣继位。

狐偃

狐偃(约前715~前629年),春秋时晋国国卿,著名谋略家。姓狐,名偃,字子犯,亦称舅犯、咎犯、臼犯、狐子。晋人狐突之子,晋文公重耳之舅,故又称舅氏。晋国公子重耳少年时期便受教于狐偃、赵衰等。这几个人"实左右之,公子居则下之,动则焉",成年以后仍是如此。后来楚成王赞他"广而俭,文而有礼",显然是狐赵等人耳濡目染的结果。据《晋书》记载,公子重耳为了躲避父王的宠妃骊姬的谋杀,无奈出逃他国。狐偃曾随重耳出亡在外19年,游历各国,并且帮助重耳返回晋国即位。回国后任上军之佐,帮助晋文公改革内政,以"尊王"相号召,平定王子带之乱,在城濮(今山东省鄄城西南)战胜楚军,使晋文公当上了霸主。

叔 詹

叔詹(？~前630年),春秋时期郑国(今新郑市境内)正卿,著名政治家、谋略家。公元前666年,楚令尹公子元率领600辆战车,浩浩荡荡直逼郑国城下。郑国是一个小国,兵微将寡,看到这么大股的军队,朝野一片惊慌,乱作一团。这时叔詹想出一计,命令全部士兵埋伏起来,不让楚军见到一兵一卒,命令店铺照常营业,百姓如常往来,不能有任何惊慌破绽。然后,大开城门,放下吊桥,摆出一副好像没那回事的样子。公子元率大军赶到,见城内一切如常,以为其中必有诡计,不敢入城。这时,他又听到齐国已联合鲁、宋二国,发兵前来救郑的消息。公子元害怕腹背受敌,造成失败,于是将全军人马战车不声不响地撤走了。这就是中国历史上第一次使用"空城计"的战例。叔詹是一位为救郑而甘愿殉国的英雄。

公元前637年12月,为了逃避父亲及其宠妃的陷害,晋国公子重耳逃离晋国,流亡在外。途经郑国的国都时,正值风雪交加,重耳请求入城。得到守城士兵的禀报后,郑国国君郑文公认为,重耳逆父叛国,逃亡在外,此种不肖之人,郑国坚决不能接纳。叔詹听后对郑文公说:"重耳是一位贤人,他尊重贤才,体恤百姓,追随他的都是英雄豪杰,我们应该以礼相待。"郑文公却不以为然,叔詹又建议:"如果主公不能以礼相待,就请

叔詹

下令杀了重耳,不然日后将生祸端。"郑文公说:"重耳和我没有什么恩怨,我为何要接待他?又为何要杀了他呢?"就这样,重耳被拒之门外,只得羞愤地顶风冒雪奔向楚国。第二年,在秦穆公的帮助下,重耳返回晋国继承王位,是为晋文公。公元前630年,为了洗雪当年郑国不接待他的屈辱,重耳联合秦穆公出兵,一起讨伐郑国。郑文公慌忙派使臣携重礼出城求和。晋文公知道叔詹是郑国举足轻重的重臣,就说:"当年郑国失礼于我,叔詹作为大臣,没有劝说国君认清道理,如果郑国献出叔詹,我就撤兵回去。"郑文公得知重耳要自己拿股肱之臣叔詹来交换,他怎能舍得?叔詹劝郑文公说:"主公舍我一人,却拯救了一国百姓,这是很值得的事。而且,为国尽忠是我的夙愿,请主公把我交给晋君吧。"叔詹见到重耳以后,重耳架起油锅,要活烹了他。叔詹面无惧色,他手扶油锅,从容高呼道:"我叔詹料事能中,智也;尽心为国,忠也;临死不惧,勇也;杀身赎国,仁也。像我这样的大臣却要被烹,从今后,为臣者不要再学叔詹!"说完,叔詹神色坦然地就要往油锅里跳,他的忠心和大无畏精神让重耳十分敬佩,重耳命人拦住叔詹,款待之后,把他送回了郑国。

郑文公

郑文公(？~前628年),春秋郑国国君。姓姬,名捷,郑厉公之子,公元前672年至公元前628在位。郑文公十九年(前654年),齐、鲁、宋、陈、卫、曹联军攻郑,楚围许救郑,诸侯救许,楚还军。次年,齐攻郑,郑听命于齐。二十一年(前652年),齐、鲁、宋、卫、许、曹、陈与周盟于洮(今属山东),共谋王室,郑亦乞盟。其后,多次与诸侯会盟。三十六年(前637年),晋重耳流亡过郑,不以礼相待。晋楚城濮战后,晋、秦围郑。郑烛之武说秦穆公,秦遂与郑盟,晋亦解郑围而去。

晋文公

晋文公(前697~前628年),春秋时期著名的政治家,晋国国君,春秋五霸之一。姓姬,名重耳,与周王室同宗,晋献公之子,因其父立幼子为嗣,曾流亡国外19年;后在秦国援助之下,于(前636年)62岁时回国继位,共在位9年。在赵衰、狐偃、狐毛、贾佗、先轸、魏武子、介子推等人的辅佐下,实行"通商宽农"、"明贤良"、"赏功劳"等政策,整顿内政,发展农业、手工业,加强军队,国力大增,出现"政平民阜,财用不匮"的局面。因平定周室内乱,接襄王复位,获"尊王"美名。城濮之战,大败楚军。旋于践土(今嵩山荥阳东北),会集诸侯,邀周天子参加,遂成霸主。主持制定了一系列制度法令,并确定了会盟制度,不仅使晋国由甸服偏侯发展为雄踞中原的超级大国,而且在一定程度上稳定了当时的局面,把诸侯间的征战控制在了一个比较小的范围内。周襄王二十四年(前628年)冬十月,晋文公因病逝世,终年70岁,其子晋襄公继位。

董 狐

董狐(前620年左右),春秋晋国太史,亦称史狐。周(今洛阳市)人。周朝大夫辛有的后裔。春秋时,辛有的两个儿子到晋国,与籍氏一起主管晋朝的典籍,因其职责是"董督晋史",所以也称为董氏,其后世袭晋国太史之职。《左传·宣公二年》记载,晋灵公夷皋聚敛民财,残害臣民,举国上下为之不安。作为正卿的执政大臣赵盾,多次苦心劝谏,灵公非但不改,反而肆意残害。他先派人刺杀赵盾,未遂,又于宴会上伏甲兵袭杀,未果。赵盾被逼无奈,只好出逃。当他逃到晋国边境时,听说灵公已被其族弟赵穿带兵杀死,就返回晋都,继续执政。作为史官,董狐以"赵盾弑其君"记载此事,并宣示于朝臣,以示笔伐。赵盾辩解,说是赵穿所杀,不是他的罪。董狐申明理由:"子为正卿,亡不越境,反不讨贼,非子而谁?"意思是他作为执政大臣,在逃亡未过国境时,原有的君臣之义就没有断绝,回到朝中,就应当组织人马讨伐乱臣,不讨伐就未尽到职责,因此"弑君"之名应由他承当,这是按写史之"书法"决定的。董狐之直笔,自然也是冒着风险的,因此,孔子对他大加赞扬,称董狐为"书法不隐"的"古之良史",后世据以称之为"良狐",以表褒美之意。董狐的这种精神也被后世正直史官坚持不懈地继承下来,成为我国史德传统中最为高尚的道德情操。董狐的后裔故以官职"董督晋史"中的董字为姓。

姬 郑

姬郑(？～前619年),东周第六代国王,周襄王。周惠王之子。在位33年。惠王病死后,襄王惧怕异母弟王子带争夺王位继承权,秘不发丧,并派人向齐国齐桓公求援,齐桓公马上召集诸侯在洮(今山东省鄄城县西)开会,宣布拥护姬郑为天子。姬郑至即位后才放下心,宣布了惠王的死讯。子带不甘心失败,从公元前648年起,几次引导西戎兵攻周,都先后被挫败。公元前636年,王子带以狄人攻周,大败周师。姬郑仓皇逃到郑国,避乱地坎欿(今嵩山东北麓的荥阳市高阳镇穆沟)。当时晋文公势力强大,在前635年出兵助襄王,杀王子带,迎接周襄王返回都城复位。这次内乱,史称"子带之乱"。襄王时期,诸侯争霸日益激烈,诸侯为夺霸权各显其能,使用各种手段,抓住一切可以扩张自己实力的机会。在大国争霸、小国林立时代,称霸于诸侯,为后人称为春秋五霸的齐桓公、晋文公,在周襄王时地位已凌驾于周王及各诸侯国之上。公元前619年8月,姬郑病死,庙号为襄王。其子顷王壬臣立。

郑穆公

郑穆公(前649~前606年),春秋郑国国君。郑文公之子,公元前627年至公元前606年在位。初即位,秦穆公使孟明视、西乞术、白乙丙率军袭郑,郑商人弦高诈称君命以牛犒劳秦军,秦以郑有备,遂灭滑而还。郑穆公三年(前625年),助晋攻秦。次年,与晋、鲁、宋、卫攻沈(今上蔡县东南)。十一年(前617年),楚穆王攻郑,郑与楚和。次年,与宋昭公从楚穆王在孟诸泽(商丘东北)会猎。十八年(前610年),晋灵公会诸侯,以郑有二心于楚,拒之于门外。赖大夫子家致书晋赵盾,晋乃与郑和。

楚庄王

楚庄王(？～前591年),春秋时期楚国君主,春秋五霸之一,著名政治家、军事家。郢都(江陵纪南城)人,楚穆王之子,公元前613年至公元前591年在位。又称荆庄王,芈姓,熊氏,名旅。又称熊侣。刚即位时,国内局势十分复杂,他以静观动,三年不出号令,日夜为乐。三年后,他"一鸣惊人",开始了自己一生的大业。重用伍举、苏从、孙叔敖、子重等卓有才能的忠直贤良之臣,虚心听取臣下的意见。在内政方面做了一些改革,赏罚分明,群臣和睦,百姓安居乐业,国力日益强盛,为取得霸业奠定了基础。公元前611年,攻灭了前来进犯的庸国,使楚国的势力向西北扩展。公元前606年,庄王伐陆浑之戎(今嵩山伊川一带),陈兵问鼎于周郊,以示有吞周之意。接着又破陈围郑。晋出兵救郑时,两军大战于邲(今嵩山郑州北),晋军败绩。此后鲁、郑、陈、宋等中原国家先后归附楚国,楚庄王遂称霸中原。为华夏的统一,民族精神的形成发挥了巨大的作用。公元前591年,楚庄王因病去世。

姬 瑜

姬瑜

姬瑜(？～前588年),周定王,春秋时东周(今洛阳市)第九代国王。前任国王匡王之弟,周顷王之子。在位21年(前606年～前586年在位)。到了周定王时期,大诸侯国对周王朝已无尊敬可言,中央权力继续削弱。定王元年(前606年),周定王继位的这一年春,楚国征伐了陆浑的戎族。陆浑之戎就是春秋时期的陆浑国,是由一支名为陆浑之戎居于陆浑(今嵩山伊川)而得名。这支陆浑戎,是允姓戎的别部,亦称贲浑戎。陆浑部落最早活动于今陕西、甘肃、四川三省交界的若水流域。西周初年迁到陕西秦岭以北。西周末年乘周王室东迁之机,东迁到今陕西和河南交界的崤山、熊耳山一带。周襄王姬郑十四年(晋惠公姬夷吾十三年,前638年),陆浑国被秦、晋两国强行迁到今河南以南的伊河流域。仍用原居地陆浑之名而称陆浑之戎,因此后有陆浑县(今伊川、嵩县二县之间)。事后,进军到周京洛邑的南郊,并在周王朝的边境上阅兵示威。定王不敢责问楚庄王,赶忙派大臣王孙满去慰劳楚军。楚庄王劈头就问周朝都城宗庙内九鼎的"小大轻重"。九鼎是天子权力的象征,问九鼎的重量,也就意味着有觊觎天子权位的野心。经过王孙满的驳斥,楚庄王才引兵退去。这件事,史称"问鼎中原"。周定王好不容易保住了他的王位。自此后他又在王位上坐了20年。周定王十年(前597),楚庄王包围了郑国,郑伯投降了楚国,不久又恢复了郑国。周定王十三年(前594年)楚围宋时,造成"易子而食"(宋国被围,城内粮尽,百姓交换子女以当食物)的惨剧,使社会生产遭到破坏并阻碍了人口的发展。诸侯争霸是以百姓的生命和生活为代价的。周定王十六年(前591年),楚庄王去世。周定王二十一年(前586年),周定王崩后,其子简王夷即位。姬瑜死后的庙号为定王。

郑襄公

郑襄公(？～前587年),春秋诸侯国郑国国君之一,是郑国第十三任君主,公元前604年至前587年在位。姓姬,名坚,郑灵公庶弟,在位18年。即位后依偎于晋、楚两大国之间。周定王十年(前597年),因与晋盟,楚庄王出兵攻郑,围郑三月。郑襄公坚守待援,可迟迟不见晋的援军。楚军攻破郑国,入其皇门。郑襄公肉袒牵羊,赴楚军请罪,并愿意做楚国的附庸。因此楚庄王表示率军后退30里,答应与郑国议和。在楚军班师途中,晋国派大将荀林父率大军前来救郑,屯兵于敖、鄗(今荥阳市东北)间,与楚军大战。楚师迎击,郑助之,结果打败了晋军。此战役,史称"邲(荥阳北)之役"。后楚国大夫潘九王到郑国国都与郑襄公订立了盟约,郑国的子良到楚国当了人质。自此郑国成了楚国的附庸国。

唐苟

唐苟（？～前575年），春秋时郑国（都于新郑）大夫。郑成公十年（前575年），郑叛晋。晋厉公伐郑，郑求救于楚。晋与楚战于鄢陵（今鄢陵县北）。唐苟为郑成公车右，石首为御，及战败，为掩护国君而战死。

子驷

子驷（？～前563年），春秋郑国人。一称公子騑，郑穆公之子，郑成公十四年（前571年），执国政。周旋于晋楚二强之间。郑僖公五年（前566年），随僖公参加晋主持的盟会，因不得僖公礼遇，遣人刺死僖公，立简公。次年，郑群公子以僖公之死，共谋欲杀之，遂杀子狐、子熙等人。后开田间水沟、疆界，使司氏、堵氏、侯氏、子师等人丧去上田，又和尉止有隙。郑简公三年（前563年），尉止戈为武联合丧田的四族及群公子之徒作乱，他与司马子国、司空子耳同时被杀。

公子嘉

公子嘉（前570～前554年），春秋郑国司徒。字子孔，郑穆公之子。郑简公三年（前563年），尉止、司臣等聚五族攻杀执政子驷、司马子国、司空子耳，他以预闻其谋得免祸。旋任执政，规定群卿诸司各守其职，不得干预朝政，引起反对，欲尽诛不附者，以子产劝阻而罢。十一年（前555年），谋去晋附楚，引楚伐郑以诛杀大夫，实现专权，因诸大夫知其谋而加强防守，楚师无功而返。次年，被子展、子西率国人所杀。

郑简公

郑简公（前570～前530年），春秋时郑国君主之一，郑国第十七任君主，公元前565年至前530年在位。姬姓，名嘉，郑僖公之子。亦称郑伯嘉。郑简公初立，诸公子欲诛相子驷，子驷尽除诸公子。子驷、子孔相继执政。郑简公元年（前565年），攻蔡得胜，楚来攻，向楚求和。四年（前562年），晋率诸侯攻郑，与晋盟于亳。郑简公十二年（前554年）诛子孔，任子产为卿。二十三年（前543年）又任子产为国政。在政治上实行改革，使"都鄙有章，上下有服，田有封洫，庐井有伍"；不毁乡校，听取"国人"意见；二十七年（前539年），朝楚，子产从之；二十八年（前538年），与诸侯会于申（今南阳北）。子产作丘赋。又二年，子产铸刑书。这些改革给郑国带来新的气象。在位36年而卒。

冯简子

冯简子,春秋时期郑国大夫。冯简子是春秋后期郑简公时人,史书说他有贤才,能决断国家大事。郑子产执政时,诸凡外交事务,都与他商量而后定。冯简子的后代以他的名字为姓氏,就是冯氏。今嵩山新郑市郑韩故里城,即这支冯氏的祖根地。

王子乔

王子乔乘鹤飞升

王子乔(约前565～前549年),东周灵王的太子,人称太子晋。黄帝的42代后人,王氏的始祖。姓姬,名晋,字子乔。史载太子晋"幼有成德,聪明博达,温恭敦敏"。15岁以太子身份辅佐朝政,灵王重之,诸侯从之。时晋平公使师旷见太子晋,师旷问以君子之德,太子晋侃侃而答曰:"如舜的为人,仁德配于天道,虽固守其岗位,却处处为天下人着想,使远方的人,都能得到他的帮助而受他的仁政,仁而合于天道,此谓之天。如禹的为人,圣劳治水而不自居功,一切以天下为本,取予之间,必合于正道,是谓之圣。再如文王,其大道是仁,其小道是惠,三分天下已有其二,依然是无比谦恭,服侍于殷商,既拥有拥戴的群众,而反失其身,为暴纣囚禁,不动干戈,此谓之仁。又如武王,义杀暴纣一人而以利天下,百姓各得其所,是谓之义"。师旷称善不已。灵王二十二年(前551年),谷、洛二水泛滥,将毁及王宫,灵王决定以壅堵洪。太子晋进谏曰:"不可。曾听自古为民之长者,不堕高山,不填湖泽,不泄水源。天地自然有其生生制约之道。"并提出聚土、疏川、障泽、陂塘等方法,来疏导洪水。同时以"壅堵治水"而害天下的鲧和周室历史指出灵王所为"无过乱人之门","皆亡王之为也"。太子晋的直谏,触怒了灵王,被废为庶人,由是郁郁不乐,未及三年而薨。师旷朝见太子晋时,见太子色赤,不寿。太子晋说:"我再三年之后,将上天到玉帝之所。"果然不到三年,讣报的使者就到了晋国。

因太子晋能预卜生死,后人便说他成了神仙。汉刘向《列仙传·王子乔》:"王子乔者,周灵王太子晋也。好吹笙,作凤凰鸣。游伊洛之间,道士浮丘公接以上嵩高山。三十余年后,求之于山上,见桓良曰:'告我家:七月七日待我于缑氏山巅。'至时,果乘白鹤驻山头,望之不得到,举手谢时人,数日而去。为立祠于缑氏山下及嵩高之首焉。"

唐武则天登封改元、封禅嵩岳时,封太子晋为"升仙太子",在嵩山偃师缑氏山为之立庙。圣历二年(699年)再幸,立制御书《升仙太子碑》。历代的很多名人都写有赞美王子乔飞升成仙的诗文,嵩山、洛阳、偃师、巩义、登封等地的史料都有记载。

良 霄

良霄(？～前543年),春秋时郑(都于新郑)大夫。字伯有,公孙辄之子。郑简公四年(前562年),以晋为首的诸侯围郑,时晋强于楚,郑惧,派他及石㚟赴楚说明郑不能事楚,被楚执。六年(前560年),石㚟献策于楚子囊,他被楚放归于郑。二十二年(前544年),他派公孙黑(子晳)入楚,公孙黑辞不往,强之,公孙黑怒,将攻他,后经郑大夫们调解乃止。二十三年(前543年),他饮酒夜以继旦,群大夫来朝,仍止,既朝,他又要派公孙黑使楚,归而继续饮酒。公孙黑以驷氏士兵进攻他,并放火烧其家,他奔于雍梁(今新郑西南),又奔许。郑简公及其大夫盟于大宫(太庙),他闻后怒,从墓门排水洞进入攻旧北门,被国人子晳所杀。传说良霄死后,变为厉鬼,全国人都极为恐惧。有人梦见良霄披甲而行,道:"壬子日我将杀驷带;明年壬寅日,我又将杀公叔段。"驷带与公叔段果然如期死亡,全国人更加恐惧。子产于是立公孙泄及良止为大夫,来安抚良霄与子孔,厉鬼从此不再出现。太叔问子产为何如此举措,他说:"鬼要有所归宿,才不会作祟。我立他们的后代,使他们有所归宿。"太叔说:"为什么要立公孙泄呢?子孔并未成为厉鬼啊!"子产说:"是为了向人们解说存亡继绝的原因。"

罕 虎

罕虎(？～前529年),春秋时郑国(都于嵩山东麓新郑)大夫。字子皮。郑简公二十二年(前544年),他代父子展为郑上卿。时郑国闹机荒,麦尚未熟,民痛不堪言。他奉父命出粟救灾,深得民心。他了解到子产贤,有改革治理好郑国的决心,便主动让贤授以国政。子产怕贵族从中作梗,破坏改革,不敢执政。他说:"我首先听从你,还有谁敢触犯你呢!你好好辅助国君吧。"子产进行改革的时候,遭到郑国贵族的反对,一伙人明目张胆地持刀要杀子产。他得知消息,领兵镇压了闹事人,保证了改革的顺利进行。郑定公元年(前529年)病逝,子产得知消息后,号哭道:"无人再帮助我做好事了,只有他老人家知道我。"

然 明

然明(与子产同时代),春秋时郑国(嵩山东麓新郑为其国都)大夫。即鬷明,又叫鬷蔑。貌丑陋而善言词,有卓识,因闻名于诸侯,晋大叔向使郑,然明欲观之,伪作侍者立于堂下,一言颇善,叔向闻之曰:"必然明也!"下堂执其手而上,遂如故交。子产尝问政于然明,然明曰:"视民如子。见不仁者诛之,如鹰鹯之逐鸟雀也。"子产曰:"吾他日见蔑之面貌,今吾见其心矣。"博学而有贤才。一次,他下朝巡视时,发现郑人在乡校里聚会,议论朝政得失,便向子产建议毁乡校,子产回答说:"人们在这里议论朝政,认为好的我们听从,认为坏的我们改掉。这是我们的老师,为什么要毁掉它?"他深受感动,积极

支持和协助子产进行了改革,很快使郑国又富强起来。

姬 侨

姬侨

姬侨(? ~前522年),杰出的政治家、思想家。姬姓,氏公孙,名侨,字子产,号成子。春秋时期郑国人。出身于郑国贵族,郑简公十二年(前554)为卿,二十三年执政,相郑简公、郑定公20余年,卒于郑定公八年。

根据《史记·郑世家》:"声公五年,郑相子产卒,郑人皆哭泣,悲之如亡亲戚。子产者,郑成公少子也。"则,"声公五年"即前496年。子产执政,既维护公室的利益,又限制贵族的特权,进行了自上而下的改革。主要措施是整顿田制,划定公卿士庶的土地疆界,将农户按什伍加以编制,对私田按地亩课税;作丘赋,依土地人口数量交纳军赋;铸刑书,修订并公布了成文法;实行学而后入政、择能而使之的用人制度;不毁乡校,愿闻庶人议政,有控制地开放言路。子产的政治经济改革,在一定程度上推动了奴隶制向封建制的过渡,但并不彻底,对劳动人民的反抗则采取镇压措施。在世界观方面,子产提出:天道远,人道迩,非所及也。他认为天体运行的轨道与人事遵行的法则互不相干,否定占星术能预测人事。但子产仍保留灵魂不死观念,认为人生始化曰魄,既生魄,阳曰魂;匹夫匹妇强死,其魂魄仍能滋生淫厉。这是中国哲学史上对形神关系的初步探讨。他还提出了人性观念,认为夫小人之性,衅于勇,啬于祸,以足其性而求名焉者。这是中国哲学史上探讨人性问题的开端。

子 羽

子羽,春秋时郑国著名的政治家和外交家。名公孙挥,春秋时期郑国人,官封行人(外交官)。他通晓全国政令和全国大夫们的家族姓氏、官职爵位、地位贵贱、才能高低,又善于辞令。子产执政时,常向他询问四方诸侯政令,并让他草拟或修饰政令及外交文稿。他协助公孙侨(即子产)相郑,在制定政策、法令和外交活动中做出了很大成绩。

裨谌

裨谌（与子产同时代），春秋时期郑国大夫，著名政治家。子产的幕僚。郑简公二十二年（544年），郑伯有（良霄）派公孙黑（子晳）赴楚，公孙黑不去，又强之，公孙黑将攻伯有，经大夫们调解而结盟。他指出，这次结盟维持不了多久，郑国祸乱必将由子产来平息。子产执政，常命他草拟国家政令文稿。《左传》上说他"能谋"，是子产遇事时商讨对策的核心参与者之一。裨谌有个很奇怪的思考习惯，就是"谋于野则获，谋于邑则否"。用现在的话来解读，就是说裨谌思考问题特别容易受周围环境的影响：在空旷的郊外商讨问题总能找到正确的方法，在嘈杂的城市商讨对策则往往"找不着北"。

裨灶

裨灶（与子产同时代），春秋郑国大夫。简公、定公时为政。精于象纬之学，占验奇中。曾以星象预言宋、卫、陈、郑"将同日火（发生火灾），若我用瓘斝玉瓒，郑必不火。"要求子产祭祀祈禳，被拒绝。后四国皆火。郑定公（524年）五月，宋、卫、陈、郑同日灾。裨灶曰："不用吾言，郑又将火。"子产不听，批评说："灶焉知天道，是亦多言矣，岂不或信！"子产卒勿与，郑亦不复火。

公孙段

公孙段（？～前535年），春秋郑国国卿。字伯石。郑穆公之孙，子丰之子。为郑国有势强族。郑简公欲任之为卿，遣太史传命，公孙段假意辞之，太史退，公孙段又求太史复为请命。如是者三，始受命。子产因恶其人，又忧其乱，故使次已位。后郑简公访晋结盟，段为司仪，敬而有礼，晋君喜，赐段以州田，段再拜受之，面有骄色。简公三十一年（前535年），公孙段卒，子产出使晋国，代其子还州于晋。段子丰施，字子旗，为郑六卿之一。

公孙黑肱

公孙黑肱（与郑简公同时代），春秋郑国贤人。字子张。郑穆公之孙，公子印之子。晋帅诸侯伐郑，子张从简公往战于平阴，有功而还，受封赐。简公十四年（前551年）黑肱有疾，归邑于公，告诫其子及宗族曰："生于乱世，贵而能贫，民无求焉，可以后亡。生在敬戒，不在富也。"他认为要能受清贫，不取百姓财物，才能保持家庭长期不衰败。

渔 父

渔父

渔父(与郑定公同时代),春秋末期著名隐士。时楚平王听谗,要杀太子建,大臣伍子胥偕太子建逃往嵩山东南麓的郑国(今新郑市一带),郑人礼之。太子建又与晋谋灭郑,郑定公杀太子建,伍子胥带太子建的儿子公子胜,途经陈、楚,奔向吴国,至江边,楚兵追至江边。江中有渔父乘船从下游溯水而上。渔父将他们渡过江去。伍子胥后来带兵攻郑,兵临城下,渔父之子令伍子胥退兵,郑国封渔父子为大夫。自古至今,嵩山民间一带流传有渔父的故事,新郑市东李家村东岗还有渔父冢。

周景王

周景王(?~前520年),春秋时东周国王。姓姬,名贵,周灵王第二子。公元前545年灵王死后即位,在位25年。葬处不明。其子周悼王、周敬王先后即位。景王十二年(前533年),曾调和周甘人与晋阎田之争。景王二十一年(前524年)铸大钱,后又铸无射(钟)。周景王姬贵在位时,财政困难,连器皿都要向各国乞讨。有一次,景王宴请晋国大臣荀跞,指着鲁国送来的酒壶说:"各国都有器物送给王室,为何晋国没有?"随员籍谈答复,当初晋国受封时,未赐以礼器,现在晋国忙于对付戎狄,自然送不出礼物来。姬贵列数了王室赐给晋的土地器物,讽刺其"数典而忘其祖",这是"数典忘祖"的典故。此时周天子的地位已经一落千丈。景王十五年(前530年)时,太子寿死,他立王子猛(悼王)为太子,后又宠爱庶子王子朝,欲立之。公元前520年四月,姬贵病重,嘱咐宾孟要扶立姬朝。姬朝未及立为嗣君,姬贵病死,谥号为"景王",葬于翟泉(今河南省洛阳市旧城)。

游 吉

游吉(?~前507年),春秋时期郑国正卿,著名的政治家、外交家。游吉即子太叔,系郑国第十五代国君郑穆公的曾孙,公子游的孙子,公孙虿的儿子。周景王二十三年(前522年),郑国奴隶不堪奴隶主残酷压迫,纷纷逃亡流徙,以萑苻泽(泽名,属圃田泽一部分,今郑州市东15公里的圃田村)为根据地,组织武装起义,反抗奴隶主压迫。后,郑太叔游吉发兵镇压,起义失败。史称"萑苻泽奴隶起义",亦称"萑苻暴动"。郑国地理位置处于中原腹地,为交通要冲、战略要地。"春秋无义战",强国恃强凌弱是春秋后期国与国之间司空见惯的事情。此时的郑国日渐衰落,是处于被动挨打地位的弱小国家。有道是"时势造英雄",郑国虽然处于众强国的虎视眈眈之下,却由于有一位杰出的外交家游吉来安邦治国,竟然奇迹般地与诸多强国和平共处,相安无事。游吉曾长期担任郑国的大夫,作为国家的外交官出访各国。他胸怀韬略,善于辞令,机智善辩,巧妙地周旋于各强国之间,为维护郑国的独立和尊严多有建树,以其雄辩的口才和不卑不亢的外交斗争艺术而彪炳史册。游吉继子产之后担任郑国正卿,其权力仅在郑国国君之下。子产生前曾叮嘱游吉:"假如我死去,你就接替我主持朝政。我的经验是只有推行宽松的政策才能得到百姓的拥护,同时也要实行严厉的政策制裁行凶作恶者。"游吉执政后,用宽严结合的方针来治理国家,得到了很好的成效。孔子得知情况后,对游吉的做法十分赞许:"好啊!以宽大调剂严厉,以严厉补救宽大,如此政权才能和平稳定。"游吉担任了16年的执政大臣,在他的治理下,郑国的局势一直很稳。

游吉

献公八年(前506年)二月,晋、宋、鲁、蔡、郑等国为讨伐楚国在召陵(今河南郾城)会晤。游吉代表郑国参加会晤后,在返回途中病卒。郑国人们举国哀悼,老百姓如同丧失了亲人一般悲痛不已。子产和游吉一前一后开创了郑国末期的一段"落日的辉煌",为日渐衰落的郑国求得了长达40年的和平时期,其历史功绩显而易见。晋卿赵简子临丧,致哀道:"黄父之会,大子您示我九言,即'无始乱,无怙富,无恃宠,无违同,无傲礼,无骄能,无复怒,无谋非德,无犯非义'。鞅(即简子)愿终身信守此言。"

刘文公

刘文公(? ~前506年),春秋时期著名政治家。即刘狄、刘卷、刘盆,亦称刘子、刘伯盆,刘献公之庶子。嵩山洛阳人。周景王、敬王时为卿士。周景王卒(前520年),他同单旗拥立悼王。王子朝逐悼王,他借晋侯之力迎回悼王。悼王死,他又与单旗立敬王。王子朝又逐敬王,他又借晋侯之力平王子朝之乱。周敬王十四年(前506年),他会诸侯于召陵(今郾城县),谋伐楚,是年卒。

王子朝

王子朝(? ~前505年),春秋时期政治家,东周王子。姓姬名朝,嵩山洛阳人。悼王继位,他作乱。悼王死,敬王继位,他又赶走敬王,自立为王,史称王子朝。周景王生前最宠爱庶长子姬朝,原要立他为太子而未果。二十五年(前520年)四月,景王病逝。周大夫单旗、刘狄等拥立景王长子猛为悼王。姬朝便在贵族尹国等支持下,联合失去职位的百官和百工发动叛乱,举兵攻走悼王,占据周都王城。悼王出奔,告急于晋。十月,晋大夫籍谈、荀跞率军护送悼王返归王城。十一月,悼王卒,其弟王子丐即位为敬王,为避其乱居于狄泉(今洛阳城内大仓西南池水)。晋军与周军攻王子朝。王子朝受挫,退守于京(今河南洛阳西南)。周局势稍缓。周敬王元年(前519年)正月,晋军撤走。六月,王子朝之势复振,败敬王之师,占据周都王城。周敬王退居狄泉。狄泉在王城东,人称敬王为"东王";王子朝亦在王城称王,人称其为"西王"。公元前516年,姬朝被晋兵战败,带着全部典籍和一些贵族逃往楚国。周敬王十五年(前505年)春,敬王乘吴国攻破楚国的机会,派人刺杀了姬朝。

郑献公

郑献公(？~前501年),春秋郑国国君。姓姬,名趸,郑定公之子,继定公即位。公元前513年至前501年在位。郑献公八年(前506年),晋定公假周王室之名会诸侯于召陵(今河南郾城东),郑与会。郑献公十一年(前503年),吴王阖闾派大将军伍子胥带兵伐郑,献公以分国之赏招贤退兵,有渔父子说子胥退兵而辞绝封赏。郑献公十三年(前501年),执政驷歂杀死郑国的大夫邓析而采用邓析所定的"竹刑"。是年,在位13年的郑献公死后,其弟姬胜继承王位,为郑声公。

邓 析

邓析

邓析(前545~前501年),春秋末期法家的先驱,著名思想家、教育家,刑名家的鼻祖,郑国大夫。嵩山郑国(今新郑市)人。青少年时代,深受子产的影响。成年后曾创办私学,教徒学习名辩《逻辑学》,懂得"操两可之说,设无穷之辞","民之献衣襦绔而学讼者,不可胜数"。邓析参照夏、商、周法律,结合当时形势,对郑国法律、法令条文进行修改,自著法律书《竹刑》(一部写在竹简上的刑法),专门教人"学讼",宣扬法治。这是嵩山地区较早的私学,对后来辩者颇有影响。邓析重视农业生产,深入田间,见沟、洫储水而不能浇灌,就运用古代力学原理,发明提水工具桔槔,教农民灌溉农田,使一农夫一天仅浇一畦地,变成能浇100畦地。邓析还将此技术推广到卫国等地。子产把郑国刑法铸于鼎上,邓析为子产修订刑律,使刑鼎顺利铸就完工。邓析在子产、子太叔执政时,提倡平民议政,教平民学习辩讼,"以非为是,以是为非,是非无度",民从"学讼者不可胜数"。多次非难子产的政治主张,提倡揭贴或用匿名贴(相当于大字报)揭露贵族的罪恶和大夫们的过失或议论国家政事,对后来的辩者颇有影响。后驷歂执政,一些被揭发的贵族告邓析鼓动平民闹事。驷歂下令,不准平民揭贴议政。邓析又让人改用匿名贴,把议政内容互相传寄。他的这一举动不为旧贵族所容忍。献公十三年(前501年)被郑国执政驷歂杀害。然而,他的《竹刑》却仍然使用,充分说明了《竹刑》是顺应历史的产物。遗著《邓析子》,分别为《无厚》、《转辞》两篇。

老 子

老子(约前572~前492年),春秋末期杰出的哲学家、思想家,道家学派的创始人。姓李,名耳,字聃,又伯阳,号老子。楚国苦县(今河南省鹿邑县)人。曾任东周"守藏室之史"(管理图书典籍的史官)。《史记》中有"孔子适周,将问礼于老子"和"孔子之所言事,于周则老子"的记载,说明孔子是以师位尊老子的。当时诸侯争霸,连年战争,遂弃官归里,设坛讲学。后见周代衰落,遂西出函谷关(今河南省灵宝市东北),

老子造像

隐去,不知所终。老子之学,宗黄帝《归藏易》之体系,首重坤柔。其守静、贵柔、尊阴、无为的思想,和"道生一、一生二、二生三、三生万物"的宇宙生成论和数字推测法,被认为是在《周易》的成卦程式以及易有两仪、四象、八卦的启示下衍生出来的。老子所著《老子》(又名《道德经》)五千言,言简意赅,富于哲理,博大精深,内容涉及人生、宇宙、政治、军事等方面。《道德经》一书对宇宙万物的探原,对人事纷繁问题的指向,提示了"人法地,地法天,天法道,道法自然"这一贯穿天地的大法则。老子对宇宙万物的探原包括了微观、宏观两个方面,"观其妙","观其微"。这同现代科学家对自然界从微观、宏观两方面层次的探讨是相通的,我们从中可以看到人的存在和自然规律有密切关系,这是老子哲学思想的核心。他把"道法自然"中的"道"作为宇宙的本源,用"道"来说明万物的演变,否认神造世界,揭示出一切事物相反相成的关系是永恒的规律和对立事物向它的反面转化的辩证规律。这个"道"有"独立不变,周行不殆"的永恒性,他认为世界本源起于"无",一切事物生成变化都是有和无的统一,这种思想后世逐渐形成为"清静无为"的"黄老之治",对中国封建社会帝王的统治思想起了很大作用。老子"道法自然"的思想阐述了客观事物发展的根本规律,一切宇宙、天地、人类社会、人体自身的产生发展灭亡的规律,在《道德经》中都有明确的阐述。它是我国古代人类智慧的结晶。据联合国教科文组织统计,全世界译成外文发行量最大的两本书是《圣经》、《道德经》。《道德经》的传世,是我国历史文库中的一块瑰宝,也是世界哲学史上一枝珍贵的奇葩。老子的哲学思想被许多国家所敬仰,是当今世界100位历史文化名人之一。在这里要说的是,道家和道教是不相同的,一个是哲学派别,一个是宗教,各不相干。道教是汉朝末年张道陵所创立的。道教创立后,为了吸引群众的注意和信仰,就借助于老子的名声,尊奉他道教祖师,并成为一位神仙"太上老君"。嵩山之所以站在道教历史发展的源头地位上,无论是五斗米教创始人张道陵和后来的道教的改革家寇谦之,据史料记载,都是在嵩山的古洞里修炼时,受了老子的神谕。

壬子年《拾遗记》曰:老子居景室之山,与世人绝迹,惟与老叟5人,乘鸣鹤,着羽衣,谭天地之秘。

浮提国献善书二人,出金壶中墨汁,佐老子撰经。《道书》曰:洛州景室之山,太室少室也。太室有金壶峰。老子当定王时,王问在世仙,对曰:"中岳古先生者,即予是。"夫孔子师老聃,其说盖肇于《庄子》。庄子之学师老,故其著书独推老子,甚至假孔子言语誉之。

　　老子在嵩山的活动遗迹,主要有嵩山的太室、少室之山,相传老子居景山(太室、少室)撰《道德经》10万言;有位于嵩山西南麓的洛阳老城西北8公里处的邙山翠云峰上的上清宫,传为老子炼丹处;有位于洛阳市老城东关大街路北老子故居,该处曾树立巨碑,上刻"孔子入周问礼乐至此"。

孔　子

孔子

　　孔子(前551～前479年),我国古代著名的思想家、教育家,先秦儒家学派的创始人,世界最著名的文化名人之一。因父母曾为生子而祷于尼丘山,故名丘,字仲尼,春秋时期鲁国陬邑(今山东省曲阜)人。相传所收弟子多达3000人,著名的有72人。曾任鲁国司寇,后携弟子周游列国,最终返鲁,专心执教。晚年致力于教育和整理诗书等古文献,曾修《诗》、《书》,定《礼》、《乐》,序《周易》,编撰了我国第一部编年体史书《春秋》。孔子对文化教育做出了重大历史贡献,孔子品格和思想,传世久远,为后儒所宗,并受到一代又一代人的敬仰。历代统治者称孔子为圣人、万世师表。孔子的思想及学说对后世产生了极其深远的影响。孔子的言行思想主要载于语录体散文集《论语》及先秦和秦汉保存下来的《史记·孔子世家》。

　　孔子非常向往周文化,他曾说:"郁郁乎文哉,吾从周。"还说:"如有用我者,吾其为东周乎!"有一次,他对鲁国人南宫敬叔说:"吾闻老聃(老子)博古知今,通礼乐这源,以道德之归,则吾师也,今将往矣。"南宫敬叔将孔子的想法报告了鲁国国君昭公。周敬王二年(518年),鲁昭公送给孔子一辆车,两匹马,还有一位小童。孔子遂和南宫敬叔一道,千里迢迢来到东周都城(今洛阳)请教学习礼乐。

　　时任周王室"守藏室之史"的老子是一位大思想家、大学者,熟知周礼。孔子入周问礼,老子说:君子生逢其时才能施展抱负,干出事业;不逢其时则只能碌碌无为。我听说,出色的商人都深藏不露,有盛德的君子,容貌却像普通人。去掉您的傲气和各种欲望,不要装腔作势和好高骛远,这些都不利于您的身体,我所要告诉您的,就是这些了。

　　孔子向老子辞别时,老子对他说:我听说,富贵的人送人钱财,仁德的人送人言语。我得不到富贵,却占有了仁人的名义,只好送您几句话:聪明、观察细致而又将死的人,是爱好议论别人的人;渊博善辩而又危害自身的人,是揭发别人罪恶的人。作为人子,不要张扬自己;作为人臣,不要张扬自己。老子的议论大约深深地震撼了孔子,他对弟子说:鸟,我知其会飞;鱼,我知其会游;兽,我知其会跑。会跑的可以准备网,会游的可以准备纶,会飞的可以准备矰。至于龙,我却不知道,它乘风驾云高飞天上。我今日见到老子,就像见到了龙一样啊!

　　孔子在周期间,向老子请教礼制,专程"问乐于弘",向苌弘请教和探讨音乐和天文知识。苌弘是东周大臣刘文公所属大夫,"天地之气,日月之行,风雨之变,律历之数,无所不通。"后因故被杀,传说其血三年化为碧玉。他的墓地在今偃师市山化乡境内。

此外,孔子还瞻仰了周室先王太庙,见到那里的"金人"。《孔子家语》称他曾"历郊社之所,考明堂之则,察庙朝之度";孔子"观乎明堂,睹四门,墉有尧舜之容、桀纣之相与兴废之诫";"又周公相成王,抱之负斧,南面以朝诸侯之图焉",孔子徘徊望之,谓从者曰:"吾今乃知周公之圣与周所又王也。"在周期间,他还曾和老子一起帮助邻里送葬。洛阳当时是政治、经济、文物制度、礼乐文化的中心,孔子入周问礼学乐,对弘扬周代文化,扩大儒家文化对当时和后世的影响,产生了重大作用。

孔子在嵩山的活动遗迹,有位于嵩山西南麓的洛阳市老城东关的孔子入周问礼处。相传老子故宅在洛阳老城东关铜驼巷,孔子问礼于老聃即在此处。清代曾在东关大街东首路北立一石碑,上书"孔子入周问礼乐至此"。另有位于嵩山西南麓的洛阳市老城东南隅文明街东,为祀孔子而建的府文庙。嵩山地区多个县市处都建有孔庙,专门祭祀孔子。此外,在所有的书院内,都供有孔子的神像。

苌 弘

苌弘(? ～前492年),春秋战国时期杰出的思想家、政治家、军事家。苌,当是封邑名,以邑为氏,弘乃其名,字叙,封丘县鲁岗乡苌寨村人。苌弘年轻时出游嵩山洛阳,入朝廷为官,为帮助周灵王谋划中兴统一大业,巧妙地运用自己精通的"方术",为周王寻找统率天下的依据,从而达到控制各诸侯国的目的。苌弘是东周景王、周敬王的大臣刘献公、刘文公的大夫。在景王时,苌弘就以丰富的历史知识,以敏锐的洞察力和精明练达的能力,能够见微知著,并且有卓越的政治才能和从容应付当前形势的本领,临事镇定,处置有方。苌弘给景王一朝出了很多点子,是当时能够影响局势的政治活动家。景王死后,为争夺王位发生了内乱,共达18年之久,给周王室造成了巨大的创伤。为避王子朝之乱,帮助王室摆脱困境,苌弘和刘文公商定在瀍水以东的狄泉附近扩建成周城。《国语·周语下》记载:"敬王十年,刘文公与苌弘欲成周,为之告晋,魏献子为政,说苌弘而与之,将合诸侯。"由于周王室财力匮乏,苌弘四处游说,争取到晋国和其他诸侯的支援,最终完成了这一伟大工程。公元前492年,晋国

孔子问乐于苌弘

发生了大夫范吉射和中行寅叛乱事件,苌弘的上司刘文公与范吉射结为世代姻亲,为达到削弱晋国实力、辅助王室的目的,苌弘暗中为范氏出谋划策。内乱平息后,晋卿赵鞅以此为借口要征讨王室。敬王迫于压力,而且敬王又是依靠晋国的支持,才登上王位的,为息事宁人,讨好晋国,敬王下令杀掉了苌弘。忠心耿耿的苌弘最终做了"替死鬼"。战国著名哲学家庄子是这样评价苌弘的,"昔者龙逄斩,比干剖,苌弘胣,子胥靡,故四子贤,而身不免乎戮"。

苌弘博学多才,见多识广,对当时与政治有密切关系的音乐和礼仪,以及历史知识、天文、历数、卜筮等,都有很深的修养,尤其精于音律乐理,为我国音乐学界的开山鼻祖。音乐,在古代不仅是艺术,在先秦时期更被认为是关乎国家兴亡,与礼、刑、政同样重要的头等大事。到春秋时期,诸侯争霸,宗法制度行将崩溃,旧制度被破坏了。孔子慨叹"礼崩乐坏",以恢复礼乐为己任。公元前518年,孔子自曲阜西行至洛邑,"入周学礼",向老子请教礼制,专程"问乐于弘",向苌弘请教和探讨音乐和天文知识,足见苌弘的学识和地位。据韩愈《师说》所说"孔子师苌弘"的故事,鲁昭公"与孔子车一乘,马二匹,竖子侍御,与敬叔俱至周,问礼于老聃,访乐于苌弘"。

相传,因苌弘死得悲壮、死得冤屈,其血三年化为碧玉。后常以"碧血"与"丹心"连用,称颂为国捐躯之士,用"苌弘化碧"、"七月飞雪"比喻千古奇冤。《后汉书·郡国志》中,洛阳下注引《皇览》说,偃师东北山(邙山)有苌弘墓。今偃师市山化乡化碧村有一冢,冢前有明朝万历年间所立的苌弘墓碑1通,应为苌弘所葬之地。该村因苌弘血流三年化碧而得名,今简称化村。

西　施

西施,春秋时美女。西施,一作先施,姓施,名夷光。家居苎萝村(今绍兴诸暨)。幼随母浣纱江边。越王勾践自吴归,用文种"遗之美好,以劳其志"之术,得西施于苎萝山下,进献吴王夫差。于是吴王沉溺声色,荒于国政。吴亡后,西施随范蠡而去,后到郑国洧水发源地(今嵩山脚下的登封大冶镇境内)紫罗池畔隐居,死后葬于此,并留有东施村、西施村、西施园、西施坟、紫罗池和西施祠等遗址。

程　本

程本(与孔子同时代),春秋时期著名"天下贤士"。字子华,自号"程子",晋(今邢台市内丘县)人。西周大司马程伯休之后,祖父为仗义相救赵氏孤儿的程婴。程本学识渊博,熟读《坟》、《典》、《丘》、《索》以及故府传记之书,善于持论,聚徒著书,名闻诸侯。晋国大夫赵简子听说他有超人的才学,便致书遣使者到嵩山巩地请他为官,程本退让不就。后因赵简子命烛过到巩地捉拿他,他听说后,逃往齐国游学。一日,正在编辑《易经》的孔子赴郯城(今山东省郯城)途中适遇程本,与其探讨河图洛书,言谈话语甚是投机。当孔子听说程本是为回避赵简子而到齐国时,就说赵简子也曾邀请他去晋国,但在路上听说赵简子杀戮了两位晋国大夫时,就把车停在黄河边,操琴而歌:"河之水,洋洋兮,丘之不济此,命也大。"分别时,孔子让子路取束帛10匹以赠之,并誉程子为"天下贤士",使程本在诸子百家中声名远播。齐景公听说程本为天下贤士,就向他讨教治国方略。程本说最好的方法是以道治国:"道之为治,厚而不薄,敬守其一,正性内足,群众不周,而务成一能,尽能既成,四境以平。"虽然齐景公对他的理论并不理解,但当时在旁边的宰相晏婴却对他敬重有加,将他请回家中设馆教书,更称"子华子"。程本年老归晋,隐居于嵩山北麓石臼泉,授徒著书,声名远播,诸侯各国许多人慕名前来求教,程本真正成了天下景仰的贤士。赵简子因后悔捉拿程本,死前对儿子无恤说:"我死后,你要对程子以礼相待。"赵襄子无恤建立赵国后,仍希望程本支持他,程本对儿子程会说:"无恤是一个可以共事的人,不仅会光大赵氏事业,而且会成为一代明主。我老了,不再出山了,你们要尽力帮助他。"程本死后,他的弟子北宫意、阳城胥渠、留务玄、公仲承、虎会、季沈等,将他的教诲与事迹撰写汇集《子华子》24篇,经刘向校定而传于后世。

程本在嵩山的活动遗迹有巩义市老县城东门外的程子华故里(这里以前立有"古贤士程子华故里"的石碑),有巩义市石臼泉的程本墓和子华子祠。据《程氏世谱序》记载:"子华公避简子聘隐于巩,著书立说,遇宣圣于南门外,倾盖道故,圣称其贤,命子路留赠以束帛。立祠石臼泉,子孙守之。"子华子祠堂大门两侧刻有对联:"赠来尼山古今供养贤士,灵钟洛水兄弟同衍心传。"康熙六年(1667年)重修时,河南学政赠匾"束帛流风"。嘉庆十四年(1809年)重修时,巩县知县赠匾"天下贤士"。

颛孙师

颛孙师(前503~?),春秋时期孔子的学生。姓颛孙,名师,字子张,嵩山阳城(今登封市)人。颛孙师比孔子小48岁,据说仪表堂堂。孔子曾评价说,曾参迟钝,颛孙师偏激,子路鲁莽。子贡问孔子:"颛孙师和卜商哪个更能干?"孔子曰:"颛孙师过头了些,子夏不够了些。"子贡又问:"是颛孙师强一些吗?"孔子回答:"过头和不够差不多。"这即是成语"过犹不及"的来历。颛孙师虚心好学,在《论语》中有9次询问孔子的记载。他向孔子询问谋求官位俸禄的方法、仁的意义、怎样治理政事等问题,孔子对此都有详细的解答。特别是他询问孔子如何提高德行、辨别心惑时,孔子说:"以忠诚守信为本,趋从大义,就可以提高德行。喜爱时希望他生存,厌恶时希望他死去,既希望他生存又希望他死去,这就是心惑。"颛孙师对提高德行有独到的见解:士人遇到危难时能献出生命,遇到得益时能想到大义,祭祀时能想到恭敬,守丧时能想到哀伤。

周敬王

周敬王(?~前476年),春秋时期东周国王。姓姬,名丐,匄,亦叫姬丐、王子丐。周景王第二子,周悼王同母弟。周敬王姬匄在悼王病死后,由刘卷、单旗扶持继位,居于翟泉,时人称为"东王"。即位之初,王子朝为乱和他争夺帝位,他不得入成周而居于狄泉(今洛阳城内大仓西南池水)。四年(前516年),单穆公和刘文公借晋之助迎他入成周,王子朝携周之典籍奔楚。十五年(前505年),他乘吴攻楚之机,派人杀死王子朝。后王子朝之党儋翩等再乱,他复出,借秦晋之师送他入成周。公元前476年,姬匄即位44年而病卒,庙号为"敬王"。葬于三壬陵(今河南省洛阳市西南5公里处)。

单武公

单武公(与周敬王同时代),春秋时郑国大夫。嵩山洛阳人。周敬王十七年(前503年),儋翩叛周,他同刘桓公败儋翩同党尹氏于穷谷(今洛阳市南),又先后伐谷城(今偃师一带)、简城(今沁阳市西北)的儋翩余党以定王室。

战 国

子 张

子张(前503~?),春秋末孔子学生。阳城(今登封)人。一说鲁国人。颛孙氏,名师,字子张。出身微贱,性偏激勇武。曾随孔子周游列国,困于陈、蔡。孔子死后,居于陈。其后学成为儒学一派,称为子张之儒。

列 子

列子,战国早期的思想家和寓言文学家,道家代表人物。战国时期郑国人。名御寇,一作圄寇、圉寇。神农氏的后代,父母都是农民。由于人们习惯在有学问的人姓氏后面加一个"子",表示尊敬,所以列御寇又称为"列子"。师壶丘子,后又问道于老子的亲传弟子关尹子,还曾拜老商氏为师。他继承了老子的学说,又加以发扬光大。他主张"虚无",一切顺应自然,循名责实,无为而治,在百家争鸣的战国时代独树一帜。传说当他潜心修道时,能够"御风而行"。他常在立春之日"乘风游八荒",在立秋之日返回住所"风穴"。这些记载虽然夸张,但也间接地反映了列子道家学问的精深和列子超然物外的道家风范。列子不仅学问渊博,而且是非标准、生活准则也十分明确,其人品德修养更是高尚。一次,一位列国使者入郑国拜访列子时,发现这位自己仰慕的有道之士,竟然经常在吃了上顿没下顿的情况下埋头做学问。郑国宰相子阳听说此事,随即派遣官吏给列御寇送粮食。列子不为所动,拜谢说:

列子

"谢谢宰相的好意。我无功受禄,怎能白要这些粮食呢?"使者只得带上粮食返回复命。列子之妻对此困惑不解,列子解释道:子阳不了解我"道"的伟大,只不过想沽名钓誉罢了。后来子阳实行暴政,百姓们起而发难把他杀掉了。列子没有受到丝毫牵累,仍旧云游四方求师访友。列子一生安于贫寒,不求名利,隐居郑地40年。终生致力于道德学问,尊崇黄老。潜心著述20篇,约10万字。今本《列子》有《天瑞》、《仲尼》、《汤问》、《杨朱》、《说符》、《黄帝》、《周穆王》、《力命》8篇,内容多为民间故事、寓言和神话传说。其中有些篇章至今仍有借鉴参考作用,如《愚公移山》就出自《列子·汤问》。《纪昌学射》等脍炙人口的寓言故事,可谓家喻户晓,广为流传。唐玄宗天宝元年(742年)诏告天下,将《列子》取名《冲虚真经》,作为道家的经典之一。

列子在嵩山留下遗迹,主要有位于郑州市管城区圃田村北0.5公里处的列子祠堂,有位于郑州老城东二十里铺南高岗上的八卦御风台,有位于郑州市郊区圃田村东南1公里大孙庄处的列子墓。

郑繻公

郑繻公(？～前396年),战国时期郑国第24位国君。名骀,一作缭。公元前422年至前396年在位27年。郑繻公十五年(前408年)为韩所攻,雍丘(今河南杞县)被占。国都新郑受到威胁,郑繻公不得不把国都迁回京城,同时动用大量人力物力加固京城与长城(从今荥阳崔庙乡王宗店到新密市茶庵,共长14320米)。郑繻公加固"城京"是迫不得已,但结果对郑国却非常有利,第二年郑国就采取避强击弱、远交近攻的战略,出兵夺取了卫国主要城市毋丘(今山东曹县境内)。此后,郑繻公又誓师出击,伐韩,败韩于负黍(今嵩山登封大金店一带)。二十三年(前400年),围韩阳翟(今嵩山禹州)。二十五年(前398年),杀其相子阳。二十七年(前396年),为子阳之党所杀。

聂 政

聂政

聂政(？～前397年),战国时侠客。韩国轵(今济源东南)人,以任侠著称,为战国时期四大刺客之一。聂政年青侠义,因除害杀人偕母及姊媭避祸齐地(今山东境),以屠为业。韩大夫严仲子因与韩相侠累(名傀)廷争结仇,潜逃濮阳,闻政侠名,献巨金为其母庆寿,与政结为好友,求其为己报仇。聂政待母亡故守孝三年后,忆及严仲子知遇之恩,孤身仗剑前往韩国都城阳翟(今禹州),以白虹贯日之势,刺杀严仲子要杀之人宰相侠累于阶上,继而格杀侠累侍卫数十人。刺杀成功后,聂政因怕连累与自己面貌相似的姊姊聂媭,遂以剑自毁面容,挖眼、剖腹身亡。被韩曝尸于市,千金悬赏。直到他的姐姐聂媭前来韩市寻认弟尸,伏尸痛哭,后撞死在聂政尸前(一说因悲伤过度,暴死于聂政尸前),才让人得知刺客的真正身份。其事迹见《史记·刺客列传》。后世传有《聂政刺韩王曲》,就是《广陵散》,被琴家广为弹奏,据说弹得最好的是魏晋竹林七贤中的嵇康,用以表示对聂政的敬仰。郭沫若曾据聂政的事迹写历史剧《棠棣之花》,歌颂聂政的侠义精神。

聂政在嵩山留下的遗迹有位于禹州市区西北的纪念聂政的聂政台,有位于禹州市西关的聂政墓。

子　阳

子阳(?～前398年),郑国名相。姬姓,驷氏,郑繻公时为相,有政绩,后因繻欲媚楚而杀子阳,引起君臣离心,郑国遂衰。《史记·郑世家》:(郑繻公)二十五年(前398年),郑君繻公杀其相子阳。二十七年(前396年),子阳之党共弑了郑繻公而立郑康公为君。

郑康公

郑康公(?～前375年),战国郑国国君。姓姬,名乙,或作乙阳、阳,亦称郑国乙,郑君阳,郑共公之子,郑幽公弟。公元前395年至前375年在位。郑繻公二十七年(前396年),子阳之党杀繻公,立之为君,是为郑康公。郑康公二年(前394年),负黍(今登封市大金店一带)反郑归韩。郑康公十一年,为韩所伐,失阳城(今属登封)。郑康公二十一年(前385年),为韩哀侯所灭。

韩哀侯

韩哀侯(?～前371年),战国时韩国(都新郑)国君。公元前376年至前371年在位。韩文侯子,名不详。韩哀侯元年(前376年),与赵、魏三分晋国。二年(前375年),灭郑,并其国,遂徙都于郑(今新郑市)。韩自此亦号郑。六年(前371年),被大臣韩严所杀。

韩懿侯

韩懿侯(?～前363年),战国时韩国(都新郑)国君。《史记·六国表》作韩庄侯。公元前372年至前363年在位。名若山,韩哀侯子。公元前371年,韩严杀哀侯而立之,并改元。韩懿侯二年(前369年),乘魏乱,与赵合兵攻魏,助魏公子缓争位,败归。同年,韩、赵迁晋桓公于屯留(今山西屯留南),晋亡。四年(前367年),又与赵协助立东周惠公。

申不害

申不害

申不害(前385～前337年),战国晚期法家代表人物,韩国名相,著名思想家、政治家、改革家。嵩山东麓的郑国京(今荥阳东南)人。原为郑国小吏,韩灭郑后从韩。后因才被韩昭侯重用为相,相韩昭侯15年。公元前375年郑国被韩国灭亡,京地纳入韩国版图,韩国的版图扩大了不少,但是韩国与其他大国相比,无论从国土面积,还是从国力上讲,都不能算是强国。此时,各国的变法运动风起云涌,不变法就有落后和被别人吃掉的危险。在已经进行的变法中,魏国的李悝变法是比较成功的一个榜样。李悝是法家人物,所以,韩昭侯也想用一个法家人物主持变法。他选中了法家重要的代表人物——申不害。公元前355年,韩昭侯任用申不害为相,在韩国实行变法,进行社会改革。申不害少年从学黄老(黄帝、李耳),认为"人法地,地法天,天法道,道法自然",一切事物都有正反两方面,并且对立相互转化,如"祸兮福之所依,福兮祸之所伏",是一位从道家分化出来的法家,有政治之才,他除了与其他法家人物一样讲法治外,主要强调君主的统治之"术",即史书中所说的"修术行道","内修政教"。并主张"因任而授官,循名而责实,操杀生之权,课群臣之能",他强调君主必须正直无私,认为"天道无私,是以恒正;天道常正,是以清明"。并切实施行任用、监督、考核臣下的方法。他认为君主委任官吏,要考察他们是否名副其实,工作是否称职,言行是否一致,对君主是否忠诚,根据考核情况对臣子进行奖惩升迁。"术"的提出,对于当时建立官吏的任免考课制度,有相当重要的意义。他还重视土地问题和农业生产,力主开垦荒地,珍惜土地,多种粮食,以使民富国强。

申不害在韩国变法15年间,内修政教,外应诸侯,任人唯贤,发展生产,整肃军队。加强了君主专制,政治局势相对稳定,扭转了昔日外敌入侵,内部法治混乱的局面,收到了富国强兵的效果,使别的国家对韩国不敢有吞并之心,在扩张上也取得了不小的成绩,成为战国七雄之一。公元前353年攻打东周,占领了陵观、邢丘(今温县东北)、高都(今洛阳南)、利(不详)等好几个城池。公元前346年,韩国又与魏国联合出兵,攻取了楚国的上蔡。申不害在韩国变法成功,历史上称为"一世之贤士"。申不害建立了法治的思想体系和理论学说,开创了法家学派,被后世尊为"法家之祖",与商鞅齐名,人称"申商"。韩非、李斯奉申不害为宗师,所以又称"申韩之学"。申不害著有《申子》6篇,已佚。今有《大体篇》保存于《群书治要》中。

韩昭侯

韩昭侯(？～前333年),战国时韩国(今新郑一带)国君。懿侯子,公元前358年至前333年在位,用申不害为相,国内以治,诸侯不敢来扰。

王诩

王诩,战国时著名思想家、教育家、纵横家之鼻祖,也是"诸子百家"之一。字蝉,又名玄微子,楚人。由于其隐居于嵩山脚下登封境内的阳城鬼谷,故以得名"鬼谷",俗称"鬼谷子"。王诩在这里讲学,分军事、政治两类。传孙膑、庞涓师其兵法,苏秦、张仪习其政治纵横术。王诩以修养为主,不图富贵,而其除孙膑之外的三个学生和老师的思想完全不同,三年之后,他们皆欲出仕,三人皆陆续出仕各国,独孙膑留此多学三年。其学说因变无常,以黄老"心术"论世御事,讲求内外损益之理,演变而为"反应"、"揣摩"、"捭阖"之术。他的四个学生都成为中国文化史上著名的人物。苏秦凭其三寸不烂之舌,合纵六国,佩六国相印,统领六国共同抗秦,显赫一时。张仪凭其谋略与游说技巧,将六国合纵土

鬼谷子

崩瓦解,为秦国立下了不朽功劳,并以此决定了秦与六国对峙由秦统一中国的政治局势。孙膑则以智谋使田忌在赛马时获胜,并设计在马陵打败庞涓率领的魏国军队,并射杀了庞涓,制造了围魏救赵的奇谋。史料载,鬼谷子既有政治家的六韬三略,又擅长于外交家的纵横之术,更兼有阴阳家的祖宗衣钵、预言家的江湖神算,所以世人称他是一位奇才、全才。主要著作有《鬼谷子》及《本经阴符七术》。《鬼谷子》侧重于权谋策略及言谈辩论技巧,《本经阴符七术》则集中于养神蓄锐之道。其理论已羼入道家学说,鬼谷子已成为道教供奉的神仙。

王诩在嵩山留下的遗迹主要有位于嵩山之阳的登封市告成镇北沟的鬼谷洞。传说鬼谷子隐居洞内,潜心研究兵法时,张仪、苏秦、孙膑、庞涓也随他一起在这里学习。鬼谷洞北边有许多散存的土洞,据说有张仪、苏秦、庞涓洞,传说当时学生有100多人,因地处偏僻,又年深久远,已分不清哪个是谁的洞了。嵩山地区流传有许多与鬼谷子有关的传说和故事,史料有录。

孙膑

孙膑

孙膑(约前380～前320年),战国时著名兵法家。齐国阿(今山东省阳谷)人,孙武的后代。曾与庞涓一起到嵩山脚下的阳城从鬼谷子学习兵法。后庞涓为魏惠王将军,忌其才能,便设计陷害孙膑。建议魏惠王把孙膑请到了魏国。由于庞涓意取《孙子兵法》,又害怕孙膑对自己构成威胁,就在魏惠王面前诬陷孙膑私通敌方齐国。孙膑一到魏国,就落入了庞涓的圈

套,被处以膑刑(去膝盖骨),故名孙膑。后他佯狂自晦,并设计到齐国,被齐威王任为军师,大败魏军于桂陵和马陵。著有《孙膑兵法》。1972年《孙膑兵法》在失传了1000余年之后,从山东临沂银雀山一西汉墓中与《孙子兵法》及其他先秦兵书被同时发现。《孙膑兵法》在《孙子兵法》的基础上,总结了战国中期以前的战争经验,提出了不少有价值的作战指导思想和原则,主张"战胜而强立,故天下服矣",提倡"赏不逾日,罚不还面",认为采取"营而离之(迷惑敌人,使之军力分散),并卒(集中兵力)而击之"等方法,寡可以敌众,弱可以胜强。强调具体分析敌我双方的条件,做到"内得其民之心,外知敌之情"。其老师鬼谷子被列为道教神仙后,后人也将他和其老师鬼谷子一起列为道教供奉的神仙。

庞　涓

庞涓(？～前341年),战国时期魏国大将,著名兵法家。曾与孙膑同师鬼谷子王诩在嵩山学兵法。魏惠王十六年(354年),率军围赵都邯郸,次年齐救赵,采用孙膑策略,齐军直趋魏都大梁,庞涓率军兼程赶回,与齐战于桂陵,中伏大败。庞涓因畏孙膑胜己,乃骗孙膑往魏,编造罪状,对孙膑施以膑刑。魏惠王二十八年(前342年),齐以孙膑为军师,攻魏救韩,采用孙膑策略,直趋大梁,旋即退兵,诱使庞涓弃步兵,与其轻锐兼程追击。庞涓率军迎战,骄傲轻敌,于马陵(今河南省范县西南)中孙膑埋伏,全军被歼,庞涓自刭身亡。

周惠公

周显王二年(前367年),周惠公立长子为西周公,封其幼子班于巩(嵩山之阴的巩义市),承袭父号,称东周惠公。并在此建城,史称东周故城。后亡于秦。东周故城位于嵩山之阴的巩义市城西4公里康店乡康北村一带,现东周故城遗址上残留有城墙数段、角楼遗址、西城门上嵌有清同治五年(1866年)砖刻的"东周故城"门额等。

白圭

白　圭

白圭,战国时期著名的商业家、经济学家,古代商人的祖师。白圭,名丹,周(今洛阳)人。曾任魏国大臣,文侯时率兵伐中山,大败。文侯不但没有治罪,反而赐给他夜光璧,仍信任他,后来终取中山。魏惠王时,曾为相,主张减轻田赋,又善于治水,发展农业生产。白圭善于经商,后从事商业活动。提出"人弃我取,人取我与"的商业主张和贸易致富的理论,认为经商必须掌握时机,运用智谋,谷成熟时收进粮食,出售丝漆;茧出产时收进帛絮,出售粮食。他"能薄饮食,忍嗜欲,节衣服,与用事僮仆同苦乐"。白圭有经商的实践,也有经商的理论。其理论概括为4个字:智、勇、仁、强。他说:"吾治生产,犹伊尹、吕尚之谋,孙、吴用兵,商鞅行法也。"如果智不能权变,勇不足以决断,仁不善于取舍,强不会守业,那注定无法与他谈论经商之术了。他的这些经商之道,司马迁在《史记》中作了如实的记载。

韩釐王

韩釐王(? ~前273年),战国时期韩国(今新郑一带)国君。公元前295年至前273年在位。名咎,韩襄王子。韩襄王十三年(前299年),被立为太子。韩釐王二年(前294年),秦伐韩,取两城。次年,使公孙喜合魏师御秦,战于伊阙,秦大破韩魏联军,斩首24万,虏公孙喜。五年(前291年),秦复攻韩,取宛(今南阳)、邓(孟州西)。次年,韩献地200里于秦,附之。韩釐王九年(前287年),参与赵、齐、楚、魏合纵攻秦。韩釐王十二年(前284年),与燕、秦、魏、赵联兵伐齐,大败齐兵。韩釐王二十一年(前275年),秦攻魏至大梁(今开封),韩救魏,败归。韩釐王二十三年(前273年),赵、魏攻韩,围华阳(今新郑市北),韩求于秦,秦遣白起救韩,大破赵、魏之师,斩魏军13万,沉赵卒2万人于黄河。

韩宣惠王

韩宣惠王(? ~前312年),战国时期韩国(今新郑一带)国君。公元前332年至前312年在位。名失传,韩昭侯子。韩宣惠王八年(前325年),与魏惠王会于巫沙(今嵩山荥阳北),称王。同年十月,朝魏,并与魏惠王携太子入朝于赵。齐怒,兴兵伐赵,与赵、韩联军战于平邑(今河南南乐东北),赵、韩兵败。次年,与齐威王相会讲和。十年(前323年),参与"五国相王"以抗秦。十五年(前318年),与魏、赵、燕、楚共伐秦,战于函谷关(今灵宝东北),败归。次年,秦反攻,大破三晋之师,斩首8万。十九年(前314年),秦败韩师于岸门(今许昌西北),斩首万人,韩被迫以太子仓人质于秦以求和。二十一年(前312年),助秦败楚于丹阳(今西峡西丹水以北地区),斩首8万。楚怀王大怒,悉发国内兵攻秦,战于蓝田(今属陕西)。韩、魏乘楚之困再袭楚,楚乃引兵归。

公孙侈

公孙侈,战国时期韩国(都新郑)相国。善于外交。韩襄王十二年(前300年),楚军围韩雍氏(今洛阳附近),公孙侈因甘茂说秦派兵救韩,又因甘茂言秦昭襄王,将秦侵地武遂归韩。

扁 鹊

扁鹊(约前407~前310年),战国时著名医学家。姓秦,名越人。渤海鄚郡(今河北省任丘市)人,一说家住郑地(今新郑市)。扁鹊少时聪敏好学,敦厚知礼,从师于长桑君。20多岁周游列国行医。对望、闻、问、切等法,无所不精,尤以切脉为著,是我国脉学的创始人。他医术高超,技巧超群,名扬天下。又因他天性善良,所以他每到一处,请他看病的人就不可胜数。每次他都是精心治疗,治好许多生命垂危的病人,挽救了无数人的生命,深受人们爱戴。把他和黄帝时的名医扁鹊相比,人们尊他为扁鹊。后因给秦武王治好了病,太医李醯出于妒忌,用重金收买刺客,扁鹊遭谋害身亡。扁鹊救人济世的精神一直被后人所赞扬,诗词"刺君葬君君不朽,古祠有灵争叩首,墓草青青年复年,五月五日浇祭酒",表达了人们悼念崇敬他的感情。在今河南、山东、河北、陕西等地,还留存着当时人们纪念他的古迹。

扁鹊曾经在嵩山地区行医治病,得知当地老人多患耳聋、眼花等病,即为"耳目痹医"。他是我国最早的专科医生,也是五官科之始。嵩山地区民间建有纪念扁鹊的"卢医庙"。传说他著有《扁鹊内经》、《外经》,均已失传。现存《难经》一书,为汉代人整理,是我国医学界一部很有价值的文献。扁鹊在嵩山地区留下的遗迹有位于嵩山之阴巩义市西7公里康店乡山头村的卢医庙,登封市大冶镇西7公里的卢医庙。

张　仪

张仪(? ~309年),战国时期著名的纵横家。魏国贵族的后代。秦惠文君十年(前328年)任秦相。执政时,以连横之策说服六国服从秦国,迫使魏献上郡,帮助秦惠文君称王,瓦解齐、楚联盟,夺取楚汉中地,使秦更为强大,封武信君。秦武王即位后,他入魏为相,不久病死。《汉书·艺文志》纵横家有《张子》10篇,今佚。

苏　秦

苏秦六国封相衣锦荣归

苏秦(? ~前284年),战国时期著名的纵横家、政治活动家。字季子。嵩山巩义市鲁庄苏家庄人。年轻时到阳城(嵩山登封)与张仪、孙膑、庞涓同师鬼谷子。苦学3年,辞别先生,回到洛阳家中。后出游列国,以期谋一官半职。几年后,无望而归,妻不下机,嫂不为炊,父母不子。后发愤读书,致力于纵横之术,倡导合纵说。曾游说六国合纵御秦,使秦不能向东扩张。苏秦为纵约长,佩6国相印。归赵,赵肃侯封为武安君。合纵的形成使秦兵15年不敢出函谷关。后因6国不能合作,纵约瓦解。苏秦为保护燕国,打击齐国,特奉燕昭王命入齐,从事反间活动,使齐疲于对外战争,以便攻齐复仇。后燕将乐毅联合5国大举攻齐,他的反间活动暴露,已被任为齐相的苏秦遭到齐国大臣的痛恨,被车裂而死,葬于嵩山巩义市区西南28公里鲁庄镇苏家庄村南。《汉书·艺文志》纵横家有《苏子》31篇,今佚。马王堆汉墓出土帛书《战国纵横家书》中,存有他的书信和游说辞16章,所述与《史记·苏秦列传》不同。嵩山一带民间流传有许多有关苏秦的传说和故事。

据史料记载,苏秦墓在嵩山巩义西南30公里三苏冢,县志为厝三苏也。"三苏"当为苏秦及弟苏代、苏迈,苏家庄即因此而名。

韩桓惠王

韩桓惠王(?~前239年),战国时期韩国(都新郑)国君。公元前272年至前239年在位。韩桓惠王,韩釐王之子。韩桓惠王元年(前272年),伐燕。韩桓惠王八年(前265年),秦纳范雎"远交近攻"之策,大举攻韩。韩接连败北,丧师失地。次年,秦取韩陉城(今山西曲沃东北)。十年(前263年),秦击韩于南阳(今太行山南)。十一年(前262年),秦国出兵攻伐韩国的野王(今沁阳),野王投降秦国。断韩国上党郡(今山西沁河以东地区)通韩都新郑之路。韩桓惠王惧怕秦军兵锋,决定主动把上党郡献给秦国,以息战祸。上党郡守却不愿降秦。韩桓惠王于是派冯亭接替上党郡守遂行降秦的相关事宜。冯亭上任后,也不愿降秦。他率众献郡于赵国,意欲利用赵国的力量抗击强秦,以保全韩国。

赵国接受上党(今山西长治),并遣名将廉颇麾重兵进驻长平(今山西高平市)拒秦,秦赵双方遂爆发长平之战。公元前261年,秦国派军进攻韩国的缑氏、纶,震慑韩桓惠王,派左庶长王龁领兵进攻上党,意欲一举兼并。赵国派兵20万救援上党。桓惠王十四年(前259年),秦拔赵上党,赵军被杀45万,韩、赵割地求和。十七年(前256年),秦再攻韩,取阳城、负黍两城(今登封境内),斩首4万。十九年(前254年)至秦朝见,附之。秦仍不时来攻。桓惠王二十九年(前244年),秦攻韩,拔韩十三城。三十二年(前241年),参与赵、楚、魏、燕五国伐秦之役,败归。桓惠王三十四年(前239年),王卒,子王安立。

韩桓惠王在位时,韩非多要求推行法治。手工业发展迅速,农业发达,铁制农具已广泛应用于农业生产,生产水平有了根本性的提高。韩桓惠王二十七年(前246年),郑国奉桓惠王之命西去秦国,劝说秦王兴修水利工程,是为郑国渠。

郑　国

郑国,战国末期伟大的水利专家。嵩山东南韩国(今新郑市一带)人。郑国负责设计和兴修的著名水利工程"郑国渠",反映出他在水利方面的成就。战国时期,韩国位于河南的中西部地区,西邻强大的秦国,常受到攻伐。韩国君主桓惠王施展"疲秦"之计:为削弱秦国国力,派郑国到秦国,让秦国把大量的人力和财力用到修建水渠上,使之没有精力和时间攻打韩国。秦始皇元年(前246年),郑国到秦国后,经过勘察地形,向秦始皇建议修建引泾河水灌溉农田的水利工程,企图消耗秦的国力,以阻止和延缓对韩等国的兼并战争。秦采纳了他的建议。就在工程顺利进行时,秦始皇发觉了韩国的计谋,

郑国

欲杀郑国,停止修渠。郑国临危不惧,对秦始皇说:"当初我是为了施行韩国的'疲秦'计策而来,而这个工程完成后,对于秦国来说非常有利。我只为韩国的命运拖延几年时间,而为秦国的子孙万代带来了益处。"秦始皇听后觉得有理,取消了命令。经过10多年时间,终于建成了一条宽24.5米、堤高3米、深约10米、长300多华里的水渠。渠水从仲山(陕西泾阳县西北)引泾水向西到瓠口作为渠口,沿北山南麓引水向东,经今三原、富增等县,到大荔县东南注入洛水。灌溉面积达4万多顷,大大提高了灌区粮食产量,亩产达到240多斤。秦国为表彰郑国的功勋,给这条渠取名"郑国渠"。郑国渠的作用不仅仅在于它发挥灌溉效益的100余年,而且还在于首开了引泾灌溉之先河,对后世引泾灌溉产生了深远的影响。在我国水利工程的历史上,郑国渠要比大运河早数百年,是世界四大文明古国中较早的水利工程,用当时极为落后的条件来衡量,其地位可与后来的万里长城相提并论。秦以后,历代继续在这里完善了其水利设施,先后历经汉代的白公渠、唐代的三白渠、宋代的丰利渠、元代的王御史渠、明代的广惠渠和通济渠、清代的龙洞渠等。至今嵩山地区还流传有称赞郑国的谚语,歌颂他的引泾工程的故事。

周赧王

周赧王(? ~前256年),东周最后一位国王(前314~前256年在位)。姓姬,名延(一作诞),周慎靓王姬定之子。据传即位于公元前314年,在位59年,是两周在位最长的君主。但他在位时期,有名无权,东周王室的影响力仅限于洛邑(现在嵩山洛阳附近,当时是东周的首都),所统治的地盘只有三四十座城池,3万多人口,还分成"东周"(今嵩山巩义市)和"西周"(今嵩山洛阳)两个小国,两部分由东周公和西周公分治,姬延虽名为天子,实则寄居"西周"(即王城),在秦、楚、三晋等大国之间委曲求全、苟延残喘。早在他的祖父周显王在位期间,秦国的势力迅速膨胀,以西戎霸主自居,攻占了韩、魏、赵三国的很多地方,眼看下一步就要收拾周朝。赧王发动东方各国合纵抗秦运动失败后,秦军的势力更加威猛,攻下韩国的阳城(嵩山登封市东南)、负黍(今嵩山登封市西南)后,直扑东周王城。大势所趋,姬延无奈只好带着家眷、图册,去秦军军营投降。秦昭襄王受降,封他为周公,把洛阳东南的梁城(今汝州杨楼乡一带)封给他,供其养老,称东周君。并夺去象征国家权力的九鼎宝器。周赧王五十九年(前256年),姬延驾崩(姬延当时已经年老,从秦国到梁城不满一月,就病死),秦灭周,东周遂亡。

周赧王墓位于嵩山南麓的梁城东南25公里处(今汝州蟒川乡寺上村的大山深处)。

白 起

白起征战图

白起(？~前257年),战国时期著名军事统帅。也叫公孙起,号称"人屠"。战国时期秦国郿县(今陕西眉县东北)人。战国四名将之首(其他三人是李牧、廉颇、王翦),封号武安君。官职大良造。外号战神,杀人魔。初为秦左庶长,由相国魏冉举荐,任主将攻韩、魏,旋升左更。周赧王二十二年(前293年)的伊阙(嵩山的伊川境内)之战,白起用避实击虚、先弱后强的战法,全歼韩、魏联军24万,因功晋升国尉。次年,再升大良造。此后30余载,屡战获胜,攻取70余城。周赧王三十六年(前279年),率军数万深入楚地,大破楚军,受封武安君。周赧王四十二年(前273年),赵、魏联军攻韩华阳(今新郑市北20公里),白起与客卿胡阳率军救韩,大败联军,斩魏兵13万,将赵军2万驱入河中淹死。周赧王五十一年(前264年),白起攻韩,占韩池9座,建广武城,设立敖仓(巩义、荥阳一带),成为全国最大的存粮之所。周赧王五十五年(前260年),秦、赵长平之战,白起针对赵军统帅赵括骄躁轻敌、缺乏实战经验的弱点,予以分割包围,待其饥疲交迫,一举歼灭,史传他坑杀降卒45万人,开创了我国历史上最早、规模最大的包围歼敌战先例。白起指挥许多重要战役,大小70余战,没有败绩,从最低级的武官一直升到武安君,六国闻白起胆寒。后因触怒昭王,贬之士伍,五十八年(前257年)十二月被迫自杀。白起戎马一生,勇谋兼备,长于野战进攻,料敌用兵,战必求歼,为秦国统一大业立下功勋。后世多称赞其巧妙用兵,而讥评其杀戮无度。

吕不韦

吕不韦(？~前235年),战国末期巨商,著名思想家、政治家。祖居嵩山阳翟(今嵩山禹州市),后居卫国濮阳。早年经商于赵国都城邯郸,结识做人质之秦公子异人(后改名子楚),按照经商中实施"人弃我取,人取我予"的策略,认为"奇货可居",遂入秦游说华阳夫人立子楚为太子,子楚即位为庄襄王。吕不韦通过帮助子楚回国立为太子,后又当了国王一事,从而被任为相

商人丞相吕不韦

国,封文信侯,食邑10万户。传说他曾纳姬于邯郸,有孕后献给子楚,生子政,即始皇。秦王政即位后封吕不韦为相国,尊其为"仲父",控制秦国大权。吕不韦在庄襄王、秦王政两朝执政13年(前250～前237年),所作所为顺应了发展潮流,推动了秦国政治、经济、军事、科学事业的发展,为秦始皇统一六国奠定了坚实的基础。他是秦国继商鞅、魏冉以后的又一重要功臣。他曾使宾客汇集先秦诸家之说,"兼儒墨,合名法",编纂《吕氏春秋》一书26篇,20余万字,是中国思想史上杂家的代表作,故他本人有"杂家"之称。秦王政亲理政务后,吕不韦被免职,出居封地嵩山洛阳一带,仍与各国诸侯交往,秦王恐其为变,令与其家属迁蜀,因忧惧,饮鸩自杀。众宾客将其窃葬于嵩山西麓的偃师市首阳山镇大冢头村东,与吕不韦妻并柩,后改为吕侯冢。此冢高3丈余,冢头面积广阔,因其气势高大崇隆,群众俗称为大冢头。冢西有一村,也因此而得名。

蒙骜

蒙骜(？～前240年),战国后期秦国著名将领。齐国人,秦名将蒙恬的祖父。战国后期秦国将领。官至上卿。周赧王三十年(前285年),受命伐齐,取河东9县。秦昭王时自齐入秦。秦庄襄王元年(前249年),蒙骜为秦将,率师伐韩,夺取嵩山东北麓的战略要地成皋(今河南荥阳西北)、荥阳(今荥阳东北),使秦界东近大梁(今开封),置三川郡治洛阳(今洛阳东北)。二年(前248年),攻赵榆次、新城、狼孟等地,取37城;三年(前247年),攻魏国,取高都汲邑,又攻占赵重镇晋阳,合置太原郡。秦王政三年(前244年),领兵攻韩,取12城。公元前247年,蒙骜率军东向攻魏。屡败魏兵,被魏公子信陵君率联军击败,取有诡等两邑。五年(前243年),秦闻魏公子死,使蒙骜攻魏,取长平等30城,置东郡,使秦国土与齐相接,对韩、魏形成三面包围之势。因屡立战功,官至上卿。秦王政七年(前240年),赵悼襄王六年秦长安君及大将军蒙骜率军10万攻赵,赵将庞煖领军10万御之,斩杀秦军大半,射杀蒙骜。其子蒙武、孙蒙恬均为秦名将。

韩非

韩非子

韩非(前280～前234年),战国末期杰出的哲学家、思想家、散文家,先秦法家学派的集大成者,后世称"韩子"或"韩非子",中国古代著名法家思想的代表人物。战国时期韩国(都城今新郑市)贵族。韩非口吃,不善言谈。但文章出众,能著书立说。曾就学于荀况,与李斯同学,李斯自愧不如韩非的才能和学识。韩国西邻秦国,南接楚国,东有齐国,北有赵国、魏国,处于诸大国之间。在各国相互兼并的战争中,韩国虽小,却成为军事上的必争之地。韩国一直臣服于秦国,在此背景下,韩非建议韩王变法图强,未被采纳,乃发愤著书。著有《说林》、《说难》、《孤愤》、《五蠹》等十余万言,系统地阐述了他的治国思想。韩非子提倡君权神授,自秦以后,中国历代封建王朝的治国理念都颇受韩非子学说的影响。韩非的书流传到秦国,后得到秦王嬴政的赏识,秦王以派兵攻打韩国相威胁,要求韩王让韩非到秦国效力。韩王安五年(前234年)韩非被邀至秦国,因李斯、姚贾陷害下狱,被迫自杀。

韩非总结了前期法家思想,以法治思想为中心,吸取了道、儒、墨诸家的一些观点,与商鞅、申不害、慎到的主张熔于一炉,创立了一套完整的以"法"为中心,"法"、"术"、"势"相结合的君主集权的政治思想体系,从而为新兴地主阶级巩固和完善封建政治制度提供了理论根据,所以他被称为先秦时期法家思想的集大成者。韩非死后,秦始皇、李斯却把他的思想付诸实施,运用韩非的法家理论统一了中国,并对长达2000多年的中国封建社会产生了重大而深远的影响,乃至当代,仍具有借鉴意义。韩非"喜刑名法术之学",后世称他为韩非子。

韩非散文逻辑严谨,结构严密,而极善分析,条理严密,说理透彻。韩非子最具文学色彩的是他的寓言。他的文中多用寓言,使文章形象而生动。像"自相矛盾"、"买椟还珠"、"狗恶酒酸"、"滥竽充数"、"守株待兔"、"老马识途"、"郑人买履"等,故事短小精悍,寓意深远,以小见大,浅显易懂,成为千古使用的著名成语。著有《韩非子》,全书共20卷,55篇。其中《五蠹》、《说林》、《孤愤》、《说难》、《内储说》、《外储说》、《解老》、《喻老》等,都属名篇。《韩非子》中共有寓言300多则,简直可称得上是中国最早的寓言专辑,其数量之多先秦各家著作无能相比。在诸家散文中,他与孟子、庄子、荀子齐名,并称为四大家。《韩非子》把秦以前的理论文章,推向了高峰,其峻急劲疾、字挟风霜、文气森严的语言风格,以及进行说理的创作方法,大大丰富了理论文章的艺术表现手法,为后世提供了良好的借鉴经验。在文学理论上,他提出了"取情而去貌,好质而恶饰"的观点,重质轻文、崇实反虚,在文学史上也有一定的影响,被誉为嵩山地区第一位散文大家。

韩王安

韩王安(? ~前226年),战国韩国(都新郑)国君。公元前238年至前230年在位。名安,韩桓惠王子。时韩国日衰,韩非屡次劝谏,不听。韩王安六年(前233年),遣使纳地请为秦臣。八年(前231年),复以残存之南阳地献奉。次年,秦派内史腾攻韩,安被俘,韩亡,以其地为颍川郡。前226年,韩贵族于新郑叛秦,秦平其乱。同年,韩安被杀。

秦

荀 悦

荀悦

荀悦(148～209年),秦朝著名历史学家。字钟豫,颍川颍阳(今禹州市)人。先秦荀子后裔。年少聪明好学,"年十二,能说《春秋》","尤好著述"。灵帝时,因宦官专权,"乃托疾隐居"不仕。后应曹操征召,于献帝时任黄门侍郎,又累迁秘书监、侍中等职,与皇帝旦夕谈论,深得器重。著有《汉纪》和《崇德正论》。他的哲学思想主要在《申鉴》中。《申鉴》5篇,是一部政论性著作,此书是申说历史教训以给君主借鉴,但其中也有一些哲学观点,最著名的就是所谓"性三品"说:人性分三品,特别好的属于上品,生来就是善的;特别坏的属于下品,生来就是坏的。这上下两品都是固定不变的。中品是可以改变的,改变的关键在于人事。人的命运是相近的,所做的努力有差别,因而就有吉凶祸福的差别。也就是说,靠自己的不懈努力,就可以当一个好人,有好的命运。荀悦在他的人性论中,强调人事,重视教化和法治对人性的作用。除此之外,他在《申鉴·俗嫌》中,以对话方式,对当时社会流行的迷信说法,如卜筮、风水、祈请、避疾、骨相、神仙、养性、黄白等各种说法,都做了解答,基本倾向是唯物主义的。荀悦在《申鉴》中所探讨的问题,对魏晋玄学有很大影响,尤其人性论直接为唐代韩愈所吸收,其中的社会批判思想有助于认识东汉末年的社会矛盾。

陈 胜

陈胜(?～前208年),秦朝农民起义领袖。字涉,阳城(今登封市)人。自幼与人佣耕。秦末赋役繁重,刑政苛暴。秦二世元年(前209年)七月陈胜被征到渔阳(今北京密云西南)戍守,因大雨误不能按期到达当斩,遂同吴广在蕲县大泽乡(今安徽宿县东南刘村集)发动同行戍卒900人起义,陈胜被推举为将军,吴广为都尉。起义军连续破城,势如破竹,迅速发展到数十万人,战车六七百辆,骑兵千余人,创建了惊天动地的伟业。后陈胜在陈县(今河南淮阳)自立为王,取张大楚国的意思,在陈建立了中国历史上第一个农民政权——"张楚"政权。因此,陈胜在历史上又被称作"陈王"。张楚政权建立后,提出"伐无道,诛暴秦"的战斗口号,并以陈为中心,先后派出8路大军进攻关中、关东和淮南等地,将起义的烽火迅速燃遍了大半个中国。在他的影响下,英布、项梁、彭越、刘邦等名将、首领先后起兵响应,反秦浪潮汹涌澎湃,给秦王朝以毁灭性的打击。但是,随着反秦战争的节节胜利,起义军内部的弱点和矛盾也逐步暴露出来,陈胜变得骄傲自满,听信谗言,诛杀故人,与群众日益疏远。陈胜定都陈县后,听信奸臣的谗言,为了显示君王的威仪,大兴土木,修建了豪华的宫殿,追求奢华和享受。昔日在阳城的佃户同乡前来看望他时,仍然直呼其名"陈涉",竟然被陈胜认为有辱自己的威严,将其杀害。如此一来,陈胜便失去了民心。起义的将领们在六国旧贵族的支持下也纷纷自立为王,派往各地的将领不再听从陈胜的节制,甚至为争权夺利而互相残杀,导致反秦形势大乱。首先进至咸阳附近的周文义军,为秦主力章邯军所败。围攻荥阳的吴广与起义军的将领田臧意见不合,田臧竟假传陈胜的命令杀了吴广,从而导致了这支队伍的全军覆没。其后,公元前208年12月,秦二世又派长史司马欣、董翳佐章邯以优势兵力向陈县反扑,陈胜率军英勇奋战,因为兵力太少,不幸失利。后退至下城父(今安徽涡阳东南),为他的车夫庄贾暗杀。庄贾做了叛徒,投降了秦军。陈胜、吴广领导的起义,坚持了6个月后,最终失败,但它从根本上动摇了秦王朝的腐朽统治,为推翻秦朝奠定了基础。陈胜和后继者刘邦、项羽两支起义军仅用了一年的时间,就彻底推翻了秦王朝。作为中华民族农民大起义的开山鼻祖,陈胜表现出来的"奋臂为天下倡"的首创精神和英雄气概,鼓舞了后世千千万万农民反抗封建统治的斗争,开辟了中国农民起义运动的先河。陈胜故后,葬于芒砀山(今河南省永城市)。刘邦建立了汉朝,不忘陈胜的历史功绩,按照对待王侯的礼仪,重新将陈胜的尸骨进行安葬,修整了大墓,立了墓碑,举行了隆重的安葬仪式,追认谥号为"隐王",并派30户丁役守护陈胜墓,规定按王侯待遇,每年祭祀。陈胜在嵩山核心区留下的遗迹,主要有位于嵩山脚下的登封市东南15公里告成镇东北陈胜故里。

陈胜吴广起义

吴 广

吴广(？~前208年),秦末农民起义领袖。字叔。阳夏(今河南太康)县人。秦二世元年(前209年)被征戍守渔阳。与陈胜同为屯长并共同发动起义。建立张楚政权后,任"假王",率田臧、李归诸将等一路起义军西征,以迅雷不及掩耳之势攻至嵩山东北麓的荥阳城下。另一路起义军攻打秦国,长驱直入,打到潼关以西,令秦二世震惊,无力抵抗。仓促间,将几十万囚徒释放,编成部队,由章邯率领同周文起义军激战。周文兵败,退至渑池,被章邯彻底击败,周文自杀,章邯乘胜杀奔东方。围攻荥阳的起义部队发生了不该发生的悲剧——内讧,自相残杀。因吴广与将领田臧意见不合,田臧等几个将领密谋说:"周章(即周文)已经被章邯打败,秦国军队早晚就要到来。我们围荥阳这么长时间未能攻下,秦国大军到这里,我们必定大败。我们不如派少量的部队守荥阳,把所有的精锐部队调往西边去迎击秦军。现在假王骄傲,不懂兵法,不值得跟他一起共事。"他们私下商议后,便假借陈王(陈胜)的命令在荥阳城外将假王吴广杀死,从而导致了这支队伍的全军覆没。田臧把吴广的人头献给陈王。事情已经发生,不可挽回,陈王派使臣赐田臧为楚令尹、上将军。田臧率部在荥阳西北敖仓(今巩义市境内)与章邯军激战,为章邯所败,田臧战死。章邯军至荥阳城下与李归战,李归败,战死。陈胜、吴广领导的农民起义虽然失败了,但它从根本上动摇了秦王朝的腐朽统治,为推翻秦朝奠定了基础。响应陈胜、吴广而举行起义的刘邦、项羽两支起义军在战斗中不断壮大,终于在公元前206年推翻了残暴的秦王朝,从而推动了我国历史的前进,促进了社会生产力的发展。吴广在嵩山的活动遗迹,原有位于嵩山东麓的古荥镇纪公庙村东头的吴广墓,后农民为种地已将土坟蚕食殆尽,但具体地点尚能指认。

孔 鲋

孔鲋(约前264~前208年),秦朝名儒、嵩山隐士。字子鱼,一名甲,亦称孔甲。孔子八代孙,魏相子孔顺之子。荀子的学生,曾隐居嵩山。秦并六国,召孔鲋为鲁国文通君,拜少傅。始皇三十四年(前243年),丞相李斯议令燔书,听说秦始皇要来曲阜焚书,为避焚书坑儒,孔鲋乃与其弟子襄归连夜将家中的《论语》、《孝经》、《尚书》、《礼》等书收集起来,藏于祖堂的旧壁夹层中。后离开家乡,隐居于嵩山之阳,在嵩山西部今伊川的酒后等地讲学,教授弟子百余人。秦朝末年,嵩山阳城人陈胜在大泽乡起义,攻下陈县(今河南淮阳)后,建立张楚政权,自立为楚王。陈胜派人到嵩山劝说孔鲋去陈县参加了义军,陈胜聘孔鲋为博士、太师。后孔鲋感到他的话无足轻重,得不到陈王的重视,任职不到60天,以目疾辞职。搜辑孔子而下子思丛、子上帛、子高穿、子顺慎之言行,列为6卷20篇,名《孔丛子》。后孔鲋卒于陈县。

西汉景帝三年(前154年),汉景帝刘启将他的儿子刘余从淮南迁到曲阜,封为鲁王,史称"鲁恭王"。相传,西汉武帝时,鲁恭王为扩建宫室苑囿,在拆毁孔子故居中的讲堂时,忽闻有金石丝竹之声传出,随后意外地发现了孔鲋当年为避秦焚而秘藏于墙壁中的简策《尚书》、《孝经》、《逸礼》、《论语》等。这些书都是战国时期的大篆抄本,不同于当时经师们所保存的用隶书书写的经典,人们就称之为"壁经"或"孔壁古文"、"古文经"。这些书的出现,改变了秦末汉初以来儒学界"或失本经,口以传说"

的困境,对于先秦儒家文化的存亡绝续具有重大的学术意义。如壁藏《尚书》就比当时流传于世的《尚书》多出16篇。为纪念孔鲋藏书,金代就在孔子故宅中修建了殿堂,因当时拆墙取书时天上有金石丝竹之声,故名"金丝堂"。明宣德九年(1434年),苏州知府况钟曾捐款重建。明弘治十三年(1500年),重修孔庙时迁往孔庙西路,在原址建诗礼堂,后来在诗礼堂又建鲁壁,以纪念孔鲋藏书的功绩。

邓 说

邓说(？～前208年),秦末农民起义军将领。嵩山阳城(今登封境内)人。陈胜、吴广起义,他将兵居郯(今山东郯城)。被秦将章邯击败,后为陈胜所杀。

田 臧

田臧(？～前208),秦朝农民起义将领。秦二世元年(前209年),陈胜、吴广起义后以将军随吴广西击荥阳(今荥阳东北)。在义军攻打嵩山荥阳一战时,因吴广与将领田臧意见不合,田臧等几个将领密谋说:"周章(即周文)已经被章邯打败,秦国军队早晚就要到来。我们围荥阳这么长时间未能攻下,秦国大军到这里,我们必定大败。我们不如派少量的部队守荥阳,把所有的精锐部队调往西边去迎击秦军。现在假王骄傲,不懂兵法,不值得跟他一起共事。"他们私下商议后,便假借陈王(陈胜)的命令在荥阳城外将假王吴广杀死,并把其首级献于陈胜。陈王派使臣赐田臧为楚令尹、上将军。接着,田臧率部在荥阳西北敖仓(今嵩山北麓的巩义市境内)与章邯军激战,田臧兵败被杀。

田 横

田横(前250～前202年),秦末起义首领。狄县(今山东高城镇)人。原为齐国贵族,齐王田氏后裔。公元前221年,秦灭齐后,虽家族败落,但田家仍为一方之豪门。田横自幼习文从武,17岁时常于狄邑西北的密林间游猎,并开始结交本地的豪侠义士。25岁时在原齐地已有较大影响。公元前209年7月,陈胜、吴广起义。9月,陈胜派周市攻打狄城,田横兄田儋乘机与田荣、田横密谋,杀狄县令,自立为齐王,并率部击退周市。后田儋与秦军交战败亡。田横兄田荣自立为齐王,以田横为将军,尽占齐地。项羽称西楚霸王后,大封诸侯。田荣因负项梁未出兵助楚,未封王,对项羽心怀不满,遂联络赵将陈余反楚。项羽起兵伐齐,田荣兵败身亡。田横收集余部继续抗击楚军。秦二世三年(前207年)四月,因刘邦攻彭城(今江苏徐州),项羽撤军回援,田横复得收齐城邑,立田荣子田广为齐王,自任相国,独揽国政。历时3年,齐国逐渐趋于安定、强盛。

田横

后汉王刘邦想劝降齐国,派郦食其前往游说,齐国君臣为其所动。不久汉将韩信率兵攻齐,旋即攻入临淄,直逼齐国都城。田广、田横怒甚,以为被郦食其所卖,杀之。齐军不敌汉军,战败。田广逃到高密,田横败走博阳,大将军田既跑往胶东。不久,田广联合楚军龙且部20万人马攻汉,在潍水一带战败,被韩信、曹参所杀。田横闻齐王死,自立为齐王,迎击汉将灌婴,兵败后便逃往梁地,投奔汉将、建成侯彭越。刘邦打败项羽后登基称帝,建立西汉,封彭越为梁王。彭越因刘邦分封不均而态度暧昧,试图在楚汉之间暗地保持中立,对田横素无恶意,于是便收留了他。不久,韩信平定了齐国,也自立为王。至此,田横的齐王已经兵国全无。汉高祖四年(前202年),刘邦战胜项羽,统一中国。刘邦知田横兄弟治齐多年,齐地贤者多归附之,为除后患诏令赦田横罪而行招抚。田横不肯称臣于汉,率众500余人逃往海上,避居岛中(今青岛即墨市田横岛)。刘邦得知后,特赦田横无罪,派人召他回来。田横以曾烹郦食其,而其弟郦商现为汉将,恐遭报复为由,坚辞不从。刘邦招告田横:若回来,大者为王小者侯;若不回,即刻发兵诛灭。田横无奈,只得与二门客随使者到洛阳。行至河南偃师尸乡驿西(今赫田寨)时,田横借口天子要沐浴洁身,支走汉使,自刎而死。刘邦感慨于田横能得士,遂以王侯之礼厚葬田横于偃师尸乡。二门客在其冢旁也穿穴自尽。留居海岛的徒属500余人得知田横死讯,也都全部自刎而死以殉田横,史称"五百壮士"。田横及五百义士宁死不屈的精神,不断受到后人的赞扬,尤其是战乱之时或民族危亡的关头,更成为激励人们坚决抵抗的榜样。唐代著名大文学家韩愈,在经过偃师的途中,专程到田横墓前"取酒以祭",并写了著名的《祭田横墓文》。明郑成功在《复台》诗中云:"田横尚有三千客,茹苦间关不忍离"。龚自珍在《咏史》诗中写道:"田横五百人安在?难道归来尽列侯。"著名画家徐悲鸿费时两年绘出《田横五百壮士图》巨画。

今嵩山偃师市城关镇尚保留有齐田横墓,墓前有墓碑、赞碑各一。

项 羽

项羽

项羽(前232~前202年),秦末著名将领,西楚霸王,杰出军事家。名籍,字羽,河南沈丘人,一说今江苏宿迁人。项羽祖父项燕,为楚国大将,项氏世代为楚将,封于项(今沈丘槐店镇,古项子国),故姓项氏。幼年丧父,跟随叔父项梁长大成人。少时立志做"万人敌",力能扛鼎,力气过人。秦二世元年(前209年),陈胜起义后,项羽助叔父项梁杀秦会籍郡守,起兵响应陈胜。陈胜死后,项梁立楚怀王孙为楚怀王。项梁战死,怀王封项羽为上将军,自此威震楚国。项羽率诸侯之兵西进,巨鹿之战,大破秦将章邯,坑杀秦兵20余万。秦亡后,大封天下,封刘邦为汉王,自封为西楚霸王,都彭城(今江苏徐州)。此后与刘邦进行了长达4年的楚汉战争。这期间,项羽与刘邦曾在嵩山的荥阳、成皋一线长期相持。项羽虽取得了一系列的战役胜利,但其政治、军事上的弱点却日益显露。他不都关中而都彭城,丧失了有利的战略地势;分封诸侯,举措不公,那些没有得到满足的诸侯王倒向刘邦,政治上日益孤立;不善于用人,屡屡失策,终因他刚愎自用,优柔寡断,而且不善于谋划纳谏,逐渐失去优势。前203年八月,与汉军对峙于广武的楚军粮尽,而刘邦也没能调来韩信、彭越等人的军队,无法对楚军进行最后的合围。于是,双方达成了历史上著名的"鸿沟和议",以战国时魏国所修建的运河——鸿沟(今荥阳境内)为界,划分天下。九月,西楚霸王项羽率十万楚军撤回。刘邦在张良、陈平的建议下,撕毁鸿沟合议,趁楚军疲师东返之机自其背后发动偷袭。但由于韩信、彭越不配合,却在项羽反击后,连遭失败。后因刘邦巩固了关中后方,并会合韩信、彭越等,兵势日盛。最后在垓下(今河南鹿邑太清宫镇附近,一说在安徽灵璧南)被刘邦围困,自杀于乌江(一说自刎于安徽定远东城),年31岁。项羽在嵩山活动的遗迹有位于嵩山荥阳市境内的汉霸二王城、楚河汉界及鸿沟。

申　阳

　　申阳,秦末著名将领,为项羽所封18王之一的河南王。嵩山偃师市人。申阳曾为瑕丘令,也曾是张耳宠幸的臣子,任赵国的将军。在巨鹿之战后,逼迫章邯投降的最后一击,就是申阳渡过黄河、占领河南县,形成联军对河内部的战略包围,最终迫使章邯投降。《史记·项羽本纪》载:"瑕丘申阳者,张耳嬖臣也,先下河南郡,迎楚河上,故立申阳为河南王,都洛阳。"项羽打过来时,立他为河南王,都洛阳,建立了河南国,历时8个月。项羽分封18王后,到彭城做他的西楚霸王去了,诸侯也各"就国"。汉王刘邦首先入关灭秦,由于当时实力不敌,只好采纳萧何的建议,以退为进,待机还定三秦,再行东征。公元前206年八月,刘邦采用韩信的计策,"明修栈道,暗度陈仓",迅速平定了关中大部分地区。十月,出函谷关经陕县进入洛阳地区。公元前205年,河南王申阳及时归顺了刘邦。在楚汉战争中,申阳站在刘邦这一边,取消河南国称号,改为河南郡,向刘邦称臣,曾有一定的贡献,死后埋在邙岭上,墓葬就在今邙岭乡东北的申阳村。

　　申阳在嵩山的遗迹有嵩山偃师市邙岭乡的申阳村,有邙岭乡东北申阳村南的申阳墓。

西 汉

刘 邦

汉高祖刘邦

刘邦(前256~前195年,一作前247~前195年),汉高帝,西汉开国皇帝。姓刘,名邦,字季,江苏沛县(今属江苏丰县)人。刘邦年轻时是一个乡间无赖,从小好吃懒做,但胸有大志,常想干一番惊天动地的事情。曾任泗水亭长。秦二世元年(前209年)陈胜吴广起义,刘邦起兵响应,称沛公。初属项梁,后与项羽领导的起义军同为反秦主力,刘邦和项羽分别带兵进行西征和北援。刘邦西征,先是攻下陈留,从组织、军事和后勤供应等各方面,为下一步西征创造了条件。秦二世二年(前208年),沛公刘邦自洛阳东还,至阳城(今登封市)。前206年,率军攻入咸阳,推翻了残暴的秦王朝。项羽入关,大封诸侯王,刘邦被封为汉王,占有巴蜀、汉中之地。后起义军内部开始分化,刘邦和项羽分庭抗礼,逐鹿中原,展开了历史上长达4年的楚汉战争。公元前205年,刘邦在彭城惨败,汉军受到沉重打击,不得不退到关内据守,并以嵩山东北麓的荥阳作为关外防线。在荥阳北部山上,靠近黄河边,有秦朝留下的关东最大粮仓——敖仓,这时仍存放着大批粮食,它成为刘邦在荥阳一带守军的粮食供应地。为了守住这个粮仓,使粮食源源不断地运到荥阳前线,刘邦在荥阳和敖仓之间修筑了一条甬道,防止项羽的攻击。项羽的主力军很快包围了荥阳,切断了这条甬道,刘邦不得不用计谋从城内偷跑到成皋(嵩山巩义市东北),建立新的防线。刘邦为了控制敖仓的粮食,就在驻军敖仓西面靠近黄河的广武山,立城据守。项羽也筑寨与之相对峙。西城为刘邦所筑,史称汉王城;东城为项羽所筑,史称霸王城。二城北临黄河,西、南山峦起伏,地扼东西咽喉,形势险要,后人习惯上称"汉霸二王城"。自彭城之战后,刘邦的父亲和妻子就成了项羽的俘虏。为了尽快地结束战争,迫使刘邦投降,项羽把刘邦的父亲放在一个很高的肉案上,派人对刘邦说,"今不急下,我烹太公!"刘邦毫不以为然答复项羽说:"吾翁即若翁,必欲烹而翁,幸分我一杯羹。"项羽听了很无奈,终于没有杀太公。两军对峙,使冲突日益加剧。战争的形势逐渐向有利于刘邦的方面发展,而项羽的前线军队兵疲粮尽,处境十分困难。刘邦趁机展开政治攻势,要和项羽中分天下,以鸿沟为界,东面归楚,西面属汉。项羽接受了,并且释放了刘邦的父亲和妻子,率军东归。刘邦原打算回关中休养,但听了谋士张良和陈平的劝告又改变了主意,撕毁了自己提出的和平协议,越过鸿沟去追击项羽,战争重新爆发。项羽的主力军在刘邦军队的追击和中原地方势力的作战中,往来奔波,疲劳不堪。此时的项羽力量已经是日薄西山,由于接连的政策失误,用人不当,使他很不得民心,致使在中原大地上一败再败,最后退守垓下(今安徽省灵璧县南),自刎于安徽省定远东城(一说自刎于乌江)。刘邦打败了最大的敌手后,堂而皇之地掌握了天下。汉五年(前202年)二月(秦制以十月为一岁之首,此仍沿袭秦制,故二月在十月以后)初三,刘邦在定陶(今山东省定陶县)附近氾水的北岸隆重举行登基仪式,国号为汉,定都洛阳。后又迁都至长安(今西安市)。刘邦成为汉朝的开国之君,称为汉高祖。

汉王元年(前206年)四月,汉王刘邦屯兵荥阳,与项羽大战于京、索二水之间,刘邦筑甬道取敖仓之粟,项羽用范增计,遣大将钟离眜夺甬道,荥阳危急,汉将纪信假扮刘邦诈降,被焚死。刘邦逃脱,避难天厄井(今郑州郊区沟赵乡陈村),逃入成皋,又出玉门(成皋北门),渡黄河至修武;汉王二年(前205年)刘邦进占洛阳,改三川郡为河南郡,以后又在郡内新置密、成皋等县,并将新郑、苑陵二县划入河南郡;汉王二年(前205年)至汉王四年(前203年),楚、汉两军数次大战,争夺荥阳。

刘邦在嵩山留下的遗迹,主要有位于古荥镇的荥阳故城,有位于嵩山东北麓的荥阳市汉霸二王城和城墙上的刘项对顶处、中间的鸿沟以及著名的楚河汉界,有位于荥阳市城西15公里的氾水镇西部的虎牢关,有为纪念刘邦之妃、汉文帝之母薄太后而建于登封市西南10公里的太后庙和太后庙村。

纪　信

纪信(？～前204年),汉初将军。汉高祖刘邦的大将。汉赵城(今山西省洪洞县)人。据《史记·项羽本纪》和《高祖本纪》载,汉王三年(前204年),刘邦屯兵嵩山的荥阳,遭项羽围困,汉军绝食。汉将纪信为汉王刘邦献计:"事已急矣,请为王诳楚为王,王可以间出。"刘邦采纳其计,命御史大夫周苛、枞公守荥阳,趁纪信假扮刘邦出行诈降之际,带数十骑从西门遁走成皋。项羽得知刘邦已逃走,怒焚纪信,葬残骸于此。刘邦建立汉王朝后,为追念纪信为国尽忠的英雄壮举,在古荥镇(即汉荥阳)西南一公里处为纪信建了一个大坟。后来,历代统治者为维护统治阶级利益为其修建庙宇,树碑立传,以激励世人效仿纪信"忠义节烈"之志,"知有国不知身",奋不顾身,捍卫国家。

纪信代死

纪信在嵩山的遗迹,主要有位于郑州市西北26公里纪公庙村的纪信墓,有位于郑州市惠济区古荥镇纪公庙村委会西、纪信墓南侧的纪信庙、纪陵和纪信碑林,有位于郑州市惠济区古荥镇纪公庙村的《汉忠烈纪公碑》。

萧 何

萧何(？~前193年),西汉著名政治家、军事家。沛县(今江苏丰县)人。早年任秦时沛县狱吏。秦末佐刘邦起兵起义,平定天下。佐刘邦攻克咸阳后,诸将争夺金帛财物,他颇有远见,独收取了秦丞相、御史府的律令、图书藏之,掌握了全国的山川险要、郡县户口,并知民间疾苦。这些档案的保存对刘邦争取战争的胜利及对汉朝日后制定政策、建立制度有重要参考价值。

在嵩山荥阳发生的楚汉战争中,荐韩信为大将,以丞相职留守关中,侍太子,不断地输送士卒粮饷支援作战,使关中成为汉军的巩固后方,对刘邦战胜项羽、建立汉代起了重要作用。汉朝建立后,以他功最高,封酂侯,修改《秦律》为九章《汉律》,拟定各项制度,又协助高祖消灭韩信、英布等异姓诸侯王,对巩固汉初政权起了积极作用,被拜为相国。高祖死后,他辅佐惠帝。惠帝二年(前193年)卒。

张 良

张良拾履

张良(？~前186年),西汉开国功臣,著名政治家、谋略家,汉"三杰"之首。姓姬,字子房,其祖为战国末韩国(新郑、禹州一带)人。祖父张开地与父张平相继为韩昭侯、宣惠王、韩襄王、韩釐王、桓惠王之相,故有"五世相韩"之称,为韩国的功勋世家。张平卒时,张良年少,未宦事韩。秦灭韩时,张良尚有家僮三百人。他倾全部家财寻求刺客,企图暗杀秦始皇,为韩报仇。后乘始皇东游之机,与刺客在博浪沙(今河南原阳东南)狙击秦始皇未遂。失败后遂更名易姓隐居于邳(今江苏睢宁北),后遇黄石公,学《太公兵法》。秦二世元年(前209年)七月,陈胜、吴广起义后,张良聚集了100多名少年前往呼应。第一年陈胜被杀,张良聚众归附刘邦,成为刘邦的重要谋臣之一,他协助刘邦制订作战方略,并在政治上、策略上提出许多重要建议。这些建议对刘邦夺取楚汉战争的胜利和建立西汉王朝起了重要作用。刘邦进据咸阳时,看到秦宫室帷帐、狗马、重宝、妇女以千数,很想留居宫中,张良说刚入秦就想贪图安乐,这是"助桀为虐"。刘邦听了,立即还军霸上,因此得到秦民的拥护。项羽进入关中后,刘、项之间关系紧张,大有一触即发之势。张良劝刘邦在鸿门宴上卑辞言和,保存实力,并疏通项羽的叔父项伯,使刘邦得以脱身。楚汉相持于嵩山的荥阳、成皋时,刘邦为了摆脱困境,曾一度想采纳郦食其的建议,复立六国之后以牵制项羽。张良力陈其弊。刘邦顿时改变主意,这对楚汉战争以及此后的形势有重大影响。汉二年(前205年),刘邦在彭城一战中遭到惨败,张良又建议刘邦争取英布、彭越和韩信起兵反楚,辅佐刘邦南征北战,刘邦终于败项羽于垓下,统一中国,建立汉王朝。他劝说刘邦封旧有怨隙的雍齿,以安抚功臣的不满情绪,力主建都关中。刘邦欲废长立庶,立赵王如意为太子。吕后用张良计,为太子请四老(东园公、角里先生、绮里季、夏黄公)为辅,刘邦以为太子刘盈羽翼已成,不再更动。公元前201年,刘邦封张良为留侯,邑万户,与萧何、韩信并称"汉三杰"。汉高祖刘邦曾言:"运筹帷幄之中,决胜千里之外,吾不如子房。"天下既定,张良乃欲从赤松子云游,辟谷学道,吕后感激张良强留之。高后元年(前187年)卒,谥文成侯。

张良在嵩山的遗迹,除嵩山的新郑、荥阳、成皋之外,还有位于嵩山东南麓的禹州市西南15公里处的张得乡张得村张良诞生地的张良故里,有位于嵩山荥阳市北邙山岭上张良墓,有位于禹县境的留侯洞。

贾 山

贾山(约前179年前后在世),西汉著名政论家、文学家。嵩山颍川(今禹州市)人。博览群书,初为颍阴侯灌婴给事。汉文帝时,曾数次上书,言多激切。后文帝除铸钱令,又上书谏之,以为变先帝法。《汉志》录其著作8篇,惟《至言》存世。《至言》以秦的兴亡为喻,上书言治乱之道。文中指出,秦之灭亡在于赋敛过重,奢侈无度而不修礼义,又劝诫汉文帝虚心纳谏、敬士礼贤,批评他只是和身边的大臣贤士以射猎为事,希望他"定明堂,造太学,修先王之道。"从思想倾向来看,这无疑是一篇儒者之文。在论述方式上,《至言》往往引《诗》为据,循循诱导地讲述正面道理,这是从孟子以来形成的儒者之文的特色。后来从董仲舒到刘向的文章,大都沿袭这条路子。另外,贾山之文又有言辞激切、气势不凡的特点,姚鼐《古文辞类纂》称赞《至言》"雄肆之气,喷薄横出"。这一特点体现了贾山刚正不阿,直言敢谏的人格特征。《至言》是今存汉代最早以秦亡为史鉴的文章,气势壮丽宏大,颇有战国纵横之士的风格。

陈 平

陈平(? ~178年),西汉初大臣、政治家。阳武(今河南原阳东南)人。少时家贫,好道表法里的黄老之术。曾为乡里分祭祀之胙,多少各宜。陈胜起义,他投魏王咎,为太仆。后从项羽入关,任都尉。在项羽手下做谋士,但不被重视,后来就投奔了刘邦,任护军中尉。陈平足智多谋,他的"六出奇计"为刘邦夺取天下立下了汗马功劳:第一,重贿对方将领,实施反间计;第二,故意招待不周,离间项羽和谋士范增;第三,派女子出城,解荥阳之围;第四,脚踢暗示刘邦,以爵位笼络大将韩信,封韩信为齐王;第五,假游云梦擒韩信;第六,贿赂单于夫人解匈奴之围。汉朝建立后,被封为曲逆侯。刘邦做皇帝后,想清除权臣,陈平以黄老之术藏而不露,保全了自己。惠帝、吕后时任丞相,以吕氏专权,不理政事。吕后死后,他与周勃定计,诛杀吕产、吕禄等诸吕,拥代王刘恒为帝,史称汉孝文帝。文帝封陈平为左丞相,周勃为右丞相。使汉代得以复兴。孝文帝二年(前178年),陈平高寿善终,赐谥号为献侯。陈平一生充满传奇色彩,史记中有专门的传记。

韩 仁

韩仁(？~前175年)，西汉地方官员。汉景帝时为山西闻喜(今山西省闻喜县)地方官，有正绩，不幸短命，河南尹奉命为之建祠树碑，以示褒扬。当时荥阳属河南尹管辖。在嵩山荥阳发现的《汉循吏故闻熹长韩仁铭》碑，立于东汉熹平四年(175年)。史料记载，金大正五年(1228年)由河南省荥阳县令李天翼(辅之)发现而得之，有金代文学家赵秉文、李献能跋文刻于碑文后，该碑现存于河南荥阳市文物管理所院内。据此，韩仁可能为今嵩山荥阳人。铭文纪功颂德，记述韩仁做官的政绩和不幸短命，上级官下令地方以少牢祠之，以示褒扬的情况。此碑结字方整疏阔，行笔斩截劲利，气度雍容典雅，为汉隶成熟期著名的作品之一。清杨守敬评其"清劲秀逸，无一笔尘俗气，品格在《百石卒史》(《乙瑛》)之上。"碑额篆书结体长短随字结构，行间茂密，和而能变，与碑文隶书同出一人之手，可称双绝，为河南省文物保护单位。

周 勃

周勃(？~前169年)，秦末汉初军事家和政治家、西汉开国功臣，大将。沛县(今江苏丰县)人。周勃以编织养蚕的器具为生，经常为有丧事的人家做吹鼓手，后来又做了拉强弓的勇士。秦二世元年(前209年)随刘邦起兵反秦，以军功拜为将军，赐爵"武威侯"。在随刘邦由汉中进取关中时，击赵贲，败章平，围章邯，屡建战功。楚汉成皋之战中周勃先留镇关(今陕西商县西北)重地，后率军投入成皋(今荥阳汜水镇)主要战场作战，与项羽正面对峙。先后攻取曲逆(今河北顺平县东南)等地，占领泗水、东海两郡(今皖北、苏北一带)，凡得22县。汉高祖六年(前201年)，受封"绛侯"。周勃为人质朴刚强、老实敦厚，高帝认为可以委任他大事。刘邦死前曾向吕后留下遗言："周勃重厚少文，然安刘氏者必勃也，可令为尉。"刘邦驾崩后，周勃等率领大军20余万，先后平定了燕、代等地，取得了一个又一个的胜利。后因功被封为"太尉"。由于吕后专权，诸吕叛乱，周勃与陈平等合谋智夺吕禄军权，一举谋灭吕氏诸王，拥立文帝，从而安定了刘氏天下。后官至右丞相。汉文帝十一年(169年)周勃去世，谥号"武侯"。

周勃在嵩山的遗迹，有位于荥阳师家河对岸的小双桥村一个高大的用土夯筑的冢。据当地老人们说，周勃冢前原有一小庙，叫周勃庙，并立有石碑，后由于历史变迁，庙与石碑毁没，但当地流传有大量的有关周勃的传说故事。

贾 谊

贾谊(前200~前168年)，西汉杰出思想家、政治家、文学家，西汉最有才华的学者之一。西汉时期洛阳(今洛阳市东)人。18岁时，能诵读《诗》、《书》，善文章，为郡人所称誉。因其文辞、身世与屈原相近，同被尊为"屈贾"。廷尉吴公荐于文帝，召为博士。时贾谊年20余。一生虽然只有33年，但在政治上、思想上和文学上都有杰出贡献。

每下诏令博士议,诸老先生不能言,贾谊尽为之对,不到一年,被擢升为太中大夫。后为大臣周勃、灌婴所排挤,被贬为长沙王太傅。后又为梁怀王太傅。文帝十一年(前169年),梁怀王骑马摔死,且无后代,贾谊认为未尽职责,哭泣一年多而死,时年33岁。一生曾多次上疏,批评时政,建议削弱诸侯王势力,巩固中央集权;主张重农抑商,并力主抗击匈奴的攻掠。贾谊在我国古代的文学、思想、政治史上都有不可磨灭的贡献。贾谊在思想上糅合了儒家的性善说,道家的虚无说,构成了其独树一帜的心物合一观。他还继承和发展了先秦朴素的唯物主义和朴素的辩证法思想,指出祸福"非粹在天","必在士民",强调天下万物,千变万化,永无休止。在社会历史观上,他以人的衣食条件解释社会治乱和人的荣辱观念。

贾谊

贾谊是促进汉代文学繁荣期早日到来的最重要的作家,也是汉代最著名的政论文作家。在文学上,尤长于散文,散文大致可分为三类:一为政论文。如《过秦论》尤具文学色彩,其文分上、中、下3篇,其中心思想是总结秦代兴亡的历史原因,通过秦国由强大到灭亡的过程,作者集中阐明了民心在历史政治中的作用,即只要民心一失,无论如何强大,也免不了灭亡的命运。全文时空阔大,语言凝练,逻辑严密,气势奔放,不仅为当时的政治做出了策略性的建议,而且为后代散文树立了楷模。二是针对各种具体问题而发的疏牍文,如《论积贮疏》、《陈政事疏》等,它的一个特色是观察敏锐,能透过太平景象,觉察到社会潜伏的矛盾和危机。三是利用各种历史材料和故事来说理的文章,如《新书》后6卷的"连语"、"杂事"大都属这一类,其语言浅显,叙述生动。此外,贾谊作为汉初著名的辞赋家,他的辞赋文采斐然,感情充沛,如《吊屈原赋》、《鵩鸟赋》、《惜誓》等,在汉代文学发展史上,开启了汉代抒情赋的先河,具有承前启后的地位。贾谊的作品,《汉书·艺文志》著录其文58篇,赋7篇。后人辑有《新书》(亦名《贾子》)10卷58篇。今本缺《问孝》、《礼容语》,实存56篇。另有《贾长沙集》和《贾谊集》。《贾谊集》资料收集比较齐全,并进行了标点。其中的《道德说》和《鵩鸟赋》是他的主要哲学代表作。

剧 孟

剧孟(约前154年左右在世),西汉著名游侠。嵩山洛阳人。汉朝时期的游侠,有自己的思想与情操,不登权贵之门,不为豪门所操纵,喜救人所急难,为人称道。洛阳人以经商为主,所以剧孟的行侠仗义显露于诸侯。汉景帝时,吴、楚等七国联兵谋反,朝廷任命周亚夫为太尉,主持平叛大举。周亚夫一到河南,立即派人找到洛阳大侠剧孟,高兴地说:"吴、楚举大事而不求剧孟,我料定他们成不了大事。"当时人称,谁得到剧孟,相当于得到一个诸侯国的兵力。剧孟为侠洛阳,有很大的号召力。他唯独喜欢博棋。他母亲去世的消息一传出,全国各地前来送丧的车辆达千乘之多,充分说明剧孟的声望和影响之大。但剧孟并没有利用自己的声势去捞取不义之财,而始终保持着侠士的本色,扶危济困,行侠仗义,是当时人们心目中的英雄。史料记载,剧孟死的时候,家中连10两的钱财也没有。但游侠毕竟是一个特殊的群体,即使灿烂,也只是在危难时刻偶尔露峥嵘,为名闻一时的豪杰,有几分潇洒,更有几分坎坷。

晁　错

晁错

晁错(前200～前154年),西汉初期思想家、政论家、文学家。西汉嵩山颍川(今禹州市城南晁喜铺村)人。他学贯儒法,知识渊博。初从张恢研究申不害,商鞅的法家学说,习"刑名之学",后学《尚书》。性刚直,多谋略。深受文、景两帝的器重和宠信。汉文帝时,因通晓文献典故任太常掌故,后历任太子学舍人、门大夫、博学、太子家令、贤良文学等职。后为太子刘启(即景帝)家令,以能言善辩深得庞信,被太子尊为"智囊"。公元前156年,汉景帝即位,拜晁错为内史,后迁御史大夫。得汉景帝信任,权倾朝野。汉代初年,由于连年战乱,经济凋敝,晁错坚持"重本抑末"经济政策,力主"开其资财之道",振兴汉室经济。提出贵粟重桑,减免徭役,入粟拜爵,上粮赎罪,募民充实塞下,积极备御匈奴人攻掠,逐步削夺诸侯王封地,巩固中央集权。他帮助文帝,力主修订法律,规定可以用粮偿罚、买官、赎罪、减免徭役,并将原来的"十五税一制"改为"三十税一制",并发展了高祖的"重农抑制"政策。晁错为政忧民,更改法令30篇,多体恤下民。使有汉一代,出现"文景之治"。

晁错为政最卓越的功绩为其上书《削藩策》。景帝三年(前154年),晁错为了实现自己的政治理想,巩固大汉王朝的千秋大业,向汉景帝上书《削藩策》,主张削藩,也就是加强中央集权,巩固中央政权。汉高祖刘邦为战胜项羽,曾封了7个异姓藩王,他们的存在对中央集权是一个重要威胁。故汉初定后,刘邦逐个剪除了韩信、彭越、英布等6个异姓诸侯,分封了许多同姓王,使"高皇帝之子,各有封地",并立誓:"非刘氏而王者,天下齐击之。"至汉景帝时,同姓诸王各自扩充实力,成为地方割据势力,不服中央命令。晁错及时上书景帝"削藩",称"今削之亦反,不削之亦反,削之其反亟,祸小;不削,反迟,祸大"。晁错的"削藩"策,引起了各诸侯的反对,并为大臣窦婴、袁盎、申屠嘉等人所攻击,朝野大哗。其父闻之,自颍川至京劝阻,晁错执义不从。其父遂饮鸩自杀。晁错并未为之动,仍力主削藩,为景帝所采纳。

不久,吴楚七国因利益受到损害,以吴王刘濞为首的吴、楚、赵、胶东、胶西、济南、淄川7国诸侯联合起兵,发动叛乱,以"请诛晁错,以清君侧"为名,威逼景帝。窦婴、袁盎、申屠嘉从中潜害,景帝无奈,曰:"吾不爱一人以谢天下",遂腰斩身着朝服的晁错于长安东市,时年46岁。受他牵连被害的还有他的父母、妻子、家人,凡是没有分家的统统杀头。晁错被诛不到10日,七国公然反叛,直取汉室。景帝醒悔,以晁错"削藩"之主张,用武力平定"七国之乱",将权收归中央,天下遂安。

晁错是汉代政论家和法家最著名的代表人物,但其思想与传统法家的主张有区别,表现出以法家为主,糅进了儒家的伦理,有明显的儒法相结合的特征。晁错著文31篇,所著《贤良文学对策》、《论贵粟疏》《募民实塞书》《言兵事疏》《守边劝农疏》《说景帝削藩书》等是其代表作。在这些文章中，晁错提出的屯垦戍边、农战结合、贵粟、削藩等观点，其文缜密严谨，说理精辟，行文洗练，议论犀利，分析深刻，风格质朴，被鲁迅先生评为"西汉鸿文"。《史记》、《汉书》均有传。

刘　启

刘启（前188～前141年），汉景帝，西汉第六位皇帝。姓刘，名启。母亲窦漪（窦太后），生他时父亲刘恒还在做代王，汉惠帝七年（前188年）生于代地中都（今山西平遥县西南）。原来他不是长子，但父亲的4个儿子相继病死之后，他便成了长子。在父亲文帝即位之后将他立为太子。公元前157年，文帝病死，当时32岁的刘启即位登基，为汉景帝。汉景帝三年（前154年），汉景帝命窦婴屯兵嵩山东北的荥阳以御之。景帝在位16年（前156年至前141年在位），享年48岁。葬于阳陵（今陕西高陵县西南）。谥号"孝景皇帝"。汉景帝在西汉历史上占有重要地位。在位期间，主要是削诸侯封地，平定吴楚七国叛乱，巩固中央集权，继续推行减轻赋税和徭役、休养生息的政策，勤俭治国，发展生产，百姓富裕，丰衣足食，安居乐业，天下太平安乐，一派盛世景象。他继承和发展了其父汉文帝的事业，与父亲一起开创了"文景之治"；又为儿子刘彻的"汉武盛世"奠定了基础，完成了从文帝到武帝的过渡。

窦　婴

窦婴（？～前131年），西汉著名大臣。字王孙，观津（今河北衡水东）人。窦太后侄。吴、楚七国之乱时，窦婴被景帝任为大将军，驻守嵩山荥阳时，监督齐国和赵国两路兵马，等到七国的叛乱全部被平定之后，皇上就赐封窦婴为魏其侯。孝景四年（前153年），栗姬所生的皇长子刘荣被立为太子，窦婴出任太子太傅。孝景七年（前150年），太子被废，窦婴称病数月不出，后来经人劝说才重新上朝。窦婴虽为窦家最为贤能之人，却长期不受窦太后喜爱。孝景三年，梁孝王刘武入朝，景帝设宴款待，并于酒后表示身后要把皇位传予梁王。梁王是窦太后的小儿子，故而太后听到后非常高兴。这时窦婴挺身而出，陈说汉室天下父子相传的祖制，打消了景帝的念头。窦太后由此非常讨厌窦婴，并革除了窦婴的门籍。后来窦太后的态度有所缓和，但因为窦婴喜好儒家学说，而太后则钟情于黄老之学，故而关系始终不够融洽。武帝初即位，大力推崇儒家思想，任窦婴为丞相，王太后同母异父弟田蚡为太尉，同时提拔了一大批倡导儒家思想的官员，如御史大夫绾、郎中令王臧等。建元二年

汉丞相窦婴

(前139年),赵绾、王臧建议不必向太皇太后窦氏请示朝政。太皇太后大怒,将两人下狱,窦婴和田蚡也因此被免官。从此以后窦婴在政治上便走上了下坡路。建元六年(前135年),太皇太后驾崩,窦婴连这个靠山也失去了。而王太后则获得更多机会影响朝政,与之相应的是田蚡在政治上如日中天,乃至出任丞相。很多士人都逐渐疏远窦婴而亲附于田蚡。元光三年(前132年),窦婴至交灌夫因在酒席中对田蚡出言不逊,被田蚡以先前所犯罪名逮捕下狱,并被判处死刑。窦婴倾全力搭救灌夫,并在朝会上就此事与田蚡辩论。但由于王太后的压力,灌夫仍被判为诛。窦婴乃以曾受景帝遗诏"事有不便,以便宜论上"为名,请求武帝再度召见。但尚书很快就发现窦婴所受遗诏在宫中并无副本,于是以伪造诏书之罪弹劾窦婴。元光四年(前131年)初,窦婴被刘处斩。

灌　夫

灌夫(？～前130年),西汉著名将领。嵩山南麓颍阴人。父亲张孟,曾为颍阴侯灌婴的家臣,因而更为灌孟。七国之乱时,颍阳侯灌何担任将军,隶属于太尉周亚夫,他向太尉推荐灌孟担任校尉。灌夫带领1000余人与父亲一起从军,灌孟战死。按照当时军法规定,父子一起从军参战,有一个为国战死,未死者可以护送灵柩回去,但灌夫不肯回去,召集军中素来与他有交情又愿意跟他同去敌穴中的勇士几十个人,冲入吴军中,杀死杀伤敌军几十人。灌夫身上虽多处受重伤,但他仍要坚持继续战斗。因灌夫作战勇敢,不怕死,景帝任他为中郎将,官至代国国相。武帝即位后,认为淮阳是天下的交通枢纽,必驻扎强大的兵力加以防守。因此,调任灌夫为淮阳太守。建元元年(前140年),灌夫长升为太仆。后家产累积数千万,食客一天就达几百人。其宗族宾客横行乡里,为害百姓,臭名昭著。灌夫虽然富有,但不好奉迎权贵,失势于朝。因与魏其侯窦婴关系亲密,后被卷入丞相田蚡与窦婴的政治斗争中。在田蚡娶燕王女为夫人,魏其侯窦婴和灌夫一同前去祝贺时,灌夫因宾客们看不起窦婴而大发酒疯,田蚡弹劾他大不敬,其全家皆获弃市罪。窦婴屡次在皇上面前为灌夫求情,皇上召集朝臣廷辩,御史大夫韩安国历数灌夫的功守后请皇上裁决,认为窦婴正确的居多数。太后发怒说:"今我在也,而人比藉吾弟,令我百岁后,皆鱼肉之矣。"公元前130年十月,灌夫和他的家人全被处决。

韩安国

韩安国(？～前127年),西汉著名政治家。字长孺。嵩山南麓梁国成安(今汝州)人。早年就学于邹田生,读韩非及杂家学说。初为梁孝王中大夫。吴楚七国之乱时,韩安国为将,击退吴兵于梁国东界。后梁孝王过于张扬炫耀,连打猎也使用景帝赐给他的车辇和仪仗,引起汉景帝不满。韩安国又当使臣往长安,以动人的言辞疏通了梁孝王与汉景帝的关系,由此而扬名。韩安国曾因轻罪被囚于山东蒙城监狱,狱吏田甲虐待羞辱于他,他愤愤不平地说:"死灰难道不会再燃烧吗?"意思是我还会再复职的,你要对我客气点。谁知田甲毫不示弱,竟恶狠狠地说:"如果燃烧了我会用尿把他溺灭的。"不久,韩安国复官为内史,便将田甲叫到跟前说:"死灰复燃了,你怎么不溺死我呢?"田甲叩头求饶,安国不咎既往,一笑了之。韩安国为人大度,不计微小之恨,有胆略。公孙诡、羊胜游说梁孝王,要求他向汉景帝请求做皇位继承人和增加封地,唯恐朝廷大臣不答应,就暗地派人行刺当权的谋臣,以至于杀害了原吴国国相袁盎。汉景帝派使者捉拿公孙诡、羊胜。韩安国听说他们在梁孝王宫中,便说服梁孝王交出了公孙诡和羊胜,汉景帝和窦太后更加看重韩安国。建元(前140～前135年)初,太尉田蚡推荐,汉武帝任他为北地都尉。因他在处理事务中显出非凡才干,于前135年便当上御史大夫(副丞相),参与国家大事的讨论与处理。其间,北方匈奴派使者来请和亲,韩安国力主与之,汉武帝采纳了他的主张。曾推荐名士壶遂、臧固等入朝做官,受到汉武帝的器重。

武帝元光六年(前129年),匈奴人大举入侵,被军骑将军卫青击出雁门(在山西山阴县南),安国任材官将军,屯兵渔阳(北京密云县南),因兵败被匈奴虏走千余人及大量牲畜,武帝派使责备,并迁他到右北平。韩安国看到武帝对他疏远,且又兵败内疚,心中抑郁,不数月,吐血而亡。

汲黯

汲黯(？～前112年),西汉著名大臣。字长孺,西汉濮阳(今河南省濮阳市西南)人。汲黯是西汉武帝时人,以刚直正义、敢讲真话而受人尊重。汲黯先世有宠于卫君,曾七世为卫国大夫。初为嵩山荥阳令,因耻为令,托病还乡。后拜为中大夫,迁东海太守,轻刑简政,岁余大治。他为人和做官都不拘小节,讲求实效。虽然表面上不那么轰轰烈烈,却能把一个郡治理得井井有条。因此,朝廷把他从东海太守调到朝廷任主爵都尉(一种主管地方官吏任免的官职),位列九卿。汲黯性倨少礼,刚正不阿,不屑与不法权贵为伍,敢于据理力争,曾多次当众指责武帝的过失,净谏武帝"内多欲而外施仁义"。武帝虽敬重其为"社稷之臣",而内颇不悦。后出为淮阳郡太守,七年而卒。汲黯为官忠贞不贰,德高望重,死后谥号"周公"。

刘彻

刘彻(前156～前87年),汉武帝,也称孝武皇帝,西汉王朝第五代皇帝。在中国历史上,他是一个功绩卓著的皇帝,历代封建史学家称其为"雄才大略"。姓刘,名彻,字通,庙号世宗。在位54年。武帝承文、景之业,兴太学,重儒术,通过贤良策试选拔人才;派张骞出使西域,派大将卫青、霍去病、李广等出击匈奴,交流经济,维护民族和国家的统一;盐铁专卖,统制"五铢"钱,兴建水利,发展生产;削减藩国势力,加强中央集权,使汉帝国在政治、军事、经济、文化等方面均达到强盛的顶点。

史载:元光五年(前139年),铸8剑,各长三尺六寸,铭曰"八服",小篆书,五岳皆埋之。元狩四年(前119年),帝使公孙卿候神嵩山,公孙卿说在太室山见到仙人踪迹。嵩山缑氏城上有物若雉,汉武帝亲自巡幸缑氏城而视之。元封元年(前110年)三月,汉武帝在中岳太室山下举行祭祀大礼,在

汉武帝刘彻

山中捕获了駮麃,观看了高大的启母石。次日,随从们前呼后拥着汉武帝,由启母石东攀登太室山,忽然听到有人连喊"万岁"三声。汉武帝问前边的人,前边的人说没有喊;问后边的人,后边的人也说没有喊。汉武帝惊奇之后,以为是中岳神在欢迎自己,于是下诏以300户封为太室奉祠,命曰崇高邑,禁伐山木,复其民。诏文为:"朕用事华山,至于中岳,获駮麃,见夏后启母石。翌日,亲登嵩高,御史乘属在旁,吏卒咸闻呼万岁者三,登礼罔不答。其令祠官加增太室祠,禁无伐其草木,以山下户三百,为之奉邑,名曰:崇高,独给祠,覆亡所与。"同年甲子,祭嵩山,起神宫,帝斋七日,祠讫乃还。

汉武帝在嵩山留下的遗迹,主要有位于嵩阳书院的"汉封将军柏",有位于嵩山脚下的登封市区北部的"崇高邑"(今登封市区北部),有武帝庙等。迄今为止,太室山中的黄盖峰、青童峰、玉人峰、迎仙头(今登封城东的迎仙岭)、三醉石等自然景观的名称,都是出自汉武帝游嵩山之时。每一座山峰名称的由来,每一处自然的风光以及他奇遇到的人与物,都流传着汉武帝游嵩山时的美丽传说和故事,汉武帝以他神圣的人格魅力,给嵩山诸多的景物都注入了生命的鲜活和美妙,给嵩山诸多的风光都赋予了奇特的灵性和神奥,使之于从远古中走来的嵩山有着不绝于世的光彩和魅力。

卜 式

卜式(与汉武帝同时代),西汉著名牧羊商人。嵩山洛阳人。自幼"以田畜为事",父母均不幸早逝,他与幼弟二人相依为命。到弟弟成年分家时,他"独取畜羊百余,田宅财物尽与弟",自己则入山牧羊。十余年后,羊至千余头,广置田宅,因此致富。卜式所在的河套南一带,经常遭匈奴骑兵的袭扰,因而卜式很早就有了助国抗匈的思想。汉武帝时,卜式辗转来到国都长安,上书朝廷,表示愿意拿出一半家产充作抗击匈奴的军费。武帝深感其诚,乃派使者问卜式是否想做官,卜式称从小入山放牧,不习为官。使者又问他家中是否有冤屈想要申诉,卜式说自己平生与人无争,没有冤屈。使者不解卜式输财用意何在,卜式解释说,打击匈奴,应有力出力,有钱出钱,同心协力,才能取胜。使者将其言报告天子,武帝乃与丞相公孙弘议论此事,公孙弘认为卜式行为不合人之常情,恐怕别有用心。于是武帝竟将此事搁置起来。卜式回家以后,仍旧种田放羊。元狩二年(前121年),匈奴浑邪王率众降汉,汉武帝发车两万乘前往迎接,又给予巨额奖赏,并指令当地官府供给衣食等物资,而此时边郡一带长期虚耗,官府已无力供给。适逢山东发生水灾,朝廷将70万山东难民迁到关西及朔方一带,这些难民连同匈奴降人一起,急待国家接济,卜式急国家所急,将20万钱捐赠河南太守。河南将捐赠名单上报朝廷,武帝见卜式之名,记起前事,才深感卜式助国的诚心,于是下诏厚赐卜式,卜式将所得赏赐分文不取,又尽数捐赠官府。为鼓励其他富商大贾出钱,武帝拜他为郎中,赐爵左庶长。起初,卜式不愿为郎,武帝劝他说:"我在上林苑中有许多羊,希望你能放牧它们。"卜式这才接受了任职。

卜式虽然贵为中郎,却身穿布衣,脚穿草鞋牧羊。一年多,上林苑中的羊既肥大,繁殖又多。汉武帝问卜式用什么方法把羊放得这样好?卜式回答说,放羊和治理国家是同一个道理,要时时选优汰劣,不能让那些劣品"败了群"。武帝感到卜式有奇才,即任命卜式为嵩山缑氏令,不久又迁嵩山成皋令,兼管漕运。卜式在任期间,人品政绩俱佳,武帝遂任命他为齐王太傅,转为齐相。元鼎年间(前116~前111年),官至御史大夫,封为关内侯。西汉由于武帝消耗大量财富用于边疆,财政日益困难,遂实行盐铁专卖政策,并加征"船税",卜式上书指出盐铁专卖政策的弊端,并说明加征船税后物价腾贵,建议取消盐铁专卖和船税。然而此言违背了武帝敛财的初衷,武帝以卜式不习文章为由,将其贬为太子太傅。

卜式是西汉时期一种特殊类型的人物。作为一介布衣,他致富不忘义,自觉济国难、解民困,为国为民的责任心,使他的光彩掩过了满朝王公大臣;作为朝廷官员,他致治地方,直言敢谏,这在封建王朝中也是少有的。

桑弘羊

桑弘羊(前152～前80年),西汉武帝时大臣,杰出的思想家、政治家、经济家、理财家。嵩山洛阳(今洛阳东北)人。出身商人世家,自幼有心算才能。13岁时"以心计"被召入宫廷任侍中之职,因能"言利事,析秋毫",深得汉武帝赏识,被委以重任。任大司农中丞、大司农、粟都尉兼大司农、御史大夫等国家要职,统管中央财政近40年之久。他和任大农丞的大盐铁商东郭咸阳、孔仅同受武帝信任,为增加国家收入尽心尽力。

武帝即位之后,一方面改革制度,强化中央集权,一方面连续对匈奴、越、西南夷发动战争,国力消耗很大,加之政府安置流民及武帝的浪费,致使西汉初期文景之治时积累的国力大衰,财政危机严重。此时的大商人们却趁机牟取暴利,并不想对国家做什么贡献。在这种背景下,桑弘羊担任治粟都尉兼大司农的11年中,竭尽全力支持武帝。武帝为了缓解财政危机,采取了一系列措施,如卖武功爵,还接受了桑弘羊的建议,加强了国家对重要经济的控制和垄断,由国家经营一些重

桑弘羊

要经济物资,以此谋利,增加国家收入。同时,由桑弘羊参与和主持制订并推行了盐铁酒类的官营专卖、均输令、平准令、算缗、告缗令、统一铸币等诸多的经济政策。均输令即由国家负责运输贩卖各地的土特产品,从中渔利。平准令即在丰收之年粮价低时,由国家高价收购,第二年粮价高时,国家再低价卖出,目的是平抑物价,维持社会稳定,也打击商人的投机。算缗即按照财产数额来向商人们征收财产税,但商人们都隐瞒不报,或者少报。于是又颁布了告缗令,鼓励百姓告发隐瞒财产的商人,告发者可以得到被告人家产的一半。上述措施基本缓解了经济危机,在增加国家收入的同时,也减轻了百姓负担。但这种抑商政策也打击了商业经营,告缗令执行后,中等的商人几乎有一半破产了。这些措施的推行有效地控制了全国商品,从富商大贾手里夺回了盐铁和贸易的控制权,增加了西汉政府的财政收入。在对外关系上,主张积极抵抗匈奴人的攻扰,反对屈辱的"和亲"政策。曾组织60万人屯垦,以备御匈奴袭击。汉昭帝即位年幼,武帝临终前,擢升他任御史大夫,与霍光、金日䃅共同辅政。桑弘羊在其十余年的政治生涯中,为巩固中央集权,加强地主阶级专政,反击匈奴侵扰,做出了很大的贡献。公元前87年,桑弘羊由治粟都尉升为御史大夫,和霍光、上官桀等4人受武帝遗诏,辅佐昭帝。始元六年(前81年),昭帝召开盐铁会议,召集各地贤良文人到长安商议盐、铁等国家经济要事。会上出现了围绕要改变或者坚持盐铁官营和均输、平准等政策不同意见的争论,而桑弘羊则坚持盐铁专营

政策。最后,除了废除酒类专卖政策,改成征税以外,盐铁官营等经济措施没有改变。次年,桑弘羊因与霍光在国家政策方面发生分歧,被指为与上官桀等策划谋废昭帝,准备立燕王旦为帝的谋反事件,结果被杀。

桑弘羊丰富的经济思想,在我国古代经济思想史上占有重要的地位。汉昭帝时,桓宽根据盐铁会议的记录,整理成《盐铁论》一书,他的思想在书中得到充分的体现。桑弘羊坚持重农抑商政策,又重视工商业在国民经济中的地位和作用。协助汉武帝制定和推行盐铁官营、酒类专卖等经济政策,对巩固与加强封建的中央集权起到了积极参与作用。他所筹划的各项财政经济改革措施,不仅使汉武帝完成了国家的统一大业,加强了中央集权,而且对后世影响很大。

司马迁

司马迁(前145~前86年),西汉著名历史学家、文学家、思想家。司马氏祖籍洛阳,是东周王室的世袭史官。秦汉之际,赵将司马昂战功显赫,被项羽封为殷王。司马昂降汉,其子孙世代为官。父亲司马谈为司马昂的玄孙。他博学多才,被汉武帝任命为朝廷太史令,一个掌管"文史星卜"的小官,并不受人重视,可他要继承《春秋》,写一部完整的史书,可惜他还没来得及动笔,就与世长辞了。临终,他把自己未完成的事业交给了自己的儿子。司马迁面对即将诀别的父亲,立下了一定要完成撰写国史的庄严誓言。不久,子继父业,司马迁作了太史令。经过三年充分准备,司马迁开始了著述《史记》的工作。在他开始写作《史记》的第7个年头(前98年),灾难突降,汉代名将李广的孙子李陵战败投降了匈奴。司马迁在汉武帝面前直率地说出了自己的看法。汉武帝认为他替李陵辩护,诋毁自己宠妃的哥哥李广利,立刻把他关进了监狱,处以死刑。汉朝的法律规定,死罪可以用钱赎免。司马迁没有钱赎罪,就接受了另一个代替死刑的办法,受酷刑中最为耻辱的腐刑。出狱后,汉武帝任命他为中书令。这个职务负责将百官的报告转达给皇帝,是皇帝的近臣,名义比太史令高。但它是由宦官充任的,担当这样的官职本身就是一种耻辱。司马迁精神异常苦恼,徘徊于生与死的剧烈斗争中,但他终于决定把自己的事业超越于生死之外,以百折不挠的奋斗精神,以丰富而深邃的思想,以拥抱整个民族的宽广胸怀,以精深而广博的知识,形象而高超的笔法,用其毕生的精力完成了《史记》这一开创性的巨著,实现了他的理想。

然而,我国的史学有着长久传统,在司马迁以前,历史被看作统治者个人的活动,记载的范围十分狭窄,内容也极其简单,因而缺乏广泛的社会意义。而司马迁则以"究天人之际,通古今之变,成一家之言"为宗旨,涉及了哲学、政治、经济、文学、美学、天文、地理、人才、伦理道德等方面,几乎囊括了当时人类思想、活动的全部内容。史学从经学的笼罩下摆脱出来,为后世留下了一部近3000年的通史,把历史撰述从一个狭小的天地引向一个广阔无垠的大千世界,为我国历史学

司马迁

竖起了一座巍峨的丰碑。

史料记载,汉武帝年间,司马迁曾亲登嵩山山系的箕山,寻访、拜谒上古著名隐士许由,给许由辞尧禅让、淡泊名利的崇高节操给以高度评价,并在《史记·伯夷列传》写了"尧让天下于许由,许由不受,耻之逃隐"话之后,司马迁唯恐别人不信,又写了"余登箕山,其上盖有许由冢云"这样亲眼所见的语言。

任 安

任安,西汉官吏。字少卿,西汉荥阳(今属河南)人。年轻时比较贫困,后来做了大将军卫青的舍人,由于卫青的荐举,当了郎中,后迁为益州刺史。征和二年(前91年)朝中发生巫蛊之祸,江充乘机诬陷戾太子(刘据),戾太子发兵诛杀江充等,与丞相刘屈氂军大战于长安,当时任安担任北军使者护军(监理京城禁卫军北军的官),乱中接受戾太子要他发兵的命令,但按兵未动。戾太子事件平定后,汉武帝认为任安"坐观成败","怀诈,有不忠之心",论罪腰斩。任安在几年前曾写信给司马迁,希望他"尽推贤进士之义"。直到任安入狱临刑前,司马迁才写了一封著名的回信《报任安书》。

任安

虞 初

虞初

虞初(约前140~前87年),西汉著名小说家,后世誉为小说家之祖。嵩山洛阳人。汉武帝时,为方士侍郎,号"黄车使者"。太初元年(前104年),与丁夫人等以方词诅匈奴、大宛。曾根据《周书》写成小说,名《周说》,共943篇,完全是一部通俗的周史演义。《汉书·艺文志》著录小说总共1384篇,而其中篇幅最巨者为《虞初周说》(943篇),占全部小说的70%。由于虞初所作《周说》原书的失传,其内容无由考究,所有的文学史都很少提及有关虞初的事迹和他的文学创作。但虞初对小说创作的贡献是不可磨灭的,张衡在《文选·西京赋》中云:"小说百家,本自虞初。"由谭正壁编撰并于1934年出版的《中国文学家大辞典》记载:"书虽不存,但因之被推为古代唯一小说作家。"后世常有用以虞初之名作为笔记小说之代名词,如《虞初志》、《续虞初志》、《虞初新志》、《广虞初志》等,由此可见虞初及其《周说》在中国古代小说创作史上的影响和非凡地位。

韩千秋

韩千秋(~前76年),西汉著名将领。颍川(今禹州)人,曾任济南相。史料记载:公元前112年三月,天子遣韩千秋、缪乐将2000人伐南越。四月,南越王丞相吕嘉反,杀汉使者及南越王及王太后,遂以兵击韩千秋等,灭之。八月,汉遣伏波将军路博德出桂阳郡,下湟水,楼船将军杨仆出豫章郡,下浈水,皆将罪人、江淮以南楼船10万人,击南越。十月,西羌众10万人反,与匈奴通使,攻故安、围狍旱。匈奴入五原郡,杀太守。十一月,汉发陇西郡、天水郡、安定郡骑士及中尉,河南郡、河内郡卒10万人,遣将军李息,郎中令徐自为征西羌,平之。

韩千秋死后,汉武帝封其子韩延年为成安侯。

田广明

田广明(? ~前71年),西汉官吏。郑(今新郑)人。官河南省都尉,以杀伐为治。宣帝初,因有政绩迁御史大夫,封昌水侯。本始二年(前72年秋),征为祁连将军,讨伐匈奴。次年,犯居留罪,自杀。

黄 霸

黄霸(? ~前51年),历史著名循吏。字次公,淮阳阳夏(今河南太康)人,后徙云陵。少时即学律令,爱好断案。为人明察内敏,重习文法,温良有谦让,足智多谋,善于管理百姓。汉武帝时,历任待招、钱赏官、侍郎谒者、谷沈黎郡、左冯翊卒史、河东均输长、河南太守丞等,以刑宽为名。宣帝时,以持法公平擢廷尉正,坐夏侯胜事系狱,在狱中从夏侯胜学《尚书》。出狱后,钦命扬州刺史。3年后,以贤良高第擢颍州太守,特赐"车盖一丈,别驾主簿,缇油屏泥于轼前",以彰有德。

黄霸任嵩山颍州太守期间,注意选择良吏。让邮亭乡官皆多养畜禽,以赡养孤寡及贫穷者。并调教出一批社会名流及伍长,让他们以身作则,教化乡民,勤务农桑,节用资财,种树养畜,多饲牛马。卒吏乡邮勤于正事,鳏寡孤独死有所葬,奸人流入它郡,盗贼日益减少,颍川境内户口岁增,地方治理天下第一。是时"凤凰神爵数集郡国。颍川尤多"。宣帝下诏赞扬他"颍川太守霸,宣布诏令,百姓向化,孝子、悌弟、贞妇、顺孙日益众多,田者让畔,道不拾遗,养视鳏寡,赡助贫穷,

黄霸

狱或八年亡重罪囚,吏民向于教化,兴于行谊,可谓贤人君子矣。《书》不云乎?'股肱良哉!'其赐爵关内侯,黄金百斤,秩中二千石。"颍川百姓孝悌有行义者,皆论其高下赐以爵帛。数月后,天子征黄霸为太子太傅,迁御史大夫。五凤三年(前55年)擢丞相,封建成侯。

甘露三年(前51年)薨,谥定侯。著名史学家班固评论他说:"自汉兴,言治吏民,以霸为首。"黄霸为清正廉明,曾先后任职于河南、颍川两郡,为促进这里的经济发展和社会稳定做出了积极的贡献,理应受到嵩山地区民众的拥戴。

后世将其和龚遂作为循吏的代表,史称"龚黄"。《汉书·循吏传》有传。

贾 嘉

贾嘉(与汉武帝同时代),西汉名士。洛阳(今洛阳东)人。贾谊孙。汉武帝时为郡守。谊孙二人,嘉是好学,曾研究《尚书》,昭帝时位列九卿。《史记·贾生列传》云:"及孝文崩,孝武皇帝立,举贾生之孙二人至郡守,而贾嘉最好学,世其家。"知贾嘉也应是贾谊《左传》学的传人。贯公受之于贾嘉而非直接受业于贾谊,此亦不无可能。

刘 询

刘询(前91~前49年),汉宣帝,西汉第七位皇帝。本名病已,字次卿,又字谋,即位后刘询。汉武帝的曾孙、戾太子刘据孙、史皇孙刘进子。宣帝刘询从出生到即位,再到亲政,既坎坷多难,又极富传奇色彩。汉武帝晚年,他出身数月遭逢戾太子巫蛊之祸,被关押于狱中,因建尉监邴吉的保护,得免于难,流落民间。元平元年(前74年)昭帝死后,因无嗣子,霍光等大臣奏请皇太后迎立刘询为帝,是年18岁。宣帝即位之初,委政于霍光,地节二年(前68年)霍光死后始亲政。他着力整顿吏治,强化皇帝权威。为了打破霍氏左右朝政的局面,命令群臣奏封事,以疏通下情,并规定丞相以下的百官都要奉职奏事,以考试功能。地节四年(前66年),又借大司马霍禹谋反一事废皇后霍氏,彻底清除了霍氏的势力。因为从小生活在民间,对百姓的疾苦和吏治得失有所了解,这对他的施政有直接影响。所以在他统治期间,为政励精图治,任用贤能,亲民节俭。在经济上采取的重要措施是招抚游民,恢复和发展农业生产,"吏称其职,民安其业",史称"宣帝中兴"。汉宣帝尊崇儒学,但儒、法并用。"霸王道杂之",是德化和法治相结合的政治思想。然而,他重用宦官、外戚,启后来外戚、宦官专擅之祸。黄龙元年(前47年)宣帝卒,在位25年(前73年至前49年在位),庙号"中宗"。

西汉宣帝刘询,于神爵元年(前61年)诏太常(官名)制五岳常规祭祀礼,祀中岳太室于嵩高,遣使者持节侍祠,一祷一祀。

董 忠

董忠(与汉宣帝同时代),西汉名士。嵩山阳翟(今禹州市)人。力大过人,能骑善射,给事期门,

与张章善。霍禹谋反,因为告发别人的一个阴谋而立功,被汉宣帝封为高昌壮侯,封地在千乘。后来他的儿子董宏、孙子董武又相继为侯。这个侯位延续了四代。

褚少孙

褚少孙(与汉元帝同时代),西汉著名史学家、文学家。嵩山颖川(今禹州市)人。世号褚先生,汉宣帝时客居沛郡。元帝、成帝时博士。以文学见长为侍郎。褚少孙曾师从汉朝大儒王式(字翁思,昌邑王之师),得王式"闻之于师具是矣,自润色之"之诲,潜心研究儒家经典,兼容百家,自成一体,文章大成。成帝中(前32~前6年),与山阳张长安、东平唐长宾等3人应博士弟子选,均升博士。故《鲁诗》中有"张、唐、褚"之说。《史记·太史公自序》记载,《史记》130篇,司马迁已全部完成,但以后流传过程中有所佚缺。班固《汉书·司马迁传》云《史记》"而十篇缺,有录无书"。三国魏张晏注解说:司马迁死后,散失了《景帝纪》、《武帝纪》、《汉兴以来将相名臣年表》、《礼书》、《乐书》、《律书》、《三王世家》、《傅勒蒯成列传》、《日者列传》、《龟策列传》等。元帝、成帝年间,褚少孙得前朝遗书《封册书》,将《史记》补缀完整。经其补缀者有:《三代世表》、《陈涉世家》、《外戚世家》、《梁孝王世家》、《三王世家》、《平津侯列传》、《滑稽列传》、《日者列传》、《龟策列传》、《孝武本记》、《张丞相列传》、《田叔列传》等。现在《史记》中凡注明"褚先生曰"篇目者,均为褚少孙所补。他所补《史记》中的一些传记作品,可与司马迁原作相媲美。他为尽量保存古代史料和恢复《史记》原貌做了贡献。明人张溥《汉魏六朝百三家集题辞注·褚先生集》云:"读其所记景帝王后,武帝尹邢两夫人,与梁王田仁安诸逸事,及滑稽六章,日者龟筴二传,错综尔雅,状形貌,缀古语,竟有似太史公者。"有的作品,则颇类小说。如《滑稽列传》中的《西门豹治邺》,情节曲折生动,叙述有条不紊,人物形象鲜明,给人以深刻的印象。

贾捐之

贾捐之(?~前43年),西汉文学家。字君房,贾谊之曾孙也,嵩山洛阳(今洛阳东)人。元帝即位,上疏言得失,令等诏金马门,坐法弃市。初元元年(前48年),元帝发兵征讨珠崖郡反叛,捐之上书,力陈民众久困,不宜出兵。后与当权的宦官石显不和,下狱被杀。善政论文,今存文《弃珠崖议》、《荐石显奏》、《荐杨兴奏》等。贾捐之为文,文学价值较高,条理清晰,文辞畅达,深要著明,颇受班固、刘勰称赏。

卓 茂

卓茂(?~28年),西汉著名地方官员,学者。字子康,原籍南阳郡宛县(今南阳市)人。汉元帝时卓茂曾赴长安求学,拜博士江翁为师,习诗赋、礼义、经学、历算,成为博学多闻的学者。卓茂宽厚仁慈,初被任命为丞相府史官,被丞相孔光尊为长者。由于他儒学造诣深,故被推举为尚书府侍郎,在黄门任事,后迁嵩山密县县令。他到任后,励精图治,大胆改革,废除了许多不合理规定,又制定了新的法律条款,兴利除弊,几年后,密县教化大兴,出现了"劳心谆谆,视民如子,举善而教,口无恶言"的景象。汉平帝时,发生了蝗虫灾害,河南郡二十几个县受灾都很严重。卓茂根据对灾情的掌握,提前防范,由于措施得当,蝗虫没能进入卓茂所管辖的区域。他的上司发现各地蝗虫如此严重,而密县却未受灾害,就通报河南郡守对卓茂大加赞赏,卓茂遂名声大振。王莽当权后,设立大司农六部丞,勉励督察农业生产,卓茂被提升为京部丞。离开密县时,百姓聚在道路两旁,依依不舍,挥泪相送。公元6年,王莽篡位,卓茂称病离职回家。公元23年,刘玄称帝,任命卓茂为侍中祭酒。不久,他看到刘玄生活腐化,杀戮功臣,政治昏庸,便借口年老请求退职,返回故里。东汉后,光武帝刘秀选贤,重用高节之士,访求卓茂,下诏书宣布:"前任密县县令卓茂,谨身修行,坚守晚节,不屈从于王莽,能做到别人所做不到的事情,实为天下楷模,理应受到天下最隆重的赏赐。武王伐纣后,修葺比干墓,表彰商容故里,对于卓茂,我也这样做。"因此,任卓茂为太傅,封"褒德侯",食邑2000户,加赏坐几、手杖、车马、官服和丝棉500斤,并赐他两个儿子官爵。建武四年(28年)卓茂病逝,光武帝赐给他棺椁和墓地,并身穿素服亲自为他送葬。密县百姓为了纪念这位不畏权势为民请命的清官,分别在大隗和老城县衙东北处建了卓茂祠。

卓茂

杨 雄

杨雄

杨雄(前53~18年),西汉哲学家、辞赋家、语言学家。名杨雄,一作扬雄,字子云。蜀郡成都(今四川成都)人。少时好学,好深思,博览多识,酷好辞赋,曾经"专精大《易》、耽于《老》、《庄》"。家贫,不慕富贵。40岁后,始游京师。大司马王音召为门下史,推荐为待诏。后经蜀人杨庄的引荐,被喜爱辞赋的成帝召入宫廷,侍从祭祀游猎,任给事黄门郎。他的官职一直很低微,历成、哀、平"三世不徙官"。成帝时为给事黄门郎。王莽称帝后,杨雄校书于天禄阁。后受他人牵累,即将被捕,于是坠阁自杀,未死。后召为大夫。为人口吃,不能剧谈,而以文章名世。为西汉时最受推崇的经学家、象数哲学家、文学家、天文学家和语言学家。其辞赋成就媲美于司马相如,世称"杨马"。

"杨雄把司马相如开创的劝百讽一"的大赋传统,推向极致。杨雄早年曾有《反离骚》、《广骚》、《蜀都赋》、《成都城四隅铭》等作品。中年时期被召入宫,有《甘泉赋》、《河东赋》、《羽猎赋》和

《长杨赋》等作品为其代表作,皆为汉赋的名篇。杨雄对辞赋的贡献,主要在于他拓展了这种宫廷艺术的题材和表现手法,使其超出宫廷,咏物叙事,立志抒情,使之更加散文化。

杨雄对探讨宇宙人生真谛的哲学研究贡献十分突出。他的《法言》是一部以《论语》体裁写成的道德格言集,他的《太玄》则以《易经》的风格表达了一种宇宙论的思辨。又作《法家》融儒、道、法三家学说于一体,对《易经》、《论语》等经典著作也做出他自己的理解和诠释。杨雄提出以"玄"作为宇宙万物根源之学说,并强调如实地认识自然现象的必要,并认为"有生者必有死,有始者必有终",驳斥了神仙方术的迷信,表述他对社会、政治、哲学等方面的思想,在思想史上有一定价值。在社会伦理方面,批判老庄"绝仁弃义"观点,而重视儒家的学说,认为"人之性也善恶混,修其善则为善人,修其恶则为恶人"(《法言·修事》)。曾著《方言》,叙述西汉时代各地方言,为研究古代语言的重要资料。又续《仓颉篇》,编《训纂篇》。《隋书·经籍志》有《杨雄集》5 卷,已散佚。明代张溥辑有《杨侍郎集》,收入《汉魏六朝百三家集》。清严可均所编《全上古三代秦汉三国六朝文》中收其赋、箴等共 4 卷,最为详备。杨雄在嵩山地区活动期间,写有著名的《逐贫赋》。

杜子春

杜子春(约前 30~58 年)东汉名儒、经学家。嵩山缑氏(今偃师市)人。自汉武帝"罢黜百家,独尊儒术"之后,官僚主要出自儒生,儒学传授出现了一个昌盛的局面。杜子春就是在这种社会背景下出现的一位经学大家。古文经学的振兴是与刘向的儿子刘歆的积极倡导分不开的。早年他曾跟经学大师刘歆专学《周礼》。东汉一代,古文经学以"私学"的形态发展,刘歆的著录弟子颇多,涌现出一批卓然有成的学者,如郑众父子、杜子春、贾逵、服虔、马融、许慎、荀爽、卢植等。其中,最突出的是"郑、贾之学及马融的经学。"而郑众、贾逵都为杜子春的学生。史料记载,杜子春居缑氏南山中,传《周礼》以授郑众和贾逵,《周礼》之学始得流传。继伏羲作八卦之后,又有《连山》、《归藏》传世,与《周易》并称"三易"。而经学家们认为《归藏》的产生年代主要有黄帝、夏、商三个时期,而主张《归藏》为黄帝《易》的学者,则以杜子春为代表。杜子春于《周礼》注中云:"《归藏》,黄帝。"同时,杜子春还认为《连山》乃伏羲氏之《易》,并作《周官注》。杜子春所注之《周礼》曾为后来的经学大师、教育家郑玄著的《三礼注解》所采用,今佚。清马国翰《玉函山房辑佚书》辑有《周礼杜氏注》3 卷。

王 莽

王莽(前 45~23 年),受汉朝刘氏禅让,新朝建立者。字巨君,汉元帝皇后侄,祖居东平陵(今山东济南东 37 公里),魏郡元城(今河北大名县东)人。西汉末年,以外戚掌握朝政大权。早年折节恭俭,勤奋博学,孝事老母,养护寡嫂兄子,以德行著称。阳朔中为黄门郎,迁射声校尉,永始初封新都侯,迁骑都尉,光禄大夫,侍中。绥和初代王根为大司马,迎哀帝即位,罢遣就国。元寿初征还京师。哀帝时,外戚丁、傅两家辅政,王莽被迫告退,闭门自守。西汉哀帝自元寿二年(前 1 年)六月去世后,9 岁的汉平帝即位,元后临朝称制,以王莽为辅政大臣,出任大司马,封"安汉公"。他总揽朝政,遂诛灭异己,大封汉宗室、功臣子孙和在朝大官为侯,广植党羽,以此获得了许多人的拥护。平帝死,改立 2 岁的孺子婴为帝,自己以摄政名义据天子之位,称"假皇帝"。始建国元年(公元9年)废孺子婴,篡位称帝,登基成为一朝开国君主,改国号为新,建年号为"始建国"。于是托古改制,下令变法:将全国土地改为"王田",限制个人占有数量;奴婢改称"私属",均禁止买卖;各家超出土地规定的,要把地分给九族或邻里;无田的人家按照一夫百亩的标准受田;违抗不遵者流放远裔。第二年,王莽又下诏推行五均六筦,以控制和垄断工商业,增加国家税收,并由国家经

王莽

营盐、铁、酒、铸钱、五均赊贷等五业,不许私人经营。恢复五等爵,经常改变官制和行政区划等等。他屡次改变币制,造成经济混乱,农商失业,食货俱废。由于贵族、豪强破坏,他的这些改制措施没有缓和社会矛盾,反使阶级矛盾激化,又对边境少数民族政权发动战争,赋役繁重,横征暴敛,法令苛细,终于在公元17年爆发了全国性的农民大起义。公元23年,新王朝在赤眉、绿林等农民起义军的打击下崩溃,王莽也在绿林军攻入长安时被杀。在位15年,死时69岁。

王莽在嵩山地区与刘秀,绿林、赤眉起义军战斗期间,辗转嵩山地区大部分市县,后世在民间流传有大量的传说和故事。

申屠圣

申屠圣,西汉农民起义首领。嵩山登封阳城人。西汉后期,因为贪官当道,与各地地主相勾结,将盐铁逐渐转为官商合作,使铁官徒们不堪疾苦。成帝阳朔三年(前22年)夏六月,因长吏(官名)苛待,颍川(阳城)铁官部下申屠圣等180人,群起暴动,杀长吏,劫兵库,自称"将军",先后占领了9个郡城。成帝派遣丞相长史、御史中丞逐捕,按战时征调军队的有关规定行事,申屠圣等全部伏诛。

原　涉

原涉(？~约24年),西汉末官吏。字巨先,嵩山阳翟(今禹县)人。祖父时以豪杰徙茂陵,父曾任南阳太守。是时,天下富庶,历制2000石管卒于任者,地方赋敛送葬之资财皆千万以上,妻子受以为产业。涉父死,涉谢还赙赠,守丧家庐3年,认孝廉扬名京师。大司徒史丹以原涉能治乱,荐为谷口令,时年20余,谷口闻其名,不言而治。涉叔父为茂陵秦氏所杀,涉为令半载,自劾去官为叔父报仇,谷口少年豪杰为涉杀秦氏,涉亡命岁余,遇赦得出。天下豪杰有气节者皆归附。王莽中,为卿府掾史,遇文母太后丧,为复土校尉,再擢中郎。王莽末,以能得死士拜镇戎大尹,天水太守。不久,为更始将

军申屠健所获,诛于长安。

师 史

师史,西汉著名的大贩运商。姓师名史,嵩山洛阳人。洛阳位居"天下之中",水陆交通发达,西有大道直通长安,东有"东方大道,东通于海","南方大道愈长江后,可通到永昌郡(今云南省保山市)"。据《史记》记载,在水运方面,早在战国时期嵩山东麓就开凿了鸿沟,西边水路可达关中,东边可至齐、鲁。师史利用洛阳交通便利的特点,大力发展运输业,从事长途贩运。他拥有数百车辆,雇佣许多喜爱做生意的贫穷之人为伙计,以车载货,来往于各地,利用各地货物的差价进行贩运贸易。师史的足迹遍及全国各地,他很快致富,成为拥有7000万钱资产的大商人。后人总结师史经商的成功,主要有三点经验:一是有一个好的经营团队。师史善于和他下面的伙计打成一片,主仆相处和谐融洽,在追逐利润上目标一致。二是有吃苦耐劳的精神。三是有勤俭节约的良好生活作风。师史虽有万贯家财,却吃的是粗茶淡饭,穿的是普通衣服。

东 汉

桓 谭

桓谭(前23~50年),东汉哲学家、经学家、琴家。字君山,沛国相(今安徽濉溪县西北)人。爱好音律,善鼓琴,博学多通,遍习五经,喜非毁俗儒。哀帝、平帝间,位不过郎。王莽时任掌乐大夫。刘玄即位,诏拜太中大夫。光武帝时,任议郎给事中。因坚决反对谶纬神学,"极言谶之非经",被光武帝目为"非圣无法",险遭处斩。后被贬,出任六安郡丞,道中病卒。

据史书记载,刘秀定都洛阳后,广纳贤才,当时的大司空宋弘举荐了桓谭。桓谭在不断的实践过程中,积累了丰富的理论知识,他编著的《新论》中的《琴道篇》是琴学的专著。该书包括琴论、琴史和琴曲解说等几方面的内容。琴论中基本反映了儒家的音乐思想;琴史则介绍了师旷和雍门等弹琴方面的艺人;琴曲主要介绍了《尧畅》、《舜操》和《伯夷操》等7首曲子,不仅介绍了每首曲的主题思想,还指出了它们的音乐特点。桓谭的主要贡献在哲学方面,桓谭在嵩山地区洛阳任职时,作有《新论》。《新论》是一部涉及学科门类较多的著作,成书于洛阳。《新论》原书有29篇,现行辑本依篇目编为16篇,其内容涉及哲学、自然科学、社会科学和文学艺术。首篇《本造》言明著书立说的宗旨是效法孔子作《春秋》,术辨古今,亦欲兴治。桓谭的主要学术观点:一是反"天神",力批神仙和长生不老等谬说。他说:"生之有长,长之有志,老之有死,若四时之代化矣。"二是重法令,提出"法度明正,犹无怨滥"。并提出"刑罚不能加无罪"的观点。三是主张杂用"五霸"之术,提出"权法宜如丹青"。他曾与刘歆辩论,提出要相信人的力量,反对迷信鬼神。桓谭的观点和论断对后来的王充、范缜等唯物主义哲学家都有一定的启发和影响。王充称道桓谭的著作是"讼世间事,辨照然否,虚妄之言,伪饰之辞,莫不证定"。

桓谭在阐述他的唯物主义思想时,坚决反对谶纬神学,极言谶之非经,提出当时流行的迷信神学和代表统治者意识的图谶是妄说,是政治迷信。桓谭此举遭到当时保守势力的攻击。汉光武帝对桓谭的论点也十分反感,桓谭也因"非圣无法"险遭斩首之祸,后被罢官流放,死于途中。所著《新论》,从东汉至北宋皆有流传,南宋散失。清代学者对《新论》进行整理,出现了许多辑本。

刘 秀

光武帝刘秀

刘秀(前6~57年),东汉光武帝,东汉王朝的建立者。字文叔,南阳(今湖北省枣阳西南)人。汉高祖刘邦九世孙,南顿(今河南省项城市西)令刘钦第三子。王莽末年,农民起义相继爆发,刘秀与其兄刘縯抱着恢复汉室的念头,联络附近各县地主豪强和宗室宾客,在舂陵(今河北枣阳市南)起兵响应,所率起义军有七八千人,号称"舂陵兵"。同年冬,加入绿林军,反对王莽政权。更始元年(23年)正月,刘秀与其兄刘縯分别在沘水(今河南省泌阳县)西岸杀王莽军2万多人和淯阳斩王莽军3000多人,将队伍迅速扩大到10万多人;二月,绿林军立平林兵中没有兵权的刘氏另一宗族刘玄为帝,在宛城南即皇帝位,恢复汉的国号,年号更始。绿林军的重要将领都成为新政权的大臣,其中刘縯为大司徒,刘秀为太常偏将;六月,刘縯与刘秀在宛城与昆阳大战中,将王莽军的主力消灭;九月,绿林军攻占洛阳;十月,刘玄移都洛阳后,派刘秀以破房将军行大司马的名义出使河北,镇抚州郡。刘秀在河北活动期间,以废除王莽苛政、释放囚犯、广布恩惠、恢复汉室制度为号召,取得当地官僚、地主的支持,消灭了在邯郸称帝的割据势力王郎,镇压并收编了以铜马为首的一百多万农民起义军,军事力量逐渐壮大。建武元年(25年)六月,刘秀在河北鄗县(今河北省柏乡县北)称帝,国号汉;七月攻下洛阳;十月,移都洛阳,建立东汉政权,史称东汉。

刘秀称帝后,经过十余年的战争,先后镇压赤眉起义军和其他起义军,削平了各地的割据势力,平定了陇西的隗嚣和蜀地的公孙述等,顺应了社会发展的要求,实现了统一全国的大业。刘秀在位32年(25~57年),多次发布释放奴婢和禁止残害奴婢的命令,大兴水利,裁并400余县,精简官吏,节约开支。加强尚书职权,废除掌握军权的都尉,从而加强中央集权。由于采取了一系列比较顺应历史潮流的措施,因而使社会秩序逐渐趋于安定,人民得以休养生息,社会经济也出现了复苏。史学家曾把他在位期间的这种情况,称为"光武中兴"。刘秀卒后葬原陵,谥光武。

《后汉书·光武帝纪》记载,建武九年(33年)六月丙戌,帝幸经缑氏、颍阳、登轘辕。戊申,车驾还宫。由于嵩山是洛阳的京畿之地,汉光武帝常在嵩山活动,有关刘秀建太学和王莽撵刘秀的传说与故事在嵩山广为流传。刘秀在嵩山地区留下的遗迹主要有位于洛阳市东15公里的汉魏洛阳故城,该城北依邙山,南临洛河,它是在东周的成周城、西汉的洛阳城基础上发展起来的,是刘秀东汉政权定都的地方。后来的曹魏、西晋、北魏也建都于此,故称"汉魏洛阳故城";有位于嵩山偃师市佃庄乡太学村附近的太学遗址,整个太学遗址范围宏大,遗址南北长200米,东西宽150米,遗址内发现大面积夯土建筑基址,夯筑房基,东西、南北排列有序,曾出土大量"熹平石经"和"正始石经"残石,史载汉光武帝刘秀"爱好经术,未及下车,先访儒雅",于建武五年(29年)创建太学,其后屡加扩修,建武二十七年(51

年)建造太学讲堂,并曾亲临太学赏赐太学学生。其他遗迹有位于登封唐庄乡的"扳倒井";有位于嵩山北麓的轘辕关,有嵩山山系箕山的王莽楼、跑马岭、督督牛王庙,马窑村的马窑、马蹄石、三步两盘井,王窑村的石拉擦,泉沟村的到泉沟;有位于登封白坪蜜蜡山上的王莽坪、刘秀洞;有位于嵩山西北麓的孟津县铁谢村西南2公里的原陵(光武帝陵,亦称汉陵,俗称刘秀坟),这些风物的存在,使得有关刘秀的传说故事在嵩山历久不衰。

贾 逵

贾逵(30~101年),东汉早期儒学家、文学家、天文学家。字景伯,扶风平陵(今陕西咸阳西北)人。西汉名儒贾谊的九世孙。父贾徽,曾从刘歆等受学。贾逵"悉传父业",又在东汉太学攻读经书,后留居京都洛阳,在经学和天文、历法研究方面卓有建树。《后汉书·贾逵传》载,贾逵以讲学取粟米为生,在京都洛阳一带传为佳话。汉明帝十分赏识贾逵,封他为"郎",让他和东汉史学家班固同校秘书,应对左右。西汉初年,汉武帝在思想上罢黜百家,独尊儒术,设立《周易》、《尚书》、《诗经》、《仪礼》、《春秋》五经博士,这些经书因用当时通行的文字隶书书写,故叫"今文经";而当时刘歆在整理边家图书馆藏书时,发现《春秋左氏传》、《古文尚书》等儒家著作,因这些书用秦以前的古文字篆书书写,称之间为"古文经"。后逐渐形成今文经学和古文经学两大派别。公元76年,汉章帝即位,他倡导儒家学说,特别喜欢古文经的一些著作,于是下诏让贾逵在东汉皇宫的北宫白虎观和南宫云台继续解释经典。东汉盛行谶纬之学,皇帝每每信奉谶纬,贾逵就以古文经学来附会谶纬。贾逵投其所好,把《春秋左氏传》与谶纬之学统一起来,汉家刘氏王朝说成是尧的后代,从而迎合了东汉王朝的政治需要。贾逵不仅因此得到了赏赐,而且获准了在原受《公羊春秋》的太学生中挑选20名高才生改授他们古文经的《春秋左氏传》,《说文解字》的作者许慎就是其得意门生之一。建初八年(83年),汉章帝下诏,抨击今文经支离破碎,"去圣弥远",下令今文经的名家大师推选自己的高才生,改学古文经。章帝时,贾逵参加了著名的"白虎观会议",与今文博士李育就《左氏传》与《公羊传》的经义问题,展开了一场辩论,"(李)育以《公羊》义难贾逵,往返皆有理证,最为通儒。"(《后汉书·儒林列传》下)贾适历东汉明、章、和三帝,颇受礼遇。史称"世言《左氏》者多祖于(郑)兴,而贾逵自传其父业,故有郑、贾之学"(《后汉书·郑兴列传》)。古文经在贾逵的努力下,最终取代了今文经的地位。永元三年(91年),汉和帝任其为中郎将,后升为侍中,辅佐皇帝,成为心腹之臣。贾逵一生,著作等身,所撰经传义诂及论难达百余万言,又作诗、颂、沫、书、连珠、酒令凡9篇。儒家以其为宗,号为"通儒",他的学说也被尊称为"贾学"。代表作则有《左氏解诂》30篇,《国语解诂》21篇。另著有《春秋左氏长传》20卷,《尚书古文同异》3卷,《毛诗杂义难》10卷,《周官解访》等。清人马国翰《玉函山房辑佚书》、黄奭《汉学堂丛书》均有辑本。东汉明帝永平年间(58~75年)上疏献于政府,明帝很重视他的著作,命人抄写

贾逵

藏于秘馆。

贾逵在京都洛阳的另一重大贡献就是天文历法,汉代儒家普遍对天文历法感兴趣,并有所造诣。英国著名科技史专家李约瑟重视儒家对古代科学发展的重要作用,明确提出:天文和历法一直是"正统"的儒家之学。贾逵参与修订的东汉《四分历》,比以往各家的历法都有显著的进步。根据《读汉书·律历志》中的"贾逵论历"记载,贾逵在天文学上的贡献可归纳为三点:一是明确否定了冬至日在牵牛初度的说法,为后来岁差(冬至点逐渐西移)的发现做了准备;二是主张用黄道坐标测算日月运行的轨道,认为以赤道坐标测算会出现误差;三是明确指出日月运行速度有缓疾。这些重要发现均为后人所证实。

侯 霸

侯霸(? ~37年),东汉宰相,著名政治家。字君房,嵩山新密人。族父渊,以宦者有才辩。西汉元帝时任大常侍,成帝时为太子舍人。侯霸为人庄重,矜严有威容,家累千金,不置产业,笃志好学,曾师事九江太守房元,专攻《谷梁春秋》。汉成帝刘骜时期,侯霸因德才兼备,招入朝廷,任命为太子舍人。公元8年,外戚王莽自立为皇帝,改国号为"新"。新莽初,曾任湖北随县令长,其间,因随县常有一些亡命之徒流窜到此落草为寇,并与当地一些豪强勾结,使当地很不平安。侯霸上任后,不畏强暴,铁腕治理,制订了周密的计划将一些豪强抓获,又采用分割包围各个击破的办法将贼寇逐一歼灭。又通过大刀阔斧的治理,社会秩序趋于稳定,农业生产获得发展,人民过上了安居乐业的生活。侯霸因剿匪有功升为"执法刺奸"(负责监察官员贪腐的官职),不久,又升为淮平大尹(太守)。公元17年,湖北大旱,饥民在王匡、王凤领导下,发动起义,号称"绿林军";第二年樊崇领导山东莒县饥民起义,号称"赤眉军"。公元23年,绿林军拥立刘玄为皇帝,年号"更始"。刘玄派使臣带着诏书和玉玺,到淮平郡征召侯霸上朝担任要职。百姓闻讯,倾城而出,男女老弱,相携号哭,他们手挽着手挡住使车,有的横卧道中,阻止车子前行,皆异口同声请求将侯霸留下,情词恳切,要求强烈。使者考虑到众志难违,如此强行把侯霸调走,群情激愤,淮平必乱,所以不敢把诏令和玉玺交给侯霸,只得两手空向刘玄复命。更始三年(25年),刘玄被杀。建武四年(28年),光武帝刘秀亲自到寿春和侯霸相会,拜他为尚书令。侯霸熟知旧制,收录遗文,条奏前世法令制度,有益于时政者,多被采纳施行。刘秀多次发布释放、禁止残害奴隶,兴修水利,适应农时,劝课农桑,发展农业生产等诏令,大都出自侯霸的手笔。他建设法制,订立朝纲,侯霸成为光武帝的股肱之臣。第二年,升大司徒,封关内侯。建武十三年(37年)侯霸病逝,光武帝刘秀深为伤惜,亲临吊唁,封谥号乡哀侯,食邑2600户。

杜 诗

杜诗(? —38年),东汉发明家。字君公,河内汲县(今河南汲县西南)人。早年曾任郡功曹,任更始政权大司马府官员。后来投奔光武帝,在洛阳做事。先后任侍御史、成皋郡尉、沛郡都尉、汝南都尉、南阳太守等。所到之处,都有政绩。建武七年(31年),杜诗升任南阳太守。他生活节俭,施政清正平和,以抹杀强暴树立威信,他还擅长计划谋略,减少和爱惜民力劳役。东汉初年,由于豪强地主兼并土地,加上战乱频繁,造成了土地大量荒芜,农业生产遭到了严重破坏。为恢复农业生产,就需要进一步改进生产工具。但是,当时的鼓风机陈旧,冶铁技术落后,不适应生产的需要。为解决这一矛盾,杜诗召集各地能工巧匠,在前人的基础上,设计制造了水排。他发明的水排(水力鼓风机),以水力传动机械,使皮制的鼓风囊连续开合,将空气送入冶铁炉,铸造农具,用力少而见效多。此法比欧洲早1000多年。他还主持修治陂池,广开田池,使郡内富庶起来。元帝时(前48—前33年),南阳太守召信臣对此地的水利和农业生产有特殊贡献,因而受到当地百姓的拥戴,被誉为"召父"。

所谓"水排",就是利用水力推引鞲鞴鼓风的器具,用于冶金。生铁的早期发明,是中国对世界冶金技术的杰出贡献。要获得液态生铁,需有较高的炉温。有风就有铁,鼓风技术对于生铁冶铸的发展有着极重要的意义。《礼记》说:"良冶之子,必学为裘。"从商周以来,都用皮囊鼓风,子继父业,年轻工匠必须学会缝制皮囊的技巧。说明早期冶铸匠师高度重视鼓风器具的制做。鼓风装置由人力驱动(人排)发展到用畜力和水力驱动(马排、水排),是东汉冶铁技术的重大创新。《后汉书·杜诗传》说杜诗"造作水排,铸为农器,用力少,见功多,百姓便之"。水排的功效不仅比人排,就是比马排也高得多,《三国志·魏志·韩暨传》写道:"旧时冶作马排,每一熟石,用马百匹。更作人排,又费功力。暨乃以长流为水排,计其利益,三倍于前。"

元代《王祯农书》载,经多方搜访,才基本弄清楚水排构造,分立轮式和卧轮式两种。立轮式水排结构简单,容易制造,便于推广;卧轮式水排结构复杂一些,适宜在规模较大的冶铁作坊使用。此书详细记述了立轮式和卧轮式水排的形制,并绘有图形。杜诗发明的水排,无论是简单的立轮式,还是比较复杂的卧轮式,它们都是以自然力作为原动力,在结构上,都具有动力结构、传动结构和工作结构三个部分,而这正是"一切发展了的机器"所具有的主要特征。因此,它实际上是一种自动机的雏形。这表明我国古代劳动人民在寻求用机械代替手工业,在从繁重的体力劳动中解放出来的道路上向前迈出了重要一步。

杜诗虽然在外地任官,仍然尽心于朝廷大事,有忠正的言论,好的建议,都随时进献上奏。任官七年,政令教化大大推行。建武十四年,因为派宾客为弟弟报仇,被征召问罪,正巧因病去世。司隶校尉鲍永上奏说杜诗家中贫困,没有田宅,死后无处下葬。诏令在郡中官邸治丧,并赐一千匹绢办丧事。

董 宣

董宣,东汉著名清官。字少平,陈留圉(今河南杞县西南)人。初为司徒侯霸举荐授北海相,又转任怀令、江夏太守,后特征为洛阳令。为官廉洁,敢于搏击豪强,造福地方,受到百姓称赞。任北海相时,捕杀了当地豪强公孙丹父子。在任洛阳令时,光武姊湖阳公主纵奴白日杀人,他当着公主之面诛杀了凶犯。光武帝因此诏其进宫,董宣以理据争,光武帝示意其向公主叩头赔情,他两手撑地,终不肯俯,留下了"强项令"之美名。董宣在洛阳做了5年县令,去世时家中只有布被裹尸,剩有大麦数斛,旧车一辆。光武帝听说,极为悲痛,说董宣廉洁而是,现在才知道。遂任其子为郎中。董宣在嵩山留下的遗迹,主要有位于今嵩山西南麓的洛阳老城东大街东段路北的董公祠。

祭 遵

祭遵

祭遵(？~33年)，东汉初著名将领。字弟孙，颍川郡颍阳县(今登封市)人。祭遵竭诚奉公，尽忠为国，带兵有方，"制御士心，不越法度"。他的一生可以说是戎马倥偬，纵横南北，屡立殊勋。祭遵少好经书，其家虽富，但祭遵却十分节俭，常穿破旧衣服。其母去世，他背土垒茔。曾有恶吏欺凌他，被他结交侠士杀死。东汉光武帝进军河北，路过颍阳，祭遵随军从征，封为军市令。因执法严明，迁刺奸将军。建武二年(26年)，任征虏将军，封颍阳侯。他和骠骑大将军景丹、建义大将军朱佑，汉忠将军王常，骑都尉王梁、臧宫等人进军其谷，攻打弘农(今河南灵宝东北)等地的敌兵。敌人的弩箭射到祭遵的嘴上，伤口流血不止。众将见祭遵受伤，渐生退意，阵脚移动。祭遵不顾伤痛，大声喝止。士兵见祭遵如此刚强，勇气百倍，终于大破敌兵。朝廷命祭遵讨伐盘踞在新城、蛮中一带的山贼张满，祭遵先断绝了张满的粮道，然后坚守营垒，坚壁不出。这时，厌新、柏华等地的残敌又和张满呼应，攻占霍阳聚，祭遵抓住有利时机，分兵将他们各个击破。次年，攻破城邑，生擒张满，将其处死。建武四年(28年)，涿都太守张丰扣留汉使，起兵反汉，自称无上大将军，并与彭宠连兵。祭遵与朱佑、建威大将军耿弇、骁骑大将军刘喜率部前往讨伐。祭遵先到涿郡，统兵攻城，势如疾风骤雨。张丰的功曹抓获张丰，献城归降。祭遵和彭宠对峙一年多，屡次打败彭宠，挫其锋芒。建武五年(29年)，彭宠被他的苍头所杀，祭遵乘势进军，攻占其地。次年春，光武帝命祭遵和其他将军联合讨伐公孙述，并事先诏告隗嚣。后光武帝派他先行，击败隗嚣的将领王元，追至新关。建武八年(32年)秋，祭遵又随光武帝由陇道西上，进攻割据者隗嚣。不久，隗嚣由略阳败退，光武帝东归，经过汧县，特意到祭遵营中犒赏士卒，演奏黄门武乐，夜深才罢。当时，祭遵重病在身，光武帝特赐以重茵，覆以御盖。后来，公孙述派兵救援隗嚣，吴汉、耿弇等撤军逃回，只有祭遵留在驻地。建武九年(33年)，祭遵卒于军中，光武帝刘秀身穿素服，亲用太牢礼痛哭祭奠。后光武帝常向群臣叹息说："安得忧国奉公之臣，如祭征虏者乎！"

祭 肜

祭肜(？~73年)，东汉著名外交官员。字次孙，颍川颍阳(今登封市)人。祭遵弟，早孤，以至孝见称。适遇天下大乱，野无烟火，而独自守在父母家侧。贼人每次经过，见其年幼而有志节，都惊奇而哀怜。祭遵死后无子，光武帝任祭肜为偃师长，令其近祭遵坟墓，四时奉祠之。祭肜治理偃师5年，县无盗贼，课为第一。后升襄贲令，祭肜上任，即诛破奸猾，消灭余党。因功皇帝下诏增秩一等，赐缣百匹。由于北方匈奴、鲜卑及乌桓等少数民族屡次入塞杀戮抢劫,边塞多事,光武帝于建武十七年(41年)委以重任,拜辽东太守。祭肜力气过人,能用300斤的重弓,每当敌人进犯,祭肜总是身先士卒,屡战屡胜。建武二十一年(45年),鲜卑万余骑进攻辽东,祭肜率数千人迎击,敌人慌忙逃窜,投水死者过半,直追塞外,斩首3000余级,获马数千匹。为了防止北方各民族联合进攻边塞,建武二十五年(49年),祭肜派使者和鲜卑交好,其大都护偏何愿得归化,即慰纳赏赐。后高句丽等族络绎款塞,进献貂裘好马,光武帝也对他们加倍赏赐。不久,偏何愿意归附东汉。祭肜说:"审欲立功,当归击匈奴,斩送头首乃信耳。"偏何即击匈奴左伊秩訾部,斩首2000余级,来拜见祭肜。其后鲜卑年年攻击匈奴,辄送首级即受赏赐。从此匈奴衰弱,边无寇警,鲜卑、乌桓也一同入朝进贡。祭肜之威名遂扬于北方,西自威武,东尽玄菟及乐浪,胡夷皆来内附,边境遂太平无事。永平十六年(73年),祭肜以太仆将万余骑与南单于左贤王信讨伐北匈奴,要求两军在涿邪山会师。左贤王信刚开始有嫌于祭肜,行出高阙塞900余里,得小山,乃妄言以为涿邪山。祭肜赶到后不见匈奴兵而回师,因而获罪下狱,后被赦免。祭肜沉毅内重,自恨见诈无功,出狱数日即呕血而死。汉明帝后想再次重用,闻讯后嗟叹了很长时间。乌桓、鲜卑也不断追思祭肜,每次朝贺京师,就到冢前拜谒,仰天号泣后才离开。辽东吏人也为之立祠,四时供奉祭祀。

常　十

常十(与汉光武帝同时代),东汉嵩山著名忠烈。传说,西汉末年,王莽篡位后,刘秀为重复汉室而起兵南阳,王莽则调集重兵围剿刘秀,刘秀兵力薄弱,抵挡不住,便采取边走边打边扩充兵力的办法,与王莽展开了拉锯战。一天,王莽将刘秀团团围在嵩山密县打虎亭一带,眼看刘秀就要被擒时,当地一家姓常的农民把刘秀藏了起来,幸免于难。常氏兄弟十人商量营救的办法,老十说:"我貌似刘秀,斩我首献之,可免除刘秀之难。"众人从之,常老十被杀后,献出了首级,从而解除了刘秀之难。刘秀即位后,为报常老十救命之恩,在距打虎亭五华里的前士郭村建造了"报恩寺",并给常氏弟兄造墓进行厚葬,封常老十为"崇圣帝",在绥水北岸建崇圣帝庙,群众称谓"补子庙"。庙位于打虎亭北三华里处的补子庙寨内,庙前有北宋崇宁年间立的《崇圣帝庙记》和《常公神道碑》。《常公神道碑》云:"密人世传汉光武帝遭王莽之难,常氏兄弟十人匿之。莽围急,兄弟谋代死。其最少为常十者,曰:我貌颇类,斩吾首献之,可免也。后如言围解。光武即初,为立报恩寺,并营其墓。后9人皆列葬其处。"惜在"文化大革命"动乱中庙宇被拆除,石碑下落不明。当地有流传的谚语:"常十冢,补子庙,金子银子十八窑"。

郅　恽

郅恽(?~约48年),东汉初学者。字君章,汝南四平(今河南西平县西南)人。王莽时,因以谶讳之学,上疏改革弊政,被捕入狱。赦后,归隐苍梧。刘秀即位,积弩将军傅俊以礼请为将兵长史,授以军政,以德治兵,军纪严明。后耻于升迁而辞归,客居江夏,讲学为主,又举孝廉为洛阳东城门侯。刘秀出猎夜归,拒不开城门,成为历史佳话。后授皇太子《韩诗》,免官后再次隐居讲学。郅恽专治《韩诗》《严氏春秋》,通晓天文、地理、数学、谶讳之学,著书8篇,已佚。

向 长

向长,东汉著名经学家,学者。字子平,河内朝歌(今淇县)人。向长一生隐居不仕。性尚中和,精通《老子》和《易经》,主张生死相齐、富不如贫的齐物论。向长自己穷得吃不饱,穿不暖,别人送给他的东西,他却留够自己用的,剩余的仍退还给人家,并常常对人说:"富不如贫,贵不如贱。"刘秀时,在其儿子娶妻、女儿出嫁之后,辞别家人,游于五岳名山,不知所终。多年后,有人见他游于嵩山太室中。

索卢放

索卢放,东汉学者。字君阳,东郡(今河南滑县)人。以《尚书》教授千余人。初署郡门下掾。更始时,使者督行郡国,太守有事,因代太守就斩而闻名。放前对曰:"方今天下苦王氏之虐政,戴仰汉德。传车所过,未闻恩泽,而斩郡守,恐天下惶惧,各生疑变。使有功不如使有过。"遂解衣而前,愿代太守斩,使者义而赦之,由是显名。建武六年(30年),征为洛阳令,政绩显著,官至谏议大夫。数纳忠言,后以病乞身。建武末,复征不起,光武使人舆之,见于南宫云台,赐谷2000斛,遣归,除子为太子中庶子。卒于家。

张 勋

张勋,东汉初文学家。字元伯,汝南(今汝南东南)人。少游洛阳太学,与山阳范式友善,二人情义传为佳话。张劭有文集2卷,传于世。

杨 震

杨震(54~124年),东汉名臣,著名清官。字伯起,中国东汉时期弘农华阴(今陕西华阴东)人。杨震的高祖杨敞是汉昭帝的丞相,封安平侯,他的妻子是著名历史学家司马迁的女儿。从其父杨宝研习《欧阳尚书》,师从于太常桓郁。通晓经籍、博览群书。他设坛讲学,弟子达3000人,时称"关西孔子杨伯起"。杨震一直不应州郡礼命数十年,50岁时,才开始步入仕途。被大将军邓骘征辟,力荐为秀才。历荆州刺史、东莱太守、涿州太守等职。杨震德才兼备,为官清廉,深得百姓拥戴和当朝皇帝的赏识。在东莱太守任内,元初四年(117年),杨震因政绩突出,被调任京都洛阳,先后任太傅、太常等职。永宁元年(120年),邓太后委任杨震为司徒(即丞相)一职,掌管全国民政。杨震位高权重,不少人想行贿谋私,遭到杨震坚决拒绝。一天深夜,有人贿送他黄金十斤。送金人说:"暮夜无人知"。杨震回答道:"天知,地知,我知,你知,何谓无知?"这句千古名言,使杨震成为历代清官的典范,被称为"杨四知"。第二年,邓太后薨,一时奸臣当道朝野黑暗。危急之时,杨震上书安帝,果断采取措施,制止这种混乱局面,招致安帝的乳母王圣等一些佞臣小人的恼怒,对杨震怀恨在心。

延光二年(123年),杨震改为太尉,负责军事。皇亲国戚每每向他推荐自己的亲信,他都不准。杨震在任内因正直不屈权贵,又屡次上疏直言时政之弊,为宦官樊丰等所忌恨。安帝不顾国家安危,下诏投巨资为乳母王圣在皇宫外大兴土木,建造私宅。为此,杨震数次进谏,安帝拒不采纳,引起了朝野不满。延光三年(124年),宦官樊丰、周广、谢恽等人趁安帝东巡泰山,争相修豪宅,竟伪造诏书,调拨国库钱粮,占为己有,挥霍一空。杨震明察暗访,准备好奏章,等安帝回朝上奏。樊丰等听说了,惶恐万状。正好太史说星变倒行,就一起诬陷杨震说:"自赵腾死后,杨震深为怨怒。并且为邓骘的旧部,怀恨在心。"等安帝返回,在太学待吉日入宫,晚上派使者持节收杨震太尉印绶,杨震于是闭门不见宾客。樊丰、周广等人暗中勾结陷害杨震,请大将军耿宝上奏说杨震不服罪,心怀怨恨。安帝竟听谗言,下诏将杨震贬为庶人,遣回华阴原籍。杨震在遣返乡途中,行至洛阳夕阳亭(城西雍门外),想到国家危在旦夕,而自己却报效无门的现状,悲愤不已,他召集家人说:"为官不能效忠于国,不能报答于民,千古落骂名,生有何益?"说罢饮鸩自尽。

杨震

杨震死后一年多,汉顺帝刘保即位(126年),奸臣樊丰、周广等被杀,杨震门生虞放、陈翼往京城为杨震翻案。朝廷都称颂杨震是忠臣。顺帝才下诏封杨震的两个儿子为郎,赠钱百万,用很高的礼节将杨震改葬于华阴潼亭。汉顺帝还亲自为杨震起草了祭文。下葬的时候,一群大鸟集结在他的墓前,俯仰悲鸣,泪下沾地。葬礼完毕才飞去。郡守将这种神奇景象汇报给顺帝,加上当时连续发生灾异。顺帝觉得这一定是上天显灵,告诉大家杨震是被诬陷而死的。于是下诏说:"已故太尉杨震,正直为怀,辅佐时政,而小人颠倒黑白,陷害忠良,上天发威,屡降灾害,求神问卜,都说是杨震枉死的缘故。"于是派人在杨震的墓前立了一尊高高的石鸟像,彻底为杨震平反昭雪。

王 霸

王霸(？~约59年),东汉初著名将领。字元伯,颍川颍阳(今登封东华镇)人。世好文法,父为郡决曹掾。王霸少为狱吏,却常慷慨不乐吏职,其父感到奇怪,遂让他赴长安读书。绿林起义爆发后,刘秀进军河北过颍阳,王霸从军,昆阳之战时随刘秀袭破王寻所部新莽军,又至河北,追斩王郎,得其玺绶,因功封王乡侯。刘秀任司隶校尉时,王霸又跟随刘秀至洛阳,带兵打仗,成为将领。刘秀即位后,认为王霸爱护士卒,通晓军事,任他为偏将军,把傅俊、臧宫的部下合在一起,由他统管。建武二年(26年),刘秀改封王霸为富波侯。建武四年(28年)秋,受命和捕虏将军马武讨伐梁王的部将周建、苏茂,经过数次应战与挑战,使敌方连连败退。后由周建的侄儿周诵在城中起事,紧闭城门,不放苏茂、周建入城,二人逃遁,周诵则献城降汉。次年春,王霸任讨虏将军。建武六年(30年),王霸屯田函谷关,进击荥阳、中牟,盗贼皆平之。建武十年(34年),于高柳大败卢芳部将贾览等,封向侯。任上谷(今河北怀来县东南)太守

20余年。后复与吴汉等讨伐高览,与匈奴援兵大战于平城(今山西大同),斩首数百。建武十三年(37年),率刑徒治飞狐道,筑亭障自代(今山西阳高)至平城300余里。曾上言宜与匈奴和亲,又陈说漕运事,皆被采纳。事后南单于、乌桓降服,北方安宁。建武三十年(54年),封王霸为淮陵侯。永平二年(59年),王霸病卒。明帝时图画功臣,王霸被列为云台二十八将之一。

孙 堪

孙堪,东汉时期著名经学家。字子穉,嵩山缑氏(今偃师市)人。杜子春的学生,是个功绩卓著的官吏。《后汉书·儒林传》说他"明经学,有志操,清白贞正,爱士大夫,然一毫未曾取于人,以节介气勇自行。"王莽末年,兵革并起,宗族的老弱妇幼都住进营保避难。孙堪为了保护人民,常带领青壮年与来敌搏斗,身上被砍伤数处,仍无所回避,地方赖以安宁,郡中都佩服他的义勇。光武帝建武年间(25~55年),在郡县做官,公正廉洁,所得俸禄没有用来养活妻儿老小,全用在了供养宾客上。后来作了600石以上的长吏,每到一处,功绩突出,受到官吏和老百姓的敬仰。但他从不贪恋富贵。当他任县令时,一次去谒见上级,按当时规矩,临见时是要小跑趋见的,而孙堪却不亢不卑,阔步而行,受到守门亭长的谴责,孙堪于是解印绶离职而去,不见上司。后又复职作左冯(相当于郡)太守,因对下级要求严格,被司隶校尉举奏免官。数月后,被征召任命为侍御史,又迁任尚书令。明帝十一年(68年),拜光禄勋(掌领戍卫侍从)。孙堪为政清正廉洁,刚直不阿,多次向皇帝直言纳谏,大都被采纳。永平十八年(75年),因病乞请退休,被授予侍中骑都尉。不久,就死于任上。孙堪明经学、有志操,为官廉洁,政绩显著,时人誉他与周泽(字穉都)为"二穉"。

郭 贺

郭贺(?~64年),东汉大臣。字乔卿,洛阳(今洛阳东北)人。刘秀时为尚书令,又改授荆州刺史,政绩显著,明帝即位,特赐三公之服,以表对其政赞赏,后拜河南尹,以清廉著称。

刘 庄

汉明帝刘庄

刘庄(27~75年),东汉明帝。刘秀第四子,母阴皇后。初名阳,建武十九年(43年)立为皇太子,改名庄。大经学家桓荣博士为他的老师,教授古文《尚书》,刘庄认真学习,深刻钻研,不久,就达到了精通。建武中元二年(57年),30岁即皇帝位,在位18年,继承和发展了刘秀治国的策略,使社会不断发展,被史学家誉为"天下安定,百姓殷富"的时代。明帝之世,对宗亲外戚防范甚严,后宫之家不得封侯与政;楚王英、淮阳王延先后谋反,均兴大狱。在政治上以刑理治国,法令分明。崇尚儒术,修建辟雍,亲至太学,登台讲经,执经问难,并规定自太子起贵族子弟都须习经。提倡佛教,遣使至印度访求佛法,为印度僧人竺法兰、摄摩腾建立白马寺,为中国佛教发展拉开了序幕。注重生产,兴修水利,令王景、王吴修治浚仪渠(在今开封),治理黄河,修堤千里,并继续推行徙民垦边及内地开荒治策。在位期间,人口由2100余万增至3400余万。随着国力增强,在三原(今内蒙古包头市东北)郡顿驻精兵,并派窦固等反击北匈奴,打通班超通西域的道路,屯兵伊吾卢(今新疆哈密),复置西域都护。东北乌桓、濊貊,西南哀牢等族均内附,白狼人作歌三章献之,备述慕经化归义之意。史称是时"吏称其官,民安其业,远近肃服,户口滋殖焉。"明帝以及随后的章帝在位期间,史称"明章之治"。永平十八年(75年)八月,明帝刘庄病死于洛阳东宫前殿,享年48岁。遗诏:"无起寝庙,丧事从简,不准奢费。"死后葬显节陵,谥明帝。

刘庄在嵩山留下的遗迹,主要有位于今嵩山西南麓的洛阳市东12公里的白马寺和北邙山之巅的明帝显节陵。

明德皇后

明德皇后(39~79年),东汉明帝刘庄的皇后。马氏,名字失载。扶风茂陵(今陕西兴平东南)人。伏波将军马援的小女儿,汉明帝刘庄的皇后。父亲马援为刘秀时期的名将。父亲死时明德皇后才10岁,家庭失势,经常受权贵欺侮。但马氏家庭全靠她一个孩子操持料理。自幼聪明好学,知书识礼,生得端庄美丽。13岁选入太子宫中,深得皇后阴丽华的喜爱。后太子即位,为汉明帝,立马氏为贵人。妃子贾氏生了一个儿子刘炟(肃宗)。因马氏没有儿子,明帝便让马氏抚养。马氏把贾氏的儿子当作自己亲生儿子,劳神费力,呵护备至,超过了亲生。后来,由阴太后举荐,明帝将她立为皇后。明德皇后虽为一国之母,率先垂范,以俭朴节省治理后宫,利用在皇帝身边的条件,对明帝主持国政上的失误提出谏正。如明帝封皇子,明德皇后提醒他,按规矩法则办,以节俭为本;明帝之子楚王欲谋反,明帝废黜楚王,追查余党,株连数千人。明德皇后虑其多滥,难免造成冤案,找机会向明帝谏劝,终于,明帝降旨从轻发落了一大批受株连的人。后太子刘炟即位,是为汉章帝。明德皇后被尊为皇太后。明德皇后不仅从未以私家干预朝政,而且对于自家亲戚的行为约束也极为严紧。外亲中"有谦素义行者",则给予表扬,并赏赐钱财;有"不轨法度者",便断绝亲戚关系并遣送回农村乡下。建初四年(79年)初,明德皇后病逝,年仅40岁,谥号明德,与汉明帝合葬于显节陵。明德马皇后是中国第一位女史学家,著有《显宗起居注》一书,开创了"起居注"这一史书体例之先声。她劝阻皇帝加封她母家以防止外戚专权,这种见识和行为在封建社会中难能可贵。即是在当今,也值得人们效法。

郭 弘

郭弘(约36年前后在世),东汉著名法学家、官吏。颍川阳翟(今禹州市)人。治《小杜律》。被本地太守寇恂辟为"决曹掾",掌管司法审判达30年,用法公正,民无怨情,被判之人无怨言,时称东海于公,享年95岁。

郭躬

郭躬(1~94年),东汉著名法律学家、官吏。字仲孙,颍川阳翟(今禹州市)人。郭弘子。郭姓家族是一个世传律学、世代为官的家族。郭躬少年即承父业,讲授《小杜律》,徒众经常多达数百人。后为郡吏,被招入公府。永平年间(58~76年),奉车都尉窦固奉旨出击匈奴,骑都尉秦彭为副。当时窦秦2人分兵屯戍,秦彭依法斩首不服从命令的将校,窦固奏秦彭杀伐自专。明帝招群臣廷议,朝臣慑于外戚窦固之威,都以窦固为是,只有郭躬说秦彭无罪。明帝以为秦为副将,无兵符,不当自专。郭躬解释道:同在一营,副将必须听命于主帅,然分兵于外,自然不同,军情紧急,瞬息万变,事事奏请,恐贻误军机,何况汉制授兵于将,即为符节,依法而论,秦彭无罪。有兄弟杀人,不知如何定罪。郭躬认为,兄不教育好弟,罪当斩;弟为从犯,可免死罪。中常侍孙章宣诏时,误说两人皆死罪。尚书弹劾孙章矫诏,罪当腰斩。明帝询问郭躬,郭躬对曰:罪当罚金。明帝说,孙章矫诏杀人,为何只判罚金?郭躬解释说:依法定罪,罪有故、误之分。孙章传命有误,罪当轻。明帝说,孙章与罪犯是同乡,可能是故意。郭躬对皇上说:王法大如天,不能以推测来定罪。郭躬主张审案定刑应从宽从轻。他以大小之狱必察为章帝称赞,迁廷尉正。后又三迁。元和三年(86年),官至廷尉(掌平狱,奏当所应。决郡国疑狱)。曾奏请改重为轻刑律41条,皆为朝廷采纳,颁布施行。向朝廷奏请依律定罪,使许多不当斩者,保全了性命。永元六年(94年),卒于任所。东汉时,郭姓为颍川望族。郭躬家自父郭弘后,数世皆学法律。郭躬其子郭晊、侄子郭镇,郭镇子郭贺,郭贺的弟弟郭祯、族弟郭禧,都因为通晓法律而被任命为廷尉。郭禧的儿子郭鸿官至司隶校尉,被封为城安乡侯。这样颍川郭氏从郭弘到郭鸿,一门五世,世习法律,出仕为官,均居显位,成为东汉中期有名的刑法世家。

黄香

孝子黄香

黄香(18~106年),东汉著名孝子、文化名人。字文强,东汉江夏郡安陆县人。他本是江夏黄氏始祖楚春申君黄歇的15代裔孙。发迹于颍川(今禹州市)的阳夏黄氏始祖黄霸的八世孙。黄香的生命历程中有两个亮点:其一,黄香的祖上虽然"代为冠族",但他父亲黄况只当过叶县令。当黄香于东汉明帝永平初年(58年)前出生之后,家里已穷得雇不起奴仆,他自幼"躬执勤苦"。9岁时,母亲去世,他对父亲倍加孝敬,炎夏为父扇席,寒冬为父暖被,被乡人称为至孝,连当时的太守刘护都为他题字"门下孝子"相赠。黄香的这种品行正符合封建社会的伦理道德标准。旧传元代郭居敬、郭居正兄弟挑选了历史上的24位孝子,辑成《二十四孝子》一书,作为做人的楷模,黄香名列其中。而在近千年来用作中国人启蒙课本的《三字经》中,更以黄香为中国孝子的第一代表,故有"香九龄,能温席,孝于亲,所当执"之语。因此,自明清以来,黄香一直被人们所推崇。其二是黄香很小的时候,便广泛阅读儒家经典,精心钻研道德学术,以文章闻名京师。后汉章帝还曾特许他进入东观(国家图书馆)读书。博览群书后,黄香声名大噪。黄香以儒学入仕,初任职守于宫殿前、左、右廊庑之官郎。元和元年(84年),皇室为千乘王刘伉在中山举行加冠大礼,汉章帝特邀黄香参加,然后对诸王侯介绍说:"此'天下无双,江夏黄香'者也。"

永元四年(92年),黄香升为左丞相,两年后又升为尚书令,经常参与国家政事,数陈得失,深受汉章帝器重,被委以重职,掌管国家机枢。汉皇室对黄香又每多奖赏,黄香任尚书令后,增秩至二千石,赐钱三十万,经汉章帝、和帝两朝,黄香一直受皇家亲重。至安帝继位(107年),黄香出任魏郡太守,不数年,后因郡内水灾被免职,旋即去世。

黄香著有《赋》、《令》、《书》、《奏》、《笺》5篇,可惜已失佚不存,现有《九宫赋》、《天子冠颂》、《责髯奴辞》见存于《古文苑》中。

王　充

王充

王充(27～约97年),东汉前期著名的唯物主义思想家、散文作家、文学评论家。字仲任,会稽上虞(今浙江上虞)人。年轻时父母双亡,乡里称孝。自幼好学,因"家贫无书,常游洛阳书肆,阅所卖书,见辄能诵忆,遂博通众流百家之言",后成为著名的大学者。曾在洛阳太学受学于名儒、史学家班彪。王充终生潦倒,但"贫苦而志不倦"。王充曾在地方任功曹的小官,因和显族达贵不合,便辞职不仕,回到乡里教书和专心著述。晚年,刺史董勤曾举他任从事,转治中,不久便辞官而去。

两汉时期,神学泛滥,谶纬迷信横行,天人感应、天人合一遂成为两汉人的思维方式。王充一生虽然比较贫困,但在宗教气氛浓厚的京都洛阳,他为实现自己的理想,以批判的战斗精神,高举"疾虚妄"、"求实诚"的旗帜,从理论上对当时流行的谶纬神学,"君权神授"的谎言迷信学说,给予了有力的回击,给僵化的思想界带来了一股强劲的风。

王充认为宇宙的根本是"元气",天地是元气的产物。他的《谈天篇》认为,"天道无为,故春不为生,而夏不为长,秋不为成,冬不为藏。"《命禄篇》中有"天地合气,万物自生。犹夫妇合气,子自生矣。"在《自然篇》中,王充对符瑞、灾异、风火、卜筮、祭祀、祈禳、谴告、求雨、拜龙等迷信活动进行了辛辣的讽刺,说"人不能以行感天,天亦不随行而应人。"《明雩篇》强调有生必有死,"死者,生之效;生者,死之验也。"《道虚篇》指出鬼是人的一种幻觉,"人病则忧惧","忧惧则存想,存想则目虚见。"《实知篇》中集中驳斥当时所宣扬的先验论。他指出,耳目的见闻是形成知识的基础,除直接感官外,还要依靠间接的经验,后天的"学"和"问"。《自纪篇》强调论文内容,力主"为世用者,百篇无害,不为用者,一章无补"。在形式上提倡通俗,反对崇古、模拟和"浮华虚妄之语"。《订鬼篇》反对"圣人生而知之"的说法,认为知识得自眼见、耳闻、口问,还要"必开心意",既要通过感官,又要通过思维。"不学自知,不问自晓,古今行事未之有也。"提出"引事物以验其言行。"在文学批评方面,他反对当时"好珍古而不贵今"的学风和"知五经而不知当世"的腐儒,批判了华而不实、虚伪浮靡的文风,对魏晋后的文艺思想影响很大。

王充自西汉以来对官方倡导的各种神秘主义学说予以总批判,并充分吸取当时所掌握的科学知识和智慧,批判和继承古代各家精华,有力地论证了宗教迷信的虚妄,丰富和发展了古代唯物主义和无神论思想。他历经20余年的时间写出《论衡》一书,共有85篇,20余万言,当时被视为"异端邪说",长期受到埋没,东汉末年才流传开来。《论衡》一书总结了汉代自然科学的成果,冲破了东汉时学术界愚妄和迷信的禁锢,批判了谶纬之学。在王充思想的影响下,东汉末年的学术风气发生了根本的变化,荒诞、繁琐、丧失了生命力的神学日渐为人们所厌弃,一种轻慢礼法、蔑视名教的思潮勃然兴起,从而结束了两汉神学经学统治的时代。《论衡》被近人范文澜誉为"黑暗里发射出的人民智慧之光的明灯"。

王充另著有《讥俗节义》、《政务》等,今已佚。关于他的地位和影响,据《袁山松书》载:"《抱朴子》曰:时人嫌蔡邕得异书,或搜求其帐中隐处,果得《论衡》,抱数卷持去。邕叮咛之曰:'唯我与尔共之,勿广也。'又说:'王郎为会稽太守,又得其分,及还许下,时人称其才进。或曰,不见异人,当得异书。问之,果以《论衡》之益,由是遂见传焉。'"

竺法兰　摄摩腾

竺法兰和摄摩腾同为天竺和中天竺(今印度)僧人,摄摩腾通大小乘经。东汉明帝永平(58～75年)中,派蔡愔、秦景到天竺取经,在大月氏国(今阿富汗境至中亚)遇摄摩腾和竺法兰,遂邀同来中国。

摄摩腾　竺法兰

永平十年(67年)至洛阳。明帝于京西雍门外,为二僧传授佛法和翻译佛经修建僧院(即白马寺)。在洛阳白马寺传佛法,译佛经。竺法兰单独译出《十地断结经》、《法海藏经》、《佛本生经》、《佛本行经》等,摄摩腾译《四十二章经》,为佛教传入中国之始。二高僧同被尊为中国佛教的鼻祖。二高僧圆寂后,都墓葬在嵩山白马寺山门两侧。他们在嵩山的活动遗址有白马寺、法王寺、慈云寺等。

王 景

王景(约30~85年左右),东汉著名水利家。字仲通,是个学识渊博的学者,擅长水利工程技术。汉代时期,黄河水患十分严重。仅西汉时期,见于记载的黄河决口泛滥就达11次。公元11年,黄河在今河南濮阳一带决口,当时的王莽没有采取措施筑堤修河,致使黄河改道,黄河水侵入汴梁(今荥阳西南部的溹河),许多田地村落被洪水吞没,其中今河南北部、东南部、山西西部、安徽西北部受害最重,民不聊生。东汉明帝永平十二年(69年),东汉政府决定派王景负责治理黄河。这次治理黄河的规模相当大,动员了数十万人修筑黄河大堤。王景测量地势,开凿山阜,建立水门,修筑大堤,施工整整一年时间,所花经费上百亿,工程终于顺利完成,这就是历史上著名的王景治河。其主要成就,主要表现在他系统修建了从嵩山荥阳到山东黄河入海口长达千余里的黄河大堤,稳

王景

定了公元11年决口后的黄河河床,并使黄河、汴水分流,河不浸汴,汴水也得以安流,不再泛滥。这条新的黄河大堤,是黄河中下游距离大海最近的路线,也是一条理想的行洪泄沙线路。同时,王景还在黄河上每隔10里立1水门,这起到了分淤减洪的重要作用。王景治河成功以后,郑州一带的泛滥区又成了良田,百姓交口称赞。东汉永平十三年(70年)四月,也就是王景治理黄河成功的当年,汉明帝亲自来到现在郑州的荥阳,巡视黄河大堤,了解黄河的治理情况。王景治河以后,一直到唐代末年的800余年间,黄河出现了相对安流的状态。

刘 炟

刘炟(57~88年),东汉章帝。汉明帝第五子,母贾贵人,养于马皇后。公元75年即位,在位14年。永平三年(60年),他在3周岁时被立为皇太子,永平十八年(75年)继位。旧史章帝与明帝并举,称"明帝之治"。章帝重视农业生产,奖励增殖人口,元和二年(85年)下诏,妇女怀孕,赐"胎养谷"3斛,免其夫徭役,免算赋1年。章帝素知人厌明帝苛切,于是事从宽厚,从尚书陈宠之议废止了一些伤残肢体的酷刑。禁止盐、铁私煮、私铸。注重选拔官吏。打击豪强地主兼并土地,采取优惠政策募民垦荒,减轻徭役赋税。章帝好儒学,建初四年(79年)召集儒家学者在白虎观举行大会,自己亲自出席并为儒家各派学者的观点下定论,确定了儒家"五经"(《诗》、《书》、《礼》、《易》、《春秋》)的官方解释文本。会议记录由班固整理成《白虎通德论》,又名《白虎通义》。在位时有班超出使西域。章帝还是一位书法家,尤善草书。后世称"章草"。章和二年(88年),刘炟病死,时年31岁,葬于敬陵(洛阳),庙号肃宗,谥孝章皇帝。

《后汉书·章帝纪》记载,东汉章帝刘炟,于建初八年(83年)十二月申午视察,在嵩山颍阳(今登

封市颍阳镇)停留四日,戊甲日,车驾返京。

班 固

班固

班固(32~92年),东汉前期著名史学家、文学家。扶风安陵(今陕西咸阳)人。其父班彪为著名学者。自幼随侍父亲,9岁能文、诵诗赋,16岁入洛阳太学,博览群书,九流百家之言,无不穷究。23岁时,因父病故回乡守丧,期间遍读了父亲的遗作《史记后传》65篇,认为"所续前史未详",于是继承父业搜集史料,从明帝永平元年(58年)起,在《史记后传》的基础上撰写汉史。永平五年,班固被人告发私改国史而下狱。弟超诣阙上书,力为辩白,得释。获释召为兰台令史,与陈忠等写成《世祖本纪》,迁为秘书郎,受命编撰《汉书》。汉章帝爱好文学,班固常侍从巡狩,作赋颂,后任玄武司马。建初四年(79年),曾根据诸儒在白虎观辩论五经同异的结论,整理成《白虎通义》。和帝永元元年(89年),班固随大将军窦宪出击匈奴,为中护军。大破匈奴后,作《燕然山铭》以记功。后因窦宪谋反案,班固作为幕僚而受牵连,先免官,后被下狱,遂死于狱中,年61岁。时《汉书》尚有八"表"及《天文志》未完成,后由其妹班昭和马续续成。

《汉书》是我国第一部纪传体断代史,叙事详密谨严,语言整饬富赡,与我国第一部纪传体通史《史记》相比具有明显不同的艺术风貌。班固根据丰富的历史资料,运用他高超的艺术才能,加以提炼和熔铸,在每篇传记中抓住一个主题,加以深刻细致的描写,使事件和人物形象地再现出来,显示了历史事件的本质和面貌。《汉书》记事始于汉高祖元年(前206年),终于新莽地皇四年(23年),共229年的历史阶段。全书分12起、8表、19志、70传,共100篇,后人划为120卷。

除《汉书》外,班固的辞赋作品亦很有名,如《两都赋》、《答宾戏》、《幽通赋》。其代表作为《两都赋》,其中的《西都赋》和《东都赋》均系鸿篇巨制。东汉建都洛阳,关中父老犹望复都长安,班固对此颇持异议,因做《两都赋》。《西都赋》假设西都宾客向东都主人夸耀西都(长安)的形势险要,物产富庶,宫廷繁华;《东都赋》则借东都主人之口称颂光武帝的建国伟业,继述明帝修洛邑,再说田猎、宴饮、祭祀的盛况,以显示今朝的声威和盛况,表现了对东都洛阳的肯定。《两都赋》是汉代都城赋的代表之作,它以征实与夸张相结合描写都市风貌,具有开创意义。尽管在班固之前已有京都赋之作,但能使这类题材以及表现方式、结构方式相结合而形成大赋最重要的一种门类,乃有赖于《两都赋》取得的成就,因而在赋体发展史上,它是具有划时代意义的作品。

班　超

班超(33~103年),东汉杰出的外交家、军事家、探险家,班彪子、班固弟。字仲升,扶风郡安陵县(今陕西咸阳东北)人。父亲和哥哥都为史学家。30岁入京(洛阳)从文,初任兰台令史,后投笔从戎,于永平十六年(73年),东汉大将窦固统兵出击匈奴,班超应征入伍,任前军假司马。在伊吾庐战中,班超所部斩敌居多,其文武兼备的才能为窦固所赏识。不久,窦固派班超率吏士36人出使西域。到达鄯善国(今新疆若羌)后,袭杀匈奴派驻鄯善的使巨,促使鄯善王与匈奴断交,归顺汉朝,并派王子到京师洛阳做人质。擢军司马。不久,又西至于阗国(今新疆和田),班超恩威并施,迫使于阗王与匈奴断交、杀匈奴使者,归服汉朝。次年入疏勒(今新疆喀什噶尔),废黜亲附匈奴的疏勒王,驱逐统治疏勒的龟兹人,重建亲汉疏勒政权。数月内,基本上打通了西域南道。东汉政府在龟兹重建西域都护,恢复对南道诸国的管辖。永平十八年(75年),北匈奴出兵2万与东汉争夺西域。匈奴胁迫车师(今新疆吐鲁番一带)叛汉,又指使焉耆庛(今新疆库车)、姑墨(今新疆温宿、阿克苏一带)也发兵攻疏勒,他率部坚守。章帝即位后,曾召班超回国,但因疏勒、于阗等国百姓的请求,遂决心留驻西域。虽陷入绝域,面对匈奴及亲匈势力的威胁,班超联络南道诸国,组建了一支1万多人的军队。他统率着这支军队,击退了匈奴势力的进攻,乘胜出兵北道,攻破姑墨,孤立龟兹,形势转危为安。公元80年,西域大国莎车(今属新疆)为独霸西域,勾结亲匈奴的龟兹王,一面以重兵压境,一面暗中唆使疏勒王叛乱。在复杂的形势下,汉章帝发兵1800人增援班超。班超以此为骨干,指挥南道诸国军队,联络大月氏,平定了疏勒王之乱,稳定了后方。建初八年(83年)迁将兵长史。章和元年(87年),班超调集两万五千人马,北攻莎车,莎车得龟兹援兵5万与班超军决战。班超审时度势,以调虎离山之计,诱龟北军主力南下,然后出其不意地击降莎车,威震西域。永元二年(90年),大月氏(在今阿姆河上游)发兵7万,东越葱岭,与汉军争夺西域。鉴于双方兵力悬殊,班超采取坚壁清野之法,置大月氏军于粮尽待毙的绝境。无奈大月氏遣使请罪乞求生还,班超特放大月氏军队回国,以此重修旧好。次年,龟兹、姑墨等国均归降。他任西域都护府,驻守龟兹。永元六年(94年),班超征调8国军队7万之众,进讨尉犁、危须等国。他陈兵3国城下,不战而屈3国之兵,分别降服3国。至此,西域50余国全都归汉。公元95年,汉和帝下诏褒奖班超,因功封"定远侯"。班超在西域活动达31年,机智勇敢,坚忍不拔,使西域各国摆脱了匈奴的奴役,"丝绸之路"亦得以畅通。永元十四年(102年)八月,71岁的班超回洛阳,任射声校尉,旋病逝。

班　昭

班昭(约49~约120年),东汉女文学家、中国第一个女历史学家。字惠班,又名姬,扶风安陵(今陕西咸阳东北)人。大文豪班彪之女,班固、班超之妹。班昭家学渊源,尤擅文采。因丈夫姓曹,历史上又称曹大家(音姑)。丈夫死后,和帝赏识她的才华,让她供职宫中,教皇后和嫔妃们诵读经史,很受和帝及后、妃们的尊重。兄长班固去世之时,他编纂的我国第一部纪传体断代史《汉书》中的《八表》及《天文志》并未完成,和帝诏班昭就东观续成之。班昭承其遗志,独立完成了第八

班昭

表《百官公卿表》与第六志《天文志》,使《汉书》得以出世。班昭亡故,年70余岁。

《后汉书》本传云:所藏赋、颂、铭、诗、问、注、哀辞、书、论、遗令凡16篇以及《女则》《女范》《女孝经》等,她在《女则》《女范》《女孝经》中提出了妇女应当遵守的封建伦理道德,为儒家和历代封建统治者所敬重,也就被抬到"女圣人"的地位。其子曹成被封为关内侯,另一个儿子曹俗,也在陈留为官。死后,皇太后亦素服举哀,派人监护丧事,以示优礼。原有《班昭集》3卷,大都失传。今除《女诫》外,存文6篇,有清严可均辑于《全上古三代秦汉三国六朝文》。班昭之作以《文选》所载《东征赋》为最有名。此赋为安帝永初七年(113年),是班昭随同儿子到陈留赴任时,描述自身经历的作品。全赋较短,多发怀古之思。

窦　宪

窦宪(？~92年),东汉外戚、权臣、著名将领。字伯度,东汉开国功臣窦融之曾孙。扶风平陵(今陕西咸阳西北)人。章帝建初二年(77年),其妹被立为皇后。窦宪及其弟笃入朝为官,权势日显。窦宪初为郎,后任侍中、虎贲中郎将。其弟窦笃任黄门侍郎。兄弟二人,同蒙亲幸,并侍宫省,宠贵日盛,王公侧目。窦宪于是恃宠欺人,竟至于用低价强买沁水公主的园田。公主畏惮窦宪的势焰,不敢与其相争。后为章帝发觉,大怒,招来窦宪,深加责备。窦宪非常恐惧,窦皇后也为其求情,章帝才渐息盛怒,命他把园田归还公主。这次虽然没有治他的罪,但此后章帝对他再不授予重权。章和二年(88年),章帝去世,10岁的太子刘肇嗣位,是为汉和帝。尊窦皇后为太后,临朝称制。窦太后为窦宪、窦笃加官晋爵,又将其另外两个弟弟窦景、窦瑰委以重任。窦氏权倾朝野。

窦宪在洛阳多次违法,口碑甚差。永元元年(89年),窦宪遣客刺杀太后幸臣,得罪,被囚于宫内;因害怕被杀,自求击北匈奴以赎死。适逢南匈奴单于请兵北伐,乃拜窦宪为车骑将军,以执金吾耿秉为副,各领4000骑,合南匈奴、乌桓、羌胡兵3万余出征。窦宪遣精骑万余大破北匈奴于稽落山(今蒙古额布根山),北单于逃走。窦宪追击诸部,出塞3000里,登燕然山(今蒙古杭爱山),刻石纪功,命中护军班固作铭。回师以后,拜宪为大将军,位次太傅,在三公上。永元二年,窦宪出屯凉州。永元三年,窦宪又遣左校尉耿夔等出居延塞,大败北匈奴于金微山(今阿尔泰山)。北单于奔逃,下落不明。其残部数千人在北单于之弟率领下,迁居止蒲类海(今新疆巴里坤湖),遣使降汉,汉帝国从其降,派军监护。北匈奴从此破散。窦宪击破匈奴有功,骄横异常,其家人党羽充满朝廷。永元四年(92年)他的党羽邓叠、邓磊、郭举、郭璜也互相勾结,有的还出入后宫,得幸太后,于是欲谋叛逆。当时和帝已14岁,每次临朝,见到窦宪,都非常恐惧,事无巨细,均要听从窦宪。宦官郑从,谨敏有心计,劝和帝诛杀窦氏,和帝大悦,遂与郑众密谋行事。考虑到窦宪驻扎在外,怕他兴兵为乱,谋定后忍而未发。适逢窦宪和邓叠班师回京,和帝大喜,下诏让大鸿胪持节到郊外迎接,并按等级赏赐军中将士,以安其心。窦宪进城之后,和帝亲临北宫,命将屯卫南、北宫,关闭城门,逮捕了邓叠、邓磊、郭举、郭璜,下狱诛死。并派人收回窦宪的大将军印绶,更封为冠军侯,让他和窦笃、窦景、窦瑰回封邑去。窦宪、窦笃、窦景到封地后,都被迫令自杀。永元十年(98年),窦瑰也被梁棠所逼自杀。窦氏家族宾客,皆回归本郡。和帝亲政,封郑大长秋,参与政事,而东汉宦官受株连者也都免官还乡。

袁 安

袁安(?~92年),东汉大官僚、大门阀。字邵公,东汉时河南郡汝南人。《后汉书》有传。袁绍的四世祖。袁氏四世三公,门生故吏遍于天下。《后汉书·袁安传》说他自幼习孟氏易经,举孝廉,后步步高升,最后拜司空、司徒,位至"三公"。在政治上,他主张推行所谓"仁政"。他在做河南尹时,曾说"锢人于圣世,尹(指他自己)所不忍也"。史书上也说他"未曾以藏罪鞫人"。明帝时,楚王英因谋反被处死,流放的亲戚、诸侯、州郡豪杰上千人,下狱的达数千人。当时袁安被任命为楚郡太守,处理此案。到任后,他查无明证的,就放出了400余家。袁安死后,葬于嵩山偃师县辛村。1930年在该墓中出土有《袁安碑》,该碑的出土对研究东汉时期社会政治、文化以及袁安家族的历史有着重要的作用。

王 涣

王涣,东汉洛阳令。字稚子,东汉广汉郡郪县(今四川中江县东南)人。其父王顺曾做过东汉安定郡太守。王涣自幼受儒家思想的影响,成为一名深明大义、忠孝仁义之士,在广汉郡太守陈宠的推举下,汉和帝任王涣为河内郡温县(今河南温县)县令。任职期间,王涣针对社会治安混乱局面,采取了强有力的措施,镇压了一批黑恶势力和奸猾豪强。一度动乱不安的温县,很快变得"境内清夷",商人露宿街头,也不会遇到被抢的危险。温县从大乱到大治,王涣功不可没。三年后,王涣很快被提拔为兖州刺史。也就是在这个时候,王涣开始声威大振。东汉永元十五年(103年),王涣以侍御史的身份,陪同汉和帝南下祖祭,回到京城后,和帝便任王涣为洛阳令。洛阳是东汉的京都所在,皇亲国戚、达官贵人多居于此。对这些权要的违法行为,洛阳的地方官感到棘手,很难处理。王涣刚刚上任,便遇到前任县令遗留下来的一大堆难题。王涣迎难而上,从容应对,不畏权贵,秉公办案。他采用宽严兼施的办法,将一些疑难问题逐一清查处理。

公元105年,王涣因病过早地离开了人世,在洛阳令的职位上任职不足3年。洛阳各地的老百姓自发凑钱,摆设祭桌,祭奠王涣。当王涣的遗体送回故乡,途经弘农郡(今河南西部、陕西东部)一带时,当地不少百姓也同洛阳的老百姓一样,在路旁摆上祭品,祭奠王涣。当地地方官感到十分奇怪,便问为何要祭奠一位洛阳令呢?大伙回答说:"这是为了报答王涣县令的恩德呀!"过去他们经常到洛阳购买粮食等商品,一旦遇上洛阳官吏检查,一半的粮食将被白白拿走。而在王涣任县令的几年里,就不曾发生这样的事。

汉桓帝即位后,对黄老之学深信不疑,并诏令文武百官也必须信仰"黄老无为"学说,按国家大典的规格在宫中祭祀老子,并在延熹八年(165年)下诏改造所有的祠庙,一律改祀老子。保留的名人祠庙仅有两座:其一是洛阳令王涣祠,另一个是汉光帝时太傅卓茂祠。

袁敞

袁敞(？~117年),东汉官吏。字叔平,袁安第三子。少传《易经》教授,以父任为太子舍人。和帝时,历任将军、大夫、侍中,出为东郡太守,徵拜太仆、光禄勋。安帝元初三年(116年),代刘恺为司空。次年,坐子与尚书郎张俊通,漏泄省中语,策免。敞廉劲不阿权贵,失邓氏旨,遂自镣。朝廷由此"薄敞罪而隐其死,以三公礼葬之,复其官"。袁敞死后,葬于嵩山偃师县辛村,1923年在该墓中出土有《袁敞碑》。

邓绥

邓绥(81~121年),和帝皇后,东汉著名女政治家,中国历史上第一个垂帘听政的皇后。6岁能通诵史书,12岁能通《诗》、《论语》,专志典籍,不问居家之事,家人号曰"诸生",其才能为诸兄弟所不及。12岁被选入宫,漂亮得让看到的人都惊异她的美貌。15岁升为贵人。永元十四年(102年)阴后因为被告行巫蛊之事为皇帝所废。和帝因宠幸邓氏且认为她有德行,因此立她为皇后。邓绥成为皇后之后,因其具学识和才能,已逐渐参与政事。

汉和帝刘肇在元兴元年(105年)去世,使邓皇后更得以进入政治权力的中心。她早在为贵人之时,因和帝子多夭死,即常为他选进才人,希望能广其后嗣;和帝之后所生数子则多秘养于民间,这虽是为刘家的继嗣着想,但也为邓氏提供了之后拥立新帝并以母后掌权的机会。和帝去世,邓后虽无子,但迎回了养于民间、年方百日的和帝幼子汉殇帝即位,邓后被尊为皇太后,因殇帝年幼,故她临朝听政。她屡次以皇太后的名义下诏书,并自称为朕;因此虽然她在诏书中称她只是"权佐助听政",但事实上她已成为国家实质上的领袖。不及一年,殇帝亦死,邓太后与兄长车骑将军邓骘以和帝长子平原王胜有个疾为由,先以年13岁的汉章帝之孙刘祜为汉和帝之后嗣,再立他为帝,是为汉安帝。这种立侄不立子的安排,引起了一些大臣的不满,如司空周章谋立平原王胜,但事败自杀。安帝即位后,邓太后继续临朝,一直到她死为止,共摄政达16年之久。

公元121年,她抱病下诏,大赦天下,是年三月癸巳日驾崩,谥号"和熹皇后",与汉和帝刘肇合葬于顺陵。

蔡伦

蔡伦(？~121年),东汉时期发明家,我国造纸术的发明者。字敬仲,桂阳郡(湖南耒阳)人。蔡伦出身农家,汉明帝永平十八年(75年),蔡伦因家境贫困,无以聊生,被征入京城洛阳做了太监,18岁时才当上了"小黄门"。东汉和帝永元元年(89年),蔡伦被提升为中常侍,掌管宫内杂事,负责传达皇帝诏令及管理文书,并参与一些机要大事的谋划。和帝永元九年(97年),任兼职尚方令,专门负责为皇帝制造御用的宝剑、器物等,同时拥有一定的权力和财力。在他督导下制出的物品,样样工艺精湛,质量上乘,为后世所效仿。他看到书写用竹、木简太笨重,搬上搬下不方便,就引发了能否采用一种采写便利、耐用的新材料来替代的想法。汉朝当时还没有棉花,而蚕丝业已经很发达了。用薄薄的丝片抄写文字,虽然既轻又薄,比竹简好,比帛便宜,但仍较贵重,且产量少。当时新疆、陕西、甘肃等地分别发现有罗布淖尔纸、灞桥纸、金关纸等几种古纸,只能算是纸的雏形,是自然成形的,纤维稀疏,不便广泛应用。

一年春天,蔡伦带领几名太监出宫游玩,当他们来到马涧河流经的缑氏县(今偃师市缑氏镇)陈河谷(也叫凤凰谷)一带时,发现在河边枯枝干草上悬挂着一些与丝棉絮形状接近的缕丝物,蔡伦立即联想到能否用此物来写字的念头。他找当地老农寻问,说是上游涨水时冲积下来的树皮、烂麻等物绞缠在一起而长期沤烂浸泡的烂絮。蔡伦想到此物在别处尚未发现,便问是何种树皮,老农说,大都是陈河谷两岸的楮树(又名构树)的树皮。蔡伦捞起枯枝上的絮状物仔细观察,发现它不仅光滑柔软,且又有一定韧性,如用它造纸,成本一定比丝要低得多。他在前人造纸经验的基础上,经过反复试验,终于利用树皮、麻头、旧布、破渔网等为原料,先把它们洗净切碎,放在水里加上石灰使其充分浸渍沤烂,再使人工反复捶捣,然后煮成糨糊状的麻浆,再把麻浆放到清水中分离出纤维制成纸浆,最后用细帘子捞取纸浆,可摊成薄薄的一层,晒干后揭下来压平磨光,就制成一种新的植物纤维纸。这种纸原料便宜,制法易行,质地坚韧,宜于书写。

蔡伦造纸

从造纸制作工艺上看,蔡伦博采众家之长,采用了洗涤、剪切、沤煮、捶捣、抄制成型、定型干燥等几个基本工序,其中抄制成型、定型干燥是当时的扶风纸、金关纸等雏形纸未曾经过的工序。干燥定型使纸张不易起皱,与雏形纸比较发生了质的变化。另外,蔡伦还发明了挫、揭、抄的生产工艺,大大提高了纸的生产效率和纸张的质量。元兴元年(105年),蔡伦将其造纸方法及造出的纸中挺括平整的一部分,一并献于汉和帝,和帝试用后龙颜大悦,起驾前往造纸作坊,观看了造纸的过程,并下令推广蔡伦的造纸法,并加以重赏。自此以后,世间莫不用之,时称"蔡侯纸"。元初元年(114年),蔡伦在对造纸术不断改进的基础上,造出了更为光滑平整、厚薄适中、书写便利且携带方便等优点的纸张。邱太后封蔡伦为"龙亭侯",赐地300户,不久又加封长乐太傅。可惜,在邓太后死后,蔡伦的处境变得恶劣了,汉安帝以蔡伦过去做小黄门时曾受窦太后指使诬陷过安帝的祖母宋贵人为理由,下令蔡伦去向掌管刑狱的廷尉自首,蔡伦不甘受此大辱,就沐浴更衣,穿戴整齐,服毒自尽。因此,皇帝取消了他生前的一切官职和封号。

造纸术是中国古代"四大发明"之一。蔡伦在嵩山地区利用廉价易得的树皮、废麻、旧布、破渔网等做原料,制造出质轻、价廉、适合书写的植物纤维纸,史称"蔡侯纸",取代了笨重的简牍和昂贵的缣帛。蔡伦纸的发明,对于人类文化传播和世界文明进步做出了巨大贡献。蔡伦在嵩山地区留下的活动遗迹有东汉洛阳城东南的前纸庄、后纸庄等村落,有偃师缑氏镇东北的造纸河(蔡伦造纸之地),有造纸河岸边所立的"造纸河遗址"标志。据说,当时造纸河岸边曾立一通"造纸河碑"记载此事,今已佚。

阎 章

阎章,东汉大臣。嵩山荥阳人。阎章通古博今,颇有才干。精晓国家典章制度,在汉明帝永平年间任尚书。因两个妹妹被明帝选入宫中,封为贵人。从这时起,阎章便成了皇亲国戚。由于明帝对外戚多加限制,久被帝搁置。阎章本来应升任要职,却被明帝另任为步兵校尉,仅是职比2000石的中上级军官,但任职政绩显著。

阎 姬

阎姬,东汉阎皇后。嵩山荥阳人。祖父阎章,生父阎畅,她的母亲与皇太后邓绥之弟西平侯邓弘的夫人是同胞姐妹。由于这样的关系,在邓绥临朝的日子里,阎姬得到了很多照应。阎畅有4个儿子,即阎显、阎景、阎耀、阎晏,阎姬是他的独生女。所以,阎姬一出生,就被父母视为掌上明珠。汉安帝元初元年(114年),阎姬以"才色"被选入掖庭,安帝为其出众的容貌倾倒。不久,即被立为贵人。入宫第二年,阎姬被立为皇后。之后,父亲阎畅被封为北宜春侯,食邑5000户。阎姬无法忍受安帝染指其他妃子,她仇视嫉恨任何一位得到安帝亲幸的宫人。东汉"长乐"李氏因为曾得到安帝的亲幸,生下一子,取名刘保。阎姬因此妒性大发,竟将李氏鸩杀。元初七年(120年),在皇太后邓绥的主持下,将李氏所生的皇子刘保立为皇太子,改元永宁。由于阎姬未能生养,也无可奈何。永宁二年(121年),邓太后病死,安帝亲政。阎姬要求安帝在对付邓氏外戚的同时,将她的4个兄弟加官晋爵。这样,阎显、阎景、阎耀、阎晏并列为卿校,典掌禁兵。事隔不到一年,又将阎显加封为长社侯,食邑13500户,追封早死的母亲为荥阳君。阎显兄弟家的孩子都年在童龀(七八岁)之间,也全被拜为黄门侍郎。随后阎姬又诬告太子刘保谋反,使安帝废黜太子保,贬为济阴王。安帝崩,阎姬遂立章帝之孙、北乡侯刘懿为帝,而北乡侯在位半年,卒。刘懿卒后,阎氏秘不发丧,屯兵宫中自守。而宦官孙程等,联合宫中几大掌权宦官,秘密迎立废太子济阴王保为帝,是为顺帝。阎姬则被囚禁起来,不久死去。阎显、江京等被杀。史称此事为"夺宫之变"。

朱 宠

朱宠,东汉嵩山官吏。字仲威,京兆人。汉安帝时,任颍川太守,孝悌仁义,善审理冤狱,扶养孤寡老人。属下的功曹、主簿等官员,都选拔明经及有高行者。每次出巡各县,使文学、祭酒等人带着经书作前导,行走到驿亭时,就以经书教授众人。朱宠经常深入田野之中,劝课农桑,官吏们安心政事,老百姓深爱其礼。每到一个县界时,常有数千百姓迎接。朱宠乃让三老坐在车上,向他们询问政事的得失,得百姓拥戴。朱宠政绩卓著,很有名望。朱宠曾为大将军邓骘征辟为幕府。汉安帝建光元年(121年),宦官们诬陷邓骘的三个弟弟谋反,邓骘受牵连,没收田宅,遣回封地,邓骘与儿子不食而亡。时任大司农的朱宠为邓骘上疏喊冤:"邓骘兄弟虽为外戚,忠孝仁义,同心忧国,是王室赖以依靠的栋梁,功成身退,是历世外戚所不能比拟的。本来应该享受积善履谦的保佑,却被宦官们所诬陷,并没有审明什么罪状,却令邓骘等罹难。一门七人,尸骸流离,怨魂不反,逆天感人,应该归冢埋葬,使其遗孤得到殊荣,奉承血祀。"朱宠知道他的话太激切,就自行到廷尉那里接受处罚,被诏免官归里。众百姓也都为邓骘喊冤,皇帝有所悔悟,乃让州郡将邓骘还葬于洛阳北邙旧茔。不久,朝廷又征朱宠为大鸿胪,拜为太尉,录尚书事,封安乡侯。朱宠虽位三公,但生活俭朴,睡觉时,被子仅能盖住身子,一翻身就要挨冻。吃饭,不厌粗茶淡饭。临终时,对儿子说:"我本是一介书生,没有什么才能,横受皇恩,虽处高位而不能担当其任,没能竭身报国。我死之后,百官们的馈赠一样都不要接受,装殓时素棺即可,殓毕,就用牛车运回乡里安葬,不要告诉群僚,要以密静为务。"

朱宠在嵩山活动留下的遗迹主要有著名的启母阙和少室阙。汉安帝延光二年(123年),朱宠建嵩山启母庙石阙和少姨庙石阙。两对石阙上都有人的题名,有铭文,有驯兽、斗鸡、蹴鞠、射猎、角力、排俑、逐兽、狐斗牛、狼逐兔、双蛇穿球、树荫乘凉等浮雕图案,这两对保存至今的石阙,为我们研究汉代的社会状况以及汉代人们生产、生活,提供了弥足珍贵的历史资料,尤其是蹴鞠图更是印证了我国是足球故乡的事实。史载,朱宠在任颍川太守时,还建造有箕山许由庙和许由庙石阙。《河南府志》载:"许由庙阙系朱宠所建,至明有知县侯泰、傅梅重修。"惜岁月流逝,自然变迁,许由庙阙今已无存。

阎 显

阎显(? ~125年),东汉外戚。安帝皇后阎姬之兄。嵩山荥阳人。因妹受宠,初为长水校尉,封北宜春侯,食邑5000户。安帝亲政后,阎显更封长社侯,食邑13500户,控制禁卫军,兄弟几人炙手可热。安帝死,他密谋假传帝旨,立妹为太后,临朝执政,自为车骑将军,仪同三司。定策立年幼的北乡侯为帝,专断朝政,捕杀大批重臣、将领。不久,北乡侯死,宦官孙程等19人拥立济阴王为帝(顺帝),阎氏兄弟及党羽全部处死。

许 慎

许慎(54~149年),东汉著名古文经学家、古文字学家。字叔重,汝南召陵(今河南郾城)人。初任郡功曹,后举孝廉,任洨县长。入京后,官至太尉南阁祭酒。曾从贾逵受古文经学,博通经籍,当时洛阳儒生称其为"五经无双许叔重"。许慎生平重视研究文字学,搜罗文字诂训,博采众说,收集小篆、古文(战国文字)、籀文(西周文字,即大篆)共9353字,逐一按形体、声韵、训诂进行简要的解说,于121年撰成《说文解字》14篇,凡13.3万余字。按字形偏旁构造分列540部,始"一"终"亥",首创部首检字法。他采取据形系联,部首编排法。字项下以小篆为字头,附以古文、籀文等异体重文,依据象形、指事、会意、形声、转注、假借等6书条例解说文字,分析造字的含义和字形的结构,并注以读音。《说文解字》集西周以来文字之大成,也集

许慎

古文经学训诂之大成,是我国第一部系统而比较完备的字典。从他开始撰写《说文解字》到完成初稿,费时16年,从初稿到修改定稿又费时22年。《说文解字》是许慎研究古文经的伟大成果。许慎所继承的词语的解释,很多来自汉学家的传注。他曾校书东观,因得见秘籍,其中有不少对古书的训释,但又不囿旧说,博采众长,有独到的见解,这使《说文解字》达到了较高的学术地位。近代儒学大师张炳麟认为,读书必先识字,识字必习《说文》。直至,从事考古、整理古籍、研究文史,《说文解字》仍是必读之书。《说文解字》在世界上有重大影响,日本、美国、瑞典等国都有研究《说文解字》者,特别是日本,还成立有《说文》学会。

许慎一生,除著有《说文解字》外,还著有《孝经孔氏古文说》、《五经异义》、《淮南子注》、《汉书经》、《六韬注》、《五经通义》等。

马 融

马融(79～166年),东汉嵩山著名儒家学者,著名经学家。马融字季长,东汉名将马援的从孙,将作大匠严之子,扶风茂陵(今陕西兴平东北)人。马融俊才善文,曾从京兆(今属西安市)处士挚恂问学。安帝永初四年(110年),任校书郎中,于洛阳南宫内东观典校秘书。是时邓太后临朝,骘兄弟辅政,信俗儒之说,以为文德可兴,武功宜废。元初二年(115年),马融上《广成颂》以讽谏。因得罪当权的外戚邓氏,滞于东观,十年不得升官。安帝亲政,召还郎署,复在讲部。马融上《东巡颂》,帝奇其文,召拜郎中。顺帝阳嘉二年(133年),诏举淳朴,岑起举融,拜为议郎。大将军梁商荐为从事中郎,转武都太守。汉桓帝时,外任南郡太守,因忤大将军梁冀,遭诬陷,免官,髡徙朔方。后得赦还,复拜议郎,重在东观著述,以病辞官,居家教授。延熹九年(166年)卒于家,年88岁。

马融博通今古文经籍,世称"通儒"。马融之学,属于古文经学中的一种典型。在儒家经学的发展史上,马融开始了综合各家、遍注群经这种带有开创性的工作,他的经注成就,使古文经学开始达到成熟的境地,预示着汉代经学发展将步入新的时期。马融才高博洽,为世通儒,教养诸生,门人常有千人之多,东汉名儒卢植、郑玄等皆出其门。马融善鼓琴,好吹笛,达生任性,不太注重儒者节操。他常坐高堂,施绛纱帐,前授生徒,后列女乐,开魏、晋清谈家破弃礼教的风气。马融一生注书甚多,著《三传异同说》,注有《孝经》、《论语》、《诗》、《周易》、《三礼》、《尚书》、《列女传》、《老子》、《淮南子》、《离骚》等书。《后汉书》本传其谓"所者赋、颂、碑、诔、书、记、表、奏、七言、琴歌、对策、遗令,凡21篇。"《隋书·经籍志》著录其集9卷,今佚。明人辑有《马季长集》。清人编的《全上古三代秦汉三国六朝文》、《玉函山房丛书》、《汉学堂丛书》都有辑录。

刘 祜

刘祜(94～125年),汉安帝,东汉第六位皇帝,在位19年。姓刘名祜,汉章帝的孙子、当年被废太子清河王刘庆的儿子,母左小娥。汉延平元年(106年)八月,殇帝不幸早夭。外戚邓太后与其哥哥车骑将军邓骘密谋,决定迎立清河王刘庆13岁的儿子刘祜。邓骘又去与太傅张禹、司隶徐防等大臣们商议,征得他们的同意,连夜持太后节召刘祜入宫,被拥立为帝,改元"永初"。汉安帝即位后,仍由邓太后执政。外戚邓氏吸取窦氏灭亡的教训,联合宦官,袒护族人。邓氏专政直到永宁二年(121年),邓太后去世,安帝才亲政。安帝亲政后下令灭了邓氏一族,安帝虽灭邓氏,但是尚未制止妇女干政的局面。再加上安帝年年不理朝政,沉湎于酒色,导致当时汉朝朝政腐败,社会黑暗,奸佞当道,社会矛盾日益尖锐,边患也十分严重。史称安帝之世,全国多地震,水旱蝗灾频繁不断,外有羌族等少数民族入侵边境,内有杜琦等领导的长达10多年的农民起义,社会危机日益加深,东汉王朝进一步衰落。到了延光四年(125年),汉安帝在南巡途中死于南阳,享年32岁,葬于恭陵(今洛阳市东南),庙号恭宗,谥号安帝。

延光四年(125年),汉安帝遣使者铸一鼎于中岳少室山,其文曰"承露鼎",小篆书,四足刀剑录云。

庞 参

庞参(？~136年),东汉名臣。字仲达,嵩山缑氏(今偃师市境)人。初仕郡,举孝廉,拜左校令。汉安帝永初元年(107年)凉州西羌反叛,安帝派车骑大将军邓骘率兵征讨。此时因犯法被关在狱中的庞参,虽身陷囹圄而心忧国事,派子上书朝廷,痛陈息兵爱民之道。建议静事息役,发展生产,养精蓄锐,巩固边防。御史中丞樊准力荐,召拜谒者,使西督三辅诸军屯。汉元初元年(114年),庞参升任护羌校尉,平靖羌人的扰乱。庞参正确实行对待羌族的政策,很得羌人的信任,反叛者也纷纷投降,次年就平定了叛乱,回到了京城洛阳。元初三年(116年),庞参又与征西将军司马钧讨伐西羌,在途中被羌人战败而下狱。后经校书郎中马融上书请求,皇帝批准庞参出狱,被委任为辽东太守,他精心治理,郡内升平。永建元年(126年),顺帝即位,庞参任度辽将军。3年后,回京城洛阳任大鸿胪(礼仪官)、尚书仆射,后升为太尉(与丞相等尊的官员),兼管尚书府事务。庞参身居高位,竭忠尽节。后因他前妻的儿子将其夫人投井溺杀,曾受诖免官下狱。阳嘉四年(136年)复任太尉。永和元年(136年)病卒。

崔 瑗

崔瑗(77~142年),东汉著名书法家。字子玉,涿郡安平(今河北省平县)人。崔瑗曾经因为替兄长报仇杀人而亡命天涯。遇赦后入仕,做过济北相。他的父亲是与班固、傅毅齐名的崔骃,所以崔瑗不仅是一位书法家,还是一名深通天文历法和《易经》学的学者。18岁时来到京师洛阳交游问学,因而通晓天文、律历、数术、《京房易传》,受到学者们的推崇。他和扶风人马融、南阳人张衡友谊很深。

崔瑗多次被征召入仕,曾任汲县令、济北相等职。任汲县令事七年,为当地开稻田数百顷,长老用歌颂赞:"上天降神君,赐我慈仁父。临民布德泽,恩惠施以序。穿沟广灌溉,决渠作甘雨。"汉安初年,大司农胡广、少府窦章,共同荐举崔瑗是宿德大儒,既有好的政绩表现,就不应久在下位,因此迁"济北相"。光禄大夫杜乔,用臧罪弹劾崔瑗,崔瑗上书自颂崔瑗好士,爱宾客虽时常以丰盛酒菜招待,从不考虑家产,但是自己日常饮食皆是疏食菜羹而已,世人皆以"清廉"称之,终得免罪,不久病卒,年66岁。临终遗命其子崔实:"夫人禀天地之气以生,及其终也,归精于天,还骨于地,何地不可藏形骸,勿归乡里。"崔实奉遗命,送葬洛阳。

作为书法名家，崔瑗尤善草书，师法杜度，时称"崔杜"。后来张芝取法崔、杜，其书大进，成为汉代草书之集大成者，被誉为"草圣"。崔瑗的草书，被张怀瓘推为神品。而且他还善篆书，被张怀瓘列在妙品。三国时魏韦诞说他的书法"书体甚浓，结字工巧"。史书载：王羲之曾得观崔子玉真迹（时称崔瑗遗宝），三日夜不离左右，取长补短，兰亭笔法之所出也。后被其好友谢安骗取献给了当时的司马王爷。羲之因此事而欲与谢安绝交。崔瑗博学多才，高于文辞，尤擅长书、记、箴、铭，所著赋、碑、铭、箴、颂、《七苏》、《南阳文学官志》、《叹辞》、《移杜文》、《悔祈》、《草书执》、《七言》等，凡57篇。尤以《南阳文学官志》最称于世。

张　陵

张陵，东汉名臣。字处冲，东汉梁县（今汝州市境内）人。性情豪爽，贤孝公正，远近皆知。河南省尹梁不疑羡慕他的为人，推举他为孝廉，入朝做官。因他不阿权贵，秉公办事，汉桓帝很喜欢他，不久便让他当了尚书，总管奏章、文书及朝中的纲纪等事。元嘉元年（151年）元旦清晨，百官齐入朝堂向桓帝祝贺新春。正当君臣欢乐之际，忽然大将军梁冀带剑上朝，这在当时是严重犯法的，但百官却无人敢吭一声，因为梁冀仗着姐姐梁太后的势力，蛮横无理，曾因一语不合便将汉质帝用鸩酒毒死，人称"跋扈将军"。但张陵却毫不畏惧，当声叱责梁冀退出朝堂，并令羽林虎贲军夺下梁的宝剑。梁冀慑于张陵的威势，跪下请求宽恕。张陵执法如山，即向桓帝弹劾梁冀，要求廷尉讨论定罪。最后，桓帝下诏罚梁一年俸禄以示惩戒，处分虽不重，但却灭了梁冀的威风，文武百官无不震惊。梁冀是梁不疑的兄长，后梁不疑找到张陵埋怨说："你是经我的举荐才当了官的，而你却毫不留情地惩罚我的哥哥，我办了一件多么愚蠢的事啊！"张陵说："你能推荐我不就是让我为朝廷秉公办事吗？我这样做，正是报答你对我的知遇之恩呀！"不疑听后无言以对，只好惭愧地走了。

张　衡

张衡

张衡（78~139年），东汉杰出科学家、文学家。字平子，南阳郡西鄂县（今南阳市北）人。祖父张堪，曾任蜀郡太守和渔阳太守。到其父亲时，已家道中落。张衡博学多才，肯于钻研，对文学、哲学、地理、机械制造等都很精通，尤其在天文学、地理学方面做出了突出贡献。17岁离开家乡，游于长安，后到京都洛阳，求学于当时最高学府——太学。张衡虽才高于世，而无骄尚之情。常从容淡静，不好交接俗人。在太学时，张衡结识了崔瑗，与他结为挚友。崔瑗是当时的经学家、天文学家贾逵的学生，也精通天文、历法、数学等学问。他俩的结识，对张衡以后在天文学方面的发展，提供了最初的基础。和帝永元十二年（100年）张衡应南阳太守鲍德之请，作了他的主簿，掌管文书工作。八年后鲍德调任京师，张衡即辞官居家。在南阳期间他致力于探讨天文、阴阳、历算等学问,并反复研究西汉杨雄著的《太玄经》。他在这些方面的名声引起了汉安帝的注意。永初五年(111年)张衡被征召进京,拜为郎中。元初元年(114年)迁尚书郎。次年,迁太史令,掌管天文、历法、朝廷祀典等。以后曾调任他职,但五年后复为太史令。总计前后在洛阳任此职达14年之久,张衡许多重大的科学研究工作都是在这一阶段里完成的。顺帝阳嘉二年(133年)张衡升为侍中。但不久受到宦官排挤中伤,于永和元年(136年)调到京外,任河间王刘政为相。刘政是个骄横奢侈、不守中央法典的人,地方许多豪强与他共为不法。张衡到任后严整法纪,打击豪强,使得上下肃然。永和三年(138年)奉召回京,他向顺帝上表请求退休,但朝廷却征拜他为尚书。次年因疾而亡,享年61岁。

20世纪中国著名文学家、历史学家郭沫若对张衡的评价是:"如此全面发展之人物,在世界史中亦所罕见,万祀千龄,令人景仰。"张衡一生的贡献主要在文学和科学两个方面。

作为科学家的张衡被后世尊为"科圣"。张衡是一位具有多方面才能的科学家,是东汉中期浑天说的代表人物之一,他的成就涉及天文学、地震学、机械技术、数学乃至文学艺术等许多领域。张衡曾两度任太史令,领导、主持和参与了灵台天象观测和天文研究,他指出月球本身并不发光,月光其实是日光的反射;他还正确地解释了月食的成因,并且认识到宇宙的无限性和行星运动的快慢与距离地球远近的关系。撰写了《浑天仪图注》、《地震对策》、《灵宪》、《灵宪图》(我国最早的一张星图)等科学著作,还观测记录了2500颗恒星。元初四年(117年),张衡根据他提出的"浑天说",画出了我国第一张完备的星象图,标出的恒星数目,同近代天文学家观测的结果相近。然后,他根据这一理论,设计创制了世界第一架能够较为准确观测天象的仪器——浑天仪。阳嘉元年(132年),他经过长期的观测研究,又发明了一种测量地震方位的仪器——候风地动仪(简称地动仪),置于京都灵台(位于偃师,是当时国家最大的天文台)之上。还制造出了指南车、自动记里鼓车、飞行数里的木鸟等等。东汉时期,地震比较频繁,他研制的地动仪对当时国家观测地震,有效地组织震后救灾工作是一大贡献。

史载,阳嘉二年(133年)、阳嘉四年(135年)以及永和二年(137年)京城洛阳发生了3次地震,地动仪均有显示。另一次,地动仪显示西方发生了地震,时人以为不灵验。过了几天,陇西地方来人禀报,说那里发生了地震。对此,人们深信不疑。候风地动仪是世界上第一台测量地震方位的仪器,比欧洲出现的地震仪要早1700多年。因此,张衡被英国东方科技史专家李约瑟誉为"地震仪的鼻祖"。候风地动仪还使我国早在永和三年(138年)就有了准确的地震记录,这也是世界历史上最早的地震记录。为了纪念张衡的功绩,人们将月球背面的一环形山命名为"张衡环形山",将小行星1802命名为"张衡行星"。

作为文学家的张衡在辞赋方面的名气与著名辞赋家蔡邕并称,世称"张蔡"。其最著名的赋篇是《二京赋》。《二京赋》分为《西京赋》、《东京赋》两篇。着力于都市生活的描写,有繁华热闹的街道市场,各色人物、杂技歌舞等。后人评价,《二京赋》不仅是今存汉赋中篇幅最长的作品,而且也被称为汉代都城大赋的绝响。此外,张衡的赋还有《南都赋》、《应间》、《思玄赋》、《归田赋》等。张衡在洛阳所作《归田赋》变大赋繁复的铺陈为直抒胸臆,语言清新明快,宛若优美的抒情诗,是汉代第一篇抒情小赋。明人张溥编有《张河间集》,收入《汉魏六朝百三家集》。

张衡在嵩山活动的遗迹主要有东汉京都洛阳,有位于偃师市的太学遗址,有他任东汉太史令期间,曾领导、主持和参与天象观测和天文研究位于偃师大郊寨与岗上村之间的东汉天文观测台——灵台等。

梁 冀

梁冀(？~159年)，东汉外戚。字伯卓，东汉安定乌氏(今甘肃平凉西北)人。两妹为顺帝、桓帝皇后。其父梁商死后，继为大将军。顺帝死，梁皇后无子，选了一个妃子的2岁的娃娃为帝，称冲帝。从此梁皇后为皇太后，其兄梁冀独揽大权。冲帝只作了5个月的皇帝就死了。梁冀又立8岁的孩子为质帝，质帝年龄虽小，但对梁冀的专横看在眼里，一次，他手指梁冀轻轻对朝臣说"此跋扈将军也。"不久，质帝即被梁冀毒死。质帝死，梁氏兄妹又立刘志为桓帝。刘志知道自己之所以能当皇帝，是由于梁冀的支持，所以朝廷大小之权都有梁冀把持，事无大小，皇帝不得过问。梁冀当政时，仅其一门，前后封侯7人，当上皇后的3人，6个贵人，2个大将军，娶公主为妻的3人，其余的卿、将、尹、校达57人。梁冀是没有皇冠的皇帝，富有天下，拥有封户3万。梁冀专断朝政20年，骄奢横暴，为所欲为达到了极点，凡持意见不同者，一个也不饶恕。多建园囿，并强迫人民数千为奴婢，称"自卖人"。延熹二年(159年)，梁皇后死，这时28岁的桓帝刘志联合宦官单超等人发动政变，诛灭梁氏，梁冀自杀。东汉政府没收其财产，卖钱30余亿之巨。

服 虔

服虔

服虔(约168年前后在世)，东汉末儒家学者，经学家。字子慎，初名重，又名祇，后更名虔，嵩山荥阳人。服虔少以清苦建志，曾入洛阳太学受业，有雅才，善著文论。举孝廉，稍迁。东汉中平年间(184~189年)拜九江太守。免官后，适遭乱离，病卒于行旅中。

服虔以经学论著称世，撰有《春秋左氏传解》30卷，尤为当世推重。另著有《春秋左氏膏肓释痾》10卷、《春秋汉议驳》2卷《春秋成长说》、《春秋隐义》、《春秋塞难》以及《九愤》、《通俗文》、《汉书音训》等著作。其中，《春秋左氏膏肓释痾》、《春秋汉议驳》，主要与时下文经学家何休展开论争。服虔曾在注《春秋》时得郑玄所赠《春秋》的部分注释，终成《服氏注春秋左传》，被后世称为《服氏注》。服氏《左传》之学在东晋元帝时曾立博士，南北朝时在北方盛行，至唐时消亡。

自班固《汉书》问世以来，因其卷帙浩繁，内容丰富，尤其是文辞典雅，喜用古字，比较难读，故注者较多。早在汉灵帝时代，就有服虔、应劭等人作音义，魏晋南北朝作《汉书》音注的人更多，到唐初颜师古作注，所征引的注本已多达23家。服虔便是其中最早的较有影响的注家之一。服虔注解《汉书》言简意赅，精审明了，与其在注释方法上的积极探索密不可分。而这些方法又充分体现出其"随文释义""随文注音"的显著特点,不仅为后世注家提供了颇为详实的资料,而且在注释方法上也提供了很好的借鉴,影响深远。东晋元帝时,《左传》服虔注与杜预注并立为博士。南北朝时,南方盛行杜预注,北方则用服虔注。唐孔颖达撰《五经正义》,用《左传》杜注,服注遂亡。

李 固

李固(94~?),东汉著名政治家。字子坚,汉昌南郑人。祖父李颉,以儒为业,官至儒学博士。父亲李郃,不仅精通今文经学,又善于方术,政治上机警通变,官至司徒。李固自幼生活在京师嵩山洛阳,在家庭熏陶下,好学不倦。少年时为了求学改易姓名,隐瞒出身,"驱驴负笈,追师三辅"。10余年间,博览古今,无所不通,四方英贤志士都仰慕李固名字而与他结交。李固五次被察举孝廉,两次被举为茂才,都辞而未就。东汉和帝以后,政权主要控制在外戚宦官两大集团手中,他们各谋私利,互相争斗,政治黑暗,社会矛盾尖锐。阳嘉二年(133年),顺帝下诏求问当世之弊。卫尉贾建推举李固对策。李固直陈上言,揭露外戚与宦官专权的祸害,建议顺帝收回对其乳母宋娥的封国爵号;撤销外戚梁冀步兵校尉的职务;裁汰侍中、宦官;公卿及中官子弟不得被察举为官。顺帝对李固的建议多有采纳,一时朝政整肃。李固仕途坎坷。在宦官、外戚两大集团的反对下,他先是被贬为雒令,辞官回归乡里。后被征辟从事中郎(将军秘书),荆州刺史、太山太守,升为将作大匠(管工程),至大司农。建康元年(114年),顺帝死,太子刘炳年仅2岁,即位为冲帝。梁太后秉政,梁冀辅政。擢李固为太尉兼参录尚书事(宰相)。冲帝即位不足半年便夭折了。年仅8岁的刘缵入继大统,质帝即位。质帝年少聪慧,不久对梁冀的强悍行为表示不满,后遭梁冀爪牙所进的毒饼中毒而亡。由于两次在嫡嗣断绝的情况下,李固和梁冀在立谁为帝的问题上产生有重大分歧,两次李固都力主清河王刘蒜为帝,而梁冀第一次立刘缵为帝,第二次要立刘志为帝。在第二次斗争中,李固和另一要官杜乔逆风而上,坚持意见,不肯让步。矛盾激化无法调和,最终太后下诏罢免了李固,迎立刘志为帝,是为桓帝。李固虽然罢相,穷凶极恶的梁冀不肯罢休,后河北的甘陵和魏郡有宗室刘文和刘鲔分别谋立刘蒜为天子事发,梁冀为发泄仇恨,炫耀权势,镇压异己,便借故发作,诬陷李固谋反,将其入狱杀害,并暴李固、杜乔尸于城北通衢。李固遇害后,弟子赵承等72人异常悲愤,搜集整理了李固的平日言论和行为,集成《德行》一篇以资纪念。李固有三男一女,二子遇害,幼子李燮在门人掩护下逃到徐州,受雇于酒家。延熹三年(160年)春,桓帝大赦,李燮归故里。灵帝时,李燮为安平王国相。时值黄巾起义,安平王被俘,灵帝出重金赎还。朝议要恢复安平国,李燮劾奏安平王治国无状,不能守藩,不宜复国,结果被罪罚作苦役。不久安平王果然犯法被杀,李燮也官复议郎。当时人们见李家父子居官刚直,于是编有一句民谣:"父不肯立帝,子不肯立王。"作为对李氏父子刚正不阿诤臣品格的赞誉。

王 诲

王诲,东汉水利官员。郦道元《水经·济水注》云:"济水又东合荥,渎渎首受。河水有石门,谓之荥口石门也。"位于今荥阳市敖仓城所在的敖山东北的荥口石门南际河,立有东汉顺帝阳嘉三年(134年)二月的《王诲碑》,碑文曰:"惟阳嘉三年二月丁丑,使河堤谒者王诲,疏达河川,遹荒庶土。云大河冲塞,侵啮金堤,以竹笼石,葺土而为堨。坏陨无已,功消亿万,请以滨河郡徒,疏山采石,垒以为障。功业既就,徭役用息,未详诏书,许诲立功。府卿规基经始,诏策加命,迁在沇州。乃简朱轩,授使司马登,令缵茂前绪,称遂休功。登以伊、洛合注大河,南则缘山,东过大伾,回流北岸,其势郁蒙涛怒,湍急激疾,一有决溢,弥原淹野,蚁孔之变,害起不测。盖自姬氏之所常蹙,昔崇鲧所不能治,我二宗之所劬劳。于是乃跋涉躬亲,经之营之,比率百姓,议之于臣。伐石三谷,水匠致治,立激岸侧,以捍鸿波,随时庆赐,说以劝之。川无滞越,水土通演,役未逾年,而功程有毕,斯乃元勋之嘉谟,上德之弘表也。昔禹修九道,《书》录其功;后稷躬稼,《诗》列于《雅》。夫不惮劳谦之勤,夙兴厥职,充国惠民,安得湮没而不章焉?故遂刊石记功,垂示于后。其辞云:云使河堤,谒者山阳东缗司马登,字伯志,代东莱曲城;王诲,字孟坚,河内太守;宋城向豹,字伯尹,丞汝南;邓方,字德山;怀令刘丞,字季意;河堤掾匠等造。陈留浚仪边韶,字孝先,颂石铭岁远,字多沦,缺其所灭,盖阙如也。"由此观之,诲之生平虽不详于史策,而治河之功盖亦伟矣。

虞诩

虞诩(? ~137年),东汉大臣、名将。字升卿,陈国武平(今河南鹿邑西北)人。安帝时,始为朝歌(今河南汤阴西南)长,后任武都太守。顺帝时,官至尚书仆射。长于谋略,初任太尉府郎中。汉安帝永初四年(110年),羌人攻掠并州、凉州,大将军邓骘等欲弃凉州专保北方,被虞诩劝阻。后受命为朝歌长,镇压当地农民起义。元初二年(115)秋,羌人复起,大败汉兵。虞诩针对羌骑行动快速的特点,献计改编汉军,主张罢诸郡兵,令其部卒出钱代役,20人购1马,组成骑兵1万。朝廷用其计,遣将击败羌兵。升武都太守,奉命领兵3000继续攻羌。进至陈仓(今陕西宝鸡东),被羌兵阻于崤谷。虞诩诈称固守待援,趁羌兵松懈,昼夜兼程,越过险隘。沿途逐日增灶,虚张声势,羌兵以为汉军日增,不敢紧追。至赤亭(今甘肃成县西北),被万余羌人围攻。令先发小弩示弱,诱羌人近前,再发强弩,使20强弩共射一人,所发皆中。乘羌人惧怕之时,出击获胜。又令兵从东廓门出、北廓门入,更换服装后又另门出入,以显示兵卒众多。料羌将退,遣军设伏河岸,乘其半渡袭击,大获全胜。后在武都郡(今甘肃南部)险要地筑营壁180所以备战,并招还流民,放赈济贫,开凿漕渡,一郡遂安。

顺帝时,在孙程的建议下,下诏让德高望重的虞诩从西北从速还朝,封虞诩为司隶校尉、河南尹。太傅冯石、太尉刘熹、中常侍程璜、陈秉、孟生等人纵容家人广占田宅,欺压黎民,百姓们长期告状无门,听到虞诩上任后,纷纷前来诉冤。虞诩查清事实后,将一批违法犯罪者绳之以法,并上书弹劾冯石等人。而司空陶敦等大臣联名弹劾虞诩,称其诬良为匪,滥捕无辜,应斩虞诩以安社稷。顺帝将虞诩召到宫中,详细询问了诸大臣在洛阳的违法情况,然后下诏将陶敦、冯石、刘熹等人免职。宦官张防为人奸诈,贪赃枉法,虞诩上书顺帝,要求将其治罪,张防却在顺帝面前痛哭,为自己申诉。由于顺帝跟随张防长大,对张防一直深信不疑,于是下诏将虞诩免职,并遣送到左校罚做苦役。

张防加害虞诩,二天之内,派人连审虞诩四次,必欲将他害死而后快。狱吏劝虞诩自杀,以免凌虐。虞诩不肯,他说:"宁伏欧刀以示远近"(《后汉书·虞诩列传》)。浮阳侯孙程、祝阿侯张贤是宦官,当年顺帝为太子时,被废掉,是他们二人扶立为君的。如今,二人知虞诩忠诚获罪,便相继上奏,面见皇帝,指出张防是宫中大奸,应逮捕治罪,而虞诩则为忠君之士,应平反昭雪,官复原职。顺帝征求各尚书意见,尚书贾朗一向和张防友善,力证虞诩有罪。顺帝犹豫不决。几日后,虞诩的门生100多人,在路上拦住幡侯中常侍高梵的车子,叩头流血,诉陈冤情。高梵入朝奏明。于是,张防被流放边塞,贾朗等六个人有的死了,有的被贬黜。当天,赦免虞诩出狱。孙程又上书陈说虞诩有大功于国,语甚切激。顺帝感悟,便任命他为议郎。数日后,升任尚书仆射。

虞诩为人刚直,直言犯谏,多次抵触权贵。因此,他一生九次被谴责审治,三次遭到刑罚,然而刚正之性,终生不改。永和初年(136年),虞诩被削职为民。不久,顺帝思念他的忠诚,又征召他,诏书未至,虞诩已去世。临死前,他对其子道:"我以正直之道侍奉君主,所作所为,无怨无悔。"

单 超

单超(？~160年),东汉专权朝政首要宦官之一。嵩山洛阳人。桓帝初为中常侍,与宦官徐璜、具瑗、唐衡共谋诛灭外戚梁冀兄弟,以功封新丰侯,为"五侯"之一,食邑2万户。后单超官至车骑将军,不久卒。

说到单超,还要从外戚梁冀说起。汉顺帝时,皇后兄长梁冀,继父梁商为大将商为大将军,顺帝死,梁冀立两岁小儿为帝,是为冲帝。次年冲帝死,梁冀又立八岁小儿为帝,是为质帝,质帝当众说梁冀"此跋扈将军也",梁冀就把质帝毒死,立15岁刘志为帝,是为桓帝,由梁太后临朝。梁冀当权近20年,地方官员进贡,好的送给梁冀,次品献给皇帝。梁家7人封侯,3人为皇后,6人为贵人,2人为大将军,3人为尚公主,任卿、将、尹、校的57人。桓帝刘志原是河间王刘开之孙,15岁时被梁太后和梁冀立为皇帝,他对梁冀是又怕又恨。延熹二年(159年),梁太后死,桓帝与中常侍单超、具瑗、唐衡、左倌、徐璜5人合谋,派虎贲、羽林千余人包围梁冀府第,梁冀自杀,梁氏族人亲戚,不论老少,皆弃市,受牵连而被杀的公卿、列校、2000石以上官员有数10人,故吏、宾客被免官的有300余人,"朝廷为空",梁冀家产被抄,共计30余亿。

单超等5人同日封侯,从此,东汉政权被宦官垄断,宦官以政府正式官员的身份出现,仗着跟刘志的咬臂之盟,他们的家族和亲友,也纷纷出任地方政府首长。这些新贵的出身跟宦官相同,行为也相同,都重在贪污和弄权,比外戚当权所表现的还要恶劣。这使本来专门抨击外戚的士大夫阶层,受到更大的伤害,他们愤怒地转回头来跟外戚联合,把目标指向宦官。并且不像过去那样,仅只在皇帝面前告状而已。士大夫外戚联合阵线,利用所能利用的政府权力,对宦官采取流血对抗。宦官自然予以同等强烈的反应,中国遂开始了第一次宦官时代。从159年的13个宦官封侯,到189年宦官全体被杀,共31年。

种 暠

种暠(103~164年),东汉政治家,重要边关重臣。字景伯,东汉嵩山洛阳人。顺帝时,为县门下吏,举孝廉。后历任侍御史、州刺史、郡太守、中郎将、尚书、度辽将军、大司农,最后官拜司徒,号为"贤相"。种暠不畏权贵,大公无私。其父亲是个县令,有财产3000万,其父死后,他尽散万贯财恤于乡里贫民。出为益州刺史,不畏权贵,因严究永昌太守刘君世以黄金铸文龙献大将军梁冀的贪污贿赂案件,得罪梁氏,被梁冀借故治罪免官。后出任凉、汉阳、辽东边官,以德化民,力主民族和睦,对少数民

族叛乱采取安抚政策，使已与汉朝断绝来往的白狼、般木、唐茸、邛、棘等几个民族政权都逐步恢复发展起来，并举众向东汉政权归化。特别是任度辽将军时，在南匈奴各部落群起叛乱，与乌桓、鲜卑联合侵犯并、凉二州的情况下，采取"先宣恩信，诱降诸胡，其有不服，然后加讨"，正确处理了与各少数民族的矛盾，羌胡、龟兹、莎车、乌孙等部族都纷纷归服东汉政权。延熹四年（161年），他任司徒职3年，经他举贤纳士的桥玄、皇甫规等人，后来都称职地担任过宰相职务。死后，边民多为发丧致哀。

尹 勋

尹勋（？～168年），东汉名臣。字伯元，嵩山巩义人。伯父尹睦为司徒，兄尹颂为太尉。出身宦官之家，宗族显贵，严谨操守，不以势骄人。初举孝廉。尹勋与郭林宗、宗慈等被海内誉为"八顾"（顾，意谓以德行引人者也）。桓帝时，曾"三迁邯郸令"，他心系百姓，疾恶如仇，不畏权贵，爱憎分明，为老百姓办了不少好事，得到人民的爱戴和朝野的赞扬，当时即有"天下英藩尹伯元"之美称。因政绩优异，连举高第，后五迁尚书令，累官至大司农。延熹年间（159～166年），桓帝欲诛大将军梁冀，因尹勋参建大谋，被封为都乡侯，迁汝南太守。汉和帝以后，东汉王朝的政权，不是操纵在外戚手中，就是被宦官所把持，皇帝仅仅是一个傀儡。灵帝继位后，桓帝窦皇后之父窦武以迎立之功被任命为大将军，辅佐朝政。为改变宦官擅权的腐败局面，便任用一大批海内名士及忠直老臣，尹勋被任尚书令。大将军窦武，欲诛宦官，引刘瑜与尹勋共谋，后因宦官们挟持皇帝，事败，窦武走投无路自杀身亡。尹勋受株连入狱，在狱中自杀，归葬故乡嵩山巩县（今蔡庄村南）。

杜 密

杜密（？～169），东汉名臣。字周甫，颍川阳城（登封告成）人。为人沉质，少有厉俗志。初为司徒胡广所辟，受到朝廷重用，被派到河北北部任代郡太守。随后，杜密又几经升迁，先后任泰山太守、北海相等职。在职期间，他对宦官子弟为县守奸恶的，毫不留情，皆收捕治罪。有政声，桓帝征拜尚书令，迁河南尹、转太仆，成为权高位重的封疆大吏。杜密任北海相途经高密时，发现了奇才郑玄，遂扶持他出外游学，足迹遍及山东、河南、河北等地，还就学于马融多年，后以"博览群书，精历数图纬之言，兼精算术"而闻名遐迩。成百上千的人投其门下，拜他为师。郑玄对经学的研究兼收并蓄，博大精深，"凡百余万言"，学者称其为"经神"，其学说被称为"郑学"，成为名扬四方的一代经学大师。延熹九年（166年），因"党锢之祸"而被免官归本郡阳城。与李膺齐名，时称"李杜"，被列为"八俊"之一。俊者，言人之英杰。太学生称誉为"天下良辅杜周甫"。汉灵帝时，太傅陈蕃辅政，杜密复为太仆。熹平五年（176年），灵帝在宦官扶制下又命令凡"党人"的门生故吏，父子兄弟，都免官禁锢，并连及五族，杜密下狱自杀。

波 才

波才(? ～184年),东汉末黄巾起义军将领,颍川地区黄巾军首领。嵩山颍川(今禹州市)人。中平元年(184年)在颍川起义,号召天下义士揭竿而起,推翻东汉朝廷暴政。他领导黄巾军于颍川打败朝廷的正规军右中郎将朱儁,并围左中郎将皇甫嵩于长社。因缺乏作战经验,不久为皇甫嵩用火攻所破,退至阳翟(禹州市),战败牺牲。

吕 强

吕强(? ～184年),东汉末著名宦官。字生汉盛,嵩山成皋(今荥阳)人。少为小黄门,再迁中常侍。灵帝时封都乡侯,辞不就。为人清忠奉公,曾上书陈弊政,诛奸佞,任忠良,恤下民,放宫女,薄赋敛,厚农桑,开言路,灵帝知其忠而不能用。黄巾起义爆发,建言应赦党人(解党锢之禁),诛杀贪官,考核地方官吏是否称职。宦官大惧,纷纷征还子弟在州郡为官者。中常侍赵忠等诬奏吕强兄弟为官贪浊,灵帝派人拘捕,他被迫自杀。

陈 寔

陈寔(104～187年),东汉大臣、嵩山隐士。字仲弓,颍川许人。少隐嵩山脚下阳城山中。初为县吏,曾入洛阳太学就读。应司空黄琼辟,补闻喜县长,再除太丘长。陈寔在乡里,平心率物。尝岁俭,有盗夜入其室,止于梁上。陈寔见,乃起自整拂,呼命子孙,正色训之曰:"夫人不可不自勉,不善之人,未必本恶,习以性成遂至于此。梁上君子者,是矣。"盗大惊,自投于地,稽颡归罪。陈寔徐譬之,与绢2匹。自是一县无盗。党锢之祸起,被株连,余人多逃亡,他说:"吾不就狱,众无所恃。"自请囚禁。后党禁解,大将军何进、司徒袁隗招辟,皆不就。年84岁,卒于家。海内赴者3万余人,共刊石为碑,谥为"文范先生"。

马元义

马元义(? ～184年),东汉时期在嵩山修炼传道的道人,早期太平道的活动家。东汉黄巾起义军名将,号称"大方"。嵩山洛阳人。光和六年(183年),黄巾起事前夕,马元义是黄巾之乱时黄巾军于洛阳的大帅(总指挥)他奉黄巾首领张角之命,在汉朝都城洛阳作起事的准备工作,他的任务是调动荆、扬二州的徒众数万人会集邺城,与朝廷中信奉太平道的宦官和禁军的力量里应外合,准备在全国大起义时,一举占据洛阳。作为早期太平道的活动家,马元义长期在嵩洛一带活动。在马元义的苦心经营下,太平道在嵩山地区迅速发展,许多市民、官吏,甚至皇宫中的宦官,都成为太平道的信徒。嵩

马元义

山地区内的阳城(登封)、阳翟(禹州)、汝州均被列为黄巾起义的主要战场之一,起义前有大量的信徒参与其事。为了发动起义,马元义往来京都洛阳,与宦官中常侍封请和徐奉等秘密联络,联合部分宦官和禁军的力量为内应,准备于184年(甲子年)的3月5日(甲子日)起事。但起事之前,由于叛徒唐周向朝廷告密,泄露了起义计划,导致起义受挫。马元义于中平元年(184年)一月被捕,被车裂于京城洛阳。同时被捕的教众有近千人,也由于马元义的失败,迫使张角决定提早于1月起兵发动叛乱。东汉灵帝中平元年(184年),张角发动了黄巾起义,起事仓促,加上统治者的残酷镇压,很快失败,遭镇压的约有10万余人。

李 膺

李膺(110～169年),东汉名臣。字元礼,颍川襄城(今河南襄城)人。性简亢无所交接,唯以同郡荀淑,陈寔为师友。初举孝廉,屡迁青州刺史、渔阳太守、蜀郡太守。属官畏其威明,多弃官而逃。后任乌桓校尉、度辽将军,出击鲜卑,身先士卒,所到之处,敌方无不望风惧服,李膺声振边庭,世称"天下楷模"。后任司隶校尉,惩办不法宦官。《后汉书》称:"诸黄门、常侍皆鞠躬屏气,休沐不敢复出宫省。"李膺疾恶如仇,为官执法严明,成为打击宦官的领袖人物。延熹九年(166年)因捕杀交结宦官、教人杀子的方士张成,被诬告蓄养太学游士,交结诸郡生徒,共为部党,诽谤朝廷,被桓帝处以终身禁锢,赦归田里不得做官。桓帝并通令郡国大捕"党人",被捕者共达200多名,这就是著名的"党锢事件"。后因李膺曾惩办过宦官子弟,宦官们大多都很害怕,就请求皇帝说,按照天时,李膺等人应该得到赦免,于是遂大赦天下。李膺获释归乡,居嵩山脚下阳城山中。荀爽常就谒,因为其御,既还,喜曰:"今天得以为李君驾车矣。"从中可看出他的威望。即使李膺身在乡下,但其声誉越来越高,天下读书人都以其道高尚而苛责朝廷。荀爽恐其名高致祸,就写信劝他不要出山:"知道您以直道不为时世所容,您就悦山乐水,安心居家阳城吧……愿怡神无事,偃息衡门。"不久,桓帝驾崩。灵帝继位后,大将军窦武、太傅陈蕃共谋诛宦官,引用天下名士,起用李膺为长乐少府。不数月,事机泄露而失败,窦武自杀,陈蕃为宦官所害。后因张俭事发,党祸再起,李膺及陈蕃、窦武所举荐的门生、下人等皆免官禁锢,被曹节奏捕考杀。其妻徙边,父兄及其门生故吏并遭禁锢。景毅的儿子景顾也是李膺的学生,因没有被禁锢,景毅感慨地说:"本来因为李膺是贤人,才让儿子拜他为师,现在李膺遭难,我们怎么能苟安无事呢?"遂上表告归故里。李膺人品高洁,太学生推崇他为"天下模楷李元礼(膺)",凡能受到他赏识、接见的太学生都自认为如"登龙门",身价十倍,对东汉末期的清议风气影响很大。

刘 保

刘保(114～144年),汉顺帝,东汉第七位皇帝。姓刘,名保。公元125年继位,在位20年。汉安帝死后,皇后阎姬无子,便先废了安帝的独子济阴王刘保,然后找个幼儿刘懿为皇帝。阎皇后想自己垂帘听政,掌握朝政大权。刘懿做了7个月的皇帝就死了,宦官曹腾、孙程等19人便发动宫廷政变,赶走阎太后,将时年11岁的刘保拥立为帝,改元"永建",那19位拥立刘保的宦官也全部封侯。由于顺帝是由宦官扶持上台的,其朝政由宦官所把握,政治日益腐败。顺帝本人则温和、软弱。后来宦官又与外戚梁氏,开始了长达20多年的梁氏专权。宦官、外戚互相勾结,弄权专横,汉朝政治更加腐败,阶级矛盾日益尖锐,百姓怨声载道,民不聊生。顺帝死于建康元年(144年),时年30岁。谥号孝顺皇帝,庙号敬宗,葬于宪陵。

据《后汉书·顺帝纪》记载,东汉顺帝刘保,于阳嘉元年(132年),京师大旱,敕郡国粮2000石,派遣大夫谒者,诣嵩高山(嵩山)祷告请求雨。

何皇后

何皇后(？~189年),东汉灵帝刘宏皇后。名不详,南阳宛(今南阳)人。汉灵帝皇后,异母兄何进之妹,少帝刘辩之母。出身屠夫之家,因美丽被选入宫。何氏进宫不久,便为灵帝生皇子刘辩。灵帝虽曾得数名皇子,可是都先后夭折,为怕皇子刘辩早逝,把他寄养于道士家,同时把何氏封为贵人。自汉灵帝宋皇后被中常侍王甫下狱致死后,后位一直空悬,直至光和三年(180年),曾生育皇子的何贵人被立为皇后。本为屠夫的后父何真获封午阳宣德侯,而终日无所事事的后兄何进亦因而获得官职。帝又宠幸王美人,生皇子协。何后嫉妒,鸩杀王美人。因欲立子辩为太子,而与董太后不和。后进鸩杀董太后。及灵帝崩,进立辩为帝。何进欲诛宦官,因何后袒护而不成。后何后中张让计,引何进入宫,何进为伏兵所杀。百官因而杀入宫中,段珪拥逼何后,后从窗中跳出,植急救得免。后董卓当权,废少帝刘辩为弘农王,立刘协为帝,并以"太后蹴迫永乐宫,至令忧死,逆妇姑之礼。"为名义将何太后迁于永安宫,后被董卓药死。

张 让

张让(？~189年),东汉大宦官。嵩山南麓颍川(今禹州)人。为东汉末著名十常侍之首,极受灵帝宠信,谓"张常侍是我父"。汉桓帝时,张让在宫中任小黄门(小官宦)。建宁元年(168年),刘宏即位,是为灵王,升让为中常侍,封列侯。时灵帝年幼,太后父窦武执政,与太傅陈蕃谋诛宦官,密泄,反被曹节为首的宦官集团矫诏所灭,至此宦官权力达到最高峰。曹节死,赵忠领大长秋(奉宣中宫命),宠贵不及张让。灵帝中平元年(184年),以张让为首的十常侍封侯贵宠,势焰熏天。父兄、子弟、姻亲遍布全国州郡,横行乡里,搜刮百姓。黄巾大起义时,中山人郎中张钧上书灵帝,历数张让等宦官累累罪行,奏请:"宜斩十常侍悬头南郊,以谢百姓,又遣使者布告天下,可不须师旅,而大寇自消。"灵帝将张钧的奏章出示给张让等,让知其罪重,乞诏下狱,并尽出所有家财以助军费,求免死罪。然而昏庸的灵帝却颁诏张让等冠带视事如故,反怒张钧"狂子"。后张让指使人以清查参加张角太平道为名,诬奏张钧学太平道,将其下狱,拷打致死。灵帝中平二年(185年),南宫遭火灾。张让为迎合灵帝私欲,乘机劝说灵帝诏令天下,每亩加税十钱,用以修建宫室,并征调太原、河东、狄道诸郡木材、文石送交京师。所交木石,张让令黄门常侍收点,横加刁难,折价贱卖,值十给一,渔利自肥。郡刺史、2000石及茂才孝廉迁除官职,均须交纳宫钱各二三千万不等,有钱交不齐者,甚至被逼自杀,而官守清廉者则迫遣而去。中平六年(189年),灵帝崩,14岁的皇子刘辩即位,世称少帝。当时何太后临朝,大将军何进掌朝政。中军校尉袁绍怂恿何进:"令诛中官(宦官),以悦天下"。何进等人密谋招西凉边将董卓进京,尽诛宦官。不料机谋败泄,张让、赵忠首先下手,率羽林军进入宫中,诛杀何进。何进部将张津等人欲率兵入宫,宫门紧闭。虎贲中郎将袁术等攻破宫门,放火烧南宫。张让等人挟持何太后、少帝、陈留王逃往北宫。袁绍遂闭北宫,勒兵捕诛赵忠以下宦官2000余人。张让等挟少帝及陈留王夜走河上,追兵甚急,张让见大势已去,投河而死。《后汉书·宦官传》有传。

何 颙

何颙(? ~190年),东汉末大臣。字伯求,南阳襄乡(今南阳境内)人。少游嵩山洛阳,与陈蕃、李膺友善,及陈、李被杀,他遂亡匿汝南,曾多次谋划营救"党人"。党禁解,辟司空府。董卓专权,逼为长史,托疾不就,与荀爽、王允谋诛董卓,反被董卓逼死。曹操时,荀彧收其尸,葬于荀爽墓旁。

董 卓

董卓

董卓(? ~192年),东汉末奸佞,篡权之逆臣。字仲颖,陇西临洮(甘肃岷县)人。东汉末年少帝、献帝时权臣。桓帝末,以六郡良家子为羽林郎历任军司马、郎中、西域戊己校尉、并州刺史、河东太守等职。中平元年(184年)黄巾起义爆发,董卓曾以中郎将、破虏将军等职多次奉命镇压,屡立战功。灵帝时拜前将军,任并州牧。灵帝死后,京都洛阳发生混乱,大将军何进和袁绍私召董卓入京欲铲除宦官,事泄,宦官杀何进后挟少帝及陈留王外逃。189年,董卓率兵入洛阳,废少帝刘辩,立献帝刘协,弑何太后,自为司空,专断朝政。190年,嗜杀成性的董卓,到二月的嵩山中岳庙会上,纵兵尽杀男人,掳其妇女,抢其财物,民众呼天抢地,竞相奔命。后又在洛阳城内烧杀抢夺,掳掠奸淫,手段极其残暴。同年,关东各州郡军阀拥袁绍为首,联合讨伐董卓。董卓见无法抵挡,就挟献帝西逃至长安,临行之前再次摧毁洛阳,焚烧宫庙官府居家,人口被驱逐异地,狼烟绵延200余里。次年,董卓授意献帝封其为太师,高于一般诸侯之位。董卓广结党羽,擢授宗室亲信,控制朝政。董卓的专权,招来朝臣的不满。汉献帝初平二年(192年),司徒王允与谋士孙瑞策动大将吕布杀了董卓,将其暴尸于市,燃烛于脐,光明达曙。

在今嵩山巩义市东南20公里大峪村镇董陵村西,西侯山北丘陵上的前肢覆斗形土冢,传为董卓葬首之所。吕布杀掉董卓后,将董卓头悬于马颈下,欲投奔袁术,行至巩县又转而奔向张邈,遂将其头颅随手掷下,当地人将其就地掩埋,故称"董陵"。

蔡 邕

蔡邕(133～192年),东汉杰出的文学家、音律家、书法家。字伯喈,陈留(今河南开封县东南)人。少时博学,师事太傅胡广。精于辞章、数术、天文,通经史,妙操音律。初为司徒桥玄属官,出补河平长,旋召任郎中,校书于东观,迁为议郎。熹平四年(175年)以经籍去圣久远,文字多谬,遂与五官中部将堂溪典、光禄大夫杨赐等人奏求定正儒学经籍《六经》文字,灵帝许之。他写经于碑,使工匠镌刻,立于太学门外,世称"熹平石经"。碑始立时,观瞻者、摹写者,每日车乘千余辆,堵塞街巷。石碑上美妙绝伦的八分隶书,使无数书法者为之倾迷,研究效仿者层出不穷,蔡邕被世人称为"师宗"。后因上书论朝政阙失,遭诬陷,流放朔方。遇赦后,又因受宦官仇视,亡命江湖10余年。灵帝死,董卓专政,欲起用为官,称疾不就,卓怒,切敕州郡举荐,不得不就,三日三迁官,被迫任侍御史,拜左中郎将,从献帝迁都长安,封高阳乡侯。董卓被

蔡邕

诛后,暴尸于市,蔡邕感念董卓知遇之恩,不顾被杀之险,伏于董卓之尸悲哭不已,本就因才气不如蔡邕而心怀嫉妒的王允大怒,捕其入狱。汉献帝初平二年(192年),被以皇帝名义赐死于狱中。

蔡邕虽然在政治命运中坎坷多劫,但他对中国古代学术文化的发展做出了不可磨灭的贡献。他性情雅量,博学多才,有高士之风。在音律上造诣很深,著有《琴赋》、《长笛赋》等作品。在江苏苏州见火烧桐木爆裂之声,以为是块良木,自制成"焦尾琴",音色十分优美。在文学上,著有诗、赋、碑、诔、箴、吊、铭等文章104篇。其散文工整典雅,长于碑记,多用偶句。工书法,擅篆、隶,尤以隶书著称。诗赋以《述行赋》、《青衣赋》、《协婚赋》最为有名,《嵩山志》有录。原有《蔡中郎集》,已佚,后人有辑本。

据史料记载,蔡邕在嵩山古洞学书三年,悟出了书法的真谛,以《笔论》、《九势》、《篆书势》(含隶书势)三篇著作,第一个在理论上把中国以毛笔书写的汉字上升为艺术,全面开创了书学理论体系,奠定了后来书学理论的基础,是中国书法理论长河的重要源头。蔡邕的书法理论成就历来受到推崇,渐渐被蒙上了一层神秘色彩,其书法著作被视为传世秘诀。据史书记载,得到蔡氏秘诀真传的有23人。在这23人中,前后有两人接到秘传后,拒不下传,并将秘诀真传带入墓中。从古时开始,中国上上下下都有一个传统风俗,人死后要拿自己生前最喜爱的东西来殉葬,以便在"阴间"仍能享用和日月厮守。可是,知情人不得不掘开他们的坟墓,将秘诀拿出来。可见传授秘诀之艰辛。在蔡邕秘诀的23个传人当中,蔡文姬、韦诞、钟繇、卫夫人、王羲之、王献之、羊欣、王僧虔、萧子云、孙智永、虞世南、欧阳询、陆柬之、张彦远、张旭、李阳冰、徐浩、颜真卿等大都是在中国书法史上流传千年的大家。还有史书记载,即使得到了蔡氏理论一鳞半甲的柳公权、柳宗元、刘禹锡、褚遂良等也都名满天下。

蔡邕到嵩山山系的箕山拜谒许由,并在其著的《琴操·河间杂歌·箕山操》一书中这样写道:"许由者,古之贞固之士也,尧时为布衣,夏则巢居,冬则穴处,饥则仍(依)山而食,渴则仍可而饮,无杯器,

常以于捧水而饮之。人见其无器,以一瓢遗之,由操饮毕,以瓢挂树,风吹树动,历历有声,由以为烦忧,遂取损之。"其名作《述行赋》是延熹二年(159年)应宦官召请赴京城洛阳时,在旅途抒怀之作。他眼见朝政腐败,遂拾掇途中见闻和感受,借赋作以抨击社会黑暗,"穷工巧于台榭兮,民露处而寝湿,淌嘉谷于禽兽兮,下糠秕而无粒",表现出对民生疾苦的同情与壮志难伸的抑郁。

蔡邕在嵩山留下的遗迹主要有从偃师市太学遗址中出土的汉太学熹平石经残块(我国最早的石刻官定儒学经本),有位于太室山峻极峰西侧半山腰、嵩山玉柱峰下的嵩山蔡邕洞(据史料记载,蔡邕曾在此洞研习书法3年,后以笔势洞达的隶篆八分书而一鸣天下)。

蔡 琰

蔡琰(约178~?),东汉著名女诗人。字文姬,一作昭姬。陈留圉(今河南杞县)人。蔡邕的独生女。在建安文坛上,蔡琰是我国文学史上第一位博学出众、精通音律的女诗人。她生当乱世,屡遭不幸。蔡邕入洛阳狱时,蔡琰才1岁左右。自幼在父亲的教诲下,读书、写字、学音乐,有很高的文化素养,为文学创作奠定了坚实的基础。蔡邕的"亡命"生活结束时,蔡琰才十四五岁,可知她的童年时代,一直与忧患相伴。蔡邕死在狱中那一年,16岁的蔡琰嫁给了河东人卫仲道,夫亡,孀居母家。汉末大乱,为南匈奴左贤王部所掳。在胡与左贤王生活12年,生两子。曹操念蔡邕无后,以金璧及武力逼迫左贤王,赎归,再嫁董祀。"文姬归汉"是我国历史上盛传的佳话。据《后汉书·董祀妻传》记载,"曹操素与邕善,痛其无嗣,乃遣使者以金璧赎之,而重嫁于祀"。曹丕《蔡伯喈女赋》序中也说:"家公与蔡伯喈有管鲍之好,乃命使者周近持玄玉璧,于匈奴赎其女还,以妻屯田都尉董祀。"可知蔡文姬是曹操用金璧赎回的。文姬归汉以后,嫁给屯田都尉董祀。董祀不久犯法当死,文姬诣曹操请求赦宥。曹操居然收回成命,赦免了董祀。当时天气寒冷,曹操看着文姬可怜,还赐以头巾履袜。曹操又叫她凭记忆将她父亲已散失的书籍缮写出来,显示了对她的关怀。史籍中题名蔡琰的作品共有3篇,即见于《后汉书·董祀妻传》的五言和骚体《悲愤诗》各一篇,以及琴曲骚体(歌词)《胡笳十八拍》。3篇皆负盛名。这些诗写的大致都是蔡琰的身世,被称为自传体作品。郭沫若于1959年所作话剧《蔡文姬》中,曾借曹丕之口说:"屈原、司马迁、蔡文姬,他们的文字是用生命在写,而我们的文字只是用笔墨在写"。据史书记载,蔡琰在书法上得到了父亲蔡邕书法秘诀的真传。可惜没有查到蔡琰所留下的笔迹。

吕 布

吕布(?~198年),东汉末年的著名武将与割据军阀。字奉先,三国五原郡九原(今内蒙古包头五原)人。善弓马,号称"飞将"。吕布因其勇武被并州刺史丁原任为主簿,大见亲待。汉灵帝死后,丁原进京与大将军何进密谋诛杀宦官,并为执金吾。董卓入京之后,诱吕布杀丁原,并任他为骑都尉,不久再任中郎将,封都亭侯,与董卓誓为父子。关东军起兵讨董卓时,吕布亦曾参战,却与将领胡轸不和而被孙坚所败,最后董卓挟天子迁都长安。董卓自知自己凶暴,为人所恶,所以时常要吕布作自己的侍卫及守中阁;不过,董卓曾因小许失意而向吕布掷出手戟,而吕布与董卓的婢女有染,恐怕事情被董卓发觉。当时,王允、士孙瑞、杨瓒等密谋暗杀董卓,于是拉拢吕布,吕布成功刺杀董卓,任职奋武将军,进封温侯,与王允同掌朝政。董卓死后,其旧部属李傕和郭汜召集旧部,攻入京城,吕布战败,于是仓皇出逃。先后投靠袁术、袁绍、刘备均未遂。后占据徐州一带(今山东南部、江苏北部),自称徐州刺史。建安三年(198年),曹操攻打吕布的根据地下邳(今江苏淮宁西北),为曹操围困3个月,吕布见大势已去,于是令左右将他的首级交给曹操,左右不忍,便下城投降。吕布被捆到曹操面前,曾要求松绑,曹操笑说:"绑老虎不得不紧。"吕布又说:"曹公得到我,由我率领骑兵,曹公率领步兵,可以统一天下了。"曹操颇为心动,但刘备在一旁说:"君不见丁原与董卓的下场吗?"最后吕布被缢杀。吕布一生虽骁勇善战,但又势利多变,为人无谋。

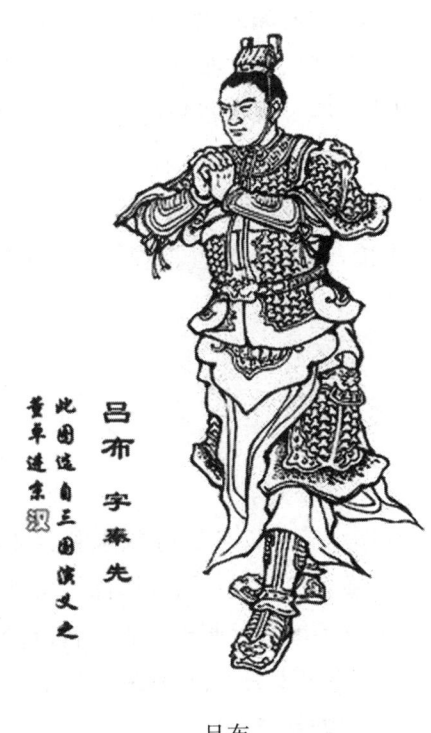

吕布

《三国演义》中著名的"三英战吕布"的故事,就发生在嵩山荥阳的虎牢关,关羽、张飞、刘备3人围攻吕布,亦未能将其战倒。这里至今还有"三义庙"(象征刘备、关羽、张飞桃园结义的庙)、"张飞城"、"吕布城"等胜迹。其中,吕布城位于嵩山荥阳虎牢关西北隅的九曲山巅,传说吕布与刘、关、张在嵩山虎牢之战时,屯兵于此。具体说,城南有跑马岭,西有刑岭,东有摩天岭、养马沟,北有练兵场、点将台等遗迹。

华 佗

神医华佗

华佗(141~208年),东汉末著名医学家。名方旉,字元化,沛国谯(今安徽省亳州)人,常行医于民间,足迹遍及今河南、山东、江苏、安徽等地。华佗精通内、外、妇、儿、针灸各科,尤擅长外科,是世界上最早使用全身麻醉做手术的人,有"外科圣手"、"外科鼻祖"之称。他根据户枢不朽的道理,模仿虎、鹿、熊、猿、鸟五种禽兽动作,创造"五禽戏",用以锻炼身体。当时曹操患"头风眩"病,屡治无效,经华佗针灸,随手而愈。曹操要他当侍医,华佗不肯奉召,被杀。其医书不传,现存《中藏经》系后人托作。

乐羊子妻

乐羊子妻(魏文帝时人),东汉民妇,嵩山地区民间贤德兼备的典范。河南郡乐羊子的妻子,史失其氏,嵩山洛阳人。有义节,达情理。羊子曾经在路上拾得一块金子,曾以"志士不饮盗泉之水",正直的人不接受"嗟来之食",嘱夫将所拾金子归还失主。丈夫远出求学,因思妻,学业未成而还。她以织布机织布为喻,说这布产生于蚕茧,织成在机杼,一根一根丝积累起来,成为一寸;一寸一寸又积累起来,织成一匹。现在若割断这布,功就毁于一旦了。诲丈夫立大志,乐羊子感其言,7年不回家,终成学业。后被魏文帝任为将军。一天,别家的鸡误入自家的果园中,妹妹把鸡捉住杀死煮了。羊子妻看着盘中的鸡肉难过地流下了眼泪。妹妹不解,羊子妻说:自己为贫穷而悲伤,盘中放的竟是人家的鸡肉。妹妹大悟,把鸡肉倒掉,向嫂子承认了错误。后盗贼以其婆婆为人质,强逼其为婚,遂自刎。世称"贞义"。

阮 瑀

阮瑀(? ～212年),东汉末著名文学家,建安七子之一。字元瑜,陈留尉氏人。少受学于蔡邕,文笔敏捷,懂音律,能鼓琴作歌,深得蔡邕的称赞,多在嵩山洛阳一带活动。建安中,曹洪欲使其为掌管书记,坚辞不就。后曹操闻其大名,召为属官,他逃避进山,曹操求才心切,派人焚山,不得已而出。后为曹操司空军谋祭酒,与陈琳一起掌管记室。当时魏之军国的檄文,大多出于两人手笔。文帝曹丕尝称其"书记翩翩,致足乐也"。阮瑀文章喜欢用典和讲究词藻,文中排句很多,字数也很整齐。这是两汉散文转变为南北朝骈文过渡时期的产物。《为曹公作书与孙权》,为其名作。他目击汉末动乱的社会,写了不少反映现实的诗篇,表现了自己的政治抱负。现存12首诗中,诗作《驾出北郭门行》,是一首千古流传的名篇,内容主要写后母虐待孤儿,有一定的社会意义。其作品存有《阮元瑜集》。

桑 钦

桑钦,东汉学者、著名地理学家。北魏郦道元所注之地理名著《水经》,就是汉朝桑钦所著。《水经》一书是记述中国河流水道学的专著,共137条。但在著名地理学家、文学家郦道元注释的40卷《水经注》中,水道增加到1250条,注文20倍于原书,引用书籍多达400多种,大大丰富了《水经》的内容。注以水道为纲,描述范围自地理情况至历史事迹、民间传说,内容丰富,文章生动多彩,成为中国古代地理学名著,对我国的地理学研究做出了巨大贡献。桑钦曾从平陵人涂浑受《毛诗》,而造诣极深。他还精通《古文尚书》。

桑钦著《水经》曾遍走嵩山。

邯郸淳

邯郸淳(约132～221年),东汉著名文学家。又名竺,字子叔,又字子礼,嵩山颍川阳翟(今禹州市)人。淳博学有异才,善写文章,"又善《苍》、《雅》、虫、篆、许氏字指",许慎的《说文解字》和《尔雅》,深受曹氏父子的喜爱。方圆遐迩许多人都知其名。晋卫桓《四体书势》古文序云:"自秦用篆书。焚烧先典,而古文绝矣。汉武帝时,鲁恭王坏孔子宅,得《尚书》、《春秋》、《论语》、《孝经》,时人已不复知有古文,谓之科斗书,汉世秘藏,希得见之。魏初传古文者,出于邯郸淳。"邯郸淳还教曹娥写过一篇碑文,陈留大文学家、大书法家蔡邕避难路过会稽,赞碑文为"绝妙好辞"也!初平时(190～193)由三辅客游至荆州,曹操久闻其名,平荆州后与他相见,深为器重。时值曹丕广求英儒,欲揽为文学官属,曹植亦欲延之身边,淳奉操随植。曹丕即位,任博士、官至给事中,曾因著《投壶赋》千余言呈奏文帝,讲述仁义礼仪和恩威相兼的君臣之道,文帝赐帛千匹。邯郸淳之文学成就,主要反映于他不经意的闲逸文作——《笑林》和《艺经》,内容涉及庸腐官吏,悭吝豪绅,婚丧嫁娶,道德伦理等,用词洗练而文笔辛辣,讲述了当时的许多笑话、噱头、善喻、讥讽、幽默趣事以及当时流行的投壶、米夹、掷砖、马射、弹棋、棋局、食籁等诸般游艺项目,成为中国最早的笑话和杂耍专著,在文学史上占有重要地位。《笑林》是中国目前所知最早的记载笑话的书。据《隋书·经籍志》记载,此书原有3卷,归于小说家类。此书到了宋代,已被人增添至10卷。原书今已不见,能看到的是清代马国翰的辑本。鲁迅先生在《古小说钩沉》中,还补录了马氏所未辑的数则笑话,可见此书影响之巨。《笑林》一书充满娱乐性,极具幽默感,写人记事亦极生动。它与曹丕的《列异传》、《笑书》是现存最早的志人志怪小说,邯郸淳也因而被一些学者誉为"最早的小说家"。今佚文散存于《艺文类聚》、《太平广记》、《太平御览》等书中,其著作《隋书·经籍志》录2卷,已佚,今存有《投壶赋》、《鸿胪陈君碑》、《孝女曹娥碑》等,载于《古文苑》及《艺文类聚》中。

刘德升

刘德升(东汉桓灵帝时人),东汉著名书法家。字君嗣,嵩山南麓颍川(今禹州市)人。善于隶书的行写,即木简上的一种字体。刘德升习书法不泥古,在楷书字的基础上,精研运笔之微变,操笔顺于楷、草之间,自成一体。晋卫桓《四体书势》云:"魏初有钟(繇)、胡(昭)二家为行书法,俱学之于刘德升,后乃有刘德升创行书之说。"唐张怀瓘《书断》(此书凡三卷,上卷书书法十体:古文、大篆、籀文、小篆、隶书、章草、行书、八分、飞白、草书)云:"行书者,后汉刘德升所作也,即正书之小伪,以务简易","非草非真,发挥柔翰"。其行书虽属草创,但字迹妍美,风流婉约,离方循圆,浓纤间书,如行云流水,独步天下,对后世书法艺术影响很大,后人谓之"妙品"。除三国时的钟繇、胡昭外,晋代的王羲之、王献之均师法德升行书,故德升被称为"行书鼻祖"。

郑 泰

郑泰(149～189年),东汉大臣。字公业,大司农郑众曾孙。嵩山荥阳人。灵帝末,知天下将乱,阴交结豪杰。家富于财,有田400顷,而食常不足,名闻山东。初,举孝廉,三府辟,公车征,皆不就。及大将军何进辅政,征用名士,以泰为尚书侍郎,迁侍御史。东汉灵帝死后,大将军何进为抑宦官势力,欲召董卓进京。当时郑泰在何进部下任谋士,劝何进曰:"董卓残忍无道,无仁义之心,贪得无厌,欲望无穷,若掌朝政,必横行无忌,压制朝廷,实不宜让卓进京,以防生变。"何不听。郑泰对荀攸说:"何公此人,不宜辅佐。"乃弃官而去。

董卓进京后,果如郑泰所言,废刘辩而立刘协,独揽大权,专横跋扈,但董卓也想收揽天下贤士炫

耀自己,举郑泰为尚书。这时,山东群雄起兵讨伐董卓,董卓欲出兵应战,郑泰说:"为政在德不在众,山东诸军不足为患。明公生在西凉,幼为将帅,熟悉军事,而袁绍辈乃公卿子弟,无战争经验;貌平首富、足不出户;孔抽清谈,善于鼓吹。此数人无军旅战阵之才,且隶属不明,互不辖制,各怀异志,拥兵自重,人数虽多,只不过乌合,旷日持久,必自撤退,何必无事出兵惊扰天下,使百姓涂炭而为非呢?"董卓采纳了这一建议没有出兵,使洛阳以东人民免受战祸。董卓因受威胁,决计迁都长安。当时,郑泰、郑浑及各大官僚在洛阳拥有巨富,反对迁都,遂和何颙、荀攸、钟辑等密谋杀死董卓,事泄,何颙等被执,郑泰逃荆州袁术处避难,术上以为扬州刺史。未至官,道卒,年41岁。

唐 姬

唐姬,东汉末少帝刘辩姬。嵩山颍川(今禹州市)人。中平六年(189年),董卓废少帝刘辩为弘农王,又以药酒逼饮,刘辩乃与宫人宴别,唐姬为之起舞,抗袖而歌,悲怆动人。辩死,唐姬隐身份,立志不嫁。后被李傕劫掠,为其美所动,欲纳为妻,拒不从。尚书贾诩告知献帝,遂下诏迎姬置园中,封"弘农王妃"。

袁 绍

袁绍

袁绍(约153~202年),东汉末年军阀,群雄之一。字本初,东汉汝南汝阳(今河南周口西南)人。出身名门望族,自曾祖父起4代有5人位居三公,自己也居三公之上,官至大将军,其弟袁术则称仲家皇帝,袁氏一族可谓"五世三公一帝王"。折节下士,知名当世,文武双全,英气勃发。少为濮阳长,后徙居嵩山洛阳。灵帝死,司隶校尉袁绍与大将军何进合谋召董卓诛灭宦官,董卓未至而事泄,何进被杀,袁绍率军尽诛宦官,主持朝政。董卓专权,议废辩(少帝)立协(献帝),他不从,逃奔冀州,董卓拜其为渤海太守。初平元年(190年),关东州郡牧守联合起兵以讨董卓,袁绍被推为关东军盟主,自号车骑将军。董卓被杀后,关东军内部开始互相兼并。后据冀、青、幽、并四州,使3子1甥各领一州。建安四年(199年)消灭幽州公孙瓒。至此袁绍已据黄河下游四州,领众数10万,成为当时东汉势力最强的一方诸侯。不久袁绍被册封为大将军、太尉,领河北四州牧。曹操挟献帝都许,遂相攻伐。直捣许都,劫夺汉帝。监军沮授、谋士田丰劝其进屯黎阳,据守黄河,以逸待劳,遣精骑以骚扰曹军,俾不出3年可击败曹操。而以郭图、审配为代表的一部分将领主张迅速决战。袁绍采纳后者的意见,五年,发布讨曹檄文,率10万大军进军黎阳。当年与曹操决战于官渡,大败,主力7万多被消灭,只与其长子袁谭带800多亲随败回河北。两年后惭愤病死,诸子亦败灭,所据之地尽并于曹操。

刘 宏

刘宏(156~189年),汉灵帝,东汉第十一位皇帝。168年至189年,在位22年。姓刘名宏,汉章帝的玄孙。建宁元年(168年)正月继汉桓帝位,改元为"建宁"。汉灵帝即位后,汉王朝政治已经十分腐败,天下旱灾、水灾、蝗灾等灾祸泛滥,四处怨声载道,民不聊生,国势进一步衰落。再加上宦官与外戚夺权,最后宦官推翻外戚窦氏并软禁窦太后,夺得了大权。杀正义的太学生李膺、范滂等100余人,流放、关押800多人,多惨死于狱中,造成第二次党锢之祸。昏庸荒淫的灵帝除了沉湎酒色以外,还一味宠幸宦官,在宦官张让、赵忠、蹇硕等10个太监的挟持下,公开标价卖官、大兴土木修建宫殿。灵帝还尊张让等人为"十常侍",并常说"张常侍乃我父,赵常侍乃我母"。

宦官仗着皇帝的宠幸,胡作非为,对百姓勒索钱财,大肆搜刮民脂民膏。并引导灵帝荒淫乱政,支配灵帝驱正扶邪,可谓腐败到极点。在皇帝的昏庸和官吏的腐败下,老百姓生活十分困苦,从而使得正常的统治秩序遭到破坏,社会矛盾迅速加剧,最后终于爆发了全国规模的黄巾大起义。这次起义所向披靡,给病入膏肓的东汉王朝以沉重打击。虽然被镇压,但是影响极大。从此东汉政府名存实亡。公元189年四月初夏,昏庸的汉灵帝在人民的一片怨声下结束了他的一生,终年34岁。死后谥号"孝灵皇帝",葬于文陵。《后汉书》载:中平元年,夏四月丙辰,帝崩于南宫嘉德殿,六月辛酉葬文陵,位于洛阳西北15公里,陵高12丈,周300步。

种 劭

种劭(?~192年),东汉末大臣。字申甫。东汉末曾任凉州刺史的种暠之孙。嵩山洛阳人。少知名。灵帝末为谏议大夫,大将军何进欲诛宦官,他派谏议大夫种劭到董卓军中,要求董卓停止进兵。董卓不受,遂前至河南。种劭迎劳之,因譬令还军。董卓疑有变,使其军士以兵胁劭。种劭怒,称诏大呼叱之,军士皆披,遂前质责董卓,让他停止前进,原地待命,听候调遣。董卓辞屈,乃还军夕阳亭,止兵不前。后何进被宦官所杀,献帝即位,拜劭为侍中。董卓既擅权,而恶劭强力,遂左转议郎,出为益、凉二州刺史。史料记载:"劭为故太常拂之子也。拂为傕所害,劭欲报仇。"曰:"昔我先父以身殉国,吾为臣子,不能除残复怨,何面目朝觐明主哉!"兴平二年(195年),遂与西凉新军阀马腾、韩遂及左中郎刘范、谏议大夫马宇等起兵讨伐李傕、郭汜专政。讨伐军与李傕、郭汜战于长安外25公里的长平观下,军败,种劭、刘范战死。

刘 翊

刘翊(?~194年),东汉末义士。嵩山颍川颍阳人。家财丰厚,仗义好施不留姓名。公府连辟不就。郡遭饥荒,散尽资财救济之绝,成全孤独,掩埋死者。后奉献帝令自西京赴任陈留,路遇饥民,遂散尽携带之物,直将驾车之牛分食于民,与民同饿死于道路。

吴　雄

吴雄,东汉明法大家。字季高,洛阳人。儿子、孙子三代都是廷尉,是当时的明法大家。少孤贫,专治法律,历任廷尉、光禄勋。元嘉元年(151年)任司徒,永兴元年(153年)冬十月被罢免。官至司徒。断狱公正,后世传其业,为明法世家。《后汉书·郭躬传》:顺帝时,廷尉河南吴雄季高,以明法律,断狱平,起自孤宦,致位司徒。雄少时家贫,丧母,营人所不封土者,择葬其中。丧事趣办,不问时日,巫皆言当族灭,而雄不顾。

阮　瑀

阮瑀(约165～212年),东汉文学家。字元瑜,陈留尉氏(今开封)人。年轻时曾受学于蔡邕,蔡邕称他为"奇才"。建安中,曹洪使为掌书记,不从。后曹操征为司空军谋祭酒,管记室,又为仓曹掾属。属邺下文人集团,为建安七子之一。与陈琳齐名,所作章表书记很出色,当时军国书檄文字,多为阮瑀与陈琳所拟。后徙为丞相仓曹掾属。名作《为曹公作书与孙权》,铺张扬厉,有纵横家特色。诗歌语言朴素,多反映动乱现实,作品留存很少。其诗《驾出北郭门行》较有名,描写孤儿受后母虐待的苦难遭遇,揭露封建家庭关系的冷酷,反映出一般的社会问题,与汉乐府《孤儿行》相类。阮瑀的音乐修养颇高,他的儿子阮籍,孙子阮咸皆当时名人,位列"竹林七贤",妙于音律。明人辑有《阮元瑜集》。

刘　协

刘协(181～234年),汉献帝。东汉最后一位皇帝。汉灵帝刘宏的儿子,汉少帝刘辩的弟弟,原封陈留王。袁绍等人诛杀宦官时,他随刘辩被宦官张让和段珪绑架,遇到董卓。董卓曾和少帝谈话,少帝语无伦次,再和刘协谈话,刘协则将事情经过完整交代。董卓以为刘协贤能,且为董太后所养,又自以为与董太后同族,加之要显示自己的权力,遂废少帝刘辩,立当时9岁的刘协为皇帝,以他挟天子而令诸侯。王允用连环计杀害董卓后,刘协成为诸侯争夺的目标,李傕、郭汜执政,后来李、郭二人内讧战斗。他被迫流亡,屡被劫持。建安元年(196年)被曹操迎到许都,成为曹操的傀儡。在位时天下大乱,战火四起。曹操死后,曹丕登基称帝,汉朝变成了魏朝,汉献帝降封为山阳公。魏明帝青龙二年(234年)汉献帝刘协驾崩,年53岁,葬于禅陵。他有胆有识、有风度、有才气,但大厦将倾,独木难支,枉然成了时代的牺牲品,汉室的殉葬者。《后汉书》记载,东汉献帝刘协,于建安元年(196年)在洛阳。因百官食住困难,九月曹操带兵护送献帝过轘辕而东,迁都许城。

屈伯彦

屈伯彦,东汉名儒。嵩山成皋人。《后汉书·郭林宗传》载:就成皋屈伯彦学,三年业毕,博通三坟(伏羲、神农、黄帝之书)五典(少昊、颛、高辛、唐尧、虞舜之书)。意其人必为博雅之儒也。相传所居在汜流深处,山谷清幽。后人将屈伯彦所在的村落取名屈村。村内至今保留有纪念屈伯彦讲学的涧沟屈子祠,祠内保留有屈柏彦的讲学处,有清代汜水县义学教席周开暄撰文的《涧沟屈子祠记》碑。

颜　良

颜良(? ~200年),东汉末著名军事家。堂阳(今邢台市新河县)闫仙庄人。三国时河北军阀袁绍的大将,以勇而闻名。建安四年(199年),河北的袁绍兼并幽州等地以后,声威大震,决心消灭自己的劲敌曹操。袁绍以颜良、文丑为将率,挑选精卒10万,骑万匹,准备进攻许都。建安五年(200年)二月,袁绍派遣颜良渡过黄河,以突然袭击的方式包围了曹操东郡太守刘延镇守的白马城。曹操闻讯,非常焦急。四月,曹操准备亲率大军前去救援。曹操的谋士荀攸进谏说:"敌众我寡,分散敌方兵力,可以取胜。"并进一步阐述,"如果派一支人马西去装作在延津一带渡河的架势,袁绍的主力必被吸引过去,然后派出骑兵,乘其不备,奇袭白马,可擒颜良。"曹操采纳了荀攸的建议。袁绍见曹操的大队人马直奔延津,果然派出主力进行堵截。曹操见袁绍中计,便亲自率骑兵日夜兼程直奔白马城。颜良始料不及,惊慌失措,匆匆迎战。曹操派张辽、关羽对付颜良,遂被关羽斩于千军万马中。其余将领也不能抵挡关羽。袁军顿时乱成一团,不战自溃,白马之围遂解。事后,曹操表奏朝廷,封关羽为汉寿亭侯。颜良死后,尸骨葬在嵩山北麓的巩义市西南的鲁庄镇。

颜良

郑　浑

郑浑(? ~273年),东汉末官员。字文公,嵩山荥阳人。郑泰之弟。建安十五年(210年)任下蔡长、邵陵令。迁京兆尹。黄初元年为侍御史,驸马都尉,出为沛郡太守。在汉末战乱局面中,注意发展生产,关心人民生活,自身清正廉洁,魏明帝曾下诏褒扬。

郑 崇

郑崇(？～274年)，东汉末官员。字文和，嵩山荥阳人，郑浑之子。曾为陈留太守，崇尚儒学，不求浮名，不置田产，布衣粗食，为世所重。魏嘉平三年(251年)拜司空，转司徒。正元间拜太保，封寿光侯。晋初，武帝进郑崇为太傅，晋爵为公。泰始十年(274年)卒。

张伯雅

张伯雅，东汉官吏。名张德，字伯雅，嵩山东麓新密人。官至宏农太守。张伯雅在嵩山留下的遗迹，主要有位于嵩山东麓的密县老城西6公里处的打虎亭汉墓(张伯雅墓)。

张伯雅墓壁画

打虎亭汉墓属全国重点文物保护单位，是全国最大的汉墓之一，距今已有1800多年。打虎亭汉墓为东西两墓并列，西为画像石墓，东为壁画墓。两座墓都有长而宽的斜坡墓道。两墓相距约30米，墓室建筑形式和结构基本相同都是用巨大的石块和大青砖砌券而成，规模宏伟。墓壁保存有内容丰富、色彩绚丽的石刻画像和壁画。打虎亭汉墓内的石刻和壁画，题材广泛，内容丰富，真实地反映了东汉贵族奢侈豪华的生活。该墓是东汉雕刻和绘画艺术的珍品，画面构图精细，布局合理，人物众多，线条苍劲，富于层次，充分表现了汉代的雕刻和绘画水平，具有很高的研究价值。

三 国

枣 祗

枣祗,三国时魏官吏,著名政治家。据《纪峻传》及裴松之注引《魏武故事》知,枣祗为嵩山南麓颍川(今禹州市)人。枣祗本姓棘,"先人避难,易为枣"。枣祗为人忠诚且有才,早年随曹操讨伐董卓。袁绍占冀州后,亦贪祗,欲得之,但枣祗始终跟随曹操。曹得兖州后,祗任东阿令。汉兴平元年(194年),曹操吕布争兖州,所属各县多背曹降布,独东阿、范、鄄三县保全,足见枣祗忠心。建安元年(196年),曹操迎献帝迁都许昌,表封枣祗为羽林监。汉灵帝后,群雄蜂起,连年混战,人民流离失所,土地广为荒芜,生产严重破坏,军队无粮,以桑植或蚌类充饥。建安元年(196年),枣祗与韩浩向曹操建议,招募饥民和流民垦荒,设置屯田,采取按产量分成收租的分田之术。曹操采纳此项建议,任枣祗为屯田都尉,招募流饥之民在许昌屯田。枣祗的分田之术调动了农民的积极性,当年就得谷百万斛。复推广至外州郡,以致军队,实行军屯。数年后,曹操仓廪皆满,农业恢复,军粮丰足,为曹操统一北方提供了雄厚的物质条件。定制度,开寓兵与民之先例,为历代封建王朝所效仿。枣祗不幸早亡,曹操念其功绩,追赠他为郡太守,并为其子封爵。他在《加枣祗子处中爵并祀祗令》中对其功绩给予充分肯定,说:大兴屯田,丰足军用,摧灭群逆,克定天下,以隆王室,枣祗之功,永垂不朽。

张仲景

张仲景(约150~219年),三国著名医学家。名机,南阳郡涅阳(今河南邓州市穰东镇)人。出生于没落的官僚家庭,其父亲张宗汉在朝廷做官。他笃实好学,博览群书,10岁就拜名医张伯祖为师。张伯祖喜见他的聪明好学,刻苦钻研,就把自己的医学知识和医术,毫无保留地传授给他。何颙在《襄阳府志》中赞叹说:"仲景之术,精于伯祖。"《神仙传》载,汉桓帝患伤寒病,召张仲景入宫治疗,桓帝病愈后,封张仲景为侍中,张仲景见朝政腐败,认为"君疾可愈,国病难医",遂挂职冠而去,隐居嵩山少室山。汉灵帝时(约168~188年),被举为孝廉。建安年间(196~219年),任长沙太守。古时,当官的虽不能随便进入民宅,接近老百姓,但张仲景择定每月初一和十五两天,大开衙门,不问政事,却端坐大堂之上,挨个为有病的群众诊治,世称"坐堂医生"。建安时期,由于不断的战争导致瘟疫流行,前后达五次之多,每次都有大批的患者死亡。其中,尤以死于伤寒病的最多。张仲景决心控制瘟疫流行,

张仲景

根治伤寒病。他刻苦研读《素问》、《灵枢》、《八十一难》、《阴阳大论》、《胎胪药录》等古代医书,对前人"辨证施治"的治病原则加以研究,提出了"六经论伤寒"的新见解。继承《内经》等古典医籍基本理论,对民间喜用针刺、灸烙、温熨、药摩、坐药、洗浴、润导、浸足、灌耳、吹耳等多种治法加以研究,广泛借鉴其他医家的治疗方法,结合个别临床诊断经验,隐居于岭南,潜心撰写《伤寒杂病论》。从开始写作到成稿,用了6年(205～210年)时间,终于完成了具有划时代意义的临床医学名著《伤寒杂病论》16卷。这是中国第一部从理论到实践、确立辨证施治法则的医学专著。它的问世,使我国临床医学和方剂学,发展到较为成熟的阶段。它确立的"辨证施治"的治疗原则,是中医临床的基本原则,是中医的灵魂。在方剂学方面,创造了很多剂型,记载了大量有效的方剂。《伤寒杂病论》为我国中医病因学说和方剂学说的发展做了重要的贡献。后人将此书奉为"方书之祖",张仲景也被誉为"经方大师"。《伤寒杂病论》问世1800多年以来,受到历代医学家的推崇。到了晋代,名医王叔和将其加以整理。宋代时才渐分为《伤寒论》和《金匮要略》二书。这两部书和《黄帝内经》、《神农本草经》并称为中医四大经典著作。

自唐以来,张仲景的学说传播于世界各地,在国际医药界享有崇高的声誉。日本的研究机构用现代科技手段对其经方进行检验,明确规定凡使用张仲景药方配成的药全部免检。日本、朝鲜国家人民称张仲景为"医药先师"。美国华盛顿大学医学院教授包德默评价张仲景:"爱因斯坦创立了相对论,张仲景早在1800年前就已把相对论的原理运用到实践中去,张仲景是人类的骄傲。"

张仲景曾隐居于嵩山少室山,采集当地民间验方,为百姓医病,其高超的医术在民间广为流传。嵩山地区很多庙宇中的十大药王殿内都供奉有张仲景的神像。

钟　繇

钟繇(151～230年),三国时期魏大臣,杰出书法家。字元常,汉魏时颍川长社(今河南省长葛县东)人。东汉末,举孝廉(有孝心的廉士),授以尚书令、阳陵县令,钟繇称疾不就。东汉末为廷尉正、黄门侍郎。因李傕挟持天子,钟繇参与策划,护献帝刘协安全逃出长安有功,拜为御史中丞,后升迁侍中尚书仆射(相当于宰相),封东武亭侯。曹操执政时,任侍中守司隶校尉,持节督关中诸军。官渡之战中,钟繇送马2000匹给曹操劳军。又徙关中民以实洛阳,使洛阳在董卓西迁后的凋敝景象有所改变,以此被曹操任为前军师。220年曹丕即位,魏国建立,繇为大理国相、廷尉。227年明帝曹睿即位,进封定陵侯,增邑五百户,迁太子太傅,世称"钟太傅"。230年,钟繇病死家中,明帝亲自素服临吊,敕封谥号"成侯"。钟繇精于书法,师承曹喜、蔡邕、刘德升并博采众长,兼善各体,尤精隶楷。与晋王羲之并称"钟王"。其真迹后世不传。宋以来法帖中所刻《宣示表》、《贺捷表》、《力命表》、《荐季直表》等,皆为晋、唐人临摹本。其子钟会,字士季,魏末为镇西将军。书学乃父,后人以其父子并称为"大钟"、

"小钟"。

钟繇在嵩山活动主要地方为洛阳、偃师、伊川、登封一带。

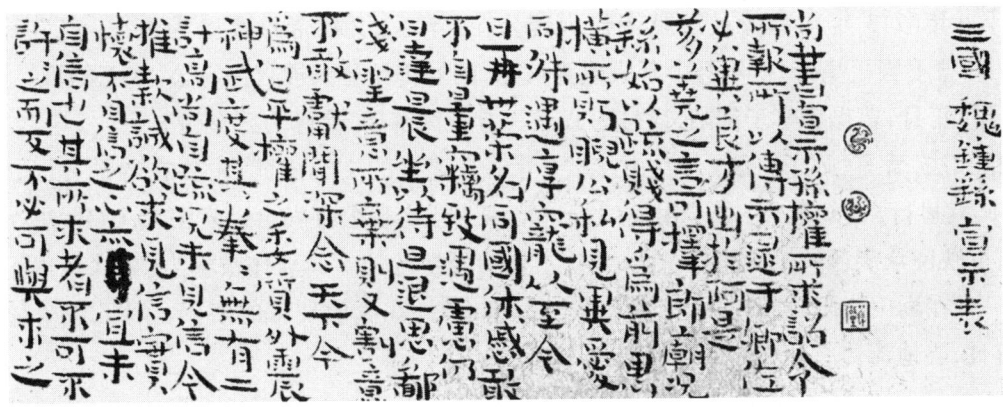

钟繇书法

曹　操

曹操(155~220年),三国杰出政治家、军事家、文学家,中国历史上的文武全才。一名吉利,字孟德,小名阿瞒。沛国谯(今安徽省亳县)人。据史料记载,他出生在一个属于宦官集团的大官僚家庭,"少机警,有权数,而任侠放荡,不治行业",并且"好飞鹰走狗,游荡无度",是一个不受儒学礼教束缚的人。其祖父曹腾,桓帝时为中常侍(宦官);父亲曹嵩(曹腾养子),官至太尉。曹操20岁时,被地方官举为孝廉,不久,任洛阳北部都尉,负责京城的治安。后任顿丘(今河南省清丰县西南)县令、议郎、骑都尉、济南国相、典军校尉等职。他曾以骑都尉镇压黄巾起义,乘势扩充兵力。汉献帝初平三年(192年),青州黄巾军攻入兖州,袁绍任命曹操为东郡太守,率军镇压,以诱敌深入的示弱之计,大破黄巾军,收得降兵30余万,使用分化招降等办法编收其精锐到自己麾下。不久,曹操被陈宫等人推举为兖州牧。建安元年(196年)七月,把汉

曹操

献帝作为他实现统一的招牌,带兵到洛阳,以洛阳遭董卓破坏太严重为借口,迎接汉献帝到许(今许昌市东),建都于此,故称许都,又称魏都。从此"挟天子以令诸侯",控制着最坚强的政治后盾,而此时曹操的军事势力远不及袁绍。之后曹操接受部下建议,在许利用士兵和招募百姓开荒种地,名曰屯田。当年谷数百万斛,他逐步将屯田推广到各州郡,使得仓廪谷满,军供充足。曹操的另一政绩是"唯才是举",他强调才干与忠诚,打击朋党浮华和宗亲操纵,对那些出身卑微才能杰出的人物予以重用,终使其帐下人才济济,名士如云。建安五年(200年),在官渡之战中大败袁绍,不仅在政治上完成了统一北方黄河流域的伟业,在军事上也取得了赫赫战绩。曹操生活在"天下大乱,雄豪并起","权臣专朝,贵戚横恣"的东汉末年,深切感到这正是一个用武之世,因此他一生"戎马不解鞍,铠甲不离膀",一生

做官 40 余年,御军 30 余年,攻城拔邑,履危蹈险,以弱克强,以小擒大,荡平天下,克成洪业。曾先后斩黄巾、攻董卓、战吕布、败袁绍、灭袁术、挟天子以令诸侯,只用了十几年的时间就统一了中国的北方。建安十八年(213 年),曹操被汉献帝封为魏公;三年后,汉献帝封曹操为魏王,实为无冕之帝。220 年 10 月,曹丕当了皇帝,把年号由延康改为黄初,国号仍用曹操被封为魏公、魏王的魏。建安二十五年(220 年)正月,曹操病卒于洛阳,谥号为武王。曹丕称帝后,追尊为武皇帝。

曹操精兵法,著有《孙子略解》、《兵书接要》等书。曹操的文学成就,主要在诗歌方面,代表作有《薤露行》、《蒿里行》、《短歌行》、《步出夏门行》等,其中既有曹公抒发自己宏图大志、建功立业的豪迈气魄,又有反映民众疾苦的沧桑悲凉,在文学史上占有重要地位。其著作被辑为《魏武帝集》。

曹操一生在嵩山洛阳时间较长,特别是在讨伐董卓时,在嵩山地区的洛阳、荥阳、成皋(荥阳市西北)一带打仗,当地流传有他大量的传说与故事。

荀 攸

荀攸(157~214 年),三国时曹操谋士,杰出战术家。字公达,颍川颍阴(今许昌)人,荀彧的侄子。出身士族,东汉末何进当权时,任黄门侍郎。在董卓进京时曾因密谋刺杀董卓而入狱,至董卓被诛后,获释归乡。及后,荀攸被曹操征为汝南太守,入为尚书。曹操征伐吕布时荀攸劝阻了曹操退兵,并献奇计水淹下邳城,活捉吕布。官渡之战荀攸献计声东击西,斩大将颜良。又策奇兵,派徐晃烧袁绍粮草,同时力主曹操接纳许攸,画策乌巢,立下大功。平定河北期间,荀攸力排众议,主张曹操消灭袁绍诸子,被曹操上奏朝廷封为陵树亭侯。荀攸行事周密低调,计谋百出,以擅长灵活多变的克敌战术和军事策略而闻名,被称为曹操的"谋主"。建安十二年(207 年)出任中军师,魏国建立之后出任尚书令。建安十九年(214 年)随曹操攻孙权,荀攸病死于伐吴路上,年 58 岁。正始年间追封谥号"敬侯"。

关 羽

关羽(160~219 年),三国著名蜀汉大将,刘备的重要将领,中国历史上唯一被儒、释、道三教供奉的人物。字云长,本字长生,河东解州(今山西省运城市)人。东汉末年与刘备、张飞"桃园结义"拜为兄弟,辅佐刘备蜀汉政权,转战南北,誓同生死,为匡复汉室立下汗马功劳。建安五年(200 年)曹操东征徐州,下邳之战,刘备兵败,亡奔河北袁绍,关羽土山被困。为保护被俘的刘备甘、糜二位夫人,关羽答应暂归依曹操来到许昌。曹操爱其才,先拜偏将军,再封汉寿亭侯。当其得知刘备下落后,毅然追奔刘备而去,守荆州威镇华夏。关羽做人行事"义"字为先。关羽在许都受曹操与袁绍激战,斩颜良,诛文丑,解白马之围,以谢曹公之恩。建安十三年(208 年),曹操南征,孙刘联军大败曹军于夏口赤壁,曹操沿华容小道向江陵狼狈逃窜,路遇关羽把守,羽念旧恩,华容道义释曹公。关羽一生勇武,屡立战功。赤壁之战时,曹军挥师南下,准备一举消灭荆州刘表和江东孙权,统一天下。刘备撤离樊城,令关羽带领水军乘船经汉水到江陵会合,后共至夏口,与孙吴联军大战曹军于赤壁,曹操惨败,关羽拜襄阳太守、荡寇将军。刘备西取益州,又以关羽督荆州事,镇江陵,勇冠三军。建安二十四年(219 年),关羽发起襄阳战役,斩庞德,擒于禁,兵震朝野,孙权弃信义背叛孙刘联盟,出兵偷袭荆州。关羽功亏一篑,退走麦城,突围时在当阳西北临沮被孙权部将潘璋、吕蒙虏获杀害,与其子关平俱被斩首。孙权恐刘备起兵寻仇,便将关羽首级连夜献给当时在洛阳的曹操,企图嫁祸于他。曹操识破孙权计谋,敬重关公忠义,刻沉香木续为躯,以王侯之礼厚葬关羽于洛阳关林。谥曰"壮缪侯"。陈寿《三国志·武帝记》曰:"建安二十五年春,(操)至洛阳,权击斩羽,传其首"。

千百年来,关羽作为忠义化身、道德榜样受到了历代民众的普遍敬仰。从三国到隋,人们把他视为盖世英雄。而到隋朝以后,民间尊称为"关公"、"关帝",作为神灵顶礼膜拜。历代帝王则对其加号封爵,奉为"关圣帝君",崇为"武圣",与"文圣"孔子齐名,最后被封为"盖天古佛"。这位三国时代的英雄,本与儒、佛、道无涉,但民众崇拜忠义英雄,儒家摄入而尊他为"义勇武安王"、"武圣人";佛教摄入而称其他为"伽蓝菩萨",大约在宋代,关羽又被尊为护法神;道教摄入而封他为"三界伏魔大帝神威远震天尊",道教还特为他创造了《关帝觉世真经》、《关帝明圣经》、《戒士子文》等。有一副对联道出了关羽死后的荣誉:"汉封侯,宋封王,明封大帝;儒称圣,释称佛,道称天尊"。此后,甚至明清的喇嘛教中,也出现了护法神关羽。

关羽

关羽在嵩山留下的遗迹主要有位于洛阳市南8公里的关林庙,是武圣关羽的葬首之所,也是我国唯一的"林、庙"合祀的古代经典建筑。古代时,嵩山各市县都建有关帝庙、关帝祠。

胡　昭

胡昭(161~250年),三国时期隐士、高人。字孔明,魏国颍川阳翟(今禹州)人。冀州刺史袁绍曾请他出来做官,辞而不就。魏武帝曹操遣使征用他,也辞谢不愿为官。后隐居陆浑(今嵩县东北)山中,边读书,边种田,乡人对他很是敬重。建安二十三年(218年),陆浑县令张固接到上级命令,要派丁夫若干到汉中服役,百姓害怕跋山涉水,远役辛劳,不愿前往。时有孙郎趁机杀县主簿,聚众起事。张固因县邑残破,弃城率十余吏卒投奔胡昭,召集遗民,暂时栖身。孙郎率众到陆浑南长乐亭,自相约誓说:"胡居士是贤德的人,不能侵犯他的境界。"因此才得安然无事。嘉平二年(250年)魏齐王曹芳特意下诏征用,适逢他因病去世,终年89岁。

荀　彧

荀彧(162~212年),三国时曹操谋士。字文若,颍川郡颍阴(今许昌市)人。荀彧出生于一个世代官宦的名门大族,在东汉末年颇有名望。荀彧少年时代就已经显露出了一定的才华灼见,有"王佐之才"之称。永汉元年(189年),荀彧26岁时被举为孝廉,拜为守宫令,掌管皇帝的笔墨纸张等文具。不久,汉灵帝病死,董卓之乱爆发。荀彧弃官回家,移居冀州。初遇袁绍,但观察发现他不善用人,治军不严,多谋寡断难成大事,遂投奔曹操,任奋武司马,帮助管理军府要事,并参与军事谋划。荀彧在曹操平定北方的几次战争中,不断出计献策,参与重大谋划,为曹魏政权的建立起了十分重要的作用。荀彧不但多谋,而且也善于识人,为曹操物色和举荐了不少人才。开始他举荐了戏志才,不幸戏志才英年早逝。后来又举荐了嵩山的郭嘉、钟繇和著名的荀攸、陈群、司马懿、郗虑、华歆、王朗、荀悦、杜袭、辛毗、赵俨等一批名士大才。这些人中后来位至卿相的就有十几人之多,为曹操开创大业,统一中原做出了极大的贡献。建安十七年(212年),荀彧病卒(史书又说:荀彧作为汉朝重臣,只想尽忠汉帝,而反对曹操称魏王,遭忌恨,征孙权途中,被迫服毒自杀于寿春)。荀彧谦和节俭,禄赐无数,尽散故旧,家无余财。子孙皆有名于世。

郭 嘉

郭嘉

郭嘉(170~207年),三国时曹操谋士。字奉孝,嵩山南麓颍川阳翟(今禹州)人。少时即有大志,长期闭门读书,不求闻达。平时结交英杰之士,不与世俗同流合污。27岁拜官司徒府。初遇袁绍,知其好谋无决难成大业。后与他同郡在曹操那里当尚书令、总管政务的荀彧,将其推荐给曹操,任司空军师祭酒。曹操与郭嘉论天下,认为郭嘉"使孤成大业者,必此人也。"郭嘉也喜曰:"真吾主也。"郭嘉有机谋深断,屡屡劝谏曹操,多有采纳,为曹操一肱佐臣。曹操平定北方的战争中,屡屡采纳郭嘉的计策:建安三年(198年),郭嘉劝曹操乘袁绍北上攻打公孙瓒之机,进兵徐州,征讨袁绍盟军吕布。曹操三战三捷,吕布退守徐州。因相持日久,士卒疲倦,诸将劝曹班师回许昌。郭嘉力排众议,促曹继续挥兵猛攻城池,吕布被擒;接着,于建安五年(200年),在官渡决战中击溃袁绍的主力;不久,又利用袁绍的两个儿子互相争斗的矛盾,分别将其各个击败,对曹魏政权的建立起了十分重要的作用,立下了大功。曹操在建立政权过程中,凡大战役均参与策划运筹,有相当功绩。为人机智,曾料孙策遭刺客诛杀,后果如此。建安七年(202年),曹操迎汉献帝到许昌之后,曹操与袁绍之间的矛盾更加尖锐。当时袁绍的势力大大超过曹操,是他统一北方的最大障碍。同时,在他东面还有吕布,对他威胁也很大。官渡之战前,曹操狐疑,郭嘉信心十足,提出卓有见识的曹操的"十胜"与袁绍的"十败"之论断,既鼓舞了曹军的士气,又为尔后的战斗结局所印证,在军事史上成为千秋佳话。正当郭嘉施展才华,建功立业之际,其因病早逝,年38岁。郭嘉随曹操11年,行同骑乘,坐共帷席,军臣相得,亲密无间。曹说"唯奉孝能知孤意。"郭嘉病重,曹操问疾者交错。及薨,曹操亲临其丧,哀痛过甚,谓群臣称其后事无托。并谥"贞侯",封千户。

繁 钦

繁钦(约170～218年),三国著名文学家。字休伯,嵩山颍川(今禹州市)人。少年即"以文才机辩,少得名于嵩山颍汝"。属邺下文人集团,以文才机辩知名。汉末避乱荆州,见重于刘表。建安二年(197年)于赵俨同归附曹操,在曹操麾下20多年,受到曹氏父子的赏识,官至丞相主簿。任豫州从事,转丞相主簿,为曹操所重。繁钦长于书记,善为诗赋,风格巧丽,代表作有《定情诗》、《咏蕙诗》、《生茨诗》、《杂诗》等,此外赋有《撰征赋》、《弭愁赋》,文有《穆零陵檄》、《与魏太子笺》等。其赋作如《述征赋》、《述行赋》等13篇仅有残句存世,保留完整的作品有《与魏文帝笺》、《定情诗》。《与魏文帝笺》大量运用典故,并有大量的骈偶成分,显得文采斐然。其中,以描写妇女心理活动的《定情诗》较有名。《定情诗》为五言长诗,是古代著名的爱情诗。全诗模拟女子的口吻,写女子与相悦之人的相聚之欢,遭弃之悲,先抑后扬,很富有感染力。诗以一连串排比句写女子对情人的挚爱和期待,显然受到民歌的影响。其间或有寄托,故陈沆《诗比兴笺》以为:"渊明《闲情》之赋,此导其前修;平子(张衡)《四愁》之诗,此申其嗣响。"现存诗赋文共22篇,散见于《玉台新咏》、《文选》等典籍中。

赵 俨

赵俨(171～243年),三国时魏大臣,著名政治家。字伯然,嵩山阳翟(今禹州市)人。初避乱荆州,于杜袭、繁钦通财为一家。建安二年(197年)投曹操,为郎陵长,恩威并重,郎陵大治。袁绍南侵,周围郡县多降,独阳安郡固守,都尉逼收租调。赵俨投书荀彧,将所收绢资悉数还给百姓,民心所向,阳安郡得以保全,寻入司空掾属主簿。于禁屯兵颍阴(许昌),乐进屯兵阳翟(禹州),张辽屯兵长社(长葛),三将不和,赵俨并为三军参军,三将遂睦。曹操征荆州时,赵俨领章陵太守,徙都督护军,都户于禁、张辽、张郃、朱灵、李典、路招、冯楷七军,复为丞相主簿,迁扶风太守,兼关中护军,尽统关中诸军,破羌房于新平,破吕并于陈仓。署(未知名)督送1200人助守汉中,赵俨恐其有变,人人慰劳。不久兵果变,赵俨亲赴军中晓以成败之理,慰励恳切,三军乃定,终守汉中。关羽困曹仁于樊城,徐晃往救,赵俨为曹仁参军,众将激徐晃促战,赵俨分析利弊,通信于曹仁,仁军固守。不久,援军至,关羽兵退,众将邀追,俨又止众将,深得曹操意。曹丕即位,赵俨晋侍中、寻拜驸马都尉、领河东太守、典农中郎将。黄初三年(222年),赐爵关内侯。曹休御孙权、赵俨为军师,孙权兵退,俨晋土亭侯。转度支中郎将,迁尚书。征吴时,为征东军师。明帝即位(227年),晋都乡侯,监荆州诸军事,假节。因病复为尚书,监豫州诸军事,转大司马军师,入为大司农。齐王即位(240年),监雍凉诸军事,假节,转征蜀将军,迁征西将军、都督雍凉。正始四年(243年),以病老求还,征骠骑将军、迁司空。是年薨,谥穆侯。

司马徽

司马徽(约174～208年),三国时期嵩山名隐。字德操,号水镜,东汉颍川阳翟(今禹州市)人。他

素以知人、育人、荐人、克己而著称于世,被世人成为"人鉴"。幼年熟读经史,才华卓世,德操高洁。汉灵帝末年,战乱频仍,群雄割据,有经邦济世之才的司马徽不愿施展才能为时所用,他缄默固守,甘愿陷居阳翟故里,躬耕度日。因善识大器,荐高才,论人"得其精而忘其粗,察其内而忘其外",时人称为"司马伯乐",庞德公称之为"水镜先生"。司马徽富才学,高德操,轻官而重教。鉴于汉末"党锢之祸",司马徽从不讨论别人,如有人向他求问,他也不品评高下,总以"好、好、好"回之,所以后人又称他为"好好先生"。建安四年(199年),司马徽为避乱荆州,设馆讲学,弟子尹敏、李仁等后为蜀国名臣。司马徽一生虽然没有做出什么惊天动地大业,但却以博学多才,志德高洁,尤其是以识人之能而永远留名于史册。他曾向刘备推荐了诸葛亮(卧龙先生)、庞统(凤雏先生)二人,成就了刘备的霸王大业。当时,徽与襄阳名士庞德公相友善,德公的侄子庞统,字士元,少年纯朴诚恳,无人知道他是奇才,唯德公甚为器重。庞统年十八岁时,以德公之名前往颍川拜见徽,二人交往,十分投机。最后,徽盛赞:"你真是个有才德的人,应当称作江南第一名士"。自此庞统的声名大显于世。由此可见,徽确有知人之明。建安十二年(207年),刘备在荆州求访名士,亲自拜见司马徽,畅谈天下大势,司马徽极力向备推荐诸葛亮和庞统,说二人有经天纬地之才,安邦定国之能,可辅佐成大业。司马徽对刘备说:"儒生俗士,岂识时务。识时务者在于俊杰。此间自有卧龙凤雏。""卧龙乃诸葛孔明,凤雏乃庞士元"刘备十分信服,亲自前往隆中,三顾茅庐,请诸葛亮出山,这与司马徽首荐诸葛亮是密切相关的。建安十三年(208年)九月,曹操大军到新野,直指荆州,司马徽被曹操征聘。曹操对徽慕名已久,意欲大用,而徽却染病去世,死后葬于阳翟(今禹州市)。司马徽才华始终未得施展,一生湮没不彰。

司马徽在嵩山活动遗迹,有位于褚河乡余王村潘庄东侧的司马徽墓;有位于禹州市颍河岸边的清静读书之地"水镜洞",相传为司马徽所筑。

徐 庶

徐庶,三国著名谋士,灵帝时四大名士之一。字元直,本姓单,名福,后改名为徐庶。颍川阳翟(今禹州市)人。徐庶幼爱击剑,喜鸣不平。少好游侠,因为人报仇被捕入狱,后被好友救出,乃折节求学,精研学问。因中原战乱,曾客居荆州,与司马徽、诸葛亮、庞统等人友善,共议天下。初平时,遇黄巾起义,避乱荆州,欲随刘表。见表优柔寡断、贤愚不辨,遂留书告辞,投效刘备,被拜为军师。徐庶为刘备出谋划策,曾助刘备设计大破曹操,击败曹将吕旷、吕翔,斗阵胜曹仁,并计取樊城。刘备赞之有王佐之才。而徐庶则认为诸葛亮有经天纬地治国安邦之才能,因此向刘备推荐诸葛亮。刘备不惜降尊纡贵,三顾茅庐,终使诸葛亮出山辅佐刘备,从而奠定了三国鼎立的格局。建安十三年(208年),因母被曹军所执,被迫弃备归属曹操。即行,以手抚胸曰:"本打算与将军共图王霸大业,耿耿此心,唯天可表。不幸老母被掳,方寸已乱,即使我留在将军身边也无济于事,请将军允许我辞别,北上侍养老母!"徐庶北上归曹后,遭徐母痛责,十分惭愧。徐母自缢身亡,更坚定了徐庶不想为曹操出谋划策的思想。魏文帝黄初年间(220～226年),徐庶官至右中郎将,御史中丞。尽管他有出众的谋略和才华,但徐庶在曹魏历时数十年,却从未在政治军事上有所作为,终身不为曹操设一谋,几乎湮没无闻。这就是人们常说的"徐庶进曹营,一言不发"。约卒于魏明帝时。徐庶一生,虽然命运多舛,人生道路也坎坷不平,最终没有做出什么惊天动地的大业。但他忠直坦诚、孝敬亲尊、力荐英才的人格品德将永传后世。

司马懿

司马懿

司马懿（179～251年），魏晋著名政治家、军事家、谋略家。字仲达，河内温县（今河南温县）人。出身世家大族。初为曹操主簿。后任太子中庶子，为曹丕所信用。曹丕即位后成为重要助手。魏明帝时，任大将军、太尉等职。长年率军抗蜀拒吴，平定辽东公孙渊，逐渐掌握军权，并恩结世家官僚，沆瀣一气。曹芳即位，和皇族曹爽受诏再次辅政。因其权重，招致曹爽贵族集团排斥。嘉平元年（249年），他乘曹爽、曹芳祭陵之际，在洛阳发动政变，诛灭曹爽集团。从此魏国实权为司马氏掌握，为司马氏代魏奠定了基础。嘉平三年（251年），司马懿病死于洛阳，终年73岁。其子师、昭相继专政。在世家大族的拥护下，其孙司马炎代魏称帝，建立晋朝，追尊司马懿为宣帝。

西晋建都洛阳，历四帝（武帝、惠帝、怀帝、愍帝）52年，除怀帝（司马炽）、愍帝（司马邺）被刘聪杀死在平阳（今由西临汾西南）外，武帝（司马炎）、惠帝（司马衷）均崩于帝位。加上追封的宣帝（司马懿）、景帝（司马师）、文帝（司马昭）共合五帝。其陵均应在嵩山一带，但史书无记载。近代在偃师西北南蔡庄北发现的荀岳墓志、左棻墓志，为探索晋陵提供了线索。1982年，对晋文帝（司马昭）和晋武帝（司马炎）陵墓的勘察可推测司马懿高原陵也当在这一带。

王 肃

王肃（195～256年），三国魏著名儒家学者，著名经学家。字子雍，东海郡郯（今山东郯城西南）人。王肃曾遍注群经，对今、古文经意加以综合；以其深厚的文化底蕴，借鉴《礼记》、《左传》、《国语》等名著，编撰《孔子家语》等书以宣扬道德价值，并以身为司马昭岳父之尊，将其精神理念纳入官学，其所注经学在魏晋时期被称作"王学"。主要官衔为中领军，加散骑常侍。由于他的卓著功勋和特殊地位，死后被追赠为卫将军，谥称景侯。

《魏书》："景明二年（501年）薨于寿春，诏曰杜预之殁窆于首阳，司空李冲覆舟是托故扬州刺史肃英惠符于李杜平生本意愿终京陵，既有宿心遂先志，其令遂先志，其令葬于（李）冲、（杜）预两坟之间，使神游相得也。"王肃墓位于偃师城西4公里处的杜楼村北、首阳山西侧的覆舟山南麓。

阮　籍

阮籍

阮籍(210～263年),三国时魏著名思想家、文学家。字嗣宗,陈留尉氏(今河南省尉氏县)人。父阮瑀为魏时建安七子之一。魏太祖曹操以阮瑀为司空军谋祭酒,管记室,"军国书檄,多瑀所。"后徙仓曹掾属,受知遇于曹操。所以阮籍从他父亲以来,对魏室有深厚感情。阮籍幼好学,才华超人。其容貌俊雅,志气宏放,傲然独得,任性不羁,喜怒不形于色。有时闭门读书数月不出,有时登临山水经日忘归。博览群籍,尤好老庄学说。嗜酒好啸,能琴善诗。每得意时忘其形骸,时人多谓其为痴生。曾闻军营贮酒300斛,于是求官为步兵校尉,世称"阮步兵"。生时魏晋之时,感时伤乱,又惧被祸,遂纵酒谈玄。晋文帝司马昭,曾想和阮籍结成亲家,因而替儿子武帝司马炎向阮籍求婚。阮籍既不愿同流,又不便或不能硬抗,竟连着大醉60天,使得无法提亲,文帝只好作罢。阮籍与嵇康在对待司马氏统治上的态度有所不同,嵇康可说是针锋相对,而阮籍有时迫于淫威,明哲保身。魏元帝景元四年(263年),由于纵酒过度,积郁至深,阮籍病重而逝,终年54岁。

阮籍与嵇康、山涛、向秀、刘伶、阮咸、王戎交游甚密,被称为"竹林七贤"。阮籍在哲学上,具有朴素的唯物主义倾向的宇宙论和本体论,对于自然观,认为天地万物是自然发生的,不是神意主宰的;提出了"万物一体"的思想,天地万物是和谐的,没有矛盾的;宇宙万物都是发展变化的,不断变易的;在名教与自然的关系上,基本上主张以"自然"排斥"名教"等思想。阮籍诗专长五言,自然壮丽,作《咏怀诗》82首,对现实多所讥讽,独具风格,后人称为"正始之音"。工散文。著有《达庄论》、《通老论》,主要阐述了老、庄之要旨,兼明无为之贵。有赋体传记《大人先生传》,借助"大人先生"这个虚构的人物,猛烈抨击司马氏统治集团及其封建"礼法"制度,发泄内心郁积的忧愤,抒发自己不与物交、神游自得的意趣。有《阮步兵籍》。其中《乐论》、《通易论》、《通老论》、《达庄论》、《大人先生传》是造诣很高的哲学论文,充分表达了他的哲学思想。

阮籍曾游历了嵩山的大部分名胜古迹,在主要代表作品《咏怀诗》中,有部分内容就是写的嵩山,如写嵩山荥阳虎牢关、偃师首阳山、怀王子乔等,嵩山周边县(市)史料多有记载。

嵇　康

嵇康(223～262年),魏晋时期著名文学家、哲学家、音乐家。谯郡铚(今安徽省宿州西南)人,字叔夜。善打铁,常不要工钱,有拿酒食的就与他们共饮。崇尚老庄,擅诗文,工书画,长于鼓琴,精通乐理,以弹《广陵散》著名,声情并茂,当时名扬四方。他性情刚烈,不畏权势,且才智出众,与阮籍、阮咸、山涛、向秀、王戎、刘伶,常游居竹林,故有"竹林七贤"之称。他与魏宗室通婚,是曹操的曾孙女婿,官拜中散大夫,世称"嵇中康"。嵇康生活的时代,是司马懿父子当权,大将军曹爽被杀以后。"司马昭之心,路人皆知",篡魏之势已成,山涛、王戎等6人都先后顺从司马氏,并接受了官职,只有嵇康不愿依附,对司马氏的残暴虚伪很反感,得罪了一些权势人物。甘露三年(258年)入狱。

魏元帝景元四年(263年),嵇康的知交吕安之妻被其兄吕巽所奸污,吕安要控告,嵇康劝其打消主意,以免别人说其家不成体统。后吕巽为了掩盖丑行,就恶人先告状,反污吕安"不孝母亲",时值司马昭正标榜"以孝治天下",因"不孝"罪名下狱。吕安为辩解冤情,引嵇康为证。嵇康为其友仗义执言,结果被抓入狱。后遭钟会诬陷,被司马昭所杀。当嵇康以莫须有的罪名与吕安同时被押解到洛阳建春门外的马市刑场上(今嵩山偃师)斩首时,激起了许多人的不满。其中有洛阳太学的3000多名学生联名上书,向朝廷请愿,要求赦免嵇康,还要请嵇康去太学教他们读书。但司马昭的决定不可更改。临刑时,嵇康镇定自若,他要来五弦琴,当场弹奏了一曲悲壮的《广陵散》,叹息说:"广陵散于今绝矣!"后被行刑,年41岁。他提出"越名教而任自然"之说,反对儒家繁琐礼教。今传作品《嵇中散集》10卷,《幽愤诗》、《与山巨源绝交书》、《养生论》、《琴赋》、《太师箴》、《答二郭诗》等都是他的代表作。

嵇康遗风

曹 丕

曹丕

曹丕(187~226年),魏文帝。字子桓,三国时期著名的政治家、文学家,曹魏的开国皇帝,220~226年在位。沛国谯县(今安徽省亳州市)人。曹操次子。性格善谋多诈。母卞夫人。少有逸才,广泛阅读古今经传、诸子百家之书。年仅8岁,即能为文,又善骑射,好击剑。建安十六年(211年)为五官中郎将、副丞相。二十二年(217年),曹丕运用各种计谋,在司马懿、吴质等大臣帮助下,在继承权的争夺中战胜了弟弟曹植,被立为王世子。延康元年(220年),曹操死,曹丕嗣位为丞相、魏王。220年10月庚午日,曹丕逼迫汉献帝禅位,代汉称帝,国号"魏",定都洛阳,建年号为"黄初",史称"曹魏"。成为三国中第一个称帝的君主。

曹丕在位虽然只有7年,却进行了多项改革,坚持独揽大权,加强中央集权。首先,设立中书省,改用士人代替过去的宦者来充任,并将原由尚书郎担任的起草文书之务渐交中书

省。实行"九品中正制",确立了士族豪强在政治上的特权,开辟了魏晋南北朝时期的氏族门阀制度。重视文教。221年,下令人口达十万的郡国每年察举孝廉一人。同年又重修孔庙,封孔子后人为宗圣侯。224年恢复太学,设立春秋谷梁博士。修复洛阳,营建五都。采取战略防守,恢复生产,发展屯田制,施行谷帛易市,稳定社会秩序。黄初末,魏国国库充实,累积巨万,基本解决战争造成的通货膨胀问题。针对汉末母后干政和外戚之患,定令妇人不得预政,群臣不得奏事太后,外戚也不能付以要职。削夺藩王权利,限制了宦官权力,巩固中央集权。他曾下诏革除东汉旧习,子弟敢为父兄私复仇者,皆族诛。他通过一系列措施,基本上巩固了曹魏的统治。曹丕在位期间,开拓疆域,征服北方鲜卑、高句丽等部落,击退东吴入侵,使得魏朝疆域远达蒙古高原,这是曹丕军事上的重要建树。曹丕的一些措施体现了他在政治上的才能,然而在军事才华上他远不能和父亲曹操相比,他曾3次亲自统军率数十万大军、水师伐东吴、蜀汉,皆无功而还。特别是刘备伐吴时,孙权假意向魏国称藩,曹丕大喜,没有同时联合蜀汉攻吴国,错过了一次统一全国的时机。刘备被孙权打败,孙权随之与曹丕反目。曹丕大怒才起兵伐吴国,结果被孙权的大将徐盛火攻击败。回洛阳后,曹丕大病不起,于黄初七年(226年)病卒于洛阳,终年40岁。谥号文皇帝(魏文帝),庙号高祖(《资治通鉴》作世祖),葬于首阳陵。

曹丕在文学方面的成就而与其父曹操、其弟曹植并称为"三曹"。曹丕爱好文学,写了不少文采清绮、语浅情长的诗歌,并有相当高的成就。其代表作《燕歌行》等,就是中国较早的优秀七言诗。他的五言和乐府清绮动人。所著《典论·论文》,是中国文学史上第一篇文学批评专论,在中国文学批评史上占有重要地位。明朝人辑有《魏文帝集》,流传至今。《后汉书》、《三国志》均有纪。

史料记载,魏文帝在黄初年间从洛阳出发,游猎于太室山上。魏文帝在嵩山留下的遗迹,主要有位于今洛阳市东15公里的曹魏洛阳城,有位于偃师市西北今首阳山火车站一带的曹丕首阳陵。

辛宪英

辛宪英(190~269年),三国时魏国著名才女。嵩山阳翟(今禹州市)人。辛宪英的父亲辛毗,是侍中,爵封颍乡侯;弟弟辛敞,为河内太守,官至卫尉;丈夫羊耽,官太常,为太傅羊祜之叔父;儿子羊琇封甘露亭侯,累迁中护军,加散骑常侍;女儿羊姬,亦一代经学大家。即所谓簪缨世家、门阀巨族,特别是其夫家羊氏一门,在历史上无论是政治舞台,还是诗书薪传,均人才辈出,显赫无比。辛宪英聪明有才,论事明断。父及弟遇事,多问及宪英。嘉平初年(249年)春正月,太尉司马懿拟诛大将军曹爽。宪英之弟辛敞当时在大将军曹爽手下当参军。时太尉趁爽外出,紧闭城门,爽的部下鲁芝司马带兵斩关出城,呼敞同往。敞惊惧来问宪英,宪英说:"怎能不去?太尉此举不过在于诛爽,况且忠于职守是人的大义,怎能为人执鞭而弃其事,不尽职守呢?"敞从宪英言,带兵出城,后太傅果然只诛曹爽了事。辛宪英之于史,素以才智著称,旧时曾有歌将辛宪英的智、曹娥的孝、木兰的贞、曹令女的节、苏若兰的才和孟姜的烈并称,皆谓之出类拔萃。辛宪英俭约淳朴,她的侄子羊祜给她送了一床锦被,宪英憎恶锦被华丽,即日奉还。泰始五年(269年)死,终年80岁。

曹 植

曹植(192~232年),三国著名文学家,建安诗赋的始创代表,著名的"建安之杰"。字子建,曹操三子,曹丕的同母弟弟。封陈王,谥"思",世称"陈思王"。曹植十多岁的时候,已读诗、论、词、赋数十万言,写起文章也是笔下生花。曹操看到曹植的文章,富于才学,一度欲立为太子。后曹操立曹丕为太子,为避免曹植同曹丕争权,借故杀死了曹植的主要谋士杨修。可就在曹操临终前,紧急召见次子曹彰,当曹彰赶到,曹操已死。曹彰自己理解,父亲临终召见,是为了立曹植为继承人,而让他来充当废立之事的执行者。他把自己的想法和曹植说了,曹植明白此事的利害,不足轻易干得。后经曹植劝阻,一场夺宗冲突才没有爆发。后曹丕、曹睿相继为帝,曹植备受猜忌。太和六年(232年)正月,曹植郁郁而死,终年41岁。传说曹植有5步成诗之说:曹丕登上帝位不久,便授意监国使者灌均上疏奏曹植"醉酒悖慢,劫胁使者",然后把曹植召到洛阳,交百官议其罪。曹丕为了寻找治罪的借口,逼他行走7步的时间内吟诗1首。曹植略加思索,从容不迫地吟道:"煮豆燃豆萁,豆在釜中泣,本是同根生,相煎何太急。"诗句含蓄而巧妙地对曹丕刁难亲兄弟之行径提出了批评。后幸得他的母亲、卞氏皇太后从中干预,才没有被害,把他从地区富庶、户口封邑较多的临淄,贬到穷苦的安乡(今河北省晋州市东),后又改封鄄城侯。其诗歌多为五言,诗善用比兴手法,用字、造句、立意、音节等着意工巧,语言精练而情词并茂,对

曹植

五言诗的发展颇有影响,也善辞赋、散文。曹植对后代文学的影响巨大,著名山水诗人谢灵运曾给予很高的评价:"天下才有一石,曹子建独占八斗,我得一斗,天下共分一斗。"曹植作为建安文学的集大成者,对于后世的影响是不小的。在两晋南北朝时期,他被推尊到文章典范的地位。曹植于诗、文、辞赋均有创作,但以诗作成就最大。代表作有《送应氏》、《神女赋》、《黄帝赞》、《帝喾赞》、《殷汤赞》等,著述宋人辑有《曹子建集》。曹植生前自编过作品选集《前录》78篇。死后,明帝曹叡曾为之集录著作百余篇,《隋书·经籍志》著录有集30卷,又《列女传颂》1卷、《画赞》5卷。然而原集至北宋末散佚。今存南宋嘉定六年(1213年)刻本《曹子建集》10卷,辑录诗、赋、文共206篇。

曹植的诗文中有多首与嵩山历史名人有关,著名的有《洛神赋》、《夏禹赞》、《巢父赞》、《帝舜赞》、《殷汤赞》、《赠白马王彪》等。

辛毗

辛毗(？~234年),三国时期著名的治世之才,魏国大臣。字佐治,颍川阳翟(今禹州市)人。祖居陇西(今甘肃临洮县),汉武帝年间,迁入阳翟。初随袁绍,曹操任司空时,招辛毗不受。官渡之战后,事袁绍子袁谭。辛毗有旷世之才,能洞察时势,深谋远虑,为人性情耿率,刚正不阿,直言敢谏。所以,不论是他仕魏王曹操,还是仕文帝、明帝时,都有过很好的谏言。袁谭袁尚争位,而手足相攻相残,被袁谭使辛毗去曹营求和,曹初接受,后采纳郭嘉谋,诈取荆州。辛毗旋即助曹,从全局分析,认为当先取河北,河北平,则六军盛而天下震,且取冀易而取荆难,取河北,袁氏兄弟不相救,"以明公之威,击疲敝之寇,无异迅风之振秋叶",而"荆州丰乐,国未有衅",俱得天时地利人和,不如取邺(今河南安阳)。204年,曹操攻下邺城,上表推荐辛毗任议郎,后为丞相长史。220年,文帝曹丕即皇帝位,以辛毗为侍中,赐爵关内侯,后赐广平亭侯。曹丕欲徙冀州士农10万户以充河南,辛毗力谏不听。曹丕入内,辛毗随而引起裾,力陈己见。文帝无奈,只得迁其半数。辛毗深重民情,关心农业,体恤百姓。他认为国体之强,重在人心向背及农业生产,民富而国强,军队就有战斗力。曾协大将军征讨朱然于江陵。文帝即位之初,欲兴兵伐吴。辛毗劝谏曰:"修范蠡之养民,法管仲之敬政,则充国之屯田","兆民知义,将士思奋,然后用之,则役不再举矣"。明帝曹睿即位,封辛毗颍乡侯,食邑300户,后官至卫尉。青龙二年(234年),诸葛亮屯兵渭南,司马懿上表魏明帝。魏明帝任辛毗为大将军军师,加使持节号。诸葛亮病逝后,辛毗返回,仍任卫尉,不久病逝,谥肃侯。

何 晏

何晏(约193~249年),三国魏玄学家,"贵无论"创始人之一。与王弼并称于世。字平叔,南阳宛(今河南南阳)人。何晏是汉大将军何进之孙,因晏父早逝,曹操为司空时纳晏母尹氏为妾,晏被收养。晏少时聪慧过人,得宠于曹操,被视若诸公子。少以才秀知名,好老、庄言。何晏后来娶金乡公主为妻,赐爵为列侯。魏文帝时,晏无所事任,明帝以其浮华,亦抑之,仅授冗官。正始年间(240~248年)曹爽秉政,何晏党附爽,因而累官侍中、吏部尚书,典选举,爵列侯,仗势专政。正始十年(249年)曹爽事败,因依附曹爽,何晏等同时为司马懿所杀,夷三族。何晏与夏侯玄、王弼等倡导玄学,竞事清谈,遂开一时风气,为魏晋玄学的创始者之一。与王弼等祖述老庄,立论以为天地万物皆以无为本,"无也者,开物成务,无往不存者也"。他认为"道"或"无"能够创造一切,"无"是最根本的,"有"靠"无"才能存在,由此建立起"以无为本","贵无"而"贱有"的唯心主义本体论学说。还认为圣人无喜怒哀乐,圣人无累于物,也不复应物,因此主"圣人无情"说,即认为圣人可完全不受外物影响,而是以"无为"为体。在思想上重"自然"而轻"名教",与其仗势专权的实际行为多相乖违,故当时的名士傅嘏说他是"言远而情近,好辩而无诚,所谓利口覆邦国之人也"。《三国志》载,何晏"好老庄言,作《道德论》及诸文赋,著述凡数十篇"。今存《论语集解》10卷、《景福殿赋》、《道德论》2卷、《无名论》、《无为论》等。

曹叡

曹叡(204~239年),魏明帝,三国时曹魏的第二位皇帝(在位13年)。字元仲,沛国谯人,曹操之孙,曹丕之子。生而曹操爱之,常令左右。为人口吃少言,沈毅好断,不好浮华之士。15岁封武德侯,黄初二年(221年)继为齐公,三年为平原王。母甄氏,为郭后谮死。丕以郭无子,使养叡。叡因母故,意甚不平。后郭后颇加慈爱,叡亦敬事如常。常从丕猎,丕射杀鹿母,命叡射其子。叡不忍,啼泣而罢。黄初七年(226年)5月魏文帝死,他于同日继位。第二年改年号为"太和"。当时魏、蜀、吴三国鼎立,为了夺取霸权,三国之间战争不断。初嗣位,以司马懿拒蜀。孙权攻合肥,叡自领兵击退。公孙渊反辽东,亦命司马懿讨平。曹真等辅政,叡皆处以方任,政由己出,容纳直言,有君子之量。魏明帝有感于汉代律令繁杂,下诏改定刑制,作新律18篇,后人称为《魏律》或《曹魏律》。对秦汉旧律进行较大改革,首次将"八议"制度正式列入法典,进一步调整了法典的结构与内容,使中国封建法典在系统和科学上进了一大步。然不久便大营宫馆,耽于内宠。景初三年(239年),魏明帝病重,召司马懿和曹爽托孤,让他们辅佐年幼的曹芳,当日即逝世,年36岁。谥号明帝,庙号烈祖,葬高平陵。此后,政权归司马氏。

魏明帝能赋诗作文,擅长于作乐府诗,与曹操、曹丕并称为曹魏"三祖"。著作诗文颇多。有集10卷,(《隋书经籍志注》7卷,此从《唐书志》)传于世。太和四年(230年)八月,魏明帝东巡,遣使者以特牛祀中岳嵩山。

山涛

山涛(205~285年),魏晋之际著名政治家、文学家、"竹林七贤"之一。字巨源,河内郡怀县(今河南武陟)人。早孤,家贫。山涛虽在竹林七贤年龄最长,一直到40岁才开始为官,始为郡主簿,功曹,上计掾,举孝廉州辟部河南从事。入晋曾任吏部尚书、太子少傅、右仆射等职。因预见曹爽的被杀而隐居不仕,但是不久之后又即被召回,以后任官于司马师、司马昭、司马炎的三代政权,成为司马氏政权的得力助手。他与阮籍、嵇康不同,他的一生鲜少有反司马氏思想,反而紧密地围绕在司马氏政权左右,并成为司马氏晋王朝的开国功臣。所以历代文人从正统观念出发对他有所非议,然而就如此断定山涛的评价,不免也失之公平,因为当他在为官期间并未有迫害曹氏成员的记载,更没有杀害过正直之士,而是对有才之人大力提拔,这对社会是有积极作用的。山涛虽居高官荣贵,却贞慎俭约,俸禄薪水,散于邻里,时人谓为"璞玉浑金"。他选用人才时,常常亲做评论,语言精练,评价也颇为精当,并各有题目,称"山公启事"。《山公启事》原有10卷,宋时佚失。现存《上疏告退》等文30篇。

刘禅

刘禅(207~271年),蜀汉后主,三国时期蜀汉第二位皇帝。字公嗣,小名阿斗。刘备之子,母亲是昭烈皇后甘氏。刘禅幼年时多遭难,幸得大将赵云两次相救。三国时期,刘备占据蜀地,蜀汉建立后刘禅被立为太子。刘备死后,刘禅于公元223年继位为皇帝,在位42年。期间拜诸葛亮为相父,并支持姜维北伐,在位后期宠信黄皓,统治腐败。刘禅昏庸无能,在那些有才能的大臣死后,公元263年,蜀国就被魏所灭。刘禅投降后,魏帝曹奂封他一个食俸禄无实权的"安乐公"称号,并将他迁居魏国都城洛阳居住。魏帝自己也无实权,掌大权的是司马昭。在一次宴会上,司马昭当着刘禅的面故意安排表演蜀地的歌舞。刘禅随从人员想到灭亡的故国,都非常难过。然而,司马昭问刘禅说:"您还想念蜀地吗?"刘禅乐呵呵地回答说:"这儿挺快活,我不想念蜀地了。"一直陪伴刘禅的大臣邵正在旁边听了,都觉得太不像话。但司马昭认为自己看清了刘禅是个不求上进的人,不会对自己造成威胁,就没有想杀害他。刘禅也因此在人们的心目中成了庸主的典型,"扶不起的阿斗"成了对庸人的戏称。后来人们根据这个故事,引申出"乐不思蜀"这个成语。

司马昭

司马昭

司马昭(211~265年),西晋太祖文皇帝。三国曹魏后期政治家和战略家,曹魏权臣,西晋王朝的奠基人之一,以虚伪狡诈、贪婪狠毒著称的魏末奸雄。字子尚,司马懿次子,景帝之母弟也,西晋开国皇帝司马炎的父亲。河内温(今河南温县)人。魏景初二年(238年),封新城乡侯。正始初,为洛阳典农中郎将。值魏明奢侈之后,帝蠲除苛税,不夺农时,百姓大悦。转散骑常侍。曹髦时,继兄司马师为魏大将军,专国政,并日谋代魏。嘉平六年(254年)大将军司马师谋废齐王曹芳后,立13岁曹髦为魏帝(高贵乡公曹髦系魏文帝曹丕之孙、东海定王曹霖之子),实际上曹髦完全是司马氏的傀儡,司马氏仍操执国柄。次年,司马师病逝。司马师在病重的时候,便把一切权力交给了弟弟司马昭,司马昭继兄司马师为大将军。司马昭总揽大权后,野心更大,总想取代曹髦。他不断铲除异己,打击政敌。年轻的曹髦知道自己即便做"傀儡"皇帝也休想当长,迟早会被司马昭除掉,就打算铤而走险,用突然袭击的办法,干掉司马昭。一天,曹髦把跟随自己的心腹大臣找来,对他们说:"司马昭之心,路人皆知也。我不能白白忍受被推翻的耻辱,我要你们同我一道去讨伐他。"几位大臣知道这样做等于是飞蛾投火,都劝他暂时忍耐。在场的一个叫王经的对曹髦说:"当今大权落在司马昭手里,满朝文武都是他的人;君王您力量软弱,莽撞行动,后果不堪设想,应该慎重考虑。"甘露五年(260年)夏,魏帝曹髦不接受劝告,亲自执剑,率领左右仆从、侍卫数百人去袭击司马昭。谁知大臣王沈、王业早已向司马昭告密,司马昭立即派兵阻截,曹髦被司马昭指使的凶手成济杀死,年仅20岁。司马昭为掩人耳目,命人把曹髦的尸体藏起来,故意装得惊讶难过。后迫于压力,让成济作了"替死鬼",灭了成济三族。当抓捕成济时,成济光着膀子爬上房顶,大声叫道:是司马昭让我杀死皇帝的! 这一下,就把司马昭的阴谋抖落了出来。"司马昭之心"也因此大白于天下。后来,人们便使用"司马昭之心,路人皆知"这句话来比喻人所共知的阴谋或野心。

昭景元四年(263年),曹魏实际领袖司马昭发兵灭蜀汉,派遣钟会、邓艾、诸葛绪等分东、中、西三路伐蜀,蜀汉灭之,自称晋公。司马昭尽管杀了曹髦,感到改朝换代的时机还未成熟,便另立15岁的陈留王曹奂为帝,世称魏元帝,改年号为景元元年(260年)。至此,司马昭篡权的目标指日可待。景元四年(263年)夏,曹魏实际领袖司马昭发兵灭蜀汉,派遣钟会、邓艾、诸葛绪等分东、中、西三路伐蜀,蜀汉灭之,自称晋公。景元五年(264年)三月,魏元帝下诏拜司马昭为相国,封为晋王,加九锡。咸熙二年(265年),司马昭病死。司马昭死后不到3个月,其子司马炎就逼着曹奂禅让,代魏称帝,建立西晋,追尊司马昭为文帝,庙号太祖。《晋书·文帝纪》:"咸熙二年(265年),秋八月辛卯,帝崩于露寝,时年五十五,九月癸酉,葬崇阳陵。"有著名的成语"司马昭之心,路人皆知"传世。

司马昭之心路人皆知

1917年,晋故中书侍郎川颍阴县荀岳及妻刘简训墓志在今偃师市首阳山镇潘屯村西被人打井掘得。其志载:"安措于河南洛阳县之东,陪附晋文帝,陵道之右。"1982年秋至1983年初,中国社会科学院考古研究所洛阳汉魏故城工作队对西晋帝陵进行实地勘察和发掘得知,位于偃师市首阳山镇潘屯、杜楼村以北1.5公里无名山的枕头山墓地为晋文帝司马昭之崇阳陵。

钟 会

钟会(225~264年),三国时魏谋士、将领、著名书法家。字士季。颍川长社(今河南长葛)人。为钟繇之子。精于名理,博学有才。正始中,为秘书郎,迁尚书中书侍郎。曹髦继位后,赐爵关内侯。后官至司徒,为晋王司马昭重要谋士,运筹帷幄,腹心之任。司马昭欲一举灭蜀,钟会极力谋助。景元末,为镇西将军,假节都督关中诸军事,率师与邓艾分军灭蜀。以功进司徒,封县侯。景帝五年(264年),破蜀后与姜维拥蜀地自立,被杀。钟会在书法上师学其父,后人并称父子为"大小钟"。《书断》说他"书有父风,稍备筋骨,兼美行、草。尤工隶书,遂逸逸致飘然,有凌云之志。"有学识,尝论《易》无互体之说。死后,于其家得著书20篇,名曰《道论》,为刑名家类,已佚。

张 飞

张飞(?~221年),三国蜀汉大将、著名军事家。字翼德,涿郡(今河北省涿州市)人。少时从刘备起兵。与刘备、关羽结拜兄弟。曹操入荆州,刘备逃经长坂(今湖北省当阳东北),使飞领20骑拒后,曹军无近者。后随刘备定江南,克益州,官至车骑将军。他雄壮威猛,和关羽并称"万人敌"。但平

时不知体恤部下,章武元年(221年)率万人攻吴,临行,为部将所杀。

张飞在嵩山留下的遗迹,有位于荥阳市汜水镇西1公里的虎牢关,位于荥阳市虎牢关东南方山顶上的荥阳张飞寨,位于荥阳虎牢关前以刘备、关羽、张飞义结同心而命名的"三义庙"。

杜 预

杜预(222~285年1月),西晋时期著名的政治家、军事家和学者,灭吴统一战争的统帅之一。字元凯,京兆杜陵(今陕西西安东南)人,历官曹魏尚书郎、河南尹、度支尚书、镇南大将军、当阳县侯,官至司隶校尉。司马懿、司马师死后,司马昭承袭父兄之位,杜预娶了司马昭之妹高陆公主为妻,被任为尚书郎,继承其祖父的爵位丰乐亭侯。4年后,进入司马昭的相府中担任军事幕僚,参与了曹魏灭蜀的军事行动,因功增加封邑1150户。

司马炎篡位后,杜预受命与贾充、郑冲等人共同制定了晋律,杜预并为晋律作了注解。这部新律文字简练而事例明白,判断省便而禁律简要,晋武帝司马炎下诏将这部新律令颁行于全国。泰始年间,杜预升河南尹,成为京师洛阳最高的地方行政长官。在任上,他接受诏命起草了官吏考核升降的新程式,把六年升降一次官考核制度改为一年考核一次,建立了优胜劣汰机制。司马校尉石鉴与杜预有仇,在朝议中诋毁杜预,杜预被免职。不久,西羌进犯陇右地区(大致为今甘肃六盘山以西、黄河以东一带),朝廷任命他为秦州(今甘肃境)刺史、车羌校尉、轻车将军,跟随已被任命为安西将军的石鉴征讨西羌。杜预提出固守城池、广积粮草,待敌人师劳力疲再行出击的方针,石鉴不纳,诬陷杜预擅修城门,耗费钱谷。朝廷把杜预押回洛阳,送交廷尉审治。好在杜预娶了公主,按照法律上的"八议",可以用侯爵赎罪。后来,陇右的战事发展正如杜预所预料的那样,石鉴被秃发树机能打得惨败。于是朝廷大臣都认为杜预长于谋略。

泰始七年(271年)十一月,居住在山西地区的匈奴人在酋帅刘猛的带领下武装反晋,武帝命令杜预以散侯身份参谋军国大事,在宫中制定平叛计划。不久,升任度支尚书,掌管政府的经济财政事宜。杜预上奏,建议设立籍田等巩固边防之策以及兴建常平仓、不理盐务等50多项治国治军的建议,都被采纳。

当时通行的历法不合晷度,耽误农时,杜预经过计算,纠正了其中的差舛,修订出《二元干度历》。此历经过验证,终于取代时历,通行于世。洛阳以北的黄河富平津是沟通大河南京北的重要渡口,因为水大流急,常有覆舟之患。杜预,提议在富平津修建河桥,遭到不少人反对。武帝力排众议,让杜预具体主持这项工程,解决洛阳的交通问题。杜预所建的河桥,是有史以来所建造的第一座黄河大桥。杜预还成功地复制了已失传的周代敧器,这种器物,注入水后,满则覆,中则正,可放在皇帝御座旁起警戒作用。杜预在朝7年,提出了许多治国平天下的奇计良谋,获得朝野的称赞,人称"杜武库"。

武帝决心灭吴,当时羊祜为镇南大将军,为灭吴做了多年准备,祜病毒重,推荐杜预为灭吴主帅。羊祜死,杜预任镇南大将军,大举伐吴,于太康元年(280年),灭掉吴国,实现了全国的统一。杜预因功被封为当阳县侯,封邑增加到9600户。武帝仍命杜预镇守江南,杜预在这里兴修水利,兴办学校,造福一方,百姓亲切地称他为"杜父"。

杜预著有《春秋左氏经传集解》和《春秋释例》等,集解汇集了前人对《春秋左传》中记述的先秦法律制度方面的注释,是现存最早的一部《左传》注解。据《隋书·经籍志》记载,杜预的书保留到唐世,还有《春秋左氏传音》3卷,《春秋左氏传评》2卷,《春秋释例》15卷,《律本》20卷,《杂律》7卷,《丧服要集》2卷,《女记》10卷以及《晋征南将军杜预集》18卷(已佚)。杜预63岁时,被征召任司隶校尉,加位特进,走到邓县时,不幸病逝。武帝追赠他为征南大将军、开府仪同三司,谥成,其子杜锡嗣。遵照他的遗愿,葬在偃师市杜楼村北。

冯 熙

冯熙(? ~223年),三国著名节士,孙权谋臣。字子柔,冯异之后。三国时颍川阳翟(今禹州)人。在吴国任中大夫,刘备崩,至蜀吊丧。后出使魏国,魏文帝曹丕认为谋士陈群与熙同乡,命陈利诱他在魏做官,冯熙不为所动,曹丕将冯熙关到摩陂,想用折磨的办法使他屈从,不成。后又诏还,未至,冯熙认为诏还后将会遭屈辱而死,遂拔刀自尽,因被赶车的人发觉,幸得不死。吴主孙权得到消息后垂涕说:"熙与苏武何异?"后来冯熙竟死在魏国。帝不悦,以陈群与熙同郡,使群诱之,啖以重利。熙不为回。送至摩陂,欲困苦之。后又召还,熙惧见迫不从,必危身辱命,乃引刀自刺。御者觉之,不得死。闻之,垂涕曰:"此与苏武何异?"竟死于魏。

王 弼

王弼

王弼(226~249年),三国魏经学家,以老庄玄学解易的创始人,魏晋易学义理学派代表。字辅嗣,三国时代山阳高平(今山东邹县西南)人。王弼出身于曹魏时的豪门贵族。曾外祖父是东汉末号称"八俊"之一、身为荆州牧的刘表。祖父名凯,是"建安七子"之一、著名文学家王粲的族兄(亲兄弟),其父王业曾官至尚书郎。王粲从蔡邕得书数车,他自己的儿子因谋反被杀,书为王业所有,王弼遂有书可读。王弼"幼而察惠",好谈儒道,辞才逸辩,与何晏、夏侯玄等同开玄学清谈之风,世称"正始之音"。王弼在幼年时便好老庄之学,又"善辩能言",为吏部尚书何晏所赏识,官任尚书郎。曾为《道德经》与《易经》撰写注解,由于《道德经》的原文逸散已久,王弼的《道德经注》曾是本书的唯一留传,直到1973年在马王堆发现《道德经》的原文为止。正始十年(249年)曹爽被杀,王弼受案件牵连丢职。同年秋天,遭疠疾亡,年仅24岁。其易学源自费直,主张注《易》时须注重阐明《周易》所包含的义理,摒弃汉儒实异说、忏悔说,恢复先秦儒家说《易》的本旨,从而开创后世以义理说《易》的先河。

曹魏正始年间(240~249年),王弼与何晏、夏侯玄等阐发《老子》、《庄子》和《周易》的思想,形成了一个新的思想流派。因《老子》等3部书后来被称为"三玄",故这个流派遂被称为玄学。王弼继承了老子"有生于无","道在无先"的基本命题,加以大胆发挥和创造,提出了自己"以无为本","以有为末"、"举本统末"的宇宙本体论和贵无哲学的观点,把"有"、"无"这对范畴作为他构筑自己思想体系的基本的中心范畴,从不同侧面、不同角度和不同层次来阐明"以无为本"的思想与"有"、"无"之间的关系。他通过自己的"贵无"哲学把"自然"与"名教"、儒家、道家思想结合起来,摆脱了庸俗的"天人感应论"的影响,他一反两汉以来经学家离经辩句的做法,着重义理的分析和抽象的思辨,用"援老庄入儒"的方式,为封建伦理纲常辩护,建立起新的唯心主义的玄学体系,取代了当时逐渐失势的汉儒经学的地位,其哲学的深刻性和完整性使其成为中国哲学思想由两汉宇宙生成论转变为魏晋宇宙本体论的一个重要环节,从而具有承上启下、继往开来的历史性的重要作用和意义,这是我国哲学史上继《周易》、老子之"道学"和孔子之"儒学"之后的又一伟大的里程碑,这对后来中国学术的发展,特别是对宋代理学起到一定的影响,对佛教中国化、本土化也起了重要作用,其"得意忘象"的思考方法对中国古代诗歌、绘画、书法等艺术理论也有一定影响。

王弼人生短暂,但学术成就卓著。主要著作有《周易注》、《周易略例》、《周易大衍论》、《老子注》、《老子指略》、《老子道德经注》、《论语释疑》、《王弼集》5卷等。

由于洛阳是魏晋的都城,也是王弼生前重要的活动地之一。洛阳史料记载,王弼"幼而察慧,年十余,好老氏,通辩能言。"他曾与当时许多清谈名士辩论各种问题,以"当其所得,莫能夺也",深得当时名士的赏识。王弼与钟会、何晏等人为友,其特点为人高傲,"颇以所长笑人,故时为士君子所疾"。

陈　寿

陈寿

陈寿(233年－297年),西晋史学家。字承祚,西晋巴西安汉(今四川南充)人。他少好学,师事同郡学者谯周,在蜀汉时曾任卫将军主簿、东观秘书郎、观阁令史、散骑黄门侍郎等职。当时,宦官黄皓专权,大臣都曲意附从。陈寿因为不肯屈从黄皓,所以屡遭遣黜。蜀汉亡国后仕于西晋,历任著作郎、长平太守、治书侍御史等职。280年,晋灭东吴,结束了分裂局面。陈寿当时48岁,开始撰写《三国志》。

《三国志》是一部记载魏、蜀、吴三国鼎立时期的纪传体国别史。《隋书·经籍志》将其与《史记》、《汉书》和《后汉书》并称共赞,至清代被同称为"前四史",后世又成为"二十四史"、"二十二史"等"正史"中的主要组成部分。而这一伟大的历史著作是陈寿在京都洛阳为官时编纂完成的。公元265年,司马炎废曹奂自立,建立西晋王朝。泰始四年(268年),晋武帝司马炎在华林园与群臣宴会,席间,晋武帝让大家荐贤举才。四川才子陈寿在武陵太守罗宪的推举下,应诏入京师洛阳,被授予佐著作郎职。不久,晋武帝把编写蜀汉丞相诸葛亮故事的重任交给了陈寿。陈寿历经数年编成了《蜀相诸葛亮集》,把诸葛亮生前安民治国、转战南北的成功经验整理保存了下来。晋武帝看后,大加赞赏。公元280年,西晋灭吴,中国经历百余年的分裂,重归统一。为了政治上的需要,陈寿便担起了研究和总结三国历史的重任。陈寿生活的时代离三国不远,不少事件是他耳闻目睹的,这为他编写三国历史提供了很多便利。为进一步核对历史,他不分昼夜地大量搜集整理三国时期的档案文献,四方寻访历史人物的踪迹,开始了《三国志》的编纂。经过20年的艰苦努力,陈寿终于完成了《三国志》的编纂。之后,陈寿又多次进行了修订和补正。全书共65卷,计37万字。其中《魏书》30卷、《蜀书》15卷、《吴书》20卷。该书上起魏文帝黄初元年(220年),到晋武帝太康元年(280年)60年的历史,是继《汉书》之后的又一部纪传体史学巨著。它包含了汉亡至晋兴近百年的历史,简要总结了汉末晋初中国由分裂到统一的历史经验。

陈寿因《三国志》而备受赞誉,却也因为秉笔直书而得罪了很多当世的权贵,晚年屡次被贬,在仕途中始终郁郁而不得志。公元297年,65岁的陈寿没能赶回老家南充便病死在都城洛阳。陈寿死后,有人极力向朝廷推荐《三国志》,朝廷即诏令河南尹、洛阳令到陈寿家录抄该书,并收入宫中保存,该书遂成为官修史书。

陈寿在历史的长河中摘取下来的这段历史,当今不仅被中国人奉为经典,更进而影响着这个世界,《三国志》中所体现出来的智慧与谋略现今被世界各国的人们广泛应用在政治、军事、商业等各个领域。并被改编成小说、戏剧、电影甚至漫画与电子游戏在这个世界更为广泛地传播着。人们说,《三国志》是展现中华民族集体智慧的最壮美的篇章。

马 钧

马钧,三国时期杰出机械制造家。字德衡,魏国扶风(今陕西兴平)人。仕魏为博士和给事中,长期住在嵩山洛阳。据史料记载,他活动的主要时期当在227年(魏明帝曹睿即位)到249年(齐王曹芳时掌握实权的曹爽被杀)之间。马钧在科技史上的杰出贡献主要在传动机械制造方面,他的不少发明创造对当时生产力的发展起了相当大的作用。所以当时人们称他为"天下之名巧"。一是改进织绫机。为了满足提花技术要求日益增高的需要,马钧打破了原有织机上由综数所定蹑数的设计思想,将不论织机综数,一律改成

马钧发明翻车

12蹑,真正简化了织机的结构。这不仅大大提高了生产效率,降低劳动强度,而且可以随心所欲地织出各种奇特的花纹图案。二是制成指南车。我国指南车由来已久。相传,黄帝战蚩尤于涿鹿之野,蚩尤起大雾,军士不知所向,帝遂作指南车。但到三国时代已经失传多年。马钧在制成的指南车上设计了一套简单的自动离合的齿轮系统,以保证木人手臂不受车轮前进方向改变的影响,和现代机械车辆后桥上的差动齿轮原理如出一辙。三是制翻车。马钧住在洛阳时,"城内有地,可以为园,患无水以灌之。乃作翻车,令儿童转之,而灌水自覆,更出更入,其巧百倍于常。"即把一个一个取水的筒子,按

一定角度和间距安装在一个大轮子的轮辋上,轮子下沿没入水中,设法使轮子转动起来,灌水的筒子就可轮流地从低处"翻"到高处,把水的高于轮半径的地面上去,只要筒子装配的角度合适,灌了水的筒子一过最高点便会逐渐倾覆出来,用一水槽接着,便得到连续不断的水流。四是制成"水转百戏"。有人给魏明帝进献了一种叫作"百戏"的木偶玩具,虽设计精巧,造型优美,可惜只是一种摆设,不能动作。马钧"诏作之,以大木雕构,使其形若轮,平地施之,潜以水发焉。设为女乐舞象,至令木人击鼓、吹箫;作山岳,使木人跳丸掷剑,缘纽倒立,出入自在;百官行署,舂磨斗鸡,变巧百端。"正当马钧创造发明的旺盛时期,他开始改造攻城用的重型机械"发石车"为连续发射,开始预制试验时,他遭到了文人相轻和当政者的漠视,不支持这两个方面的试验,遂停止了试验。至此,一个科技创制的生命就这样终止下来,这在我国科技史上,不能不说是一个巨大的损失。

向 秀

向秀(约227～277年),魏晋时期哲学家、文学家。字子期,河内怀县(今河南武陟县)人。向秀与嵇康、阮籍等7位名士居在河内山阳(今河南辉县市山阳镇),他们曾在山阳的竹林游乐,被世人称为"竹林七贤"。向秀对老庄的学说很有研究,曾注释过《庄子》一书,名曰《庄子隐解》。可惜注释没有全部完成,余下《秋水》、《至乐》2篇未注释就去世了。后来,郭象又注释未注两篇,改写《马蹄》一篇的注,影响很大。向秀主张礼法出于"自行"、"名教"与"自然"统一,合儒道为一,认为万物自生自灭,名任其性,也就是所谓的"逍遥"。嵇康善于打铁,向秀当他助手。有一次,向秀与嵇康正在门前打铁,司马氏的亲信钟会突然来访,向秀、嵇康二人看见他来,不加理睬,照样打铁不停。向秀还与另一名士吕安关系很好,一块在山阳种菜灌园,怡然自乐。后向秀的这两位好友嵇康和吕安遭钟会谗言,为司马昭所忌,被无辜杀害。向秀害怕司马氏的威势,被迫应本郡的推选赴京城洛阳。司马昭还余怒未息地讥讽他:"闻有箕山之志,何以在此?"向秀回答:"以为巢、许(巢父、许由,上古时期嵩山的隐士)是狷介之士,未达尧心,岂足多慕!"司马昭听后很高兴。迫于形势,向秀接受了司马昭授予的官职,初任散骑侍郎、后转黄门侍郎、散骑常侍。据说,"在朝不任职,容迹而已。"他走官道不是为了济世荣身,而是为了避祸,因此并未参与多少政事。看来,向秀的立场介乎阮、嵇与山涛之间。他不像阮籍那样豪放,更没有嵇康的刚烈,但也不像山涛那样卖身投靠司马氏,而是与之貌合神离。当他从洛阳返回经过嵇康在山阳的旧居时,听到邻人的笛声,怀念好友嵇康、吕安,感慨万分,写出了著名的《思旧赋》,传于后世。全篇连小序在内只有260个字,言简意赅,文短情深,充分表现了作者面对逝者的故居时那种沉痛的心情和绵长的情谊。鲁迅在写《为了忘却的纪念》一文时说:"年轻时读向子期《思旧赋》,很怪他为什么只有寥寥的几行,刚开头又煞了尾。然而,现在我懂得了。"其对作者写这篇赋时的处境和思想状态作了深刻的分析,原因便是当时政治的极端黑暗和恐怖。现存向秀的文章除《庄子注》外,仅有《思旧赋》和《难嵇叔夜养生论》。

郤 正

郤正(?～278年),三国时蜀国官吏、文学家。蜀亡后在西晋任官。本名纂,字令先,嵩山偃师人。少时家境贫寒,但安贫好学,博览群籍,文辞灿烂,善属文章。仕蜀任秘书吏,又转秘书令史职,迁任秘书郎,最后官至秘书令。景耀六年(263年),邓艾平蜀,他为刘禅作降书。蜀灭亡后,被押往洛阳,宴席中劝谏乐不思蜀的刘禅,反被司马昭羞辱。性格淡泊名利,醉心于文章阅读及写作之中,益州当时有的书籍,他几乎都已看过。由于常居内职,与宦官黄皓作比邻30年,黄皓身份由卑微至显贵,在朝中玩弄权势,郤正不为黄皓所喜爱,亦不为其所憎恶,官俸不过600石,也免于官场的困扰。入晋封关内侯,泰始中任安阳令,终巴西太守。著有诗、赋、论等近百篇。原有《巴西太守郤正集》1卷,宋时佚失。今存文3篇,其中《释讥》一文颇具文采,以主客问答的形式,抒写了作者恬淡自宁之志。司马炎评价:正昔在成都,颠沛守义,不违忠节,及见受用,尽心干事,有治理之绩,其以正为巴西太守。陈寿评:郤正文辞灿烂,有张、蔡之风,加其行止,君子有取焉。

田 真

田真,三国时期名士。与弟广、庆分家产,堂前紫荆甚茂,议断为三,未几枯死,真叹曰:"木本同株,因分折而摧悴,况人兄弟孔怀,而可离乎!"兄弟感动,痛哭复合,荆亦重茂。

田真在嵩山留下的遗迹,有位于巩义市孝义镇的三田故里,位于巩义市孝义岭上三田墓,位于巩义市孝义镇大王沟口的田氏祠。

朱士行

朱士行,魏晋时高僧,中国佛教史上著名西行求法第一人。颍川(今禹州市)人。少年出家,法号八戒,祖居颍川。魏齐王曹芳嘉平二年(250年),印度律学沙门昙河迦罗到洛阳译经,译出《僧祇戒本》,并在白马寺设戒坛,首创戒度僧制。朱士行首先登坛受戒,依法成为比丘,与他以前仅仅以离俗为僧的有别。因此,成为我国历史上汉家沙门第一人。朱士行受戒后,专心精研经典。曾在洛阳讲《小品般若》。因旧译经文义不连贯,删略颇多,脉络模糊,觉译理未尽,就发愿寻找原本来弥补这一缺憾。闻西域有更完备的《大品经》,乃誓志西行求法。三国曹魏甘露五年(260年),朱士行自雍州(今西安市长安区西北)出发,西行万余里,渡过沙漠,辗转到了大乘经典集中地的于阗(今新疆和田一带),获得梵本《放光般若经》(又名《大品般若经》),就地抄写90章60余万字

朱士行

(2万余颂)。因受到当地声闻学徒的种种阻挠,未能将经本很快送出。直到太康三年(282年),才由他的弟子弗如檀(意译法饶)等10人将手抄经本送回洛阳。又经过了十年,惠帝元康元年(291年),由竺叔兰、无罗叉等在陈留界内仓垣的水南寺译为汉文《放光般若经》20卷。太安二年(303年)在仓垣的水北寺重新校订抄写,同年,支孝龙跟从竺叔兰一同抄写5部并校订成定本。而朱士行本人终生

留在西域的于阗,至80岁圆寂。从汉僧西行求法的历史上看,朱士行是第一人。那时去西域的道路十分难走,又没有人引导,士行只凭一片真诚,竟达到了目的。他为法热忱可以和后来的法显、玄奘媲美。朱士行在于阗求得的经典并译成汉语的《放光般若经》,对当时的义学影响却很大,对西晋般若研究的兴盛做出了重要的贡献。译本风行京华,凡有心讲习的都奉为圭臬。

杜夔

杜夔,三国时魏国音乐家。字公良,嵩山洛阳人。汉灵帝时为雅乐郎。初依刘表,后刘表于刘琮投降曹操,亦入魏。曹操任其为军谋祭酒,参太乐事,负责创制雅乐。文帝时为太乐令、协律都尉。善钟律,聪思过人,丝竹八音,无所不能。并潜心钻研古代乐器乐谱,依据古乐遗物和文献记述,尽量挖掘古代艺术宝库,为古代音乐艺术的发展起了一定的作用。他声望颇高,当时左延年等精通音乐,但声望都不及他。收弟子多人,俱各至太乐丞。文帝曹丕曾令他于宾客中吹笙鼓琴,他有难色,帝意不悦。后又因他事被牵连,遂被罢黜,不久病死。

戏志才

戏志才,三国谋士。颍川阳翟(今禹州市)人。足智多谋,由荀彧推荐出山,成为魏国曹操的谋士,曹操十分器重他。但戏志才却不幸早卒,曹操甚为痛惜。他死后,曹操询问荀彧谁可代替他,于是荀彧推荐了郭嘉。史料记载有关戏志才的内容很少。《三国志·魏书·荀彧传》载:"彧言策谋士,进戏志才。志才卒,又进郭嘉。""先是时,颍川戏志才,筹划士也,太祖甚器之。早卒。太祖与荀彧书曰:'自志才亡后,莫可与计事者。汝、颍固多奇士,谁可以继之?'彧荐嘉。""操每征伐在外,其军国之事,皆与彧筹焉,彧又进操计谋之士从子攸,及钟繇、郭嘉、陈群、杜袭、司马懿、戏志才等,皆称其举。""取士不以一揆,戏志才、郭嘉等有负俗之讥,杜畿简傲少文,皆以智策举之,终各显名。"

孟光

孟光,三国时蜀汉大臣。字孝裕,嵩山洛阳人。汉朝太尉孟郁的同族,汉灵帝末年官为讲部吏。汉献帝迁都长安,他便避乱入蜀,刘焉父子以宾客的礼节对待他。刘禅即位,孟光做符节令、屯骑校尉、长乐少府,升为大司农。直言极谏时无所顾忌,被当时的人所忌恨。孟光博古通今,对历史非常了解,无书不读,尤其专心于三史。特别擅长于汉家旧典及《公羊春秋》、《左传》。刘备定益州,拜为议郎,与许慈等制定蜀汉典章。刘禅时,累迁大司农,坐事免官,去世时年已90多岁。

郗 鉴

郗鉴，三国魏时名道。据《说嵩》载：《博物志》曰：字孟节，阳城人。能行气导引，辟谷不食，号200岁人。《别传》曰：阳城郗鉴，少时行猎获空冢，饥饿，见冢中先有大龟，数数回转，所向无常，张口吞气，或俯或仰。鉴素亦闻龟能导引，乃试随龟所为，遂不复饥。百余日颇苦极。后人有偶窥冢中，见鉴，而出之。后竟能咽气断谷。魏王如置土室中，闭试之，一个不食，颜色悦泽，气力自若。文帝《典谕》曰：郗鉴能行气，善辟谷，自王与太子，及予兄弟，咸以为调笑，不全信之。然尝试之，辟谷百日，犹以寝处行步起居自若也。夫人不食七日则死，而鉴乃能如是。议郎李覃学鉴辟谷，食茯苓饮水，中寒泄利，殆至殒命。人之逐声于鲁山。山有重险，百姓饥馑，野无生草，时或掘野鼠蛰燕而食之。鉴盖亦乡里所推信矣。《搜神记》载郗鉴为太尉，尝镇丹徒。

两晋十六国

皇甫谧

皇甫谧(215~282年),魏晋间文学家、医学家、针灸鼻祖。幼名静,字士安,自号玄晏先生,是东汉太尉皇甫嵩的曾孙,甘肃平凉人。在医学史和文学史上都负有盛名。早年间师从乡人坦席学儒,中年患风痹疾,始钻研医学。他在编撰《针灸甲乙经》的过程中,通过自身的体会,摸清了人身的脉络与穴位,并结合古代著名的医学著作《灵枢》、《素问》和《名堂孔穴针灸治要》等书,悉心钻研,著成《针灸甲乙经》10卷128篇,内容包括脏腑、经络、腧穴、病机、诊断、治疗等,阐述经络理论,明确各穴位名称、位置、主治症、针灸的取穴方法和禁忌等都做了详细描述,并一一纠正了以前的谬误,总结了晋以前的针灸学成就,是我国第一部针灸学专著。被人们称作"中医针灸学之祖",一向被列为学医必读的古典医书之一。此书问世后,唐代医署就开始设立针灸科,并把它作为医生必修的教材。晋以后的许多针灸学专著,大都是在参考此书的基础上加以发挥而写出来的,也都没有超出它的范围。直至现在,我国的针灸疗法,虽然在穴名上略有变动,而在原则上均本于它。1600多年来,它为针灸医生提供了临床治疗的具体指导和理论根据。后来,此书流传到国外,受到各国,特别是日本和朝鲜的重视。701年,在日本法令《大宝律令》中明确规定用《针灸甲乙经》列为必读的参考之一。足见皇甫谧的《针灸甲乙经》影响之深远。他的《帝王世纪》为重要的历史地理著作,记录了各代帝王时期的地亩、属国、人口。他对先秦时代的人口估计是目前人口历史研究中的重要资料,一直为历代学者所引用,但近代一些学者也对此持怀疑态度。40岁时,他患了风痹病,十分痛苦,在学习上却仍是不敢怠慢。有人不解他为何对学习如此沉迷,他说:"朝闻道,夕死可也。"说如果早上明白了一个道理,就算晚上便死去,也是值得的。当时魏郡守曾召他充任上计掾,也曾举荐他为孝廉,景元初,相国也曾征召他,但皇甫谧都不赴任。从那以后魏武帝屡次下诏督促逼迫出仕朝廷,皇甫谧上书自称草野之臣,皇甫谧的恳切言词,终于获得了准许。自己上书给皇上要求借书,皇帝送他一车书。太康三年(282年)去世,时年68岁。

皇甫谧一生以著述为业。编撰有《针灸甲乙经》、《帝王世纪》、《高士传》、《逸士传》、《烈女传》、《元晏先生集》、《玄晏春秋》等书。著诗文甚多,皆为世人所重视。皇甫谧在嵩山地域的箕山寻访许由,把许由写进所著的《高士传》,许由的故事就流传开来,成了后代文人融入诗词的典故,其中最著名的有"许由弃瓢"、"许由洗耳"。他在写许由的同时,也将许由的朋友巢父写进了书中。

司马炎

司马炎(216~290年),晋武帝,西晋王朝的开创者(265~290年在位)。字世安,晋河内温县(今河南省温县)人。咸熙二年(265年),继其父司马昭为魏相国、晋王。同年冬,司马昭逼曹奂禅让。在祭坛高筑、群臣肃立的洛阳东郊,在这个充满戏剧性的政权交接仪式上,晋武帝司马炎接受曹魏皇帝曹奂的禅让,成为新的统治者。建都洛阳,国号晋。咸宁六年(280年)灭吴,结束了汉末以来数十年的分裂局面而统一全国。司马炎在即帝位之初,提倡简约,发展生产,鼓励直言

晋武帝司马炎

谏诤,促进了社会安定;既而渐流于放纵,任用外戚扬骏,威权滋甚。灭吴后,曾出现短暂太平繁荣局面,司马炎实行占田制,允许世家大族荫蔽亲属、佃户占有土地,不纳赋税;又大封宗室,使居要地,荒淫腐朽;并尽去州郡兵备,故其死后不久即发生"八王之乱"及异族的入侵,全国陷入分裂混战局面。在继承人的问题上,按照封建时代立嫡以长的遗规,司马炎的长子司马衷在9岁(泰始三年,267年)时就被立为太子,但他天生就是一个白痴,因此埋下了西晋灭亡的祸根。司马炎在帝位26年崩,谥"武",庙号"世祖",葬峻阳陵。

司马炎在嵩山地区留下的遗迹,主要有西晋洛阳城,位于偃师市西南东大郊村、记载司马炎亲临辟雍(太学)视察的《临辟雍碑》和位于偃师市南蔡庄村北的司马炎陵寝峻阳陵。

裴 秀

裴秀

裴秀(224~271年),西晋优秀的地图学家和地理学家,都城洛阳文化名人,字季彦,河东闻喜(今山西闻喜)人。祖父裴茂曾做过汉朝尚书令,父亲裴潜做过魏国的尚书令。由于家居宦门,又有才能,所以晋武帝时便官至司空,管理国家的户籍土地田亩赋税及地图等事。34岁时随晋文帝司马昭到淮南征伐诸葛诞,给晋文帝出谋献策。诸葛诞平定后,裴秀被封为尚书令,又晋封鲁阳乡侯,增邑千户。由于这一段的经历,使他能更多地接触地图资料和考虑地理问题,为他以后改革地图的绘制方法奠定了基

础。裴秀在行军过程中认真考察军队所经之地,记录地域远近、山川险易、道路曲直等,然后和从前的地图作对比,检查是否有错误;又考证了禹贡所记载的山川、海流、原隰陂泽、古之九州以及晋之十六州及郡国县邑、疆界乡陬、水陆径路等。通过对比论证,发现了当时地图所存在的缺陷:一是地图所载地名与实际地名不符,二是当时地图十分粗略。他在总结前人制图经验基础上,创造性地提出了"制图六体"。其内容和其重要性为"制图有六焉:一曰分率,所以辩广轮之度也;二曰准望,所以正彼此之体也;三曰道理,所以定所由之数也;四曰高下;五曰方斜;六曰迂直,此三者各因地制宜,所以较夷险之异也。有图像而无分率,则无以审远近之差;有分率而无准望,虽得之于一隅,必失之于他方;有准望而无道理,则施于山海隔绝之地,不能以相通;有道理而无高下、方邪、迂直之校,则径路之数,必与远近之实相违,失准望之正矣。故以六者参而考之。然远近之实,定于分率;彼此之实,定于道理;度数之实,定于高下方邪迂直之算。故虽有峻山巨海之隔、绝域殊方之回、登降诡曲之因,皆可得举而定者。准望之法既正,则曲直远近,无所隐其形也。"这在我国地图史上有着划时代的意义,在世界地图史上也占有重要地位。有人把我国的裴秀和欧洲地图学者托勒密(99～168年)比作古代地图史上东西方相互辉映的两颗巨星。

西晋的都城在洛阳,嵩山地区是裴秀在朝廷任职时主要活动的地方。

成公绥

成公绥(231～273年),西晋文学家。都城洛阳文化名人,字子安,东郡白马(今河南省滑县东)人。幼时贫而好学,后以才为大臣张华器重,荐于太常,官至中书郎。其性寡欲,不营资产,家贫岁饥,处之如常。口吃而好音律,才思聪敏,博涉经传,所作辞赋,颇为司空张华所推重,曾参与贾充等人参定《晋律》。所著《啸赋》、《天地赋》,均著称于世。原有集10卷,已佚。明人有《成公子安集》。

阮 咸

阮咸画像

阮咸,西晋人,音乐家,"竹林七贤"之一,都城洛阳文化名人,字仲名。陈留尉氏人。为阮籍之侄,世称"小阮"。为人放诞,不拘礼节。"竹林七贤"生逢乱世,其高贵的秉性不容许他们与统治者同流合污,但他们又无力与强大的黑暗对垒,于是选择了一种特殊的斗争方式,即崇尚老庄,"非汤武而薄周礼,越名教而任自然",而幽默则成为他们经常使用的一种武器。竹林七贤大多与酒有缘。"众人皆醉我独醒",而他们却反其道而行之,其中包含几多嘲讽。《世说新语》中有两则关于阮咸的幽默:"阮仲容(咸也)步兵居道南,诸阮居道北,北阮皆富,南阮贫。七月七日北阮盛晒衣,皆纱罗锦绮。仲容以竿挂大布犊鼻裤(短裤)于中庭。""诸阮皆能饮酒,仲容至宗人间共集,不复用常杯斟酌,以大瓮盛酒,围坐相向大酌,时有群猪来饮,直接去上,便共饮之。"敢于拿自己的大裤衩同富人的纱罗锦绮唱对台戏,这是何等的气度!而与猪共饮则显示阮咸更加放浪形骸,同时,他不露声色就把诸阮臭骂了一顿。在那样的政治黑暗和生活艰难之中,阮咸好像更多一份超拔和洒脱。但是当他发现他的儿子阮浑长大后风神气度酷似乃父时,阮咸对儿子说:"仲容已预之,卿不得复尔。"可见他不希望他的儿子像他一样,其中自有难言的苦衷和无奈。阮咸善书法,《书小史》称其工行草书。精通音乐,善弹琵琶,曾与荀勖谈及音律。一种称为"阮咸"的古琵琶即以阮咸善弹奏而得名。晋武帝咸宁中任散骑常侍。荀顗(勖)当政,每与咸论音律,自以为远不及之。嫉之,后补为始平太守。

杨　肇

　　杨肇,西晋书法家,都城洛阳文化名人。字季初,荥阳郡苑陵(今新郑市龙王乡)人,肃侯杨暨的儿子。杨肇从小多才多艺,博闻强记。起初任轵县(治所在今济源市轵城镇)县令,教化县里百姓,风俗为之一新。百姓受到恩惠,都非常拥戴他。迁升治书侍御史(皇帝身边管理律令的官员)。不久,又统领大理重任,更加勤奋努力,尽职尽责,处理诉讼清楚慎重,使用刑罚公正审慎。改任野王(古邑名,治处在今河南沁阳)典农中郎将(掌管农业生产、民政和田租的官员),装满粮食的仓库不可胜数,使国富兵强。文帝嘉奖他,提拔杨肇为参军(参谋军务的官员),才成为军中武卫五等(掌管禁卫的高级武官)。起初封爵东武子,后因为功勋,进封东武伯,兼任东莒(今山东莒县)相。转任荆州刺史,加官折冲将军。后因为讨伐吴国劳而无功,免职回到苑陵,闭门不出,以阅读《典》、《坟》来安度晚年。官至折冲将军、荆州刺史。杨肇书法闻名,草书、隶书都很擅长,女婿潘岳说他"草隶间善,尺牍必珍。足无辍行,手不释文。翰动若飞,落纸如云"。晋武帝咸宁元年(275 年)去世,谥号"戴侯"。有两个儿子杨潭、杨韶。

　　杨肇的女儿是潘岳的妻子。杨肇与潘岳的父亲潘比是朋友。见潘岳虽然年幼却有奇才,赞叹他为"国家栋梁",把女儿许给潘岳为妻。等到去世,潘岳为他写祭文,并且立碑,又作《思旧赋》来表现杨肇的节操,一时传为美谈。人们都称赞杨肇能够慧眼识佳婿。

　　长子杨潭,从小聪慧,勤奋好学,多有论著。又得家传,擅长草书、隶书,一时间得到他的书信的人都看作宝贝。因为父亲官爵而受到封赏,所到之处颇有政声,累官大中大夫。去世后,谥号康侯。

　　次子杨韶,字公嗣,任官射声司马。

　　孙杨经,字仲武,继承祖业,书法闻名一时。家族显达,而他却能安贫乐道。

张　华

　　张华(232~300 年),西晋著名政治家、文学家、诗人,都城洛阳文化名人。字茂先,范阳方城(今河北固安县)人。西汉留侯张良十六世孙。父张平,曹魏时渔阳郡太守。华幼年丧父,家贫然勤学,"学业优博,图纬方伎之书,莫不详览"。曹魏末期,因愤世嫉俗而作《鹪鹩赋》,通过对鸟禽的褒贬,抒发自己的政治观点。阮籍感叹说:"王佐之才也!"由是声名始著。后在范阳太守鲜于嗣推荐下任太常博士,又迁佐著作郎、长史兼中书郎等职。西晋取代曹魏后,又迁黄门侍郎,吴平,封广武县侯。官至司空,封壮武郡公。张华爱好奖掖人才,博学多能,号称"博物洽闻,世无与比。"晋惠帝执政时期,八王之乱暴发,张华遭赵王司马伦杀害,夷三族。死后家无余资。有二子:祎、韪。

张华诗今存32首。有《情诗》五首,描写夫妇离别思念的心情。还编纂有《博物志》。《隋书·经籍志》录《张华集》10卷,已佚。明代张溥的《汉魏六朝百三名家集》收有《张茂先集》。《博物志》有今人范宁校本10卷。

司马彪

司马彪(243~306年),西晋史学家、文学家,都城洛阳文化名人。字绍统,河南温县人。晋高阳王司马睦的长子,出继嗣晋中市宣帝司马懿之弟司马敏。从小好学,然而好色薄行,不得为嗣。名为出嗣,实为废之,故而不得为嗣。后折节改志,闭门读书,博览群籍。初官拜骑都尉,晋武帝时,曾任秘书郎、秘书丞、散骑侍郎等职。司马彪鉴于汉氏中兴,忠臣义士昭著,而时无良史,记述烦杂,遂所著《续汉书》80卷,论次东汉史事,纪、志、传均备。纪、传部分已佚,仅存八志30卷。北宋以后,配合范晔《后汉书》(范书只有纪、传)刊行。著有《九州春秋》,记述东汉末军阀混战。另有《庄子注》21卷、《兵记》20卷、《文选》4卷等。今仅于《文选》中存《赠山涛》、《杂诗》等。

潘 岳

潘岳(247~300年),西晋著名文学家,都城洛阳文化名人。字安仁,俗称潘安,嵩山荥阳中牟人,后居嵩山北麓巩义。潘岳的祖父曾为安平太守,父亲曾为琅琊内史。少以才华聪颖见称,有"奇童"之誉,早举秀才。"太康文学"的代表人物,与陆机、侄潘尼齐名,世称"潘陆"、"两潘"。泰始中,潘岳20岁,时晋武帝躬耕籍田,潘岳献赋以颂,洒洒千言,辞藻优美,才名冠世,但为众所嫉,遂十年无升迁。曾任河阳(今河南孟州)县令、怀县令、尚书度支郎、迁廷尉评、太傅府主簿、长安令等职。后由母疾去官,闲居洛阳。元康七年(297年),潘岳被召为著作郎、后又任散骑侍郎、黄门侍郎等职。后为赵王司马伦所诬,谓其与石崇、欧阳建谋奉淮南王允、齐王同作乱,诛之,夷三族。

潘岳美姿仪,声噪一时,每乘车出行,妇人见之,皆连呼围绕,投之以果,遂满车而归。潘岳擅诗赋,骈体文,尤长于哀诔,文辞绮丽,作品感情真切动人,对后世影响较大。潘岳在文学上,与陆机齐名,梁代钟嵘在《诗品》中有"陆才如海,潘才如江"的赞语。作品除《闲居赋》、《秋兴赋》、《怀旧赋》外,《悼亡诗》、《哀永逝文》、《杨荆州诔》、《寡妇赋》等哀情之作有名。著有《潘黄门集》传世。潘岳在嵩山洛阳任职时,寓居巩县,其活动多来往嵩山的巩洛之间,并写有嵩山的诗、赋。

潘岳墓葬位于嵩山巩义的芝田乡小訾殿村南,墓冢高约2米,墓前有碑。岳碑题云"给事黄门侍郎潘君之碑"。碑云:"君遇孙秀之难,阖门受祸,故门生感覆醢以增恸,乃树碑以记事。"太常潘尼之辞也。

北宋之前《二十四孝》里记载有潘安辞官奉母的故事:荥阳中牟人潘岳,字安仁,晋武帝时任河阳县令。他事亲至孝,当时父亲已去世,就接母亲到任所侍奉。他喜植花木,天长日久,所植的桃李竟成林。每年花开时节,他总是拣风和日丽的好天,亲自搀扶母亲来林中赏花游乐。一年,母亲染病思归故里。潘岳得知母意,随即辞官奉母回乡。上官再三挽留。他说:"我若是贪恋荣华富贵,不肯听从母意,那算什么儿子呢?"上官被他孝感动,便允他辞官。回到家乡后,他母竟病愈了。家中贫穷,他就耕田种菜卖菜,之后再买回母亲爱吃的食物。他还喂了一群羊,每天挤奶给母亲喝。在他精心护理下,母亲安度晚年。诗曰:弃官从母孝诚虔,归里牧羊兼种田;藉以承欢滋养母,复元欢乐事天年。

《二十四孝》是唐宋在民间流传的文本,记录了远自虞舜近至魏晋的24个孝子故事,虽然版本众多但都记录了潘安的弃官奉母,后来宋人郭居敬重新校订《二十四孝》因为潘安在政治上的趋附不已最终导致夷三族,潘安的母亲以70余岁的高龄也未能幸免被杀,正因为此虽然潘安至孝但已不足以列入,故把他从《二十四孝》中删去,用宋代的孝子朱寿昌弃官寻母的故事代替。

石　崇

石崇(249～300年),西晋大豪富,都城洛阳文化名人。字季伦,小名齐奴。为石苞之子。历史上称石崇富可敌国。《晋书·列传·石苞》中称:"石苞字仲容……雅旷有智局,不修小节……县召为吏,给农司马……"后为司马师中护军司马。仕魏任东莱、琅琊太守,迁徐州刺史。又为司马昭所器重。晋武帝代魏而立,迁大司马、进封乐陵郡公、镇淮南。因权重为晋武帝所忌,免官。石崇凭着父亲的政治资源和自身超人的才能,20多岁就出仕为修武令,累迁至侍中。晋惠帝元康初,出为

石崇

南中郎将、荆州刺史、领南蛮校尉、加鹰扬将军。在任荆州刺史时,命令手下扮成强盗,半夜里劫掠过往商贾,图财害命。第二天,有人去报告,他假意追查一番,最后不了了之。这时候石崇的人生观、价值观发生了重大变化。他有姬妾无数,水碓田30余区,家中"财产丰积,屋宇宏丽"。为追逐财富经常劫掠客商,干起了以官为匪杀人越货的勾当。这种丑行使石崇迅速暴富,贪得无厌的劣根性急剧膨胀。后来石崇又出为征虏将军,假节、监徐州诸军事,镇下邳。据《通典·职官十一》载,征虏将军属杂号将军序列,"历代杂号将军凡有数百。"按《通典·职官十九》征虏将军为三品官。这时候的石崇野心膨胀,其志向远不是一个州郡所能容纳得下的。石崇暴富后在政治上野心大张,内心矛盾重重,他一方面肉麻地谄媚巴结权贵,疯狂地攫取财富,私生活糜烂不堪空前绝后,另一方面不断地向皇亲国戚挑战,要让全天下人知道"老子天下第一"。石崇贪婪地想得到世间的一切,包括对"第一"的独霸权。王恺为晋文帝司马昭文皇后之弟,羊琇为晋景帝景献皇后之从父弟,石崇一门心思与这些皇亲贵戚斗富。

晋惠帝元康初年(约292年),石崇耗巨资在京师洛阳东郊邙山凤凰村南建富丽堂皇的别墅"金谷

园"。他与"金谷二十四友"常于此饮酒赋诗,后来把这些诗歌编成《金谷集》,成为后人了解金谷园的主要史料。石崇在南方迷恋上了一个叫绿珠的歌女,不惜高价,花了整整10斗珍珠为绿珠赎身,并对她百依百顺,十分疼爱。后来,石崇把她带回洛阳,在金谷园中专门为她建造了一座华丽的楼阁,取名"珍珠楼"。石崇是当时"金谷二十四友"之一,他们两个一个谱曲,一个吹奏,十分和谐。绿珠虽是歌女出身,对石崇一片痴心。赵王伦废黜贾皇后,石崇受牵连。赵王伦手下的大将孙秀与石崇有过节,见时节已到,便到金谷园索要绿珠,遭拒绝。孙秀找赵王伦想办法,二人谎称石崇想谋反,去金谷园捉拿石崇,结果绿珠坠楼身亡。石崇和他全家都被绑到东市斩首示众,并没收全部家产。风流一时的金谷园从此荒芜下去,渐为废墟。石崇作为西晋时期的大富豪,在当时高官国戚纷纷以掠夺为荣,以豪富自夸的风气下,其奢侈程度可想而知。但他为自己修建的别墅金谷园,为西晋时期的园林之最,在中国的园林发展史上占有一定的地位。

石崇为其别墅金谷园写有诗歌集《金谷记》,有文《游金谷园记》。

韩 寿

韩寿(? ~300年),西晋都城洛阳名人。字德真,南阳堵阳人。官至散骑常侍,河南尹。元康初年卒,赠骠骑将军。《贾充传》载:"充后妻城阳太守郭配女郭槐。生女二人,长女贾南风,丑而短黑;少妇贾午,光丽艳逸,端美绝伦。韩寿,美姿貌,初为司空贾充椽吏。充每宴寮,其女午于表巢中窥见寿而悦之,潜修音好,呼寿夕入。寿劲捷过人,逾垣而至。时西域贡奇香,一著人,则经月不歇,帝惟赐充,充女密盗以遗寿,充知,考问女左右得实,遂以女妻寿"。后来,韩寿就平步青云了,从贾充手下的司空椽一直做到散骑常侍、河南尹。

唐代诗人刘孝威有"月纤张敞画,荷妖韩寿香"的诗句,故有"韩寿偷香"之典故。慢慢地,"偷香"成了男女暗中调情的意思。唐宋八大家之一的欧阳修曾填过一首《望江南》的词:"江南蝶,斜日一双双。身似何郎全傅粉,心如韩寿爱偷香。天赋与轻狂。微雨后,薄翅腻烟光。才伴游蜂来小院,又随飞絮过东墙。长是为花忙。"

洛阳关林管理处保存有立于西晋永宁元年(301年)的《西晋韩寿墓表》,全碑文为"晋故散骑常侍骠骑将军南阳堵阳韩府君墓神道",4行共20字。其书体承汉魏风格,颇近《西狭颂》,结构疏朗,笔画俊逸,波磔浑敛,并有缪篆笔意,为西晋书法艺术中之杰作。晋代的大字隶书传世无多。韩寿生前是朝廷高官,为其书写墓表者应是当时书法名家,韩寿墓表书体结体方整,波磔分明,横画起锋逆笔,平硬如折刀头,行笔平直,收笔处锋芒毕露,是西晋时期京畿地区最为流行的书风,体现了标准晋隶的特点,是罕见的西晋墨宝。

左 思

左思(约250~305年),西晋文学家,洛阳文化名人。西晋临淄(今属山东淄博)人。其先祖在春秋战国时为齐国左化,子孙以官为姓。左思出生于儒学世家,其父左雍才能超群,任殿中侍御使,使左思从小就受到良好的教育。由于其妹左棻被晋武帝招入宫中,左思全家随之搬到京城洛阳,居于宣春里。利用晋武帝封他为秘书郎的机会,大量阅读了他管理的皇室图书,又刻意收集有关成都、建业和邺城的各种资料。为创作《三都赋》,左思又在自己的卧室、书房、客厅、花园等地方,到处摆上笔墨纸砚,偶有所感,或得新句,就随时记录下来。他夙兴夜寐,孜孜不倦,经过10个春秋,精心锤炼出冠绝

洛阳纸贵,传抄《三都赋》

天下的不朽名篇《三都赋》。《三都赋》体制宏大,事类广博,他那种强调征信求实的文学主张虽不免偏激,但当时文坛重赋,《三都赋》本身文采富丽,更重要的是因为它包含了当时朝野上下关心瞩目的内容:进军东吴,统一全国,因而《三都赋》写成之后,京城洛阳人士争相传抄,使一时纸价昂贵,故留下了"洛阳纸贵"的佳话。左思的《三都赋》是古代都城赋的代表作之一,确立了他在古代文学史上的地位。

左 棻

左棻(?~300年),西晋文学家,都城洛阳文化名人。字兰芝,齐国临淄(今山东淄博)人。左思妹。左棻少好学,善缀文,被武帝纳为妃嫔,封为贵人。泰始八年(272年)拜修仪,后为贵嫔,世称左贵嫔。姿陋无宠,以才德见重。又因体弱多病,常独居简陋的"薄室"静养。帝每游华林,辄过薄室看望她。当言及文义,左棻"辞对清华",左右侍听,莫不称美。左棻原有文集四卷,可惜散佚。今存作品,计惟有诗、赋、颂、赞、诔等20余篇,文辞艳丽。左棻生年不详,晋惠帝永康元年(300年)三月卒,葬于峻阳陵西徼道内(今嵩山西北麓的偃师南蔡庄村北峻陵儿地)。

郭 象

郭象(252~312年),魏晋哲学家,都城洛阳文化名人。字子玄,嵩山洛阳人。郭象少年时慕道好学,能熟读《老》、《庄》。善思辨,"听象语,如悬河泻水,注而不竭",被人们誉为继王弼之后的大玄学家。早年以清高傲世自诩。州郡官府聘他做官,不就,常闲居,以著书立论自娱。后聘请为司徒掾,又升至黄门侍郎。西晋末年的八王之乱是司马氏集团内部相互争夺权势的一场大混乱,东海王司马越是八王之乱中的积极参与者。他把郭象招揽为自己的党羽,引为太傅主簿,深得赏识和重用。郭象一

郭象

方面是一个有很高辩才的著名清谈家,另一方面又趋炎附势,善专势弄权,在当时"任职当权,熏灼内外",遭到了一些清谈名士的鄙视和非议。

郭象的《庄子注》是魏晋时期的一部重要的哲学著作,其哲学思想的核心是"独化论"。"独化"一词是郭象创造出来用以解释天地万物生成、变化的一个基本哲学概念。所谓"独化",就是独立地自己变化,一切事物都是"独化于玄冥之境"。扬弃了王弼等人"有生于无"的论断,否定了"无"能生"有"的观点,批判了当时的"崇无"思想,发展了玄学理论,代表了玄学发展的新阶段。其社会政治思想核心是"名教即自然"论。所谓"名教"是指封建宗法等级制度以及维护这一套制度的伦理规范,但把儒家所主张的纲常名教和道家所主张的自然无为合而为一,完全等同,以论证门阀士族的统治是天理自然,绝对合理,不能违抗。在名教与自然的关系上,他调和二者,认为名教合于人的本性,人的本性也应符合名教。这种社会政治思想,完全为门阀士族统治集团服务。

郭象把向秀《庄子注》述而广之,别成一书,阐述发扬老庄思想,影响很大。于是"儒墨之迹见鄙,道家之言遂盛焉"。后向秀《庄子注》佚失,仅郭象《庄子注》传世至今。另著有《碑论》12篇,已佚。其《伦语体略》散见于皇侃《论语义疏》、马国翰《玉函山房辑佚书》中。

贾南风

贾南风(256~300年),西晋惠帝皇后,都城洛阳文化名人。晋初大臣贾充之女,平阳襄陵(今山西襄汾)人。贾南风之父贾充是晋武帝司马炎的重臣,官至侍中、尚书令、车骑将军。贾充善于阿谀奉承,深得司马炎之心。272年,其女贾南风被立为太子妃。贾南风身材短小,皮色青黑,眉后有疵,奇丑无比。可她阴险毒辣,凶狠狡诈,好妒忌,有手腕,把白痴太子司马衷治得服服帖帖,太子对她又害怕又喜欢。司马衷登基后,太后之父杨骏专权,引起朝中大臣不满。贾南风经过精心的策划,利用楚王司马玮、汝南王司马亮以谋反为名杀掉杨骏,又以"擅杀"的罪名除掉了楚王司马玮、汝南王司马亮。有了实权的贾南风荒淫无耻,为所欲为。为了达到自己掌权的目的,又毒杀了太子。后赵王司马伦和其参谋孙秀发动兵变,将惠帝接到东堂,下诏以毒杀太子罪把贾后废为庶人,几天后,又用毒酒将其赐死。但贾南风挑起"八王之乱",使国家重新陷入混乱之中,给人民带来了深重的灾难。

司马衷

司马衷(259~306年),西晋惠帝,都城洛阳文化名人。晋武帝司马炎之子,以痴呆著称。290年至306年在位。中国古代的皇位继承制,是立嫡以长不以贤。只要是嫡长子,即便是无知顽童,超级白痴,也可以接班当皇帝。晋惠帝司马衷9岁被立为皇太子,爱子心切的武帝特地请了敢于弹劾贪官污吏、被视为直臣的李意来当太子太傅,指望严师出高徒,能把太子培养成才。谁知,司马衷天生是个白痴,呆傻愚钝,不堪造就。但武帝看到太子的长子司马与十分聪明,就把希望寄托在司马与身上,仍让白痴司马衷当太子,作为法定的继承人。太熙元年(290年)四月,武帝驾崩,32岁的太子司马衷即位登基,称为晋惠帝,改元永熙。皇帝是白痴,实权掌握在外戚杨骏手中。皇后贾南风不甘居人下,密谋除掉了杨骏,又废掉了太子。贾南风专权,赵王司马伦和孙秀知道太子已死,便发动政变,贾后被废为庶人,贾氏亲族党羽均被灭族,后贾氏终被毒死。由于宗室诸王大多拥有重兵,镇守要害之地,军事民政集权于一身,而皇帝是个白痴,他们身边的文武僚属各求富贵腾达。这样,引起皇族互相残杀的"八王之乱"爆发了,历时16年,造成了几十万人死亡,上百万人流亡,城市毁坏,土地荒芜,经济受到严重破坏。西晋政权已经丧失了它的实际能力,行将灭亡。光熙元年(306年)十一月,司马衷突然吃面饼中毒死去,年48岁,葬于偃师市南蔡庄晋武帝司马炎峻阳陵西的太阳陵。

陆 机

陆机(261~303年),西晋著名文学家、书法家、文艺理论家,都城洛阳文化名人。字士衡,吴郡华亭(今上海松江)人。《晋书有传》。出身世族地主家庭,祖父陆逊、父亲陆抗都曾是吴国的重臣。晋武帝灭吴,曾十年不仕。太康末年,陆机"少有奇才,文章冠世,伏膺儒术。"与弟陆云同到洛阳,名动一时,被人合称为"二陆",俱为我国西晋时期著名文学家。入晋,曾历任平原内史、祭酒、太子洗马、著作郎、中书郎。后来成都王荐他作平原内史,世称陆平原。晋升惠帝时发生"八王之乱",成都王颖、河间王颙联兵讨伐长沙王乂,任他做后将军、河北大都督。他从晋惠帝与成都王颖战,在荡阴战败,被诬陷遇害,年仅43岁。陆机才冠当世,诗、文、辞赋都有成就。他的文艺理论著作《文赋》,在曹丕的《典论·论文》的基础上向前发展了一步,对于文学创作的特征、思想和形式的关系,作用过程和方法都给予了详细的论述,对于文学的构思与想象,立意与创新,乃至于修辞都带有明确的看法,对后代文学创作和理论发展产生过重大影响。原有集14卷,已散佚。现存诗百余首。宋人集有《陆世衡集》10卷,近人郝立权有《陆士兵衡诗注》。其实陆机还是一位杰出的书法家,他的《平复帖》是我国古代存世最早的名人书法真迹。

陆机在嵩山洛阳为仕时,写有《留侯颂》、《巩洛道中作》、《长安有狭邪行》、《叹逝赋》、《文赋》等诗文多篇。

嵇 含

嵇含(晋初~306年),西晋植物学家,亦是当今公认的世界著名植物学家。字君道,自号亳丘子。嵩山之阴的巩义市鲁庄(古称亳丘)人。祖嵇喜为徐州刺史,父嵇蕃为太子舍人。从父为嵇绍,为世号"竹林七贤"之一的嵇康之子,官居侍中,谥号"忠穆"。嵇含少年时好学能文,机敏聪颖,不趋权贵,名其门为"归厚之门",室为"慎终之室",以修身之勉。举秀才,除郎中。晋惠帝时,齐王

嵇含

囧表其为征西参军,封武乡侯。永兴二年(305年),累官至襄城郡太守,依"专督江汉,威行南服"之征南将军刘弘。因性通敏,好荐达才贤,被弘待为上宾,并被表为平越中郎将。刘弘死后,嵇含被司马郭励所害。晋怀帝即位后,永嘉元年(307年)追谥号为"宪"。嵇含将岭南甚至城外之各类植物,根据不同属性,分草、木、果、竹4类80种写成3卷,汇成《南方草木状》一书,条目清新,文辞隽秀,叙述最为典雅,是世界上最早的植物学专著。《四库全书》将它引入目录。后魏贾思勰吸收其内容,写出了著名的农业专著《齐民要术》,其他如《艺文类聚》、《文选注》以及宋代以后的花谱地志,亦多有援引。

嵇含在嵩山留下的遗迹有位于巩义市鲁庄乡鲁庄村的嵇含故里。

潘 尼

潘尼(？~约311年),西晋文学家,都城洛阳文化名人。字正叔,嵩山荥阳中牟人。潘岳侄,与潘岳以文学著名,世称"两潘"。潘尼少有清才,唯致力于勤学著述,曾著《安身论》以明其守,提出"存正、无私、寡欲"等立身之本。太康中,举为秀才,为太常博士,历高陆令,淮南王允镇东参军。元康初,拜为太子舍人。后出为宛令,在任政宽恤民,处事公允,入补尚书郎,转著作郎。赵王司马伦篡位,孙秀专政,其叔潘岳被诛,忠良之士皆遭祸患。他以疾告归。后知齐王同起义,乃赴许昌,被引为参军,与谋时务,兼管书记。事平,封安昌公,历黄门侍郎、散骑常侍、秘书监等职。永兴末,为中书令,永嘉中迁为太常卿。永嘉之乱时,洛阳将陷,他携家欲归乡里,病卒于途中,年60余。潘尼善辞赋,作品主要有《释奠颂》、《乘舆箴》。后人评价其作品风格与潘岳相似,重文采而轻内容。有《潘太常集》传世。潘尼在嵩山活动期间,写有关于嵩山的诗、赋,史料有录。

司马邺

司马邺(270~317年),晋愍帝,西晋第四位皇帝。晋武帝之孙,吴孝王司马晏之子。永嘉六年(312年),刘曜陷洛阳,怀帝被俘,贾疋遂拥立邺为皇太子,次年怀帝被杀,愍帝即位于长安,年号建兴。在位4年。建兴五年(317年)八月,刘曜攻长安,愍帝出降被杀,年仅18岁,西晋亡。西晋享国51年,历3代4帝,是魏晋南北朝历史上唯一统一的政权。也是中国历史上第一个被外族消灭的王朝。此后,中国进入了一个长达200余年的战乱时期。史料记载,建兴二年(314年),值洛阳倾覆,避难于嵩山的荥阳、密县。

褚翜

褚翜(275~341年),西晋官吏。字谋远,晋太傅褚裒堂兄。嵩山阳翟(今禹州市)人。翜才艺以卓绝著称当世,袭爵关内侯,补冠军参军。晋"八王之乱"时,翜避居幽州,河北遭胡难,复还阳翟(今禹州市),河南尹举翜行阳翟事。时天下沸鼎。晋祚危及,率众渡江,移居阳城(今登封市告成镇)。东海王司马越延为参军,辞疾不就。不久洛阳沦陷,翜于荥阳太守郭秀共保万氏台。守将陈抚、郭重与郭秀以怨相攻击,翜极陈利弊,三人交合,万氏得以保全。次年,翜数千家将欲东下渡江,遇阻,留密县,为司隶校尉荀组参军、广威将军,再领阳翟县,督新城、梁、阳城三郡诸营事,寻迁司隶司马,仍督营事。率众南下至汝水柴肥口时,为贼阻,单骑至许昌,见司空荀藩,表为振威将军,行梁国内史。西晋建兴初(313年),复为豫州司马,督司州军事。梁郡内乱,徐州贼张平欲乘击袭取,梁郡欲降。翜往安抚,众心乃定,荀组举翜为吏部郎,不就,遂过江。东晋时,元帝为晋王,翜散骑郎,转太子中庶子,出为奋威将军、淮南内史。明帝初,拜屯骑校尉,迁太子左卫率,成帝初为左将军。苏俊叛时,朝廷以翜为侍中,典征讨军事。次年,与光禄大夫陆晔等出据苑城,因却苏逸、任让有功,封长平县伯,迁丹阳尹,甚有惠政。后代庾亮为中护军,镇石兴城,历官领军、五兵尚书加奉车都尉尚书右仆射、左仆射加散常侍、官终护军将军。咸康七年(341年)卒,享年67岁,赠"卫将军",谥曰"穆"。子希嗣爵,官至豫章太守。

司马睿

司马睿(276~322年),晋元帝,中国东晋开国皇帝。宣帝司马懿曾孙,琅琊恭王司马觐之子。字景文。河内温县(今河南温县西)人。15岁嗣位琅琊王位,曾经参与讨伐成都王司马颖的战役,但是由于作战失利,司马睿便离开洛阳,回到封国。晋怀帝即位后,司马睿被封为安东将军、都督扬州诸军事,后来在王导的建议之下前往建康,并且极力结交江东大族。311年晋怀帝被俘遇害后,晋愍帝即位,晋愍帝封司马睿为丞相、大都督中外军事。长安被匈奴攻陷、愍帝出降后,司马睿称晋王。愍帝死后,司马睿即帝位,为晋元帝。据有长江中下游以及淮河、珠江流域地区,史称东晋。司马睿依靠中原南迁士族,联合江南大族,维持偏安江左局面。但是晋元帝本身为一个流亡政权,本身并无权力,大权掌握在王导与王敦之手。晋元帝听从刁协与刘隗的言论并有意削弱琅邪王氏权力,导致王敦于322年反叛,攻入建康,并且杀害重臣戴渊、周顗等人。但是王敦无力消灭东晋,最后采取与晋元帝和睦的策略。后因王敦凭借武力专擅朝政而忧郁过度而死。庙号中宗,谥号元皇帝。司马睿工书,豪翰英异,用笔可观。有潜润正书七行。

郭 璞

郭璞

郭璞(276~324年),东晋文学家、训诂学家、博物学家,是道学方术大师、堪舆家和游仙诗的祖师。据《晋书》记载,郭璞,字景纯。河东闻喜(今属山西)人。父郭瑗,晋初任建平太守。郭璞喜好经术,博学多才,好古文奇字,研易理,并精通天文历算,五行卜筮之术。有出世之道鉴,善测人鬼情状。相传河东郭公精于卜筮,郭璞拜为师,受青囊中书九卷,其卜筮之术,禳灾转祸,胜于京房、管辂。西晋末年郭璞预计到家乡战乱将起,于是避地东南。过江后在宣城太守幕下任参军,后又从宣城东下,被当时任丹阳太守的王导引为参军。晋元帝即位后,任著作佐郎,迁尚书郎。后任大将军王敦的记室参军。东晋时,郭璞以卜筮之术名闻朝野。王敦举兵,郭璞卜必败,因劝阻王敦图逆,为王敦诛杀,相传三日后开棺无尸,郭璞得兵解之道,已成仙而去。追赠弘农太守。

郭璞的一生是悲剧性的,但他的文化成就和学术贡献是多方面的:其一,郭璞是晋室南渡之际的重要作家,其诗被称"中兴第一",词赋为"中兴之冠",在中古文学史上占有重要的位置。他的赋,如《江赋》《南郊赋》《盐池赋》《巫咸山赋》《流寓赋》《井赋》《蚍蜉赋》《登百尺楼赋》《龟赋》《蜜蜂赋》等。其中最著名的是《江赋》,是中国文学史上山水文学方面的重要著作。在我国诗歌史上,郭璞还是第一个全力创作游仙诗的诗人,一生写有大量的歌咏神仙漫游之情的游仙诗。郭璞的诗流传至今的共有22首,其中14首"游仙诗"最能代表他的文学成就。郭璞借"游仙诗"来抒发对自己人生遭遇的感慨,充溢着忧国忧民的情感。其二,郭璞是我国神话学的开山鼻祖。郭璞对神话传说有特殊的爱好,把古代神话志怪著作视为至宝,潜心钻研,为开拓、发展中国神话学做出了巨大贡献。他曾花费大量时间、精力,为《楚辞》、《山海经》、《穆天子传》等著作做注释。郭璞则认为《山海经》和《穆天子传》中记载的所有神话故事都有其合理性和真实性,真正认识到《山海经》和《穆天子传》的价值所在。这两部书得以流传,实有赖于郭璞。其三,郭璞是我国晋代以前训诂学的集大成者,其突出的成就就是《尔雅注》。《尔雅》作为我国最早的一部字典,自训诂以至鱼鸟虫兽,几乎囊括了当时所有的知识。郭璞花18年的时间研究和注解《尔雅》。当时注释《尔雅》虽然已有10多家,但并不详备。郭璞以当时通行的方言名称,解释了古老的动、植物名称,并为它注音、作图,使《尔雅》成为历代研究本草的重要参考书。而郭璞开创的动、植物图示分类法,也为唐代以后的所有大型本草著作所沿用。郭璞的《尔雅注》收入清代《十三经注疏》中,为历代训诂学家们所注重,对晋代以后的训诂学产生了深远影响。

郭璞一生著述宏富,代表作是《游仙诗》14首和《江赋》。撰前后筮验60余事,名为《洞林》。又抄京、费诸家要最,更撰《新林》10篇、《卜韵》1篇,注释《尔雅》、《三苍方言》、《穆天子传》、《周易》、《山海经》、《楚辞》等古籍,现今的《辞海》或《辞源》上均到处可见郭璞注释。另著有《葬经》《江赋》等,作诗、赋、诔、颂数万言,皆行于世。郭璞作品虽多涉及玄理,然词采绚丽,境界扩大,坎壈咏怀,与当时玄言诗绝不相同。《隋书·经籍志》著录有集17卷,明人辑有《郭弘农集》。

郭璞在学术渊源上,除家传易学外,还承袭了道教的术数学理论,是两晋时代最著名的方术士,传说擅长诸多奇异的方术,在嵩山地区民间流传广泛。郭璞在嵩山活动期间,写有《嵩山太室赞》、《游仙诗》、《嵩岳》、《遥草赞》、《三足龟》、《帝休》等多篇诗作。

郑阿春

郑阿春(?~326年),晋元帝司马睿之夫人。东晋嵩山荥阳人。出生于一个士族冠缨人家,祖父曾是山东临济县令,父亲则曾任安丰太守,母亲也出身衣冠士族的濮阳吴家。父亲早逝,少孤,与渤海一个姓田的男子成婚,以便支撑门户。但是祸不单行,婚后刚生一子,丈夫就死了。无奈,她只得变卖家产,带着年幼的儿子、母亲和三个妹妹举家搬迁,到濮阳去投靠舅舅。永嘉六年(312年),36岁的琅琊王司马睿元配王妃虞孟母病逝。司马睿选定了郑阿春舅父的女儿吴小姐。就在等待吉日行聘下定的时候,却发生了变化。司马睿听了亲信部属的建议,将带着儿子的寡妇郑阿春娶为自己续弦妻子。几年后,西晋愍帝被刘聪杀死,南奔的高官士族便于建武元年(317年)拥戴司马睿做了皇帝。司马睿追封早死的元配妻子虞孟母为"元敬皇后",将续弦妻子郑阿春封为"夫人"。后司马睿亲自安排人为郑阿春两个未嫁的妹妹选了有身份的丈夫,并将大姨子的丈夫王褒召入朝中,封了一个尚书郎的官职给他,作为进一步的补偿以安慰未能封后的郑阿春。郑阿春为司马睿生下了2子1女:琅琊悼王、简文帝司马昱、寻阳公主。永昌元年(322年),46岁的晋元帝司马睿去世,长子司马绍继位,他封自己的继母郑阿春为"建平国夫人"、生母荀宫人为"建安君"。咸和元年(326年),郑阿春病逝,追赠郑阿春为"会稽太妃"。太元十九年(394年),孝武帝上其尊号为"简文宣太后"。

褚 裒

褚裒(302~349年),东晋军事家。字季野,嵩山阳翟(今禹州市)人,晋康献皇后之父。裒祖父有大量,官至安东将军,父洽曾任武昌太守。褚裒少年就有简贵之风,外无臧否而内有褒贬,被谯国桓彝誉为"皮里春秋";被谢安雅重,赞为"裒虽不言,而四时之气亦备矣"。初辟西阳王掾,吴王文学。苏峻叛,以参军从车骑将军郗鉴平有功。封都乡亭侯。寻迁司徒从事郎中,除事黄门侍郎,以女为琅邪王司马岳妃,出为豫章太守。司马岳即帝位,裒拜为侍中,迁尚书。以皇后父不宜常居帝都,苦求外出,除建威将军、江州刺史,镇半洲。为官清正简约,常使小童采樵自给,不久征卫将军,领中书令。以姻亲为中书,铨管诏命不妥,固辞,诏为左将军、兖州刺史,都督兖、徐、琅琊诸军事,假节,镇金城,领琅琊内史。穆帝司马聃即位。蒜子临朝称制,群臣为谏以裒皇太后父加不臣之礼,拜侍中,卫将军,录尚书,持节,都督刺史如故,裒以近戚避嫌固辞不就,改授都督徐、兖、青、扬之晋陵吴国诸军事,卫将军,徐、兖二州刺史,假节,镇京口。永和初再固辞录尚书事,朝野咸为汉服,晋征北大将军,开府仪同三司,又固辞开府。永和五年(349年),后赵石虎死,裒表请伐赵。除征大都督,都青、扬、徐、兖、豫五洲诸军事。率众三万进彭城,河北士民降者日以千计,裒均予招抚,遣徐龛伐沛,获淄重甚事,郡民2000人降。鲁郡有500家求援,徐龛率3000人迎降,龛不受褚裒节度。军至代陂,为后赵将李菟所败,龛死节。衷以帅任失利,上疏自贬,留镇广陵,诏以偏帅之责不应引咎,仍还镇京口,以远图不就忧慨发病,后赵石虎遗民渡河归晋,晋师已退,士民皆为慕容晲及苻坚所掠,死亡殆尽。衷闻之,惭痛至极,病发狙卒,享年47岁。赠侍中、太傅,谥元穆。

褚蒜子

褚蒜子(323～384年),东晋康帝皇后,著名政治家。出生于阳翟(今嵩山禹州市)的世家望族——褚氏家族。褚蒜子少年即聪敏秀美,知书识人,富有器量。不久以名门之后为琅邪王妃。康帝即位,立为后。建元三年(344年),康帝崩,穆帝聃即位,尊蒜子为皇太后,以穆帝幼冲,领司徒蔡谟等共请蒜子为政,遂临朝称制。升平元年(357年),穆帝既冠,褚蒜子还政于聃,居崇德宫。哀帝、废帝(海西公)之世,褚蒜子复临朝称制。桓温废海西公时呈草诏,虑太后生疑,惶悚汗水流,见于颜色。简文帝即位,尊褚蒜子为崇德太后。简文帝崩,孝武帝司马曜以幼冲故,群臣复请,褚蒜子再次临朝称制。曜既冠,褚蒜子还政,复称崇德太后。在危机四伏、政局动荡的东晋王朝,四世临朝听政,凭其杰出的才智,内用贤臣,外制悍将,力挽狂澜,帮助东晋王朝度过了一次又一次的存亡危机,在位40年,为中国历史平添一段佳话,她堪称一代杰出的女政治家。

褚 爽

褚爽,东晋官吏。字弘茂,小字期生。嵩山阳翟(今嵩山禹州市)人。恭思皇后褚灵媛之父。祖父褚衷,父褚歆。幼时即有盛誉,深为谢安所器重,曾言"若期生不佳,我不复论士矣"。既长,豪迈有风度,喜黄老之术,不愿结交豪门,独与殷仲坎相友善,累迁中书郎、义兴太守。早逝。以恭思皇后父,追赠金紫光禄大夫。爽著有文集16卷,(《隋书·经籍志》注)传于世。爽子秀之、炎之、喻之,义熙中,并历大官。

褚秀之

褚秀之(378～424年),东晋官吏。字长清,嵩山阳翟(今禹州市)人。曾祖衷,晋太傅;祖歆秘书监;父爽金紫光禄大夫。秀之,爽长子,妹为晋恭帝皇后。虽为晋姻戚,但从不靠皇亲谋事,虽然经历东晋和宋朝的更替,但做官办事十分尽心。褚秀之和其弟褚淡之皆为刘裕的亲信,为杜绝司马氏的后代,每当恭帝司马德文的妻妾生了男孩,刘裕都安排褚秀之和褚淡之这两个舅舅想方设法害死。曾参与谋杀晋恭帝司马德文。历任东晋琅邪王从事、中郎、黄门侍郎。宋武帝时任镇西长史,升侍中、大司马、右司马、祠部尚书,徙太常。元嘉元年(424年)卒于官,年47岁。

褚淡之

褚淡之(380~424年),东晋中后期至南朝宋时官员。字仲源,小字佛佛,嵩山阳翟(今禹州市)人。褚爽之子,褚秀之弟。仕东晋,官至廷尉卿。虽为晋恭帝的皇后褚灵媛的哥哥,但忠于刘裕,晋恭帝的妻妾每每生子,总奉刘裕命而杀之。入宋,任侍中,奉诏参与谋杀死晋恭帝司马德文。褚淡之历晋车骑从事中郎、尚书吏部郎、廷尉卿、左卫将军。永初中迁侍中,出为会稽太守。自任临时凌江将军,平定富阳县孙氏反叛。景平二年(424年)卒,年45岁,谥号质子。

褚叔度

褚叔度(381~424年),南朝宋官吏、将领。名裕之,字叔度,淡之弟,嵩山阳翟(今禹州市)人。妹为晋恭帝皇后。因避刘裕讳而以字行。历晋琅邪王参军事、司徒左西属、中军咨议参军、署中兵、建威将军,从伐鲜卑,尽其诚力。以攻卢循有功,除都督交、广二州诸军事、建威将军、领平越中郎将、广州刺史。桓玄族人开山聚众,谋掩广州,事觉,叔度悉平之。义熙八年(412年),卢循余党刘敬道窘迫,诣交州归降。交州刺史杜慧度以事言统府,叔度以敬道等路穷请命,事非款诚,报使诛之。慧度不加防录,敬道召集亡命,攻破九真,杀太守杜章民,慧度讨平之。叔度辄贬慧度号为奋扬将军,恶不先上,为有司所纠,诏原之。高祖征刘毅,叔度遣3000人助温峤,平荆州之乱。在任4年,广营贿货,家财丰积,因而免官,禁锢终身。后起为太尉咨议参军,相国右司马,刘裕践阼后,为右卫将军。入宋,刘裕下诏嘉奖,凭旧时军功封番禺县男,食邑400户。寻擢散骑常侍。永初三年(422年)出为使持节,监雍、梁、南北秦4州6郡诸军事、征房将军、雍州刺史、领宁蛮校尉、襄阳太守。在任以能竭诚尽力,以清简著称。景平二年(424年)卒,年44岁。

褚灵媛

褚灵媛(384~436年),东晋恭帝司马德文的皇后。嵩山阳翟(今禹州市)人,父褚爽,曾祖父为褚哀,晋康帝皇后褚蒜子为其祖姑母。司马德文为琅邪王的时候,娶褚灵媛为王妃。元熙元年(419年),恭帝即位,封为皇后。俩人之间生海盐公主司马茂英以及富阳公主。晋恭帝皇后褚氏的哥哥太常褚秀之和侍中褚淡之,都是刘裕的亲信。为了杜绝司马氏的后代,每当恭帝司马德文的妻妾生了男孩,刘裕都安排这两个舅舅想方设法害死。司马德文退位后,为免遭毒手,每天和褚皇后朝夕相处,并由褚皇后亲自动手在床前烧饭做菜。这样,使刘裕等人的阴谋无法得逞。宋永初二年(421年)九月初四日,刘裕采用调虎离山之计,安排褚淡之等人去探望褚皇后,褚皇后不得不在别的房间接待。在这同时,预先埋伏好的武士们很快从墙头爬进司马德文的卧室,逼迫他喝下毒酒。司马德文苦苦哀求说:"我是信佛之人,按佛门规矩,自杀者来世不能再做人。"武士们成全了他的意愿,拿厚被盖住他的脸和身子,将他活活闷死。宋武帝永初元年(420年),褚灵媛降为零陵王妃。后来,褚灵媛的女儿海

盐公主司马茂英嫁给刘裕之子刘义符,成为皇后。元嘉十三年(436年)褚灵媛过世,享年53岁,与司马德文合葬于冲平陵,谥恭思皇后。

南 北 朝

范 泰

范泰(355~428年),东晋及南朝宋大臣,文学家。字伯伦,南阳顺阳(今河南淅川西南)人。出身于官宦之家,豫章太守范宁之子。生于晋穆帝永和十一年(355年),卒于宋文帝元嘉五年(428年),年74岁。初为太学博士,历官谢安及会稽王道子参军。外弟王忱为荆州刺史,请为天门太守。累迁御史中丞。入宋拜金紫光禄大夫,加散骑常侍。时议建国学,以泰领国子祭酒,泰上表陈奖进之道。又言事者以国用不足,欲更造五铢钱,泰极谏其不便。景平初,致仕。卒,谥宣。范泰博览篇籍,好为文章;爱奖后生,孜孜无倦。

范泰的代表作品有《鸾鸟》、《经汉高庙》、《九月九日》等,撰有《古今善言》24篇,著有文集20卷(《隋书志》作19卷),《宋书本传》并行于世。《说嵩》中所载《为宋公祭嵩山文》为范泰所写。

寇谦之

寇谦之(365~448年),北魏道教改革家,新天师道领袖。字辅真,上谷昌平(今北京昌平南)人。初修张鲁之术,后随方士成公兴入华山修道。不久,师徒俩即前往嵩山,潜心修道。曾隐居嵩山30余年。魏明元帝神瑞二年(415年),寇谦之自称太上老君降临嵩岳,授以"天师之位",赐以《云中音诵新科之戒》20卷,给他以神的启示,授予他为"天师"之位,令其"清整道教,除去三张(张道陵、张衡、张鲁)之伪法",让他辅佐北方"太平真君"(即北魏太武帝)。于是,他对道教进行了改造,除去三张伪法,收五斗租米钱税及男女合气之术。专以礼拜求度为主,以服气食药闭精练气为辅,而加之以服食闲炼。力倡儒道合流,佐国扶命。主张臣忠子孝,夫信妇贞,兄敬弟顺,安贫乐贱,信守五常。魏明元帝泰常八年(423年),寇谦之又称老君之玄孙李谱文降临嵩岳,面授他为太真太室九州真师、治鬼师、治民师,继天师四箓,统领人鬼之政,并授以《箓图真经》60卷,使其"奉持辅佐泰平真君,建立静轮天宫,勾通人神。"经过他改革后的道教被称为"新天师道"(或北天师道),由于符合北魏统治者的需要,得到北魏太武帝拓跋焘及左光禄司徒(宰相)崔浩的支持。魏太武帝始光元年(424年),寇谦之到魏都平城(今大同市),献《箓图真经》。崔浩以"辞旨深妙"上疏盛赞。太武帝使谒者奉玉帛牲牢祭祀嵩岳,迎寇谦之山中弟子。翌年,在平城东南建立天师道场,"于是崇奉天师,显扬新法,宣布天下,道业

寇谦之

大行。"寇谦之曾参与谋划军政,帮助北魏统一北方的战争。始光二年(425年),魏太武帝将攻西夏王赫连昌,曾问幽微于寇谦之。寇答以"必克"。太武帝遂连年出击,消灭西夏、北燕、北凉等割据政权。到太延五年(439年)最终完成了统一北方的事业。太延六年(440年)寇谦为太武帝祈福于嵩山,并称太上老君复降,授太武帝以"太平真君"之号。帝信之,遂改元太平真君元年。太武帝又听从寇谦之的奏议,于太平真君三年(442年),亲自到道场接受道教符箓,带头做天师的弟子,并正式封寇谦之为"国师"。从他开始,以后的北魏每位皇帝登基即位,都要亲到道场接受符箓,使其道教成为名副其实的官方道教。北魏太平真君九年(448年),寇谦之羽化于魏都平城。寇谦之是道教史上的改革家,他革新道教,主张唯贤是授,儒道兼修,同时又引佛入道,宣扬六道轮回,创立道教斋戒符的典章制度,大大推动了南北朝时期道教的发展。

史料载,寇谦之曾隐居嵩山仙人洞修道,曾主持修建中岳庙,改革道教,并刻《中岳嵩高灵庙碑》(立于中岳庙内)以记之。此碑被称为道教立碑之始,是有关寇谦之最早的文物史料,比《魏书》还早110多年。

中岳庙位于嵩山太室黄盖峰下,是我国现存最大的庙宇,现为全国重点文物保护单位。它始建于秦汉,初是太室祠,后成为道教圣地。寇谦之曾在嵩山改革道教,因此,嵩山中岳庙在道教名胜中的意义重大。宋代贾善翔写有《寇天师传》,史料有录。

谢灵运

谢灵运(385~433年),南朝宋山水诗人、文学家。小名客儿,人称谢客。陈郡阳夏(今河南省太康县)人,后移籍浙江会稽始宁(今浙江上虞)。东晋名将谢玄之孙,以袭爵封康乐公,后世习惯称他为"谢康乐"、"谢康公"。幼时聪明好学,博览群书,文章冠绝一时,工书画。与族弟谢惠连等人以文章赏会,时人谓之"四友"。东晋时历任大司马行参军、豫州刺史刘毅的记室参军、刘裕的太尉参军以及骠骑将军刘道怜的谘议参军,转中书侍郎。永初元年(420年),刘裕代晋自立,建立南朝宋,降谢灵运的封爵为康乐侯,任命他为散骑常侍、太子左卫率,始终不予重用。他自以为门贵才高,当握重权,而官小位卑,心怀怨愤,喜品评人物,爱诽毁执政,贬为永嘉太守。文帝时擢为秘书监,侍中,奉诏撰写《晋书》,仅粗立条目。常称病不朝,继而归隐于始宁(今浙江上虞)。家业豪富,生活奢侈。衣物多所创新,世人竞相仿造,遂以谢公命名。于始宁开山凿石,兴建别墅,依山傍水,穷尽山水之美。游则从人数百,惊动郡县。起为临川内史,以谋反而下狱,流放广州。宋文帝元嘉十年(433年),谢灵运被宋文帝(刘义隆)以"叛逆"罪名,斩于广州。

谢灵运能诗善文,与颜延之共为"江左第一"。工于书法,学王羲之草书,可以以假乱真。诗文每成,亲手书写,宋文帝称为"二宝"。善画佛像,浙西甘露寺天王堂两壁有"菩萨六图",为其手笔。谢灵运的主要成就在于山水诗。中国文学史上山水诗派的开创者。由于在政治上不得志,谢灵运寄情山水,每次出游,随从数百人,创作了很多山水诗,扭转了东晋以来的玄言诗风。他描写山水,着意于欣赏、刻画,注重词藻,由他开始,山水诗成为中国文学史上的一个流派。唐代的李白、杜甫、王维等诸大家,都曾从谢诗中吸取过营养。谢灵运的文,成就不能和诗相提并论,最著名的是《山居赋》。原有文集,已散佚,明人辑有《谢康乐集》。

谢灵运在嵩山活动期间,写有著名的《山居赋》、《王子晋》。

拓跋嗣

拓跋嗣(392~423年),明元帝,北魏第二位皇帝。鲜卑族,北魏道武帝拓跋珪的儿子,其生母刘贵人在拓跋嗣被立为太子之前,即按北魏后宫旧例,被道武帝赐死,拓跋嗣知道后悲伤不已,因而被道武帝怒斥出宫。公元409年10月,道武帝拓跋珪为其子拓跋绍所杀,拓跋嗣在宫中卫士的拥戴下杀了拓跋绍,于同年即位,改年号"永兴"。太宗泰常八年(423年),拓跋嗣进攻宋国得胜回来,此役称为南北朝第一次南北战争,北魏获得胜利,攻占虎牢关,夺取刘宋领土300里。因攻战劳顿成疾而终,享年32岁。在位15年,谥号为明元皇帝,庙号太宗。太宗拓拔嗣虽英年早逝,但上承开国君主拓跋珪武功建国,后有太武帝拓跋焘统一北方和大破柔然,媲美前秦苻坚统一北方和汉武帝大破匈奴的功勋,因此拓拔嗣在北魏开国历史中具有承先启后的枢纽地位。

泰常四年(419年),明元帝幸洛阳,遣使以太牢祀嵩高山。泰常八年(423年),明元帝纳崔浩言,使谒者奉玉帛牲牢祭嵩岳,迎致道士寇谦之。复如洛阳观石经,遣使祀嵩高。

拓跋焘

拓跋焘(408~452年),太武帝,北魏第三位皇帝,著名军事统帅。字佛狸,为拓跋嗣长子、拓跋珪之孙。鲜卑族拓跋部人。北魏泰常八年(423年)十一月即皇帝位。拓跋焘即位时,只有15岁,大臣们都拿他当小孩子看。于是拓跋焘决定先整顿吏治,励精图治,令人刮目相看,北魏国力进入鼎盛。于是拓跋焘就开始扩张疆土,他重用汉世家大族崔浩等为谋臣,把握作战时机,依靠鲜卑骑兵,先后消灭大夏、北燕、北凉,结束了五胡十六国,统一了北方,又击溃高丽、契丹,扩地千余里。他统一了黄河流域,使西晋末年以来北方地区的割据混乱局面得以结束,为北方社会经济文化的恢复和发展提供了有利条件。不过他在对宋的战争中大败,使国内政治混乱。在位29年,正平二年(452年)三月被中常侍宗爱谋杀。享年44岁,谥号太武皇帝,庙号世祖,史称魏太武帝。

北魏太武帝拓跋焘

太武帝期间,司徒崔治信奉道教,恶佛法。他经常在魏帝面前贬低佛教,奉劝魏帝接受道教。崔治与嵩山道士寇谦之串通,编了许多可以蛊惑魏帝故事,扬言太上老君让他到世上来辅佐北方的太平

真君治理天下。在崔治的怂恿下,魏太武帝于太平真君三年(442年)正月"备法驾",设道场,亲自受符,表示接受"天命",可以君临中原。魏太武帝接受道教后,开始限制佛教。凡50岁以下的和尚都要还俗,服徭役,纳税赋。兴道限佛,使朝廷与佛教僧侣矛盾激化。太平真君六年(445年),盖吴力反抗北魏的压迫,在古城(陕西黄陵西南)起义,各族人民和僧众都纷纷参加。魏太武帝发兵讨伐,至西安,入佛寺,见沙门和尚的卧室里有兵器,大发雷霆,说:"此非沙门所用,必与盖吴通谋,欲为乱耳。"446年3月15日(北魏太平真君七年二月初二日),魏太武帝下令:"先尽诛天下沙门,毁诸佛像。今后再敢言佛者,一律满门抄斩!"

太延元年(435年),太武帝拓跋焘下令立庙于嵩岳山之上。置侍史90人,于年始祈祷嵩岳山。其春秋泮涸,遣官率刺史祭以牲牢玉帛。

荀 雍

荀雍(约420年前后在世),南朝宋文学家。字道雍,颍川(今禹州市)人。约宋武帝永初初年(420年)前后在世。官至员外散骑郎。与谢灵运、羊璇之、何长瑜等共为山泽之游,时称"四友",常在一起游山赏水,赋诗论文。官至员外散骑郎。原有集,已佚。代表作品有《临川亭诗》。《先秦汉魏晋南北朝诗》存其诗一首。生平事迹见《宋书》卷六七、《南史》卷一九。

褚湛之

褚湛之(411~460年),南朝宋大臣,南朝宋武帝女安哀公主、吴郡宣公主驸马。字休玄,秀之子。嵩山阳翟(今禹州市)人。褚湛之与武帝第七女始安哀公主结婚,拜驸马都尉,著作佐郎。哀公主死后又与武帝第五女吴郡宣公主结婚。颇有才干,为文帝刘裕所赏识。历任扬武将军、司徒左长史、侍中、左卫将军、吏部尚书等显位。孝武帝即位,任尚书右仆射。孝建元年(454年),任中书令、丹阳尹,坐南郡郡王义宣诸子逃藏郡界,免官禁锢,寻复为散骑常侍、左卫将军、迁侍中、光禄大夫,加金章紫绶,迁尚书左仆射,赐爵都乡侯。大明四年(460年)卒,追赠侍中,特进骠骑将军,谥号敬侯。

鲍 照

鲍照(约414~466年),南朝宋杰出诗人。字明远,本籍东海(治所在今山东郯城);一说上党(今属山西),可能是指东海鲍氏的祖籍。他的青少年时代,大约是在京口(今江苏镇江)一带度过的。宋文帝元嘉十六年(439年),鲍照20多岁时,去谒见临川王刘义庆,献诗言志,获得赏识,被任为国侍郎,后任秣陵令、中书舍人。刘裕掌权后,虽曾大力提拔庶族子弟作自己亲信,然而当时大权依然掌握在士族贵族手里,鲍照后来在临海王刘子顼镇守荆州时,只担当了前军参军之职,因此世称鲍参军。后来发生"宋景之乱",刘子顼因谋反被赐死,鲍照也被乱兵所杀。

鲍照一生沉沦下僚,很不得志,但他的诗文,在生前就颇负盛名,对后来的文人更产生过重大影响。鲍照的文学成就是多方面的。诗、赋、骈文都不乏名篇,而成就最高的则是诗歌,其中乐府诗在他现存的作品中所占的比重很大,而且多传诵名篇。也工于七言诗,用语惊挺,音节铿锵,形成了陡峭奇劲,不避险俗的风格,开创了文人写五言绝句的先声,也为七言诗的发展开拓了道路。和当时的谢灵运、颜延之一起被誉为"元嘉三大家",成就高于二者。最有名的是《拟行路难》18首。鲍照的辞赋有《游思赋》、《伤逝赋》、《芜城赋》、《舞鹤赋》、《野鹅赋》、《飞蛾赋》等,其中以《芜城赋》最为传诵,历来被视为六朝抒情小赋的代

鲍照

表作之一。鲍照的文基本上属于骈文的范畴,代表作首推《登大雷岸与妹书》。这是一篇写景之作,在手法上吸取了汉赋的铺陈和夸张的手法,而又把作者的感情熔铸于写景之中,字句基本整齐,文中时时夹入一些抒情和议论的散句,显得文气跌宕,而辞藻绚丽,兼有骈散两种文体的长处。其中写长江、写庐山的许多片段,都极尽描绘之能事,所以有些评论家认为其妙处甚至连李思训等名家的画图也难企及。今传有《鲍参军集》,另有钱振伦注释,黄节、钱仲联增补的《鲍参军集注》。

鲍照在嵩山活动期间,写有《嵩顶暮云》、《拟古》、《猴山引》等诗,史料有录。

元 丕

元丕(422～503年),北朝北魏官吏。鲜卑族,嵩山洛阳人。历仕北魏六代帝王。太武帝时,赐爵兴平子。献文帝时,封东阳公,迁尚书令。孝文帝时,封东阳王,拜司徒公,诏赐赦免死罪之丹书。助孝文帝南伐,任太尉留守平城。对孝文帝南迁大计阳奉阴违。后改任太傅。留恋北魏旧俗,坐太子元恂谋反案而贬谪为民。身在草野而心在朝廷。自并州远道奔孝文帝表,受宣武帝礼敬,尊为三老。

张宗之

张宗之(428～496年),北魏宦官。字益宗,嵩山巩义市人。魏太武帝时,其父参与猴氏宗文邕谋反,文邕败,宗之父走免。宗之被执入京,受腐刑,为阉人。后因忠厚谨慎,擢为御史中散,赐爵县侯。历奉太武、文成、献文、孝文四帝,累官中常侍、镇东将军、冀州刺史,封彭城公。卒谥敬。

徐謇

徐謇,北朝北魏民间医药家。字成伯,丹阳人。家本东莞,善医药。因至青州,为慕容白曜获送京师。献文帝欲验其能,置病人幕中,使謇隔而视脉,深得病形,兼知色候,遂被宠遇。为内侍长。孝文迁洛,转侍御师。謇欲合金丹,致延年法。乃入居嵩高,采营其物。高祖幸悬瓠,有疾,驰驿召謇,诊治大验。驾次汝濆,乃下诏曰:"夫神出无方,形禀有碍,忧喜乖适,理必伤生。朕以万机兴劳。仲秋动疴,心容顿竭,气体羸疾。侍御师、右军将军徐成伯,驰轮太室,进疗当藩,诚术两输,忠妙俱至。乃令沈疴胜愈,笃瘵克痊,论勤语效,得不重加陟赏乎?宜顺群望,锡以山河。准旧量今,事合显进。可鸿胪卿、金乡县开国伯,食邑500记,赐钱1万贯,绢2000匹,谷2000斛,奶婢10口,马10匹。"徐謇常用有药饵及吞服道符,年垂80,鬓发不白。

褚渊

褚渊(435~482年),南朝宋文学家。宋文帝刘义隆女南郡公主驸马。字彦回,宋湛之子。嵩山阳翟(今禹州市)人。褚渊少年时即有高名,尚宋文帝刘义隆女南郡公主,拜驸马都尉,除著作佐郎、太子舍人、太宰参军、太子洗马、秘书丞。湛之卒,渊将资财全付予弟,唯取书数千卷,袭爵都乡侯。历中书郎、司徒右长史、吏部郎。宋明帝刘彧即位,加太子屯骑校尉,不受,迁侍中、知东宫事,转吏部尚书,寻领太子右卫率,固辞不就。平义嘉贼有功,加骁骑将军。以风雅素与明帝相善,封雩都县伯,邑500户。转侍中、领右卫将军,寻迁散骑常侍,丹阳尹,出为吴兴太守,增秩千石,固辞增秩。明帝病重,召渊托付后事,复吏部尚书、领常侍卫尉,不受授仆射、卫尉,渊母年高羸疾,固辞卫尉,不许。明帝崩,诏以为中书令、护军将军、加散骑常侍,与尚书令袁粲共受顾命,辅幼主,以勤于政务、务求俭约为百姓拥戴。元徽二年(474年)加尚书令、侍中、固让令。次年晋爵侯,增邑千户。公元477年,为卫将军,开府仪同三司,兼侍中,以平沈攸之有功,进中书监、司空,兼开府侍中。齐高帝建元元年(479年),晋司徒,旧职如故,封南康郡公,邑3000户。固辞司徒,寻加尚书令。建元四年(482年)录尚书事,寻改授司空,领骠骑将军,侍中录尚书如故。不久薨,家无余财,负债至数十万,诏赐钱20万,布200匹,蜡200斤以葬,赠太宰,谥文简。

褚渊仪容秀美,举止得体,俯仰进退皆有风度。每朝会,百僚及远国使者莫不引颈以目远送。渊学识渊博,涉猎广。性雅有气度,为世人推崇,善弹琵琶,萧赜为太子时,曾赐以金镂柄银柱琵琶。著有《褚彦回集》15卷,今佚。今存《秋伤赋》等文10篇及诗两首。

褚渊为文学世家,其子褚贲著有《褚贲集》12卷;侄褚澐为诗人;孙褚翔为诗人;侄孙褚玠博学能文。

褚 炫

褚炫(443~483年),南朝齐官吏。字彦绪,嵩山阳翟(今禹州市)人。祖褚秀之,为宋太常;父法显,管鄱阳太守。褚炫少年时清雅简朴,为堂舅王景文所赏识,褚渊曾褒之曰:"从弟廉胜独立,乃十倍于我也"。宋时以五官起,累迁太子舍人、抚军车骑记室、正员郎,以善解对迁中书侍郎、司徒右长史。升明初,以清尚,与刘俣、谢朏、江斅入宫向宋顺帝刘准讲论文义,号称"四友"。转黄门郎、萧道成骠骑长史,再迁侍中。数年凡三为侍中,四为长史。加辅国将军,江夏内史。江夏任满,得俸17万,在石头城(今南京)分与亲族。患病而无钱医治,抵押冠剑买药。永明元年(483年),晋吏部尚书。褚炫立身廉洁,非吊丧问苦不出外交游,为世人所称道。虽居显位,而门庭萧条,宾客罕至。上表求解职,改授散骑常侍,领安国王师。国学成立,以本官领博士未就,卒,无以殡敛。赠太常,谥曰贞子。

褚 澄

褚澄(?~483年),南朝齐医学家。字彦道,褚渊弟。南朝宋国阳翟(今禹州市)人。褚澄的祖父褚秀之,父褚湛之都是宦门权贵。褚澄母为南朝宋武帝第五女吴郡公主,褚澄娶的是宋文帝刘义隆之女庐江公主,遂拜驸马都尉。南齐高帝(肖道成)建元中(479~482年),澄出任吴郡(今江苏省苏州市)太守,后迁左户尚书,再迁侍中,领右军将军,以为官清显,勤谨见知。褚澄之女被南齐东昏侯封为东昏皇后。永明元年(483年)卒。永元元年(499年)以南齐东昏侯皇后父追赠金紫光禄大夫。

褚澄虽为宦门权贵,于政却无显绩,而以医术显名于世。治病不论贵贱,能审察患者苦乐荣悴,根据乡风水情,气血强弱,然后处方用药。据《南齐书·褚澄传》载,褚澄医术高明。据载,宋孝武帝的次子患病,御医久治不愈,遂请澄去诊治,三剂药病即愈。南齐高帝萧成道有病,属疑难杂症,众医都束手无策,甚至望而却步。高帝下诏请澄前去诊断。褚澄以中医望、闻、问、切之术,以一服药就治好了齐高帝萧成道的病。《南史·本传》记载,澄极喜医术,尤其精于望诊和切诊。澄为吴郡(今江苏苏州)太守时,有个叫李道念的人因公事到郡府去,褚澄见此人便说:"你有病啊!"道念答道:"旧有冷疾,至今已五年,经过好多医生诊看,所言大体相同,各种方剂药物吃了不少,不见好转,却也无大碍。"褚澄为之诊脉而后说:"你这病非冷非热,众医都误诊了。其实你这病是平素喜吞食生鸡卵(鸡蛋)所致,积而不化,久而成疾。"李道念求褚澄为之治疗,褚澄即命人取紫苏一升煎汤,让道念喝下去。李道念喝下不久,即感觉腹中辘辘作响,有蠕动感,继而翻腾欲吐。褚澄又命人取一盆放在道念面前,道念呕吐出黏涎之物一团,大如拳头,微微颤动。命人打开一看,原来是一只雏鸡,羽、翅、爪俱全,片刻之后即能蹒跚行走。褚澄说:"此尚未尽,宜继续服药。"于是李道念将所余之药尽皆吞下,陆续又吐出鸡雏13只,观者无不称奇。

褚澄著有《杂药方》20卷及《褚氏遗书》,前者散佚;后书系唐代人整理而成,又称《医论十篇》,于宋嘉泰年间刊行。是书共10篇,分述受形、本气、平脉、津润、分体、精血、除疾、审微、辨书、问子,其要旨用阐发人身气血阴阳的奥义。书中对五运六气之说,抱有不同见解,认为"气难预测,故疾难预定;气非人为,故疾难人测",因而其"推验多奸,而拯救易误"。褚澄还从生理上论述了婚育年龄,认为

"男女必须当其年,男虽十六而精通,必三十而娶,女虽十四而天癸至,必二十而嫁,皆欲阴阳气实而交合,则交而孕,孕而育,育而有子,坚壮强寿。"褚澄可算是我国最早主张晚婚的医学家。书中特别提出对僧尼寡妇之疾,必须与妻妾之辈有所区别,不能一视同仁,要考虑其特殊的精神因素。后世有疑此书为宋人伪托者,《四库全书提要》认为是"宋时精医理者所著,而伪托澄以传"。但此书内容有其精华处,后世医家常加以采用。

李 冲

李冲

李冲(450~498年),北朝北魏著名改革家、建筑家。原名思冲,字思顺,北魏陇西狄道(今甘肃临洮)人,迁都后属籍嵩山洛阳。为西凉创建者李暠之曾孙,北魏镇西大将军、敦煌公李宝之少子。出身高门士族,性机敏有巧思。少孤,好交游,有气量。孝文帝初年(471年)任秘书中散,掌宫廷文案,迁内秘书令、南部给事中,深受冯太后宠幸。历任中书令、侍中、仆射等要职,封陇西公。

李冲历仕献文帝、孝文帝两朝,官至尚书仆射,是魏孝文帝推行改革的主要谋士和得力助手。在冯太后和孝文帝厉行的"太和改制"中,李冲以他卓越的才智,殚精竭虑,为北魏政权的巩固和社会经济的发展繁荣以及民族大融合等做出了杰出贡献。太和十年(486年),李冲建议废止宗主督护制,提出均田制、三长制。孝文帝采纳,实行三长制,以五家为一邻,五邻为一里,五里为一党,各设一长。三长的职责是检查户口,征收租调,征发徭役。又建议颁行新的租调制度,防止豪强多占民户,限制宗主贪污中饱,以增加政府收入。北魏国力大增。继迁中书令,赐爵陇西公,极受恩宠,孝文帝不直呼其名而称中书。北魏太和十七年(493年)迁都洛阳,孝文帝命李冲主持修建洛阳都城。当时洛阳城经西晋永嘉之乱毁于战火,李冲在其基础上加以重建。重建后的洛阳宫城位于城中偏北,城内道路呈方格形,按方正的里坊建筑居住区323坊,宫城西侧和城外设有几处集市,同是置有里坊。伊、洛河西岸还为外来商贾修建了规模很大的四夷馆。北魏洛阳的城市规划布局对以后隋唐时长安和洛阳的都城建设有很大影响。

后来佐孝文帝制定法律。孝文帝南伐萧齐,以李冲兼左仆射,留守京师洛阳,继迁尚书仆射。后得病卒。帝归,抱病临李冲墓,流涕不止。谥文穆,葬于洛阳覆舟山。

郑州东郊昔时有名胜仆射陂,湖光水色,风景绝佳,即孝文帝所赐李冲别业,因而得名。

江 淹

江淹(444~505年),南朝梁文学家、书法家、考古学家。字文通,济阳考城(今河南省民权县)人。其先世因西晋末年之乱逃亡江南,祖父江耽官至丹阳令,父亲江康之任南沙令。江淹6岁能写诗,13岁父亲去世,曾以打柴卖薪养家。江淹少年孤贫好学,性沉静,少交游,早有文名。历仕宋、齐、梁三朝。宋孝武帝大明七年(463年),江淹20岁,出仕充任宋孝武帝刘骏第十一子始安王刘子真的教师,兼任他的幕僚。建平王刘景素好士,器重江淹,刘子真死后,召之幕下。江淹后遭诬害入狱,狱中上书求情,才得幸免。宋少帝时,景素想篡权,江淹极力劝阻,景素不听,因而得罪了景素,被降为吴兴县令。萧道成辅政时,把江淹从吴兴召回自己幕下。江淹帮助萧道成分析形势,出谋划策,颇受萧的赏识。由此,萧的重要文书,大都由他起草。萧篡宋自立时的诏诰、禅册也大都出于他的手笔。萧称帝后,江淹任东武令,参掌诏册,兼管《齐史》的修撰。在齐历任中书侍郎、骁骑将军、尚书左丞、御史中丞。江淹严于职守,敢直言,弹劾不避权贵,揭发处理了不少为非

江淹

作歹、贪赃枉法的官吏、豪强,深受齐明帝的赞赏。梁武帝萧衍起兵取齐自代,江淹便微服归降。梁天监元年(502年)初任散骑常侍、左卫将军,封临沮县开国伯。后官至金紫光禄大夫,封醴陵侯。早时才思横溢,精工诗赋,名高一时,世称"江郎"。晚年官高位显,才思稍衰,作品较前逊色,时人皆谓之才尽,世有"江郎才尽"之说。建武四年(497年),他从宣城太守被召回建康,任黄门侍郎领步兵校尉。相传的"江郎才尽"故事就发生于此。钟嵘《诗品》中说江淹罢郡还都途中,寄宿野寺,梦见一自称郭璞的人对他说:"吾有笔在卿处多年矣,可以见还。"江淹从怀中掏出一支五色笔给他,从此写诗无佳篇。《南史·江淹传》载有二说,一说与之略同;另一说则谓江淹从宣城还都,泊舟禅灵寺,梦见一人自称张协,说曾把一匹锦寄存江处,要他交还。江淹从怀中拿出几尺锦来。那人很不高兴,责备他把锦都割截完了。那人又对梁时另一作家丘迟说,这几尺我也无用,给了你吧!从此,江淹就写不出好文章了。但追其"才尽"的根本原因,还是他仕途顺利,身居要位,封伯封侯,没有了真实抒写叹穷嗟卑的平民化情绪。工书,墨妙笔精,深谙古文字,曾考证古墓竹简。其著诗作风格清丽,多拟古之作。所著《恨赋》、《别赋》极为工致,堪称代表作,反映了下层知识分子的失意情绪和离别愁思。所著诗、赋、文论,凡百余篇,自编为前后集,已佚。后人辑有《江文通集》4卷。现有28篇赋外,诗《杂体三十首》、《效古十五首》,这些诗、赋、散体,清新倩丽,文采风流,超然独秀,上承魏晋,下开初唐,远非他人可比。又有《齐史》10志,并行于世。江淹在嵩山活动,当地史料记载他写有《王子乔曲》、《效阮公诗》等诗。

元法僧

元法僧(454~536年),北朝北魏宗室。道武帝重孙,鲜卑族,嵩山洛阳人。以位太尉行参军,累迁益州刺史。为官贪虐妄杀,致合境皆反。无治政之才,多暴戾之性。州境均叛,南朝梁军乘虚攻入。仅守孤城,朝廷派兵解其围。孝昌元年(525年),任徐州刺史,杀行台高谅而称帝,自称尊号,建元"天启"。败逃南朝梁,梁武帝授以侍中、司空,封始安郡公。寻改封宋王,官至大尉。

郑道昭

郑道昭(455~516年),北朝北魏诗人,著名书法家,世称"魏碑体的鼻祖"。字僖伯,自号"中岳先生"。嵩山荥阳人。自汉代以来,荥阳郑氏都是名门望族。道昭的第二十三世祖为汉大司农郑当时,其后历代迭任高官。不管政局如何动荡,荥阳郑氏作为中原的一个大族,始终是"公侯接武,台衙继迹,雕轩绣轴之荣,羽盖朱幡之威"。郑氏之所以能成为世代簪缨的阀阅士族,主要原因有三点:一是上层联姻,始终保持显赫的地位和高贵的血统。郑家世代都与皇族结姻亲关系,郑道昭的妹妹即魏孝文帝的妃子,道昭兄郑懿之女为北海王妃,其从兄郑平城之女为皇帝广陵王妃,道昭本人则娶中书令李冲女为妻等;二是有强大的经济势力。郑氏祖先郑袤在西晋时封安城乡侯,武帝一次就赐邑千户,故郑家世代"家富于财";三是具有渊博的家学。道昭的14世祖郑兴,是东汉著名的经学大师,郑兴的儿子郑众、孙子郑安世,都是名驰海内的大儒,史称"中世儒门,贾郑名学"。道昭父郑羲"注诸经纶,名被山东",道昭与其兄郑懿也都是"才冠秘颖",其思想都带有明显的封建门阀士族的烙印。郑道昭曾任秘书郎、主文中散侍郎、员外散骑侍郎、秘书丞,官至通直散骑常侍。太和十九年(495年)随孝文帝南征,在悬瓠君臣联句作歌,传为佳话。宣武帝初,迁秘书监,因从弟郑思和事株连,出为光州刺史。在任期间,为吏民所爱戴,在去官50载后,仍流传有他们父子政绩清明的歌谣。延昌二年(513年),道昭调任青州刺史,三年期满后,调回京都,再任秘书监。孝明帝熙平元年(516年),暴病卒于洛阳城东晖文里宅邸。赠"镇北将军"、"相州刺史",谥"文恭"。

郑道昭书迹

魏晋南北朝时期,书法成就非常突出。作为这一成就的代表人物,南方有东晋时期的书圣王羲之,而北方则有北魏时期被后人誉为"北方书圣"的郑道昭,与王羲之齐名,有"南王北郑"之誉。郑道昭融百家之长于一体,刻意创新,笔力圆劲苍健,结构严谨,运笔娴熟自然,被誉为"隶楷之极"。其书法结体庄严朴茂,浑实古厚而又萧疏飘逸。用笔雄强有力,出方入圆,篆、隶笔法兼收并使,在钟繇、卫瓘的楷书体系方面又向前推进了一大步。郑道昭在任光州、青州刺史期间,为后人留下近40种摩崖书迹,分布在山东省莱州市云峰山、太基山,平度市天柱山,益都县玲珑山等处,计3000余字,在北朝书坛上,可称传世作品最多的一位书家。其中《郑文公上下碑》最为出色,有2000字以上。上碑称《魏故中书令秘书监郑文公之碑》,下碑称《魏故中书令秘书监使持节督兖州诸军事安东将军兖州刺史南阳文公郑君之碑》,刻立于北魏永平四年(511年)。上碑在山东平度市天柱山,下碑在山东莱州市云峰山之东的寒洞山,二碑内容基本相同。笔力雄健,兼有隶意,为书法界所推崇。道昭有子6人,其三子述祖也是著名书法家。他和父亲都做过光州刺史,为人宽厚,皆有政声,在百姓中有"大郑公,小郑公,相互50载,风教犹相同"的民谚。《魏书·郑羲附道昭传》说他"好为诗赋,凡数十篇",但今仅存诗4首,文3篇。其中有著名的《天柱山铭》。

萧 衍

萧衍(464~549年),南朝梁武帝,南朝梁的建立者。字叔达,小字练儿,南兰陵(今江苏常州西北)人。萧衍是兰陵萧氏的世家子弟,出生在秣陵(今南京),为汉朝相国萧何的25世孙。父亲萧顺之是齐高帝的族弟、丹阳尹知事,母张尚柔。他原来是南齐的官员,曾任雍州刺史,镇守襄阳。乘齐内乱,起兵夺取帝位。南齐中兴二年(502年),齐和帝被迫"禅位"于萧衍,即帝位,南梁建立,国号梁,是为梁武帝。在位期间,改定百家谱,重用士族,制九流常选,又立国学,招五馆生,不限门第立集雅馆、士林馆等。在位时间达48年,大同二年(547年)接受东魏大将侯景归降。次年,侯景叛乱,引兵渡江,攻破京都,萧衍被拘禁而卒,享年86岁。谥为武帝,庙号高祖,葬于修陵。死后诸子争立,梁朝瓦解。

梁武帝萧衍

梁武帝深通佛学,常大兴寺庙,曾3次舍身同泰寺充当服役人,并常在那里讲经。在他的影响下,仅京都就有佛教寺院五百多所,僧尼10万余人,梁武帝对于佛教在中国的推广和转变起了重要作用。著有《涅萃》、《大品》、《净名》、《三慧》等数百卷佛学著作。对道教学说,他也颇有研究。在此基础上,他把儒家的"礼"、道家的"无"和佛教的"因果报应"糅合在一起,创立了"三教同源说",在中国古代思想史上占有极其重要的地位。

梁武帝不仅是一位帝王,也是一个学者。在经学方面,他曾撰有《周易讲疏》、《春秋答问》、《孔子正言》等二百余卷。天监十一年(512年),又制成吉、凶、军、宾、嘉五礼,共1000余卷,8019条,颁布施行;在史学方面,他不满《汉书》等断代史的写法,因而主持编撰了600卷的《通史》,并"躬制赞序"。命殷芸将无法入史的剩余材料(主要是异闻杂谈),编入小说。在文学方面,他非常喜欢诗赋创作,现存诗歌有80多首。在音乐方面,精通乐律,曾创制名为"通"的音器4具,又制长短不等笛12支以应12律。萧衍善书法,传世书论4篇。萧衍"有异众说",标举钟繇、王羲之,把"殆同机神"作为书学批评标准,不仅开唐人、王羲之之先声,重要的是为品评书法确立了一项重神韵的审美法则,从而也确立了他自己在书法史上的地位。明人辑有《梁武帝御制集》。

嵩山少林寺立有梁武帝萧衍撰文的《达摩大师碑》。

元 澄

元澄(466～519年),北朝北魏大臣。字道镇,鲜卑族,改籍后为洛阳人。北魏恭宗景穆帝拓跋晃之孙,任城王拓跋云之子,15岁袭父"任城王"封爵,加征北大将军。后历任尚书令、尚书左仆射、尚书右仆射、吏部尚书、侍中、司空等要职,是"孝文"、"宣武"、"孝明"三朝元老。元澄是孝文帝推行改革的重要助手,孝文帝死后仍孜孜不倦地进行着改革尝试。他是北魏宗室中少有的能臣,是北魏时期仅次于孝文帝的鲜卑族杰出的政治家、改革家。

李显达

李显达(孝明帝时在世),北朝北魏孝子。北魏嵩山阳翟(今禹州市)人。父丧,李显达7日不入水浆,鬓发脱落,形体枯悴。居庐6年于墓侧,哭不绝声。豫州牧、高阳王拓拔雍奏其事,灵太后诏表旌其门闾。

拓跋宏

拓跋宏(467～499年),孝文帝,北朝北魏第六位皇帝,我国古代卓越的少数民族政治家和改革家,汉化改革的有力推行者。鲜卑族,原名拓跋宏,后改姓元,汉名元宏。元宏是北魏献文帝拓跋弘的长子,他3岁时立为皇太子,5岁时受禅即皇帝位,由祖母冯太后执政。冯太后是汉人,对鲜卑人建立的北魏王朝进行了一系列封建化的改革,孝文帝便受此影响。太和二十年(493年)亲政后,秉承冯太后的政策,继续进行了改革。他大力整顿吏治,立三长法,实行均田制取得了一定的效果。他认为,要长期稳固地统治中原地带,进而统一中国,除了采取改革措施外,还必须使拓跋人汉化。鲜卑拓跋部原来居住在大鲜卑山(今黑龙江嫩江流域大兴安岭北段),汉魏以来逐步南迁,过着游牧生活。公元386年,他们的杰出首领拓跋珪,建立魏国。后来,定都平城(今山西大同市),史称北魏。公元439年,北魏统一黄河流域,十六国时期结束。从拓跋珪称帝到拓跋宏即位,北魏立国将近百年,但北魏的统治民族拓跋鲜卑人仍保存着大量的氏族旧制和落后的风俗习惯。国家内部的民族隔阂和民族矛盾比较突出,其中主要是拓跋族同人数众多、文化先进的汉族的关系问题。再者,平城远在塞北,自然条件恶劣,一年到头风沙迷漫,天气寒冷,无霜期短,有时六月还要降雪。这里不利于农作物生长,粮食缺乏,每年都要消耗大量的人力物力从中原地区运送粮食物品到塞上。北魏太和十七年(493年),南朝的齐政权声言进攻平城。次年,他借"南下伐齐"之计,从平城成功迁都洛阳,全面改革鲜卑旧俗:统一使用汉语,穿汉服;改鲜卑姓,采用汉姓;奖励与汉人通婚;将在洛阳为官的鲜卑族改籍贯为洛阳,死后葬在洛阳,不得北迁;铸造太和五铢钱,革除以前鲜卑人实行物物交换,不用钱币的落后习惯;仿南朝定官制朝仪等,提高了鲜卑人的文化水准。除此之外,还对郊祀宗庙仪礼进行了改革。又参照南朝典章,修改北魏政治制度。太和十九年(496年),孝文帝离洛阳进嵩山,令太子元恂监国。这次太子元恂趁机煽动部分王公大臣,企图发动叛乱,返回平城,另立北魏。尚书陆转获悉后,派人飞马直奔嵩山急报孝文帝。孝文帝接到密报,速回洛阳,立即下令逮捕元恂,亲自审讯,打元恂100杖,后废为庶人。另立次子元恪为太子。这一举动严厉镇压了反对改革的守旧贵族势力,巩固了汉化成果,使鲜卑经济、文化、社会、政治、军事等方面得到了发展,促进了民族融合,史称"孝文帝中兴"。

北魏孝文帝迁都洛阳

太和二十一年(497年)八月,孝文帝亲率20万大军南下伐齐,在樊城大败齐军,震动了荆襄一带。由于积劳成疾,孝文帝病于军中,只得撤回洛阳。499年,齐军反扑,在邓州击退了魏军,孝文帝闻讯,再次带兵亲征邓州,斩敌3万余人,迫使齐军南逃。但是孝文帝病情加重,崩于撤军途中。孝文帝在位29年,享年33岁,谥孝文皇帝,庙号高祖。按照孝文帝生前遗愿,葬于嵩山北麓的邙山长陵。

自太和十八年(494年),孝文帝率军南征,当大军行进到洛阳时,宣布迁都洛阳后,孝文帝的一生和嵩山紧密地联系了在一起。太和十八年(494年)孝文帝亲临嵩山,祭祀中岳,并亲笔撰写了"祭嵩山文"。太和十九年(495年),孝文帝传旨把在平城云冈石窟中禅修的印度高僧跋陀招到了新都洛阳,并按照跋陀的意愿,在嵩山少室山下,为其建造了由朝廷供给的少林寺,使其长期落迹于嵩山。孝文帝在嵩山留下的遗迹主要有位于洛阳的汉魏洛阳城、龙门石窟,有位于嵩山北麓邙山顶的长陵,有在位时兴建的少林寺、嵩阳寺、会善寺、嵩岳寺等。

奚康生

奚康生(468～521年),北朝北魏将领。嵩山阳翟(今禹州市)人。本姓达奚,其先居代,世为部落大人。祖父奚真,官镇北将军,内外三都大官,赐爵士长进侯。康生少即骁勇,弯弓10石,射箭异常,为时人所服。太和十一年(487年),蠕蠕犯边。康生从柔玄镇都将李兜讨伐,冲锋陷阵,勇冠三军,为纵子队主。随孝文帝征钟离,孝文帝刚渡淮河,五将未渡,南齐萧鸾率众截断渡口,孝文帝募破断渡者为直阁将军,康生结筏积柴,因风放火,烧其战船,依烟直进,飞刀乱斫,齐军溺死者不计其数,乃假直阁将军。后以勋除中坚将军、太子三校、西台直后。吐京胡反，自号"辛支王"，康生以军主从章武王彬讨之，胡遣精骑1000断其路，康生率500人拒战，破之。王彬甲卒7000分5军与胡对战，四军俱败，康生军独全，迁为统军。率精骑1000追胡至车突谷，诈为坠马，胡谓其死而争取之，康生奋矛杀伤数十人，百步外射杀辛支。从王肃讨萧鸾张伏护据城楼，言辞不逊，康生以强弓射楼窗，扉开即入，应箭而毙，守兵皆云"狂弩"。齐将裴叔业，围涡阳，以解义阳之围，孝文帝遣高聪、元衍等五军驰援，皆败；遣康生赴援，一战大破之。寿春来降，康生率羽林军1000往迎，逢齐将桓和、陈伯之夹击，康生出击，并破二军，拔梁城、合肥、洛口三座戍城，迁征虏将军，封安武县男。出为南青州刺史。

后来，萧衍派郁州军主徐济侵犯边境，康生破敌，生擒徐济。梁临川王萧宏勒甲十万寇徐州，徐州刺史宋黑率众二万围高冢。帝下诏任命康生为武卫将军，率羽林军3000人一战功成。还京后，帝赏帛千匹，赐给騧骝御用胡马一匹。出为平西将军、华州刺史。为政颇有声绩，转泾州刺史。梁直阁将军徐玄明戍郁州，杀刺史张稷以城内附，遣康生迎之，赐细御银缠槊一张并枣柰果。敕曰"果者果如朕心，枣者早遂朕意。"未发，郁州反叛。以安西将军率步骑三万伐蜀，至陇右，遇世宗宣武帝崩，班师回朝。除卫尉，出为抚军将军、相州刺史。后征拜光禄卿，领右卫将军。与元叉同谋废除灵太后，迁抚军大将军、河南尹、领左右卫。康生子奚难娶左卫将军侯刚女，侯刚为元叉妹夫，三人相委托，惧宿禁内。

康生性粗武，言高气壮。正光二年(521年)三月，孝明帝朝拜灵太后于西林园，文武侍坐，酒酣起舞。行至康生，为力士舞，每视太后，举手投足皆作缚杀之势，太后知其意而不敢言。日暮，肃宗入阁，左右拥挤，阁不能闭，康生夺其子难刀斫直后(官名)元思辅，众乃定。肃宗上殿，奚康生使酒欲断是非，为元叉所缚，令侍中、黄门仆射、尚书案其罪，矫诏诛康生。灵太后反政，赠康生都督冀瀛沧三州诸军事，骠骑大将军、司空、冀州刺史，追封寿张县开国侯。谥曰武贞(见《北史·奚康生传》)。

元 勰

元勰(476~508年)，北朝北魏大臣。字彦和，鲜卑族，献文帝之子。嵩山洛阳人。初封始平王，后改封彭城王。早年任光禄大夫，协助孝文帝进行改革，议决军国大政。迁中书令，随驾征战，总统六师。素志恬淡，又恐功高震主，求得孝文帝遗诏，准其辞官。宣武帝即位，苦苦挽留，方在朝任职。任司徒兼扬州刺史，重挫南朝梁军；与民休息，为民所怀。遭谗归隐，迫任太师。每进忠言，均不被纳用，终日抑郁而强颜作欢。被尚书令高肇诬为谋反罪而惨遭秘密杀害。百姓泣涕呼冤，朝士恐惧丧气。聪敏好学，博通善文，集古今贤达帝王为《要略》31卷。

褚 球

褚球(约478~548年)，南朝梁官吏。字仲宝，嵩山阳翟(今禹州市)人。褚欲之玄孙，褚球幼时家贫，然笃志好学，才思敏捷。起家为齐征虏行参军，迁法曹署，转右军曲江公主簿。出为溧阳令。因为政清白，除平西主簿。入梁后，迁太子洗马、散骑常侍，兼中书通事舍人。出为建康令，丁母忧去职，再起不拜。服阕，除北中郎谘议参军，迁中书郎，复兼中书通事舍人，除云骑将军，累兼廷尉、光禄卿，舍人如故，擢御史中丞。出为北中郎长史，南兰陵太守。入为通直散骑常侍，领羽林监。后迁太府卿，寻迁都官尚书,领步兵校尉、秘书监,领著作司徒右长史。官终光禄大夫,加给事中,卒于官。为官廉洁,秉公执法,无所屈挠。

稠禅师

稠禅师(479~560年),北朝北魏高僧。俗姓孙,幼时削发为僧,北魏时,在邺(今河南省安阳市北)寺院发奋飞武。约33岁,入嵩山少林寺。少林寺寺主跋陀对他评价极高。继跋陀之后,成为少林寺二祖,主持塔庙,成为少林寺最早的武僧。北齐时离开少林寺,到怀州、王屋山、青罗山、定州等寺院弘法。北齐天保三年(552年),文宣帝高洋下诏为他在邺城西南40公里的龙山之阳构筑精舍云门寺居住,兼为小南海石窟大寺主两任职位。乾明元年(560年)四月十三日端坐卒于云门寺。北齐时僧稠被尊为"国师",被文宣帝高洋赐为"大禅师"。《续高僧传》评价他"稠怀念处,清范可崇","高齐河北,独盛僧稠"。稠禅师在北齐地位之高,所受礼遇之重,无人可比。

庚肩吾

庚肩吾(480~551年),南朝梁文学家、书法家。字子慎,一字慎之。子为著名诗人庚信。南阳新野人。早慧,8岁能赋诗。初为晋安王国常侍,迁王宣惠府行参军。晋安王每徙镇,他常随左右。历王府中郎、云麾参军、并兼记室参军。又领荆州大中正。与刘孝威等人号称"高斋学士"。累迁太子率更令、中庶子。他与其子庚信及徐摛、徐陵父子俱为萧纲文德省学士,创作浮艳的宫体诗,世称"徐庚"。晋安王萧纲即位为简文帝,他任度支尚书。后官至江州刺史,封武康县侯。擅长诗赋,工书法,善草隶。其诗多写景咏物,辞采优美,但雕琢字句,诗风靡丽。著有《书品》,后人辑有《庚度支集》。庚肩吾在嵩山写有文章,史料有录。

元恪

元恪(483~515年),宣武帝,南北朝时期北魏第八位皇帝。孝文帝元宏次子,母高氏,鲜卑族拓跋部人,后迁嵩山洛阳。北魏太和二十一年(497年),被孝文帝立为皇太子。太和二十三年(499年)四月孝文帝元宏死,16岁的元恪即皇帝位。在位16年。景明二年(501年)亲政。即位之后的元恪,首先干的第一件事情就是,扩建新都洛阳。拒绝鲜卑遗老们重返故里的建议,巩固了孝文帝元宏的改革。南朝的齐王朝由于齐东昏侯萧宝卷的残暴、昏庸的统治,人民生活痛苦不堪。元恪趁势开始发兵,于景明元年(500年)南下攻伐齐朝,永平四年(508年)战事宣告结束。此时,北魏已经占领了扬州、荆州、益州等地,北魏的国势盛极一时。在位期间,朝纲不振,财力日乏,政治腐败,崇盛佛教。多次跟南朝梁交战,互有胜负。吏部标价卖官,贵戚生活奢侈。大臣叛乱,农民起义,政局动荡不安。景明年初(500~503年),宣武帝元恪为了纪念父亲孝文帝,于公元500年开始开凿龙门石窟中的宾阳中洞,工程历时24年。宾阳中洞可谓是整个龙门石窟的经典之作,窟中雕刻之精美、造像之完整,令人叹为观止。因帝之倡导,一时佛教隆盛。时洛阳僧侣云集,养西域僧人3000余人,洛阳建佛寺500余处,全国寺院多达1.3万余所。景明三年(502年),宣武帝在洛阳城南宣阳门外御道东建景明寺。后来又修建了洛阳永明寺、嵩山太室山之阳的嵩岳寺等著名寺院。宣武帝的各项措施促进了北魏经济和社会的进一步发展。但是,宣武帝在吏治上实行"宽以慢下"的政策,姑息污吏,宠信外戚,任用佞臣,统治集团因此开始日趋腐败,北魏又走上了历史上大多数王朝的老路。史料记载,宣武帝幼有大度,喜怒不形于色。雅性俭素,善风仪,美容貌。爱经史,尤长释氏之义。延昌四年(515年)春正月元恪病逝,终年33岁。谥号宣武皇帝,庙号世宗,葬景陵。

宾阳中洞的皇帝礼佛图

史载:宣武帝身患斑烂病,数年不愈,亲赴嵩山巩县(今巩义市)希玄寺(今嵩山石窟寺)礼佛祈祷,三月而愈。遂纠工匠,凿窟刻佛,是为该寺凿窟之始。同时又金妆佛像,彩绘殿宇,收购民间鸾铁,铸成高3丈围2丈的大钟,击之,"韵流千里,惊动海内。"此后20年,宣武帝常来礼佛游幸,直至去世。《魏书》记载,宣武帝于永平二年(509年)曾在嵩山狩猎。

宣武帝在嵩山留下的遗迹,主要有位于嵩岳太室山下登封市西北5公里的嵩岳寺塔;有位于巩义市东北9公里大力山下的巩义石窟寺,有龙门石窟宾阳洞,有位于洛阳市北7公里邙山之顶的冢头村,有北距孝文帝长陵约5公里的宣武帝景陵。由于景陵冢的存在,冢西的村庄便命名为"宣武村",后改为"冢头村"。

元 树

元树(486~532年),北朝北魏大臣。字秀和,一字君立,鲜卑族,嵩山洛阳人。初仕北魏为宗正卿,其父元禧被杀后,与元翼、元昌、元晔、元显投奔南朝梁。善辞令,有将略,甚受梁武帝器重。封邺王,拜散骑常侍。镇压南"蛮"起义。梁武帝中大通四年(532年),任镇北将军、都督北讨诸军事,攻克北魏谯城。中北魏大都督杜德计而被擒。因于洛阳永宁寺,因有返南之意而被杀。

元 怿

元怿(487～520年),北朝北魏大臣,孝文帝第四子。字宣仁,鲜卑族,嵩山洛阳人。封清河王。学贯古今,博涉经史,有文才,善谈理,喜怒不形于色,宣武帝初,为侍中、尚书仆射。明于断决,在当时有很高的威望。而谏宣武帝勿使司空高肇专权,不被梁纳。明帝时,为灵太后宠信,元怿亦竭力布诚,常抑制元叉,与元叉失和。官至太尉,竭诚事国,表谏灵太后莫信妖言邪说,遏制领军元叉之威势。被元叉诬告为谋反罪而下狱,经查究,不实而获释。正光元年(520年)七月,元叉与刘腾逼肃宗于显阳殿,闭灵太后于后宫,囚元怿于门下省。诬陷他谋反,遂被杀,时年34岁。朝野贵贱,知与不知,含悲丧气,天下震惊。夷人在京及归,闻怿之丧,为之劈面者数百人。由于元怿一生清白、为人正直,孝昌元年(525年),孝明帝和胡太后为元怿平反昭雪,谥号文献,元怿长子元亶继承爵位,并将其厚葬于"瀍西邙阜之阳",也就是今天的洛阳老城北部、瀍河西岸。

元怿集古忠烈之士著为《显忠录》20卷。

1948年前夕在洛阳市城北2公里邙山南麓一座俗称"青菜冢"(曾被讹传为司马懿坟)墓被盗时出土一方墓志,从墓志内容可知此墓为《北魏元怿墓》。该墓志不仅对北魏统治阶级内部斗争提供了资料,对研究当时的农民起义也有一定的历史价值。因该墓的墓室及甬道都绘有壁画,所以又称《元怿壁画墓》。北魏时期壁画,目前发现的数量不多,而墓中的人物壁画保存比较好,所以该墓的文物价值很高,对于研究北魏时期的绘画、南北朝文化交流以及其对后世墓室壁画的影响都有重要意义。

慧 可

慧可(487～593年),北魏、北齐、隋朝时期嵩山著名高僧,佛教禅宗二祖。慧可又称僧可,俗姓姬,名光,嵩山荥阳汜水镇虎牢关村人。少年时曾为儒生,博览群书,精通老、庄,后又随父母信奉道教,再后才弃道从佛,在洛阳龙门香山出家,在永穆寺受戒。他周游各地,听讲佛法。北魏孝昌二年(526年),他在寂寞中倏见神人,遂改名神光。同年,他遇达摩游化嵩洛,一见而生敬畏之心,便到少林寺拜达摩为师,从学6载。北魏孝武帝太昌元年(532年),他继承达摩衣钵。据说达摩开始时并未对他专门教诲,而他学道之心至诚。《续高僧传》中说:"有道育、慧可,此二沙门年虽在后,而锐志高远,初逢法将,知道有归,寻亲事之,经四五载,给供谘接;感其精诚,诲以真法。"慧可在向达摩求法时曾立雪断臂以示决心,达摩知他堪与传授,于是说:

慧可拜达摩为师

"诸佛最初求道,为法忘形,汝今断臂吾前,求亦可在。"慧可与达摩有一段著名的问答,慧可问:"诸佛法印,可得闻乎?"达摩答:"诸佛法印,匪从人得。"意思为要自心悟得。慧可又说:"我心未宁,乞师现安。"达摩说:"将心来,与汝安。"过了半天,慧可很奇怪地说:"觅心不可了得。"达摩说:"我已给你安心完毕。"这段对话说明禅宗前驱对自心的重视。达摩交"真法"传授给慧可;而慧可也精心研究《楞伽经》,抓住要点,创得纲纽,对于领宗得意者,时能启悟之。而对慧可宣扬"忘言、忘念、无得、正观"的禅法,一般人都认为"幽而且玄"而不愿学习。而慧可却坚定不移,"力用坚固,不为缘陵"。北魏孝武帝太昌元年(532年),继承达摩衣钵。东魏天平元年(534年),北至邺都(今河北临漳)传教34载。

菩提达摩祖师"西归"后,中国北方大乱,嵩洛地区兵荒马乱,已不再是清静佛地。于是,慧可于东魏天平元年(534年)离开嵩山到东魏邺都(今河北临漳)传教34载。这标志着中国禅法重心由嵩山向北方转移。天平二年(535年),僧粲求学,慧可于光福寺为僧璨剃度。北齐天保元年(550年),慧可与众僧书信探讨"形、影、声、响、名、理、得、失"等辩证法。隋开皇二年(582年),慧可在司空山传衣法于僧粲。

达摩与慧可的禅法与当时北中国各类禅学,尤其是以宗教实践的僧稠一系的禅学不同,矛盾斗争十分激烈。道宣曾评述二者的区别说:"观彼两宗,即乘之二轨也。稠怀念处,清范可崇;摩法虚宗,玄旨幽赜,可崇则情事易显,幽赜则理性难通。"僧稠禅在当时已取得"独盛"地位,与达摩、慧可形成鲜明对比,达摩禅在当时处于萧索状态,没有受到社会的欢迎,尚未获得发展的机会。史载慧可"流离邺、卫,亟展寒温,道竟幽而且玄,故未绪卒无荣嗣。"差别这样大的两个禅学派别在中原地区相遇,势必发生冲突。所以,达摩数次遇毒,慧可遭贼斫臂,大概都与此有关。慧可在匡救寺讲道时,寺里有个辩和法师对他极为不满,因为他的听众有不少都跟慧可去参禅了。于是,辩和法师就到知县翟仲侃处大肆诽谤慧可。翟知县听信谗言,对慧可施以非法,而慧可坦然接受。《续高僧传》中曾记述慧可"遭贼斫臂,以法御心,不觉痛苦。火烧斫处,血断帛裹。乞食如故,曾不告人"。同样的遭遇还落在他的同伴法琳身上,"林又被贼斫其臂,叫号通夕。可为治裹,乞食供林"。后世禅僧为掩饰这一事实,便移花接木,将"遭贼斫臂"说成了"立雪断臂"。

开皇十三年(593年),慧可被人诬告,县令翟仲侃差人毒打之,下药而终,享年107岁。墓葬于"磁州滏阳东北七十里"。死后,隋文帝杨坚为其赐谥"正宗普觉大师"。唐德宗赐谥"大祖禅师",认为万法皆知,身佛无别。

元 愉

元愉(488～508年),北朝北魏大臣。字宣德,鲜卑族,嵩山洛阳人。北魏孝文帝元宏第三子,宣武帝元恪之弟,生母袁贵人。太和二十一年(497年)封京兆王。宣武帝时任护军将军、中书监。喜文学,著诗赋,招引四方儒士为宾客。崇佛道,广布施。生活奢靡,与其弟广平王元怀竞相豪奢。元愉爱歌妓出身的婢妾杨氏,与正妃于氏(顺皇后的妹妹)关系冷淡,顺皇后竟因此将杨氏毁容。入不敷出,贪纵不法,宣武帝将他贬为冀州刺史。元愉不服,于公元508年八月宣称宣武帝被权臣高肇所杀,据冀州称帝,国号"魏",年号"建平",立杨氏为皇后。九月军败,被尚书李平俘获,押送京师途中自缢而死。一说是被高肇秘密绞杀。杨氏生下遗腹女儿后也被处死。其有四子并女儿均被赦免,后又得附于宗室属籍,为元宝月、元宝晖、元宝炬、元宝掌以及遗腹女儿元明月。其中元宝晖的儿子元钊曾在公元528年为帝,元宝炬在公元535年成为西魏皇帝。元宝炬追尊元愉为文景皇帝,杨氏为文景皇后。

元 遥

元遥,北朝北魏官吏。字太原,鲜卑族,嵩山洛阳人。太和中,以左卫将军从北魏孝文帝南征,赐爵饶阳男。孝明初,累迁左光禄大夫,领护军。迁冀州刺史。登记胡人户籍,按籍纳税,被胡人诬告,免官。申诉再三,得以昭雪,迁右光禄大夫。时冀州沙门法庆既为妖幻,遂说渤海人李归伯。归伯合家从之,招率乡人,推法庆为主。法庆以归伯为十住菩萨、平魔军司、定汉王,自号"大乘"。杀一人者为一住菩萨,杀十人为十住菩萨。又合狂药,令人服之,父子兄弟不相认识,唯以杀害为事。于是聚众杀阜城令,破渤海郡,杀害吏人。刺史萧宝夤遣兼长史崔伯驎讨之,败于煮枣城,伯驎战没。凶众遂盛,所在屠灭寺舍,斩戮僧尼,焚烧经像,云新佛出世,除去旧魔。大乘贼起,元遥出为使持节、都督北征诸军事,率军10万镇压了冀州法庆起义,擒法庆并其妻尼惠晖等,斩之,传首京师。后擒归伯,戮于都市。卒,谥曰宣公。

1919年河南洛阳城北海资村出土有撰于北魏熙平二年(517年)的《元遥墓志》,现藏于西安碑林博物馆。

元延明

元延明,北朝北魏大臣、文学家。鲜卑族,嵩山洛阳人。安丰王拓跋猛子,袭父爵。初事宣武帝,官至太中大夫。延昌初,岁大饥,元延明乃灭家财,以拯宾客数十人,并赡其家。元延明既博览群书,兼有文藻,鸠集图籍万有余卷。性清俭,不营产业。与中山王熙及弟临淮王彧等,并以才学令望有名于世。虽风流造次不及熙、彧,而稽古淳笃过之。继事孝明帝,任豫州刺史,政绩优异,累迁给事黄门侍郎。元法僧反,诏元延明为东道行台、徐州大都督,节度诸军事,与都督临淮王彧、尚书李宪等讨伐叛臣元法僧,攻城略地,安抚百姓,靖绥东南边境。萧衍遣其豫章王综镇徐州。元延明先牧徐方,甚得民誉,招怀旧土,远近归之。综既降,因以军乘之,复东南之境,至宿豫而还。迁都督、徐州刺史。孝庄帝时官至尚书令、大司马。及元颢称帝,则为元颢守河桥。元颢败,投奔南朝梁。不久,死于江南。庄帝末,丧还。出帝初,赠"太保",王如故,谥曰"文宣"。元延明遍览典籍,以才学名世。著有诗赋赞颂铭诔300余篇,撰有《五经宗略》、《诗礼别义》、《古今乐事》、《乐准》、注释《帝王世纪》与《列仙传》。又以河间人信都芳工算术,引之在馆。其撰《古今乐事》,《九章》12图,又集《器准》9篇,芳别为之注,皆行于世。

褚 贲

褚贲(? ~489年),南朝齐文学家、书法家。字蔚先,褚渊的长子。嵩山阳翟(今禹州市)人。仕南朝宋,官至黄门郎。入齐,官至左户尚书。少耿介,因父褚渊失节于宋而深感愧恨。因此,齐高帝即

位,褚贲便有栖退之志。齐武帝时为侍中,领步兵校尉,左户尚书。褚贲常称病不朝,招致齐武帝失望怨恨,遂讽令其让父爵于弟褚蓁。永明七年(489年)褚贲卒,诏赐钱3万,布50匹以葬。褚贲擅长书法,著有《褚贲集》12卷,《隋书经籍志注》行于世。

于 谨

于谨(492~568年),北朝北魏军事将领。字思敬,小名巨弥,鲜卑族,嵩山洛阳人。性深沉,有识量,爱好《孙子兵法》。不做州郡小吏,隐居待时。北魏孝明帝时,出任大行台仆射铠曹参军事,随军北伐蠕蠕,首战告捷。屡经战阵,常以奇制胜,封石城县伯。北魏末年,劝宇文泰占据关中。西魏初年,任北雍州刺史,晋爵蓝田县公。官至大司寇。入北周,封燕国公,官至太傅。裁决朝政,指挥作战。名位愈重,其行愈谦,竭诚尽忠,始终如一。

元 顺

元顺(494~528年),北朝北魏官吏、文学家。字子和,鲜卑族,嵩山洛阳人。官至吏部尚书兼右仆射。性情耿直,不避权贵,敢于当面斥责宠臣高肇,直言讽谏临朝执政的灵太后,严词拒绝丞相元雍提拔亲信朱晖为廷尉评的请托。为避尔朱荣兵难而出走,途中被民户杀死。少有神童之誉,一反当时膏粱子弟游乐之风,勤奋好学。曾有感于佞臣潜已而作《蝇赋》。撰《帝录》20卷、诗赋数十卷,多亡佚。

元 谐

元谐(?~495年),北朝北魏将领。字仲和,鲜卑族。袭父爵广川王,家代贵盛。谐性豪侠,有气调。少与高祖同受业于国子,甚相友爱。后以军功,累迁大将军。及高祖为丞相,引致左右。元谐白高祖曰:"公无党援,譬如水间一堵墙,大危矣。公其勉之。"尉迥作乱,遣兵寇小乡,令元谐击破之。及高祖受禅,上顾谐笑曰:"水间墙竟何如也?"于是赐宴极欢。进位上大将军,封乐安郡公,邑千户。奉诏参修律令。北魏孝文帝太和十九年(495年)卒,谥号刚。孝文帝为之尽哀,并诏令葬于邙山。

元 桢

元桢(?~496年),北朝北魏官吏。景穆帝子,封安南王、加征南大将军。鲜卑族,嵩山洛阳人。任凉州刺史,忠贞谨慎,有安抚之才,迁为内都大官。后任雍州刺史,犯聚敛罪而被免官除爵。助孝文帝定迁都大计有功,复封安南王。卒于相州刺史之任,后查明生前知恒州刺史穆泰反叛谋划而不报,追夺爵封。

1926年夏出土于洛阳城北高沟村东南的北魏元桢墓志,是属于北魏中期的典型碑刻。该墓志刻于魏孝文帝太和二十年(496年),其笔画茂实刚劲,结体紧峻,意态恣肆,气势雄奇。在碑刻、书法界很有名气,出土后经于右任先生收藏并移存西安碑林至今。

邢子才

邢子才(496~约561年),北朝北魏嵩山隐士。名邵,字子才,小字吉少。北魏河间鄚(今河北任丘)人。10岁能属文,少游洛阳,因雨5天读完一部《汉书》。聪明强记,日诵万余言。文章典丽,既博且速。邢邵文词宏远典丽,独步当时,《北史本传》云:"自孝明之后,文雅太盛。邵雕虫之美,独步当时。每一文出,京师为之纸贵。"邢邵虽贵,不以才傲物。尝居一小

邢子才、温子升、魏收,号称"北地三才"

屋,满置果饵,与宾客共啖内行修谨,亲戚雍穆。仕北魏、北齐两朝,历官骠骑将军、西兖州刺史、中书令、国子监祭酒、加特进等,与魏收、温子升号称三才子,世称"北地三才"。邢子才亦是名无神论者,《北齐书》载其曾说"神之在人,犹光之在烛,烛尽则光穷,人死则神灭"。《北史》评价其"与济阴温子升为文士之冠"。尔朱兆入洛,京师扰乱,邢子才与弘农杨愔,避地嵩高山。后历官至太常卿,兼中书监,摄国子祭酒。

邢子才脱略简易,士无贤愚,皆能顾接。有书甚多,而不甚雠校。尝曰:"天下书至死读不可遍焉。能始复校此,且误书。"史载,"子才少有盛名,鼓动京洛,文宗学府,独秀当年。举必任真,情无饰智,疏通简易,罕见其人,足为一代之楷模也。"邢子才著有《文集》30卷,明代人张溥辑有《邢特进集》。

史载在《北齐文宣帝高洋测字知生死》一文中,当太子高殷将入学时,高洋特请国子监博士邢子才替他起个字号。邢子才思索再三说,字正道。谁知高洋一听大叫,糟了,正字是一止,我儿子恐怕很难继承大统。邢子才慌忙恳求重起字号。高洋长叹:"不用了,这是天意,改了也枉然。"接着,高洋环视众臣,对他的同母弟高演说:"阿演啊,我要是现在杀了你,师出无名,反而落个千古骂名。只求你日后手下留情,要篡位就篡位,可不要乱杀无辜啊。"高演一听跪在地上磕头不止,连说:"不敢,不敢。"高洋死后,高演位至太师,矫诏杀了他的侄子、年仅17岁的高殷和尚书令杨愔,果然如高洋所料。通过这个故事,可见邢子才之神奇。

元太兴

元太兴(?~498年),北朝北魏拓跋氏后裔,袭父爵为京兆王。拜长安镇都大将,后改镇夏州刺史,拜守卫尉所。太兴病,请和尚念经祈祷,把家产施给寺院,并许愿"病愈出家"。后果愈,即到嵩山为僧,法名僧懿,《登封县志》载:"北魏太和二十二年(498年)元太兴终,葬嵩山顶。"元太兴在嵩山的

遗迹有位于巩义市城南夹津口乡南部，嵩山峻极峰西侧，玉柱峰顶的京兆王元太兴之墓。墓前山下开阔之地曾建有献殿一座，气势恢宏，现只留下献殿遗址，遗址上荒草萋萋，砖头瓦砾遍地，群众俗称"殿坪"。京兆王墓附近的卧龙村，因京兆王墓的存在，称名为"墓坡"。

褚蓁

褚蓁（？～499年），南朝官员。字茂绪，褚渊次子。嵩山阳翟（今禹州市）人。以员外郎出为义兴太守。永明八年（490年），改封巴东郡侯。次年，上表将爵封贲子霁，诏许之。建武末为太子詹事，度支尚书、领军将军。永元元年（499年）卒，赠"太常"，谥"穆子"。

元安寿

元安寿（？～500年），北朝北魏官吏。名元颐，鲜卑族，嵩山洛阳人。北魏皇室，袭封阳平王。仕北魏，任怀朔镇大将、都督三道诸军事，北伐，大破蠕蠕。后任朔州刺史，佯从恒州刺史穆泰谋反，暗中密报朝廷，受孝文帝嘉奖。景明元年（500年）卒于青州刺史之任。

元鉴

元鉴，北朝北魏官吏。字绍远，鲜卑族，嵩山洛阳人。颇涉书传，宽和好士，袭兄元和爵武昌王。仕北魏，任齐州刺史，积极推行孝文帝新法。后因兄元和扰乱政事而声名大损。任徐州刺史，奏免梁郡太守程灵虬官职，州境大治。

蒋少游

蒋少游（？～501年），北魏著名建筑学家。青州乐安郡博昌县（今山东博兴）人。出身士族，博学善思，有文才，善作画。北魏太和十七年（493年），孝文帝决定迁都洛阳，责成李冲等总管洛阳重建工作。其中主要宫殿和范围建设由蒋少游主持。他首先规划了太极正殿，并建立模范（即模型方案），吸取代京（今大同）修建太极殿的经验，与董尔、王遇等共同组织施工。该殿及东西堂在蒋去世一年后由王遇临完工。同时，蒋少游还主持整修了金墉城与华林苑工程。他利用城垣作为高台建筑的基座，构筑的金墉城门楼，重楼飞阁，形象瑰丽；重建宫城东北处曹魏时期的华林苑，再现昔日的辉煌景象，受到史家称颂。他在主洛阳宫殿苑囿建设时，终年操劳于工程现场，"而乃坦尔为己任，不告疲耻"、使洛阳"宏伟的城市，壮丽的宫阙，引起亚洲东方各国的响慕"。

元 禧

元禧(？~501年),北朝北魏宗室大臣。字永寿,南北朝时期北魏文成帝拓跋濬之孙,献文帝拓跋弘次子,孝文帝元宏之弟。任太尉,封咸阳王。鲜卑族,嵩山洛阳人。任冀州刺史,对孝文帝改革措施阳奉阴违。官至太尉,孝文帝死,受孝文帝遗诏辅佐宣武帝,然不理朝政,受贿贪色,妻妾数十,奴婢千数。为人骄奢成性,贿赂公行,以奴仆臣吏广营田产,开采盐铁,为宣武帝所恶。后阴谋举兵反叛,事泄被杀。同时,长子元通被杀,5个儿子奔南朝梁,两个幼子幸免。元禧所为,史称"世宗颇恶之"。元禧喜欢猜谜。《北史》上称他,因谋反事败,逃亡出走,途中还要侍从兼防阁尹龙武给他出谜解闷。

褚 翔

褚翔(505~548年),南朝梁官吏、文学家。字世举,褚向子。嵩山阳翟(今禹州市)人。初以国子除秘书郎,累迁太子舍人、宣城王主簿。中大通五年(533年)于乐游苑侍宴,奉诏作应制诗20韵限3刻成,而褚翔于坐立奏,为梁武帝萧衍称异,即日转宣城王文学,俄迁为友。是时,宣城王友、文学,较它王高二等,翔超擢得,为时人称羡。出为义兴太守。褚翔为政廉洁克已,省苛绢杂费,为百姓称赞。时郡之西亭有古树,枯死多年,褚翔至郡,忽新生枝叶,百姓咸以为翔善政所感。及任满,吏民皆诣请留,敕特许。寻征为吏部郎,百姓男女老少送出郡境,挥泪而别。翔为郎职低微,然选人至清,不为有请有属而更改,号为"平允"。不久迁侍中,再转散骑常侍、领羽林监、侍东宫。出为晋陵太守,未满任,因公免职。不久复散骑常侍、侍东宫。太清二年(548年)擢吏部尚书,清白公允,为时人称道。翔性至孝,是年冬,丁母忧,以哀伤过度而卒,年44岁。

元宝炬

元宝炬(507~551年),北朝西魏文帝,为西魏的开国君主(535~551年在位)。魏孝文帝孙,鲜卑族,嵩山洛阳人。轻躁薄行,沉湎酒色。仕北魏,初为直阁将军。与孝明帝谋杀灵太后,事泄,被免官。后封南阳王,官至太保、尚书令。永熙三年(534)任中军四面大都督,讨高欢,战败,随孝武帝奔长安投宇文泰。孝武帝被害后,继位。名为帝王而权归宇文泰。535年,他由鲜卑人宇文泰拥立为帝,改元大统。都长安,史称西魏。宇文泰独揽朝政,与东魏多次激战。西魏军政多所革新。即位时29岁,45岁驾崩。在位17年。公元551年,元宝炬死,元钦嗣位。官至太尉,封南阳王。

元子攸

元子攸(507~530年),孝庄帝,北魏第十代皇帝。鲜卑族,嵩山洛阳人。献文帝孙。彭城王元勰第三子,凭父功封武城县开国公。因幼年为孝明帝侍读而被亲幸,晋爵长乐王,官至中书监。尔朱荣于528年4月杀胡太后和幼主后,企图称帝,因见人心不服,暂立元子攸为帝,改年号为建义,在位3年。元子攸即位后,由于尔朱荣的大肆屠杀,使京城空虚,地方政权瓦解,北魏政权已经名存实亡,尔朱荣因为杀宗室朝官太多,民怨沸腾,不敢贸然进驻洛阳,他一面远据晋阳,残酷镇压农民起义,一面遥控洛阳,准备伺机夺取政权。元子攸不甘心做傀儡皇帝,与城阳王元微,侍中杨侃等人谋划除掉尔朱荣,永安三年(530年)九月,元子攸诈称生了太子,诏命尔朱荣入朝,尔朱荣不知有诈,赶到洛阳,入明光殿朝见。这时,元子攸布置好的胶东侯李侃晞等人持刀从东面窗户跳入,直扑尔朱荣。尔朱荣慌忙站起,奔向御座上的元子攸。元子攸事先已横刀于膝下,乘势手刃尔朱荣。尔朱荣伏诛的当夜,他的妻子率部焚烧洛阳的西明门后逃出京城,纠集兵马反攻洛阳,尔朱荣的从弟尔世隆也派尔朱拂律归率领千余骑兵逼抵洛阳城下,声言要索取尔朱荣的尸体,元子攸害怕,将物资置于西门外,招募敢死队1万余人,与尔朱拂律归展开激战,未能取胜,又遣将军李苗纵火焚烧河桥,淹死敌兵无数,尔朱拂律归改变战术,调集残兵,左右夹击,逼得李苗走投无路,投河而死,接着,尔朱世隆立东海王元晔为帝,并派兵进攻洛阳。同年十二月,尔朱荣侄尔朱兆、尔朱度律声称要为其叔父报仇,引兵直扑洛阳,洛阳城防薄弱,叛军很快就攻入城门,直奔皇宫,皇宫禁卫兵大都闻风逃散,元子攸仓皇从云龙门逃出,为尔朱荣的几十名骑兵追及俘住,锁于永宁寺塔中,在囚禁中,孝庄帝取下头巾企图自尽,未遂。不久被送往晋阳,晋州刺史高欢在半路截击未成,又致书尔朱兆,说明利害,劝他别杀元子攸。尔朱兆大怒,将书信撕成碎片,并马上命令将元子攸押到并州三级佛寺,于12月甲子日绞杀,时年24岁。元子攸被杀后的庙号为敬宗,谥号为孝庄帝,葬于静陵。

元 脩

元脩(510~534年),孝武帝,北魏最后一位皇帝。元脩,又称元修,鲜卑族。字孝则,广平武穆王元怀第三子,母亲李氏。他曾被封汝阳县开国公、通直散骑侍郎、中书侍郎。建义年间,辞散骑常侍一职,为平东将军、太常卿,后来又为镇东将军、宗正卿。永安三年(530年),封为平阳王。普泰初年(531年),转任侍中、镇东将军、仪同三司,兼为尚书右仆射,后又改加侍中、尚书左仆射。太昌元年(532年),权臣高欢率兵进入洛阳,废节闵帝,另立平阳王元脩为帝,是为孝武帝,公元532年至534年在位。北魏永熙三年(534年),孝武帝元脩与高欢决裂,高欢带兵从晋阳南下,孝武帝则脱离高欢,从洛阳逃至长安,投靠北魏将领、鲜卑化的匈奴人宇文泰。大同元年(535年),宇文泰毒杀孝武帝,立元宝炬为帝(文帝),史称西魏,政权实由宇文泰掌握。同年十月,高欢另立元善见为帝,迁都于邺(今属河南安阳辖境),史称东魏。北魏从此正式分裂成东西魏。元脩死后,其谥号为孝武皇帝。但因孝武是西魏定的谥号,东魏不予承认,而把元脩称为出帝。

据《北魏书》记载,北魏孝武帝拓跋脩,于永熙二年(533年)正月,孝武帝车驾幸嵩高石窟灵岩寺。

同年十二月,孝武帝元脩曾经出动大批的兵士到嵩阳狩猎16天,到嵩山脚下闲居院。孝武帝与随从官员和公主妃子等等穿着华丽的服饰,进行各种奇巧的娱乐活动,大多不符合当时的礼法规定。当时气候十分寒冷,朝廷内外的臣民都唉声叹气,心中不满。中书侍郎魏收撰写《南狩赋》呈献皇帝,进行暗喻劝规之意。此赋虽多描写一些淫声丽色,宗旨却是典雅纯正的。孝武帝看后,亲写诏书嘉奖。

元 深

元深,北朝北魏大将。字智远,鲜卑族,嵩山洛阳人。袭父元嘉爵广阳王。北魏孝明帝初年,任肆州刺史,有政绩。预行恩信,胡人便之,劫盗止息。继而任恒州刺史,索物受贿,政以贿成,私家有马千匹者必取百匹,以此为恒。累迁殿中尚书,未拜,坐淫城阳王徽妃于氏,为徽表讼。诏付丞相、高阳王雍等宗室议决其罪,以王还第。后被起用,任北道大都督,随李崇讨伐破六韩拔陵。李崇还朝后,深专总戎政,统领大军,降附叛军20万人。任大都督,镇压北方叛乱,被葛荣杀死。庄帝追复王爵,赠司徒公,谥曰忠武。

柳 虯

柳虯,北朝西魏官吏、嵩山隐士。字仲盘,河东解人。北魏孝明帝孝昌中(525～527年)举秀才,为扬州中从事。但柳虯不喜欢做官,就弃官游洛阳,属天下丧乱,乃退耕于嵩山阳城,有终焉之志。可是,人要是有才,想隐都隐不成,没过多久,就又被征召出来,征为行台郎中,因使入周,周文帝留为丞相府记室,历车骑大将军、仪同三司。柳虯虽然官越做越大,但节俭的习惯没有变,做事不拘小节,敝衣蔬食,未尝改操。有的人就讥讽他,说他不懂生活,当了这么大的官,也不知道享受一下。柳虯说:"衣不过适体,食不过充饥,孜孜营求,徒劳思虑耳。"大意就是,穿衣只要合身就行了,吃饭只要能吃饱就行了,那么费劲地去经营和追求吃穿,就未免白费心思了。古时大凡归隐之人,多以其道德高于他人自居。虽说不尽其然,但他们能弃荣华而不见,置侈靡于不顾,甘心清贫,乐于施道,即便只是隐上个一年半载,或其言,或其行,也都有些个异于常人之处。柳虯就是这样一个人,所以他的事情多见于史料之中。

元 英

元英(?～510年),北朝北魏官吏。字虎儿,鲜卑族,嵩山洛阳人。博闻强记,司弓马,能吹笛,通医术。仕北魏,为仇池镇都大将、梁州刺史,连胜南朝梁军,威震南境,迁安南大将军,赐爵广武伯。后镇荆州,战多失利,免官除爵。宣武帝即位,复其爵。上表议办学校,宣武帝嘉而不纳。以大破梁军之功封中山王,继而因军败被判处死罪,恕为平民。不久,复其五爵,授假征南将军,破梁军于义阳。元英官至尚书仆射。

元诩

北魏孝明帝元诩

元诩(510～528年),孝明帝,南北朝时期北魏皇帝。鲜卑族,嵩山洛阳人。世宗宣武皇帝元恪次子。3岁立为皇太子,6岁即皇帝位,在位13年。其母灵太后胡充华摄政专权,重用佞臣,豪奢淫乱,兵变四起,天下汹汹。灵太后笃信佛教,于洛阳造永宁寺,寺中建百丈高塔,工程浩大。继宣武帝凿窟之后,又在伊阙山开一石窟。前后耗工80余万,造成财政困难。时魏梁战争频繁,民不聊生,民众起义此伏彼起。在侍中元叉、侍中刘腾密谋策划下,幽禁灵太后,一度亲政。不久,灵太后复摄政,母子不睦。密令大都督尔朱荣率兵入京以胁迫灵太后。尔朱荣兵至之前,武泰元年(528年)二月,胡太后毒死孝明帝,立3岁小儿元钊为帝,企图控制政权。尔朱荣以此为借口,南下出兵洛阳,发动了历史上有名的"河阴之变"。孝明帝在位14年,死时年仅19岁。庙号肃宗,谥号孝明皇帝。

永平二年(509年),元诩作闲居院于嵩山;熙平二年(517年)九月,灵太后幸嵩山,夫人九嫔公主以下从者数百人,升于顶中。车骑大将军崔光作有《谏灵太后幸嵩高表》;正光三年(522年),孝明帝遣有司驰祈于嵩山。孝明帝在嵩山留下的遗迹,主要有龙门石窟慈香窟,有位于洛阳市东北郊的孝明帝定陵,有曾为孝明帝离宫的嵩岳寺和嵩岳寺塔。

元嘉

元嘉(？～511年),北朝北魏官吏。鲜卑族,嵩山洛阳人。性沉静,喜怒不形于色。北魏孝文帝初年,任徐州刺史,有政绩。后袭封广阳王。受孝文帝遗诏任尚书左仆射辅佐宣武帝。官至司徒。曾奏请获准在京城洛阳四面建320坊,周长各长1200步。嗜酒,好功名,奖引后进。

冯亮

冯亮(？～513年),北朝北魏嵩山隐士。字云通,南阳人。萧衍"平北将军"蔡道恭的外甥。正始元年(504年)八月,当北魏中山王元英攻打梁国义阳城(今信阳市北)时被俘虏。元英素闻冯亮"博览群书,笃好佛理",便以礼接纳之。冯亮到洛阳后,因性喜清静,笃好佛理,隐居嵩少道场寺(少林寺)。魏宣武尝召为羽林监,领中书舍人。固辞还山,疏食饮水,有终焉之志。曾参与菩提流支、勒拿摩提在道场寺翻经堂翻译《十地经论》。511年时,宣武帝命冯亮"侍讲"《十地经论》。冯亮既雅爱山水,又兼巧思,结架岩林,甚得栖游之适,颇以此闻。宣武给其工力,令与沙门统僧暹、河南尹甄琛等,同视嵩山形胜,造闲居佛寺(嵩阳寺)。林泉既奇,营制又美,曲尽山居之妙。延昌二年(513年)冬,居嵩高道场寺卒。冯亮临终前遗嘱,他死后要左手持笏板,右手执《孝经》,置手于磐石之上,然后火焚、起塔,表示三教同归之意。诏赠帛200匹,以供凶事。

永泰公主

永泰公主,北魏孝明帝元诩之妹,宣武帝元恪之女。宣武帝崇尚佛教,在洛阳大兴佛寺。他宠任奸臣,优柔寡断,当政时天下极不太平,水灾旱灾不断,各地起义频繁。北魏政权从此由兴盛转向衰败。515年,宣武帝驾崩,年仅6岁的孝明帝元诩继位,起初,由皇太后(高太后)临朝听政。高太后性情软弱,凡事做不了主张。元诩的生母胡充华野心勃勃,不择手段,朝政大权逐渐落在胡太妃的手中。高太后被逼到瑶光寺削发为尼,远离权势,不问朝政,整日与青灯佛经为伴,就这依然没能逃过胡太妃邪恶的魔掌。胡太妃以到瑶光寺进香为名,酒内下药,毒死了高太后,并用尼礼葬高太后于荒丘。胡太妃又以皇上名义,自封自己为皇太后,独揽朝政大权。年幼的永泰公主亲眼目睹了皇室的明争暗斗,对母亲的阴险毒辣不寒而栗。转眼10年过去了,孝明帝已经16岁了,应该独理朝政了。可胡太后死死抓着政权不放,引起满朝文武大臣不满。鸿胪少卿谷会等人联名上书,劝胡太后归政。权欲熏心的胡太后对谷会等人恨之入骨,寻机对上书的大臣们下了毒手,有的被贬充军,有的被判罪杀头。当时孝明帝也曾结交密多道人,发动夺权政变,没有成功,密多道人也被胡太后杀死在皇宫门外,孝明帝也被囚禁到西苑。传说,有一年,胡太后挟天子和皇后,由数百名嫔妃、公主、太监陪驾,到中岳嵩山游春。游兴正浓时,永泰公主诚意劝说胡太后归政予哥哥,胡太后听后大怒,以为是永泰与哥哥联手夺权,当即拂袖而去,并起了杀心,永泰公主像炸雷击顶,呆站路旁。正当永泰公主泪落涕流之时,孝明帝驾到,见到妹妹泪流满面,上前问明了情况后,急忙催妹妹向深山逃去。永泰公主逃进深山,在一个岩洞住下,后饥渴难耐,昏迷不醒。时逢明练寺老尼慧玉上山打柴,发现洞中的永泰,将其背回寺院。经过抢救,永泰醒来,方知是当朝皇姑。永泰将其遭遇从头至尾向老尼诉说了一遍,并再三恳求收她当弟子。慧玉欣然同意。从此,永泰公主就在明练寺里当了尼僧。后元诩继帝位,到嵩山找到了永泰公主,并一再请她回宫,都被她拒绝。元诩便在明练寺院旁为永泰公主敕建了一座殿宇,皇姑楼就是那时所建。永泰公主为尼期间,积德行善。她圆寂后,人们为了纪念她,把明练寺改称永泰寺。

永泰公主在嵩山的遗迹有位于登封市西北11公里的太室山西麓的子晋峰下的永泰寺、皇姑楼、皇姑塔等。

永泰公主

裴 衍

裴衍,北朝北魏官吏。字文舒,河东闻喜人。有将略,仕齐至太守,归魏,授能直郎。裴衍坚辞,上表曰:"臣幸乘昌运,得奉盛化,沐藉炎风,餐佩唐德。于生于运,已溢已荣。但摄性乖和,恒苦虚弱,比风露增加,精形侵耗,小人愚怀,有愿闲养。伏见嵩岑极天,苞育名草,修生救疾,多游此岫。臣质无灵分,性乖山水,非敢追踵轻举,仿佛高踪,诚希药此沉疴,全养禀气耳。若所疗微痊,庶偶影风云,永歌至德,荷衣葛屦,裁营已整,摇策纳屣,便陟山途。谨附陈闻,乞垂昭许。"诏答之曰:"知欲养疴中岳,炼石嵩岭,栖素云根,饵芝清壑,腾迹之操,深用嘉焉。但治缺古风,有愧山客耳。既志往难裁,岂容有抑,便从来请。"宣武末,复出为建兴、河内二郡太守。奉诏北讨葛荣,军败见害,朝野骇惋。兄粲,沈重善风仪。尝诣清河王怿,下车始进,便属暴雨。粲容步舒雅,不以沾濡改度。怿乃令人持盖履之,叹谓左右曰:"何代无奇人!"宫中书令,历兖州刺史。寻弃州入嵩高山,复出为胶州刺史。

杨 愔

杨愔

杨愔(511~560年),北朝北齐官吏、嵩山隐士。字遵彦,小名秦王。北齐弘农华阴人,后徙居清河(今河北省清河县),又徙居莱(今山东省莱州市)。6岁学史书,11岁受《诗》、《易》,好《左氏春秋》。父津,魏时累为司空侍中。幼丧母,诣舅源子恭。子恭与之饮,问读何书,曰:"诵诗。"子恭曰:"诵至渭阳未邪?"杨愔便号泣感噎,为之罢酒。愔一门四世同居,家甚隆盛,昆季就学者30余人。孝昌初,父亲为定州刺史,愔亦随父之职。以军功除羽林监,赐爵魏昌男,不拜。及中山为杜洛周陷,全家被囚絷。未几,洛周灭,又没葛荣,荣欲以女妻之,又逼以伪职。愔乃托疾,密含牛血数合,于口中吐之,仍佯瘖不语。荣以为信然,乃止。永安初年(528年)杨愔官至散骑都尉,后为高欢之行台右丞,当时的文檄教令皆出自杨愔之手。韩陵之战,每阵先登,同僚们叹曰:"杨氏儒生,今遂为武士!"其堂兄游卿为岐州刺史,因直言忤旨获罪,杨愔恐波及自身,伪作投水自溺,惧罪逃亡,隐于嵩山。后又潜至东莱,约在天平元年(534年),辗转逃入崂山东北部海中之田横岛,易名为刘士安,以讲学为业。东魏丞相高欢知杨愔行迹后,以礼聘之,仍任右丞之职。天保元年(550年)娶太原长公主为妻,升任尚书令,为骠骑大将军,封开封王,乾明元年(560年)二月,北齐孝昭帝篡位时被杀。年50岁。天统末,追赠司空。

元 晖

元晖(？~519年),北朝北魏贪官。字景袭,北魏宗室,魏昭成帝六世孙,嵩山洛阳人。《魏书》有传。恰得宣武帝宠幸,历任给事黄门侍郎、侍中、领右卫将军等职,曾劝阻宣武帝不要将都城迁回平城(今山西大同),得以定都洛阳。元晖任吏部尚书时,大收贿赂,凡是想从他那里得到官职的人,都必须送礼,而且不同官职有不同的定价,大郡2000匹,次郡1000匹,下郡500匹。愿者上钩,时人称他为"饿虎将军"。因此,当时人将吏部称为"市曹"。他出任冀州刺史时,大规模检括隐匿的户口,增收调绢5万匹,但同时大肆聚敛,载物之车不绝于路,使百姓不堪忍受。孝明帝时,回朝任尚书左仆射,提议安定边境以及在全国范围内检括户口,得到采纳。曾召集儒士百余人,撰写《科录》270卷,在病危时献给朝廷。据从洛阳出土的墓志记载,元晖死于孝明帝神龟二年(519年),赠司空,谥文宪。

宇文福

宇文福(？~518年),南朝北魏将领。匈奴族,嵩山洛阳人。其先南单于之远属,世为拥部大人。祖浩拨,仕慕容垂,为唐郡内史、辽东公。宇文福少骁勇,有膂力。太和初,拜羽林郎将,迁建节将军,赐爵新昌侯、南征都将。击萧赜有功,授显武将军。寻除恢武将军、北征都将,特赐戎服。破蠕蠕别部,获万余。还,除都牧给事。太和十七年(493年),车驾南讨,假冠军将军、后军将军。时仍迁洛,敕福检行牧马之所。福规石济以西、河内以东,拒黄河南北千里为牧地。事寻施行,今之马场是也。及从代移杂畜于牧所,福善于将养,并无损耗,高祖嘉之。寻补司卫监。从驾豫州,加冠军将军、西道都将、假节、征虏将军。领精骑一千,专殿驾后。

太和二十二年(498年),车驾南讨,遣宇文福与右卫将军杨播为前军。至邓城,宇文福选兵简将,为攻围之势。高祖望福军法齐整,将士闲习,大被褒叹。萧鸾遣其尚书崔慧景、黄门郎萧衍率众十万来救。高祖指麾将士,敕宇文福领高车羽林五百骑出贼南面,夺其桥道,遏绝归路。贼众大恐,六道来战。宇文福据鞍誓众,身先士卒,贼不得前,遂大奔溃。以军功赐爵昌黎伯,拜官正武卫,加征虏将军。寻以高车叛,命加征北将军、北征都将,追讨之。军败被黜。景明初,乃起拜平远将军、南征统军,率部攻建安。建安降,以勋封襄乐县开国男,邑200户。后领兵出三关讨寇,绥遏蛮楚等,因功迁散骑常侍,官至都督怀朔、沃野、武川三镇诸军事,征北将军,怀朔镇将。至镇,遇病卒。赠车骑大将军、定州刺史,谥曰贞惠。

转运公主

转运公主,北朝北魏尼僧。北魏文成帝和冯太后的女儿。文成帝在位期间,大兴佛寺,恢复修建被太武帝所毁的佛寺,并开凿云冈石窟。文成帝执政时社会也较为稳定。可惜文成帝因病早逝,年仅26岁。文成帝死后,由献文帝(转运公主的哥哥)继位。实际是由其母冯太后临朝听政、大权在握。

献文帝过早地看破红尘,不好政务,不理朝政,有了厌世之心,想让位于叔父京兆王。由于群臣的反对,又把皇位传给了五岁的儿子孝文帝拓跋宏,依然由太后临朝听政,扶持朝政。献文帝一心信佛,执意到嵩山出家念佛。转运公主从小受父亲和哥哥的影响,对佛教表现出极大热情。转运公主与哥哥的感情很深,对宫中明争暗斗、尔虞我诈的局面深怀恐惧,对冯太后独揽朝政的行为深恶痛绝。转运公主追随哥哥到嵩山出家,在嵩山重佛入寺,结庐修定。转运公主就住在转运庵里,修炼的是小乘佛教。传说,转运公主在转运庵修炼时,哥哥(献文帝)就住在子晋峰下的太子洞里。一次,妹妹去找太子谈论佛法,由于事先没打招呼,哥哥正在太子池中沐浴,转运公主羞愧难当,从此再没面见太子。然而,毕竟兄妹骨肉情深,为疏通联络,便在两峰之间的山坡上修建了两条平行的顺水管道,式样有两种:一种是青石所凿,另一种是瓦器所砌,做工极为细致,两节套起来,一阴一阳,密封很好。若需通信时,打开管道门,放水即把信传向对方,兄妹俩就是用这种方式交谈交流。献文帝虽然远离朝政是非,在嵩山修炼,但最终还是没能逃过母后冯太后的魔掌。公元476年,献文帝被生母冯太后害死。转运公主从此更加消沉厌世,心灰意冷,与宫中断绝了一切情缘。母亲冯太后和其侄儿孝文帝曾几次来嵩山请他回宫,她都无动于衷。转运公主在转运庵一边修炼,一边劳动,自食其力,终生佛门。

明练公主

明练公主,南朝梁尼僧。禅宗达摩的弟子,法名道迹,法号总持。南朝梁武帝萧衍的妹妹。史载梁武帝小名练儿,兄弟10个,他排行老三。梁武帝一生信佛念佛,几乎到了痴迷的程度,曾先后3次到南京同泰寺(今鸡鸣寺)出家,都分别叫大臣赎回。明练公主天性善良,和哥哥一样,整日念经谈佛,且极有悟性。时常向宝志请教,缠着宝志给他谈佛经的故事。宝志是梁武帝最崇拜的三个法师之一。达摩到中国后曾去拜见过梁武帝。因达摩修的是大乘佛教,主张普度众生,梁武帝修的是小乘佛教,主张自度成佛。话不投机,没说几句,达摩就飘然离去。宝志赶到,听说梁武帝放走了达摩,大为震惊与惋惜,他埋怨道:"陛下知道吗?达摩是西方般若多罗的得法弟子,是印度高僧。他追求的最高境界是以心传心,明心见性,一切皆空。"梁武帝越听越糊涂,对达摩的观点始终不能苟同。而在一旁静静地听哥哥和宝志和尚争论的明练公主,却对达摩的观点崇拜得五体投地。她心如明镜,感觉顿悟,觉得达摩就是她今生等待的师傅。她决定追随达摩而去,拜达摩为师。明练不顾哥哥和家人的反对,毅然走出皇宫,到嵩山出家为尼。明练公主来到嵩山五乳峰下达摩面壁的"默玄处"洞口,要拜达摩为师,此时达摩已经有了3个弟子(即慧可、道信、道育,都是男弟子)。达摩看她意志坚决,诚意十足,又很有悟性,就答应收她为徒,赐法名道迹,法号总持。从此,明练公主就成为达摩的第一个女弟子,也是唯一的女弟子。由于明练公主是女子,与师兄们在一起生活起居颇有不便,梁武帝就在子晋峰下把原来的转运庵改建为安置明练公主的寺院。达摩及僧人们住在少林寺内,按佛门规矩,徒弟每天都要前去朝拜很不方便,因此经得达摩同意,寺院修建时一反天下寺院都坐北朝南的习惯,将大门建成坐东向西,朝着少林寺方向,这样明练公主每天不必跑到少林寺朝拜,就可在寺内朝拜师傅。明练在寺中念佛习武,成了达摩最得意的弟子之一。

跋 陀

跋陀，北朝北魏外来高僧，嵩山少林寺的开山祖师。跋陀，意译"觉定"，音译为佛陀、僧伽佛陀，又名佛陀扇多，北印度人。据说幼年时期和其他五人同时落发出家，共修禅业。一面学习禅观之法，一面漫游各地。不久，与他共同修炼的五位道友先后修炼功成，取得正果，唯跋陀无所收获。为此，他甚至想自杀，了却此生。这时一位师兄弟劝导他说："修道要藉机缘，时来便剋。你与震旦（中国）有特别的缘分，为什么不往彼修炼，却白白去死呢？"于是，跋陀开始跟从他的朋友们游历诸国。他们一行先是西行，甚至到过"拂林国"。拂林国就是东罗马帝国（拜占庭帝国），它的一部分领土在地中海东岸。接着，他们又沿着丝绸之路东行，经过西域诸国，直奔佛法兴隆的北魏国都平城（今山西省大同市）。太和十四年（490年）前后，他们到达了平城。时值北魏孝文帝至诚敬隆佛法，便盛情地接待他，并为他专门设立禅林，凿石为龛，聚结徒众修习禅定，并由国家供给物资，最终跋陀在北魏故都平城取得正果，人们都尊称他为佛陀。因其征祥感应显著，人们都惊异他不是常人。平城一位资财百万而崇敬佛法康姓人家，专为跋陀修造了一所小寺院。跋陀常常居住室内，自己静坐修习。一次，一个小儿从门缝里看见室内赫然有火，便吃惊地去告诉了康家主人。但全家人都来观看时，却什么也没有看到，只有跋陀依然在室内潜心坐禅。这样的例子很多，人们都认为跋陀的禅法妙通微玄，已经得道了。

北魏太和十八年（494年），孝文帝为了进一步推行汉化政策，与南朝争霸神州，不顾保守势力的反对，魏都南迁，跋陀跟随北魏朝廷来到新都洛阳。魏孝文帝元宏一到洛阳，就先为其"复设精院，敕以居之"。但是跋陀"性爱幽栖，林谷是托。屡往嵩岳，高谢人世"，魏孝文帝元宏就于太和十九年（495年），在嵩岳少室山阴的丛林中，为其建造新的精舍，寺以地名，曰"少林寺"，并敕命跋陀为少林寺主。跋陀一面教弟子们坐禅，一面又辑出一些经义，供弟子们学习，少林寺蔚然成为禅学一大中心。全国修习禅定的信徒，闻风而来的人有数百人，笃实课修，出世学道，后来学有成就的人很多。

跋陀任少林寺寺主期间，会同天竺另外两名高僧即勒那摩提和菩提流支，以嵩山少林寺为译场，译出了《十地经论》等大量佛教经典，同时积极弘扬小乘禅法。在翻译佛教经典过程中，跋陀、勒那摩提和菩提流支三人，时常因为观点不一，语言不同，发生争执。在这种情况下，跋陀的中国弟子慧光，译场汉语传语（翻译），协助做了大量的思想工作和组织工作，起到了多方面的重要作用，最终使译经事业得到成功。

跋陀年龄渐渐衰老后，就不再参与僧众的事，就把寺院委托给自己的弟子。他搬到了寺院外面，住在单独的房子内。据说他感召了一位善神，常常随身护卫。跋陀也让人设置饭食，供享此神。跋陀将要圆寂时，在墙壁上用手指画下了善神的画像。

跋陀

跋陀是位灵感极多的画家,他所画的"拂林国人物图"、"器物样"及"外国兽图",一直流传至唐末。相传,跋陀临终时,还手绘神像于门壁,不久示寂。在少林寺的塔院,原来建有埋葬跋陀的木质"遗身定塔"。隋代大业末年(617~618年),"群贼以火焚之,不燃,远近珍异。"

跋陀在佛经的翻译上,也是成绩卓著。史载,跋陀先后在嵩山少林寺、洛阳白马寺和邺(今河北省漳县西南)鑫华寺译经,译有《十地经论》、《如来狮子吼经》、《摄大乘论》、《金刚三昧陀罗尼经》等10部11卷。

跋陀的中国弟子众多,最著名的是慧光和道房。慧光在中国佛教史中地位显著,既是"地论师南道派的开创者",又是"四分律宗的开山祖师"。慧光还对《涅槃》、《维摩》、《十地》、《地持》等经义作了疏解,众师奉为宗辖。北魏末在洛阳任僧都,东魏时至邺城(今河北临漳)为国统。慧光传承勒那摩提地论师南道系的法和律学,研习弘通,且门徒如林,使此宗得以极大发展。慧光著《玄宗论》、《大乘义律》、《仁王七诫》、《僧制十八条》、《胜鬘经疏》等,世称"光统律师"。北齐时卒于邺城大觉寺,年70岁(《续高僧传》卷22等)。而道房的弟子僧稠继跋陀之后住持少林寺、嵩岳寺数年,是禅、武兼备的高僧。

元 匡

元匡(? ~525年),北朝北魏官吏。字建扶,鲜卑族,嵩山洛阳人。阳平幽王第五子,嗣广平王洛侯。性耿直,有气节。孝文帝谓其有匡扶社稷之才,谓曰:"叔父必能仪形社稷,匡辅朕躬。今可改名为匡,以成克终之美。"遂改为此名。向宣武帝上表求袭偃父爵广阳王,获准。敢与宠臣茹皓抗衡,世称其直。任徐州刺史,有政绩。自制棺材,欲诣阙论权臣尚书令高肇罪,被御史中尉王显弹劾,判为死刑,遇赦得免。肃宗初,入为御史中尉。匡严于弹劾,始奏于忠,次弹高聪等免官,灵太后并不许。以违其纠恶之心,又虑匡辞解,欲奖安之,进号安南将军,后加镇东将军。与尚书令任城王元澄不睦,匡刚隘,内遂不平。先所造棺犹在僧寺,乃复修事,将与澄相攻。澄颇知之。后将赴省,与匡逢遇,驺卒相挝,朝野骇愕。澄因是奏匡罪状30余条,再判死罪,复蒙宥,官终关右都督。兼尚书行台。遇疾还京。孝昌初,卒,谥曰文贞。后追复本爵,改封济南王。第四子献,袭。齐受禅,爵例降。

房 谟

房谟,北朝北魏大臣。原姓屋引氏,字敬人,鲜卑族,嵩山洛阳人。少淳厚,深沉内敏,北魏孝明帝时间任代郡太守,以廉惠著称。天下大乱,率众入中山。受孝庄帝委任,行冀州事。因不起兵响应乐失荣而下狱。东魏初年,任兖州、徐州刺史,皆有政绩。因其子房子远罪而免去吏部尚书之职。官终晋州刺史,殷勤抚接西魏归附人士,边境安定。恬淡欲寡,以清白闻名,临终嘱其亲属拒受官府馈赠。

元世遵

元世遵(？~525年)，北朝北魏官吏。鲜卑族，嵩山洛阳人。仕北魏，拓跋熙后，袭爵淮南王。世宗时，拜前军将军、行幽州事、兼西中郎将，又行青州事。寻迁骁骑将军。出为征虏将军、幽州刺史。世遵性清和，推诚化导，百姓乐之。肃宗时，以本将军为荆州刺史，寻加前将军。初在汉阳，复有声迹，后颇行货贿，散费边储，由是声望有损。沔南蛮首及襄阳民望人密信引世遵，请以襄阳内附。世遵表求赴应，朝议从之，诏加世遵持节、都督荆州及沔南诸军事、平南将军，加散骑常侍，余如故。遣洛州刺史伊瓫生，冠军将军、鲁阳太守崔模为别将，率步骑2万受世遵节度。军至汉水，模等皆疑不渡。元世遵怒，临之以兵，模乃济。而内应者谋泄，为萧衍雍州刺史所杀，筑门以自固。模焚襄阳邑郭，烧杀数万口。是夜大风雨雪，模等班师，士卒冻死十二三。元世遵及瓫生、模并坐免官。后除散骑常侍、平北将军、定州刺史，百姓安之。孝昌元年(525年)，卒于定州刺史之任。赠散骑常侍、征西将军、雍州刺史，谥曰康王。

元 融

元融(？~526年)，北朝北魏官吏。字永兴，鲜卑族，嵩山洛阳人。北魏宣武帝复其祖爵章武王，骁骑将军。战败南朝梁军，收复梁城，迁中护军。性贪，因恣意聚敛而被免官除爵。曾与陈留公李崇同陪灵太后巡视仓库，灵太后令其任力背负布绢，负走则归己。二人背负过多，李崇伤腰、元融损脚。时人以歌讥讽："陈留章武，伤腰折股；贪人败类，秽我明主。"后复爵起用，率军讨葛荣，陈亡。

郦道元

郦道元(？~527年)，北朝北魏地理学家。字善长，范阳涿县(今河北涿州市)人。青少年时代在青州度过。北魏孝文帝太和中，官尚书祠部郎中、尚书主客郎中、治书侍御史。宣武帝朝，历仕冀中镇东府长史、颍川太守、鲁阳太守，延昌四年(515年)，因故罢官。孝明帝正光五年(524年)复出，授河南尹。孝昌二年(526年)为御史中尉，做官有"严猛之称"。执法严明，结怨于汝南王元悦。次年，雍州刺史萧宝夤反，元悦借故举郦道元为关右大使，卒被执遇害于阴盘驿亭。

郦道元撰《水经注》

郦道元好学博览,为东汉桑钦所撰《水经》作注,著有《水经注》40卷。郦道元博采汉魏以来文献碑刻,考证经文正误,从原书的137条水道,补充为1252条水道,详尽地记述了水道所经过地区的源流经历、山川名胜、历史、风土人情及神话传说,引用书籍多至437种,内容丰富多彩,文笔绚丽,体例严谨,是我国古代一部全面系统的综合性地理名著。同时也具有很高的史学和文学价值。尚有《本志》13篇及《七聘》诸文,今皆亡佚。郦道元任河南尹和朝都洛阳做官时,常在嵩山地区一带活动,考察嵩山一带的地理风土,记入《水经注》中。

胡仙真

胡仙真(?~528年),北魏宣武帝元恪皇后。胡仙真,又称胡容筝。称灵太后,又称胡太后。妃嫔封号胡充华。北魏司徒胡国珍之女,美艳动人,文武全才又充满政治野心。她拒绝嫁给清河王元怿,入宫为宣武帝生下太子。延昌四年(515年),胡充华所生之子元诩被立为太子,为肃宗,依皇家旧制胡充华应被处死,但宣武帝深念充华之情,断然废止了这一野蛮制法。熙平元年(516年),宣武帝去世,年仅6岁的元诩继位,是为孝明帝。胡充华以皇太后身份垂帘听政,实际掌握了北魏最高政治权力。胡太后临朝听政之初,颇有一番作为。她每日临朝批阅朝臣奏章,对重大案件亲自决断,亲自考核地方官员,一时之间,朝纲肃整,百官膺伏。后胡太后寄托佛教,在洛阳城建了1000多座寺庙,开凿了很多石窟,并在皇宫旁建起海内第一大寺——永宁寺和永宁寺塔。与此同时,她和清河王元怿在长期政治生涯中配合默契,终于相爱,打算一起度过余生,不料元怿被发动政变的领军元叉杀掉。武泰元年(528年),孝明帝的潘嫔生了一个女儿,胡太后却对外宣称生了一个皇子,并大赦天下,以示庆祝。孝明帝忍无可忍,乃发密诏命镇守晋阳的大将尔朱荣,率兵南下进兵洛阳,以胁迫胡太后交权。不料消息泄漏,胡太后竟与亲信将孝明帝毒死,向天下宣布由年仅3岁的临洮王子元钊继位。终使大都督尔朱荣起兵讨伐,将落发为尼的胡容筝和幼主皇帝沉入黄河溺死,又将文武大臣2000余人尽数杀死,这就是历史上有名的"河阴之变"。事变过后不久,北魏王朝便分裂为东魏和西魏。

史料记载,胡太后幸嵩山,随从多达数百人,为了取乐,传令手下大开府库,命王公、嫔妃、公主们随意攫取,结果大量绢帛散入私家。《魏书·七王传》载,北魏正光元年,灵太后对肃宗谓群臣曰:"隔绝我母子,不听我往来儿贤,复何用我为?放我出家,当永绝人间,修嵩高闲居寺(即嵩阳寺)。先帝对鉴,鉴于未然,本营此为寺正谓今日也。"

褚令璩

褚令璩,南朝齐东昏侯萧宝卷的皇后。嵩山阳翟(今禹州市)人。父褚澄,官太长;母为宋文帝之女庐江公主。齐建武二年(495年),褚令璩被齐明帝萧鸾第二子萧宝卷纳为妻室。永元元年(499年)萧宝卷即位,被立为皇后。由于萧宝卷生性轻佻,对褚令璩毫无感情。他曾经酒醉后对亲信们说:"娶妻若得山阴公主,才无所遗憾!"山阴公主是齐明帝的长女,萧宝卷的亲妹妹。所以众人只能认为是他酒后狂言。谁知过了不久,萧宝卷竟然真的跟山阴公主鬼混在一起,将褚令璩冷落一旁。褚令璩一生未育。她把黄氏之子萧诵视为己出。永元三年(501年),雍州刺史萧衍起兵反对萧宝卷,在江陵拥立南康王萧宝融为帝,最后他被宫中侍卫和宦官所杀。同年褚令璩与太子萧诵被贬为庶人。

元 雍

元雍(?～528年),北朝北魏官吏。字思穆,鲜卑族,嵩山洛阳人。北魏献文帝子,孝文帝弟。先封颍川王,改封高阳王。任冀州刺史,略有政声。宣武帝时,屡迁司空,议定律令。孝明帝正光元年(520年),进位丞相,与侍中元叉同决庶政。因触怒权贵于忠而免官,几乎被杀。然识浅学疏,无所裨益。富贵冠一国,一食值钱数万,有僮仆600人、使女500人,曾与河间王元琛斗富。孝庄帝初,大都督尔朱荣发动河阴之变时被杀。

郑 俨

郑俨(?～528年),北朝北魏名将。字季然,鲜卑族,嵩山荥阳人。初为司徒胡国珍参军。因极受灵太后宠幸,拜谏议大夫、任中书舍人,把持朝政,势倾内外。累迁中书令、车骑将军。孝明帝恶其行,于武泰元年(528年),密诏大都督尔朱荣举兵内向讨之。乃与太后毒杀帝。尔朱荣以"清君侧"为名,率军进逼京城。郑俨逃归乡里,依荥阳太守郑仲明,欲据郡起兵,俩人都被部下杀死。

元 颢

元颢(?～529年),北朝北魏官吏。字子明,鲜卑族,嵩山洛阳人。北魏宗室,袭父爵北海王,少慷慨,有壮气。任徐州刺史,被弹劾而除名,复其王爵,假征西将军讨伐宿勤明达,解幽州、华州之围。任车骑大将军、相州刺史,抗击葛荣叛军。虽受孝庄帝太傅之官,但于天下大乱中观望自安,保存实力。谋泄奔南朝梁,被奉为魏主,借数千梁兵,回北魏争帝。破梁州,陷荥阳,一路所向披靡,于孝庄帝永安二年(529年)攻占洛阳,自立为帝,年号"建武"。而用人不当,又嗜酒荒政,纵兵抢掠,大失民望。不久,被尔朱荣击败,仓皇出逃,途中被士卒杀死。

褚 向

褚向(?～533年),南朝梁官吏。字景致,褚蓁子。嵩山阳翟(今禹州市)人。褚向数岁时,父母相继亡没。褚向哀恸如成人,亲戚咸异之。成年后,淹雅有器量。仕梁,天监初(503年),以国子监生授秘书郎。后历官太子洗马、中舍人,累迁太尉从事中郎、黄门侍郎、镇右豫章王长史,旋擢侍中。中大通二年(530年),出为宁远将军北中郎庐陵王长史。中大通三年(531年)卒于官。褚向资容端丽,风仪俊雅,眉目如画,每公庭就列,为群僚所瞻望焉。谢举制墓志铭曰"弘治推华,子嵩惭量,酒归月下,风清琴上",世人认为所论恰如其分。

元 徽

元徽(？~530年),北朝北魏官吏。字显顺,鲜卑族,嵩山洛阳人。袭祖爵城阳王。仕北魏,初任河内太守,有清誉。迁并州刺史,遇灾荒,先开仓济民而后上表朝廷。拜车骑将军,甚受灵太后宠信,然谄媚奉迎,无补朝政。外柔内忌,睚眦必报。及元颢争帝,以护卫孝庄帝功迁大司马。劝孝庄帝杀死尔朱荣,至尔朱荣起兵反叛,却无计可出,蔽孝庄帝耳目,不纳忠言善策。洛阳城破,撇下孝庄帝出逃,被其故吏杀死。

王 琚

王琚,北朝北魏官吏。高平人。自云本太原人,高祖始,晋豫州刺史。琚以泰常中被刑,入宫禁。小心守节,久乃见叙用,稍迁礼部尚书,赐爵广平公。孝文以琚历奉前朝,志存公正,授散骑常侍。后历位冀州刺史,假广平王,晋爵高平王。孝文、文明太后东巡冀州,亲幸其家。还京,以其年老,拜散骑常侍,养老于家,前后赐以车马、衣物,不可称计。又降爵为公。扶老自平城从迁洛邑。常饮牛乳,色如处子。卒年90岁,赠冀州刺史,谥靖公。

元天穆

元天穆(？~530年),北朝北魏官吏。鲜卑族,嵩山洛阳人。太祖平文皇帝之后。高梁神武王之玄孙,领军将军松滋武侯之曾孙,太子瞻事使持节左将军肆州刺史襄阳景侯之孙,使持节侍中骠骑大将军司空文公都督雍州诸军事雍州刺史之长子。性温和,善射。仕北魏,任并州刺史。与尔朱荣深相结托,屠戮朝臣于河阴,拥立孝庄帝,封上党王。与高欢合力破邢杲军。及元颢称帝,迎孝庄帝于河内。官至太宰,权倾一时,纳财受贿。元天穆是北魏王室后裔,曾镇压过葛荣起义、邢杲起义,平定过北海王元颢叛乱,跟随尔朱荣发动河阴政变,拥立庄帝继位,后与尔朱荣同被孝庄帝杀死,在北魏历史上有过重要的影响。天穆死后,赠丞相、柱国大将军、雍州刺史、假黄钺,谥曰武昭。1926年,洛阳营庄村出土有《元天穆墓志》,于右任旧藏,现藏陕西西安碑林。

元 罗

元罗,北朝北魏官吏。字仲纲,元叉弟,鲜卑族,嵩山洛阳人。素以简朴著称。起家司空参军事,转司徒主簿,领尝食典御、散骑侍郎、散骑常侍。虽父兄贵盛,而虚己谦退,恂恂接物。迁平东将军、青州刺史。虽父元继、兄元叉当朝专政,但元罗能虚己待人,名重当世。于是才名之士王元景、邢子才、李奖等咸为其宾客。时萧衍遣将寇边,以元罗行抚军将军,都督青光南青三州诸军事。罢州,入为宗正卿。孝庄初,除尚书右仆射、东道大使。出帝时,迁尚书令,寻除使持节、骠骑大将军、开府仪同三司、梁州刺史。东魏孝静初,元罗任梁州刺史,州城被南朝梁军围困,降梁,封南郡王。及侯景称帝,任尚书令。后仕西魏,官至开府仪同三司,封固道郡公。

赵 肃

赵肃,北朝官吏。字庆雍,嵩山洛阳人。世居河西,及沮渠氏灭,曾祖武始归于魏,赐爵"金城侯"。祖兴,中书博士。父申侯,举秀才,后军府主簿。赵肃早年以操行名世,历仕北魏、东魏、西魏3代。北魏正光五年(524年),郦元为河南尹,辟肃为主簿。孝昌中,起家殿中侍御史,加威烈将军、奉朝请、员外散骑侍郎。寻除直后,转直寝。永安初(528年),授廷尉平,二年(529年),转监。后以母忧去职,起为廷尉正。以疾免。久之,授征虏将军、中散大夫,迁左将军、太中大夫。东魏天平初,除新安郡守。秩满,还洛。西魏大统三年(537年),独孤信东讨,赵肃率宗人为乡导。授司州治中,转别驾。监督粮储,军用不匮。太祖闻之,谓人曰:"赵肃可谓洛阳主人也。"东魏兴和三年(541年),加镇南将军、金紫光禄大夫、都督,仍别驾。领所部义徒,据守大坞。又兼行台左丞,东道慰劳。东魏武定五年(547年),除廷尉少卿,封赵肃为清河县子,邑300户。东魏武定八年(550年),除廷尉卿,加征东将军。赵肃久在理官,执心平允。凡所处断,咸得其情。廉慎自居,不营产业。时人以此称之。次年,进位车骑大将军、仪同三司、散骑常侍,赐姓乙弗氏。先是,太祖命赵肃撰定法律。赵肃积思累年,遂感心疾。去职,卒于家。子正礼,齐王宪府属、大都督、新安郡守。

山 伟

山伟,北魏官吏。字仲才,鲜卑族,嵩山洛阳人。祖强,美容貌,身长八尺五寸,工骑射,弯弓5石。为奏事中散,从显祖猎方山,有两狐起于御前,诏强射之,百步内二狐俱获。位内行长。父稚之,营陵令。伟随父之县,遂师事县人王惠,涉猎文史。稚之位金明太守。北魏孝明帝时任侍御史,上任5日,弹劾其妻堂叔。求领军元叉,擢为尚书士郎,修《起居注》。尔朱荣之害朝士,山伟时守直,故免祸。孝庄帝时山伟为黄门侍郎,先是山伟与仪曹郎袁升、屯田郎李延孝、外兵郎李奂、三公郎王延业方驾而行,山伟居后。路逢一尼,望之叹曰:"此辈缘业,同日而死。"谓伟曰:"君方近天子,当作好官。"后袁升等4人,皆于河阴遇害,果如尼僧所言。

尔朱兆入洛,官守奔散,国史典书高法显密埋史书,故不遗落。山伟冒求保护国史,自以为功,诉求爵赏,遂封东阿县伯,而法显获男爵。东魏初年,官至中书令。诌说权贵,争得修史权,而在位20余年,时事万不记一,致使后世撰史人缺乏史料。卒官,赠骠骑将军、开府仪同三司、都督、幽州刺史,谥曰文贞公。

史载,山伟不治产业,死后卖宅而葬,妻子不免漂泊之苦,士友叹愍之。长子昂,袭爵。

元 彧

元彧(？~530年)，北朝北魏官吏。字文若，鲜卑族，嵩山洛阳人。原名亮，字仕明，因避侍中穆绍父讳而更名改字。北魏宗室，袭封父爵济南王，后改封祖爵临淮王。孝明帝时官至尚书左仆射，为避尔朱荣兵祸而投奔南朝梁，上表仍称"魏临淮王"。闻孝庄帝即位，以事亲为由，请求北归。梁武帝爱其才而苦留，感其孝意而送归北魏。屡上表谏阻孝庄帝追尊父兄为皇帝，不被采纳。任司徒公，驻守河阴，为尔朱兆俘获，辞色不屈，被杀。居官不清白，选官多亲友，博学多才，名动当世，其文多佚。

李长寿

李长寿(？~534年)，北朝北魏军事将领。嵩山伊川人。性情豪放，武艺高强。少年时曾与一些地方农民起义军首领相交。孝昌年间，孝明帝恐其为乱，任命他为防蛮都督。李长寿因此遂得任用，亦尽其智力，防遏群蛮。伊川左右，寇盗为之稍息。孝庄帝永安之后，各族农民起义战争兴起，长寿召集其中"叛亡"，力量逐渐壮大。庄帝为借用这支兵力，就不断给他加官晋爵。先授予大都督，后又任命为河北郡守、河内郡守。李长寿所到之处，均以猛烈闻名，并屡立战功，庄帝又授他为卫大将军、北华州刺史，赐爵清河郡公。北魏朝中，内部矛盾激化。魏孝武帝西逃后，李长寿仍率部抗拒东魏。孝武帝深感其诚，又授他为颍川郡守，后迁广州（今河南鲁山一带）刺史。东魏派行台侯景率兵攻打广州，城破，李长寿遇害。西魏大统元年(535年)，追赠太尉、骠骑大将军。

菩提达摩

达摩

菩提达摩(？~536年)，北朝北魏时期到嵩山少林传播佛教的著名印度高僧，佛教禅宗初祖。菩提达摩是南天竺国香至王第三世子，姓刹帝利，本名菩提多罗。幼年时，他神慧通达明朗，凡是闻听过的东西都能明晓了悟。他志存大乘佛法，后皈依天竺国佛教禅宗第二十七代祖师般若多罗，并敬请般若多罗大师到王宫中供养、说法。不久，菩提多罗"发明心要"，改名菩提达摩。一日，菩提达摩问般若多罗大师："我既然已经得法，应当到哪里去弘扬？"般若多罗大师回答："等我灭度以后，你到中国去。"达摩面带难色，说："那里已经有许多大士了。我去那里一定会有许多困难啊！"般若多罗大师说："你所行化的禅法与他们不一样，你去那里会使许多人得到菩提。但到那时，中国正有难，南方不可久留，要到北方去。"后来，般若多罗大师圆寂，菩提达摩先辞祖塔，再别同学，后离王府，起程前来中国。经过三个寒暑，历尽艰辛，在南朝大通元年，即北魏孝昌三年（527年）九月二十日到达中国广州，十月一日进入南朝首都金陵。梁武帝萧衍接见了他，并当面夸耀自己，说："朕造寺、写经、度僧不可胜计，是何功德？"菩提达摩回答："你没有功德。"梁武帝一听大为扫兴，反问："为什么我没有功德？"菩提达摩耐心解释，说："你那些都是有为之事，不是真正的功德。"梁武帝仍然不能领悟。菩提达摩看出梁武帝是个"唯好功业，不见佛理"的人，于是便不辞而别，渡江北进，同年十一月来到北魏都城洛阳。他在这里曾参访过修梵寺，称赞那里的金刚像"得其真相也"。也曾到过灵太后胡氏所立的永宁寺，歌咏赞叹"实是神功"。自云"年一百五十岁，历涉诸国，靡不周遍；而此寺精丽，阎浮所无也。极佛境界，亦未有此。"

此时，北魏全国都盛行讲授义理，而他却以禅教来进行训导，很多人都对他讥毁诽谤。于是他就东进嵩山，到少林寺落迹，并在少室山五乳峰下的山洞中面壁修炼。菩提达摩神慧疏朗，闻皆晓悟。他志存大乘佛法，冥心虚寂，通微彻数，定学高之。他认为小乘禅法已经走向没落，就根据《楞伽经》的大乘禅法理论，结合当时北魏的社会状况，初创了以"静坐修身"为主要修行方法的学说，号称"壁观婆罗门"，即"外息诸缘，内心无惴，心如墙壁，可以入道。"

达摩的禅法，据史料记载，古来作为达摩学说而传的许多著述之中，只有"二入四行说"似乎是达摩真正思想所在。唐净觉《楞伽师资记》的《达摩传》中有"略辨大乘入道四行"，由达摩弟子昙林记录而传出。据昙林的序文说，他把达摩的言行集成一卷，名为《达摩论》；而达摩为坐禅众《释楞伽要义》一卷，亦名为《达摩论》。

现在一般作为达摩学说的有《少室六门集》上下2卷，即《心经颂》、《破相论》（一名《观心论》）、《二种入》、《安心法门》、《悟性论》、《血脉论》六种。还有敦煌出土的《达摩和尚绝观论》、《释菩提达摩无心论》、《南天竺菩提达摩禅师观门》（一名《大乘法论》）等，以及朝鲜梵鱼寺所刻《禅门摄要》上下2卷，日本铃木大拙校刊《少室逸书》所收关于达摩诸论文。这些著述内容大致都差不多。

达摩的禅法在当时中国佛教界别树一帜，既与注重学理的南方思辨佛学不同，也与倡导禅修的北方实践禅法有异，用禅宗六祖慧能的话讲，就是"出世破邪宗"，后世归纳为"南天竺一乘宗"。达摩的禅法是"二入四行"，是以"壁观"法门为中心。他具体地把参禅入道的途径分作"理入"和"行入"二种。"理入"是要求参禅者，必须对教义有真正彻底的理解。理入属于教的理论思考，理入即是壁观，要求舍伪归真，行禅观法，证知真知。认为外息诸缘，内心无惴，心如墙壁，可以入道。"行入"则是指导参禅者在修炼中，一定要完全按教义规定行事。行入属于实践，即禅法的理论和实践相结合的教义。行入即四行：一是报怨行，由怨进道；二是随缘行，苦乐、得失随缘；三是无所求行，有求皆苦，无求及乐；四是称法行，即性净之理。他进而又把"行入"再分作报怨行（逢苦不忧）、随缘行（遇乐不喜）、无所求行（有求皆苦，无求皆乐）和称法而行4种。菩提达摩的这种参修方法简便易得，很适合当时许多平民欲佛难参、要求改革的心理，为佛教禅法在中国的大传播开创了新路子，并且一直为禅门后世所本。

后世佛教徒以"教外别传、不立文字"为达摩禅法的标志，因它直以究明佛心为参禅的最后目的，所以又称禅宗为"佛心宗"。又有人因达摩专以《楞伽经》授人以为参禅印证，因而称它为"楞伽宗"。

关于达摩的师承，北宗派认为菩提达摩一派的传承是：菩提达摩——慧可——僧璨——道信——弘忍。《楞伽师资记》推求那跋陀罗为初祖，菩提达摩为二世，下以神秀为七世。而南宗派人神会为正统，肯定达摩为中国禅宗初祖，主张自达摩——慧可——僧璨——道信——弘忍——慧能六代是一脉

相承的。吉迦夜、昙曜译《付法藏因缘传》等又有西天世系的说法。唐智炬《宝林传》以印度自迦叶传至狮子比丘为24世,继以婆舍斯多、不如蜜多、般若多罗至菩提达摩为28世。此说为五代南唐泉州静、筠二师所集《祖堂集》(成于952年)、永明延寿《宗镜录》(成于957年)所继承,又为宋道原《景德传灯录》(成于1004年)和契嵩《传法正宗记》(成于1061年)所依用,后来即成为禅宗的正统说。

对于几个门人,达摩认为道副"得吾皮",尼总持"得吾肉",道育"得吾骨",而慧可"得吾髓",当然是慧可最堪传法,于是"内传法印,以契证心,外付袈裟,以定宗旨"。达摩对慧可说:"我是西天之人,你是此方之子,你凭何得法?以何证之?这袈裟即可为证。"从此开了禅宗以袈裟为传法世系凭证的先例。

菩提达摩潜心苦修,终成正果。不料却引起别人的嫉恨,六次下毒,要把他毒死。东魏孝静帝天平三年(536年)五月五日,菩提达摩离嵩山西麓游至洛水之滨遇毒卒(一说坐化"端居而逝"),同年十二月二十八日葬于熊耳山,起塔于定林寺。唐代宗时,赠谥其为"圆觉大师"。禅宗兴盛后,达摩被尊为"禅宗初祖"。

李延孙

李延孙(? ~538年),北朝西魏将领。祖伯扶,李长寿之子,嵩山伊川人。北魏太和末(498年),从征悬瓠有功。英武有帅才,少时随父李长寿征战,以勇敢闻名。贺拔胜任荆州刺史,延孙为荆州都督。父亡后,李延孙回乡,收集其父的散兵。魏孝武帝西逃后,朝中大臣流散,广陵王欣,派录尚书长孙承业、颍川王斌之、安昌王子均及建宁、江夏诸王并百官等携妻子来投李延孙,李延孙率众护送,并赠以珍玩。东魏神武帝高欢恐其对自己构成威胁,即派东魏军分数路进攻。李延孙奖励部下出战,大破东魏军,并打死扬州刺史薛喜。因战功卓著,西魏文帝授予他京南行台、节度河南省诸军事、广州刺史等职。不久又升任车骑大将军。义同三司、大都督,赐爵华山郡公。延孙蒙皇帝重委,感恩不尽,每以收伊洛为己任。多次以少胜多,威震东魏。西魏大统四年(538年),为其长史杨伯兰所害。

元文遥

元文遥,北朝北魏官吏。字德远,鲜卑族,嵩山洛阳人。魏昭成皇帝六世孙也。五世祖常山王遵。父晞,有孝行,父卒,庐于墓侧而终。文遥贵,赠特进、开府仪同三司、中书监,谥曰孝。北魏末年辞去太尉东阁祭酒而隐居林虑山,至东魏末年被征为大将军府功曹。入北齐,迁中舍人,不知缘由被监禁数年。天统二年(567年),诏特赐姓高氏,籍属宗正,子弟依例岁时入朝。再迁尚书左仆射,进封宁都郡公、侍中,参议军国大事。文遥历事三主,明达世务,然善候上司颜色。曾改革县令任用制。

赵　刚

赵刚,北朝北魏官吏。字僧庆,嵩山洛阳人。北魏末年,官至征东将军、大行台郎中,奉孝武帝密诏命令东荆州刺史冯景昭率兵赴京。兵未及发而孝武帝西迁,力劝冯景昭依附西魏。兵败于侯景,被俘获。自赎其身,又把东魏东荆刺史李魔怜悯劝归西魏。因功封嵩山南麓的临汝县伯,拜车骑大将军。出任陈留太守,孤军与侯景周旋,数败其兵,晋爵为武城郡公。以镇压渭州农民起义功加官骠骑大将军。入北周,任利州刺史,征讨安抚氐人。

孟 威

孟威(？~536年),北朝北魏官吏。字能重,嵩山洛阳人。孟威熟悉北方风俗,贯通北方少数民族语言。仕北魏,多次出使外国和迎送外国使者,官至大鸿胪卿。

元 孚

元孚(？~540年),北朝北魏官吏。字秀和,元昌弟。鲜卑族,嵩山洛阳人。少有令誉。北魏孝明帝时任尚书右丞,集古今名妃贤后之事,奏献灵太后,迁尚书左丞。奉使安抚阿那瓌,因有辱使命而判处流放罪。后任冀州刺史,劝民农桑,州内称慈父,邻州谓神君。州城一度为葛荣攻陷,受元颢彭城王之封。奉孝庄帝诏校定宫廷乐器,时人称善。入西魏,封扶风郡王,官至太尉。

元 欣

元欣,北朝北魏官吏。字庆乐,广陵王元羽子。鲜卑族,嵩山洛阳人。北魏孝明帝初,除通直散骑常侍、北中郎将。出为冠军将军、荆州刺史,转征虏将军、齐州刺史。元欣在二州,颇得人和。又为征东将军、太仆卿。孝庄初,封沛郡王,邑1000户,后改封淮阳王,复封其父爵广陵王。出帝时,加太师、开府。除太傅、司州牧,寻除大司马。随出帝没于关中。元欣一生三任太傅,一任太师。西魏末年,官至大丞相。然其交结援引之人多不肖之辈。性粗率,好犬鹰,爱种果树,京城名果多出其园。

元仲景

元仲景(？~541年),北朝北魏大臣。拓跋太兴之子,性严峭。鲜卑族,嵩山洛阳人。庄帝时,兼御史中尉,京师肃然。每向台,恒驾赤牛,时人号"赤牛中尉"。北魏太昌初(532年),为河南尹,不避权贵,奉法无私,京城大治。时吏部尚书樊子鹄部下纵横,又为盗窃,元仲景密加收捕,悉获之,咸即行决。于是豪贵寒心。孝武帝及西迁,授元仲景中军大都督,留守京师洛阳。后元仲景只身追驾至长安,封明阳王,迁尚书右仆射。因欲杀前妻免除官爵。不久,复其官爵,出任幽州刺史,因罪赐死。

郑道邕

郑道邕,北朝北魏官吏。字孝穆,一字道和,荥阳开封人。自幼谨慎忠厚,以清约自居,年未弱冠,涉历经史。父叔4人并早殁,昆季之中,道邕居长,抚训诸弟,有如同生,闺庭之中,怡怡如也。魏孝昌初,解褐太尉行参军,累以战功进至左光禄大夫、太师咸阳王长史。及孝武西迁,从入关,除司徒左长史,领临洮王友,赐爵永宁县侯。西魏初年行岐州刺史,岁考绩天下第一,周文帝赐书叹美之,征拜京兆尹。及梁岳阳王萧詧称藩,乃假道邕散骑常侍,持节拜詧为梁王。使还,称旨,进仪同三司,加散骑常侍。时周文东讨,除大丞相府右长史,封金乡县男。军次潼关,命道邕与左长史长孙俭、司马杨宽、尚书苏亮、咨议刘孟良等分掌众务。仍令道邕引接关东归附人士,并品藻才行而任用之,抚纳铨叙,咸得其宜。后拜中书令,赐姓宇文氏,寻以疾免。周孝闵帝践阼,加骠骑大将军、开府仪同三司,晋爵为子。历御伯中大夫、御正、宜华虞陕4州刺史。频历数州,皆有政绩。官终少司空,卒。赠本官,加郑、梁、北豫三州刺史,谥曰贞。

长孙绍远

长孙绍远,北朝北周音乐家。字师,少时名仁,父长孙稚,魏太师、录尚书、上党王。鲜卑族,原姓拓拔,嵩山洛阳人。绍远性宽容,有大度,望之俨然,朋侪莫敢褒狎。雅好坟籍,聪慧过人。博闻强记,酷爱典籍。魏孝武初,累迁司徒右长史。及齐神武称兵而帝西迁,绍远随稚奔赴。又累迁殿中尚书、录尚书事。任河州刺史,改变少数民族同姓通婚的弊端,为政宽简,百姓悦服。太祖每谓群公曰:"长孙公任使之处,令人无反顾忧。汉之萧、寇,何足多也。然其容止堂堂,足为当今模楷。"六官建,拜大司乐。入北周,封上党公。初,绍远为太常,广招工人,为北周宫廷制造乐器,土木丝竹,各得其宜。绍远所奏乐,音节为八。故梁黄门侍郎裴正上书,以为昔者大舜欲闻七始,下洎周武,爰创七音,乃主张设音节为七,二人反复辩论,周明帝诏与绍远详议往复,于是遂定纳用八音节之乐,长孙绍远被世人尊为"乐祖"。授小司空。

高祖读史书,见武王克殷而作七始,又欲废八而悬七,并除黄钟之正宫,用林钟为调首。绍远奏云:"天子悬八,肇自先民,百王共轨,万世不易。下逮周武,甫修七始之音。详诸经义,又无废八之典。且黄钟为君,天子正位,今欲废之,未见其可。"后高祖竟行七音。属绍远遘疾,未获面陈,虑有司遽损乐器,乃书与乐部齐树之。后疾甚,乃上遗表又陈之而卒。帝省表涕零,深痛惜之。

薛 琡

薛琡(?~550年),北朝北齐官员。字昙珍,鲜卑族,原姓叱干,嵩山洛阳人。其先代人,本姓叱干氏。父彪子,魏徐荥尚贰,形貌瑰玮,少以干用称。为典客令,每引客见,仪望甚美。魏帝召而谓之曰:"卿风度峻整,姿貌秀异,后当升进,何以处官?"琡曰:"宗庙之礼,不敢不敬,朝廷之事,不敢不忠,自此以外，非庸臣所及。"仕北魏为洛阳令，为政严苛，豪猾畏惧。有犯法者，未加拷掠，直以辞理穷核，多得其情。于是豪猾畏威，事务简静。时以久旱，京师见囚悉召集华林，理问冤滞，洛阳系狱，唯有3人。魏孝明嘉之，赐缣百匹。元天穆讨邢杲也，以薛琡为行台尚书。时元颢已据鄴城。天穆集文武议其所先。议者咸以杲众甚盛，宜先经略。薛琡以为邢杲聚众无名，虽强犹贼；元颢皇室昵亲，来称义举，此恐难测。杲鼠盗狗窃，非有远志，宜先讨颢。天穆以群情所欲，遂先讨杲。杲降军还，颢遂入洛。天穆谓薛琡曰："不用君言，乃至于此。"

天平初，高祖引为丞相长史。薛琡宿有能名，深被礼遇，军国之事，多所闻知。薛琡亦推诚尽节，屡进忠说。高祖大举西伐，将度蒲津。薛琡谏曰："西贼连年饥馑，无可食啖，故冒死来入陕州，欲取仓粟。今高司徒已围陕城，粟不得出。但置兵诸道，勿与野战，比及来年麦秋，人民尽应饿死，宝炬、黑獭，自然归降。愿王无渡河也。"侯景亦曰："今者之举，兵众极大，万一不捷，卒难收敛。不如分为二军，相继而进，前军若胜，后军合力，前军若败，后军承之。"高祖皆不纳，遂有沙苑之败。累迁尚书仆射。卒，赠青州刺史。

史载：薛琡久在省闼，闲明簿领，当官剖断，敏速如流。然天性险忌，情义不笃，外似方格，内实浮动。受纳货贿，曲法舞文，深情刻薄，多所伤害，士民畏恶之。魏东平王元匡妾张氏淫逸放恣，琡初与奸通，后纳以为妇。惑其谗言，逐前妻于氏，不认其子，家内怨怼，竞相告列，深为世所讥鄙。

元晖业

元晖业（？~551年），北朝东魏官吏。字绍远，鲜卑族，嵩山洛阳人。魏景穆皇帝之玄孙。少凶险轻薄，结交寇盗。长而自新，乃变节，涉经史，能作文。北魏孝庄帝时袭祖爵济阴王。仕东魏，官至太尉。入北齐，降爵为美阳县公，官至开府仪同三司。晖业以时运渐谢，不复图全，唯事饮啖，一日一羊，三日一犊。又尝赋诗云："昔居王道泰，济济富群英；今逢世路阻，狐兔郁纵横。"齐初，降封美阳县公，开府仪同三司、特进。晖业之在晋阳也，无所交通，居常闲暇，乃撰魏藩王家世，号为《辨宗室录》40卷，行于世。位望隆重，又以性气不伦，每被忌。北齐天保二年（551年），从驾至晋阳，于宫门外骂元韶曰："尔不及一老妪，背负玺与人，何不打碎之。我出此言，即知死也，然尔亦讵得几时！"北齐文宣帝高洋闻而杀之，亦斩临淮公孝友。临刑，孝友惊惶失措，晖业则神色自若。

荀仲举

荀仲举（约550年前后在世），北朝北齐文学家、诗人。字士高，颍川（今禹州市）人。工诗咏，世居江南。仕梁为南沙令。后至北齐，入文林馆，除符玺郎，后出为义宁太守。从萧明于寒山，被执长乐王尉粲甚礼之舆粲剧饮，嚼粲指至骨。文宣帝知之，杖仲举一百。后以年老家贫，出为义宁太守。与赵郡李概交好。概死，仲举至其宅，为五言诗十六韵以伤之，词甚悲切，世称其美。萧悫亦由梁入北齐，其诗清绮流丽，颇有齐梁诗风，为出身北方的卢思道所非，但荀仲举却大为称许，因此他对于当时南北诗风的融合，有着一定的贡献。

杨衒之

杨衒之撰《洛阳伽蓝记》

杨衒之(？～555年)，北朝北魏著名散文家。今河北保定顺平县人，有说为保定满城县人。北魏永安中(528～530年)，杨衒之为奉朝请，曾仕宦嵩山洛阳，历任北魏抚军府司马、东魏秘书监、北齐戚城(今河南戚城)郡守。自郦道元死后的20多年，杨衒之写出了具有文学价值的历史文献《洛阳伽蓝记》，其与《齐民要术》、《水经注》并称北魏的三部杰作。《洛阳伽蓝记》以京城洛阳佛寺的兴废为题，运用高超的文学表现手法，记述了当时的政治、经济、军事、人物、风俗、地理及掌故传闻，用优美的文笔描绘出一幅京城洛阳的巨幅图画。书中文字有正文和子注之分，首创史家自己作注的体例。全书借记述洛阳佛寺的兴衰，阐发对国家成败得失的感慨。在语言上，全书多用散文，但经常骈散相间，风格平易朴实而又具文学意味。《洛阳伽蓝记》又是北朝小说的代表作。它兼有志怪与志人小说的双重特点，在文学史上具有承上启下的意义。诚如周建江先生在《北朝文学史》中所说："无论从各方面讲，《洛阳伽蓝记》中的小说都无愧于它所处的时代，是对一个时代(按：指魏晋南北朝)小说的总结；也正因为它能成为总结者，也就相应地走出了一条创新之路，又成为新时期小说(指唐传奇)的开山。"被后人誉为是"反映一个京师、一个王朝的历史文学"。它不仅是一部内容丰富、条理清晰的史地专著，也是一部文辞优美的文学作品，为今后研究北朝城市经济地理的珍贵资料，同时也为研究六世纪中国同中亚、南亚的交通及文化交流的史料。

刘 碑

刘碑，北朝北齐官吏。传承汉刘叶脉和基业，衣冠万代，袭官连爵，嵩山之城有其封地产业。刘碑为佛教的虔诚弟子，精通佛经，明辨是非，秉佛之戒，严于律己。他深入民众，了解下情，关心农桑，鼓励工商。他有很强的组织和感召力，功赫朝野上下，誉满齐室内外。因他德高望重，受人尊敬，故能同率僧侣，异心共遵。

北齐文宣帝天保八年(557年)，豫州刺史刘碑集刘氏居仕者筹资，在嵩山登封市大冶镇西南九顶凤凰山西1公里处，现东西刘碑村北，立造像碑1通，碑名为《刘碑寺造像碑》，并筑建牌楼和寺院，时称碑楼寺。刘碑寺造像碑，是河南现存造像碑中体量最高大的一通螭首扁体造像碑，现为国家文物保护单位，也是刘碑在嵩山留下的唯一的遗迹。

褚 该

褚该,北朝北周医家。字孝通,嵩山阳翟(今禹州市)人。父义昌,梁鄱阳王中记室。褚该少谨厚,有乡誉,善医术,享高名。仕南朝梁,为武陵王府参军。随府西上,后随萧撝投西魏,官至右光禄大夫。入北周,为右光禄大夫,兼精医术,又授医正上士。后名医许爽殁,该更有医名,仅在姚僧垣之下。位县伯下大夫,官至车骑大将军、仪同三司。褚该性情温和,不自矜尚,医德高尚。虽位高名重,但为人治病,有请必到,皆为尽其医术。时论称褚该为长者,无不受人尊敬。后以疾卒。其子褚士则传其业。

元 伟

元伟,西魏、北周官吏。字猷道(《北周》作子猷),鲜卑族,嵩山洛阳人。魏昭成之后。曾祖忠,尚书左仆射,城阳王。祖盛,通直散骑常侍,城阳公。父顺,以左卫将军从魏孝武西迁,拜中书监、雍州刺史、开府仪同三司,封濮阳王。伟少好学,有文雅。北魏末年,授员外散骑侍郎。以侍从之劳,赐爵高阳县伯。仕西魏,封南安郡王,邑 500 户。后任幽州都督府长史。及尉迟迥伐蜀,以元伟为司录。书檄文记,皆伟之所为。蜀平,以功增邑 500 户。六官建,拜师氏下大夫,爵随例降,改封淮南县公。官至车骑大将军。孝闵帝践祚,除晋公护府司录。北周世宗初(557 年),拜师氏中大夫。受诏于麟趾殿刊正经籍。寻除陇右总管府长史,加骠骑大将军、开府仪同三司。北周保定二年(561 年),迁成州刺史。元伟施惠于民,百姓悦附,流民复业者 3000 余口。天和元年(566 年),入为匠师中大夫,转司宗中大夫。六年(571 年),出为随州刺史。元伟辞以母老,不拜。还为司宗。寻以母忧去职。建德二年(573 年),复为司宗,转司会中大夫,兼民部中大夫,迁小司寇。四年(575 年),以伟为使主,报聘于齐。是秋,高祖亲戎东讨,伟遂为齐人所执。六年(577 年),齐平,元伟方见释。高祖以其久被幽絷,加授上开府。大象二年(580 年),除襄州刺史,进位大将军。

元伟性温柔,好虚静。居家不治生业。笃学爱文,政事之暇,未尝弃书。谨慎小心,与物无忤。时人以此称之。初自邺还也,庾信赠其诗曰:"虢亡垂棘反,齐平宝鼎归。"其为辞人所重如此。后以疾卒。

元景安

元景安(?～577 年)北朝北魏将领。鲜卑族,嵩山洛阳人。性沉敏,工骑射,善事人。北魏末年,官至太中大夫,随孝武帝西迁。及东西魏交战,临阵投奔东魏。累建军功,封西华县男,迁七兵尚书。严格治军,一反当时各镇纪律松弛之军风,其部下军纪严明,秋毫无犯。入北齐,官至领军大将军,爵至历阳郡公。久镇边州,境安民泰。后归依北周,率军讨伐稽胡,阵亡。

庚 信

庚信(513～581年)北朝北周杰出诗人、文学家、书法家。字子山,小名兰成。南阳新野县人。父亲庚肩吾是梁时著名宫廷诗人,"宫体诗"重要作者之一。庚信幼年聪慧,勤奋好学,博览群书,龙其精通《春秋左氏传》。15岁为梁昭明太子萧统的侍读,20岁左右任抄撰学士、湘东国侍郎。擅长诗文辞赋。历仕西魏、北周。明帝、武帝皆好文学,倍受礼遇。大同八年(542年),庚信30岁,为郢州别驾。这年春,安成郡人刘敬躬造反,梁武帝让庚信与湘东王萧绎讨论与刘敬躬作战方略,刘敬躬久闻瘐信的名德,遂不战退散。大同二十一年(545年),任通直散骑常侍,出使东魏,还朝后,任正员郎,又为东宫领直,春官兵马并受节制。552年,梁元帝萧绎平定了"侯景之乱",即位于江陵。元帝任命庚信为御史中丞,后为右卫将军,封武康县侯,加散骑侍郎。后出使西魏,值西魏灭梁,由于庚信是江南名士,被留。初任抚军将军,右金紫光禄大夫、大都督,后晋级车骑大将军。557年,西魏被北周取代,他更加得到重用。孝闵帝宇文觉即位后,庚信被封为临清县子,食邑500户,后历任司水下大夫,弘农郡太守,后又晋级为骠骑大将军、开府仪同三司、司宪中大夫,加封爵义城县侯,晚年还做过洛州刺史。隋文帝取代北周后,于开皇元年(581年)去世。

庚信是一位继往开来的作家,集六朝之大成,形成了自己的风格,在文学史上产生过巨大影响。庚信多才多艺,集东晋以来南北诗风之大成,有着"庚信之诗,为梁之冠绝,启唐之先鞭。"(杨慎《升庵诗话卷九》)之誉。刘熙载在《艺概》中所说:"庚子山《燕歌行》开初唐七古,《乌夜啼》开唐七律,其古体为唐五绝、五律、五排所本者,亦不可胜举。"他是唐诗的先驱,也是南北朝成就最高的骈文作家。《四库提要》载:"其骈偶之文,则集六朝之大成,而导四杰(指唐初王勃、杨炯、骆宾王、卢照邻)之先路。自古迄今,屹然为四六宗匠。"唐代大诗人杜甫对庚信有着"清新庚开府,俊逸鲍参军"、"庚信文章老更成,凌云健笔意纵横"、"庚信平生最萧瑟,暮年诗赋动江关"等很高的评价。庚信梁时作品绮艳轻靡,与徐陵作品齐名,时称"徐庚体"。后期诗赋则表现对乡国的怀念和身世的感伤,语言清峻,风格苍凉沉郁。

庚信是南北朝骈赋成就最高的作家,其代表作有《哀江南赋》、《小园赋》、《春赋》等。原有集21卷,已散佚。后人辑有《庚开府集》、《庚子山集》,清朝倪璠《庚子山集》集较详备。庚信工书,《九品书人论》将其草书列为第五品。庚信写有嵩山方面的诗,史料有录。

江 总

江总(519～594年),南朝梁文学家、著名南朝陈大臣、诗人、书法家。字总持,济阳考城(今兰考)人。7岁而孤,依外祖父度日。以少年才子闻于朝堂,为名士所推重。初仕南朝梁,官至太子中舍人。为避侯景乱而隐居会稽龙华寺,流离岭南十余年后回到京城建康。入陈,官至中权将军、尚书令,世称江令。虽当权任宰相,然不问政事,唯与陈后主游宴为乐,作艳诗以博帝欢,为陈后主十"狎客"之一,是陈代亡国宰相。隋文帝开皇年间,官终上开府。江总工书,行草为当时独步。江总笃学有辞采,能文善诗,尤精五、七言诗,是宫体艳诗的代表诗人之一,其诗意浮艳靡丽,内容贫弱,多是一些为统治者淫乐助兴之作,因此在历史上声名不佳。但随着国家兴亡和个人际遇的变化,他的诗也渐渐洗去浮艳之色,而时有悲凉之音。《陈书·江总传》载有集30卷。但今存明代张溥《汉魏六朝百三家集》中所辑《江令君集》仅1卷。其代表作《闺中怨》最为著名。《闺中怨》:"寂寞青楼大道边,纷纷白雪绮窗前。池上鸳鸯不独自,帐中苏合还空然。屏风有意障明月,灯火无情照独眠。辽西水冻春应少,蓟北鸿来路几千。愿君关山及早度,念妾桃李片时妍。"这首描写孤守空房之苦的闺怨诗,不仅词藻华艳,音节流畅,而且有些句子,情切切,意绵绵,感人魂魄,动人心弦。有人认为,此诗讲究平仄和对仗,实开唐人排律之体,也不无道理。

江总在嵩山地区活动期间,曾写有《南还寻草市宅》、《岁暮还宅诗》等诗作。

江总

贺若敦

贺若敦(521~569年),北朝北周军事将领。鲜卑族,嵩山洛阳人。父统为东魏颍州长史,17岁,献策助其父贺若统叛东魏归西魏。屡立军功,封武都郡公,官至军司马。入北周,官至中州刺史。北周明帝武成二年(560年),南朝陈国太尉侯瑱等领兵进攻湘州(今湖南长沙),北周马上派遣司马贺若敦渡江援救。贺若敦出师告捷,连连打败侯瑱,乘胜进驻湘川地区。不久,秋水暴涨,侯瑱南朝陈军乘势占据江面,截断了周军退路,把贺若敦孤军围困岁余,后无功而返,士卒多死伤,回朝被宇文护除官,后因贺若敦有怨言,被赐死在家。

褚玠

褚玠(528~580年),南朝梁官吏,著名文学家。字温理,南朝陈嵩山阳翟(今禹州市)人。褚玠9岁时父母双亡,为其叔父骠骑从事中郎褚随收养。幼年夙慧有高名,为卓识的达官所称颂。成年后,资质秀美,俊雅有风度。善占对,博学能属文,词义典雅,不尚淫靡。他的文风朴实严谨,作文引经据典,不喜词藻。入仕之初任王府法曹,后转外兵记室。陈文帝天嘉(560~566年)中,他被委任为兼通直散骑常侍出使北齐,返回后又任太子庶子、中书侍郎等职。褚玠为人刚毅,有胆量决断,又善于骑射。他曾跟随司空侯安都在徐州外出打猎,遇到猛兽,褚玠张弓射箭,一连两发都从野兽口中射入,直入腹中,俄顷虎毙。

陈宣帝大建(569~582年)中,由于中书舍人蔡景历的推荐,他为戎昭将军、出任山阴(今浙江绍兴)令。会稽山阴(浙江绍兴市)是个大县,以前数任县令皆受豪猾大户之贿而免官。褚玠到此地任官,时山阴县民张次的、王体达与诸奸吏互相贿赂勾结,把丁口多的大户都隐匿起来,不交纳国家赋税。褚玠就将张次的等人关押起来,将情况向尚书台汇报,陈宣帝下手诏加以慰劳,并派遣使者帮助褚玠进行检查，共检出军民800余户。当时舍人曹义达正受到陈宣帝的宠信，山阴县民陈信家中财产甚多，他用钱财贿赂、巴结曹义达，陈信的父亲陈显文仗势横行乡里，无恶不作。褚玠就派遣使者捉住陈显文，鞭之一百。于是，县中官吏无人再敢触犯法令。虽然褚玠铲除豪强，惩治奸吏，并打击倚仗皇帝宠臣势力而横行乡里的恶霸，取得不少成绩。但陈信并不罢休，后来通过宠臣曹义达诬告褚玠，褚玠竟遭诬陷，只在职一年余就被罢免。

褚玠在任岁余，仅守禄俸。离任之日，宦囊羞涩，无资还京，乃留县境，以种菜自给。"皇太子（陈后主）知褚玠困窘，手书赐粟米二百斛，于是还都。"（见《陈书．文学传》）。皇太子爱其文辞斐然，令他入直殿省（人臣见皇帝或僚属见长官，到衙门办公叫入直）。太建十二年（580年），褚玠出任御史中丞，有执法公正的赞誉。后在想改定制度，澄清朝中法纪时，不幸病故，年仅52岁。皇太子（陈后主）亲制墓志铭，以表耿介。陈后主至德二年（584年）追赠褚玠为秘书监。褚玠子褚亮有才学，官至尚书殿中侍郎。

褚玠所制章奏杂文200余篇，皆切事入理，为当时人所看重。著有《褚玠集》10卷，已佚。今存诗1首，赋1篇。

元善见

元善见（529～580年），北朝东魏孝静帝。鲜卑族，嵩山洛阳人。北魏清河文宣王元亶子。北魏孝武帝永熙三年（534年），拜为骠骑大将军加开府仪三司。同年，被高欢立为皇帝，即位于洛阳，随后迁都于邺，史称东魏，在位16年与宇文泰所立西魏元宝炬对峙。身为傀儡皇帝，倍受高氏凌辱。武定八年（550年），被迫让帝位于齐王高洋。封为中山王，次年被害。喜交善射，力可挟石狮跳墙。

高 洋

高洋

高洋（529～559年），文宣帝，北朝北齐开国皇帝。字子进，因生于晋阳，一名晋阳乐。汉人，他是东魏权臣、北齐神武皇帝高欢次子、北齐文襄皇帝高澄的同母弟。幼时其貌不扬，沉默寡言，其实大智若愚，聪慧过人，深沉有大度。虽常被兄弟嘲笑或捉弄，但其才能甚得父亲欣赏。公元550年篡位为帝，在位期间励精图治，留心国事，重用汉人，改定律，使魏晋以来的刑律削繁就简，便以执行，严禁贪污，对外用兵，使北齐的面积大为增加。在位后期，生活荒淫，草营人命，幸丞相主持朝政令，"主昏于上，政清在下"，才不至于亡国。公元550年至559年在位，后病死，终年31岁，庙号显祖，谥文宣帝。

宣帝天保元年（550年），文宣帝遣使致祭于嵩岳。

斛斯徵

斛斯徵(529~584年),北朝西魏官吏。字士亮,鲜卑族,嵩山洛阳人。初仕西魏,官至太常少卿。入北周,为皇室子弟之师,封岐国公,官至上大将军、大宗伯。上表谏北周宣帝改过,受谗入狱。被狱卒私自释放,遇赦得免。入隋,复其官爵。遍览群书,精通《三礼》,善解音律,奉隋文帝诏撰《乐典》10卷。

静 蔼

静蔼(534~578年),北朝北周高僧。静蔼,俗姓郑,嵩山荥阳人。17岁,与友游寺,观地狱图变,决志出家,乃投瓦官寺和禅师剃发。受具足戒后,从景法师听闻大智度论。复从天竺梵僧亲学十载。除大智度论外,复通中论、百论、十二门论。隐居终南山中,学侣依之,蔚成学林。时武帝听信道士张宾之言,欲废佛法,静蔼上表投诉,力劝北周武帝勿废佛教,帝不纳谏,遂携门人入终南山深处,依岩附险,造寺27所。收容逃难僧侣。北周武帝宣政元年(578年),端坐石上,自割其肉而死。著有《三宝集》。

高 湛

高湛(537~568年),武成帝,北朝北齐皇帝。公元561年至565年在位。东魏权臣高欢第九子,孝昭帝高演之同母弟。幼时得父亲喜爱。北齐建国后,被文宣帝封为长广王。孝昭帝高演继位后,甚为宠信他,权倾朝野。不久高演患得重病,临死时为了不让自己的儿子高百年落得高殷的命运(高殷乃高洋之子,因父死而继位,高洋临终前命高演辅助高殷。不久,高演通过发动政变,杀侄高殷继位),决定传位于弟,公元561年,高湛继位,改元太宁,是为武成帝。武成帝昏庸无能,沉湎于美色之中,不思国事,北齐岌岌可危。公元565年,传位于太子高纬,自任太上皇,最后也因为酒色过度而死,年仅32岁。年号太宁、河清,谥号武成帝,庙号世祖。高纬于公元570年改元,年号武平。至此,北齐进入了后主高纬时代。

据《北齐书》记载,北齐武成帝率士在嵩山南麓打猎16天。

元行恭

元行恭,北朝北齐著名诗人。元文遥之子,嵩山洛阳人。美姿貌,有父风,兼俊才,善正行书。北齐时官至中书舍人,待诏文林馆。齐亡,阳休之等18人同入关,稍迁司勋下大夫。隋开皇中,官至尚书郎,坐事徙瓜州而卒。元行恭少颇骄恣,文遥令与范阳卢思道交游。文遥尝谓思道云:"小儿比日微

有所知,是大弟之力,然白掷剧饮,甚得师风。"卢思道答云:"郎辞情俊迈,自是克荷堂构,而白掷剧饮,亦天性所得。"其代表作为《过故宅》。该诗写百战之后故园景象云:"将军树已折,步兵途转穷。吹台有山鸟,歌庭聒野虫。"格调苍凉,极具盛衰之感。而大量典故的运用,显示出作者深厚的学养。

陈月仪

陈月仪(565~650年),北朝北周宣帝宇文赟的五个皇后之一。颍川(今河南省禹州)人,是大将军陈山提的第八个女儿。大象元年(579年)六月被选入宫中,封为德妃;一个月后,封为天左皇后;第二年二月,改封天左大皇后。因为宇文赟后来又宠爱尉迟炽繁的关系,便将皇后由四个改为五个,增加天中大皇后的位置,封陈月仪为天中大皇后。起初,陈月仪与天右大皇后元乐尚同时选入后宫,由于她们俩同年,加上宇文赟对她们的宠爱与礼数都相同的关系,两人又同时被册封,因此她们的感情相当好。宇文赟过世后,陈月仪出家为尼,法号华光。宇文赟的妻妾们在隋朝时便已相继过世,只有陈月仪与元乐尚两个活到唐朝,陈月仪在唐高宗永徽初年过世,享有高寿。

元 韶

元韶(?~559年),北朝北魏官吏。字世胄,鲜卑族,嵩山洛阳人。北魏孝庄帝侄,袭祖爵彭城王。避尔朱荣之难,匿于嵩山。性好学,美容仪。初,尔朱荣将入洛,父劭恐,以韶寄所亲荥阳太守郑仲明。仲明寻为城人所杀,韶因乱与乳母相失,遂与仲明兄子僧副避难。路中为贼逼,僧副恐不免,因令韶下马。僧副谓客曰:"穷鸟投人,尚或矜愍,况诸王如何弃乎?"僧副举刃逼之,客乃退。韶逢一老母姓程,哀之,隐于私家十余日,庄帝访而获焉,袭封彭城王。齐神武帝以孝武帝后配之。魏室奇宝,多随后入韶家。有二玉钵相盛,可转而不可出;马瑙榼容三升,玉缝之。皆称西域鬼作也。历位太尉、侍中、录尚书、司州牧,进太傅。齐天保元年(550年),降王爵为公爵。元韶性行温裕,以高氏婿,颇膺时宠。能自谦退,临人有惠政。好儒学,敬才士。爱林泉,修宅第,华而不侈。

元韶常被北齐文宣帝高洋打扮成妇女而招摇过市。天保十年(559年),太史奏云:"今年当除旧布新。"文宣谓元韶曰:"汉光武何故中兴?"元韶曰:"为诛诸刘不尽。"于是乃诛诸元以厌之。遂以五月诛元世哲、景武等25家,余19家并禁止之。元韶幽于京畿地牢,绝食,啖衣袖而死。及七月,大诛元氏,自昭成已下并无遗焉。或父祖为王,或身常贵显,或兄弟强壮,皆斩东市。其婴儿投于空中,承之以槊。前后元氏凡721人被高洋杀害,悉投尸漳水,剖鱼多得爪甲,都下为之久不食鱼。

于 翼

于翼(?~583年),北朝北周官吏。字文若,鲜卑族,嵩山洛阳人。初仕北魏,官至左官伯,封安平郡公。北周初年,出任渭州刺史,推诚布公,为政宽简。其兄于寔曾任渭州刺史,州人将其比作大小冯君。受北周武帝重用,任太子傅,并委以选吏之权,擢用甚得其人。屡挫突厥兵、北齐军和南朝陈师,威名大震。及出任幽州总管,突厥人畏之如虎,不敢犯边。官至上柱国,封任国公。入隋,拜为太尉。

元 定

元定(? ~567年),南朝梁将领。字愿安,鲜卑族,嵩山洛阳人。祖比颓,魏安西将军、务州刺史。父道龙,征虏将军、巨鹿郡守。元定淳厚少言,内深沉外刚毅。勇敢有谋略,战必冲锋陷阵,未尝言其功,将士称其为长者,深受宇文泰赏识。北魏永安初,从尔朱天光讨关陇群贼,并破之。除襄威将军。及贺拔岳被害,定从太祖讨侯莫陈悦,以功拜平远将军、步兵校尉。魏孝武西迁,封高邑县男,邑二百户。从击潼关,拔回洛城,晋爵为伯,增邑300户,加前将军、太中大夫。从擒窦泰,复弘农,破沙苑,战河桥,定皆先锋。当其前者,无不披靡。以前后功,累迁都督、征东将军、金紫光禄大夫、帅都督,增邑300户。邙山之役,敌人如堵,定奋槊冲之,杀伤甚众,无敢当者。太祖亲观之,论功为最,赏物甚厚。南朝梁中大同二年(547年),授河北郡守,加大都督、通直散骑常侍,增邑通前1000户。元定有勇略,每战必陷阵,然未尝自言其功。太祖深重之,诸将亦称其长者。太清三年(549年),迁使持节、车骑大将军、开府仪同三司,晋爵为公。西魏废帝二年(553年),以宗室,进封建城郡王。三年(554年),行《周礼》,爵随例改,封长湖郡公。世宗初,拜岷州刺史。威恩兼济,甚得羌豪之情。保定中,授左宫伯中大夫,后转左武伯中大夫,进位大将军。

天和二年(567年),陈湘州刺史华皎举州归梁。梁主欲因其隙,更图攻取,乃遣使请兵。诏定从卫公直率众赴之。梁人与华皎皆为水军,定为陆军,直总督之,俱至夏口。而陈郢州坚守不下。直令元定率步骑数千围之。陈遣其将淳于量、徐度、吴明彻等水陆来拒。量等以元定已渡江,势分,遂先与水军交战。而华皎所统之兵,更怀疑贰,遂为陈人所败。皎得脱身归梁。元定既孤军悬隔,进退路绝,陈人乘胜,水陆逼之。定乃率所部斫竹开路,且行且战,欲趋湘州,而湘州已陷。徐度等知定穷迫,遣使伪与元定通和,重为盟誓,许放还国。元定疑其诡诈,欲力战死之。而定长史长孙隆及诸将等多劝元定和,元定乃许之。于是与度等刑牲歃血,解仗就船。遂为度等所执,所部众军亦被囚房,送诣丹阳。居数月,忧愤发病卒。

长孙俭

长孙俭(? ~569年)北朝北魏官吏。原姓托拔,鲜卑族,嵩山洛阳人。原名庆明,宇文泰认为他安于贫素,改其名为俭。初仕北魏,起家员外散骑侍郎,随尔朱天光破陇右,赐爵索虏侯。后为宇文泰幕僚,深受宇文泰器重。入西魏,任荆州刺史,方正有行,引咎自责,部属敬畏,莫敢犯禁。劝民农桑,移风易俗,边境无患,民安其业,吏民为他建造"清德楼"。任满,州人挽留。以献策攻取南朝梁都江陵功晋爵为昌宁郡公,镇守江陵。官至大将军,移镇荆州。入北周,官至柱国。

韩 褒

韩褒

韩褒(？~572年),北朝北魏名臣。字弘业,颍川颍阳(今登封市颍阳镇)人。后韩褒徙居昌黎(今辽宁省义县),其子韩仲良徙居京兆三原(今陕西省三原)。少好学而不守章句,有远略。韩褒广泛涉猎经史,个性深沉,谋略远大。北魏末,归依夏州刺史宇文泰,泰为丞相,授录事参军。西魏大统初年(535年),征拜丞相府司马,晋爵为侯。不久,出京外任北雍州刺史。雍州北面环山,常有盗贼出没。韩褒暗地里查访,发现都是豪门大族所为,便心生一计,将这些乡里祸患的人召集起来,让他们负责照管,划分地界,有偷盗劫掠事情发生而不能抓获的,以故意放纵论处。这些被重用的人很快认罪,并列出所有同伙的姓名,并对逃亡在外或隐藏他处的,也揭发出来。韩褒摸清底细之后,在州门口张贴文告:"自己知道自己做过盗贼的人,可以赶快来自首,就免除他的罪。过了这个月不自首的,(一旦捉到)要暴尸示众,没收财产,妻子儿女归官,用来赏给先前来自首的人。"十几天后,所有盗贼都来自首了。韩褒将盗贼的名单核对确定没有差错,便一并宽宥了他们的罪行,从此盗贼不敢作乱。

大统十二年(546年),除西凉州刺史,抑制豪强,优抚贫弱,加骠骑大将军,晋爵为公。北周时,入京做给事黄门侍郎。保定三年(563年),出为汾州刺史。当时,齐国军队多次入侵,百姓不能正常耕作,先前的刺史,没有人能防御抵挡。韩褒上任后,率领精锐部队,埋伏在北山中,分别占据险要地方。在齐军返回路上,加以堵截伏击,俘虏了全部士兵。按照旧例,俘获活口的,一并送到京师,韩褒趁此上奏:"所俘获的敌人士兵,俘虏他们而羞辱他们,只是增加他们内心的愤怒罢了。请允许全部放还,用恩德回报仇怨。"皇上采纳了他的建议,从此抢掠的事情很少发生。天和三年(568年),韩褒任凤州刺史。寻以年老请致仕,诏许之。年后,拜少保。韩褒一生为北魏、西魏、北周三朝皇帝做事,以忠厚而知名。北周武帝非常敬重他,常常用对待老师的礼节对待他,每次入朝觐见,都先请他坐下,才开始谈论政事。天和七年(572年)卒,赠泾岐燕三州刺史,谥曰贞。子继伯嗣。

隋 朝

刘 佑

刘佑,隋朝学者。嵩山荥阳人。隋文帝开皇初年(581年)任为大都督,封索庐县公。善占侯,懂阴阳术数,文帝甚亲之。与张宾、刘晖、马显等共定《显定历》。开皇四年(584年)撰成奏上,颁行天下。又奉诏撰兵书《金韬》10卷,又著《阴策》20卷、《观台飞侯》6卷、《玄象要纪》5卷、《律历述文》1卷、《婚姻志》3卷、《产乳志》2卷、《式经》4卷、《四时立成法》1卷、《安历志》12卷、《归正易》10卷,皆佚。

周 摇

周摇(519~602年),西魏、北周、隋朝重臣。字世安,北魏太武皇帝拓跋焘后裔,嵩山洛阳人。其先与后魏同源,北魏献文帝次兄普乃氏四世孙,及居洛阳,改为周氏。曾祖普乃拔拔,祖普乃右六肱,俱为北平王。父周恕延,历行台仆射、南荆州总管。周摇少刚果,有武艺,性谨厚,动遵法度。西魏时,官至开府仪同三司。北周闵帝宇文觉受禅(557年),赐周姓车非氏,封金水郡公,此后称车非摇。历凤、楚二州刺史,吏民安之。后周摇跟从隋文帝杨坚平北齐,每战有功,超授柱国大将军,进封夔国公。不久迁晋州总管。当时隋高祖文帝杨坚为定州总管,文献皇后自京师诣高祖,经过周摇的辖区,周摇招待得非常简朴。事后文献皇后白氏感叹道:"公廨甚富于财,限法不敢辄费。又王臣无得效私。"其质直如此。隋文帝以周摇奉法而不阿谀媚上,每嘉之。周摇及为丞相,徙封济北郡公,寻拜豫州总管。即至隋文帝受禅,周摇由复姓车非改为周氏。

公元583年,周摇拜为幽州总管,并6州50镇诸军事,防御突厥。周摇修鄣塞,谨斥候,边民以安。开皇十一年(591年),徙为寿州总管。十二年为襄州总管(《隋书高祖上》)。后以年老,乞骸骨,上召之。既引见,隋文帝劳之曰:"公积行累仁,历仕三代,克终富贵,保兹遐寿,良足善也。"赐坐褥,归于第。仁寿二年(602年)周摇卒,终年84岁,谥曰恭。

贺若谊

贺若谊

贺若谊，隋朝著名军事将领。字道机，嵩山洛阳（今洛阳东北）人。祖伏连，魏云州刺史。父统，右卫将军。性刚果，有干略。初任职西魏，累迁直阁将军，大都督、通直散骑常侍、尚食典御等职。入北周后，周太祖据有关中，引之左右。贺若谊以劝河套北之茹茹国归附有功，太祖嘉之，拜车骑大将军、仪同三司、略阳公府长史。周闵帝受禅，除司射大夫，改封霸城县子，转左宫伯，寻加开府。后历灵邵二州刺史，原信二州总管，俱有能名。其兄敦，为金州总管，以谗毁伏诛。坐是免职。武帝亲总万机，召贺若谊治熊州刺史。平齐之役，贺若谊率兵出函谷，先据洛阳，即拜洛州刺史，进封建威县侯。齐范阳王高绍义之奔突厥也，谊以兵追之，战于马邑，遂擒齐将高绍义。以功进位大将军。高祖为丞相，拜亳州总管，驰驿之部。西遏司马消难，东拒尉迥。申州刺史李慧反，谊讨之，晋爵范阳郡公，授上大将军。

开皇初（581年），入为右武侯大将军。河间王弘北征突厥，以贺若谊为副元帅。军还，转左武侯大将军。坐事免。岁余，拜华州刺史，俄转敷州刺史，改封海陵郡公，复转泾州刺史。时突厥屡为边患，朝廷以贺若谊素有威名，拜灵州刺史，进位柱国，以防备突厥边患有方知名于时。

贺若谊时年老，而筋力不衰，犹能重铠上马，甚为北夷所惮。数载，上表乞骸骨，优诏许之。贺若谊家富于财，于郊外构一别庐，多植果木。每邀宾客，列女乐，游集其间。卒于家，时年77岁。子举袭爵。

元 亨

元亨（520～589年），隋朝官吏。字德良，一名孝才，嵩山洛阳（今洛阳东北）人。西魏时袭父爵为冯翊王，后改封平凉王。入北周历任陇州刺史、御正大夫、洛州刺史。隋文帝即位，拜为太常卿。后出为卫州刺史，加大将军。

元 晖

元晖（约526～586年），隋朝大臣。字叔平，嵩山洛阳（洛阳东北）人。北周时历任相府中兵参军、司宪大夫等职。时突厥扰边，奉命出使，陈说利害，可汗大喜，遣其名王随献方物。保定初，大冢宰宇文护引为长史，以其才辩，出使于齐，迁振威中大夫。入隋，拜都官尚书，兼领太仆。隋开皇二年（582

年),奏请引杜阳水灌三畤原,溉盐碱地数千顷。次年,转左武侯将军,寻转兵部尚书,监漕渠之役,未几坐事免官。旋拜魏州刺史,颇有惠政。在任数年,因病去职。卒于京师,时年60岁,谥元。

元孝炬

元孝炬(约528～587年),隋朝官吏。嵩山洛阳(今洛阳东北)人。先后任西魏南丰州刺史,北周益州总管、司宪大夫。其女为隋房陵王杨勇妃。隋初拜寿州总管,带兵拒陈,后以筋力渐衰,不堪军旅,上表请求辞职还乡,转为泾州刺史。不久卒于官。

元 褒

元褒(约530～612年),隋朝官吏。字孝整,嵩山洛阳(今洛阳东北)人。便弓马,少有成人之量。年10岁而孤,为诸兄所鞠养。性友悌,善事诸兄。诸兄议欲别居,褒泣谏不得,家素富,多金宝,褒无所受,脱身而出,为州里所称。及长,宽仁大度,涉猎书史。北周时,初任赵州刺史,后以随韦孝宽击平尉迟迥有功拜超柱国,晋封河间郡公,邑2000户。开皇二年(582年),拜安州总管。岁余,徙原州总管。开皇十四年(594年),以行军总管屯兵备边。辽东之役,复以行军总管从汉王至柳城而还。仁寿初,嘉州夷、獠为寇,褒率步骑2万击平之。炀帝即位,拜齐州刺史,寻改为齐郡太守,吏民安之。及兴辽东之役,郡官督事者前后相属,有西曹掾当行,诈疾,褒诘之,掾理屈,褒杖之,掾遂大言曰:"我将诣行在所,欲有所告。"褒大怒,因杖百余,数日而死,坐是免官。卒于家,时年73岁。

元景山

元景山(531～586年),隋朝官吏。字瑶岳,嵩山洛阳(今洛阳东北)人。北魏皇族。祖燮,魏安王。父琰,宋安王。元景山少有器局,干略过人。周闵帝时,从大司马贺兰祥击吐谷浑,以功拜抚军将军。其后数从征伐,累迁仪同三司,赐爵文昌县公,授亶川防主。后与齐人战于北邙,斩级居多,加开府,迁建州刺史,进封宋安郡公,邑3000户。从武帝平齐,每战有功,拜大将军,改封平原郡公,邑2000户,赐女乐1部,帛6000匹,奴婢250口,牛羊数千。治亳州总管。先是,州民王回洛、张季真等聚结亡命,每为劫盗。前后牧守不能制。景山下车,逐捕之,回洛、季真挺身奔江南。擒其党羽数百人,皆斩之。法令明肃,盗贼屏迹,时称为大治。陈人张景遵以淮南内属,为陈将任蛮奴所攻,破其数栅。景山发谯、颍兵援之,蛮奴引军而退。征为候正。宣帝嗣位,从上柱国韦孝宽经略淮南。郧州总管宇文亮谋图不轨,以轻兵袭孝宽。孝宽窘迫,未得整阵,为亮所缚。景山率300铁骑出击,破之,斩亮传首。以功拜亳州总管。

高祖为丞相,尉迥称兵作乱。荥州刺史宇文胄与迥通谋,阴以书讽动元景山。元景山执其使,封书诣相府。高祖甚嘉之,进位上大将军。司马消难之以郧州入陈也,陈遣将樊毅、马杰等来援。景山率轻骑五百驰赴之。毅等惧,掠居民而遁。元景山追之,一日一夜行300余里,与毅战于漳口,二合皆克。毅等退保甑山镇。其城邑为消难所陷者,悉平之。拜安州总管,进位柱国,前后赐帛2000匹。时桐柏山蛮相聚为乱,景山复击平之。隋文帝代周后,拜上柱国。开皇九年(589年),大举伐陈,以景山为行军元帅,率行军总管韩延、吕哲出汉口。遣上开府邓孝儒将劲卒4000,攻陈甑山镇。陈人遣其将陆纶以舟师来援。孝儒逆击,破之。陈将鲁达、陈纪以兵守涢口,景山复遣兵击走之。陈人大骇,甑山、沌阳二镇守将皆弃城而遁。景山将济江,会陈宣帝卒,有诏班师。元景山大著威名,甚为敌人所惮。后数载,坐事免,卒于家。时年55岁。赠梁州总管,赐缣千匹,谥曰襄。子成寿嗣。

元 岩

元岩(？~593年),隋朝官吏。字君山,嵩山洛阳(今洛阳东北)人。父元祯,北魏时官敷州刺史。好读书,但不治章句。性耿直,以名节自许,年轻时与高颎、王韶交情很好。北周时历官释褐宣威将军、武贲给事。隋开国,拜兵部尚书,晋爵平昌郡公,邑2000户。迁益州担任蜀王杨秀的总管长史。及岩到官,法令明肃,吏民称焉,益州因而大治。蜀中狱讼,岩所裁断,莫不悦服。被判刑的犯人都说:"平昌公治我们的罪,我们还有什么怨恨的呢。"上甚嘉之,赏赐优洽。开皇十三年(593年),卒于官,年63岁。益州父老莫不陨涕。元岩死后,杨秀无人能约束,日渐奢靡骄纵,僚佐无能谏止。及秀得罪,被召回软禁。隋文帝很感慨地说,"元岩若在,吾儿岂有是乎!"子弘嗣。仕历给事郎、司朝谒者、北平通守。

王 谊

王谊(540~585年),隋朝官吏。字宜君,嵩山洛阳(今洛阳东北)人。历任官北周闵、武、宣、静四帝。杨坚代周前为网罗势力,以王谊系几代旧臣,将自己的女儿许配谊子奉孝为妻。隋开国,晋封谊为"郧国公",后被文帝以谋反罪赐死。

长孙览

长孙览,隋朝官吏。字休因,初名善,嵩山洛阳(今洛阳东北)人。祖稚,魏太师、假黄钺、上党文宣王。北周上党郡公长孙绍远之子。长孙览性弘雅,有器量,略涉书记,尤晓钟律。魏大统中,起家东宫亲信。周明帝时,为大都督。武帝在籓,与览亲善,及即位,弥加礼焉,超拜车骑大将军。每公卿上奏,必令省读。长孙览有口辩,声气雄壮,凡所宣传,百僚属目,帝每嘉叹之。长孙览初名善,帝谓之曰:"朕以万机,委卿先览。"遂赐名焉。及诛宇文护,以功进封薛国公。其后任小司空,参加了平齐战役,进位柱国。宣帝时,进位上柱国、大司徒,俄历同、泾二州刺史。高祖为丞相,转宜州刺史。开皇二年(582年),将有事于江南,征为东南道行军元帅,统八总管出寿阳,水陆俱进攻陈。师临江,陈人大骇。会陈宣帝卒,长孙览欲乘衅遂灭之,监军高颎以礼不伐丧而劝其撤兵。后转任泾州刺史,所在并有政绩。卒官。子洪嗣。仕历宋顺临三州刺史、司农少卿、北平太守。

元 谐

元谐,隋朝将领。嵩山洛阳(今洛阳东北)人。家代贵盛。谐性豪侠,有气调。少与高祖同受业于国子,甚相友爱。任职北周,以军功累迁大将军。杨坚为北周丞相时引其为心腹。隋开国,晋位上大将军,封乐安郡公,邑千户。奉诏参修律令。

吐谷浑寇凉州,元谐以行军元帅领兵步骑数万击之。时贼将定城王钟利房率骑3000渡河,连结党项。元谐率兵出鄯州,趋青海,邀其归路。吐谷浑引兵拒谐,相遇于丰利山。贼铁骑2万,与谐大战,元谐击走之。贼驻兵青海,遣其太子可博汗以劲骑五万来掩官军。元谐逆击,败之,追奔30余里,俘斩万计,虏大震骇。于是移书谕以祸福,其名王17人、公侯13人各率其所部来降。上大悦,下诏曰:"褒善畴庸,有闻前载,谐识用明达,神情警悟,文规武略,誉流朝野。申威拓土,功成疆场,深谋大节,实简朕心。加礼延代,宜隆赏典。可柱国,别封一子县公。"元谐拜宁州刺史,颇有威惠。然刚愎,好排诋,不能取媚于左右。尝言于上曰:"臣一心事主,不曲取人意。"上曰:"宜终此言。"后以公事免。后有人告元谐与从父弟上开府滂、临泽侯田鸾、上仪同祁绪等谋反,元谐及滂、鸾、绪并伏诛,籍没其家。

卫 玄

卫玄(540~617年),隋末官吏。字文升,嵩山洛阳(今洛阳东北)人。汉武帝时名将卫青的曾孙。祖悦,魏司农卿,父摽,侍中、左武卫大将军,玄少有器识。周武帝为鲁公时,引为记室,迁给事上士,袭父标爵兴势公,食邑4000户。转宣纳下大夫。武帝亲总万机,拜益州总管长史,赐以万钉宝带。稍迁开府仪同三司、太府中大夫,治内史事,仍领京兆尹,称为强济。宣帝时,以忤旨免官。高祖作相,检校熊州事。和州蛮反,玄以行军总管击平之。及高祖受禅,迁淮州总管,进封同轨郡公,坐事免。未几,寻拜岚州刺史。会起长城之役,诏玄监督之。俄检校朔州总管事,入为卫尉少卿。仁寿初,南方山獠部族作乱,他出为资州刺史以镇抚之。玄既到官,时獠攻围大牢镇,玄单骑造其营,谓群獠曰:"我是刺史,衔天子诏安养汝等,勿惊惧也。"诸贼莫敢动。于是说以利害,渠帅感悦,解兵而去,前后归附者10余万口。高祖大悦,赐缣2000匹,除遂州总管,仍令剑南安抚。

炀帝即位,复征为卫尉卿。夷、獠攀恋,数百里不绝。玄晓之曰:"天子诏征,不可久住。"因与之诀,夷、獠各挥涕而去。岁余,迁工部尚书。其后拜魏郡太守,尚书如故。入为右侯卫大将军,检校左侯卫事。大业八年(612年),转刑部尚书。辽东之役,拜京兆内史,留守京师,加右光禄大夫。杨玄感起兵反隋,从长安出兵围逼东都洛阳,卫玄率步骑7万援之,与宇文述等合击,继破杨玄感于阌乡。唐兵入关,自知不能守,忧惧称疾,不知政事。城陷,归于家。义宁中卒,时年77岁。子孝则,官至通事舍人、兵部承务郎,早卒。

杨 坚

杨坚(541~604年),隋朝开国皇帝。隋文帝,又称高祖文皇帝。小字那罗延,鲜卑名普六茹,汉名杨坚,弘农华阴(今陕西省华阴市)人。其父杨忠是西魏和北周的军事贵族,北周武帝时官至柱国大将军,封为"隋国公"。杨坚14岁开始仕途生涯,20岁承袭父爵,晋封为隋国公,开府仪同三司。后娶大将军狐孤信之女为妻,女儿又为周宣帝的皇后。杨坚不仅是关陇集团强有力的军事统帅,还是皇亲国戚。周静帝即位后,任命杨坚为丞相。周静帝即位时才8岁,杨坚控制着北周的朝政,号称"假黄钺左大丞相",都督内外军事。大定元年(581年)二月甲子日,杨坚迫使北周静帝以杨坚众望有归下诏宣布禅让。杨坚三让而受天命,自相府常服入宫,备礼即皇帝位于临光殿,定国号为大隋,改元开皇,宣布大赦天下。

隋文帝灭陈,统一全国

开皇七年(587年)灭亡后梁,一年后下诏伐陈。开皇九年(589年),隋文帝遣兵挥戈南下,灭亡了割据南方的陈朝,统一了全国,结束了西晋末年以来近300年的分裂局面。同年,琉球群岛归降隋朝,突厥可汗尊杨坚为圣人天可汗,表示愿为藩属永世归顺,千万世为圣朝典牛马。大隋朝建立以后,在政治、经济等制度方面进行了一系列的改革。在中央实行三省六部制,将地方的州、郡、县三级制改为州、县两级制,地方官吏概由中央任免,由此巩固了中央集权。大隋开皇盛世气象恢宏磅礴,隋文帝下令修建西京大兴城(即后来长安城)和东京洛阳城,大兴城的修建不仅是中国古代城市建设规划高超水平的标志,也是当时国家的经济实力和科技水平的综合体现。隋文帝于公元584年命宇文恺率众开漕渠。自大兴城西北引渭水,略循汉代漕渠故道而东,至潼关入黄河,长150多公里,名广通渠。这是修建大运河的开始,它使黄河流域长江流域逐渐成为一体。隋留给子孙后代的财富、对后世中国造成深远的影响很多,如三省六部制、开皇律、州县两级制、大运河、修建长安城、洛阳城外,还有均田制、科举制度、义仓的创立等。隋文帝的历史功绩主要有:(1)扭转了中国北方鲜卑化的趋势,实现了华夏民族的复国。极大地增强了汉人的自信心,极大地提升了汉人的民族自豪感;(2)统一中国;(3)发展南北经济;(4)完善了封建统治制度。隋文帝将中国从三个多世纪的黑暗的分裂和战争状态拉回到了统一和建设上,结束了中国长期混乱的局面,征服各族蛮夷使中国又回到了和平年代;保护了汉民族和文化,将中国带向了一个前所未有的发展高度,为华夏民族的生存和发展立下了功勋,隋文帝永远是矗立在中国历史中的一座巍巍丰碑。文帝在位24年,被次子杨广谋杀,终年64岁,葬于泰陵(今陕西省扶风县西南20里)。赠太保,谥曰桓,号文皇帝,所以后世称他隋文帝,庙号高祖。

史载:开皇十五年(595年)三月,隋文帝东巡狩,望祭中岳嵩山。

由于隋文帝出生于尼姑庵,在庵中生活了13年,在尼姑智仙的抚育下,对佛教产生了非同一般的感情。统一天下后,诏告臣民"任听出家,"并令各地按人口出钱建寺造像。仁寿二年(602年),隋文帝下令在全国建30座舍利塔。经隋文帝在嵩山所建有法王寺舍利塔、嵩岳寺舍利塔、永泰寺舍利塔、超化寺大舍利塔。隋文帝的遗迹还有著名的隋唐洛阳城遗址,还有在隋唐洛阳城遗址中隋文帝时期兴建的大型粮仓——回洛仓遗址和在巩义、登封一带发现的洛口仓遗址。

独孤伽罗

独孤伽罗(543~602年),隋朝文帝皇后。嵩山洛阳人。父亲为鲜卑大贵族,八柱国之一独孤信的女儿。独孤信见杨坚仪表不凡,故将伽罗许配为婚,时年14岁。567年,杨坚之父杨忠去世,杨坚承袭父隋国公爵位,逐渐在北周政权中成为显要人物。独孤信所生长女为北周宣帝皇后。宣帝死后,静帝即位,年仅8岁,杨坚以国丈身份独揽北周军政大权。独孤伽罗鼓励杨坚代周自立。大定元年(581年)二月,杨坚迫使静帝退位,自己为帝,改国号为隋,辅助杨坚夺权有功的独孤伽罗被立为皇后。在周隋交替之际,独孤伽罗纵横政坛,全力出击,为丈夫,也为自己赢得了一个王朝。独孤皇后以妇德为重,辅助文帝建立隋朝,勤政爱民,富国强兵。她身为皇后,但素性俭约,生活质朴,待人宽厚,在杨坚的支持下,朝野上下竞相仿效,蔚然成风。她不能容忍男人把女人当成玩偶,她看重的是真诚的爱情和白头偕老的夫妻。一夫一妻是基础,不能容忍纳妾。她的父亲和哥哥为此扰攘不宁,烦恼不断。文帝同情和理解她的心情,不设嫔妃,专心皇后,专心政务。皇帝每天临朝,她都与他一辇上朝,文帝在前殿听政,她在后殿等候。退朝后,两人一同返宫。文帝处理政务如有失误,她则随时匡谏,对朝廷大事多有裨益。多为文帝筹策,太子勇被废及名相高颎被黜,皆出自她的主意。她虽干预朝政,看法大都与文帝不谋而合,作为政治搭档,和隋文帝并称"二圣",对开皇年间的政治影响很大。历史证明,在废立太子的问题上的失误,埋下了隋朝灭亡的祸根。由于太子杨勇正直,晋王杨广诡诈,欺蒙了文帝和独孤皇后,杨勇被废,杨广被立为太子,后导致了太子杀文帝的悲剧。仁寿二年(602年)八月,独孤伽罗病逝于永安宫,终年59岁,葬于泰陵。

长孙平

长孙平(?~约603年),隋朝官吏。字处均,嵩山洛阳(今洛阳东北)人。北周柱国长孙俭之子。仕武帝,为卫王侍读。建德初,拜开府、乐部大夫。宣帝即位,为小司寇,与小宗伯赵芬分掌六府。大象中,代贺若弼为寿州刺史。隋开皇年间,任度支尚书,上书文帝令诸州刺史、县令以劝农保积谷为务。后转任工部尚书。又先后历官汴、许、贝、相四州刺史,进位大将军,拜太常卿、判吏部尚书事。仁寿中卒,谥曰康。

元胄

元胄(?~约604年),隋朝官吏。嵩山洛阳(今洛阳东北)人。北魏昭成帝六代孙。祖顺,魏濮阳王。父雄,武陵王。胄少英果,多武艺,美须眉,有不可犯之色。周齐王宪见而壮之,引致左右,数从征伐。任职北周,官至大将军。北周静帝年幼,杨坚以右丞相总揽朝政,引他为心腹。赵王招企图诱杀杨坚,他奋力保护,使坚得以身免。隋开国后,他以功被晋位上柱国,封武陵郡公,邑3000户。拜左卫将军,寻迁右卫大将军。高祖从容曰:"保护朕躬,成此基业,元胄功也。"后数载,出为豫州刺史,历亳、淅二州刺史。时突厥屡为边患,朝廷以胄素有威名,拜灵州总管,北夷甚惮焉。后复征为右卫大将军,亲顾益密。尝正月十五日,上与近臣登高,时胄下直,上令驰召之。及胄见,上谓曰:"公与外人登高,未若就朕胜也。"赐宴极欢。晋王广每致礼焉。房陵王之废也,胄豫其谋。上正穷治东宫事,左卫大将军元旻苦谏,杨素乃谮之。上大怒,执旻于仗。胄时当下直,不去,因奏曰:"臣不下直者,为防元旻耳。"复以此言激怒上,上遂诛旻,赐胄帛千匹。蜀王秀之得罪,胄坐与交通,除名。

炀帝即位,不得调。时慈州刺史上官政坐事徙岭南,将军丘和亦以罪废。胄与和有旧,因数从之游。胄尝酒酣谓和曰:"上官政壮士也,今徙岭表,得无大事乎?"因自拊腹曰:"若是公者,不徒然矣。"和明日奏之,元胄竟坐死。于是征上官政为骁卫将军,拜和代州刺史。

贺若弼

贺若弼

贺若弼(544~607年),隋朝将领。字辅伯。嵩山洛阳人。贺若弼出生在将门之家,其父贺若敦为北周将领,以武猛而闻名,任金州(今陕西省安康)刺史。贺若弼因会文精武,得北周齐王宇文宪器重,用为记室。不久,升任小内史。北周大象元年(579年),随上柱国大将军韦孝宽攻陈,屡献计谋,克数十城,遂任寿州刺史,封襄邑县公。隋开皇元年(581年),经尚书左仆射高颎推荐,任吴州总管,镇江北要地广陵(今江苏扬州),委以灭陈准备之事。贺若弼向文帝献取陈十策,获文帝杨坚重视。八年(588年)冬至九年(589年)春,隋大举攻陈时,他被任为行军总管,率兵自京口渡过长江,击败陈军主力于蒋山(钟山),为灭陈奠定了基础。贺若弼军令严肃,纪律严明,宽释俘虏,所至多捷。挥师进据钟山(今南京紫金山)后,率8000甲士,奋力击溃陈军主力,擒获陈将萧摩诃,从北掖门进入建康城(今江苏南京)。因灭陈有功,加位上柱国大将军,晋爵宋国公。先后任右领军大将军、右武侯大将军。曾因居功处傲一度被免官下狱,不久又复职。

北周保定五年(565年)十月,其父贺若敦因口出怨言,为北周晋王宇文护所不容,逼令自杀。临死前,曾嘱咐贺若弼说:"吾必欲平江南,然此心不果,汝当成吾志。且吾以舌死,汝不可不思。"(《隋书·贺若弼列传》)并用锥子把贺若弼的舌头刺出血,告诫他慎言。隋大业三年(607年),从炀帝北巡至榆林,炀帝召突厥启民可汗饮于帐,他私下与高颎等议论得失,以谤议朝政罪被杀。尽管父死前,以锥刺儿舌头,以告儿接受教训,以诫慎言。但似乎是命运使然,依旧是子踏父辙,其悲剧皆出于口祸。

于文弼

于文弼(545~607年),隋朝大臣、将领。字公辅,嵩山洛阳(今洛阳东北)人。任职北周,武帝时为礼部上士,曾奉使至邓至国一带招降羌部落30余。迁少吏部,以能知人有名当世。后随武帝平齐,以军功拜司州总管司禄;宣帝时,任左守庙大夫,黄州、定州刺史。隋开皇初,历任尚书右丞,并州刺史,朔、代、吴三州总管。炀帝即位,先后拜为刑部、礼部尚书。后因指责炀帝好声色被诛,时年62岁。他少时即以博学多通知名于时,所著辞赋有20余万言,今佚。

于仲文

于仲文(545~613年),隋朝将领。字次武,鲜卑人,嵩山洛阳(今洛阳东北)人。出身公卿之家,祖父于谨为北魏、西魏、北周时期著名的军事将领,父亲于寔为北周大左辅、燕国公。于仲文"少聪敏,髫龀就学,耽阅不倦"(《隋书·于仲文列传》),其父于寔见后,惊异地说:"此儿必兴吾宗矣。"长大后,于仲文"倜傥有大志,气调英拔,当时号为名公子。"北周时,起家为赵王属下,寻迁安固太守,善决狱。时遇任、杜两家各失一牛,后寻回一牛,两家皆认此牛。州郡对此久不能决。益州长史韩伯俊说:"于安固少聪察,可令决之。"于仲文说道:"此易解耳。"于是令两家各驱牛群至,然后将寻回的牛放开,结果牛走向任氏家的牛群中。又暗中派人微伤此牛,结果任氏非常伤心,杜家却依然如故。于是于仲文诃诘杜氏,杜氏服罪而去。当时始州刺史屈突尚是宇文护的党羽,因罪被下狱,但官吏因畏惧宇文护的权势,都不敢将其治罪。于仲文到后,不畏权势,将其治罪。蜀中百姓为此称赞他:"明断无双有于公,不避强御有次武。"不久,于仲文被征为御正下大夫,封延寿郡公,邑3500户。此后于仲文多次随军征战,累勋授仪同三司。周宣帝时,于仲文为东郡(今河南滑县东旧城)太守。

尉迟迥起兵讨丞相杨坚时,于仲文随韦孝宽讨平尉迟迥。入隋,拜行军元帅,曾统12总管以击胡。炀帝即位,迁右翊卫大将军。从炀帝讨吐谷浑,以功进光禄大夫,深受宠信。后因讨高丽无功系狱,病重归家卒,时年68岁。撰有《汉书刊繁》30卷、《略览》30卷。共有子9人,其中于钦明最为知名。

元 善

元善(547~607年),隋朝官吏。嵩山洛阳(今洛阳东北)人。性好学,通涉五经,对《左氏传》尤有研究。开皇初拜内史侍郎,后迁国子祭酒。因受高颎案牵连忧惧而死。

长孙炽

长孙炽(548~610年),隋朝官吏。字仲光,嵩山洛阳(今洛阳东北)人。北朝周熊绛二州刺史、平原侯长孙兕之子。仕周,历职雍州创城令、盩厔令、崤郡守、御正上士。隋文帝杨坚初为北周丞相时,他被擢为丞相府功曹参军,加大都督,不久任稍伯下大夫。王谦起兵讨杨坚,他与信州总管王长述大败王谦部将元振,以功拜仪同三司。入隋后,杨坚对他极为信任,授职内史舍人,上仪同三司,先后两次派他巡视东南和中原。大业二年(606年)升任大理卿,不久改任户部尚书。吐谷浑攻张掖,他带兵追至青海而还,以功授银青光禄大夫。

元 寿

元寿(548~611年),隋朝官吏。字长寿,嵩山洛阳(今洛阳东北)人。祖敦,魏侍中、邵陵王。父宝,周凉州刺史。元寿少孤,性仁孝,九岁丧父,哀毁骨立,宗族乡党咸异之。事母以孝闻。及长,方直,颇涉经史。周武成初,封隆城县侯,邑千户。保定四年(564年),改封仪陇县侯,授仪同三司。曾为萧摩诃子向江南收其家产奏劾,上嘉纳之。寻授太常少卿。数年,拜基州刺史,在任有公廉之称。入为太府少卿。进位开府。炀帝嗣位,汉王谅举兵反,左仆射杨素为行军元帅,元寿为长史。元寿每遇贼,为士卒先,以功授大将军,迁太府卿。大业四年(608年),拜内史令,从帝西讨吐谷浑。寿率众屯金山,东西连营300余里,以围浑主。及还,拜右光禄大夫。大业七年(611年),兼左翊卫将军,从炀帝征辽东,行至涿郡,遇疾卒,时年63岁。帝悼惜焉,哭之甚恸。赠尚书右仆射、光禄大夫,谥曰景。

子敏,颇有才辩,而轻险多诈。寿卒后,帝追思之,擢敏为守内史舍人,而交通博徒,数漏泄省中语。化及之反也,敏创其谋,伪授内史侍郎,为沈光所杀。

释法侃

释法侃(551~623年),隋唐高僧。俗姓郑,嵩山荥阳人。弱年从道,初于泰山灵岩寺修行,后从渊法师研学十地、地持等诸论。南朝陈时,法侃南渡建康,住江都安乐寺,从真谛之白衣弟子曹毗钻研《摄大乘论》。隋文帝仁寿二年(602年),奉敕送舍利至宣州(安徽宣城)、黎州(位于河南),感得奇瑞。"隋炀晋蕃昔镇杨越,搜举名器入住日严,以侃道洽江,将欲英华就京部,乃召而隆遣,既达本寺,厚供礼之。"炀帝曾于长安兴建日严寺,召天下高僧论道,释法侃亦奉召宣讲唯识。唐初,被立为:"十大德"之一,统率教界。释法侃晚年移居大兴善寺,致力弘扬摄大乘论。唐武德六年(623年),示寂于居所,世寿73岁。

长孙晟

长孙晟(552~609年),隋朝著名官吏。字季晟,嵩山洛阳(今洛阳东北)人。任职北周,初为司卫上士,曾奉命出使突厥,借机悉察其山川形势、部众强弱。后迁奉东都尉。隋开皇初,突厥势盛,屡侵隋境。他上书朝廷提出区别对待、远交近攻和利用突厥各部落间的矛盾各个击破的策略,行之颇见成效,迫使突厥主要首领摄图向隋称臣。后又数使突厥,宣扬朝廷威德。历官左勋卫车骑将军、上开府仪同三司、内卫宿卫、相州刺史、淮阳太守、右骁卫将军。其女为唐太宗李世民皇后。

智 命

智命(?~618年)隋朝官吏。嵩山荥阳人。姓郑氏,名颋。早岁以才学著称于宁州(今甘肃)。初为羽骑郎,官至五品。炀帝崩逝后,不复任官,专从嘉祥大师吉藏修学法华、三论等。适逢王世充篡隋,遂与妻相偕出家,皈依佛教,王世充怒而斩之。其妻出家后住于洛州寺。

赵 轨

赵轨,隋朝官吏。嵩山洛阳(今洛阳东北)人。父肃,魏廷尉卿。轨少好学,有行检。周蔡王引为记室,以清苦闻。迁卫州治中。高祖受禅,转任齐州别驾,有能名。赵轨劝课人吏,更开三十六门,兴修水利,灌田五千余顷,人赖其利。有德政,被征入朝,离任之时,百姓以其清明若水而以杯水为之饯行。后又被外调为原州总管卫王爽之佐。迁硖州刺史,寿州总管长史。

赵轨不仅注意自身的修养,而且对部下也要求甚严,做到对百姓秋毫无犯。他在做原州总管司马时,掌管军政和军赋。有一次进行军事训练,日夜兼程,晚上星月昏沉,连人带马误入田中,踩坏了庄稼。他立即命令停止进军,原地待命。直到天亮,找到田主,赔了损失才率部队开拔。原州官民听到此事以后,无不感叹,说赵轨爱民如子,惜田如金。官民看到总管司马尚且如此,引起人人仿效,"人吏莫不改操",风俗为之一振。为官一任,造福一方。在硖州刺史任上,击强扶弱,治理盗贼于萌芽之中,道不拾遗,夜不闭户,于民甚有恩惠。

赵轨秩满归乡里,卒于家,时年62岁。子弘安、弘智,并知名。

宇文恺

宇文恺(555~612年),隋朝建筑设计家。字安乐,北周贵族出身。祖先是鲜卑族,朔方(今陕西靖边)人,后迁居京兆(今西安市),西魏以来汉化。父亲宇文贵,西魏12大将军之一,仕周,位至大司徒。次兄宇文忻,周、隋时名将,隋时官至右领军大将军。宇文恺为武将世家,父兄皆以弓马显名。北

宇文恺

周时,他以功臣之子的身份,3岁被赐予双泉伯,7岁时加封安平郡公,食邑2000户。宇文恺少有器局,独好学,好博览书籍,擅长工艺,尤善建筑。后因政治原因,文帝下令对宇文氏抄家灭族,他当在株连之列。因帝念其人才,死罪方得赦免。事后,他即被任命为建造皇家宗庙的副监。

开皇二年(582年),文帝下诏创建新都大兴城(唐长安城),命宇文恺为副监。虽为副职,但所有规划图纸均出自其一人之手。历经半年新都告竣,次年迁居焉。宇文恺曾负责营建隋朝的大兴都城(唐长安城);开皇四年(584年),为了便利京城漕运,他又任总督开挖了从大兴城至潼关,引渭水注入黄河,全长300余里的广通渠工程。开皇十三年(593年)担任营造仁寿宫的检校将作大匠,实为将作大匠,历经两年,皇宫建成。文献皇后独孤氏殁后,又负责建造了陵寝。由于这一系列建筑工程的贡献,文帝下诏恢复其既有的食邑2000户的平郡公爵位。

炀帝继位后,亲临洛阳,下诏营建东都。大业元年(605年),命尚书令杨素为营都大监,宇文恺任将作大匠兼领东都副监,因地制宜进行规划设计,如放弃全城绝对对称的布局,交宫城置于西北隅高地,主轴线在城市西侧,由宝鼎门至则天门、乾阳殿,保持轴线两侧有限对称,紧缩城市用地;添设郭城增加防卫;修建储存粮食的含嘉仓、回洛仓、洛口仓;在贯通全城的洛水两岸,架设众多桥梁,以利交通;修造通济渠,由城区出发可达长江等。同时,还营建了显仁宫和著名的西苑(大型园林)。所有总体设计规划都出自宇文恺一人之手,充分表现了其非凡的建筑才能,创造了中国城市建设史上的奇迹。由于其施工管理有条不紊,一年时间就完工,受到隋炀帝赞赏,进勋为开府仪同三司,并拜为工部尚书,不久又晋升为大将军。大业三年(607年),炀帝北巡,令文恺造作可坐数千人的大帐,造观风行殿。观风行殿为活动宫殿,可以拆卸,通容纳数百人,下施轮轴,移动自如。据说,这是世界上最早的活动房。他设计和制作的明堂木样,"重檐复扇,五房通达",施工尺寸、规矩都有标准;他绘制的明堂图,运用了1:100的比例尺,施工起来很方便。宇文恺还和和耿询一起研制了丁型刻漏计时器,是中国早期的钟表。隋代著名工程,他多参与。大业八年(612年)十月,因辽东之役建造辽水桥不成而被杖死,卒于工部尚书之位,谥曰康。

著有《东都图记》20卷、《明堂图议》2卷、《释疑》1卷,对京都及皇家建筑布局和风格都有系统的总结。惜已亡佚。有史学家评价:宇文恺在建筑方面的成就是伟大的,但他为了博取帝之欢心,在修造仁寿、显仁二宫、营建东都城的过程中,无异浪费大量人力、物力及财力,穷侈极丽;为了赶工期,抢速度,驱迫民众,死亡役使无数,使隋文帝后期失德于民,炀帝误国殃民,与他多少是有一定责任的。

元弘嗣

元弘嗣(564~613年),隋朝官吏。嵩山洛阳(今洛阳东北)人。少袭父爵为北周渔阳郡公,年18岁为左亲卫。隋开皇九年(589年),随晋王杨广平陈,以功授上仪同。后历任观、幽二州总管长史,为政苛酷。仁寿末被任为木工监,负责营修东都洛阳。大业初炀帝准备征辽东,他受遣至东莱海口监造战船。辽东之役毕,晋位金紫光禄大夫。杨玄感起兵于黎阳反对炀帝,他屯兵安定以拒玄感,后被人告以谋应玄感而遭拘禁并免官,死于流放日南的途中。

杨玄感

杨玄感(? ~613年),隋朝兵变首领。弘农华阴(今陕西华阴东)人。隋代司徒杨素之子,其父曾协助炀帝夺取皇位,平息汉王谅的叛乱,假楚公,位至司徒。玄感以父功为柱国,与父同为二品,朝会时齐列。初授郢州刺史,颇有政绩,吏民敬服,后转宋州刺史。父卒,袭爵楚国公,迁礼部尚书。杨玄感看到炀帝殄民败德,猜疑忠良,一方面穷奢极欲,大兴土木,徭役深重;另一方面,数次发兵高丽,士卒骸骨蔽野,民心离散,便利用炀帝二征高丽之机,主动要求将兵行阵,趁机组兵1万。在如何进攻的谋划中,李密认为:天子远在辽外,今向北入蓟,断帝归路,不战而擒,此计上;关中四塞,守备空虚,若经城勿攻,率众直入,帝师回攻,据险而守,为万全之势,此计

杨玄感

中;就近攻取洛阳,唐祎告之,必定固守,引兵攻战,延误时机,胜负难测,此计下。杨玄感不听李密之言,选其下计,围攻洛阳。由于起兵以来,一路告捷,渡河后从者如市,屯兵上春门时已众至十余万,余杭刘元进等举兵响应,有不少贵族子弟到军中与此同谋。他自以为天下响应,功在旦夕。但炀帝闻讯从辽东撤军回师,刑部尚书卫玄率兵数万自关中东进援洛,几路大军从不同方位进攻。杨玄感腹背受敌,多次败北屯兵洛阳,却久攻不克,见隋援军日鑫,被迫放弃洛阳,西撤图关中,逃奔上洛(今陕西商县),与其弟杨积善至葭芦戍,让积善杀已免受人辱。追兵将二人尸首在洛阳暴市3日后焚之,余众悉平。公卿上奏,诏将杨玄感姓改为枭。杨玄感身为宰相之子,荷国重恩,却打着"上禀先旨,下顺民心,废此淫昏,更立明哲"的旗号发动兵变,反映出隋统治集团内部已出现了严重分裂。此次兵变时间很短,但从根本上削弱了隋的统治势力,促进了农民起义的发展。

斛斯政

斛斯政(? ~614年),隋朝官吏。姓斛斯,名政。祖椿,魏太保、尚书令、常山文宣王。父恢,散骑常侍、新蔡郡公。嵩山洛阳(今洛阳东北)人。斛斯政明悟有器干,初为亲卫,后以军功授仪同,甚为杨素所礼。大业初为尚书兵曹郎,后迁兵部侍郎。政有风神,每奏事,未尝不称旨。炀帝悦之,渐见委信。杨玄感兄弟俱与之交。辽东之役,兵部尚书段文振卒,侍郎明雅复以罪废,帝弥属意。寻迁兵部侍郎。于时外事四夷,军国多务,政处断辩速,称为干理。

杨玄感起兵反隋时,他暗与通谋。帝在辽东,将班师,穷治玄纵党与。内不自安,遂亡奔高丽。第二年,帝复东征,高丽请降,拘捕斛斯政以求执送,帝许之,遂锁斛斯政而还。至京师,以斛斯政告庙,

左翊卫大将军宇文述奏曰："斛斯政之罪,天地所不容,人神所同忿。若同常刑,贼臣逆子何以惩肃?请变常法。"帝许之。于是将斛斯政出金光门,缚政于柱,公卿百僚并亲击射,脔割其肉,多有啖者。啖后烹煮,收其余骨,焚而扬之。

张须陀

张须陀在战场上

张须陀(565~616年),隋朝将领。后人喻为隋朝柱石。弘农阌乡(今河南灵宝)人。张须陀性刚烈,有勇略。少年时为史万岁部将,曾从史万岁讨西爨,因功授仪同,赐物300段。隋炀帝继位后,汉王杨谅在并州作乱,张须陀从杨素平乱,加开府。隋大业六年(610年),担任齐郡(今山东济南)丞。时值隋炀帝数次用兵高丽,致使百姓失业,再加上饥荒,粮食的价格飞涨。张须陀决定开仓放粮,赈济灾民。隋炀帝知道后,并没有责备张须陀,反而奖赏了他。隋大业七年(611年)三月,邹平(今山东邹平北)人王薄煽动群众,以长白山(今山东邹平西南会仙山)为根据地,首次举起了反隋叛旗。时任齐郡丞的张须陀带兵征讨,王薄引军南下,转战到鲁郡(今山东兖州)。张须陀穷追不舍,追至岱山之下时,王薄恃其骤胜,未设防备,张须陀选精锐,出其不意而击之,大败叛军斩首数千级。王薄收拢被打散的部下万余人北上渡黄河,又被张须陀追至临邑(今济南市北)击败,斩首5000余级,获六畜万计。时天下太平日久,百姓多不习兵,地方官吏每与叛军作战,或弃城逃跑,或开门出迎。唯独张须陀勇决善战,同时又长于抚驭,所以甚得军心,当时号为"名将"。大业九年(613年),王薄又联合起孙宣雅、石秖闍、郝孝德叛军十余万人攻打章邱(今山东章丘西北)。这一年,张须陀先后击败王薄、裴长才、石子河,北海郡郭方预和次年发生的齐郡人左孝友、涿郡人卢明月等各路叛军,累立战功,威震东夏。以功迁齐郡通守,领河南12郡黜陟讨捕大使。

此后张须陀又相继击败了吕明星、帅仁泰、霍小汉等义军各万余,扰济北,张须陀进军击走之。还率兵拒翟让的瓦岗军,前后30余战,每战必胜之。

隋大业十二年(616年),瓦岗叛军在翟让领导下已发展成为河南地区最强的一支叛军。十月,曾随礼部尚书杨玄感起兵反隋的李密投靠翟让后,即建议瓦岗叛军席卷二京(长安、洛阳)、诛灭暴政。时瓦岗叛军粮食供给不足,仅靠截取隋廷漕运来维持军需。于是,翟让采纳李密的计谋,决定先取荥阳(郡治今郑州),夺取洛口粮仓,进一步壮大力量,然后再图进取。据此,翟让率军由瓦岗寨(今河南滑县南)西进,相继攻占金堤关(今荥阳东北)和荥阳郡大部县城,进逼荥阳城。隋炀帝即命张须陀为荥阳通守,率其精锐两万前往镇压。翟让多次为张须陀所败,闻其率兵来剿,大惧,欲避之。李密劝阻道:"须陀勇而无谋,兵又骤胜,既骄且狠,可一战而擒。公但列阵以待,保为公破之"。李密预先派兵千余骑兵埋伏于嵩山大海寺(今荥阳东北)北树林内,而以主力从正面迎敌。战斗开始,张须陀军以方阵进击,翟让率军接战后退,张须陀趁机追击10余里,至大海寺附近,瓦岗叛军伏兵骤起,翟让、李密及叛军将领徐世绩、王伯当将隋军合围。张须陀力战得以突围,但见部下仍然被围,遂再冲进包围圈救之,如此4次,其部下皆败散。张须陀仰天道:"兵败如此,何面见天子乎?"遂下马战死,时年52岁。

翟 让

翟让(?~617年),隋末瓦岗农民起义军首领。东郡韦城(今河南滑县东南)人。翟让骁勇有胆略,初任东郡法曹,因暗放狱中无辜百姓被判死刑,后被人救出,到瓦岗(今河南滑县南)组织农民起义。聚众万余,大都是善使长枪的渔猎手。大业十二年(616年),出身贵族的李密投奔瓦岗军。翟让接受李密的建议,说服附近许多小股起义军,合并于瓦岗军。在李密的策划下,瓦岗军攻克嵩山北麓的荥阳、巩义等县,声势逐渐壮大。隋炀帝调遣张须陀带领劲兵两万人进攻瓦岗军。瓦岗军在嵩山荥阳大海寺北丛林设伏,大败隋军,杀隋将张须陀。大业十三年(617年),与李密攻占嵩山北麓的洛口仓(今巩义市),开仓散粮,农民纷纷加入瓦岗军,数至几十万人,在洛口城建立政权,翟让推李密为主,号为"魏公",改大业十三年为永平元年。翟让自任司徒,封东郡公,与前来镇压农民起义军的隋军将领王世充相持于洛口。后与李密有隙,被李密设计在酒宴中杀害。

翟让在嵩山留下的遗迹,有位于嵩山之阴的巩义市东南丘陵上洛口仓遗址。

元文都

元文都(?~618年),隋朝官吏。嵩山洛阳(今洛阳东北)人。北魏宗室,汝阴灵王拓跋天赐的玄孙、元修义的曾孙,安昌平王元均的孙子,安昌郡公元则之子。个性耿直,明辨有器干。北周时曾为右侍上士。隋开皇初年,授内史舍人,后历任库部、考功二曹郎、内史舍人,以干练知名,被擢升为尚书左丞,转太府少卿。炀帝继位,历官司农少卿、司隶大夫、御史大夫,后因事免官。不久又起用为太守卿,逐渐受到炀帝宠信。大业十三年(617年)炀帝出走江都后,命他与皇甫无逸、段达等同为东都留守,佐越王侗守洛阳。次年,宇文化及在江都杀死炀帝后,他与王世充等推拥越王侗在洛阳称帝。侗署文都任内史令、开府仪同三司、光禄大夫、左骁卫大将军、摄右翊卫将军、鲁国公等官职,倍受重用。由于洛阳兵权为王世充把持,又有宇文化及另立秦王杨浩为帝,元文都遂建议杨侗招降当时势大的李密,利用李密的力量攻击宇文化及,跟王世充制衡。元文都因为此计大大得罪王世充,在杨侗意欲拔擢元文都担任御史大夫时,王世充大力阻碍,元文都鉴于王世充仗着兵权在手日益跋扈,因此入朝向杨侗进言须杀王世充,并与卢楚等谋趁王世充入朝时伏兵杀之。不料事泄,王世充奔往含嘉城,联合段达发动兵变,杀元文都,诸子亦全数遇害。

宇文庆

宇文庆,隋朝军事将领。字神庆,嵩山洛阳(今洛阳东北)人。祖金殿,魏征南大将军,仕历五州刺史、安吉侯。父显和,夏州刺史。庆沉深有器局,少以聪敏见知。北周初,受业东观,多涉经史。既而谓人曰:"书足记姓名而已,安能久事笔砚,为腐儒之业!"于时文州民夷相聚为乱,庆应募从征。贼据保岩谷,径路悬绝,庆束马而进,袭破之,以功授都督。后累官至骠骑大将军、加开府。从武帝攻河阴、拔晋州、下信都,以功进位大将军,封汝南郡公,又先后迁延、宁二州总管。杨坚为北周丞相时,引他为心腹。大象中,进为上大将军。高祖与庆有旧,甚见亲待,令督丞相军事,委以心腹,寻加柱国。卫王宇文直之镇山南也,引为左右。庆善射,有胆气,好格猛兽,直甚壮之。稍迁车骑大将军、仪同三司、柱国府掾。及诛宇文护,庆有谋焉,进授骠骑大将军,加开府。后从武帝攻河阴,先登攀堞,与贼短兵接战,良久,中石乃坠,绝而后苏。帝劳之曰:"卿之余勇,可以贾人也。"复从武帝拔晋州。其后齐师大至,庆与宇文宪轻骑而觇,卒与贼相遇,为贼所窘。宪挺身而遁,庆退据汾桥,众贼争进,庆引弓射之,所中人马必倒,贼乃稍却。及破高纬,拔高壁,克并州,下信都,禽高湝,功并居最。周武帝诏曰:"庆勋庸早著,英望华远,出内之绩,简在朕心。戎车自西,俱总行阵,东夏荡定,实有茂功。高位缛礼,宜崇荣册。"于是进位大将军,封汝南郡公,邑1600户。寻以行军总管击延安反胡,平之,拜延州总管。俄转宁州总管。高祖为丞相,复以行军总管南征江表。师次白帝,征还,以劳进位上大将军。高祖与庆有旧,甚见亲待,令督丞相军事,委以心腹。寻加柱国。开皇初,拜左武卫将军,进位上柱国。数年,出除凉州总管。岁余,征还,未再任职,卒于家。

杨　广

隋炀帝杨广

杨广(569～618年),隋炀帝,中国历史上著名的荒淫暴君。隋文帝杨坚的第二个儿子,隋代二世皇帝,公元604～618年在位。其兄弟5人,都是独孤皇后所生。老大杨勇,聪敏好学,性情温和,被立为太子,杨广被封为晋王。后杨广善于察言观色,一直用心做事做人,很受文帝和皇后喜欢。由于杨勇比较奢华,行为又不检点,不注意矫饰伪装,加之别人的谗言,终使文帝下诏废掉杨勇,立杨广为太子。隋仁寿四年(604年),隋文帝病重,杨广原形毕露,调戏文帝的宠妃,文帝怒不可遏,召柳述、元严起草文书,要废掉杨广,重立杨勇为太子。杨广得知,率东宫卫士入宫,杀死文帝,自立为帝。杨广即位后欲都洛阳,登北邙而南望伊阙龙门,曰:"真龙门也。"巡视汉魏故城,选定汉魏城以西18里的地方营建东都,大兴土木,修建宫殿和西苑。开凿以洛阳为中心,北起涿郡、南到余杭的大运河,全长四五千里,连接了海河、黄河、淮河、长江、钱塘江五大河流,成为南北交通的大动脉。随着南北大运河的开通,洛阳不仅成为全国水陆交通的中枢,而且成为全国经济和物资交流的中心。大业二年(606年)四月迁都洛阳。同时他把全国数万家富商大贾和数千工艺户迁到洛阳,以致人口竟达百万之多,使洛阳成为一个储粮丰富、商业繁盛、文化发达的国际大都市。他登基之后,穷奢极欲,荒淫无度,大运河与其他工程和军事征发同时并举。征发的民夫共占全国丁男的三分之一,由于各级官吏或谄谀献媚,邀功请赏,或趁火打劫,于是征一抽十,调十发百,无休止的徭役征发,惨无人道的人身折磨,先后夺去了上百万人的生命。从长安到江都(今江苏扬州)置离宫40余所,3次巡游江南,船队首尾相接200余里;三驾辽东,西巡张掖;建造了方圆200里的西苑,供自己游玩;穷兵黩武,三次发动征伐高丽战争,兵役繁重,征敛苛虐,人民深受其害。从大业七年(611年)起,各地农民不断起义,隋王朝迅速土崩瓦解。大业十四年(618年),在江都(今江苏扬州)被禁军将领宇文化及等缢杀,隋亡。

隋炀帝大业八年(612年),嵩山著名道士潘师正自言300岁,在嵩山的嵩阳寺为隋炀帝杨广炼丹,祝其长生不老。隋炀帝杨广信奉道教,赐名"嵩阳寺"为"嵩阳观"(今嵩阳书院),作为炼丹场所,并逐步发展为道教传教场所。

隋朝大运河

隋炀帝在嵩山留下的遗迹,有始建于隋炀帝大业元年(605年)的隋朝洛阳城,又称为"洛阳宫"、"东都";有位于洛阳城内的隋唐时期全国大型粮仓之一的含嘉仓遗址;有位于嵩山脚下的嵩阳书院,有著名的隋朝大运河。

郑善果

郑善果(572~约629年),隋朝大臣、将领。嵩山荥泽人。父诚为北周大将军,善果袭其官爵为开封县公,时年9岁。开皇初(581年)封武德郡公。14岁为沂州刺史,大业中累迁鲁郡(今山东兖州)太守。郑善果母崔氏,年20岁而寡。性贤明,有节操,博涉书史,通晓治方。母常于阁内听他理事,得当则喜,不得当则不与之言。他由此励己,号为"清吏",与武威(今属甘肃)太守樊子盖为天下第一,迁大理卿。隋炀帝被突厥围困于雁门(今山西代县),郑善果以防御有功擢右光禄大夫。后从炀帝至江都。宇文化及杀炀帝,他任民部尚书。炀帝死,从宇文化及北还,拒唐军负箭伤,旋为窦建德所俘获。窦建德责其为弑君之贼宇文化及力战,不加礼遇,乃投唐。高祖赦其罪并授为检校内史侍郎、太子左庶子,封荥阳郡公。后历任检校大理卿兼民部尚书、礼部尚书、刑部尚书。贞观元年(627年),出为岐州(今陕西凤翔)刺史,改江州刺史,卒于任所。

窦建德

窦建德(573~621年),隋末农民起义军领袖。隋朝贝州漳南(今山东武城漳南镇)人。窦建德家世代务农,自言汉景帝太后之父安成侯窦充的后裔。曾任里长,尚豪侠,为乡里敬重。隋大业七年(611年),隋炀帝征兵伐辽东高丽,窦建德应召入伍。本郡选勇敢优异者当领导,窦建德因勇敢被选为二百人长。目睹兵民困苦,义愤不平,遂抗拒东征。因支持同县人孙安祖起义,家属惨遭杀害。被迫带领被征的200名士兵投高鸡泊起义首领高士达,任司兵、军司马。窦建德倾身接物,能与兵士同

窦建德

甘共苦,所以士兵也愿为其效死力。涿郡(今涿州)通守郭绚领兵万余人讨伐高士达,建德以 7000 精兵袭杀郭绚。616 年高士达牺牲后,他继为领袖,自称将军。他能团结将士,与士兵同甘苦,深得农民拥戴,队伍壮大到 10 余万人。617 年在乐寿(今河北献县)称长乐王。618 年,隋右翊卫将军薛世雄领兵 3 万讨伐窦建德,河间(今河北河间县)一战,全歼隋军,并乘胜攻下河北大部郡县。唐高祖武德元年(618 年)自称夏王,建都乐寿(今河北省献县),国号夏。开发水利,发展生产,深得民心。619 年,攻破聊城(今山东聊城),杀宇文化及。迁都洺州(今河北永年东南)。遂大量选用隋官僚,建立各项制度,又遣使到洛阳朝见隋越王杨侗,并与王世充结好。唐武德四年(621 年)三月,窦建德在吞并孟海公起义军后,留部将范愿守卫曹州(今山东曹县西北),自率 10 余万大军,号称"30 万"驰援洛阳,在虎牢关(嵩山荥阳西北)决战,相持数月,终因轻敌兵败,受伤后被俘,当年被杀于长安,时年 49 岁。窦建德所建夏国,也就此灭亡。

窦建德被俘后,唐军主力回师洛阳,被窦建德援战的王世充见大势已去,想突围南走襄阳,但诸将已无斗志,被迫于五月初九率太子、群臣等 2000 余人投降。

窦建德在嵩山留下的遗迹,有虎牢关,有位于荥阳市秦王寨南 2 公里处的建德城,有位于荥阳市西北的窦建德兵败被俘的虎牢之战所在地牛口峪,有位于嵩山东北麓的荥阳市汜水镇廖峪村北地窦建德墓。

李 密

李密(582～618 年),隋末瓦岗农民起义军首领,著名军事家、战略家。字玄邃(一字法主),京兆长安(今陕西省西安市)人,祖籍辽东襄平(今辽宁辽阳南)。曾祖父李弼,为北魏司徒,赐姓徒何氏,北周时又为太师、魏国公。祖父李祖曜,为北周邢国公。父亲李宽骁勇善战,干略过人,为隋上柱国、蒲山公,从北周至隋,数次为将,官至柱国、蒲山郡公,号为名将。由于李密世代都是显官,所以他的出身对他一生的经历起了重要作用。《隋书·李密列传》中称李密"多筹算,才兼文武,志气雄远,常以济物为己任。"开皇中,李密袭父爵为蒲山公,从此"散家产,周赡亲故,养客礼贤,无所爱吝。"曾任隋宫廷侍卫官,因未得炀帝信任而辞去。大业九年(613 年)参与杨玄感于黎阳(今河南浚县东北)起兵反隋。玄感败,李密逃亡。大业十二年(616 年)入瓦岗军。辅助首领翟让联合附近诸小股义军,并提出席卷二京(长安、洛阳)、诛暴灭隋的主张。又建议主动出击,西攻荥阳郡(治今郑州),以获取军粮。瓦岗军攻下荥阳大部

李密

县城后,隋荥阳通守张须陀领兵2万来攻,李密劝翟让迎击,于大海寺(今河南荥阳东北)北设伏击溃隋军,斩须陀。随后,李密获准建立由他直接领导的"蒲山公营",翟让乃推李密为魏公,置魏公府和行军元帅府,改元永平,以招徕各路反隋武装,由此李密在各路起义军中确立了盟主地位。其军令严肃,赏赐优厚,士卒乐为他所用。大业十三年(617年),李密与翟让率领精兵7000余人出阳城(登封告成),北踰方山,自罗口袭取嵩山北麓的洛口仓(在巩义市),破后,开仓赈济,招就食饥民几十万,起义队伍迅速壮大,瓦岗军占领了洛口、回洛仓,逼近东都。这时,李密和翟让之间因处理隋降官、分配军资等问题,发生火并,李密杀翟让及从者数百人。

十四年(618年)初,于嵩山西麓大败王世充军后,乘胜攻克偃师(今偃师东南),进据金墉城(今洛阳东北),继以30万之众布阵于北邙山,再次逼攻洛阳。但未克,形成与东都隋军日久相持的局面。因其骄矜自满,不爱惜士卒,部众逐渐离心。隋将宇文化及于江都缢杀炀帝后率众10余万西归,李密为避免两面作战,遂向在洛阳称帝的越王杨侗称臣,接受官爵封号。与宇文化及交战后实力消耗较大,加之轻敌,被王世充击败于偃师北邙山。其部众多叛降,李密走投无路,遂率余部2万人入关投奔李渊。被授为光禄卿、上柱国,封邢国公。旋又离唐东走,企图再举。是年12月30日,行至熊耳山(今洛宁南),被唐将盛彦师截击杀死。

瓦岗军是隋末活动在河南一带的一支强大的农民起义军,其领导者李密鲜明地打出反抗隋朝暴政的旗帜,逼近东都,与隋争夺洛阳,并表现出杰出的领导和组织才能。他们虽然没有取得东都,但沉重地打击了隋王朝的腐朽统治,并阻挡了大量的隋军西进,在客观上为唐王朝的建立做出了贡献。

李密在嵩山留下的遗迹,有位于嵩山之阴的巩义市东南丘陵上洛口仓遗址。

王世充

王世充

王世充(？~621年),隋末割据者之一。字行满,祖籍西域,属西域胡人,本姓支。其祖支颓耨,徙居新丰(今陕西临潼东北),早亡。其父收,因母改嫁仪同霸城人王粲,故冒姓王。王收曾官至怀、汴二州长史。世充卷发,利口善辩,涉书传,好兵法,且明习法律。隋开皇中,为左翊卫,以军功拜仪同,转兵部员外郎。大业中,累迁江都(今江苏扬州)都丞,兼领江都宫监。他窥测隋炀帝杨广颜色,阿谀顺旨,获得炀帝宠信,背地里阴结豪强,收买人心。杨玄感反隋时,朱燮、管崇于江南起兵响应,王世充募江都万余人破之。齐郡农民义军孟让率10万众至盱眙(今江苏盱眙东北),世充又设计袭破之。大业九年(613年)起,以镇压江南刘元进等部农民起义军,坑杀降众3万余人。大业十二年(616年)升都通守,镇压河北格谦余部及南阳卢明月。大业十三年(617年),瓦岗军(隋末农民起义军)占领兴洛仓,进逼东都。王世充被调北援东都洛阳,领兵数万渡洛,为李密起义军击所战败,只剩千余人,走保河阳(今山西沁阳南)。隋越王杨侗召令他还洛,屯含嘉城。炀帝被杀后,王世充与元文都、卢楚等拥立杨侗为隋朝皇帝,史称皇泰主。杨侗以王世充为吏部尚书,封郑国公。同年七月,王世充杀文都、卢楚,专制朝政。

时李密虽破宇文化及,还屯金塘(今河南洛阳市北),但兵力损失很大。王世充乘机进击,大败之,李密势蹙降唐。王世充收集其余众,自为太尉、尚书令。唐武德二年(619年)四月,王世充废皇泰主,称帝即位,年号开明,国号郑。武德三年(620年)十月,王世充所属阳城县令王雄降唐,被封为嵩州刺史后,王世充兵攻阳城。唐高祖李渊遣秦王李世民攻郑,进逼东都,王世充乞援于夏主窦建德。武德四年(621年)五月,李世民败夏军于虎牢(今嵩山荥阳西北),窦建德被俘,王世充以洛阳降,郑亡。七月,唐徙世充及其家属于蜀,临行,为仇人独孤修德所杀。

花木兰

花木兰替父从军

花木兰(412~502年),文学故事人物,中国古代民族女英雄。传说她在从军12年后返乡,因不愿做魏主之妃,毅然选择自杀,是中国南北朝时期一个传说色彩极浓的巾帼英雄。她的故事是一支悲壮的英雄史诗。传说姓花、姓魏、姓木壮、姓朱。关于出生地说法众多,主要有河南人说她是商丘虞城县人,陕西人说她是延安人,湖北人说她是黄陂人,安徽人说她是亳州人,内蒙古人说她是盛乐人(今呼市和林格尔)和包头人,河北人说她是完县(今顺平县)人,但均无确证。故事最早见于诗歌《木兰诗》。这首诗出色地塑造了花木兰热爱劳动,热爱祖国的劳动妇女形象,胡人入侵,她毅然女扮男装,代父从军,在漫长的征途和战斗生活中,锻炼成为一名坚强的战士。她身经百战,屡立奇功,胜利地完成了使命,表现了坚强意志和勇敢精神。胜利归来,隋天子喜其勇为,授以尚书郎,木兰坚辞不受,只愿恢复普通劳动妇女的生活。此时同伴方知木兰是一女子,皆惊奇不已。唐初追谥为孝烈将军。嵩山所在的几个县市的民俗文社活动中,都有纪念花木兰的文艺演出节目。

释智命

释智命,隋朝僧人。荥阳人。初仕隋为羽骑尉,逃官流俗,备历讲会。及元德作贰。杨素荐之,迁为中舍人。越王即位,历官御史大夫。伪郑开明,连任不改。频请郑主为国修道。不遂。乃剃发,法服擎锡,迳至宫门。世充怒,敕下斩之。口咏般若,索笔题诗:"幻生还幻灭。大幻莫过身。安心自有处。求人无有人。"

唐 代

李玄道

李玄道(？~约629年),唐朝文学家。祖籍陇西,世居郑州。世代乃山东冠族,祖李瑾,魏著作佐郎。父李行之,官隋都水使者。隋末为齐王府属官。李密据洛口时,引为记室。密败,后为王世充所俘,免其死并拜为著作郎。东都洛阳平,秦王李世民召为秦王府主簿、文学馆学士。贞观元年(627年)累迁给事中,封姑臧县男。后外调为幽州都督府长史,对王君廓多有约束。后因幽州都督反叛获罪,流配巂州。迁常州刺史,有政绩。唐太宗贞观三年(629年)加银青光禄大夫。在职清简,太宗曾下诏褒美。著有《李玄道集》10卷,已佚。

徐文远

徐文远(549~623年),唐朝官吏。名旷,字以行。嵩山偃师市人。南齐陈司空徐孝嗣五世孙,其先自东海徙家焉。父彻,梁秘书郎,尚元帝女安昌公主而生文远。属江陵陷,被虏于长安,家贫无以自给。其兄休,鬻书为事,文远日阅书于肆,博览《五经》,尤精《春秋左氏传》。文远方正纯厚,有儒者风。窦威、杨玄感、李密皆从其受学。开皇中,累迁太学博士。诏令往并州,为汉王杨谅讲《孝经》、《礼记》。及谅反,除名。大业初,礼部侍郎许善心举文远与包恺、褚徽、陆德明、鲁达为学官,遂擢授文远国子博士,恺等并为太学博士。时人称文远之《左氏》、褚徽之《礼》、鲁达之《诗》、陆德明之《易》,皆为一时之最。文远所讲释,多立新义,先儒异论,皆定其是非,然后诘驳诸家,又出己意,博而且辨,听者忘倦。隋末曾与李密论天下事。史料记载:徐文远当了皇泰主的国子祭酒,自己出城打柴,被李密的部下捉住。李密让徐文远朝南坐,自己尽弟子的礼节,朝北拜徐文远。文远说:"老夫我既然受了厚礼,不敢不畅所欲言了! 不知道将军的志向是不是打算像伊尹、霍光那样扶助朝廷于危难之中? 那老夫虽然年迈,仍愿意尽力相助;假如是像王莽、董卓,乘国家危难谋利,那老夫是没什么用的!"李密叩头说道:"不久前奉了朝廷命令,位列上公,希望竭尽有限的能力,挽救国难,这才是密本来的愿望。"徐文远说:"将军您是名臣之子,迷途才落到今天的局面,如果能趁走得不太远及早回头,仍然不失为忠义之臣!"等到王世充杀了元文都等人,李密又向徐文远请教对策。徐文远说:"王世充也是我的弟子,为人残忍狭隘,既造成这种形势,必然有别的企图。将军您原来的计划不合适了。不打败王世充,不能入朝。"李密说："原来以为先生是儒生，不通时势，现在不出门就定大计，又是多么贤明啊！"

入唐以后，徐文远征为国子博士。武德六年（623年），高祖李渊幸国学，观释奠，遣文远发《春秋》题，诸儒设难蜂起，随方占对，皆莫能屈。后封东莞县男，卒官，年74岁。撰《左传音》3卷、《义疏》60卷。孙为徐有功。

丘　和

丘和（551～637年），唐朝将领。嵩山洛阳（今洛阳市）人。父寿，魏镇东将军。和少便弓马，重气任侠。及长，始折节，与物无忤，无贵贱皆爱之。初仕北周，官至开府仪同三司。入隋，累迁右武卫将军，封平城郡公。汉王谅之反也，以丘和为蒲州刺史。谅使兵士服妇人服，戴幂，奄至城中，和脱身而免，由是除名。时宇文述方被任遇，和倾心附之，又以发武陵公元胄罪，拜代刺州史。属炀帝北巡过代州，和献食甚精，及至朔州，刺史杨廓独无所献，帝不悦，而宇文述又盛称之，乃以和为博陵太守，仍令杨廓至博陵观和为式。及驾至博陵，和上食又丰，帝益称之。由是所幸处献食者竟为华侈。丘和在郡善抚吏士，甚得欢心，寻迁天水郡守。隋末，以海南僻远，吏多侵渔，百姓咸怨，数为乱逆，于是选淳良太守以抚之。黄门侍郎裴矩奏言："丘和历居二郡，皆以惠政著闻，宽而不扰。"炀帝从之，遣丘和为交趾太守。既至，抚诸豪杰，甚得蛮夷之心。后炀帝为宇文化及所弑。隋灭，丘和归附于萧铣。萧铣败，丘和以海南之地归顺唐朝，授上柱国、谭国公、交州总管。和遣司马高士廉奉表请入朝，诏许之。高祖李渊遣其子师利迎之。及谒见，李渊为之兴，引入卧内，语及平生，甚欢，奏《九部乐》以飨之，拜左武侯大将军。

丘和时年已衰老，乃拜稷州刺史，以是本乡，令自怡养。除特进。贞观十一年（637）卒，年86岁。赠荆州总管，谥曰襄，赐东园秘器，陪葬献陵。有子15人，多至大官，惟行恭知名。

褚　亮

褚亮（560～647年），唐初学者。字希明，南朝陈秘书监褚玠之子，褚遂良之父。原籍嵩山颍川阳翟（今禹州市）人，徙居钱塘（今杭州）。幼聪明好学，博闻强记，每见图使，过目不忘。褚亮博览群书，善属文，喜游名贤，尤喜议论。18岁时拜访南朝陈仆射徐陵，陵与之交谈，颇为赞赏。陈后主召见，当庭赋诗，江左诸词家诗人在席，皆服其工。累迁为尚书殿中侍郎。后入隋为东宫学士，迁太常博士。炀帝嫉其才，坐于杨玄感友善，贬西海司户。是时博士潘徽贬威定主簿，亮同行。至陇山，潘徽卒。褚亮将其殓葬，时人皆赞其义。隋末之乱中，薛举为黄门侍郎。薛举为唐所灭，亮以善对为秦王赏识，授王府文学。秦王世民每有征伐，常侍从军中，参与计谋，多所裨益。武德四年（621年），太宗于宫城之西建文学馆，招聘贤才。褚亮与杜如晦、房玄龄、孔颖达、虞世南等同为文学馆学士。每遇暇日，访以政事，讨论文学典籍、前朝旧事，不拘常礼。太宗曾令阎立本画18学士像，褚亮作赞，亲自题名于其上，号称"十八学士"。贞观中累迁散骑常侍，封阳翟县侯，学士如故。太宗征辽，亮已年迈，遣子遂良从征。病重时，太宗遣太医、中使侯门相接踵。卒年88岁。赠太常卿，谥康，陪葬昭陵。著有文集30卷。

道 岳

道岳(568~636年),唐朝高僧。俗姓孟,嵩山洛阳人。15岁从僧粲法师出家,后从志念、智通二师学成实论、杂阿毗昙心论,并从九江之道尼学摄大乘论及俱舍论。隋代大业八年(612年),受召住于大禅定道场。贞观中太子李治召诸硕德集弘文馆殿讲义,他发言如流,为太子嗟赏,遂为普光寺任。专精于俱舍论之研究,著《俱舍论疏》20卷。另据《续高僧传》卷十三载:师曾整理真谛口述、慧恺笔受之俱舍论注疏,成书22卷。另著有《十八部论疏》等。道岳示寂于贞观十年(636年),世寿69岁。其兄弟6人,共3人出家。兄明旷(?~632年),精于大智度论,弟明略(572~638年),特善涅槃经。

长孙操

长孙操,唐朝官吏。字元节,长孙览之子,嵩山洛阳人。唐高祖时任相国府金曹参军、检校虞州刺史,后跟从唐太宗征讨,参与机密。唐王朝建国的当年(618年),高祖李渊诏令东道大行台长孙操为陕州刺史。封"乐寿县男"。长孙操任陕州刺史时,见城中无井,他开渠引水入城,以代井汲,便利百姓。长孙操上任伊始,便带人实地察看原来的利人渠,决定在此渠的基础上扩大规模,增加水量。长孙操在交口东面的橐水(青龙涧河)上筑起石坝,并加宽加高水渠,使渠水比原来的利人渠扩大了许多倍。于是,人们便将此渠称作"广济渠"。贞观中历洺州刺史,益、扬二州都督府长史,在任均有善政。永徽初年(650年),加金紫光禄大夫,赐爵乐寿男。

其子长孙诠娶唐高祖李渊之女新城公主。

颜师古

颜师古(581~645年),唐朝大臣、儒家学者,经学家、训诂学家、语言文字学家、历史学家。字籀,京兆万年(今西安市)人。颜师古是名儒颜之推的孙子,父亲为颜思鲁。少传家业,遵循祖训,博览群书,学问通博,擅长于文字训诂、声韵、校勘之学。他还是研究《汉书》的专家,对两汉以来的经学史也十分熟悉。隋末仁寿年间,颜师古由李纲荐举为安养县尉。后辞职归乡,教授生徒。唐武德元年(618年),李渊称帝建立唐王朝,拜颜师古为敦煌公府文学,转起居舍人,再迁中书舍人,掌机密,专典皇帝诏敕。军国政务等重大诏令皆出于颜师古之手,其文才当时未有敢于与其相比者。颜师古勤于政事,又擅长文辞,其所拟制诰册奏之工整美好,名冠当时。唐朝建立后,颜师古历任朝散大夫、中书舍人、中书侍郎、秘书监、弘

颜师古

文馆学士等。贞观四年（630年），唐太宗诏颜师古于秘书省考定《五经》，对古篇奇字，探本索源，详加考证，并确定楷体文字，撰成《五经定本》。颜师古随问辩答，人人叹服。房玄龄等对此书大加论议，"辄引晋、宋已来古今本，随言晓答，援据详明，皆出其意表，诸儒莫不叹服。"又于秘书省著《匡谬正俗》，为时人推崇。《汉书注》，是颜师古晚年力作，在审定音读、诠释字义方面用功最多，成绩最大，解释详明，深为学者所重。贞观十九年（645年），颜师古随从太宗征辽东，途中病卒，终年65岁，谥曰戴。

颜师古主要著作有《五礼》、《急就章》均佚，《五经定本》、《匡谬正俗》、《汉书注》和文集40卷传世。《新唐书·艺文志》著录有集60卷，已散佚。今有《全唐文》辑录其文19篇，《全唐诗》辑诗1首。

颜师古工书，其流传下来的书迹有立于贞观二年（628年）位于嵩山荥阳等慈寺的《大唐皇帝等慈寺之碑》，史料记载，该碑由颜师古撰文并书丹。唐代书法家杨守敬《平碑记》评此碑文书法"结构全法魏人，而姿态横行，劲利异常，无一弱笔。"著名书法家李刚田评此碑"书法既含欧、褚匀净精劲之风采，又得北碑茂密雄健之精神。结体于精妙处见姿势，下笔峻利而又沉稳，为唐楷中之杰出者。"即便是当今，颜师古的《大唐皇帝等慈寺之碑》拓片，依然受到广大书学者的热爱和追捧。

孙思邈

孙思邈

孙思邈（581~681年），唐朝道士、医药学家，世称"药王"。京兆华原（今陕西省铜川市）人。幼年多病，几次险遭夭折，为了治病，家中财产几乎变卖光，后来幸运地遇到一采药郎中用偏方才治好了病。少时饱尝疾病之苦，孙思邈立志学医治病救人。孙思邈7岁上学，聪明伶俐，刻苦认真，博读百家经史和佛经。18岁离家到40里外拜师学医，到20几岁时已负盛名。隋文帝、唐太宗、唐高宗曾召他做官，皆不就。孙思邈认为修道之士飞升成仙，必须修德积善，积善愈多，仙阶就愈高。他选择了"济世活人"的行医行当，制定了"救疾济危"、"无欲无求"的标准，广积善德，务欲成仙。他深信医药一体的本质，深入太白山、终南山、峨嵋山的老林中，寻访药农，多方采集，及时记录，分类总结出单方、验方、名人名方多达6500多个。

孙思邈晚年根据自己多年的临床经验和前人成果，融入《周易》的哲学观，专心从事医学著作。永徽三年（652年）著成《千金要方》（即《备急千金要方》），永隆二年（681年），再著《千金翼方》，两者共称《千金方》。这两部书取"人命至贵，有贵千金"之义。各30卷，前者论述中医基础理论和临床各科的诊断、治疗、针灸、食治、预防等；后者论述伤寒、中风、疮痈等各种疾病的治疗方法。全书共收药物800余种，对其中200余种药物的采集和炮制作了详细的介绍，并对外来医药知识也作了记录。对汉代名医张仲景的传世力作《伤寒杂病论》也作了综合论述。孙思邈的这两部巨著问世之后，医界到唐代大变。它不仅对隋唐以前的祖国医学作了一次比较系统、全面的总结，而且突破了以往医必《黄帝内经》、药必《神农本草经》中的一些旧框框，成为名副其实的一家之学。

显庆二年（657年）四月，唐高宗诏令检校中书令许敬宗等人会同名医撰写《唐新本草》。在编写这本书的过程中,孙思邈对陶弘景的《本草》、《名医别录》做了订正,并增补了100多种自己曾实践有效的药草。显庆四年(659年)四月,图文并茂的《唐新本草》问世,成为世界上首部国家药典,共55卷844种药物。由于孙思邈有功,唐高宗亲自召见,并授予谏议大夫之职。孙思邈固辞不受。于是,高宗亲授他任承务郎指导御医和用药。

孙思邈一生遍游名山大川,坚持在民间采药行医,为人们解除疾苦,是个著名的民间道医;孙思邈曾到太白山、终南山、嵩山、五台山多处修炼,也是位公认的恪守道规、无师自通的高道。显庆六年(661年),孙思邈隐居嵩山修道。时大旱不雨,朝廷选道德高尚的僧人祈雨,但无效;后召孙思邈入宫于内殿设坛行祈,当夜大雨。咸亨四年(673年),高宗患病前几天,诏孙思邈入宫。次年,孙思邈打算订补《千金要方》,借口患难夫妻疾,请允还山。高宗感谢孙思邈忠诚侍御,特赐良马和原鄱阳公主封邑。

开耀元年(681年),孙思邈撰成《千金翼方》30卷。这年冬天,他无疾而终,年101岁。生前留下遗言薄葬,不置陪葬物品和用猪羊祭祀。传说尸体存放一个多月后,颜貌依然与生前一样。抬其遗体入棺,好像仅存空衣,当时人很是惊奇。传世著作达70余种,其中著名的《千金要方》,被后世奉为医学圣典。孙思邈死后,不但民间将他奉为神仙,建庙祭祀绵延不绝,后世皇帝也给了他极大的荣誉。宋徽宗到王屋山凭吊其墓,追封他为妙应真人;明世宗封他为先臣;清世祖顺治奉他为神医。

史载,世称"药王"的孙思邈居嵩山修道期间,给四方百姓医病,百姓感念其恩德,在嵩山地区建有多座供奉"药王"的"药王庙",其中位于嵩山东麓的新密市来集镇李堂村,也被叫做"药庙"(全称"药王庙")村,每年农历九月十五到九月二十二是这里的庙会日。嵩山地区多个市县都流传有关"药王"孙思邈修道、行医的传说和故事。现在被称为"药都"的禹州市,其历史渊源也出自于孙思邈在此采药行医治病之说。

韦 机

韦机(？~682年),唐朝杰出建筑家。也作韦弘机,京兆万年(今陕西西安)人。高宗、则天朝,致力于东都洛阳宫室的兴修,禁苑中宿羽、高山二宫、上阳宫、大卢舍那像龛、太子李弘恭陵等皆为他的建筑力作。

韦机早年事唐太宗。贞观时以左千牛胄曹参军之职奉命出使西突厥,册立同俄设为汗,不幸巧遇石国发生叛乱,归途道路被阻三年,其间他撕裂衣服,在上面记录自己所见所闻沿途风土人情,物产习俗,取名《西征记》。回来后呈现给太宗,帝大悦,擢其为朝散大夫,累迁至殿中监。高宗显庆年间,韦机任檀州(今北京)刺史。因地偏落后,民不知儒贵,他曾修学馆,画孔子和72弟子及汉晋名儒之像,亲自作赞,用以教劝生徒。他在任期间,正值唐朝出兵东讨高丽,因滦河暴涨,王师暂时驻扎其州境,韦机为军马输供资粮,受到高宗奖掖,升任司农少卿。上元二年(675年)夏四月再迁司家卿,兼知东都营田。韦机首先设计和监修了洛阳龙门石窟的大卢舍那像龛(奉先寺),主像从髻顶至底座高17.14米,加背光纹饰约20米,以写实手法表现佛之慈悲,佛像丰满端秀,俯视微笑,令人可敬可亲。同年,太子李弘薨,谥为"孝敬皇帝","葬于缑氏县景山之恭陵,制度一准天子之礼。"恭陵初由蒲州刺史李冲寂监修,工成,高宗认为玄堂太狭小,容不下终具,准备改建,引起劳役众怨,乘夜间烧营而去。高宗诏韦机续修。韦机续修的唐恭陵,在原设计基础上不进行大改动,而在左右四边另开四个便房放置

随葬器物,终于如期完工。调露元年(679年),韦机受诏修葺洛阳宫室,任将作、少府二宫,直接监督工程。韦机初筑宿羽、高山二宫,乘高临深,有远眺之美。将横跨洛水的洛中桥迁至长夏门,废除原利涉桥,行人方便。高宗登上洛水之北的绝岸,远望良久,感叹周围美景,下诏在此营上阳宫,工成,皇帝迁居于此。韦机所营此三宫室均壮丽华美,尤以上阳宫为最,面临洛水,有长廊亘一里。由于营造宫室耗资颇巨,引起朝中异己反对。刘仁轨以上阳宫远离深宫复禁止为由,谓韦机不知爱君。狄仁杰因殿宇壮丽太过又奏,终使韦机坐家人犯盗而被免官。因韦机曾言武后所宠方士朱钦遂是"祸乱之渐",朱被逐于边,引起武后怨恨。永淳中,高宗幸东都芳桂宫,召韦机管理园囿事宜,准备起用复任,却以武后反对未成。韦机卒,终司农少卿事。

韦机不仅是一位杰出的建筑师,而且善于立书,除在突厥著衣书《西征记》外,另著有《东都记》20卷,《后汉书音义》27卷。

王　绩

王绩(585~644年),唐朝政治家、诗人。字无功,号东皋子、五斗先生,隋末大儒王通之弟,绛州龙门(今山西河津县)人。出身于宦官世家,自幼好学,博闻强记。隋开皇二十年(600年),15岁时便游历京都长安,拜见权倾朝野的大臣杨素,被在座公卿称为"神童仙子"。王绩性情旷达,嗜酒如命。除了喝酒误事,就读书,反复读《周易》、《老子》等书,其他书很少看。一生三仕三隐,郁郁不得志。隋炀帝大业元年(605年),应孝廉举,中高第,授秘书省正字。后因嗜酒误事,受人弹劾,被解职。武德八年(625年),朝廷征召前朝官员,王绩以原官待诏门下省。贞观初,大搜李建成党羽,王绩深感仕途险恶,又一次辞官归隐。后待形势稳定后,看到太宗肃清吏治,选贤任能,他又第三次出仕。当时,他听说太乐署史焦革善酿酒,遂自求任太乐丞,以便大饱酒福。后因焦氏夫妇相继去世,无人供应好酒,便弃官还乡。贞观十八年(644年),病卒于家中。王绩生前自撰墓志铭,并嘱家人薄葬。

王绩因好酒,撰有《醉乡记》、《五斗先生传》、《酒赋》、《独酌》、《醉后》等酒文,被太史令李淳风誉为"酒家之南董"。另有酿制酒的《酒经》和《酒谱》各一卷,惜已失传。因居住在东皋,为杜康建造祠庙,并把馈赠过美酒的焦革也供进庙中,尊之为师,撰《祭杜康新庙文》。除好酒外,王绩还好弹琴,曾改编琴曲《山水操》。又精于占卜算卦。最大的成就在于诗歌,有《东皋子集》、《王无功文集》五卷行世,被后世认为五言律诗的奠基人,在中国诗歌史上具有非常重要的地位。王绩在嵩山地区活动时,写有《田家》、《野望》、《过故汉城》、《古意》等诗作,史料有录。

丘行恭

丘行恭(586~665年),唐朝官吏。嵩山洛阳人。隋大业末与兄师利聚众据长安西部一带。李渊进据关中,他迎接李世民于渭北,拜光禄大夫,并随世民入长安。后来在李唐消灭薛举、刘武周、王世充、窦建德等势力的战斗中累立战功,曾从乱军中救过李世民之命。授左一府骠骑。贞观中从侯集,平高昌,以功封天水郡公。高宗时历迁右武侯大将军,冀、陕二州刺史。

长孙无忌

长孙无忌

长孙无忌(594~659年),唐初大臣、政治家、谋略家。字辅机,嵩山洛阳人。其祖出自鲜卑拓跋部贵族。父长孙晟,隋时名将。太宗长孙皇后之兄。长孙无忌幼好学,博文史,性通悟,有筹略。无忌善于谋划,从小就和李世民亲善。隋朝义宁元年(617年),李渊起兵太原。无忌进见,渊爱其才略,授任渭北行军典签。隋末唐初,从李世民征伐屡立战功,授北部郎中,封上党县公。武德九年,参与策划并发动"玄武门之变",帮助李世民诛杀建成、元吉,夺取了皇位。以皇亲及元勋地位,被任为左武侯大将军。贞观元年(627年)转吏部尚书,进封"齐国公",又拜为尚书右仆射。贞观十一年(637年),任赵州刺史,改封"赵国公"。曾奉诏与房玄龄等修订《唐律》。贞观十七年(643年),画无忌等24功臣像于凌烟阁,长孙无忌居第一。贞观二十三年(649年),太宗病危,封无忌、褚遂良二人为辅政大臣,辅高宗即位,以太尉同中书门下三品衔执掌朝政。唐高宗即位,册封太尉,同中书门下三品。永徽二年(651年),奉命与律学之士对《唐律》逐条解释,撰成《律疏》(宋以后称《唐律疏议》)30卷,是流传至今最完整的古代法典。

永徽六年(655年),高宗欲立昭仪武则天为皇后,他坚决反对,终未能阻止。显庆四年(659年),被武则天亲信许敬宗诬以谋反罪,流放黔州,不久又迫令自杀。作为唐朝的开国元勋,他不居功,不自傲,尽力协助唐太宗、唐高宗治理朝政,为唐朝的稳定与发展立下了汗马功劳。但在与武则天的斗争中失败,最后被陷害而死。

郑世翼

郑世翼(?~637年)唐朝文学家。避太宗讳,又作郑代翼,嵩山荥阳人。弱冠有盛名。武德中,历万年(今陕西西安)丞、扬州(今属江苏)录事参军。性倨傲,与人落落寡合,常以言辞忤人,因有轻薄之称。时崔信明自谓文章独步,世翼遇之江中,谓之曰:"闻君有'枫落吴江冷'之句,愿见其余。"信明欣然出示旧作百余篇。世翼览之未终,曰:"所见不如所闻。"投卷于水,引舟而去。贞观年间,因怨谤罪被流放巂州(今四川西昌)而卒。所撰《交游传》颇行于时,不存。《旧唐书本传》又著文集8卷,《两唐书志》并行于世。今存有《过严君平古井》、《登北邙还望京洛》、《平山高》等诗。

褚遂良

褚遂良

褚遂良(596~658年),唐初大臣、书法家。字登善,嵩山阳翟(今禹州市)人。其父褚亮,官拜通直散骑常侍,与大书法家欧阳询为好友。故遂良幼年即受名师教诲,为其以后的书法成就奠下了良基。自其先世官徙钱塘。隋大业末年,为薛举通事舍人。仁杲平,授秦王府铠曹参军。贞观年间,历任起居郎、谏议大夫,累官至中书令。政务之暇,博涉文史,工书法,尤隶楷。太宗曾叹惜:"虞世南死,无与论书者。"魏征荐褚遂良,言其书法超凡脱俗,太宗遂召为侍书。太宗曾布告天下,购求王羲之墨迹,时人争献,但难辨真伪,只有褚遂良能指出为谁笔法,无人再敢假冒。贞观二十三年(649年),太宗病重。召长孙无忌、褚遂良商议后事说:"汉武帝寄霍光,刘备托诸葛亮,朕今委卿矣。太子仁孝,其尽诚辅之。"并对太子说:"无忌、遂良在,尔毋忧。"因命遂良草诏。高宗即位,任吏部尚书,右仆射知事,封为河南郡公,世称"褚河南",颇有政绩,因反对高宗立武则天为后,被贬致死,终年63岁。褚遂良尤擅长楷书,初学虞世南、欧阳询,后法王羲之、王献之。他的书法,揉隶书《礼器碑》的瘦劲整饬和王羲之行楷书潇洒姿媚的长处,又融欧虞为一,自成一家。其正书清远古雅,方圆兼备,结体方正,波势自然,节奏感强,对后世影响极大。后人把他与欧阳询、虞世南、薛稷并称为"初唐四大家"。碑刻代表作有《伊阙佛龛之碑》、《雁塔圣教序》、《孟法师碑》、《同州圣教序》、《房玄龄碑》,楷书《倪宽赞》、《赐观帖》、《阴符经》、《千字文》,行书《枯树赋》、《帝京篇》、《文皇哀册》及临王羲之《兰亭集序》等,摹者甚众。

褚遂良在嵩山留下的遗迹,有位于嵩山西麓的偃师市府店镇緱山之阳的褚遂良之墓;有褚遂良书丹立于洛阳市龙门石窟宾阳洞前的《伊阙佛龛之碑》,此碑字迹堪称书法精品,历代金石典籍多著录之。

元仁惠

元仁惠(597~669年),唐朝官吏。嵩山洛阳人。隋末隐处山林。因与李渊有旧,武德初被召为左千牛,擢河源县令。据张说《唐故凉州长史元君石柱铭》载:"寻加朝散大夫,守凉州都督府长史。分乘两蕃,人康颂作。化澄巴濮,无侵橘柚之园;教溢河湟,不饮葡萄之酒。离歌就戾,岁暮临辰。命踬修途,荣惭厚德"。仕终凉州刺史。

李世民

李世民(599～649年),唐太宗,唐朝第二位皇帝。著名政治家、军事家。李世民是唐高祖李渊的第二子。隋朝末年,随父李渊起兵反隋,征服四方。李渊称帝,封他为"秦"王,任尚书令。唐朝统一全国的过程中,李世民东征洛阳,镇压了农民起义军窦建德、刘黑闼等,打败了王世充,占领了黄河南北的广大地区,基本上完成了唐朝的统一大业。武德九年(626年),发动玄武门之变,次年为帝。在位期间,居安思危,知人善任,虚心纳谏,励精图治。推行均田、府兵制,减轻赋税和徭役,实行轻徭薄赋、舒缓弄罚的"让步政策",力行均出,劝课农桑,兴修水利,发展经济,大开"丝绸之路",进行了一系列的政治、军事改革,终于促成了社会安定、生产发展的升平景象,出现了"贞观之治"。但唐太宗晚年连年用兵,营建宫室,赋税加重,社会矛盾日增。唐太宗亲征高句丽的战争给两国人民带来了灾难,最后无功而返。晚年著有《帝范》一书以教

唐太宗李世民

诫太子。贞观二十三年(649年),唐太宗病危,令长孙无忌、褚遂良在其身后辅佐李治。去世后,葬于昭陵,庙号"太宗",所以史书上称"唐太宗"。

李世民当朝期间,多次拜谒嵩山,并去巩义的石窟寺拜谒。李世民在嵩山留下的遗迹,主要源于平定王世充的割据战争。李世民与王世充、与窦建德的大战,多在嵩山地区的洛阳、北邙、成皋(嵩山荥阳的汜水镇)、虎牢等地,有位于荥阳市北邙乡西北5公里的邙山上的秦王寨,有位于荥阳市西北与窦建德决战的"武牢之战"所在地牛口峪,有立于偃师缑氏、登封少林寺的《大唐皇帝述三藏圣教序记》、《皇唐嵩岳少林寺碑》、《大唐太宗文武圣皇帝龙潜教书碑》、《秦王告柏谷坞少林寺主等教》、《少林寺牒》等碑刻。其中,有关"少林寺十三和尚救唐王"的故事也发生于此。李世民继位不久,颁布诏书嘉奖少林寺,在圣旨中高度赞扬了13棍僧救驾和助战的赫赫战功,并赐给每人紫衣袈裟一袭,昙宗被封为大将军,赐给少林寺土地40顷,水碾一具,他们的名字、功绩、受封情况都被刻在了《太宗文皇帝御书》碑上。

长孙敞

长孙敞,唐朝官吏。字休明,嵩山洛阳人。长孙无忌之叔父。隋炀帝时,颇见识擢,为左卫郎将。炀帝巡江都,留守禁卫。后投唐并参加攻破长安,率子弟见高祖于新丰,以功授将作少监,后出为杞州刺史。贞观初,因受贿而免官。不久,又拜为宗正少卿。退职后加金紫光禄大夫,封平原郡公。卒赠幽州都督,谥曰良,陪葬昭陵。

长孙顺德

　　长孙顺德,唐朝将领。嵩山洛阳人。是李世民文德皇后的本家叔父。父亲长孙恺,隋朝时任开府。初仕隋为右勋卫。他为逃避辽东的战役,从军中偷跑出来,躲到太原,受到李渊、李世民的热情接待。李渊起兵前,令顺德与刘弘基等招募兵员,一月之间,招回1万多人,在太原外安营驻扎。不久,李渊杀死隋朝派驻太原的监管王威、高君雅,起兵自立,号称义兵。任长孙顺德为统军。此后便带领部属征战。在李渊以太原、晋阳为根据地,逐步向外扩张势力的初期,顺德参加了大大小小许多战役,平霍邑、破临汾、下绛郡,每次作战都勇当先锋,多有战功。后与刘文静一起攻击屈突通败走洛阳时,顺德穷追不舍,直到桃林将屈突通生擒,带回京师。后又扫清陕县(今河南省西部)境内的匪众。李渊即位后,拜为左骁卫大将军,封薛国公。武德九年(626年),在玄武门之变中,顺德与秦叔宝等人共同打击李建成的余党。太宗即位后,封食邑1200户,又特赐宫女。

　　长孙顺德在监督奴仆时,发现数奴联合偷盗宫中财宝,依法应将这几个奴仆斩首示众。但是顺德接受了这些人给他的贿赂——丝绢和金银,他便将这件事压下来。后这件丑闻终于暴露出来,唐太宗对近臣说:"顺德论身份是外戚,论功劳是开国元勋,地位高,爵禄厚,可以说富贵到家了吧。如果能多看些古今典籍,从中吸取教训,引以为鉴,以自己的言行为人民做出榜样,我会与他一起共同享用国库,他怎么不守气节不顾名誉,搞出贪污受贿的丑闻呢?"按理应该将顺德下狱治罪,但是太宗思量再三,惋惜他的功劳,不忍心问罪,反而在宫殿上当众赐给他几十匹丝绢,以此刺激他的愧悔之心。后来,顺德又因与李孝常图谋不轨,终于被撤职除名。过了一年,太宗浏览功臣图时看到了顺德的面相,产生了怜惜之情,便派宇文士及去看望他。只见顺德精神颓废,一副醉态。有人议论他活到头了。太宗又召拜他为泽州刺史,并恢复了他的爵位、食邑。

　　长孙顺德以往放纵自己,不守法度。重新任职之后,放下架子认真办事,严明纪律。原先一些官吏接受了百姓的贿赂,顺德一一追究,一个人也不放过。前任刺史张长贵、赵士达都在本郡之内占有数十顷好田,顺德一齐上报并且追回来分给贫穷农民。于是,长孙顺德被人称为好官。后来又因犯法而又被免官。他得病后,太宗听到消息产生一种鄙视心理,对房玄龄说:"顺德这种人没有慷慨的气节,却有儿女之情,现在得了病,咎由自取,有什么值得问候的呢?"不久,长孙顺德去世。太宗李世民仍念旧情旧功,派人吊唁,赠荆州都督,谥号襄,死后名列凌烟阁。贞观十三年(639年)追赠邳国公,永徽五年(654年)重赠开府仪同三司。

长孙皇后

　　长孙皇后(601~636年),唐太宗皇后,以贤德和文才见称于世。嵩山洛阳人。父长孙晟,隋右骁卫将军。长孙皇后自幼娴习文艺,喜欢读书,即使是梳洗时也不废置。13岁与秦王李世民结婚。唐武德元年(618年),册封为秦王妃。武德九年(626年),太宗即帝位,立为皇后。长孙皇后匡扶朝政,成为太宗的良佐。她总结历史上外戚干政导致政局动乱的教训,坚持不让其兄长孙无忌任要职。无忌是太宗幼年的好友,又有大功,所以太宗还是委任无忌为左武侯大将军、吏部尚书、左仆射等职。长孙皇后乃密令无忌逊职,于是太宗改授无忌为"开府仪同三司"。此职官位虽高,但无实权,不致形成外戚干政的局面,长孙皇后这才同意。唐太宗一向被誉为"从善如流"的英明君王,而长孙皇后对太宗起着重要的规谏和校正作用。弥留之际,给太宗留言:"愿意陛下亲君子,远小人,纳忠谏,屏谗慝,省作役,止游畋,妾虽殁于九泉,诚无所恨。"长孙皇后身居高位,但生活注意节俭,自己不做过多的衣服,而且对于子女要求也很严格,要太子修行、立德、扬名,不要考虑器用、享受。长孙皇后有"贤内助"、政治上的助手、宫中表率之称。死前遗言薄葬。带头改变厚葬陋习,在当时产生了深远影响。长孙皇后病卒,年36岁。谥尊号"文德顺圣皇后"。长孙皇后曾收集整理古代妇人贤德事编撰《女则要录》10卷。去世后,太宗见到《女则要录》极力称赞:"皇后此书,足以垂范百世。"此书已失佚。

长孙皇后

李怀林

李怀林,唐朝书法家。嵩山洛阳人。善草隶,好摹仿名迹。传世墨迹有《绝交书》。

郑元璹

郑元璹(？~646年),唐朝著名外交官。字德芳,嵩山郑州荥泽(今荥阳)人。隋郑国公郑译子。炀帝初立,五等悉除,以译佐命元功,诏追改封莘公,以元璹袭。元璹初为骠骑将军,后转武贲郎将,数以军功进位右光禄大夫,迁右侯卫将军。大业末为文城郡守,及义兵起,义将张伦略地至文城,元璹以城归之。李渊建唐,封元璹为太常卿。武德二年(619年),突厥向唐求婚,李渊为天下计,九月,派李琛和郑元璹送女妓到突厥联姻,突厥派使回贺。处罗可汗与刘武周联合犯掠并州(太原),唐遣郑元璹赴并州游说。可汗得急病死亡,处罗将领疑可汗是被元璹毒死,将元璹扣留,唐连派二使救释,亦被扣留。武德四年(621年),突厥又进兵南犯,唐允以通婚,元璹获释回国。武德五年(622年)八月,颉利可汗又出兵犯唐,李渊一方面派兵抵御,另派郑元璹往劝颉利罢兵。元璹冒生命危险,穿越敌人驻地,见到颉利可汗,晓以利害:"唐和突厥风俗不同,即占领唐地,亦不能久居,况战争中所得财物皆归国人,与可汗何益？不如撤军和亲,可汗既无跋涉之苦,又可坐收金帛、子女之利,比拼出生命之危,失去积年之欢,结怨后世子孙好得太多了。"颉利大喜,与唐结盟,撤军回国。贞观元年(627年),颉利可汗国势衰败,又遭大雪,牛羊多被冻死,人民饥饿。颉利怕唐乘虚入侵,以会猎为名出兵朔州。郑元璹又奉命出使,与颉利结盟,回国后对太宗说:"戎狄盛衰,牛羊为准,突厥牛羊多冻死,不过三年,突厥必败。"后来,果然如其言。历史上,郑元璹曾6次出使突厥,主张对突厥采取连和政策,使双方黎民免除了战争之苦。累官至左武侯大将军。卒,谥曰简。

郭孝恪

郭孝恪(? ~649年),唐朝将领。嵩山阳翟(今禹州市)人。年少时有不同寻常的志向,父兄以为他是无赖。隋朝末年率数百少年归附瓦岗军李密。李密大喜,使他与徐世勣守黎阳。李密败亡后,徐世勣遣郭孝恪入长安归降唐朝,唐高祖封郭孝恪"阳翟郡公",拜宋州(今河南商丘)刺史,与李勣负责经营虎牢关以东所得州县。公元621年,窦建德援救洛阳王世充,郭孝恪上谒秦王李世民,献计固守武牢,军临汜水,随机应变。李世民听从了他的建议,取得了武牢之战的胜利。窦建德、王世充被擒获后,李世民置酒大会洛阳宫,对诸将说:"孝恪策擒贼,王长先下漕,功固在诸君右。"郭孝恪迁任上柱国。历任贝(今河北清河)、赵(今河北赵县)、江(今江西九江)、泾(今甘肃泾川)四州刺史,所到之处皆有能干的名声。后改任左骁卫将军,累加金紫光禄大夫。

贞观十六年(642年),唐太宗拜郭孝恪凉州(今甘肃武威)都督,又改任安西都护、西州(今新疆吐鲁番)刺史。郭孝恪在安西治所高昌故城推诚抚御,尽得当地民众欢心。贞观十八年(644年),焉耆王叛唐归附西突厥可汗欲谷设,郭孝恪请击焉耆(今新疆焉耆),即拜西州道行军总管,率3000步骑出银山道,夜袭焉耆,俘虏焉耆王龙突骑支。唐太宗玺书褒奖。贞观二十二年(648年),唐太宗李世民拜阿史那社尔为昆丘道大总管,郭孝恪为昆丘道副大总管,进讨龟兹(今新疆库车),攻破国都,自己留守,遣余军分道进追击逃跑的龟兹国相那利。郭孝恪在城外设营,因疏忽大意,没有防备,遭龟兹人突袭而战死,儿子郭待诏同时阵亡。将军曹继叔、韩威各率所部迅即从城西北隅进兵,收复龟兹城。唐太宗得知郭孝恪的死讯,起初责备郭孝恪不加警备,以致丧命,便夺其官职。后怜其为国而死,便为其家举哀。唐高宗李治即位后,追还郭孝恪为安西都护、阳翟郡公,郭待诏赠游击将军,赐物300段。

《旧唐书·郭孝恪列传》载:郭孝恪的生活非常奢侈,"仆妾器玩,务极鲜华,虽在军中,床帐完具。"郭孝恪还曾向行军大总管阿史那社尔行贿,但被阿史那社尔所拒,唐太宗闻讯后说:"三将优劣之不同也。郭孝恪今为寇房所屠,可谓自贻伊咎耳。"

郭孝恪次子郭待封,在唐高宗时官至左豹韬卫将军。咸亨元年(670年),作为薛仁贵副将讨吐蕃,在大非川战败,免死为民。少子郭待聘,长安年间,官至宋州刺史。

玄 奘

玄奘(602~664年),唐朝高僧、旅行家,与鸠摩罗什、真谛,并称为中国佛教三大翻译家。世称三藏法师,俗称唐僧。姓陈,名祎。唐洛州缑氏(今嵩山偃师缑氏镇)陈河村人。出身于官宦之家,父亲陈慧,儒雅之士,有子4人,玄奘最幼,二子长捷早年出家,是我国古代有名的佛师。玄奘幼年便从二哥诵习经藏,聪悟不群,风朗神隽。13岁出家于嵩山净土寺。在隋炀帝迁都洛阳后举办的大型佛事活动无遮大会上,经过诵经挑选,"度男女120人为僧尼",他被选中,后仍在净土寺随师诵经,学业大进,一直到19岁,瓦岗军起义攻陷嵩山慈云寺附近的洛口仓,才与仲兄陈长捷奔洛阳,又到长安。20岁前后,玄奘遍谒名师时贤,备闻众家之说,详考经籍义理,蕴藉风流,已为世人钦重,当时长安的法常、僧辩两大名僧称他是"释门千里之驹"。

玄奘怀着强烈的求知欲望,"周流吴、蜀,爰逮赵、魏,末及周、秦,预有讲诞,率皆登践"(《续僧传》卷四,《玄奘传》),走遍全国,历访名师。但是,唐代佛教盛行,经义众说纷纭,各种经典,不尽相同,难得定论。于是,他先向朝廷申请出国,未获批准。贞观三年(629年),长安一带闹荒,朝廷有令,百姓可以自行到年景好的地方去找饭吃。玄奘趁这个机会,私自离开长安,西出玉门关赴天竺(今印度),经西域,历尽艰险,终至印度那烂陀寺从戒贤大师受学。后又游学印度各地,并与当地高僧

玄奘西天取经

辩论佛理,名震天竺。史书记载,玄奘西行求法,往返17年,行程数万里,"所闻所履,百有三十八国"(玄奘:《进〈西域记〉表》),其中"亲践者一百一十国,传闻者二十八国"(《大唐西域记序》)。于贞观十九年(645年)正月返抵长安,带回由20匹马驮载的各种佛经梵本共520夹,经论657部,佛像、舍利若干,并奉敕先后在大慈恩寺等地译出经典75部、经书1335卷。他还奉唐太宗之命,把《老子》、《大乘起信论》译为梵文,传入印度。他撰写的《大唐西域记》1书12卷,保存了印度、尼泊尔、巴基斯坦、孟加拉以及中亚等地的古代史及地理重要资料。玄奘从印度取经回来,到当时的陪都洛阳见到唐太宗李世民时,要求回到他远离闹市的故乡,当时已经很有名的嵩山少林寺译经。可是他的要求被唐太宗断然拒绝,他无法拒绝唐太宗对他周到的安排,他还是按照唐太宗的旨意,到国都长安弘福寺的一个禅院译经。唐高宗显庆二年(657年),玄奘随唐高宗回洛阳,到崇山峻岭中的嵩山少林寺、慈云寺"讲演大法,广渡迷津"。这次他在洛阳,向唐高宗上书,要求回乡看望惟一的亲人姐姐,并再次请求到幽静的嵩山少林寺译经,被唐高宗严厉拒绝。从此,玄奘再也不敢提出回嵩山少林寺了。后来,玄奘为了避开繁华的闹市,在得到唐高宗允许后,到远离闹市的延安附近的玉华寺译经,直至唐高宗麟德元年(664年)圆寂,终年63岁,皈依弥勒佛净土,葬白鹿塬。后人称他为我国历史上最伟大的僧人和翻译家,鲁迅评价他是"中国的脊梁"。著名神话小说《西游记》就是根据玄奘西行取经的故事编写的。

玄奘的译作虽然空前绝后,但他的佛学思想却是继承了无著、世亲的瑜伽派学说。其真正使佛学思想发扬光大、并成一宗之说的是他的弟子窥基(窥基,字道洪,姓尉迟,西安人)。《续高僧传》所说:"奘师为《瑜伽》、《唯识》开创之祖,基乃守文述作之宗。"玄奘本人无有著作,其佛教哲学思想主要体现在由窥基参与"糅译"印度《唯识三十颂》10家注的《成唯识论》和窥基根据听课笔记整理、撰写的《成唯识论述记》中。我们谈玄奘的哲学思想,主要根据他的《成唯识论》。法相宗又名唯识宗,其远祖是印度的无著、世亲兄弟,在中国的创始人是玄奘。唯识宗是唐代的第一个佛教宗派,也是忠实于印度佛教原著的宗派,这是它的优点,也是它的缺点,庞大而繁琐的思想体系限制了它在中国的传播,流行了40年即衰落,并从此一蹶不振。永徽四年(653年),日僧道昭来唐向玄奘学唯识宗教义,回国后以元兴寺为中心传法,称南寺宗;开元四年(一说是开元五年),日僧玄昉来唐向智周学法,回国以兴福寺为中心传教,称北寺宗。日本法相唯识宗是奈良时期最有势力的佛教宗派之一。

清乾隆十三年(1748年)的《少林寺志·高僧》把玄奘列为少林寺高僧之一。玄奘在《上高宗书》中描述嵩山是"嵩高少室,岭嶂重叠,峰涧多奇。含孕风云,包蕴仁智,果药丰茂,萝薜清虚","其间复有少林、伽蓝、闲居等寺,皆跨枕岩豁,萦带林泉。"玄奘在《上高宗书中》中也以巢父、许由栖箕山而要来嵩山修禅:"两疏朝士,尚解归海,巢许俗人,犹知栖箕。玄奘出家为法,翻滞寰中,清风激人,念之增愧。"

玄奘在嵩山留下的遗迹,有嵩山少林寺,有位于嵩山少林寺西北的偃师市缑氏镇陈河村玄奘故里,有位于巩义市东南25公里的青龙山群峰间发权村的慈云寺,有位于偃师市缑氏镇东南约2公里的唐僧寺村西北约200米处,距玄奘故居约3公里的玄奘墓,有位于偃师市缑氏镇唐僧寺村的玄奘寺,还有今存偃师商城博物馆内的唐太宗李世民为玄奘译经所做的《大唐三藏圣教序》和唐高宗李治为太子时所撰《大唐皇帝述三藏圣教序记》的《大唐二帝圣教序碑》。

狄仁杰

狄仁杰

狄仁杰(629~700年),唐朝功臣。字怀英,号祁溪,唐代并州太原(今山西太原)人。他廉洁奉公,举贤荐能,断案如神,不畏权贵,力匡唐室,为李唐王朝名副其实的一代功臣。官至大理丞、侍御史、豫州刺史等。武则天即位后,任地官侍郎同凤阁鸾台平章事。后由于酷吏来俊臣诬告,他被罢相下狱。后出狱被贬为彭泽县令,继任魏州刺史。神功元年(697年),狄仁杰回京再度为相。其间,他谏阻了武则天远征拓疆计划,认为应当把主要精力放在整顿内政、增强国力上。他的意见得到武则天皇帝及朝中重臣魏元忠等有识之士的赞同。后为匡复唐室,冒死进谏,促使武则天下定决心,召回庐陵王李显,并立为太子。圣历二年(699年),他由鸾台侍郎同凤阁鸾台平章事擢升为内史(即中书令,宰相之首)。则天皇帝在《授狄仁杰内史制》的诏书中,称赞他"有八龙之艺术,兼三年之文史,才标栋干雅达政方……"为了大唐社稷,增加太子实力,他曾把有能力的贤臣推举为宰相或重臣,先后有张柬之、桓彦范、敬晖、窦怀员、姚崇、李峤等官位至公卿者达121人。圣历三年(700年),武则天欲塑造大佛像,需用钱数百万,下令让天下僧尼每人出一文钱,以资助这项浩大工程。狄仁杰上疏劝谏,使武则天取消了这一计划。同年九月病逝,年71岁,葬白马寺东南侧。武则天痛失重臣,为他致哀罢朝三日,赐文昌右丞,谥号文惠。中宗继位后,追赠为司空。睿宗继位后,追封为梁国公。

狄仁杰墓位于洛阳市东约12公里的白马寺游览区内,墓冢为一略作圆形的土丘,丘前立碑石两方,东侧一方较大,上刻"有唐忠臣狄梁公墓"8字,立于明代万历二十一年(1593年);西侧一方较小,上刻七言绝句数首并序文,立于明代天顺三年(1459年),为当时河南知府虞廷玺所立。

上官仪

上官仪(约607~664年),唐朝诗人。字游韶,陕州(今三门峡市陕县)人。贞观初登进士第,授弘文馆学士,迁秘书郎。高宗时,官至三品西台侍郎。后下狱死。其诗绮错婉媚,华艳精工,有"上官体"之称。然虽雕琢成文,却又圆润流畅,意境浑融。就格调而言,亦渐离卑俗纤弱。如其"鹊飞山月曙,蝉噪野风秋"(《入朝洛堤步月》)一联,被明人胡震亨誉为"音响清越,韵度飘扬,齐梁诸子咸当敛衽矣"(胡震亨《唐音癸签》卷五)。其诗体物之细致,表达之深刻,尤为当时所罕见。如其名句"落叶飘蝉影,平流写雁行"(《奉和秋日即目应诏》)、"风光翻露文,雪花上空碧"(《早存储器桂林殿应诏》)、"云飞送断雁,月上净疏林"(《奉和山夜临秋》)等,皆不注重于对景物外形的描摹,而刻意写出景物所带来的人物内心深处隐秘而又强烈的感受,"通过物色的动态变化,写出情思的婉转,从而构成情隐于内而秀发于外的诗境",诚可谓摄人心魄。上官仪还十分注意诗歌的对偶技巧与声律之美。上官仪提出了著名的"六对"、"八对"之说,是"四声二元化和粘对规则的最早研究者和倡导者",对格律诗的定型具有重要意义。

上官仪在嵩山地区活动时,曾写有《奉和颍川公秋夜》、《入朝洛堤步月》、《八咏应制》等诗。

孟诜

孟诜(621~713年),唐朝中期医学家。嵩山南麓的汝州梁县(今汝州)人。进士及第,垂拱(685~688年)初,升为凤阁舍人(中书省官员,掌管进奏,参议表彰,起草诏书,劳问有功将帅,察天下冤狱等事)。少好医药,长于饮食疗法、养生之术,与名医孙思邈过从甚密。一日,孟诜在凤阁侍郎刘祎之家里见到武则天赐给刘的银子时说:"这是用药(银)水涂抹的假银子,一烧便知。"刘放火中一烧,倾刻化成锡水。武后知道了这件事,对孟诜很不满意,便将他降为台州(今浙江)司马,后又升为春官侍郎(礼部副职)。太子相王李旦仰慕孟的才学,召他为侍读,负责讲解经学。长安三年(703年),拜同州刺史,加银青光禄大夫。神龙年间(705~707年),孟诜告老还乡,居住在伊阳山里,经常采集草药,按方炮制以济世救人。他年纪虽大,但力大如壮年。景云元年(710年),相王李旦当了皇帝(睿宗),下诏叫他入朝做官,孟诜以年老为由婉言谢绝。次年,睿宗不忘旧好,赐给孟诜绸缎百匹,又命河南府于春秋二季送羊、酒、食物给孟诜。开元(714~741年)年间,河南府尹毕构认为孟的高风亮节可与东汉有名的隐士向长(字子平)相比美,遂将孟诜居住的村庄命名为"子平里"。孟诜93岁病逝。著有《食疗本草》、《必效方》、《补养方》各3卷,收录药物200余种。书中对药物的食性、功能、主治作了辨析和论述,并鉴别异同,指示禁忌,记载了单方。有的附有形态、修治、产地等论述,另有不同地域所产食物和南北不同的饮食习惯,以及妊妇、小儿饮食宜忌等方面的记述。此书不仅重视食物营养价值,而且重视食物的治疗疾病作用。书中所载食物多为人们常用的谷物、蔬菜、果品、肉类和动物脏器等,为我国现存最早的营养学和食物疗法专著。其中《食疗本草》的手抄本存于敦煌藏经洞中,被外国文化特务斯坦因盗往英国,后又辗转日本,卫生部又从日本影印回国出版,并确定为世界上最早的食疗专著。另撰《家》、《祭礼》各1卷,《丧服正要》2卷,《食疗本草》3卷,《补养方》3卷。

其孙子孟简为著名诗人、水利专家。贞元七年(781年),登进士第,又登博学宏词科,累官至仓部员外郎、吏部员外郎,超拜谏议大夫、户部侍郎、太子宾客等。重孙孟郊为唐代著名诗人。

武则天

武则天(624~705年),唐朝女皇帝,高宗皇后。名曌,唐并州文水(今山西省文水县)人。唐大臣武士彟之女,貌美、机敏、通文史。14岁被唐太宗李世民选为才人,赐号"武媚"。唐太宗死后,入感业寺为尼。永徽三年(652年)被高宗李治召入宫,封为昭仪。永徽六年(655年)被册立为后。显庆二年(657年),与高宗李治移居东都洛阳。高宗因患风疾,由武后代决政事。永淳二年(682年)十二月,高宗驾薨,临朝称制,后废中宗、睿宗。

天授元年(690年),武后自称"圣神皇帝",改国号为周,定都洛阳,史称武周。执政期间,重视农桑,发展生产,组织编写农书《兆人本业记》颁行全国。武则天通文史,多权谋,善选人才,肯于纳谏。推行科举制,重用人才,不计门第,破格录用,广开仕途,使一些地位低下而又有真才实学的人被重用。她还开创了殿试制度,用人亲自考贡生,天授元年(690年)二月,"策贡士于洛城殿,贡士殿试自此始";长安二年(702年)又开武举制,选拔军事人才,发展了科举制度。朝廷上下,人才济济。但亦任用酷吏,诛杀唐宗室、贵族和官僚大臣,人民冤死者尤多。又崇尚佛事,广兴寺庙,豪奢专横,弊政繁多。神龙元年(705年)正月,宰相张柬之、崔玄暐等人发动政变,拥中宗复位,恢复唐国号。同年十一月,武则天在上阳宫病卒,终年82岁。中宗废除"则天大圣皇帝"称号,改为"则天大圣皇后"。神龙二年(706年)五月十八日,与高宗合葬于乾陵。

武则天嵩山封禅

高宗在位时,武则天因劝高宗遍封五岳,后随高宗为准备封禅中岳嵩山一事,曾来嵩山3次。特别是永淳二年(683年)春来嵩山时,当时的则天皇后曾在少林寺目睹其母杨氏在少林寺营建的"功德"所后,因怀念母亲,曾作诗一首,后刻成《大唐天后御制诗书碑》;同年,则天皇后又撰文祝愿亡父、亡母早日得道成佛,又在少林寺立《大唐天后御制愿文碑》,并派武三思送钱、绢与少林寺僧,以此为功德。

武则天一生与嵩山有着密不可分的缘分。垂拱四年(688年),武承嗣使人在一块玉石上刻下了"圣母临水,永昌帝业"的铭文,诡称得自洛水,派雍州人唐同泰奉表献上。武则天认为是天赐祥瑞,便命名此石为"宝图",七月又更名"天授圣图",封洛水神为显圣侯,并"改嵩山为神岳,封其神为天中王,拜太师,使持节神岳大都督",禁止百姓在山上砍伐树木,放牧牛羊。在完成了这些舆论准备后,武则天于690年登基称帝。在其政权得到巩固和统治后,武则天到嵩山举行封禅大典。

据史料记载:天册万岁元年(695年)腊月,则天女皇到嵩山进行封禅大典,封嵩山为"神岳",尊岳神为"天中王",尊岳神的配偶为"天灵妃",立"登封坛"。万岁通天元年(696年)腊月甲申日帝亲登嵩山,并在嵩山峻极顶登封坛祭礼天神,改年号为"万岁登封",改嵩阳县为登封县,改阳城县为告成县,以示登封嵩岳,大功告成。同时,为嵩岳神祇所佑,尊嵩岳神"天中王"为神岳"天中皇帝",尊岳神的配偶"天灵祀"为"天中皇后",夏后启为"齐圣皇帝",封启母神为"玉京太后",少室阿姨为"金阙夫人",王子晋为"升仙太子"。并大赦天下,赐脯(醋)十日,免收当年租税。三日后丁亥日在少室山下万羊岗上的封祀坛禅祭少室;又过二日,在朝觐坛接见群臣朝贺,行元旦礼节。又过四日还都。

武则天封中岳后,在嵩顶建有登封坛,立有李峤撰文、相王李旦正书的《大周降禅碑》,碑文歌颂了武周盛世及武则天封禅伟绩。登封坛南有槲树,大赦日于其杪置金鸡榜,则天撰制《升中述志碑》,睿宗书写后树于登封坛之丙地(南)。在少室山下万羊岗禅祭后,武三思奉敕撰写《大周封祀坛碑》,李峤撰写《周封中岳碑》,同时立于封祀坛处。接受群臣朝贺之后,武则天见到崔融的启母碑文,深为嘉许,命其作《朝觐坛碑》,以记载朝觐之事,并诏刻为碑。

圣历二年(699年)春二月,则天女皇幸嵩山,因途中患病,遣阎朝隐往少室山祈祷。《资治通鉴·唐则天后圣历二年》:"二月,己丑,太后幸嵩山,过缑氏,谒升仙太子庙。壬辰,太后不豫,遣给事中栾城阎朝隐祷少室山。朝隐自为牺牲,沐浴伏俎上,请代太后命。太后疾小愈,厚赏之。丁酉,自缑氏还。"《旧唐书·本纪》也云:"圣历二年戊子幸嵩山过王子晋庙,丙申,幸缑山。"武则天此次去嵩山虽然中途有病,但去时心绪尚佳,当时的社会大环境也比较稳定。就在这次去嵩山的前一年,把贬为庐陵王的李显召回洛阳,恢复了太子之位,封四子李旦为相王,加上边疆讨伐突厥取得了巨大胜利,文治武功达到了顶峰。武则天在缑氏山上她参观了刚刚竣工的升仙太子庙,主客观因素都达到了自然的和谐和统一,触景生情,藉情述志,情景交融,撰写了《大周升仙太子碑》碑文,表面记述周灵王太子晋升仙故事,实则歌颂武周盛世。此次幸嵩山,由于武则天有病,提前结束行程。

圣历三年(700年)正月,梁王武三思造三阳宫,三月而功成。四月戊申,武则天幸嵩山三阳宫(登封市大冶镇境内)避暑;五月癸丑,因武则天服僧人胡超所制长生药,疾病康复,遂宣布大赦天下,并改元久视,在石淙河大宴群臣,并命随从的太子李显、相王李旦、梁王武三思、内史狄仁杰、姚元崇等16位随臣饮酒赋诗,武则天先作一首《石淙》诗后,各臣赋侍游应制诗一首。后将这些诗作刻于石淙河石壁。久视元年(700)七月,令胡超投献(祈福金简)于嵩山峻极峰登封坛下,后还神都洛阳。返都前,大宴群臣,由张易之撰《秋日宴游石淙序》,由薛曜书丹后,刻在石淙河石壁上。这次武则天在三阳宫避暑时间长达3个月,其间,曾为重修的许由庙撰写了《重修许由庙碑》,曾作有《同太平公主游九龙潭》诗。

久视元年(700年)腊月,即四个月后,武则天到嵩山。次年一月,到嵩山南麓被称为"灵泉"、"神水"的汝州温泉洗浴游玩10天(24年前,武则天曾随李治一起在这里游玩洗浴),前后达33天。长安元年(701年)夏五月乙亥,武则天再次到嵩山三阳宫避暑,秋七月还宫,来去共60天。长安四年(704年)四月,武则天到嵩山西麓的万安山兴泰宫居住。

武则天是中国历史上自汉武帝以来对嵩山最感兴趣的帝王。她当皇后时,曾同唐高宗一道来嵩山三次;她当政以后又来嵩山多次,不但与嵩山结下了深厚的缘情,还为嵩山留下了龙门石窟寺、《升仙太子碑》、《天后诗书碑》、上阳宫遗址、三阳宫遗址、登封坛、封祀坛、二祖庵大周塔、石淙摩崖题诗、祈福金简等许多重要的文物古迹和大量的诗文、传说、故事。她以一个伟大女皇的气度和智慧,为历史上的嵩山留下了千古绝唱。

元万顷

元万顷(？~689年),唐朝官吏。嵩山洛阳人。初为通事舍人,乾封中从李勣征高丽,为辽东道总管记室,因所作檄文被敌方利用而被流放至岭外。后赦还拜著作郎。高宗召文士于宫中参与政务,以分宰相之权,他被选中,号"北门学士"。武则天执政时迁凤阁舍人,又擢凤阁侍郎。因与徐敬业兄弟友善,徐敬业反武失败后,元万顷为酷吏构陷流放岭南而死。

丘神勣

丘神勣(？~691年),唐朝官吏。嵩山洛阳人。行恭子。永淳元年(682年)为左金吾卫将军。高宗死后,武则天派他到巴州害章怀太子,及还,反归罪于他,贬为叠州刺史。不久召为左金吾卫将军,受到宠信。与周兴、来俊臣办理狱讼,俱号酷吏。垂拱四年(688年)琅邪王冲在博州起兵反武则天,丘神勣以清平大总管率兵前往镇压,滥杀无辜。后加大将军,最终被杀。

骆宾王

骆宾王(约627~约684年),唐朝著名诗人。字观光,婺州义乌(今浙江义乌)人。其父官青州博昌县令,死于任所。他7岁能诗,有神童之称。据说咏鹅诗就是此时所作:"鹅,鹅,鹅,曲项向天歌,白毛浮绿水,红掌拨清波。"父死后,他流寓博山,后移居兖州瑕丘县,在贫困落拓的生活中度过了早年岁月。唐高宗永徽年间(650~655年),为道王李元庆府属,道王叫他陈述才能,他耻于自炫,辞不奉命。后拜奉礼郎,为东台详正学士。因事被谪,从军西域,久戍边疆。后入蜀,居姚州道大总管李义军幕,平定蛮族叛乱,文檄多出其手。仪凤三年(678年),后调任武功主簿、长安主簿,又由长安主簿入朝为侍御史,武则天当政,骆多次上书讽刺,得罪入狱。次年,遇赦得释。调露二年(680年),出任临海县丞,世称骆临海。嗣圣元年(684年),武则天废中宗自立,这年九月,徐敬业在扬州起兵反对。骆宾王为徐府属,被任为艺文令,掌管文书机要。他起草了著名的《讨武氏檄》。徐敬业兵败,骆宾王不知所终。骆宾王尤擅七言长歌,排比铺陈,圆熟流转。他的长篇歌行《帝京篇》在当时就已被称为绝唱。也工五律诗,与王勃、杨炯、卢照邻合称"唐初四杰",又与富嘉谟并称"富骆"。著有《骆宾王集》传世。清人陈熙晋《骆临海集笺注》最为完善。骆宾王游览嵩山,在洛阳一带活动时,曾到访过元丹丘所在登封颍阳居住过的"石门幽居",作有《寓居洛滨对雪忆谢二》、《登石门》、《出石门》等诗。

李 治

李治(628~683年),高宗,唐朝第三代皇帝。字为善,李世民第九子。他是长孙皇后所生,小名"雉奴"。贞观五年(631年),封为晋王。贞观二十三年(649年)五月继位。执政后,虽没有惊天动地的功绩,也没有表现出特殊的治国才能,但比较谨慎,他前期重用长孙无忌、褚遂良等贞观老臣,善于听从大臣建议,虚心纳谏。为免除一切不急需的徭役征发,暂停了对辽东(高丽)的战争及土木工程的营造。执行唐太宗制定的治国方略,推行均田制,垦殖荒田,继续发展科举制度,百姓物阜安定,人口迅速增加,保持了唐朝繁荣发展的局面,促进了中外经济文化交流。高宗期间,修订了我国现存最完整的成文法典——《唐律疏议》,组织名医修订了著名的《唐本草》。

永徽六年(655年),因西突厥自号沙钵罗可汗,唐朝遣程知节西击,从此连年用兵西域。显庆二年(657年),唐大将苏定方等大破西突厥,高宗以其地分置崑陵、濛池二都府。次年,徙安西部护府于龟兹(今新疆库车)。太宗亲征高丽徒劳

唐高宗李治

无功,高宗派大将苏定方、李世勣、刘仁轨、薛仁贵等进攻辽东,兵围平壤,凯旋班师,并在辽东设立九都督府。为此,唐代的版图由此扩大,以高宗时为最大。

显庆年间(656~661年),高宗患风眩症,整天头晕眼花,难于操持政务,索性将朝政大事全部交给则天武后处理,致使大权旁落,为武则天篡唐改周埋下了祸根。贞观七年(683年)十月,李治到洛阳,确定改元,并大赦天下。弘道元年(683年)十二月,高宗病危,连忙宣召太子李显入宫监国,命大臣裴炎等辅佐,凡军国大事听从武则天处置。当天病卒,年56岁。第二年,李治的灵柩从洛阳运到长安,埋葬在今陕西乾县的乾陵。

据史料记载:乾封元年(666年),高宗登封泰山后,武则天劝唐高宗遍封五岳。后于仪凤元年(676年)和调露元年(679年)两次下诏,欲封禅中岳,后都因突蕃和突厥犯边而没能实现。第三次封禅中岳,高宗虽做好了充分的准备,终因高宗病重而半途而废。

唐高宗李治,一生曾多次驾临嵩山,其目的都是为封禅中岳嵩山作准备。调露元年(679年)十月,高宗游嵩阳观。永隆元年(680年)春二月癸丑,高宗携则天武后、太子李贤幸嵩山南麓汝州温汤;戊午,幸嵩山;丁巳至少室山拜谒了少姨庙(今少室阙处);召见王远知之子王绍业,追赠王远知太中大夫,谥曰升真先生;至太室山隐士田游岩、道士潘师正住宅,拜谒了启母庙(今启母阙处);到嵩山逍遥谷拜谒了著名道士潘师正。高宗在其潘师正住所留下信宿而还,并下令于潘师正所居住的逍遥谷造隆唐观(后改崇唐观),而今岭西别起精思观,让潘师正居住,命在逍遥谷立"仙游门",工苑北置"寻真门"。永淳元年(682年),高宗于洛州设置嵩阳县,在嵩山南麓敕建奉天宫(皇家行宫)。弘道元年(683年)正月,高宗至嵩山,幸奉天宫,至少林寺,遣使祭嵩岳、少室山、箕山、具茨山等。七月下诏,将

于十一月封禅嵩岳。诏命子司业行伟,考工员外郎贾大隐,太常博士韦叔夏、裴守贞、辅抱素等详定封禅仪注,在嵩山最高峰峻极峰建登封坛,在少室山下万羊岗建封祀坛,并议定了"十二日登封,十三日禅祭,十四日朝觐"的方案。此行,则天武后写诗《从驾幸少林寺》。四月还都。第四次,本年冬十月癸亥,高宗命太子李显留守东都。高宗、则天皇后车驾复来嵩山奉天宫住,准备登封中岳。十一月因高宗病重,诏罢来年封嵩山。次年一月丁未,还东都洛阳,百官见于天津桥南。十二月丁巳,高宗崩于东都。

朱敬则

朱敬则(635~709年),唐朝武则天时宰相、史学家。字少连,唐亳州永城(今永城市)人。他好学,重节义,爱助人。唐高宗时任右补阙。咸亨中授洹水尉,长寿中官至右补缺。武后称制,广开密告之门,罗织诬陷,诛杀大臣。向武则天上疏陈历代为政之得失,请作为借鉴,受到褒奖,并提升他为正谏大夫兼修国史。长安三年(703年)为凤阁鸾台平章事。朱敬则生性耿直。御史大夫魏之忠、凤阁会人张说被诬陷,将处死刑,"诸宰相无敢言者"。独有朱敬则上书武则天,申述这两人无罪,并说,这两人"素称忠正,而所坐无名。若令得罪,岂不失天下之望也。"这两人在他的帮助下,因而免死。奸臣张易之为武三思等18人画《高士图》,多次拉朱敬则"予其事,固辞不就,其高洁守正如此。"朱敬则任职时,所推荐的人才,都很能干,"则天以为知人"。朱敬则很清廉,于神龙元年(705年)被贬为郑州刺史。后受劾贬卢州刺史。朱敬则为官清廉,辞官归来时,行囊中"无淮南一物,唯有所乘马一匹,诸子徒步从而归。""朱敬则重然诺,善与人交,每拯人急难,不求其报。"唐中宗景龙三年(709年)卒,享年75岁。

《旧唐书·朱敬则传》记载:朱敬则"倜傥重节义,早以辞学知名",他"尝采魏、晋以来君臣成败之事,著《十代兴亡论》。又以前代文士论废五等者,以秦为失,事未折衷,乃著《五等论》。"

王希夷

王希夷(637~733年),唐朝隐士。徐州藤县人。孤贫好道。父母去世,替人牧羊,收佣以供葬。葬毕,隐于嵩山,师从道士黄颐,向四十年,尽能传其闭气导养之术。颐卒,更居兖州徂来山中,与道士刘玄博为栖遁之友。好《易经》及《老子》,尝饵松柏叶及杂花散。景龙中,年70余,气力益壮。刺史卢齐卿就谒致礼,因访以字人之术,希夷曰:"孔子称'己所不欲,勿施于人',可以终身行之矣。"及玄宗东巡,敕州县以礼征,招至驾前,年已96岁。上令中书令张说访以道义,宦官扶入宫中,与语甚悦。开元十四年,下制曰:"徐州处士王希夷,绝学弃智,抱一居贞,久谢嚣尘,独往林壑。朕为封峦展礼,侧席旌贤,贲然来思,克应嘉召。虽纤绮季之迹,已过伏生之年,宜命秩以尊儒,俾全高于尚齿。可朝散大夫,守国子博士,听致仕还山。州县春秋致束帛酒肉,仍赐衣一副、绢一百匹。"不久去世。

卢照邻

卢照邻(637~689年),唐朝诗人。字升之,自号幽忧子。幽州范阳(今河北涿州市)人。与王勃、杨炯、骆宾王并称"初唐四杰"。少时从曹宪、王义方受小学及经史,博学能文。高宗永徽五年(654年)为邓王(李元裕)府典签。极受邓王爱重,比之为司马相如。高宗乾封三年(668年)初,出为益州新都(今四川成都附近)尉。秩满,漫游蜀中。离蜀后,寓居嵩山洛阳。曾被横祸下狱,为友人救护得免。后染风疾,退职居长安附近太白山,因服丹药中毒,手足痉挛。后来客居嵩山北麓登封唐庄东龙门山时,见到了在嵩山修炼的药王孙思邈。孙思邈为其诊治,病情有所好转。卢照邻便从师孙思邈学习医术推步、导引、天文、养生等,情绪也稳定下来。惜孙思邈应诏随高宗龙驾西游,给高宗做医疗保健,卢照邻像一只伤鳞之鱼,一只折翅之鸟,含悲叹息。后来,卢照邻徙居嵩山阳翟具茨山下,买园数十亩,疏凿颍水,环绕住宅,预筑坟墓,偃卧其中。他"自以当高宗时尚吏,己独儒;武后尚法,己独黄老;后封嵩山,屡聘贤士,己已废。著《五悲文》以自明"(《新唐书》本传)。由于政治上的坎坷失意和长期病痛的折磨,终于自投颍水而死。

卢照邻

嵩山禹州市无梁镇龙门村的河溪西岸现保存有卢照邻墓。《旧唐书》本传及《朝野佥载》都说卢有文集20卷。《崇文总目》等宋代书目均著录为10卷。今存其集有《卢升之集》和《幽忧子集》均为7卷。《全唐诗》编录其诗2卷,传于后世的诗歌有100余首。徐明霞点校《卢照邻集》即据7卷本《幽忧子集》,并作《补遗》。傅璇琮著有《卢照邻杨炯简谱》。

张 亮

张亮(?~646年),唐朝大臣、将领。嵩山荥阳人。隋大业末从李密为骠骑将军。因李荐擢郑州刺史。又以房玄龄荐,引为秦王府车骑将军,屡立战功。武德九年(626年),李世民派张亮率兵驻守洛阳,作为后退之地,并嘱咐张亮要多结豪杰,壮大力量。因李世民与元吉有隙,元吉将此事向李渊告密,李渊召回张亮交刑部审讯,张亮不露机密,多日无状可考,释放后又回洛阳。李世民即位,授右卫将军,封长平郡公。贞观五年(631年),迁御史大夫,转光禄卿,进封郧国公,后历幽、夏、鄜、相各州都督,能伺察善恶,发奸摘隐,动若有神,抑豪强而恤贫弱,所至有绩。十一年(637年)改封郧国公。十四年(640年)入为工部尚书。十五年(641年)迁太子詹事,出为洛州都督。

李世民继位后,任张亮为太子詹事(掌东宫事务),后迁洛阳都督。时侯君集因平高昌有功未受重

赏而有异念，鼓动张亮说："是谁将你排挤出京？"张亮知侯阴谋，说："不是你还有谁呢？"君集说："我有大功，不给赏赐又不重用，反遭斥责，还能排挤你么？"并捋着袖子说："皇上如此对待我们，我实在忍不下去，你若倡议造反，我跟你一起干到底。"张亮没有答应，并晓以大义。后张亮将此事密告太宗。太宗说："你二人都是功臣，说话又无人为证，若把君集治罪，他必不服，那就不可思议了，以后慎勿再言。"从此，张亮待君集如故。这年八月，复迁张亮为刑部尚书，参与朝政。

贞观十七年（643年）十一月，朝廷决定东征高丽，任张亮为平壤道行军大总管（一路元帅），统兵4万、战舰500艘，自莱州泛海东征平壤，与李世勣、姜行本各路并进。贞观十九年四月，张亮攻下高丽卑沙城，跃兵鸭绿江上。七月，张亮挥军至建安城下，刚扎下营，军士分头采樵，突然高丽兵包围大营，张亮镇定自若，稳坐大帐，将士一见，乃奋力应战，总管张金声击鼓助战，高丽兵大败。唐太宗建凌烟阁表彰功臣，将24位功臣图像供奉阁上，郧公张亮居第16位。贞观二十年（646年）三月，常德玄告张亮、程公颖谋反，太宗交群臣议处，多人认为谋反当诛，太宗迫于众议，乃将张亮判处死刑，长孙无忌、房玄龄到狱中宣旨并与张亮诀别。后刑部侍郎位缺，丞相推举多人，太宗说："前年张亮判斩时，只李道裕说，亮无反据，不应判斩。当时我未听他言，才错杀张亮，今应以李道裕为刑部侍郎，天下才会少些冤案。"随以李道裕为刑部侍郎。

徐有功

徐有功（641~702年），唐朝法官。名弘敏，字有功，国子博士徐文远的孙子。嵩山偃师人。应科举试，举明经（与进士科并列）及第。历任蒲州司法参军、司刑（大理）寺丞、刑部郎中、侍御史、司刑寺少卿等。他为政宽仁，不忍杖罚，以宽仁受到百姓感戴。在他任期内，不曾枉杀一人。载初元年（689年）升任司刑丞，后升秋官员外郎、秋官郎中（刑部中司的首长）。当时，皇后武则天执政，有酷吏罗织罪名，构陷无辜。有将相豪杰、公卿大夫被捕入狱，惨遭被杀者不计其数。当时，又提倡告密，很多吏民遭到诬告。朝野震恐，人人自危，没有人敢出面讲实话。这时，徐有功仍持平守正，不易其节。诏下大理寺（最高法院）审讯的案件，都依法处理，前后救活数十百家。独他常常在朝廷之上与武后面争曲直，力主依法量刑。武后色厉辞严地诘问他，左右大将军莫不为之汗背，而徐有功神色不变，持论益坚。他在审案时，重证据，重事实，为不少人昭雪了冤情。为此，他自己就数次被免官，曾3次被判死刑，几乎处死。将死，仍泰然自若。后被赦免，也不因而喜不自胜，这一点，很受人敬重。武则天也赏识他的直谏廷争，很器重他。长期在司法任上，是唐武则天时期与酷吏斗争的一面旗帜，也是历史上罕见的一位以死守法、执正的法官、清官。卒年68岁，武则天追赠他为大理寺卿。唐中宗李显登位后加赠他为越州都督（一品）头衔，并特下制书表彰："节操贞敬，器怀亮直，徇古人之志业，实一代之贤良"和"卓然守法、虽死不移"。赠司刑卿。毛泽东在广泛涉猎的史籍中，曾多次阅读《新唐书·徐有功传》，并在文中做了多种阅读符号，表示重视和强调，书眉上还加了批语："命系庖厨，何足惜哉！……岳飞、文天祥、曾静、戴名世……诸辈，以身殉志，不亦伟乎！"

王玄策

王玄策，唐代杰出的政治使者，外交官。嵩山偃师人，与当时高僧玄奘同乡。唐初贞观十七年至龙朔元年（643～661年）间四次出使印度（一说三赴印度）的使节。曾官融州黄水县令，右卫率府长史。

唐太宗贞观十五年（641年），印度摩揭陀国国王曷利失尸罗迭（逸）多（梵语：Harsha Sīlāditya，即戒日王）继玄奘访问该国之后致书唐廷，唐命云骑尉梁怀璥回报，尸罗迭多遣使随之来中国。贞观十七年（643年）三月，唐派行卫尉寺丞李义表为正使、王玄策为副使，伴随印度使节报聘，贞观十九年（645年）正月到达摩揭陀国的王舍城（今印度比哈尔西南拉杰吉尔），次年回国。

王玄策一人灭一国

贞观二十一年（647年）唐太宗命王玄策为正使、蒋师仁为副使一行30人出使印度。不料此时戒日王已死，自立为王的阿罗顺那听说大唐使节入境，竟发兵拒唐使入境。派了2000人马半路伏击，王玄策及随从30多人全部被俘扣押，身陷牢狱之中。后来王玄策和蒋师仁趁夜色逃脱，日夜兼程，赶往吐蕃（即今之西藏）西部边境，以唐帝国及姻国吐蕃王中之王的名义，向泥婆罗国（今尼泊尔）借兵。当时吐蕃强大，称霸雪域高原，唐帝国与泥婆罗国均与其联姻，也就是将本国公主嫁给吐蕃赞普（国王）。泥婆罗国鸯输伐摩（意为光胄）国王将自己最心爱的女儿墀尊公主嫁给了吐蕃赞普松赞干布，以此换取和平。唐太宗也将宗室女文成公主许配给松赞干布。文成公主入藏后，极大地促进了吐蕃的文化进程，倍受臣民尊敬，因此吐蕃与唐帝国正处在双方关系史上最为友善的时期。

泥婆罗国是个小国，必须依附强国生存，因此泥婆罗国王那陵提（Narendra-deva）很给唐帝国和吐蕃面子，派出了7000人的军队，吐蕃赞普松赞干布也派出了1200人的精锐骑兵，人马总数8000多。王玄策、蒋师仁率领这支全部由外援组成的大军重新杀回中印度，在激战之后，王玄策终于大破中印度军，俘虏了阿罗那顺及其家属。史载"其王阿罗那顺及王妃、子等，虏男女12,000人、牛马20,000余以诣阙"。贞观二十二年（648年）、王玄策执阿罗顺那及一千降臣，绑俘长安。这就是传说中的"一人灭一国"的故事。在这场战争中，大唐使臣王玄策只凭一己之力，借兵灭掉了天竺（古代的印度），并把印度的国王擒获移交回长安法办。太宗皇帝大喜，下诏封赏玄策，授散朝大夫。

高宗显庆三年（658年，一说显庆二年）玄策第三次出使印度，次年到达婆栗阇（今印度达班加北部）国，五年访问摩诃菩提寺，礼佛而归。

根据《四使说》载，高僧玄照长年求法天竺，颇具大名，受到唐使王玄策的重视。王玄策回到国内后，向皇帝汇报了玄照的情况。公元662年，王玄策奉旨接玄照回国，"五月之间，途经万里"，找到玄照，返回了国内。

虽为曾经立下"世界史上空前绝后奇功"的唐代使节，王玄策四度出使天竺的经历却在史书上鲜有记载。由于在中国境内他并没有做过什么，因此也没有什么特别发挥。在从印度回来后，也只是辛苦了就结束。这个人曾把包括自己所做过的事，以及印度的地理等做了详细的记录留传，叫做《中天竺行记》10卷，已佚。现在只能根据中国古籍中散见的零星材料而考见其印度之行的一二事迹，且不同史料所说大同小异。

王玄策几度出使印度,带回了佛教文物,对中印文化的交流作出了贡献。著有《中天竺国行记》十卷,图三卷,今仅存片断文字,散见于《法苑珠林》、《诸经要集》、《释迦方志》中。根据史料记载,麟德二年(665年),王玄策曾在洛阳敬爱寺指挥塑造了弥勒佛像。20世纪50年代,有关部门又在洛阳龙门石窟发现了王玄策造像题记。这些遗迹都是王玄策在嵩山地区活动时留下的。

李 峤

李峤(645～714年),唐朝御用文人、诗人。字巨山,赵州赞皇(今属河北)人。少年时梦人遗双笔,故早有才名。麟德二年(665年)进士,任安定县尉。两年后参加制策考试,又中甲科,调任长安尉,后转监察御史,任军事监察时,随军去广西平息壮族叛乱。由于只身一人前往屯兵在山洞中的叛匪老窝劝降,得到高宗嘉奖,连升三级,提升为五品上阶给事中。后在核查狄仁杰一案中,据理为狄仁杰洗冤,被贬为润州司马。不久,升任正五品凤阁舍人、鸾台侍郎。唐中宗即位时,以特进守兵部尚书同中书门下三品,至正三品吏部尚书,并进封为二品的开国县公。后加封修文馆大学士以及正二品的赵国公爵位。睿宗即位后,任怀州刺史。玄宗即位,贬为四品的滁州别驾,后改贬为庐州别驾。

李峤文采得到武则天的赏识,故"朝廷每有大手笔,皆特令峤为之"。其文章与杜审言、崔融、苏味道并称"文章四友"。其诗大部分为五言近体,风格近似苏味道而词采过之。传有诗集5卷,近200首,有三方面的题材:一为宫廷中陪皇帝及公主们宴游所做的风雅诗;二是赠送给文朋诗友及同僚们的唱和诗;三是五言律诗。武则天时,曾居嵩山汜水。史料记载,李峤随武则天封禅中岳时,李峤撰写有著名的《大周降禅碑》,相王李旦书丹后,立于嵩山峻极峰上,今已无存。唐大周圣历三年(700年)夏季,则天皇帝在石淙河水漂石上大宴群臣。武则天即兴作诗一首《夏日游石淙》,命从臣16人奉和诗名为《侍游应制》。李峤的《侍游应制》为"石淙河摩崖题记"之一。

李日知

李日知(? ～715年),唐朝中宗、睿宗时宰相。嵩山荥阳人。进士出身。武则天天授年间,累迁司刑丞,时法令严厉,吏争为酷,独李日知执法宽平无冤滥,曾为一犯量刑与少卿胡元礼强争,胡元礼大怒说:"元礼不离刑曹,此囚终无生理!"李日知反驳说:"日知不离刑曹,此囚终无死法!"终免囚死。中宗神龙初(705年),迁给事中,寻加朝散大夫。中宗景龙元年(707年),拜同中书门下平章事。转御史大夫,知政事如故,不以进退为意。时安乐公主大兴土木,营建馆第,馆成,中宗临幸,宴饮从官,命赋诗文。李日知独以规诫。睿宗后来说:"虽朕亦不敢谏,非公挺直,何能尔?"景云元年(710年),韦后被诛,李日知以黄门侍郎同中书门下三品,次年进侍中。玄宗先天元年(712年),转刑部尚书,罢知政事,在乡里以奖掖后进为务。李日知以事母至孝闻名,廉洁奉公,不治田园,家产屡空。

杜审言

杜审言(646~708年),初唐诗人。杜甫的祖父。字必简,嵩山巩义人。杜审言祖籍襄阳,祖父杜鱼石在隋朝曾任河南获嘉县令,父亲杜依艺做巩县县令,全家迁居巩县。杜审言从小刻苦读书,青年时诗文颇有名气,与崔融、李峤、苏味道合称"文章四友",世号崔、李、苏、杜。咸亨元年(670年)进士,初任隰城尉,后任洛阳丞。武后时,因事被贬为吉州司户参军。司马周季重受了司户郭若讷的挑拨,诬陷杜审言致被捕入狱。杜审言年仅13岁的长子杜并,看到父亲遭到这样的冤屈,满含愤恨,决心为父报仇。大约在仪凤年间(678年),杜并袖中暗藏利刃,趁人不备,持刀将周季重刺死,杜并也被周季重左右的人杀死。周季重临死时说:"审言有孝子,吾不知,若讷故误我!"这件事在当时震动很大,时人称杜并为"孝童",为其树碑立传。杜审言因此被免官回到洛阳。大约在

杜审言

武后垂拱年间(688年),武则天慕杜审言文名召见,令作《欢喜诗》,受到赞赏,授著作佐郎,后升膳部员外郎。中宗神龙元年(705年),唐旧臣宰相张柬之等文武群臣发动政变,入宫杀死张易之、张昌宗,拥戴中宗李显复位。杜审言因受牵连得罪,流放峰州(今越南境内河西省)。中宗复位,召还授国子监主簿,加修文馆直学士,直至去世,年63岁。后大学士李峤等奏请加赠,诏赠著作郎。

在"文章四友"中,杜审言远不及其他三人宦途显赫,然而诗歌创作的艺术造诣却远远超出其他三人。他的诗多写景、酬和及应制之作。除了那些没有价值的应制诗外,一些写景、记游、赠怀的诗往往写得形象鲜明,质朴自然,音节嘹亮。其诗风雄浑,语词清丽,格律严谨,基本上摆脱了齐梁余风。其诗质实雄浑,有着极高的艺术境界。代表作有《夏日过郑七山斋》、《登襄阳城》、《春日京中有怀》、《和晋陵陆丞早春游望》。杜审言对唐代近体诗的形成和发展,做出了比较重要的贡献。善五言诗,工书法,恃才傲世,自称"吾文章当得屈宋作衙官,吾笔当得王羲之北面"。他的《和晋陵陆丞早春游望》被明人胡应麟在《诗薮》中将其誉为"初唐五律第一"。诗云:"独有宦游人,偏惊物候新。云霞出海曙,梅柳渡江春。淑气催黄鸟,晴光转绿苹。忽闻歌古调,归思欲沾巾。"全诗以明净秀丽的形象反衬其浓厚的思乡之情,正所谓以乐景衬哀情,情感极其悠长,内蕴极其深厚,给人以无尽的回味。杰出的现实主义诗人杜甫,曾一再说:"吾祖诗冠古。"常以祖父诗歌的成就而自豪。杜审言诗不仅诗风刚劲、雄健、清新,而且格律严谨,是唐代五律诗的奠基者。他流传下来的诗有40余首,其五律诗现有28首,除一首失粘外,皆符合近体诗的粘对规律,对律诗的定型做出了杰出的贡献,由此也奠定了他在诗歌发展史中的地位。

司马承祯

唐明皇与司马承祯

司马承祯（647~735年），唐朝高道。字子微，法号道隐，洛州温（河南省温县）人。茅山宗封为12代宗师。唐人崔尚《唐天台新桐柏观颂并序》称其为"晋宣帝弟太常馗之后裔"。其祖父司马晟在隋朝做大官，父亲司马仁曾为唐朝襄滑二州长长史。少年好学，年21岁学道出家师从潘师正，居中岳嵩山，尝学习养生之道，尤其是辟谷、导引、服饵之术。是南朝著名道士陶弘景的四传弟子（陶传王远知、王传潘师正、潘传司马承祯）。后遍游名山，隐于天台山，自号天台白云子。武后闻其名，召至都，降手敕赞美。遂居王屋山中岩台。自称中岩道士。后又回天台山，与王维、李白、贺知章、孟浩然、卢藏用、宋之问、陈子昂、华构、王适结为"仙宗十友"。唐睿宗、玄宗及武则天时均召其入京，赏赐甚丰。后玄宗命于王屋山置阳台观居之，并命其妹玉真公主向司马承祯学道。司马承祯以老、庄学说及道教其他经典为基础，吸收儒家正心诚意及佛教上观禅定的学说，创立了以"道"为核心的思想体系。他在如何修道中，主张人们脱离现实去修道，提倡以"收心"、"坐忘"的认识方法为途径，来达到人生的最高理想"道境"。他主张的"无为而治"的政治观，受到唐睿宗的称赞。特别是在当时修炼外丹的风气中，司马承祯倡导"坐忘"，其静心无欲的修道理论，以老庄思想为依据，吸取佛教止观、禅定的方法，对后世道教修炼理论的发展和北宋理学的形成，皆有一定影响。工书画，在济源王屋山，敕造阳对大庙，就隐居该寺，为寺庙画壁画，并以书画自娱。开元二十三年（735年）卒，谥贞一先生。著作有《修真秘旨》12篇，《修真秘旨事目历》《坐忘论》《修真养气诀》《服气精义论》《采服松叶等法》《洞玄灵宝五岳名山朝仪经》各1卷，《上清天地宫府图经》2卷，《天隐子》8篇，《太上升玄经注》以及《太上升玄消灾护命妙经颂》《上清含象剑鉴图》《上清侍帝晨桐柏真人真图赞》《素琴传》《道体论》各1卷。其中《坐忘论》《天隐子》为其代表作，是研究其思想的主要资料。新、旧《唐书》和《道藏源流考》均有传。

位于嵩山脚下的登封市城北逍遥谷崇唐观中的《潘尊师碣》碑为"唐默仙中岳体元先生太中大夫潘尊师碣文并序"，是由司马承祯所书。《中州金石记》引《续仙传》云："承祯攻篆，创为一体，号金剪刀书。"字体不俗。惜碑断折，字迹风化模糊。历代金石书籍多有著录。

杜并

杜并,唐朝名童。字惟兼,杜审言次子。生性聪敏,日诵万言,尤精翰墨。审言为吉州司户参军时,州司马周季童与员外司户郭若讷,共同陷害审言。罗织罪名,将其下狱,并且准备杀害杜审言。当时杜并才13岁,便想方设法为父亲申冤报仇。有一次,听说司马周季童在府中请客,杜并就潜入府乘其不备,抽出匕首将正在作乐的司马周季童连刺数刀,官兵上来,杜并仍不松手,直到被乱刀砍死。周季童也被刺死,将死曰:审言有孝子,吾不知,若讷故误我。大家才纷纷为杜审言申诉,审言被平反放出,杜审言的好友都来吊唁、慰问,文学家苏颋为杜并写了墓志铭,刘允济也写了祭文,赞扬这位孝童。

苏味道

苏味道(648~705年),初唐大臣、文学家。赵州栾城(今河北)人。少有才华,9岁能诗文,幼年时即与李峤以文辞齐名,并称"苏李"。总章元年(668年)进士,早年为咸阳尉,因吏部侍郎裴行俭赏识,随裴行俭两征突厥,为书记。历任凤阁舍人、检校侍郎、集州刺史、天官侍郎、官至凤阁侍郎同凤阁鸾台三品,身居相位。因改葬其父侵毁乡人墓田,役使过度,被弹劾,贬为坊州刺史,不久又复迁益州(今成都)大都督府长史,后因亲附张易之兄弟,中宗时贬为眉州刺史,又迁益州长史,卒于上任道中,赠"冀州刺史"。年58岁。苏味道谙熟台阁故事,善章奏。因处事模棱两可,世号"苏模棱"或"模棱子"。苏味道在文学上,与李峤、崔融、杜审言合称"文章四友",对唐代律诗发展有推动作用。其诗多为浮艳雍容的应制之作,代表作有《咏虹》、《正月十五夜》、《和武三思于天中寺寻复礼上人之作》等,诗风清正挺秀,绮而不艳。著有《苏味道集》已佚,现存诗16首,载《全唐诗》。苏味道死后葬今栾城苏邱村,其一子迁居四川眉山,宋代"三苏"为其后。苏味道在嵩山活动时,曾作有《石淙河侍宴应制》、《和武三思于天中寺寻复礼上人之作》等诗,史料有录。

刘允济

刘允济(?~705年),唐朝文学家、诗人。一名元济,嵩山巩县(今巩义市)人。其先出沛国,齐彭郡丞巚之六世孙。少孤,事母尤孝。工文辞,与王勃齐名。20岁举进士补下邽尉,累迁著作佐郎,曾收集鲁哀公12世材料接续战国,编成《鲁后春秋》20卷献于朝廷。迁左史兼直弘文馆。武后明堂成,写赋赞扬武后功德,得到武后手诏褒奖,除著作郎。后被来俊臣陷害入狱,并要杀害他。因其母老,免死,贬大庚尉。后复为著作佐郎,兼修《国史》。他在修国史过程中,坚持秉笔直书,实事求是,不受金钱与权势的引诱与胁迫。他常说:"史官善恶必书,使骄主贼臣惧,此权岂轻哉!而班生爱金,陈寿求米,仆乃视如浮云耳!"后迁凤阁(中书省)舍人,专掌诏诰制敕,得到武后的重用。武后死后,因受张易之案牵连,被降为青州长史。母亲去世,丁忧三年,服满后,皇上又召他任修文馆学士。因长期被贬官在外,返回京城后非常高兴,与家人举杯饮酒,开怀痛饮,不幸逝世。刘允济著有文集10卷。一生创作了大量的诗歌,结集为《珠英学士集》,其诗共 276 首,今大部分已散佚。《珠英学士集》在文学史上有重要的意义:一方面,它是"最早的当代诗选",是研究初唐诗坛状况的重要资料。另一方面,今存的 56 首诗中,几乎全部符合格律诗的要求,在格律诗的定型方面,有着积极的意义。传统宫廷诗中的主流应制、应诏之作在这 56 首诗中,极为少见,其大量诗作是抒情言志之作,其风格也一改宫廷诗的浮艳而变为诚挚真切,寄托遥深,对盛世唐诗歌的内容与风格有一定的影响。刘允济在嵩山活动期间,写有《经庐岳回望江上想洛川有作》、《咏琴》等诗。刘允济与杜审言常有来往,杜审言的小儿子为父报仇被杀时,他赶去祭灵,并写了一篇祭文,痛悼这位英雄少年。

薛　稷

薛稷

薛稷(649~713 年),唐朝书法家、画家、诗人。字嗣通,蒲州汾阴(今山西万荣)人。曾祖父为隋代著名文学家薛道衡,官至内史侍郎。祖父薛收,仕唐为记室参军,封汾阴县男。从父薛元超,唐中书令兼左庶子,加金紫光禄大夫。薛稷出知官宦世家,本人亦仕途显达。武则天朝举进士,累迁礼部郎中、中书舍人。景龙三年(709 年),任谏议大夫、昭文馆学士。睿宗李旦未登基前,与薛稷关系很好,将女儿仙源公主嫁给薛稷之子薛伯阳,二人结成儿女亲家。景云元年(710 年),李旦即帝位,升薛稷为太常少卿,后累迁中书侍郎,转工部、礼部尚书,复以翊赞,封"晋国公",赐实封 300 户,加赠"太子少保"。睿宗经常召薛稷入宫参赞政事,一时恩遇,群臣莫与为比。玄宗即位后,因太平公主与窦怀贞等人密谋政变,事泄被杀。薛稷以知情不报,亦被赐死狱中,年 65 岁。

作为一个艺术家,薛稷的诗、画、书法都取得了令人瞩目的成绩。薛稷具备很高的文字才能,"文章学术,名冠时流。"《全唐诗》中共收录其作品 14 篇。他善画人物、佛像、鸟兽、树石,特别是画鹤,形神兼具,达到了呼之欲出的地步。《宣和画谱》载,独有薛稷所画的鹤,能够极尽其妙,或啄苔剔羽,或阔步顾视,或昂立座隅,或上下回翔,无不栩栩如生,曲尽情状,形神兼具。"故言鹤必称稷,以是得名。"大诗人杜甫、李白都曾为薛稷画鹤题诗作赞。《历代名画记》载:"屏风六扇鹤样,自(薛)稷始也。"说明了他在画史上的重要地位。在书法上,薛稷与虞世南、欧阳询、褚遂良并称为"初唐四大书法家"。他曾从外祖父魏征家见虞世南、褚遂良书法作品,遂精心临摹,穷年忘倦,最终学成,名动天下。形成了融隶入楷,媚丽而不失气势,劲瘦中兼顾圆润的书风,发展了初唐书法劲瘦媚丽而又圆腴挺拔的时代风格。薛稷的隶书、行书俱入能品,"章草书亦其亚也"。唐代李嗣真在《九品书人论》中将其真书、行书列为第一。杜甫曾写有诗赞:"仰看垂露姿,不崩亦不骞。郁郁三大字,蛟龙岌相缠。"苏环署官告,苏颋为之词,薛稷书,当时称为"三绝"。

史料记载,薛稷在嵩山留下的书法作品有《升仙太子碑碑阴题名》、《洛阳令郑敞碑》、《佛石迹图赞》等,从中可见其书法特点与风格。

王 勃

王勃

王勃(650~676年),唐朝诗人。字子安,绛州龙门(今山西省河津市)人。王勃与杨炯、卢照邻、骆宾王以诗文齐名,并称"王杨卢骆",亦称"初唐四杰"。王勃的祖父王通是隋末著名学者,号文中子。父亲王福畤历任太常博士、雍州司功、交趾县令、六合县令、齐州长史等职。王勃才华早露,未成年即被司刑太常伯刘祥道赞为神童,向朝廷表荐,对策高第,授朝散郎之职。乾封元年(666年),为沛王李贤征为王府修撰。当时诸王经常斗鸡为乐,王勃闹着玩,戏写《檄周王鸡》文,不料竟因此罹祸,被高宗怒逐出府。随即出游巴蜀,与杨炯等放旷诗酒,驰情于文场。咸亨三年(672年)冬,补虢州参军。有个叫曹达的官奴犯罪,他将罪犯藏匿起来,后来又怕走漏风声,便杀死曹达以了其事,结果因此而犯了死罪。幸亏遇大赦,没有被处死。其父亦受累贬为交趾令。上元三年(676年),王勃南下探亲,渡海溺水,惊悸而死,年仅26岁。据新旧《唐书》所载,王勃此次被祸,是因情才傲物,为同僚所嫉。官奴曹达事,有人怀疑为同僚设计构陷王勃,或者纯属诬陷,不无道理。总之王勃两次遭受打击,都与他的才华超人有关。

王勃诗文俱佳,不愧为四杰之首。他创作"壮而不虚,刚而能润,雕而不碎,按而弥坚"的诗文,在扭转齐梁余风、开创唐诗上功劳尤大,为后世留下了一些不朽名篇。他的五言律诗《送杜少府之任蜀州》,成为中国诗歌史上的杰作,久为人们所传诵,"海内存知己,天涯若比邻"已成为千古名句,至今常被人们引用。而王勃最为人所称道、千百年来被传为佳话的,是他在滕王阁即席所赋《滕王阁序》。王勃虽然只活了26个春秋,但著述很多,曾撰《汉书指瑕》10卷,《周易发挥》5卷,《次论语》10卷,《舟中纂序》5卷,《千岁历》若干卷,可惜皆佚失。王勃的诗今存80多首,赋和序、表、碑、颂等文,今存90多篇。今所传《王子安集》(王勃文集)16卷,也非全本。据史料记载,日本京都帝国大学部存有影印唐钞本《王勃集残》2卷。日本京都"富冈君(谦藏)别藏《王子安集》卷廿九及卷三十"。杨守敬《日本访书志》著录卷子本古钞《王子安文》1卷,并抄录其中逸文12篇(其中6篇残缺)。

王勃在嵩山洛阳为仕时,曾写有《上刘右相书》、《秋日饯别序》、《冬日羁游汾阴送勃生机韦少府入洛序》、《秋日宴洛阳序》、《还冀州别洛下知己序》、《黄帝八十一难经序》等散文。

杨 炯

杨炯(650~693年),唐朝文学家。弘农华阴(今属陕西)人。11岁时即被举为神童。上元三年(676年),应制举及第,补校书郎,累迁詹事司直。恃才傲物,不拘小节,为小人所不容。垂拱元年(685年),坐从祖弟杨上参与徐敬业起兵,被贬为梓州司法参军。天授元年(690年),任教于洛阳宫中习艺馆。如意元年(692年)秋后迁盈川令,吏治以严酷著称,卒于官。与王勃、卢照邻、骆宾王齐名,并称为初唐四杰。与"四杰"诗一样,在内容和艺术风格以突破齐梁"宫体"诗风为物色,在诗歌发展史上起到承前启后的作用。杨炯擅长五律,语言精丽严整,气势轩昂,风格警劲。今存诗33首,五律居多。以战诗著名,代表作有《从军行》、《出塞》、《战城南》、《紫骝马》等。著有《盈川集》30卷传于世,《全唐诗》存诗1卷。另存有赋、序、表、碑、铭、志、状等50篇。调露二年(680年),唐高宗、武则天游中岳时,曾重修少姨庙,命杨炯撰写有《少姨庙碑》文。

毕 构

毕构(650~716年),唐朝大臣。字隆择,原籍东平(今属山东)人,后迁居嵩山偃师。父憬,则天时为司卫少卿。毕构少举进士,神龙初(705年)累迁中书舍人。当时,武三思为司空,勾结皇后韦氏,把持朝政,朝中大臣深为忧虑。于是,有人上表,奏请削武氏诸王。一日上朝时,轮值毕构当众宣读群臣所上表章。当他看到这份奏章时,情绪激动,读起来不仅声韵琅琅,而且边读边加分析,将武三思之流的乱国罪行揭露得淋漓尽致。大臣们不住啧啧称赞,有的虽点头称是,手心却握着一把汗,为毕构的处境担忧。武三思一伙如热锅上的蚂蚁,满面通红,坐立不安,怒目而视,而又无可奈何。这消息马上传遍京城,百姓们都为有毕构这样一些忠心赤胆的大臣而拍手称快。武三思十分气怒,不久,毕构被贬出京城,出为润州刺史。睿宗景云初(710年),召毕构为左御史大夫,转陕州刺史,加银青光禄大夫,封魏县男。顷之,复授益州大都督府长史,兼充剑南道按察使。所历州府,咸著声绩,在蜀中尤革旧弊,政号清严。曾受唐睿宗玺书嘉奖,赐袍带并衣一副。寻拜户部尚书,转吏部尚书,并遥领益州大都督府长史。李隆基(即后来的唐玄宗)平灭韦后、武氏之后,大肆逮捕审讯其党徒,朝臣多所连坐。毕构以大局为重,详比轻重,以法处置,未曾冤枉一人好人。人们都赞其是"清官"。玄宗即位,累拜河南尹,迁户部尚书。开元四年(716年),遇疾,上手疏医方以赐之。时议户部尚书为凶官,遽改授太子詹事,冀其有瘳。寻卒,赠黄门监,谥曰景。

薛 曜

薛曜(?~约704年),唐朝著名书法家。字异华,元超子,祖籍蒲州汾阴(今山西万荣)人,世代为儒雅之家,以文学知名。尚城阳公主,子绍尚太平公主。官正谏大夫。万岁登封年间(696年)任春宫郎中(礼部郎中),神功年间(697年)改正议大夫,并以辞学知名朝野。圣历二年(699年)为奉宸大夫,与天下名士李峤、员半千、阎朝隐、徐坚、张说、刘知几等26人共撰《三教珠英》，凡1300卷。有集20卷，今存诗5首（《全唐诗》收录5首，但实际可查现存共8首）。与王勃为文友，咸亨初年（670年）曾与之游于四川绵州，王勃有送别诗两首记其事。在书法上，薛曜与薛稷同一师承，书学褚遂良，瘦硬有神，用笔细劲，结体疏朗，但较褚书险劲，更纤细，在当时享有大名。他对褚书不作亦步亦趋的模仿，而是加以发挥，有所创造，然亦成习气，为褚书末流。《夏日游石淙诗并序》是薛曜的代表作，为"石淙河摩崖题记"之一。"唐大周圣历三年（700年）夏季，则天皇帝在石淙河水漂石上大宴群臣。武则天即兴作诗一首《夏日游石淙》，命从臣16人奉和诗名为《侍游应制》，武则天又作序《夏日游石淙诗并序》，命薛曜书写，让工匠刻于崖壁上。石淙河摩崖题记"，分为《夏日游石淙诗并序》和《秋日宴石淙序》两部分。由张易之撰文的《秋日宴石淙序》，内容主要描绘石淙河的山水景物。二者的书者皆为薛曜，其书法瘦劲奇伟，被历代书家称为"宋徽宗瘦金体之祖"，存世作品极少，因而十分珍贵。位于嵩山登封市万羊岗封祀坛遗址上的《大周封祀坛碑》，文为薛曜书丹，其书法遒密有致，是其代表作之一。

薛曜

陈章甫

陈章甫，唐朝散文家。江陵（今属河北）人。唐开元年间进士，官至太常博士。有一次考试本已及第，可"因籍有误，蒙袂而归"。他曾据理力争，吏部无言以对，后请执政破例录用，此事使他名扬士林。由此可见陈为人的倔强。官至太常博士。因无意仕宦，乃辞归林泉，曾长期隐居嵩山。今存其文3篇。唐代诗人李颀曾给他写过一首送别诗《送陈章甫》非常有名，其诗虽为送别之作，但绝无儿女沾巾之态，写得豪放感人。

送陈章甫
四月南风大麦黄，枣花未落桐叶长。青山朝别暮还见，嘶马出门思旧乡。
陈侯立身何坦荡，虬须虎眉仍大颡。腹中贮书一万卷，不肯低头在草莽。
东门沽酒饮我曹，心轻万事如鸿毛。醉卧不知白日暮，有时空望孤云高。
长河浪头连天黑，津吏停舟渡不得。郑国游人未及家，洛阳行子空叹息。
闻道故林相识多，罢官昨日今如何。

姚 崇

姚崇（650～721年），唐朝贤相，杰出的政治家、文学家、诗人。本名元崇，改名元之，后避开元年号，又改名崇。唐代陕州硖石（今三门峡市东南）人。姚崇出生于官僚家庭，父亲做过嶲州都督。姚崇

姚崇

青少年时，任侠有节操，不拘细节，待年长后才好学，后经科举入仕。早年曾担任过濮州司仓参军，累升兵部郎中。由于他明于吏道，"奏决若流"，并提出了对付契丹贵族的办法，得到武则天的赏识，于圣历（698～699年）初年破格升为兵部侍郎、同中书门下平章事（宰相）。神龙初，与张柬之等发动诛张易之兄弟、拥立中宗即位的政变。后出任亳州、常州刺史。唐睿宗即位，召拜兵部尚书，同中书门下三品，迁中书令；唐玄宗即位后，于开元元年（713年）十月，第三次召为兵部尚书，同中书门下三品，位于诸宰相之首。官至紫微令，封"梁国公"。他曾一度被贬，一度又复任，几起几落。历任武则天、睿宗、玄宗三朝宰相，共居相位10多年。为官敢当重责，议事果断。睿宗时因太平公主干政，因奏请太平公主迁居东都洛阳居住，以削弱其权力，被贬职，先后任申、扬、同三州刺史及淮南按察使。开元初复相，向玄宗进奏十事，建议减轻赋税，禁止宦官贵戚干预朝政，禁绝营造佛寺道观，奖励群臣劝谏等，并采取行动，淘汰僧尼，强令一万多人归农。曾作《五诫》，主张为政公平，并躬身力行。他整肃吏治，兴利除弊，严格铨选制度，罢免冗官，任人唯贤，量材授职，奠定了"开元之治"的政治基础。开元四年（716年），山东蝗虫大起，百姓以为是神虫，烧香礼拜，一些官员也认为是天灾而束手无策，他纠正当时不敢捕杀蝗虫的陋俗，力排众议，不惜罢官削爵，下令推行捕埋、火烧的焚埋之法灭虫，有效地控制了蝗灾蔓延。后荐宋璟代己。姚崇三朝为相，并握有兵权，但他却一生俭朴，从不居功自傲。姚崇前后大约经历了40多年的仕途生活，在他的政治生涯中，所取得的主要成绩，就是在开元时期。他挽救危局，整顿吏治，振兴经济，脚踏实地，以身作则，是开创开元盛世的重要功臣。唐代的宰相共369人，史称"唐世贤相，前称房（玄龄）、杜（如晦），后称姚（崇）、宋（璟），他人莫得比焉"。他与宋璟同为开元时名相，史称"姚宋"。开元九年（721年），姚崇去世，年72岁。唐玄宗下令为姚崇撰写碑文，并赞誉姚崇："位之帝之四辅，才为国之六翮；言为代之轨物，行为人之师表。"

姚崇善诗文，其《秋江望月》、《夜渡江》均以写景见长，为历代诗选家所珍爱。而"桂含秋树晚，波入夜池寒"（《秋江望月》）更被誉为"咏月神语"。姚崇在位时曾多次到嵩山，嵩山的石淙摩崖题诗中有他写的诗。

姚崇墓葬位于太室山西南的万安山麓，伊川县城东北18.5公里的彭婆乡许营村北，西距范仲淹墓约150米。墓冢已毁，现存唐代神道碑1通，为姚崇子姚彝所立。额题篆书"大唐故光禄少卿虢县开国子姚公之碑"。

刘希夷

刘希夷（约651～679年），唐朝诗人。字庭芝，嵩山汝州（今汝州市）人。上元二年（675年）进士。俊美姿容，谈笑风生，聪慧天成，精通音律，善弹琵琶，能歌善咏。幼年丧父，随母在外祖父家居住至20岁，始返嵩山汝州定居。少有文华，饮酒数斗不醉，落魄不拘常检。24岁与大舅父宋之问同登进士榜，但刘希夷生性落拓不羁,不愿屈从把持朝政的武氏集团,遂与沈佺期结伴越秦岭,入巴蜀,游三峡,下扬州,后寓居洛阳。善赋诗抒怀,其诗以歌行见长,少年时代多写闺情,词旨悲苦,不为人所重。中进士,游天下,进入了他的创作成熟期。其辞意柔婉华丽,且多感伤情调,代表作《代白头吟》有"年年岁岁花相似,岁岁年年人不同"句,至今广为流传。相传其舅父宋之问品行有缺,因而舅甥之间常发生龃龉。宋之问为夺其诗据为己有,希夷不允。刘希夷生性倜傥,不拘小节,不修细行,与其大舅母两相爱慕,关系暧昧,为宋之问、宋之逊弟兄所忌恨。唐高宗仪凤三年(678年),刘希夷从洛阳回汝州故里,在庙下被其二舅父宋之逊邀往一卢姓家饮酒,大醉后其舅父竟遣人用土将他压死,伪称伤酒致死,卒年29岁,葬于汝州风穴寺南。事迹见《唐诗纪事》、《唐才子传》。

刘希夷

刘希夷著有文集10卷,诗集4卷,已失传。《全唐诗》有刘希夷诗35首。文学史定位为"刘希夷的诗标志着诗歌由宫廷走向社会的转变",特别是他的七言歌行具有里程碑的重要意义。他的《公子行》采用民歌的比兴手法,想象生动活泼,格调明快流畅。而《代白头吟》尤为绝唱,与张若虚的《春江花月夜》构成了初唐文学史上七言歌行的双璧。闻一多先生曾评论"诗歌随时代变迁,由宫廷走向生活,六朝宫女的靡靡之音变而为青春少女的清新歌唱。代表初唐的最高典型是刘希夷和张若虚"。刘希夷热爱家乡,热爱嵩山,嵩山诗有多篇,有名的为《嵩岳闻笙》。

刘希夷墓位于嵩山南麓汝州市风穴山进口处的龙山脚下,毗邻古刹风穴寺。现存土丘墓冢,近处有清光绪年间石碑两通。近年在墓地重建门楼及纪念堂,供游人观光凭吊。

杜易简

杜易简(?~673年),唐朝官吏。杜审言族兄,杜甫的伯祖父。嵩山巩义人,祖籍襄州襄阳。杜易简9岁能属文,及长,博学有高名,受到宰相岑文本(姨兄)器重。唐高宗时进士,补渭南尉。咸亨初(670年),官至殿中侍御史。咸亨中,武昭仪在朝廷重臣许敬宗、李敬玄的鼓噪下一心想当皇后。而当朝宰相长孙无忌、褚遂良和吏部侍郎裴行简则坚决反对,杜易简很不幸站在了这些人一边,竟然写了一道奏疏去弹劾李敬玄。这样不仅得罪了李敬玄,唐高宗李治想必也是龙颜大怒,不久就找了个"恶其朋党"的借口,下一道圣旨,将杜易简贬为开州司马。一帆风顺的杜易简又气又怕,到开州不久,就死掉了。杜易简著有《御史台杂注》5卷,《杜易简文集》20卷,存诗两首。

明崇俨

明崇俨(?~679年),唐代巫术家。洛州偃师(今偃师市)人。他的祖先是平原士族,世代在南朝为官,南朝梁国子祭酒明山宾五世孙。父亲明恪,豫州刺史。其人容貌俊秀,风姿神异,出身士族,却精通巫术、相术和医术。年少时,父明恪任安喜县令,县吏有个会召鬼神法术的,明崇俨学会了他的法术。乾封初,应岳牧举,调黄安县丞,以奇技自名。唐高宗召见,甚悦,擢冀王府文学。试为窟室,使宫人奏乐其中,召明崇俨问:"何祥邪?为我止之。"明崇俨书桃木为二符,剚室上,乐即止,曰:"向见怪龙,怖而止。"盛夏,帝思雪,明崇俨坐顷取以进,自云往阴山取之。四月,帝忆瓜,明崇俨索百钱,须臾以瓜献,曰:"得之缑氏老人圃中。"帝召老人问故,曰:"埋一瓜失之,土中得百钱。"

唐高宗时代,皇帝总犯头疼病,明崇俨竟真的看好了皇帝的病,由此深得唐高宗和武则天喜爱,可以自由出入皇宫。仪凤二年(677年)以冀王府参军擢正谏大夫,经常假借神鬼向高宗陈时政得失,皇帝和皇后更是对其言听计从。因向武后奏章怀太子李贤不宜继承皇位,李贤怀恨在心。仪凤四年(679年)五月初三,明崇俨被盗贼杀死于洛阳。唐高宗追赠他为侍中,谥号庄。拜其子明珪为秘书郎,开元中仕至怀州刺史。后太子李贤因家奴赵道生供认太子指使他杀死明崇俨而被废。

贾言中

贾言中,唐朝官吏。嵩山洛阳人。唐代诗人贾至的祖父。事母以孝闻名于当世,因而补为万年(今陕西临潼东西)主簿,再晋升为监察御史。李勣征高丽(今朝鲜半岛),贾言中前往送粮。及还,高宗问以军事,他分析形势并品评军中诸将帅甚为得当,高宗信然。累官吏部员外郎。后与尚书李敬玄不合,贬官邵州(今山西垣曲)司马。又由于违抗以司农卿爵为郡王的酷吏武懿宗的命令,被捕入狱,险而致死,再次被贬为建州(今湖南宝庆)司户参军,后卒于任上。

李 弘

偃师恭陵

李弘(652~675年),唐高宗李治的第五子,武则天的长子。《唐历》记载:"弘仁孝英果,深为上所钟爱,自升为太子,敬礼大臣鸿儒之士,未尝有过之地……"高宗对其非常器重,并寄予厚望。为其选择聘著名大臣李绩、许敬宗、李敬玄、刘仁轨、许圉师等作为辅弼老师。李弘"深为帝及天后钟爱",少小即让他参政,培养他的政治才能,使其在行政的实践中锻炼。如龙朔二年(662年),高宗"幸骊山温汤,太子监国"。"次年十月一日,诏太子每五日于光顺门内视诸司奏事,其事之小者皆委太子决之"。就是这么一位如朝阳般的太子,24岁时(675年),突然死在了东都洛阳合璧宫绮云殿,这让后人一直猜测不已,有人认为是武则天毒死了李弘,有人认为李弘是死于肺痨,至今也没有定论。李弘死后,武则天把儿子的茔地选在了嵩山系列山脉的景山,高宗李治下诏赞扬他是"仁孝闻于四海",并且说自己本来想让位于太子,不料他过早去世,令人悲痛,他要加太子以尊名。他认为慈惠爱亲曰孝,死不忘君曰敬,谥为孝敬皇帝,并下令以皇帝标准的天子之礼进行厚葬,号恭陵。

位于嵩山偃师市缑氏镇滹沱村西南的景山白云峰之巅的恭陵,规模宏大,布局规整。神道两边的石刻作工细腻,雕造精美,形象生动。在恭陵神道的一侧,立有高宗李治亲书的《孝敬皇帝睿德纪》碑一通。陵东北有一方锥形小冢,俗称"娘娘冢"。整个陵区占地面积31万余平方米,它既是我国唐代陵墓中保存最好的一座,也是嵩山地区规模最大的一座唐代帝陵,现为全国重点文物保护单位。

武什方

武什方(？~695年),原名韦什方,武周年间任宰相。据记载,694年武则天被三个教授神秘技能的人所吸引:第一个是一个来自河内的老尼,在洛阳麟趾寺居留,自称"净光如来佛",能预言未来;第二个就是韦什方,是老尼的助手,来自嵩山,自称生于东吴孙权年间的238年,已经456岁了;第三个是个老胡人,自称500岁,200年前就遇见过武则天的男宠薛怀义。武则天很尊敬他们,赐韦什方武姓。同年秋,武则天任武什方为正谏大夫,授同凤阁鸾台平章事,为实质宰相。在武什方的封官诏书上,武则天强调武什方比黄帝年间的广成子(据传享年1200岁)和汉文帝年间的河上公(自称为《道德经》作注达1700年之久)更令人印象深刻。不足一月,武什方请求重回嵩山。武则天免去他的一切官职,送他回嵩山。

公元695年,薛怀义因不满武则天有了新男宠沈南璆而心生嫉妒火烧明堂之后,武则天对三人的看法改变了。稍早时候,武什方自称能制造长生药,武则天让他乘坐官府马车去岭南收集药材。此时,那个自称能预言未来的老尼装作素食,却暗中大吃猪肉和山羊肉,手下还有100名门徒,都是年轻放荡的尼姑。明堂失火后,老尼去见武则天。武则天斥责她:"你说你能预言未来,为什么没预言这场火灾?"将老尼赶回河内,她的门徒和那个老胡人闻风而逃。他们逃跑后不久,尼姑们的放荡行为被人报告给武则天。武则天为了诱捕她们,将老尼召回麟趾寺。当尼姑们返回时,武则天让负责宫殿安全的宦官突袭麟趾寺,将她们全部逮捕,充作官仆。此时,武什方正从岭南返回,在洛阳附近的偃师闻讯后,自缢而死。

崔 融

崔融(653~706年),唐朝名臣、诗人。字安成,齐州全节(今章丘)人。初应八科制举,皆及第,累补宫门丞、崇文馆学士。历任太子侍读兼侍属文、魏州司功参军、著作郎兼右史内供奉、凤阁舍人、春官郎中知制诰、凤阁舍人兼修国史、司理少卿、知制诰、袁州刺史、国子司业兼修国史等。中宗神龙二年(706年),因参修《则天实录》有功,封清河县子。崔融为文华美,婉约典丽,当时无出其上者。凡朝廷大手笔,多由皇帝手敕,付其完成。其《洛出宝图颂》、《则天哀册文》尤见工力。作《则天哀册文》时,苦思过甚,遂发病而卒。中宗以其有侍读之恩,追赠卫州刺呼,谥曰文。与李峤、苏味道、杜审道被称为"文章四友",四人的作品风格比较接近,内容不外歌功颂德、宫苑游宴。崔融在诗歌格律化方面作了突出贡献,代表作有《关山月》、《石淙河侍宴应制》、《则天皇帝挽歌》等。崔融在嵩山留下的遗迹有石淙河摩崖碑诗《石淙河侍宴应制》,有《嵩山启母庙碑》、《大周朝觐坛碑》等。

王 晙

王晙(653~732年),唐朝大臣、将领。祖籍为沧州景城(今河北沧县),后徙居嵩山洛阳。出生于官宦世家,祖父王有方,官至岷州(今甘肃省岷县)刺史;父亲王行果,曾为长安尉,时颇有名气。自幼父母皆亡,由祖父王有方抚养成人。王晙少年好学,气貌雄壮,为人豪旷。高宗咸亨三年(672年)擢明经第,调清源县尉,历官殿中侍御史,加朝散大夫,出京任渭南令。景龙三年(709年),授桂州都督,累迁太仆少卿。有胆识,不畏强权。开元二年(714年)十月,吐蕃精甲十万寇犯临洮,薛讷率大军至武街驿(今甘肃临洮东),王晙率2000兵马袭吐蕃于临洮,与薛讷的大军形成前后夹击之势,大败吐蕃。王晙在此战中,智勇兼备,最终使唐军以少胜多,出奇制胜,堪称首功之臣。战后,王晙以功加银青光禄大夫,进并州都督长史。开元四年(716年),迁左散骑常侍,朔方行军大总管,加御史大夫。开元八年(720年),拜为兵部尚书兼幽州都督,复朔方行军大总管。开元九年(721年),以镇压胡人康待宾叛乱功封清源县公,仍兼御史大夫。寻胡人再叛,未能平乱,贬梓州刺史。开元十年(722年),起用拜太子詹事,封中山郡公。开元十一年(723年)正月,唐玄宗北巡至并州,改并州为太原府,设为北都,刺史改称府尹,授王晙吏部尚书兼太原尹。四月授兵部尚书、同中书门下三品,并追前破突厥功,加金紫光禄大夫。五月兼朔方副大总管兼安北大都护。开元十四年(726年),迁户部尚书,复为朔方节度使。后以许州刺史王乔案,贬蕲州刺史,改定州刺史。开元二十年(732年)因病卒。赠尚书左丞相,谥忠烈。

阳 峤

阳峤,唐朝名儒。嵩山洛阳人。其先自北平徙焉,北齐右仆射阳休之玄孙。高宗仪凤年间应八科举,授将陵尉,累迁詹事司直。长安年间,桓彦范为左御史中丞,袁恕己为右御史中丞,争荐阳峤,请引为御史。内史杨再思素与峤善,知阳峤不乐搏击之任,谓彦范等曰:"闻其不情愿,如何?"彦范曰:"为官择人,岂待情愿。唯不情愿者,尤须与之,所以长难进之风,抑躁求之路。"再思然其言,擢为右台侍御史。景龙末,累转国子司业。阳峤恭谨好学,有儒者之风。又勤于政理,循循善诱。及在学司,时人以为称职。奏修先圣庙及讲堂,因建碑前庭,以纪崇儒之事。

睿宗即位,拜尚书右丞。时分建都督府以统外台,精择良吏,以峤为泾州都督府,寻停不行。又历魏州刺史,充兖州都督、荆州长史,为本道按察使,以清白闻。魏州人诣阙割耳,请峤重临其郡,又除魏州刺史。入为国子祭酒,累封北平伯。阳峤以清白知名,平生谨慎好学,诲人不倦,所荐尹知章、范行恭、赵玄默等为学官,均为当时名儒。时学徒渐弛,阳峤课率经业,稍行鞭楚,学生怨之,颇有喧谤,乃相率乘夜于街中殴之。上闻而令所由杖杀无理者,由是始息。阳峤素友悌,抚孤侄如己子。常谓人曰:"吾虽位登方伯,而心不异于曩时一尉耳。"识者甚称叹之。寻以年老致仕,卒于家,谥曰敬。

元行冲

元行冲(653~729年),唐朝著名目录学家。名澹,以字行,谥号献。嵩山洛阳人。博学多通,尤善音律及训古之学。李治年间进士,景云中官至太常少卿。以北魏无编年史,乃撰《魏典》30卷,事详文约,颇受时论称赞。开元中,累迁太子宾客,弘文殿学士。唐开元三年(715年),李隆基命侍读马怀素负责整理内库藏书,编制国家书目。开元中,累迁太子宾客,弘文馆学士。因马怀素不悉目录学知识,不得其门,长期未果。开元七年(719年),元行冲奉诏继马怀素、褚无量之遗业,总领其事,主持校理东宫丽正殿藏书,制订计划,组织人力,分工整理、编写,于开元九年(721年)编就《群书四部录》(200卷)。今人王重民教授在《目录学》中评价说:它是"刘向之后最完备的典型的目录"。元行冲等人,在以前马怀素久而无功的情况下,在较短的时日内,完成一部收书2千部,4万卷之多的目录书,在《四库全书总目》之前,是惟一的。这不能不使它在目录事业发展史上,得到应有的历史地位。另著有《孝经注疏》《类礼义疏》等,年77岁卒。

宋之问

宋之问(656~713年),唐朝诗人。又名少连,字延清,虢州弘农(今河南省灵宝市人)。青年时即以善五言知名。唐高宗上元二年(675年)进士。武则天执政时,武则天召他与杨炯分直习艺馆。后出为洛州参军,转尚方监丞左奉宸内供奉。预修《三教珠英》。张易之兄弟受宠时,他依附之。张易之被诛,他被贬泷州参军,未几逃回藏匿洛阳。王同皎等谋划除武三思,被他告密,以功起用为鸿胪主簿。景龙中迁考功员外郎,与杜审言等同被选为弘文馆学士。因受贿贬为越州长史。睿宗即位,以其曾依附张易之和武三思流放至钦州,后赐死于流所。

宋之问

宋之问在当时宫廷诗人中声名最著,曾留下"龙门赛诗夺锦袍"的典故。在流放过程中他多有吟咏,经友人武平集编成10卷,广为流传。善工律诗,其诗与沈佺期齐名,号称"沈宋"。元稹《唐朝工部员外郎杜君墓志铭》称:"沈宋之流,研炼精切,稳顺声势,谓之为律诗"。这是有关"律诗"定名的最早记载,他们共同标志着格律诗的成熟与定型,对唐诗的发展有一定的作用。

宋之问在嵩山活动期间,写有许多有关嵩山风景名胜与抒发情感的诗,其作品有《感遇》《幸少林寺应制》《石淙河侍游应制》《嵩山天门歌》《龙门应制》《嵩山夜还》《下山歌》《缑山庙》等,从这些作品中,可看出宋之问的诗作特点。

沈佺期

沈佺期

沈佺期(656~714年),唐朝名臣、诗人。字云卿,相州内黄县人(今河南省内黄县西)人,一说嵩山偃师人。唐高宗上元二年(675年)进士,初为协律郎,武后时历任官通事舍人、给事中、考工员外郎。中宗神龙三年(707年),召拜起居郎,加修文馆直学士,常侍宫中。后迁中书舍人、太子少詹事。于玄宗先天年间,参与编撰《道藏音义目录》113卷。因贪污及媚事武则天宠臣张易之,后权臣张易之谋反被杀,沈佺期被流放瓘州(今越南荣市)。不久遇赦北归。神龙中授起居郎,加修文馆直学士。官至中书舍人、太子詹事。沈佺期的诗多为奉和应制之作,诗工丽精密,律体严谨,长于七言律诗。沈佺期曾以诗赠宰相张说,张说极为推崇,"让居第一"。于是,诗名大振,在内廷与宋之问齐名,时人谓之"沈宋"。沈佺期和宋之问最大的贡献是在声律方面,他继南朝著名文学家沈约提出"四声八病"说之后,与宋之问一样,总结500年间应用于格律形成的各种实践经验,把逐渐成熟的近体诗形式肯定下来,完成了"回忌声病,约句准篇"的任务,在律诗体制的定型上起了重大的作用,使写作格律诗有所遵循,对近体诗的形成和发展做出了较大贡献。因此,沈佺期在文学史上有着一定的地位。代表作有五言律《送乔随州侃》、七言古意呈补阙乔知之律、绝句《邙山》、五言排律《钓竿》、《答魑代书寄家人》等。沈佺期原集10卷,已佚。明人著有《沈佺期集》。沈佺期生前随帝或与友人常结伴来嵩山,除了随武则天在嵩山石淙会饮时所写的应制诗外,还写有嵩山地区风景名胜与神话传说的诗篇,其中不乏与人一起所作同题同韵的好诗,嵩山史料有录。

王琚

王琚(656~746年),唐朝官吏。怀州河内(今河南沁阳市)人。少有才略,好玄象炼丹之术。青年时,他通过沙门普润结识了尚为太子的李隆基,并被引为心腹。神龙初,为驸马王同皎所器,预谋刺武三思。玄宗即位后,太平公主争权,他与岐王李范、薛王李业及姜皎等诛杀太平公主,以功拜银青光禄大夫,户部尚书,封赵国公。常参与大政,封紫微侍郎、赵国公,时人谓之"内宰相"。曾外放连任12州刺史及广平、邺郡太守。后遭宰相李林甫所忌并构罪,自缢而死。著有《射经》。

田游岩

田游岩（约670前后在世），唐朝著名嵩山隐士、高道。字不详，京兆三原人。生卒年不详，约唐高宗咸亨初前后在世。有文才。永徽时，(653年前后)补太学生。罢归，遍游山水。后入箕山，筑室许由庙东，自号许由东邻。调露中(679年)唐高宗游嵩山，亲至其门。田游岩山衣田冠出拜，帝令左右扶止之。谓曰：先生养道山中，比得佳否？对曰：臣泉石膏肓，烟霞痼疾，既逢圣代，幸得逍遥。敕乘传赴都，授崇文馆学士，进太子洗马。垂拱中(658年)，坐与裴炎善放还山。蚕衣耕食，不交当世，惟与韩法昭、宋之问为方外友。《全唐诗》存田游岩诗一首：

弘农清岩曲有磐石可坐，宋十一每拂拭待余，寄诗赠之。

信彼称灵石，居然狎遁栖。裴回承翠巘，斌驳带深溪。

夕阴起层岫，清景半虹霓。风来应啸阮，波动可琴嵇。

仆也颍阳客，望彼空思齐。傥见山人至，簪蒿且杖藜。

武攸绪

武攸绪（655～723年），唐朝隐士。武则天从父武士让之孙，兄武惟良之子，并州文水（今属山西）人。《新唐书》记载：武攸绪年少时，变更姓名，卖卜算卦于长安市上，得到卜钱又常常丢弃。弘道元年(683年)，唐高宗病死，武则天以太后身份临朝称制，掌握了唐朝大权。武攸绪被任命为太子通事舍人。天授元年(690年)九月，武则天称帝，改唐为周，武攸绪被封为安平王，并历任殿中监、扬州大都督府长史、鸿胪少卿、千牛卫将军等职。武承嗣、武三思、武懿宗等掌权以后，为巩固武氏权势，残酷打击和屠杀李唐宗室和不附己的大臣，更加深了李唐宗室和拥唐大臣对诸武的仇恨。

自幼恬淡寡欲的武攸绪，于万岁通天元年(695年)十月，放弃一切官爵，去嵩山过起隐居生活，时年41岁。则天皇后怀疑他有诈，允许了。然后察其言，观其行。攸绪在岩石下建自己的房子，如同早就遁世的人。武后派他的哥哥攸宜劝慰他，但攸绪终究不出来。皇后才惊异于他的作为。

武攸绪在嵩山隐居的20余年，经常往来于龙门、少室山之间。武攸绪研读《易经》、庄周之书，"以琴书药饵为务"。冬天躲在茅屋里，夏天住在石室中。朝廷所赐的金锅银碗、衣服，王公大臣所赠的鹿裘、白蚊帐、杯盘等，都沾满了灰尘，而不使用。在登封颍阳买了田地，让家奴在其中劳作，自己混迹于百姓中。晚年的攸绪肌肉消瘦，眼瞳中有紫气，白天能看见星星。终武则天之世，整整十年，武攸绪未曾出过嵩山。

神龙元年(705年)正月，唐中宗复位以后，武攸绪曾两次回京，但都很快返回嵩山。第一次，是神龙元年三月，唐中宗以其刚复帝位为由；第二次是景龙二年(708年)十一月，中宗以其爱女安乐公主与武延秀结婚为由，两次派专人带玺书把武攸绪请回京城。武攸绪每次回京，中宗对他都很热情，迎送礼仪非常隆重。但唐中宗让武攸绪做官，他坚辞不受；给他大量赏赐，他一无所取。"亲贵来谒，道寒温外，默无所言。"正因为武攸绪采取与世无争的态度，所以在诸武与李唐宗室为争夺统治权的激烈斗争中,武三思、武崇训、武延秀等先后被杀,"唯攸绪以隐居不予其祸,时论美之"。唐睿宗李旦继位,特别下敕书褒奖,说他"久厌簪绂,早暮林泉,守道不回,见机而作,兴言高尚,有足嘉称。"唐玄宗李隆基对隐居的武攸绪也很尊重,"令州县数加存问,不令外人侵扰。"开元十一年(723年),武攸绪病死,年69岁。

陆余庆

陆余庆,唐朝诗人。吴郡(今苏州)人。陆元方从父陈右卫将军陆珣孙。陆余庆文雅博学,举制策甲科,补箫尉,累迁阳城尉。武后封嵩山,以办具劳,擢监察御史。圣历初(698年),灵、胜二州党项诱北胡寇边,诏余庆招慰,喻以恩信,蕃酋率众内附,迁殿中侍御史、凤阁舍人。久之,封广平郡公。久视中,历陕州刺史、洛州长史,后迁大理卿,终太子詹事,谥曰"庄"。

陆余庆与赵贞固、卢藏用、陈子昂、杜审言、宋之问、毕构、郭袭微、司马承祯、释怀一,时号"方外十友"。余庆才不逮子昂,而风流敏辨过之。中宗朝,悻臣贵主斜封大行,余庆独能以道自持,讫无谤尤。《全唐诗》收陆余庆子诗1首。

陆余庆子,名失载,武后时在世。曾作诗嘲其父。诗云:"陆余庆,笔头无力嘴头硬。一朝受辞讼,十日判不竟。"然后把这首讽刺歌谣放在案褥下。陆余庆得而读之曰:"必是那狗!"遂鞭之(出《朝野佥载》)。

陈子昂

陈子昂

陈子昂(661~702年),唐朝文学家,初唐诗文革新人物之一。字伯玉,梓州射洪(今属四川)人。少年时轻财好施,以富家子,慷慨任侠,后入乡校感悔,即于州东南金华山观读书,痛自修饬,发愤攻读,博览经史百家。光宅元年(684年)进士。入仕后,他连续越职上奏,议论国事,得到武后赏识,被擢为麟台正字,后又升为右拾遗。他忠于谏官职守,从巩固和发展封建王朝的统治出发,在发展生产、巩固边防、整顿吏制方面都提出过自己的意见。他多次上书议论朝政,既支持武则天的政治改革,又"力陈时弊",指责朝廷的不合理行事,内容涉及内政外交、军事、刑赏等方面,体现了他卓越的政治见解。武则天改唐为周时,陈子昂亦加入了百官劝进的行列,呈献了《大周受命颂表》、《大周受命颂四章并序》。为此,被后世史家视为谄悦"伪周"的叛逆分子。陈子昂后迁右拾遗后,针对武则天信用酷吏、滥杀无辜,他不畏迫害,屡次上书谏诤。

垂拱二年(686年),曾随左补阙乔知之军队到达西北居延海、张掖河一带。万岁通天元年(696年),契丹叛乱,又随隋建安王武攸宜大军出征。两次出兵边塞,对军事问题提出积极建议。后在议论进兵事时触怒武攸宜,"攸宜怒,徙署军曹",给他以降职处分。他屡受压制,才能不得施展,圣历元年(698年),因父老解官回乡,以种树和采药维持生计。不久,父死。居丧期间,权臣武三思指使射洪县令段简罗织罪名,加以迫害,入狱后郁愤蒙冤而死。

陈子昂是初唐文坛上在文学理论和创作实践方面开一代文风的著名作家。在散文、诗歌方面都有可喜成就。陈子昂善诗,其诗风骨峥嵘,寓意深远,苍劲有力。陈子昂主张诗文革新,是唐代诗歌革新的先驱和中唐古文运动的先声。所作诗论《修竹篇序》标举汉魏风骨,反对六朝柔靡诗风,对唐代诗歌及后代诗歌创作影响很大。陈子昂存诗100多首,代表作有《感遇诗》、《上军国机要事》、《上蜀川安危事》等,著有《陈伯玉集》。韩愈曾赞语:"国朝盛文章,子昂始高蹈。"陈子昂死后,其友人卢藏用为之编次遗文10卷,今存《陈伯玉文集》。

陈子昂在嵩山活动时,写有《登北邙还望京洛》、《感遇》、《题田洗马游岩桔槔》、《酬田逸人游岩见寻不遇题隐居里壁》等诗多首,史料有录。

元希声

元希声(662~707年),唐朝文学家。嵩山洛阳(今洛阳市)人。隋兵部尚书岩曾孙,3岁即善草隶书,客有闻而谬之者,挥毫立就,动有楷则,时人称为"神童"。后举进士,累官司礼博士,参加了《三教珠英》的编修。官至擢吏部侍郎,卒年46岁。著有文集30卷,今存诗8首。元希声除文学著作外,尝集有《张文仲疗诸风方》及《行要备急方》等,均佚。

李 旦

李旦(662~716年),唐睿宗,唐朝历史上最有传奇色彩的皇帝。又名旭,唐高宗第八子。史料记载,睿宗"谦恭孝友,好学,工草隶,尤爱文字训诂之书"。初封殷王,寻改封豫王、冀王,又改封相王。一生两次登基为帝三次让皇位,为其子李隆基的开元盛世创造了条件。嗣圣元年(684年)二月,是天废中宗为庐陵王,立睿宗为帝,改年号为"文明"。睿宗继位后,武则天命他居住于深宫,不得参与朝政,所有军国大事由他处理。天授元年(690年),武则天称帝,改国号为"周"。废睿宗,封他为皇嗣,改姓武。神龙元年(705年),中宗李显复位,封他为相王。景龙四年(710年)五月,中宗被毒杀。同年六月,睿宗第3子李隆基发动羽林军攻入宫,杀韦皇后及安乐公主、上官婉儿、武延秀等,与太平公主一起拥立睿宗复位,废黜殇帝李重茂,改年号为"景云"。睿宗复位后,立

李旦

李隆基为太子,又使太平公主参与朝政。太极元年(712年)七月,太子李隆基发动政变,除掉太平公主。睿宗遂禅位于太子李隆基,自称太上皇。睿宗一生三让天下,他一让母亲,应系非情得已;二让皇兄,原是事出有因;三让儿子,可谓实属无奈。不过,睿宗三让天下,均保自己平安如初,有惊无险。唐开元四年(716年),睿宗病逝于长安宫中的百福殿。

嵩山留下的遗迹,主要有由相王李旦书丹的《升中述志碑》、《大周降禅碑》、《重修许由庙碑》,有"皇嗣李旦造"的位于少林寺二祖庵后的大周塔,有位于嵩山石淙河石壁上的武则天大宴群臣时相王李旦及群臣们所作"石淙"的侍游应制诗等。

王知敬

王知敬,唐朝书法家。又作王智敬,又作王知微,画家王知慎之兄,友贞父,怀州河内(今沁阳市)人。武则天当政时官太子家令,至麟台少监,又称王家令。王知敬"画与弟知慎齐名"。而他更为人所称道的,则是其书法造诣。无论其行书草、隶书,均入能品,而尤以章草著名。署书与殷仲容齐名。武后诏一人署一寺额,仲容题"资圣寺",知敬题"清禅寺",俱为一时之绝。唐张怀瓘《书断》云:"知敬工草及行,尤善章草,肤骨兼有,戈戟足以自卫,毛翮足以飞翻,若冀大略宏图,摩霄殄寇,则未奇也。"其隶书评者谓:"如麒麟之腾跃,类鸾凤之翱翔。"传世主要书迹有《洛川长史贾公德政碑》、《唐卫国公李靖碑》、《唐太后御制诗》、《金刚经碑》等,笔法竣利丰秀,极具韵致。特别是由王知敬正书《唐卫国公李靖碑》,此碑为昭陵陪葬碑之一,其书融入了欧阳询、虞世南、褚遂良三家之笔,故书法精熟遒逸,用笔方劲,笔势外拓,精神外露,笔力健劲,婀娜多姿,为王知敬的代表作,在初唐末可以说是一件重要作品。此碑由于是欧、虞、褚三体的结合之作,在唐碑里此碑成分最多,书艺亦很高。故此碑为初唐碑版中一块既遒美而又虚和的名碑。王知敬在嵩山留下的书法作品有《洛川长史贾公德政碑》、《大唐天后御制诗书碑》、《大唐天后御制愿文碑》、《金刚般若波罗蜜经》等。

张文仲

张文仲(?~700年),唐朝宫中侍御医。嵩山洛阳人。少与同乡李虔纵并以医术知名,武则天召为侍御医。张文仲善断心脏病,尤善疗风疾,特进苏良嗣于殿庭因拜跪昏绝跌倒,武则天令张文仲至苏良嗣宅邸诊治,张即判断其患为心绞痛,但未及医治苏良嗣已亡故。以后武则天又令其集当时名医,共撰疗风气诸药方。张文仲奏道:"风有一百二十四种,气有八十种,大抵医药虽同,人性各异,庸医不达药之性"云云,"于是撰四时常服及轻重大小诸方十八首表上"。唐代在洛阳设有"太医署"和"尚药局",隶属殿中省。其内有侍御医、博士、助教多人,向学生传授医术,张文仲是其中之一,他孜孜不倦从事医学事业,于久视元年(700年),终老于家。撰有《随身备急方》3卷行于世。

吉 顼

吉顼，唐朝武则天皇帝时宰相。据《旧唐书》记载，吉顼是洛州河南人，身长7尺，高大魁梧，进士及第，为人"刻毒敢言"。司马光编撰的《资治通鉴》206卷，记载有吉顼的几件事：一是奏请诛杀著名酷吏来俊臣。来俊臣凶残狡诈，贪婪暴戾，滥施酷刑，但罪行暴露下狱后武则天却迟迟舍不得杀掉他，还认为"来俊臣有功于国家"。吉顼敢于违背武则天的意愿，奏请："来俊臣集结为非作歹之徒，诬赖好人，贪赃受贿所得财物堆积如山，被其冤死之鬼魂满路，如此国贼，有何可惜！"来俊臣于是被处死并暴尸，百姓争割来俊臣的肉，辗转践踏成泥。二是规劝张易之、张昌宗。二张是武则天的得势亲信，吉顼劝告之："你们兄弟贵宠如此，非以德业取得，天下侧目切齿多矣。没有大功劳于天下，用什么保全自己？我为你们担忧啊！"二张流泪问计。吉顼说："天下官民未忘唐德，都思念庐陵王，皇上年事已高，要有人继承，武氏诸王非其属意，你们何不从容劝皇上立庐陵王以适应百姓所望！这样，你们既可免祸，还可保富贵。"二张诚服，此后就一再劝说武后。武后知道这个主意是吉顼所出，就召见吉顼细问，吉顼又为武后备陈利害，促使武后做出了传子不传侄的决定。三是与武懿宗争功被贬。武懿宗是武则天的心腹，被封为"河内王"。来俊臣被诛后，吉顼升官为右肃政中丞，第二年又升为天官侍郎、同平章事。因吉顼有才干，武后很信任他，但他竟在武后面前与武懿宗争夺在赵州和突厥作战的功劳。吉顼体格魁梧能言善辩，武懿宗矮小驼背，吉顼瞪视武懿宗，气势凌厉。武后因此很不高兴，说："吉顼在朕面前，还敢轻视我们姓武的，以后岂可依靠？"后来，吉顼奏事，正引古证今，武后发怒说："你的话，朕听腻了，别说了。想当年，太宗有匹名马狮子骢，健壮任性，无人能驯服。我说能制服它，但需三样东西：铁鞭、铁棍、匕首。用铁鞭打它，不服，就用铁棍敲它脑袋，还不服，则用匕首断其喉。今天你吉顼是否也想让朕用一用匕首啊？"吉顼遭到训斥，武氏亲贵因怨恨吉顼依附太子，就乘机共同"揭发"其弟吉琚冒官一事。于是，圣历三年（700年）正月，天官侍郎同平章事吉顼被贬职为安固县尉。后卒。

武氏覆没，睿宗李旦复位后，吉顼已故。睿宗下《诏书》曰："故吏部侍郎、同中书门下平章事吉顼，体识宏远，风规久大。尝以经纬之才，允膺匡佐之委。时王命中否，人谋未楫，首陈反政之议，克副祈天之基。永怀遗烈，宁忘厥效。可赠御史大夫。"

万国俊

万国俊，唐朝酷吏。嵩山洛阳人。垂拱年间，与来俊臣同撰《罗织经》，专事如何编造罪状，安排情节，描绘细节，陷害无辜。从司刑评事升为判官。天授二年（691年），任右监察御史，常与来俊臣一起审理狱讼。长寿二年（693年），奉武则天命至广州，以查处流人谋反为名冤杀300余人。因得升任朝散大夫、肃政台侍御史。在他的蛊惑下，武则天又派人分赴剑南、黔中、安南等地查处流人谋反事，使许多人遭受屠戮。

崔元综

崔元综,唐朝武则天时宰相。嵩山新郑(今新郑市)人。性孤寂,有洁癖,不爱老幼,不恤贫苦,待下刻毒。武则天天授中,累迁秋官侍郎。长寿元年(692年),擢鸾台侍郎,同凤阁鸾台平章事。勤于内政,从不懈怠。但貌若敦厚,内实阴毒。每审案,必置人死地而后止。长寿二年(693年),因犯罪一度流放振州(今海南三亚市西),朝野称庆。遇赦后任监察御史。中宗时,累官尚书左丞,官终蒲州(山西永济)刺史。

史载:崔元综令史奚三儿善相法,云:"公三阳黑雾,南岳青色,唇白无气。六十日内,当流南海。六年三度合死。然竟不死者,以山根三纹,三度有厄纹尾朝上,不死之验也。从此后官还旧职,寿将百岁。因男女宫不陷,其声孤高,主寿而穷独。螣蛇入口,当饿死。"经60日,果得罪,流南海之南。经2年,喉中肿塞,滴水不入。卧以待毙,忽来一医治,将发披检,顶中有一丝红紫发,为喉毒之苗,用艾火或香柱火,从红发梢烧至根,近肉一痛,喉中肿处即破,流出脓血。饮食易进,数日竟愈。又2年,牙摇痛甚,连唇俱肿,须饥渴不能开口,几于不救。求前医治,惟用灯草烧灰存性,一搽牙根,顷刻即落,傍齿无碍,痛止肿消。更有一方治汤火烧伤,用醋令泥,一涂止痛,痊后无痕迹。传此三方,于今甚验。

又二年遇赦回,乘船渡海,风浪漂没,同船俱死,惟公抱片板遇救得生。至京师收录,以旧相上奏,则天令引见便殿,敕赐御史。累迁中书侍郎,寿99岁。妻妾子女死尽,惟独一身,卧病在床。令奴仆取粥饭,皆笑而不动。感忿吐血,饿数日卒。奴仆卷所有,分散远飚矣。邻舍力凑金掩埋。

房 融

房融(?~705年),唐朝武则天时宰相。嵩山洛阳人。唐玄宗、唐肃宗时期宰相房琯之父。房融博识多闻,成进士业。武后时为县令,刺史,到宰相,并为翻译家。武则天执政时官至正谏大夫,同凤阁鸾台平章事。神龙元年(705年),贬之于高州(广东茂名),后卒于该地。据传房融流放途中,抵广州时,巧遇天竺沙门般刺密谛译《大佛顶首楞严经》,房融乃为笔受。景龙元年(707年)译成,进呈于武后。此经始流传东土。

武平一

武平一(?~741年),唐朝诗人、嵩山隐士。名甄,以字行,后族,颍川郡王载德子。博学工文辞,通《春秋》。武后时,畏祸不与事,隐嵩山,修浮屠法,屡诏不应。中宗复位,武平一居母丧,迫召为起居舍人,丐终制,不许。景龙二年(708年),兼修文馆直学士,迁考功员外郎。虽预宴游,尝因诗规诫。唐明皇初,贬苏州参军。徙金坛令。既谪,名亦不衰。开元末(741年)卒。与唐代张说、张九龄、祖咏、王湾、储光羲等有诗唱和。著有诗1卷及《景龙文馆记》,俱佚。《全唐诗》存其诗1卷,《全唐文》存其文6篇。

上官婉儿

上官婉儿(664~710年),唐朝女官、女诗人。陕州(今陕县)人,上官仪之孙女。其父祖同时被杀,其时上官婉儿尚在襁褓中。武则天执政时,年14岁的她因聪敏和有文才而受到喜爱,带在身边经常参与诏命文告的起草。中宗复位,专掌诏命,封为昭容。曾建议扩大书馆,增设学士,常代朝廷品评天下诗文。景龙四年(710年),李隆基政变,诛韦皇后,她同时被杀。玄宗收其诗文为《上官昭容集》20卷,已佚。今存诗33首。上官婉儿在当时宫廷文坛之地位诚如《新唐书》本传所云:"婉儿劝帝侈大书馆,增学士员,引大臣名儒充选。数赐宴赋诗,群臣赓和,婉儿常代帝及后、长宁安乐二主,众篇并作,而采丽益新。又差第群臣所赋,赐金爵,故朝廷靡然成风。当时属辞者,大抵虽浮靡,然所得皆有可观,婉儿力也。"张说《唐昭容上官氏文集序》亦称赞之曰:"明淑挺生,才华绝代,敏识聪听,探微镜理。开卷海纳,宛若前闻;摇笔云飞,咸同宿构。"上官婉儿诗作意境阔大,风格清新,又具有上官体的严整工切,对唐代的诗风有着积极的影响。

上官婉儿

卢藏用

卢藏用(664~713年),唐朝文学家,嵩山隐士。字子潜,幽州范阳(今河北涿州市)人。举进士不中,曾与兄卢徵明共同隐居终南山、嵩山少室山,学练气,为辟谷。长安中召授左拾遗,故人称"随驾隐士"。武则天皇后在于万安山建兴泰宫,卢藏用曾上疏谏止,但未被采纳。后历任管记、济阳令、中书舍人、吏部黄门侍郎兼昭文馆学士、工部侍郎,累官至尚书右丞。后以托附太平公主,太平公主被杀后,被流放岭南。恰值交趾反叛,卢藏用有捍御之功,改为昭州司户参军,后又迁黔州长史、判都督事。与陈子昂友善,曾编辑《陈伯玉文集》赞子昂"卓立千古,横制颓波,天下翕然,质文一变",是陈子昂诗文变革的积极支持者。卢藏用多才多艺,擅长琴弈,尤善蓍龟九宫术。善文章,工草隶、大小篆、八分。幼尚孙草,晚师逸少(王羲之),所书八分有规矩之法。有文集30卷,《全唐诗》录存其诗8首。《大唐新语·隐逸》记载:唐代卢藏用早年隐居终南山,后以高士被征召入朝,当了大官。道士司马承祯也曾被召入京,却苦辞要回天台山。卢藏用指着终南山说:"此中大有佳处,何必在远?"司马承祯回答:"以仆所观,乃仕宦捷径耳。"卢藏用沉思不语。后世以"终南捷径"一词,比喻能快速达到谋求官职或名利的途径。

许景先

许景先(？~725年)，唐朝大臣。嵩山洛阳(今洛阳市)人，祖籍常州义兴。少举进士，初授阳夏尉。神龙初(705年)，东都洛阳造服慈阁，他献《大像阁赋》，文辞优美。擢拜左拾遗，后历任给事中、中书舍人。开元初(713年)与齐浣、王丘、韩休、张九龄等掌知制诰，俱以文翰见称。张说曾赞其文"许舍人之文，虽无峻峰激流崭绝之势，然属辞丰美，得中和之气，亦一时之秀也"。开元中，帝自择刺史，景先首中其选，自吏部侍郎出为虢州刺史，后调岐州刺史，终吏部侍郎。存诗5首。

贾 曾

贾曾(？~727年)，唐朝官吏。嵩山洛阳人。父言忠，官至吏部员外郎。景云中为吏部员外郎、太子舍人。太子李隆基采征女乐，就率更寺肄习，曾谏阻之。俄擢中书舍人，以父名忠，固辞，拜谏议大夫。初，复拜中书舍人，曾固辞。议者谓中书乃曹司，非官称，嫌名在礼不讳，乃就职。与苏晋同掌制诰，皆以文辞称，时号"苏贾"。后坐事，贬扬州刺史。开元六年(718年)，玄宗念旧，特恩甄叙，继历虔、郑等州刺史，入拜光禄少卿，迁礼部侍郎。开元十五年(727年)卒。

褚 璆

褚璆，唐朝官吏。字伯玉，嵩山阳翟(今禹州市)人，褚遂良曾孙。擢进士第，累拜监察御史里行。先天中突厥围北廷，他持节监总督诸将破之，迁侍御史，拜礼部员外郎。著有《大唐国要图》5卷。

唐元宗曾下有《戒谕吏部员外郎褚璆等诏》：朕居万人之上，以百姓为心，常恐有冤不申，有理见滞，忧勤庶绩，宵旰兴怀。且六官分事，四方取则。尚书郎皆是妙选，须称其职，焉可尸禄悠悠，曾无决断。昨者试令询问，遂有如此稽违，动即经年，是何道理？至如行判程限，素编令式，今便准法科责，乃是寻常。但为积习宽疏，欲得申明告谕。自今以后，各宜惩革，若有犯者，别当处分。

燕钦融

燕钦融，唐朝官吏。洛州偃师人。景龙末为许州司户参军。唐中宗复位以后，每当中宗临朝听政，韦后也都要上朝坐在帘子后面训示。景龙三年(709年)二月，韦后自称她衣箱中裙子上有五色祥云升起，命画工画下图，让文武百官看。韦后还指使右骁卫将军，知太史事迦叶志忠上表说："当初，高祖当皇帝前，天下歌'桃李子'；太宗当皇帝前，天下歌'秦王破阵乐'；高宗当皇帝前，天下歌'侧堂堂'；则天皇帝当皇帝前，天下歌'武媚娘'，陛下当皇帝前，天下歌'英王石州''桑条书'，于此可见人心。现在皇上皇后仁德归心，一统天下，臣谨进'桑条歌'12篇，请宣示中外，进入乐府。"中宗高兴地表示同意。于是。这歌颂韦后的桑条歌 12 篇广泛流传开了。韦后和安乐公主的野心已暴露无遗,朝中大臣群情激愤,议论纷纷。

景龙四年(710 年)五月,许州司兵参军偃师燕钦融上书中宗,复上言:"皇后淫乱,干预国政,宗族强盛;安乐公主、武延秀、宗楚客图危宗社。"告诫皇上不可不防。中宗阅后,召燕钦融上朝当面询问。面对中宗声色俱厉的盘问,燕钦融慷慨陈词,毫无惧色。中宗沉吟许多,无话可说,便让燕钦融暂时退下。谁知燕钦融还没有走出朝门,韦后便指使亲信兵部尚书宗楚客派人把燕钦融追回,当着中宗的面,在大殿的庭石上把他摔死。

睿宗即位,下制曰:"故许州司户参军燕钦融,先陈忠说,颇列章奏,虽干非其位,而进不顾身。永言奄亡,诚所伤悼,方开谏路,宜慰窀穸。可赠谏议大夫,仍令备礼改葬,特授一子官。"

李虔纵

李虔纵,唐朝著名御医。嵩山洛阳人。以医术知名,官至侍御医。自则天、中宗以后,诸医咸推他与当时名医张文仲、韦慈藏等人齐名,称三大名医,并称李虔纵为三大名医之首。

杜 闲

杜闲(682~741 年),唐朝官吏。嵩山巩县(今巩义市)人。唐修文馆直学士杜审言幼子,"诗圣"杜甫的生身父亲。开元五年(717 年)为郾城尉,开元二十年(732 年)左右擢为奉天令,开元二十五年(737 年)前后擢为朝议大夫兖州司马。先世襄阳祖(祖父)杜依艺为巩县令,徙河南,至杜闲为奉天令,又居京兆杜陵。

杜闲于睿宗景云元年(710 年)与元配清河崔氏结婚,玄宗开元十一年(723 年)与继室卢氏再婚。共生 5 子 1 女。长子杜甫生于睿宗延和元年(712 年),为崔氏所生,是在杜闲迁升奉天之前,故杜甫的出生地乃为河南巩县,而非京兆杜陵。次子杜颖(居山东)、三子杜观(居蓝田)、四子杜丰(居杭州)、幼子杜占(居江州)。唐玄宗开元二十九年(741 年),杜闲病故。

陆 坚

陆坚,唐朝官吏、书法家。嵩山洛阳人。善书,初历汝州、涪州参军,再迁通事舍人,以给事中兼学士。初名友悌,唐玄宗嘉其刚正,更赐名坚,从封泰山。封建安男。开元中,陆坚为中书舍人,以丽正学士,或非其人,而所司供拟,过为丰赡,谓朝列曰:"此亦何益国家,空致如此费损。"将议罢之。张说闻之,谓诸宰相曰:"说闻自古帝王,功成则有奢纵之失,或兴造池台,或耽玩声色。圣上崇儒重德,亲自讲论,刊校图书,详延学者。今之丽正,即是圣主礼乐之司,永代规模不易之道。所费者细,所益者大。陆生之言,盖未达也。"玄宗后闻其言,坚之恩眄,从此而减。陆坚善书法,开元十五年(727 年)潘肃撰唐左骁尉大将军赵元礼碑,陆坚为其所书(《唐书本传·金石录》)。玄宗(721~756 年)时官至秘

书监,卒,赠吏部尚书,谥曰懿。

孙季良

孙季良,唐朝诗人。一名翌,嵩山偃师人。开元时期,为左拾遗、集贤院直学士。他是贺知章的门人,贺去世后,孙季良等人立碑于东都国子监之门外,以颂其德。唐玄宗曾列孙季良为十八学士之一。著有《正声诗集》3卷、《珠英学士集》5卷。

许景先

许景先,唐朝官吏、诗人。少年举进士,任夏阳尉。神龙初(705年),洛阳造报慈阁,景先献《大像阁赋》,文辞甚美,长左拾遗。后连登手笔峻拔、茂才异等科,历任中书舍人等职,与齐澣、王丘、韩休、张九龄等同掌制诰,俱以文翰著称。后曾任虢国刺史、吏部侍郎等职。张说云:"许舍人之文,虽无峻峰流崿绝之势,然属词丰美,得中和之气,亦一时之秀也。"

王 湾

王湾(？~约727年),唐朝诗人。嵩山洛阳人。唐玄宗先天元年(712)进士,开元初为荥阳主簿,官终洛阳尉。后马怀素昭文馆学士,请校正群籍,广召博学之士,分郡撰次,王湾即在所选学士之中。校完群籍,王湾又与陆绍伯等同校丽正院藏书。参与《群书四部录》的撰写,和王仲丘一起负责集部图书的汇集。早有文名,曾往来吴、楚间。开元中卒。他博学工诗,以诗知名。与綦毋潜友善,其诗流传不多,《全唐诗》存其诗10首,最著名的谓《次北固山下》。在洛阳做官时,多次到嵩山活动,写有不少嵩山的诗。《河洛英灵集》称:湾词翰早著,为天下所称最者不过一二。游吴中作《江南意》诗云:"海日入残夜,江春入旧年。"诗人以来少有此句。当时宰相张说赞其诗,亲手题于政事堂,为能文之士模式。

元丹丘

元丹丘,唐朝嵩山高道。元丹丘,即丹邱子,丹邱生,字霞子。唐朝汝州叶县人。他生性超然,脱俗,恬淡风流。"五岳寻仙不辞,一生好名山游。"曾游居于嵩山、颍阳等地,与李白友谊甚笃。李白赠元丹丘诗多达16篇(见《全唐诗》)。唐开元十四年(726年),李白到嵩山寻访元丹丘,并同游嵩山、颍水。李白对元丹丘在嵩山的居处作了这样的记载:"丹丘家于颍阳,新卜别业,其地北倚马岭,连峰嵩丘,南瞻鹿台,极目汝海,云岩映郁,有待致焉。"天宝四年(745年),李白被赐金放还,心情郁闷,与友人岑勋到嵩山元丹丘处借酒浇愁,面对闲云野鹤般的老朋友,李白一吐胸中块垒,即兴高歌,写下了千古绝唱《将进酒》。

天宝十一年(752年),李白再到嵩山寻访元丹丘。这时,元丹丘已回叶县,李白遂作《闻丹丘子于城西营石门幽居,中有高凤遗迹,仆离群远怀,亦有栖遁之志,因序旧以记之》的长诗。后元丹丘托友人王大致意李白,邀李白再入叶县石门。李白与元丹丘交往中,还写下了《寻高凤石门山中元丹丘》《元丹丘山居诗序》《颖阳别元丹丘》《题嵩山逸人元丹丘山居》《元丹丘歌》《酬岑勋见寻就元丹丘对酒相待以诗见招》《观元丹丘坐巫山屏风》等诗。天宝十四年(755年)安史之乱后,元丹丘不知所终。

张 说

张说(667~730年),唐朝杰出政治家、文学家。字道济,又字说之。嵩山洛阳人。历仕武后、中宗、睿宗、玄宗四朝。载初元年(689年)应诏举,对策第一,授太子校书。久视元年(700年),武则天久居嵩岳三阳宫,张说上疏劝谏。长安初年(701年),所修《三教珠英》完毕,被迁右史内供奉,兼知考功贡举事,擢拜凤阁舍人。时张易之、张昌宗兄弟构陷魏元忠谋反,他挺身为元忠辩诬,由此被流放岭外一年有余。中宗继位,任兵部员外郎,后转工部侍郎,加弘文馆学士。睿宗时,迁中书侍郎监雍州长史。进同中书门下平章事监修国史。景云二年(711年),有人欲动摇东宫之位,张说独排其党,劝睿宗使太子隆基(玄宗)监国,以定君臣之分。玄宗即位伊始,又请先事诛除太平及其党羽。太平既诛,以功拜中书令,封燕国公,三次拜相,先后出任并州大都督府长史、太平军大使和朔方军节度使等职。后与姚

张说

崇不协,曾一度外放为相州、岳州刺史。他在为相期间,主张通和吐蕃,以息边塞,改革兵制,奏减边兵20万归农,还改变了过去军士轮番宿卫的制度。时当番卫士逃亡略尽,建策尽行罢之,改为招募强壮使卫京师,称"长从宿卫",并招募丁壮充边镇戍兵,号"长征健儿",对唐朝军事制度由府兵制转为募兵制产生了很大影响。他首倡东封之议,奏改政事堂为中书门下。作为一名杰出的政治家,张说非常重视文治。他曾向李隆基建议"崇太学,简名师,重道尊儒,以养天下士"(《上东宫讲学请启》,《全唐文》卷二〇三)开元十三年(725年)。他又以宰相知集贤殿书院事,大力延纳文士,其奖掖的文学后进可考者达20余人,其中包括张九龄、贺知章、王翰等著名诗人,这对盛唐作家队伍的形成,具有重要的意义。在文学理论上,张说在著名的《洛州司马集序》中提出了文学重在抒发个人情感、表现个人遭遇的主张。在文学风格上则标举张九龄"天然壮丽"、"奇情新拔"之自然与风骨。开元十八年(730年)遇疾,玄宗每日令中使探问,并手写药方以赐,十二月薨,年64岁,谥文贞。玄宗为他自制神道碑文。

张说为文俊丽,用思精密,当时朝廷诏书制令多出他手,号"朝廷大手笔"。掌文学之任30年,为一代文宗。其文骈、散兼长,讲究实用,重视风骨,如《起义堂颂》《贞节君碑》等。尤长于碑文、墓志。

其诗较为质朴,不事修饰,如《邺都引》、《送梁六自洞庭山》等。曾预修《三教珠英》。著有《张燕公集》30卷。

史料记载,武则天在嵩阳宫避暑时,张说上有《谏武后避暑三阳宫疏》。张说在嵩山活动期间,写有嵩山诗数首。张说墓在今嵩山伊川吕店万安山,从中出土的《唐故尚书左丞相燕国公赠太师张公(说)墓志铭并序》,由工部侍郎、集贤院学士、族孙张九龄撰,朝散大夫、中书舍人梁升卿书,现藏洛阳市第二文物工作队。

毋 煚

毋煚(约668~744年),唐朝著名目录学家。嵩山洛阳人。曾经当过右补阙,参加《群书四部录》的撰写工作,被委任为修书学士。在参编《群书四部录》的实践过程中,毋煚经过深思熟虑,反复考证,审正了《群书四部录》的不足之处和疑难之点,制订了新的编制体例。把唐高宗永徽以来搜集的典籍,中宗神龙以来的旧藏,都一一说明附入。把没有分类的、作者情况不明的图书,都补充进去。对于空列书名的,又找原书校对,皆一一增入。至于有些小序欠妥者,都改正重写。错误杂乱者,都予以纠正。总共改正错处300多条之多,增加新书6000卷之多。下功夫编成了《古今书录》40卷,可惜该书早佚,只有序言尚存于《旧唐书》中。《古今书录》对《群书四部录》加以修订和补充,按经、史、子、集四部分类:经录12家,575部,6241卷;史录13家,840部,17946卷;子录17家,753部,15637卷;集录3家,892部,12028卷。共计45家,3060部,51852卷。毋煚《古今书录》最有价值的地方,是在目录学理论上的成就和在编目技术上的成就。在我国首先明确提出了目录的产生,是为了解决藏书与用书二者之间的矛盾。他在编目技术上,一贯主张:其一亡佚书不必记载,现行的书则不要遗漏。其二,要注重提要编写。从需要出发,把辑录体提要改成小序,使每部书都有小序和撰者姓氏,以有解题和论述。能过书目可知一书一家的旨趣,对于叙录,应详宜别作。其三,采用图书分类"四分法",以便于剖判条源,甄明科部。其四,所编目录,要有实用价值,做到简单明了,一览即得。这是他对我国编目技术上重要的贡献。毋煚既编过国家书目《群书四部录》,又编过私家书目《古今书录》,还编过专题书目《开元内外经录》。所留《古今书录·序》,是郑樵之前,中国目录学史上,罕见的目录学理论的珍贵文献。

吴 兢

吴兢(670~749年),唐朝史学家。字西斋。汴州浚仪(今开封)人。少年励志勤学,成年后博通经史。吴兢为人耿直,很少与人嬉笑戏谑,只跟有才华的少数人交游。武则天时,以博通经史受到大臣魏元忠等人的推荐,入召史馆,编修国史。不久升迁为中书省右拾遗,在内廷供职。中宗李显时,任右补阙,后转起居郎。玄宗时,拜谏议大夫,掌议论得失,并依前修史、兼修文馆学士等职。居史职殆30年,所著史书甚多。他主张写史叙事简要,以实取信。开元四年(716年),太上皇李旦去世,吴兢与刘知几奉命编修《睿宗实录》,同年还撰就《则天实录》和《中宗实录》。吴兢生性耿直,修史亦同样不畏权势。他与刘知几合撰《则天实录》时,直书张昌宗以高官引诱凤阁舍人诱张说作伪证,诬御史大夫陷害魏元忠与司礼丞高戬勾结,阴谋趁武后生病时挟太子李显以令天下,毫无隐讳。后张说位居宰相,威仪赫赫,看到这段文字,内心不悦,屡请更改,皆被拒绝。时人赞美他是春秋晋国不畏强暴、秉笔直书的良史董狐。后因父丧而离开史职,丧终,转为太子左庶子。开元十七年(729年)出任荆州司马,朝廷特许他以史稿自随。累迁台、洪、饶、蕲四州刺史。天宝初为邺郡太守。开元、天宝之际,撰成《贞观政要》。吴兢一生修史40多年,除记述初唐至开元以前历史的纪传体《唐书》110卷外,还撰有《齐史》10卷、《梁史》10卷、《周史》10卷、《陈史》5卷、《隋史》20卷、《唐春秋》30卷等,另有实录3种,颇为丰硕。可惜其书大多已散失亡佚,仅有成书于开元年间的《贞观政要》10卷40篇广为流传。喜藏书,编成家藏书目《吴氏西斋书目》1卷,又名《西斋书目》,计收录图书13468卷。年80余卒。吴兢在嵩山活动时,曾写有不少诗,其嵩山地区县(市)的史料中有记载。本套书中收录有他在观览嵩山永泰寺时所写诗作《永泰公主挽歌(二首)》。

张九龄

张九龄(678~740年),唐朝玄宗时丞相,诗人。一名博物,字子寿,韶州曲江(今广东省韶关市)人。出生于官宦世家,少聪慧能文。唐中宗景龙初年进士,唐玄宗开元时历官中书侍郎、同中书门下平章事、中书令,唐代著名贤相。他曾上书唐玄宗李隆基,主张重视地方官人选,纠正重内轻外风气;选官应重贤能,不循资历。后因与主政者不合,一度辞官返回家乡。其间,主持修筑梅关古道上的大庾岭驿道,保障了南北交通要道的畅通。唐开元六年(718年)返回京城,宰相张说重其文才,称为"后出词人之冠"。开元十一年(723年)被任为中书舍人。及张说罢相,因受权力斗争风波的牵连而被调往外地任官。开元十九年(731年),玄宗召为秘书少监、集贤院学士,再迁中书侍郎。由于他才学超群,风度亦甚佳,因而颇受玄宗的赞赏。开元二十一年(733年),被任为中书侍郎、同中书门下平章事(丞相),主理朝政。他忠心耿耿,秉公守则,选贤任能,直言敢谏,不徇

张九龄

私枉法,不趋炎附势,敢与恶势力做斗争。他建议于河南屯田,引水种稻,遂兼河南稻田使。张九龄针对社会弊端,提出以"王道"替代"霸道"的从政之道,强调保民育人,反对穷兵黩武;主张省刑罚,薄征徭,扶持农桑;坚持革新吏治,选贤择能,以德才兼备之士任为地方官吏。他的施政方针,缓解了社会矛盾,对巩固中央集权,维护"开元盛世"起了重要的作用。《资治通鉴》这样说,唐玄宗开元盛世用的是贤相,姚崇尚通,宋璟尚法,张九龄尚直。开元二十四年(736年)罢张九龄而相李林甫,是盛唐政局治乱的分界。唐太宗说魏徵是自己的一面镜子,张九龄也是唐玄宗的一面镜子,可惜玄宗没有任用始终。张九龄作为开元盛世的最后一个名相,他深为时人所敬仰,王维、杜甫都作有颂美他的诗篇。开元二十八年(740年)春,张九龄因病在韶州曲江逝世,享年63岁。封为荆州大都督,谥文献。

初,安禄山讨奚、契丹,战败,被执送京师。张九龄主张按军法处以极刑,玄宗不从。在他死后,曾被其预断为"必反"的安禄山卒掀起了"安史之乱",从而导致唐朝迅速从"全盛"走向没落。唐玄宗奔蜀,因追思张九龄的卓见而痛悔不已,遣使至曲江祭九龄。

张九龄是张说之后又一个既有权位又受人钦慕的文坛宗匠。他才思敏捷,文章高雅,诗意超逸,其《感遇》、《望月怀远》等更为千古传颂之诗。其诗歌成就颇高,他上承陈子昂,下启孟浩然、王维、李白,是唐诗由初唐进入盛唐的桥梁和标志。他的五言古诗,以素练质朴的语言,寄托深远的人生慨望,对扫除唐初所沿袭的六朝绮靡诗风,贡献尤大。他独具"雅正冲淡"的神韵,写出了不少留存后世的名诗,并对岭南诗派的开创起了启迪作用。有《曲江集》20卷传世。张九龄在嵩山活动时,写有诗《登封礼毕洛城酺宴》。

李 邕

李邕(678～747年),唐朝文学家、书法家。字泰和,广陵江都(今江苏省扬州市)人。其父李善,以注《文选》著名。少年即成名,后被内史李峤与监察御史张廷珪推荐入仕。武后长安时,召李邕为左拾遗。中宗即位,以术士郑普思为秘书监,他曾上书直谏,历数佛、道虚妄,谓自古称圣者"皆在人事","不闻以鬼神道治天下"(新、旧《唐书·李邕传》)。玄宗开元时,擢户部郎中,后屡遭贬斥。天宝初出为北海太守,世称李北海。他文名书名誉满朝野,尽管贬官在外,可当时官吏僧道犹持金帛上门求文求字。诗人李白曾到其故居,并赋诗以志。天宝六年(747年),左骁卫兵曹参军柳勣有罪下狱,李邕曾赠送柳勣马匹,宰相李林甫一向妒忌李邕,因而获罪。玄宗诏刑部员外郎祁顺之、监察御史罗希奭到他任职的地方就地杖杀,年70岁。代宗时,赠"祕书监"。卢藏用尝谓:"邕如干将、莫邪,难与争锋,但虞伤缺耳。"事实发展果如其言。杜甫知邕负谤死,曾作《八哀诗》,伤悼之。

李邕

李邕是盛唐时代重要书家,也是承前启后代表唐代书法中兴的一代大家,在行楷方面,迟于欧、虞、褚而略早于颜、柳。他资质聪明,个性倔强,书法有凌厉之气势,字右上角微微耸起,大有傲岸之气。李邕擅长真、行、草、隶、篆各种书体,尤以行草书造诣最深,别具一格。李邕的书法从"二王"入手,能入乎内而出乎其外,笔力挺竦拗峭,以顿挫见长,能寓奇变于规矩之中。称重和飘逸、巧和整假饬、恣肆和庄重。唐代书法家李冰称他是"书中仙手"。李后主说:"李邕得右将军之气而失于体格。"恰道出李邕善学之处。《宣和书谱》说:"邕精于翰墨,行草之名尤著。初学右将军行法,既得其妙,乃复摆脱旧习,笔力一新。"魏晋以来,碑铭刻石,都用正书撰写,入唐以后,李邕改用行书写碑。书法的个性非常明显,字形左高右低,笔力舒展遒劲,给人以险峭爽朗的感觉,他提倡创新,继承和发扬古代书艺。曾说:"似我者欲俗,学我者死。"苏东坡、米芾都吸取了他的一些特点,元代的赵孟頫也极力追求他的笔意,从中学到了"风度闲雅"的书法境界。李邕的行书对后世行书的发展产生了很大的影响,宋元的几位大书法家如苏轼、黄庭坚、赵孟頫等无不受其影响。宋赵明诚《金石录》列有目录,李邕书碑仅17通,今天所见的代表碑刻有以下6通:《叶有道碑》、《法华寺碑》、《端州石室碑》、《麓山寺碑》、《李思训碑》、《云麾将军李秀碑》。

《新唐书·艺文志》著录《李邕集》70卷,已佚。明人辑有《李北海集》。《全唐文》收其文5卷,50多篇。《全唐诗》录其《铜雀妓》等诗4首。事迹见新、旧《唐书》本传。

李邕在嵩山留下的遗迹有位于邙山陡沟村北的李邕墓。1928年12月从墓中出土有《李邕墓志》一方,现藏千唐志斋博物馆。除此之外,还有他撰文的《嵩岳寺碑》、《大照禅师塔铭》和其书丹的《少林寺戒坛铭》等碑刻。

李邕书法

元延祖

元延祖(约681~757年),唐朝名士。唐代元亨子,文学家元结父,嵩山洛阳人。元延祖40岁始作春陵丞,不久即弃官,灌畦折薪,淡泊名利,志趣于山野田园之中,以为有生之役。安禄山反。他召子元结戒之重名节。史料评价,元结有一个陶渊明一样的父亲,大概就出自于此。元延祖年76岁卒。

张廷珪

张廷珪,唐朝官吏。河南济源人。少以文学知名,弱冠应制举,长安中累迁监察御史。开元(713~741年)中历迁金紫光大夫、太子詹事,封范阳县男。谥曰贞穆。张廷珪素与李邕亲善,邕所撰碑碣之文,必请廷珪八分书之。张廷珪既善楷隶、八分,甚为时人所重。开元十年(722年)狄光嗣撰唐兖州刺史韦府君遗爱颂,同年李邕所撰狄梁公生两记,均为其所书。《旧唐书本传·金石录》有载。1977年7月在嵩山伊川县高山乡坡头寨村东出土张廷珪墓志1块,系唐代书法家徐浩撰文并以隶书缮写。该墓志的出土补正了史书有关张廷珪所有资料的若干不足和错误,也为研究我国古代书法艺术增添了重要的实物资料。

一 行

一行(683~727年),唐朝高僧、天文学家、中国佛教密宗之祖。俗名张遂,法名一行。魏州昌乐(今河南省南乐县)人。祖父张公谨,唐朝初年被封为"郯国公",任襄州都督。父亲张檀做过陕西武功县令。一行幼年丧父,家道中落。在青少年时代,一行刻苦好学,博览经史,尤其对天文、历法和数

一行像

学很感兴趣。因家庭生活困难，所读的书大多是借别人的。在长安居住时期，他经常到长安城内藏书很多的玄都观借书阅读，并得到住持尹崇道士的帮助，一行对于学术的学习和研究就是从那时开始的。武则天称帝后，改唐为周。武则天侄武三思为沽名钓誉，愿与之结交，张遂不愿同流合污，便逃避到嵩山会善寺（位于登封市）出家为僧，法号一行。第二年，他听说浙江天台山国清寺和湖北泉山玉皇寺的长老精通天文、数学，经本寺长老同意，不辞劳苦，长途跋涉，前往拜师学习，虚心请教，尽得"老僧布算之术"。睿宗李旦即位后，曾派人请一行回长安，被他拒绝。为了学习一种叫梵律的佛经，他又步行到湖北荆州的当阳山向那里的一位高僧悟真求教。后从善无畏、博览经史、尤精佛理、金刚智学密法，译注有《大日经》。玄宗时召名流入京，才随族叔礼部郎中张恰到长安。唐开元九年（721年），玄宗李隆基请一行进行天文观测和历法改革，主持修订新历法。他与另一位天文学家、机械专家率府兵曹梁令瓒一起，于723年共同研制成一种测量星宿位置的仪器——"黄道铜浑仪"，用以重新测定150余颗恒星的位置，发起在全国12个地点进行天文观测，并归算出相当于子午线纬度的长度；唐开元十三年（725年）又创造出一种精密的用水力驱动的能模仿天体运行的仪器仪表——"水运浑天仪"等大型天文观测仪器和演示仪器；一行等人用"黄道铜浑仪"和"水运浑天仪"对天象进行观测，发现了恒星位置的变化。这是世界上第一次打破以往认为恒星位置不会有变化的概念，推动了以后对恒星位置的观测研究。一行发现恒星自行的现象要比英国著名天文学家哈雷在1718年提出的"恒星自行"的观点要早1000多年。同时，还证实了南北各地昼夜长短不同的情况；纠正了过去把黄道画成和白道同样大小的一个正圆的错误。开元十三年（725年），一行在大规模实地观测和吸收前人研究成果的基础上，开始制订新历，到开元十五年（727年），编成在当时世界上处于先进地位的一部历法巨著的初稿，取名《大衍历》亦名（开元大衍历经）。初稿完成不久，一行病逝，谥"大慧禅师"。他的遗著经张说、陈玄景等人整理成书，共52卷。729年，《大衍历》开始颁行全国。《大衍历》最突出的成就，就是比较正确地掌握了太阳在黄道上运行速度变化的规律。主要内容共分七个部分，结构完整，条理分明，科学性强。这是世界上最先进的历法，对日本、朝鲜等许多国家的历法修订，都发生过重大影响。在此之后，《大衍历》的体例格式在我国至明末采取西历以前为历代所沿用。一行另著有《大日经疏》、《摄调伏藏》等书，是我国古代四大科学家之一。由于时代局限，一行又信奉佛教，思想工作中不可避免地存在一些封建迷信的糟粕。但他在天文学上的发明创造，不仅在我国的天文学史上占有重要的地位，而且在世界史上也是被公认的古代著名天文学家。

一行在嵩山留下的遗迹主要有位于登封市西北6公里的嵩岳太室山积翠峰下的会善寺和会善寺戒坛。会善寺戒坛为一行及弟子元同所建。戒坛是僧徒超度、受戒的地方，大寺院才有此设施。唐代宗时，每岁前来受戒者有1000多人，每日进供礼佛者，亦有数百。五代时被毁，现仅存八角石柱一根，柱正面记仗剑金刚像，足踏二鬼怪，手足及胸裸露。柱两侧及背面留有梁枋榫眼，柱身雕阴纹卷草，具有盛唐风格。台基是新中国成立后在原处按原状复原的。

李林甫

李林甫(683～752年),唐代玄宗时宰相、奸臣。小字哥奴,号月堂,陕西人,唐朝宗室。他是李渊叔伯兄弟李叔良的曾孙。李林甫性狡狯,无学术,善音律,会机变,善钻营,为舅父姜皎所爱。侍中源乾曜对李林甫评价不好,他说:"郎官须有素行才望高者,哥奴岂是郎官耶?"由于皇族的出身和舅父的喜爱,最初作了千牛直长(禁军中低级官职)。后不断升迁,后跻身李唐高层统治者行列。武惠妃专宠时,李林甫极尽逢迎谄媚之能事。唐玄宗开元十四年(726年),任御史中丞,历任刑部、吏部侍郎,深结唐玄宗宠妃武惠妃及宦官等,僭伺帝意,故奏对皆称旨。其中离间中书令张九龄,使之被贬。开元二十二年(734年)五月,拜相,为礼部尚书、同中书门下三品。开元二十四年(736年)底代张九龄为中书令,大权独握,阴柔奸狡,人称"口蜜腹剑",又称他为"肉腰刀"。李林甫居相位19年,专政自恣,蔽塞言路,排斥贤才,导致纲纪紊乱,助成安史之乱。后人多认为他是使唐朝由盛转衰的关键人物之一。天宝十一年(752年)十月抱病而终。还没下葬,杨国忠、安禄山就告他谋反。玄宗下诏,削夺他的一切官爵,剖棺出尸,抉出口中含珠,剥掉身上金紫,改用小棺材以庶人礼葬之。子孙流放岭南,家产入官。

李林甫

李林甫在嵩山活动期间,撰有现立于嵩阳书院门前的《大唐嵩阳观纪圣德感应之颂》碑碑文,并写有散文《嵩阳观记》。

吴道子

吴道子

吴道子(约685～758年),唐朝杰出画家。又名道玄,嵩山阳翟(今禹州市)人。幼年丧父,少时孤贫。为了谋生,从学于当时民间画师。年未20岁,已穷丹之妙。青年时代的吴道子,并不满足于做一个职业画工,到喜好文学艺术的逍遥公韦嗣立幕下当了一名小吏。吴道子随他入蜀,领略了川蜀山水之美。他居于蜀,绘蜀道山川,创山水之体,自成一家。这对他后来山水画方面的独创新格,很有影响。后到洛阳,在寺庙道观中从事当时极为盛行的宗教壁画创作，显示了他的艺术才华，逐渐为京洛人士所称道和传颂，街巷妇幼"无有不知吴道子善画"。开元中，玄宗闻其名，召入宫中，任以"内教博士"，后又晋升为"宁王友"，他以擅长以佛、道教人物及神、鬼、龙等为题材在宫廷作画。在绘画史上，佛教绘画自东汉末年及魏晋南北朝至隋唐的漫长时间，经过无数画家的努力，才从吸收外来的画风而成为中国的风格，吴道子就在其中做出了卓越的贡献。其画《梵像》、《高僧》、《西方净土变相》、《地狱变相图》及《佛教故事》等，都为佛教艺术创立了示范性的粉本。吴道子擅长画人物，尤于壁画，笔迹磊落，气势雄峻，生动而有主体感。创作的人物形象，千姿百态，无一雷同，唤之欲动，呼之欲出。吴道子在绘画史上的贡献，一是提高了线描的表现力。他创作的兰叶描和莼菜条，突破了东晋顾恺之以来那种粗细一律的铁线描法，大大丰富和提高了线的表现力，特别宜于表现生动的气势。其线条遒劲圆润，所写衣褶，飘飘欲举，有着"吴带当风"之誉。二是在色彩上的创作以焦墨勾线为基础，略施淡彩，自然突出，被称为"吴装"。有时则仅见墨踪，意态已足，但后人不能加彩。这是后代白描画体的起始，也是他在发挥水墨效能上的贡献。三是中年后创"疏体"，点划间或缺略，然具"笔不周而意周"之妙。因其绘画艺术对当时和后世影响极大，故被后人尊称为"画圣"。四是他奠定了水墨山水画的基础，成为宋代著名北派山水画家的开路人。吴道子在中国、在东方乃至世界美术史上堪称一代宗师，其地位在古代杰出画家的前列。他的绘画，可以代表中古时代东方艺术的重大成就。据《宣和画谱》载，北宋宫廷中收藏吴道子的作品就有92幅。吴道子一生所作壁画，仅仅在西京长安和东都洛阳两地的寺观里，所作壁画即达300余幅。惜人世沧桑，吴道子的画传到今天的已极为稀少，现存《八十七神仙卷》，可反映其画风。《送子天王图》（又名《释迦牟尼降生图》）现藏于日本东京山本悌二郎澄怀堂。据传，嵩山少林寺千佛殿内大型壁画《五百罗汉朝毗卢》就是后人临摹他的画作。

吴道子在嵩山留下的遗迹主要有位于禹州市的吴道子故里；嵩山洛阳的福先寺、古唐寺、天宫寺、长寿寺、敬爱寺、弘道寺、城北老君庙，汝州的龙兴寺，禹州的龙福寺、法融寺，巩义的慈云寺等都有他的画。其中，吴道子曾在位于洛阳市老城东唐寺门村内古唐寺作"地狱变"壁画，其中尤以"病龙"最妙，致使洛阳屠夫、渔夫看后"畏罪返业"，不再杀戮生灵；在邙山翠云峰上的上清宫作"五圣图"（五圣者为神尧大圣唐高祖、文武大圣唐太宗、天皇大圣唐高宗、教和大圣唐中宗、玄贞大圣唐睿宗），神奇绝妙，庄严肃穆，气势不凡。诗人杜甫看后，以"画名著前辈，吴生远擅长。森罗移地轴，妙绝动宫墙。五圣联龙衮，千官列雁行。冕旒俱秀发，旌旆尽飞扬。"的诗句称道。北宋时，真宗皇帝巡幸洛阳，见到此画，令随从画工观摩学习。北宋末年，皇帝下旨修葺洛阳上清宫。壁画被拆掉，卖给一隐士，其人"闭门三年，以毕其技"。后来这位隐士自认已经学成，不愿别人看到吴道子的《五圣图》真迹，用车将这幅杰作的墙皮运到洛河边，扔进了洛河，致使稀世珍品付之东流。

郑 虔

郑虔（685～764年），唐朝文学家、画家、书法家。字若斋（又作若齐、弱齐），嵩山荥阳人。唐开元中任率更寺主簿、左监门录事参军，开元末授协律郎，因以当时政事著书80余篇，被人告发为私撰国史，他仓惶焚之。被外谪10余年。后被玄宗召为广文馆学士，时人称之"郑广文"。相传，郑虔居住京师长安时，生活贫困，但学习刻苦。每天练习书法，又常苦无纸，慈恩寺贮柿叶数层，逐日往取柿叶练习书画，岁久殆遍，成为当时颇负盛名的书法家。人们称其草书如"疾风送云，收霞推月。"与李白、杜甫等人为诗酒友。安禄山陷长安,劫百官至洛阳。郑虔被迫任为水部郎中,事平,贬为台州司户参军。郑虔多才多艺,善弹琴,能诗咏,擅书画。其草书如疾风送云,收霞推月。其画尤工山水,画山多用黑色,树枝老硬。常在画上题诗,因其诗、书、画并妙,被唐玄宗誉为"郑虔三绝",后升著作郎。"安史之乱"后,贬授台州司户参军。广德二年(764年)卒于台州。

郑虔涉猎很广,建树颇多。还长于天文、地理、历史、博物、兵法、军事、医药,均有著作问世。记载各地山川险要、方物、兵众、言典事赅,诸儒称服。一个近乎百科全书式的一代通儒,诗圣杜甫称他为"荥阳冠众儒"、"文传天下口"。著《天宝军防录》、《胡本草》、《荟萃》等传世,诗作今存《闺情》1首。

李隆基

李隆基(685~762年),唐玄宗,又称唐明皇,唐朝中兴君主。唐睿宗李旦第三子,母昭成窦皇后(窦德妃)。因谥号为至道大圣大明孝皇帝,故亦称为明皇。即位前,李隆基与太平公主合谋发动宫廷政变,杀死韦皇后,拥其父睿宗李旦即位,被立为太子。延和元年(712年),受禅即位,改元为"开元";唐玄宗英武有才略,开元年间,励精图治,任用姚崇、宋璟等为相,革除弊害,社会安定,政治清明,经济空前繁荣,文治武功鼎盛,世称为"开元之治"。天宝后,他贪图享乐,宠信并重用李林甫、杨国忠等奸臣,宠爱杨玉环,使杨玉环父兄均骤贵,势倾天下,终于导致"安史之乱"的发生,安禄山反。唐玄宗仓皇出逃。逃至今陕西兴平马嵬坡时,六军不肯前行,将军陈玄礼以军士不满为名,杀了杨国忠,逼迫唐玄宗让杨贵妃自缢。在西行途中,太子李亨又被百姓截留,乘机北上宁夏灵武,被臣下拥立为帝,即唐肃宗,尊唐玄宗为太上皇。在郭子仪等

唐玄宗与杨贵妃

重臣的努力下,至德二年(758年)末,唐军收复长安、洛阳两京,玄宗也由此返回长安。上元三年(762年)四月五日,唐玄宗死在长安太极宫神龙殿,享年77岁。后人有诗形容他的晚年说:"南内(指兴庆宫)凄凉西内(指太极宫)荒,淡云秋树满宫墙。由来百代明天子,不肯将身做上皇!"公元712年至756年在位,在位44年。玄宗在位年间,是唐代由盛变衰的关键时期。玄宗喜爱歌舞音乐,曾于梨园教歌舞,所以后世尊其为伶人之祖师爷。文学作品上的李隆基是感情很专一的皇帝,他和杨贵妃的故事,透过《长恨歌》和《长恨歌传》在中国家喻户晓。死后庙号玄宗,得名唐玄宗,又谥号为至道大圣大明孝皇帝,故亦称为唐明皇,后封元圣文神武皇帝。

李隆基非常崇拜老子,封老子为"玄元皇帝",他治国的许多思想都是出自老子的《道德经》。他崇信道教,开元年间,诏岳渎祠庙,置斋郎六人。开元十八年(731年),李隆基命祀嵩山以王礼,仍封

岳神为中天王。六月,遣河南守至祠下荐祀,终唐无改。开元二十五年(738年),敕三时不害,百谷用成,遂使京坻遍于天下。和平之气,既无远而不通;禋祀之典,亦有祈而必报。遣尚书左丞裴耀卿祭中岳。复用道士司马承祯言:"五岳有洞府上清,其职山川风雨,阴阳气序。冠冕服章,佐从神仙皆有名数。请别立斋祠之所。"帝因敕五岳各置真君祠一所。天宝元年(742年),以西成颇熟,令光禄卿王希言祭中岳。七载、八载、十载皆以岁丰,遣官祭中岳。李隆基崇信道教,为求"长生不老"之术,命嵩山道士孙太冲炼九转仙丹。孙太冲居于嵩山嵩阳观(后来的嵩阳书院),历时3年,不辞劳苦,奉命为唐玄宗李隆基最终炼出仙丹一颗,献于玄宗,玄宗服后,病情见好,龙体安康。嵩阳书院内的《大唐嵩阳观纪圣德感应之颂碑》就是记述孙太冲为李隆基在嵩阳观炼丹九转的故事。

李隆基在嵩山留下的遗迹有位于荥阳汜水镇村南等慈寺内的由李隆基撰文的《行次成皋途经先圣擒窦建德之所缅思功业感而赋诗》碑(大唐纪功颂碑碑阴);有位于少林寺的由李隆基书丹的《皇唐太宗文皇帝赐少林寺柏谷庄御书碑记》和他额题"太宗文皇帝御书"的《皇唐嵩岳少林寺碑》等,还有位于嵩阳书院大门外西侧《大唐嵩阳观纪圣德感应之颂碑》,此碑碑制宏大,历史悠久,全国罕见,被誉为"碑王"。碑文由当朝宰相李林甫撰文,上刻当时书法名家徐浩八分隶书,刚柔适度,气势遒劲。碑文的内容主要记述了唐玄宗李隆基崇信道教,为求"长生不老之术",命道士孙太冲在嵩阳观炼丹九转的故事。

王之涣

王之涣(688～742年),盛唐时期著名诗人。字季凌,祖籍晋阳(今山西太原),其高祖迁今山西绛县。王之涣出身于太原王家,为当时望族。他的五世祖王隆之为后魏绛州刺史,可能因此而移家绛州的。曾祖王信,隋朝请大夫、著作郎,入唐为安邑县令。祖王表,唐朝散大夫、文安县令。父王昱,鸿胪主簿、浚仪县令。从曾祖到父亲,虽然皆为官,但均为小官。王之涣排行第四,自幼聪颖好学,年龄还不到20岁,便能精研文章,未及壮,便已穷经典之奥。不知何故,王之涣未走科举之途,而以门子调补冀州衡水主簿。任衡水主簿时,王之涣父母均已去世,衡水县令李涤将三女儿许配给他。

王之涣才高气盛,不愿为了衡水主簿的卑职而折腰,加上有人诬陷攻击,他便愤然辞官而去。在家过了15年闲散自由的生活。后来他的亲朋好友觉得他这样一直沉于下层,不是办法,便劝他入仕。后来补文安郡文安县尉,仍是一不起眼之小职。他在职以清白著称,理民以公平著称,颇受当地百姓称道。谁料不久,他竟染病不起,以55岁之壮年,卒于官舍,葬于洛阳。唐人靳能在所作《唐故文安郡文安县太原王府君墓志铭并序》中称王之涣"孝闻于家,义闻于友,慷慨有大略,倜傥有异才",可谓对王之涣一生的完美概括。

王之涣豪放不羁,常击剑悲歌,其诗多被当时乐工制曲歌唱,名动一时,常与高适、王昌龄等相唱和,以善于描写边塞风光著称。其诗用词十分朴实,然造境极为深远,令人裹身诗中,回味无穷。他的诗虽只流传下6首,但这寥寥数首,确为我国古典文学宝库的精华。其中《登鹳雀楼》、《凉州词二首(其一)》和《送别》3首皆著名,又尤以前两首最脍炙人口,可谓"幡发垂髫,皆能吟诵"诗中的"白日依山尽,黄河入海流。欲穷千里目,更上一层楼"和"黄河远上白云间,一片孤城万仞山。羌笛何须怨杨柳,春风不度玉门关",都是流传千古的佳句,也正是这两首诗给诗人赢得了百世流芳的显著地位。王之涣死后葬在洛阳,其家族的墓葬地也在洛阳北邙山。

孟浩然

孟浩然(689~740年),唐朝田园诗派的代表人物。本名浩,字浩然,襄州襄阳(今湖北襄樊)人,世称"孟襄阳"。应进士举不第。曾在太学赋诗,名动公卿,一座倾服,为之搁笔。前半生主要居家侍亲读书,以诗自适。曾隐居鹿门山。是一位不甘隐居,却以隐居终老的诗人。孟浩然生当盛唐,早年有用世之志,放归襄阳,漫游吴越,后又赴长安谋求官职,徘徊于求官与归隐的矛盾之中。传说王维曾私邀入内署,适逢玄宗至,浩然惊避床下。王维不敢隐瞒,据实奏闻,玄宗听后立即召见。浩然连忙出来见过玄宗。玄宗问其有何新作?浩然自诵其诗,至"不才明主弃,多病故人疏"之句,玄宗不悦,说:"卿不求仕,而朕未尝弃卿,奈何诬我!"从此,孟浩然了结了

孟浩然

求官的愿望,后以隐士终身。他是个洁身自好的人,不乐于趋承逢迎。他耿介不随的性格和清白高尚的情操,为同时和后世所倾慕。他虽然隐居林下,但仍与当时达官显宦如张九龄等有往还,诗人王维、李白、王昌龄都是他的好友,杜甫等人也与他关系甚好。他以写田园山水诗为主,与另一位山水田园诗人王维并称为"王孟"。孟浩然的诗已摆脱了初唐应制、咏物的狭窄境界,更多地抒写了个人的怀抱,给开元诗坛带来了新鲜气息,并得到时人的倾慕。李白称颂他"高山安可仰,徒此揖清芬",杜甫礼赞他"清诗句句尽堪传"。王士源在《孟浩然集序》里,说他"骨貌淑清,风神散朗;救患释纷,以立义表;灌蔬艺竹,以全高尚"。王维曾画他的像于郢州亭子里,题曰:"浩然亭"。后人因尊崇他,不愿直呼其名,改作"孟亭",成为当地的名胜古迹。

孟浩然诗歌绝大部分为五言短篇,题材不宽,多写山水田园和隐逸、行旅等内容。虽不无愤世嫉俗之作,但他善于发掘自然和生活之美,即景会心,写出一时真切的感受,多属诗人的自我表现。他和王维并称,其诗虽不如王诗境界广阔,但在艺术上有独特造诣,而且是继陶渊明、谢灵运、谢朓之后,开盛唐田园山水诗派之先声。孟诗不事雕饰,清淡简朴,感受亲切真实,生活气息浓厚,富有奇妙自得之趣。如《秋登万山寄张五》、《夏日南亭怀辛大》、《过故人庄》、《春晓》、《宿建德江》、《夜归鹿门歌》等篇,淡而有味,自然浑成,而意境清迥,韵致飘逸。

开元二十二年(734年),韩朝宗为襄州刺史,约孟浩然一同到长安,为他延誉。但他不慕荣名,至期竟失约不赴,终于无成。开元二十五年(737年),张九龄为荆州长史,招致幕府。不久,仍返故居。开元二十八年(740年),好朋友王昌龄来到襄阳,访孟浩然,相见甚欢。适浩然背上长了毒疮,医治将愈。因纵情宴饮,竟忘了忌讳,吃了鲜鱼,疾发逝世,年52岁。他死后不到10年,诗集便两经编定,并送上"秘府"保存。现通行的《孟浩然集》收诗263首,但窜有别人作品。

孟浩然曾久滞嵩山洛阳,这使他有机会结交了当时的文学界的名人雅士。开元二十五年(737年)冬,孟浩然与张九龄等游历嵩山,写有名诗《陪张丞相登嵩阳楼》。

卢 鸿

卢鸿(？~约740年),唐朝诗人、山水画家、隐士。名鸿一,字浩然,一作颢然。唐幽州范阳(今河北涿州市)人,后徙居洛阳,隐居嵩山。卢鸿自小即重学业,博学多才,原本是一个诗、书、画于一体的读书人,但他正直无私,看到朝纲不正,奸佞掌权,十分厌恶武则天统治时期的弊政,对仕途毫无兴趣。为避时政,愤世嫉俗的他干脆离群索居,遁迹山林,隐居嵩山,在太室山的悬练峰下做了隐士。唐玄宗开元初,卢鸿在这里以收徒办学为业,每日里吟诗作画,怡然自乐。并在这里结识了当时嵩山一带著名的高僧名道普寂、司马承祯等,大家常在一起探讨学问。唐开元初,玄宗召卢鸿进宫为官,没想到,他竟然婉言谢绝了朝廷的美意。开元五年(717年),求贤若渴的玄宗再次给卢鸿下了诏书:"朕以寡薄,忝膺大位。尝恨玄风久替,淳化未升,每用翘想遗贤,冀闻上皇之训。以卿黄中通理,钩深诣微,穷太一之道,践中庸之德,确乎高尚,足俾古人。故比下征书,佇谐善绩,而每辄托辞,拒违不至。使朕虚心引领,于今数年,虽得素履幽人之贞,而失考父滋恭之命。岂朝廷之故与生殊趣耶?将纵欲山林,往而不能反乎?礼有大伦,君臣之义,不可废也!今城阙密迩,不足为劳,便敕赍束帛之贶,重宣斯旨,想有以翻然易节,副朕意焉!"卢鸿见推辞不过,只得应诏前往。开元六年(718年),卢鸿到洛阳,受到了玄宗热情款待。玄宗下诏拜卢鸿为谏议大夫,赐给他官印、朝服。卢鸿坚决辞谢不受,表示自己志在隐居办学,为国家培育人才。玄宗尊重了他的选择,命登封当地官员在悬练峰下给卢鸿盖了一处宅院,命名为"卢鸿草堂"。唐玄宗每年还赐给卢鸿米百石、绢50匹和药物等,令沿途各州县官员护送卢鸿回嵩山隐居。卢鸿回到嵩山,扩大了学庐,以授徒讲学为业,聚徒至500人,一时间,卢鸿草堂文风大盛。身为画家的卢鸿画了一组《草堂十志图》,描绘了卢鸿草堂学子云集的情景。卢鸿隐居嵩山,矢志不移,做了大半辈子隐士。唐开元二十八年(740年)卒。帝赐万钱作为葬仪。著名诗人皮日休的《七爱诗》谓:"傲大君者,必有真隐,卢征君是也。"

卢鸿《草堂十志图》

卢鸿善诗,工书画,籀、篆、楷、隶,诸体皆精。擅画山水树石,笔意清新,风格近似王维。著文集《嵩山记》一卷。有其画摹本《草堂十志图》和《嵩山十志》诗。《草堂十志》包括"草堂、倒景台、樾馆、枕烟庭、云锦淙、期仙磴、涤烦矶、幂翠亭、洞元室、金碧潭",时称山林绝胜。《草堂十志图》,描绘了卢鸿草堂学子云集的情景,此图后来被有关部门收录在《故宫名画三百种》一书中,其摹本现藏台湾故宫博物馆。其《嵩山十志》(骚体诗10首)为描写嵩山风景、歌咏自己隐逸生活的诗,《全唐诗》有录。

卢鸿在嵩山的遗迹主要有位于登封市东北7.5公里的太室山悬练峰下的卢崖寺,原为卢鸿隐居时住的"卢鸿草堂",卢鸿晚年在此讲学,生徒500余人。死后,唐玄宗李隆基为"卢鸿草堂"赐名"卢崖寺"。卢崖寺原建筑多毁,现存寺殿一所。有位于登封市东北7.5公里的太室山悬练峰下的卢崖瀑布(其名源于卢鸿)。

刘慎虚

刘慎虚,唐朝官吏、诗人。嵩山人。姿容秀拔。9岁属文,上书,召见,拜童子郎。开元二十一年(733年)进士,调洛阳尉,迁夏县令。性高古,脱略势利,啸傲风尘。后欲卜隐庐阜,不果。交游多山僧道侣。为诗情幽兴远,思雅词奇,忽有所得,便惊众听。当时东南高唱者数十人,声律婉态,无出其右,惟气骨不逮诸公。永明已还,端可杰立江表。善为方外之言。夫何不永,天碎国宝,有志不就,惜哉!集今传世。

李 颀

李颀(690~751年),唐朝诗人。嵩阳(今登封市)人。开元十三年(725年)进士,任新乡尉。天宝初,流连于长安、洛阳。长期居于嵩山一带,与诗人高适、王维、崔颢及王昌龄关系密切,交往唱和。由于久未升迁,便辞官归隐于颍阳东川,到道家的玄妙世界中寻求精神上的安慰。其玄理诗、田园山水诗,反映了这种生活情趣。李颀的诗才是多方面的,在形式上对五古、七言歌行、七律都很擅长,在内容上对写景、抒情、描绘人物均有精到之处。特别是写边塞诗,以慷慨激昂称世;描绘人物诗,以传神写态见长。所作诗歌,就其精华而言,要推边塞诗、赠别诗,以及写音乐的诗。其边塞之作虽仅存五首,但境界壮阔、格调苍凉、意蕴深厚,使其成为唐代边塞诗派的代表作家之一。其《古意》、《古从军行》等皆有哀伤悲怨之情,开中唐边塞诗风之先河。他的送别诗则不仅表达离情别绪,而且刻画出了许多栩栩如生、形神兼备的人物形象。在唐代诗人中,他是"第一位借诗歌刻画了人物性格"的诗人。在文学史上,"如此大量地借诗歌以刻画人物,在诗史上可谓仅有。"

李颀

李颀还妙解音律,他的《听安万善吹觱篥歌》、《听董大弹胡笳歌》为唐代描写音乐的名作。这两首诗都着意描写对音乐的感觉,采用了浪漫主义的想象,以奇特的比喻化不可捉摸的听觉形象为真切可感的视觉形象,对白居易《琵琶行》、韩愈《听颖师弹琴歌》、李贺《李凭箜篌引》都有极大的影响,在唐诗中占有特殊的地位。就诗体而论,李颀以七古见长,但他的七律《送魏万之京》,精于炼意,工于铸

句,格律之谨严在沈宋与杜甫之间堪称独步,亦开中晚唐诗风之先。《全唐诗》录其诗3卷120余首,其中涉及嵩山和颍川的诗近20首。"东川别业"、"东川"并非其名,而指登封东10余里的东溪。

张 均

张均,唐朝官吏。嵩山洛阳(今洛阳市)人。张说长子。张均与弟垍皆有文才。开元年间,说在中书,兄弟已掌纶翰之任。居父忧服阕,均除户部侍郎,转兵部。开元二十六年(738年),张均坐累贬饶州刺史,以太子左庶子征,复为户部侍郎。九载,迁刑部尚书。自以才高当为宰相,但屡为李林甫、杨国忠所抑制,仅官至大理卿。及林甫卒,依附权臣陈希烈,期于必取。既而杨国忠用事,心颇恶之,罢希烈知政事,引文部侍郎韦见素代之,仍以张均为大理卿。张均大失所望,意常郁郁。安禄山判陷长安,他因失意转投禄山,受伪命为中书令,掌贼枢衡。叛平,被追究治罪。肃宗于说有旧恩,特免其死,长期流放合浦郡。张均著有文集20卷,今存诗7首。

罗希奭

罗希奭,唐朝著名酷吏。原籍杭州,后迁居嵩山洛阳。因与李林甫是连襟,唐玄宗天宝初年(742年),罗希奭被李林甫引荐为御史台主簿,再迁殿中侍御史。与吉温同理狱讼,惯于罗织罪名,严刑逼供,俱以酷峻称,时称"罗钳吉网",恶其深刻也。李林甫乘机利用他们阴构大狱,排除异己,一时朝内人人自危。罗希奭因此深受宠信,从御史台主簿升任殿中侍御史。天宝八年(749年),罗希奭任刑部员外郎,转郎中。十一年(752年),李林甫死,罗希奭出为中部、始安太守,仍充当管经略使。杨国忠当权后,对政敌大肆打击,贬吉温为端溪尉。十四年(755年),罗希奭设馆收留被贬的张博济、韦陟、韦诫奢、李从一、员锡等人,杨国忠遂以"啸结逋逃,群聚不逞,应是流贬,公然安置"、"隳坏纪纲"等理由,贬其为东郡海康尉员。后来,吉温等5人被处死,罗希奭也死于始安郡州门。

陆 据

陆据(?~754年),唐朝官吏、诗人。字德邻,嵩山(今洛阳市)人。少孤,文章俊逸,言论纵横。年30余岁游京师,进士及第。文章为公卿所称誉。始为从事,累官至司勋员外郎。

吉 温

吉温(?~755年),唐朝酷吏。嵩山洛州人。吉顼之侄,父亲吉琚,母亲是百济义慈王的曾孙女。性阴谲,开始唐玄宗不喜欢他,只任命他为新丰县丞。后来,李林甫引用之,以他与罗希奭同理狱讼,俱以酷刑著称,时称"罗钳吉网"。后擢户部郎中兼侍御史,媚事李林甫、杨国忠、安禄山。杨、安反目,他倾向安禄山。吉温和安禄山关系不错,希望安禄山荐举他为宰相。唐玄宗任命安禄山为河东节度,吉温为河东节度副使,兼雁门太守。杨国忠为宰相,和吉温关系开始也不错,保荐他为御史中丞。后来,见安禄山入朝时,奏请皇帝加封吉温为武部侍郎、兼御史中丞,充闲厩、苑内、营田、五坊等副使。杨国忠大怒,指使评事吴豸之告发吉温索取贿赂,吉温被贬为澧阳长史。天宝十四年(755年),吉温受赃7000匹及夺人口马奸秽之事发,又贬端州高要尉。八月,朝廷遣大理司直蒋洸去审问他,吉温死于狱中。当年十一月,安禄山叛乱,当时有人说是为吉温报仇。

张垍

张垍(?~约755年),唐朝官吏。嵩山洛阳人,张说次子。与兄均皆能文。张垍被玄宗招为驸马。开元末任翰林学士,玄宗特深恩宠,许于禁中置内宅,侍为文章,尝赐珍玩,不可胜数。天宝十三年(754年)正月,范阳节度使安禄山入朝。时禄山立破奚、契丹功,尤加宠异。禄山求带平章事,下中书拟议。国忠进言曰:"禄山诚立军功,然眼不识字,制命若行,臣恐四夷轻国。"玄宗乃止,加左仆射而已。及禄山还镇,命中官高力士饯于浐坡。既还,帝曰:"禄山慰意否?"力士曰:"观其深心郁郁,必伺知宰相之命不行故也。"帝告国忠,国忠曰:"此议他人不知,必张垍所告。"帝怒,尽逐张垍兄弟。出均为建安太守,垍为卢溪郡司马,埱为宜春郡司马。岁中召还,再迁为太常卿。安史之乱,玄宗奔蜀,他未随行,与张均、陈希烈在长安同被安禄山任为宰相,后死于军中。

元正

元正(?~759年),唐朝官吏。洛阳(今洛阳市)人,万顷孙,入仕前颇重名节。擢明经及第,授监门卫兵曹参军。肃宗时河南节度使崔光远表为幕府。史思明陷洛阳,他与父、弟俱逃匿山中,为叛军所得,不为高官利诱所动,父子二人遂一起遇害。

于休烈

于休烈(692~772年),唐朝史学家。志宁曾孙,祖籍雍州高陵,后徙家嵩山洛阳。于休烈机鉴融敏,善文章,与贺朝、万齐融、包融齐名。开元初进士,累官集贤殿学士。杨国忠执政,嫉其不附己,出为中部郡太守。肃宗时,为太常少卿,兼修国史。由于安史之乱,史馆旧藏之国史、《开元实录》、《起居注》等典籍共3600余卷遭焚毁。他奏请令府县以重金募购私家所藏,州县有得者,许上送官,一书进官一资,一篇绢10匹。又自献五代论,帝嘉之。后转工部侍郎仍兼修国史,奏呈所撰《五代帝王论》。遭宰相李揆妒忌,被抑任国子祭酒暂留史馆修撰。代宗时,累迁右散骑常侍兼修国史,进工部尚书,封东海郡公,加金紫光禄大夫。在朝凡30余年,历掌清要,家无提石之蓄。性恭俭温仁,未尝以喜愠形于颜色。而亲贤下士,推毂甚众。虽位崇年高,曾无倦色。笃好文籍,手不释卷,以至于终。大历七年(772年)卒,年81岁,谥元。于休烈著有文集10卷(《新唐书志》及《旧唐书本传》)行于世。

房 琯

房琯(696~763年),唐玄宗、肃宗时宰相。字次律,别号卢氏,嵩山偃师缑氏镇人。武则天时官至正议大夫、同凤阁鸾台平章事房融之子。房琯少好学,以门荫补弘文生。开元十二年(724年)玄宗封泰山前,他献《封禅书》,中书令张说奇其才,荐为秘书省校书郎。后历任卢氏、慈溪、宋城、济源县令。在任期间,提倡以德治民,废除酷刑,兴利革弊。大旱年间五谷不收,百姓请命救济,房琯曾多次上书请命,不得回答,为了拯救百姓,即私自下令开仓放粮,几天时间,把祁村湾仓历年来积蓄的谷物发放一空,人民得救。唐天宝初玄宗改温泉宫为华清宫,命他负责修缮和管理。安史之乱,他追随玄宗奔蜀中,被任为文部尚书、同中书门下平章事。奉命与韦见素等赴灵武册立肃宗,受到信任。房琯上疏自请带兵收复两京,诏加持节、招讨西京兼防御蒲、潼两关兵马节度等使。房琯打算用车战法收复长安,但泥于古法,以2000辆牛车打头阵,在步骑兵左右掩护下出击,在陈涛斜(今陕西咸阳东)被安禄山军打败,4万唐军全军覆没。房琯因不懂军事而失败。玄宗以其好虚论、疏政事而罢相。唐军收复长安后,房琯随肃宗回京,被任为金紫光禄大夫,封清河郡公。不久出为邠州刺史,一度改任礼部尚书,又出为晋州、汉州刺史。晚年喜听门客董廷兰弹琴,董廷兰收贿,房琯被贬为太子少师。杜甫曾为他打抱不平。代宗即位(762年),拜为特进刑部尚书。宝应二年(763年)八月,卒于阆州僧舍,享年67岁,赠太尉。

房琯与诗人孟浩然、王维、储光羲、李颀、綦毋潜、高适、陶翰、贾至等相善;与杜甫为"布衣"之交,清熊宝泰《杜甫》诗云:"千秋诗史有谁知?房杜交深患难余。"今存有《上张燕公书》、《龙兴寺碑序》2文和《题汉州西湖》诗1首。

郭子仪

郭子仪

郭子仪(697~781年),唐朝将领。华州(今陕西华县)人。天宝初以武举补左卫长史,后官至兵部尚书、太尉兼中书,曾出任天下兵马副元帅,封汾阳郡王,被德宗适尊为"尚父"。天宝十四年(755年),安禄山叛乱,他任朔方节度使出兵单于府、内蒙古和林格尔北;击败安部将高秀岩,进围云中(今山西大同),出井陉(今河北井陉西北),收复常山(今河北正定)等地。至德元年(756年)与李光弼以深沟高垒、疲惫叛军术,多次击败史思明部,恢复河北十余郡。至德二年(757年)率军攻占河东,率唐军及回纥军15万人在香积寺(长安南)大败叛军,收复长安。其后乘势东进,兵临陕州(今三门峡市)。他以回纥军迂回抄袭,击溃叛军主力,迫叛军弃洛阳逃走。乾元元年(758年)攻破卫州(今河南汲县),与八节度使进围邺城(今河南安阳)。兵败被解除兵权。广德元年(763年)仆固怀恩反唐,吐蕃、回纥兵进犯,他被起用领兵。永泰元年(765年)说服回纥反戈,大败10万吐蕃军,稳定了关中局势。因军队缺粮,他于大历元年(766年)亲率河中军垦荒屯田,使军中食有余粮。善等回纥,取得少数民族对唐的支持。他历事四朝,曾提出削减冗官,选贤任能和轻徭薄赋的主张,对唐的巩固做出了贡献。郭子仪生前曾在嵩山活动,嵩山地区民间有他的传说和故事。

郭子仪在嵩山留下的遗迹,主要有位于巩义市回郭镇东南2公里漫流村南岗上的汾阳王庙。殿宇建筑早已破坏,原在大殿前檐下竖立有"唐汾阳王庙记"石碑1通,额题"大唐功臣汾阳王庙记",碑文记载有郭子仪统兵来到巩县回郭镇漫岗时,为当地人民驱散"妖雾"之后,年岁丰登,老百姓过着安居乐业的生活,于是为他建庙纪念。

祖 咏

祖咏(699~746年),盛唐诗人。字和生,因排行老三,人称"祖三"。嵩山洛阳人。祖咏青年时代就才华显露。《唐才子传》将其收入,是开元盛世才子之一。开元十二年(724年)进士。仕途不得志,移居嵩山以南汝水以北,混迹渔樵。同张说在并州时,引为贺部员外郎。与张说、王维、储光羲、卢象等山水田园诗人交往密切,其诗多写山水景物,宣扬隐逸生活,为山水田园诗派的代表人物之一。然祖咏又尝为边塞诗派代表人物之一王瀚的座上客,故其诗风受王瀚影响,颇有雄壮挺拔之作,且时时流露出对功业的追求与乐观自信的心态。如《望荆门》所云"少小虽非投笔吏,论功还欲请长缨",可以看出他不同于一般山水田园诗人之处。他诗歌的另一个特点是对意兴的重视。其成名作《终南积雪》本为应试之作,当写八句,他却仅写四句而交卷。"或诘之,咏曰:'意尽。'"(《唐诗纪事》),由此可看出他重视意兴的特点。其诗多借状景绘物,宣扬隐逸生活。每当为诗,苦于构思,所以调颇凌俗。王维给他的赠诗说:"结交三十载,不得一日展。贫病子既深,契阔余不浅。"从中可窥其一生的潦倒遭际。祖咏工于诗,尤长五言诗。现存咏诗37首,保存在《全唐诗》中,明人辑有《祖咏集》。祖咏在嵩山多有活动,写有《中峰居喜见苗发》、《过郑曲》、《夕次圃田店》、《寄王长史》等诗。

王 缙

王缙(700~781年),唐朝代宗时宰相。字夏卿,王维的胞弟,太原祁(今山西祁县)人。少好学,与兄王维,俱以名闻。王缙科举及第后,早年曾在嵩山登封做官,累任侍御史和兵部员外郎等官。"安史之乱"时任太原少尹,协助李光弼守太原,颇有功绩和谋略,被舆论所推重,升任宪(刑)部侍郎。后两次出任宰相,外任河南副元帅、侍中持节都统河南淮西、山南东道诸节度行营事、东都留守、河东节度使兼太原尹、北都留守等军事要职,并以"才微位高"、"无益时事"、"不应无功增秩"等理由自谦,让出高位和兼职。在太原少尹任上,他整肃纪律,从严治军,将恃功自居不受约束的太原旧将王无纵、张奉璋等到以军法处斩,全军将校再不敢玩忽职守。王缙晚年身为宰相,但面对权臣元载专断骄横的行为,却不敢进行斗争,反而事事附和。大历十二年(777年),元载获罪受诛,他也被贬为括州(今浙江丽水)刺史。后又被召归,为太子宾客、分司东都,直到去世。

王缙母亲崔氏信佛,嵩山著名禅师大照普寂开法伊始,崔氏即为信徒。当时王缙只有几岁,也曾

王缙

礼普寂为师。因受母亲影响,王缙一生笃信佛法,信仰因果,建寺度僧。任宰相时,大兴佛教之风,使大历年间佛教盛极一时,寺庙云集,沃壤被占,僧徒横行。对于禅宗普寂系,则给以特别的支持。

王缙少年时期和母亲、兄长王维曾一度寓居嵩山东溪。其兄王维赴长安中进士后,曾给在嵩山居住的他和母亲写诗《九月九日忆山东兄弟》:"独在异乡为异客,每逢佳节倍思亲。遥知兄弟登高处,遍插茱萸少一人。"诗里所说的"山东"就是指当时他们寓居的嵩山之东。安史之乱中,其兄王维被迫作安禄山的给事中,但内心依旧追随唐王朝。安禄山宴其部下于凝碧宫,王维闻之而悲,暗中做了一首诗《凝碧宫》,以示对唐王朝的怀念之情。唐军收复长安后,王维被收系狱中,按律当死。王缙请求削己官职以赎兄死罪,加上有人提出王维曾作的《凝碧宫》,可证其对唐王朝之心,因而唐肃宗免了王维的罪,还给了他一个官职。

王缙因早年在嵩山礼大照普寂为师,与大照普寂弟子广德素为知友,广德弟子昙真,死于大历二年(767年),谥大证禅师。时任东都留守的王缙还为之撰文《大唐东京大敬爱寺故大德大证禅师碑》。昙真的弟子正顺"视缙犹父"。说明大照普寂及其3代弟子4人与王缙都有密切的关系。王缙不仅文笔泉薮,且工书法,善草隶书,功超薛稷。著名《唐赠后部尚书王忠嗣碑》即是出自于他的手笔。而他撰文的《大唐东京大敬爱寺故大德大证禅师碑》,至今仍立于嵩岳寺中。后顾炎武的《金石文字记》、毕沅的《中州金石记》、刘青黎的《金石叙录》皆收录此碑。

王 维

王维(701~761年),唐朝山水田园诗派代表诗人、画家、音乐家。《旧唐书》有传。字摩诘,原籍太原祁州(今陕西省祁县)人。他出身官僚地主家庭,早年丧父,母崇信佛教,因受影响,年少时便信佛教。后因母亲师事嵩山普寂大照禅师,王维举家迁到洛阳,不久,又迁到嵩山脚下的东溪。王维天资聪颖,9岁能做诗写文,而且工于书法草隶,娴于丝竹音律。15岁去京城应试,便立即成为京城王公贵族的宠儿。唐开元九年(721年)进士第一(状元),官授大乐丞。因故谪济州司仓参军。后归至长安。开元二十二年(734年)张九龄为中书令,王维被擢为右拾遗。其时作有《献始兴公》诗,称颂张九龄反对植党营私和滥施爵赏的政治主张,体现了他当时要求有所作为的心情。开元二十四年(736年)张九龄罢相,次年贬荆州长史,李林甫任中书令,这是玄宗时期政治由较为清明而日趋黑暗的转折点。王维对张九龄被贬,感到非常沮丧,但他并未就此退出官场。次年,曾奉使赴河西节度副大使崔希逸幕,后又以殿中侍御史知南选。天宝中,王维的官职逐渐升迁。安史乱前,官至给事中。他一方面对当时的官场感到厌倦和担心,但另一方面却又恋栈怀禄,不能决然离去。于是随俗浮沉,长期过着半官半隐的生活。安史之乱起,天宝末年,他被安禄山俘获,后服药佯为喑疾,仍被解赴洛阳,被迫接受作伪职给事中。两京收复后,受伪职者分等定罪,他因所作怀念唐室的《凝碧宫》诗为肃宗嘉许,且其弟王缙官位已高,请削官为兄赎罪,故仅降职为太子中允,后复累迁至给事中,官至尚书右丞,死于任上。

王维出生于一个世代为官的书香之家,祖父王胄曾任协律郎,精通音律。王维精通音乐与祖父有关,其诗多被谱入乐,为天下传唱。王维和二弟王缙皆有俊才,后来分别官居尚书右丞和左丞相,青少年时期在长安、洛阳,文名皆高,有"名满京华"之誉。王维多才多艺,诗画成就很高,受禅宗影响很大。善画人物、宗教人物、花竹、山水,创造了水墨山水画派,对山水画贡献极大,被称为"南宗画之祖",《历代名画记》以画山水体涉古今赞誉他在山水画方面的贡献,《唐朝名画录》评价为风致标格特出,……名作《辋川图》山谷郁盘,云水飞动,意出尘外,怪生笔端。在《旧唐画》本传中,也有山水平远,云峰石色,绝迹天机,非绘者之所及的称颂。王维在唐诗的范畴显然有更高的成就,他是唐代山水田园派的代表。在诗坛与孟浩然齐名,世称"王孟"。王维写诗能将绘画融于

王维

诗。对于自然景物中各种形态都能作细致入微的面容研究,善于选取景物特征加以描绘,构成多种优美动人意境,展现山水田园画面。苏轼赞他"味摩诘之诗,诗中有画;观摩诘之画,画中有诗"的艺术特色。晚年无心仕途,专诚奉佛,故后世人称其为"诗佛"。尤其是晚年之作,刻画细致,清新自然,词秀调雅,别树一帜。著有《王右丞集》,存诗400首。

王维中进士以前,曾和母亲、弟弟一度寓居嵩山东溪。入仕后,也常回登封看望母亲和弟弟。由于在嵩山居住,王维写诗《九月九日忆山东兄弟》:"独在异乡为异客,每逢佳节倍思亲。遥知兄弟登高处,遍插茱萸少一人。"诗中的山东指嵩山之东。王维早年有过积极的政治抱负,希望能做出一番大事业,后值政局变化无常而逐渐消沉下来,开元二十二年(734年),他的弟弟王缙中进士后回到登封做官,王维再次回到嵩山隐居。不久,王维在张九龄的举荐下,到洛阳赴任右拾遗,后因仕途不顺,又归隐嵩山。为此,作《归嵩山作》诗一首。他在嵩山隐居期间,与李颀、卢鸿、张諲、崔曙、乘如禅师、萧瑟居士、高闲上人等新朋老友多有交往,常以赋诗相酬为乐。同时,他的诗也真实地记录了他的这种生活。

李 白

李白(701~762年),盛唐伟大的浪漫主义诗人。以诗著称文坛,号称"诗仙"、"谪仙"。字太白。祖籍陇西成纪(今甘肃秦安),生于西域的巴尔喀什湖南碎叶河上的碎叶城(今吉尔吉斯共和国托克马克城附近),出身于商人家庭。唐中宗神龙元年(705年),随其父李客带领全家,逃迁到西蜀绵州昌隆县(今四川省江油市青莲乡),所以李白常自称"青莲居士"。26岁时漫游于长江、黄河中下游,开始了漫游兼求仕的生活。他曾经洞庭、襄汉、上庐山,向东游历金陵、扬州,又以湖北的安陆为中心,向北到过洛阳、龙门、嵩山、太原;向东游齐鲁、登泰山;向南到过安徽、江苏、浙江。他也曾先后同元丹丘、也

李白

巢父、吴筠等人隐居嵩山。天宝元年(742年)任翰林供奉,因不愿迎合权贵,离开长安。至德元年(756年)为永王李璘幕僚,李璘败后,他以"附逆"罪被流放夜郎,途至巫山遇赦,漫游于洞庭、金陵。宝应元年(762年),在安徽当涂病故,终年62岁。

李白的诗豪迈奔放,语言明快流畅,音律和谐多变,想像丰富,意境非凡,富有浪漫主义色彩和强烈的艺术魅力。但部分作品流露出人生若梦、纵情歌酒的消极情绪。他流传下来的诗有990余首。有《李太白文集》传世。

李白一生,曾在嵩山学道3年,遍游了嵩山的名山胜水、园林古迹,写下了无数不朽的诗篇。李白来嵩山学道之前,是他在江陵遇上了年近八旬的在嵩山修道成名道人司马承祯,并结为至密道友。李白第一次来嵩山是在求官不顺、失望之余的背景下,郁郁寡欢地离开了京都长安,从黄河浮舟而下,来到河南。经梁园、宋州,于唐开元十九年(731年)到达嵩山学道,而在嵩山传道的就是司马承祯的三传弟子嵩山道士元丹丘。李白之所以特选嵩山学道,他的第一印象是从司马承祯那里得到的。他知道嵩山古今出过不少仙人:在嵩山北的猴山,曾在周朝出过仙人王子晋;《神仙传》记载,汉武帝上嵩山,登大愚石室,起道宫,使董仲舒、东方朔等,斋洁思神。忽见有仙人,长二丈,耳出头巅,垂下至肩;嵩山上有一个著名的女道士,人称焦炼师,是齐梁时人,已经200多岁了,看起来却只像五六十岁的样子,不食五谷,唯餐石髓,身体轻健,行走如飞。于是他踏遍嵩山,寻师访道,终究未悟。只好写了《赠嵩山焦炼师》一诗留给她,在诗的最后,表示了甘愿跟她修道学仙的心情。李白在这里暂时抛却了烦恼,遍游了嵩山的各大山峰,尽访名胜古迹。李白在嵩山师从元丹丘学道,选择了少室36峰之一的玉女峰作为练功场地。他与元丹丘常在各峰间漫游,并时合时离,各自修炼;又常在一起谈道,交流练功感受。在此期间,他写了《感遇四首》《元丹丘歌》《题元丹丘故居》《题嵩山逸人元丹丘山居并序》《送杨山人归嵩山》《嵩山采菖蒲者》《与元丹丘方城寺谈玄作》《颍阳别元丹丘之淮阳》等大量的诗作,为他完全摒弃和否定了常人追求功名富贵的思想和行为,日后到齐州(山东历城)紫极宫请高如贵授道箓,入道籍,归宿道门,作了充分的思想发展和准备。

李白在嵩山学道期间,还写下了流芳百世的长诗《梁甫吟》《行路难》和《冬夜醉宿龙门觉起言志》《秋夜宿龙门香山寺》《春夜洛城闻笛》诸诗,并在后来的《忆旧游谯郡元参军》和《古风十八》之《天津三月时》中,追忆了在洛阳的生活,描述了洛阳城中官僚贵族们的豪华生活及权重难久,位高多忧,应该及早考虑退路的情景。开元二十四年(736年),李白经过几年的漫游,又回到洛阳,巧遇元丹丘从蜀中访道回来,两人晤谈甚欢。元丹丘盛邀诗人再到嵩山颍阳山居盘桓,李白愉快地接受了。明亮的月光给嵩山的山头洒下了一片清辉,元丹丘正陪着李白和南阳名士岑勋在山居的院子里夜饮谈天。李白喝了不少的酒,他已经微醉了。在院子里不停地跳舞,突然诗人的愁绪大发,冲口而出千古名诗《将进酒》:"君不见黄河之水天上来,奔流到海不复回!君不见高堂明镜悲白发,朝如青丝暮成雪!人生得意须尽欢,莫使金樽空对月。天生我材必有用,千金散尽还复来。烹羊宰牛且为乐,会须一饮三百杯。岑夫子、丹丘生,将进酒,杯莫停。与君歌一曲,请君为我侧耳听。钟鼓馔玉不足贵,但愿长醉不复醒。古来圣贤皆寂寞，惟有饮者留其名。陈王昔时宴平乐，斗酒十千恣欢谑。主人何为言少钱？径须沽取对君酌。五花马，千金裘。呼儿将出换美酒，与尔同销万古愁。"就是这首《将进酒》成了中国诗坛千百年来难以超越的巅峰之作。

　　天宝三年(744年)夏，李白在长安受到冷落和排挤后，辞去翰林供奉的名分，怀着凄凄惨惨、愤怒失望的心情离开了长安。这年夏天，诗人路经洛阳，在这里和比他小11岁的伟大的现实主义诗人杜甫结为莫逆之交，成为文学史上的千秋佳话。两人一见如故，饮酒赋诗，同出同归，纵情郊游，并且相约一同去游梁宋(今开封、商丘一带)。他们从洛阳至汴州的途中，经过嵩山荥阳时，一同登临了广武山，亲临汉、霸二王城，观看了刘邦与项羽的隔涧对垒处。当年"呼吸八千人，横行起江东"的项羽和"按剑清八极"的刘邦，曾于此"连兵决雌雄"。最后，势力比较弱小的汉高祖终于以计谋战胜了不可一世的楚霸王，建立了大一统的西汉王朝。李白对汉高祖十分赞佩，遂写下了《登广武古战场怀古》一诗。就是这一次与杜甫分别之后，李白入道，圆了他多年问道、学道的仙道梦。

　　天宝十四年(755年)，安禄山以20万之众反于范阳(今北京)引兵而南，烟尘千里。十二月间，叛军过黄河，河南诸郡相继失守。李白匆忙从宋城带着妻子向南逃亡，他们一边走，一边回头望，只见北方天空，浓烟弥漫。透过这滚滚的浓烟，李白仿佛看到了嵩山：漫山遍野的火光遮盖了整个天际；看到了疮痍满目的荥阳：城墙下堆满了尸首；看到了已经沦陷的洛阳：叛军像潮水般从四面八方拥进城门、拥进宫殿——他伤心地摇了摇头，擦去泪水，挥笔写下了沉痛的诗作：《奔亡道中》之四"函谷如玉关，几时可生还？洛阳为易水，嵩岳是燕山。俗变羌胡语，人多沙塞颜。申包惟恸哭，七日鬓毛斑"、《古风》第十九首"俯视洛阳川，茫茫走胡兵。流血涂野草，豺狼尽冠缨"、《抚风豪士歌》"洛阳三月飞胡沙，洛阳城中人怨嗟。天津流水波赤血，白骨相撑如乱麻。"李白在嵩山的诗作和他在诗中提及嵩丘风物就达几十处之多。

　　李白在嵩山留下的遗迹主要有位于嵩山脚下、颍水岸边元丹丘隐居居住的"颍阳山居"。李白到了元丹丘处，看了故人新卜的别业和他的隐居生活，心里非常羡慕，真想和他一起寄情山林，于是接连写了几首诗送给元丹丘。其中就有《元丹丘歌》：元丹丘，爱神仙。朝饮颍川之清流，暮还嵩岑之紫烟。三十六峰长周旋。长周旋，蹑星虹。峰骑飞龙耳生风，横河跨海与天通。我知尔游心无穷。

高　适

　　高适(702~765年)，唐朝边塞诗人。《旧唐书》有传。出身于中小地主家庭，早年困窘，潦倒失意。20岁入长安求仕，受到权贵的冷遇和排斥；在梁宋一带漫游，"混迹渔樵"十几年。天宝三载(744年)，在齐赵一带，同李白、杜甫相遇，共同怀古赋诗，结成友谊。天宝八载(749年)，年近50岁时，在宋州刺史张九皋推荐下举科道，任封丘县尉。由于不满"拜迎官长""鞭挞黎庶"的县尉生活，又弃官远走，投河西节度使哥舒翰，作掌书记。安史之乱前随哥舒翰回长安；安史之乱发生，被任左拾遗，又升监察御史，佐助哥舒翰守潼关。潼关失陷，哥舒翰被俘，他投到唐玄宗行在处陈述潼关失守经过和原

高适

因,受到唐玄宗、肃宗重视,提拔他为谏议大夫、淮南节度使。因受宦官李辅国谗陷,外任蜀州、彭州刺史,又调任剑南西川节度使。唐代宗临朝,他官至散骑常侍,封渤海县侯,卒于长安,是唐朝诗人中官位最高的人。高适长于写歌行体诗,尤其长于七言歌行。他善于学习乐府民歌的风格和语言,驾驭语言纵横奔放,婉转流畅,气势宏丽,艺术成就最高的还是他的边塞诗。留有《高常侍集》。高适在嵩山活动期间,写有《自淇涉黄河途中作》《酉州河南节度使贺兰大夫见赠之作》《同河南李少尹毕员外宅夜饮,时洛阳告捷,遂作》《归嵩山作》等诗,嵩山周边县市史料中有录。

萧昕

萧昕(702~791年),唐朝官吏。字中明,嵩山洛阳人。少补崇文进士,开元十九年(731年),萧昕首举博学宏辞,授阳武县主簿。天宝初萧昕复举宏辞,授寿安尉,再迁左拾遗。哥舒翰为兵马副元帅拒安禄山,辟他掌书记。安禄山犯长安,萧昕随玄宗逃往蜀中,奉诰至灵武册立肃宗。擢中书舍人、礼部侍郎。推荐张镐于肃宗,成为宰相。代宗朝他被授为国子祭酒。大历初,萧昕奉命出使回纥,以理折服。时回纥恃功,廷诘昕曰:"禄山、思明之乱,非我无以平定,唐国奈何市马而失信,不时归价?"众皆失色。萧昕答曰:"国家自平寇难,赏功无丝毫之遗,况邻国乎!且仆固怀恩,我之叛臣,乃者尔助为乱,联西戎而犯郊畿;及吐蕃败走,回纥悔惧,启颡乞和。非大唐存念旧功,则当匹马不得出塞矣!是回纥自绝,非我失信。"回纥惭退,加礼以归。贞元元年(785年),兼礼部尚书,寻复知贡举。贞元五年,致仕。贞元七年(791年),萧昕卒于家,年90岁,谥曰懿。

张諲

张諲(约742年前后在世),唐朝嵩山隐士。永嘉人。初隐嵩山少室山下,闭门不问世事,专心读书,志甚勤苦,不及声利。后应举,官至刑部员外郎。明《易·象》载,张諲善草隶,兼画山水。工诗,诗格高古。与李颀友善,与王维为兄,皆为诗酒丹青之契。王维赠其诗云:"屏风误点惑孙郎,团扇草书惊内史。"李颀赠其曰:"小王破体闲支策,落月梨花照空壁。诗堪记室妒风流,画与将军作勍敌。"天宝中谢官,归故山偃仰,不复来人间矣。有诗传世。

安禄山

安禄山(703~757年),唐朝安史之乱叛军首领。本姓康,初名轧荦山,因从母嫁改姓安,更名禄山。营州柳城(今辽宁朝阳南)杂胡人。安禄山自幼居于边塞,通晓边疆多种少数民族语言。初被幽州节度使张守珪收为养子,开元时升营州都督,充平卢兵马使。天宝初为平卢节度使,后又兼范阳、河东节度使,领有重兵。由于善于谄媚,逐渐得到唐玄宗宠信,直至身兼三镇节度使而兵力雄厚。多次至长安,为玄宗、杨贵妃所宠,曾赏赐铁券,封东平郡王。玄宗晚年腐败,禁军内部空虚,加之玄宗亲宠的杨国忠与安不和,安禄山遂有叛唐之心。他一面屯兵马财资,一面招募番将,势力日益强大。唐天宝十四年（755年）十一月，于范阳（今北京）以奉密旨"讨国忠"为名起兵叛乱，渡黄河，破陈留（今开封），陷荥阳郡（今郑州荥阳一带），战天虎牢罂子峪（今荥阳廖子峪），屡败官兵，不久攻进东京（今洛阳）。次年在洛阳称雄武皇帝，国号燕，号圣武。破潼关，陷长安，所过烧杀抢掠，尽失民心。至德二年（757年）正月，安禄山被其子安庆绪所杀。唐军乘机进攻，九月攻克长安，十月收复洛阳，直至宝应元年（762年）十月方收复。叛军盘踞洛阳，不仅纵兵杀掠，而且因其是大燕国都，招致各路人马都来攻伐，使东京成为

安禄山

大乱的中心战场，叛军、唐军及回纥兵等都掳掠屠杀，"死者万计，火累月不灭……比屋荡尽，市民皆衣纸。"今嵩山地区数量众多的大燕墓志和"得一元宝"、"顺天元宝"钱币的出土，就是安、史以洛为都的实物例证。

徐　浩

徐浩（703～782年），盛中唐楷书家。字季海，越州（今浙江绍兴）人。徐浩之父徐峤之，楷书、草书精能，行书隶书亦佳，并且书为时人重。15岁就明经及第，但并未于此时入仕。虽尝作鲁山主簿，参《徐浩碑》，玄宗时（712～756年），因其应制《喜雨赋》，得张说赏识，得荐集贤校理。至德元年（756年），累迁至襄州刺史。次年七月，肃宗朝（756～761年）诏拜其为中书舍人。因其书艺精深，文辞亦佳，深得宠信，后兼授尚书右丞，得封会稽县开国男，进国子祭酒。在此之前，徐浩仕途，稍有坎坷，但总体通达。《新唐书》记，肃宗上元元年（760年），因李辅国谗，贬庐州长史。这该是徐浩仕途的第一次较大的沉落，是年徐浩58岁。代宗时（762～779年）复召之以中书舍人，至吏部侍郎，并进爵为公，然而，因私其妾弟，弊选，再遭贬谪，为明州别驾。建中元年庚申（780年），德宗继位，大赦天下，徐浩因之得以征召回京，拜彭王傅，封"会稽郡开国公"，故人称"徐会稽"。德宗建中三年（782年）四月卒于长安，年80岁。赠太子太师，谥曰定。

徐浩擅长八分、行、草书，尤精于楷书。他自幼随父徐峤学习书法。少而清劲，随肩褚、薛；晚益老重，潜精羲、献。他既强调丰腴，又强调骨力，形成了圆劲肥厚的风格。识者评云："怒猊抉石，渴骥奔泉。"《宣和书谱》评说："且浩以书名，其妙实在楷法也。"清《评书帖》亦称："唐人八分、楷、行兼善者，欧阳询、徐浩而已。"徐浩书著作有《论书》、《古迹记》，传世的作品有《朱巨川告身》、《不空和尚碑》、《陈尚仙墓志》、

徐浩书《嵩阳观记》碑局部

有从嵩山伊川县出土的徐浩为其外公张庭珪所书的《张庭珪墓志》,有位于嵩山嵩岳寺的《大证禅师碑》和位于嵩阳书院的《大唐嵩阳观纪圣德感应之颂》碑。此外,还有位于偃师市徐氏先茔的徐浩墓(墓已无存);有保存于偃师市老城文庙后院的《大唐赠太子少师徐浩碑》。

史载:历代对徐浩的书法褒贬不一,但新的研究资料对徐浩的楷书历史定位为:徐浩对唐代楷书贡献突出。在全盛的开元、天宝时期唐代楷书并没完全形成与时代风气相应的宏大气象,开元、天宝时期的楷书具有明显的过渡性特征,直到徐浩和颜真卿楷书风格成熟的盛唐末至中唐初,唐代楷书才真正达到最高峰,由此唐代楷书形成了两个相互关联的发展方向:徐浩风格和颜体风格。这两种风格到晚唐柳公权时,有了一个合流性的完满总结,从而形成唐代楷书的最后辉煌。

崔　曙

崔曙(约704~739年),唐朝诗人。原籍博陵(今河北安平),后迁宋州(今河南商丘)人。少孤贫,苦读书。工于诗,与诗人薛据友善。虽只做过河南尉一类小官,但志向远大。开元二十六年(738年)戊寅科状元及第,以《奉试明堂火珠诗》而出名:"正位开重屋,中天出火珠。夜来双目满,曙后一星孤。天净光难灭,云生欲望无。还将圣明代,国宝在京都。"其中"夜来双目满,曙后一星孤。"他以此诗受到玄宗的赞赏,而被取为状元。官授河内尉,次年病故,仅留下一女儿名星星,正应了"曙后一星孤"之句。崔曙的诗多写景物,同时寄寓乡愁友思,有很强的抒情性,达到了情景交融的境界。词句对仗工整,辞气多悲,代表作有《早发交崖山还太室》、《奉试明堂火珠》、《途中晓发》、《缑山庙》、《登水门楼,见亡友张贞期题望子成龙黄河诗,因以感谢兴》、《对雨送郑陵》等。《全唐诗》存其诗一卷。《全唐文》有《瓢赋》一篇:"吾友东南美,昔闻登此楼。入随川上逝,书向壁中留。"其中《登水门楼,见亡友张贞期题望子成龙黄河诗,因以感谢兴》是怀念亡友的:"严子好真隐,谢公耽远游。清风初作颂,暇日复销忧。时与文字古,迹将山水幽。已孤苍生望,空见黄河流。流落年将晚,悲凉物已秋。天高不可问,掩泣赴行舟。"此诗写得有景有情,触景生情,非常真切,富于艺术的感染力。

崔曙青年时代曾长期隐居嵩山少室山,在他与嵩山为伴的日子里,写有很多与嵩山活动风景名胜有关的诗作,如《同诸公谒启母庙祠》、《早发交崖山还太室作》、《颍阳东溪怀古》、《缑山庙》、《嵩山寻焦炼师不遇》等,都代表了他诗作的特点,成为嵩山古诗中的一朵奇葩。

储光羲

储光羲(约706~约763年),唐朝田园山水诗派的代表诗人之一,嵩山隐士。开元十四年(726年)进士,授冯翊县尉,转汜水、安宜、下卦等县尉。仕途不得意,隐居终南山的别业。唐玄宗之妹玉真公主别馆就设在终南山,文人雅士常去做客,储光羲、王维等诗人也时常出入其中。后出任太祝,世称"储太祝"。天宝末年,奉使至范阳。当时安禄山兼任范阳、平卢、河东三镇节度使,强兵劲卒,正积极准备发动叛乱。而唐玄宗委任权宦,荒于政事。储光羲看到此景,尤念时局的发展,写有《观范阳递俘》、《效古》等诗。安史乱起,叛军攻陷长安,他被俘,迫受伪职,后脱身归朝,贬死岭南。储光羲的诗以描写田园山水著名,其诗多为五古,情调闲适。如《田家即事》、《牧童词》、《田家杂兴》、《同王十三维偶然作》等,风格朴实,能够寓细致缜密的观察于浑厚的气韵之中,抒发、表现士大夫闲适的情趣,触及农村的现实,有浓厚的生活气息。殷璠的《河岳英灵集》评储光羲的诗说:"格高调逸,趣远情深,削尽常言,挟《风》《雅》之迹,浩然之气。"宋代的苏辙于唐代诗人中,特别推崇储光羲。清代《四库全书总目》评他的诗:"源出陶潜,质朴之中,有古雅之味,位置于王维、孟浩然间,殆无愧色。"储光羲著有《储光羲集》传世。

储光羲隐居嵩山期间,写有很多吟诵嵩山风景名胜的诗,如《嵩阳观》、《至闲居精舍呈正上人》、《至岳寺即大通大照禅塔上温上人》、《巩城东庄道上作》、《寻徐山人遇马舍人》等,嵩山史料有录。

颜真卿

颜真卿(709~785年),唐朝大臣,书法家、训诂学家。字清臣,唐长安(今陕西西安人),祖籍琅琊临沂(今山东省临沂市)人。他的五代祖是北齐时著名学者颜之推,曾祖父是唐初学者颜师古。他从小就失去了父亲,全靠母亲殷氏将他教养成人。唐开元二十一年(733年)中进士,开始步入仕途,任秘书省校书局著作郎。开元二十六年(738年),颜母殷氏辞世,李在家守孝3年。天宝元年(742年),颜参加制举考试,以优异成绩入选,曾任礼泉县尉、长安县尉,后迁监察御史。为官初期,颜真卿就表现出他卓越的才华和刚正的品格,并以此得罪权相杨国忠,被贬出朝廷去做平原郡(今山东省德州市)太守,故后人称"颜平原"。天宝十四年(755年),安禄山叛乱,颜真卿与从兄常山太守颜杲卿联合附近17郡起兵平叛。唐朝江山虽然后来是由郭子仪、李光弼等将领恢复的,而最初颜氏父子兄弟坚持抗贼,拖延了安禄山西进的速度,他拆散了敌人的兵力,为唐王朝的撤退和组织反攻赢得了宝贵的时间,其功劳是不可埋没的。至德二年(757年),颜真卿任刑部尚书,迁御史大夫。他认真执法,刚直不阿,受到权臣的忌恨,曾多次被排斥出京,到外郡任职,先后任饶州刺史、升州刺史、冯翊太守、蒲州刺史、蓬州长史、浙西节度使、荆南节度使等。宝应元年(762年),代宗继位,召颜真卿回长安,封检校刑部尚书、鲁郡开国公,人称"颜鲁公"。累任吏部尚书、太子太师等职。贞元元年(785年),南平郡王李希烈叛唐,颜真卿去招降叛军时,被叛军缢杀于河南蔡州龙兴寺,时年76岁。第二年,李希烈被其部将陈仙奇杀死,谋反事败,颜真卿的灵柩运回长安,"三军皆恸,因表其大节,淮蔡平事㥄颜护丧返,帝废朝五日,赠司徒,谥文忠。"

颜真卿

颜真卿出生于世代精通文字书法的士大夫家庭,从他上至九世祖颜腾之,各代均以善书而名天下。颜真卿踏上仕途后,曾两次辞官前往洛阳,拜著名书法家、草圣张旭为师,这对他以后的书艺发展产生了重要作用。颜真卿在书法上提出"平直均密锋力、转决补损巧称"12字诀,独创"颜体",与柳公权并称"颜柳"。宋代苏东坡说:"君子之于学,百工之于使,自三代历汉到唐而备矣。故诗至于杜子美,文至于韩退之,书至于颜鲁公,画至于吴道子,而古今之变,天下能事毕矣。"

端庄严整、浑厚朴实、疏朗开阔、雍容大度的颜书风格,由于符合中国人的审美观念,体现了高尚情操和民族气节,具有较强的实用性,因而对后世产生了极为广泛、深远的影响。历史上从颜书入手,或从颜体中吸取营养,博采众长,后自成家者,代不乏人。如唐朝的柳公权,五代的杨凝式,宋代的苏轼、蔡襄、黄庭坚,元代的康里回回、释傅光,明代的李东阳、徐霖,清代的刘墉、何绍基、钱沣、赵之谦等书法大家,都深受颜书的影响。在中国书法史上,颜真卿可以说是一位艺术生命长久,创作精力旺盛的高产书法家,随着他行踪所至,笔迹广布人间,见于前人著录的就有130多种,传世至今的书迹也有70多种。颜真卿的书法创作数量之多,传播之广,影响之深,堪称书坛独步。颜真卿的碑刻有《多宝塔碑》《麻姑仙坛记》《李元靖碑》《颜勤礼碑》《颜家庙碑》《大唐中兴颂》《右丞相宋璟碑》《裴将军诗》等,行书有《争坐位贴》,书迹有《自书告身》及《祭侄文稿》。后人辑有《颜鲁公文集》。

颜真卿死后葬于嵩山偃师山化乡汤泉学校西侧的邙山南麓。墓前现存有石碑两通:一通为明神宗万历三十三年(1605年)三月,县令吕纯如重修颜真卿墓时撰立的《唐太师颜鲁公真卿墓记》;另一通为清乾隆五十五年(1790年)县令汤毓倬所立,正面正中刻《福唐赠司徒谥文忠颜鲁公之墓》。今嵩山偃师市商城博物馆藏有颜真卿撰文并书丹的《唐故工部尚书赠太子太师郭公(虚己)墓志铭并序》,为他早期代表作。

郑　常

郑常(？~787年),唐朝诗人。嵩山荥阳人。贞元初以殿中侍御史为淮西节度吴少诚判官,少诚有不臣之心,遂与大将杨冀谋逐之,事泄被害。著有《郑常诗》、《洽闻记》(一作郑遂撰),均佚。其诗"省静婉靡",《全唐诗》存3首。

李　筌

李筌,唐朝高道、哲学家。号达观子,大约活动于唐玄宗到肃宗时,新旧《唐书》无传,故其生平事迹不可详考。早年在嵩岳少室山求道,间或出游,历诸名山,博采方术。尝至嵩山虎口岩,得《黄帝阴符经》,为之作注。天宝二年(743年),向玄宗献所著《阃外春秋》。后历官江陵节度判官、副使、御史中丞、仙州刺史、邓州刺史。主张任贤使能,明法审令,革新政治。受李林甫排挤,复入山修道,不知所终。著有《阴符经》、《孙子注》和《太白阴经》。少室与唐东都洛阳相距很近,李筌原来是"少室布衣",后又入山修道,因此,他是一个长期被忽略了的唐代哲学家。

李筌哲学思想体系,主要是他发挥了《阴符经》的哲理,阐述宇宙起源,天地万物生成,以气为宇宙之本原,"以天为阳之精气,地为阴之精气,二气化生五行,五行又生万物,归根结底是二气产生万物。"其宇宙生成模式是:至道(虚静至

李　筌

神)——阴阳(天地)——五行——万物。特点在于观察到了人和天、心和物的矛盾,强调了人能制服自然,提出了著名的"盗机"理论:成物的生长乃至成其形体,都是对阴阳二气暗中进行不知不觉地窃取,天地也是偷偷地运作其气,应用无穷。天地万物之间存在一种互相"盗"而各获其安的关系。"万物盗天而长生,人盗万物以资身,若知分合宜,亦自然之理。"在天人关系问题上,强调了怎样认识天机,把握时机,运用人的权谋去窃取天机而造福于人自身。肯定了人居于主导地位,人能胜天的思想。区分了天道与人道的不同,反对把天道变化同人类社会的治乱兴衰加以比附。他认为,人世间的祸福治乱皆决定于"时物文理"(即指人道),而不是决定于"天地文理"(即指天道)。愚人不知,把"天地文理"视为神圣不可犯。殊不知只要掌握了"时物文理",政治清明,人民康乐,社会安宁,则天地灾妖不能加害,并能转祸为福,化死为生。这是一种人定胜天的思想,这种思想开了柳宗元、刘禹锡的有关天论的风气之先,对中唐天人问题的讨论起了先导作用,在中国哲学思想发展史上有其重要的贡献。李筌的"盗机"论所阐述的生命哲学,乃是对道教传统的"我命在我不在天"的继承与弘扬,但所论证的"盗天而长生"的可能性,则是宗教唯心主我的。

李 揆

李揆(711~784年),唐朝肃宗时宰相。字端卿,嵩山荥阳人。秦府学士、给事中李玄道玄孙,秘书监、赠吏部尚书李成裕之子。少好学,善属文。开元末举进士,补陈留县尉,擢右拾遗,历转为中书舍人。乾元二年(759年),上奏反对张皇后(良娣)中号"翊圣",迁中书侍郎,同平章事。美风仪,善奏对。肃宗谓其门第、人物、文章皆为当世第一,故时称"三绝"。后因构扰前宰相吕諲过失,贬袁州长史,累徙歙州刺史。元载为相,以私怨改试秘书监,无俸禄,又常移居,萍寄诸州十五六年。大历十二年(777年),元载诛,除睦州刺史,任礼部尚书。为卢杞所忌,充入蕃会盟使,还至凤州,以疾卒。赠司空,谥恭。

张 彪

张彪,唐代诗人。号张十二山人,嵩山颍洛间(登封市)人。初赴举,无所遇,适遭丧乱,奉老母避地隐居嵩山,供养至谨。与孟云卿为中表,俱工古调诗,善草书。云卿有赠云:"善道居贫贱,洁服蒙尘埃。行行无定心,坎壈难归来。"张彪志在轻举,《咏神仙》云:"五谷非长年,四气乃灵药。列子何必待,吾心满寥廓。"时与杜甫往还,杜甫对张彪推崇备至,尝作《寄张十二山人彪》诗云:"静者心多妙,先生艺绝伦。草书何太古,诗兴不无神。曹植休前辈,张芝更后身。数篇吟可老,一字买堪贫。"读杜甫之诗,可知其人矣。元结《箧中集》,收录其《杂诗》、《神仙》、《北游还酬孟云卿》等诗。张彪一生穷困落魄,其诗多写失意之慨,格调古朴。张彪性高简,善草书。

杜 甫

杜甫

杜甫(712~770年),唐朝伟大诗人,古代伟大的现实主义者。字子美。祖籍京兆(今陕西省西安市),迁居湖北襄阳,其曾祖杜依艺任巩县令时,落籍嵩山巩县(今巩义市),杜甫诞生于巩县南窑湾村,青少年时代大多数时间在故乡巩县渡过,古籍中载有他十几岁时在巩县康水"采文石"的传说。杜甫少贫好学,除儒家经典外,还受到家学——诗法的训练。祖父杜审言是武则天朝的诗人,对律诗的发展有所贡献。父亲杜闲为兖州司马。杜甫自幼好学,7岁能诗,曾漫游吴,越、齐、赵各地。天宝三年(744年),李白在长安因不屈权贵,乞请还乡,得玄宗恩准。李白东行路过洛阳,与杜甫相会。"诗仙"与"诗圣"相识相知,从此结下了深厚的友谊。天宝六年,他参加了科举考试,因李林甫捣鬼,参加应试者全部落第。从此,他在长安求仕近十年,恰逢"安史之乱",进取无门,无所施展,颇受困顿。因寓居长安县杜陵,自称"少陵野老"、"杜陵布衣"、"杜陵野客"。直到天宝十四年(755年),才被任为右卫率府胄曹参军。"安史之乱"初期,安禄山军攻长安,他闻肃宗在灵武即位,即前往投奔,中途为叛军俘获送回长安。至德二年(757年),从长安逃出至凤翔谒见肃宗,被任为左拾遗(世称"杜拾遗")。长安收复后,随肃宗还京。其间与房琯建立了友谊。不久,房琯罢工相,他上疏为房琯说情,触怒肃宗,被贬为华州司户参军。不久,弃官居秦州同谷。乾元二年(759年),又移家成都,依严武,为检校工部员外郎(世称"杜工部")。严武死后,他无所依托,东下夔州住3年许。大历三年(768年),杜甫携家出蜀入湘,两年后,他贫病交加逝于洞庭湖畔耒阳的湘江舟中,厝于岳阳平江县,终年59岁。由于家属无力安葬,只好把他的灵柩埋在岳州。43年后(元和八年,813年),其孙杜嗣业经过很大努力,才把遗骨运回嵩山偃师,移葬于嵩山北麓巩县康店的邙山岭(一说在首阳山下先人杜预墓前、祖父杜审言墓侧)。诗人元稹为之作墓志铭。

杜甫生于唐朝由盛转衰的动乱时,仕途坎坷,生活困顿,一生潦倒,漂泊流离。他深感社会黑暗,人民苦难,故其诗作在揭露封建社会矛盾、反映人民疾苦等方面,极为深刻生动,真实地反映了当时的社会现实,对人民寄予深切同情,大胆对统治者的罪恶进行批判,形成了我国古代诗歌现实主义的高峰。他一生写下了大量动人的诗篇,反映了唐朝由鼎盛到分裂衰落的历史过程,以及社会黑暗、动荡和劳动人民生活的困境,因而被称为"诗史"。在艺术上,继承和发展了《诗经》以来的优良传统,成为我国古代诗歌的现实主义高峰,起着继往开来的重要作用;他善于运用各种诗歌形式,而以沉郁为主,对仗工整,语言精明,风格多样,具有较高的表现能力。在诗体发展史上,其成就主要表现在两个方面:一是乐府,一是七律。杜甫的乐府叙事诗是其最突出的成就,他本着汉乐府"缘事而发"的精神自创新题,"即事名篇,不复依傍","直接开导了中唐的新乐府运动。"在五、七律方面,杜甫把原来多用于宫廷应制唱和的五、七律,发展了这一诗歌形式所蕴含的可能性,使其成为既工丽严整,又开合动荡,具有独特的艺术表现力的诗型。其诗也成为唐代五、七律的楷模,被后人誉为"诗圣",与李白并称"李杜"。杜甫一生写诗近3000首,现留存 1300 余首,代表作有《兵车行》、《三吏》、《三别》、《丽人行》、《春望》、《羌村》、《北征》、《茅屋为秋风所破歌》等。有《杜工部集》(杜少陵集)60 卷,后有散失。清康熙年间仇兆鳌编《杜诗详注》25 卷(诗 23,赋、表及杂著)和乾隆年间杨伦编《杜诗镜铨》20 卷流传较广。1958 年 3 月,毛泽东亲临成都杜甫草堂,看了收藏的《杜甫诗集》后,称其为"政治诗"。伟大的诗篇往往不是产生在和平幸福的年代,恰恰是产生在国家多灾多难的时候。这时候文学的任务、诗歌的任务才突现出来,杜诗的意义也是这样突现出来。因此在后代每当中华民族遭受到危难困苦的时候,杜诗就成为人们的精神食粮。1962 年,在杜甫诞生 1250 周年时,在斯德哥尔摩世界和平理事会上定为世界文化名人。

杜甫一生大部分时间都漂泊在嵩山地区之外,但他无论走到哪里,都始终惦念家乡,惦念家乡的父老乡亲,并把这种感情写进了他的诗作里,如:《寄张十二山人彪》、《送孟十二仓曹赴东京选》、《龙门山》、《奉寄河南韦尹丈人》、《得家书》、《凭孟仓曹将觅土娄旧庄》、《送贾阁老出汝州》、《冬日洛城谒玄元皇帝庙》等。

杜甫在嵩山留下的遗迹,主要有位于嵩山偃师市城关镇杜楼村的杜甫故居,有位于嵩山之阴的巩义市城东 10 公里的站街镇东南窑湾村的杜甫故里,有位于嵩山之阴的巩义市西北 7 公里康店村西邙岭上的杜甫墓,有位于嵩山西北麓的偃师市西 4 公里城关镇杜楼村的杜甫墓。

元　融

元融,唐代诗人。又名元季川,元结从弟,嵩山洛阳人。一生隐居不仕,大历、贞元间诗人。其诗多写隐居生活,质朴淡泊,洗净铅华,绝无雕饰。天宝中,从元结学习于商余山。诗入《箧中集》,《全唐诗》存诗 4 首。

李龟年

李龟年,唐朝音乐大师,著名歌唱家、宫廷乐师。嵩山洛阳人。李龟年精通音律,通晓多种演奏技巧,笛子和筚篥也吹奏得漂亮,还会击羯鼓。青年时期曾从政,当过蕲州蕲县(今湖北省蕲州市)县丞。出于在音乐方面被皇家乐队选中,当上了皇家乐队的领班。他弟兄 3 人,一个弟弟李彭年善跳舞,另一弟弟李鹤年善歌,都得到了唐玄宗赞赏。他在通远里的住宅,建筑得极为奢侈豪华。他常被王公贵族接到住宅里演奏歌唱,深得他们的欢心,因而赢来了无数的赞扬和赏赐。天宝年间,有一年,京城兴庆宫沉香亭一带牡丹盛开,李隆基与杨玉环同到亭中赏花,就有歌唱家李龟年带领乐队尾随其后,随时承旨演奏以助兴。同时,李白也承旨召到沉香亭作 3 首《清平乐》,李龟年歌唱,李隆基亲自吹玉笛伴奏。李龟年的歌唱及演奏技巧,正迎合了唐玄宗的爱好,因而使李龟年青云直上,身价百万倍。"安史之乱"爆发,天

李龟年

宝十五年(756年)即攻破潼关,长安随即陷落,风流享乐的皇帝仓皇逃往四川成都。李龟年这个皇帝妃子的音乐侍从也流亡在外。他到达江南的湘潭,在湘中采访使举行的盛大宴会上,他凄凉地唱了两首名作,即《相思》(红豆生南国)和《伊州歌》(清风明月苦相思)。唐代宗大历三年(768年),诗人杜甫从四川奉节乘小舟沿江东下,希望"即从巴峡穿巫峡,便下襄阳向洛阳"。令他意外的是,当船停泊在潭州时,与大歌唱家李龟年相遇,并写出了《江南逢李龟年》的诗作。

马 炫

马炫(712～791年),唐朝官吏。字弱翁,唐朝汝州郏城(今郏县)人,马燧兄。少以儒学闻于时,隐居苏门山下,不应辟召。至德中李光弼镇太原,辟为掌书记、试大理评事、监察御史,甚受器重。历侍御史。常参谋议,光弼甚重之,奏授比部、刑部郎中。田神功镇汴州,奏授节度判官、检校兵部郎中。转连州刺史,征拜吏部郎中,又出为阆州刺史,入为大理少卿。建中初,为润州刺史,黜陟使柳载以清白闻,征拜太子右庶子,迁左散骑常侍。弟燧为司徒,以亲比拜刑部侍郎,以疾辞,改兵部尚书致仕。贞元七年(791年)卒,时年79岁。

郑 寓

郑寓,唐朝画家。嵩山荥阳(今荥阳市)人,工画释道人物。

李 观

李观,唐朝将领。嵩山洛阳人。初以策干朔方军节度使郭子仪,被派往坊州刺史吴佁部下充任防遏使。以亲丧辞官,隐居于盩厔。吐蕃派兵内寇,李观率李姓乡里数千人守黑水,遏止了吐蕃军侵扰。岭南节度使杨慎微选其为偏将。擢龙武将军。建中四年(783年)朱泚叛,他率兵护德宗奔奉天。德宗返长安后,擢其为四镇北庭行军、泾源节度使。在屯四年,一边训练士卒,一边垦荒种田,使军资自给有余。李观仕终检校工部尚书,赠太子少傅。

沈千运

沈千运(713～756年),唐朝诗人。原籍浙江吴兴人,后移家居汝州北山洗耳河畔。天宝中,沈千运数应举不第,时年齿已迈,遨游襄、邓间,干谒名公。《元结箧中集序》、《书史会要》载:"工文,善八分。"沈千运工旧体诗,其诗反对华词艳语,气格高古,当时士流,皆敬慕之,号为"沈四山人"。与孟云卿、王季友、于逖、张彪、赵微明、元季川等志同道合的诗友,形成了一个学派。乾元年间,元结将这七人的诗编成《箧中集》,沈千运在这7人之首。元结认为当世文风"拘限声病,喜尚形似","以流易为辞","丧于雅正",而沈千运能"独挺于流俗之中,强攘于已溺之后,穷老不惑,五十余年,凡所为文,皆与时异"。明代胡震亨谓沈千运诗"刊落文言,泠然独写真意"(《唐音癸签》),指明了他不事声律彩藻、惟写真情实感的作风。

沈千运和著名诗人高适是好朋友,常有诗和。天宝九载(750年)高适任封丘县尉,曾来专程造访,临别高适作《赠别沈四逸士》诗:"沈侯未可测,其况信浮沉。十载常独坐,几人知此心。乘舟蹈沧海,买剑投黄金。世务不足烦,有田西山岑。我来遇知己,遂得开清襟。何意阊阖间,沛然江海深。疾风扫秋树,濮上多鸣砧。耿耿尊酒前,联雁飞愁音。平生重离别,感激对孤琴。"高适尊称没有官职的他为"侯",足见对的尊敬。沈千运一生落拓。其时多艰,自知屯蹇,遂浩然有归欤之志,赋诗曰:"栖隐无别事,所愿离风尘,不来城邑游,礼乐拘束人。"又曰:"如何巢与由,天子不得臣。"遂释志,还山中别业。尝曰:"衡门之下,可以栖迟。有薄田园,儿稼女织,偃仰今古,自足此生。谁能作小吏,走风尘下乎。"沈千运隐居汝北之后,曾看望高适,并将诗作《山中作》送给高适:"栖隐非别事,所愿离风尘。不辞城邑游,礼乐拘束人。迩来归山林,庶事皆吾身。何者为形骸,谁是智与仁。寂寞了闲事,而后知天真。咳唾矜崇华,迁俯相屈伸。如何巢与由,天子不知臣。"离别时高适赋《还山吟》赠行曰:"还山吟,天高日暮寒山深。送君还山识君心,人生老大须恣意。看君解作一生事,山间偃仰无不至。石泉淙淙若风雨,桂花松子常满地。卖药囊中应有钱,还山服药又长年。白云劝尽杯中物,明月相随何处眠。眠时忆同醒时意,梦魂可以相周旋。"对他的隐居表示理解和支持。

唐至德二年(757年),喜欢诗词的李亨继位不久,就派人带着礼品来到汝州请他去京为官,沈千运却死在汝北山居的家中。

王季友

王季友(714~794年),唐朝诗人。名徽,字季友,号云峰居士。嵩山洛阳人。约唐玄宗天宝前后在世。王季友早年家贫,隐处洛阳附近山中。其妻嫌其贫穷老瘦,弃之而去。王季友诗名甚著,与杜甫、岑参、钱起、郎士元等人为友,杜甫曾称其为"豪俊"。其诗多写贫苦的隐士生活,刻意求新。殷璠称:"季友诗爱奇务险,远出常情之外"。天宝十四年(755年)四月,经左拾遗杜甫,左补阙岑参和礼部尚书崔颢等人的大力推荐,朝廷下诏起用王季友,他先后担任陕西华阴县郡、虢州录事参军、监察御史。后客居鄢城,洪州刺史李勉一见倾敬,引入幕府,任洪州司仪,最后入朝任太子司仪即御史中丞。贞元十年(794年),81岁的王季友与世长辞,归葬丰城林山龙泽坑智度寺后,赠豫章伯,妻柳氏附葬。王季友著有《龙泽遗稿》、《四书要注》、《六经通义》等作。

岑 参

岑参(715~770年),唐朝边塞诗人。祖籍南阳棘阳(今河南新野县)人。出生仙州(今河南叶县)人。岑参出身于一个官僚家庭。曾祖父、伯祖父、伯父都做过宰相。父亲任过仙州、晋州刺史。岑参5岁读书,9岁会作文。15岁时,父亲去世。岑参家道渐衰,只好依靠兄长生活。开元十七年(729年),15岁的岑参举家由晋州移居嵩阳(登封),后迁居嵩山颍阳(今登封市颍阳镇)。不久,又迁至嵩山少室山颍水南溪别业,最后结庐在少室山北麓猴山的西峰,岑参在这几个地方都有草堂。岑参从15岁至20岁,嵩、颍山居5年。他在这种自然环境中从兄受学,潜心攻读,遍览经史,并创作了大量的诗歌,形成了沉雄淡远、新奇隽永的诗风。20岁时,兄弟二人已在诗坛上显露头角,被誉为"岑家双玉树"。天宝三年(744年)进士,初任右内率府兵曹参军。天宝八年(749年),岑参赴安西(今新疆吐鲁番),任安西四镇节度使高仙芝幕府中书记(管理公文)。天宝十三年(754年),封常青任安西节度使,岑参任安西北庭(今新疆宁远县)节度判官。肃宗至德元年(756年)奉命东归。至德二年(757年)在凤翔,由裴度、杜甫等人举荐,岑参被肃宗任命为右补阙。后出任虢州(今河南省灵宝市)长史。后任太子允,充关西节度判官。曾随雍王适会师陕州(今河南省陕县),讨伐史朝义,归长"三度为郎";随杜鸿渐副元帅入蜀平乱。大历五年(770年),卒于成都旅舍。

岑参

岑参与诗人王昌龄、杜甫、高适、储光羲、薛据、颜真卿等皆为好友,曾同游长安名胜,彼此赋诗,各抒所感。其中,他与杜甫的友谊很深,杜甫在《秋雨叹》、《九日寄岑参》等诗中,把对岑参的那种思念之情,写得缠绵悱恻。由于其诗歌和主题与高适大体相近,历史上有"高岑"之称。他们同为边塞诗派的代表。岑参一生有两个创作高峰:第一高峰为30岁前10年,由长安出发,经邯郸、井陉、贝丘、冀州、匡城、铁丘(今濮阳县北)、滑州(河南省滑县),归登封颍阳。一路走来,他抒发了求官不成的抑郁心情,记录了所到之处对社会生活和大好山河的真实观感。代表作有《感遇》《登古邺城》《暮秋山行》《石上藤》《精卫》《送郭乂杂言》《送王大昌龄赴江宁》等。第二个高峰为两次远赴边陲的时间里,他创作了许多精彩的边塞诗。其代表作有《走马川行奉送(封大夫)出师西征》《热海行送崔侍御还京》《奉陪封大夫宴》《北庭贻宗学士道别》《白雪歌送武判官归京》等诗作,气势磅礴,音调高昂,反映出唐帝国军威的强盛,歌颂了边防将士豪放精神,描写了祖国奇伟的山河,字里行间洋溢出爱国热情,表现出民族坚韧不拔的伟大精神。岑参能兼写各体,以七言歌行见长。留有《岑嘉州诗集》传世。

岑参在天宝二年(743年)所做的《感旧赋并序》记载了他早年的经历:"五岁读书,九岁属文,十五隐于嵩阳,二十献书阙下——荷仁兄之教导,方励己以增修。无负廓之数亩,有嵩阳之一丘。"他在嵩、颍山居期间,写下了《猴山西峰草堂》《自潘陵尖还少室秋夕凭眺》《寻少室张山人闻与偃师周明府同入都》《偃师东与韩樽同诣景云晖上人即事》《送关堪归东京氾水别业得闲就》等歌吟嵩山自然风光,抒发自己美好情趣,记述与友人往来的诗篇。岑参20岁时,西上长安,献书阙下,此后十年往来于京洛之间,结识了一些名士。他在《感旧赋》中记载了他中进士以前的这段经历:"我自东山,献书西周,出入二郡,蹉跎十秋。"因此,岑参在嵩颍的山居生活,无论是创作和生活都成为他人生重要的部分,这个部分对他后来仕途的发展或是诗歌创作的升华都是一个不可或缺的基础。

萧颖士

萧颖士(约717~760年),唐朝诗人、散文家和文学评论家。字茂挺,梁鄱阳王恢七世孙。唐开元二十三年(735年)举进士,对策第一,为武进(今属江苏常州)历史上第一位状元,名扬天下,官至河南府参军。安史宠恣,托疾游嵩山太室。禄山反,萧颖士藏家书于箕颍间,历走诸镇,说之讨贼,遂客死河南。门人谥曰文元先生。萧颖士亦有萧夫子之称,他志在"以中古而今世","以名教为己任,着一家之言,垂沮劝之盖。"主张文学(包括诗歌)应"激扬雅训,彰宣事实",注重文学的政治教化作用,反对联体文,常教导门人不可孜孜于文辞之美。认为一味追求奇丽之词,必然导致浮浅而乖离正道。他的文学评论观,虽忽略了文学的审美作用,但对于唤起人对文学教育启迪作用的重视,却有着深刻的意义和久远的影响。明人辑有《萧茂挺集》,《全唐文》收其文2卷,其中《赠韦司业书》和《江有归舟序》是其散文观的代表作。

贾 至

贾至(718~772年),唐朝官吏。字幼隣,嵩山洛阳人。父贾曾官至太子舍人和礼部侍郎。天宝初任校书郎、单父尉等职。天宝末安禄山陷长安,曾跟从玄宗避安史之乱于蜀中,拜为起居舍人、中书舍人、知制诰。玄宗传位肃宗的册文出自其手。他反对层层举荐任用官吏的做法,主张直接通过考试选拔人才。唐代举人直接到长安、洛阳考官的制度就是在他的提倡下开始实行的。乾元元年(758年)出为汝州刺史。将军王去荣因擅杀县令,依法当斩。但是,肃宗因惜其才下诏免死罪。贾至谏之,反对赦免王去荣。后被贬为岳州司马。宝应元年(762年)复为中书舍人。广德二年(764年)迁礼部侍郎,封信都县伯。永泰初加集贤院待制,转兵部侍郎、京兆尹,兼御史大夫。大历七年(772年),卒于右散骑常侍任上,年55岁,谥文。贾至才学出众,为官清正。著有文集30余卷,诗多首。

贾至在嵩山地区活动期间,写有《虎牢铭》、《闲居秋怀·寄阳翟陆赞府、封丘高少府》等诗。

刘方平

刘方平(约718~778年),唐朝诗人、画家。嵩山洛阳人。其家族自其高祖政会由隋入唐封邢国公,代代显宦。然方平于天宝九年(750年)应试不第之后,即隐居于嵩山南麓的颍阳大谷、汝河之滨,一生累征不仕。善画山水,墨妙无前。与皇甫冉、李颀等为诗友,相与赠答,有云:"篱边颍阳道,竹外少姨峰。"神意淡泊。刘方平工词赋,多悠远之思,陶写性灵,默会风雅,故能脱略世故,超然物外。他的诗歌就题材而言,多写女性,内容多为闺怨、爱情、乡思、山水,善咏物、写景,诗风清丽。他往往能捕捉到女性复杂而又细腻的心理感受,风格清新自然,婉丽纤秀,常能以看似淡淡的几笔铺陈勾勒出情深意切的场景,手法甚是高妙,成为大历时期隐士诗人的代表之一。其七绝《夜月》尤为历代选家所激赏:"更深月色半人家,北斗阑干南斗斜。今夜偏知春气暖,虫声新透绿窗纱。"诗多咏物写景之作,尤擅绝句。《全唐诗》存其诗1卷。刘方平在嵩山活动时写有《秋夜泛舟》《月夜》等诗,散见于嵩洛史料之中。

元 结

元结

元结(719~772年),唐朝官吏,政治家、文学家。字次山,号漫郎,聱叟,曾避难于猗玗洞,又号猗玗子。祖籍嵩山洛阳,至其父迁鲁山商余山(今河南鲁山县)。元结是我国鲜卑族的后代,祖父姓拓跋,到北魏孝文帝时才改姓元,家族从传统的射猎生活转向研习儒家之学。父亲元延祖,曾任魏成主簿、延唐丞。少年元结,放荡不羁,直到17岁才开始读书学习。曾以"才行第一"登进士的堂兄元德秀教他十年,对元结一生影响很大。天宝十二年(753年),元结在6年前落第后,再试,中进士。天宝十四年(755年)冬天,"安史之乱"爆发,为避免受到叛军的骚扰和屠杀,元结率领全家逃难到湖北大冶的猗玗洞,过了几年难民生活。乾元二年(759年),"安史之乱"没有平定,肃宗非常着急,征召"天下士"。元结向肃宗上《时议》3篇,批评皇帝和将相们偷安徇私、不顾大局的行为。国子司业苏源明向肃宗荐元结,擢升为右金吾兵曹参军摄监察御史,充任山南东道节度使的参谋,并派往唐、邓、汝、蔡等州,招抚那一带抗击安史叛贼的义军。泌阳南路一支战斗力很强的义军高晃等率5000人归附到他的麾下。乾元二年(759年),任山南东道节度使史翙幕参谋,招募义兵,抗击史思明叛军,保全15城。乾元三年(760年),元结升至水部员外郎等职,充当荆南节度使的助手,后代理荆南节度观察使。他在这时上了《请节度使表》,希望另择重臣。后又上《乞免官归养表》,请求辞官。广德元年(763年),任道州刺史;大历三年(768年),调任容州(今广西壮族自治区境内)刺史,兼容管经略使,并授予容州都督职衔。任两州刺史期间,他减免租徭,给民田舍方面政绩卓著。晚年遭权臣忌妒,元结多次要求弃官归隐。大历七年(772年)四月,病卒于长安永崇坊旅舍。赠礼部侍郎。十一月,葬鲁山青岭泉陂原。元结是一位体恤百姓、坚守节操、淡泊名利的政治家,又是一位杰出的文学家。元结十分强调文学的教化作用,要求诗歌"极帝王理乱之道,系古人规讽之流"(《二风诗论》)。他反对"局限声病、喜尚形似"(《箧中集序》)的形式主义,他的代表作《舂陵行》《贼退示官吏》等,皆体现了这一宗旨,具有强烈的现实主义精神,元结的散文尤为一时之冠。内容多讽刺时政,讥评世俗,短小精悍,尖锐泼辣,时多狂狷之语,对晚唐小品文有一定的影响。还有一些杂文,则类似寓言,如《丐论》《恶圆》等,对柳宗元的寓言有一定影响。其《右溪记》则为柳宗元山水游记之先声。在文学上,他强调"救时劝俗"的政治目的和教化作用,注重反映社会现实和人民疾苦,提倡质朴淳厚之诗风。代表作《舂陵行》《贼退示官吏》均揭示了宁愿待罪免官,也不愿盘剥百姓的心情,表现出对人民的深刻同情和对统治阶级的无情揭露。杜甫曾盛赞之曰:"道州忧黎元,词气浩纵横。"(《同元使君舂陵行》)。这对白居易、元稹的新乐府运动有一定的影响。

明人辑有《元次山文集》。其诗古朴淡雅,别具一格,艺术感染力强。《舂陵行》《贼退示官吏》是其代表作,受到杜甫推崇。元结是唐代最早写新题乐府诗的人,对中唐时期的文学改革和新乐府运动产生了很大影响。元结是后来韩(韩愈)柳(柳宗元)古文运动的拓荒者之一。

白　锽

白锽(？~773年),唐朝官吏。白居易之祖父。祖籍太原。其高祖白建,为北齐之五兵尚书,皇帝赐田韩城,子孙遂迁籍同州(今大荔县)。其父白温,任检校都官郎中时,迁居下邽。白锽自幼好学能文,尤工五言诗,有集10卷。17岁时,考明经及第,授鹿邑县尉。后任洛阳主簿、酸枣县令、殿中侍御史。皇帝赐给绯鱼袋。任渭台节度参谋、巩县令。为官清廉正直,有政声。工五言诗,有集10卷。白锽有5子:季庚、季般、季鉁、季宁、季平,均有功名。据《故巩县令白府君事状》略云:"公为人沉厚和易,寡言多可,至于涉是非,关邪正者,辩而守之,则确乎其不可拔。大历八年(773年)五月三日遇疾,殁于长安。春秋六十八"。元和六年(881年)十月八日,孙白居易等始护灵榇迁葬于下邽县北义津乡北原而合祔焉。

张　谓

张谓(721~780年),唐朝官吏、诗人。字正言,河内(今沁阳)人。他是盛唐边塞诗派的代表作家之一。少年读书嵩山,博览群籍,清才拔萃。不屈于权势,自矜奇骨,必谈笑封侯。天宝二年(743年)进士,官尚书郎。大历年间任礼部侍郎。三典贡举,终潭州刺史。性嗜酒简淡,乐意湖山。张谓工诗,格度严密,语致精深,多击节之音。张谓主要生活在天宝年间,其时政治腐败,社会矛盾尖锐,故张谓的边塞诗多揭露社会的阴暗面,对统治阶级的穷兵黩武进行了强烈的批判。其代表作为《代北州老翁》,该诗真切地描述了战争给人民造成的巨大痛苦,为此前边塞诗所不曾道。艺术上,全诗采用朴实的自白,不借助过多的渲染,也与此前的边塞诗风格迥异。有诗集传世。

钱　起

钱起(722~780年),唐朝诗人。字仲文,吴兴(今浙江湖州)人。开元二十六年(738年)至二十七年(739年)间,曾游荆州,与被贬荆州长史的张九龄相唱和。天宝十年(751年)赐进士第一人,翰林学士,授秘书省校书郎。乾元二年(759年)任蓝田县尉,与退隐辋川和王维过从甚密,吟诗唱和。约在广德二年(764年)入朝任职,大历中历祠部员外郎、司勋员外郎。官终考功郎中,世因称"钱考功"。钱起当时诗名很盛,其诗多为赠别应酬,流连光景、粉饰太平之作,与社会现实相距较远。然其诗具有较高的艺术水平,风格清空闲雅、流丽纤秀,尤长于写景,为大历诗风的杰出代表。与韩翃、李端、卢纶、吉中孚、司空曙、苗发、李端等号称为"大历十才子",又与郎士元并称"钱郎"。人为之语曰:"前有沈宋,后有钱郎。"题材多偏重于描写景物和投赠应酬。音律和谐,时有佳句。高仲武编《中兴间气集》选大历诗人诗,以起为首,并评其诗曰:"员外诗,体格新奇,理致清赡。越从登第,挺冠词林。文宗右丞(王维),许以高格,右丞没后,员外称雄。芟齐宋之浮游,削梁陈之靡嫚,迥然独立,莫之与群。"有《钱考功集》10卷,《全唐诗》据之编为四卷,共录诗531首,其中混入他人诗作不少,已考出为其曾孙钱珝所做的就多达121首。集13卷。今编诗4卷。史载:钱起游历嵩山期间,曾写有《送马使君赴郑州》、《经李蒙颍阳旧居》、《谒许由庙》、《题嵩阳焦道士石壁》等诗。

李 泌

李泌

李泌(722~789年),唐朝奇才,著名的高道、隐士,杰出的政治家、宗教家、经济家、军事家。字长源,赵郡中山人。出身显赫,六代人都在朝廷任高官,人称"六代祖弼"。祖上是北魏达官,入唐以来,徙居长安。其父李承休曾任吴房县令,以藏书而著名。李泌幼而聪敏,有神童之誉。唐玄宗开元十六年(728年),一个年仅7岁的儿童被人奉旨抱到皇帝和宰相张说面前。其时,君臣正在观棋。皇帝令颇有诗名的张说测试。张说以棋为题,出了一副上联:"方如棋局,圆如棋子,动如棋生,静如棋死。"要求不能说出棋字。李泌当时吟出:"方如行义,圆如用智,动如逞才,静如遂意。"君臣惊呼果然不凡。这儿童正是日后辅佐唐肃宗、代宗、德宗三朝的政坛奇才李泌。成年后,他对《易经》颇有心得,经常游于嵩山、衡山、华山、终南山等名山访道,希望求得神仙长生不死的方术。到了天宝时期,玄宗记起他的幼年早慧,特召他来讲《老子》,任他为待诏翰林,供奉东宫,因而与皇太子兄弟等非常要好。

李泌一生忽隐忽仕,充满了传奇色彩。《邺侯外传》记载,李泌在嵩山隐居时,遇见了方仙道的人物:"神仙桓真人、羡门子、安期生降之,羽车幢节,流云神光,照灼山谷,将曙乃去。"临分手时,诸仙人传授李泌"长生、羽化、服饵之道",并一再告诫他:"太上有法旨,因为国运中危,朝廷多艰难,应该以文武之道来佐佑人主,功及生灵,然后才能登真脱屣。"从此,李泌经常"绝粒咽气,修黄老谷神之要"。李泌在衡山修道期间,已有高超的道术。据说,他能够多年不吃饭(绝粒),身轻如燕,而且能够让手指出气,这股气可以吹灭烛火。他创制的祭神方式,也为时人所接受:"泌又作中和酒,祭勾芒神,以祈年谷,至今行之。"

李泌在哲学方面,重人事而轻天命。政治方面,他善于协调统治集团内部的关系。安禄山叛乱后,肃宗在灵武继位,李泌冒难奔灵武,向肃宗陈说古今成败的奇谋。后任为右相,但李泌自称山人,辞官秩,但中枢事务、四方文状、将相任免,肃宗均让李泌参与,权逾宰相。他以白衣人的身份为国效力,无非是为了向皇帝身边的当权者表明自己没有政治野心,以避免卷进争权夺利的斗争中。再者,李泌处处表现出神仙家本色,让同僚们清楚,自己的兴趣根本不在于人间,而在仙界。这样一来,与世俗人就会少几分摩擦,自己也就多几分安全。

李泌眼光敏锐,善于洞察各种政治关系和政治人物的心理,并能做出相应的恰当安排。肃宗打算任命英武多才的建宁王李倓为天下兵马元帅,而李泌力争,认为应该由其兄太子李豫(即代宗)担任此职。太子是虚名,元帅有实权,二者的分离势必会造成政权的分裂,肃宗听取了李泌的建议。在克复二京后,肃宗上奏避难蜀地的玄宗,表示自己愿意再回东宫为太子,李泌断言玄宗不会回来。玄宗接到奏章后,果然说:"当与我剑南一道自奉,不复东矣。"在玄宗和肃宗关系陷于僵局时,李泌乃"为群臣通奏,具言天子思恋晨错,请促还以就孝养。"玄宗接到这份奏章,这才高高兴兴地回来当了"天子父"。李泌具有阔大、果敢的政治家胸怀。肃宗当太子时,权相李林甫多次陷害太子,使太子之位几乎不保。肃宗即位后,便想掘冢焚骨以复仇。李泌极力劝阻,使得肃宗才以一位心胸开阔的皇帝形象出现在臣民面前。建中四年(784 年),泾原节度使姚令言反,紧接着,身为太尉、朔方节度使李怀光亦反,再加上当时出现了严重的旱灾和蝗灾,德宗可以说是内外交困,于是有大臣提出与李怀光妥协。而李泌却用"以破一桐叶附使以进,曰:'陛下与怀光,君臣之分不可复合,如此叶矣。'由是不赦"的带有文学浪漫色彩的方法,十分清楚地分析了李怀光与朝廷的关系,说服了皇上,李怀光叛乱最终被平息。朱泚叛乱时,德宗曾向吐蕃人求援,并答应事成后把安西、北庭两块地割让给吐蕃。后来,还是依靠唐军的力量击败了叛军,而吐蕃不仅不积极进兵,甚至连追击溃退叛军也不卖力,而且还趁机把武功地区抢劫一空。平叛后,吐蕃派使者来索要土地,德宗也已经同意,而李泌坚决反对,说:"安西、北庭,控制西域五十七国及十姓突厥,皆捍兵处,以分吐蕃势,使不得并兵东侵。今与其地,则关中危矣。且吐蕃向持两端不战,又掠我武功,乃贼也,奈何与之?"李泌的意见合情合理,朝廷最终拒绝割让土地。李泌的果敢坚强,不仅捍卫了朝廷的尊严,而且还捍卫了民族的尊严,维护了国家利益。

  李泌不但在军事上出谋划策,以智力决胜千里之外,以复长安、洛阳两京,平定安史,居功卓著,而且于当时李辅国、元载等权佞横行无忌之时,为朝廷选荐、保全了一批将帅,中唐名将韩晃、李晟、马燧等,舍李泌则难建功立业。在"安史之乱"、肃宗灵武即位时,李泌就对国家命运做出了正确的预测:第一,叛军猖獗不可能多久,其原因有二,一是参与叛乱的多是异族人,说明安史叛乱没有得到中原人的支持;二是叛军把掠夺到的财物全部送回自己的老巢范阳,可见叛军根本没有一统天下的雄心。第二,李泌为肃宗制定了平叛的方略:"今诏李光弼守太原,出井陉,郭子仪取冯翊,入河东,则史思明、张忠志不敢离范阳、常山,安守忠、田乾真不敢离长安,是以三地禁其四将也。"李泌反复告诫肃宗要着眼于长久,目的是要把叛军赶出老巢,一网打尽,不留后患。但后来肃宗急功近利,坚持先收复长安,结果把叛军赶回河北,从而形成割据局面,遗患无穷。李泌任陕虢观察使期间,挖山开路,以便饷漕,极大改善了京师的粮食供应,李泌升迁检校礼部尚书。

  李泌一生 4 次归隐,5 次离京,该仕则仕,该隐则隐,实践了道家的"无我"精神和儒家的"无可无不可"的态度。李泌的处世态度十分机智,充分地表现了一位政治家、宗教家的高超智慧。天宝年间,当时隐居于嵩山的李泌上书玄宗,议论时政,受到玄宗的重视,"令待诏翰林,仍东宫供奉。"然而,却遭到杨国忠的忌恨,说李泌曾写《感遇诗》讽刺朝政,结果送往蕲春郡(今湖北蕲春县)安置,而李泌则干脆脱离官府,"乃潜隐名山,以习隐自适。"后来,他帮助肃宗平叛时,"权逾宰相",招致了权臣崔圆、李辅国的猜忌。收复京师以后,由于平叛大局已定,为了躲避随时可能发生的灾祸,李泌便主动要求离开权力的中心。当肃宗到他那里饮酒,二人同榻而寝时,他向肃宗提出了隐退的要求,并陈述了自己五不可留的理由:一是臣遇陛下太早;二是陛下任臣太重;三是陛下宠臣太深;四是臣功太高;五是事迹太奇。并说若不归隐就没法避开祸患。肃宗无奈,诏"给三品禄,赐隐士服,为治室庐",李泌遂进山修道。

  代宗时,李泌任为翰林学士,但权相元载认为李泌不肯依附自己,就借故把他赶出了朝廷。建中四年(783年),德宗召李泌回京,授予左散骑之职。贞元元年(785年),为检校礼部尚书。贞元三年(787年),李泌又拜中书侍郎、同中书门下平章事,封邺县侯。次年,有月蚀东壁,李泌认为必伤大臣,而自己身兼宰相必当之。贞元五年(789年)李泌去世,追赠"太子太傅"。肃宗曾赞之李泌:"天生此间气,助我化无为。"代宗时李泌别号"天柱峰中岳先生",赐天玉简。著有《明心论》、《养和篇》等,有《李泌集》20卷行于世。

李泌一生都在政治家和高道名隐之间转换,后人评价,他在这两个方面都取得了巨大的成功。作为一个高道名隐来说,他爱好神仙,曾隐居嵩山、衡山,经过艰苦的修炼,具有高深的道行,在当时的宗教界是一位极具影响力的人物;作为一个政治家来说,他淡泊明志,宁静致远,历经玄宗、肃宗、代宗、德宗四朝,谋事尽忠,参与宫室大计,善于运用黄老拨乱反正之道,辅翼朝廷,内外兼顾,运筹帷幄,使国家一次次免祸为安,成为肃宗、代宗、德宗三朝天下叱咤风云的重要人物。《三字经》把李泌当成一个典范来启发人们早学:"莹八岁,能咏诗;泌七岁,能赋棋。彼颖悟,人称奇,尔幼学,当效之。"

独孤及

独孤及

独孤及(725~777年),唐朝军事家、散文家。字至之,嵩山洛阳人。独孤及幼年丧父,得母长孙氏教导,7岁诵《孝经》,能一览成诵。后遍读五经,重经术大义而不为章句之学,有"立身行道,扬名于后世"的志向。年20余,游汴州(今河南开封)、宋州(今河南商丘)间,与贾至、高适辈交往。天宝末举进士,曾先后任华阴县尉,左拾遗,礼部、吏部员外郎,濠、舒、常州刺史等职,安史之乱起,避难江南。独孤及不论身居庙堂,还是为官地方,都能忧国忧民,颇有政绩。他是唐代古文运动的先驱者之一。青年时,已负文名。与李华、萧颖士等齐名。他长于议论,反对骈偶藻丽文风,推崇西汉之风。后来崔佑甫称他的文章为:"峻如嵩华,浩然江河。"他的文风对以韩、柳为中心的古文运动,起了积极作用。现存作品有《毗陵集》20卷,诗300篇。卒于常州刺史任上,世称"独孤常州"。年53岁,谥号"宪"。

独孤及以儒家经典为学习方向,宽畅博厚,及善为文,长于议论,用意在立法诫世,褒贤贬恶,不徒以词采取胜。韩愈为古文,以其为法,并曾从其徒游。两家同尚儒学,但韩愈辟佛老,而独孤及学道家,是其不同处。曾师事萧颖士,其后文名与萧颖士、李华齐名,为古文运动先驱作家。他从文学的社会功能角度提出了为教化而复兴"古文"的主张。在《赵郡李公中集序》中他说:"志非言不形,言非文不彰,是三者相为用,亦犹涉川者假舟楫而后济。"又说:"文章可以假道,道德可以长保,华而不实,君子所丑。"(梁肃《祭独孤常州文》)合起来看,即是说文章是志的呈露、道的载体,"道"、"志"要用"文"来发扬,而不本于"道"、不表现"志"的"文"是没有用的。所以他批评六朝以来"俪偶章句"、"枝对叶比"之文风,认为"文不足言,言不足志,亦犹木兰为舟,翠羽为楫,玩之于陆而无涉川之用"(《赵郡李公中集序》)。他的这些主张对古文运动产生了重要的影响,他也成为古文运动的先驱之一。他的散文长于议论,情理兼长,代表作有《仙掌铭》、《函谷关铭》等。独孤及亦善诗。他的诗歌有明显的散文化倾向,对韩愈的"以文为诗"有一定的影响。独孤及作为当时的文坛领袖,他奖掖后进,不遗余力,著名古文家梁肃、崔元翰、唐次、齐抗等皆出其门下。他"达言发辞,若山岳之峻极、江海之波澜,故天下谓之文伯"(梁肃《独孤及墓志铭》)。《新唐书·艺文志》中录有《毘陵集》20卷,其中诗3卷,文17卷。赵氏亦有生斋刊本有"附录"1卷,"补遗"1卷,有《四部丛刊》影印本传世。

独孤及在嵩山留下的遗迹,主要有独孤及撰写的《风后八阵图记》碑,立于新密市境内的黄帝宫前。八阵图是古代作战时的一种战斗队形和兵力部署,由天、地、风、云、龙、虎、鸟、蛇八种阵势组成。图记除八阵正图外,其余八幅各有一阵势:天覆阵、地载阵、风扬阵、云垂阵、龙飞阵、虎翼阵、鸟翔阵、蛇蟠阵,每图均有文字解释,介绍攻守要诀。与风后八阵、风后《握奇经》内容基本相符。这组八阵图,中国军事专家进行了研究认为,这组图从版本上看,不一定是最早的,但从其正图的文化结构来分析,正好与黄帝时期的归藏八卦相吻合。这是我国古代军事史上的一笔重要文化遗产。它的发现,把中国八阵图兵法的历史记载向上推进了2500多年,受到中央军事科学院战略研究家们的高度重视,并给予很高的评价。

独孤及墓位于嵩山伊川县平等乡宋店村西。冢现已不存。

孟云卿

孟云卿(约725~?),唐朝诗人。嵩山洛阳人。字升之,天宝间应试不第,后流寓荆州,与杜甫、韦应物为诗友,多有赠答。30岁后始举进士。肃宗时为校书郎,仕终秘书郎。存诗17首。其诗以朴实无华语言反映社会现实,为杜甫、元结所推重。杜甫称其"一饭未曾留俗客,数篇今见古人诗"。乾元元年(758年)夏,杜甫出任华州司公参军,行前夜饮话别,并以诗相赠,即《酬孟云卿》。同年冬,他们在洛阳相遇,同到刘颢家中畅饮。杜甫又写了《冬末以事之东郊,城湖东遇孟云卿,复归刘颢宅宿,饮宴散因为醉歌》一诗,记叙此次邂逅彼此喜悲交集的情景,表达了诗友间的诚挚感情。乾元三年(780年),元结所编选诗集《箧中集》里,选入当代七位诗人的诗共24首,其中孟云卿诗5首。其诗作如实地描写了当时民众在战乱中的苦难,表达了自己报国无门的感慨以及与亲朋故旧的情谊。大庆元年(766年),孟云卿远往南海,元结作诗赠别,题为《送孟校书往南海》。诗序中元结自称:"平昌孟云卿与元次山同州里,以词相友,几二十年。材业,次山不如云卿;诗赋,次山不如云岁;通和,次山不如云卿……云卿少次山六、七岁,孟云卿声名满天下,知己在朝廷。及次山之年,云卿何事不可至。"高度评价孟云卿的品德与才学,热情赞扬彼此兄弟般的真诚友谊。

孟云卿生活在唐帝国由盛转衰的剧变时期,安史之乱中,他家境困顿,漂泊四方。其诗反于声病,藻绘,语言朴素。《唐才子传》卷二称其"禀通济之才,沦吞噬之俗,栖栖南北,苦无所遇。"在《箧中集》中,入选其诗作最多。其诗《悲哉行》、《今别离》等皆表现民生惨状,语言古质,格调苍凉。孟云卿一生坎坷,卒年卒地不详。

于 颀

于颀(725～799年),唐朝官吏。字休明,嵩山洛阳人。父庭谓,济王府仓曹,累赠尚书左仆射。于颀少以吏事闻,累授京兆府士曹,为尹史翙所赏重。翙出镇襄、汉,奏为御史,充判官。翙为乱兵所杀,于颀挺出收葬遗骸,时人议之。度支使第五琦署为河东租庸使,累授凤翔少尹、度支郎中、兼御史中丞、转运租庸粮料盐铁等使。颀因奏移转运汴州院于河阴,以汴州累遇兵乱,散失钱帛故也。元载为诸道营田使,又署为郎官,令于东都、汝州开置屯田。历户部侍郎、秘书少监、京兆尹、太府卿,代杜济为京兆尹。及为大官,好任机数,专候权要,朝列中无势利者,视之蔑如也。曲事元载,亲昵之。而为政苛细无大体;丁所生母忧罢。元载被杀后,他被外任为郑州刺史,迁河南尹,以无政绩代还。时征汾州刺史刘暹。暹刚肠嫉恶,历典数州,皆为廉使畏惧。宰相卢杞恐暹为御史大夫,亏沮己之所见,遽称荐于颀为御史大夫,以其柔佞易制也。从幸奉天,改左散骑常侍,历左千牛上将军,徙大理卿、太子少保、工部尚书,官至太子少师致仕。贞元十五年(799年)卒,时年74岁。

李 豫

李豫(726～779年),唐代宗,唐朝第九代皇帝。唐肃宗长子。初名俶,后改名豫。代宗皇帝,原封广平王。后进封楚王。马嵬坡事变后,随肃宗北上,任"兵马大元帅",统帅诸将收复两京,公元758年被立为皇太子。代宗统治初期,宦官李辅国、程元振、鱼朝恩先后掌握兵权,专权用事,也先后或黜或死。大历五年(770)鱼朝恩死后,代宗不再用宦官掌兵。宝应二年(763年)正月,史朝义自缢死,安史之乱结束。但藩镇割据局面继起,终代宗之世,藩镇擅代,中央已无力控制据地自雄的节度使。吐蕃乘大乱之际,尽占河西、陇右之地(今甘肃、青海一带),并进扰关中。广德元年(763年)冬,吐蕃攻陷奉天(今陕西乾县),代宗出奔陕州(今河南三门峡西),吐蕃入长安。这时,郭子仪以关中兵马副元帅名义驻咸阳(今陕西咸阳东北),部下只有士卒数百。郭知长安陷落,便到商州(今陕西商县)招募散兵,遣将进逼长安,迫使吐蕃退出。唐军收复长安,代宗还京师。此后唐将领仆固怀恩叛,连年引回纥、吐蕃、党项等族兵威胁关中,京师一再戒严。代宗一度欲亲征,赖郭子仪说和回纥,迫使吐蕃退出。代宗在位时先后任用第五琦、刘晏等人整顿财政,改革漕运,增加盐利,为以后唐德宗时的税制改革准备了条件。在位18年,崩,终年53岁,葬于元陵(今陕西省富平县西北三十里檀山)。

唐代宗李豫在嵩山的活动遗迹有立于嵩山会善寺的《河南府登封县令会善寺戒坛碑》。大历二年(767年)十一月,会善寺僧沙门乘如因请允,抽东都白马寺7人,赴戒坛洒扫讲律,具表称谢。代宗亲书特敕24字答之,敕曰:"戒律分仪,释门弘范。用申突导,俾广胜因。允在严持,烦于申谢。"这是官方对佛教戒律的规范。

刘长卿

刘长卿(约 726~约 790 年),唐朝诗人。字文房。关于他的籍贯历来众说纷纭。房日晰、傅璇琮先生考证其为嵩山洛阳人,袁行霈主编《中国文学史》,亦以之为洛阳人。少居嵩阳读书,进士及第后,曾任海盐令等职。至德中,历监察御史,以检校祠部员外郎出为转运使判官,知淮西岳鄂转运留后。观察使吴仲孺诬奏,非罪系姑苏狱,久之,贬潘州南巴尉。会有为辩之者,量移睦州司马。官终随州刺史,故世称刘随州。刘长卿清才冠世,颇凌浮俗,性刚,多忤权门,故一生两次被贬,一次下狱,身世坎坷。

刘长卿

刘长卿诗调雅畅,甚能炼饰。其自赋,伤而不怨,足以发挥风雅。权德舆称为"五言长城"。在大历诗人中,刘长卿年岁较长。大部分作品写于安史之乱后,"以诗驰名上元、宝应间"(《唐诗记事》)。被称为"盛唐诗向大历诗过渡的桥梁"、"大历时代最优秀的诗人"。他亲眼目睹了安史之乱前后社会盛衰的巨大反差加之自身坎坷不幸的命运,刘长卿的诗歌多抒写贬谪漂流的人生感受,笼罩着痛苦、迷惘、消沉的情调。理想壮志的失落,使刘长卿转向佛教与山水,留下了大量表现山水及隐逸之情的诗篇。在这些山水诗中,他虽然构筑了一些淡泊宁静的意境,但整体而言,仍然笼罩着悲苦哀愁之情,如著名的《湘中纪行十首·浮石濑》等。作为经历开元盛世与安史之乱的诗人,刘长卿的诗作也较多地反映了安史之乱所造成的深重灾难,表达了对人民的深切同情,但从中却很难看出报效祖国的热情,而更多的则是怨嗟与哀叹。这正是中唐诗风区别于盛唐诗风之处。刘长卿身跨盛唐、中唐,历玄宗、肃宗、代宗、德宗四朝,无论从诗歌的思想内容、情感格调还是艺术技巧来看,都堪称一位承上启下的重要诗人。

刘长卿在嵩山活动期间,写有《送灵澈上人归嵩阳兰若》、《早春赠别赵居士还江左,时长卿下第归隐嵩阳旧居》、《送灵澈》、《水西渡》等诗。

孔述睿

孔述睿(730~800 年),唐朝志学家。梁侍中孔休源八世孙。孔子 38 代孙,河北省赵州人。父孔齐参,任宝鼎令。孔睿少时与兄克符、弟克让以事亲尽孝闻名。父亡后,兄弟 3 人不求仕进,隐居嵩山,而述睿好学不倦。代宗大历年间,转运使刘晏屡次上表推荐,于是召为太常寺协律郎,又转国子监博士,再迁尚书司勋员外郎,史馆修撰。每次迁官,虽照例到朝廷谢恩,但不过 10 天,即称病辞职,回家隐居。德宗即位,命河南尹赵惠伯赍诏书束帛,就嵩山以礼征聘。述睿既至,召对于别殿,特赐宅第,给以厩马,兼为皇太子侍读。10 日后累表固辞,依前乞还归隐嵩山。德宗恳切挽留。固辞不得,方才到职。后改官秘书少监,兼右庶子,又为史馆修撰。孔述睿精通地理,在史馆重修《地理志》,本末详明,为人称重。贞元九年(793 年),再三上表,请求辞职,方获允许,以太子宾客赐紫金鱼袋致仕,仍赐帛50匹,衣1袭,放还乡里。致仕还乡者皆不给公乘,德宗优宠儒者,特命给而遣之。贞元十六年(800年)九月卒,年71岁。赠"工部尚书"。性情谦和退让,与人无争。平时似不善言辞,即使亲友宴会,亦沉默少言,而人皆重之。在史馆时,常以琐碎小事受同事令狐峘欺凌,始终退让,不与计较,时人称为长者。《旧唐书》《新唐书》有传。

史料记载,唐代宗时期,山东发生战乱,孔述睿兄弟3人一路往西,到嵩山隐居。弟弟孔克让住于嵩山地区白马寺镇孔寨村。孔述睿则在战乱平定后返回山东。孔克符殁后即安葬于洛阳仁寿寨南约里许。据说孔述睿、孔克让的后代现在也有生活在嵩山地区的嵩县、洛宁一带。《说嵩》中收有唐德宗的《授孔述睿侍读诏》《报孔述睿诏》。

戴叔伦

戴叔伦(732~789年),唐朝中期诗人。字幼公(一作次公),润州金坛(今属江苏)城西南窑村人。年轻时师事著名诗人萧颖士。他博闻强记,聪慧过人,"诸子百家过目不忘",是萧门弟子中出类拔萃的学生。至德元载(756年)岁暮,为避永王兵乱,25岁的戴叔伦随亲族搭商船逃难到江西鄱阳。在人生地疏的异乡,家计窘迫,于是他开始探寻仕途。

大历元年(766年),戴叔伦得到户部尚书充诸道盐铁使刘晏赏识,在其幕下任职。一次,戴叔伦押解钱粮路过四川云安,正逢叛臣杨子琳谋反,劫持了戴叔伦。戴叔伦宁死不屈,后被释放。戴叔伦因此而升为八品的监察御史。50岁时,再升为七品的东阳县令。任县令期间,因政绩卓著,加授从六品的大理司直。52岁时,提升为正六品的侍御史。53岁那年,代任四品的抚州刺史,同年转正,加授金紫服,封谯县开国男爵位。大历三年(768年),由刘晏推荐,任湖南转运留后。此后,曾任涪州督赋、抚州刺史,以及广西容州刺史,加御史中丞,官至容管经略使。他在任期间,是个出色的地方官吏。德宗赋《中和节诗》,遣使者宠赐,世以为荣。贞元五年(789年)四月,他上表辞官归隐入道,六月在返乡途中客死清远峡(今四川成都北)。

戴叔伦赋性温雅,善举止,能清谈,无贤不肖,相接尽心。戴叔伦工诗,论诗主张"诗家之景,如蓝田日暖,良玉生烟,可望而不可置于眉睫之前"。其诗体裁皆有所涉猎。其诗多表现隐逸生活和闲适情调,诗兴悠远,每作惊人。有《述稿》10卷,今传于世。

戴叔伦在嵩洛活动期间,曾作诗多首,其中有《将游东都留别包谏议》《游少林寺》《雨》《冬日有怀李贺长吉》《寄司空曙》《九日送洛阳李丞之任》《游清溪兰若(兼隐者旧居)》等。其中,戴叔伦在《江上别张欢》的诗中表达了这样的心情:"年年五湖上,厌见五湖春。长醉非关酒,多愁不为贫。山川迷道路,伊洛困风尘。今日扁舟别,俱为沧海人。"

韦应物

韦应物(737~792年),唐朝田园诗人。长安(今陕西西安)人。15岁起以三卫郎为玄宗近侍,出入宫闱,扈从游幸。早年豪纵不羁,横行乡里,乡人苦之。安史之乱起,玄宗奔蜀,流落失职,始立志读书,少食寡欲,常"焚香扫地而坐"。代宗广德至德宗贞元间(764~791年),先后为洛阳丞、京兆府功曹参军、鄠县令、比部员外郎、滁州和江州刺史、左司郎中，官至苏州刺史。将近30年间，韦应物在地方官任上，韦应物勤于吏职，简政爱民，并时时反躬自责，为自己没有尽到责任而空费俸禄自愧。"身多疾病思田里，邑有流亡愧俸钱。"这是韦应物晚年任苏州刺史时写给朋友的诗中一联。一派仁者忧时爱民心肠，感动着后世读者。贞元七年（791年）退职。苏州刺史届满之后，韦应物仍一贫如洗，居然无川资回京候选（等待朝廷另派他职），寄居于苏州无定寺，不久就客死他乡，年56岁。

韦应物的山水诗意境

韦应物是山水田园诗派诗人，后人每以王孟韦柳并称。其山水诗景致优美，感受深细，清新自然而饶有生意。韦诗以五古成就最高，风格冲淡闲远，语言简洁朴素。但亦有秾丽秀逸的一面。其五古以学陶渊明为主，但在山水写景等方面，受谢灵运、谢朓的影响。此外，他偶亦作小词。今传有10卷本《韦江州集》、两卷本《韦苏州诗集》、10卷本《韦苏州集》。因做过苏州刺史。世称"韦苏州"。诗风恬淡高远，以善于写景和描写隐逸生活著称。

韦应物在嵩山洛阳期间，曾写有《洛都游寓》、《龙门远眺》、《登高望洛城作》、《自巩洛舟行入黄河即事寄府县僚友》、《金谷园歌》等不少赞赏嵩山地区风景名胜的诗。

释皎然

释皎然，唐朝诗僧。皎然，字清昼，又名皎然上人。吴兴（浙江省湖州市）人。俗姓谢，南朝谢灵运十世孙。活动于大历、贞元年间，有诗名。他的《诗式》为当时诗格一类作品中较有价值的一部。初入道，肄业杼山，与灵彻、陆羽同居妙喜寺。羽于寺旁创亭，以癸丑岁癸卯朔癸亥日落成，湖州刺史颜真卿名以"三癸"，释皎然赋诗，时称"三绝"。颜真卿尝于郡集文士撰《韵海镜源》，预其论著，至是声价藉甚。贞元中，集贤御书院取高僧集皎然上人文10卷，藏之，刺史于頔为之序。

释皎然与著名诗人韦应物、周贺皆为诗友，韦应物作有《寄皎然上人》："吴兴老释子，野雪盖精庐。诗名徒自振，道心长晏如。想兹栖禅夜，见月东峰初。鸣钟惊岩壑，焚香满空虚。叨慕端成旧，未识岂为疏。愿以碧云思，方君怨别余。茂苑文华地，流水古僧居。何当一游咏，倚阁吟踌躇。"周贺作有《赠皎然上人》："竹庭瓶水新，深称北窗人。讲罢见黄叶，诗成寻旧邻。锡阴迷坐石，池影露斋身。苦作南行约，劳生始问津。"

释皎然性放逸，不缚于常律。他的诗以送别、谈禅、山水为主，文字清丽空灵。表现出一种超然物外、放达不羁的情怀。史料评价，释皎然外学超然，诗兴闲适，居第一流、第二流不过也。其诗清丽闲淡，多为赠答送别、山水游赏之作。释皎然有诗集10卷，全唐诗收录其诗7卷。

释皎然在嵩山活动期间，写有《赠柳喜自号嵩山老》、《送杨校书还济源》、《咏数叹得七》等诗作。

王虔休

　　王虔休(737~799年)，唐朝将领。本名廷贵，字君佐，嵩山南麓汝州人。自幼勤奋好学，为人讲信义、重言诺，颇得乡邻赞誉。长大后，强健崇武，精通诸般兵器，扶弱济困，远近闻名。大历年间(766~779年)，唯才是举的李深出任汝州刺史，发现王虔休有胆有识，便破格录用为部将。王虔休不辜负李深的期望，努力进取，很快成为各州属将中出类拔萃的佼佼者。泽潞(今山西晋东南地区)节度使李抱真得知后，专程拜会李深，说服他忍痛割爱把王虔休让与己用。李抱真任王虔休为泽潞兵马使押衙。德宗即位，河北藩镇拥兵变乱，李抱真统率本部兵马与诸路将领征讨河北，在双岗、水寨营诸战役中，王虔休身先士卒，勇敢对敌，冲锋陷阵，战功卓著，后提升王虔休为步兵都虞侯，累加御史中丞。贞元十年(794年)，李抱真病逝，副将元仲经阴谋拥立抱真子李缄，军中出现动荡迹象。王虔休召集全体将士义正辞严地说："军州是国家的军州，将帅缺额，理应等待朝廷任命，哪能自作主张，随意变乱法度闹独立！"将士们一致赞赏他的意见，惩治了元仲经，避免了内乱。德宗对王虔休以大局为重的举措非常赞赏，擢其为潞州(今山西长治)左司马领留后，并赐名虔休。王虔休严明号令，勤勤恳恳地处理军政事务，俭省节用，减轻农民负担，鼓励发展社会生产，潞州连年丰收，民富军强。贞元十二年(796年)，王虔休升为潞州长史、昭义军节度使、泽潞磁邢洺(今山西南部和河南北部)观察使，加检校工部尚书。王虔休成为勋冠一代的中唐名将。王虔休素通音律。在潞州时，曾与太常寺乐工(皇家乐队队员)刘玠共同创作了《继天诞圣乐》一曲献于德宗，以庆贺德宗的诞辰。德宗用此曲作舞，于二月一日"中和节"大宴群臣时演出，称为《中和乐舞》。

郑珣瑜

郑珣瑜

　　郑珣瑜(738~806年)，唐朝德宗时宰相。字伯元，嵩山荥泽(今荥阳市)人。由于父亲早亡，少孤，值天宝年间，"安史之乱"爆发，他退耕陆浑山以养母。功夫不负有心人，郑珣瑜学有所成，步入仕途。为官之后，他刚直不阿，清正廉洁，而且直言善谏，是有名的清廉大臣。唐朝大历年间，唐代宗李豫下诏，命他主持文科高第科举考试，并授予大理评事，调阳翟丞，以拔萃为万年尉。崔祐甫为相，擢左补阙，出为泾原帅府判官。入拜侍御史、刑部员外郎。贞元初(785年)，检校本官兼奉先令，次年进饶州刺史，入外谏议大夫，四迁至吏部侍郎，后到故乡任河南尹。他为人正直，不论在哪里为官，都懂得体恤民情，因此深受百姓的爱戴和敬仰，后又升迁为门下侍郎(皇帝侍从，地位接近宰相)，并很快做了同中书门下平章事，也就是宰相。史载，郑珣瑜接到河南尹的诏命，准备上任时，正赶上唐德宗李适过生日。当时,满朝文武大臣纷纷给皇帝献礼,祝贺生日。郑珣瑜的下属也劝他备礼祝寿,他说:"还没到任,就给皇上送礼祝寿,这不合情理,我不能这样做。"他在河南任职期间,办事公道,并大力减轻农民赋税,为百姓办了很多好事,当地民众对他有着良好的口碑。唐顺宗李诵即位后,迁郑珣瑜为吏部尚书,起用王叔文为首辅宰相,总揽大权。郑珣瑜和王叔文政见不同,为此他辞去宰相一职,回到嵩山荥泽老家,后因病去世,赠尚书左仆射太常博士,谥文献。

顾少连

顾少连(741~803年),唐朝官吏。字夷仲,吴县(今属江苏苏州市境内)人。后其宗族一支携祖先宗祠迁徙到洛阳。举进士,尤为礼部侍郎薛邕所器,擢上第,以拔萃补登封县主簿。新唐书《顾少连传》记载:当时登封县有老虎为害,老百姓以之为患,顾少连将其塞入穽中,并移文中岳神,从此老虎不再为害。贞元四年(788年)二月,顾少连任礼部郎中,与翰林学士职方郎中灵通微、起居舍人吴通玄、左失踪遗韦执谊等并知制诰。贞元八年(792年),陆贽入相,次年任顾少连为权知贡举。他不畏权势,执法严格,大力选拔孤寒之士,中榜32人,柳宗元、刘禹锡都在这一年及第。顾少连认为:"取士之科,以明经为首,教人之本,则义理为先。至于贴书及以对策,皆形文字,并易考寻。试义之时独令口问,对答之失,覆视无凭。"御史大夫于顾荐为监察御史。德宗幸奉天时,曾徒步去晋谒,授水部员外郎、翰林学士。历官书判、典校秘书、主簿、监察御史、翰林学士、中书舍人、京兆尹,为官政尚宽简,声望很高。先是,京畿租赋薄厚不能一,少连以法均之。擢吏部尚书、兵部尚书、东都留守。表禁苑及汝闲田募耕以便民,阅武力,利铠仗,号良吏。卒年62岁,赠尚书右仆射,谥曰敬。

顾少连为柳宗元之座主,柳宗元对顾少连的知遇之恩一直不忘。据《全唐文》卷631吕温《祭座主故兵部尚书顾公文》,顾少连去世后,柳宗元曾致祭于灵前。柳宗元《与顾十郎书》:"赖中山刘禹锡等,遑遑惕忧,无日不在信臣之门,以务白大德。顺宗时,显赠荣谥,扬于天官,敷于天下,以为亲戚门生光宠。"

顾少连在登封任职时,撰写有《少林寺新造厨库记》碑,此文简短记述了少林寺十三棍僧救唐王的史实,《嵩书》《嵩阳石刻集记》和《说嵩》等书有录。

李 适

李适(742~805年),唐德宗,唐朝第十代皇帝。唐肃宗的长孙、代宗李豫长子。他的整个少年时代,正是大唐帝国昌盛繁华的辉煌岁月。但好景不长,他14岁那年,爆发了安史之乱,第二年长安失守,玄宗出逃四川,从此大唐帝国陷于一场亘古少见的大动乱之中。在大唐帝国的盛衰变迁中,德宗和其他皇室成员一起饱尝了战乱和家国之痛,也亲身经历了战火的洗礼和考验。宝应元年(762年)代宗即位。时方讨安史叛军,以适为天下兵马元帅,封鲁王,不久改封雍王。安史之乱平定后,适以元帅功拜尚书令,与郭子仪等八人一起被赐铁券、图形凌烟阁。广德二年(764年)正月,李适以长子身份被立为皇太子。大历十四年(779年)五月,代宗病逝。身为皇太子的李适遵照父皇遗诏柩前即位,次年改元建中。德宗是一个很想有作为的皇帝,代宗时他曾为兵马元帅,讨史朝义,平定河北。德宗即位之初,为了实现自己的政治理想,实施革新,果敢有为。他颇思励精图治,减乐工,损服玩,禁止宦官受赂,罢免地方岁贡,政局为之一新。建中元年(780年),他支持杨炎推行两税法,增加国家财政收入,裁抑藩镇割据势力,加强中央集权。但是,德宗采取的很多措施都因为安史之乱后唐帝国的积重难返而收效甚微。由于社会、政治条件并不成熟,反而引起一场大乱,爆发了朱滔、李希烈、朱泚等人的叛乱,德宗被迫于建中四年奔奉天(今陕西乾县)。兴元元年(784年),因李怀光叛,德宗又走梁州(今陕西汉中)。最后,朝廷虽平定朱泚、李怀光、李希烈等之乱,但对其余叛镇只得以姑息让步换取乱事的结束。虽急于求成,导致叛乱,但终德宗一朝,政由己出,选贤任能,未酿成全国藩镇大乱。并采取李泌北和回纥,南通南诏,西结大食、天竺,以困吐蕃的计划,使中唐政局稳定下来。德宗一生中,无论是性格还是行动,都充满了矛盾和悲剧色彩。矛盾之一:由即位之初信任宰相演变为对大臣的猜忌,并形成了拒谏饰非、刚愎自用的性格。矛盾之二:由武力削藩转而变为对藩镇姑息。矛盾之三:对内廷宦官由即位之初的"疏斥"转而变为后来的委重,以宦官掌握神策禁军和担任监军成为制度。矛盾之四:由即位初期的节俭和禁止各地进献转变为喜欢财物与大肆聚敛。德宗在位前后施政风格出现的巨大反差和矛盾,一方面说明了这位自幼生于安逸后又饱经乱离的壮年天子的政治品性,另一方面也反映出大唐帝国在这一历史时期的政治面貌。贞元二十一年(805年)正月,德宗病死在皇宫中的会宁殿,时年64岁,葬于崇陵。德宗在位整整26年,唐朝皇帝中,比他在位时间长的只有高宗和玄宗,在他之后,再没有哪个唐朝皇帝比他在位时间长。唐德宗在中医方面贡献有自撰《贞元集要广利方》5卷,书中有诗586首。是书未见行世,后世之《医心方》、《证类本草》等均有引文。

贞元二年(786年),德宗诏太常卿裴郁祭中岳。旧礼,皆因郊祀望而祭之。天宝中,始有遣使祈福之祀。后因五岳伏准开元礼,每年各以五郊迎气日祭之。《新唐书·顾少连传》载:唐德宗李适游嵩山,幸奉天宫,顾少连步行拜见。

郑云逵

郑云逵(? ~810年),唐朝大臣。嵩山荥阳人。大历初进士及第。为人敢直言,客游燕朔,入朱泚幕府,为掌书记,检校祠部员外郎,取泚弟滔女为妻。朱泚以事怒云逵,逵为平州(今河北卢龙)参军。滔代为将,以云逵为刑官。滔助田悦叛乱,云逵谏阻,不从,遂弃妻子,归长安,德宗悦,擢谏议大夫。奉天之难,云逵投奔李晟,任行军司马,戎略之事多以咨之。官至京兆尹。

房　式

房式(? ~812年),唐代官吏。房琯之侄,嵩山洛阳人。举进士。李泌观察陕州,辟为从事。李泌入为相,累迁起居郎,出入泌门,为其耳目。及李泌卒,再除忠州刺史,韦皋表为云南安抚使,兼御史中丞。皋卒,诏除兵部郎中。属刘辟反,房式留不得行。顺宗朝历忠、蜀二州刺史,召任吏部郎中、给事中。奉命至河朔调解刘济、张茂昭等藩将之争。上欲止其兵,李吉甫荐房式为给事中,将命于河朔。房式历使诸镇讽喻之,还奏惬旨,除陕虢观察使、兼御史中丞,转河南尹。时讨王丞宗于镇州,配河南府馈运车4000辆,民不能具,为之请命。房式表以凶旱,人贫力微,难以征发。宪宗可其奏,既免力役,人怀而安之。次年,移授宣歙池观察使。元和七年(812年)七月卒,赠左散骑常侍。

卢 坦

卢坦(748~817年),唐朝大臣。字保衡,嵩山洛阳人。曾为义成军判官,节度使李复病重,监军使薛盈珍害怕叛乱,卢坦为之进计。后李复死,卢坦护丧归东都。后为寿安令。因河南尹征收赋税甚急,县民讼以织机未成,日期太短,无复上交。坦令县民织布,不欲考虑期限,后布输上,卢坦也因违期而受罚。卢坦累迁至库部员外郎,兼侍御史知杂事。宪宗时历宣歙池观察使,又入为刑部侍郎、盐铁转运使,致户部侍郎判度支等。元和八年(813年)黄河决口,西受降城被冲毁,宰相李吉甫主张移兵于天德故城,卢坦上书:他以为应当建城于碛口,以当敌之要冲。结果未被采纳。李吉甫以其忤己,外调卢坦为剑南东川节度使。卢坦卒,赠礼部尚书。

郑余庆

郑余庆(748~820年),唐朝宰相,散文家。字居业,嵩山东北麓的荥阳人。少年时期善于作文,其书法亦遒劲有力。唐代宗李豫大历十二年(777年)进士,初在山南西(今陕西汉中)节度使严震幕府任职。唐德宗贞元元年(785年),被召回京城长安,授予户部郎中、翰林学士等要职,不久又被任命为工部侍郎知吏部选,负责为朝廷选拔官员。因其办事公正廉明,在众官员中威信很高。当时,不满20岁的韩愈曾在京城长安投文于公卿显贵间,常遭冷落。郑余庆见到韩愈的文章后,慧眼识真金,不禁大加赞誉并向其他官员推荐。于是,韩愈开始声名鹊起。贞元十四年(798年),官拜中书侍郎、同中书门下平章事。后因奏对直言被德宗贬为郴州司马。唐顺宗李诵永贞元年(805年),任尚书左丞。同年八月,因顺宗患病,宦官俱文珍等勾结部分官僚和藩镇,逼其退位,并传位于太子李纯。唐宪宗李纯元和元年(806年),宪宗封郑余庆为同中书门下平章事。当时的主书滑涣和宦官刘光琦相互勾结,狼狈为奸,众臣皆惧之。郑余庆则大胆指责他们的不良行为。滑涣便把郑余庆贬为太子宾客。此间郑余庆结识了著名诗人孟郊,并推荐正陷于困境的孟郊任河南水陆转运从事、试协律郎,使孟郊得以在洛阳立德坊定居。后来,滑涣等奸臣贪赃营私丑行东窗事发,滑涣被赐死。郑余庆升任国子监祭酒兼吏部尚书。后任尚书左仆射,主持制定典制。郑余庆起用韩愈、李煜为副手,崔郾、陈佩、杨嗣复、庚敬休为判官。经过努力,郑余庆、韩愈等人终于在元和十三年(818年),制定了完备的典章制度——《格后敕》30卷。《格后敕》被后人称为"百官有司之所常行之事也"。不久,郑余庆被授予太子少师,加封为荥阳郡公兼国子监祭酒。元和十五年(820年),宪宗驾崩。唐穆宗李恒继任,郑余庆进位检校司徒。同年,郑余庆病逝,年75岁,获穆宗赠太保,谥曰贞。郑余庆著作很多,后被收入《郑余庆集》50卷,

郑余庆

现大多佚失,仅存文章4篇。《全唐诗》中收录有他的诗作两首。

李 益

李益(748~829年),唐朝边塞诗人。字君虞,祖籍陇西姑臧(今甘肃武威),徙居郑州,在嵩山一带居住学习。西汉名将李广之子,肃宗朝宰相李揆之族子。"大历十才子"之一,友人韦应物称他为"二十挥篇翰,三十穷典坟。辟出五府至,名为四海闻"。李益少年得志,大历四年(769年)进士及第,时年22岁。初任郑县(今陕西华县)尉,迁主簿。建中四年(783年),又登拔萃科,为侍御史。官低位卑,抑郁不得志,先后从军朔方、鄜坊、邠宁、幽州等地,任职幕府,度过了20多年的边塞军旅生活。元和元年(806年),入朝为都官郎中,历中书舍人、河南少尹、秘书少监、集贤学士,累迁太子宾客、集贤学士判院事、右散骑常侍。大和元年(827年),以礼部尚书致仕。

李益身经玄、肃、代、德、顺、宪、穆、敬、文九朝,阅历丰富,诗名卓著。贞元末,李益与宗人李贺齐名。每作一篇,为教坊乐人以赂求取,唱为供奉歌词。其《征人歌》、《早行篇》,好事者画为屏障。李益的诗,按题材分,有边塞诗、妇女诗、咏怀诗、山水诗、酬赠诗几类,以边塞诗的成就为最高,是中唐边塞诗的代表诗人。其中,《送辽阳使还军》《夜上受降城闻笛》两首,当时广为传唱。他的边塞诗的思想艺术成就,从总体说,是中唐其他诗人所不可企及的。这些诗从多方面真实而形象地反映了当时边塞战争的实际,闪烁着现实主义和爱国主义的光彩。李益为诗诸体兼工,尤擅七绝,名篇如《夜上西城》《从军北征》《受降》《春夜闻笛》《上汝州城楼》等。明代胡应麟《诗薮》说:"七言绝,开元之下,便当以李益为第一,如《夜上西城》《从军北征》《受降》《春夜闻笛》诸篇,皆可与太白、龙标(王昌龄)竞爽,非中唐所得有也。"其律体亦不乏名篇,如五律《喜见外弟又言别》"问姓惊初见,称名忆旧容",是历代传诵的名句。七律《同崔邠登鹳雀楼》、《过五原胡儿饮马泉》等,均属佳作。今存《李益集》2卷,《李君虞诗集》2卷,《二酉堂丛书》本《李尚书诗集》1卷。事迹见《新唐书》本传、《唐才子传》。

李益在嵩山活动期间写有《上汝州郡楼》《洛桥》《汴河曲》等名诗。特别是《上汝州郡楼》一诗的创作经过颇为耐人寻味。建中四年(783年),李益从朔方节度使李怀幕下,回洛阳探亲,行至汝州,曾登上望嵩楼,目睹社会动乱给人民带来的灾难,心情十分沉重。30年后,李益出任河南尹,再次来到汝州,旧地重游,登望嵩楼,诗人抚今思昔,百感丛集,忧时伤世,万虑潮生,即时留下了名篇:"黄昏鼓角似边州,三十年前上此楼。今日山川对垂泪,伤心不独为悲愁。"

毕 垌

毕垌(751~?),唐朝官吏。嵩山偃师人。毕构之孙,毕炕之子。4岁时值"安史之乱",安禄山掳其全家于广平,他与弟被人赎出。后举明经科进士。历临涣尉、符离令、王屋尉,以谨廉、好客闻名,及卒,无资治丧。

孟 郊

孟郊(751～814年)唐朝诗人。字东野,湖州武康(今浙江德清县)人。少隐嵩山,刻苦吟诗,不趋时尚,称为处士。少谐合,不流俗。在嵩山时,与韩愈一见为忘形交。为诗有理智,最为韩愈所称。早年生活贫困,曾漫游两湖、广西,无所遇合,屡试不第。直到贞元十二年(796年),46岁时才中进士。孟郊中进士前的3年时间,都是在嵩山地区度过的。与在汝州当刺史的陆长源为挚友,孟郊在攻读考试时的资费均由陆长源资助。50岁为溧阳尉。元和初河南尹郑余庆奏为河南水陆转运从事,试协律郎,定居洛阳。元和九年(814年)八月,经韩愈力荐,郑余庆为兴元军节度使,奏请孟郊为参谋、试大理评事。孟郊带着他的妻子郑氏同去兴元(今陕西汉中),行至阌乡(今河南灵宝)时,因患急病而死,年64岁。孟郊去世后,几位好友帮助张罗,将其灵柩运回洛阳,葬于洛阳城东凤凰台北先祖墓旁。张籍倡议私谥为"贞曜先生",韩愈为其作墓志铭《贞曜先生墓志》,给予孟郊的诗以很高的评价"及其为诗,刿目鉥心,刃迎缕解,钩章棘句,掐擢胃肾,神施鬼没,间见层出。唯其大玩于词,而与世抹杀。"

孟 郊

孟郊在当时以诗见称,与韩愈并称为"孟诗韩笔"。韩愈称他是继唐朝大诗人陈子昂、李白、杜甫而起的优秀诗人。虽与韩愈同为韩孟诗派领袖,但孟郊的诗歌语言也有古朴浅近的一面,善于比喻,深切感人,《游子吟》便是其中的代表之作。孟郊现存诗500多首,以短篇五古最多。代表作有《征妇怨》、《织妇辞》、《伤春》、《寒地百姓吟》、《伤时》、《叹命》等。孟郊一生困顿,性情耿介,诗多描写民间疾苦和炎凉世态。孟诗艺术风格,或长于白描,不用词藻典故,语言明白淡素而又力避平庸浅易;或精思苦练,雕刻奇险。这两种风格的诗,都有许多思深意远、造语新奇的佳作。孟诗多苦语,他和贾岛都以苦吟著称,苏轼称之为"郊寒岛瘦",因此后世论者把他们称为苦吟诗人的代表。宋代江西诗派瘦硬生新的风格,也受其影响。今传本《孟东野诗集》10卷。

史料记载,孟郊在嵩山期间,写有多首有关嵩山的诗,其诗《石淙十首》被多种史料收录。

郑 絪

郑絪(752～829年),唐朝宰相、文学家。字文明,嵩山荥阳(今荥阳市)人。大历三年(768年)进士,登宏词科,授秘书省校书郎。张延赏帅剑南,奏署掌书记。入为起居郎、翰林学士,累迁中书舍人。永贞元年(805年),顺宗病重失语,诏其草立太子诏,即书"立嫡以长"。宪宗元和元年(806年),拜中书侍郎、同中书门下平章事,居相位4年,罢为太子宾客。后以检校礼部尚书出为岭南节度使、广州刺

史,累迁河南中节度使。入为御史大夫、检校尚书左仆射,以儒学和廉政称于时。太和中太子太傅致仕。卒赠"司空",谥"宣"。郑絪以文学入选,守道寡欢,分外之物,一介不取,居处俭朴,处事笃实,人皆称为"文宗"。有文集传世。著有《郑絪集》已佚。今存文10篇,诗5首。

李 华

李华(715~766年),唐代诗人、散文家。字遐叔,赵州赞皇(今属河北)人。开元二十三年(735年)进士,天宝二年(743年)登博学宏辞科。历仕秘书省校书郎、监察御史、右补阙等。安史乱中为叛军所得,授伪凤阁舍人职。乱后贬杭州司户参军。广德二年(764年),李岘领选江淮,辟华入幕府,擢检校吏部员外郎。明年,因风痹去官,后客隐山阳以终。李华在散文上与萧颖士齐名,世称"萧李"。并与萧颖士、颜真卿等共倡古义,开韩、柳古文运动之先河。亦有诗名。其集已佚,后人辑有《李遐叔文集》。

李华在嵩山活动期间,写有《中岳越禅师塔记》、《东里子产赞》等散文。

房孺复

房孺复(755~797年),唐朝官吏。房琯之子,嵩山洛阳人。房孺复少黠慧,年七八岁,即粗解缀文,亲党奇之。稍长,狂疏傲慢,任情纵欲。年二十,淮南节度陈少游辟为从事,多招阴阳巫觋,令扬言已过三十必为宰相。

德宗幸奉天,包佶掌赋于扬州,陈少游将抑夺之。佶闻而奔出,陈少游方遣人劫佶令回,房孺复请行,会佶已过江南,乃还。及陈少游卒,浙西节度韩滉又辟为幕府。其长兄宗偓先贬官岭下而卒,及丧柩到扬州,房孺复未尝吊。初娶郑氏,恶贱其妻,多畜婢仆,妻之保姆累言之,孺复乃先具棺椁而集家人,生敛保姆,远近惊异。及妻在产蓐三四日,遽令上船即路,数日,妻遇风而卒。孺复以宰相子,年少有浮名,而奸恶未甚露,累拜杭州刺史。又娶台州刺史崔昭女,崔妒悍甚,一夕杖杀孺复侍儿二人,埋之雪中。观察使闻之,诏发使鞫案有实,孺复坐贬连州司马,仍令与崔氏离异。久之迁辰州刺史,改容州刺史、本管经略使。乃潜与妻往来,久而上疏请合,诏从之。二年余,又奏与崔氏离异,其为取舍恣逸,不顾礼法也如此。

房孺复一生先后被淮南节度使陈少游、浙西节度使韩滉辟为幕,历官杭、辰两州刺史,容州经略使。以其宰相子而狂疏傲慢,横行不法,荒淫无度。贞元十三年(797年)九月卒,时年42岁。

宋 玉

宋玉,唐代中期建筑工匠,世称"造塔博士"。生平不详。宋玉有很高的造塔专业技术水平,现存登封少林寺的同光禅师塔是他的建筑作品之一,该塔塔铭记为"造塔博士宋玉"。

登封少林寺同光禅师塔建于唐代大历六年(771年),在少林寺今存6座唐塔中,无论建筑工艺水平、保存完好程度、石刻技法等都是最好的。该塔为单层单檐亭式墓塔,正方形,水磨砖砌成塔之主体,砖层间以黄黏土砌缝。门额、宝刹及塔铭以青石精工雕成。塔由基座、塔身、塔顶宝刹等部分构成。塔身南面开券门,自门过甬道入塔室。塔基高1.09米,由3条横枋组成,上下两层束腰式须弥座。塔身高3.25米,下宽2.54米。塔顶由叠涩檐及塔刹组成,高5.59米,檐最宽处5.43米。最上部青石雕造而成的刹顶,由宝珠、云盘、仰莲组成,表面浮雕图案其甚精致。整座塔造型庄重而优美,各部分比例协调,设计非常成功。

塔的细部装饰讲究,如门楣石刻、塔门与塔刹石雕等工艺水平,均系唐代上乘之作。在雕刻技法上,用笔流畅,构思精巧,无论画人、画兽均能做到形神兼备,尤善传神。由此说明,宋玉是一位具有很高造诣、能够代表唐代造塔工艺水平的营造匠师。

武元衡

武元衡

武元衡(758~815年),唐朝宪宗时宰相、政治家、诗人。字伯苍,嵩山偃师缑氏人。武则天的曾侄孙。曾祖父武载德,是武后的堂兄弟,官至湖州刺史。祖父武平一,善属文,终考功员外郎,修文馆学士。父武就任殿中侍御史,殁后追赠吏部侍郎。元衡出身官宦世家,天资聪颖,勤奋好学,幼年博览群书。建中四年(783年)登进士第,累辟使府,至监察御史,后改华原县令。曾因廷对机敏,德宗称之曰"真宰相器也"。后召授部员外郎。岁内,三迁至右侍郎中,寻擢御史中丞。顺宗立,罢为右庶子。宪宗即位,复前官,进户部侍郎。武元衡在朝中进退守正,持平无私,纲条悉举,人甚称重。深得德宗信任、宪宗重用。元和二年(807年),被宪宗擢为门下侍郎、平章事兼判户部事。后出任剑南西川节度使。元和八年(813年),征还归朝秉政,再任门下侍郎、平章事(宰相)。次年,与斐度用兵淮西,讨伐吴元济,以削弱藩镇割据势力。元和十年(815年)六月三日,被平卢节度使李师道遣刺客刺死于早朝的路上,时年58岁。朝野震惊,宪宗罢朝,坐延英殿召见宰相,惋恸久之,为再不食。赠司徒,谥忠愍。

原有《武元衡集》10卷。今存《临淮诗集》2卷,收于《唐诗百名家全集》中。《全唐诗》录其诗2卷。《全唐文》录其文10篇。事迹见新、旧《唐书》本传、《唐诗纪事》、《唐才子传》。

武元衡身为嵩山之人,他写有《缑山道中》、《峨岭四望》、《题龙门香山寺》等歌咏家乡自然风光和名胜的诗多首。

李 涉

李涉(约806年前后在世),唐朝官吏、诗人、嵩山隐士。自号清溪子,嵩山洛阳人。与弟李渤同在

庐山、嵩山隐居。诗擅七绝,多写行旅迁谪之感,语言通俗。《全唐诗》存其诗一卷。早岁客居梁园,逢兵乱避居南方。因喜好山水,与弟弟李渤一同在庐山五老峰南麓隐居读书,哥俩养了一头白鹿做宠物,走到哪里都带着它,因而名所居曰白鹿洞,人们称其弟兄为白鹿先生。后人在此地正式建一个书院,即后来名闻天下的白鹿洞书院。后被陈许节度府召为属官。宪宗时充任太子通事舍人,因在宦官吐突承璀被贬时,想搞一次政治投机,上书皇帝将吐突承璀留在身边。事败,被贬谪为峡州(今湖北宜昌)司仓参军。不久,又被贬到峡州夷陵县任县令。在峡中蹭蹬十年,遇赦放还,复归洛阳,隐于嵩山少室。文宗时召为太学博士,复因事被流放南方,浪游桂林。其诗擅长七绝,语言通俗。《全唐诗》存其诗一卷。李涉在嵩山期间,曾写《题清溪鬼谷先生旧居》、《寄河阳从事杨潜》等诗,史料有录。

李素

　　李素(? ~812年),唐朝河南少尹。唐时降生于陇西,名李素,字贞一,7岁丧父,贫穷而无法度日,母亲只得将李素交给外姓人抚养。长大后,李素通晓经书,被选为官吏,先后任弘农簿和芮城尉等职。唐德宗贞元初年(785年),李泌任陕虢观察水陆运使,李素就在李泌手下工作,后来升迁为京兆鄠尉,主管万年簿。唐宪宗元和初年,衢州发生饥荒,李素任衢州刺史,后又迁苏州。元和二年,盐铁转运使李琦谋反,各州刺史都束手无策,不敢同李锜交锋。李素带领左右兵将,同贼将姚志安在州门大战。李素战败后,严装端立,大声批驳姚志安等人的谋反之罪。贼兵将等都不敢上前,不敢用兵器胁迫。李素被镣铐锁住后,绑在船舷上。贼兵北上,还没有到达京师的时候,就被官军打败,李素也得到解救。他被百姓抱扶住,受到迎接,唐宪宗还派贵人携带紫衣和金鱼赏赐给李素。元和五年(810年),李素任河南少尹,行大尹的权力,每年减免百姓赋税50万,还请求朝廷缓征赋税一个月。皇帝明白李素体察民生的用意,就下诏天下皆缓1个月。李素处理事务,毫不张扬,却常常名扬天下。李素卒于元和七年(812年),葬河南伊阙鸣皋山下(伊川县酒后乡九皋山下),韩愈为其撰写墓志铭。

权德舆

权德舆

　　权德舆(759~818年),唐朝宪宗时宰相、文学家。字载之,天水略阳(今甘肃秦安县)人。历官太常博士、起居舍人、知制诰,至礼部尚书、同平章事,任宰相,在政治上表现出不畏邪恶的政治品格。权德舆是以道德文章进身,曾三知贡举,为贞元、元和间缙绅羽仪,有独到政见的政治家,同时是一位有诗文主张的文学家。《旧唐书》卷148、《新唐书》卷165有传。权德舆既执政事,又行文学,为文强调并实践了"有补于时"的社会功能,从内容上讲,是以达到"体物导志"或"明道"为目的。这种主张从其所写的疏、论、表中已有领略,是其政治活动的组成部分。权德舆的议、疏、铭、序虽有议论,出文简粹。《酷吏传议》(《权集》第30卷)辨析刚酷弱仁,为邺都鸣不平;《奏于董所犯当明刑正罪疏》说理有力,行气如虹,不觉其短。权德舆的文学创作有《权载之文集》50 卷,文集中,有大量的疏、论、表、碑、铭、书、记、序等;有诗 10 卷。

权德舆与"唐宋八大家"柳宗元为好友。权德舆于贞元二年(786 年)入江西观察使李兼幕府,直到贞元四年丁忧,离开李兼幕府。此时,柳宗元的父亲柳镇亦在李兼幕中,权德舆与之共事 3 年。柳宗元一度到洪州省亲,当在此时结识了权氏,故柳宗元《上权德舆补阙温卷决进退启》中称其"特以顾下念旧,收接儒素,异乎他人"。贞元八年(792 年)六月,权氏任左补阙,柳宗元曾向其行卷、温卷,请求援引。贞元八年以后,直到"永贞革新"失败,权德舆一直在朝中任要职,与柳宗元父子及他们的朋友也多有交往,属于同一交际圈。

权德舆在嵩山活动期间,写有《中岳宗元先生吴尊师集序》、《送韦起居老舅假满归嵩阳旧居序》等散文。

武儒衡

武儒衡(768～824 年),唐朝官吏。字廷硕,嵩山缑氏(今偃师县南)人。武元衡从弟。武则天伯父武士逸五世孙。武儒衡祖父武甄,字平一,官至修文馆直学士。其父武登,做过江阴县令。武儒衡有才识,有气度,很受唐宪宗器重。元和十年(815 年)六月,其堂兄武元衡被藩镇暗杀,死于国事,宪宗"曾嗟惜之,故待儒衡益厚"。终宪宗之世,武儒衡历任权谏议大夫事、兼知制诰、中书舍人等职,穆宗长庆初年,为礼部侍郎。

武儒衡性格耿直,敢直言。为了整肃朝纲,他论事不避权贵,这既是他的可贵之处,也是他不足的特点。户部侍郎、判度支皇甫镈,靠媚事皇帝、厚结宦官爬上宰相高位。元和十三年(818 年)八月,当任命皇甫镈的制书一公布,"朝野骇愕,至于市井负贩亦嗤之"。朝臣纷纷上言反对,但都先后被贬官。朝官多沉默,在此情况下,唯独武儒衡敢于直言,他多次上疏,论述皇甫镈等"掊克取媚"的罪恶。"皇甫镈自诉于上",为自己开脱,并诬陷武儒衡。幸亏宪宗信任武儒衡,皇甫镈"报怨"的谋图又被宪宗识破、点出,才没再敢向武儒衡下毒手。元和十五年(820 年)正月,宪宗死,穆宗立。五月,诗人元稹凭借宦官崔潭浚的引荐,由膳部员外郎,升任祠部郎中、知制诰。"朝论鄙之"。一天,元稹和几位小书舍人在中书省阁下吃瓜,忽有一只青头苍蝇飞落瓜上。武儒衡一边用扇子挥赶苍蝇,一边说"适从何来,谮集于此!""同僚皆失色,儒衡意气自若。"武儒衡鄙视倚凭宦官升官的元稹,故以蝇喻之。因为武儒衡"疾恶太分明",为权贵忌恨,终不至大任,仕终兵部侍郎。穆宗长庆四年(824 年),武儒衡以礼部侍郎卒,年 56 岁。武儒衡著有文集 25 卷及制集 20 卷。

唐 衢

唐衢(穆宗时人),唐朝诗人。嵩山荥阳人。应进士,久而不第。一生穷困潦倒。为新乐府运动的主要参加者之一。他能为歌诗,多愁善感,意多感发。见人文章有伤感之作,读毕必哭,涕泗不能已。每与人言论,既相别,发声一号,音辞哀切,闻之者莫不凄然泣下。尝客游太原,属戎帅军宴,唐衢得与会。酒酣言事,抗音而哭,一席不乐,为之罢会,故时有"唐衢善哭"之称。唐衢与韩愈、白居易皆友善。白居易担任左拾遗时,曾写过一首《寄唐生》,赠与唐衢。诗曰:"贾谊哭时事,阮籍哭路歧。唐生今亦哭,异代同其悲。唐生者何人?五十寒且饥。不悲口无食,不悲身无衣。所悲忠与义,悲甚则哭之。太尉击贼日,尚书叱盗时。大夫死凶寇,谏议谪蛮夷。每见如此事,声发涕辄随。我亦君之徒,郁郁何所为?不能发声哭,转作乐府辞。"

唐衢死后,白居易在《伤唐衢之一》诗中写道:"自我心存道,外物少能逼。常排伤心事,不为长叹息。忽闻唐衢死,不觉动颜色。"表达了他与唐衢为知心朋友的悲痛之情。白居易被贬浔阳后,在写给好友元稹的一封信中也提到了唐衢,他这样写道:"其不我非者,举世不过三两人。有邓鲂者,见仆诗而喜,无何鲂死。有唐衢者,见仆诗而泣,未几而衢死。"这段话告诉读者,真正能理解和读懂白居易的,整个世上也不过两三个人,有高兴死的邓鲂,哭死的唐衢,另外还有元稹。白居易正是在对唐衢的评价中,提出了"惟歌生民病"(《寄唐生》)、"但伤民病痛"(《伤唐衢》)等元、白诗论的核心观点。

唐衢工八分书,元和五年(810 年)韦处厚撰唐京河新开水门记,为其所书。《金石录·旧唐书本传》

独孤朗

独孤朗(? ~827 年),唐朝大臣。字用晦,嵩山洛阳人。著名文学家独孤及次子,郁弟。元和中累擢右拾遗,因劝宪宗从淮西藩镇罢兵,被贬为兴元(今陕西汉中)户曹参军。后入为监察御史,改殿中侍御史兼史馆修撰。长庆初,出为韶州(今广东韶关)刺史,迁谏议大夫。宝历元年(825 年),擢御史中丞。文宗即位,改工部侍郎,出为福建观察使,卒于路途。赠右散骑常侍。

郑还古

郑还古(约 827 年前后在世),唐朝官吏。自号谷神子,郡望嵩山荥阳。初家居青、齐(今山东)间,李师道叛乱时,扶老亲回归洛阳,与其弟一起扛舆。晨暮奔追,两肩皆疮。少有俊才,嗜学,与刑部尚书刘公之女结婚。元和初年(806 年),登进士第。在东都洛阳,与大将军柳尚友好。为河中从事,坐谤贬吉州掾。官终国子博士。郑还古工诗,著有《赠柳氏妓》、《望思台》、传奇小说集《博异记》,还注有《老子指归》13 卷。

贾 餗

贾餗(? ~835 年),唐朝文宗时宰相、史学家。字子美,嵩山洛阳人。祖渭,父宁。穆宗时举进士,策贤良方正异,文史兼美,四迁至考功员外郎,知制诰。长庆初(821 年),策召贤良,选当时名士考策,餗与白居易俱为考策官,选文人以为公。寻以本官知制诰,迁库部郎中,充职。长庆四年(824年),为张又新所构,出为常州刺史。文宗大和初拜中书舍人礼部侍郎,转兵部,授京兆尹兼御史大夫,封姑臧县男。大和九年(835 年)四月,检校礼部尚书、润州刺史、浙西观察使。制出未行,拜中书侍郎、同平章事,进金紫阶,封姑臧男,食邑 300 户。未几,加集贤殿学士,监修国史。其年十一月,李训谋诛宦官,事败,餗罹其祸,被杀并诛族。

郑 覃

郑覃(？~约842年),唐朝大臣、经学家。唐朝荥泽(今荥阳)人,珣瑜子,以父荫补弘文校书郎。元和十四年(819年),以刑部郎中迁谏议大夫。穆宗立,不问国事,喜游宴畋猎获,郑覃直言规劝。长庆年间,历任给事中、御史中丞。宝历初(825年)为京兆尹。文宗召为翰林侍讲学士,每以厚风俗、黜朋比,再三为天子言。太和三年(829年),以本官充翰林侍讲学士,翌年任工部侍郎。郑覃精于经术,谆笃守正,很受皇帝器重。因与李德裕友善,曾一度受到德裕政敌李宗闵的排斥。李宗闵、牛僧孺掌朝政,郑覃迁工部尚书,罢侍讲学士。李德裕为相,擢为御史大夫。太和八年(834年),迁户部尚书、刑部尚书兼国子祭酒,又因同样的原因受到李训、郑注的排斥。李宗闵、李训失势后,复拜同中书门下平章事,封荥阳郡公。开成初加门下侍郎、弘文馆大学士,监修国史。后进位太子太师。为文理政,不尚浮华,以振举法度为务。曾向朝廷进《石壁九经》120卷。开成三年(838年)以病去位。武宗初,李德裕复用,欲援郑覃共政,固辞,乃授司空。郑覃清正简约,所居宅第不加修饰,内无妾媵。

韦士仪

韦士仪,唐朝嵩山隐士。生平不详。唐朝人士梁肃、权德舆与他多有交往,并分别写有他的《送韦拾遗士仪归嵩阳旧居序》和《送韦起居老舅假满归嵩阳旧居序》的文章。著名诗人白居易写有《题赠平泉韦征君拾遗》:

箕颍千年后,唯君得古风。仕留丹陛下,身入白云中。
躁静心相背,高低迹不同。笼鸡与梁燕,不信有冥鸿。

裴 度

裴度(765~839年),唐朝大臣。字中立。唐三河东闻喜(今山西闻喜)人。德宗贞元五年(789年)进士,被任为校书郎。不久,他参加了制举(由皇帝特诏举行的考试选),因成绩优等,被任命为河阴县(郑州西北)尉,掌管一些军事。后来,由监察御史升为御史中丞,力主削弱藩镇,升为宰相。淮蔡藩镇叛乱,他亲率师破蔡州,擒吴元济,一时诸藩惧服。元和十五年(820年),由于河朔再叛,穆宗再度起用裴度为镇州(今河北正定)行营招讨使。裴度受命,即整顿军队,亲临贼境,攻城斩交将,屡传捷报。后任淮南节度使、山南西道节度使。长庆四年(824年),穆宗死,敬宗继立。敬宗恢复裴度同平章事职衔,后任宰相。宝历二年(827年)十二月,敬宗性急,责打宦官,被宦官杀害。裴度定策,诛杀凶手刘克明,迎立江王,是为文宗。文宗即位,裴度仍为宰相。太和

裴 度

八年(834年),裴度再请告老辞职,文宗不许,调他为东都(洛阳)留守。裴度功高持正,为朝臣所嫉,数起数罢,后因宦官擅权,遂辞官居于洛阳,作别墅曰"绿野堂"。开成四年(839年),裴度在洛阳病逝,享年75岁。册赠太傅,谥文忠,葬于嵩山新郑城北约30公里龙湖镇东张寨村。1985年曾发现有其子裴适墓志。

裴度居洛阳时,曾与著名诗人白居易、刘禹锡三人一齐对诗《度自到洛阳与乐天为文酒之会时构咏乐不可》,因此诗为三位名家所作,在诗史上被传为名诗佳话。

王 建

王建(约767~830年),唐朝诗人。字仲初。嵩山南麓的颍州(今许昌市)人。王建出身寒微,少年时代就离开了故乡,在漳河岸边的魏州(今河北魏县)度过了30年"风雨一飘摇,亲情多阴搁"的客居生活。从小勤奋好学,具有良好的品德。在魏州,他结识了诗人张籍,两人志同道合,情同手足,亲密往还,诗唱赠答。大历十年(755年)进士,唐代做官不少人是需公卿名士推荐,王建因朝中无人,做官不成,在30岁左右投笔从戎,开始了"从军走马十三年"的军旅生活。40岁后,由军旅步入仕途。始授昭应县(今陕西西安临潼区)尉,转渭南县(今陕西省渭南市)丞,后到长安历任太府寺丞、秘书丞、侍御史等,都是职位很低的小官。文宗大和三年(829年),出任陕州(今河南省陕县、灵宝一带)司马。著名诗人白居易、刘禹锡为王建前往赴任写了送别诗。去时间不长,便辞官归居咸阳。王建仕途多蹇,一生穷困潦倒,晚年无妻无子,孤苦伶仃,孑然一身。曾与韩愈、刘禹锡交往。在诗歌创作中,与张籍、李绅等提倡写新乐府,并努力进行实践。与张籍齐名,世称"张王乐府"。其作《水夫谣》、《送大曲》、《田家行》、《簇蚕词》等诗篇,各从不同角度反映当时政治腐败和人民疾苦,有强烈的批判现实主义精神。他所作《宫词》100首,多写帝王的侈靡生活,当时颇负盛名。诗风语言激昂,善于用口语化的语言进行叙述和描写。王建因曾做过陕州司马,所以称为"王司马",诗集有《王司马集》。王建在嵩山南麓汝州一带活动时写有诗文,史料有录。

韩 愈

韩愈(768~824年),唐朝文学家、儒学家、教育家,古文运动的领导者,唐宋八大家之首。字退之,又常自称昌黎韩愈,或韩昌黎。河阳(今河南孟州市)人。韩愈不到两岁,母亲和父亲相继去世,由哥嫂扶养。韩愈自幼鸡鸣即起,刻苦励学。长大后,精通五经之学,成为当时最著名的渊博学者之一。贞元八年(792年)韩愈在古文派梁肃和陆贽的举荐下,中进士。贞元十二年(796年),任了一个微小的职务观察推官,即观察使的军事参谋,同时掌管汴州幕府的书记事务,后转任徐州节度使幕府观察推官。贞元十六年(800年),韩愈毅然退出无所作为的幕府生活,把家安置在洛阳郊外,专心读书写作,有时并游览嵩山西麓的风景名胜古迹,在这种恬淡的生活中,享受人生的快乐。贞元十八年(802年),韩愈任国子监(国家最高学府)四门博士,后升监察御史。因上书指陈时弊,替关中灾民请求减免赋税,被贬为洛山令。贞元二十一年(805年),唐德宗死,太子顺宗继位。韩愈遇大赦到江陵作法曹参军,后历任国子博士、东都国子监、东都官员外兼领礼部、河南县(今洛阳)县令、侍部郎中、史馆修撰、考功郎中、知制诰等职,后迁中书舍人。元和十二年(817年),裴度以前线指挥不力,自请前往督师,韩愈被委任为行军司马,随裴度出征,表现出了处理军国大事的卓越才能,因功升为刑部侍郎。元和十四年(819年)又因反对迎拜佛骨入宫,触怒唐宪宗,被贬为潮州(今广东省潮阳市)刺史。不久,因上《谢上表》感动宪宗,遇赦转袁州(今江西宜春)刺史。元和十五年(820年),唐穆宗即位,韩愈任国子监祭酒,后任兵部侍郎。因镇州(今河北正定)兵马使王廷凑叛乱,唐王朝派遣15万大军讨伐,被叛军打败,围困了重镇深州(今河北深州市)。长安政府无力作战,只好同意让王廷凑做节度使,并派韩愈前往宣抚。韩愈不避危险,挺身前往,他在叛军布置的刀光剑影中从容镇定,对叛军之首进行严厉批评,晓以大义,劝其悔悟,从而使王廷凑答应解除了深州之围,韩愈因功擢升吏部侍郎。穆宗长庆四年(824年),韩愈病卒于长安,终年57岁。追赠礼部尚书衔,谥号文公,世称韩文公或韩吏部。

韩 愈

韩愈性骨刚直,敢蔑权贵,喜奖后进。韩愈政治上同情人民,反对统治集团对人民的残酷剥削;思想上以继承儒家道统为己任,力排最高统治者狂热地崇拜佛教和道教;反对藩镇割据,维护国家统一;文学上大力推进和领导古文(即散文)运动,抵制创作上的形式主义思潮,提倡适于表达思想和反映现实的散体,主张革新诗文,"文以载道",代替了六朝以来的骈俪文风,奠定了他在文学史上被誉为"杜诗韩文"、"文起八代之衰"、"百代文宗"的崇高地位。所著散文短小精悍,论证周密,感情真挚,气势磅礴,极具感染力,富有浪漫主义色彩,对后世影响很大,名列"唐宋八大家之首"。其作品非常丰富,其赋、诗、论、说、传、记、颂、赞、书、序、哀辞、祭文、碑志、状、表、杂文等各种体裁的作品,均有卓越成就。著有诗文集《昌黎先生集注》,文章分四大类:杂著、书信、序文、碑志。代表作有《原毁》《原道》《师说》《进学解》《杂说四》《张中丞传后叙》《郑董邵南序》《李颢归盘谷序》《祭十二郎文》等皆为传世之作,其中《原道》《原人》《原性》《原鬼》《怀孟尚书》和《论佛骨表》等篇,代表了他的哲学思想。韩愈存诗约300多首,内容涉及时事、山水、感遇等多个方面。其诗险怪、新奇,有以文为诗的显著特色,铺张扬厉,议论纵横。韩愈的诗歌不仅矫正了当时大历诗风的纤弱,开创了奇崛诗派,而且对宋诗的议论化、散文化均有极大影响,在诗史上有着重要的意义。

元和四年(809年)三月二十六日,韩愈任国子监博士在东都洛阳教学期间,曾与著作郎樊宗师、处士卢仝自洛中至嵩山少室山,邀请隐居在嵩山少室山的李渤一同游历嵩山。游玉泉寺时,樊宗师得了病,提前返回洛阳。第二天,韩愈和李渤、卢仝、道士韦濛、僧从少室山出发,游历了嵩山诸寺,登上了嵩山太室山顶的峻极峰,并在山峰的石岩上题下自己的名字,晚上住在了登封坛下的石洞里。在接下来的两天里,他们游览了嵩山东麓的龙潭寺,至八龙潭游玩,酌龙潭水时,天上响起了雷声。二十九日,他们去了天封观,遇到了道士赵元,一番畅谈后,在天封观石柱上题下了游历嵩山和八龙潭遇雷的经过。宋代欧阳修游历嵩山时,在天封观曾见到了这个石柱,在嵩顶登封坛下还见到了一块石碑,上刻有告诫游人游龙潭时不要妄语和大笑的文字记载。后人将韩愈一行住过的山洞称之为"韩愈洞"。可惜,天封观的石柱题名早已无存。韩愈在嵩山活动时,写有散文《与少室李拾遗书》、《送石处士序》、《送温处士赴河阳军序》等。嵩山地区的几个市(县)志多有记载。

张仲素

张仲素(约769~819年),唐朝诗人。字绘之。符离(今安徽宿州)人,郡望河间鄚县(今河北任丘)。贞元十四年(798年)进士,又中博学宏词科,为武宁军从事。宪宗元和年间,任司勋员外郎,又从礼部郎中充任翰林学士,后终中书舍人。宪宗求卢纶诗文遗草,敕张仲素编集进之。张仲素善诗,多警句。尤精乐府工诗。其诗语言上十分清婉爽洁,悠远飘逸,少有庸作;题材上以写征人思妇的居多,也有描写宫乐春旅的作品。如"袅袅城边柳,青青陌上桑。提笼忘采叶,昨夜梦渔阳"(《春闺思》),"梦里分明见关塞,不知何路向金微"(《秋闺思》),刻画细腻,委婉动人。代表作有《春闺思》《秋夜曲》《玉绳低建章》《宫中乐五首》《陇上行》《秋思赠远》《塞下曲五首》《秋思二首》《燕子楼诗三首》《上元日听太清宫步虚》等,往往和在宫商,古人有未能虑及者。有集1卷,及《赋枢》3卷,今传。

张仲素在嵩山活动期间,写有《山呼万岁赋》《上元日听太清宫步虚》《夜闻洛滨吹笙》《燕子楼诗三首》《缑山鹤》《春闺思》《秋夜曲》等诗文。

刘禹锡

刘禹锡

刘禹锡(772~842年),中唐时期政治家、哲学家、文学家,杰出诗人。字梦得。嵩山洛阳人,祖籍中山,故称中山人(今河北境内)。祖父刘锽先任洛阳主簿,后来做到殿中侍御史。父亲刘绪因避"安史之乱"迁移苏州。刘禹锡虽出生在嘉兴县,少年时又在江南度过,但刘家祖坟仍在嵩山洛阳和荥阳近郊。儿时的刘禹锡勤奋好学,除攻读儒家经典和努力学习写诗以外,对诸子百家都有广泛的涉猎,对音乐、舞蹈、书法等艺术都有很高的造诣,在天文、医药等自然科学知识方面也非常爱好。贞元九年(793年)与柳宗元同榜登进士科,登博学宏辞科,任监察御史,参与"永贞革新"失败后,被贬为朗州司马,迁连州刺史,后任夔州(今四川奉节县)、和州(今安徽和县)刺史。敬宗宝历二年(826年),朝廷要刘禹锡御任回洛阳,任东都尚书省主客郎中、礼部郎中兼集贤殿学士、苏州刺史、汝州刺史。开成元年(836年),以裴度力荐,刘禹锡任太子宾客、分司东都,加检校礼部尚书。世称刘宾客。会昌二年(842年)秋天,刘禹锡溘然长逝,卒年71岁。

刘禹锡生前多次游历嵩山,在他写的有关嵩山的诗中曾有"世业嵩山隐,云深无四邻","送君从此去,铃阁少谈宾","巩树烟月上,清光含碧流"等诗句,表达了他对嵩山深厚的感情。刘禹锡的诗通俗清新,有《竹枝词》、《杨柳词》和《插田歌》等组诗,开朗流畅,富有民歌特色,为唐诗中别开生面之作。

其散文《天论》、《因论》等是他的哲学代表作,具有朴素的唯物主义思想。尤其是他的天人"交相胜,还相用"的著名学说,在物体形用的唯物主义基础上,揭示了世界是物质的,万物是互相联系的,联系是有规律的,天和人不但相分,而且相合,既互有优胜,又互相作用,空前地把中国哲学命题和学说辩证地统一起来,从而使天人关系这个中国哲学基本问题认识达到划时代的新水平,为我国唯物主义无神论的发展做出了重要贡献。唐代大学者杜佑编写的《通典》是我国古代一部杰出的政治、经济、军事、地理、礼乐等方面的专史。刘禹锡曾多年在他手下任职,很受杜佑的器重。刘禹锡一生与诗人李益、韩愈、柳宗元、白居易、裴度等交往密切,皆为好友,曾多次在一起对酒吟诗。刘禹锡最为人称道的是咏史怀古之作,他的咏史诗具有深沉的历史和人生的沧桑之感,给人以无限的遐想。他的山水诗不像李白山水诗那样大笔描绘秀丽壮美的大好河山,而是寄情于山水,有叙事之中轻点河山之妙,具有独特的艺术风格。在诗歌创作方面,刘禹锡生前与白居易齐名,世称"刘白"。白居易则称他为"诗豪",推崇备至。元和十三年(818年),刘禹锡曾自编其著述为"四十通",又删取四分之一为"集略",这是最早的刘禹锡集和选本。后有其著《刘梦得文集》及近年来出版的《刘禹锡集》。

白居易

白居易(772~846年),唐朝杰出的现实主义诗人,唐代新乐府运动的倡导者。字乐天,别号醉吟先生,晚年自号香山居士。战国时秦国名将武安君白起之后。祖籍太原(今山西省太原市)人,曾祖父白温时迁居华州下邽县(今陕西省渭南县)。唐代宗大历七年(772年)正月二十日,白居易出生于嵩山东南麓的新郑市东郭寺村。祖父白锽因出任嵩山巩县令又喜爱新郑山水而迁居东郭宅(嵩山新郑市城关镇8公里东郭寺村);父亲白季庚历官彭(今江苏省徐州市)、衢(浙江衢州市)、襄(今湖北襄樊市)三州别驾。祖父"沉厚和易,寡言多可",临是非"辨而守之","善属文,工五言诗"。其父刚正不阿,嫉恶如仇,常以忠贞报国为念。外祖父陈润亦善写诗。少时的白居易天资聪颖,异于常人,受家庭熏陶,五六岁便能写诗。贞元十六年(800年)中进士第四名,过二年应拔萃科考试,与元稹同授为秘书省校书郎。历任盩厔(今陕西省周至县)县尉、翰林学士、左拾遗、京兆府(今陕西省西安市)户曹参军、左赞善大夫、江州(今江西九江市)司马、忠州(今四川省忠县)刺史、杭州刺史、苏州刺史、秘书监、赐金紫、刑部侍郎、太子宾客、分司东都、河南尹、太子少傅分司。这期间,殚思极虑,廉洁爱民,不屈不阿,敢于讽谏,百姓对其十分敬佩,权贵对其污蔑陷害,弹劾贬斥。其仕途险象四伏,举步艰难。"牛李党争"事起,乃称病居洛阳。晚年终因受佛教浸染而辞官,后隐居于洛阳龙门香山,自号香山居士。于太和六年(832年)发起重修香山寺这一浩大工程,使渐趋颓败的亭台楼阁焕然一新。并出资修建藏经堂,搜集编订5000多卷佛经藏入其中。为了妥善保存自己的诗文不致散失,他将作品汇集成册,抄录多部,分别珍藏于各地著名寺院,其中一部就在香山

白居易

寺的藏经堂中。龙门伊河段，原有"八节滩"、"九峭石"两处险地，水流湍急，礁石密布，过往船只常常触礁遇险，船夫们望而生畏，人称"鬼门关"。会昌四年（844年），他倾其家财，以73岁高龄倡义民众"民者出力，仁者施财"，发起和领导了开凿炸掉这两处险滩的工程。竣工后，伊河变通途，使船夫们免去了下水拉纤之苦。他的《开龙门八节石滩》诗，即记述此事。会昌六年（846年），白居易在家中溘然长逝，年75岁，葬于洛阳龙门香山琵琶峰。宣宗李忱追赠尚书右仆射，并作《吊白居易》诗为他致哀。白居易与元稹、刘禹锡交谊甚厚，并称"元白"、"刘白"。

白居易逝世后，按照他生前的遗嘱，请李商隐为他撰写了《白居易墓志铭》。李商隐小白居易40岁，作风迥异，所以很少有人将他们相提并论。其实，李商隐比白居易晚去世12年，俩人创作结束的年代要接近得多。在年龄上，俩人虽非同代，但生活年代却是大部分重叠的。只是唐诗史上有初、盛、中、晚之说，李商隐便一下划进了晚唐。在中晚唐诗坛上真正双峰并峙的正是这两位诗人。白居易生前非常欣赏李商隐，曾说在死后做李商隐之子。作为前辈，说出如此抬爱之语，令人感动。白居易刚死，李商隐果真就添了个儿子，遂起名"白老"。这么美好的知音回环相与，成为唐代乃至整个文学史中的佳话。

白居易一生从政，是继李白、杜甫之后最杰出的现实主义诗人，主张写文作诗都要反映社会现实，主张"文章合为时而著，歌诗合为时而作。"擅长写讽喻诗和长篇叙事诗。在艺术上具有通俗易懂，形象生动，纯朴自然的独特风格。其诗作自然流畅，抨击黑暗政治，反映人民疾苦，表现出对人民的深刻同情。代表作有《秦中吟》《长恨歌》《卖炭翁》《新丰折臂翁》《琵琶行》等。著有《白氏长庆集》，诗作流传下来的有3000首，数量之多，在唐代诗人中首屈一指。白居易作品在当时便已远播日本、韩国，尤其是对日本文坛产生了巨大影响。

白居易一生在嵩山地区生活多年，使他有更多机会游历嵩山，创作了大量的《观嵩洛有叹》《嵩阳观夜奏〈霓裳〉》《山中五绝》《与诸道者同游二室至九龙潭作》等脍炙人口的"嵩山诗"，嵩山周边的市（县）史料中，多有记载。

白居易在嵩山留下的活动遗迹，主要有位于新郑市城西6公里东郭寺村的白居易故里；有位于洛阳市区东南安乐镇狮子桥村东北的白居易故居；有位于嵩山西南麓的洛阳市南龙门东山的香山寺及白居易墓；有位于嵩山东麓香山（今新密市平陌镇与登封市大冶镇的交界处）白居易教民制陶处；有位于嵩山系列的香山峰上（新密市平陌镇与登封市大冶镇交界处）为纪念白居易教民采煤、冶陶而建的香山庙，庙内存碑刻数通。香山附近登封市和新密市至今还有不少受历史遗传而开办的陶瓷厂。

李　渤

李渤（773～831年），唐朝嵩山隐士。字浚之，因一度隐居嵩山少室山，故自号少室山人，嵩山洛阳人。其父李钧，官居殿中侍御史，因不能养母废于世。李渤深以为耻，不愿做官，青年时代就与其兄李涉相继隐居庐山和嵩山。李渤不事科举，励志诗文，博学多才，世称"李万卷"。唐德宗贞元年间（785～805年），即隐居嵩山少室山清微岩下，身自耕耘，罕交人事。元和初年（806年），户部侍郎李巽、谏议大夫韦况，共同荐举李渤，诏为右拾遗。李渤上书谢，不拜。洛阳令韩愈写书《与少室李拾遗书》劝令应征，李渤始出。元和九年（814年），讨伐淮西吴元济，李渤上奏平贼术，被授为著作郎，一年后，迁右补阙，后以直忤旨被贬为丹王府谘议参军。元和十三年（818年），擢为库部员外郎。后针对官冗职滥现象,李渤正直敢言:"设官若不责事,不如罢之,以省经费。敬未能罢,则请责其职业。"并主张"有官则有责","当官应做事。"长庆元年(821年),调任江州刺史。长庆二年(822年),李渤被调回长安,任职方郎中,升迁谏议大夫。敬宗即位,转给事中。宝历元年(825年)正月,大赦囚犯,唯独不放沨县县令崔发,因崔发下令抓了在街上公开殴打老百姓的宦官。李渤因仗义执言,抨击太监横行霸道,并为崔发鸣不平。敬宗皇帝不听李渤意见,被贬至桂州(桂林)。出任桂州刺史兼御史中丞,充桂管都防御观察使。在任期间,勤于政务,设立常平仓,调节粮价,备荒赈恤。疏通灵渠,使夜晚可以用渠水灌田,白天保证行船,解决了当地行船和农田用水的矛盾,得到百姓拥戴。后人在灵渠旁建四贤祠,供奉的四贤中就有李渤。在桂管二年,因病罢归洛阳。太和五年(831年),以太子宾客征至京师,月余卒,时年59岁,赠礼部尚书。

李渤工诗文,书、画亦皆可喜。《旧唐书》对李渤的评价是:品德高尚,不随便附和。势利之徒谓其矫情求誉;正人君子言其以直言被斥,终不息言,以挽救时弊,值得尊重。

李渤在嵩山留下的遗迹有嵩山名胜清微宫。史料记载,清微宫原为李渤在嵩山隐居读书的小茅庵,元代改建为李渤宅,明代扩建为清微宫,清代重修了东真殿、西元武殿,并金妆两殿神像及前三清殿神像,外建大圣殿,修盖道房,围砌宫墙,种植柏树等。

独铁郁

独铁郁(774~814年),唐朝史学家。字古风,唐河南洛阳(今洛阳市)人。及长子。贞元十四年(798年)进士,文学有父风,为权德舆所器重,以女妻之。贞元末为监察御史。元和初举制科高等,拜左拾遗、右补阙。五年(810年),兼史官修撰,充翰林学士,迁起居郎、考功员外郎、史官修撰判馆事。参与修《德宗实录》。仕终秘书监。

郑 浣

郑浣(776~839年),唐朝官吏、文学家。本名涵,郑余庆子,嵩山荥阳人。贞元十年(794年)进士,历任秘书省校书郎、集贤院修撰等职,累迁右补阙。敢直言,无所讳。迁起居舍人、考功员外郎。郑余庆为左仆射,避讳改国子监博士、史馆修撰,后任中书舍人。文宗即位,擢翰林侍讲学士,命撰《经史要录》20卷。大和二年(828年),任礼部侍郎,后历任兵部侍郎等职,出为山南西道节度使、检校户部尚书兼御史大夫。以户部尚书召还,未及任而卒。著有文集30卷。

《阙史》载:郑浣一贯以勤俭朴素自律。他出任河南尹后的一天,一个堂兄弟的孙子前来见他。这个孙子靠务农为生,这次来是想让郑浣给他一个职位。他说:"我在本地作平民百姓已很久了,如果有个空缺的话,能否让我充当一名县尉,让我也体会一下衣锦还乡的感觉。"郑浣清廉的名声和端重的德行为世人所信赖,要办成此事只需给郡守写封信去即可。孙子临走之前郑浣召集甥侄们陪孙子一起会餐。席间食物中有蒸饼,孙子竟剥去饼皮,只吃里面的馅。郑浣见状非常生气,叹息道:"皮和馅怎么就不同了?我曾忧虑于世风的不淳朴厚道和日常生活的骄奢淫逸,考虑怎样才能还淳反朴,敦厚风俗;我同情你在乡下穿着破衣服靠体力种田的生活,想必你一定能体会种田的艰辛,不料你的虚浮不实竟然超过诸侯贵族家的纨绔子弟。"说完让他将扔掉的饼皮捡起来。孙子惊慌失措,将饼皮捡起来递给郑浣,郑浣接过来全部吃掉,随后让他回了客房。最后送他5匹缣帛,打发他回老家去了。

元 稹

元 稹

元稹(779~831年),中唐唐代文学家,新乐府运动的倡导者。字微之,别字威明,嵩山洛阳人。元稹先祖是鲜卑拓跋部,北魏孝文帝时改姓元。元稹幼年丧父,家境贫寒,常依靠舅舅扶持。母亲郑夫人教他读书写字,元稹勤奋刻苦,9岁学作诗文,15岁以明经及第。贞元十六年(800年)中进士,与白居易同登陆书判拔萃科,俱授秘书省校书郎,元、白即珩此时订交,白居易作《赠元稹诗》。元和元年(806年),应"才识兼茂明于体用"科策试,元稹第一,拜左拾遗。即日上疏论政,遭到执政者疑忌,被贬为湖南县尉。早期反对权贵宦官,但后转而依附宦官。先后任监察御史、唐州从事、通州司马、虢州长史、膳部员外郎。穆宗即位,元稹任祠部郎中、知制诰、中书舍人,翰林承旨学士,工部侍郎。裴度弹劾元稹,改任工部侍郎。长庆二年(822年),和裴度同拜同平章事,一度成为宰相。曾通过宦官援引,把自己创作的百余篇诗集献给穆宗李恒。二月建议为彻底息兵,应立即解除裴度的兵权。政敌诬元稹使人行刺裴度。后与李逢吉倾轧,居相位3个月复出为同州刺史,改浙东观察使。大和三年(829年),任尚书左丞。次年,拜武昌军节度使。大和五年(831年),暴卒于武昌节度使任上,赠尚书右仆射。卒前,托白居易为其撰墓志铭。

元稹的文学创作,以诗的成就最大。尤擅长乐府诗,穆宗时嫔御多歌元稹诗,宫中号"元才子""元和体"。诗作与当时大诗人白居易的诗同称为"元和诗体"。与白居易友善,共倡新乐府运动,时称"元白"。其诗对当时社会矛盾多有揭露和讽刺,对人民疾苦寄予同情,促进了文学与现实、文学与政治的深入结合,对新乐府运动的开展起了很大的推动作用。代表作有《田家词》、《织妇词》、《采珠行》、《上阳白发人》、《竹部》、《夫远征》、《遣悲怀》等,长诗《连昌词》较为著名。有《续会真记诗》30韵。元稹在散文和传奇方面也有一定成就。韩愈、柳宗元提倡古文,而朝廷制诰仍沿用骈体。元稹始创新体,以古文作制诰,格高词美,为人仿效。作有传奇《莺莺传》,又名《会真记》,为后来《西厢记》故事所由。

长庆末,元稹在越编删其文稿,自作序,集收录诗赋、诏册、铭诔、论议等100卷,题《元氏长庆集》,宋时只存60卷。另有《小集》10卷。编著古今刑政书300卷,号《元氏类集》。所作传奇《莺莺传》又名《会真记》,为后来《西厢记》故事之蓝本,在中国文学史上影响深远。

元稹在嵩山一带活动时,写有嵩洛风景名胜方面的诗,史料有录。

马 异

马异,唐朝诗人。嵩山洛阳人。唐德宗兴元元年(784年)进士,后不知所终。马异和卢仝为诗友,其诗词调怪涩,与卢仝相似。马异事迹不详。今仅存其诗《答卢仝结交诗》、《暮春醉中寄李干秀才》、《送皇甫湜赴举》若干。其中《贞元旱岁》这样写道:

赤地炎都寸草无,百川水沸煮虫鱼。
定应焦烂无人救,泪落三篇古尚书。

贾 岛

贾岛(779~843年),唐朝诗人。字阆仙,河北道幽州范阳县(今河北省涿州市)人。初,连败文场,囊箧空甚,遂为浮屠,名无本。贾岛貌清意雅,谈玄抱佛,所交悉尘外之人。况味萧条,生计岨峿。自题曰:"二句三年得,一吟双泪流。知音如不赏,归卧故山秋。"每至除夕,必取一岁所作置几上,焚香再拜,酹酒祝曰:"此吾终年苦心也。"痛饮长谣而罢。后还俗,屡举进士不第。元和五年(810年)冬,至长安,见张籍。后又到嵩山洛阳拜访了河南府少尹、著名边塞诗人李益。因受到李益热情的款待,高兴之际,向李益赠诗数首,其中有《欲游嵩岳留别李少尹益》。次年春,至洛阳,始谒韩愈,以诗深得赏识。从此,贾岛与韩愈共论诗道,结为布衣之交。贾岛在韩门时,与张籍、孟郊、马戴、姚合往来酬唱甚密。唐文宗

贾 岛

时,贾岛被授长江(今四川蓬溪)主簿。开成五年(840年),迁普州司仓参军。武宗会昌三年(843年),在普州去世。临死之日,家无一钱,惟病驴、古琴而已。

贾岛诗在晚唐形成流派,影响深远。唐代张为《诗人主客图》列为"清奇雅正"盛唐七人之一。清代李怀民《中晚唐诗人主客图》则称之为"清奇僻苦主",并列其"入室"、"及门"弟子多人。晚唐李洞、五代孙晟等人十分尊崇贾岛,甚至对他的画像及诗集焚香礼拜,事之如神(《唐才子传》、《郡斋读书志》)。贾岛与孟郊齐名,并称"郊寒岛瘦"。《全唐诗话》记载韩愈赠贾岛诗曰:"孟郊死葬北邙山,日月星辰顿觉闲。天恐文章中断绝,再生贾岛在人间。"贾岛著有《长江集》10卷,《诗格》1卷,通行有《四部丛刊》影印明翻宋本。李嘉言《长江集新校》,用《全唐诗》所收贾诗为底本,参校别本及有关总集、选集,附录所撰《贾岛年谱》、《贾岛交友考》以及所辑贾岛诗评等,较为完备。

贾岛在嵩山活动期间,作有《欲游嵩岳留别李少尹益》、《送无可上人》、《经苏秦墓》、《寄江上人》等与嵩山有关的诗,从中可见其创作风格和特点。

嵩山伊川县境内有贾岛墓。据《河南府志》载:"在府城西南30公里伊阙之东山,墓碑见存,墓址今不详。"

郑 肃

郑肃(？～847年)，唐朝武宗时宰相、儒学家。字义敬，嵩山荥阳人。出身于儒学世家。唐宪宗元和三年(808年)第进士，书判拔萃，补兴平尉，历佐使府。文宗大和初(827年)入朝为尚书郎。大和六年(832年)转太常少卿兼鲁王府长史。长于经学，博士有疑，必就决之。以谏议大夫兼长史进尚书右丞。文宗开成初(836年)外放为陕虢都防御观察使。开成二年(837年)，召拜吏部侍郎。帝以肃尝辅导东宫，言论典正，诏兼太子宾客，为太子李永授经。既而太子母爱废弛，终以忧死，郑肃出为检校礼部尚书、河中节度使。武宗立，累迁户部、兵部尚书，迁山南东道节度使。武宗会昌五年(845年)以检校尚书右仆射同中书门下平章事，加中书门下侍郎监修国史，与李德裕同辅朝政。宣宗即位，郑肃以其平时与李德裕亲厚而罢相，外调为荆南节度使。卒赠司空，谥曰文简。

郑 亚

郑亚(？～848年)，唐朝官吏。字子佐，嵩山荥阳人。郑畋父。元和十五年(820年)进士，以有文才受到李德裕赏识。德裕出镇浙西时引为从事。会昌初入朝为监察御史，累迁刑部郎中、给事中、桂管都防御经略使等职。及德裕贬崖州司户，他亦被抑任循州刺史。

徐 商

徐商，唐朝懿宗时宰相。字义声，或字秋卿。徐有功孙，祖籍偃师，徙居新郑。早年隐居于中条山中。大中十三年(859年)进士，历任秘书省校书郎，累迁侍御史，改礼部员外郎、寻知制诰，转郎中，召充翰林学士，拜中书舍人、户部侍郎判本司事、检校户部尚书，后出为襄州刺史、山东东道节度使等，擢御史大夫。后宣宗诏为巡边使，拜河中节度使、徙山南东道节度使，捕盗有方，屡有战功。咸通初(860年)，以刑部尚书充任诸道盐铁转运使，迁兵部尚书，封东莞县子，食邑500户。咸通四年(863年)，进中书门下平章事。咸通六年(865年)罢相，为检校右仆射、江陵尹、荆南节度观察使等。入为吏部尚书，累迁太子太保，卒。子徐彦若。

徐商在政期间对百姓照顾有加，减少他们的劳役，深受当地老百姓们的尊敬。死后被当地人民所纪念。

曹 确

曹确，唐朝僖宗时宰相。字刚中，嵩山洛阳人。父景伯，贞元十九年(803年)进士擢第，又登制科。开成二年(837年)登进士第，历聘藩府。入朝为侍御史，以工部员外郎知制诰，转郎中，入内署为学士,正拜中书舍人,赐金紫,权知河南尹事。累官兵部侍郎。咸通五年(864年)以本官同平章事,加中书侍郎兼修国史。确精儒术,器识谨重,动循法度。懿宗欲以伶官李可及为威卫将军,他力论不可。大和中,文宗欲以乐官尉迟璋为王府率,拾遗窦洵直极谏,乃改授光州长史。伏乞以两朝故事,别授可及之官。帝不之听。李可及善音律,尤能转喉为新声,音辞曲折,听者忘倦。京师屠沽效之,呼为"拍弹"。同昌公主除丧后,帝与淑妃思念不已。可及乃为《叹百年舞曲》。舞人珠翠盛饰者数百人,画鱼龙地衣,用官騑5000匹。曲终乐阕,珠玑覆地,词语凄恻,闻者涕流,帝故宠之。尝于安国寺作《菩萨蛮舞》,如佛降生,帝益怜之。可及尝为子娶妇,帝赐酒2银樽,启之非酒,乃金翠也。人无敢非之者,唯确与中尉西门季玄屡论之,帝犹顾待不衰。僖宗即位,崔彦昭奏逐之,死于岭表。曹确累加右仆射、判度支事、检校司徒、平章事、润州刺史、镇海军节度观察使等。以出师拒庞勋有功,加太子太师。弟汾,亦进士登第,累官尚书郎、知制诰,正拜中书舍人。出为河南尹,迁检校工部尚书、许州刺史、忠武军节度观察等使。入为户部侍郎,判度支。弟兄并列将相之任,人士荣之。

曹确因与毕諴俱以儒术进用,及居相位,又都清俭廉正,君子多之,时人并称为"曹毕"。

姚 合

姚合(约779~约846年),唐朝重臣、诗人。陕州硖石(今河南陕县)人。元和十一年(816年)进士,授武功主簿。宝应中,历监察御史、户部员外郎,金、杭二州刺史,后拜刑部郎中、给事中,官终秘书少监。世称姚武功。善写诗,其诗派被称"武功体"。姚合与贾岛友善,诗亦相近,世称"姚贾"。姚合诗多写赠别酬唱、个人日常生活和自然景色之作,写景状物工切,并能融入自己的身世之感。喜作五律,刻意求工,亦有不少作品反映时事民生。他以苦吟为诗,追求尖新冷峭,善于摹写自然景物及萧条状况,时有佳句。与贾岛相比,姚合诗较为平淡,多抒闲适自放之情。其诗曾为南宋永嘉四灵、江湖派及明代竟陵派所师法。其特色为内容多清幽淡远,语言多精巧工细。代表作《闲居十怀》、《武功县中作》30首、《寄友人》、《送王求》等,表现了姚合对仕途的牢骚悲愁,对生活追求淡泊平和的两大主题。著有《姚少监诗集》,另编有著名唐诗选本《极玄集》、《诗例》并传于世。其诗以五律为主要形式,写作题材以各个生活阶段的诗友酬和以及闲适情怀为主,多摹写自然景物,寺观亭台及萧条状况,风格清峭幽冷,颇有一种孤吟不平之气。姚氏世代为官,姚合幼年生活优渥,晚年飞黄腾达。

姚合应举京城前,少居河朔间,隐于嵩阳,亦曾饱尝贫病困顿之苦,也曾度过衣食不足之生活。在其《客游旅怀》一诗中,有谓:"旧业嵩阳下,三年未得还"的诗句。然而不论姚合之具体生活景况如何,贯串其一生者,殆为闲适情怀。其卒年不详,约当武宗会昌末(846年)宣宗大中初(847~850年)。谥懿,世称"姚武功"或"姚秘监"。有《姚少监诗集》10卷传世,今人刘衍著有《姚合诗集校考》。

姚合在嵩山活动期间,曾写有《送崔中丞赴郑州》、《送僧》、《嵩山松花》、《和李十二舍人、裴四二舍人两阁老酬白少傅见寄》等诗。

刘 乃

刘乃,唐朝官吏。字永夷,唐伊阙人。高祖武干,武德初拜侍中,即中书侍郎林甫从祖兄子也。父如璠,昫山丞,以乃贵,赠民部郎中。乃少聪颖志学,暗记《六经》,日数千言。及长,文章清雅,为时人所推重。天宝年间考中进士,补剡县(今天浙江嵊州市)尉。寻丁父艰,居丧以孝闻。既终制,从调选曹。大历十二年(777年),召拜司门员外郎。大历十四年(779年),擢为给事中,寻迁权知兵部侍郎。建中四年(783年)升任兵部侍郎。不久,朱泚发动兵变,唐德宗逃至奉天(今陕西乾县),刘乃称疾家中。朱泚派人叫他,他言病重不见。朱泚又遣伪宰相蒋镇以探视之名前来诱惑,他假装嗓子哑而不答。蒋镇用燃烧的艾绒熏烤他,直到把全身烧遍,刘乃仍不理睬。蒋镇知胁迫无效,遂叹息而去。后刘乃听说唐德宗逃至梁州,感到绝望。因是危惙,绝食数日而卒,时年60岁。德宗还京,闻乃之忠烈,追赠礼部尚书,谥贞惠。

施肩吾

施肩吾

施肩吾(780~861年),唐朝著名诗人、道学家。宪宗元和十五年(820年)进士,唐睦州分水县桐岘乡(贤德乡)人,字希圣,号东斋,入道后称栖真子。习《礼记》,有诗名。唐宪宗元和十五年(820年),施肩吾参加殿试,被钦点为状元。他在谢礼部陈侍郎云:"九重城里无亲识,八百人中独姓施。"不待除授,即东归,张籍群公吟饯。拍浮诗酒,趣尚烟霞,慕神仙轻举之学。诗人张籍称他为"烟霞客"。以洪州西山,十二真君羽化之地,慕其真风。由于生性淡泊,难耐官场交接,乃只身隐居于洪州(今江西南昌)西山之游惟观,潜心修道。以开成三年(838)正月一日"闭户自修,不交人事"。后在《与徐凝书》中自谓:"仆虽幸忝成名,自知命薄,遂栖心玄门,养性林壑。赖先圣扶持,虽年迫迟暮,幸免龙钟,其所得如此而已。"学道之余,惟以诗酒自娱,其自序诗集《西山集》曰:"二十年烟萝松月之下,饮而不食,肠胃无滓,形神益清,见天地六合之奥。"于此可见其学道后的自得与闲适。施肩吾晚年迁居澎湖。唐懿宗咸通二年(861年),谢世于澎湖,享年82岁。

施肩吾一生著作甚丰,可分诗歌和道家研究两大部分。诗作奇丽隽永,有诗《西山集》10卷、《闲居遣兴诗》100韵。道教著作有《西山群仙会真记》、《太白经》、《黄帝阴符经解》、《钟吕传道集》、《养生辨疑论》、《西山传道》、《会真》等记各1卷。其中《养生辨疑论》收录于《全唐文》中。《全唐诗》也收入其诗作。其养生之说亦见于《道枢》。

施肩吾在嵩洛活动期间,著有诗文,惜保存下来的很少。其中,小说《嵩岳嫁女记》收录于嵩山史料中。

李德裕

李德裕(787~850年),唐朝文宗、武宗时宰相,诗人。字文饶,赵州(今河北赵县)人。李德裕与其父李吉甫均为晚唐名相,中晚唐牛李党争中李党的领袖。李德裕出身高门(河北士族),初以父荫补校书郎,升监察御史。元和十五年(820年),唐穆宗即位,擢翰林学士,再进中书舍人、御史中丞。唐敬宗朝,牛党人物李逢吉、牛僧孺、李宗闵等当权,以衔恨其父吉甫,屡次摈斥德裕出外。曾在浙西观察使任上8年。所至革弊风、除淫祠、清寇盗,"人乐其政,优诏嘉之"。时皇帝荒淫,德裕每上章言事,进忠谠言。唐文宗朝,历官兵部侍郎、郑滑节度使、检校兵部尚书、西川(今四川成都)节度使。大和五年(831年),李德裕击溃吐蕃,收复疆土,而为牛僧孺所沮,终失维州。大和七年(833年)一度出任宰相。九年(835年),为李训、郑注等嫉恨,诬李德裕在镇结托漳王,图为不轨。乃授太子宾客,分怀东都。开成二年(837年)出为淮南节度使。唐武宗即位,李德裕再次入相,受到武宗的信任,言听计从。短短数年,外攘回纥,内平泽潞,威震中外;更严肃整顿吏治,裁汰冗官,制驭宦官,使朝政为之一新。执政期间外平回鹘、内定昭义、裁汰冗官、协助武宗灭佛,功绩显赫。会昌元年(841年)兼左仆射,及讨泽潞功成,拜太尉、封卫国公3000户。会昌五年(845年),协助武宗发动毁佛运动(唐武宗灭佛),一次拆佛寺4600余所,还俗僧尼26万余人。会昌六年(846年),德裕被刚即位的唐宣宗罢相。

李德裕

初出为荆南节度使,俄徙东都留守,寻贬潮州司马。大中二年(848年)再贬为崖州司户参军,流放到海南岛。在位时奖掖寒门后进,及南谪,或有诗曰:"八百孤寒齐下泪,一时回首望崖州"。在海南积极为当地百姓传授儒学,颇受百姓爱戴。四年后,唐宣宗大中三年(850年),死于海南海口住所,享年63岁,归葬伊阙。殁后10年,唐懿宗时,诏追复太子少保、卫国公,赠尚书左仆射。李德裕著有《次抑氏旧闻》、《会昌一品集》和《平泉山居草木记》等散文。

李德裕在嵩山活动期间,留下的遗迹主要有李德裕之祖置的位于今伊川城关镇梁村沟至窑底一带的平泉庄。史载,李德裕在其入仕之前,曾在嵩山西南麓的洛阳平泉庄修筑庄园讲学。其遗迹还有位于嵩山伊川县城关镇窑底村西北二华里处的李德裕墓,及现藏于新安县千唐志斋博物馆的李德裕妻刘氏墓志。

许 浑

许浑(788~约860年),唐朝诗人。字用晦,一字仲晦。原籍嵩山洛阳,迁居润州丹阳(今属江苏省),后又移家于洛阳。大和六年(832年)进士,任当涂、太平县令。大中三年(849年),为监察御史,"抱疾不任朝谒,坚乞东归"(《乌丝阑诗自序》),居润州丁卯村舍。后复起为润州司马。历虞部员外郎、睦州刺史、郢州刺史等职。晚年退居润州丁卯村舍,辑缀诗作,因名《丁卯集》。

许浑诗现存500首左右,无一首古体。近体以五、七言律诗居多。许浑诗以登临怀古见长,写景抒情、临别酬赠亦颇多佳作。名篇如《咸阳城东楼》、《金陵怀古》、《故洛城》,追抚山河陈迹,俯仰古今兴废,颇有苍凉悲慨之致。其《咸阳城东楼》之"山雨欲来风满楼"尤为千古传诵的名句。许浑"以擅长七言律绝驰名中晚唐诗坛,圆稳工整,属对精切为其所长"。其诗被称为"丁卯体",深为后世喜爱,以至出现了宋代"举俗爱许浑"（陈师道《次韵苏公西湖观月听琴》）、元代"多宗许郢州"（王璲《丁卯集序》）的现象。

现存有许浑《丁卯集》2卷，有明汲古阁刻本及《四部丛刊》影印的影宋写本。涵芬楼影印宋蜀刻本，题名《许用晦文集》，多拾遗2卷。《唐诗百名家全集》本所收，则于正集2卷外，有续集1卷，续补1卷、集外遗诗1卷，较为完备。《全唐诗》析为11卷，有相当数量诗篇与杜牧及他人诗作重见互出。

许浑在嵩山活动期间，写有《赠嵩山萧炼师》、《题卫将军庙》、《送萧处士归缑山》、《鸿沟》、《留赠偃师主人》、《酬钱汝州阳》、《洛城》等诗。

李 贺

李 贺

李贺（790～816年），中唐创造性的浪漫主义诗人。字长吉，福昌（今河南宜阳县）昌谷（三乡）人。李贺是唐高祖李渊的叔父李亮（封郑王）的后代，系唐宗室后裔。由于支远流疏，家境没落，生活贫困。李贺的父亲李晋肃，曾作过陕县令，大约在李贺18岁那年，便去世了。李贺身体瘦弱，但少小成材，7岁能诗，21岁应河南府试。元和初，去京师应试，其诗名动京师，因才华出众，结果名高被妒忌，以其父名晋肃，"晋"与"进"同音，避讳不得举进士，被剥夺了仕进的机会，只能在京作过品位低微的奉礼郎和协律郎。李贺因不甘权贵凌辱，愤然辞去。李贺体弱多病，每天勤学苦吟，不到18岁，头发便开始发白。李贺为诗呕尽心血，卒年仅27岁。

传统礼教虽然断送了李贺仕进之路，但却成就了他的诗歌创作。有人比喻：李贺好比一棵奇特之树，由于政治上的芽稍不得萌发，其营养和水分，便全部供给在诗歌的枝干上。尽管他生命短促，却成了中国诗坛上枝叶繁茂的森森巨树。李贺是一位富于创造性的诗人。以其诗见知于韩愈、皇甫湜，并和沈亚之友善。他的诗对统治集团的昏庸腐朽、宦官专权、藩镇割据的黑暗现实加以揭露和讽刺，也表现了政治上不得志的悲愤心情。李贺的诗想象丰富，炼词琢句，好用神话传说，创造出瑰丽的诗境，语言精彩绝艳，色彩浓重强烈，具有奇崛幽峭、穰丽凄清的浪漫风格。在诗歌的形象、意境、比喻、修辞上，都不屑踏袭前人。在中唐诗坛，李贺号称"诗鬼"，被誉为中国文学史上最具个性的诗人之一。他以丰富奇特的想象，生动逼真的形象和奇诡艳丽的词句结合在一起，为我们留下了千古名句。他创作出许多惊世骇俗的艺术形象，在唐代诗坛上独树一帜，为唐诗开辟了一个新的流派，对后世诗坛产生了很大影响。如毛泽东"天若有情天亦老"、"雄鸡一唱天下白"诗句，即从李贺诗中借取或化出的。但有些作品也失于阴郁低沉，语言流于晦涩。

李贺自编诗集4卷，收诗233首。至宋又有外集1卷。著名诗篇有《开愁歌》、《致酒行》、《金铜仙人辞汉歌》、《雁门太守行》、《老夫采玉歌》等。

李贺在嵩洛一带活动时，写有《洛阳城外别皇浦湜》、《东洛梁家谣》等诗。

卢仝

卢仝(约795~835年),唐朝文学家、诗人。自号玉川子,河南济源人,初唐"四杰"之一,卢照邻之后。十多岁时在扬州的叔父去世,卢仝去扬州处理完丧事后,慕名找到时任河南令的韩愈帮忙,居住在济源武山头,济源旧称玉川,故卢仝自号玉川子。将满20岁时,卢仝变卖家产,隐居嵩山,刻苦攻读。卢仝耿直孤僻,淡泊名利,尤为厌恶官场,不参加科考。此时,卢仝家有父母、妻子、女儿,另外还有两位年迈的老仆人,家境十分贫困。朝廷闻知他的才学,曾两度要起用他为谏议大夫,但卢仝厌恶朝廷宦官专权,鄙视官场龌龊,都未应命而谢绝。后因韩愈赏识而举家迁居洛阳。韩愈喜爱卢仝的才学和狷介高洁的节操,并对卢仝时有接济。后卢仝为生活所迫,卖掉宅屋南下扬州。曾在扬州尝试做生意,现在浙江乌镇的访卢阁,相传就是当年卢仝曾经营过的茶馆。据说,当年卢仝在这里救了茶圣陆羽,与之结为忘年交,从陆羽那里学到了很多知识。卢仝终究不是生意人,因经营惨淡,无奈只得变卖叔父留下的宅院,带着两船书回到洛阳。大和九年(835年),留宿大臣王涯家,适逢"甘露之变",与王涯一齐被宦官杀害。

卢仝工诗,其诗惊奇险怪,多愤世之作,深受韩愈、孟郊等推崇。其诗作对当时腐败的朝政与民生疾苦均有所反映,风格奇特,其诗歌的散文化亦与韩愈相类。名作《月蚀诗》,极尽险怪之能事,韩愈亦自愧弗如。著有《玉川子诗集》。卢仝还嗜茶,以"七碗茶歌"传世,常与朋友吟诗品茶,称其为"茶仙"。

卢仝年轻时隐居嵩山,自号为"少室山人"。韩愈曾写诗赞誉他"少室山人索价高,两以谏官征不起。"卢仝在嵩山隐居时,与河南令韩愈、著作佐郎樊宗师、诗人贾岛、孟郊等多有交往,在共度嵩山的时光中,常有漫步日野,登山览胜,吟诗唱诵之事,其中,他的名诗《萧宅二三事赠答诗(二十首)》就是这期间所作。

毕諴

毕諴(802~864年),唐懿宗朝宰相。字存之,嵩山偃师人。高宗时吏部尚书毕构丛孙。少孤贫,燃薪读书,刻苦自励。博通经史,尤能歌诗。文宗大和六年(832年)举进士,初为忠武节度使杜悰属官,入拜侍御史。杜悰镇许昌,辟为从事。悰领度支,諴为巡官。悰镇扬州,又从之。悰入相,諴为监察,转侍御史。武宗朝,宰相李德裕与杜悰不协,他善杜悰。杜悰为东蜀节度。悰之故吏,莫敢饯送问讯,唯諴无所顾虑,问遗不绝。德裕怒,将毕諴外调为磁州刺史。宣宗即位,德裕得罪,凡被谴者皆征还。諴入为户部员外郎,分司东都,历驾部员外郎、仓部郎中,以不计名位知名。后召为翰林学士、中书舍人,迁刑部侍郎。

自大中末,党项羌叛,屡扰河西。宣宗召学士对策边事。毕諴即援引古今,向宣宗陈古今破羌事例以供借鉴论,他被任为邠宁节度使、河西供军安抚使。毕諴至军,遣使告喻叛徒,诸羌率化。又以边境御戎,以兵多积谷为上策。同时招募军士屯垦,岁收谷达30万斛,省度支钱数百万。诏书嘉之,就加检校工部尚书,移镇泽潞,充昭义节度使。懿宗大中二年(806年),改太原尹、北都留守、河东节度使。太原近胡,九姓为乱。諴明赏罚,谨斥候,期年,诸部革心。就加检校尚书左仆射,移授汴州刺史,充宣武军节度、宋亳汴观察等使。其年,入为户部尚书,领度支。月余,改礼部尚书,同平章事,累迁中书侍郎、兵部尚书、集贤大学士。毕諴在相位3年,后以疾固辞位,诏守兵部尚书,以其本官同平章事,出镇河中节度使。咸通五年(864年)十二月卒,时年62岁。

毕諴在相位十分谨重,以同官任情不法,固辞而免,君子美之。毕諴通经史,工辞章,善书法,长于文学,尤精史术。

杜 牧

杜牧

杜牧(803~853年),晚唐诗人。字牧之,京兆万年(今西安)人,宰相杜佑之孙。26岁中进士后,在江西等使幕僚,后又任黄州、池州等地刺史,官至中书舍人。在诗坛上与李商隐齐名,被称为"小李杜",以别于李白、杜甫的"大李杜"。他成就功名,步入仕途,是从嵩山洛阳开始的。杜牧"少小孜孜",博览群书。青年时期,曾以《阿房宫赋》震惊文坛,不仅反映了他在文学方面的卓越才华,更重要的是显示了他在政治上的远见卓识。唐文宗大和二年(828年)进士,授弘文馆书郎、试左武卫兵曹参军,后转江西团练巡官、试大理评事,扬州淮南节度使府推官掌书记。大和九年(835年)才回到长安,希望能在政治上大展抱负。然而,他在长安看到的仍是宦官专权、竞争激烈的政治局面。他写《感怀》诗,从高祖、太宗、安史之乱后藩镇割据的局面,最后表达了自己的壮志、忧愤之情。在这种情况下,杜牧以有病由,任监察御史,分司东都。

重返洛阳,在监察御史这个闲散的官职上,杜牧的政治抱负,既得不到施展的机会,便心怀不平,过着纵情声色、放达自任的生活,出入于达官显宦之家,结交了不少名人居士,游历了洛阳的风景名胜,常常写一些感慨人生,或描写自己放浪生活的诗歌,嵩山地区史料有录。唐宣宗大中七年(853年),杜牧去世,年50岁。后来,他的外甥裴延翰为他编辑《樊川文集》20卷,诗文合为450篇。杜牧的代表作有《阿房宫赋》、《张好好诗》、《洛阳长句二首》、《山行》、《江南春》、《过华清宫三绝句》、《金谷园》等。

郑 朗

郑朗(?~857年),唐朝宣宗时宰相。字有融,唐荥泽(今荥阳市)人。郑珣瑜次子,郑覃弟。长庆元年(821年)进士,初为山南节度使刘公绰属吏,入迁右拾遗。开成中擢起居郎,累迁谏议大夫,为侍讲学士。郑朗以秉笔直录,文宗称其善守职。会昌中,任给事中,出为华州刺史,迁定州刺史,入拜御史中丞、户部侍郎,鄂岳浙西观察使,进义、宣武二节度使。后入朝历工部尚书、御史大夫,复为工部尚书加同中书门下平章事,又迁中书侍郎、集贤殿大学士兼修国史。大中十年(856年),因病辞相位,进检校右仆射兼太子少师。卒赠司空。

史载,郑朗是一个原则很强的人。郑朗入仕后曾任右拾遗,后"擢起居郎",专门在朝内记录皇上的言行。唐文宗开成年间(838年),文宗与宰相议政,见御案旁龙柱下郑朗正在执笔记事,便说:"方才所议之事都记下了吧,可否让我一观?"郑朗说:"依照常规,皇上不能阅'起居录'。"皇上说:"为何?"郑朗说:"向来做皇上的喜欢听颂扬的话,不喜欢听逆耳的话,起居录,不隐恶,秉笔直录,若有皇上听不得逆耳忠言,就会降罪史官,若史官怕死,就不敢如实记录,这样下去,朝史就不真实了。"文宗点头称是,夸郑朗善于职守。

方　干

方干(809~888年),唐朝著名诗人。字雄飞,号玄英,睦州青溪(今浙江淳安)人。从小爱吟咏,深得师长徐凝的器重。一次,因偶得佳句,欢喜雀跃,不慎跌破嘴唇,人呼"缺唇先生"。桐庐章八元爱其才,招为过门女婿,遂居家桐江白云源(今桐庐县芦茨乡)。唐宝历中,参加科举考试不第。以诗拜谒钱塘太守姚合。初次见面,因其容貌丑陋,姚合看不起他,待读过方干诗稿后,为其才华所动,于是满心欢喜,一连款待数日。开成年间,常与寓居桐江的喻凫为友,并与同里人李频唱和,诗来歌往,关系甚笃。大中年间,流寓会稽鉴湖。咸通年间,浙东廉访使王龟慕名邀请,一经交谈,觉得方干不仅才华出众,且为人耿直,于是竭力向朝廷推荐。终因朝廷腐败,嫉贤妒能,不被起用。后人赞叹他"身无一寸禄,名扬千万里"。方干诗名早著,擅名于杭越,流声于京洛。其诗冰莹霞绚,清润小巧,五律整紧,七律圆婉,或以为入钱起之室! 诗的内容有的反映社会动乱,同情人民疾苦;有的抒发怀才不遇,求名未遂的感怀。文德元年(888年),方干客死会稽,归葬桐江。方干门人搜集他的遗诗370余篇,编成《方干诗集》传世。《全唐诗》编有方干诗6卷348篇。宋景佑年间,范仲淹守睦州,绘方干像于严陵祠配享。

方干在嵩山活动期间,曾写有《江州送李侍御归东洛》、《游竹林寺》、《龙泉寺绝顶》、《寄李频》、《重阳日送洛阳李丞之任》、《赠中岳僧》等诗,散见于嵩洛史料之中。

郑从谠

郑从谠(?~888年),唐朝僖宗时宰相。字正求,嵩山荥阳人。郑余庆孙,尚书右仆射郑浣子。会昌二年(842年)及进士第,补校书郎。累迁左补阙、中书舍人。咸通中为吏部侍郎,出为河东节度使、岭南东道节度。僖宗召为刑部尚书,擢同中书门下平章事,进门下侍郎。沙陀都督李国昌劫府库为乱,朝廷以为忧,乃拜从谠检校司徒,以宰相秩复为河东节度兼行营招讨使,搏捕反贼,诛其恶首,胁从不问。时黄巢入京师,僖宗驻梁汉,诏从谠发其部属北面招讨副使诸葛爽入讨,从谠选士五千,遣部将论安从爽。沙陀人李克用乘机纵其部下大肆抢掠,从谠命论安与沙陀战,沙陀大败引还。僖宗中和三年(883年),以镇压黄巢起义有功,进太傅兼侍中,以疾乞骸骨,拜太子太保还第,卒谥文忠。

温庭筠

温庭筠

温庭筠(812~?),晚唐诗人、词人。本名岐,字飞卿,太原祁(山西祁县)人,生于宪宗元和七年(812年),他是唐太宗贞观初年宰相温彦博的裔孙。由于温彦博是追随李渊、李世民父子直兵太原的佐命元勋,因而温氏一家在唐朝初期曾十分显赫。但到了晚唐这个大族已经没落。温庭筠无现成的权势可倚仗,又无葭莩之亲可攀援,因而他读书求仕的意识十分鲜明。他文思敏捷,精通音律,善操琴吹笛。《旧唐书·本传》说他"能弦吹之音,为侧艳之词。"每入试,押官韵,难八叉手而成八律,时号"温八叉"。他的生活比较放荡,长期出入歌楼妓馆,被一般士大夫所轻视。他才高八斗,却两次参加科举考试,都名落孙山,终身与功名无缘。由于曾经得罪宣宗丞相令狐绹,被面奏"有才无行",使他在政治上一生不得志,晚年才当了方城县尉,最后官终国子监助教。

在温庭筠坎坷的大半生中,足迹遍于今陕西、山西、河南、河北、江苏、浙江、湖北、湖南、四川等省。在长期颠沛流离中,他写下了大量的诗词歌赋,少数作品对时政有所反映。在唐朝词人中,他是写词最多的一个,词的艺术上颇有造诣,对词的发展有一定的影响。他的词承继了南朝宫体诗的遗风,词多描写妇女服饰、容貌、情态、风格华丽浓艳,充满了脂粉气,为专写艳词的花间派词人开辟了道路,为这个文学样式的发展起了推动作用,被公认为"花间词派"的鼻祖。他的诗与晚唐最杰出的诗人李商隐齐名,并称为"温李"。《全唐诗》录他的词59首,《花间集》存他的词66首。

温庭筠在嵩山活动期间,写有《清凉寺》、《达摩支曲》、《洛阳》、《和赵嘏题岳寺》等诗。

李商隐

李商隐(约813~858年),晚唐文学家、诗人。字义山,号玉溪生、樊南生,怀州河内(今河南沁阳)人。自祖父起迁居荥阳,后李商隐在江南度过6年童年生活。当时他父亲在浙江东、西两道节度使府内当幕僚。江南的旖旎风光,陶冶了他幼小的心灵,培养了他缠绵的性格。李商隐的家庭文化教养很好,称得上世代儒墨,书香门第。他5年读经书,7年弄笔砚,对学问孜孜以求,历久不堕其志。10岁,父亲去世,他随母亲护送灵柩回到嵩山东北麓的荥阳。这时他的一位堂房叔父隐居荥阳,叔父通五经,贯六义,擅长古诗,对书法也很有研究。李商隐在守孝期间,跟他称之为"处士叔"的堂叔父学习古文,取得了很好的成绩。他性格刚直,知识渊博,在古文、书法上都有很高造诣。开成二年(837年)进士及第,时"牛李党争"激烈,他早年被牛党令狐楚、令狐绹父子赏识提举,后又为李党人士太原节度使王茂元幕僚,并娶其女为妻,故而长期同受两党排斥,一直在各节度使幕僚府中充任禄微位卑的僚属,一生坎坷,困顿终身。大中十二年(858年)秋,李商隐病卒,年46岁。他的后人将他葬于嵩山荥阳祖坟。

李商隐最大的文学成就是诗歌。晚唐时期,以李商隐为首的诗歌创作艺术别开生面,促使语言技巧走向精细绵密,情感表达走向纡徐含蓄,结构布局走向敛约回环,意境也走向深邃朦胧。李商隐早年诗作多揭露现实黑暗,抨击宦官专权与藩镇割据,咏史讽今,抒发政治抱负。晚期诗作则多忧郁感伤、感叹个人沦落。他的诗歌今存600多首。尤擅七律,富于文采,善于抒情,极具艺术感染力。但也时有用典过多,失于晦涩之作。人们多以构思新颖,富于想像,旨意深幽,婉曲动人,风采艳丽,吐韵铿锵,辞藻沉博,来概括其诗的艺术特色。尤其是所作爱情诗缠绵悱恻,情味独绝,广为流传,对后世影响很大。如《无题》中"相见时难别亦难,东风无力百花残。春蚕到死丝方尽,蜡炬成灰泪始干"已是不朽绝唱。代表作有

李商隐

《无题》、《锦瑟》、《七夕》、《荆山》、《莫愁》、《郑州献从叔舍人褒》、《东还》等。另外,李商隐又是唐代著名的骈文家。他写的骈体祭文《祭徐氏姊文》、《寄裴氏姊文》、《祭处士房叔父文》都很出色。其代表作《祭小侄女寄寄文》文中没有堆砌辞藻之嫌,将寻常琐事絮絮道来,而凄恻哀恸,如泣如诉,感人至深,为千古祭文中的名篇,可与韩愈的《祭十二郎文》媲美。文集散佚,后人辑有《樊南文集》、《樊南文集补编》,有《李义山诗集》、《玉溪山诗集》。李商隐的诗歌,对后世影响有积极与消极两个方面,但这取决于学习者对李商隐的诗歌的认识和自身的艺术修养,并不是李商隐的诗歌造成的。嵩山荥阳为李商隐的第二故乡,他一生常在嵩山的洛阳和荥阳生活,在这里写有不少的诗作,有名的有《东还》、《夕阳楼》等。

李商隐在嵩山留下的遗迹,有位于郑州市老城西南城墙上的夕阳楼旧址,楼今已不存,现仅存一约20平方米的基址;有位于荥阳城东豫龙镇苜蓿洼村东南500米处的李商隐墓。据《荥阳县志》载:"唐宣宗大中十二年(858年),李商隐逝世于荥阳,葬于县东二十里檀山之原。"

卢 携

卢携(824～880年),唐朝僖宗时宰相。字子升,其先居范阳,后徙家居郑州。父卢求为宝历元年(825年)进士,被许多府第征召,最终位至郡守。卢携为大中九年(855年)举进士,初为浙东节度府属官。咸通年间(860～873年),进入朝廷历任右拾遗、殿中侍御史。后转任员外郎中,长安县令,郑州刺史。后又被召进朝中,授职谏议大夫。乾符元年(874年),卢携以本官召充翰林学士,拜中书舍人。后升迁户部侍郎、学士承旨。乾符四年(877年),以本官进同中书门下平章事,又历任中书侍郎,兼任兵部尚书,弘文馆大学士。

乾符五年(878),黄巢起义军势如破竹,相继攻破楚国南部、江西外围以及虔、吉、饶、信等州,又从浙江东部攻克福建,转而西进岭南,攻破广州,杀节度使李岩,就向朝廷上表请求封为节度使。起初,王仙芝在河南起事,卢携举荐宋威、齐克让、曾衮等有将帅谋略者,被朝廷任用为招讨使。等到宋威杀了尚君长,导致起义军势力壮大。朝廷就任命宰相王铎为都统,卢携非常不高兴。浙江总督崔璆等人

上书,请求朝廷下诏委任黄巢节制广州军政,皇上下旨命宰相们议定。卢携因为对任用王铎为统帅不满,想要激怒黄巢,就坚持说不能让黄巢节制广州,只授官率府率。卢携与同列宰相郑畋争持不下,把砚台扔到地上。因此皇上同时免去两人宰相职务,任命卢携为太子宾客分司。

乾符六年(879年),高骈大将张麟数次打败起义军。卢携平时厚待高骈,时常举荐高骈为统帅。天子因为高骈有功,卢携因复相位。等到王铎失守,被罢免都统一职,由高骈取而代之。因此,潼关以东,汝、陕、许、邓、汴、滑、青、兖等州都换了统帅。凡是王铎、郑畋所任命的统帅,都被换掉。卢携在朝廷内部倚仗宦官田令孜,外借重藩镇高骈,总揽朝政。当时卢携得了风症,精神恍惚。政事定夺,都由身边官吏温季修决断,一时贿赂盛行。等到黄巢起义军侵扰淮南,张麟被杀,许州统帅被赶走,潊水官兵溃败。朝廷上下震惊,全部归罪卢携。等到黄巢起义军渡淮克洛阳、破潼关后,卢携被再次罢宰相职务,任太子宾客,当天夜晚服毒自尽。

卢携有子卢晏,天祐元年(904年),任河南县尉,后被柳璨所杀。

卢携工书法,着临池妙诀。首叙书法传授源流,自谓得永兴家法,乃取《翰林隐术》、右军《笔势论》、徐吏部《论书》、《窦臮字格》、《永字八法势论》,删繁选要,以为其篇,为目有八。

郑 颢

郑颢(？~860年),唐朝状元。字奉正,唐朝的荥阳人。后落籍河清(今河南孟津)。郑颢为唐宪宗宰相郑絪之孙。唐武宗会昌二年(842年),郑颢在京城长安考中状元。登第后任右拾遗,诏授银青光禄大夫。宣宗三年(849年)充翰林学士。宣宗为万寿公主招婿,白居易的堂弟、当朝宰相白敏中荐举郑颢,其时郑已赴婚楚州(今江苏淮安),将娶卢氏。已行至郑州,为白敏中所发堂帖追回,宣宗为其完婚,拜驸马都尉,又提为中书舍人、礼部侍郎,但郑颢又怀念卢氏女,深恨白敏中,后常于宣宗前告白的状。宣宗皆不以为然。郑颢历官刑部侍郎,吏部侍郎。唐宣宗大中十三年(859年),郑颢为检校礼部尚书,又任河南尹(河南的最高长官),大中十四年(860年)郑颢去世。郑颢的轶事在《资治通鉴》《新唐书》和《幽闲鼓吹》等书中均能找到。郑颢善于选拔人才,于礼部任上,曾两主礼试,处事公允。中国历史上总计可考的文武状元为777人,郑颢是中国历史上有据可查的唯一的一个"状元驸马"。

郑 畋

郑畋(825~883年),唐朝僖宗时宰相、文学家。字台文,嵩山荥阳人。郑亚之子。会昌二年(842年)进士,仕藩镇幕府。咸通五年(864年)进入朝廷,累次升官至中书舍人。十年,迁户部侍郎。十一年,充翰林学士。后来因错被贬为梧州刺史。唐僖宗即位,乾符元年(874年),郑畋以兵部侍郎进同中书门下平章事。五年罢相,再迁门下侍郎,封荥阳郡侯。乾符六年(879年),黄巢势盛,郑畋以"朝之乱本以饥",主张招安。所以,他请求朝廷授予黄巢岭南节度使,暂时承认流寇对岭南的实际控制。在郑畋看来,必要的妥协可以将流寇的危害限制在五岭之南,避免江淮和中原糜烂,以此来换得天下太平。而另一宰相卢携因为对任用王铎为统帅不满,想要激怒黄巢,就坚持说不能让黄巢节制广州,只授官率府率。郑畋与同列宰相卢携忿争不下,因此两人俱被免宰相职务。郑畋迁太子宾客,分司东都洛阳,旋召拜吏部尚书。广明元年(880年),黄巢起义军占据长安,僖宗出奔蜀。郑畋被用为凤翔节度使,召集畿内散兵,组织军队抗击黄巢军。中和元年(881年),郑畋击败黄巢部将尚让等于龙尾陂(今陕西岐山东),又与西北诸镇约盟,号召藩镇合兵攻打长安,为阻遏黄巢义军在关中的发展,竭尽气力。郑畋复以军功再进司空兼门下侍郎、京城四面行营都统,复诏授太子少傅,拜司空门下侍郎、平章事。不久,其部将李昌言兵变,赶走郑畋。于是郑畋被罢黜为太子少傅,分司东都洛阳。中和二年(882年),朝廷召郑畋至成都,复官以司空、门下侍郎、同中书门下平章事,主管军务。中和三年(883年),黄巢军从长安撤退,僖宗回到长安。时权宦田令孜及其兄剑南西川节度使陈敬瑄与郑畋不和,排挤郑畋。郑畋乃投其子于彭州(今四川彭州市)。不久病逝。赠太尉、太傅。长于制诰,其诗以《马嵬坡》最为著名。著有《玉堂集》、《凤池稿草》,均佚。今存诗16首,文11篇。

郑畋在嵩山的活动遗迹有位于偃师市南缑山下仙君观内的《唐郑畋谒升仙太子庙诗》碑。从此碑的诗题跋中可知,"余大中八年,为前渭南县尉,闲居伊、洛,常好娱游。春夏之交,独嵩少,路由缑岭,谒升太子庙。云霞之志,于是浩然,遂构诗一章,用申凝慕。"

韦　庄

韦庄(约836~910年),晚唐五代杰出诗人、伟大词家。字端己,京兆杜陵(今西安)人。大诗人韦应物四世孙。至韦庄时,其族已衰,父母早亡,家境寒微。唐初宰相韦见素后人,少孤贫力学,才敏过人。为人疏旷不拘,任性自用。广明元年(880年)45岁,在长安应举,正值黄巢军攻入长安,遂陷于战乱,与弟妹失散。中和二年(882年)始离长安赴洛阳。中和三年(883年)春,48岁作《秦妇吟》。不久避战乱去到江南,58岁回到长安,一心想要应试,以伸展其治国平天下之抱负。乾宁元年(894年)59岁登进士第,授校书郎。乾宁四年(897年),时年62岁,被"宣谕和协使"李洵聘为书记,同至西川,结识了西川节度使王建,回长安后,改任左补阙。天复元年(901年),66岁,应王建之聘入川为掌书记。天祐四年(907年),朱温篡唐。唐亡,力劝王建称帝。王建为前蜀皇帝后,任命他为宰相。蜀之开国制度多出其手。后终身仕蜀,官至吏部侍郎兼平章事。75岁卒于成都花林坊。

韦　庄

韦庄的诗风与其词风颇相近,自然流畅,浅近明丽,意境淡远,如《台城》、《忆昔》、《古别离》是他的名篇。中和三年(883年)三月,在洛阳著长诗《秦妇吟》,在当时颇负盛名。后人将《孔雀东南飞》、《木兰诗》与韦庄的《秦妇吟》并称为"乐府三绝"。他的词如《思帝乡》、《菩萨蛮》等色彩清淡、结构疏朗、意脉流畅,在花间词人中别树一帜,被誉为"千古词宗"的发源之作,被奉为词家准则,在我国文学史上占有重要地位。韦庄的词在文学史上与温庭筠齐名,世称"温韦"。诗方面今传《浣花集》10卷。其词无专集,散见于《花间集》、《尊前集》和《全唐诗》等总集中。近人王国维、刘毓盘辑为《浣花词》1卷,凡54首,盖取其诗集为名者也。

韦庄在嵩山活动时写有《颍阳县》、《题颍源庙》、《新正日商南道中作寄李明府》、《白牡丹》等与嵩山地区有关的诗,史料有录。

聂夷中

聂夷中(837～约884年),唐朝诗人。字坦之,嵩山洛阳人,一说河东(今山西省永济市)人。出身贫寒,备尝艰辛。咸通十二年(871年)中进士。由于时局动乱,滞留长安多年,后授华阴县尉。他在长安滞留很久,才补得华阴尉。到任时,除琴书外,身无余物。仕途颇不得意。不知所终。性俭,盖奋身草泽,备尝辛楚,率多伤俗闵时之举,哀稼穑之艰难。适值险阻,进退维谷,才足而命屯,有志卒爽,含蓄讽刺,亦有谓焉。

由于家庭出身贫寒和职位的低下,聂夷中接触劳动人民的机会较多,对他们的痛苦也知之较深,因此诗作多反映农民疾苦和豪族生活的淫奢。聂夷中诗多为五言,尤工乐府,内容充实,皆警省之辞,裨补政治,乐而不淫,哀而不伤,正国风之义也。聂夷中的诗多反映农民的痛苦生活,揭露封建统治者的淫奢,语言质朴无华,深切动人,风格平易而内容深刻,在晚唐靡丽的诗风中独树一帜。如《公子行二首》、《公子家》讽刺贵族公子的骄奢淫逸,《田家》、《咏田家》谴责封建赋役对劳动人民的惨重剥削,《杂怨二首》表现连年战乱造成人们家庭离散的痛苦,写来都情真意切,感人肺腑。《唐才子传》谓其"伤俗闵时"、"警省之辞,裨补政治"。诗人喜欢采用短篇五言古诗和乐府的形式,以质直的语言、白描的手法,寥寥几笔,将触目惊心的社会现象暴露在人们眼前,冷峭有力。像"医得眼前疮,剜却心头肉"(《咏田家》)这样的诗句,已成为家喻户晓的格言。其诗1卷,今传。《全唐诗》录存其诗30余首。

聂夷中在嵩山活动期间,写有《短歌》、《田家》、《访嵩阳道士不遇》、《杂怨》、《住京寄同志》等诗传于后世。

张全义

张全义

张全义(852～926年),唐末五代时洛阳地区的长官。字国维,初名言,又作居言。濮州临濮(今山东鄄城西南)人。黄巢起兵时,张全义加入了黄巢的起义军。黄巢攻入长安建立大齐政权时,任命他为吏部尚书、充水运使,主管大齐的水运事务。黄巢失败时,他到河阳(今河南孟州市)投降唐将诸葛爽,屡立战功,诸葛爽表请唐廷任他为泽州(今山西晋城)刺史。唐僖宗赐其名为"全义"。诸葛爽病死,大将刘经与张全义立诸葛爽之子诸葛仲方为留后。诸葛仲方年幼,刘经派张全义前去抵敌,张全义竟与李罕之结为同盟,调转矛头进攻刘经,结果被刘经打败。他与李罕之退保怀州(今沁阳),并向李克用求援。在李克用所派援军的联合进攻下,刘经和诸葛仲方被迫逃往汴州投靠朱温。张全义与李罕之分据洛阳、河阳,依附于朱温。李罕之任河阳节度使,张全义任河南尹,治理洛阳。

张全义初到洛阳时,历经多年战乱的洛阳,那里"白骨蔽地,荆棘弥望,居民不满百户"。仅存断壁残垣,破败不堪。张全义麾下,才百余人。张全义从他的部下中选出18人为屯将,每人发给一面旗一张榜,到周围18县的残存墟落树旗张榜,招抚流散逃亡的民众,劝耕农桑,恢复生产。不久,流亡的百姓渐渐回到家乡,在屯将的率领下重新安心生产。张全义为政宽简,除杀人者要偿命处死以外,其余都从轻处罚。"无严刑,无租税,民归之者如市,又选壮者教以战阵,以御寇盗。数年之后,都城坊曲,渐复旧制。诸县户口,率皆归复,桑麻蔚然,野无旷土。"洛阳周围30里内,有蚕麦丰收的农家,他一定亲自到访,招来全家老幼,赏给酒食衣料,表示慰劳。"民间言张公不喜声伎,见之未尝笑,独见良麦佳茧则笑耳"。对于有田荒芜的,他就召集民众查问原因,有因为缺牛耕地的,便要求有牛的邻里负责助耕。由于刑法合理,政策利民,所以,远近百姓闻名而来归附的不计其数,洛阳一带又以富庶而闻名天下。

李罕之是张全义的"刻臂为盟,永同休戚"的患难之交,又是张的上级,因军中乏食而经常向张全义求取军粮及缣帛,次数多了,张全义不满。文德元年(888)张全义于李罕之出兵攻打河东的晋(今山西临汾)、绛(今山西新绛)二州时,乘其后方无备,派兵袭取了河阳,自任河阳节度使。李罕之无奈,投奔晋王李克用,晋遣兵围攻张全义。张全义向朱温求救,朱温派兵救援才得解围。朱温安排大将丁会守河阳,令张全义依旧担任河南尹。张全义感谢这一次救命之恩,从此听命于朱温。朱温挟唐昭宗东迁洛阳时,令张全义修缮城池,张全义尽职尽责,洛阳又呈现出一些帝都景象。朱温称帝建立后梁,调他为天平军节度使、守中书令,封为东平王,还赐他名字"宗奭"。昭宗被杀后,又将他调回仍任河南尹,兼忠武军节度使、判六军诸卫事。此后,又分别册封他为太保、太傅、太师,这三种称号在当时都是最高的荣誉职衔,说明朱温对张全义极为宠信。张全义则始终记得当初朱温派兵救命之恩,忠心辅佐后梁皇帝。梁末,帝治国乏术,用将不当,终致后梁灭亡。后唐庄宗李存勖攻占后梁都城后,张全义便急忙从洛阳赶到开封,朝见李存勖并请罪以求宽恕。张全义表示自己"曾栖恶木,曾饮盗泉,实有瑕疵",改去朱温所赐宗之名,并请李存勖到洛阳行祭天之礼,公开表示效忠新朝。因此,张全义在后唐也受到尊崇,先被封为魏王,后改封为齐王,任命为守太尉、中书令、河南尹并兼领河阳。同光四年(926年),魏州发生了兵变,李存勖先派元行钦领兵镇压,没有成功,张全义极力保举李嗣源,李嗣源才得以领兵出征。但李嗣源到魏州后却与兵变将士合流,回师讨代李存勖,张全义不食而卒,享年75岁。

裴 铏

裴铏(约860年前后在世),唐末文学家,传奇文学鼻祖。咸通中(867年左右)为静海军节度使,作题《文翁石室诗》。唐咸通九年(868年)为静海军节度使高骈掌书记,加侍御史内供奉。唐僖宗乾符五年(878年)以御史大夫为成都节度副使。一生以文学名世,为唐代小说的繁荣和发展做出了巨大贡献。唐代小说之所以称为传奇,便是从其名著《传奇》一书命名的。这并非偶然,而是由其书所表现出的高超的文学水准所决定的。《裴航》是《传奇》中最为著名的一篇。小说写唐长庆年间,秀才裴航于蓝桥驿遇一织麻老妪的孙女,名云英,欲娶之,妪告以须用玉杵臼为聘。后航果求得玉杵臼,遂娶云英,两人并于婚后入玉峰洞为仙。这个故事据传说虚构而成,后人诗文中常用为典故。明杨之炯传

裴铏传奇

奇剧本《玉杵记》即由此故事敷衍而成。裴铏的作品很多,题材也不拘一格,非常宽广。《聂隐娘》一书深刻地揭露了唐代藩镇割据、争权夺利、互相残杀的丑恶真相。《昆仑奴》描写了一位武艺高强的老奴,帮助少主窃取豪门姬妾,成全了他们的爱情。另外,裴铏还写了一些含有教育意义的神话小说,如《韦自东》,写义烈之士韦自东被道士聘去护丹抗妖。妖魔化作巨蛇、美女,都被他一一识破,最后被一个变幻作"道士之师"的妖魔所欺骗,前功尽弃。作品教育人们要善于识破伪装,不能以貌取人。

在晚唐,裴铏是一个多产作家,他以自己的创作实践推动了中国小说的迅猛发展。裴铏著有《传奇》三卷,《新唐书·艺文志》多记神仙恢谲之事。其中《聂隐娘》一篇,亦见袁郊《甘泽谣》及段成式《剑侠传》。(此书系明人伪作)原书久佚,仅《太平广记》所录4则,得传于今。

裴铏的作品很多都取材于嵩山地区,如《裴航》、《姚坤》、《王居贞》、《陶尹二君》等,在当时影响很大。

房千里

房千里,唐朝诗人。字鹄举,嵩山洛阳人。幼有才学,太和间举进士,充任国子博士,后因罪贬端州别驾,终高州刺史。工诗,善为文,著有《杨倡传》、《南方异物志》、《投荒杂录》等。

郑处诲

郑处诲,唐朝官吏。字廷美,《旧唐书》作延美,嵩山荥阳人。唐文宗大和八年(834年)进士。初为校书郎,后历任给事中、工部侍郎、刑部侍郎、越州刺史、浙东观察使、汴州刺史,位终宣武军节度使、刑部尚书等职,卒于汴。

郑处诲祖父郑朗为定州节度使时,郑处诲为工部侍郎,因早朝假寐于待漏院,忽梦已为浙东观察使,经过汴州,而郑朗为汴帅,流连饮饯,仰视屋栋,饰以黄土,宾从皆所识。次年,郑朗果自定州镇宣武,辟韦重掌书记。重将行,郑处诲告以所梦。明年,郑处诲转刑部侍郎。其年秋,授浙东观察使。行及潼关,郑朗遣从事迎劳,仍致手书,令先疏所梦。比至汴,宴于清暑亭,宾佐悉符梦中。郑朗仰视屋栋曰:"此亦黄土也。"四座感叹移时。后五年,郑朗卒,郑处诲继为汴州节度使,乃赋诗一章,刻于厅事,以尽思朗之悲。

郑处诲生平酷爱读书,文辞秀拔,一生勤于著述,深为士林推重。所著小说集《明皇杂录》尤为著名,为世盛传。

孙 儒

孙儒(？~892年)，唐朝末年军阀。嵩山洛阳人，一说蔡州(今属河南)人。唐末割据军阀，兵势强盛，为人残暴，曾横行于江淮地区。黄巢起义军攻陷长安后，孙儒效力于蔡州节度使秦宗权麾下，被任命为都将，后随之投降黄巢。黄巢死后，秦宗权称帝，孙儒率军先后攻占洛阳、郑州等地，后因秦宗权败于朱温、李克用联军之手而被迫撤退。光启三年(887年)，唐淮南节度使高骈被部将所杀，淮南陷入混乱，秦宗权遂命其弟秦宗衡率孙儒军3万南下争夺扬州。不久，秦宗权复败于朱温，招秦宗衡率军回援。孙儒不愿回师，杀秦宗衡自立为主，与刘建锋、马殷和大将许德勋等盟誓，率骑兵7000人南奔，占据扬州一带，自称淮南节度使，号称"土团白条军"。后孙儒重贿朱全忠以求支持。全忠表请唐昭宗，唐朝政府授他为淮南节度使。此后，孙儒与原高骈部将杨行密常年征战，争夺淮南。景福元年，孙儒大军包围宣州，扎营于陵阳，杨行密与之交战，多不利，大将刘威认为："孙儒焚仓隳垒以来，粮尽将为我擒。若劲兵背城，坐制其困。"大将李神福也请求坚壁以待。孙儒无粮，只以活人为食，营中又疫病流行，只好分遣大将刘建锋、马殷等人到附近诸县抄掠，搜集粮草。杨行密得到消息后，知城中兵少，立率大将安仁义、田頵等人突然展开攻击，连破50余寨，在阵上将孙儒生擒，就地处死，传首长安。

郑 綮

郑綮(？~899年)，唐朝昭宗时宰相、文学家。字蕴武，嵩山荥阳人。及进士第，咸通、乾符中，周历台省，历任监察御史、左司郎中、庐州刺史、散骑常侍、国子祭酒等职。在任庐州刺史期间，岁满去，赢钱千缗，藏州库。后盗至终不犯郑使君钱。黄巢进军淮南，他致书黄巢请勿犯界，使庐州未遭攻击。迁右散骑常侍，敢于指陈时政得失。昭宗初，复为常侍。昭宗乾宁元年(894年)，任以礼部侍郎拜同中书门下平章事，诏下，郑綮曰："歇后郑五作宰相，事可知矣！"立朝侃然，无复故态，未三月以太子少保致仕。卒于唐昭宗光化二年(899年)。

郑綮善诗，好为诗托讽刺时，以语言滑稽诙谐知名，常作歇后隐语，时号"郑五歇后体"。史载，他生性滑稽，经常写一些讽刺诗，这些讽刺诗都很有特点，他通常只说前半句，不把意思说明，而"歇"去后半句，事实上他不说的后半句人人都明白，因此读者往往会会心大笑。这就是他自创的一种赫赫有名的诗体："郑五歇后体"。"歇后"这个词就起源于此。事实上有些道理常常是不能很直白地说透的，比如官场的腐败，直说得罪人不说，搞不好还会掉脑袋。因此他采取这种方法去讽刺与规劝。尽管如此，他的那个"给事中"(谏官)也很快被拿掉了，他的讽刺诗更是一首也没有流传下来，因为被统治者把持着的史书，是不会把他们记录进去的。

郑綮著有《开天传信记》1卷，民间盛传的"唐明皇游月宫"故事，即出此书，其书之名贵可知，今尚存。

于僧翰

于僧翰,唐朝书法家。嵩山洛阳人。师唐代隶书大家韩择木,笔画遒劲,自成一家。字势研美,参用篆法。以八分书称于咸通年间(860～873年)之际,绳规甚备。与时人贝冷该俱擅名江左。列其书入能品。其作品入选《集古录》、《墨池编》、《宣和书谱》等。

徐彦若

徐彦若

徐彦若(？～900年),唐朝昭宗时宰相。字俞之,唐懿宗朝宰相徐商之子。嵩山新郑人,祖籍嵩山偃师。咸通十二年(871)进士。僖宗时,以尚书郎知制诰,拜中书舍人。昭宗即位(889年),任为御史中丞,转吏部侍郎、检校户部尚书。代李茂贞为凤翔陇节度使,李茂贞不受代,复拜中丞,改兵部侍郎同平章事,进加中书侍郎,累兼左仆射、监修国史。乾宁初(894年),加开府仪同三司,守司空,进封齐国公,太清宫、修奉太庙等使,加弘文馆大学士,赐"扶危匡国致理功臣"名。昭宗自华还宫,进位太保、门下侍郎。时崔胤专权,以彦若在己上,欲事权萃于其门。光化三年(900年),徐彦若为检校太尉、同平章事、广州刺史、清海军节度、岭南东道节度等使,卒于镇。

郑 准

郑准(？～903年),唐朝文学家。字不欺,嵩山荥阳人。工文辞,擅长笺奏。乾宁初(894年)进士。居荆州成汭幕推官10年,后有一事,致他与成汭不合。缘由为成汭生日,杨行密赠《初学记》,郑准以为是对成汭的轻侮,极谏不听,辞职而去。成汭怒其去,杀之。郑准能诗,与贯休、尚颜唱酬。著有《渚宫集》1卷,已佚。今存其诗5首,文1篇。

郑 珏

郑珏(？～932年),唐御史、五代后梁宰相、后唐司空。郑綮侄孙,一说小字十九郎,嵩山荥阳人。唐光化元年(898年)擢进士第。历弘文馆校书、集贤校理、监察御史。入梁为补阙、起居郎,累迁中书侍郎,翰林学士承职。郑珏文章美丽,旨趣雍容,仪表堂堂。后梁贞明二年(916年)以中书侍郎同平章事。后唐庄宗李存勖灭梁,责授莱州司户,移曹州司马,寻入为太子宾客。明宗李嗣源即位,欲授珏与任圜并为宰相,钰以老病耳疾,四上章请辞,乃授开府仪同三司行尚书左仆射致仕,又赐郑州庄第一区。后唐长兴年间(930~933年)卒于郑州,赠司空。

郑裔绰

郑裔绰,唐朝官吏。唐荥泽(今荥阳市)人。郑珣瑜之孙,郑覃之子,以门荫入仕,累官至谏议大夫。唐宣宗大中初年(847年)为谏议大夫,后又有升迁。郑裔绰继承了祖父、父亲的遗德,生性正直,忠于朝廷,常因直谏违逆圣上,曾因直言忤旨,被贬官为商州刺史。史书说他"峭立有父风"。后又起用为浙东观察使,终太子少保。

郑裔绰任谏议大夫期间,荆南节度使杨汉公因贪污被降罪免官,但朝廷又任他为同州刺史。郑裔绰和同僚认为不可,皇上不悦,郑裔绰坚持说:"同州是太宗当年发迹立朝之地,将这重要的地方,交给一个贪贿之人去治理,实为不妥,望陛下慎重思之。"宣宗明白过来,高兴地说:"非卿言,朕险些忘了此事。"于是罢免了杨汉公的同州刺史。

郑仁表

郑仁表,唐朝文化名人。字休范,嵩山荥阳人。郑肃孙,约唐大中至乾符年间在世,累擢起居郎。郑仁表以门阀文章自傲,曾言"天瑞有五彩云,人瑞有郑仁表"。刘邺为布衣时,到其家拜访,他藐视刘邺所进的文章。刘邺为相时,将他贬往岭外,客死于贬所。今存诗两首。

释亚栖

释亚栖,晚唐名僧,著名书法家。嵩山洛阳人。早年出家为僧,能诗文,喜书法,善草字。《宣和书谱》中说他"喜作字,得张颠笔意,昭宗光化中对殿庭草书,两赐紫袍,一时为之荣。"他自己也曾作《对御书后》一绝,云:"通禅笔法得玄门,亲入长安谒至尊。莫怪出来多意气,草书曾悦圣明君。"此可看出释亚栖对自己书法的得意和自负。明代李晔《六研斋二笔》中言"亚栖书开元寺壁,笔势浓郁,古帖有之,亦是晚唐奇迹。"释亚栖不但在书法实践上颇有造诣,而且还是一位不可多得的书法理论家,他喜欢论书,所著《论书》中提出了"凡书通即变"的著名观点,以为"变"是书家成功的关键,他说:"凡书通即变。王变白云体,欧变右军体,柳变欧阳体,永禅师、褚遂良、颜真卿、虞世南等,并得书中法,后皆自变其体,以传后世,俱得垂名。若执法不变,纵能入石三分,亦被号为书奴,终非自立之体。此是书家之大要。"释亚栖重视"变"的倾向反映了禅家不立宗派的精神,是与释亚栖禅僧的身份是相符合的。释亚栖善草书,但黄庭坚却说"草书书法坏于亚栖",这种指责正好从一个侧面反映了释亚栖不为前人"书奴"的"变"的书法风格。《书史会要》评亚栖云:"喜作字,得张颠笔意,每论颠云:'人徒知张之颠,而不知实非颠也'……此亚栖所以独得,而世俗语未必知也。"释亚栖虽然得张旭笔意,但没有成为张旭的"书奴",自有"独得",所谓"禅心语事,独得精微"也。

郑 审

郑审,唐朝著名画家。嵩山荥阳人,乾元中任袁州刺史,工诗画。

郑 町

郑町,唐朝著名画家。嵩山荥阳人。善画山水,以淡雅为其特长。

郑 谷

郑谷

郑谷(848～911年),唐末诗人。字守愚,袁州(江西宜春)人。幼颖悟,7岁能诗。光启三年(887年)举进士第,授京兆鄠县尉,迁右拾遗补阙。乾宁四年(897年)为都官郎中,诗家因称郑都官。曾作《鹧鸪》为时人传诵,因号"郑鹧鸪"。郑谷诗属唐末流行的那种轻巧清快的格调,清婉明白,不俚而切,为薛能、李频所赏,诗名颇盛。与许棠、任涛、张嫔、李栖远、张乔、喻坦之、周繇、温宪、李昌符唱答往还,号"芳林十哲"。僧齐己携诗来谒,谷读至早梅"前村深雪里,昨夜数枝开"句,乃曰:"数枝非早也,未若一枝佳。"齐己不觉拜倒曰:"我一字师也。"郑谷一生作诗不下千首;因曾"寓居云台道舍",故称诗集为《云台编》,一名《宜阳集》,又叫《郑守愚文集》,共分上、中、下三卷。另著有《宜阳外编》、《国风正误》等书籍,有的著作已失传。《全唐诗》收录郑谷诗327首。郑谷在嵩山活动期间写有《赞中岳八景》、《题嵩高隐者居》、《旅寓洛南村舍》、《题汝州从事厅》等诗歌多首,史料有录。

李 晔

李晔(867～904年),唐昭宗。是唐朝第二十位皇帝(889～904年在位)。他是唐懿宗第七子、唐僖宗的弟弟。姓李讳杰,即位后改名为晔,然后又改名为敏。唐昭宗即位后,藩镇趁着平定农民起义的机会逐渐扩大,唐政府已经名存实亡,唐昭宗根本没有实权。后来,唐昭宗被当时最大的藩镇朱温控制。朱温为了灭亡唐朝,自己做皇帝,先杀掉宫里所有宦官,再不顾大臣反对,迫使昭宗迁都洛阳,接着镇压各地藩镇,最后又于天佑元年(904年)在洛阳杀害了唐昭宗。昭宗葬于嵩山偃师缑氏景山的温陵,谥号为圣穆景文孝皇帝。唐昭宗即皇帝位后的16年,一直是藩镇手中的傀儡。昭宗死后,他的第九子李柷被拥立为唐哀帝,但很快就灭亡。

释亚楼

　　释亚楼,唐朝僧人、书法家。嵩山洛阳人。释亚楼久居寺庙,烧香念经。别的和尚空闲时就偷偷下棋睡觉,释亚楼却买了砚墨笔纸练习书法。有时深更半夜,他还在苦苦练习。一年年过去,他写字的功夫越来越深。许多烧香拜佛的人,也来请他写字,他都一一答应。他的草书,写得尤其飘逸奔放。有人问他:"草书怎样算好?"释亚楼写了8个字:"飞鸟出林,惊蛇入草!"其书法得张旭笔意。光化年间(898～900年),著《论书》传世。

五代十国

李袭吉

　　李袭吉(？~906年),五代十国后唐著名幕僚。自言左相林甫之后,父图,为洛阳令,因家焉。乾符末,李袭吉应进士举,遇乱,避地河中,依节度使李都,擢为盐铁判官。及王重荣代,不喜文士,时丧乱之后,衣冠多逃难汾、晋间。李袭吉访旧至太原,被河东节度使李克用署为府掾,后出为榆次令。光启初(885年),李克用遇难上源,记室殁焉,既归镇,辟掌奏者,多不如旨。有荐李袭吉能文,召试称旨,即署为掌书记。李袭吉博学多通,尤谙悉国朝近事,为文精意练实,动据典故,无所放纵,羽檄军书,辞理宏健。唐昭宗乾宁三年(896年),迁节度副使,从李克用讨王行瑜,拜右谏议大夫。及师还渭北,武皇不获入觐,李袭吉为武皇作违离表,中有警句云:"穴禽有翼,听舜乐以犹来;天路无梯,望尧云而不到。"昭宗览之赞叹。洎袭吉入奏,面诏谕之,优赐特异。《北梦琐言》:袭吉从李克用至渭南,令其入奏,帝重其文章,授谏议大夫,使上事北省以荣之。其年十二月,师还太原,王珂为浮梁于夏阳渡,袭吉从军,时笮断航破,武皇仅免,李袭吉坠河,得大冰承足,沿流七八里,还岸而止,救之获免。

　　唐天复中,武皇李克用(生前称晋王,其子李存勖建后唐时,追尊为后唐太祖武皇帝)与梁有隙,交兵累年。后武皇议欲修好与梁通和,命书记李袭吉为书谕梁太祖朱温,辞退甚辨丽。梁太祖使人读之,至于"毒手尊拳,交相于幕夜;金戈铁马,蹂践于明时",叹曰:"李公僻处一隅,有士如此。若吾之智算,得袭吉之笔才,虎傅翼矣!"。

　　李袭吉博学多闻,文章辞理宏达,简赅精当,为世人所传颂。他为人恬淡,以文辞自娱,有士大夫风范。从李克用15年,深受重用。天祐三年(906年)六月以风病卒于太原。后唐同光二年(924年),庄宗诏赠李袭吉为礼部尚书。

朱温

　　朱温(852~912年),梁太祖,五代后梁开国皇帝。号称"唐末天下纷争第一人"。又名朱全忠、朱晃,少为乡里流痞。宋州砀山(今属安徽)人。朱温出身低微,幼年随母做佣工。唐乾符四年(877年)参加黄巢农民起义军入长安,唐中和二年(882年),在黄巢大齐政权中任东南行营先锋使,同州防御使。同年九月,朱温叛变,投降唐河中节度使王重荣,唐僖宗赐名全忠,任命其为金吾卫大将军,充河中行营招讨副使,与李克用等联合镇压黄巢起义军。次年,改宣武节度使(今开封),加东北面都招讨使,这一职官的任命为其后来占据汴州奠定了基础。后因功晋封为梁王。他以河南为中心,不断扩充势力,长期与李克用父子混战。唐光化四年(901年)入关中,控制了唐王朝的中央政权。天复四年(904年),他胁迫唐昭宗东迁洛阳,至洛阳随即杀昭宗,立其幼子为唐哀帝,又贬杀宰相独孤损等30余人。天祐四年(907年),杀唐昭宗李晔及哀帝李柷,代唐称帝,建国号梁(史称后梁),改元开平,改名朱晃,建都开封,称东都,以洛阳为西都。开平三年(909年),迁都嵩山洛阳,沿用隋唐洛阳城,据有78州。朱温称帝前后比较重视农业,曾奖励农耕,减轻租税。任

梁太祖朱温

命张全义为河南尹,前后居洛达40年,发展都畿农桑,恢复洛阳城区生产。他还革除唐朝积弊,多次发布政令,不准放杂差役,妄有科配,敬有故违,必行重典。对在梁朝政权建立过程中功绩显著的部分官吏,一方面大加杀戮,消除骄横跋扈的气焰,使功臣骄横,由是稍肃;一方面,使用恢复百官全俸的方法,以收买笼络人心。通过以上几种措施,朱温以洛阳一带为依托,基本控制了黄河中下游地区,势力超过河东之晋、凤翔之歧及南方吴、剑南前蜀等。但朱温多年一直与占据太原的李克用父子厮杀征伐,消耗了大量人力和财力,逐渐丧失其军事优势。朱温本性残暴多疑,在战争中戮杀无度;加之因皇位之争内部矛盾尖锐,终于在乾化二年(912年)六月,被其子朱友珪所杀,卒年61岁,庙号太祖。同年十一月葬于嵩山伊川县白沙乡常岭村南的宣陵。陵墓南面原有神道,两侧各有一排石像生,有石人、石马、石羊等,四周筑有陵园垣,今已毁。

王彦章

王彦章(863~923年),五代时后梁将领。字贤明(一作子明),梁郓州寿张(今山东梁山西北)人。王彦章少年从军,随梁太祖朱全忠征讨,以骁勇闻名,每战常为先锋,持铁枪驰突,冲锋陷阵,奋疾如飞,军中号为王铁枪。王彦章屡立战功,由开封府押衙等职累进为行军先锋马军使、检校司空、汝州防御使、匡国节度使、北面行营招讨使,封开国侯。王彦章性刚直,痛恨权臣赵岩、张汉杰等扰乱朝政,遭到排挤和非难,谋不见用。后梁龙德三年(923年)四月,后唐军攻占郓州(今山东东平西北),梁朝廷大惊。经宰相敬翔力荐,梁末帝朱友贞任王彦章为北面招讨使,问其破敌之期,答以只需三日。王彦章命甲士600乘夜斩断连结德胜(今河南濮阳)南北城的浮桥,使据守两岸的唐军不能相救;自率精骑袭破南城。唐军弃守北城,恰为三日,梁军声势大振。同年十月,唐大举攻梁,王彦章奉命率领保銮骑士和新募兵卒防守东路,在中都(今山东汶上)战败被俘。后唐欲用其才,屡遣人劝降,因不屈终遭杀害,时年61岁。晋高祖追为太师。

王彦章在嵩山留下的遗迹,有位于嵩山东北麓的荥阳市北邙乡刘沟村西山顶的彦章寨;有位于嵩山东麓的新密市东南28公里刘庄村的王彦章墓;有位于嵩山东麓的新密市东南25公里的苟家滩(现名苟堂)。相传,苟家滩当时为一潭湖水,王彦章曾据守此地,与李存勖水战。东南山口半腰西侧钉有大铁环一个,称"门船钉",传为王彦章拴船所用。西南大鸿山北麓,现仍有村庄名"船头",是王彦章

停船的地方。

张　图

　　张图,五代后梁官吏、画家。嵩山伊川人。字仲谋。当朱温判巢,唐僖宗授以宣武节度使时,张图为温掌行军、资粮、簿籍诸事,人呼之为将军。张图好绘事,善泼墨山水,不由师授,自成一家。

索长官

　　索长官,五代时期嵩山县吏。索长官在密县公堂受理断虎一案,被传为美丽动人的故事。古时密县森林茂密,虎豹很多,村民王小到林中砍柴,不幸被虎吃掉,其母杨氏到县衙告状。索长官派衙役将虎捉拿归案,于县城游街示众,在大堂征得杨氏同意后,公判老虎抚养王母,老虎点头伏法。于是索长官另找了一处僻静的地方,也就是现在新密西关菜园沟口东岭土岩上的一个窑洞,让老虎在此养活王母。此后,老虎每天衔一小兽让王母吃,时间长了,王母将老虎当亲儿子看待,老虎经常卧在王母跟前戏耍,晚上为王母守门,相互之间非常和谐融洽。一天,老虎前趾被刺扎伤,王母用针为虎挑刺,因用力过重,老虎一龇牙,大吼一声,王母就被吓死了。直到王母死后,老虎才悲伤地离境。人们为了纪念这一事件,将那个窑洞称为老虎养娘洞,称湾子河审虎处为断虎岩,湾子河也因此而出名。

　　据《密县志·山水志》记载:索长官死后,就埋在老城西南菜园沟口,即老虎养娘洞对面的土岭上。墓前立有古碑,古碑有遗像。清嘉庆十九年(1814年),密县知县景纶移嵌城内西北隅(百子殿西)长官祠中,并作《移索长官墓碑序》。碑文载:"余以辛未秋始来治密,阅县志西南三里许,有五代索长官墓,越明年展拜其地,墓旁卧残碑剂苔洗薛,俨然当年献虎像,断仆久矣,雨淋日炙,樵牧磨磷是虞乃议移于城内西北隅之长官祠,俾工龛植而嵌于壁,焉第碑徙而墓无志,则后莫辨认爱就其址树石表之,若长官事蹟具载志乘兹不录也,因作七律诗以寄感:图画幸传慈惠貌,威仪常现宰官身。我来拂拭苍苔裳,凭吊当年虎尽驯。"当地百姓为永久纪念爱民如子的索县令,为其建祠庙,并请入名宦祠,荣享祀典。

杨凝式

杨凝式

　　杨凝式(873~954年),唐末五代时期书法家。字景度,号虚白,华阴(今陕西华阴)人。门下侍郎杨涉之子。唐昭宗时进士,官秘书郎,后历仕后梁、唐、晋、汉、周五代,官至太子太保,世称"杨少师"。因为对时局的混乱,政治的多变极为苦痛,杨凝式性格狂放不羁,故人称"杨风子"(即杨疯子)。后周世宗显德元年(954年),杨凝式去世,追赠太子太傅。

晋时,以礼部尚书致仕,闲居伊洛之间。杨凝式好游佛寺道观,兴起时常在粉壁上题字,当时洛阳200多寺观均有其壁书,风靡一时。杨凝式的这些题壁作品一直到北宋时期还可以看到许多,黄庭坚就曾说:"余曩至京师,遍观僧壁间杨少师书,无一不造妙入神,当与吴生画为洛中二绝。"

杨凝式长于歌诗,善于笔札。他的书法初学欧阳询、颜真卿,后又学习王羲之、王献之,一变唐法,用笔奔放奇逸。无论布白,还是结体,都令人耳目一新。在晚唐书法衰落的形势下,挺然崛起,独树一帜,在书法历史上历来被视为承唐启宋的重要人物。他的书风直接影响北宋书坛,宋人对杨凝式顶礼膜拜。"宋四家"(即苏轼、黄庭坚、米芾、蔡襄)都深受其影响。其代表作有《韭花帖》、《卢鸿草堂十志图跋》、《神仙起居法》和《夏热帖》等。

人称杨凝式的书法艺术是在唐、宋两代的书法艺术高峰之间架起了一座桥梁。就书法艺术的发展而言,有宋一代,至于此后的学杨凝式者,可以说是代不乏人,但能够得其神髓者却寥寥无几。

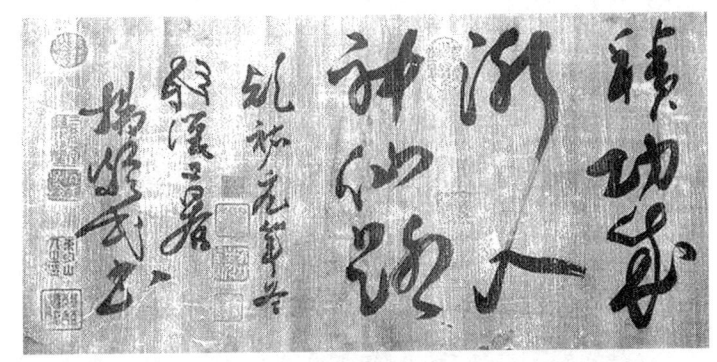

杨凝式《神仙起居法帖》局部

袁 义

袁义,五代后唐画家。嵩山登封人,隶侍卫亲军。善画鱼,生趣盎然,能穷其变态,极尽其妙。

高万兴

高万兴(?~925年),五代后梁将领。嵩山洛阳人。祖君佐,鄜延节度判官。父怀迁,都押衙。高万兴与弟万金俱有武干,效用于本军。唐末,河西自王行瑜败后,郡邑皆为李茂贞所强据,以其将胡敬璋为节度使,高万兴为胡敬璋骑将,昆弟俱有战功。朱温杀害昭宗,高万兴随李茂贞领兵东征西攻,久战无功。天祐五年(908年)冬,敬璋卒,高万兴率部下数千人降于朱温,被授鄜延招抚使。与刘知俊合兵攻鄜(今富县)、坊(今黄陵县东南)、丹(今宜川县)、延(今延安市北)等州。梁祖乃分4州为2个镇,以万兴、万金皆为帅。及万金卒,梁祖以高万兴兼彰武(治延州)、保大(治鄜州)两镇节度使,累加至太师、中书令,封北平王。庄宗定河洛,高万兴来朝,预郊礼陪位,既还镇,复以旧爵授之。同光三年(925年)十二月,高万兴卒于任所。以其子允韬权典留后。

李保殷

李保殷(?~约924年),五代后唐刑律家。嵩山洛阳人。唐昭宗时,由处士除太子正字,改钱塘县尉。浙东帅董昌辟为推官,调补河府兵曹参军,历长水令、《毛诗》博士,累官至太常少卿、端王傅。

入为大理卿,撰《刑律总要》12卷;与兵部侍郎郗殷象论刑法事。左降房州司马。同光初,授殿中监,以其素有明法律之誉,拜大理卿;未满秩,属为人所制。保殷曰:"人之多辟,无自立辟。"乃谢病以归,卒于洛阳。

李存勖

李存勖

李存勖(885～926年),五代时后唐皇帝庄宗。小名亚子,李克用长子。应州人,自幼喜欢骑马射箭,胆力过人,为李克用所宠爱。少年时随父作战,11岁就与父亲到长安向唐廷报功,得到了唐昭宗的赏赐和夸奖。成人后状貌雄伟,稍习《春秋》,略通文义,作战勇敢,尤喜音声、歌舞、俳优之戏。开平二年(908年)正月,父李克用病死,李存勖于同月袭晋王位。办完丧事,他就设计捕杀了试图夺位的叔父李克宁。开平五年(911年),李存勖在高邑(河北高邑县)打败了朱全忠亲自统帅的50万大军。接着,攻破燕地,将刘仁恭活捉回太原。九年后,他又大破契丹兵,将耶律阿保机赶回北方。经过十多年的交战,李存励基本上完成了父亲遗命,于923年攻灭后梁,统一北方,四月,在魏州(河北大名县西)称帝,国号为唐,不久迁都洛阳,年号"同光",史称后唐。称帝后,他认为父仇已报,中原已定,不再进取,开始享乐。他自幼喜欢看戏、演戏,即位后,常常面涂粉墨,穿上戏装,登台表演,不理朝政;并自取艺名为"李天下"。同光四年(926年),皇甫晖在邺都叛乱,李存勖命李嗣源前往讨伐,石敬瑭也一同出征。在魏州城下李嗣源却被叛军恭迎入城,李嗣源百口莫辩,遂受石敬瑭摆布而拥兵自立,与魏州的叛军合兵一处。李嗣源占据大梁(今河南开封),进军洛阳,先锋石敬瑭则带兵逼近汜水关(河南荥阳汜水镇),李存勖决定亲征反击。这时担任指挥使的伶人郭从谦趁机叛变,火烧兴教门,存勖被流箭射中,王全斌将其扶至绛霄殿,渴懑求饮,宦官奉进酪浆,喝完一杯,遽尔殒命。后李嗣源入洛阳杀尽叛臣,葬存勖尸骨于伊川县城关窑底村西的雍陵,庙号为庄宗。后人评价:李存勖建国为皇之前,和后梁血战十余年,大小百余战,作战英勇异常。但会打天下,却不懂得治天下,宠幸伶人,重用宦官,又吝啬钱财,不懂抚恤士兵,三年即失败之速,亦是罕见。

演艺界的后人十分敬重他。在嵩山地区的一些旧戏班里一直保留着庄宗的木雕神像,把他奉为优伶祖师。每逢重要演出,就要举行拜庄王爷的仪式。这应是对庄宗为戏剧事业所做贡献的最高奖赏。

史载:同光二年(924年)十一月,李存勖打猎于伊阙(伊川县城以西),命随从官员拜谒后梁太祖朱温的陵墓。同光三年(925年),庄宗猎于白沙。

卢质

卢质(866~942年),五代后唐名臣。字子征,洛阳东人。幼聪慧,善属文。事唐为秘书郎。天祐三年(906年)游太原,被当时为河东节度使,五代十国之后唐政权的开创者李克用以为河东节度使掌书记,与张承业等议立庄宗李存勖为嗣。庄宗将即位,命为大礼使,累加银青光禄大夫、检校右仆射、行台礼部尚书。

庄宗即位后,有翊赞功,累擢任户部尚书,知制诰,充翰林学士承旨。同光元年(923年)从平梁,迁兵部尚书,赐论思匡佐功臣。天成元年(926年)授特进检校司空同州节度使。次年(927年)改赐耀忠匡定保节功臣,就加检校司徒。同光三年(928年)入拜兵部尚书,四年(929年)进封开国公,权知汴州军府事。长兴二年(931年),授检校太保、河阳节度使。未几移镇沧州,入为右仆射。应顺初(934年),迁检校太傅,正拜河南尹,改太子少师。清泰末复为右仆射。晋祖石敬瑭入立,以疾分司西京洛阳。少帝嗣位,拜太子太保。后晋天福七年(942年)秋卒,年76岁。赠太子太师,谥文忠。

刘崇远

刘崇远,五代时期文学家。自号金华子,嵩山西麓人。唐末,避黄巢起义,渡江南徙。仕南唐为文林郎、大理司直,凡20余年,后"罢秩归京",贫困潦倒。著有笔记文学《金华子》,又作《刘氏杂编》3卷,明朝以后散佚。今本乃从《永乐大典》中辑出,共60余条,多为晚唐杂事,"其中于将相之贤否,藩镇之强弱,以及文章吟咏,神奇鬼怪之事,弥所不载,多足与正史相参证"(《四库全书总目》),对了解唐末社会政治风貌、民俗风情有参考价值。

石敬瑭

石敬瑭(892~942年),沙陀族,河东太原(今属山西)人。少时喜欢练武,又学习兵法。五代后唐时,为明宗李嗣源所赏识,招为驸马,先后任保义军、宣武军、河东等地节度使,蕃汉马步军总管,逐渐掌握了后唐军事大权。同时,明宗还为他封了不少文职官衔。末帝李从珂即位后,对他不放心,将其调任天平节度使。他认为这是调虎离山计,拒不受命,便举兵叛变。后唐派兵讨伐,石敬瑭被围,向契丹救援,契丹军南下,击败唐军。石敬瑭自知难抵,决意投敌契丹。于是,他认契丹主耶律德光为父,自称儿子,以割让燕云16州(今河北、山西北部)为条件,借助契丹势力灭掉了后唐。后唐清泰三年(936年)十一月,耶律德光册立石敬瑭为大晋皇帝,建元天福,是为后唐高

石敬瑭

祖。后他率大军及契丹兵一路南下,攻入洛阳,后唐末帝从珂及太后、皇后等自焚身亡。后晋定都洛阳,后迁至东京(今开封)。他称帝后,政权极不稳固。一方面每年向辽国(契丹改辽)皇帝、太后、贵族大臣送大批礼物,加重了国内负担,派去的使臣又受到辽国的侮辱;另一方面割让燕云16州给契丹(辽),使中原地区丧失了重要屏障。朝廷内外皆以为耻,许多大臣反对石敬瑭屈从于辽帝的再三责问,依靠辽兵攻杀了安重荣。不久,河东节度使刘知远收纳了不愿归附辽的吐谷浑白承福部,辽帝又派人来责问。他既不敢攻伐势力强大的刘知远,又畏惧辽帝,后极度忧郁,病死于邺城(今河北临漳),葬于今宜阳县城北石陵村西的显陵。庙号高祖,谥圣文章武明德孝皇帝。

郑受益

郑受益(? ~943年),五代后晋官吏。字谦光,荥阳人。唐宰相郑余庆之曾孙。余庆生浣,浣生从谠,两为太原节度使,再登相位。郑从谠兄处诲,为汴州节度使。家袭清俭,深有士风,中朝礼法,以郑氏为甲。郑处诲生受益。郑受益亦以文学致身,累历台阁,自尚书郎迁右谏议大夫。后晋高祖天福七年(942年)夏,郑受益以张彦泽数为不道,屡行不义,上章请行国典,旬日不报。又上表弹劾,言讦无忌,遂为执政所恶之。不久,以病请告归长安。高祖晏驾,以不赴国哀而停任,会赦,拜京兆少尹。宰相赵莹出镇咸秦,以郑受益朝班旧僚,眷待甚至。属天下率借金谷,乃谓莹曰:"京兆户籍登耗,民力虚实,某备知之矣,品而定之,可使平允。"赵莹信之,因使与王人同掌其事。郑受益既经废弃,薄于仕宦,遂利,冀为生之资;又素恃门望,陵轹同幕,内奸外直,群情无相洽者。及赃污事发,腾于众口,莹不得已,遂按之,其值百万。后晋天福八年(943年)冬,以贪赃事发,赐死于家中。郑受益数世公台,一朝自弃,士君子皆惜之。

根据《新唐书·宰相世系表》:"余庆,相德宗。瀚(余庆子),本名淳,兴元节度。处诲(瀚子)字延美,吏部侍郎,五子:羲字尧卿;福字子贞;祁字为霖;祚;祐字垂吉,生受益,字谦光。"则郑受益当为郑余庆五世孙,郑处诲孙,郑祐之子。

潘 环

潘环(? ~947年),五代后晋官吏。字楚奇,嵩山洛阳人。父景厚,以环贵,授左监门上将军致仕。潘环少以负贩为业,始事后梁邢州节度使阎宝,为帐中亲校。及庄宗定魏博,移兵攻邢,宝遣环间道驰奏于梁。梁末帝时用为左坚锐夹马都虞侯,累迁左雄威指挥使。时梁人与庄宗对垒于河上,环每预战,先登陷敌,金疮遍体。(《玉堂闲话》云:潘环常中流矢于面,骨衔其镞,故负重伤。医疗至经年,其镞自出,其疮成漏,终身不痊。)后唐庄宗李存勖知其名,及平梁,收潘环为典禁军。同光年间,从明宗北御契丹,邺军之乱,从明宗入洛。天成初年(926年),授棣州刺史。会定州王都反,朝廷攻之,以环为行营右厢步军都指挥使。贼平,改易州刺史,北面沿边都部署,后移刺庆州。受代归阙,明宗召对,顾侍臣曰:"此人勇敢,少能俦者。"寻除宿州团练使。清泰中,移耀州。天福中,预平范延光,授齐州防御使。四年,升金州为节镇,以环为节度使,久之,入为左神武统军。开运初(944年),契丹入寇,王师北征,以环为北面行营步军左厢排阵使,预破契丹于阳城。军回,授澶州节度使,累官至检校太傅。开运三年（946年），罢镇归阙，受诏为洛京巡检。其年冬，契丹入汴，署刘晞为西京留守，环乞罢巡警，闲居洛阳。遇河阳军乱，晞出奔，未几，会藩将高牟翰率兵入洛援刘晞，疑虑潘环有变，乃害之，尽取其家财。《通鉴》云：晞疑环构其众逐己，使牟翰杀之。汉高祖至京，赠太尉。

刘知远

刘知远（895～948年），五代后汉高祖，后汉王朝的建立者。刘知远称帝后改名刘暠，字渊，沙陀族，太原人。父刘豹，匈奴左部帅。五代史中，李存勖建立的后唐，石敬瑭建立的后晋，刘知远建立的后汉，因其建国都皆出自沙陀中族，史称"沙陀三王朝"。刘知远幼小时，性格内向，寡言少语。由于生活贫困，不得已到一个姓李的大户人家当上门女婿，备受歧视。刘知远不甘心这样混一辈子，投到李嗣原的手下当了兵，由于作战勇敢，被升为偏将，和石敬瑭一起共事，刘知远曾两次舍身相救。一次是在与后梁军队的战斗

刘知远

中，石敬瑭的马鞍突然断裂，刘知远急中生智，临时与石敬瑭换马相救，掩护撤离战场；一次是在后唐末年，李从珂起兵和后唐愍帝争夺帝位，石敬瑭领兵赶赴首都，途中相遇出逃的李从厚，石敬瑭和李从厚密谈，刘知远为防万一，精心布置勇士石敢暗里防护。最后李从厚的随从在刺杀石敬瑭的关键时刻，石敢挺身而出，以死相拼，保护了石敬瑭的安全。等刘知远闻讯后，将李从厚的所有随从全部杀死。石敬瑭感激他的两次救命之恩，提拔他担任了马步军都指挥使，成为兵马总管。后在石敬瑭和后唐开战后，刘知远率领5000兵将太原城守得滴水不漏，挡住了张敬达5万军队的攻击。刘知远帮助石敬瑭建立后晋后，被任为河东节度使、北京（山西太原市南）留守等职。石敬瑭称帝后，为争取契丹出兵助己灭掉后唐，最终以割让燕云16州给契丹，称契丹皇帝耶律德光为父，自称"儿皇帝"。晋出帝石重贵继位后，进封刘知远为北平王，拜中书令。晋辽交锋，他守境不出。开运三年（946年），契丹攻入汴京（今河南省开封），俘晋少帝，灭后晋。辽军进入汴京时，曾赐诏，称刘知远为"知远儿"。次年正月，耶律德光称帝，改国号为"辽"。二月，刘知远见辽帝贪残，不得人心。即打出复兴后晋，迎石重贵来晋阳的旗帜，受到将领的拥戴。开运四年（947年）二月，他趁机在晋阳（今山西省太原市）称帝，改国号为"汉"，史称"后汉"。

刘知远称帝后，沿用后晋的年号天福，以争取后晋文武官吏的支持。他下诏书慰劳各地自发武装抗辽、保卫乡土的起义军，又不夺民财而取出宫中所有财物赏赐将士，获得了民心。辽兵北撤后，定都汴京。开运四年（947年）12月，太子、开封尹刘承训病死。刘知远因悲伤过度而病倒。次年正月，召宰相苏逢吉及枢密使杨邠、郭威等进宫，委托扶立次子刘承祐即位，又秘密嘱咐他们要赶快除去归附辽国的杜重威。病死于汴京，谥睿文圣武昭肃孝皇帝，庙号高祖，葬于嵩山禹州市苌庄乡的睿陵。

后世评价：刘知远马上得天下，却无法马下治之。因其不守信用，造成后汉建立后，归顺将士内心疑惧，反叛四起，致使国家用兵不断，财竭力穷。

史载,刘知远寇洛阳,遣刘聪亲祈嵩山。

桑维翰

桑维翰(899~947年),五代时后晋名臣。字国侨。嵩山洛阳人。后唐同光年间进士。身短面广,工于心计。初为掌书记,曾出使契丹乞援,割让燕云16州,卖国求荣,以晋主石敬瑭为契丹儿皇帝。后晋时,累官至中书门下平章事兼枢密使。出帝即位,拜中书令,复秉朝政。天福四年(946年),镇相州,革除民弊,禁止籍没盗贼家产。镇州节度使安重荣义讨契丹,桑维翰极力反对。开运三年冬(946年)初,契丹入晋,耶律德光入汴前夕,桑维翰被契丹军先锋张彦泽所杀。

郭 威

郭 威

郭威(904~954年),五代后周皇帝,五代十国时期后周的建立者、军人专权的代表人物,著名军事家。字文仲,邢州尧山(今河北隆尧)人。公元907年,节度使朱温废掉唐朝皇帝哀帝李柷,建立梁朝。此后的50多年里,后梁、后唐、后晋、后汉、后周五个朝代,相继统治黄河流域,合称五代。这五个朝代除后唐建都于洛阳外,其他四个朝代均建都于开封。后汉乾祐元年(948年)正月,高祖刘知远病重终临,把隐帝托付于郭威,隐帝即位后,将原为枢密院副使的郭威升为枢密院使。同年三月,河中节度使李守贞、永兴赵思绾、凤翔王景崇相继反叛。郭威奉命讨平了李守贞的叛乱,后封为邺都留守兼天雄军节度使。乾祐三年(950年),后汉隐帝刘承祐猜忌他,派使者要到魏州杀郭威。郭威起兵反汉,下令攻进了京城,允许士兵大抢10天。7天后郭威进入汴京,纵军大肆抢掠,并逼太后任他为"监国",夺得国政。广顺元年(951年)正月,郭威称帝,国号为周,定都汴京,建年号为"广顺",史称"后周"。

郭威生于乱世,长于军伍,勇武有力,豪爽负气,略通兵法,善抚将士,以军功累迁至枢密使高位。终以军事实力为后盾,取后汉而代之。他即位后,对沙陀人的野蛮性政治着手改革,唐末以来的大分裂局面开始转向统一,使北方地区的经济、政治形势渐渐趋向好转。同时,郭威对中原地区社会经济的发展起了推动作用。周显德元年(954年)正月卒,享年51岁,庙号太祖,葬于嵩山新郑市郭店西南高家村北嵩陵。

清乾隆四十一年《新郑县志》记载:嵩陵前旧有石碑一通,上刻:"周天子平生好俭约,遗令用纸衣瓦棺葬,嗣天子不敢违也"。

李三娘

李三娘(913~954年),后汉高祖刘知远的皇后。榆次鸣李人。刘知远少时家贫,充军当马奴,在晋阳牧马,邂逅农家女儿的李氏,遂生爱慕之情,后因李家不允,抢亲成婚。婚后,刘知远以军功升河东节度使,封北平王,封李氏为魏国夫人。后汉天福十二年(947年),刘知远称帝,立李氏为皇后。翌年高祖死,刘承佑继位为隐帝,尊李氏为皇太后。后汉乾祐三年(950年),隐帝在宠臣郭允明、李业的怂恿下,准备杀死枢密使杨邠和都指挥使史弘肇,入告李太后。太后劝之。杨邠、史弘肇被杀后,隐帝又准备杀死枢密使邻邺都郭威。李太后又劝道:"郭威本吾家人,非其危疑,何肯至此!今若按兵无动,以诏谕威,威必有说,则君臣之际,庶几尚全。"隐帝不听,终于迫使郭威反汉,攻入开封,后汉亡。郭威入京后,不马上称帝,以李太后名义发布法谕拟立湘阴公刘资为帝,在刘资之前,请太后临朝。及郭威出征契丹,军士拥之以归,郭威仍尊李太后为母。李太后自知大势已定,迁居太平宫,上尊号昭圣皇太后。后周广顺元年(951年)郭威称帝,建立北周。李太后终因反对杀郭威,而没有被杀,直到后周显德元年(954年)死去,时年42岁左右。

李氏与刘知远的爱情故事,被元人刘唐卿改编成《刘知远白兔记》南戏,京剧以及川、滇、湘、豫、汉、潮剧等地方剧种,有《磨房产子》、《井台会》、《磨房会》、《红袍记》等剧目,李氏在戏中称李三娘,成为民间家喻户晓的传奇人物。

公元954年李氏死后,葬于睿陵东侧约10公里处。位于禹州市浅井乡麻地川村的刘知远皇后李氏的陵墓为后汉高后陵,当地人称李三娘坟。

石重贵

石重贵(914~964年),后晋出帝。名石重贵,原为石敬瑭侄,后由石敬瑭收为养子。石敬瑭称帝后,他先后任北京(今山西省太原市南)留守,金紫光禄大夫、行太原尹、同中书门下平章事,封为齐王。后晋天福六年(942年)6月石敬瑭病死,他于同月继位,天福八年(944年)改年号为"开运"。石重贵即位后,向辽帝自称孙儿,却不称臣而主张抗辽。在位4年,在军民支持下,他几次击退了来犯的辽军。开运三年(946年),石重贵派大将杜重威、李守贞统兵北方攻辽。杜重威一心想投靠辽朝,自立为帝,到前线以后按兵不动,派人去秘密和辽联系。辽帝同意他投降,他便胁迫将士降附辽朝,并随辽军回兵进攻汴京。石重贵闻报大惊,又无可奈何,急忙与后妃10多人准备自焚,后为亲军将领薛超劝阻,奉表出降,后晋亡。石重贵被辽帝耶律德光废为负义侯,迁往黄龙府(今吉林省辽安县),不久又被迁居辽阳(今辽宁省辽阳市)。一路上,他颠沛流离,受尽苦楚,随从的妃子也先后被辽将强索去,最后连亲生女儿也被辽帝兀律(即辽穆宗)抢去,赠送给兀律妻兄禅奴为婢妾。不久,石重贵又奉命迁居建州(今辽宁省朝阳县西南),在城外几十里处建筑房屋,定居下来,由随从数百人耕作,以解决吃穿问题。后周显德年间,他的随从中有人自辽逃回中原,中原人民才得知石重贵还在建州,随从已经死去半数。公元964年石重贵病死,终年51岁,葬于今辽宁省开原市。史称石重贵为出帝。

出帝永熙二年(943年),出帝车驾幸嵩高石窟灵岩寺。十二月,复狩于嵩阳。

柴 荣

柴荣

柴荣(921～959年),五代后周皇帝,杰出政治家。姓柴,名荣,后周太祖郭威养子,邢州龙冈(今河北省邢台市)人。柴荣父亲柴守礼、祖父柴翁都是当地有名的富翁。家道中落后,柴荣投奔姑妈,帮助姑父郭威处理各种事务,深受郭威喜爱,被收为养子,改名郭荣。管家理财,曾往返于京洛与江陵等地,贩卖茶叶、雨伞等物。广顺元年(951年)正月,郭威称帝后,柴荣先后被任命为贵州刺史、检校右仆射、澶州(河南省濮阳市)节度使、校检太保,并封为太原郡侯。不久,柴荣被调到京师,加封检校太傅、同平章事,参与朝政。次年三月,柴荣任开封府尹,晋封为晋王。显德元年(954年)周世祖驾崩,遂继帝位,是为周世宗,年号"显德"。

广顺三年(953年)二月,北汉主刘崇乘机勾结辽国,大举入侵。这是决定后周生死存亡的战争,周世宗柴荣率兵亲征。三月,两军在高平(今山西省高平市)进行了一场大战,最后,后周击破北汉刘崇,夺取后蜀14州、南唐14州和契丹2州。此战役不仅是中原政权由乱而定,转弱为强的开端,而且阻止了辽国再次蹂躏中原,为以后的统一大业奠定了基础。周世宗柴荣执政6年中,整顿纲纪,亲裁政事,严明法纪,惩治贪官污吏;废除佛寺,减少僧尼,对佛教采取了有效的抑制政策:凡是没有得到朝廷特旨批准建立的寺院,一律废除。全国共废除寺院3万多所,僧尼还俗,自谋生计;招抚流民务农,恢复和发展农业生产;废除旧苛捐杂税,进行税制改革,根据唐代元稹的《均田表》,令人制成《均田图》,实行均定田赋,实现耕地和租税的统一;兴水利,治黄河,修汴河,使多年淤塞的运河复通舟楫。另外,柴荣还大力整顿军队,严肃军纪,澄清吏治,虚心纳谏,安顿流亡农民,减免苛捐杂税,躬行节俭,奖励生产等方面也做出了积极的努力,收到了明显的效果,在政治上、军事上和经济上都取得了重要成绩。显德三年(956年),柴荣亲率大军征伐淮南。显德五年(958年),得淮南、淮北14州60县。第二年,又向北用兵,收复北方失地3州17县。后周的强大,为后来结束分裂割据,准备了重要条件。同年五月,周世宗正欲乘胜收复幽州,突患重病,被迫班师。六月,卒于开封,年仅38岁,谥睿武孝文皇帝,庙号世宗,葬于嵩山新郑市郭店西北陵上村的庆陵。

柴荣毕生雄才卓越,武略奋扬,广开言路,严惩腐吏,改革内政,改革军事,改革经济,开拓封疆,其功令人折服,为明、清皇帝所推崇,史称"一代英主"、"五代第一名君"。

后周显德二年(956年),柴荣在嵩山活动时,赐名嵩阳观为"太乙书院"(今嵩阳书院),并建藏书楼、斋房等。

柴荣在嵩山留下的遗迹,有位于嵩山新郑市城北郭店镇附近的后周皇陵(由嵩陵、庆陵、顺陵、和懿陵4座陵墓组成),有在后周皇陵附近的为柴公主祭奠其父柴荣卸花冠佩饰的地方御花城。相传柴荣的女儿柴公主每年前来祭奠其父时,都在此城卸下佩饰和凤冠,换上孝服前往。

刘承祐

刘承祐(931~950年)，五代后汉隐帝。刘知远次子。刘知远病死后继位，在位2年。父刘知远于乾祐元年(948年)正月病死后，宰相苏逢吉等人秘不发丧，诱杀了杜重威。同年2月辛巳日，进封刘承祐为周王，继而由刘承祐即位，沿用刘知远的年号"乾祐"。刘承祐即位后，内有顾命大臣杨芬、史弘肇和王章等专权，外有郭威拥有重兵，威望震主。有一次，杨芬、史弘肇在朝堂上议事，刘承祐说："你们再仔细推敲推敲，别有谬误，让别人说闲话。"杨芬竟说："有我们在，用不到你开口。"刘承祐忍受不了，派亲信杀死了杨芬、史弘肇和王章，又派使者到魏州(今河北省大名县西)去杀郭威。郭威起兵反叛，于后汉乾祐三年(950年)十一月抵达汴京城下。刘承祐到城外刘子坡观战，因后汉军大败，于第二天清晨又匆忙要逃回城去。不料开封尹刘益已经城反叛，投靠了郭威，拒绝他进城。刘承祐只得带了近侍向西北奔逃，途中为近侍刺杀，终年20岁，庙号为"隐帝"，葬于嵩山禹州市花石乡徐庄村东侧的颖陵，距睿陵约5公里。(今禹州西玉桥里)。据《旧五代史·汉书·五帝纪》记载，刘知远之子刘承佑于后汉乾祐元年(948年)登基，后汉乾祐三年(950年)被杀，后周广顺元年(951年)葬于颖陵。

颖陵的墓冢在"文化大革命"后期被群众挖掘夷为平地，神道石刻被砸碎，一部分埋于地下。

史弘肇

史弘肇(？~950年)，五代后汉开国元勋、宰相。字化元，嵩山荥泽(今郑州西北)人。父亲史潘，农民出身。在小时候，史弘肇就和父亲不同，不喜欢下地干活，只知道整天游来荡去，耍弄拳棒，据说他能日行二百里，赶得上奔马。后梁末年，朝廷下诏，命令每7户人家出一个人当兵，史弘肇就此参加了后梁的军队，由于他基础较好，武艺超群，被选入了禁军。后来又在石敬瑭的手下做了贴身侍卫，等石敬瑭称帝时，将他提拔为一名低级军官。后晋时为控鹤小校。在刘知远(后汉高祖)被调到太原驻守时，又将他要到自己的手下，把他提升为都将，任雷州刺史。史弘肇治军有法，行兵所至，秋毫无犯。此后，史弘肇为刘知远的帝业立下了不少功劳，在刘知远刚刚称帝时，代州(今山西代县)的王晖反叛，投降了契丹，史弘肇奉命征讨，一鼓而拔，拿下代州，不久被授任忠武军节度使。当时驻守上党(今山西长治)的王守恩请求归降后汉，契丹命令大将耿崇美领兵越过太行山，想直取上党，刘知远让史弘肇前去迎敌，支援王守恩，史弘肇刚到潞州还没等交战，契丹兵就退走了。史弘肇又一路进兵攻击契丹曾迫降的地区，泽州、河阳等地的将领也纷纷献城投降。所以，刘知远从河东进兵洛阳之所以非常顺利，都是因为史弘肇作为先锋作战得力，屡立战功，占领了通往洛阳的一些咽喉要道。后汉乾祐元年(948年)，迁侍卫亲军马步军都指挥使，领归德军节度使，同中书门下平章事。

后汉高祖临终，与苏逢吉、杨邠同受顾命。后汉隐帝刘承乾嗣位，加封史弘肇检校太师、兼侍中，后拜中书令。时河中、永兴、凤翔连横谋叛，社会秩序大乱，史弘肇都辖禁军，杀戮过滥；与同僚相处，出言不逊；加上隐帝渐近小人，与后赞、李业等嬉游无度，太后族颇行干托，史弘肇稍裁抑之，以致树敌过多。乾祐三年(950年)，隐帝与李业等谋杀史弘肇于广政殿，并夷其族。周太祖郭威践位(951

年),追封史弘肇为郑王,以礼葬之。

李光美

李光美,五代后汉官吏。嵩山洛阳市人。刘旻自立于太原,任光美为客省使。客省使李光美尝为直省官,颇谙故事,北汉朝廷制度,皆出于李光美其手。李光美颇得大体,时人比之为东晋王彪之、唐裴冕。

聂崇义

聂崇义,五代学官、北宋画家。嵩山洛阳人。少学《三礼》,精通经旨。后汉乾祐年间,官至国子礼记博士,曾校定《公羊春秋》,刊版于国学。后周显德年间,迁国子司业兼太常博士,命摹画郊庙祭器,因此闻名。建隆间考正《三礼图》,以唐张镒等六家撰写本为底本,考查其详略是非。建隆三年(962年),考正《三礼图表》书成,宋太祖又命尹拙、窦仪订正,《三礼图》遂行于世。未几,卒。

《周礼》、《仪礼》、《礼记》合称《三礼》,是记录儒家礼仪制度的三部重要经典。《周礼》6篇记录了周代的职官制度及其职掌,《仪礼》17篇记载了周代贵族冠、昏、射、燕、朝、聘、丧、葬等礼仪。《礼记》46篇,主要记述了以周王朝为主的秦汉以前的典章、名物制度和家庭、社会人际关系交往中的各种礼俗,反映了儒家学派的思想观念,是一部孔子弟子、门人及此后学者论述先秦礼制的论文集。聂崇义的《三礼图》即为《仪礼》《礼记》《周礼》宫室、舆服等物之图,是流传至今解释中国古代礼制附有图像较早的文献。汉郑玄、晋阮谌、唐张镒等人所撰《三礼图》共6种,都已失传。现存的宋太常博士聂崇义撰《三礼图》20卷,康熙时,著名文学家纳兰性德获得此书,特意将之重新影刻,再列入其《通志堂丛书》。同治时由循吏钟谦钧(巴陵楼西湾人)俱通志堂本重刊,是书每卷末均有"巴陵钟谦钧重刊"字样。

柴宗训

柴宗训(953~974年),五代时期后周皇帝。世宗子,原封为梁王。周世宗于显德六年(959年)六月病死,他于同月甲午日继位,沿用周太祖年号"显德"。在位一年。柴宗训枢前即位时,年仅7岁,由符太后垂帘听政,范质、王溥等主持军国大事。柴宗训在位期间,特别重用赵匡胤,使他做起了皇帝梦。公元960年正月元旦,群臣正在朝贺柴宗训时,镇(今河北省正定县)、定(今河北省定县)两州忽然有人来报说,辽和北汉合兵南侵,其实这是赵匡胤和其他将领编造的谎言。范质便命令赵匡胤率领禁军北上抵御。禁军到达陈桥驿后,突然发动兵变,拥赵匡胤为帝。赵匡胤回师开封,建立宋朝,废黜柴宗训,降封他为"郑王",后周亡。不久,柴宗训被迁往房州(今河北省北房县)居住。史称柴宗训为"恭帝",他于被废8年后去世,年21岁。宋开宝六年(973年),周恭帝柴宗训葬于嵩山新郑市郭店西北陵上村的顺陵。

北 宋

王彦升

王彦升(917~974年),北宋开国功臣,宋太祖的心腹将领之一。字光烈,祖籍四川,后举家迁至嵩山洛阳。性格残忍,膂力过人,擅长击剑,号"王剑儿"。性骁勇,后唐明宗时补东班承旨。晋开运初,契丹围大名,晋少帝石重贵幸澶州,王彦升与罗彦环应募,护送少帝突围,以功迁护圣指挥使,后官龙捷右第九军都虞侯,转铁骑右第二军都校、领合州刺史、散员都指挥使。宋太祖赵匡胤北征,至陈桥,为众部将推戴,黄袍加身,得石守信帮助领兵入城。王彦升以所部人马率先进入京城,在路上遇到准备召集部下抵抗赵匡胤的侍卫亲军马步军副都指挥使韩通,并一直追击到韩通的府邸,将韩通和其家人全部杀死。赵匡胤入城之初曾晓谕诸将须秋毫无犯,听说韩通被王彦升所杀,非常不悦。由于是刚刚建国,需笼络人心,所以没有加罪于王彦升,并且提升其为铁骑左厢都指挥使,拜恩州团练使,后来又任京城巡检之职。宋乾德初年(963年),任命为申州团练使。宋开宝二年(969年),改任防州防御使,年底,又移任原州。由于身处边塞,经常有戎狄骚扰边塞,一旦被王彦升擒获后,王彦升并不处以刑罚,而是召集同僚和下属一起饮宴,将犯人耳朵撕断,啖以下酒。前后啖数百人,西人畏之,不敢犯边。宋乾德七年(969年)病卒于乾州,年58岁。

崔 颂

崔颂(919~968年),北宋官吏。字敦美,嵩山偃师人。父协,后唐门下侍郎、平章事。颂幼丧母,为外祖母所鞠养。以荫补河南府巡官,历开封主簿、邓州录事参军,以疾去官。未几,诣阙上书言事,宰相桑维翰览而奇之,擢为左拾遗,选右补阙。汉初,加朝散阶,副右散骑常侍张煦册钱俶为吴越王。梁末,协尝使两浙,至是,越人美之,赠赂甚厚。及还,值周祖入京师,为军士剽夺悉尽。世宗镇澶渊,择僚佐,崔颂与王朴、王敏中皆中其选,以颂为观察判官,赠金紫。世宗尹京,拜司封员外郎、充判官,以断狱误失罢职,守本官。即位,拜驾部郎中,迁吏部,复副尹日就使两浙。世宗读唐元稹《均田疏》,命写为图赐近臣,遣使均诸道租赋,颂使兖州,颇增旧额。恭帝嗣位,改左谏议大夫。宋初,判国子监。会重修国学及武成王庙,命颂总领其事。建隆三年(962年)夏,始会生徒讲说,太祖遣中使以酒果赐之。每临幸国学,召颂与语。因及经义,颂应答无滞。及郊祀,以颂摄太仆,升车执绥,上问以一时典礼,颂占对闲雅,上甚重之。未几,坐请托有司为所亲求便官,出为保大军行军司马。乾德六年(968年),暴得疾卒,年50岁。

崔颂好诙谐,善笔札,受命书世宗谥册文,当时称其遒丽。笃信释氏,睹佛像必拜。性多疑,在鄜州官舍,尝召圬墁者治堂室,以帛蒙其目,人皆笑之。

杨 朴

杨朴(921~1003年),北宋嵩山隐士、乡野诗人。字契玄,自号东里野民,世居嵩山新郑东里(郑韩故城内)。杨朴性恬淡,好学,善诗文,士大夫多传诵。在乡野诗人中,与魏野齐名。杨朴不愿做官,终生隐居嵩山乡野。史料记载,杨朴每乘牛往来嵩山脚下的郭店,尝杖策入嵩山穷绝处,构思为歌诗,凡数年,得文百余篇。当时的士人学子多传阅诵读他的诗文。杨朴少年时与毕士安、韩丕同学友好,后来,毕士安官居相位,举荐杨朴于太宗,太宗以布衣召见,试其文才。杨朴作《蓑衣》诗:"软绿茅蓝著胜衣,依船吟钓正相宜。蒹葭影里和烟卧,菡萏香中带雨披。狂脱酒家春醉后,乱堆渔舍晚晴时。直饶紫绶金章贵,未肯轻轻博换伊。"太宗爱其才,欲授官任用,杨朴坚辞不受,作《归耕赋》以明志。太宗赠给束帛使他还乡。乾隆四十一年《新郑县志》:"真宗祀汾阴,过郑,召朴欲官之。问卿来有遗诗送行者乎?朴云无有,惟臣妻一篇。使诵之,曰:且无落魄耽杯酒,更莫猖狂爱咏诗。今日捉将官里去,这回断送老头皮。上大笑,厚以金帛赠之。"后真宗西行朝拜先帝诸陵道经郑州,特遣使者赠给茶叶、绸帛慰问,并命其儿子从妙为官,奉养杨朴。宰相陈尧佐知郑州时,一次外出巡按,杨朴正在道旁河中钓鱼,陈尧佐的随从人员呵斥他躲避离开,杨朴竟不理不睬。陈尧佐大怒,叫从人捉来责问为何见官不避,杨朴口吟一诗回答道:

昨夜西风栏漫秋,今朝东岸独垂钩。紫袍不识蓑衣客,曾对君王十二旒。

陈尧佐知是杨朴,致歉意放还。

杨朴为人恬淡闲静,善诗文,诗风俊逸潇洒,语言质朴精炼,类唐诗人贾岛、李涉,多描写自然景象和农村隐居生活。杨朴著有《东里集》,《直斋书录解题》著录《东里杨聘君集》1卷,《宋史》著录《杨朴诗》1卷,均佚。《全宋诗》录存其诗6首。杨朴年78岁去世,葬嵩山新郑市城北20公里处袁堡村东。宋翰林学士李淑撰有墓表,立石墓前。

赵 普

赵普(922~992年),北宋宰相、开国元勋,著名政治家、军事家。字则平,嵩山洛阳人。赵普原籍幽州蓟县(今北京市西南),其父回迁居洛阳,后周显德初年(954年),赵普被聘为永兴军节度使刘词幕僚,后举荐于朝廷,为赵匡胤幕僚,任掌书记,策划陈桥兵变,夺取政权。宋初,以佐命有功,授右谏议大夫,充枢密直学士。建隆元年(960年)七月,自请从征,平定李筠之乱;十月,又请速平李重进之乱。后以功迁兵部侍郎、枢密副使。赵匡胤当上皇帝后,为求国家长治久安之计,赵普针对唐末以来"节镇太重,君弱臣强"的状况和五代藩镇割据、将帅跋扈的积弊,向太祖提出"削夺其权,制其钱谷,收其精兵"等一系列强化中央集权的建议;在赵匡胤计议"攻取北汉之策"中,他提出了"先南后北"的统一方略,皆被采纳实行。建隆三年(962年),任枢密使、检校太保。乾德二年(964年),代范质为宰相,兼修国史。乾德五年(967年),加右仆射和昭文馆大学士的职位与荣誉。助太祖制定先南后北统一中原之方略。实行更戍法,经常变换军队防地,并解除石守信等之兵权,以防军队集结,大将握大权夺取帝位。对辽采取防御政策,反对出兵收复燕云。太祖晚年,其宠渐衰,出为河阳三川节度使。太宗赵光义时,又两次入相,两度贬为武胜军节度使,山南东道节度使。力主对契丹取守势,反对出兵收复燕云。淳化三年(992年),因病辞职,拜太师,封魏国公。淳化三年(992年)七月,赵普薨,赠尚书令,封真定郡王。真宗时改封韩王,谥忠献。赵普虽以吏出仕,读书不多,为了适应执政的需要,每次临朝回家后,关起门来认真读书,"次日临政,处决如流"。死后家里人打开一看,是《论语》20篇。生前,赵普曾对宋太宗赵光义说,自己一生所知,的确没有超出本书的范围。过去我以半部《论语》平定

赵普

天下,今天我要以另半部辅佐陛下致太平。赵普虽然学问不多,但能断大事,尽忠国家,号称"半部论语治天下"。作为一代名相,赵普为北宋统一大业建立了很大的功绩。

赵普死后,葬于嵩山之阴的巩义市东5公里北山口乡北官庄村东南陵上。宋太宗赵光义撰文神道碑,亲墨八分书,以赐之。

罗彦瓌

罗彦瓌(923~969年),北宋开国功臣,宋太祖的亲信将领,陈桥兵变的重要参与者。山西并州(今太原)人。父亲罗全德曾任后晋泌州(今河南唐河)刺史,因而得以任皇帝的亲卫内殿直。开运元年(944年)春,后晋少帝(出帝)亲征抗击契丹,至澶州,其时河北到处有契丹骑兵,少帝想遣使前往大名府宣慰以安抚人心,挑选勇士十人随行,罗彦瓌入选,以功升兴顺指挥使。开运三年(946年)末,契丹灭后晋。天福十二年(947年)初,派罗彦瓌部送马千匹赴幽蓟,行至元氏(今属河北),得知后汉建立,遂将马送给后汉,后任护圣指挥使。后周末,任殿前司散指挥都虞侯,成为殿前都点检赵匡胤的心腹。

当赵匡胤发动"陈桥兵变"后回至京城的殿前司公署,后周的宰相范质等人被赵匡胤所派将士押至殿前司公署,范质当面质问赵匡胤忘恩负义,后周世宗刚死不久就兵变夺位,赵匡胤一时不知所措,事先受赵匡胤指使充当打手的罗彦瓌,即"挺剑而前曰:我辈无主,今日必得天子"。范质如不承认赵匡胤为帝,命运将如同韩通一样被杀死,范质被迫奉赵匡胤为帝,宋朝得以顺利建立。《宋史》称:罗彦瓌"于革命之日,首挺剑以语范质,于宋则未必功在众先,于周则其过不在人后矣",确切地说明了罗彦瓌在兵变过程中的重要作用。

由于罗彦瓌只是对范质等进行恐吓,迫使范质等承认赵匡胤为帝,没有做出过分的越轨行为,深得宋太祖的赏识。宋朝建立后,罗彦瓌立即连升数级,一跃而成为殿前司马军主力部队的指挥官控鹤

左厢都指挥使。建隆元年(960年)四月,宋太祖亲征李筠,罗彦瓌随石守信、高怀德大破北汉军。七月,罗彦瓌再次获得越级晋升,升为侍卫亲军司步军的最高指挥官侍卫步军都指挥使,领武信军节度使,以接替刚被罢军职的赵彦徽,罗彦瓌由中级军官在不到五个月的时间内,越级提升成为高级将领并建节,这在宋初是少有的。

建隆二年(961年)七月,宋太祖收兵权,石守信等被出为节度使,罗彦瓌也于同年被罢侍卫步军都指挥使军职,出为彰德军(今河南安阳)节度使。乾德二年(964年)春,北汉与辽联军攻宋,罗彦瓌与李继勋等率军,击败联军于辽州(今山西左权)城下;罗彦瓌又改任安国军(邢州,今河北邢台)节度使。乾德四年(966年)二月,率田钦祚等败北汉军于乐平(今山西昔阳)东静阳砦。次年(967年),再改镇国军(华州,今陕西华县)节度使。开宝二年(969年)卒,年47岁。

罗彦瓌墓葬位于嵩山巩义市西南鲁庄乡罗彦庄村东。

祁廷训

祁廷训(924~981年),北宋将领。本名廷义,为避太宗旧名改名。嵩山洛阳人。父珪,梁左监门卫大将军。祁廷训善骑射,书计。初事周太祖帐下,历东西班蕃行首、铁骑都虞侯。世宗即位,祁廷训改东西班都指挥使,迁内殿直都指挥使,继领兰、睦二州刺史。从征淮南,赐以明光细甲,令董舟师巡江界。吴人伏兵三江口葭苇中,掩击廷训,廷训力战大破之,俘馘千人,余党遁去。江北平,祁廷训以功迁吉州团练使,领铁骑左厢都指挥使。月余,迁岚州防御使,领龙捷右厢都指挥使。宋初,祁廷训为安远军节度观察留后,是秋,改河阳。乾德二年(964年),祁廷训又改彰德军节度留后,俄权知邓州。乾德五年,就拜义武军节度。开宝二年(969年),太祖征太原,以祁廷训为北面副都部署。太平兴国元年(976年)来朝。太平兴国二年冬,改左领军卫上将军。五年,坐私贩竹木贵鬻入官,责本卫大将军。未几,复旧官。太平兴国六年(973年)卒,年58岁。

李 琪

李琪(924~1008年),北宋侍卫官。嵩山伊阙(今伊川县)人。自幼生长兵家,曾跟随宋宣祖、宋太祖作随从。太宗即位,复侍奉太宗。历任效忠都虞侯,开封府马步军副都指挥使兼富州刺史。李琪性情鄙陋,虽历事三朝,但品行不端。每派遣士卒守护关桥,总以所遣人员给他奉送贿赂多寡而定。太宗得知此情后,改任他为屯卫大将军,并说:"吾欲置琪于无过之地。"真宗即位,念他旧日有功,特赐给月俸,令其养老。大中祥和符元年(1008年)卒,年84岁。

高怀德

高怀德(925~982年),北宋官吏、皇亲。字藏用,真定常山(今河北正定县西南)人。后周天平节度齐王高行周之子。怀德忠厚倜傥,有武勇。宋太祖即位,拜殿前副使典检,光关南副都部署。怀德妻亡,赵匡胤妹夫去世,由赵匡胤亲自主持高与其妹续弦成婚,加驸马都尉。太平兴国四年(979年)封冀国公,太平兴国七年(982年)改武胜军节度。他一生练武,不喜读书,性简率,不拘小节,善音律,好射猎,露宿野外,打狐兔累计数百。享年57岁,葬于嵩山巩义市南7公里芝田镇蔡庄村南。赠中书令,追封渤海郡王,谥武穆。

王审琦

王审琦(925~974年),北宋开国大将、宰相。字仲宝,其先辽西,后徙家洛阳。王审琦为人厚重有方略,尤善骑射。后汉末投枢密使郭威帐下,后周太祖郭威时任殿前司铁骑指挥使。后隶周世宗柴荣部下,与赵匡胤相亲厚。显德元年(954年)从后周世宗抗击北汉入侵,以功累迁东西班都虞侯、铁骑都虞侯、铁骑右厢第二军都指挥使、勤州刺史、虔州团练使、睦州防御使。显德三年(956年)从世宗攻南唐,王审琦攻占舒州(今安徽潜山),以功改任殿前司散员都指挥使。显德四年(957年)三月,在紫金山寨(今凤台东南)战役中,王审琦率军先登,大败南唐军,转殿前司控鹤右厢都指挥使;后在濠州(今凤阳东北)、楚州(今江苏淮安)战役中均立有战功。显德五年改任铁骑右厢都指挥使,一直是石守信的部属。显德六年(959年)三月,从世宗攻辽。同年六月,世宗子柴宗训即位后,王审琦任殿前都虞侯。显德七年(960年)正月初,赵匡胤发动"陈桥兵变",被赵匡胤称为"布衣交"王审琦,与殿前都指挥使石守信同被安排在京城做内应。

宋朝建立,在六位主要开国元勋中王审琦名列第四,因有"翊戴之勋",入宋为殿前都指挥使、领泰宁军(兖州,今属山东)节度使。建隆元年(960年)四月,昭义军节度使李筠反宋,宋太祖亲征,王审琦任御营前都部署;同年九月,淮南节度使李重进反宋,石守信任扬州行营都部署,王审琦任副都部署兼前军部署为先锋。建隆二年(961年)七月,因宋太祖示意,与石守信等开国大将自请解除兵权。王审琦罢为殿前都指挥使,出为忠正军节度使,镇守寿春(今安徽凤台),在镇8年,史称"为政宽简"。属县县令免除有罪录事吏的职务,王审琦的幕僚报告县令事前没有请示而擅自处理,应该按问其罪。王审琦说:"五代以来,诸侯强横,令宰不得专县事。今天下治平,我忝守藩维,而部内宰能斥去黠吏,诚可嘉尔,何按之有。"王审琦的思想正符合宋太祖加强皇权的要求。开宝二年(969年),宋太祖亲征北汉时,王审琦任御营四面都巡检。次年,改为忠武军节度使,镇守许州(今河南许昌),但不赴任而留住京城。王审琦本不能饮酒,宋太祖以布衣交共享富贵,每宴强令饮酒,王审琦有时连饮10杯。自此侍宴常引满,及归私家即不能饮,或强饮辄病。开宝六年(973年),与高怀德并加同平章事,终于"暴疾,不能语",帝亲临视。次年死,终年50岁。帝又幸其第,哭之恸。赐中书令,追封琅琊郡王。葬日,又为废朝。王审琦为助赵匡胤建立宋朝,统一中国立下了大功。

王审琦长子王承衍,开宝三年(970年)娶宋太祖长女昭庆公主(魏国大长公主)。王承衍曾孙王师约(原名孝庄),治平三年(1066年)娶宋英宗长女徐国公主(魏、楚国大长公主)。王师约子王殖,绍圣四年(1097年)娶宋神宗四女惠国公主(潭国长公主)。

赵匡胤

赵匡胤(927~976年),宋太祖,北宋王朝的开国皇帝。祖籍河北涿州(今河北省涿州市)人。出生于嵩山洛阳市老城东关爽明街"洛阳夹马营",小时候一直在洛阳生活。父亲赵弘殷为后唐、后晋和后汉军官。由于军人家庭的影响,赵匡胤在读书之余,喜爱习武,练就了一身武艺。乾祐元年(948年),21岁的赵匡胤毅然告别妻子,开始浪迹天涯,闯荡江湖。后到了邺都(今河南省安阳市北),投奔到郭威的帐下,当了一名普通士兵。乾祐四年(951年),郭威率大军抗击辽兵入侵,行军到澶州(今濮阳市)时,手下将士忽然鼓噪起来,撕开一面黄旗披在郭威身上,拥他为皇帝。于是,他回师开封,推翻后汉,称帝建国。赵匡胤在拥立郭威这一事件中,表现突出,深受郭威赏识,提拔为禁军军官。两年后,任滑州(今河南省滑县东)副指挥使。还没去赴任,皇子柴荣把赵匡胤留在了身边,任命为开封府马直军使,成为柴荣的潜邸旧僚。显德元年(954年)正月,郭威病故,养子柴荣即位,是为"周世宗"。周世宗柴荣即位后,赵匡胤在抗击北汉联合契丹入侵北周的高平(今山西省高平市)战役和统一战争中建立了卓著的功勋,先后被提升为"殿前都虞侯"、"殿前都指挥使",成为禁卫军的高级将官。显德

赵匡胤

六年(959年),周世宗临终前,任赵匡胤为"殿前都点检",成为禁军最高统帅,掌握了后周最精锐的禁军。显德七年(960年)正月,发动陈桥兵变,取代帝位,国号"宋"。在位17年(960～976年),先后平定荆南、南汉、江南等地。为解决君弱臣强、节镇太重的弊端,赵匡胤以杯酒收诸将兵权,使统管禁军的大将石守信、王审琦等人慑于威力,和平交权,史称"杯酒释兵权"。听取宰相赵普提出的"削夺其权,制其钱谷,收其精兵"的方针,分别从政权、财权、军队这三个方面来削弱藩镇,以达到强干弱枝的目的。同时,防止大臣专权,实行分割相权,加强了中央集权的统治。乾德元年(963年)开始,赵匡胤采取"先南后北"、各个击破的方针,平定南方诸国,先后攻灭荆南、湖南、后蜀、南汉、南唐诸国,统一了大半个中国。开宝二年(969年),又曾亲征北汉,结束了五代以来50多年割据纷争的混乱局面,为国家统一做出了贡献。并积极采取措施加强和巩固了专制主义中央集权的统治,经过整顿税制,减轻徭役,兴修水利,奖励农桑,治理汴梁运河,选用将领驻守北方要地以防御契丹入侵等方面的努力,促进了社会经济的发展。但其重文轻武、偏重防内的方针,对形成宋朝积贫积弱的局面有重要影响。

开宝九年(976年),宋太祖想迁都洛阳,在洛阳修建宫室,同时带文武群臣去洛阳考察。后因他弟弟赵光义等人有不同意见,只好返回汴京。车驾过巩县,宋太祖祭奠父亲赵弘殷后,就举弓搭箭,对臣下说:"我生不能居西京,死当葬于此地。"说罢他拉弓射箭,箭射在后来的墓地上,他当即嘱托说:

"我死后葬于此地。"同年十月,赵匡胤病卒(后世认为太祖之死与他弟弟赵光义有很大关系,也有史料说是受赵光义的谋害而死),谥英武圣文神皇帝,庙号太祖。次年四月,赵光义根据他哥哥的遗旨,将其葬于嵩山之阴的巩义市西南15公里西村乡北老龙洼的永昌陵。后北宋9帝,徽、钦2帝被金所掳,囚死在漠外,太祖、太宗、真宗、仁宗、英宗、神宗、哲宗及宣祖(太祖之父赵弘殷),均葬于此,统称"七帝八陵"或"北宋皇陵"。现为全国文物保护单位。

宋太祖赵匡胤登基后,曾按西汉武帝加封嵩山太室祠的形制,对中岳庙进行大规模的整修(元朝时期屡遭破坏)。乾德元年(963年),宋太祖敕令遣使有司为中岳大帝神像制作衣冠剑覆,岳神的冠戴衣着遂沿袭至今。乾德二年(964年),遣使祈雨祭祀于嵩岳。开宝六年(973年),宋太祖再次敕修中岳庙,诏自今以本县令兼庙令,尉兼庙丞,专主祀事。命翰林学士卢多逊撰碑铭记之。并常加按视务于蠲洁。仍籍庙宇祭器之数,受代日,交以相付。本州长吏,每月一诣庙,察举。县近庙,迁治所就之。除此之外,宋太祖赵匡胤统一中国后,重视书院建设,对书院的教学内容和范围作了规定,并于至道二年(996年),御赐"嵩阳书院"匾额,并赐《诗经》、《易经》、《孝经》、《尚书》、《礼记》、《周礼》、《左传》、《论语》、《孟子》等9经。《北拳汇编》载:"少林派亦称外家,赵匡胤其开山始祖也。"相传少林太祖长拳就出于宋太祖。据说他精于击技,其拳法多接近攻击,属于短打法,但其势连绵不绝,威势逼人。遂他编了32势的"少林太祖长拳",又名"少林三十二势短打"、"虎形拳"。

赵匡胤在嵩山活动期间留下的遗迹,有位于洛阳市老城东关爽明街的赵匡胤诞生地洛阳夹马营。据传赵匡胤在此诞生时,满天通红,故又称"火烧街"。街北口原有"夹马营"3字碑刻和宋太祖庙,今庙碑无存。夹马即甲马,本为五代时洛阳驻军营地。其父宏殷曾为后唐驻洛军官,文成二年(927年)赵匡胤诞生于此。北宋开宝九年(976年)赵匡胤巡幸洛阳时,曾到此察访。

石熙载

石熙载(927~984年),北宋重臣。字凝绩,嵩山洛阳人。石熙载事继母孝。居家严谨,有礼法。性格忠实坦率,遇事无顾忌,能尽言。人有善行即推荐,时称长者。后周显德进士。宋初,石熙载任赵光义殿前都虞侯领泰宁军节制,在幕府为掌书记。后为开封府推官,授右拾遗,迁左补阙。以谠言为忠武、崇义二军掌书记。太宗赵光义即位后,复为左补阙、同知贡举。知潭州时,抚边有功,擢为兵部员外郎,领枢密直学士。不久,签枢密院书。太平兴国四年(979年),以给事中充枢密副使从太宗征北汉太原,迁刑部侍郎。次年,拜户部尚书、枢密使。太平兴国八年(983年),授尚书右仆射。太平兴国九年(984年)卒,时年57岁。赠侍中,谥元懿。洛阳出土有《石熙载墓志》,其中的资料可弥补石熙载史料中的不足。

郭忠恕

郭忠恕(?~977年),五代末期至宋代初期的画家、文字学家、书法家。字恕先,又字国宝,嵩山洛阳人。7岁能诵书属文,举童子及第。后周广顺中(约952年)召为宗正丞兼国子监书学博士。由于争忿朝政,不久被贬为崖州司户,秩满去官,不复仕,纵放岐雍、陕洛间。入宋,官国子监主簿,益纵酒肆言,因讥讽时政,以"诽谤"等罪名,被流放登州,太平兴国二年(977)病逝于往登州的临邑途中。郭忠恕工画山水,尤擅界画,楼阁山水、楼观舟楫、车栈桥头、水塘等自然风光,皆极精妙。作品有《楼居仙图》、《明皇避暑图》、《织锦璇玑图》、《雪山佛刹图》。所绘重楼复阁等建筑,以尺计,又十分准确精微,颇合砖木诸工规矩;所画山水、树木、林石亦皆入妙,结构精确,自然生动,以俊伟奇特之气自成一家。作石似李思训,作树似王维。每当自画屋木,王士元便给其补人物,合作颇为默契。郭忠恕兼精文字学、文学,善写篆、隶书。尤其"界画"为世人推重。"界画"是随着山水画发展而派生的一科,主要是画与山水画中有关的亭台楼阁、舟船车舆。《圣朝名画评》中评他的界画,为"一时之绝",列为"神品"。《宣和画谱》中说,"三百年之唐历五代以还,仅得卫贤以画宫室得名。本朝郭忠恕既出,视卫贤辈其余不足数……如忠恕之高者,岂复有斯人之徒欤?"其作品"行笔天放,设色古雅"。他的"界画"对后世影响很大。作品有:仿王维的《辋川图》、《雪霁江行图》、《谿山行旅图》、《湖山夏景图》等。传世作

郭忠恕画《四猎骑图·第四骑》

品有《雪霁江行图》卷,界画精工,人物生动,上有宋徽宗赵佶题字:"雪霁江行图郭忠恕真迹"10个字,十分精美,现藏台北故宫博物院;《明皇避暑宫图》轴,绢本,墨笔,传为郭忠恕所作,其宫殿楼阁描绘精密工致,法度严谨,藏日本大阪市立美术馆。郭忠恕不但画技精湛,在书法上兼篆、隶、楷书法艺术,曾受到欧阳修的高度赞誉。他又擅长文字学,曾考证了许多汉字的变迁和传写的错误,为后世辨别一般形、音、义相近的字提供了极其有价值的参考资料。他的文字学专著《佩觿》、《汗青》,均被收入清代《四库全书》之中。

孔承恭

孔承恭(929~990年),北宋官吏。字光祖,为唐代孔戢五世孙,京兆万年县人。唐昭宗东迁,举族随之,从迁嵩山洛阳。后晋石敬瑭时以门荫授秘书省正字,入宋由王审琦荐为郑州录事参军,入为大理寺丞。献宫词,托意求进。太祖怒其引喻非宜,免所居官,放归田里。太宗即位,命监西京(洛阳)汜麴,复授大理正议。时初榷酒,以承恭监西京酒曲,岁增课6000万。迁大理正,议狱平允,同考校京朝官课第。太平兴国八年(983年)擢库部员外郎,判大理少卿,迁屯田郎,兵部郎中。淳化元年(990年)迁太常少卿。后又诏承恭与左散骑常侍徐铉刊正道书,俄以疾求解官。且言早游嵩、少间,乐其风之,愿卜居焉。上召见,哀其羸瘵,出御药赐之,授将作监致仕。以其子玢同学究出身,为登封县尉,俾就禄养。未果行而卒,年62岁。孔承恭曾参与校《道藏经》。《宋史》有传。

孔承恭少疏纵,及长,能折节自励。尝上疏请令州县长吏询访耆老,求知民间疾苦、吏治得失,及举令文"贱避贵,少避长,轻避重,去避来",请诏京兆并诸州于要害处设木牌刻其字,违者论如律。上皆为行之。尤奉佛,多蔬食,所得俸禄,大半以饭僧。尝劝上不杀人,又请于征战地修寺及普度僧尼,

人多言其迂阔云。

梁同翰

梁同翰(929~1009年),北宋翰林学士。字元褒,宋管城(今郑州市)人。幼好学,10岁能词,后周广顺二年(952年)举进士,授开封府户曹参军。宋初宰相范质、王溥引为秘书郎,直史馆,多直言切谏。乾德中,献《拟制》、《五凤楼》赋。开宝三年(970年)迁右拾遗、改左补阙,兼知大理正事。太平兴国中知苏州。雍熙中,宰相李召为右补阙,赐绯鱼,使江淮提点盐茶。翰林学士宋白称同翰史才,遂命兼史馆修撰,寻迁起居舍人。有史才,淳化五年(994年)兼起居郎,始创起居注每月先呈皇帝、后付史馆之例。至道中,迁工部郎中。咸平初,为驾部郎中,知制诰,判史馆及昭文馆。咸平三年(1000年)召为翰林学士。大中祥符元年(1008年)迁工部侍郎。善属文,通音律。五代时,文风颓靡,文体卑弱,同翰与高锡、柳开、范杲等提倡恢复古代淳实之文风,开宋代古文运动之先声。时有"高、梁、柳、范"之称。同翰性急燥,临事过于严暴,故多失误。著有《翰苑制草集》、《续因话录》。另撰写有《大宋新修商帝中宗庙碑》传于后世。

杨 业

杨业(约928~986年),北宋军事家、将领。祖籍麟州新秦(今陕西神木县),初名杨重贵,青年时代到太原为河东(今山西太原西南晋源镇)节度使刘崇(后汉开国皇帝刘知远之弟)部将,遂为太原人。因后汉大将郭威在开封夺得帝位建立后周,刘崇也在太原宣布继承后汉社稷建立北汉,杨重贵顺理成章成为北汉将领,并被刘崇赐名刘继业。因刘崇的孙子叫刘继恩、刘继兴、刘继元,杨重贵自然誓死效命。刘继元作了君主后,杨重贵恪尽职守、骁勇剽悍,职位不断升迁,累官建雄军(今山西代县)节度使。宋太宗太平兴国四年(979年),刘继元投降大宋,刘继业遂之归顺,复姓杨氏,全名杨继业,单名业,也称"杨令公",得官职右领军卫大将军、郑州防御使、防御使兼刺史。太平兴国五年三月,辽国景宗耶律贤发兵10万,攻打雁门关,杨业以代州(今山西代县)刺史兼领三交(太原以北的三交寨,即牧马河、汾河和滹沱河三条河谷通道的交叉口)驻泊兵马都部署之职,率几百名骑兵出西陉(雁门关西面)绕雁门关峡谷北口,突袭辽军,与潘美前后夹击,大败辽兵,杀死辽国驸马萧咄李,活捉马步军都指挥使李重海,杨业因此被提升为云州(今山西大同市)观察使,仍为代州刺史兼郑州防御使。从此,辽宋形成了对峙局面,杨业也由此声威大震,人称"杨无敌"。雍熙三年(986年)正月,宋太宗发兵30万,分三路伐辽,其中西路由潘美、杨业统率。在统帅潘美和监军王侁、刘文裕的错误指挥下,杨业率人马陷入陈家谷(今朔州西南陈家沟),兵败潦倒,身负重伤,坠马被俘,押解途中绝食3天而死,年约59岁。后被追封为太尉、大同节度使,谥号忠武,赏其家属布帛1000匹、小米1000石。大将潘美被撤销三职。王侁被撤销职务,充军金州(今陕西安康市)。刘文裕被撤销职务,充军登州(今山东蓬莱市)。

新密市区东南13公里来集镇苏寨村西斩龙台上,有为纪念北宋右领军卫大将军、郑州防御使、防御使兼刺史杨业所建"杨业祠"。

曹 彬

曹彬(931~999年),北宋名将、开国功臣。字国华,真定灵寿(河北)人。初为周太祖部将,以败契丹、北汉功,任枢密承旨。雍熙三年(986年)率军攻辽,因诸将不服指挥,败于涿州,降为右骁卫上将军。后复任枢密使。后周时以后宫近戚为晋州兵马都监,累官至引进使。北宋建立后,迁客省使兼枢密都承旨。乾德二年(964年)以归州行营都督监参加伐灭后蜀之役,诸将多乘机掠夺,独他秋毫无取。因此,曹彬以不滥杀掠而得到宋太祖赵匡胤的褒奖,授宣徽南院使、义成军节度使。开宝七年(974年)曹彬任总领,受命率军灭南唐。次年,兵围南唐都城江宁府(今江苏南京),临攻城时对诸将提出克城不妄杀一人的要求,使全城免遭屠掠。回师不久即被任命为枢密使。

宋太宗赵炅即位,加同平章事,封鲁国公,益得信任。雍熙三年(986年),宋太宗分兵三路伐辽,曹彬任幽州(今北京)道行营前军马步水陆都部署,率宋兵主力自雄州(今河北雄县)向涿州(今河北涿州)进发。在粮尽天热的情况下,为部将所迫,冒攻涿州(今河北涿州市),在岐沟关(今河北涞水东)之战中,为辽将耶律休哥所败,致使其他两路军也被迫退兵。因此,被降为右骁卫上将军。次年,起为侍中、武宁军节度使。真宗继位,复任枢密使用权等。咸平二年(999年),病卒于京师,终年69岁。真宗追封济阳郡王,谥武惠;同年八月,诏曹彬与赵普配飨太祖庙庭。世称武惠王。

关于曹彬墓葬地有两种说法:一说在嵩山东北麓的上街区沙固村西北上,一说在嵩山之阴的巩义市东5公里北山口乡北官庄村东南岭上,与赵普墓相并。

王 瓘

王瓘,北宋著名画家。字国器,嵩山洛阳人。美风表,有才辩。少志于画,家甚穷匮,无以资游学。北邙山老子庙壁吴生(道子)所画,世称绝笔。王瓘多往观之,反复研究,仔细观摩,虽穷冬积雪亦无倦意。为观摩学习画圣吴道子的壁画,嵩山洛阳一带凡是有吴道子壁画的寺庙,他几乎都走遍了。有为尘渣涂渍处,必拂拭磨刮以寻其迹,由是深得吴画圣的精髓,又能变通不滞,取长舍短,声誉籍甚,动于四远。乾德、开宝间(963~976年),概无敌手,世称"小吴生"。王公大人,有得瓘画者以为珍玩。末年,石中令以礼召瓘画昭报寺廊壁,厚酬金币画佛道人物。宋代画家赞不绝口,武宗元看了王瓘的壁画,都说"吾观国器之笔,则不知有吴生矣。"高克明曰:"得国器何必吴生。"王瓘还喜画山水花竹,在当时的画界颇有名气。宋朝丹青名者,惟王瓘为第一。其画事物尽工,设色清润,古今绝伦。咸平初(998年)授画院待诏。

张 图

张图,宋代著名画家。字仲谋,五代时洛阳人,画家。性好丹青,善泼墨山水,皆不由师授,亦不法古今,自成一体。曾作《紫微朝会图》,衣纹属师吴衣当风、曹衣出水之例。用浓墨分粗笔,如写草书,颤掣飞动,其势极为豪放。画至面部与手及服饰仪物时,则又细笔轻色,详缓端慎,无处不精细入微。

卢多逊

卢多逊(934~985年),北宋太宗朝宰相,著名政治家、军事家、史学家。怀州河内(今河南泌阳)人。五代后周显德初年进士。北宋开宝元年(968年)冬,命为翰林学士,奉敕与尚药奉御刘翰等纂修《开宝本草》。开宝六年(973年),任中书舍人、参知政事(副宰相),曾主持编修《旧五代史》、《开宝通典》、《时政记》,参修《五代史》。太平兴国元年(976年),拜中书侍郎、平章事,后加封兵部尚书。卢多逊博涉经史,聪明强记,文辞敏捷,性狡黠,有谋略。宋太祖好读书,每取书史馆,多逊必向吏令打听书目,先通夕阅览,待太祖问及书中事时,回答如流。

卢多逊

太平兴国六年(981年),卢多逊告发赵普当初不想立宋太宗,宋太宗因此疏远了赵普。太平兴国七年(982年)宰相赵普告发卢多逊与秦王赵廷美暗通,结党营私,图谋不轨。卢多逊被捕入狱。初判死刑,诛斩九族。太宗念其身居相位,久事朝廷,下诏削夺其官职及三代封赠,全家发配崖州(今海南岛三亚崖城镇)。诏书规定:"纵更大赦,不在量移之限。"即遇赦不赦。卢多逊至崖州后,上谢恩表文遣送者带回朝廷。谢恩表曰:"流星已远,拱北极已不由;海日悬空,望长安而不见。"雍熙二年(985年)卒于崖州水南村寓所,年52岁。居崖州水南村(崖城镇水南村)期间,有咏崖州诗多首行世。

宋太祖开宝年间,朝廷下令重修中岳庙。开宝六年(973年),为记述这次重修,由卢多逊奉命撰文的《新修嵩岳中天王庙碑》立于中岳庙内,该碑至今保存完好。

毕士安

毕士安(938~1005年),北宋真宗时宰相。本名士元,字舜举,改字仁叟,祖籍代州云中(今山西大同),父时迁观城(今属山东省),士安少时至郑州求师,遂在嵩山新郑落户。乾德四年(966年)举进士。开宝四年(971年)历济州团练推官。太平兴国初为大理寺丞,迁左赞善大夫。雍熙中,迁左拾遗兼冀王府记事参军,端拱中知制诰。淳化二年(991年)为翰林学士,三年加主客郎中,知贡举。真宗即位,权知开封府,复为翰林学士。出知潞州,召为翰林侍读学士。景德初除参知政事,真宗欲使士安做宰相,士安力荐寇准,遂并拜同中书门下平章事。士安兼修国史,位居准上。景德元年(1004年),契丹入犯,士安首疏五事应诏,陈选将、饷兵、理财之策,为真宗采纳。又与准力排众议,请真宗亲征并签立"澶渊之盟"。与辽互通市,除铁禁、招流亡、广储蓄,同时又选择良将积极御边,中外略安。毕士安端方沉雅,有清识,美风采,善谈吐,以严正称,又精意词翰。著有文集 30 卷。景德二年(1005 年)十月,晨朝时病倒崇政殿,送归第卒。真宗车驾临哭,废朝五日,赠太傅、中书令,谥文简。

赵光义

宋太宗赵光义

赵光义(939~997 年),宋太宗,北宋的第二代皇帝。宋太祖赵匡胤同母弟,初名匡义,太祖时改名光义,字廷宜,称帝后又改名炅。于后晋天福四年十月七日甲辰(939 年 11 月 20 日)开封府浚仪县崇德北坊护圣营官舍出生(淳化元年,太宗把自己的生日定为寿宁节)。当初,太宗母亲杜太后梦见神仙捧着太阳授予她,从而怀孕,直至太宗出生当天夜晚,红光升腾如火,街巷满是异香。在其兄弟中,除去早夭者,太宗排行居中,比太祖小 12 岁,比齐王赵廷美大 8 岁。初封为晋王。22 岁时,参与"陈桥兵变",拥立其兄赵匡胤为帝,曾参与太祖统一四方的大业。太祖驾崩,38 岁的赵光义登极为帝,是为"太宗",改年号为"太平兴国"。宋太宗采用宫廷政变的方式取得政权,即位后使用政治压力,迫使吴越王钱俶和割据漳、泉二州的陈洪进于太平兴国三年(978 年)纳土归附。他继宋太祖之后,完成了统一南方的任务,然后又于太平兴国四年(979 年)亲自出兵灭北汉,彻底结束了五代十国的分裂割据局面。他执政后,继续进行始于后周世宗时的统一事业,鼓励垦荒,发展农业生产,扩大科举取士规模,编纂大型类书,设考课院、审官院,加强对官员的考察与选拔,进一步加强中央集权,限制节度使权力,力图改变武人当政的局面,扩大科举的取士人数,确立文官政治,把大权牢牢地掌握在自己手中。这些措施顺应了历史潮流,为宋朝的稳定做出了重要贡献。但是因为急功近利,太平兴国四年(979 年)和雍熙三年(986 年),两次北伐攻辽,企图收复幽云 16 州,都遭失败,从此转而执行守内虚外的政策。他曾用政治和军事手段企图消灭夏州(今内蒙古乌审旗南白城子)党项拓跋部势力,也没有成功。晚年政治大计循规蹈矩,使宋朝渐渐形成了"积贫积弱"的局面,给宋代社会的发展也带来了不利的影响。在位后期,镇压了四川王小波、李顺领导的农民起义。至道三年(997 年)崩,年 59 岁,在位 22 年。谥号至仁应道神功圣德文武睿烈大明广孝皇帝,庙号太宗,葬于嵩山巩义的永熙陵。

史载:太平兴国八年(983 年),宋太宗赵光义封中岳嵩山神为"中天崇圣大帝";淳化五年(994 年)四月,宋太宗遣使至嵩岳祷雨;至道元年(995 年),宋太宗向太乙书院颁赐印本九经书疏。至道三年(997 年)五月,河南尹上书言甘露降于太乙书院讲堂,宋太宗遂将太乙书院改称太室书院(后来的嵩阳书院),并御赐"太室书院"匾额。这一时期在宋太宗赵光义的支持下,嵩阳书院规模进一步扩大,讲经修学者多达数百人。

赵仁安

赵仁安,北宋藏书家。嵩山洛阳人。雍熙二年(985年)进士,官著作佐郎,直集贤院。嗜书,所得禄赐,多以购书。与杨亿合撰成《大中祥符法宝录》21卷,收录图书201部,384卷。

张 颐

张颐,北宋藏书家。嵩山荥阳人。赐进士出身,当过助教。家富藏书,为国家奉献图书504卷,内三馆秘阁所缺者221卷。

康保裔

康保裔(? ~1000年),北宋抗辽名将、战斗英雄。嵩山洛阳人。出身将门,祖父和父亲都是捐躯沙场、马革裹尸的武将。祖志忠,后唐长兴中,讨王都战没。父再遇,为龙捷指挥使,从太祖征李筠,又死于兵。后诏以保裔代父职,从石守信破泽州。后周时屡建战功。康保裔自幼勤习武艺,精于骑射,射空中飞鸟,箭无虚发。有一次表演射靶,他手举弯弓如满月,连发30箭,箭箭中的,旁观者无不连声喝彩。在战场上,他以勇猛著称,将士们谈起他身上的70多处伤痕,无不啧啧称赞。宋太祖赵匡胤在开国之初,康保裔随军破浔州、攻克广阳,俘敌过千。宋开宝中,破契丹于石岭关。迁日骑都虞侯,转龙捷指挥使,领登州刺史。太宗时,历知代州、青州、高阳关副都部署。由于他屡立战功,官升至高阳关(今河北省保定市附近)都部署(高阳关的驻军最高指挥官)。咸平三年(1000年),辽国契丹向中原发起进攻。在河间(河北境内)一战中,年逾花甲的康保裔率军坚决抵抗,兵尽矢绝,援兵不至,与全体将士战死。宋真宗慨叹不已,为表悼念,废朝二日,还召见其三子一孙,封官加冕,从优抚恤。康保裔忠心报国、勇猛杀敌的英雄气概为后人敬仰,逐渐由一名武将变成了神人,人们尊称他为"康公"、"康王",后人敬其忠勇在大江南北广建"康王(公)庙"。

陈省华

陈省华(939~1006年),北宋名臣,嵩山本土历史文化名人。字善则,宋阆中(今属四川省)人。原为西水尉,蜀亡后仕于宋。宋太宗端拱二年(989年)召为太子中允,迁殿中丞。曾任盐铁判官。宋真宗景德年间,官至佐谏议大夫。历知滑州、苏州、潭州、晋城升京东转运使、擢知开封府。卒赠开府仪同三司、太师、尚书令兼中书令,追封秦国公。平生做了两件大事,其一,勤政励治。任职栎阳时,郑白渠为邻县强族霸占,他抑制强族,疏浚河道,使百姓都能享受灌溉的好处。任职济源时,他体察民情,整顿吏治,平反冤狱,奖励农耕,治蝗救灾,做了很多好事。其二,教子苦读,亲授诸子经,加上夫人

陈氏三状元

冯氏的严格要求,致使3个孩子——尧叟、尧佐、尧咨金榜题名,陈省华也为此荣登显位,深得朝廷褒美。他们为官清廉,勤政爱民,功彪史册,泽润千秋。去世后,皇帝赐葬嵩山新郑洧水之畔,抱章山之侧。陈尧佐判郑,遂迁居这里。陈氏父子,三宰相,四令公,同朝显贵,荣宠无比,史称"状元、科第之极选,宰相、人臣之极品"。

陈氏父子在嵩山留下的遗迹,有位于嵩山新郑市郭店镇宰相陈村西北300米处,与墓区之北的崇孝寺二体合一的陈家祠堂。祠堂内有陈省华和夫人冯氏墓,有陈省华儿子陈尧叟、陈尧佐、陈尧咨及子孙的墓。与祠堂相邻的宰相陈村以陈姓为主,原是守墓人形成的村落。

程德玄

程德玄(940～1004年),北宋大臣。字禹锡,嵩山荥泽(今荥阳市东部和郑州市西北郊一带)人。善医术。太宗尹京邑时,署押衙。及即位,拜翰林使。太平兴国五年(980年)冬,太宗赴魏府,命总御营四面巡检,掌给诸军资粮,颇得太宗信赖,由是趋附者甚众。淳化三年(992年)改怀州团练使,知邠州。咸平中入朝,真宗予以抚劳。景德初卒,享年65岁。

张齐贤

张齐贤

张齐贤(943～1014年),北宋太宗时宰相、笔记小说家。字师亮,祖籍山东曹县,后迁居洛阳。进士出身。他以一布衣累官至同中书门下平章事,两度入阁拜相,前后21年,为宋朝的政治、军事、外交等做出了较大贡献。齐贤少时孤贫力学,志向远大。北宋初兴,宋太祖赵匡胤西巡洛阳,他以布衣身份而上奏治国十策于赵匡胤的马前。赵匡胤颇为赏识,召至行宫,复以指画地条陈"下并汾"、"富民"、"封建"、"敦孝"、"举贤"、"太学"、"籍田"、"选吏"、"慎刑"、"惩奸"等10事,颇为太祖赏识。太宗太平兴国元年(976年),张齐贤中进士,授为衡州通判。张齐贤入仕后在地方为官7年,先后任过忻州知州、江南西路转运使。张齐贤在地方关心人民生活,常常深入民间了解政治得失、地方利弊。以后凭着他的才干和皇帝的知遇,步步高升,直至"四践两府"(枢密院、中书院),九居八座(仆射、枢密使及六部尚书)。齐贤居官时,尽心尽力,表现出卓越的政治才能。他任衡州通判时,州里原有凡劫盗一律处死的成规,但张齐贤却对具体案情作具体分析,力争救活一些胁从的人。荆、桂之间水递铺夫有数千户,多半缺吃少穿,齐贤就上奏朝廷减其一半邮役,使其有余力从事生产,以改善生活。当他任左拾遗时,车驾北征幽燕,大臣均表示赞同,独他以为不可。他认为幽燕形势平静,目前尚不足虑,应当着眼于西北边防的巩固,先本而后末,安内以养外。后来西北边患频仍,证明他的意见是正确的。在任江南西路转运使时,建议在盛产铜、铁、铅、锡的信、虔等州铸钱,成本低且便于运输等,均受到朝廷的赞许。雍熙三年(987年),北宋大举北伐失败,杨业战死。张齐贤自请出任代州知州,收拾潘美逃跑造成的危局。他用计大败辽兵于土磴寨。挫败了辽兵进犯。后两年,辽兵再次入侵,张齐贤率军于繁峙、崞县消灭了入侵辽兵,保卫了北部边境。淳化二年(991年),张齐贤升任参知政事(副相),数月后升为同中书门下平章事(宰相)。张齐贤当了宰相,多次从边防设施、对敌方略、内政改革等大的方面向皇帝建议,从中看到他为国为民呕心沥血的耿耿情怀。齐贤不仅在政治上有所作为,军事上足智多谋,屡有军功,而且在文学上,也颇有建树。他在当时以诗而著称,惜其诗多已散佚。他写有一首《自警诗》:"慎言浑不畏,忍事又何妨。国法须遵守,人非莫举扬。无私仍克己,直道更和光。此个如端的,天应降吉祥。"显示了他的思想情操。

张齐贤亦为宋初著名笔记小说家,所著《洛阳缙绅旧闻记》、《孝和中兴故事》、《同归小说》、《书录解题》均为世人称道。其《洛阳缙绅旧闻记》为晚年所作,是其追述"唐梁已还五代间"洛阳"缙绅旧老"(《自序》)所述及的往事而形成的述旧小说。全书基本上以实录为主,但也有一定的艺术虚构,可将其"视作传奇小说集"。与宋初其他述旧型小说不同,本书各则小说独立成篇。大多小说以一人一事为贯穿全篇的线索,线索明晰,情节曲折,形象生动,呈现较高的艺术水准,具备小说文体独立的各种意义,是宋代中期小说发展的一个良好开端。张齐贤的诗当时很有名气,惜其诗多已散佚。大中祥符五年(1012年),真宗批准他致仕。两年后卒,终年72岁,葬于伊川县酒后村。朝廷赠官司徒,谥文定。

万　适

万适(?~约992年),北宋嵩山隐士、诗人。字纵之,自号遣玄子,陈州宛丘人。六七岁时,能为诗。及长,喜学问,精于老子《道德经》。与高冕、韩丕交游酬唱多有警句。不求仕进,隐居嵩阳,专著述为务。淳化中,韩丕任翰林学士,因召对,上问曰:"卿早在嵩阳,当时辈流颇有遗逸否?"韩丕以万适及杨璞、田诰为对,上悉令召至阙下。万适即至,特授慎县主簿,后数日卒。

万适著有《狂简集》100卷,雅书3卷,志苑3卷,雍熙诗200首,及经籍各科讨论记40卷,均《宋史本传》并行于世。

温仲舒

温仲舒(944~1010年),北宋重臣、政治家。字秉阳,北宋河南府(今洛阳东)人。太平兴国进士。初授大理评事,吉州通判、汾州知州,因事免职。不久又起用为右赞善大夫,通判睦州。太宗端拱初年(988年),拜右正言、直史馆、判户部凭由司。太宗淳化元年(990年),拜工部郎中、枢密直学士,知三班院。太宗召对群臣治国之策。温仲舒以为"国家自平定太原以来,杀伤剽掠,彼此迭见。黄河以北,农桑停废,户口锐减。凋敝之余,扩军备边。丁壮备徭,老弱供赋。遗庐坏堵,不亡即死。行者辛苦,居者怨旷。愿施恩德,以遂民愿。"太宗肯定并采纳了他的主意,免除了河北的赋税。淳化二年(991),温仲舒官拜右谏议大夫、枢密副使,又改同知枢密院事。淳化四年(993年),罢去本职任秦州(今陕西省天水市东部和中部)知州。秦州世代杂居着羌、戎等少数民族,还有两马家、朵藏、枭波等部落。他们之间互相抢夺、杀掠,深为民患。温仲舒率兵于各寨,先谕以威信,使羌戎诸部献地内属。羌戎遂徙部落于渭北,民感其德。至道三年(997年),为参知政事。咸平初罢政。后累官礼部尚书、刑部尚书、户部尚书。仲舒敏于庶务,能直言。自正言到枢密,皆与寇准同进枢府,时称"温寇"。大中祥符三年(1010年),封温仲舒为昭文馆大学士,任命不久温仲舒身亡,年67岁。追赠左仆射,谥号恭肃。

吕蒙正

吕蒙正中状元

吕蒙正(944～1011年),北宋太宗、真宗时宰相。字圣功,嵩山偃师佃庄镇相公庄人。吕蒙正的祖父吕梦奇做过户部侍郎,父吕龟图任过起居郎。吕蒙正的父亲年轻时"多内宠",与妻刘氏不和,父把吕蒙正和他母亲赶出家门。母子居住在离洛阳不远的龙门山利涉院,据说当家和尚认为吕蒙正将为贵人,特为他母子挖了个窑洞,竟一住9年。吕蒙正少贫窘,刻苦好学,太平兴国二年(977年)擢进士第一,授作监丞,通判昇州。端拱二年(989年)二月,任中书侍郎兼户部尚书,并同平章事、监修国史。太宗雍熙四年(987年)入相,科户部尚书,平章事。与赵普同做宰相,赵普很推崇他。吕蒙正论政总是直言不讳,在大臣中深孚众望,深得太宗赞许。后曾两次罢相而于太宗淳化四年(993年)和真宗咸平四年(1001年)皆复相。景德二年(1005年)春,辞官归乡。吕蒙正为人质厚宽简,豁然大度,清正廉洁,以遇事敢言直谏著称。一次,太宗灯夕设宴,夸汴京繁华,他当即指出城外数里,饥寒而死者甚多,并不都像城里一样。太宗时,要中书省选派一位合适的人出使北方的一个国家,任中书侍郎兼户部尚书平章事的吕蒙正呈上选定的人名,太宗看了不同意。后太宗三次问到人选问题,吕蒙正三次都以原来人选作答。太宗发怒,将他呈送的报告书投到地上。吕蒙正仍然争辩,并把扔在地上的报告书捡起来,慢慢放到怀里而下朝。太宗对其左右的人说:"蒙正的气量,我不如。"吕蒙正有众望,善知人。他的门客富言对他说:"我的孩子十多岁,想让他入院做点事。"吕蒙正和他孩子见过面后,惊奇他的才华说:"此儿他日名位与我似,而勋业皆过于吾。"即命诸子同学,供给甚厚。这个孩子就是后来的富弼,两次担任宰相,以司徒致仕,同为宋代名臣。吕蒙正一生三居相位,后又加司空兼门下侍郎。咸平六年(1003年),授太子太师,封蔡国公。《宋史》说他"遇事敢言,每论时政,有未允者,必固称不可,上嘉其无隐。"在政治上主张休养生息,内修政事,外睦邦交,"远人请和,弭兵省财"。真宗景德二年(1005年),上表辞官回乡养老。

宋真宗朝永熙陵,封禅泰山,过洛阳两次看望吕蒙正,曾问其子中谁可为官。吕蒙正说:"诸子皆不足用,有侄吕夷简,真乃宰相器也!"他向真宗推荐了吕夷简。吕夷简,进士及第,宋仁宗时居相位,晚年归居新郑,死后葬于嵩山新郑郭店西南冈下。吕夷简之次子吕公弼,居相位,事仁宗、英宗两代;三子吕公著,居相位,事神宗、哲宗两代;吕公著子吕舜徒居相位,事徽宗。吕蒙正一门四世五相,掌北宋七朝政事,真可谓"宰相世家"。

大中祥符四年(1011年)吕蒙正卒,年68岁。谥文穆公,赠中书令。

吕蒙正在嵩山留下的遗迹有位于偃师市西南佃庄镇相公庄村的吕蒙正故居,当地人称为"吕蒙正读书窑";有立于新郑市的"吕蒙正养晦处";有位于洛阳市南金石村奉先里的吕蒙正墓。

李建中

李建中(945~1013年),北宋书法家。字得中,号岩夫、民伯。嵩山洛阳人,祖籍京兆(今西安)。太平兴国八年(983年)进士,历任太常博士、直集贤院,迁金部员外郎、工部郎中及西京留司御史台等职。曾上表陈述时政之利弊,太宗甚赞。后出两浙转运副使,迁主客员外郎,历知曹、解、颍、蔡4州。建中性情恬静,淡荣利,前后3次要求掌西京御使台,尤爱洛中风土,人称"李西台"。爱好吟咏,喜藏古器名画,善书法,有文集30卷。

李建中的书法,多构新体,草、隶、篆、籀、八分皆妙,基本上延续唐代书法的余风。字形瘦而健,有墨迹《土母帖》(藏台北故宫博物院)、《同年帖》和《宝宅帖》(藏故宫博物院)传世。3帖以《土母帖》最为精美,集中地表现了李建中书法艺术的造诣和风格,可以看出其书法笔画丰腴肥厚,结字端庄稳健及与唐代书法的继承关系。《三希堂法帖》还刻有李建中的《齐古帖》,据记载上述3帖和《齐古帖》、《贤郎帖》、《左右帖》,原合装在一起,名为《李西台六帖》,清初时被拆散,后3帖的墨迹已佚。从流传作品来看,主要师法颜真卿,并参以魏晋书法的风神,有一种丰肌清秀、气宇轩朗的特点。唐人的书法通过五代杨凝式、宋初李建中的继承和发展,慢慢形成具有鲜明时代特色的宋代书法。

何承矩

何承矩(946~1006年),北宋将领。字正则,建武军节度继筠之子,北宋河南府(今嵩山洛阳)人。初为棣州衙门指挥使,从父讨刘崇。太平兴国三年(978年),监泉州兵,以功迁闲厩使。历知州府,有政绩。淳化四年(993年),治沧州。建议筑堤潴水,设防屯田。为河北治边屯田使,发诸州镇兵,于濒海处垦农田数百里,民得其利。知澶州六年,囹圄屡空,受嘉奖。入为六宅使。曾官正任团练使、缘边安抚使。至道元年(995年),败契丹。承矩用兵有方略。能推诚待众,同甘共苦。边民有告军机事者,对待热情而不忌猜,故契丹军之动静皆能提前知道。首建官方专卖市场之议,欲增府库收入。主张和戎息兵,对边防建设有功,真宗时授齐州团练使。卒于任所。

王禹偁

王禹偁(954~1001年),北宋初期诗人、散文家。字元之,济州巨野(今山东省巨野县)人。晚贬知黄州,世称王黄州。出身贫寒。宋太宗太平兴国八年(983年)进士,授成武县主簿,迁大理评事。次年,移知长洲。端拱初,擢右拾遗,直史馆。淳化二年(991年),庐州尼姑道安诬告著名文字学家徐铉。当时禹偁任大理评事,执法为徐铉雪诬,又抗疏论道安诬告之罪,触怒太宗,被贬为商州(今陕西商县)团练副使。淳化四年移官解州(今属山西)。同年秋召回京城,不久又外放,随即召回。任礼部员外郎,再知制诰。太宗至道元年(995年),任翰林学士,后以谤讪朝廷的罪名,以工部郎中贬知滁州(今安徽滁县),次年改知扬州。真宗即位(997年),再召入都,复知制诰,上书提出"谨边防"、"减冗兵,并冗吏"等事。撰修《太祖实录》,因直书史事,引起宰相的不满,又遭谗谤,于咸平二年(999年)再次被贬出京城,至黄州(今湖北黄冈),咸平四年冬改知蕲州(今湖北蕲春)。咸平四年在蕲州卒,年48岁。王禹偁为官清廉,关心民间疾苦;秉性刚直,遇事直言敢谏,不畏权势,以直躬行道为己任。一生中三次受到贬官的打击,乃作《三黜赋》,申明"屈于身兮不屈其道,任百谪而何亏;吾当守正直兮佩仁义,期终身以行之",表现了百折不挠的坚强意志。《宋史》与《东都事略》有传。

王禹偁是北宋初期首先起来反对唐末以来浮靡文风,提倡平易朴素的优秀作家之一。他反对艰深晦涩,雕章琢句,为后来的欧阳修、梅尧臣等人的诗文革新运动开辟了道路,因此颇受后人推重。作为宋初宋代诗文革新运动的旗手,其诗文影响了宋朝文坛。苏轼称他"以雄文直道独立当世","耿然如秋霜夏日,不可狎玩。"他的诗同散文一样,语言平易流畅,风格简雅古淡。王禹偁有自编《小畜集》30卷,今有《四部丛刊》本。有《录海人书》和诗歌多篇。另有其曾孙王汾哀辑《小畜外集》,有清光绪年间孙星华刻本。近人徐规所著《王禹偁事迹著作编年》,收集佚诗佚文多篇。

王禹偁在嵩山活动期间,写有《鸿沟怀楚》、《荥阳怀古》、《古殿中侍御史荥阳郑公》、《郑州与张秉监察联句》、《村行》、《喜诗句类杜》等诗文传世。

李 溥

李溥,北宋贪官。嵩山洛阳人。初为三司小吏,阴狡多智数。宋初,天下新定,太宗励精图治,尝论及财赋,欲有所更革,引三司吏27人对便殿,问以职事。溥询其目,请退而条上。命至中书,列71事以闻,44事即日行之,余下三司议可否。于是帝以溥等为能,语辅臣曰:"朕尝谕陈恕等,如溥辈虽无学,至于金谷利害,必能究知本末,宜假以色辞,诱令开陈。而恕等刚愎自用,莫肯询问。"吕端对曰:"耕当问奴,织当问婢。"寇准曰:"孔子入太庙,每事问。盖以贵下贱,先有司之义也。"帝以为然,悉擢李溥等以官,赐钱币有差。李溥为左侍禁、提点三司孔目官,请著内外百官诸军俸禄为定式。加阁门祗候。催运陕西粮草,赴清远军,还,提举在京仓草场,勾当北作坊。齐州大水,坏民庐舍,欲徙州城,未决,命李溥往视,遂徙城而还。又与李仕衡使陕西,增酒榷缗钱岁25万。三迁崇仪使。

真宗景德年间,李溥制置江淮等路茶、盐、矾税兼发运事,更新茶法,使每年茶赋增加。对漕运规章制度亦进行改革,使江、淮每年运至京城米数由原来的500余万斛,增至600万斛,而诸路狱有余畜。高邮军新开湖水散漫多风涛,溥令漕舟东下者还过泗州,因载石输湖中,积为长堤,自是舟行无患。累迁北作坊使。时营建玉清昭应宫,李溥与丁谓共议由东南调巧匠赴京师,并征得奇木怪石,以附会帝意。建安军铸玉皇、圣祖,李溥典其事,丁谓言溥蔬食者周岁,而李溥亦数奏祥应,遂以为迎奉圣像都监、领顺州刺史,迁奖州团练使。李溥自言江、淮岁入茶,视旧额增570余万斤。并言,漕舟旧以使臣若军大将,人掌1纲,多侵盗,自溥并3纲为1,以3人共主之,使更相司察。大中祥符九年(1016年),初运米125万石,才失200石。李溥当代,诏留再任,特迁宫苑使。初,谯县尉陈齐论榷茶法,溥荐齐任京官,御史中丞王嗣宗方判吏部铨,言齐豪民子,不可用。真宗以问执政,冯拯对曰:"若用有材,岂限贫富。"帝曰:"卿言是也。"因称溥畏惧小心,言事未尝不中利害,以故任之益不疑。然溥久专利权,内倚丁谓,所言辄听。帝尝语执政曰:"群臣上书论事,法官辄沮之,云非有大益,无改旧章,然则何以广言路。"王旦对曰:"法制数更,则诏令牴牾,故重于变易。"因言:"溥尝请盗贩茶盐者赃仗皆没官,已可之矣。"帝曰:"此特畏溥之强,不敢退却,自今虽小吏言,亦宜详究行之。"

李溥既专且贪,繇是浸为不法。李溥为人阴狡,多智且贪,因不法行为屡遭贬。发运使黄震条其罪状以闻,罢知潭州。命御史鞠治,得溥私役兵为姻家林特起第,附官舟贩竹木,奸赃十数事。未论决,会赦,贬忠武军节度副使。仁宗即位,起用知淮阳军,历光、黄二州,复以赃败,贬蔡州团练副使。久之,监徐州利国监,以千牛卫将军致仕,卒。

种 放

种放(955~1015年),北宋作家、诗人,嵩山隐士。字明逸(一作名逸),自号云溪醉侯。嵩山洛阳人。名将种世衡之叔父。深通《易》学、不事科举。父死,奉母隐居终南山豹林谷30年。以讲习为业,从学者甚众,以教授学生之所得养母。自称"退士"。喜饮酒,自号"云汉醉叟"。不喜佛,曾撕裂佛经制帷帐。淳化初,诏使召之,其母恚甚,种放称疾不起。太宗嘉其节,赐缗钱,使养母,不夺其志。咸平元年,母卒。咸平五年(1002年)宰相张齐贤之弟推荐,以幅巾见。帝命坐与语,大悦。真宗即日召授左司谏,直昭文馆。咸平六年春,辞归终南山,帝亲制诗送之。后经常往返于朝廷之间,每到京师,秦、雍生徒多从而受业。大中祥符元年(1008年),判集贤院。从帝封泰山,拜给事中。四年(1011年),从帝祠汾阳,拜工部侍郎。景德、大中祥符年间,屡诏至阙下,每有询问,皆据经以对。暮年乞居嵩山天封观侧,帝命内侍就兴唐观基,起第赐之。大中祥符八年(1015年)十一月的一天,种放起床后,烧掉所有诗文奏疏,穿上一身道士服,"召诸生会饮于次,酒数行而卒",年61岁。真宗闻知嗟悼不已,亲自制文派内侍前去致祭。

种放性喜幽僻,终身不娶。曾上《时议》13篇,议论政事。种放晚年以所得禄赐,广置田地,纵子弟恣横,甚至倚势强买,门人亲属也多行不法,为时论所讥。种放好诗,有集6卷。有《退士传》、《蒙书》、《嗣禹说》、《表孟子》、《太乙祠录》、《种明逸集》、《种隐君小集》等书传世。

崔 鶠

崔鶠,北宋官吏、诗人。字德符,祖籍雍丘人,随其父崔毗定居阳翟(今禹州市),遂为阳翟人。哲宗朝举进士后，任筠州推官。宋徽宗时，就任相州教授。因上书议论司马光的忠佞，被丞相蔡京追查上书的人，认为崔鶠的议论是错误的，遂被免官。后闲居郏城，治田百亩，建婆娑园，居住十余年。当地人无分贵贱，皆尊之为师。靖康（1126年）之难，徽、钦二帝被掳，宋室被迫南迁之后，鶠重被起用，任殿中侍御史。崔鶠为官不畏奸邪，他又上书论蔡京和冯澥的罪恶，遂又被改任龙图阁直学士。崔鶠愤而辞官归乡，卒于家。

崔鶠善写文章，尤精于诗，其诗清雅峭拔，雄浑淳厚。著有《婆娑集》，晁补之曾赞言："有唐人之风"。崔鶠困无子，其女婿卫昂搜集其遗文，共编为30卷。

杨延昭

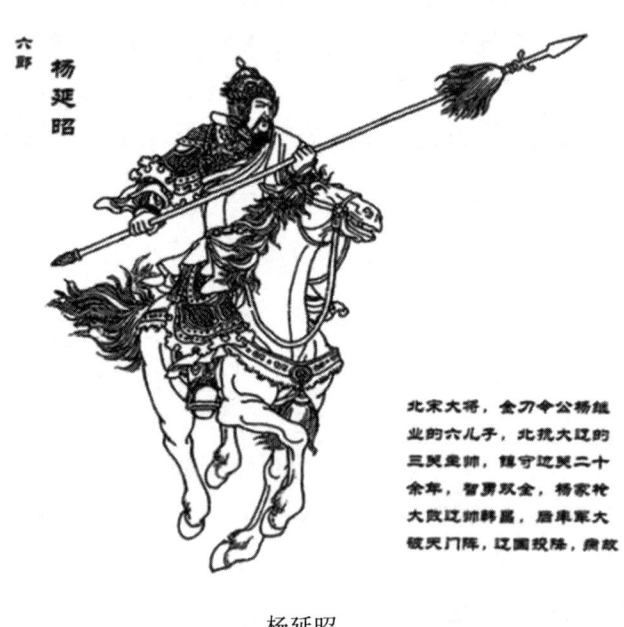

杨延昭

杨延昭（958～1014年），北宋将领、军事家。原名延朗，人称六郎。并州太原人。一说麟州新秦（陕西神木北）人。自幼随父杨业守边关，屡胜辽军。端拱年间（988～989年）知景州（今河北景县），公元999年知保州兼掾边都巡检使。同年辽军攻宋时，他率军3000守遂城（今河北徐水西），攻城急，他集城中军民日夜坚守。时天寒，命众夜以水浇城，冰滑不可攀。辽军攻城不克，引兵南下，他追击，辽方死伤甚众。1000年冬，辽军数千骑来攻，他设伏于遂城西羊山，遣将诱敌至山脚，伏兵突出，辽军大败。1004年辽军大举南下，抵澶州（今河南濮阳）境内，他上书真宗，建议趁辽军孤军深入，人马疲惫，命诸军守要路乘机歼敌。建议未获答复，便率部乘虚抵辽境，获胜还。1005年任高阳关（今河北高阳东）副都部署。他守边关20余年，枕戈待旦，号令严明，同士卒共甘苦，深受军民爱戴。杨延昭墓葬位于巩义市区孝义镇政府院南100米孝北机械厂院内，墓冢早已淹灭。1978年孝北村在此建厂，挖地基时曾发现其墓葬遗址，墓前有石刻造像、石羊。

魏 野

魏野（约960～1019年），北宋乡野诗人。字仲先，号草堂居士，宋陕州陕县（今河南陕县）人。世代务农，喜欢吟咏诗篇，不追求闻名显贵。居住在陕州城东郊乐天府洞前，依土崖凿洞，名曰"乐天洞"。洞前盖有草房，名曰"草堂"，自号草堂居士。自植竹树，凿土引泉，将居所周围环境布置得景趣幽绝。农闲时节，在草房弹琴咏诗，接嘉宾，待远客，饮酒欢娱。前任后继的郡守州官，虽然是武臣旧相，对魏野皆以礼遇。中书侍郎兼工部尚书寇准被罢京官后，调陕州任知州时，亲涉草堂造访魏野。

魏野接待来宾不分贵贱,均着白纱衣帽相见,过客居士往来,留宿夜话达旦。魏野行为简淡,出门骑白驴。一生不求仕进,性格狂放,耿介不群。

魏野的诗作,有唐人风格,多有警句,格调清新,多为田园之作。尤其是描写陕州自然风光,引人入胜,清逸飘然,无市侩气。北宋真宗大中祥符元年(1008年),契丹国使者到宋朝求取《草堂集》下佚,以求配全,宋真宗批准赠与。宋真宗大概这时才真正注意到魏野其人其诗。大中祥符四年(1011年),真宗祠汾阳(今山西省汾阳县境),令陕县令王希召魏野相见,魏野与表兄李渎同被推荐。魏野上表称病,辞而不受。真宗诏令州县长吏常加存抚,又遣使绘其所居观之,次年又遣内侍存问。天禧三年(1019年)十二月,魏野无疾而终,陕州上奏朝廷。次年正月,

魏野注重于乡野风光

真宗下诏,旌表魏野崇信儒士本色,刻意篇章,词格之清新,为士流所推许,而且能丰厚古之德行,仰慕隐居清淡之风,特赠秘书省著作郎。

魏野与寇准、王旦友善,常以诗唱和。其诗有晚唐风格。其诗多写闲适之情趣。《宋史》本传称其"为诗精苦,有唐人风格,多警策句"。《四库全书总目》则云:"野在宋初,其诗尚五代旧格。未能及林逋之超逸,而胸次不俗,故究无龌龊凡鄙之气。"代表作为《春山述怀》、《书友人屋壁》等。魏野著有《东观集》、《草堂集》10卷。后其子魏闲重加编纂,名《巨鹿东观集》,共10卷。

魏野在嵩山活动期间,写有《嵩岳十四韵》、《寄赠洛下达三藏》、《送王衢赴举》、《经嵩阳废观有戏题》、《寄唐异山人》、《送鲍大监赴阙》等诗。

陈尧叟

陈尧叟(961~1017年),北宋真宗朝宰相。字唐夫,陈省华长子,宋阆中(今属四川省)人。宋太宗赵光义端拱二年(989年)状元,且是连中三元(即乡试、会试、殿试中都获第一名)。授光禄寺丞,入值史馆。奉诏赈灾后,迁工部外郎,广南西路转运使。岭南人信巫,有病不服信药,祷神祛灾。陈尧叟移风易俗,将《集验方》医书刻于石上,立于驿站。岭南炎热,陈尧叟命人植树凿井,深得当地人拥戴。

淳化四年(993年),陈尧叟出使交州,不辱使命。咸平元年(998年),真宗诏令各路督课民人种植桑枣,尧叟上疏,言所管之地多山石,宜因地制宜,种植苎麻,得真宗赞许。回京后,加刑部员外郎,充度支判官,出京为广南东、西两路安抚使平乱。入京为枢密直学士知三班兼银台通进封驳司。黄河决口澶州,陈尧叟与冯拯同为河北、河东安抚副使。事毕回京,奉诏裁减冗事,卓有成效。

景德元年(1004年),辽军南下,直逼澶州,朝野震恐。陈尧叟主张迁都,受到主战派寇准的指斥。大中祥符元年(1008年),真宗封禅泰山,陈尧叟奉诏撰《朝觐坛碑》,进工部尚书后,又撰《封禅圣制颂》。真宗西祀汾阴,陈尧叟为经度制置使,判河中府,进户部尚书,又奉诏撰《亲谒太宗庙颂》。大中祥符五年(1012年),以本官加检校太尉,同中书门下平章事(宰相),充枢密使。后因足疾,屡次请求辞职。真宗派人慰问,拜右仆射,知河阳。天禧元年(1017年),陈尧叟病危,真宗诏准回京,不久辞别

人世,享年57岁。真宗废朝二日,以示哀悼,赠侍中,谥文忠。

陈尧叟体貌英伟,博闻强记,奉对明辨。著有《请盟录》3集20卷行世,惜已失传。

陈尧叟在嵩山留下的遗迹,有位于新郑市郭店镇宰相陈村西北300米处,与墓区之北的崇孝寺二体合一的陈家祠堂,祠堂内有陈尧叟之父陈省华、燕国太夫人冯氏墓及碑,有陈尧叟、陈尧佐、陈尧咨墓及碑,有陈希古(陈尧叟子)、陈学古(陈尧佐子)、陈知节(陈学古子)墓及碑。与陈家祠堂相邻的宰相陈村以陈姓为主,原是守墓人形成的村落。因陈尧叟之父陈省华曾擢知开封府,卒赠开府仪同三司、太师、尚书令兼中书令,追封秦国公。而陈尧叟及两个弟弟陈尧佐、陈尧咨皆为状元。陈氏父子,三状元,四令公,同朝显贵,荣宠无比,史称"状元、科第之极选,宰相、人臣之极品",历史上这里流传有"宰相陈,人地灵,石生像,列队迎,陈公碑,傲苍穹,崇孝寺,皇上封"的民谣。

寇 准

寇 准

寇准(961~1023年),北宋真宗时宰相、政治家。字平仲,华州下邽(今陕西省渭南县)人。太平兴国进士,曾任知县、三司度支推官、盐铁判官、枢密副使、同知枢密院事、参知政事、开封知府等。景德元年(1004年),拜同知书门下平章事。当时,契丹不断侵扰边境,宋兵屡次战败。一些大臣不惜丧权辱国求和,而寇准坚决主张抵抗。真宗咸平六年(1003年),辽兵又大举南侵,北宋统治集团慌乱不堪,寇准力保真宗御驾亲征。宋真宗在人民的要求和寇准的督促下,北进至澶州(今河南濮阳)抗御契丹。后在寇准部署下,击破辽兵,并杀其大将萧达览。宋兵小胜,宋真宗却借口已安民,不顾寇准等主战派的反对,密请宋降将契丹王继忠出面讲和,与契丹订立和约,宋每年给辽银10万两,绢20万匹,这就是历史上的"澶渊之盟"。后寇准受到投降派攻击,以致被罢相职,并遭谪贬陕州。天禧三年(1019年)再相,真宗病,刘皇后干预朝政,他密疏奏请以太子监国,事泄,罢相,封莱国公。后遭副相丁谓诬陷,被一再贬逐,直至雷州(今广东海康)司户,于宋仁宗天圣元年(1023年)闰九月死于贬所。灵柩获准运回河南安葬,奉诏陪葬于嵩山北麓巩义的宋真宗陵园(北宋皇陵)。宋仁宗追谥忠愍。寇准著有《寇忠愍公诗集》。

陈尧佐

陈尧佐(963~1044年),北宋仁宗时宰相、诗人、书法家。字希元,自号知余子,陈省华次子,其兄弟陈尧叟、陈尧咨皆状元。宋阆州阆中(今属四川)人。太宗端拱元年(988年)进士,历魏县、中牟尉、潮州通判、河南知府、知制诰、翰林学士、两浙转运副使、三司户部副使,累官参知政事、枢密副使、同中书门下平章事(宰相)、集贤殿大学士、太子太师。入仕后,政绩显赫。景祐五年(1038年)罢相出为淮康军节度使、判郑州。仁宗庆历四年(1044年)卒,赠司空兼侍中,谥文惠。

陈尧佐曾任潮州通判。潮州地处岭南,宋时还是偏远蛮荒之地,文化落后,民俗鄙陋。陈尧佐到了潮州,认为最重要的事情就是使这里的民众得到开化,而要开化这里的民众,首要的工作是传播文化。于是,他筹备修建了孔子庙、韩愈祠堂,宣传学习文化的重要性,并在各地开办了一些学校,又不辞劳苦地动员民间有供给能力的家庭把孩子送到学堂读书。通过陈尧佐的努力,潮州的文化事业比以前有了很大的发展。潮州鳄鱼为害,唐代已有之。韩愈写了一篇《祭鳄鱼文》,谴责和警告鳄鱼,并限期让其离开潮州。据说鳄鱼还真的被韩愈吓住了,率其同类离开了潮州。到了宋朝,潮州的鳄鱼为害又严重起来,而潮州的官民都以鳄鱼为神物,不敢冒犯。陈尧佐决心破除这个迷信,他组织了一批精壮之士,用强弩毒矢射杀了许多鳄鱼,而且还用铁网捕捉到了几头巨鳄。陈尧佐让人将巨鳄拖到潮州城内,当着众百姓杀之。至此,潮州鳄鱼之患得除。

陈尧佐

陈尧佐是治水专家,他一生多次治水都取得了显著成绩。为堵黄河在滑州缺口,他发明了"木龙杀水法"。他在汾水两岸筑堤植柳防洪,成为长期造福人民的柳溪。为防钱塘潮,他提出了"下薪实土法"。景德四年(1007年)左右,陈尧佐被任命为两浙转运副使,治理钱塘江,显示了他高超的治水水平。钱塘江潮水为患,历来的防御方法是编竹笼,在笼中装石块垒成堤来阻挡潮水。可是竹笼几年时间就坏了,石块就散了,堤也就垮了,当时的钱塘堤是"频坏频修"。陈尧佐提出了以薪土易竹石的筑堤方案。陈尧佐认为,石块虽坚硬,但不能紧密结合,竹笼坏则石块散,而用泥土筑堤,土能紧密结合,再植上树、草,能起到护堤作用。陈尧佐57岁时,太夫人冯氏病故,照常规陈氏兄弟均应为母亲守3年的孝。但第二年三司使李士衡就向朝廷建议:"现在滑州正准备修河堤,陈尧佐素来善于治水,希望委派他去专门负责这项工作。"于是皇上特下诏书,让陈尧佐免去为母守孝,去任滑州知府。他上任后,将治理滑州水患的工程完成得非常好,皇上特颁谕旨予以嘉奖。陈尧佐在滑州修的河堤,被人们称为"陈公堤",在滑州创造的木龙护堤法,直到清代还在使用。

陈尧佐任河东路转运使时,见这一带(今山西)土地贫瘠,出产不丰,许多人都靠开采煤铁为生,而当时煤炭和铁矿的税都很重,人民的生活十分困难。陈尧佐就上奏朝廷,请求免除煤税,减轻铁税,朝廷批准了。这样,光煤铁两项一年就少征收数十万两银钱的税。陈尧佐在任河东转运使和河北转运使时,发动群众开凿了泽州、怀州一带的太行山道路,把太行山险要地区的道路互相联结起来了,不但有利于国家调运物资,也方便了民间交往、运输、生产。

陈尧佐工书法,喜欢写特大的隶书字,世谓之"堆墨书"。《宋史》说他:"善古隶八分,为方丈字,笔力端劲,志犹不衰。"陈尧佐文章多效韩愈,著述丰富。著有《陈文惠文集》《野庐编》《潮阳编》《真宗实录》《三朝国史》《文策》《遣兴集》《愚邱集》《自制墓志铭》等。尤工诗,《全宋诗》录其诗50首。

陈尧佐死后,葬于嵩山新郑市郭店镇宰相陈村西北300米处,与墓区之北的崇孝寺二体合一的陈家祠堂。陈尧佐和他的父亲陈省华、哥哥陈尧叟、弟弟陈尧咨等亲人都葬在这里。

崔 曮

崔曮,北宋官吏。字文炳,崔颂之子,嵩山偃师人。雍熙二年(985年)进士,崔曮性格纯实谦谨,有士行。曾官屯田员外郎,开封三司户部判官。景德中,雍王元份薨,府官皆坐黜。时戚维为曹国公元俨府翊善,上谓宰相曰:"元俨年少,尤资赞导,维迁懦循默,不能规诫,闻崔曮性纯谨,以之代维,庶有裨益。"因召对,迁都官员外郎,充记室参军,赐金紫。迁兵部郎中,出知河中府,转太常少卿、将作监,卒。

王 曙

王曙(963~1034年),北宋名臣。字晦叔,王绩之后。世居河汾,宋河南府(今洛阳)人。太宗淳化三年(992年)进士,初授巩县主簿,改调定国军节度推官。真宗咸平年间举贤良方正,迁升秘书省著作佐郎,曾预修《册府元龟》,出京任定海知县。还,为群牧判官,考集古今马政,为《群牧故事》6卷,上之。迁太常丞、判三司凭由理欠司。因举荐进士失实,降官为监庐州茶税。后迁尚书工部员外郎、龙图阁待制。以右谏议大夫为河北转运使,坐部吏受赇,降知寿州。徙淮南转运使,勾当三班院,权知开封府。以枢密直学士知益州。绳盗以峻法,多致之死。有卒夜告其军将乱,立辨其伪,斩之。仁宗为皇太子,与李迪同选兼宾客,复坐贡举失实,黜官。复为给事中兼群牧使。大中祥符六年(1013年)十一月,以右谏议大夫权知开封府。王曙妻系寇准之女,天禧四年(1020年)因岳父寇准罢相,王曙亦随之降职出知汝州。乾兴元年(1022年),再贬郢州团练副使。起为光禄卿、知襄州,又徙汝州。复给事中、知潞州。州有杀人者,狱已具,王曙独疑之。既而提点刑狱杜衍至,事果辨。王曙为作《辨狱记》以戒官吏。仁宗时,以尚书工部侍郎、参知政事。以疾请罢,改户部侍郎、资政殿学士、知陕州,徙河阳。再知河南府,迁吏部。明道二年(1032年)九月,代钱惟演任西京官职,服膺欧阳修。景祐元年(1034年)召为枢密使,拜同中书门下平章事。逾月,首发疽,卒。赠太保、中书令,谥文康。

王曙方严简重,居官深自抑损,好佛。著有《两汉诏议》40卷、《周书音训》12卷、《戴斗奉使录》2卷、《唐书备问》3卷、《庄子旨归》3篇、《列子旨归》1篇、《群牧故事》等。

寇 瑊

寇瑊(?~1032年),北宋官吏。字次公,少孤。宋嵩山临汝(今汝州市)人。初,母梦神人授珠,吞之而娠,生而眉目美秀。父母先后去世,由祖母王氏抚养。按隋唐以来的规制,朝廷要对考中进士官员的父母和妻子下旨增封。寇瑊要求朝廷将增封妻子的荣誉给自己的祖母。朝廷了解情况后,特破例对他的祖母进行了加封。从寇瑊开始,朝廷对进士亲人的加封扩大到祖辈。

太宗时进士,授蓬州军推官、开封推官。寇瑊平施州少数民族乱,权领施州。当地粮缺,寇瑊以盐易米,军食遂足,民亦得利。镇压义军李顺部下谢才盛有功,徙开封判官。后迁梓州转运使。镇压梓州路多刚县酋斗望起义,升侍御史,三司监铁判官。出任河北转运使,上疏请行"入中,凿头,便籴"三法,以充实边塞军食。入任三司度支副使,出任益州知州。仁宗立,迁给事中,官枢密直学士。黄河决口,徙官知滑州,总领修河。寇瑊善理财,主张保护商旅。天圣十年(1032年),寇瑊奉命出使契丹,未行而卒。

寇瑊的最大贡献是将交子合法化,使交子成为真正的纸币。北宋的交子是我国最早的纸币。宋初,四川地区老百姓因铁钱沉重,不便携带,因而成都附近的富户就私下造纸券做钱币的凭证,称为交子。交子的发行权原由成都的16家富户垄断。后来,由于这些富户家道逐渐衰落,偿还不了所欠民户钱款,因而屡屡出现打官司的事件。不久,汝州进士、中央右谏议大夫、集贤院学士寇瑊任益州知州。寇瑊到任后接到最多的官司是交子纠纷,就下令关闭了成都的交子户,收了印信,让交子户限期兑付所欠钱币。同时采纳转运使的建议,上书朝廷建议在益州由官府设立交子务,负责四川交子的发行和管理工作,很快得到批准。宋仁宗天圣元年(1023年),四川人在世界上最先享用了携带方便的纸币,面额自1贯至10贯不等,发放时临时填写。后改为印发,有5贯、10贯两种,不久又改为1贯和500文。交子从四川开始发行,逐渐普及到全国。神宗时,规定交子一次印行可行用两届。宋徽宗崇宁四年(1106年),改交子为钱引。由于交子成为真正意义上的纸币,是寇瑊任益州知州的时候,因此有人把北宋的交子称为寇瑊交子。

寇瑊性颇疏财,通音律,知术数。初附丁谓,故少达,及谓败左迁,郁郁不自得,秘书丞彭齐赋《丧家狗》以刺之。

赵 恒

赵恒(968~1022年),宋真宗,北宋第三代皇帝。原名赵德昌,宋太宗第三子。曾被封为韩王、襄王、寿王,后立为太子。统治前期的咸平、景德年间因勤于政事,经济发展,号称治世。至道三年(997年)太宗驾崩,李皇后与宦官王继恩等人企图撇开太子赵恒,另立其兄元佐为帝,幸得宰相吕端处置得当,才得以保证赵恒登基继位。景德元年(1004年),契丹人所建之辽国入侵中原,他遂从宰相寇准之议,勉强亲征抵御。双方会战距首都汴京300里外的澶渊(今河南濮阳),宋战胜辽国。但因真宗惧于辽的声势,不顾寇准的反对,又畏敌求和,以宋每年向辽进贡大量金银为"岁币",于澶渊定盟和解,历史上称为"澶渊之盟"。开创了宋代的以纳岁币求苟安的恶例,以物质换取和平,加重了人民的负担。他既崇道又信佛,在全国广建佛寺、道观,劳民伤财,冗兵、冗官也在激增,在库藏耗尽后又加紧搜刮,社会矛盾日趋激化。后期任用王钦若、丁谓为宰相,二人常以天书符瑞之说,荧惑朝野,帝亦淫于封禅之事,受天书,东封泰山,西祀汾阳,又广建佛寺道观,求仙拜佛,劳民伤财,导致社会矛盾激化。朝政因而不举。乾兴元年(1022年)崩,终年55岁,在位25年,葬于嵩山之阴的巩义市北宋皇陵西村区的永定陵。其李后陵位于真宗陵区的西北处。

李后杭州人,初入宫为章献太后侍儿,真宗纳为私寝,生受益(赵祯乳名),刘后窃为己子。李后死,刘后令按宫人礼葬,知情大臣吕夷简奏曰:"礼宜从厚"。刘后心虚,为保自家安全,从之。仁宗在位时,有臣奏:"陛下乃李妃所生,妃死于非命。"仁宗悲恸,亲到洪福院开棺查验,见李妃用水银保护,面色如生,乃释疑。后追尊为皇后,以皇后礼葬此地。传统戏曲《狸猫换太子》即以此事为素材进行艺术创作的。

宋真宗一生与嵩山有着不解之缘。景德四年（1007年）春，宋真宗至西京洛阳，车驾还至郑州时，遣使祭祀中岳及启母、少姨庙。大中祥符三年（1010年）四月，宋真宗向太室书院（后来的嵩阳书院）赐九经、子、史诸书，并设置学官。大中祥符四年（1011年）二月，帝有事于汾阴，还经洛阳，望祭中岳。同年五月，诏加五岳尊号。遣册礼使、摄太尉、右谏议大夫陈彭年，副使、摄司徒、光禄少卿沈继宗，奉玉书衮章加上中岳号曰"中天崇圣帝"，中岳后曰"正明后"。命翰林礼官详定仪注及冕服制度，崇饰神像之礼，以州长史以下充祀官致祭，作有祭告乐章。大中祥符七年（1014年）九月，命翰林学士王曾撰写《中岳中天崇圣帝碑》碑铭，纪册礼中岳之事。大中祥符八年（1011年）二月，宋真宗醮告中岳嵩山，自制醮告文，即建坛之地构亭立石柱，刻文其上，即位于中岳庙峻极门外东侧的幢身刻有刘太初行书、晋文宝镌字的宋真宗的《御制中岳醮告文》八棱石幢，至今保存完好。景祐二年（1035年）敕令西京洛阳官员重修太室书院，并赐院额，将太室书院更名为"嵩阳书院"，知县王曾奏准设院长掌管院务，并拨地一顷以供师生膳食所需。除此之外，还有位于嵩山郑州市晋王庙村东北晋王庙故址上，由宋真宗赵恒书写的"御制御书并篆"石碑1通。

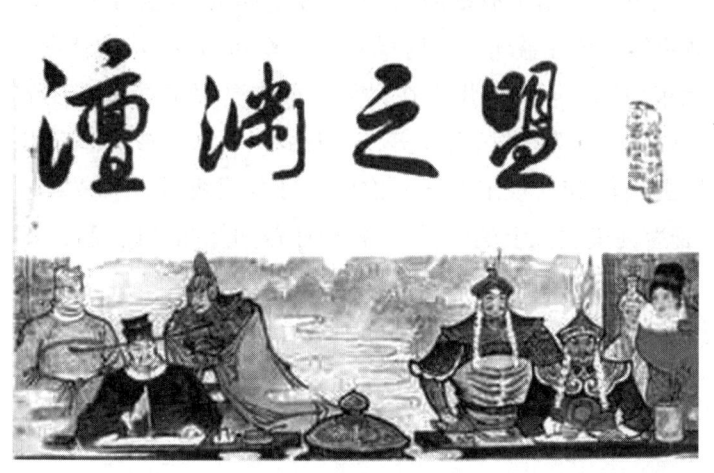

澶渊之盟

宋真宗在嵩山留下的最重要的遗迹是崇福宫。宋真宗时期，他将嵩山万岁峰下的太乙观提升为宫，更名为崇福宫，把正殿太乙殿改名祈真保祥殿。后来，在正殿左右建真宗元神、本命二殿，作为供奉道家神仙和为真宗祈福的琳宫真馆。宋真宗御制有《西京崇福宫记》。载："崇高之奠洛邑，望之巍然，峻极于天，号称中岳。夏之兴也，祝融降焉。自三代以来，罔不祀事。……王畿之西，琳宫真馆，神圣所依，崇福为之冠……夙闻嵩岳多神异之纪……独崇福为第一……"天圣年间，宋仁宗在保祥殿建真宗御容殿，并塑真像于西阁帐内。有宋一代，崇福宫内因供奉有宋真宗御容像，每年都要派官员致祭。著名文学家欧阳修曾随人来这里祭祀过宋真宗。史料记载：宋真宗时，大兴土木，命丁谓为修宫使，每天役工达三四万人，运用四方珍奇之物充实殿庭。宫成，总计有2610区。所谓"崇福之修，离宫殿阁，无不侈靡。"后崇福宫成为北宋时期嵩山一大著名奇观，特别是王安石变法时，司马光等反对派官员多被贬至崇福宫任提举、管勾，使得崇福宫成为当时名人云集的地方。

陈尧咨

陈尧咨（970～1034年），北宋名臣、书法家。字嘉谟，陈省华三子，陈尧叟、陈尧佐弟。阆州阆中（今四川南充阆中）人。宋真宗咸平三年（1000年）状元，初授官为将作监丞，后作过通判、考官、知州、知府、知永兴军、天雄军、安抚使，后进为翰林学士兼龙图阁直学士、右谏议大夫、尚书工部侍郎等职。陈尧咨擅长治水，还特别善于射箭。在他任职永兴军（今陕西）的时候，永兴地多盐碱，无甘泉，陈尧咨专门组织人力，疏通了龙首渠，把龙首渠的水引入京兆府城中，惠利于民。陈尧咨任职郓州（治今东平)期间,奏请朝廷,从鱼山(宋名吾山,在东平湖北的济水岸边)南向至下杷修了一条新河,大大促进了当地的农业生产。陈尧咨豪侈不循法度,用刑残酷,常致死人命。徙知河南府后,遭弹劾削职。徙邓州数月后,复知制诰,判登闻检院,复龙图阁直学士。很快又因失职,降兵部员外郎。母亲病逝,陈尧咨服丧期满后,起复工部郎中,龙图阁直学士。时遇边患,陈尧咨被任命为陕西缘边安抚使,再迁为右谏议大夫,知秦州,徙同州,以尚书工部侍郎知开封府。入为翰林学士,位在蔡齐之上。陈尧咨晚年,被派往天雄做军事长官。天雄是北宋边防重地,紧靠辽邦。陈尧咨上任后,见城墙多年未修葺,已有损坏,城防设施及武器也破旧不堪。他把这些加以修葺、整治、完善,大大加强了边防力量。后陈尧咨以安国军节度观察留后知郓州,拜武信军节度使,知河阳,徙澶州,又徙天雄军,因病离世于任,赠太尉,谥康肃。

陈尧咨

陈尧咨天资聪颖,博古好学,文采优秀,善于工隶,笔法当世无双,号称"小由基"。其射技超群,曾以钱币为的,一箭穿孔而过。其兄陈尧叟、陈尧佐皆为北宋时的状元,弟兄三人为中国科举史上的兄弟状元,备受世人称颂。

陈尧咨死后,葬于嵩山新郑市郭店镇宰相陈村西北300米处,与墓区之北的崇孝寺二体合一的陈家祠堂。陈尧咨和他的父亲陈省华、两个哥哥陈尧叟、陈尧佐等亲人都永远地长眠在这里。

王博文

王博文(973～1038年),北宋官吏、诗人。字仲明,宋太子太师王世安之子。祖籍太原王家庄,后几经迁居,终定居在嵩山汜水县(今荥阳一带)九龙峡窝西马固村。王博文幼善文,16岁中进士,曾写回文诗百篇,人称"王回文"。淳化三年(992年),太宗亲试进士,以年少罢归。后谏卒官庐州,州守刘蒙叟为言,召试舍人院,为安丰主簿,历南丰尉,有能名。调南剑州军事推官,改大理寺丞,监荆南榷货务,迁殿中丞。宋真宗赵恒天禧年间,陈尧咨荐之,试中书,赐进士第,擢知濠州,历真州。真宗幸亳,权江、淮制置司事。改监察御史、梓州路转运使。以疾,请出知海州,徙密州。负海有盐场,岁饥,民多盗鬻,吏捕之辄抵死。王博文请弛盐禁,候岁丰乃复,从之。天圣七年(1029年)二月,任以龙图阁待制权知开封府。虽任剧繁,为政务平恕。后出为河北转运使,迁侍御史、陕西转运使。属羌撒逋渴以族落数千帐叛,既又寇原州柳泉镇、环州鹁鸽泉砦,梧州刺史杜澄、内殿崇班赵世隆战没。王博文劾奏内侍都知周文质、押班王怀信为泾原、环庆两路钤辖,提重兵驻大拔砦,顽寇逗留,耗用边费,请用曹玮、田敏代。既而文质、怀信坐法,遂以玮知永兴军,使节制边事。会玮病不行,又用敏为泾原路总管,

王博文

寇遂平。迁尚书兵部员外郎,为三司户部副使,再迁户部郎中、龙图阁待制、判吏部流内铨、权发遣三司使事。

景祐元年(1034 年),再以龙图阁侍制复知开封府。都城豪右邸舍侵通衢,王博文制表木按籍,命左右判官分撤之,月余毕。为走马承受贾德昌所毁,徙凤翔府,又徙永兴军。次年,德昌以赃败,改枢密直学士,复知秦州。初,沿边军民之逃者必为熟户畜牧,又或以遗远羌易羊马,故常没者数百人。其擒生羌,则以锦袍、银带、茶绢赏之。间有自归,而中道为夏人所得,亦不能辨,坐法皆斩。王博文乃遣习知边事者,密持信纸往招,至则悉贷其罪,由是岁减殊死甚众。朝廷下其法旁路。又言河西回鹘多缘互市家秦、陇间,请悉遣出境,戒守臣使讥察之。后出知大名府,迁给事中。景祐五年(1038 年),召权三司使,任给事中同知枢密院(职同宰相,主管军事),不幸入院一个多月病故,宋仁宗亲临致祭,赠太师中书令兼尚书令,封郑国公,谥肃。

王博文一生功绩卓著,善于文学。生二子,长子王田,字介然,天圣进士,累迁朝奉郎守、太常寺少卿、枢密副使,赐紫金鱼袋。次子王畴,字景彝,与兄田同时考中进士,累迁太常博士、翰林学士,主编《唐书》,宋英宗赵曙治平年间(1064~1067 年)任枢密副使、尚书令、礼部侍郎,不幸入院 55 天病故,宋英宗亲临致祭,赠封兵部尚书,谥仲简公。王田有 9 个儿子,均进士及第,长子任赞善大夫,五子任瀛洲乐寿尉,次子、三子、四子均任京司官,六子、七子、八子均任选补官,九子未仕。王畴有 3 个儿子,分别任枢密副使朝散郎、工部员外郎和授密书省校书郎。王博文祖孙三代,同朝显贵,荣宠无比,史称"三朝枢密院,九子进士公。"

王博文在嵩山留下的遗迹有位于郑州市上街区峡窝镇的王博文故居,有位于郑州市上街区峡窝镇压东北四所楼村东的王博文墓及儿子王田、王畴等墓。

王 随

王随(973~1039 年),北宋仁宗时宰相。字子正,宋河南府(今洛阳市)人。咸平登进士甲科,历为将作监丞、通判同州,迁秘书省著作郎、直史馆。迁淮南转运使,父忧,起复。时岁比饥,随敕属部出库钱,货民事种粮,岁中约输绢以偿,流庸多复业。徙河东转运使,三迁刑部员外郎兼侍御史知杂事。以不善制辞而出任应天知府,又因治政太宽,改任扬州知州。加右谏议大夫,权知开封府。仁宗为太子,拜右庶子,仍领府事。为周怀政被诛之事夺知制诰,改给事中、知杭州。乾兴初,王随复降秘书少监,徙通州。以州少学者,徙孔子庙,起学舍,州人喜,遣子弟就学。母丧,起复光禄卿、知润州,徙江宁府。淮南、江宁大饥,转运使移府发常平仓米,计口日给一升,随置不听,曰:"民所以饥者,由兼并闭籴,以邀高价也。"乃大出官粟,平其价。复给事中,为龙图阁直学士、知秦州。秦卒有负罪逃入蕃部者,戎人辄奴畜之,小不如意,复执出求赏,前此坐法多死。随下教能自归者免死,听复隶军籍,由是多来归者。又建请增蕃落卒,给废陷马地,募民耕种。坐事,徙河南府。天圣年间,由河南府召为御史中丞,同知礼部贡举,迁尚书礼部侍郎、翰林侍读学士。

明道二年(1033 年),出任江淮安抚使,后受召还亲,拜为户部侍郎、参知政事。景祐三年(1036 年)知枢密院事,同中书门下平章事、昭文馆大学士、监修国史。后因王随无所建树,与陈尧佐、韩亿、石中立同执政,数次与同僚争事,及灾异屡发,被韩琦弹劾,不久拜官宰相。王随以彰信军节度使,同中书门下平章事判河阳。薨,赠中书令,谥章惠,后改文惠。

王随虽外表威严,而治事失于宽。晚年性情更见急躁,辄嫚骂人。喜佛书,曾为长水子璇禅师之首楞严义疏注经作序,并删次《景德传灯录》30卷为《传灯玉英集》15卷行世。

赵仁安

赵仁安(957～1018年),宋朝重臣、文史学家、书法家。宋河南府(今洛阳)人。雍熙二年(985年)进士,补梓州榷盐院判官。历大理评事、光禄寺丞,召试翰林,为集直院著作郎。太宗以仁安之艺才改迁太常丞。真宗立,拜右正言。真宗欲出师大名,仁安上疏言当时政务不宜出师。咸平三年(1000年),同知贡举,知制诰。景德初,为工部员外郎,充翰林学士。参加澶渊订盟,仁安言谈正然,酬对机敏,辽使慑服。仁安又辑宋辽和好以来之事,撰《戴斗怀柔录》。景德二年(1005年),知贡举。三年(1006年),以右谏议大夫参知政事,修国史。大中祥符初(1008年),复拜工部侍郎。内外重要书诏,必经仁安审核。进刑部。五年(1012年),为兵部侍郎兼修国史,同知礼仪院。八年(1015年),知贡举。举士平允,帝曾赠诗以嘉奖。赵安仁善楷书隶,曾在国子监书写《五经正义》,深受宋太宗赏识。他的书法方正淳厚,端严整齐,最适于书经。开封天清寺的繁塔内壁上刻有赵安仁书丹的《金刚波若波罗密多经》、《十善业道经要略》、《大方广园觉修多罗事义经》上下卷。

王 曾

王曾(977～1038年),北宋仁宗时宰相。字孝先,青州益都(今山东益都)人。宋真宗咸平五年(1002年)壬寅科状元。王曾少年孤苦,善为文辞,曾咏梅花诗:"未须料理和羹事,且向百花头上开。"又言:"平生志不在温饱。"咸平中(998～1003年)取解试、省试、殿试皆第一,成为科举史上连中"三元"的状元。中状元后,王曾以将作监丞通判济州。不久,奉诏入京,召试学士院,为著作郎,值史馆。景德初(1004年),知制诰,真宗大建玉清昭应宫,王曾力陈五害以劝谏,真宗命王曾判大理寺,迁翰林学士,知审刑院,对其甚为敬重。王曾以右谏议大夫为参知政事后,因受宰相王钦若排挤,罢为尚书礼部侍郎,出知应天府,徙天雄军后,复参知政事。真宗贺崩,王曾辅佐11岁的仁宗即位,坚持刘太后只能代理国政。当时王曾任同中书门下平章事,集贤院大学士。王钦若病逝,王曾以门下侍郎兼户部尚书为昭文馆大学士,监修国史。玉清昭应宫发生火灾后,刘太后借机将王曾贬知青州,以彰德军节度使复知天雄军。其间,百姓乐其政,画其像而生祠之。刘太后病故,仁宗亲政,任命王曾为同中书门下平章事,判河南府。景祐元年(1034年),为枢密使。二年(1035年),拜右仆射兼门下侍郎、平章事、集贤殿大学士,封"沂国公"。后因不容吕夷简专断,同被罢相,以左仆射、资政殿大学士任郓州通判。宋仁宗景祐五年(1038年)死于任上,年61岁,葬于郑州新郑。宋仁宗为此两天不视朝政以示哀悼。赠侍中,谥文正。

王曾重视兴办学校,将学校作为教化民风的重要场所。出任地方官,所到之处,都自出薪俸兴办学校。知青州时,把家中大批藏书捐赠学校,以助习读。著名学者石介,在《题郓州学壁》一文中写道:"沂公(王曾)之贤,人不可及。初罢相,知青州,为青州立学。移魏(指河南府),为魏立学。再罢相知郓州,为郓立学。而罢相为三郡建三学。沂公之贤,人不可及!"

王曾端厚持重,在朝为官,进退有礼。在他担任宰相期间,处事稳重,沉默寡言,为官清正廉洁,言国家利害之事,都详审明晰而又合情合理,因而他得到当时人民和士大夫的普遍爱戴和拥护。欧阳修称其"为人方正持重,在中书最为贤相。"名相范仲淹也为之叹服。时人皆称其为贤相。王曾去世10余年后,仁宗亲篆其碑曰"旌贤之碑",又改其乡曰"旌贤乡"。大臣赐碑篆,自王曾开始。著有《王文正公笔录》、《九城图》3卷、《契丹志》1卷。

景祐二年(1035年),宋仁宗敕西京(今洛阳)官员重修书院,并赐额为"嵩阳书院"。王曾奏请院长以掌管校务,仁宗准奏,并赐给嵩阳书院百亩良田作为学田,用以维持经费,学生来书院听讲,一律由书院供给膳食。由王曾撰文的《中岳中天崇圣帝碑铭》,立于中岳庙内,与卢多逊撰文的《大宋新修嵩岳中天王庙碑铭》、陈知徽撰文的《宋增修中岳中天崇圣帝庙碑铭》、黄久约撰文的《大金重修中岳庙碑》合称"四状元碑"。

吕夷简

吕夷简

吕夷简(979~1044年),北宋仁宗宰相。字坦夫,祖籍莱州(今属山东),寿州(今安徽凤台)人。吕夷简出身仕宦之家,伯父吕蒙正是宋太祖时的宰相;父亲吕蒙亨官至光禄寺丞、大理寺丞。祖父龟祥曾任安徽寿州(治今安徽凤台)知州,故移家寿州。真宗咸平三年(1000年)进士,历任通州通判、滨州知州、开封府、礼部员外郎、刑部员外郎、右谏议大夫、给事中参知政事。吕夷简才识卓优、清慎勤政,当时便有"廉能"之誉。知滨州时,他上疏请免掉农具税,真宗为之颁行天下。在礼部员外郎任上,他批评真宗建筑宫观是劳民伤财,请罢除冬天河运木石。真宗称赞他"有为国爱民之心",数次委以大任。他曾出使契丹议和划界,返朝后升任知制诰之职,成为真宗的近臣。真宗末年,他升为龙图阁直学士迁刑部郎中,权知开封府。真宗把他的名字写在屏风上,朝野盛传吕夷简将要大拜为相。

乾兴元年(1022年),真宗崩。年幼的仁宗即位,刘太后临朝称制。吕夷简拜同中书门下平章事(宰相),集贤殿大学士。刘太后性格刚愎,又不明习国政,但朝政非经她批准不可。吕夷简一方面要细心处理国家大事,一方面还要小心翼翼地约束太后的放纵和独断专行。在这种情况下,吕夷简本着公忠报国之心,殚心竭虑地处理万千事务。小事他照顾太后的颜面,大事则寸步不让,有时惹得太后非常恼怒。遇到这种情况,吕夷简总是详细剖白,再三陈述自己的意见,迫使太后接受正确意见,正确处理北宋国内国外诸多矛盾,保证了北宋社会安定、经济发展。《宋史》评价他说:"仁宗初立,太后临朝十余年,天下晏然,夷简之力为多。"景祐二年(1035年)加右仆射,封申国公。庆历三年(1043年)以太尉致仕,退居郑州。卒,仁宗令恤典从优,赠官太师、中书令,谥文靖,后配享仁宗庙,葬于嵩山新郑郭店西南冈下。

后世评价:吕夷简在处理宋与辽、夏关系,巩固边防方面卓有贡献。他任用范仲淹用兵西夏,派名臣出使辽邦,与两国达成和议,实现了和平,保护了国内安定的社会环境,这是具有积极意义的。但在上述关系的处理上,吕夷简对辽夏让步太多,岁输银两、锦帛过巨,加重了国内财政负担。在用人上,吕夷简对反对他的人不够宽容。这些人物常常被他贬往远方任职,如孔道辅、范仲淹等。但是,吕夷简对真正有才干的官员还是能够重用的。常常一面薄惩示威,一面使用,充分发挥他们的才能。故《宋史》称他:"于天下事屈伸舒卷、动有操术"。

吕夷简著有文集20卷,不传。其子公绰、公弼皆先后为郑州知州。《全宋诗》录其诗11首。

卢士宏

卢士宏,北宋官吏。字子高,嵩山新郑人。以父荫在州县任小吏,所至以清廉闻名。任信阳(治所在今信阳平桥区)知军时,官府抓捕玩弄妖术的人,余党害怕祸及自己,聚众盘踞在山谷中。卢士宏请求上司减轻他们的罪责,然后安抚他们。这些人知情后,立即遵命返回山下。转任汉州(治所在今四川广汉)知州,核实百姓家产,不滥征力役,人们都对他感恩戴德。任洋州(治所在今陕西洋县)知州时,以前祭田估算过多虚高,卢士宏进行核实,让他们按实数纳税,从部使者以下都少纳税十分七八。文彦博、包拯以卢士宏清廉贤能向皇上推荐,由三司开拆司提拔为夔州路转运使,就任广州知州。有人风传安南船只数百艘,停在海中准备侵犯广州,岭南边界人心不安。卢士宏明辨真假,弄清了事实真相。是日,卢士宏照常从宾客郊游宴请为乐,使民赖以安。离职还京,以有病为由请求安排在便利的州郡,就任郑州知州。不久,以光禄卿致仕,卒年73岁。卢士宏对于自己的后事,凡衣衾棺椁的形制,都有遗命,并且告诫儿子们不要为他树碑记功。

王德用

王德用(980~1058年),北宋宰相。字元辅,原赵州(今河北赵县)人,其父徙居郑州管城。父超为怀州防御使,补衙内都指挥使。王德用17岁随军出击李继迁,为先锋,率万人战铁门关,俘获甚多。累迁内殿崇班,历殿前左班都虞侯、英州团练使等。天圣初(1023年),以博州团练使知广信军,后历知冀州、随州、青州、澶州等地。明道年间拜保静军节度使、定州路都总管,使契丹慑服议和,以功拜同中书门下平章事,封祁国公,改冀国公。皇祐三年(1051年),以太子太师致仕。后起为河阳三城节度使、枢密使,同中书门下平章事。王德用有谋略,治军有方,善以恩抚下,故多得士心。率军临边,未尝观矢石、督攻战,但其名闻四夷。王德用状貌雄毅,面黑,闾阎男女小儿,皆呼他为"黑王相公"。治平元年(1064年),进封鲁国公。治平二年(1065年)病卒,赠太尉、中书令,谥武恭。

王德用忠诚老实,和乐平易,与人交往不起心,不诘责别人的小过错,远看他凛然不可侵犯。等到接近他,就会发现他温柔和蔼。一生少有玩好,不以名位傲慢待人。他所得到的俸禄和赏赐,大多散给亲友和乡邻。他善治军旅,对士兵宽厚仁爱,士兵乐于为他效力。与士大夫交往,大多都佩服他的肚量,认为他没有值得窥伺的地方。

范 雍

范雍(981~1046年),北宋大臣。字伯纯,世家太原。羌人称其为大范老子。曾祖仁恕,仕蜀为宰相。祖从龟,刑部侍郎,入朝,改右屯卫将军,后葬河南,遂为河南人。真宗咸平初中进士第,为洛阳县主簿。累官殿中丞、知端州,迁太常博士。寇准辟为河南通判,还,判三司开拆司。河决滑州,选为京东转运副使,以功加龙图阁直学士。后以尚书工部郎中为龙图阁待制,陕西都转运使,入为三司户部副使,又徙度支。怀、原州属羌扰边,以范雍为安抚使。建言:"属羌因罪罚羊者,旧输钱,而比年责使出羊,羌人颇以为患。请输钱如旧,罪轻者以汉法赎金。"从之。天圣四年(1026年)拜右谏议大夫、权三司使。天圣六年(1028年),为枢密副使。天圣七年(1029年),加给事中。玉清昭应宫火灾,章献太后与大臣议复修此宫。范雍劝抚太后,应该"畏天戒"。修此宫即竭天之财力,再修葺,必定民不堪命,主张罢议,以敬"天戒"。时王曾亦止之,太后从之,遂诏勿葺。太后崩,罢为户部侍郎。明道二年(1033年)罢知陕州,改永兴军。是岁饥疫,关中为甚,雍为赈恤。以疾,请近郡,遂知河阳。进吏部侍郎,徙应天府,又改河南府,进资政殿学士。陈安边六事,又请于天雄军聚甲兵以备河北,于永兴军、河中府益募士兵以备陕西,即泾原、环庆有警,河中援之。

宝元二年(1039年),以资政殿学士、吏部侍郎为振武军节度使、知延州。既而元昊反,因言:"延州最当贼冲,地阔而砦栅疏,近者百里,远者二百里,士兵寡弱,又无宿将为用,而贼出入于此,请益师。"不报。元昊先遣人通款于雍,雍信之,不设备。一日,引兵数万破金明砦,乘胜至城下。会大将石元孙领兵出境,守城者才数百人。范雍召刘平于庆州,平率师来援,合元孙兵与贼夜战三川口,大败,平、元孙皆为贼所执。范雍闭门坚守,会夜大雪,贼解去,城得不陷。后历资政殿学士、知永兴军兼转运司事,迁尚书左丞,加大学士。初,完永兴城,或言其非便,诏止其役,范雍匿诏而趣成之。次年,贼犯定川,邠、岐之间皆恐,而永兴独不忧寇。复徙河南府,又迁礼部尚书。庆历六年(1046年)卒,年66岁。赠太子太师,谥忠献。

范雍为人崇尚恕道,能知人善任,所荐举之人后多为公卿。然其一生遇事多谋略,但很少成功。范雍著有《明道集》30卷、后集10卷,《弥纶集》10卷。

种世衡

种世衡(985~1045年),北宋边疆名将。字仲平,嵩山洛阳人。种谔(即"老种经略相公")之父,种师道(即"小种经略相公")之祖父。大儒种放之侄子,北宋一朝种家将的开山人。重气节,有才略。少时,曾经监泰州太平监,监京兆府渭桥仓,监邛州惠民监,知泾州之保定,京兆之武功、泾阳3县,每到一地就提倡崇奉孔夫子,兴办学校,拆毁不正当的神庙。《宋史·种世衡列传》"以放荫补将作监主簿,累迁太子中舍,尝知泾阳。"入仕之初,种世衡因为叔父而补将作监主簿,出任过邛州惠民监主簿。宋天圣年间知武功县。当时西夏国经常侵扰边境,百姓竞相迁居南山(秦岭)躲避。世衡挑选精壮青年数千人,训练射骑本领,武功人善骑射始出名。夏人闻风不敢进犯。后知泾阳县、通判凤州。因抵制权贵被诬流放,获释后,任签书同州、鄜州判官事。

北宋初年,即康定元年(1040年),西北边疆频频受到西夏国王元昊军队的掠抢。西夏与宋多次发生战争。为抵御西夏,北宋王朝应种世衡要求在故宽州旧地延州(今陕西延安)东北200里处建起新城。在种世衡的率领下,在较短的时间内建起了一座抗击西夏的新屏障。为了表彰种世衡的功绩,朝廷命名这座新城叫青涧城。种世衡筑青涧城(今清涧),以固延州之势,护河东、河西粮道,作为进图银、夏州(今榆林南、横山西北)基地。他率军民且战且筑。城成,北宋王朝任命他为"知城事",并授他"内殿承制"。从此,种世衡开始了自己的戍边生涯。

种世衡

守御青涧期间,开营田,放贷金,通商贾,结好四周羌族,使城逐渐富裕,钱粮器械均能自给。数年后,不需县官为民增饷。每当西夏军来袭,羌民即先通报,故每战有备。对西夏巧施离间计,除去西夏李元昊的心腹大将野利旺荣、遇乞兄弟。庆历二年(1042年),迁知怀州兼怀庆路钤辖。至任,巡视抚问境内羌族。牛家族首领奴讹倔强自负,种世衡踏3尺深雪,至其帐下慰问,奴讹感服,率部族听命。时慕恩部族最强,以礼待其首领,得倾力相助。怀州教官吏百姓练习骑射,将所属羌部编为弓箭手,协助宋军守御,令所属羌族诸部落设烽火互通信息,屡败夏人,使怀庆边境遂以得安。是年秋,西夏军大举攻宋泾原路,率军出援,羌族兵民从者数千人。宋廷嘉其功,迁环庆路兵马钤辖。四年,羌人明珠等结交西夏,为阻绝明珠等部族结交西夏扰边,奉命带病筑古腰城(今甘肃环县西南)以绝其通路。种世衡善用兵,善抚士卒,人深敬爱之。世衡卒,羌酋朝夕临者数日,青涧及怀人皆画像祠之。

种世衡对士卒赏罚严明,军队所到之处,秋毫无犯,极得人心。种世衡的军事指挥才干为当时总领西北军务的范仲淹所赏识。范仲淹在《东染院使种君墓志铭》誉之为:"国之劳臣也"。在西北边疆,种世衡招抚羌人,筑城安边,为宋王朝立下了赫赫战功。谏官孙甫在庆历三年(1043年)曾说:"今陕西兵官,惟种世衡、狄青、王信材勇,可战可受。"沈括在《梦溪笔谈》中对种世衡评价极高,"平夏之功,世衡计谋居多,当时人未甚知之。世衡卒,乃录其功,赠观察使。"

《宋史·种世衡传》论曰:"种氏自世衡立功清涧,抚循士卒,威动羌、夏。"《续资治通鉴》里欧阳修言:"臣伏见兵兴以来,所得边将,惟狄青、种世衡二人,其忠勇材武,不可与张亢、滕宗谅一例待之。"可见,狄青与种世衡为北宋在西北边疆抗击西夏的最重要的将领。

种世衡子古、谔、诊,关中号曰"三种"。种世衡的孙子种师道也在西北边境出任经略安抚使,祖孙三代皆有将才,时号"种家军"。

张尧佐

张尧佐(987~1058年),北宋大臣。(仁宗)温成皇后(张贵妃)之伯父,宋永安(今巩义市)人。

张尧佐

进士出身,为殿中丞。后历宪州、筠州推官。任筠州推官时,吉州有道士与商人夜饮,商人暴卒,道士逃,为巡逻者获,同时牵连有100多人被捕。转运使令张尧佐复核处理,受冤的人都得以解脱。后任大理寺丞、汜水县知县,又升为殿中丞、任犀浦知县。在犀浦县时,因地少人多,田讼频繁,张尧佐为正其疆界,即制订条款,教育百姓,使讼事减少。后升任开州知州,回京后授予他判登闻鼓院。当时温成皇后方为修媛,想以门第抬高自己,故张尧佐稍微被提拔,担任开封府推官,提点府界公事。不久,张尧佐升任三司户部判官和副使。提升他为天章阁待制、吏部流内铨,历迁兵部郎中、权知开封府,加官为龙图阁直学士,升为给事中、端明殿学士,被任命为三司使。

次年,端门殿学士谏官包拯、陈升之、吴奎等谏言:"不宜骤用",并说:"近年以来,水从城中冒出,地震、黄河泛滥,这是小人当道所致。天下都认为张尧佐主持大计,诸路苦于索求无厌,内帑受到借助的烦扰,法制凋敝,实在是因为张尧佐。臣等认为,亲昵之私,圣人也不能避免,但能处理妥当,不造成危机,这才是有所得。"仁宗祭祀明堂,改命张尧佐为户部侍郎,不久又任命他为淮康军节度使、群牧制置使、宣徽南院使、景灵宫4使,赐他的两个儿子进士出身。包拯、吴奎等又说:"陛下即位将近三十年,没有失道败德的事,近五六年来重用张尧佐,人们暗中议论,认为过错不在陛下,而在宫中的女宠、皇帝的宠臣和执政大臣。因为皇帝亲近的人知道陛下没立太子,他们既有所私,没有不暗有所向的;执政大臣不能以忠言相谏,而是阿谀奉迎,顺从皇上的意旨,惟恐高官要职不能令张尧佐满意,使陛下陷于私昵后宫之过。任命张尧佐的诏书下达那天,太阳阴晦,凶气漾漾,陛下应用大义决断,马上下令追夺张尧佐的官职。万不得已,宣徽、节度可选择一个授予他。这样,才合天意,顺人情。"于是,皇上下诏说:"近来台谏官请求罢免张尧佐的三司使,并说不能用他为执政,若给他美官,是合大体,朕采纳这种说法,才有此诏命。现在又认为不行,前后反复,按法应当罢黜,令中书戒谕他们。从今起言事官上殿,要先有圣旨允许。"当日,张尧佐遂罢宣徽、景灵二使。不久,张尧佐又以宣徽使的身份出任河阳知府。后跟随镇压天平军而卒,赠为太师。

张尧佐起于寒士,通吏治,晓法律,然依亲戚得贵,为人所鄙。他的儿子张山甫,任引进副使、枢密副都承旨。他的堂弟张尧封,孝谨好学,被推举参加进士考试,在石州推官任内去世,被赠官至中书令、清河郡王,谥号景思。张尧封的二女儿,就是温成皇后。

蔡 齐

蔡齐(988~1039年),北宋名臣。字子恩,嵩山之阴巩义蔡庄村人,故巩义市蔡庄有蔡齐故里之称。宋真宗大中祥符八年(1015年)举进士第一(乙卯科状元)。蔡齐仪状俊伟,举止端重。蔡齐中状元后,得真宗宠爱,被授将作监丞,通判兖州,以秘书省著作郎直集贤院。仁宗初(1022年),以起居舍人知制诰,入为翰林学士。时丁谓专权,排除异己,曾派人拉拢蔡齐,蔡齐不从。寇准被罢相,蔡齐愤而上疏,言寇准乃忠义之臣,为奸党所诬。太后曾出金帛修景德寺,命蔡齐作文记之,因罗崇勋进谗言于刘太后,蔡齐被罢河南知府。太后去世,仁宗擢蔡齐为龙图阁学士,权三司使,拜枢密副使。蔡齐曾劝谏仁宗勿强行遣返交趾百姓,以免其聚而为盗,又力谏仁宗勿以恩废法。景祐元年(1034年),蔡齐任礼部侍郎,参知政事。在朝中,素与王曾友善,王曾被罢相,蔡齐亦以户部侍郎归班。不久,出知颍州,颇有政名。蔡齐方重有风采,性格谦逊,不妄言,从不自表功德。其推贤举能,不避亲疏,所荐庞籍、杨偕、刘随等后皆为名臣。他为官正直,丁谓党陷害寇准,蔡齐上书争辩。宝元二年(1039年),蔡齐病故于任,卒年52岁,颍州吏民痛不欲生。朝廷赠兵部尚书,谥文忠,陪葬真宗陵。

蔡齐在嵩山留下的遗迹,有位于嵩山之阴巩义市城西南70公里的芝田乡蔡庄村的蔡齐故居和蔡庄村南的蔡齐墓。

范仲淹

范仲淹(989~1052年),北宋重臣,著名政治家、军事家、文学家。字希文,吴县(今江苏省苏州市)人。少时贫困,努力学习。大中祥符八年(1015年)进士,历任西溪盐官、大理寺丞、秘阁校理等职,有敢言之名。宝元三年(1040年)因西夏扰边,出任陕西经略安抚招讨副使,兼知延州(今延安)。他到前线后,针对宋军官兵、战阵、后勤及防御工事等方面存在的弊端,改革了军事制度和战略措施,抵御西夏进攻,使西线边防稳固了相当长的时期。庆历三年(1043年)擢参知政事,向仁宗上书《答手招条陈十事》,主张"明黜陟,抑侥幸,精贡举,择长官,均公田,厚农桑,修武备,推恩信,重命令,减徭赋",并受命与富弼等主持"庆历新政",但由于保守派的反对而失败,被罢去参知政事,出任陕西四路宣抚使。

范仲淹在西线边防

范仲淹领导的"庆历新政"运动,虽然失败,却成为后来王安石变法的前奏。庆历五年(1045年)知邓州(今河南省邓州市),重安抚,轻刑罚,倡农业,兴学校,邓境大治。公余,种竹栽花,兴建"百花洲",与民同乐,并筑"春风堂",亲临讲学,受邓民爱戴。又至杭州、青州。皇祐四年(1052年)在调至颍州时,因病行至徐州去世,赠兵部尚书,谥号文正。根据范仲淹生前遗愿,葬于嵩山西部万安山下(今属伊川县)他母亲的墓旁。范仲淹的墓区中有祭祠,祭祠有欧阳修撰文,宋仁宗赵祯篆额的"褒贤之碑",有富弼撰文的"文正公墓志铭",祭殿中悬有清朝光绪皇帝御笔"以道自任"的匾额,该墓现为全国重点文物保护单位。

作为一个文学大家,范仲淹的散文、诗、词都有名篇传世,著有《范文正公集》、《丹阳集》、《奏议尺牍》和著名的《岳阳楼记》,其中"先天下之忧而忧,后天下之乐而乐"两句名言,成为中华文明史上的精神财富。朱熹称他为"有史以来天地间第一流人物!"

范仲淹的几个儿子后来有的担当宰相,有的权知开封府等,都成为当朝巨卿高官,范氏家族从范仲淹起发展成为赵宋一朝世代为官的大家族。范仲淹曾执教于嵩阳书院,曾和欧阳修、梅尧臣共登嵩山,三人一路走来,观景共吟同题诗,各写有著名的《嵩山十二题》。他的次子范纯仁曾任嵩山崇福宫管勾提举,并在嵩阳书院讲学。

程 戡

程戡(990~1066年),北宋大臣。字胜之,嵩山阳翟(今禹州市)人。少时力学,天禧中举进士甲科,补泾州观察推官,转秘书丞,通判许州。程戡岳父曹利用因事贬官,程戡将判蕲州,徙虔州。虔州有人杀其母,贪夜置尸于仇人之门,及明报官,案已上结。程戡独断其狱,将凶手正法。后以尚书屯田员外郎知归州,召为侍御史、三司度支判官。元宝初(1038年)忻(今山西忻州)、代(今山西代县)地震,城郭、庐舍倒塌尤多,伤亡惨重。程戡为安抚使处理甚当。转起居舍人、知谏院,迁兵部员外郎兼侍御史知杂事、三司户部副使,擢天章阁待制、陕西都转运使,兼知渭州。任中,奏请免陕西保毅军(陕西北部边境备边屯民)州县差役,获准,边民安定。进枢密直学士,知成都府。贝州张得一因罪伏法,程戡以荐官免职。出知凤翔知府,寻徙河中。后御史中丞张观为之辩护,复为枢密直学士,知永兴军,徙瀛洲。时有传言"岁有甲午,蜀且有变"。因孟知祥割据、李顺之起义均在甲午年,朝廷有所担忧。仁宗亲择程戡再知益州(治成都),擢为端明殿学士,亲自召见嘱托。行至彭州,便有百姓妄传蜀有兵变,程戡捕捉得而斩之。益州前数任官吏以惧谗言为嫌,城池废颓不整。独程戡不以为嫌,将城池修复坚固,用以自保。程戡任满,拜参知政事(副宰相),因与宰相文彦博姻亲,改授尚书户部侍郎,枢密副使。多次与枢密使宋庠不合,常有争议,谏官、御史多有议论,罢为观文殿学士兼翰林侍读学士、同群牧使。不久,拜官宣徽南院使、鄜延路经略安抚使、判延州。英宗即位,以安武军节度使再留任。任中,用奏请迁蕃官,加筑城池,安抚边民等措施,西北边境得以安宁。治平初,宦官王昭明为西北安抚使领秦凤、鄜延、永兴、河东四路番部事,苛政暴虐,边民及番部多亡西夏。程戡奏请增设钤辖、都监路,节度使兵马兼沿边巡检使,不再设专领番部事长官,以利守防,为英宗采纳,西北为治。程戡在边境任职多年,数次上书告老,朝廷因其治边有方,未许。及老羸疾笃方召还,卒于归途中,年78岁。英宗赠太尉,谥康穆。

燕 肃

燕肃(991~1040年),北宋大臣、诗人、画家、发明家、天文历法家。字穆之,嵩山南麓许州阳翟(今禹州市)人。燕肃原籍青州,幼年父母双亡,为求学到阳翟,遂落籍于阳翟。真宗大中祥符年间(1008~1016年)中进士,历任职于凤翔府、河南府、越州、亳州、邓州、青州、明州。官至礼部侍郎、龙图阁直学士,人称"燕龙图"。燕肃为官清正廉明,为人宽厚,敢于直言。特别是在岭南期间,审理冤狱,察举不法,政绩显著,被真宗特诏入京,欲以大用。因同寇准过往甚密,受到王钦若和许谓猜忌。燕肃对二人迎合真宗大搞封禅、修建道观、大兴土木的行为不肯苟同,二人屡进谗言,曾将其贬至明州。由于当地民性强悍好斗,他下令首先治罪寻衅的人,好斗之风才得平息,后又调升左谏议大夫兼大理寺。后以礼部侍郎致仕归隐阳翟,康定元年(1040年)卒,年50岁。燕肃精通天文历法,于天圣八年(1030年)发明了一种新的计时器——即莲花刻漏。因莲花刻漏制作简单,计时准确,设计精巧,便于推广。宋仁宗于景祐三年(1036年)颁布全国使用。他还复原并改良了黄帝时代发明的指南车和记里鼓。指南车是燕肃利用差速齿轮原理制造的,是我国古代的一项重要发明创造,比欧洲的发现和使用早1000多年。他先后用了10年时间,曾到廉州、雷州、化州、恩州、广州、惠州、潮州、越州、明州等地考察,对各地的潮汐进行观测、记录、比较、研究,得出了形成潮汐的主要原因是由于日月的吸引,一月之中朔望潮水大,上下弦潮小的科学论断,推算出每天海潮涨落的时间,并抓住泥沙堆积、河床升高等关键问题,第一个科学地解释了钱塘江潮。乾兴元年(1022年),撰写出科学专著《海潮论》,并根据自己的海潮论绘制有《海潮图》。

燕肃学识渊博,多才多艺。他工诗善画,以诗入画,意境高超,浑然天成,为文人画之先驱。他善画山水寒林,与王维相上下,亦擅人物、牛马、松竹、翎毛,在京师太常寺、翰林学士院作屏风画,景宁坊寓所及睢、颍、洛等佛寺中都有其巨幅壁画。《宣和画谱》著录御府所藏作品有《春岫渔歌图》、《夏溪图》、《春山图》、《冬晴钓艇图》等37件。他的画与所藏古笔百卷,皆为妙品,俱取入帝宫。因此,其画稀世罕见。

滕宗谅

滕宗谅(约991~1047年),北宋著名政治家。字子京,河南府(今洛阳)人。大中祥符八年(1015年)与范仲淹同科进士,授泰州军事判官,协助范仲淹主持修筑捍海堰。迁当涂(今安徽当涂县)、邵武(今福建邵武市)知县。谪守巴陵郡。天圣中又改大理寺丞(审核刑狱案件)。天圣九年(1031年)由大理寺丞贬至闽北邵武县,《闽书》称他"复知邵武军州事,自任好施予,喜建学,为人尚气倜傥,清廉无余财。"明道元年(1032年)奉调入京,任掌殿中丞。历尚书礼部员外郎、知信州、池州监酒、江宁(今江苏南京)府通判、湖州(今浙江吴兴)知州。康定元年(1040年)官刑部员外郎、职直集贤院。西夏攻宋,调任知泾州(今甘肃州泾川北),因部署防务有方,经范仲淹举荐,擢升天章阁待制,徙庆州知州。不久,陕西四路马步军都部署、泾略安抚招讨使郑戬告发滕宗谅在泾州滥用公使钱财,监察御史梁坚弹劾他浪费公使钱16万贯,贬知凤翔府(今陕西宝鸡市境),后又贬虢州(今河南灵宝市境)。庆历四年(1044年)春,贬岳州巴陵郡(今湖南岳阳一带)。后谪守岳州3年,任内重修岳阳楼,《涑水纪闻》记载滕宗谅向民间欠钱不还者讨债,将讨来的1万缗钱,就用于修建岳阳楼。县志记载,新修的楼台规模宏大,极为壮丽。滕宗谅写信给范仲淹,请他作记,随信附送《洞庭秋晚图》,范仲淹即应邀执笔写下了名闻遐迩、广为后世传诵的《岳阳楼记》一文。庆历七年(1047年)初调任苏州,3个月后病逝于苏州任所。葬于苏州,后其子孙迁葬于青阳县城南金龟源。

滕宗谅一生仕途坎坷,屡贬屡谪,历经磨难,最高官职只是宫廷中"图书馆长"(天章阁待制)。但其为人豪迈自负,是位有才干、有抱负的政治家。北宋诗人苏舜钦称他"忠义平生事,声名夷翟闻。言皆出诸老,勇复冠全军"。宋人王辟之在《渑水燕谈录》中称"庆历史,滕子京谪守巴陵,治最为天下第一。"《宋史》滕子京传曰:"宗谅尚气,倜傥自任,好施予,及卒,无余财。所莅州喜建学,而湖州最盛,学者倾江、淮间。"

张 昇

　　张昇(992～1077年),宋朝嵩山隐士。字杲卿,韩城(今属陕西)人。大中祥符八年(1015年)进士。初任楚丘主簿,宰相王曾、夏竦等非常赏识他,称其有辅器。夏竦经略陕西时,推荐他任泾原秦凤安抚都监。后因母亲年龄大而求归故里,历任京西转运使、知邓州、户部判官、开封府推官、度支员外郎等。至和二年(1055年),拜御史中丞。张昇忠谨清直,指陈时事,无所曲避。帝谓曰:"卿孤立乃能如是?"张昇对曰:"臣仰托圣主,致位侍从,是为不孤。今陛下之臣,持禄养望者多,而赤心谋国者少,窃以为陛下乃孤立尔。"帝为之感动。嘉祐三年(1058年),擢参知政事、枢密使,与韩琦同决建储之策,英宗立。后请求告老还乡,英宗任以彰信军节度使、同中书门下平章事判许州,又改镇河阳三城。以太子太师致仕,后结庵隐居于嵩山紫虚谷七星泉旁。每晨起焚香,读《华严》。熙宁十年(1077年)卒,年86岁,赠司徒兼侍中,谥康节。

　　张昇善作词,是宋词从婉约到豪放风格发展的推动者之一,但词作不多,《全宋词》录其词2首。张昇在嵩山隐居期间,看破红尘,回归自然,写有著名的《华严经》诗:

　　　无名无利,无荣无辱,无烦无恼。夜灯前独歌独酌,独吟独笑。

　　　况值群山初雪满,又明月交光好。假饶百岁便如何,从他老。

　　此诗是他当时心情的真实写照,嵩山史料有录。

谢 绛

　　谢绛(995～1039年),北宋文学家。字希深,浙江富阳人,谢涛子。以父荫任试秘书省校书郎。北宋大中祥符八年(1015年)登进士甲科,授太常寺奉礼郎,知汝阴县(今属安徽)。善议论,喜谈时事。尝论"四民失业",达数千言。翰林学士杨亿举荐其文章,真宗召试,擢秘阁校理,判登闻鼓礼院、吏部南曹。仁宗即位,迁太常博士,通判常州。天圣(1023～1032年)中,各地水旱蝗灾,黄河决口滑州(今属河南)。绛上书指陈时弊,建议皇上下诏引咎自责,"许士大夫斥讳上闻,讥切时病","罢不急之役,省无名之敛",以休息天下。仁宗嘉纳其言。后为编修官,参与修真宗国史。既成,天圣中,迁礼部员外郎,直集贤院,后通判河南府。钱惟演留守西京,悉以政事委之。曾与欧阳修、梅圣俞、尹洙等人登嵩山,著文赋诗。权开封府判官时,蝗灾严重,据以再论时政,请求廉政轻役,慎择官吏,宽施刑狱,与民休息。再迁兵部员外郎,徙三司度支判官,主张编制预算,"历考岁用而裁节之";又数言朝廷号令屡变,政出多门,宫廷侈靡,赐予无度等弊病。更进《理治箴》5篇,谏阻宫中不时需索。擢知制诰,判吏部流内铨、太常礼院。景祐元年(1034年)出使契丹,还,迁擢知制诰,判流内铨,出知邓州(今属河南)。至任,调集民工扩建美阳堰;又上书请修复钳卢陂,壅水灌注,可溉田3万顷。宝元二年(1039年),未成而卒于任,年46岁。

　　谢绛为人稳重,深于涵养,而以文学知名,谢绛学记博深,长于制诰,论议透辟,尤为儒林所宗。所至之处,"大兴学舍"。在河南时,修建国子学,亲自执教,远道来学者达数百人。平时乐施好客,卒后"家无余资"。欧阳修称其制辞"尤得其体,世所谓常、杨、元、白,不足多也"(欧阳修《尚书兵部员外郎知制诰谢公墓志铭》)。蔡襄也说他"文章谨于法度,叙史体,述制命,尤为深约典重"(《谢公堂记》)。其上杨亿书有"曳铃其空,上念无君子者;解组不顾,公其如苍生何"二联,全用经籍语,杨亿大加称赏,誉为"文中虎"(《归田录》卷一引)。著有文集50卷,今已佚。

天圣九年(1031年),欧阳修至洛阳,补留守府推官。西京幕府多名士,河阳离西京洛阳很近,始至伊阙,结识梅尧臣,与欧阳修诸诗友共游洛阳香山。

明道元年(1032年)九月,谢绛与欧阳修、梅尧臣、尹洙(字师鲁)等亦在西京(洛阳),与欧阳修结为至交,同游中岳嵩山,著文赋诗。谢绛撰《记神清洞游嵩山寄梅殿丞书》、《又答梅圣俞书》,详细记述游嵩山览胜景况。梅尧臣有《希深惠书言师鲁永叔子聪几道游嵩山诵而韵之》。王铚(宋)在《默记》卷下,记录诸友游嵩山趣闻:"尹师鲁性偏,在洛阳时与谢、欧、梅诸公同游嵩山。师鲁曰:'游山须是带胡饼炉来。'诸公咸谓游山贵真率,岂有此理。群起攻之。师鲁知前言之谬而不能胜,遂手乎扼吭,诸公救之,乃免。"按:"'胡饼炉':形制圆筒,内壁贴饼,底部有火加热,可惜具体形状已不可考。"

赵尚宽

赵尚宽(995~1062年),北宋官吏,著名政治家。字济之,参知政事赵仁安子。宋河南府(今洛阳)人。仁宗时知平阳县,邻县有大囚夜逃,杀居民。将犯平阳,赵尚宽捕获,迁知忠州。有政绩。嘉祐中,以考核第一而知唐州。唐州本来为富庶之地,经五代时战乱破坏,田尽荒废,地旷人稀,赋不足以充役,议者欲废为邑。

赵尚宽到任后,详查档案资料,得汉召信臣陂渠故迹,疏三陂一渠,灌田万余顷。又教民自为支渠数十,转相浸灌。而四方之民来者云布,尚宽复请以荒田计口授之,及贷民官钱买耕牛。赵尚宽勤于农政,四方之民皆来。包拯上其事迹,仁宗下诏表彰。留唐州凡5年,民像以祠,王安石、苏轼作《新田》、《新渠》诗以美之。后徙同州、宿州,又徙梓州。所到之处均以务农为主,故治政有声望,官至司农卿。卒,诏赐钱50万。

宋 庠

宋庠(996~1066年),北宋仁宗朝宰相,著名文学家、史学家。初名郊,字伯庠,后改字公序。原籍安州安陆(今属湖北),后徙开封雍丘(今杞县)。曾任郑州知州。天圣二年(1024年)进士第一,擢为大理评事,通判襄州。后被刘太后看中,破格升为太子中允,直史馆,历三司户部判官,同修起居注,再迁左正言。太后病逝,宋庠为知制诰。曾上疏建议科举应文武分试,被采纳,不久,知审刑院。当时,密州豪绅王澥私自造酒,并纵奴杀人灭口,宋庠不顾当朝宰相陈尧佐说情,坚决判王澥死刑,大快民心。

宝元二年(1039年),任右谏议大夫参知政事。宋庠为相

宋 庠

儒雅,习故典,遇事即能分别是非。因与宰相吕夷简不合,被排挤,加之弹劾范仲淹,被贬知扬州、郓州。范仲淹变法失败,朝廷遂擢宋庠为枢密使。皇祐元年(1049年)拜兵部侍郎,同中书门下平章事。皇祐三年(1051年),因家法不严,纵容子弟过错,包拯奏宋庠在政府无所建明,又不严戢弟子而被罢相,出知河南府,徙许州知州。以河阳三城节度同平章事判郑州、相州。后以检校太尉,同平章事,充枢密使,封莒国公。英宗即位(1064年),宋庠请求告老还乡,不准,改封郑国公,称镇武宁军,出判亳州。宋庠前后所至,以慎静为治,及再登用,遂沉浮自安。晚年笃爱幼子,带子赴任,至亳州后多次请求告老还乡,最后,以司空身份致仕,病故于家,享年71岁。朝廷追赠太尉兼侍中,谥元献。帝撰其碑曰:"忠规德范之碑"。《宋史》卷284有传。

宋庠俭约不好声色,读书至老不倦,与弟祁同以文学擅名天下,时称"二宋"。诗多绮丽之作,《全宋诗》录其诗14卷。著有《国语》、《补音》、《纪年通谱》、《掖垣丛志》、《尊号录》及《宋元宪集》等。清四库馆臣从《永乐大典》辑得宋庠诗文,编为《元宪集》40卷。

孙 甫

孙甫(998～1057年),北宋大臣,著名学者。字之翰,嵩山颍川阳翟(今禹州市)人。少年即好学,博闻强记,日诵数千言,学孙何作古文。天圣中举进士及第,为蔡州汝阳主簿。再试进士,得进士及第(一甲前三名),为华州推官。为转运李弦所赏识,荐拔大理寺丞,知降州翼城县。杜衍辟为永兴司录。每与衍语,必引经据典,言天下贤俊,历评其才性所长。杜衍曰:"吾辟属官,得益友",诸生多从孙甫学问。徙知永昌县,监益州交子务(管钱物交易),再迁太常博士。衍为枢密副使,荐之为秘阁校理,晋右司谏。奉诏言事,曾上《三圣政范》以讽刺治世不逮,推《洪范五行传》谏帝宠妃嫔(张修媛),大臣专政;上疏言不和西夏,不输币帛,以利国家。并建议以将官之能力分上、中、下三等,最下者黜之。孙甫为官清正,屡按先朝故事校正当世之治,多次上疏指仁宗宫廷生活侈靡。杜衍屡次荐孙甫,于甫有恩,然杜衍失职,孙甫言衍当获罪。尹洙素与甫友善,尹洙以边将刘沪同洛水入渭河违节度,奏请诛沪,孙甫以引洛水通渭利于国家为谏,言沪不可获罪,尹洙罢职。孙甫曾参陈执中、丁度,丁度反指孙甫为宰相杜衍门人,不宜久居京。累官至刑部郎中、天章阁待制、河北都转运使,以侍读卒官。孙甫性格刚毅果断,善持评论,著有文集7卷,《唐史记》75卷,均《宋史本传》及唐史论断,并传于世。每论及唐君臣行事,详细推断出当时治乱之情,听者如临其境。时人评曰:终日读史,不如听孙论也。

宋 祁

宋祁(998～1061年),北宋文学家、史学家。字子京,兵部尚书宋庠之弟。其先居安州安陆(今属湖北),后徙居开封雍丘(今杞县)。曾以龙图阁学士知郑州。与兄宋庠同举天圣二年(1024年)进士,而宋祁试礼部第一,宋庠第三。因章献太后认为弟不可先兄,改宋庠为第一,置宋祁第十。授为复州军事推官,继任大理寺丞,国子监直讲。经皇帝召试,授直史馆。再迁为太常博士,同知礼仪院,预修《广业记》,书成迁官尚书工部员外郎、同修起居注,权三司度支判官。曾上疏认为国用不足在于"三冗三费",三冗即冗官、冗兵、冗僧,三费是道场斋醮、多建寺观、靡费公用,主张裁减官员,节省经费。嘉祐中,以考课第一知唐州。唐素沃壤,经五代乱,田不耕,土旷民稀,尚宽曰:"土旷可益垦辟,民稀可益招徕,何废郡之有?"乃按视图记,得汉召信臣陂渠故迹,益发卒复疏三陂一渠,溉田万余顷。后宋庠罢相,宋祁出知寿州。又徙知陈州。后以龙图阁大学士知杭州,留为翰林学士,提举诸司库务,数次纠正弊事。又徙官知审官院兼侍读学士。宋庠复相,改宋祁为龙图阁学士,任史馆修撰、知制诰,旋出知亳州。与欧阳修同修《唐书》,宋祁修列传150卷,历时17年乃成,即今之《新唐书》。自是10余年间,宋祁出入内外,常以史稿自随。书成,进工部尚书,拜翰林学士承旨。复为群牧使。嘉祐六年(1061年)卒,年64岁,谥景文。

宋祁与兄宋庠并有文名,时称"二宋"。因《玉楼春》词中有"红杏枝头春意闹"句,世称"红杏尚书"。宋祁著有《宋景文集》100卷,《大乐图》2卷,《景文拾遗》,均《宋史本传》及益部方物略、笔记等,并行于世。近人辑有《宋景文公长短句》及《笔记》、《益部方物略记》等。

包 拯

包拯(999~1062年),北宋著名大臣。号称"包青天"。姓包名拯。字希仁,庐州府合肥(今合肥肥东县)人。包拯出生于一个官宦家庭,其祖父包士通、父亲包令仪都为进士出身,游身宦海。少时善良无私,爱憎分明,远离不三不四之人,不会花言巧语取悦于人,对父母极为孝敬,在乡里引为美谈。他天资聪颖,悟性极好,读书过目成诵。仁宗天圣五年(1027年)进士。按照宋朝的制度,考中进士就可以当官,但包拯是个孝子,他信守圣人"父母在,不远游"的教诲,直到36岁才正式出山,当了知县小官。在知县任上,他断了一个奇案,声名远播。曾任监察御史,建议练兵选将、充实边备。奉使契丹还,历任三司户部判官,京东、陕西、河北路转运使。入朝担任三司户部副使,请求朝廷准许解盐通商买卖。改知谏院,多次论劾权幸大臣。授龙图阁直学士、河北都转运使,移知瀛、扬诸州,再召入朝,历权知开封府、权御史中丞、三司使等职。嘉祐六年(1061年),任枢密副使。后卒于位,谥号孝肃。著有《包孝肃奏议》。

包拯

包拯居官以公正廉洁,断狱英明,执法如山而著称于世。知庐州时,执法不避亲党。在任开封知府期间,开官府正门,使讼者得以直至堂前自诉曲直,杜绝奸吏。尤其立朝刚毅,为人刚直,不畏权贵,执法严峻,勇斗贪官污吏,时称"关节不到,有阎罗包老",被老百姓誉为清官的化身——"包青天"。包拯有一首诗表明了他无所畏惧的性格,吐露不苟且求荣的心迹。

清心为治本,直道是身谋。

秀干终成栋,精钢不作钩。

仓充鼠雀喜,草尽狐兔愁。

史册有遗训,无贻来者羞。

包拯的事迹长期流传民间,人们对之进行渲染加工,使包公事迹更增加了传奇色彩,包公也成为

人民理想的清官典型。后世出现的《龙图公案》、《三侠五义》、《陈州放粮》、《秦香莲》、《包青天》等小说、戏曲、电影电视等,反映了人们对包拯的颂扬景仰之情。包拯死后,后人为他修建了许多祠庙,香火不绝,敬若神明。

包拯墓在嵩山之阴的巩义市西南7公里后泉沟村东南隅,位于宋真宗永定陵陵区。墓前有清康熙年间石碑1通,正中楷书"宋丞相孝肃包公之墓"。据说此墓埋有包拯衣冠。以前墓侧曾有祠堂、后被毁。但至今仍经常有人到墓前凭吊包公,拜奠忠魂。

尹　洙

尹洙(1001～1047年),北宋官吏、著名文学家、古文运动的先驱之一。字师鲁,河南府(今洛阳)人。世称河南先生。自幼聪敏好学,早就与兄源知名于时。宋仁宗天圣二年(1024年)进士,授绛州正平县主簿,历任河南府户曹参军、知河南府伊阳县(今嵩县境内)、安国军节度判官等职。后充馆阁校勘,迁太子中允。时值范仲淹因指责丞相而被贬饶州,尹洙上疏自言:"仲淹忠亮有素,臣与之兼师友,则是仲淹之党也。今仲淹以朋党被罪,臣不可苟免。"遂一起获罪,被贬为崇信军节度掌书记。西夏赵元昊反抗,陕西用兵,葛怀敏起用尹洙为经略判官,多次上疏议论边防,建议"减并栅垒,招募士兵,省骑军,增步卒",为集贤校理。韩琦主持秦州(治今甘肃天水市)时,以洙为通判州事。庆历元年(1041年)正月,韩琦派尹洙前往延州说服范仲淹出兵,范仲淹不肯。好水川战败后,夏竦上奏尹洙擅自发兵,贬徙通判濠州。尹洙曾参加西北防务工作,作有《悯忠》、《辩诬》二文,多论西北军政。主张"武备不可弛",要求严明赏罚,充实兵力,以抗击党项贵族的南下攻掠。庆历三年,改太常丞知泾州。后知渭州(今甘肃平凉),兼领泾原路经略公事。又知庆州、晋州、潞州(今山西长治),升迁为起居舍人,直龙图阁。后被指控擅用公使钱贷,又贬监均州(今湖北丹江口市)酒税。庆历七年(1047年)四月十日因病客死南阳,家无余资。著名政治家、文学家为其撰写《尹师鲁墓志铭》。

尹洙文章最善议论,尤长于论兵。大抵见解深刻,言而有据。尹洙一生喜谈兵事,所著《叙燕》、《息戍》、《兵制》,都是大言用兵西夏之事。尹洙又精于史学,欧阳修曾与他商修《新五代史》。他初从穆修游,力为古文,以反对晚唐以来文格卑弱,崇尚辞采声偶之习,欧阳修"从而大振之,由是天下之文一变"(范仲淹《尹师鲁河南集序》)。尹洙博学有卓识,他取法《春秋》,故"辞约而理精",行文"简而有法"(范仲淹《尹师鲁河南集序》)。欧阳修初学古文,常向他请教,然后修改。在宋初诸古文运动的先驱中,他对欧阳修影响最大。尹洙为北宋古文运动先导,长于《春秋》,在文学方面,他与欧阳修、梅尧臣等高举韩愈、柳宗元复古文之大旗,尊崇孟子、韩愈,文章风格简古,摆脱宋初文坛华靡之风。欧阳修谓"师鲁为文章,简而有法"、"是是非非,务尽其道理,不苟止而妄随",范仲淹亦称"其文谨严,辞约而理精"。他也能写诗。其作品有《尹洙集》28卷。今传本《河南先生文集》27卷,附1卷。此外,还著有《五代春秋》2卷等传世。

尹洙在嵩山地区活动期间,与欧阳修、梅尧臣结为至交,游嵩山,磋诗文,给嵩山的历史文化留有珍贵的诗文和趣谈。

李 淑

李淑(1002～1059年),北宋文学家、诗人。字献臣,少傅李若谷子,号邯郸,徐州丰(今属江苏)人。宋真宗在亳州,12岁的李淑献文于真宗,真宗奇之,命赋诗,赐童子出身,试秘书省校书郎。后召试,赐进士及第,授秘书郎。进太常丞,累迁龙图阁学士。景祐(1034～1038年)年间,知制诰,除翰林学士。李淑警慧过人,但性颇倾侧阴险。博习诸书,详练朝廷典故;凡有沿革,帝多谘访制作诰命,为时所称。三授端明殿翰林侍读、龙图阁学士,历知许、滑、开封、郑州、河阳等州府。卒谥尚书右丞。

李淑著有文集100余卷,尝修国朝会要、三朝训鉴图、阁门仪制及康定行军赏罚格、击训等。另著有《郡斋读书志》、《遂初堂书目》、《直斋书录解题》、《李公诗苑类格》3卷以及《三朝宝训》、《邯郸图书十志》10卷等。《宋史》《宋史新编》《学士年表》等有传。

梅尧臣

梅尧臣(1002～1060年),北宋文学家、诗人。字圣俞,宣州宣城(今属安徽)人。宣城古称宛陵,世称"梅宛陵",或"宛陵先生"。他生于农家,幼时家贫,酷爱读书,16岁乡试未取之后,由于家庭无力供他继续攻读再考,就跟随叔父到河南洛阳谋得主簿(相当于现今的文书)一职,后又任桐城、河南、河阳主簿,历知德兴、建德、襄城。在连任三县主簿之后例升知县。召试,皇祐三年(1051年)赐同进士出身,官至尚书都官员外郎,故有梅都官之称。嘉祐五年(1060年)卒,年59岁。《宋史》、《东都事略》有传。

梅尧臣

梅尧臣任建德县令的5年间,为民爱民,颇能体察民间疾苦,尽力而惠政于民。他经常深入乡间百姓家微服私访,与农人、与烧瓦匠、与贫妇交谈,了解民间疾苦,还亲自赶赴山林大火现场、洪水泛滥的溪流进行实地察看;他革除弊政,事必躬亲。当时建德为山区小县,县署外围有破旧的竹篱,常年需要修护,因此成了向民众勒索的借口。梅尧臣上任后果断以土墙代替,并在院内植了一丛竹子。元吴师道在《梅公亭记》中赞颂他"以仁厚、乐易、温恭、谨质称其人"。其德政、仁政在时隔900多年后仍为人民传诵。

梅尧臣诗坛上享有盛名,他以无限的悲愤、苦闷、渴望和痛苦的心情,写出了大量的激动人心的诗篇。在北宋诗文革新运动中与欧阳修、苏舜钦齐名,并称"梅欧"、"苏梅"。刘克庄在《后村诗话》中称之为宋诗的"开山祖师"。欧阳修曾自以为诗不及尧臣。陆游在《梅圣俞别集序》中,曾举欧阳修文、蔡襄书、梅尧臣诗"三者鼎立,各自名家"。他的诗能够从多方面反映社会生活,民生疾苦,风格平淡朴素,而又含蓄深刻,体现了这种造语平淡而意在言外的作诗主张。代表作有《田家四时》《田家语》《汝坟贫女》《襄城对雪》《鲁山行》《晚泊观鸡斗》《东溪》《梦后寄欧阳永叔》等诗。著有《宛陵先生集》60卷,《拾遗》1卷,《附录》1卷,有《四部丛刊》影印本。《全宋词》收录其词两首。今人朱东润有《梅尧臣集编年校注》。

梅尧臣一生两次登临嵩山,一次是与谢希深等文友游嵩山,一次是在被赐进士出身后,春风得意,复临嵩山。梅尧臣先后游历了嵩山缑山、辕辕关、少姨庙、启母庙、天封观、少林寺、会善寺等名胜,登上了太室山最高的峻极峰,写下了《拜马涧》《公路涧》《二室道》《天门》《天门泉》《玉女窗》《玉女捣衣石》《天池》《登太室中峰》《三醉石》《自峻极中院步登太室》《峻极寺》《启母石》《少姨庙》《少林寺》等许多赞美嵩山风景名胜的诗作,为嵩山再次增添了文学的光彩。

富 弼

富弼赈灾

富弼(1004~1083年),北宋仁宗时宰相、文学家、诗人。字彦国,嵩山洛阳人。少笃学,有大度。范仲淹称其有王佐之才,晏殊以女妻之。天圣八年(1030年)举茂才特等,授将作监丞签书河阳判官,累擢知谏院。康定元年(1040年),建议宰相兼领枢密院事,参与处置边事,以加强对西夏的防御。仁宗庆历二年(1042年),知制诰,因契丹要挟归还周世宗所取关南之地,富弼奉旨两次出使契丹,以增加岁币为条件,拒绝割地要求,辩和战之利害。次年任枢密副使,主北边防务。上"当世之务"十余条及"安边十三策"。曾与范仲淹等推行"庆历新政"。因惧流言中伤,奏请出任河北宣抚使,历知郓、青等州。河朔大水,赈济灾民,并以山林坡泽之利使民谋生,得活者50余万。宋至和二年(1055年),召拜同中书门下平章事,集贤殿大学士,与文彦博同任宰相,为政7年,墨守成规,惟务守成,无所兴革,号称"贤相"。嘉祐六年(1062年),以母丧辞职。英宗即位,召为枢密使,居二年,出判扬州,封"郑国公"。熙宁元年(1068年),徙官汝州通判。入见,神宗问治国之道与戍边之事,以"二十年口不言兵"为答。次年,再拜为宰相。常上疏愿神宗畏天戒、远奸佞、近忠良。后与王安石变法政见不合,称疾求退,出任亳州通判,又以仆射判汝州。后因抵制青苗法被弹劾,旋称疾归洛阳养病,加拜为司空,进封韩国公致仕。富弼虽家居,仍上疏指责新法"畏祸图利,习成敝风",要求废除新法。对西夏"归其侵地,休兵息民",对朝中举足轻重之事仍知无不言。神宗元丰六年(1083年),弼薨。帝辍朝三日,赠太师,谥文忠,葬于洛阳金谷乡南张里。哲宗元祐初配享神宗庙庭,哲宗篆其碑首曰:显忠尚德之碑。命学士苏轼撰文刻之。

富弼著有《富郑公诗集》、《富文忠集》、《刘子集》6卷、《奏议》12卷及《安边策》等。苏轼称其为文"辩而不华,质而不俚。"其诗亦"杰特不凡"(韦居安《梅磵诗话》)。惜其作品今已大多亡佚。

尹　源

尹源(1005~1054年),字子渐,世称河内先生。河南府(今洛阳)人。尹洙兄,与弟尹洙皆有文名。天圣八年(1030年)进士,历官至知怀州。博学强记,以文学知名,世称河内先生。初以祖荫补三班借职,稍迁殿直。举进士,为奉礼部。累官通判泾州。沧州刘涣因杀部卒而被降为密州知州,尹源上书:"涣为主将,部卒有罪不伏,笞辄呼万岁,涣斩之不为过。以此谪涣,臣恐边兵愈骄,轻视主将,所系非轻",刘涣遂免罪。范仲淹、韩琦荐其才,召试学士院,源不愿试赋,除知怀州。仁宗至和元年(1054年)卒,年50岁。

尹源尝作唐说及叙兵10篇上之,著有文集6卷,《文献通考》传于世。《宋史》本传云:"洙议论明辨,果干有为;源自晦不矜饰,有所发即过人。"此可见兄弟二人文风之不同。

刘　几

刘几(1005~1086年),北宋嵩山隐士。字伯寿,嵩山洛阳人。祖父刘温叟曾任御史中丞,父亲刘烨官至龙图阁直学士。生而豪俊,长折节读书,第进士。后仕途坦畅,做过邠州、泾州、保州等几个地方的知州。在任邠州通判期间,他曾凿五池以利民,后被推荐知宁州、邠州。侬智高侵犯岭南,刘几辅佐狄青,战功卓著,进皇城使,知泾州,后以荐授太原、泾源路总管。西夏人侵犯边疆时,刘几因索援兵与转运使陈述古有了矛盾,改知鄜州,不久又官至秦凤总管。宋神宗即位后,转四方馆使,知保州,政绩为河北第一。后以秘书监致仕。元丰三年(1078年),朝廷祀明堂,自山中诏命在旦夕刘几定太常雅乐。乐成后,刘几隐居嵩山,筑室少室山玉华峰下,号玉华庵主。据野史载,刘伯寿年少时曾遇一老人,那老者看了他半天才说,"这个少年人清气足,可以成仙。不过肩骨低了一指,就这样也能做到三品大员。"后果然被其言中。遇唐末异人靖长官,得养生诀,故益老不衰。他70多岁时,身体还是肉皮裹骨,毛长数寸,用手扣之,能听到清脆的响声。与富弼、文彦博、司马光等12人结成洛阳耆英会,常有聚会活动。

刘几晚年最大的喜好便是登嵩山,每一次登上嵩山太室之顶峻极峰,就做一次笔记,他记载道:"余今年某某岁,登顶凡七十四次矣。精力虽疲,心未足也。"刘几生性豪爽,每次出行必命壶觞,又总是尽醉而归,嵩人谓之"地仙"。史载,刘几是有史可考古代登嵩顶次数最多的历史名人,平生登嵩顶峻极峰74次。元丰二年(1079年),刘几时年74岁,与友同登嵩山峻极峰时行步如飞,而同伴们在他的身后却气喘吁吁,追赶不上。刘几边走边唱着自编的数千字的歌曲,声音响彻山谷,其情其趣,让其他人羡慕异常。后来有位叫王辅道的人听说后,与刘几的孙子一同游嵩山,为此作诗一首:"烂红一点出浮沤,夜坐嵩峰顶上头。笑对松窗谈祖德,当年七十四回游。"元祐元年(1086年),刘几无疾而终,年81岁。

文彦博

文彦博

文彦博(1006~1097年),北宋仁宗时宰相、政治家、书法家。字宽夫,号伊叟,汾州介休(今属山西介休市)人。先代本姓敬,五代时,曾祖父文崇远为避后晋高祖石敬瑭及宋翼祖赵敬(太祖赵匡胤之祖)庙讳,改姓为"文"。因被封潞国公,世称"文潞公"。天圣五年(1027年),文彦博进士及第,先后任翼城知县、绛州通判、监察御史、殿中侍御史、河东转运副使等职。庆历七年(1047年),文彦博任枢密副使。十一月,贝州王则起义,八年春正月,朝廷任命文彦博宣抚河北,去平息王则起义。文彦博至贝州城下,一面让官军猛攻北城,另一方面在南城挖地道,直通城里。闰正月,官军攻入城中,王则被捕,起义被平息。文彦博以功升同中书门下平章事、集贤院大学士。皇祐元年(1049年)八月,文彦博为昭文馆大学士,三年,因御史唐介弹劾文彦博曾送蜀锦给张贵妃而被罢官。至和二年(1055年)六月,文彦博再任同中书门下平章事、昭文馆大学士,与富弼同拜,士大夫曾以得人为庆。后又去河南府、大名府、太原府等地做地方官。久之,封潞国公,迁尚书左仆射。英宗时,任枢密使。熙宁二年(1069年),拜司空,寻加司徒。元丰三年(1080年),拜太尉。神宗即位,王安石开始变法,文彦博与王安石所持论有异,对其中市易、青苗诸法伤民弊端多所论及,因反对变法,文彦博被改任地方官,后以太师致仕,退居洛阳。后与邵雍、二程兄弟往来"如布衣交";又与都因政见相同,以反对王安石变法而致仕的富弼、司马光等13人,仿白居易"九老会"故事,饮酒赋诗自乐,排次序按年龄,不按官职高低。建堂宇,绘像其中,谓之"洛阳耆英会"。哲宗元祐元年(1086年)四月,经司马光推荐,文彦博出任平章军国重事,五年,以太师充护国军、山南西道节度等使复致仕。绍圣四年(1097年),章惇秉政,云文彦博与司马光曾反对王安石变法,降为太子太保。也就在这一年,文彦博去世,时年92岁。宋徽宗崇宁(1102~1106年)间,蔡京为右相,将文彦博、吕公著、司马光等人称为"元祐党人",刻元祐党人碑,禁止元祐学术。至北宋末南宋初,文彦博才又被追复太师,谥忠烈。

文彦博历仕仁宗、英宗、神宗、哲宗四期,出将入相有50年之久。文彦博亲历了北宋中期一系列重大事件:宋夏战争、庆历新政、王则之乱、熙宁变法、元祐更化、绍圣绍述等。他性格豁达、谦和卑逊、敬重德行,为官期间能够有所作为,多有建树。史称:"公忠直亮,临事果断,皆有大臣之风,至和以来,共定大计,功成退居,朝野倚重。"

文彦博擅长文章词赋和书法,在宋代文苑享有盛名。著有《纪年通谱》和《大飨明堂纪要》2卷、《药准》1卷、《文潞公集》40卷。文彦博书法成就,远远超过了他文章诗赋。博工书善墨翰,结字疏宕闲雅,笔法清劲,笔势飞动,风格英爽,蕴藉凝重,颇有唐人风致,受颜真卿书法影响尤深。宋周必大《益公题跋》云:公年过七十,笔力犹清壮如此,非独见所养深厚,亦足占寿考之祥矣。又云:公字虽不甚置意,亦时有唐人风致,非无师法者。宋黄庭坚《山谷集》云:潞公书笔势清劲,真不愧古人。宋楼钥《攻愧集》云:潞公翰墨飞动,使人望而畏之。宋朱长文《墨池编》云:"文潞公书,风格英爽。"可惜他的书法作品现在仅有4幅传世:一为介休市博物馆的楷书拓片仅16字,二为故宫博物院藏品《三札卷》,

三为台北故宫博物院藏《内翰帖》,四为洛阳新出土的《王拱辰墓志》篆盖。

文彦博为官期间,处处为百姓着想,在嵩山地区有很好的民声。还是在宋神宗时,因疏导洛河通汴水,"遏绝洛水",不再流经洛阳城,给洛阳人带来了许多不便。文彦博便通过朝廷派来洛阳的使者,上言宋神宗,于是神宗下诏,令洛水仍像以往那样流过洛阳。

文彦博在嵩山地区留下的遗迹,有《宿少林寺》诗,有《到洛为儿子赴许昌》帖,有洛阳新出土的《王拱辰墓志》篆盖,有他在嵩阳书院题名的"潞国公文彦博"笔迹及立于嵩阳书院西碑廊的《文潞公游嵩阳书院》碑,有位于嵩山伊川县城关镇罗村西北的文彦博墓及墓碑。

李 及

李及,北宋大臣,政治家。字幼几,左拾遗李覃之子。嵩山郑州人。第进士,因才受寇准举荐,擢升大理寺丞,知兴化军。旋以殿中丞通判曹州,以治才而知名,擢知陇州。后历知凤翔府、延州、秦州及提点刑狱、淮南转运使。执法严明,有禁卒白日于市中劫妇人金钗,李及诘问后立斩。后任左司郎中、枢密直学士。以右谏议大夫召还,掌三班院,再迁尚书工部侍郎。复出知杭州、郓州、应天、河南等州府,召拜为御史中丞。知杭州时,憎恶当地风俗轻靡,不事宴游。居官数年,不购吴中之物,只在离任时买《白乐天集》1 部。

李及为人资质清介,所治简严,喜慰荐下吏,乐道人善,以处事果敢为部属惊服。卒年 70 岁,赠礼部尚书,谥曰恭惠。

郭游卿

郭游卿,宋代画家,字季能(图绘宝鉴作季熊),郭思之子,郭熙之孙,河南孟津人。保福院堂上与兄道卿俱为郡守。郭游卿颇有家学,善画马,其笔法像季孟。亦工杂画。史料记载,成都大慈寺保福、正法两院堂上的窠植湖滩、渡水、干草、病马,遂宁官圃中松鹿石竹等画壁,皆为郭游卿所作。郭游卿为渠州太守时,曾传其学于冯久照,使其画法一变。

武宗元

武宗元(? ~1050 年),北宋著名画家。初名宗道,字总之,洛阳孟津人。家世业儒,官至礼部员外郎。武宗元工人物,擅长画释道人物,师吴道子法,行笔流畅,神采活动,大抵如写草书,笔术精高。年 17 时,曾画北邙山老子庙壁,颇称"精绝"。尝于洛阳上清宫画 36 天帝,其间赤明阳和天帝画成宋太宗相貌,真宗赵恒见之,叹其画笔之神。曾在广爱寺见吴道子画文殊、普贤大像,由此杜绝人事旬余,专在广爱寺刻意临摹。结果临摹之画骨格停分,神观气格,大衣缨珞,乘跨部从,与大像不差毫厘,真灵心妙悟之天才也。景德四年(1007 年),宋真宗营建玉清昭应宫,招募画工绘制壁画,来有天下画师 3000 人,中选者仅 100 余人,武居榜首。100 人分为二部,武宗元任画师左部之长。后曾在嵩山、洛

武宗元

阳、许昌等地寺观作壁画,他的壁画达到了高超惊人的地步,为时人赞颂,被称为壁画一绝。他在洛阳南宫三圣宫东壁所画10尊丈余高的太一神,在许昌龙兴寺画《帝释梵王》、经藏院画《旃檀瑞像》、中岳庙画《出队》以及中岳天封观等壁画都负盛誉。洛阳上清宫壁画中的《朝元仙仗图》可能是他壁画的白描稿,人称有曹、吴之妙,行笔如流水、神采飞扬,线长如游丝,是中国传统白描之精品。

武宗元存世作品有《天尊像》、《朝元仙仗图》等。其中《朝元仙仗图》,绢本,墨笔画。画道教东华、南极两天帝率领仙官、侍从和仪仗队去朝拜玄元皇帝的情形。天下三界十方男子得道成仙由东华帝君统管,南极天帝则统管人类的寿命,玄元皇帝即老子。北宋推崇道教,武宗元仍保留了唐代道教绘画风范。画中的金童、玉女、仙伯、大帝等人物体形丰满,仪态庄重,气象不凡。整个队伍统一在行进之中,人物排列参差起伏,疏密相间,彼此顾盼,衣带飘荡,富于动感。有行家推测,徐悲鸿曾花重金买回的《八十七神仙卷》,可能是他加工的正本。《朝元仙仗图》是老子庙殿堂左边壁画的稿本,据道教神仙系统推断,右壁原本应有西灵、北真二天帝率领的行列。其画无款印,卷后有南宋乾道八年(1172年)张子珉题跋,并有元代赵孟頫题识,定为武宗元真迹,现为美国华人王季迁先生所藏。

武宗元《朝元仙杖图》局部

祖无择

祖无择(1006～1085年),北宋郑州知州。字择之,河南上蔡人。少从孙明复学经术,又从穆修为文章。为人好义,笃于师友。亦工诗。登进士高第,历迁入集贤院。当时,宋仁宗欲封孔子的后人为文宣公。祖无择奏曰:"前代已封孔子为宗圣、奉圣、崇圣、褒圣,唐开元年间,又尊孔子为文宣王,今再把其祖宗的谥号加封其后代,不合礼制。建议改称衍圣公。"他的意见后来被采纳。

祖无择出京任袁州知府时,看到虽自仁宗庆历年间已下诏天下立学校,但10年过去了,并没有落实办学之事。他到任之后,首先建立学府,广招师生,掀起了该郡读书学习的良好风气。后回京修皇上起居注、知制诰,加封龙图阁直学士,权知开封府,进学士,知郑、杭二州。宋神宗即位,祖无择任职通进银台司。当初,王安石与祖无择共同知制诰,银台司官员作诰命,允许收润笔钱物。一次,一家给润笔费,王安石不要,又推辞不过,就放到办公室的梁上。而祖无择却收下属于他的那份润笔费作为公费开支,王安石听说这事不高兴。宋神宗熙宁初年,王安石任丞相后,就让监司治祖无择的罪。恰此时,明州知州苗振因贪污事发,御史王子韶使两浙官吏汇报其案情,牵连到祖无择。王子韶为巴结王安石,就派内侍把祖无择捕捉到偏远的优州狱中。苏颂进言说:"无择是胁从不当与犯人同狱对质。"御史张戬也营救无择,王子韶均不听。审查结果,祖无择没有贪污行为,只是贷官钱接济部下,及乘船越过限制而已。于是,贬其为忠正军节度副使。不久,祖无择又被恢复了光禄卿、秘书监、集贤院学士等职,主管西京御史台,又移知信阳军,卒于任上,年80岁。

祖无择为人义气,对师友诚实。年少时随孙明复学经术,又从穆修学作文章。二人死后,祖无择想方设法收集其遗文,汇编成册,自己出资刊印,使之传于世。祖无择不但为官勤政爱民,诗文也颇有名气。著有《洛阳九老祖龙学文集》16卷,《四库总目》传于世。《全宋诗》录其诗1卷。

在洛阳出土的由范纯仁撰文、鲜于侁书丹、司马光书盖的《祖无择墓志》,不但有着引人注目的文学价值和书法价值,而且还有着重要的史料价值。在历史上,祖无择、范纯仁、鲜于侁、司马光四人都是王安石变法的反对派。变法失败,范纯仁、司马光又都居相位,故此墓志是当时王安石变法与反变法这一重大历史事件的实证。

程 珦

程珦(1006~1090年),北宋官吏。原名温,字君玉。任官后改名珦,改字伯温。理学家程颢之父,嵩山洛阳人。18岁时,程珦父亲卒于湖北黄陂任上。后来朝廷录用旧臣之后,得社郊斋郎之职,但因家里的负担太重,不能离家远任,族兄弟程琳为此向朝廷申说,他得以就近在黄陂任县尉。一直到弟弟得官娶妇,妹妹出嫁,他才开始外出任官。宋仁宗庆历四年(1044年),程珦任兴国县令。当时,兴国"素号难治",特别是县东衣锦乡(今古龙岗、梅窖)一带更是难以管治。程珦以前的县令采取的是严酷的打压政策,欲以严刑峻法的高压态势,以求达到威服的目的,却往往适得其反,更加剧了矛盾。程珦来后,采取的是安抚的办法,做到对衣锦乡与其他地方一视同仁,很快平息了衣锦乡一带的民怨。程珦在兴国期间,积极推行礼义教化,建立县学,兴办书院,鼓励私塾。一时,礼义渐兴,尊师重教蔚然成风,政通人和,百业俱兴,人民安居乐业,人文蔚起。程珦在兴国不到两年时间,"狱空者岁余",后世县志称程珦治兴"惟时政教大洽,人文特盛"。

程珦"慈恕而刚断,居官临事孜孜不倦,温恭待下,率以清慎",所以他不管到哪里做官,属下从人都不敢贪污、骄纵。程珦有伯乐识人之明,大名鼎鼎的大儒周敦颐即是程珦发现的。那是程珦在虔州的南安军(治所在今大余县)任副职时,当时,周敦颐还只是南安军的一名"狱掾",是一名管理狱刑事务的低级属员,还很年轻,不为上级所赏识。程珦到南安军后,独具慧眼,看出周敦颐是个不可多得的人才,对他的人品与学问都非常钦佩,二人由此成为非常好的朋友。程珦还让两个儿子程颢、程颐拜周敦颐为师,程氏兄弟那时虽只有十六七岁,也颇慕先生学问为人,从此放弃科举仕进,专攻理学。在历史上,程珦的名气远不如两个儿子大。程颐18岁时就上书宋仁宗,希望"天子黜世俗之论,以王道为心"。后来程颢与程颐一起,创立了"天理"学说,他们开创的理学学派被称为二程"洛学"。

仁宗时,程珦以其高祖在太宗朝为三司使,授为黄陂府。后历知龚、磁、汉诸州。神宗时,程珦因反对熙宁新法(王安石变法),称病离职。元祐五年(1090年)卒,葬于伊川县城西1.5公里处白虎山麓的程氏墓地。

欧阳修

欧阳修

欧阳修(1007~1072年),北宋政治家、文学家、史学家,北宋文学革新运动的著名领袖,唐宋八大家之一。字永叔,号"醉翁",晚年号"六一居士",宋吉州永丰(今江西省永丰县)人。欧阳修4岁丧父,由母亲郑氏教诲他读书习字。欧阳修天资聪慧,机敏过人,学习刻苦,10岁所做的诗文,在乡人眼中已似成人手笔。天圣八年(1030年)进士。曾任西京(今洛阳市)留守推官、滑州通判、翰林学士、枢密副使、龙图阁学士、参议政事等职。庆历二年(1042年)任滑州通判期间,秉正恤下,敷文率义,深受滑民敬重。早年支持范仲淹的政治革新,为守旧派所排挤。王安石推行新法,因政见不合,辞官隐退,回颖州定居。熙宁五年(1072年),欧阳修遽然长逝,终年66岁,谥文忠。后因其诸子为官,赠封太师,追封兖国公。熙宁八年(1075年)九月,宋神宗赐葬于嵩山东南麓的新郑县旌贤乡刘村(今新郑市辛店镇欧阳寺村),以后有他的夫人薛氏、儿子及孙子陆续来葬。欧阳修墓现为全国文物保护单位。

欧阳修在散文、诗词、史传编纂方面,都有巨大成就。欧阳修十分注重培养文学新人,王安石、曾巩、苏洵、苏轼、苏辙等都是他的学生。积极提倡文学变革,居领袖地位,并注意团结文友,奖掖后进,被后人尊仰为一代文宗。苏东坡曾评价他:"欧阳子论大道似韩愈,论事似陆贽,记事似司马迁,诗赋似李白,此非予言也,天下之言也。"

欧阳修一生著作丰富,编定成集的现存153卷,包括《居士集》50卷、《外集》25卷、《易童子部》3卷、《外制集》3卷、《内制集》8卷、《表奏书启四六集》7卷、《奏议集》18卷、《杂著述》19卷、《集古录跋尾》10卷、《书简》10卷。另有《新唐书》、《新五代史》、《毛诗本义》等经史著作。

欧阳修的散文代表作主要有《秋声赋》、《醉翁亭记》等。所撰《六一诗话》,创文学批评新风,影响深远。欧阳修一生很大部分时间都是在嵩山地区度过的,他与嵩山地区结下了不解之缘。他在20岁出头时,踏上人生的第一步就在洛阳,他一生的事业及文章、诗歌创作生涯也是从这里开始的,几个志同道合的挚友,也是在洛阳结识的。欧阳修到洛阳,首先遇到洛阳主簿梅尧臣,因思想感情相投,一见如故。他们不但常在一起议论当代世事,还同登中岳,共游香山、游名园、访隐逸、吟诗作赋、共叙衷肠。后遇西京掌书记尹师鲁、通判谢希深等,都成了志同道合的好朋友。

欧阳修曾两次攀登嵩山的太室山。第一次是于北宋仁宋天圣十年(1032年)春,他和梅尧臣、杨子聪同游嵩山。他们从洛阳出发,经缑氏,越过轘辕关,到达太室山下,游历了少姨庙、启母庙、天封观等景观,登上了太室山最高的峻极峰,观看了玉女窗、玉女捣帛石、天池、天门等。他们一路走来,揽幽探胜,兴趣盎然。所到之处,心旷神怡,以诗唱和。第二次登嵩山是在天圣十年(1032年)九月,谢希琛接到皇帝诏书,要他代皇帝到中岳嵩山例行每年一次的祭祀。太常还发来公文,要求再用两人来读祝文和捧币陪祭,他就致函于欧阳修和杨子聪。恰遇从缑氏办事回府的尹师鲁和王几道,他们同登嵩山。九月十二日早上,他们5人从洛阳出发,夜晚住宿在十八里河。次日经缑氏,越过轘辕关,到登封县衙小憩,出城北门进中岳庙,当夜住宿庙内。十四日五更,登封县令请他们穿上朝服,在中岳庙内代皇帝向中岳神进行祭祀礼毕后,他们同登嵩山。他们先是游览了崇福宫,便至此沿山路攀登,直达太室山的峻极峰顶。观看了玉女窗、捣帛石、八仙坛、三醉石、登封坛、韩愈洞、峻极院等景观,当夜住在山顶,观赏了夜幕中的嵩山美景。十五日清早,他们沿旧道下山,下午辞登回洛,晚上住在了登封大金店。十六日,他们到达登封颍阳,沿山间的羊肠小道,游历了石堂山,下山后夜行25里,夜宿在嵩山南麓的吕店。十七日回到洛阳。欧阳修两次攀登嵩山,写下了《拜马涧》《公路涧》《二室道》《天门》《天门泉》《玉女窗》《玉女捣衣石》《天池》《登太室中峰》《箕山》《戏石堂山隐者》等多首赞美嵩山风景名胜的诗篇,用诗记录和抒发了自己对嵩山风景名胜的赞美和热爱。

史载:欧阳修除了两次登嵩山太室山外,一生还遍览嵩山地区的洛阳、龙门、缑氏、伊水、巩县、伊河、黄河、荥阳等地,在嵩山游历过程中,还写下了《自菩提步月归广化寺》《巩县初见黄河》《洛阳牡丹图》《永昭陵挽词三首》《续作永昭陵挽词五首》《伊川独游》《归田乐》《子美画像》《戏答元珍》《书怀》等大量诗歌和文章,对当时的诗文改革运动是一个很大的推动。

范　镇

范镇(1008~1089年),北宋官吏。字景仁,成都华阳(今四川成都)人。名臣薛奎在蜀地任职时,十分赏识范镇,让他与自己的子弟一起讲学读书。薛奎回到朝廷时,就把范镇一起带到朝廷,并说自己得到一个伟人,"当以文学名世"。宝元元年(1038年)举进士第一。初任新安主簿,很快被西京留守宋绶介绍到国子监任东监直讲。后授直秘阁、判吏部南曹、开封府推官,提升为起居舍人、知谏院。在任期间,上疏皇帝裁减冗官冗员、节省经费。仁宗时,为知谏院。仁宗皇帝在位35年而没有继嗣。恰在这时,仁宗突然得病,朝野上下都十分关注,但没有一个人敢上章奏事。范镇认为天下没有建立后嗣更大的事了,于是上疏建议立嗣,连续19次,待命百余日,须发为白。朝廷因此罢去其知谏院的职务,改任集贤殿修撰。但后来朝廷还是采纳范镇的建议,立后来的英宗为太子。神宗即位后,范镇又任翰林学士兼侍读、知通进银台司。当时,王安石正进行变法改制,实行了以青苗法为代表的新法,范镇站在司马光等人的立场上,竭力反对新法,曾5次上疏反对新法。因与王安石政见不合,以户部侍郎的官职致仕。哲宗即位后,韩维上书皇帝起用范镇,于是拜范镇为端明殿学士,起提举中太一宫兼侍读,又想让范镇任门下侍郎,因固辞得免,改提举嵩山崇福宫。不久,又以银青光禄大夫再次致仕,封蜀郡公。元丰四年(1089年)卒,享年81岁,谥忠文。范镇著有文集及东斋记事,凡100余卷。《全宋诗》录其诗2卷。

许 希

许希,北宋著名御医。字叔微,祖籍冀州,后落户嵩山荥阳。祖父许应详为氾水主簿,职满占氾水籍,历官三世。许希生而聪颖,博览群书,赴举未第,遂弃儒业,潜心医道,以神悟入医家三昧。许希擅长针灸,有"许神针"之称,补入翰林医学。景祐元年(1034年),宋仁宗皇帝患重病,服数药没有效果,人心忧惧。魏国大长公主请许希为皇帝看病诊脉后说:"针心下胞络之间,可亟愈。"可在场的人听后都认为不可。宦官让许希在自己身上一试,针试无恙后,才敢让许希给皇帝下针。许希"针心下包络之间",针刺3次。不久,仁宗病获愈,龙体如常,赐绯衣、银鱼(古时五品以上官章服)及金币,封许希为"翰林医官"。官至殿中省尚书药奉御。著有《神应针灸要诀》1卷行于世。

苏 洵

苏 洵

苏洵(1009~1066年),北宋著名文学家、散文家。苏洵与其子苏轼、苏辙都是当时一流的大文豪,号称"三苏",洵为"老苏",均被列入唐宋八大家。祖籍赵州栾城(今河北省栾城县),在远祖苏味道时定居眉州(今四川省眉山市)。字明允,号老泉。曾两次被举进士,都未中。27岁时立下决心发奋读书,经过10多年的苦读,学业大进。皇祐元年(1049年)以后的100年间,苏洵给父亲服丧以后,一直在家精心培养苏轼、苏辙两个儿子从事文学创作。嘉祐元年(1056年),他带领二子苏轼、苏辙到汴京,谒翰林学士欧阳修。欧阳修很赞赏他的《权书》《衡论》《几策》等文章,认为可与贾谊、刘向相媲美,于是向朝廷推荐。一时公卿士大夫争相传诵,文名因而大盛。嘉祐二年(1057年),二子同榜应试及第,轰动京师。这时,他的夫人程氏不幸去世,苏氏父子三人回家奔丧。嘉祐三年(1058年)十月,仁宗召他参加考试,他推托有病,不肯应诏。嘉祐四年(1059年)六月,朝廷再次诏令他赴京试策论,又遭苏洵拒绝。苏洵虽然辞诏试,但轼、辙二子服母丧期满,需要赴京侯官。同年十月,父子3人再度离家起程。乘船陆行北上,经襄阳、唐河、许州,一路上父子3人面对"山川之秀美,风俗之朴陋,贤人君子之遗迹,与凡耳目之所接者,杂然有触于中,而发于咏叹。"同行唱和,很多诗都是同题分作,共同完成了《南行集》的诗文创作。在这不到5个月的时间,苏洵共存诗15首,占他全部现存诗歌的三分之一。嘉祐五年(1060年),经韩琦推荐得任秘书省校书郎。第二年,朝廷任命苏洵为霸州文安县主簿,授命与陈州项城(今属河南)县令姚辟同修礼书《太常因革礼》100卷。宋英宗治平三年(1006年)书成不久,苏洵积劳成疾,四月卒于开封,享年58岁。苏轼、苏辙护丧返蜀,把父亲同母亲合葬在一起。追赠"光禄寺丞"。

苏洵的文章多为政论和军事论著。苏洵的《权书》10篇、《几策》中的《审敌》篇、《衡论》中的《御将》和《兵制》篇,还有《上韩枢密书》、《制敌》和《上皇帝书》,都论述了军事问题。在著名的《六国论》中,他认为六国破灭,弊在赂秦。实际上是借古讽今,指责宋王朝的屈辱政策。《审敌》更进一步揭露这种赂敌政策的实质是残民。《兵制》提出了改革兵制、恢复武举、信用才将等主张。《权书》系统地研究战略战术问题。在《项籍》中,他指出项籍不能乘胜直捣咸阳的战略错误。他还强调避实击虚、以强攻弱、善用奇兵和疑兵、打速决战、突击取胜等战略战术原则。苏洵的文章主要是以史论政,继承《孟子》和韩愈的议论文传统,论点鲜明,论据有力。欧阳修称赞他"博辩宏伟","纵横上下,出入驰骤,必造于深微而后止"(《故霸州文安县主簿苏君墓志铭》)。苏洵在《上田枢密书》中也自评其文兼得"诗人之优柔,骚人之清深,孟、韩之温淳,迁、固之雄刚,孙、吴之简切"。苏洵作诗不多,擅写五古,质朴苍劲,精深有味,如《欧阳永叔白兔》、《忆山送人》等。散文作品有《心术》、《几策》、《权书》、《辨奸论》、《衡论》和《六经论》,后世传有《嘉祐集》15卷。

苏洵生前对嵩山情有独钟,决心移居嵩洛。嘉祐元年(1056年),同乡陈景回从南方弃官归来,表示移居上蔡(今河南省上蔡县西南),在田园间隐居,苏洵曾写诗《赠陈景回》。他在诗中表达了对嵩山的向往之情。"经行天下爱嵩岳,遂欲买地居妻孥。晴原漫漫望不尽,山色照野光如濡。民生舒缓无天扎,衣冠堂堂伟丈夫"。最后他又表示了自己移居嵩洛的决心:"吾今隐居未有所,更后十载不可无。闻君厌蜀乐上蔡,占地百顷无边隅。草深野阔足狐兔,水种陆取身不劬。谁知李斯顾秦宠,不获牵犬追黄狐。今君南去已足老,行看嵩少当吾庐。"但这个心愿成了苏洵终生的遗憾。

元至正年间,河南郏县知县杨允在小峨眉山建苏洵衣冠冢,由于苏轼、苏辙皆葬于此,世称"三苏坟"。

赵　祯

赵祯(1010~1063年),北宋仁宗,第四代皇帝。原名受益。赵恒第六子,生母为李宸妃,章献太后养为己子。大中祥符八年(1015年)封寿春郡王,天禧二年(1018年)封升王,立为太子,赐名赵祯。乾兴元年(1022年)即位,其即位时只有13岁,由刘太后垂帘听政。明道二年(1033年)太后死,始亲政。仁宗在位42年(1022~1063年),是两宋时期在位时间最长的皇帝。作为一个守成之君,能守祖宗法度,性情文弱温厚,其武功谋略不及太祖、太宗。在位时宋朝面临官僚膨胀的局面,冗官冗兵特多。在与西夏王朝的长期对峙中表现平平,宋王朝屡战屡败,被迫以"岁赐"银、绢、茶妥协,对辽也以增纳岁币求和,军事上处于弱势地位,边患危机始终未除。辽亦乘机屯兵边境,索取关南,被迫增纳岁币,加之国内冗兵、冗官、冗费日增,虽曾一度起用范仲淹主持"庆历新政",短时即罢,致使北宋积贫积弱的局面逐渐形成。然而,仁宗知人善任,也想解决当时社会存在的诸多弊端,提拔重用了一大批对当时和后世都产生重大影响的人物,因而其在位时期名臣辈出,国家比较安定。嘉祐八年(1063年),仁宗病逝于宫中福宁殿,终年54岁。死后庙号仁宗,谥号体天法道极功全德神文圣武睿哲明孝皇帝。

据《宋史》载,其母李氏生仁宗后,被刘德妃窃为己子,仁宗即位后,仍认刘后为生母,李氏临死也没敢母子相认。刘后死后,仁宗才知道内情,追封李氏为皇太后。后人根据这段历史编写了《狸猫换太子》。

史料记载,宋仁宗与嵩山有着不解之缘。景祐二年(1035年)五月十五日,仁宗赐名嵩山脚下的

"太室书院"为"嵩阳书院",拨学田百亩,并设院长管理院务。嵩阳书院之名由此沿用至今。庆历三年(1043年),宋仁宗遣使诣嵩高祈雨。宋仁宗死后葬于嵩山之阴的巩义市南北宋皇陵的永昭陵。

邵　雍

邵　雍

邵雍(1011～1077年),北宋思想家、易学家、诗人,理学象数学派的创立者。字尧夫,谥康节,后世称邵康节。祖籍范阳(今河北省涿州市)。幼年时随其父迁居卫州共城(今河南省辉县市),隐居苏门山百泉湖畔,人称百泉先生。少年时,邵雍就胸怀大志,发愤刻苦读书,于书无所不读。坚苦自励,寒不炉,暑不扇,夜不就席者数年。后来,为了增长见识,他还游学四方,越黄河、过汾河、涉淮水、渡汉水,到过齐、鲁、宋、郑等各地,回来后,说道"道在是矣。"邵雍在共城时,拜县令——易道学家李子才为师,学《河图》、《洛书》。后得其伏羲六十四卦太极图(传说中先天易学先驱者、道仙大师陈抟将《先天图》下传种放,放传穆修,修传李子才,才传邵雍)。邵雍根基过人,融会贯通、妙悟自得,终于成为一代易学大师。

邵雍的哲学思想,主要是"先天学"。邵雍据《易传》关于八卦形成的解释,掺杂道教思想,虚构出宇宙构造图式和学说体系,形成了神秘的"象数之学"(也称"先天学")。他以先天易数,用元、会、运、世等概念来推算天地的演化和历史的循环。他认为宇宙的本原是"太极",即"道"、"心"。"太极不动,性也;发则神,神则数,数则象,象则器,器则变,复归于神也"(《皇极经世·观物外篇》)。万物皆由太极演化而来。太极永恒不变,万物则皆有消长,依其虚构的"先天图"循环不已,从图中数的顺逆来说明现实世界,推知过去和未来,从而创立了以数学概念解释《易》的新流派。邵雍运用的"加一倍法",推演出象数学概念体系,是近代"二进制"数码排列规则,经德国自然科学家莱布尼茨公布于世,其原理被现代电子计算机所应用。美籍华人李政道确认"二进制"是康节先生创始的。

仁宗嘉祐及神宗熙宁中,邵雍先后被召授官,皆不赴。皇祐元年(1049年)邵雍隐居嵩山洛阳、偃师一带,著书教学。他曾在洛阳天津桥边,为民解忧,预测祸福,弟子增多,名声大震,一些退居洛阳的达官贵人常来相访。邵雍与当时的富弼、司马光、周敦颐、张载、二程(程颢、程颐)、吕公著等名流学士交往甚密,常在一起切磋学问。嘉祐七年(1062年),王拱辰、富弼、司马光等人慷慨解囊,为他在洛阳天宫寺西天津桥南建了一座30间屋的园宅,给其居住,又为其代置庄田。邵雍将新居命名为"安乐窝",自号为"安乐先生"。邵雍一生淡泊名利,专心致力于研究学问,著书立说,过着悠闲、清贫的田园生活。仁宗、神宗二朝,虽然多次下诏举用,但都被他一一谢绝。后当朝宰相富弼拨资为其修建了一所书院,专作其讲学著书之用。熙宁十年(1077年),邵雍谢世,终年67岁,随父安葬于紫荆山之阳(今嵩山伊川县平等镇)。邵雍去世后受赠秘书省著作郎,宋徽宗元祐中赐谥号康节。宋徽宗时,他被封为"新安伯",并被称为"邵子",配享孔庙——灵牌被供奉在孔圣人偶像的一旁。

邵康节作为一介布衣无职无权,能得到上至皇帝下至黎民百姓的极力尊崇,完全取决于他对人类的贡献。程颢为其撰写墓志铭,称其"道纯一不杂,就其所至,可谓安且成矣。"邵雍著有《皇极经世》、《渔樵问对》、《观物内外篇》及诗集《伊川击壤集》。《宋史》427卷有传。

邵雍提倡快乐诗学,《伊川击壤集》可以说便是他"吟自在诗,饮欢喜酒"、"为快乐人"的闲适生活之写照。他的诗学语言平白如话,虽吟咏性情而不累于性情,时号"康节体"。邵雍嵩山活动期间,写有《登嵩顶》《叠石溪》《山中寄登封令》《九龙泉》《留题张相公庵》《闲适吟》等诗,从中可见邵雍的诗风。

邵雍的《皇极经世书》

邵雍创作的《梅花易数》和《邵子神数》两部妙算哲学,被后人发展为"算命预测学"和"宇宙代数学"。其"先天学"体系被当今的数码科技中的"二进制"数率所采用,极大地促进了人类社会的进步,推动了新世纪向前发展。

邵雍在嵩山活动留下的遗迹有位于嵩山西南麓的洛阳市南安乐窝村的邵雍祠、安乐窝,有位于嵩山伊川县平等镇平等村中部的邵夫子祠和位于伊川县平等镇西北紫金山下的邵雍墓。

吴几复

吴几复,北宋儒学家。字辨叔,嵩山南麓汝州城内吴家拐人。自幼好学,刻苦攻读。因厌恶城市喧聒,就在汝州风穴寺锦屏风下凿一石洞,闭门读书,杜绝交往,连寺中僧徒也不识其面。他在洞中孜孜勤学了9年,经、史、子、集,无不精通,成为当时大儒。宋仁宗庆历年间,吴几复应试科举,即中进士。宋仁宗皇祐年间,国家大兴太学,培育人才,因他通经明义,行为端正,被任命他为太学直讲。他知识渊博,讲解经典能深入

吴几复

浅出,条分缕析纵横自如,一时四方学徒云集,从学者达数千人,在广大知识分子中享有崇高的威望。后晋升为国子监祭酒,成为宋代最高学府的一号人物,管理全国教育工作,官居四品。宋仁宗非常欣赏他的才能,调吴几复到地方担任州郡长官历练,以便提升更高的官职。谁知他离开京城再也没有回去。吴几复先后在地方任职30多年,官至荆州路安抚使,最后卒于任所,朝廷赠通奉大夫。

吴几复为政教化为先,自己则勤政为民,轻徭薄赋,执法公正,政绩突出,深受百姓爱戴。其间,他在四川蓬州任知州时,政绩尤为显著。期满离任,群众恋恋不舍,作歌颂扬他的功德:"使君来兮,父母鞠我;礼化行兮,民无寒饿;使君去兮,不可复留;人心怅兮,珠泪双堕。"这首歌充分表达了人民群众感恩戴德的真挚感情。

吴几复与司马光交往很深,并结下了深厚的友谊。吴几复在任凤翔知府时寄诗于司马光,司马光以《和吴辨叔知凤翔拜寄》:"岐阳府中始相逢,四十余春屈指中。昔日布衣合露冕,当时小吏亦蓑翁。

醉吟只作藏身计,条教应多及物功。惟是彩衣难再着,长林极日起北风。"吴调任唐州(今南阳唐河)任知府时,司马光闻讯寄诗《寄唐州吴辨叔二兄》勉励:"方城古称险,远在豫州南。近岁汙莱辟,新民秦晋参。当官诚近厚,获谴说无惭。但惜墙阴竹,归辕几日骖。"这两首均选入《全宋文》司马光篇里。

盛　陶

　　盛陶,北宋官吏。字仲叔,宋神宗时嵩山郑州人。以祖恩守将作监主簿,累迁光寺丞。初监河南省酒税,第进士。熙宁中,为监察御史。时王安石秉政,推行新法。神宗问河北事,对以"朝廷以便民省役,议废郡县,诚便。然沿边地相属,如北平至海不过五百里,其间列城十五,祖宗之意固有所在,愿仍旧贯。"劾庆州李复圭轻敌败国,程昉开河无功,籍水政以抚州县,皆疏其过。二人实王安石所主,陶不少屈,出随州签书判官。其后,入为太常博士、考功员外郎、工部右司郎中,至侍御史。上陈官冗之弊,谓恩泽举人,以宜取嘉祐治平之制;选入改官,应以熙宁、元丰之法为准绳。后为刘安世疏劾出为汝州知州,又徙晋州。召为太常少卿。议合祭天地,请从先帝北郊之旨;既而合祭,陶即奉行,亦不复辨执也。进权礼部侍郎、中书舍人,以龙图阁待制知应天府、顺昌府、瀛洲。哲宗元符年中,依例夺职,卒年67岁。

李南公

　　李南公,北宋官吏。字楚老,嵩山郑州管城(今新郑龙湖镇)人。进士及第,起初任浦江县令。郡中一些狡猾的官吏,依靠太守权势来凌辱县府,不交税租,李南公就把那人抓了起来。太守恼怒,通判向太守祝贺说:"强将手下无弱兵,敢于抓郡吏,这是您手下的能力很强的县令。"最终按法规对那个郡吏进行了处理。后任长沙知县时,有一个寡妇带着儿子出嫁,7年后,前夫家族的人来要孩子。妇人说不是前夫的儿子,就到县里打官司。南公问小孩年龄,族人说9岁,妇人说7岁。问其牙齿,说:"上年坏了。"南公说:"男孩八岁就生齿,还有什么争执的?"就下令把孩子还给他的族人。
　　熙宁年间(1068~1077年),李南公历任京西常平提举,陕西、河北刑狱提点,京西转运副使等职,进入朝廷任屯田员外郎。在任提点河北刑狱的时候,有个官位和他一样的人犯罪被关进监狱。审问囚犯时,囚犯不承认有罪,后来有100多天拒绝吃饭,狱官不敢审问他,很为这个案子忧虑,就报告给李南公。李南公说:"我能够很快地让他吃饭。"李南公把囚犯从狱中提出来问他说:"我想用一件东西塞上你的鼻子,你能永远不吃饭吗?"这个囚犯害怕了,马上就吃饭并且认了罪。原来这个囚犯善于气功,用东西塞住他的鼻子气就断了,所以他害怕。
　　李南公的女儿都已经嫁人,但是他的同胞妹妹年逾30却未嫁,在别的妹妹家生活。李南公因此被御史议论,免去官职,主管嵩山崇福宫。后出任河北转运使。以前,澶州知州王令图请求开挖迎阳埽旧河道,在孙村设置枢纽约束河水东流,南公和范子奇认为可以开挖,而且想要从大吴北进锯牙约束河水流回故道。朝廷派使者巡视,两人又认为先前所论不对,说:"迎阳下临京城,孙村水势不便。"又被御史议论,朝廷下诏处以罚金。后来,南公加官直秘阁,任延安知府。夏人进犯泾原,南公出兵直捣夏人防守空虚的地方,夏人只得撤兵而去。后为直龙图阁,擢宝文阁待制,任职瀛洲知州,拜户部、吏部侍郎,户部尚书,又出任永兴军、成都知府、真定知府、河南知府、郑州知府,提拔为龙图阁直学士。起初,南公奉旨修建哲宗庙,希望能像宰相一样,在东夹室附祭。礼官争论,才没成功。等到更改建立庙室,以前议不当的错误,被剥夺学士职。不久,复职,遂致仕。卒,年83岁。

李南公做官60年,精明强干,敏锐智慧,然而仕途却坎坷不平。

王拱辰

王拱辰

王拱辰(1012~1085年),北宋诗人。原名王拱寿,字君贶,北宋开封府(今河南通许县)人。仁宗天圣八年(1030年)17岁举进士第一,登庚午科状元及第,深得仁宗赏识,赐名拱寿。初官通判怀州,入值集贤院,知制诰。历监察判官,修起居注。庆历元年(1041年),王拱辰为翰林学士,知审官院。庆历二年(1042年)辽使者两次来宋提出领土要求,遂据理力争,直斥其非,使辽国未敢轻举妄动。仁宗道:"非拱辰深练故实,殆难答也。"迁御史中丞,进言罢夏竦、贬滕宗谅,被仁宗采纳。后因反对庆历新政,抗疏论新法之害,借故劾逐王益柔、苏舜钦以倾范仲淹,为公议所薄。

仁宗皇祐年间(1049~1051年)出知郑州,徙澶、瀛、并三州。皇祐四年(1052年)为学士承旨兼侍读。仁宗嘉祐元年(1056年)再次拜三司使,出使契丹,受到非常之礼遇。回朝后正值范仲淹当政,因事被弹劾,以端明殿学士出知永兴军,移知泰州、定州2州。英宗治平二年(1065年)知大名府。后两任三司使,累拜御史中丞。英宗治平四年(1067年)神宗继位,迁太子少保。王拱辰数论事,颇强直。尝论夏竦不宜官枢密,帝未省遽起。至前引帝裾,竦遂罢。因逐王益柔、苏舜钦以倾范仲淹,为公议所薄。神宗熙宁元年(1068年),官累武安节度使,抗疏论新政之害,致使范仲淹遭贬。复以北院使召还。王安石为参知政事时,视其为异己,将其贬知应天府。熙宁四年(1071年)判河阳。熙宁八年(1075年)回朝为中太一宫使。神宗元丰元年(1078年)转南院使,赐金方团带。接连上疏极言保甲法之弊端,言辞恳切。元丰八年(1085年)哲宗即位,加检校太师,累武汝军节度使,徙彰德军节度使。神宗元丰八年(1085年)王拱辰病卒于彰德军节度使任上,终年73岁。朝廷追赠开府仪同三司,谥懿恪。著有《文集》70卷,今已散佚。

1976年3月,在伊川县窑底村西约200米处的王拱辰夫妇墓中出土有《王拱辰墓志》。王拱辰有宋一代名臣,其高祖、祖父、父亲及他一生的政治、军事、外交、民事等活动,墓志均有详细记述,尤其是关于王拱辰出使契丹,多次参与宋、辽两国的外交活动,关于宋、辽两国关系,宋与西夏、吐蕃、大赵(交趾)等国关系,关于王拱辰对维持社会治安、裁减冗兵、惩治劣吏的奏议及措施,关于加强东南、两广一带边备见识,关于救灾赈恤以及本人的职务升迁、内部斗争等都做了有根有据的记载。所以此墓志的史料价值极其重要。

吕　诲

吕诲(1014~1071年),北宋著名谏官。字献可,宰相吕端孙,幽州安次(今河北廊坊西)人,寓居开封。进士出身,历任旌德、扶风主簿,迁云阳令,著作佐郎,知翼城、交城二县。后入为殿中侍御史,以言事罢,出知江州。曾上疏仁宗请早建皇嗣。英宗即位,召为侍御史,改起居舍人、同知谏院。吕诲性纯厚耿直,处事公允,身为谏官,弹劾无所顾忌。劾宦官任守忠及其党羽之罪,论罢陕西四路钤辖宦官王昭明。在任兵部员外郎兼侍御史期间,弹劾宰相韩琦不忠五罪。又弹劾欧阳修"首开邪议,以枉道说人主"。治平二年(1065年),迁兵部员外郎,兼侍御史知杂事。以争濮王封赠事与诸辅臣势难两立,被贬官,知蕲州。神宗立,徙知晋州、河中府,召为三司盐铁副使,擢天章阁待制,复知谏院,拜御史中丞。王安石执政,吕诲以王安石"外示朴野,中藏巧作,必误天下"不通时事,上疏弹劾。神宗因器重王安石而不纳。罢职,出知邓州。治平三年(1066年),吕诲改河南府时,以疾求闲,旋提举西京嵩山崇福宫。熙宁四年(1071年)卒,年58岁。司马光为之撰写《右谏议大夫吕府君墓志铭》,葬鸣皋山(今嵩山伊川县酒后乡南的九皋山),确切墓址不详。

吕诲为官三居谏职,皆以弹奏执政大臣而罢,时人推服其耿直,为北宋著名的敢谏之臣。

元祐初(1086年),吕大防、范纯仁、刘挚表其忠,侍御史刘挚言:"故谏议大夫吕诲为御史中丞,为人忠信刚正,立朝行己,有古人之节、大臣之风。在言路前后三黜,皆以击奸邪忤权势,最后尤以直道大义为公议所高。诲死于散地,在熙宁四年,官至侍从,朝廷未尝有所赠恤。吕诲之妻今在,生事微薄,有子皆碌碌小官。臣愚欲望圣慈嘉诲之有识敢言,不获用禄,有得及于世,哀其至节,特赐褒及,以表显之;录其诸孤,稍赐任使。非独以慰幽壤,盖亦以劝天下之忠义。"宋哲宗即诏赠吕诲为"通议大夫",以其子由庚为太常寺太祝。后人有诗赞誉吕诲:"不读宋史吕诲传,识遍英雄也枉然。"

吕诲现存文章以奏议、议论文为多,奏议往往关切时政,议论有先见之明,清康熙皇帝谓其《选部论》"综名实以立言,足资经济"(《御制文第三集》卷40)。著有《吕献可章奏》20卷,凡289篇,司马光作序(《郡斋读书志》卷19);又有《吕诲集》15卷(《宋史·艺文志》)。今已佚。《全宋诗》卷399录其诗4首。《全宋文》卷1034至1040收其文7卷。事迹见司马光《右谏议大夫吕府君墓志铭》、《宋史》卷321本传。

宋　道

宋道(1014~1083年),北宋山水画家。字公达(又叔达),嵩山洛阳(今河南洛阳)人。宋迪之兄。登进士第,为益州节度推官,迁通判原州。英宗即位,历知晋、邠二州。后为开封府推官,知同州。神宗元丰六年(1083年)卒,年70岁。宋道善画山水,闲淡简远,取重于时。但乘兴即寓意,非求售也。故传世绝少。

宋道、宋迪兄弟与苏轼同时代。两人均以山水画、松树、寒林而闻名。双诗画为题是宋氏兄弟的特色,成为人们纷纷效法的山水画程式。苏轼称赞为"绝妙一时"。其他作品还有《清峦渔乐图》《古岸遥岑图》《江山平远图》《烟岚渔浦图》《扁舟圣泛图》《古木寒林图》等30多幅,气韵苍茫,意趣简远,开创了平远山水的意趣。文安公诗集中对宋氏兄弟的画有极恰当的描绘:"幽人去不归,长安秋叶飞,空山岁年晚,林木自清晖"。

宋 迪

宋迪,北宋山水画家。字复古,往往不名而以字显,谓之"宋复古"。嵩山洛阳人。宋道之弟,声誉大过其兄。仁宗天圣年间(1023~1032年)进士,擢第为司封郎,官至度支员外郎。宋迪擅长绘画,师法李成。嘉祐八年(1063年)春天,至永州,画作有《平沙雁落》《远浦帆归》《山市晴岚》《江天暮雪》《洞庭秋月》《潇湘夜雨》《烟寺晚钟》《渔邨落照》,号称"潇湘八景"。元丰初年(1078年)又作《潇湘晚景图》。陈用之善画,宋迪见其画山水,谓之曰:"汝画信工,但小失趣。"教以败墙张绢素之法,隔素见败墙之上,高卑曲折,皆成山水之象,心存目想,高者为山,下者为水,神领意造,恍然见其有人禽草木,飞动往来之象,了然在目。则随意命笔,默以神会,自然皆天就,不类人为。用之自此画格日进。主张览物得志、写物创意,崇尚意境,反对呆板写生,苏轼极称赞之。宋迪善画山水,"或因览物得意,或因写物创意,而运思高妙,如骚人墨客登高临赋。"寒林、松石、平山、远水绝妙一时。是早期文人、士大夫的神领意会之作。但乘兴即寓意,非求售也。故传世绝少。《宣和画谱》著录其画品23件,清人亦有记载,可惜皆不传。

孙 固

孙固(1016~1090年),北宋大臣。字允中,号和父,嵩山郑州管城人。9岁读《论语》曰:"我能行此"。累官至天章阁待制、枢密直学士、枢密副使、观文殿大学士、右光禄大夫等职,曾提举嵩山崇福宫。举进士,调任磁州司户参军。治平年间,神宗为颍王,孙固为神宗藩邸侍读。神宗即位,擢升工部郎中,天章阁待制。常诫神宗勿经略西夏。孙固曾4次对神宗言王安石不可为相,王安石变法时,又极言青苗法有诸多弊端,大臣恶其言,被降职出知澶州。后返京知审刑院,复领银台封驳兼侍读,判少府监。元丰初(1078年),累官至知枢密院事。神宗命宦官李宪伐西夏,孙固极力反对,数言"举兵易,解祸难。"神宗执意五路进军讨夏却战而无功,损失极其惨重。西夏战后,改任太中大夫、枢密副使,孙固以病为由,避位不就,又拜观文殿学士,寻提举嵩山崇福宫。哲宗即位后,以正议大夫知河南府,后徙郑州。元祐二年(1087年),拜门下侍郎,次年夏,任枢密院知事,累官右光禄大夫。元祐五年(1090年),孙固卒,赠开府仪同三司,谥温靖。孙固为人诚实纯正,与人交往愈久愈能显出他的信用。傅尧俞为孙固写的墓志铭上说:"司马公清白的品节,孙公纯正的德行,都是所谓不用说话就相信无疑的。"

韩 维

韩维(1017~1098年),北宋诗人。字持国,韩亿之子,韩绛之弟。开封雍丘(今杞县)人。与韩绛、韩缜为兄弟。以父荫为官,父死后闭门不仕。宰相荐其好古嗜学,安于静退,召试学士院,不就。

仁宗时，由欧阳修推荐知太常礼院，不久即通判泾州，为淮阳郡王、颍王时，韩维皆为记室参军。英宗即位，召为同修起居注，进知制诰。神宗熙宁元年（1068年），除龙图阁直学士，召拜门下侍郎。次年，知汝州、开封府。熙宁七年（1074年），召为翰林学士承旨。时天大旱，韩维力言王安石青苗等新法之弊病，兄韩绛入相，韩维出知襄州、河阳、许州等职，因坐议免役钱不合帝意而落职。后起知许州。神宗死，请"赋役非人力所堪者去之，法禁非人情所便者蠲之"，参与详定役法之更革，并以为王安石《三经新义》，当与先儒之说并行。哲宗元祐元年（1086年），拜门下侍郎。不久，被忌者所谮，分司南京。一年后，出知邓州、改汝州，以太子少傅致仕。绍圣二年（1095年），定为元祐党人，贬谪均州安置。元符元年（1098年），复左朝议大夫，卒，年82岁。著有文集30卷，因曾封南阳郡公，定名为《南阳集》（《直斋书录解题》卷17）。

韩维曾任嵩山崇福宫提举，讲学于嵩阳书院。在此期间，写有很多与嵩山有关的诗歌，其中《和孙廷平嵩山十首》较为有名。韩维工诗善文，著有《南阳集》20卷，诗3卷。

常　秩

常秩（约1018～1077年），北宋官吏、学者。字夷甫，嵩山临汝（今汝州市）人。考进士不中，屏居里巷，研究经术。嘉祐中，为颍州教授，后为国子直讲、大理评事。治平中授忠武军节度推官，知长葛县。不受。神宗立，三次派人聘请，均不应。熙宁三年（1070年）再诏，四年始入朝。神宗问如何使民免于冻馁，对曰，必立法制。次年，拜右正言，直集贤院，管干国子监。不久，兼直舍人院，迁天章阁侍讲、同修起居注，仍供谏职。熙宁七年，进宝文阁待制兼侍读。熙宁九年，提举中太一宫、判西京留司御史台。乞归。隐居时常秩闻王安石变法，且见安石所下令律对天下多为不便，故一召即出。熙宁十年（1077年）卒，年59岁，赠右谏大夫。

吕公著

吕公著

吕公著（1018～1089年），北宋哲宗时宰相、儒学家。字晦叔，北宋宰相吕夷简之子。寿州（今安徽寿县）人。幼嗜学，至忘寝食，吕夷简器而异之。以恩荫补奉礼郎。庆历进士，召试馆职，不就。通判颍州，与郡守欧阳修为讲学之友。仁宗奖其恬退，授崇文馆检讨，同判太常寺。英宗即位后，吕公著为侍读，加龙图阁直学士，在政治上与司马光相呼应。神宗即位时，召吕公著知通进银台司。吕公著封还皇帝的制命。吕公著认为神宗直接将诏书付阁门，制命不经过门下省，使得门下失去封驳之职。这实际上是对神宗的做法表示不满。"公著请不已，竟解银台司。"后为翰林学士承旨，同知枢密院等职。熙宁二年（1069年）为御史中丞。因反对王安石推行新法，贬吕公著出知颍州，提举嵩山崇福宫。熙宁八年（1075

年),彗星现,朝廷求直言。吕公著上疏要神宗注意舆论。起知河阳,召还,迁翰林学士承旨,改端明殿学士、知审官院。他直言要神宗能屈己从谏。元丰五年(1082年),吕公著除资政殿学士、定州安抚使。神宗立太子,对辅臣说,要以吕公著、司马光为师傅。元丰八年(1085年)三月,神宗病卒,年仅10岁的赵煦即位,是为哲宗。皇太后高氏听政,守旧派再度执政。高太后遣使迎吕公著回朝。吕公著立即上十事疏,认为人君即位,要修德以安百姓,修德首先要办的是"学"。有10件事最为重要,这10件事是:畏天、爱民、修身、讲学、任贤、纳谏、薄敛、省刑、去奢、无逸。

元祐元年(1086年),吕公著拜尚书仆射兼中书侍郎,与司马光同为宰相,辅佐哲宗,一时尽废新法。元祐三年(1088年),吕公著拜司空、同平章军国事。在整个宋代历史上,享此殊荣的只有四人,吕公著与他父亲吕夷简就占了两位。次年二月,吕公著去世,享年72岁。哲宗亲临赐奠,赠太师、申国公,谥正献,赐葬嵩山新郑北郭店西武岗村。主要门人有邢居实及子吕希哲、吕希绩、吕希纯。著作有《正献公集》20卷。

同司马光一样,吕公著死后也受到政坛风波的影响。哲宗亲政,绍圣初,吕公著被削谥、毁碑;徽宗朝蔡京擅政,吕公著被列入"元祐奸党碑"。南宋绍兴初(1131年),悉还所赠谥号。

吕公著一门登在《宋元学案》者有七世17人,皆"以儒学起家"。吕公著主张以儒学治国,称《论语》、《尚书》"皆圣人之格言,为君之要道。"从《论语》、《尚书》、《孝经》等儒家经典中,节治道要语百篇进呈。要求君主以"畏天命、爱民、修身、讲学、任贤、纳谏、薄敛、去奢、省刑、无逸"(《宋史·吕公著传》)为座右铭。强调自古有为的君主,未有失人心而能图治;亦没有能用威胁、强辩而得人心者。应修德以安民。修德之要,莫先于学。君应以至诚待下,则臣下思尽诚以应上,上下至诚而变异未有不消者。只有人君去偏听独任之弊,而不主先人之语,则不为邪说所乱。颜渊问为邦,孔子以远佞人为戒。佞人惟恐不合于君,则其势易亲;君子惟恐不合于义,则其势易疏。故应先格王正事,未有事正而不治者。力主废除"科举罢词赋"专用王安石《经义》及释氏之说。始令主司不得以老、庄书出题,举子也不得以申、韩、佛书为学,经义参用古今诸儒之说,不得专用王安石《经义》。并且恢复贤良乡正科。公著为庆历以后的魁儒,对理学发展有一定影响。

吕公著重视教育,他在颍州时,欧阳修为知州事,焦千之客寓欧阳修处,吕公著招请焦氏为诸子之师。这个家族中,内有吕公著夫妇督导,外有焦千之等人的严格教育。他还多方聘请名师,吕氏家教促成吕学学风的形成。清人黄百家说:"吕氏家教近石氏,故谨厚性成。又能网罗天下贤豪长者以为师友,耳濡目染,一洗膏粱之秽浊,惜其晚年更从高僧游,尽究其道,斟酌浅深而融通之。"全祖望评论其哲学说:荥阳(吕希哲)少年,不名一师。初学于焦千之,庐陵之再传也。已而学于安定(胡瑗),学于泰山(孙复),学于康节(邵雍),亦尝学于王介甫(王安石),而归宿于程氏(程颐)。集益之功,至广且大。然晚年又学佛,则申公家学未醇之害也。要之,荥阳之可以为后世师者,终得力于儒。吕学就在这样氛围中,一代一代传续下来。吕学的基本特点是"不名一师"的学风、多识前言往行以畜其德和重文献之传的传统。但吕学中儒佛夹杂,也成了理学家批评的话题。朱熹指出:"吕家之学,大率在于儒禅之间。"吕学至南宋吕祖谦而发扬光大,其流风所及,直至明清。

司马光

司马光(1019~1086年),北宋政治家、史学家、文学家。字君实,号迂夫,晚号迂叟,世称"涑水先生"。生于光州光山(今河南省光山县),祖籍陕州夏县(今山西省夏县)涑水乡人。因父亲司马池任光州光山县令,便以出生地为他取名"光"。司马家世代贵胄,远祖皆以气节闻名。少时司马光勤奋好学,读书"朝诵之,夕思之"。7岁时听别人讲论《左传》,就能了解大意,并为家人复述。今天嵩山一带还流传着一副《小儿击瓮图》,描绘的是小时候的司马光砸缸救人的故事。宝元元年(1038年)进士,曾为地方官、京官。皇祐五年(1053年),司马光升为殿中丞,任史馆检讨,负责修订真宗《日历》。此职为专任史官,司马光勤恳不倦,其才学愈发让人折服。与同在汴京的包拯、王安石、欧阳修、范缜、宋敏求、石扬休等往来甚密。嘉祐二年(1057年),司马光升为开封府推官。开封为北宋京都之地,势官大姓,豪强奸猾杂错其间,司马光不徇私,不任情,抑恶扬善,将开封府治理得井井有条。仁宗时,司马光曾为起居舍人,任为谏院知事。谏官就是揭露失误过错的,所以容易惹人忌恨和疏远,司马光不以个人得失为念,忠言直谏,极力主张严整吏治。治平三年(1066年),他编撰8卷《通志》上奉英宗,英宗令设局续修,神宗赐书名曰《资治通鉴》。王安石实行新法时,他以"祖宗之法不可变"为由,极力反对。由于当时反对派力量尚不足抗衡改革派,便纷纷请求外任,司马光也离开了开封。司马光辞归洛阳15年,绝口不提政事,主要致力于编著历史臣著《资治通鉴》。哲宗即位,高太后听政,召他入京主持国政,任尚书左仆射兼门下侍郎。元祐元年(1086年),司马光病逝。朝廷追封他为温国公,谥文正,赐千金令其家人隆葬之,墓侧有哲宗亲书的"忠精粹德"碑。

司马光著《资治通鉴》

司马光一生先后做过天章阁待制、龙图阁直学士、翰林学士、御史中丞、尚书左仆射兼门下侍郎(宰相),历任四朝,根据历代的历史经验和现实客观情况,提出了一系列的治国主张,为捍卫封建统治的利益,犯颜直谏,达到了舍身忘命的程度。他编著的中国历史上第一部编年体通史《资治通鉴》,有目录30卷,通鉴294卷,考异30卷,共354卷,计600万言。全书在材料的组织安排、人物形象的刻画方面皆表现出过人的能力,具有重要的史学价值和文学价值,为后世留下了宝贵的历史文献。他虽为宦一生却俭朴清贫,死时家无积财,唯有史书数卷。高太后和哲宗亲临其丧,辍朝三日,百官祭吊,满朝悲痛。著有《司马文正公集》、《稽古录》、《涑水纪闻》等。

司马光在嵩山时,还曾六任冗职,其中两任西京留司御史台,四任提举嵩山崇福宫,不过他从未过问过政事,把全部精力用到了《资治通鉴》的编写上。司马光在嵩山留下的遗迹有位于嵩山西北麓的洛阳市老城南约5公里的独乐园,有位于宋代著名的儒学之地嵩山崇福宫。司马光在任职于嵩山崇福宫提举时,除了写作他的《资治能鉴》外,经常往来于崇福宫和嵩阳书院,总要路经嵩阳书院东边逍遥谷叠石溪,他对那里的景色极有兴趣。于是,就在叠石溪岸买地盖房,建起一座小院,称为"别馆",亦称"叠石溪庄",并在这里写有诗作。司马光在此居住期间,常与文朋诗友交往,在游览观赏嵩山美景的同时,常在一起赋诗吟唱。

冯 京

冯京(1021~1092年),北宋大臣。字当世,鄂州江夏人。仁宗时进士,自乡举、礼部以至廷试,皆第一,后拜翰林学士,知开封府,又出安抚陕西,知太原府。神宗时,为参知政事,屡与王安石争议新法,被谪,出知亳州、成都府。后被召入朝,哲宗即位,拜保宁军节度使,知大明府,又改镇彰德。后为侍讲,改宣徽南院使,拜太子少师致仕。冯京是宋代历仁宗、英宗、神宗、哲宗"始终四世、自首一节,其自大名,来朝班廷中如麒麟凤凰"的显赫人物。绍圣元年卒,时年74岁。相传,冯京是北宋时期一位才子,才华出众,文武双全,深受群众赞颂。仁宗时,开科取士,群众希望冯京应考,能得中头名状元,但连试几次未中,使群众大为不解。以后知道,原来是一位监考大人对冯京的嫉妒所致。后又逢大选,群众请冯京改名再试,于是冯京把冯字左侧的两点移到了京字旁边,变成了马凉,果然得中了头名状元。所以"天上中冯京,地下中马凉"的故事流传至今。

冯京在嵩山留下的遗迹,有位于嵩山东麓的新密市曲梁乡五虎庙村南100米外的冯京夫妻妾4人的合葬墓。

王安石

王安石(1021~1086年),北宋神宗朝宰相,杰出的政治家、思想家、改革家、文学家。字介甫,晚号半山。世人称其为王文公,自号临川先生,小字獾郎。临川(今江西抚州)人。他出生在一个小官吏家庭。父益,字损之,曾为临江军判官,一生在南北各地做了几任州县官。王安石少好读书,记忆力强,受到较好的教育。庆历二年(1042年)登进士第四名,先后任淮南判官、鄞县知县、舒州通判、常州知州、提点江东刑狱等地方的官吏。他为人正直,执法严明,为百姓做了不少有益的事。组织民工修堤堰,挖陂塘,改善农田水利灌溉,便利交通。在青黄不接时,将官库中的储粮低息贷给农户,解决百姓度荒困难。嘉祐三年(1058年)冬,王安石改任三司度支判官。次年春,他到了京城开封,上万言书,主张改革政治。治平四年(1067年)神宗即位,起用王安石为江宁知府,旋即诏为翰林学士兼侍讲,为摆脱宋王朝所面临的政治、经济危机以

王安石

及辽、西夏不断侵扰的困境,次年,神宗召王安石"越次入对",即上书主张变法。熙宁二年(1069年)提为参知政事,主持变法。为指导变法的实施,设立三司制置条例司,物色了一批拥护变法的官员参与制订新法。

熙宁三年(1070年)王安石任同中书门下平章事,位居宰相,在全国范围内推行新法,开始大规模的改革运动。所行新法在财政方面有均输法、青苗法、市易法、免役法、方田均税法、农田水利法;在军

事方面有置将法、保甲法、保马法等。同时,改革科举制度,为推行新法培育人才。这些措施在一定程度上限制了大地主和豪商对农民的剥削,促进了农田水利事业的发展,国家财政状况有所改善,军事力量也得到加强。

变法使朝廷垄断了商品贸易,不仅是官僚、大地主,还有小商人的利益均遭侵犯,社会原有秩序遭到破坏,遭到保守派的激烈反对,特别是曹太后、高太后的顽固阻梗。加上在实施过程中过分求大求快,许多官吏借机敲诈盘剥,使农民的利益受到损害,而上书直谏变法危害的贤良才能大臣均遭王安石罢黜或贬官或流放,导致税吏越发恣意妄为、胆大包天,此种情况愈演愈烈,实际效果与主观设想相差甚远。王安石处于"众疑群谤"之中,宋神宗迫于皇亲贵戚和反对新法大臣的压力,于熙宁七年(1074年)四月罢去王安石相位,再任江宁知府。次年虽又起用为相,但因新法派内部分裂及保守派的挑拨离间,王安石实际上难有作为,至熙宁九年(1076年)十月再次罢相,出任江南签判,次年隐退江宁(今江苏南京市)钟山,过着闲居生活。

元祐元年(1085年),哲宗即位,年仅10岁,由太皇太后高氏临朝听政,启用反对变法的司马光为相。在苏轼的几番上奏下,废除了大多数为害甚巨的新法。王安石在忧愤和遗恨中于翌年四月去世,葬于江宁半山园。王安石晚年封荆国公,世称王荆公、王文公、临川先生。死后被追封为太傅。绍圣年间,赐谥号为文,配享神宗的庙庭;徽宗时,又配享文宣王庙。而钦宗时,皇帝下诏停止他文宣王庙配享。高宗采纳赵鼎、吕聪的意见,削去了其舒王的封号。史载,王安石政治变法虽被废除,但对北宋后期社会经济具有很深的影响,已具备近代变革的特点,被列宁誉为是"中国十一世纪伟大的改革家"。

在文学上具有突出成就,为宋朝一大家,在北宋文坛上占有杰出的地位。与"韩愈、柳宗元、欧阳修、苏洵、苏轼、苏辙、曾巩",并称"唐宋八大家"。王安石的散文逻辑谨严,辩理深透,笔力雄健,语言简练,极峭拔奇崛之致。其诗长于说理,精于修辞,善用典故,风格遒劲有力,精辟精绝。词虽说作的不多,但一洗五代旧习,不受前人绮靡风气的影响。他在《上人书》中认为:"所谓文者,务为有补于世而已矣;所为辞者,犹器之有刻镂绘画也。诚使巧且华,不必适用;诚使适用,亦不必巧且华。要之,以适用为本,以刻镂绘画为之容而已。"这种"有补于世"的"适用"文学观,是同他的一套激烈变革的政策措施分不开的,换言之,是同社会、政治或人生的实际问题紧密相连的。

王安石现存著作有《王临川集》、《临川集拾遗》。

王安石当政时,曾到嵩山崇福宫,并在嵩阳书院讲学。在嵩山一带游历时,写有《书氾水关寺壁》《酬同年徐正夫司户时欲卜筑嵩洛间》《晚春初夏》《题永昭陵》《送直讲吴殿丞宰巩县》《出巩县》《登飞来石》《张良》等诗,史料有录。

郭 逵

郭逵(1022~1088年),北宋官吏、学者。字仲通,宋河南府(今洛阳市)人。康定年间,其兄郭遵死于战,郭逵被录为三边奉职,隶属陕西范仲淹部下。曾反对攻西夏取灵武,意见不被采纳。及宋军败,人服其有先见。郭逵喜兵学,为人慷慨,爱惜士卒,不妄加诛戮,时称宿将。为真宗定兵马监押,平保州兵变。权忻州,曾据理驳斥契丹要求。镇压荆湖北路"溪峒蛮"彭士义起义。治平二年(1065年),以检校太保同签书枢密院。出领陕西宣抚使,判渭州。神宗立,召还授宣徽南院使,判郓州,徙镇鄜延。因挫败西夏易地阴谋,加检校太尉、雄武军留守。后为安南行营经略招讨使兼荆湖、广南宣抚使。坐征交趾无功贬为左卫将军、西京安置。哲宗立,曾知潞州、河中。后辞归嵩山洛阳。郭逵著有《五原集》《兰江集》《节制集》《对境图释》等书。

张贵妃

张贵妃(1024~1055年),北宋仁宗赵祯的妃子。张氏,宋永安(今巩义市南)人。父亲张尧封为进士,母亲在齐国大长公主府上当歌舞女。张氏8岁时由大长公主带入宫中,由宫人贾氏代养。一次宫中宴饮,被仁宗看中,深得仁宗宠爱。张贵妃巧慧多智数,善奉迎,势动内外。康定元年(1040年)为才人。庆历元年(1041年)进修媛。三年,以疾自请下迁为美人。庆历八年(1048年)封为贵妃,生安寿公主和宝公主。张氏短短几年内由妃嫔最低等级的才人升至最高级的贵妃,距皇后仅一步之遥。

张贵妃生前,希望仁宗封其伯父张尧佐官职的事一波三折。之前,仁宗想封张尧佐为宣徽南院使(虚职),结果遭到台谏官的猛烈抨击,不得已而作罢。张贵妃不死心,仁宗也决心一定要任命张尧佐官职。一天,仁宗上朝,贵妃送仁宗到殿门口,嘱咐说:"官家今日不要忘了宣徽使!"意思是提醒仁宗不要忘记下诏封张尧佐的事,宋仁宗听罢连忙说:"放心!放心!"到了大殿,仁宗刚准备下诏任命张尧佐,知谏院包拯站了出来进言,大谈为什么不能任命张尧佐的理由,滔滔不绝。包拯知开封府时以廉洁著称,执法严峻,不畏权贵。这件事便因此而作罢。

皇祐六年(1054年),张贵妃暴病身亡,时年31岁。宋仁宗追忆张贵妃的柔情与善良,悲痛不已。他未理会曹皇后在世的事实,决定以皇后之礼为张贵妃发丧,遭到很多大臣反对。张贵妃一生都梦想着登上皇后之位,终于在死后穿上皇后的殓服,受宗室、大臣们的参拜告奠。仁宗因为担心谏官们的反对,一直等到治丧第四天才宣布追封张贵妃为皇后,谥为温成皇后。

种 诂

种诂(约1024~1093年),北宋将领。字大质,名将种世衡长子。嵩山洛阳人。少时慕从祖种放之为人,不事科举,时称"小隐君"。父死,以父功录为天兴尉。治平末,任泾源路都监。熙宁间,知原州,击退羌族进攻,在镇戎(今宁夏固原)之北筑城以防边。又与弟种诊进击环州羌族。熙宁六年(1073年),贺辽国国母生日任副使。熙宁八年(1075年),为环庆路第二将,任环庆路钤辖,知环州。元丰年间,历永兴军路钤辖,改知宁州,徙镇戎军,又徙鄜州、隰州。种诂性通达,明孝义,与其弟谔、诊皆有将略,人称关西"三种"。

种 谔

种谔(1027~1083年),北宋名将。字子正,嵩山洛阳人。名将种世衡次子,与兄诂、弟诊皆有将才,世称关西"三种"。种谔以父亲的荫蔽入官,初任左藏库副使(从七品武官阶)。治平四年(1067

年),延帅(鄜延路安抚使)陆诜推荐种谔任知青涧城。种谔善于用兵,尤善出奇兵。曾以计谋胁降西夏名将嵬名山部,长驱于怀远追击,大败西夏军,建绥城。陆诜劾种谔擅自兴军而不报,遂下吏贬职四等,安置随州。后以言水利,入见神宗。神宗问其事,对曰:"种谔奉密旨取绥,而获罪,后何以使人?"帝亦悔。复其官韩绛宣抚陕西,用为富延绛城钤辖,迁副总管。元丰四年(1081年),种谔在无定河川大败夏兵10万,米脂守军降,克米脂城。种谔又上书请建横山城,而徐禧与沈括定议筑永乐城,因其以所议不合,被奏留守延州。永乐被围,种谔观望不救。"虞贼至,就命知延州"。种谔性诈,残忍,喜功,常在边疆寻事,议者有"种谔不死,边事不已"之说。元丰六年(1081年)病故于延州。

范纯仁

范纯仁

范纯仁(1027～1101年),北宋哲宗朝宰相。字尧夫,吴县(今江苏苏州)人。范仲淹次子。皇祐元年(1049年)进士及第,以事亲不赴官,后为范仲淹执服毕始出仕,知汝州襄城县,签书许州观察判官。治平中,擢江东转运判官,迁殿中侍御史、知制诰,通判安州、蕲州、陕西转运副使。不久,尚书兵部员外郎,兼起居舍人、同知谏院,加直集贤院、同修起居注,后改判国子监。因反对王安石新法,出知河中府,移成都府路转运使。因失察下属官吏,降知和州,历知庆州、信阳军等。后曾管勾西京留司御史台,再知河中府、庆州。哲宗即位,诏除给事中,进吏部尚书,同知枢密院事,拜尚书右仆射兼中书侍郎。元祐四年(1089年),出知颖昌府、徙陈州,以上疏论吕大防不当窜岭南而落职,知随州,贬武安军度副使,永州安置。在永州三年,双目失明,恬然处之。徽宗即位,复观文殿大学士,充太一宫使。建中靖国元年(1101年)卒,年75岁。赠开府仪同三司,谥忠宣。他用自己的俸禄办义庄,养活了几百户困苦人家。范纯仁身为宰相,其生活之节俭令人难以想象,全家一年也很难吃一顿肉,平素是以吃粥伴以青菜、豆腐为主的生活。

范纯仁一生仕途坎坷,但他为人正派,光明磊落。熙宁二年(1069年),他曾上书皇上,公开指责王安石"掊克财利",因反对王安石变法遭贬逐。虽然在政治见解与司马光同属保守派,但却对司马光复相后,坚持废除的"青苗法",范纯仁却对司马光说出了自己不同的意见:"王安石制定的法令有其可取的一面,不必因人废言。"

范纯仁任嵩山崇福宫提举时,曾讲学于嵩阳书院。著有《范忠宣公集》20卷、《台谏论事》5卷、《边防奏议》20卷(李之仪《行状》)。范纯仁在书法方面有一定造诣,传世墨迹有《与伯康、君实札》等。

孙 路

孙路,北宋大臣。字正甫,河南开封人。进士出身。元丰中,孙路为司农丞。由邓润甫荐为御史。召对,其言不合新政,神宗语辅臣以为不可用,下迁主簿,徙兰州。西夏犯边,以论捍御功进五阶,为陕西转运判官。元祐初(1086年),为吏部、礼部员外郎,侍讲徐王府。司马光将弃河、湟,邢恕谓光曰:"此非细事,当访之边人,孙路在彼四年,其行止足信,可问也。"光亟召问,路挟舆地图示光曰:"自通远至熙州才通一径,熙之北已接夏境,今自北关辟土百八十里,濒大河,城兰州,然后可以捍蔽。若捐以予敌,一道危矣。"司马光幡然曰:"赖以访君,不然几误国事。"议遂止。后孙路迁右司郎中,以直龙图阁知庆州。章惇专国,复议弃地事。孙路谏应修城固边,载器甲楼橹,顿大顺城下,夜半趋安疆,迟明据之,六日而城完。加宝文阁待制,遂筑兴平、横山二城。拜兵部尚书,以龙图阁学士知成都。未行,因坐他事削职,知兴国军。徽宗立,历知太原、洛阳、永兴军、河中府,卒。

范子奇

范子奇(1031~1093年),北宋官吏。字中济,礼部尚书范雍之孙,嵩山洛阳人。以祖荫签书为并州判官,受唐介举荐,提举修在京仓。又受三司使举荐,按覆营缮,匠吏积为欺隐,惧罪,造蜚语离间,神宗察子奇无私,曰:"为吏当如是,无恤人言。"授户部判官,出任湖南转运副使。入判将作监。使于辽,导者改路回远,子奇谓曰:"此去云中有直道,旬日可至,何为出此?"导者又欲沮子奇下马馆门外,子奇曰:"异时于中门下马,今何以辄易?"导者屈。历任河东、陕西、河北、京东4路转运使,工部、左司二郎中,加直龙图阁,使河北。诸郡犹榷盐,奏罢之。元祐初(1086年),为将作监、司农卿,复使陕西,以病解。起知郑州,加集贤殿修撰、知河阳。召权户部侍郎,删酒户苛禁及奴婢告主给赏法。未几,出知庆州,广储蓄,缮城栅,严守备,羁黠羌,推诚待下,人乐为用。入为吏部侍郎,以待制致仕,卒年63岁。

种 谊

种谊,北宋将领。字寿翁,名将种衡幼子。嵩山洛阳人。倜傥重气节,喜读书。宋神宗熙宁年间,神宗召见,问其家世,命授种谊官职。后随高遵裕从蕃部收复唐中后期失地洮州、岷州,又平叛山后羌,官至熙河副将。整军纪律严明,军令一下,部属奋死不敢闪避。遇敌时沉稳,没有胜利把握就不轻出,因而每战未尝败绩。以战功累官至西京使。元祐初(1086年),知岷州,一战擒鬼章。拜西上阁门使、康州刺史,后徙任鄜州知府。夏人犯延安,闻种谊至,不战而逃。官至保州团练使。卒,年55岁。

程 颢

程颢

程颢(1032～1085年),北宋理学家、教育家。字伯淳,号明道,学者称"明道先生"。嵩山西麓伊川县人。祖籍安徽徽州,后迁至中山博野(今河北省定县一带)。二程的高祖程羽,因避乱弃官移居礼泉,宋太宗赵光义时,为兵部侍郎,文明殿学士,赐宅第于京师,居开封泰宁坊。子孙遂为河南人。后二程的父亲程珦,将其祖父坟茔迁葬于洛阳南的伊川,把其家庭从开封搬到了伊川。曾与弟程颐学于周敦颐,同为北宋理学的奠基人,世称"二程"。嘉祐二年(1057年)中进士,曾任鄠县、上元县簿。熙宁初,同吕公著荐为太子中允、监察御史里行、宗正丞等职。在政治上和王安石对立,反对王安石变法,附和司马光,在学术上也和王安石"意多不合"。后被贬官,到澶州(今河南省濮阳县)任镇军判官。一次黄河在澶州曹村决口,他亲自率众抢险,见危授命,指挥若定,组织民力,连续奋战几昼夜,终于堵住了决口。后程颢以奉亲为名,退居洛阳,参与司马光、文彦博、吕公著等的反对新法活动。程颢很重视儒家"仁民爱物"的思想,以"生生"为德,爱护自然生态环境,见人持竿道旁,以黏飞鸟,夺其竿折之。敢于揭露陋俗迷信,教育民众,以理性态度对待人生。自宋神宗熙宁五年(1072年)开始,更多的时间和精力已转向学术活动和教育方面。特别是程颢回到洛阳后,聚众讲学,以"日读书劝学为事"。二程曾多次在伊川、嵩阳等书院讲学,弟子"如坐春风"之谕。程颢用理学观点向学生讲解《四书》、《五经》,对学生循循善诱,诲人不倦,有很高的名望。程颢的哲学思想是以"理"为核心而展开的。他提出"天者理也"和"只心便是天"。认为知识、真理的来源,只内在于人的心中,"更不可外求"。又认为天理在伦理上的表现就是"仁、义、礼、智、信皆仁也",应"以诚敬存之"。把"理"与"心"合二为一,认为"心是理,理是心","理"和"心"一样,既千古不灭,又永远不变。在人性论上,程颢提出了"道即性"的命题,区分了"天命之性"和"气禀之性",宣扬"气禀说",认为人之有贤愚在于禀气有清浊。"禀清者为贤,禀其浊者为愚"。程颢的哲学主要内容是关于道德修养的学说。他追求所谓浑然一体的精神境界,在方法上是通过直觉领会,达天所谓物我合一。程颢是宋明心学的发轫者,他的《识仁篇》、《定性书》对后来的理学,尤其是陆王心学,影响很大。二程著述被后人编为《二程文集》、《河南程氏遗书》、《外书》等。二程创立的"洛学",第一次把"理"作为宇宙本源,阐述了天地万物生成和身心性命等问题,奠定了以"理"为核心的哲学命题。以"理"为最高范畴,继承和发展了儒家学说,后经朱熹继承发展,成为更加完备的唯心主义哲学体系,世称"程朱理学",曾支配中国学术思想数百年。

宋神宗元丰八年(1085年)神宗皇帝死后,宣仁皇后听政,司马光为门下侍郎,召程颢为宗正丞,但他已重病在身,不久病卒。十月,程颐将其兄葬于伊川先茔,吕大临致哀词,文彦博题其墓表曰:"大宋明道先生程君伯淳之墓"。程颐在《明道先生墓表》中评价他:"使圣人之道焕然复明于世,盖自孟子之后,一人而已。"程氏家墓在今伊川县西1.5公里处,为伊川县名胜之一。

程 颐

程颐(1033~1107年),北宋理学家、教育家。字正叔,号伊川。嵩山伊川县人。两次举进士不第,以处士身份从事学术研究和讲学活动。曾与兄程颢学于周敦颐,同为北宋理学的奠基人,世称"二程"。讲学达30多年,学者多出其门,世称"伊川先生"。初不仕。宋神宗元丰五年(1082年),程颐在文彦博(太尉复判河南府)送给他鸣皋镇一处庄园的基础上,建了"伊皋书院"。程颐自建立书院到他逝世的20余年间,他的大部分时间都是在这里讲学与著述。元代,仁宗延祐三年(1316年),伊皋书院经过克烈士希重新大规模修建后,赐额名"伊川学院"。二程以孔孟的继承人自居,宣扬理学。通过《四书》达于《六经》。二程的思想体系最终就是在伊川书院完成的。北宋元祐元年(1086年)二程在伊川书院宣扬理学,开创了书院传习理学的先河。从此,理学与书院结下了不解之缘,互为表里,理学的盛衰与书院的盛衰是一致的。司马光、吕公著共同上疏举荐,程颐被任命为崇政殿说书,任务

程 颐

是教小皇帝宋哲宗读书。程颐在皇帝面前讲书,以天下为己任,褒贬朝政,无所顾忌,招来一些大臣的不满,遂有以苏轼为首的蜀党,以程颐为首的洛党之分。两党之争,洛党失势,仕途屡遭困厄。程颐回洛阳,判管勾西京国子监,管理设在西京的太学分校。绍圣年间,因政见不合,削籍放逐涪州(今四川涪陵)。徽宗即位赦学洛阳。宋徽宗大观元年(1107年),程颐卒,享年75岁。

程颐的成名不是他的政治活动,而是他的学术成就。程颐一生,做官时间短,大部分时间著书立说,讲学授徒。因而,洛学得到广泛传播。而后深得统治阶级重视,成为官方哲学。在哲学本体论上和程颢基本是一致的,以理或天理为哲学的最高范畴,即都是天理本原论的倡导者。其理学认为"天下之物皆能穷,只是一理"、"一物之理即万物之理",而"理"又为"心"所主,故"格物之理,不若察觉之于身,其得尤切"。竭力为纲常名教辩护,强调"理"在"人为性",提出了"性"即"理"的命题。程颐认为,理既创造了万物,又统辖万物,肯定了矛盾的普遍性和永恒性。还提出"理必有对待"的命题,看到了矛盾的普遍性。承认事物的矛盾是"生生之本",为事物变化的根源。但在论述社会等级关系时说:"上下之分,尊卑之义,理之当也。"认为矛盾双方是不能转化的。理的原则是不能违背的,它"推之而四海皆准",不仅自然界要受天理的支配,人类社会也要受天理的支配,每一个人都必须"顺理而行",遵循天理办事。与此相对,人又有"七情","情炽"则"性凿",所以"觉者"务"约其情使合于中,正其心,养其性"。程颐"理欲"问题是其道德伦理的核心,他道德修养学说把理、欲对立起来,特别强调"存天理,灭人欲",孀妇不能再嫁,再嫁就是失节,大逆不道。"饿死事小,失节事大",为封建名教纲常辩护,对中国社会产生了负面影响。二程创立的"洛学",以"理"为最高范畴,继承和发展了儒家学说,后经朱熹继承发展,成为更加完备的唯心主义哲学体系,世称"程朱理学",曾支配中国学术思想数

百年。从现存的资料看,程颐的著述要比程颢宏富,思想也比程颢深刻。程颐著作有《程氏周易传》、《春秋传》、《五经解》、《遗书》、《颜子所好何学论》、《伊川易传》、《定性书》、《识仁篇》等,收入《二程全书》。

嵩阳书院是北宋著名的四大书院(即嵩阳、应天、白鹿洞、岳麓书院)之一,名气之大,当时有名的学者都希望来此讲学。嵩阳书院位于太室山脚下,面对双溪河,北靠峻极峰,西依少室山,东临万岁峰。院内古柏(将军柏)郁荫,外有大唐碑矗立,山峦环抱,溪水长流,景色宜人,环境十分优美。宋英宗治平三年(1066年),程颐33岁,任职国子监时,常来嵩阳书院讲学,主要内容是用理学观点,宣讲《论语》、《孟子》、《大学》、《中庸》等书。元祐七年(1092年),程颐授通直郎兼管崇福宫时,崇福宫与嵩阳书院相临,程颐曾在书院讲《周易传》,听的人很多。因此,嵩阳书院建有二程祠。后来,嵩阳书院的主持人,多是程朱学派的理学家,主要传习理学。

朱光庭

朱光庭(1037～1094年),北宋官吏。字公掞,朱景之子。嵩山偃师人。10岁能文,以父荫登第,调任万年主簿。历知任数县,人称以"明镜"。熙宁末,神宗召对,因言新法不便,帝以为其言疏阔不实而不用。哲宗即位,司马光举荐为左正言,先请罢免提举平官、保甲法及青苗法,弹劾新党章惇、蔡确。宣仁皇后嘉其守正,迁升为左司谏。朱光庭始学于胡瑗,瑗以"学之本在于忠信"训之。后拜师二程于洛阳。朱光庭作为谏官,奋不顾身以卫护师门,时称"洛党之魁"。元祐元年(1086年)弹劾苏轼所拟试策题目,文字"不识大体",引起洛、蜀两党之争。累官至给事中,后贬官为亳州知府。时邻境发生饥荒,流民入境者颇多,朱光庭日夜为之操劳,染疾而卒。

郭忠孝

郭忠孝(?～1128年),北宋名将、学者。字立之,郭逵之子,嵩山洛阳人。受学《易》、《中庸》于程颐。郭忠孝曾经以"兼山"题名其室,学者称兼山先生。以父荫补右班殿直。神宗元丰间进士。年30岁不忍离亲外出做官,多仕于洛阳管库任。徽宗宣和年间,为河东路提举。钦宗靖康初为军器少监,改永兴路提点刑狱,反对与金议和。高宗建炎二年(1128年),金人犯永兴,人劝他以监司出巡,可以避祸,誓不从,与经略唐重分城而守。城陷,与唐重一同与城亡。朝廷赠以大中大夫。著有《兼山易解》、《四学渊源论》、《兼山九图》等。今存诗3首。

苏 轼

苏轼(1037～1101年),北宋文学家、书画家、诗人、豪放派词人代表。与父苏洵、弟苏辙合称"三苏"。"唐宋八大家"之一。字子瞻,初字和仲,号东坡居士,世人称其为"苏东坡"。眉州眉山(今四川眉山市)人。苏轼是苏洵的长子,8岁时入学读书,从师于天庆观道士张易简;10岁时,由母亲程氏授课；12岁以后，由父亲苏洵从外地求官游学返家给他和弟弟授课。宋嘉祐二年（1057年）正月，当时的文坛领袖欧阳修主礼部殿试，苏轼与弟苏辙同中进士及第。同时，欧阳修把苏洵的文章献给朝廷，受到皇帝重视。父子3人名震京师，形成了"苏氏文章擅天下"的局面。嘉祐六年应中制科入第三等，授大理评事、签书凤翔府判官。后其父苏洵于汴京病故，他扶丧归里。因与王安石的变法主张有许多不同，请求外调，自熙宁四年至元丰初期先后被派往杭州、密州（今山东诸城）、徐州、湖州等地任地方官。革新除弊，因法便民，颇有政绩。元丰二年（1079年），他因所谓以诗文诽谤朝廷的罪行下狱。侥幸被释后，谪贬黄州（今湖北黄冈）团练副使，本州安置，不得签书公文。宋神宗元丰七年（1084年），苏轼离开黄州，奉诏赴嵩山南麓的汝州就任。由于长途跋涉，旅途劳顿，苏轼的幼儿不幸夭折。当时又听说汝州有一种瘿病（甲状腺病），加之路途遥远，且路费已尽，再加上丧子之痛，苏轼便上书朝廷，请求暂时不去汝州，先到常州居住，后被批准。当他准备南返常州时，神宗驾崩。

苏轼

哲宗立（1086年），高太后临朝，旧党执政。苏轼被调回京都任礼部郎中、中书舍人、翰林学士、知制诰、知礼部贡举等职。元祐四年（1089年），出知杭州。元祐六年召回，贾易等人寻隙诬告，苏轼请求外任，先后被派知颍州、扬州、定州。这期间，他仍然在力所能及的范围内不断进行某些兴革。绍圣元年哲宗亲政，新党得势，贬斥元祐旧臣，苏轼被一贬再贬。由英州（今广东英德）、惠州，一直远放到儋州（今海南儋州市）。

苏轼一生仕途坎坷，由于他主张改革但不赞成王安石变法，因而既与变法派发生矛盾，又同维持现状的保守派政见不合。这就使他既不见容于元丰，又不得志于元祐，更受摧折于绍圣。建中靖国元年（1101年），宋徽宗登基，大赦天下。苏轼遇赦北返时在常州逝世，年66岁。临终前他留下了"即死，葬我嵩山下，子为我铭"的遗嘱。赐太师，谥文忠。苏轼死后，苏辙遵长兄所嘱，于崇宁元年（1102年）闰六月，与苏轼子苏迈、苏迨、苏过一起，扶灵柩运至汝州郏城县（今河南郏县），葬苏轼于嵩山之阳，汝河之北郏城县钧台乡的"小峨眉山"上。

苏轼与他的父亲苏洵、弟弟苏辙皆以文学名世，世称"三苏"；与汉末"三曹父子"（曹操、曹丕、曹植）齐名。"三苏"为唐宋八大家中的三位。"唐宋八大家"是唐宋时期八大散文代表作家的合称，即唐代的韩愈、柳宗元和宋代的欧阳修、苏洵、苏轼、苏辙、王安石、曾巩。苏轼是继欧阳修之后主持北宋文坛的领袖人物，在当时的作家中间享有巨大的声誉，一时与之交游或接受他的指导者甚多，北宋文学家黄庭坚、秦观、晁补之和张耒都曾得到他的培养、奖掖和荐拔。故称"苏门四学士"。

苏轼在诗、文、词、书、画等方面均取得了登峰造极的成就，具有超奇拔绝的地位，是中国历史上少有的文学和艺术天才。他的文章风格平易流畅，豪放自如。散文著述宏富，与韩愈、柳宗元和欧阳修三家并称。其诗题材广阔，清新豪健，善用夸张、比喻，独具风格。其词开辟了豪放词风，同杰出词人辛弃疾并称为"苏辛"；在诗歌上，与黄庭坚并称"苏黄"；其书法长于行书、楷书，笔法肉丰骨劲，跌宕自然，与黄庭坚、米芾、蔡襄并称"宋四家"。黄庭坚在《山谷集》里说："本朝善书者，自当推（苏）为第一"；苏轼论画卓有所见，主张"神似"、"传神"，提出"诗中有画"、"画中有诗"，在画史上很有影响。他善画竹石，学文同而又自具风格。苏轼学术著作有《易传》《书传》等，诗文有《东坡全集》《东坡乐府》与《前后赤壁赋》等；传世书迹有《黄州寒食诗帖》《赤壁赋》《答谢民师论文帖》《洞庭春色、中山松醪二赋卷》等；苏轼传世画迹，有《古木怪石图》等。

苏轼在嵩山活动期间，写有《别子由》《达摩大师面壁赞》《颍大夫庙》等诗，留有镶嵌于嵩山少林寺常住院内碑廊墙壁上的《观音像赞碑》和现存郑州博物馆的《醉翁亭记》刻石等。

苏 辙

苏 辙

苏辙（1039～1112 年），北宋文学家。字子由，一字同叔，晚年自号颍滨遗老。眉州（今四川省眉山市）人。与其父苏洵、兄苏轼合称"三苏"，均在"唐宋八大家"之列。19 岁时，和哥哥苏轼一同考中进士。32 岁时，参加朝廷的制科考试，熙宁二年（1069 年）三月，担任制置三司条例司检详文字。元祐四年（1089 年）升翰林学士知制诰。元祐五年任翰林学士、吏部尚书，八月升为龙图阁学士、御史中丞。元祐六年，由御史中丞擢尚书右丞。元祐七年，再由尚书右丞擢门下侍郎。绍圣四年（1097 年）三月，苏辙被贬为化州别驾、雷州安置。元符元年（1098 年）又贬循州。宋徽宗政和二年（1112 年）十月三日，苏辙病故于颍州，终年 74 岁。苏辙难忘与兄苏轼手足之情，不忍心让兄长独眠异地，便嘱咐妻子待自死后，也葬在河南郏县嵩山之阳、汝河之北的"小峨眉"山上，与兄做伴。其妻照嘱办理，亦葬于此。

苏辙知识渊博，勤奋好学，著述丰硕。其文受父兄影响颇深，他的散文内容丰富，"汪洋淡泊，深醇温粹"。为文以策论见长，议古论今，指归时事，不为空言。他的记叙文写得纡徐曲折，绕有情致。更突出的是他发展了韩愈"气盛言宜"的观点，提出了独到的"文气说"，强调生活体验对创作的重要性。他在散文上以其独特的风貌卓然自成一家。其成就如苏轼所说，达到了"汪洋淡泊，有一唱三叹之声，而其秀杰之气终不可没"。世称"苏文定公"。苏辙著有《栾城集》50 卷、《栾城后集》24 卷、《诗传》20 卷、《春秋集解》12 卷、《古史》60 卷、《龙川略志》10 卷等。

熙宁九年（1076 年），苏辙任陈州教授时，在洛阳妙觉寺负责考试举人后，有幸游历了嵩山。他经辕辕关、少林寺，到登封，攀登太室山至山顶峻极峰。下山后，他游览了嵩山的精思观、天封观、启母石、石淙河等著名景观，写下了《登嵩山十首》《登封道中三绝》《过韩许州石淙庄》等诗，记录了自己这次嵩山之行的行迹和心情。绍圣元年（1094 年）四月，苏辙以右丞出任嵩山南麓的汝州知州。六月调任他处。苏辙在汝州虽 3 个月，但他在干旱无雨的情况下，为稳定民心，率领官员祭祀神灵，祈降甘霖；带领百姓在汝河筑堰截水抗旱，及时播种以及保护、修葺文物名胜等方面，做了有益于民众的事，受到百姓的好评。期间，他亲自书写《嵩山祝文》，要家兵代他到登封祭祀嵩山。

马仲甫

马仲甫,北宋官吏。字子山,庐江人(今安徽庐江)。太子少保马亮之子。宋英宗时进士,初任登封县令,不久转任台、瀛、秦、亳、许、扬等地知州,又曾任夔路转运使、淮南发运使、天章阁待制。是一个长于地方治理的官员,在赈救饥荒、开凿河渠方面颇有政绩。所任之处,皆能为当地百姓兴利除弊,为称誉一时的名吏。《宋史》有传。

马仲甫在嵩山任登封县令期间,在嵩山辗辕道(今偃师与登封交界处,为洛阳通往许、陈的捷径要冲)险厄,佣民凿平为坦途。

杨 畏

杨畏(1044~1112年),北宋官吏。字子安,原籍遂宁(今属四川),父徙嵩山洛阳。杨畏幼年丧父,喜读书,事母至孝,不事科举。党友交劝之,乃擢进士第。勤勉好学不远游,刻意经术。后携所著书拜谒王安石、吕惠卿。得王安石赏识,荐为郓州教授。自是尊王安石之学,以为得圣人之意。元丰时,官至监察御史里行,提点夔州路刑狱。元祐初(1086年),请祠归洛。杨畏恐得罪于司马光,尝曰:"畏官夔峡,虽深山群獠,闻用司马光,皆相贺,其盛德如此。"至光卒,畏复曰:"司马光若知道,便是皋、夔、稷、契;以不知道,故于政事未尽也。"吕大防、刘挚为相,杨畏多次与之修好,用杨畏为工部员外郎,除监察御史,擢殿中侍御史,助吕大防攻刘挚。刘挚罢相,苏颂继任,杨畏又攻苏颂。苏颂罢相,杨畏意欲苏辙继任。宣仁后外召范纯仁为右仆射,畏又攻纯仁,不报。杨畏本附辙,知辙不能相位,复上疏诋毁辙不可用。其倾危反复如此,百僚莫不侧目。章惇入相,杨畏遣所亲阴结之,曰:"畏前日度势力之轻重,遂因吕大防、苏辙以逐刘挚、梁焘。方欲逐吕、苏,二人觉,罢畏言职。畏迹在元祐,心在熙宁,首为相公开路者也。"章惇至,徙杨畏吏部,引以自助。中书侍郎李清臣、知枢密院安焘与章惇不合,杨畏复阴依附章惇政敌李清臣、安焘,章惇觉其情;又曾布、蔡卞言杨畏平日所为于章惇,遂以宝文阁待制出知真定府。杨畏为人反复多变,被人称为"杨三变",谓其进于元丰,显于元祐,迁于绍圣也。

崇宁元年(1102年),寻落职知虢州,入元祐党籍。后知郓州,复集贤殿修撰、知襄州,移荆南,提举洞霄宫,居于洛。未几,知邓州,再丐祠,以言者论列落职,主管崇禧观。蔡京为相,杨畏遣子佺见京,以元祐末论苏辙不可大用等章自明,又因京党河南尹薛昂致言于京,遂出党籍。寻复宝文阁待制。政和二年(1112年),洛人诣阙,请封禅嵩山,杨畏上疏累千余言,极其谀佞。方治行,得疾卒,年69岁。杨畏颇为纵横学,有才辩而多捭阖,与邢恕缔交,其好功名富贵亦同。然恕疏而多失,杨畏谋必中,其究俱为缙绅祸云。

刘 绚

刘绚(1045~1087年),北宋学者。字质夫。宋河南府(今洛阳)人。以荫为寿安县主簿、长子令,督公家逋赋,不假鞭扑而集。岁大旱,府遣吏视伤所,蠲财什二,刘绚力争不得,封还其楬,请易之。富弼叹曰:"真县令也。"元祐初(1086年),韩维荐其经明行修,为京兆府教授。王岩叟、朱光庭又荐为太学博士,卒于官。

刘绚受学于程颢、程颐,明《春秋》,专以孔、孟之言解经。刘绚力学不倦,最明于《春秋》。程颢每为人言:"他人之学,敏则有矣,未易保也,若绚者,吾无疑焉。"

黄庭坚

黄庭坚(1045～1105年),北宋文学家、书法家。字鲁直,自号山谷道人,晚号涪翁,洪州分宁(今江西省修水县)人。父亲黄庶(字亚父)考中进士,喜欢做文吟诗,学习杜甫风格,有《伐檀集》传世。舅舅李常(字公择)是一位诗人兼藏书家。黄庭坚自幼聪颖好学,记忆力惊人,5岁时能熟诵五经,7岁能写诗。治平四年(1067年)进士,调叶县(今河南叶县南)尉,知太和县(今江西泰和)。元丰八年(1085年),黄庭坚为承议郎,参加校定《资治通鉴》,主持编写《神宗实录》。神宗一朝基本上是新党执政、厉行新法的局势,现在由旧党来编写《神宗实录》,当然免不了要攻讦新政。所以为人正直的他虽不想歪曲或捏造事实,但他毕竟站在旧党一边,下笔措辞时难免带有一些偏见。后来新党卷土重来,修史就成了他的主要罪状。哲宗时元祐八年(1093年),黄庭坚进为秘书丞兼国史编修官。绍圣初(1094年),知宣州(今安徽宣城)、鄂州(今湖北武汉)。章惇、蔡卞劾其所修实录多诬,遭贬谪。同年底,被贬为涪州(今四川省涪陵县)别驾,安置在黔州(今四川省彭水县),遂自号"涪翁",又自称"黔江居士",作诗习字不辍。徽宗时起用。崇宁二年(1103年),朝中形势又大变,诏令销毁"三苏"、秦观、黄庭坚的文集。十一月,被除去官衔,羁管宜州(今广西宜州市)。崇宁四年(1105年)九月,黄庭坚在饥寒交迫中凄凉离世,享年61岁。

黄庭坚能词,艺术上讲究修辞装饰,用工深刻,开创了"江西诗派"。曾师周越,取法颜真卿和怀素,擅长行书和草书,楷法亦自成一家。与苏轼、米芾、蔡襄合称"宋代四大书法家"。出苏轼门下,与张耒、晁无咎、秦观同为"苏门四学士"。著有《山谷集》。自选诗文集《山谷精华录》、词集《山谷琴趣外篇》;书迹有《华严疏》、《枯风阁诗》、草书《廉颇蔺相如列传》。

黄庭坚在嵩山留下的撰书遗迹有嵩山少林寺初祖庵的《少林寺初祖达成摩颂》碑,有位于嵩阳书院西侧碑廊的《黄庭坚忆故乡诗书碑》等。

黄庭坚

李格非

李格非(约1045~1106年),北宋文学家、语言文字学家。著名女词人李清照之父。其妻为洛阳"环溪园"主人王拱辰的孙女。字文叔。北宋济南章丘人。幼时聪敏警俊,刻意于经学,著《礼记说》数十万言。神宗熙宁九年(1076年)登进士第,任冀州司户参军、试学官,调任郓州教授。李格非出仕之初,上司见他清贫,欲让他兼任其他官职以增加薪酬(宋代有兼职兼薪的制度),他断然谢绝。宋哲宗元祐元年(1086年)入补太学录,再转博士。宋哲宗绍圣元年(1094年),朝廷立局编元祐章奏,命他为检讨,因拒不赴任而得罪了执政大臣,降职为河北西路广信军(今河北徐水遂城西)通判。宋哲宗绍圣二年(1095年)又被重用,召为校书郎,后升任著作佐郎,直至提升为礼部员外郎,提点京东(今河南商丘南)刑狱。后因卷入当时的政治斗争,于徽宗崇宁元年(1102年),蔡京执政,以恢复王安石新法为名,将李格非和司马光、苏轼、苏辙等皆列入所谓"元祐党人",遭罢黜。后于宋徽宗崇宁五年(1106年)农历正月病卒于故里,年61岁。李格非为官之余,矢志研究学问,"以文章受知于苏轼",继苏门四学士黄庭坚、秦观、晁补之、张耒之后,与廖正一、李禧、董荣被称为"苏门后四学士"。李格非著述甚丰,有《杂书》、《文叔集》45卷、《礼记精义》16卷、《史传辩志》5卷、《历下水记》1卷、《永洛城记》1卷、《洛阳名园记》1卷等,可惜大都散佚。

今仅存《洛阳名园记》,另有杂论文章10多篇,散见于《冷斋夜话》、《枫窗小牍》、《墨庄漫录》、《汴京遗迹志》等文献中。诗作仅有《试院》、《过临淄绝句》两首存于《绣水诗抄》中,其中《书〈洛阳名园记〉后》载入我国著名文集《古文观止》,被奉为经典。

北宋后期,外患频仍,国势日非,而统治阶级生活腐化,到处建造台榭园圃以供享乐。李格非有感而发,写了《洛阳名园记》一文共19篇,逐一描写了富郑公园、董氏西园、董氏东园、环溪等19座名园的盛景,为中国园林史留下了丰富的资料。他在《书〈洛阳名园记〉后》一文中指出,天下的治乱从洛阳的盛衰中就能看出,洛阳的盛衰又能从园圃的兴废中得知。公卿大夫刚到朝廷任职,就放纵自己的私欲,而不管天下治乱的大事,只热心于经营自己的家园,想等退官时再来享受,能得到吗?唐朝的灭亡就是这样的啊!以此告诫那些公卿大夫,不要只顾个人享乐而不顾国家的安危。他借诸多名园的兴废盛衰,感叹国家之治乱,得出了"洛阳之盛衰,天下治乱之候也"的结论。文笔简洁而情感真挚,颇为后世所推崇。

李 诫

李诫(1035~1110年),北宋杰出的建筑大师、艺术家,我国古建筑界所供奉的祖师爷。字明仲,新郑市龙湖镇于寨人。李诫出生仕宦之家,父亲李南公曾任龙图阁直学士、户部尚书。其兄也曾任龙图阁直学士。宋神宗元丰八年(1085年),李诫始任郊社斋郎(办理社稷祭祀的小吏),后任曹州济阴(今山东省菏泽市)县尉、虢州(今河南灵宝市一带)知州。后从哲宗元祐七年(1092年)开始在将作监供职,历任将作监主簿、监丞、少监和将作监,成为该系统的最高领导官员。李诫在将作监前后任职13年,主持营建许多大型土木建筑工程。仅晋级受奖在册的有尚书省、龙德宫、朱雀门、太庙、钦慈眉善

李　诚

目太后佛寺等11项,从而积累了丰富的经验。北宋中期,朝廷决定编写一部建筑工程施工和标准化的法典。绍圣四年(1097年),正在将作监中任职的李诚奉命编修《营造法式》。他认真研究了前人的《考工记》、《唐六典》、《木典》等有关建筑方面的史书和专著,总结吸取前人的成果。同时,进行了详细认真地研究探讨,经过十余年的努力,终于在哲宗元符三年(1100年),完成了《营造法式》的编修工作。经过审核定稿后,于徽宗崇宁二年(1103年)印刷出版,颁发全国,作为当时营建工程通行的规范法式。《营造法式》不仅内容丰富,而且附有非常珍贵的建筑图样,开创了图文并茂的一代新风。附图共占6卷,凡是各种木制构件、屋架、雕刻、彩画、装修等都有详细的图样。这些图样细腻逼真,丰富多彩。其中既有工程图、也有彩画画稿,既有分件图,也有总体图,充分反映了我国古代工程制图学和美术工艺的高超水平。《营造法式》是李诚在建筑研究方面的结晶,是当时建筑科学技术的一部百科全书,集我国古代营造学之大成,是我国古代劳动人民在建筑方面宝贵经验的总结,对后世建筑技术的发展产生了深远的影响。此书被翻译成英文、俄文、法文等多种文字,曾经在欧

营造法式

美和日本建筑界引起轰动,李诚以在建筑方面的巨大成就和贡献,赢得了世界建筑学家的高度赞扬。《营造法式》也因此成为世界许多建筑大师必备的参考书籍。其中,20世纪丹麦建筑大师伍重设计的世界著名建筑悉尼歌剧院的方案中,据多位建筑师和理论家分析认为,其壳体屋面转换成预制穹券的设计成果,就是参考了《营造法式》预制木构设计的建造体系。大观元年(1107年),李诚又以中散大夫派往虢州任知州。大观四年(1110年)因病去世,墓葬于新郑市龙湖镇梅山脚下于寨村西。

李诚刻苦好学,博览群书,据说他家中藏书几万卷,其中有几千卷是他亲手抄写的。李诚多才多艺,善于绘画,精通书法,著作甚多。在书法上,篆、籀、草、隶无所不能;绘画上也有很高的造诣,他画的《五马图》,呈献给宋徽宗;所撰文集有《营造法式》、《续山海经》10卷、《续同姓名录》2卷、《琵琶记》3卷、《马经》3卷、《六博经》3卷、《古篆说文》10卷。可惜的是,除《营造法式》之外,其他著作都遗失了。李诚一生突出成就,就是建筑了一大批土木建筑工程,李诚所营建的大型建筑,设计精巧,造型美观,既省工料,又极坚固,具有独特的建筑风格。

现为全国文物保护单位的嵩山少林寺初祖庵大殿,就是依据李诚的建筑风格营建的,是与《营造法式》颁布时间和地域关系最为接近的古建筑。

蔡 京

蔡京(1047~1126年),北宋徽宗时宰相、著名书法家。字符长,兴化仙游(今福建仙游县)人。蔡京是蔡准长子,蔡准次子蔡卞是王安石女婿,官至枢密使,擢尚书左丞,封为少保。熙宁三年(1070年)进士,调钱塘尉,早年任地方官,后任中书舍人。元祐元年(1086年),知开封府。司马光尽废王安石新法,大臣皆言不可;唯蔡京于五日内在开封府改募役为差役,受到司马光的称赞。绍圣元年(1094年)任户部尚书,又助章惇重行新法。宋徽宗时被弹劾夺职,闲居杭州。后勾结童贯,重新被起用,并排挤掉韩忠彦。崇宁元年(1102年),为右仆射兼门下侍郎(右相),后又官至太师。其间大兴花石纲,设"西城括田所",蔡京改革茶

蔡 京

法,在荆湖、江、淮、两浙、福建等七路实行复榷制,崇宁元年(1102年)确立了以引榷茶的茶引法。崇宁二年(1103年),铸当十大钱以及"当二"、"当五"夹锡钱。接着,徽宗政和三年(1113年)创行盐引法,以官袋装盐,并限定斤重。尽改盐法和茶法。创"丰亨豫大"之说,工役繁重,当时民怨沸腾。太学生陈东上书,称蔡京、童贯等人为"六贼",蔡京更为六贼之首。蔡京先后4次任相,共达17年之久,是北宋著名的贪渎最严重的权相。《宋史》将蔡京列入《奸臣传》,大加贬斥。

靖康元年(1126年),金兵攻宋时,他率全家离逃,被钦宗放逐岭南(今广东),途中饿死于潭州(今湖南长沙)。南宋乾道四年(1168年),蔡京后裔把其骸骨迁回仙游枫亭故里今莆田仙游县枫亭镇溪南村安葬。

蔡京的艺术天赋极高,素有才子之称,在书法、诗词、散文等各个艺术领域均有辉煌表现。其书法成绩最高,跻身于北宋苏、黄、米、蔡四大家之中。史载,蔡京工书法,初学蔡襄、徐季海、徐浩,后学沈传师、欧阳询,又改学"二王"。其书法博采诸家众长,自成一体:"字势豪健,痛快沉着。追绍圣间,天下号能书,无出公之右者。"后世以其"人品奸恶",遂改北宋"苏、黄、米、蔡"四大书法家之"蔡"为蔡襄。

嵩山少林寺常住院碑廊的西墙壁上镶有蔡京所书的《面壁之塔》刻石,从中可见蔡京的书法之妙。

赵 顼

赵顼(1048~1085年),宋神宗,北宋第六代皇帝。宋英宗赵曙的长子,母亲高皇后,先后封为淮阳王、颍王。英宗病危时被立为太子,继位时不满20岁。年号为熙宁、元丰。神宗在位18年,面对北宋"积贫积弱"的严重局面,为了实现富国强兵的目标,缓和阶级矛盾,挽救封建统治的危机,"不治宫室,不事游幸",致力于实现富国强兵的目标。神宗支持王安石变法,抑制了豪强兼并和高利贷者的活动,

使自耕农的生产条件得到保证,中央和地方财政大大改善。在守旧势力的反对下,神宗虽然摇摆于新旧两党之间,但他维持新政、坚持变革的决心不变。在对西夏的战争中,他前期任用王韶,获得了熙河战役的胜利,收复了两千里故汉地。后期任用宦官李宪,因指挥失当在灵武招致惨败。神宗半夜得到消息,起床蹀步,达旦未眠,因此得病。欲取西羌不果,饮恨而殁,终年38岁。庙号神宗,谥号体元显道法古立宪帝德王功英文烈武钦仁圣孝皇帝,死后新法被废。子赵煦嗣,是为宋哲宗。

赵顼死后,葬于嵩山之阴巩义的北宋皇陵中的永裕陵。史料记载,熙宁元年(1068年),宋神宗望祭中岳,并作有祭告乐章。

秦　观

秦观(1049~1100年),北宋文学家,词人。字少游,一字太虚,号淮海居士,别号邗沟居士,扬州高邮(今江苏高邮)人。文才被苏轼所赏识,与黄庭坚、晁无咎、张耒同为"苏门四学士"。于元丰八年(1085年)考中进士,初为定海主簿、蔡州教授。元祐二年(1087年)苏轼引荐为太学博士,后迁秘书省正字,兼国史院编修官。哲宗于绍圣元年亲政后(1094年)"新党"执政,"旧党"多人遭罢黜。秦观出杭州通判,道贬处州(今浙江丽水),任监酒税之职,后徙郴州,编管横州,又徙雷州(今广东海康)。元符三年(1100年)哲宗驾崩,徽宗即位,向太后临朝。政坛局势变动,迁臣多被召回。秦观也复命宣德郎,放还横州。当年五月行至滕州,出游光华亭,索水欲饮,水至,笑视而卒。建炎四年(1130年),南宋朝廷追赠秦观为直龙图阁学士,后世称之为淮海公。

秦观是婉约词派的典型代表人物。和他同时代的诗人陈师道把秦观、黄庭坚称"当代词手"。所著《黄楼赋》见赏于苏轼,王安石亦赞其词清新。秦观的词艺术性较高,以"情韵"见长。他置景措辞,语言清丽,形象鲜明,意境优美。代表作有《虞美人》《满庭芳》《鹊桥仙》《千秋岁》《江城子》等词,他能以婉转的语调表达感伤情绪,对后世影响很大。秦观著有《淮海集》40卷,以及《淮海居士长短句》《劝善录》《逆旅集》等作品。其所编撰的《蚕书》,是我国现存最早的一部蚕桑专著。极善书法,小楷学钟王,遒劲可爱,草书有东晋风味,行楷学颜真卿。

秦观在嵩山活动期间,写有《游龙门山次程公韵》《游仙二首》等诗,史料有录。原新密市法海寺内的舍利塔上,刻有秦观亲笔书写的《莲花经》,长达7万言,字体端秀,工整有力,惜于"文革"期间被毁,残石现存新密市博物馆。

米　芾

米芾(1051~1107年),北宋书法家,画家,书画理论家。初名黻,字元章,号襄阳漫士,自元祐六年(1091年)改名芾。米芾生平爱石,见有奇石便拜并举止癫狂,所以人又称他为"米颠"。祖籍太原(今山西太原),后徙襄阳(今湖北襄樊)。定居润州(今江苏镇江)。历任知雍丘县,涟水军,太常博士,知无为军。天资高迈,人物萧散,好洁成癖。徽宗时召为书画博士,《宋史》载:"米元章初见徽宗,命书《周官》篇于御屏。书毕,掷笔于地,大言曰:'一洗二王恶札,照耀皇宋万古。'徽宗潜立于屏风后闻之,不觉步出纵观。"后官至礼部员外郎,人称"米南宫"。大观元年(1107年),米芾病逝,享年

57岁。

米芾善诗,工书法,擅篆、隶、楷、行、草等书体,长于临摹古人书法,达到乱真程度。行草得王献之笔意,用笔俊迈,书法"沉着痛快,如乘骏马,进退自如",自谓"善书者只有一笔,我独有八面",与蔡襄、苏轼、黄庭坚并称"宋四家"。米芾画山水人物,多用水墨点染泼墨法,自成一家。他把唐朝王维以来的水墨渲染技法,向前推进了一步,创造了水墨淋漓、烟云变幻的"米家山"。他的山水画多用点染之法,以烟云掩映树石,点墨积叠,看不出勾勒轮廓,有时用纸筋、甘蔗渣拍墨,产生一种水墨浑然一体的效果。这种画法也由他的儿子米友仁继承,所以世人多称"米家山"、"米氏云山"、"米派山水"而自成一派。米芾书画奇绝,最工临摹,几乎与真迹莫辨,尤精鉴别。

米 芾

米芾存世书法有《苕溪诗》《蜀素》《虹县诗》《向太后挽词》等;画《溪山雨霁》《云山》等乃后人所作。有《书史》、《画史》、《宝章待访录》等。

嵩山少林寺常住院碑廊内的第一山碑石上面的"第一山"三个行书大字,为米芾所书,用笔俊迈,奇伟秀丽,肥润有骨力,"纵逸飞动,殊有一夫当关之势",代表了米芾的书风。

种师道

种师道(1051~1126年),北宋将领、谋略家。初名建中,又名师极。字彝叔,嵩山洛阳人。名将种世衡孙,三世皆为西北名将。初,以荫恩补三班奉职,累官秦凤路提举常平。因议论役法得罪蔡京,改知德顺军。入元祐党籍,罢废近10年。起复历帅西北边州,屡败夏军,进侍卫亲军马军副都指挥使。徽宗宣和年间,因谏阻童贯联金攻辽而被削职。师道知兵有谋,钦宗靖康之难,金兵南下,起为京畿、河北制置使,诏命师道于南山豹林谷,师道即驰援汴京。金兵惧而稍退。后种师道拜检校少傅、同知枢密院、京畿河北、河东宣抚使,统率各路勤王大军。金兵北撤后,种师道建议待敌粮尽北还渡河时追歼敌人,未被采纳。金兵退,罢为中太一宫使,解兵权。不久,复为河北、河东宣抚使,出屯沧、卫、孟、滑诸州。金兵南陷太原,复使巡视边防。种师道料敌必大举进攻东京,亟上疏请钦宗避敌长安,朝臣舆论种师道胆小怕事,钦宗召种师道回京。一路风尘,身染重病,回东京不久病卒。赠开府仪同三司,建炎中加赠少保,谥忠宪。靖康元年(1126年)十一月,金人渡过黄河再度南下。次年,钦宗被俘后,追悔道:"不用师道言,以至于此!"

史料记载,种师道在任西安(今甘肃海原)知州前,曾任嵩山崇福宫提举。但迄今为止,未发现他在嵩山留下的遗迹。

李 复

李复(1052～?),北宋郑州知州、诗人。字履中,号潏水先生。原籍祥符(今开封),因其先人累官关右,遂为长安(今西安)人。元丰二年(1079年)进士,曾任潞州、亳州、夔州、郑州、陈州、冀州等州知州,及直秘阁、熙河转运使、河东转运副使等职。工诗,著有《潏水集》16卷传于世。《全宋诗》录其诗8卷。李复在嵩山任职活动期间,写有《初至郑州》《陆浑王秀才园》《辛顺忠唐得道士真身今在河州寺》《再过方山驿》《重游宝雨寺》《伊川道中》等诗,史料有录。

晁补之

晁补之(1053～1110年),北宋词人、文学家。字无咎,自号归来子,济州巨野(今属山东)人。真宗时任工部尚书、集贤院学士晁迥五世孙。晁补之少聪明强记,善于作文。苏轼读其文时,赞叹说:"吾可以搁笔矣。"元丰二年(1079年)举进士第一,授澶州司户参军、北京国子监教授。元祐间调京,历任秘书省正字、校书郎,后派任扬州通判,又召回秘书省等职。绍圣初,出知齐州,后来因修《神宗实录》失实罪名,连贬应天府、亳州、信州等地。宋徽宗立,召拜吏部员外郎、礼部郎中。崇宁追贬元祐旧臣,出知河中府,徙湖、密等州,后退闲故里,啸傲田园。晚年起知达州,改泗州,到官不久死于任所,年58岁。高宗建炎四年(1130年)三月,赠"直龙图阁"。晁补之工书画,能诗词,善属文。与张耒、黄庭坚、秦观并称"苏门四学士",与张耒并称"晁张"。著有《鸡肋集》、《晁氏琴趣外篇》传世。

晁补之在嵩山活动期间,写有《过熊耳山》、《和洛笋小发》、《和雏酒十二弟见降羌赴阙》、《守蒲过洛思十岁时侍先君寓居泣涕成诗二首》等诗,史料有录。

杨 时

杨时(1053～1135年),南宋理学家、教育家。原字行可,后因犯友人父讳,改为中立,学号龟山先生。福建将乐人。宋熙宁九年(1075年)进士,次年被授汀州司户参军。后被授予徐州司法,杨时以病为由没有赴任,专门投于程颢门下,研习理学,与游酢、尹焞、谢良佐等并称为"程门四大弟子"。杨时始学于程颢,颢死,又学于程颐,杜门不仕将10年。元祐八年(1093年)五月,杨时到嵩阳书院拜程颐为师,时年已40岁。且对理学有相当造诣,但仍谦虚谨慎,勤奋好学。一个下雪天,他与游酢一块登门向程颐求教,恰遇程颐瞑目而坐,不忍打搅,便门外等候。等程颐醒来,只见门外大雪深一尺,二人也成了雪人,这便是"程门立雪"的由来。杨时学成后回到南方继续潜心研究,著书讲学,将程氏理学传播、推广到南方。他建有东林书院,长期从事讲学,"载道而南,一时学者翕然从之,尊为正宗。"他的哲学思想继承了二程的思想体系,在二程理学和朱熹之间起到了承前启后的作用,对我国古代哲学产生过深远影响。他"倡道东南",对闽中理学的兴起,有筚路蓝缕之功,被后人尊为"闽学鼻祖",东南学者推为"程学正宗"。朱熹、张式的学部,皆出于杨时。著有《龟山集》28卷、《二程粹言》、《列子解》等。

二程理学由杨时南传这一支的师承关系是:杨时—罗从彦—李侗—朱熹。朱熹是二程的四传弟子,他以二程学说为本,兼取诸家之长,最终集理学之大成,完成了对旧儒学的改造。这样,自二程到朱熹经过众多弟子的传播和发挥,终于形成了一套系统的新儒学思想体系,被称为"程朱理学"。南宋宁宗末年,统治者开始尊崇理学,程朱理学取得正统官学地位,成为取代汉以来传统旧儒学而占统治地位的思想。

杨时历任州一级的司法、防御推官、教授、通判等职,历任浏阳、余杭、萧山知县,秘书郎,谏议大夫兼侍讲,国子监祭酒,徽猷阁待制,官至龙图阁直学士。杨时在担任地方官吏时,所到之处"皆有惠政,民思不忘"。他任秘书郎时,上疏《与执政府时事札子》,建言十件大事,从"慎令、茶法、盐法、转般、籴买、坑冶、边事、盗贼、择、军制"十个方面分析朝廷一些政策

杨 时

的弊端以及由此产生的负面影响,并且提出许多趋利避害的建议和措施。"靖康之变",负责京都防务的主战派人物李纲被罢职,杨时毅然出来为李纲辩护,坚决主张抗金;钦宗一意求和,依金人条件,割让太原、中山、河间三镇。杨时上疏,认为"朝廷割三镇三十州之地与之,是欲助寇而自攻也。"次年,上疏请除茶、盐二法,并且力陈对金国割地求和不可为。建炎四年(1130年),杨时以年事已高为由,请求告老还乡。高宗封他为朝请大夫,仍龙图阁学士,并赐他官绢200匹、白银300两,以养天年。杨时回乡以后,一直著书立说,仍然致力于理学的传播与发展。

绍兴五年(1135年)四月,杨时辞世,"身后萧然,家徒壁立"。高宗下诏取阅杨时的《三经义辨》,赠文"言正而行端,德闳而学粹。网罗百家,驰骋千古。辨邪说以正人心,推圣学以明大义。而陈疏义,足以扶国本于当时;注释经义,足以开来学于后世"。诰赠左太中大夫、太师、太中大夫,谥文靖。并诏郡县拨田优恤其后代,定每年春秋两季祭祀。后人为纪念他,在将乐龟山建"龟山书院"。在杨时死后的几百年间,后世的朝廷也给了他很大荣誉。元代至正二十七年(1367年),朝廷追封他为太师、吴国公。明洪武十三年(1380年),明太祖敕将乐知县重修书院。明成化元年(1465年),明孝宗追封他为将乐伯,从祀曲阜孔庙。明万历十二年(1584年),朝廷敕将乐县拨田153亩供祀杨时。清康熙四十五年(1706年),清圣祖康熙亲题"程氏正宗"赐龟山书院。

靖康元年(1126年),杨时上疏论王安石,认为"造成宋王朝内忧外患深得之由皆王变法所致"。后王安石被追夺爵位,毁去配享之像后,为平息朝野议论,杨时也被罢去国子监祭酒之职,改任给事中,杨时力辞不受;后改任徽猷阁待制、提举嵩山崇福宫,曾在嵩阳书院讲学。

游 酢

游酢(1053~1123年),北宋理学家。字定夫,号广平,又号廌山,建阳长坪人。自幼聪颖好学,经书看过一遍就能熟记在心,倒背如流。16岁以后就受教于祖父游复和江侧等人,研读经书,擅长文学。熙宁五年(1072年),游酢举乡贡,到京城游学,拜见程颢,程称赞他"其资可以进道"。八月,程颢任扶

沟县（今属河南）知县，提倡圣贤学说，荐举游酢主管县学教育。在扶沟，他得程颢亲炙，精研儒家经典，学识大有长进。元丰四年（1081年），游酢与杨时到颍昌拜程颢为师，著有《明道先生语录》。游酢和杨时南归，程颢目送他们，深有感触地说："吾道南矣！"

程门立雪图

翌年，游酢中进士，任越州萧山（今属浙江）县尉。县衙内有积案10年得不到判决，一经游酢讯问，分析案情，即予结案。元祐元年（1086年），游酢被召升为太学录。翌年授博士（待次）。因生活困难，向朝廷请求外放，得任河清县（今属江苏）知县。当时范纯仁任知府，待游酢为国中贤士，遇有疑难政事，总是同他商量。后来范纯仁转任颍昌知府，推荐游酢担任府学教授。元祐八年（1093年），范纯仁回朝廷任宰相，任命已是进士出身的游酢为太学博士。游酢仍好学不辍，这时程颢已辞世。这年严冬，他与杨时到洛阳拜程颢之弟、大理学家程颐为师。二人来到嵩阳书院学堂内，欲拜程颐为师，却见程先生瞑目养神。二人进退两难：进，恐惊动先生休息；退，虑耽误学业。只好候之门外，立于雪中。等程颐醒来，不觉门外已雪深一尺，因而留下"程门立雪"的佳话。游酢在程颐席旁诵读张载的《西铭》，读后说："这就是中庸的道理。"程颐称赞他有创见，能理解言外的道理，赞许他道德品质纯良，学问日益长进。游酢跟程颐学习理学，编有《伊川先生语录》。

游酢从程颢、程颐两兄弟学习洛学回到南方，不遗余力地将洛学传播推广到南方。朱熹后来成为"集理学之大成者"，其中也有游酢传播理学的功劳。朱熹对游酢极为崇拜，深受游酢理学思想之影响。朱熹在他的《四书集注》中引用了许多游酢语录，朱熹整理的《程氏遗书》《伊洛渊源》等书，都采用了游酢整理的史料。朱熹是二程的四传弟子，他以二程学说为本，经过众多弟子的传播和发挥，最终集理学之大成，完成了对旧儒学的改造，形成了一套系统的新儒学思想体系，被称为"程朱理学"。南宋宁宗末年，统治者开始尊崇理学，程朱理学取得正统官学地位，成为取代汉以来传统旧儒学而占统治地位的思想。理学的发展有了从北到南的过程，所以说程朱理学体系的形成是受游酢、杨时的影响。游酢、杨时对传播洛学、开创闽学做出了巨大贡献，堪称闽学的"开山鼻祖"。

宋哲宗亲政，罢范纯仁官，游酢请求调离京都。绍圣三年（1096年）赴任齐州（今属山东）判官。同年冬，他回建阳为父守孝。两年后，他在家乡长坪庵山之麓建草堂，讲学著述，所著有《论孟杂解》、《中庸义》等。元符二年（1099年），游酢调任泉州签判，赴任前，筑水云寮于武夷五曲，作为著书立说的处所，撰《易学》《诗二南义》。次年十一月，徽宗即位，游酢被任命为监察御史。他励精图治，议论士风，侃侃而言。次年，出知和州（今属安徽）。崇宁四年（1105年），主管南京鸿庆宫，居太平州。两任祠官后，于政和元年（1111年）复任汉阳军知军。以后任舒、濠二州（今皆属安徽）知州。所到之处，政绩斐然，深受百姓爱戴。在濠州任上，因属官违法遭贬，游酢受到牵连，宣和二年（1120年）被罢知州，寓居和州含山县（今属安徽省）。宣和五年（1123年）病逝于寓所，终年71年。葬含山县车辕岭，谥号文肃。追封朝奉大夫，赠大中大夫。著有《易说》《中庸义》《论语杂解》《孟子杂解》等，有文集10卷传世。

楼 异

楼异(？~1123年),北宋官吏、诗人。字试可,人称墨庄先生。楼郁之孙,楼常之子。奉化(今属浙江)人,后移居宁波。神宗元丰八年(1085年)进士。初任汾州司理参军,调任永兴军虞幕府,又任东京文绣院监正,知大宗正丞。哲宗元符二年(1099年),任登封知县。3年后,迁度支员外郎,以养亲求知泗水。复为吏部右司员外郎、左司郎中、太府鸿胪卿,后除直秘阁、知秀州。徽宗政和七年(1117年),以馆阁学士知随州事,他在上任前向皇帝辞别时,奏请在明州设置高丽一司(即明州高丽使馆),依照宋神宗元丰年间旧制,重开中朝贸易。建议造海船100艘,以备使者之用。建议将明州广德湖开垦为田,收其田租以给国用。他的建议受到宋徽宗的赞许,于是改任明州知州,赐金紫。支出内帑钱(皇帝私储蓄)6000万,作为建造海船的经费。明州鄞西依赖广德湖湖水灌溉,是有名的水利工程。但湖面一部分已被土豪侵占为田。楼异到任后,令尽泄湖水,废湖为田。垦辟湖田7.2万余亩,每年可收租谷3.6万石。

徽宗对他很称意,令他连任明州牧,加直龙图阁秘阁修撰。宣和三年(1121年),升至徽猷阁待制、知平江府,官至直秘阁。宣和五年(1123年)卒,赠太师、齐国公。楼氏家族祠堂有对联:"广德湖田,辟成千顷;君卿唇舌,见重五侯。"意为楼异在徽宗朝任本州知州时,开垦广德湖为水田720顷,每年可收三万六千石谷之事。清代名人景日昣《说嵩》云:"楼异,登封令。下车问民疾苦,次第兴除。暇则躬行阡陌,纯行德化,讼谕和解,不以案书治也。"

崇宁元年(1102年),朝廷修治泰陵,时任登封县令的楼异,及时把握时机,请因余力修建菩提达摩的"面壁兰若"。朝廷允准后,少林寺广庆主持修建了著名的"初祖庵"。在即将竣工之时,宰相蔡京为初祖庵题写了"面壁之塔",河南尹范致虚将其立于庵内。初祖庵大殿在中国建筑史上颇负盛名,不仅是河南省现存最早的木结构建筑,还是和《营造法式》颁行时间最近和地域关系最为直接的古代建筑。同时,它还是日本"禅宗样"建筑工地的范本。

楼异任登封县令时,走遍嵩山,以其诗人般的浪漫和情怀,写下了大量吟咏嵩山的诗文。流传至今的有《嵩山三十六峰赋》《嵩山太室二十四峰诗》《嵩山二十四咏并序》和其所画的《嵩岳图》。

张 耒

张耒(1054~1114年),北宋文学家,"苏门四学士"之一。字文潜,号柯山,人称"宛丘先生"。楚州淮阴(今属江苏)人,祖籍亳州谯县(今安徽亳县)。张耒与黄庭坚、秦观、晁补之并称"苏门四学士"。13岁能文,曾游学陈州,受到学官苏辙爱重,因而得以从学于苏轼。宋神宗熙宁六年(1073年)举进士,初授临淮主簿,元丰元年(1078年)为寿安县(今宜阳县)尉,不久迁咸平丞。哲宗即位,范纯仁荐试馆阁,迁秘书省正字、秘书丞、著作郎、迁起居舍人等。哲宗绍圣初,直龙阁知润州,坐党籍,徙宣州。绍圣四年(1097年),谪监黄州税酒。元符二年(1099年)徙复州。宋徽宗初,起为通判黄州,知兖州。建中靖国元年(1101年),召为太常少卿。因被指为元祐党人,数月后出知颍、汝二州。在颍州时闻苏轼讣讯,为苏轼举哀行服,至是言者论劾之,复贬房州别驾,黄州安置。崇宁元年(1102年),

复坐党籍落职,管勾州明道宫,晚年主管嵩山崇福宫。大观二年(1108年)居陈州。政和四年(1114年)卒,年61岁。

张耒善文,苏轼称其文甚似苏辙,"汪洋淡泊,有一唱三叹之声"。张耒论文,渊源于三苏,主张文理并重,平易自然,"文以意为车,意以文为马,理强意乃胜,气盛文如驾。"张耒的辞赋、议论文、诗歌都很有名。他的辞赋《哀伯牙赋》《复小斋赋话》《雨望赋》《鸣蛙赋》,议论文《论法》《悯刑论》《敦俗论》,诗作《少年游》《风流子》等,皆为其代表作。《宋史》本传说他晚年,诗风益务平淡。诗学白居易、张籍,平易舒坦,不尚雕琢,除个人抒情遣怀之作外,写田野风光、稼穑艰难和民生疾苦的作品较多。苏轼称赞他的诗"气韵雄拔,疏通秀明",晁补之称赞他的诗"君诗容易不着意,忽似春风开百花"。有《张右史文集》60卷、《宛丘先生文集》60卷。《全宋诗》录存其诗33卷。

张耒晚年主管嵩山崇福宫时,写有多首咏怀嵩山的诗,作品有《初见嵩山》《下嶷岭》《离阳翟》《谢黄师是惠碧瓷枕》《宿峻极下院》《曲河驿初见嵩少》《离阳翟》《登汝州望嵩楼》《赴临汝宿襄城》等传世。

晁咏之

晁咏之(约1055~约1106年),北宋诗人。初名深之,字深道,又字叔予,后改字之道,济州钜野人。晁补之之从弟。以荫入官。调扬州司法参军,未上。时苏轼守扬州,补之悴州事,以其诗文献苏轼。苏轼叹为奇才。哲宗元祐年间进士,又举宏词,为河中教授。元符末(1100年),应诏上书论事,罢官。后为京兆府司录事。秩满,提点嵩山崇福宫。当时的崇福宫,前后不下100人,百尽清流也,录其贤者如上。卒,年52岁,赠少保。

晁咏之著有文《方岩集》50卷,《宋史本传》有载。

王 古

王古(约1055~1125年),宋朝史学家。字敏仲,嵩山洛阳人。第进士,迁户部侍郎。王古仁慈宽容,大好佛教,与禅门耆儒结道友,深得禅旨,又悟净土法门之胜义,博考诸经,大有所发明。撰成《大藏经教法宝标目》8卷,以释藏诸函,随其次第为之目录。而释其因缘,凡佛会之先后,华译之异同,皆俱著之。此目收佛教书1440部,5586卷,以《千字文》编次。姚名达在《目录学》中评论说:"此书纯属提要体裁,对于各经论教理之内容,传译之渊源,译本之分合异同,一一论列,文简而意赅,实为佛经目录中之一部空前绝后之书。"

邵伯温

邵伯温(1057~1134年),北宋官吏、象数学家。字子文,其先范阳(今属河北)人,后迁居嵩山洛阳。邵雍之子。初事司马光,所闻日博,尤熟当世之务。但出仕后不乐与权贵交往。哲宗元祐年中以荐授大名府助教。绍圣初，监永兴军铸钱监。徽宗即位，上书请复旧制，解元祐党锢，分君子小人，戒劳民用兵等。因反对新法，不愿为官。曾著《辩诬论》，为元祐党人辩解。后知果州，请罢岁输泸南诸州绫绢丝绵数十万，以宽民力，擢提点成都路刑狱，迁利州路转运副使。晚年，移家居蜀。继承邵雍的象数学并加以阐释。提出"一"为宇宙的本原，认为"一"或"太极"在事物之先而存在，强调"一"或"太极"只存在于"圣人"心中。著有《河南邵氏闻见录》20卷、《易学辨惑》1卷、《河南集》、《皇极系述》、《皇极经世序》、《观物内外篇解》等。《河南邵氏闻见录》，成书于绍兴二年（1132年）。前16卷记宋开国以来故事，于王安石变法记述尤详，17卷记杂事，18至20卷记其父邵雍言行。《四库全书总目提要》云："其洛阳、永乐诸条，皆寓麦秀、黍离之悲。"可见其用意。其中一些篇目，则可视为生动的人物传记，有的是更加精致的小品。

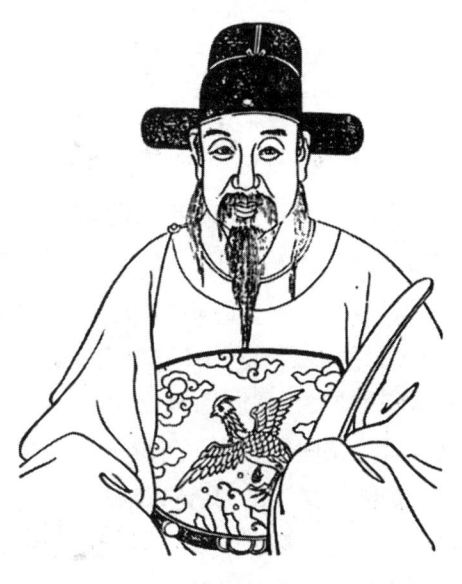

邵伯温

邵伯温亦为诗人、词人。《闻见录》一书不仅记载了众多诗人轶事，而且颇多表现自己诗学观点之语，因此该书也可视为诗话之作。从邵伯温谈诗的言论来看，他重在以"道家语"入诗，提倡咏隐居之志，其论不出北宋道学家之轨范，受乃父邵雍影响较深。邵伯温在嵩山活动期间，曾与司马光、范景仁等同游嵩山，并写有《嵩山纪行》。

蔡卞

蔡卞（1058～1117年），北宋书法家。字元度，仙游（今属福建）人。蔡京弟，王安石婿。蔡卞小时聪颖敏悟，读书过目不忘，才思敏捷，能把《三字经》、《千字文》等启蒙读物倒背如流，《四书》、《五经》经典也烂熟于心，且史籍方志，百家杂说，国家法典无不浏览殆遍，触类旁通。他学识渊博，满腹经纶，才华出众，名闻乡里。宋神宗熙宁三年（1070年），蔡卞与胞兄蔡京同科举登进士第，调江阴主簿。

元丰中，历同知谏院、侍御史。拜中书舍人兼侍讲，进给事中。哲宗立，迁礼部侍郎。使辽还，以龙图阁待制知宣州，徙江宁府，历扬、广、越、润、陈五州。绍圣四年（1097年），拜尚书左丞，以"绍述"名义，推行新法，排斥异己。徽宗即位，诏以资政殿大学士知江宁府，连贬少府少监，分司池州。年余，起知大名府，徙扬州，擢知枢密院。时蔡京居相，政见常不合，以资政殿大学士出知河南府。后拜昭庆军节度使，入为侍读，进检校少保，开封仪同三司，累迁镇东军节度使。徽宗政和七年（1117年），蔡卞告假返乡祭祖，逝于途中，享年70岁，赠"太傅"，谥"文正"。高宗即位，追责为宁国军节度副使，绍兴五年（1136）又贬单州团练副使。著有《毛诗名物解》，与蔡京编撰《宣和书谱》、《宣和画谱》各20卷。《东都事略》、《宋史》有传。

嵩山少林寺初祖庵大殿后西小亭前立有蔡卞所书的《达摩面壁之庵》6个大字，字高35厘米，宽27厘米，行书字体，遒劲古老，卓然超俗，字体大方不拘，浑圆有超。

崔鶠

崔鶠(1058～1126年),北宋书法家、诗人。字德符,号婆娑,嵩山阳翟(今禹州市)人,先世居雍丘(今杞县)。元祐年中,举进士及第。任凤州(今陕西凤县东)司户参军、筠州(今江西高安)推官,调凤州司户参军。徽宗初立,上书颂扬司马光,揭露章敦,被蔡京归入"邪等",免官,退居郏城(今河南郏县)十余年。宣和六年(1124年)起用为宁化军(治所在今山西静乐北宁化)通判,召为殿中侍御史。宋钦宗即位,崔鶠以谏官召用,上书论蔡京冯澥之奸,正直敢言,"指切时弊,能尽言不讳",为时议所重。后以龙图阁学士主管嵩山崇福宫,命下而卒。

崔鶠能文工诗,其诗以清峭雄深著称。《宋史》称其"长于诗,清峭雄深,有法度"。《郡斋读书志》卷十九称为"清婉敷腴"。从他现存的作品看,以绝句最好,思致精微,语言轻快,颇有奇趣,陈与义的一些绝句就好像是学他的。朱熹曾把他与张耒相提并论,说:"张文潜大诗好,崔德符小诗好。"就是指他的绝句而言。著名诗人陈与义就是他的学生。他曾告诉陈与义:"凡作诗工拙所不论,大要忌俗而已。天下书虽不可不读,然慎不可有意于用事。"陆放翁说他的书名为诗名所淹,其实他的书法瘦健有神采,亦类其诗。无子,婿卫昂集其遗文《婆娑集》30卷,传于世。

陈恬

陈恬(1058～1131年),北宋嵩山隐士、文学家、诗人。字叔易,号存诚子,因隐身于嵩山阳翟上村,又号"涧上丈人"。原籍阆中(今属四川)人。陈尧叟裔孙,居嵩山阳翟(今禹州市)涧上村。陈恬知识渊博,有高节,素有大志,往来嵩少间,而无仕宦意。因家贫寒,遂隐居于嵩山躬耕养母。当时与辞官隐居嵩山的晁以道邻近,二人交往甚密,情感很好。徽宗大观年间(1107～1110年),皇帝闻其名,遂征召赴京,官拜校书郎,奉祠去,避地还蜀。高宗建炎三年(1129年),诏为主管嵩山崇福宫。后以老疾求去,避居于桂岭。未几,卒于桂州,年74岁。陈恬官终朝奉郎直阁。著有《涧上丈人诗》20卷,已佚。

陈恬工诗,善书信。其诗句豪健,曾作《古别离》纪靖康之难,传颂一时。又善书信,而书信文字清劲可喜,多被人们珍重收藏。在文学上,与鲜于绰、崔鄘齐名,并号"阳城三士"。

陈恬隐居嵩山时,和当时的鲁山主簿富季申以及汝州太守文康公有交往,富季申曾作诗于他:"陈君谈论席生风,段子文词气吐虹。参术蒺胰皆入箧,知人谁过葛仙翁。"陈恬居嵩山时,曾作有《过涧上丈人陈恬故居》,诗云:"北山去已远,南山去已近。驱车两山间,举策聊一问。昔有隐君子,出处颇矛盾。平生勇且刚,垂老畏而慎。"

李廌

李廌(1059～1109年),北宋著名学者、诗人。"苏门六君子"之一。字方叔,号德隅斋,又号济南先生。嵩山阳翟（今禹州市）人，一说华州（今陕西华县）人。家贫幼孤，三世未葬。李廌勤奋力学。神宗元丰年中，以文章见苏轼于黄州。苏轼极称其文才："谓其笔墨澜翻，有飞沙走石之势，抚其背曰：'子之才万人敌也！'"并解衣相助。

李廌客游四方，积钱葬累世之丧30余柩于华山下。苏轼与范祖禹荐李廌于朝廷，但无结果。中年应举落第，绝意仕进，寓居长社（今河南长葛县），直至去世。李廌文章喜论古今治乱，辩而中理。哲宗元祐年中李廌曾上《忠谏书》《忠厚论》。并献《兵鉴》2万言论西北边事。时擒羌酋鬼章，李廌论利害，以为杀之无益。《答赵士舞德茂宣义论宏词书》是重要的文学批评作品。《师友谈记》1卷，记载了苏轼、黄庭坚、秦观等人关于治学为文的言论，为研究宋代文学史提供了重要的资料。《四部总录艺术编》诗歌以七古和七绝为佳。内容多写山水和羁旅，亦有赠答、题画等作品。风格雄健奇丽。李廌和当时的秦观、张耒齐名，但文词有自己的特色，《四库》云：李颀史"称其善论古今治乱，赏上《忠谏书》《忠厚论》，又《兵鉴》二万言，今所存《兵法》《奇正》《将才》《将心》诸篇，盖即所上《兵鉴》中之数首，其议论奇伟，尤多可取。"

李廌在科举中屡试不第，布衣终身，为苏门六君子之一。李廌著有《济南集》20卷，清人有辑本。另有《德隅斋画品》、《师友谈记》、《四库全书总目》均有著录。李廌身在嵩山地区，一生多在嵩山地区活动，遍游嵩山，写有《登嵩顶》《观嵩山峻极峰顶夜景十首》《黄河》《回心岭》《三醉石》《嵩顶六月芍药初发》《嵩阳书院诗》《游超化寺》《启母庙》《钧台》《汝州王学士射弓行》《将至嵩山远观瀑布》等大量的游览嵩山风景名胜的诗，为嵩山的历史文化，留下了非常厚重的内容，是一个名副其实的嵩山本土文化名人。

种师中

种师中（1059～1126年），北宋将领。种世衡孙，字端孺。嵩山洛阳人。历任环、滨、邠、秦等地知州。因功逐步升迁奉宁军承宣使。师中用兵以老成持重称著。钦宗靖康元年金兵内侵，奉诏率秦凤兵入援，未至而敌退。乃以2万人守滑州。金人攻3镇，师中往援中山、河间。进而迫金退兵，乘胜收复寿阳、榆次诸县，留屯真定。当时朝议纷乱，师中建谋不能用。知枢密院事许翰误信谎情，以为西夏将退兵，遂督师中乘机战夏。师中以为不妥，就责其滞停而将问罪。五月，师中无奈："遂进军寿阳石坑，反为金兵所袭。五战三胜，回师榆次。因军中乏食，援兵失期不至，金军重兵围攻，师中身被四创，力战而死。"

晁说之

晁说之（1059～1129年），北宋著名制墨家、经学家。字以道，一字伯以，济州巨野人。元丰五年（1082年）进士，曾受到苏轼、曾肇、丰稷、范纯仁等名臣的多次推荐。曾任兖州司法参军、蔡州教授、宿州教授、知磁州武安县、定州无极县、监陕西集津仓、监明州造船场、通判鄜州等。其间，他任知定州无极县时被罢免，隐居嵩山。政和六年（1116年）罢归乡里。宣和二年（1120年）致仕东归。钦宗即位，以著作郎召，除秘书少监、中书舍人，兼太子詹事，他独尊孔子，反对太子读《孟子》，给了别人攻击

晁说之《二月二》诗配图

他的口实,不久以制词失当、议论不合落职,漂流高邮。高宗立,召为侍读兼徽猷阁待制,未几避乱海陵,后提举杭州洞若观火霄宫。建炎二年(1129年)正月卒于金陵舟中,年71岁。由于元符上书入党籍,其仕途极其坎坷,长期沉沦下僚。但忧时伤世、为国效命的热情和执著却从未泯灭。一生经历仁宗、神宗、哲宗、徽宗、钦宗、高宗六朝,是难得的一位身入南宋的"元祐名士"。

晁说之尊孔非孟,反对新学,与司马光、二程、邵伯温等均有所交往。晁说之涉及领域广泛,尤通经学,被黄宗羲赞为"经学奥衍,不肯苟同笺疏,自成一家。"他的读书笔记《晁氏客语》,是一部为人处世的语录体随笔著作,反映了他的理学思想。主要著作有《易商瞿大传》《书论》《易商小传》《商易瞿传》《亲氏易式》《晁氏诗传》《诗论》《晁氏书传》《晁氏春秋传》《春秋辩文》《春秋年表》《古论大传》《论语讲义》《壬寅孝经》《五经小传历谱》《周易太极传》《外传》。现存有《星玄星纪谱》《易规》《中庸传》《景迂生集》《释门正统》等。

晁说之早年喜爱佛经,中年以后逐渐对天台宗(即法华宗)发生兴趣,甚至宣称自己"世奉真如法门",晚年爱诵《法华经》,自号"天台教僧"和"洧上老法华"。但其一生行事,佛教思想在其心中始终处于一种调剂和非主流的位置。

晁说之博通五经,尤精易学,工诗,善画山水,是一位富有创作实绩的作家。其诗既体现了宋诗"以文字为诗"、"以议论为诗"的特点,又避免了江西诗派满足玩弄文字技巧的流弊,而是将诗歌创作与社会现实以及忧时伤世的情怀联系起来,形成了自己鲜明的特色,在宋代文学史上占有一定的地位,其诗《题明王打毬图》被收入《千家诗》。今存有《嵩山文集》20卷。晁说之与苏轼、黄庭坚、秦观、陈师道等苏门文人、江西诗派作家有着广泛的师友关系,交情甚好,相互间都有诗词唱和,苏轼、黄庭坚、陈师道都写有与晁说之有关的诗。

宋徽宗崇宁年间(1102~1106年),与陈叔易同隐嵩山。陈叔易赴召,晁说之嘲之云:"处士何人为作牙,尽携猿鹤到京华。从今岩壑应惆怅,六六峰前只一家。"

尹 焞

尹焞(1061~1132年),南宋理学家。字彦明,一字德充,世为嵩山洛阳人。尹源孙。少师事程颐,终身不应科举。钦宗靖康初年(1126年),因种师道推荐,召至京师,不欲留,赐号"和靖处士",学者遂称和靖先生,邵雍称他为"洛中三贤"之一。为程颐晚年弟子,因朝廷发策有"元祐邪党"之问,遂不对而出。程颐没,聚徒洛中,为士大夫讲学者所宗。大观年间,章惇、蔡京专政,新学日盛,范致虚攻尹焞为程颐羽翼,受到牵连,从此不欲仕,而声闻益地。靖康二年(1127年),金兵攻陷洛阳,尹焞全家被害,尹焞死又复苏,转徙长安山谷中。后来,金兵攻占洛阳,尹焞又流离入蜀。高宗绍兴四年(1134

年)于涪州建"三畏斋"以居,读程颐《尹川易传》全本,并加以整理。尹焞传播洛学,以《尹川易传》为主,在他看来,《尹川易传》为洛学经典,而二程语录有失真之处,不足代表程颐思想,表示反对。

绍兴四年(1134年)授左宣教郎,充崇政殿说书。后任秘书少监。因上书反对与金议和,触怒秦桧,书皆不上报,尹焞以疾辞官不就,隐于平江。上遣漕臣奉诏至,作文祭程颐后始启程就道。未几,辞官去。张浚为相,再诏,再次以疾辞不就。帝再诏,始就秘书郎兼说书。绍兴八年(1138年),历太常少卿兼说书、礼部侍郎兼侍讲。绍兴九年(1139年),进官左奉议郎,遂致仕。

尹焞在平江期间,精研《论语》、《孟子》。认为"尽理尽性","圣人必可学而至"。尹焞著有《论语解》10卷,《孟子解》14卷(未成书),《和靖集》8卷等。尹焞的哲学思想,基本上"守其师说",主要思想有三点:一是提出了"动静一理"的天理观。二是在修养论上,提出了"收敛身心"的主敬说。程颐有"涵养须用敬,进学则致知"之说,尹焞一生,诚如朱熹所说:"只就一敬字上做工夫,终做得成"。三是在人生观上,继承了二程的圣人观基本思想,强调学习圣人必须"有叙",即掌握一定的程序、要领。确立"成之有叙"的圣人观。他自己则努力做出表率,"笃于践行,不为虚语"。在理学家眼中,尹焞是学圣人的榜样。尹焞从事学术活动比二程其他弟子为晚,又是继杨时之后充当"帝王师"的角色,并且以严守师说和笃于践行著称,对于洛学在南宋的传播和发展起了一定的作用。尹焞在南北宋之交道学派中颇具影响,虽其诗文甚少,然如《自秦入罗道中作》等诗亦殊有诗情,与一般道学家之"有韵语录"自不可同等视之。

尹焞工书,尝手书欧阳文忠公(修)所作三志,足以传世。朱熹得和靖先生帖于祈君之子真卿,淳熙庚子刻之白鹿洞书院。

张克公

张克公(约1068~1120年),北宋大臣。字介仲,嵩山阳翟(今禹州市)人。进士出身,大观年间(1107~1110年),为监察御史,迁殿中侍御史。蔡京两次为相,张克公与御使中丞石公弼论其罪,蔡京免职,张克公转起居舍人。月余,进中书舍人,转右谏议大夫。是时蔡京虽不在位,但以楚国公仍留京师,且其党童贯、杨戬、蓝从熙、谭稹、梁师成等皆握重权。大观四年(1110年)五月,彗星复出奎、娄间,以星文之变,张克公复劾蔡京不轨不忠罪数十条,恰中隐匿。于是朝廷贬蔡京为太子少保,出居杭州。蔡京致仕,张商英为相,与郑居中不合。张克公由兵部侍郎拜御史中丞,设置堂吏,检举不法。主治张商英与郑居中之间的纠纷吏讼,查得张商英违法罪状10条,上疏弹劾。商英罢相,蔡京复被召还京,攻击克公,不置用之。徽宗知后,徙克公吏部尚书。蔡京逸克公铨除考核官吏作弊,随即又揭发克公选拔官吏有私。徽宗认为张克公所选擢官吏十分合适,也合情合理,不予追求。居官吏部尚书六年卒,赠资政殿学士。

晁冲之

晁冲之(1072~?),北宋诗人。端礼的侄子辈,字叔用,一字用道。晁说之从弟,济州钜野(今山东巨野)人。晁氏是北宋名门、文学世家。其六世祖晁迥,是真宗朝著名学者,以后几代,也都从事学术研究。晁冲之的堂兄晁补之、晁说之、晁祯之都是当时有名的文学家。晁冲之以荫授承务郎。举进士,当过大晟府丞。绍圣年间(1094~1097年),党争剧烈,兄弟辈多人遭谪贬放逐。晁冲之因于哲宗绍圣中隐居于具茨山下(今新郑市境内),徽宗时屡荐不起,自号具茨,世称具茨先生。十多年后回到汴京,当权者欲加任用,拒不接受。靖康末年,为避金兵之乱,晁冲之带领全家逃至四川,定居嘉定。

晁冲之曾从陈师道学诗,为江西诗派著名诗人,与诗人吕本中、王直方为知交,来往密切,常有唱和。晁冲之终生不恋功名。晁冲之著有《晁叔用词》1卷、《具茨集》,早佚。后人辑有《具茨先生诗集》15卷,《海山仙馆丛书》本,收入诗167首;《全宋诗》录存其诗15卷。嵩山史料中选录有晁冲之在嵩山地区活动期间所做的《和十二兄》、《初来东里》、《次韵集津兄怀嵩少示王立之》、《春晚圃田道中》(三首)、《僧舍小山此老绝潇洒》、《题超化寺壁》、《积善堂诗》、《自然诗》、《留别江驻》等诗。

其子晁公武为宋朝最为著名的藏书家,编有家藏图书目录《郡斋读书志》,共著录图书1937部,2.45万卷。《郡斋读书志》12卷,分为经、史、子、集四部,计45类。此书不仅是宋代有名的提要目录,而且是我国第一部附有提要的私家目录,被誉为"私家目录之璧"。

翟 兴

抗金英雄翟兴

翟兴(1073~1133年),南宋抗金英雄。字公祥,河南伊阳(今伊川县大莘店)人。从小就以勇猛而闻名四乡。翟兴与弟翟进应募击贼,号大翟、小翟。南宋建炎元年(1127年),金人分兵南下,攻破宋西京洛阳。翟兴、翟进兄弟召集族人、乡兵与金人激战。次年春,翟进被任为京西北路安抚制置史,擒金西京留守高世由,收复洛阳。又大败金人于白草坞、白浪隘等地。因保护巩县宋皇陵有功,朝廷封为承信郎、京西北路兵马副钤辖、陕西宣抚司前军统制。不久,洛阳再陷于金。翟进兵抵龙门,屡与金人夹河而战,乘胜克服洛阳。金人聚四州之兵攻洛阳,翟进之子翟亮战死。建炎二年(1128年)十月,翟进在讨伐叛将杨进的战斗中殉难。翟兴召集民众与金人再战,斩杨进于鲁山,复弟之仇。固守洛阳一带,金人不敢渡河。建炎三年(1129年)正月任命为河南尹、京西北路安抚制置兼招讨使。建炎四年(1130年),为武功大夫加忠州团练使,授为河南孟、汝、唐州镇抚使,兼知河南府。又为节制应援河东、河北路兵马使。高宗绍兴元年春,金兵犯河南,翟兴坚持敌后抗战,联合两河忠义,大败金人于洛阳城下,设计擒杀金帅。绍兴二年(1132年),金人命伪齐刘豫攻伊阳,被翟兴打败。刘豫以王爵诱降,为翟兴严拒。后刘豫赂通翟兴部将杨伟,将其杀害。翟兴被害后,南宋朝廷追封为保信军节度使,任命其子翟琮继承翟兴的官职。翟琮先后擒伪齐留守孟邦雄,灭伪齐部属梁进等。

翟 进

翟进(？~1128年)，南宋将领。字先之，翟兴弟，南宋河南伊阳(今伊川县大莘店)人。曾当过捕盗的班头，以捕盗有功，补下班殿侍。宣和中，为刘延庆部先锋攻辽，累功充京西洛阳第一将，屡败契丹，数有战功。南宋建炎元年(1127年)，金人分兵南下，攻破宋西京洛阳。翟兴、翟进兄弟召集族人、乡兵，统河南民兵，与金人激战。次年春，翟进被任为京西北路安抚制置史，擒金西京留守高世由，收复洛阳。又大败金人于白草坞、白浪隘等地。因保护巩县宋皇陵有功，朝廷封翟兴为承信郎、京西北路兵马副钤辖、陕西宣抚司。不久，洛阳再陷于金。翟进兵抵龙门，屡与金人夹河而战，屡袭败金军，并一度再克西京洛阳。授为武义大夫，迁武功大夫，阁门宣赞舍人，充京西北路兵马都钤辖，不久又升任本路制置使，兼知河南府。金人聚四州之兵攻洛阳，翟进之子翟亮战死。建炎二年(1128年)十月，叛将杨进渡水犯营，翟进乘船渡击之，追击数十里，破四寨，马惊坠堑，遂被害。赠左武大夫、忠州刺史。

张 锐

张锐，北宋医学家。字子刚，嵩山郑州人。官成州团练使，以医知名。政和中，慕容彦母病死入棺，张锐视之说未死，遂取药医之，果然痊愈。《夷坚乙志》载：北宋张锐以一种药治愈两人全然不同之病，有人问："敢问一药而治两疾何也？"锐曰："此于经无所载，特以意处之。"绍兴中流落四川，著有《难峰方》。

范 坦

范坦，北宋官吏。字伯履，范子奇子，宋河南府(今洛阳市)人。以父荫任为开封府推官、大理少卿，改左司员外郎。押伴西夏国使，应对合乎皇上旨意，赐进士第，权起居舍人。使于辽国，回来复命，具呈语录以献。徽宗看后称善，付于鸿胪寺，令以后奉使者视为程式。时议边事，欲遣范坦使辽国以探虚实，范坦以不宜启衅而辞其行。徽宗怒，责为舒州团练副使。不久，复为集贤殿修撰，知江宁府，洪、扬二州。后召为户部侍郎，论"当十钱"及"夹锡钱"之弊，以便亲请外调，知河阳。入辞，徽宗曰："夹锡钱之害，甚于当十，宜速正之，为一道率。"范坦至，即奏罢之。政和初年(1111年)，复为户部，遂改"当十钱"为当三；罢淮盐入东北；卖去各州公田，以充实常平仓。并上疏请节制一些官员俸禄。时论以此议为当。当时张商英为相，与范坦甚合。商英罢相，言官们弹劾范坦助为匮竭之说，以摇众听；又言范坦建议鬻田、改常平法、废元符令及罢夹锡钱为罪，贬为黄州团练副使，安置韶州。遇赦，复为徽阁待制。卒，年52岁。

席　旦

席旦(1075~1136年),北宋官吏。字晋仲,宋河南府(今洛阳市)人。7岁能诗,元丰年间中进士,礼部不奏名。当时边防事紧,他曾上书谈论当时时局,并对战守提出实际可行计划。书言:"战胜易,守胜难,知所以得之,必知所以守之。"神宗看后,认为切中时弊,采纳了他的建议。席旦得到神宗的嘉奖和采纳,令廷试赐第。历齐州司法参军、郑州河阳教授、敕令所删定官。徽宗召对,擢右正言,迁右司谏。御史中丞钱遹率同列请废元祐皇后而册刘氏为太后,席旦面质为不可。钱遹弹劾席旦阴佐元祐之政,转吏部员外郎,改太常少卿,迁中书舍人、给事中。新建殿中省,命为监,拜御史中丞兼侍讲。内侍郝随骄横,曾弹劾郝随,人称其正直。帝以其章有"媚惑先帝"之语,嫌为指斥,旋改吏部侍郎,以显谟阁待制知宣州。后召为户部侍郎,还吏部。郝随复入侍,乃以显谟阁直学士知成都府。自赵谂以狂谋诛后,蜀数有妖言,议者遂言蜀土习乱。席旦治以峻猛和平,徙郑州。席旦积官至吏部侍郎、显谟阁直学士,曾先后两次任成都知府,颇有政声,加升述古殿大学士。卒于长安,年62岁,赠太中大夫。

李彦仙

李彦仙,北宋抗金英雄。原名孝忠,字少俨,宁州彭原人,后迁居巩州(嵩山巩义市)。李彦仙自幼心怀大志,喜谈兵习武,为人豪爽,崇尚义气,所交者皆豪杰侠客。每每出游,必暗察山川形势,熟记无遗。一次抵边防,遇敌纵牧,即趁机取良马而归。北宋靖康元年(1126年),金人犯境,乘各地郡县招

李彦仙在战场上有勇有谋

募勤王军之机,李彦仙变卖家资,募得3000壮士入授京师。后因上书指责太原宣抚使李纲误国,遭追捕。李彦仙易名逃奔陕州,追随时任太守李弥大抗金,阻止金兵西进。建炎元年(1127年)四月,金兵攻陕,经制使王恐不能敌,率部逃离,其余官兵也四处逃遁。李彦仙却临危不惧,率众奋力抵抗。最后,他生擒金将,并诱敌进入埋伏圈内,众将士四面出击,掩杀金兵万余,夺马300匹,攻破敌军营垒50余座,由此声威大振。建炎二年(1128年),金兵占据陕州,招募散亡人员入伍复业。李彦仙暗使部下

潜入，约为内应，以火为号，内应外合，表里夹击，一举收复陕州。后皇帝诏命李彦仙知陕州兼安抚使，迁武节阁门宣赞舍人。为了坚守陕州，彦仙率众修筑城垣，疏通壕堑，扩充人马，缮治甲胄，大力屯田，筹集粮草，并组织百姓进行农业生产。金兵多次攻陕，皆被击退。后又从蒲城、解州派兵增援，亦被李彦仙设伏击溃，金兵死伤惨重，屡屡败退。李彦仙又被授为右武大夫宁州观察使兼虢州制置。建炎三年(1129年)，金将娄宿李董率10万大军围陕，每天派一万人攻城。李彦仙意气如常，登谯楼大作技乐，暗地让士兵挖掘地道直通金军大营，突然焚烧金兵攻城器械，军营乱作一团，李彦仙乘机率众冲杀，大胜。建炎四年(1130年)正月，陕州形势危急，李彦仙在战斗中被炮火所伤，身上多处糜烂，仍坚持指挥督战。金将李董赏识李彦仙的才能，许以河南兵马元帅之职诱其投降，李彦仙当即将来使斩首，并说："我心甘情愿作宋朝的鬼，决不要什么功名富贵！"金兵长期围攻，陕州城内无粮草，外无援兵，终被攻陷。李彦仙身中数箭，左臂被砍未断，仍坚持战斗。金人悬万金巨赏活捉李彦仙。李彦仙衣着与士兵无二，随乱军渡过黄河。后听说金兵在城内大肆屠掠，叹道："这是敌人对我坚守围攻不下的泄愤，我有何面目再见百姓！"遂投河自尽，年仅36岁。李彦仙壮烈殉国，全家跟着遇难。朝廷追赠其为彰武军节度使，并在商州(今陕西省商县)建庙，号忠烈。绍兴九年(1140年)，又于陕州立庙，名义烈。

李彦仙带兵身先士卒，忘我无私，对皇上赏赐和缴获敌人的财物，必全部分给部属将士，一丝一毫不入私囊。他与部下同甘共苦，衣着食用与士兵一样。城内缺粮时，煮豆让部下食用，自己甘愿饮煮豆水充饥。他以信义治陕，赏罚严明。因此，全境政治清平，百姓乐道。李彦仙所率精兵3万，大小历经200余战，直至城陷。兵乐为用，民无二心，守城时连妇女也登屋掷砖瓦助战。闻李彦仙死，全城哭声不绝，足见他与百姓的感情之深。

曹　祖

曹祖，北宋词人。字元宠。阳翟(今河南禹州市)人。其子曹勋为南宋著名外交家。与其兄曹纬以学识见称于太学，但6次应试不第，曾著《铁砚篇》以自见。宣和三年(1121年)，殿试中甲，赐同进士出身。历任武阶兼阁门宣赞舍人、给事殿中等职。曾官睿思殿应制，因占对才敏，深得宋徽宗宠幸，奉诏作《艮岳百咏》诗。约于徽宗末年去世。曹祖的词以"侧艳"和"滑稽下俚"著称，在北宋末曾传唱一时，浅薄无聊者纷纷仿效。但在南宋初却受到有识者的批评。从他现存词来看，确有"侧艳"之作，但他还有一些词描写其羁旅生活，感受真切，境界颇为深远，无论手法、情韵，都与柳永词有继承关系。"滑稽下俚"喜用俗语，通俗、风趣、无滞竭。固有其庸俗的一面，但语言生动、构思奇特、手法新颖，也还是表现了作者企图把词从高雅凝重中解放出来而作的尝试。曹祖著有《直斋书录解题》、《箕颍集》20卷。

任　谊

任谊，北宋画家。嵩山洛阳人。善画山水，曾就画其舅宋迪。神宗熙宁时，国协律郎，官至澧州通判，后遇钟相军起义，奔走逃难，所到江山佳景处，则舐笔吮墨成图。创作有《南北江山图》《斗山烟市图》《松溪深日图》《四更吐月图》《空谷幽兰图》《兰石图》《兰竹图》等作品。

范 宽

范宽

范宽,北宋山水画家三派之一。字中立,又名中正。因性情温良,待人宽和,人呼为宽,遂以范宽自名。陕西华原(今陕西铜川市耀州区)人,但长期居住在中原,往来于汴京、郑州、洛阳之间,遍游其间的嵩山和终南太华岩隈林麓。据说他好酒,不拘世故,能深入生活,穷究自然造化。最初向民间画家李成学画山水,后来潜心观察自然,越发悟出道理,自叹曰:"前人之法,未尝不近取诸物。吾与其师于人者,未若师诸物也。吾与其师于物者,未若师诸心。"后来又广学荆浩等诸家画法,创意自我,对景造意,自为一家。他喜欢画千岩万壑或雪景寒林,他的山水画有一种峰峦叠嶂、势状雄厚之感,人们站在他的山水画前,虽盛暑中凛凛然使人急欲挟纩也。所以天下皆称宽善与山传神。范宽发展了荆浩的北方山水画派,并能独辟蹊径,因而宋人将其与关仝、李成并列为三大流派,

《宣和画谱》誉为"三家鼎峙,百代标程"。元代汤垕《画鉴》则认为"宋世山水超越唐世者,李成、董源、范宽三人而已",又谓"董源得山之神气,李成得山之体貌,范宽得山之骨法,故三家照耀古今,为百代师法",对范宽的艺术做出很高的评价。元朝大书画家赵孟頫称赞范宽的画"真古今绝笔也",明朝大画家董其昌评价范宽"宋画第一"。但是也有人有不同意见,比如苏轼虽然非常推崇范宽,却觉得其画"微有俗气",与古代中国文人淡雅风格略有不符。范宽长时期在京师作画,对中原画家影响巨大,《宣和画谱》著录当时宫廷收藏他的作品达58件。流传至今的代表作品有《溪山行旅图》《临流独坐图》《雪景寒林图》《雪山萧寺图》等。其画多重骨法,风骨神韵,用墨深厚。公元2004年,美国《生活》杂志将范宽评为上1000年对人类最有影响的百大人物第59位。

范宽画作

朱 弁

朱弁(1085~1144年),南宋官吏、文学家。字少章,号观如居士。祖籍江西婺源,朱熹族叔祖,后

居嵩山新郑。少颖悟,读书日数千言。既冠,入太学。晁说之见其诗奇之,与归新郑,妻与兄女。新郑介汴、洛间,多故家遗俗,弁游其中,闻见日广。靖康之乱,家碎于贼,朱弁南归。建炎元年(1127年),高宗计议遣使金国,问候被羁金国的徽、钦二帝。朱弁奋身自荐,受诏为候补修武郎、右武大夫、吉州团练使职,充当河东大金军前通问副使,于次年正月偕同正使王伦前行赴金,为金所拘留。绍兴初,金人逼仕伪齐,誓死不屈,被留16年。其间,金方逼迫朱弁做叛臣刘豫的官员,并且骗他说:"这样你才有希望南归。"朱弁说:"刘豫是我们的国贼,我曾经恨不能吃他的肉,又怎么能做他的臣下?我只有死。"金人很生气,断绝了他的饮食来折磨他。朱弁坚守着驿门,忍受着饥饿等死,誓不屈服。金人也受了感动,对待他礼貌如初。后来时间长了,又想让他当官,朱弁说:"自古交兵,使者在他们中间,使者的话可以听从的就听从,不可以听从的就囚禁使者、杀掉使者,何必让他做官呢?我的官职是本朝任命的,现在只有死了,绝不会失节做金官来使我们国君受辱。"并且写信给耶律绍文等人说:"您国封我官的命令早晨来到,那么我就晚上死,晚上来到就早晨死。"又写信给后使洪皓诀别说:"杀掉使者不是小事,我们如果赶上,是命中注定的,我们应当舍生来全义。"于是就准备了酒菜,召集被扣留的士大夫喝酒,酒饮半酣,朱弁告诉他们说:"我已经看好近郊的一个墓地,一旦我牺牲报国,诸位请把我埋在那个地方,写上'有宋通问副使朱公之墓',我就很满意了。"众人都流下了眼泪,不能抬起头来。朱弁谈笑自如,说:"这是做臣子的常情,诸位悲痛什么呢?"金人知道他终不可屈,于是也就不再强迫他了。绍兴十三年(1143年)和议成,朱弁始得放归。高宗诏为"忠义守节",赐金帛甚厚,补官易宣教郎,直秘阁。朱弁曾劝宋高宗收复中原,得罪秦桧,官终奉议郎。绍兴十四年(1144年)四月病逝。其侄孙朱熹写有《奉使直秘阁朱公行状》(《朱文公文集》卷九十八),《宋史》即据此立传。

朱弁在留金期间写下了不少怀念故国的诗作,深切婉转,元好问《中州集》收入38首。朱弁为南宋初期的重要诗人,著有《风月堂诗话》、《新郑旧诗》、《曲洧旧闻》、《续骫骳说》、《聘游集》、《宝颜堂秘笈》、《诒经堂藏书七种》等书传世。

傅 察

傅察(1089~1125年),北宋诗人。字公晦,济源人。大观三年(1109年)进士。蔡京欲妻以女,弗答。宣和七年(1125年),以吏部员外郎接伴金使,被金人挟持而去。道逢金太子,强使拜,不屈而死。谥忠肃。著有《忠肃集》3卷。周必大序其集称:"文务体要,词约而理尽。诗尤温纯该贯,间作次韵,愈多而愈工。"《宋史》本传亦称其文"温丽而有体裁。"

傅察在嵩山地区活动期间,作有《用廉夫韵如诸友登清微亭》、《同工曹至临洛道中禾黍蔚然喜而有作呈朱令》、《同七史寄二李》、《李良宠示牡丹长句谨赋三首》等诗。

南 宋

毕仲游

毕仲游(1046～1121年),南宋官吏。北宋代州云中(今山西大同)人,字公叔,嵩山郑州管城人。生长在官宦之家,曾祖父毕士安在宋真宗景德元年官拜同中书门下平章事,为当时宰相,曾被真宗号为"德行之士",祖父毕士长官卫尉卿,父毕从古官至驾部郎中,"天下亦称为廉吏"。在这样的家庭环境中,毕仲游"常惧不肖以贻门户之羞。与史仲衍同举进士,兄弟入仕,未尝敢学进取之人因虚求实,抱伪贾真,以自鬻于当世。惟敢读书应举,不失门户。"神宗熙宁三年(1070年),24岁的毕仲游登进士第,开始了宦场生涯。先调寿丘柘城主簿,知罗山、环庆转运司干办公事,至哲宗元祐初,为军器卫尉丞。不久,召试学士院,加集贤校理、开封府推官,出河北西路、河东路、秦凤路提点,河东路刑狱。后又召拜职务、司勋二员外郎,考秘阁校理,知耀州、阆州。徽宗时,历知郑州、郓州,京东、淮南转运副使。后入为吏部郎中。徽宗崇宁元年(1102年),56岁的毕仲游因反对王安石变法被列入"元祐奸党",降监嵩山中岳庙。后出籍,管勾西京留守御史台,提举南京鸿庆宫,致仕。此后,患难流离,"甘忍贫贱,百为皆废",贫病交集。宣和三年(1121年)七月,以疾卒于西京洛阳,年75岁。

毕仲游早受知于司马光,吕公著,不及用。范纯仁尤知之,当国时,适居母丧,故未尝得尺寸进,然亦坠党籍,坎壈散秩而终。

毕仲游为文切于事理而有根底,不为浮夸诡诞、戏弄不庄之语。毕仲游著有《西台集》20卷,原书久佚,今本系后人从《永乐大典》等书中辑录而成。《全宋诗》录存其诗3卷。毕仲游在嵩山地区活动期间,写有《迁居颍谷》、《和僧园益晚归三峰》等诗。

韩 驹

韩驹(1080～1135年),南宋初江西诗派诗人,诗论家。字子苍,号牟阳,学者称他陵阳先生。祖籍陵阳仙井(治今四川仁寿),徙居嵩山汝州。徽宗政和初,召试舍人院,赐进士出身,官秘书省正字,因被指为苏轼之党谪降,后复召为著作郎,校正御前文籍。宣和五年(1123年)除秘书少监,六年(1124年),迁中书舍人兼修国史。高宗立,知江州。绍兴五年(1135年)卒。

韩驹写诗,早年师法苏轼,受知于苏辙。韩驹写诗无论是写景抒怀,都语妙意婉,境界深远,排比得宜,对仗工整,音韵圆和,浑然妥帖,平匀中自有神味。且讲究韵律,锤字炼句,追求来历典故,写有一些反映现实生活的佳作,其诗中常充满着慷慨忧国之情。苏辙读其诗,以为"恍然重见储光羲"(《题韩驹秀才诗卷》)。后又结识黄庭坚,故颇濡染于江西诗派,讲究句法及用典。且性好苦吟,不吝改窜。刘克庄称他"有磨淬剪裁之功。终身改窜不已,有已写寄人数年,而追取更易一两字者,故所作少而善。"(《后村先生大全集》)。在诗论上,韩驹提出了著名的饱参、遍参之说。在文学中史上,韩驹被认为是以禅说诗的源头,开严羽之先河。他有关"诗言志"的理论则被现代文学家朱自清誉为"中国历代诗论的纲领"。今存有韩驹的《陵阳集》4卷。

朱敦儒

朱敦儒(1081~1159年),南宋词人。字希真,号岩壑,又称伊水老人、洛川先生、少室山人。嵩山洛阳人。其父亲朱勃,在哲宗绍圣年间做过谏官。年轻时代的朱敦儒没有荒废自己的学业,用心读书,热心于词的写作,并砥砺了自己的品行。朱敦儒志行高洁,早年两次举荐为学官而隐居不仕,以布衣负重名。颇有西晋名士风度。"靖康之难"发生,金兵入侵中原,南渡避乱,流落岭南。绍兴二年(1132年),宣谕使明橐向朝廷推荐朱敦儒,称他深通治国之法,有经世之才。次年,高宗下诏任他为右迪功郎,并命肇庆府(今广东省端州县)督促他赴临安任职。起初,他又不打算受诏,后经朋友劝说,才应召从岭南来到临安。经过对策使殿,议论明畅,高宗很高兴,赐进士出身,任秘书省正字(校正书籍文字的官),又兼任兵部郎官,旋迁两浙东路提点刑狱。后因发表主战言论,并与主战派李光等人一道,被右谏议大夫汪勃以"专立异论"弹劾,于公元1149年被罢官。不久,上疏请求退居嘉禾。晚年,秦桧为相时奖用骚人墨客,以文饰太平,朱敦儒得任鸿胪少卿。秦桧死,朱敦儒也废官。

朱敦儒

朱敦儒最大的贡献是在文学创作上,他是宋代专力写词的词人之一。素工词及乐府。其词作语言流畅,清新自然。他常以梅花自喻,不与群芳争艳。靖康、建炎年间,隐居故乡,写就了许多描写洛阳自然山水和名胜风物的词作。早期词作内容多写隐居生活,内容颇放消极。南渡后,亦有忧时感怀北方沦陷的愤激之作。朱敦儒的词风清逸、精丽,明白自然,在南北宋之交的词人中,占有独特的地位。他在题材开拓方面作了很多努力,除了忧时愤乱与闲适生活两类词外,还有宫怨、游仙以及讽刺世情方面的作品。其产生出来的凄楚悲怆、苍凉激越之情,对于激发人们的爱国感情,认识当时社会,有一定的作用。总体而言,他的词风格旷达,一扫绮靡柔媚的风气,继承苏轼而又有变化,自成一家,在当时词坛上占有独特的地位。代表作有《水龙吟》、《采桑子》等。朱敦儒著有《岩壑老人诗文》,有词集《樵歌》(也称《太平樵唱》),收词200多首。

朱敦儒由于家庭富裕,早年居洛时,经常狎妓怡游,寻访嵩洛一带的山川名胜。他在后来所写的词中,曾对这段浪漫快乐的生活做过深情的回忆,如《雨中花》、《鹧鸪天·西都作》、《临江仙》、《赠诗》

等诗中多有描写歌咏。其中,《赠诗》云:"少室山中久挂冠,不知何事到长安。如今纵插梅花醉,未必王侯着眼看。"

吕本中

吕本中(1084～1145年),南宋诗人。原名大中,字居仁,世称东莱先生,祖籍嵩山洛阳,后迁寿州(今安徽寿县)。高宗绍兴六年(1136年),召赐进士出身,历官中书舍人、权直学士院。因忤秦桧罢官。有《东莱诗集》20卷、《紫微诗话》1卷、《江西诗社宗派图》。后人辑有《紫微词》1卷。他在《江西诗社宗派图》中自黄庭坚以下,列陈师道等25人"以为法嗣",于是文坛上有了"江西诗派"这个名称。他"是后期江西诗派最重要的诗论家",其论诗颇受黄庭坚、陈师道影响,讲究章法及字句的锤炼。然而他对黄庭坚认流为源,过分求新求奇之弊端也有清醒的认识,提出了"活法"之说:"学诗当学活法,所谓活法者,规矩具备而能出于规矩之外,变化不测而亦不背于规矩也。"(《夏均父集序》,见刘克庄《后村先生大全集》卷九十五)。这对陆游、杨万里等人影响甚大。其诗又兼学李白、苏轼,诗风明畅灵活,清新自然。他的词则以婉丽见长。其悲慨时事、渴望收复中原故土的诗词之作,则感情浓郁,语意深沉。

富直柔

富直柔(1084～1156年),南宋大臣。字季申,嵩山洛阳人。富弼孙。少敏悟而有才名,以父荫任补官。钦宗靖康初年(1126年),赐同进士出身,任秘书省正字。高宗建炎二年(1128年),张浚推荐授著作佐郎,历礼部员外郎、起居舍人、右谏议大夫。高宗建炎四年(1130年),迁御史中丞、端明殿学士签书枢密院事。上虞县丞议选太祖诸孙有贤德者为皇嗣,直柔从而荐之,孝宗得立为普安郡王。绍兴元年(1131年),改同知枢密院事,为吕颐、秦桧所忌,数月即罢,提举临安洞霄宫。绍兴六年(1136年),富直柔为生母丁忧。起复资政殿学士、知镇江府,辞不赴。后起任衢州知府,以失入死罪,落职奉祠。不久复为端明殿学士。与苏迟、叶梦得诸人徜徉山泽,放意吟咏。绍兴十二年(1142年),坐事落职。绍兴二十六年(1156年)以寿终于家,年73岁。

曾 几

曾 几

曾几(1085～1166年),南宋诗人。字吉甫、志甫,宋河南府(今洛阳)人,其先居赣州(今江西赣县)。幼年有见识,事亲孝。初入太学即有声望,特命试吏部,置优等,赐上舍出身。擢国子正,兼钦慈皇后宅教授、校书郎。高宗绍兴年间,任官于江西、浙西提点刑狱。绍兴八年(1138年),因兄曾开力斥和议触怒秦桧,兄弟同罢官。不久,复为广西通判,固辞,侨居上饶茶山寺 7 年,自号茶山居士。秦桧死,起职浙西提刑,台州知州,有政绩,民得安。绍兴末,金兵大举南下,几上疏反对乞和,以为当尝胆枕戈,北取中原,所作不忘收复中原及关心人民疾苦。历秘书少监、礼部侍郎,官至敷文阁待制,以奉通大夫致仕。谥文清。曾几学识渊博,勤于政事。曾几三仕岭南,家无南物,世人称其清廉。曾从刘安世谈经论事,又从胡安国交游,其学益精。

曾几为南宋初期著名主战派,是爱国主义诗人陆游的老师。陆游在《跋曾文清公奏议稿》云:"绍兴末,贼亮入塞,时茶山先生居会稽禹迹精舍,某自敕局罢归,略无三日不进见,见必闻忧国之言。先生时年过七十,聚族百口,未尝以为忧,忧国而已。"其爱国精神对陆游影响颇深。陆游在曾几的《墓志铭》中称他"治经学道之余,发于文章,雅正纯粹,而诗尤工。"后人将其列入江西诗派。曾几诗多属抒情遣兴、唱酬题赠之作,闲雅清淡。五、七言律诗讲究对仗自然,气韵舒畅。古体如《赠空上人》,近体诗如《南山除夜》等,均见功力。所著《易释象》及文集已佚。著有《茶山集》30 卷,《经说》20 卷传世。《四库全书》有《茶山集》8 卷,辑自《永乐大典》。

陈与义

陈与义(1091~1138 年),南宋大臣、杰出诗人。江西诗派的代表作家,与黄庭坚、陈师道并称江西诗派的三宗。字去非,号简斋,自曾祖陈希亮迁居洛阳,故为宋代嵩山洛阳人。陈与义出身于官宦之家,天资卓越,少年时代勤奋好学,善诗文,才华出众。徽宗政和三年(1113 年)进士,授开德府(今濮阳县)教授。宣和四年(1122 年),以《墨梅》诗为宋徽宗赏识,擢太学博士、著作佐郎、司勋员外郎等职。在此间,曾在嵩山汝州居住,到洛阳龙门一带游赏。靖康难起金人入汴,他自陈留避难南奔,流亡经豫南、湖北、湖南,至广西贺州。高宗绍兴元年(1131 年),接朝廷召他去越州(今绍兴市)的命令,从贺州启程,经广东、福建抵达越州,被任命为兵部侍郎,升迁起居郎。后历任通直郎、中书舍人兼侍讲,吏部侍郎兼侍讲,礼部侍郎兼侍讲,徽猷阁直学士、湖州知州,显谟阁直学士、提举(掌管)江州太平观、翰林学士、知制诰、资政殿学士、左中大夫等

陈与义

职,官至参知政事(副宰相),引疾辞退。陈与义在朝任职期间,容态严肃,不苟言笑,待人接物,态度谦虚谨慎。主张以道德治理天下,尊威严而振纪纲。他在朝期间,提拔、推荐了不少官吏,但从不向人声扬,很是受人称赞。

陈与义是朝廷重臣,又是一位爱国诗人,其主要贡献还是在诗歌方面,给后世留下不少忧国忧民的爱国诗篇。特别是他南渡后,接触了社会现实,经历了战乱流离的生活,诗风又变为苍凉沉郁,达到了一个新的境界,成为一位伟大的爱国诗人。他的创作主张与黄庭坚等南宋许多诗人一样,也是尊杜

学杜的,推重苏轼、黄庭坚和陈师道。但陈与义并不墨守成规,而能渗透各家融会贯通,他的诗能超拔于江西诗派之外,形成自己的风格,号称"新体"。他的诗用典较少,词句明净,音调响亮,形象丰满,即无鄙俗之弊,亦无抄书之病。所以,他以较高的成就,成为江西诗派中的改革派。经历了南渡,避乱江南,诗风有所变,诗味悲壮苍凉,表现了忧国伤时之感。又能词。因此,正如刘辰翁《简斋诗笺序》所说,其诗有"光景明丽,肌骨匀称"的特色,新作一出,人们争相传诵。《四库全书总目提要》载,陈与义的诗"感时抚事,慷慨激越,寄托深远,往往突过古人。"代表作有《发商水道中》《正月十二日自房州城遇虏至》《次韵尹潜感怀》《送人归京师》《伤春》《牡丹》等。著有诗集《简斋集》1卷、《文集》20卷、《无咎词》传世。陈与义不仅作诗填词,还工书善画。其书法始则步其外祖,清简有法;晚则变体出新意,姿态横生,片纸只字,得者莫不珍藏之。惜其画今无保存,但他的许多题画诗还保留了下来。绍兴八年(1138年)五月,病逝临安(有说长安),年仅49岁。著作有《简斋集》《无住词》等。陈与义现存诗有600余首,词18首。

曹　勋

曹勋(1098～1174年),南宋外交家。曹祖之子,字公显,号松隐。嵩山颍川阳翟(今禹州市)人。以阁门宣赞舍人为睿思殿应制,占对敏捷,为宋徽宗所幸。徽宗宣和五年(1123年),曹勋因恩补承信郎,特命赴廷试,赐进士甲科。靖康初(1126年),为阁门宣赞舍人、管龙德宫,除武义大夫。随徽宗北迁,过黄河十余日,徽宗对曹勋说:"不知中原之民推戴康王否?"次日,从领中取出御书,对曹勋言:"可便即真,来救父母。"并持韦贤妃、邢夫人信,命曹勋潜回见康王。临行又嘱托:"见康王第言有请中原之策,悉举行之,毋以我为念","艺祖有誓约藏之太庙,不杀大臣及言事官,违者不祥。"曹勋持徽宗御书及韦贤妃、邢夫人信自燕山循归。高宗建炎元年(1127年)七月至南京,以御书进高宗,并建议募集勇士,由水路航海进入金兵东京(今辽宁鞍山),迎徽宗由海道归来。众人认为此事难行,未予采纳。当政者刁难他,将曹勋逐出京城,凡9年不得迁秩。绍兴五年(1135年)任江西兵马副都督,曹勋以远次为请,言官谮其武艺不精,专事请求,竟收回成命。绍兴十一年(1141年),兀术遣使求和,曹勋除成州团副使,随刘光至金议和。至淮河,遇兀术,言宋当遣尊官右职持节讲和,遣还。曹勋迁忠州防御使。金使萧毅等来,曹勋为接伴使,未几,降为容州观察使,任金国抱谢副使。到金后,正使何铸伏于地不敢讲话,曹勋反复陈述,动之以情,金主方答应归还徽钦二帝棺椁及韦太后。归,曹勋迁保信军承宣使,枢密副使都承旨。二十九年(1159年),曹勋拜昭信军节度使,领阁门事,以称谢使为王伦副职出使金国。孝宗朝,加太尉、提举皇城司、开府仪同三司。淳熙元年(1174年)卒,赠少保。著有《北狩见闻录》行世。

曹勋和其父曹祖乃南宋初北宋末著名父子词人。曹勋作词,有意追求"新变",与其父曹祖相比,曹勋词在数量上远远超过曹祖,在题材上也与其父大不相同,创作了诸如道教词、祝寿词、节令词、边塞词等曹祖词未涉及的内容。艺术上更是力求创新、创制、创调,这与当时曾勋的身份、时代风气及其创作理念密切相关。由于才气有限,曹勋词整体艺术水平不高。著有《松隐文集》39卷、《北狩见闻录》等。

岳 飞

岳飞（1103～1142年），南宋军事家、爱国将领、民族英雄。字鹏举，相州汤阴（今河南省汤阴县）人。岳飞从小就喜读兵书，深通军事韬略，尤其喜欢《春秋左氏传》和《孙子兵法》。少年时代就膂力过人，能力挽300斤的大弓。曾向有名的射箭手和枪手学习击技，这使得他在射箭和用枪上成了一个"一县无敌"的高手，为他后来驰骋疆场奠定了基础。由于黄河泛滥成灾，岳飞生下来不到一个月，黄河就在内黄决口了。内黄和汤阴相邻，汤阴地势平坦低洼，他的家乡变成了一片茫茫大海。岳飞家境贫困，为谋生和糊口，从小经常到野地拾柴捞草，供烧饭和饲养牲畜用。投军前，曾在相州一大户人家做庄客，后又在相州某乡镇做游徼（即弓手）。徽宗宣和四年（1122年），刘韐募"敢战士"，岳飞应募。为平吉倩有功，补承信郎。从刘浩解东京围，过秉义郎，隶属于留守宗泽。宗泽以岳飞好野战，不为万全之计，而授以阵图。绍兴二年（1132年），大败曹成，授武安军承宣使，屯兵江州。绍兴三年（1133年），授镇南军承宣使，江南西路沿江制置使，改神后武后军都统制，仍制置使。绍兴四年（1134年），破金人于邓州、荆、襄。金将兀术围庐州，岳飞大破之，收复襄阳、信阳等6郡，升任清远军节度使。岳飞所部军纪严明，英勇善战，屡建战功，世称岳家军。高宗手书"精忠岳飞"四字，制旗赐之。绍兴十年（1140年）在郾城大败金兵，灭其精锐部队拐子马，继而收复郑州、洛阳等地。金人浩叹："撼山易，撼岳家军难！"但此时，高宗、秦桧等人与金兵议和心切，拒绝岳飞北伐的请求，命令岳飞退兵。岳飞回临安后，被解除兵权，不久被诬陷谋反下狱。次年岳飞与长子岳云、部将张宪同时被害，终年39岁。宋孝宗隆兴元年（1163年）方得昭雪。孝宗时追谥武穆，宁宗嘉定四年（1211年）追封"鄂王"。理宗赵昀时（1225～1264年）追封"岳忠武王"。岳飞善诗能词，但保留下来的不多，可都充满了强烈的爱国情感和雄壮豪迈的英雄气概。著有《岳武穆遗文》和《岳忠武王文集》，其词以《满江红·怒发冲冠》最为有名。

岳飞高举抗金大旗，率领岳家军转战黄河，给入侵者以深重打击的行动，在嵩山一带有很大的影响。高宗建炎二年（1128年），岳飞与金兵大战于氾水关，三战三捷。今氾水岳阵头，即当年岳飞屯兵之所。宋高宗绍兴十年（1140年），岳飞部攻克西京（洛阳），乘胜东进，收复永安军及郑州等地。岳飞祭瞻宋陵，并加以修葺。宋高宗绍兴十一年（1141年），又大败金兵于朱仙镇，宋高宗诏岳飞班师，以至收复之地复失。

宋高宗绍兴十年（1140年），岳飞大破金兵于蔡州（今上蔡县）后入登封，以登封为大本营，奋勇抗敌。在将要离开登封继续前进时，岳飞携同几位著名将领到中岳庙朝拜岳神，还在将军门内的墙壁题词："自中原板荡，夷狄交侵，余发愤

岳 飞

河朔，起自相台，总角从军，历二百余战，虽未能远入夷荒，洗荡巢穴，亦且快国仇之万一。今又提一旅

孤军,振兴宜兴,建康之役一鼓败虏,恨未能使匹马不回耳!故且养兵休卒,蓄锐待敌,嗣当激励士卒,功期再战,北逾沙漠,喋血房延,尽屠异种,迎二圣,归京阙,取故土,上版图,朝廷无虞,主上安枕,余之愿也!"

岳飞在嵩山人们的心目中,享有崇高的声誉。"登封的烧饼"就是人们为纪念抗金名将岳飞而骂秦桧的一个民间故事。其大意为,人们把秦桧比喻为一个烧制成一面为沾着芝麻盖的形似老鳖的饼子,在吃以前,人们还要先指着饼子,大声地说一首人们骂他的顺口溜诗:"秦桧秦桧你是鳖,吃你的肉,喝你的血,还要把你的盖子揭。"然后,把这个烧饼吃掉。从南宋至今,登封的烧饼从一个带着四只脚的老鳖,演变到现在一个一面沾着芝麻硬盖的饼子,一直为登封的特产食品,在市场上享有很高的声誉,北京的客人和来自世界各地的友人,在登封吃到这样的烧饼后,仍然是津津有味,赞不绝口。

荥阳市汜水镇西南2.5公里有岳阵图村,是一带黄土高岭,沟岔交错,林木蓊茂。土岭上有一片广原,南北长达1公里,东西宽约0.5公里,蜿蜒逶迤直抵虎牢关,岳飞曾在此大败金兵。至今群众在耕作中还掘出护心镜等古代兵器。岳阵图村东山脚下有竹芦渡,据《宋史》记载,建炎二年(1128年),岳飞在汜水关(虎牢关)大破金兵之后,同金兵相持于竹芦渡。岳飞密令精兵埋伏渡前山下,各用柴薪两束,捆成火炬,至深夜一齐举火,声势轰烈,金兵疑为宋援军到来惊慌溃逃。在岳阵图东汜水车站附近的凤凰山前边,有道深狭的长沟,名叫"悟竹沟"。据传当年竹芦之战,金兀术屯军于此,所以也称"兀术沟",后因群众厌其名,将"兀术沟"更名为"悟竹沟"了。

李处权

李处权(? ~1155年),南宋诗人。字巽伯,嵩山洛阳人。宣和间与陈叔易、朱希真俱以诗名。南渡后尝领三衢,官至朝请大夫。绍兴二十五年(1155年)卒于荆州。

李处权为诗清脱爽健,曾自编有《崧庵集》6卷。孝宗淳熙六年(1179年),由其堂弟处全收辑遗著400余篇刊行,已佚。清四库馆臣据《永乐大典》辑为《崧庵集》8卷。

李处权以禅喻诗,主要是受曹洞宗"默照禅"禅法的影响,不依赖熟读诗作而自悟的诗论:"学诗如学佛,教外别有传。室中要自悟,心地方廓然。"(《戏赠巽老》,《崧庵集》卷二)。李之崧庵集跋之中称"巽伯承其家学,渊源有自,身际南渡之难,间关兵火,穷愁奇苦,一发于诗,意曲而达,词华而不浮,迥非南渡以后卑靡者所可同日而语。"《四库全书总目》提要亦云:"处权承其齿益高,心益苦,句法益老,与少作不类。是其覃思吟咏,老而弥工。虽原帙佚,东京与南渡以后所作,互相糅杂,不复能以年岁辨析。而总其大概,五言清脱浏亮,略似张耒。七言爽健伉浪,可拟陈与义。在当时实一作手。"

李处权是从嵩山地区出来的诗人,无论走到哪里,他都怀有一颗浓浓的思乡情,这种情感在他写的《游岘山观颜鲁公窪樽欿呈父》、《临川道中寄汪守》、《送希真入洛》、《哭驾郭舅》等诗中表现明显,生动感人。

董 先

董先(? ~1156年),南宋抗金将领。字觉民,嵩山洛阳人。高宗建炎年间从京西制置使翟兴在京西抗金,权任商虢镇抚使。后伪降刘豫,旋归南宋。绍兴二年(1132年),以商、虢二州降服刘豫,不久又归宋。绍兴三年(1133年),因李成南侵失镇,诏隶岳飞部下,任踏白军统制、翟琮的镇抚司都统制等。绍兴四年(1134年),参加襄汉之役,从岳飞攻京西,克邓州。绍兴六年(1136年),深入伊洛,与王贵等复虢州卢氏县;又于京西何家寨、牛蹄,击败伪齐刘豫军。战唐州、蔡州,皆大捷。绍兴十年(1140年),为踏白军统制,从岳飞北伐,从牛皋、傅选等战汉上,以功除正任承宣使。七月十四日,完颜兀术率领3万骑兵、10万步兵进攻颍昌,于城西列阵,欲与岳家军决一死战。守城宋军不过3万,众寡悬殊。董先与王贵、岳云大战颍昌,冲锋陷阵,以少胜多,使金兵大败。绍兴十一年(1141年)宣抚司罢,任鄂州御前诸军统制。秦桧兴岳飞冤狱时,他被胁作证。岳飞死,改侍卫亲军步军司统制。绍兴二十六年(1156年),任江南西路马步军副总管,卒于鄂州。

邵　博

邵博(？～1158年),南宋诗人。著名象数学家邵伯温之子,嵩山洛阳人。绍兴八年(1138年)进士,历秘书省校书郎,知果州、眉州。著有《邵氏闻见后录》、《西山集》等。《邵氏闻见后录》又称《闻见后录》。《四库全书总目提要》称:"是编盖续其父书,故曰《后录》。其中论复孟后诸条,亦有与《前录》重出者。然伯温所记多朝廷大政,可裨史传;是书兼及经义、史论、诗话,又参以神怪俳谐,较《前录》颇为琐杂。"又称"谈诗亦多可采。"本书实亦可视为诗话之作。著有文集《西山集》。曾慥《题邵太史西山集》称:"其文章赡缛峻整,杰出南渡后。晁以道尝曰'恨六一,东坡不见子。'"其为时人推崇。

康与之

康与之,南宋词人。字伯可,又字叔闻,号顺庵,又作退轩。宋嵩山洛阳人,居滑州(今河南滑县),南渡后居嘉禾(今浙江嘉兴)。少从晁祝之学于崇山,南渡后流寓嘉禾。高宗建炎元年(1127年),高宗驻扬州,康与之上《中兴十策》,名震一时。但被汪伯彦、黄潜善所压抑,不用。秦桧当国,附和求仕进,擢为台郎。为秦桧门下十客之一,监尚书6部门,以善作词受知于高宗。绍兴十七年(1147年),擢军器监丞,出为福建安抚司主管机宜文字。挟持秦桧势力,多为不法。且以歌词粉饰太平,声名扫地。秦桧死,被弹劾,贬于五羊。绍兴二十八年(1158年),移雷州,再移新州牢城,卒。康与之的词多应制之作,不免歪曲现实,粉饰太平。但音律严整,讲求措词。著有《顺庵乐府》、《昨梦录》传世。

曾　开

曾开,南宋官吏。字天游,曾几之兄。其先赣州人,徙宋河南府(今洛阳)人。少好学,善属文。崇宁间登进士第,调真州司户,累迁起居舍人、中书舍人、太常少卿、知和州、徙知恩州、判南京国子监等职。钦宗即位,除显谟阁待制、提举万寿观、知颍昌府,兼京西安抚使。夺职,奉祠。建炎初,复职,知潭州、湖南安抚使。逾年求去,复得鸿庆宫,起知平江府、广东经略安抚使。奉诏驻潮阳招捕处寇,讫事,乃之镇。居 2 年,尽平群盗。高宗建炎中召为刑部侍郎,不久迁礼部侍郎兼直学士院。有关国事,屡有诤谏。绍兴八年(1138 年),因力斥和议触怒秦桧。秦桧议夺职,同列以为不可,提举太平观、外任徽州知州。以病免,居闲十余年。卒年 71 岁。秦桧死,始复待制,尽还致仕遗表恩数。

曾开孝友厚族,信于朋友。其守历阳,从游酢学,日读《论语》,求诸言而不得,则反求诸心,每有会意,欣然忘食。其留南京,刘安世一见如旧,定交终身。故立朝遇事,临大节而不可夺。

陈　寿

陈寿(1106～1178 年),南宋儒学家。汉太丘长陈实 39 世孙,祖籍颍川。著名理学家杨时(龟山先生)弟子,皇室教授陈鏵(葬于杭州玉皇山慈云岭)之子,上虞县丞陈禄之兄。母邵氏,为河南名门邵康节孙女。宋建炎三年(1129 年),与父、弟随宋室南渡至杭州。绍兴五年(1135 年)中特奏名进士,除庆元路(今宁波市)学政教授,迁翰林经谕。绍兴二十年(1150 年),因上书言胡寅无罪,不当贬,忤权臣秦桧,改应奉翰林文字。陈寿遂以疾辞官,归隐诸暨枫桥之宅埠(今陈家村船坊基),筑"寄隐草堂",著书讲学 20 余年,开启枫桥文风。一时,四方相从者日众,尝语门人:"为学不在徒诵空言,必以实践为贵。"南宋金石学家王厚之及其兄弟 4 人均为陈寿的学生,后皆中进士。陈寿天性孝友为官正直,退隐枫桥后,著有《周易附传》、《诸史辨疑》、《居易集》6 卷问世。

郭　雍

郭雍(1106～1187 年),南宋学者。字子和,号白云先生。宋河南洛阳人。出身儒门,其父郭忠孝,师事程颐,为《易》学名家。郭雍能传其父学,通于世务。隐居峡州(今湖北省宜昌),游浪长杨山谷间,自号白云先生。孝宗乾道年间(1165～1173 年),经湖北帅张孝详荐于朝,旌召不就,赐号冲晦处士。孝宗知其贤,常对辅臣称道他,并命所在州郡岁时致礼存问,后又封为颐正先生。淳熙初年(1174 年),郭雍集其父子与程颢、程颐、张载、游酢、杨时七家为《大易粹言》。郭雍著有《郭氏传家易说》。郭氏笃好仲景之书,研究日深,因感于《伤寒论》已有残缺,于是采《素问》《难经》《千金方》《外台秘要》诸书所论,及朱肱、庞安时、常器之等诸家之说予以补充,于公元 1181 年撰成《伤寒补亡论》20 卷。

赵　构

赵构(1107～1187 年),南宋高宗,南宋的开国皇帝。字德基,宋徽宗第九子。宋钦宗之弟,曾被封为"康王"。汴京被围时,出使金营求和,曾被扣作人质。靖康元年(1126 年)再次使金时,被宗泽挽留于磁州。靖康二年(1127 年)金兵将徽、钦二帝俘虏北去后,时年 21 岁的赵构于南京应天府(今河南商丘)即位,重建赵宋政权,改元建炎,史称南宋。同年十月南迁扬州,继为金兵所逼,渡江南逃,奔杭州、越州(今浙江绍兴)、明州(今浙江宁波),又从定海(今浙江镇海)下海避难于温(今浙江温州)、台(今浙江临海)一带。金兵北撤后,于绍兴二年(1132年)定都临安(今浙江杭州)。统治期间,虽迫于形势,一度用岳飞、韩世忠等大将抗金,但其本质是求和苟安,重用投降派秦桧,削夺主将领兵权,于绍兴十一年(1141年)十一月,以割地、纳贡、称臣等屈辱条件,与金签订"绍兴和议",杀害岳飞父子,与金媾和,奉表称臣,遂成偏安之局。在位36年。绍兴三十二年(1162年)禅位于太子赵眘(孝宗),自称太上皇。淳熙十四年(1187年)十月,赵构病死于临安宫中的德寿殿,庙号为高宗。

赵构政治上昏庸无能,然善工书法,他自己学《兰亭序》,便赠之予王子和朝中大臣,又让宋孝宗学书。一时间,以高宗为中心,南宋几乎掀起了一个学书高潮,宋高宗对南宋书坛是有贡献的。赵构精于书法,善真、行、草书,笔法洒脱婉丽,自然流畅,颇得晋人神韵。明代陶宗仪《书史会要》称:"高宗善真、行、草书,天纵其能,无不造妙。"其书法影响和左右了南宋书坛,后人多效法其书迹。著有《翰墨志》一卷,传世墨迹有《草书洛神赋》、《正草千字文》及《光明塔碑》等。传本《顾恺之女史箴图题字》、《褚遂良倪宽赞》等亦有指为构所书者。

绍兴七年(1137年),太常博士黄积厚言:"中岳之祀未举,望举而行之。"高宗诏从之。每岁以季夏土王日设祭,其礼料比拟旧制。绍兴十四年(1144年),望祀中岳,令有司制岳神衣冠剑履,遣使易之,并作有祭告乐章。

王十朋

王十朋(1112～1171年),南宋大臣,理学家、诗人。字龟龄,号梅溪,乐清四都左原(今浙江省乐清市)梅溪村人。少时颖悟强记,7岁入塾,14岁先后在鹿岩乡塾、金溪邑馆、乐清县学读书,学通经史,诗文名闻远近。33岁时在家乡创办梅溪书院授徒,34岁入太学。由于当时南宋政治腐败,奸臣秦桧专权,科场黑暗,屡试不第。一直至他46岁时,南宋绍兴二十七年(1157年)三月,以太学上舍生免解,省试及格,高宗皇帝主持殿试,面试进士,他以"揽权"中兴为对,被擢为状元,先授承事郎,特遣绍兴府签判。秩

王十朋

满,除秘书省校书郎,兼建王府小学教授。因轮对力主抗战,力排和议,并抨击三衙兵权过重,谏罢杨存中兵权,并荐用爱国老将张浚、刘锜,遭主和派排斥,离京归里。王十朋以名节闻于世,刚直不阿,批评朝政,直言不讳。隆兴元年(1163年),孝宗即位,起知严州,未赴任召对除司封员外郎,迁国子司业,起居舍人,除任侍御史。孝宗诏百官陈对务,他上《应诏陈弊事》札子,指出百官"尽其官不履其职",同时指出皇帝有任贤、纳谏、赏罚三大职事,并未做好。他力排和议,并以怀奸、误国等8大罪状弹劾主和派代表、当朝宰相史浩及其党羽史正志、林安宅,并使之罢职,震动朝野,人称颂王十朋为真御史。后张浚北伐失利,主和派非议纷起。他上疏称恢复大业不能以一败而动摇,未被采纳,引咎辞职还乡。后出知饶、湖等州,以国家、黎民百姓利益为重,救灾除弊,清廉勤政。重视农田水利建设,重视地方教育与人才培养,每到一郡即筹资办学,重建或修建府学贡院,每逢初一、十五都到学宫视学,

从容诲诱。政绩卓然。史书记载,夫人贾氏,品德高尚,忍贫好施,常以清白相勉。隆兴元年辞官归里,家有饥寒之号却不叹穷。夫人死在泉州任所,因路远无钱将灵柩及时运回家乡,结果灵柩在泉州停放了2年。乾道七年(1171年)三月陈太子詹事,力疾赴朝,廷对时犹极论时事。以疾革许归里第,诏以龙图阁学士致仕,七月卒于故里左原,终年60岁,赐谥忠文。他在朝为官时,屡次建议整顿朝政,力图恢复中原;出任地方官时,提倡仁廉勤政,体恤民情,并亲为表率,是南宋初一位爱国贤臣。

王十朋学识渊博,诗文自有风格。现收入《王梅溪先生文集》前后集中,计有诗1700多首,赋7篇,奏议46篇,其他如记、序、书、启、论文、策问、行状、墓志铭、祭文、铭、赞等散文、杂文140多篇。此外他重理学,通经史。对《春秋》、《论语》、《尚书》尤有研究,著有《尚书解》、《春秋解》、《论语解》、《周礼详说》、《唐书详节》和《梅溪奏议》等。他治学反对追求故事典故或理学空论,为文处事偏重功利实用。朱熹称其文"规模宏阔,骨骼开展,出入变化俊伟神速。"称其诗"浑厚质直,思恻条畅,如其为人。"并将他与诸葛亮、杜甫、颜真卿、韩愈、范仲淹五君子相提并论,说:"海内有志之士闻其名,诵其言,观其行,而得其人,无不敛衽心服。"叶适说他"素负大节""士类常推公第一"。《四库全书总目》说"十朋立朝刚直,为当代伟人。"后人创作戏剧《荆钗记》即以他为男主人公。

王十朋在嵩山活动期间,写有《夏禹》、《颖考叔》等诗。

周必大

周必大(1126~1204年),南宋孝宗、光宗时宰相,文学家。字子充,另字洪道,自号平园老叟。出生名门望族,嵩山郑州管城人,其孙为避走元乱徙居文成,迁梓棺于岜川(瑞邑辖区,今浙江省温州市文成县境)。绍兴二十年(1150年)进士,守秘书省正字馆职,召试后,兼国史院编修官。孝宗时除起居郎,应诏上十事,皆切时弊,权给事中。不避权幸,迁知阁门事。后除秘书少监,兼直学士院,权礼部侍郎兼直学士院,同国史实录院修撰。孝宗淳熙十四年(1187年)拜右丞相,摄太傅,封济国公。次年,拜左丞相,封许国公。绍熙元年(1190年),光宗立,召周必大问:"当今急务为何?"周必大答:"用人、求言二事"。三月,拜周必大为少保益国公。宁宗庆元元年(1195年),周必大三次上书引退,遂以少傅致仕。未几,为韩侂胄指为伪学罪首。嘉泰四年(1204年)周必大逝世,卒于正寝,年79岁。朝廷闻之,赠必大公为太师,宁宗辍朝两日,赐银千两、绢千匹。开禧三年(1207年),赐谥文忠。嘉定元年(1208年),宁宗御书题篆"忠文耆德之碑"以赐,且诏臣钥为之文。

周必大是一位"九流七略,靡不究通"的文学家,诗词歌赋,"皆奥博词雄"。书法"浑厚刚劲,自成一体"。周必大与南宋诗人陆游、范成大、杨万里等都有很深的交谊。

周必大有诗600多首,著有《玉堂类稿》等81种,共134万余言。后人将其遗作辑为《益国周文忠公全集》200卷,其中《玉堂大记》、《二老堂诗话》选入《四库全书总目提要》。周必大用时4年,主持刊刻了宋代著名的四大类书之一的《文苑英华》计1000卷,还刊刻了《欧阳文忠公集》153卷、《附录》5卷,使《欧集》自此以后有定本,且得以保留至今。"周必大刻本"被历代名家奉为私家刻书的典范。

杨万里

杨万里(1127~1206年),南宋杰出诗人。字廷秀,号诚斋,江西吉水人。和范成大、尤袤、陆游同被称为"中兴四大诗人"。绍兴二十四年（1154年）进士，任漳州、常州等地方官，调入京城曾任东宫侍读，官至宝谟阁学士，因多次上疏批判朝政，得罪当时宰相韩侂胄，被罢官，家居15年而忧愤至死。杨万里初学江西诗派，到中年尽焚已往所学江西诗派，批判江西诗派，而学王安石、唐诗。在学习前人和古人的基础上独辟蹊径，形成了具有独特风格的"诚斋体"，其特点为：谋篇立意充满丰富想象，意境新奇入胜；关心国事，抒发爱国情感；从山水景物和日常生活中取材，写来幽默诙谐，饶有风趣；语言通俗，活泼自然。代表作有《初入淮河四绝句》、《雪霁晓登金山》、《悯农》、《插秧歌》、《竹枝词》、《戏笔》、《檄风柏》等名篇。杨万里以绝句见长，造诣尤深，多能"含不尽之意，见于言外"，自成一家。《说诗萃话》记载他有2万多首诗，现存只4000余首。有《诚斋集》传世。杨万里到嵩山活动期间，曾写有诗，史料有录。

杨万里

朱 熹

朱熹（1130～1200年），南宋理学家、教育家，"程朱理学"的代表人物。字元晦、仲晦，号晦庵，别称紫阳。徽州婺源（今属江西）人，侨寓建阳（今属福建）。绍兴十八年（1148年）中进士，曾任泉州同安县主簿、知南康军兼管内劝农事、知漳州、湖南安抚使、秘阁修撰、侍讲等职。早期拜见他父亲的老师、著名道学家程颐的三传弟子李侗后为师。朱熹受其指教与影响，承袭洛学正统，以二程学说为本，兼取诸家之长，最终集理学之大成，完成了对旧儒学的改造。这样，自二程到朱熹经过众多弟子的传播和发挥，终于形成了一套系统的新儒学思想体系，被称为"程朱理学"。南宋宁宗末年，统治者开始尊崇理学，程朱理学取得正统官学地位，成为取代汉以来传统旧儒学而占统治地位的思想。

朱熹

朱熹不但是个思想家，还是个教育家。他曾参加影响颇大的学术研讨"鹅湖之会"；督促星子县令等人重建白鹿洞书院；主持修复了岳麓书院，并在武夷山建中山堂。在白鹿洞书院、嵩阳书院、岳麓书院、竹林精舍等地聚众讲学。书院在南宋发展盛行，几乎取代官学，这种盛况与朱熹的提倡直接有关。

淳熙十六年（1189年）十一月，朱熹任知漳州，多行仁政，如刻印四书五经，使之广为流传，禁止妇女当尼姑，废除淫祠秽庵，废除秦桧祠，为被其陷害的忠臣高登昭雪，奏请朝廷免去漳州各县原上缴的无名赋700万缗（相当于贯），减掉郡内总制钱400万缗，减轻了当地百姓的负担，深得民心。庆元元年（1195年），朱熹任宁宗侍讲（皇帝的老师）时，主张抗金，强调备战，并上疏直斥宰相韩侂胄窃权害

政,遂遭宁宗罢黜。后其理学被主和派韩侂胄等抨击为"伪学",朱熹被斥为"伪师",朱子学派门人为逆党,强被流放或坐牢,史称"庆元党祸"。庆元六年(1200年)三月朱熹病逝,年71岁。嘉定二年(1209年)谥文,寻赠太中大夫,特赠宝谟阁直学士。理宗宝庆三年(1227年),赠太师,追封信国公,后改为徽国公。

朱熹平生广注儒学典籍,对经学、史学、文学、乐律以至自然科学均有贡献。在哲学上发展了二程(颢、颐)关于理气关系的学说,集理学之大成,建立起客观唯心主义的理学体系;世称程朱学派。其学认为:理、气不能相离,"天下未有无理之气,亦未有无气之理"。又断言:"理在先,气在后";"有是理便有是气,但理是本。"强调"天理"和"人欲"的对立,要求人们放弃"私欲",服从"天理"。教学授徒50余年,认为"为学之道,莫先于穷理;穷理之要,必在于读书;读书之法,莫贵于循序而致精;而致精之本,则又在于居敬而持志"(《朱文公文集》卷十四《甲寅行宫便殿奏札二》)。又提出对自然变化的科学见解,如关于阴阳二气的宇宙演化说,如从高山上残留的螺蚌壳论证地质变迁(原为海洋)说等。其学说在明清两代被确立为儒学正宗,并影响至韩国、日本等国,如日本德川时代,"朱子学"颇为流行。当今美国、英国、日本、韩国以及东南亚一些国家,都设有专门研究"朱子学说"的机构。其博览和慎思精神,对后世学者影响至深。所著有《四书章句集注》、《周易本义》、《太极图书解》、《易学启蒙》、《诗集传》、《楚辞集注》,及后人所编纂的《晦庵先生朱文公文集》和《朱子语类》等。

淳熙十五年(1188年),朱熹授命提举西京嵩山崇福宫,遂自号"嵩高隐吏",曾在嵩阳书院讲学。

李处全

李处全(1134~1189年),南宋词人。字粹伯,号晦庵,李处权弟,嵩山洛阳人。高宗绍兴三十年(1160年)进士。曾任殿中侍御史及袁州、处州等地方官。著有《晦庵词》1卷。李处全的词在当时很有名,其词以咏物及记游为主,情辞婉转,真切感人。也有少数词作表现了抗敌爱国的热情和壮志难酬的悲愤。其弟处劢、处端亦善诗。

赵 蕃

赵蕃(1143~1229年),南宋诗人。字昌甫,亦作昌父,号章泉,嵩山郑州人。南渡后寄居于信州玉山县(今江西省玉山上饶一带),以荫补仕,理宗主朝事,以太社令改奉议郎直秘阁,不赴。奉祠得致仕转承议郎,依前直秘阁。有《章泉稿》5卷。赵蕃好学,年五十,犹问学于朱熹,既老,犹患末路之难,故对所居之舍命为"难斋"。与杨万里、叶适等则为诗友。性和宽厚,与人为善,而志刚介不可夺。卒后谥文节。他亦被后人目之为江西诗派中人,但方回评其诗却曰:"不为晚唐,亦不为江西,隐然以后山为宗。"杨万里赞之曰:"貌恭气和,无日下推敲之势;神清骨耸,非山头瘦苦之容。一笑诗成,万象春风。"

郑 方

郑方,南宋文学家。字希道,嵩山荥阳人。曾作《篆髓》6卷及《字义》1卷,凡古今字说,班、扬、贾、许、二李、二徐之说其精者皆在。其有未尽,传以新意。

张端义

张端义(1179~约1248年),南宋晚期作家。字正夫,自号荃翁。原籍嵩山郑州,后徙居苏州。少年读书兼习击技。曾拜项安世为师。理宗端平二年(1235年),应诏3次上书,获"妄言"之罪,被谪韶州(今属广东)安置。张端义喜诗,工词,近于江湖诗派,所著诗集《荃翁集》已佚。

张端义被谪韶州,于淳祐六年(1246年)著笔记小说《贵耳集》3卷,多载轶闻,较多忧国忧民之作,具有强烈的爱国主义思想。《贵耳集》入《四库全书》子部

张端义

杂家的杂说类,分上、中、下3卷。有关诗人、文人的评述约100则,占全书的十分之四。包括唐代的李顾、唐末的黄巢,北宋的很多作家诗人。其论诗、论文、论事往往能超过出时流,卓有见地。故本书亦可目之为一部诗话词话之作,很有考证价值。

金　代

完颜亮

完颜亮

完颜亮（1122~1161年），金朝废帝，金国第四位皇帝，女真族。字元功，本名迪古乃，汉名完颜亮。金太祖阿骨打庶长孙，辽王宗幹第二子。完颜亮自幼聪敏好学，汉文化功底甚深，他雅歌儒服，能诗善文，又爱同留居于金地的辽宋名士交往。品茶弈棋，谈古论今，成为文韬武略兼备，且神情闲逸，态度宽和之人。天眷三年（1140年），被熙宗授为奉口上将军，赴梁王宗弼军前效命。他少年得志，作战勇猛，身先士卒，再加足智多谋，先后升为骠骑上将军、虎卫上将军（受命守中京）、尚书左丞相。皇统九年（1149年）发动宫廷政变，杀熙宗，自立为帝。改元天德。贞元元年（1153年）迁都长城以南的燕京，更名中都（今北京）。为巩固皇权，镇压大批贵族反对派，大批任用汉人、契丹人、渤海人执掌朝政。定五京制，改定中央官制，废元帅府，改设枢密院，由朝廷任命枢密使、副使主管军事。正隆元年（1156年）颁"正隆官制"。至此，中央官制的改革全部完成。在位期间继续鼓励女真人南下耕种农田，大量印钞（纸币名为"交钞"）铸钱。为进攻南宋营建汴京，调兵造船。正隆六年（1161年）强征各族人民，大举攻宋。此时完颜雍（金世宗）乘机在辽阳废海陵王，自立为帝，改元大定。完颜亮在采石矶为宋军击败，东至瓜州时被兵马都统领耶律元宜与其子王详所杀。年40，在位13年。完颜亮一生才高志大，有威有为，肆行无忌，欲壑难填，以谋杀得位，以被谋杀告终。金世宗即位，大定二年（1162年）贬封他为海陵，谥号炀。后又降封他为海陵庶人，史称"海陵王"。葬大房山金诸工陵墓地鹿门保。

史载：公元1161年农历三月，完颜亮从洛阳行至嵩山南麓的汝州西南五十里的广成泽狩猎，晚上住在近在咫尺的温泉镇，在温泉中洗浴。他一时高兴，竟异想天开的下令：凡是离汝州150里地以内的州、县，都要派遣行商坐贾到温泉置市。圣旨一下，20多个县的商人和来自各地的观光购物者聚在一起，真是人山人海，一片繁荣太平的景象。完颜亮看到这样的景象，下令要长期搞下去。大会持续了20多天。后来，完颜亮在打猎中被鹿群撞于马下，"呕血数升"，才不得不回开封养病。这个大会也就自然结束了。这就是古汝州800多年前的"物资交流大会"的盛况。

完颜雍

完颜雍(1123~1189年),金世宗,金国第五位皇帝,女真族。本名乌禄,汉名完颜雍,出生于上京(今黑龙江阿城南)。金太祖完颜阿骨打孙。完颜雍从小善于骑射,才识过人。金熙宗朝封葛王,任兵部尚书。海陵王完颜亮征宋时为辽东留守,后被拥立为帝。即位之前,曾先后在会宁、中京、燕京、济南、西京、辽阳等地作过地方官,对民间的疾苦有所了解。金世宗即位之前,金朝的皇帝是海陵帝完颜亮。他统治时期,赋役繁重,战争接连不断,激起了统治阶级内部矛盾和人民的不满。公元1161年10月,完颜雍在辽阳即位,改元"大定"。不久,海陵帝在扬州被部将所杀。金世宗即位后,总结教训,停止侵宋战争,励精图治,革除了海陵王统治时期的很多弊政,采取了一些有益的改革措施,重新整顿了金朝的统治秩序,更值得称道的是,金世宗十分朴素,不穿丝织龙袍,使金国国库充盈,农民也过上富裕的日子,天下小康,实现了"大定盛世"

完颜雍

的繁荣鼎盛局面,金世宗也被称为"小尧舜"。年号大定,庙号世宗。因此,清朝人赵翼说:"金代九君,世宗最贤。"在位29年(1161~1189年在位),终年67岁,葬于兴陵(今北京市房山区)。谥号光天兴运文德武功圣明仁孝皇帝,庙号世宗。著名的卢沟桥就是金世宗诏命所建的。卢沟桥的修建,尽管已不在金世宗统治时期,但实际是金世宗"大定仁政"的一个结晶。但是,金世宗统治时期,统治者维护女真族,施行民族歧视,使民族矛盾日益激化。不过,总的来说,金世宗还是功大于过。

大定四年(1164年),金世宗祭中岳于河南府。大定十四年(1174年)敕修中岳庙,至大定二十二年(1163年)中岳庙修成,命翰林待制黄久约撰《中岳庙碑》立于中岳庙内,至今保存完好。

许安仁

许安仁(1129~1205年),金朝官吏、诗人。字子静,献州交河人。自幼丧父,刻苦读书,善属文。大定七年(1167年)进士,调河间县主簿。累迁太常博士,兼国史院编修官。章宗为皇太孙,安仁以讲学被选东宫,转左补阙、应奉翰林文字。章宗即位,改国子监丞,兼补阙,徙翰林修撰,同制诰,兼职如故。侍御史贾铉推荐,任济南府同知。路伯达称其"立己纯正"可以重用,破例擢为礼部郎中,兼左补阙。朝廷议论欲以流人充实边防,安仁上书:"昔汉有募民实边之议,盖度地营邑,制为田宅,使至者有所居,作者有所用,于是轻去故乡而易于迁徙。如使被刑之徒寒饿困苦,无聊之心,靡所顾藉,与古之募民实塞不同,非所宜行。"皇帝采纳了他的建议。明昌四年春(1193年),皇上将幸景明宫,许安仁与同列谏曰:"昔汉、唐虽有甘泉、九成避暑之行,然皆去京师不远。非如金莲千里之外,邻沙漠,隔关岭,万一有警,何以应变,此不可不虑也。"疏奏,遂罢幸。出为泽州刺史,在官2年,迁同知河南府事。以汾阳军节度使致仕。官泽州时,在任著《无隐论》10篇奏朝廷,对官制、财政、土地制度、教育等方面提出改革。泰和五年(1205年)卒,年77岁,谥号"文简"。

许安仁长于作诗,其诗作质实无华,淡然有古君子风,故为时人所称云。许安仁在嵩山活动时,写有《望少室》、《少室道中望少林》、《游少林寺》等诗,史料有录。

丘处机

丘处机在成吉思汗大营

丘处机(1148～1227年),金朝在嵩山传播道教的道士、道学家、道教领导人,全真道北七真之一、全真教龙门派开创者。丘处机或作邱处机,字通密,号长春子。"世为嵩阳显族",后迁登州栖霞(今属山东)。19岁入道,次年拜王重阳为师,追随左右,甚契玄机。王重阳羽化后,金大定十四年(1174年),他穴居陕西磻溪洞,历时6年,后又在龙门山(今陕西宝鸡东南)潜修7年。金大定二十八年(1188年),奉金世宗之召,到燕京主持"万春节"醮,事毕返陕。金明昌元年(1190年),金章宗以"惑众乱民"为嫌,下诏禁罢道教,处机于是东归栖霞。泰和八年(1208年),金章宗赐丘之居所为太虚观。贞祐二年(1214年)秋季,请命招安山东杨安儿义军,获得成功。贞祐四年(1216年),金宣宗召见,丘处机亦不应。兴定三年(1219年)南宋宁宗召见,丘处机皆不应诏。因为丘处机从山东一地观察社会政治形势,看透了金朝和南宋的前途不妙,同时也看到以后要使全真道得到发展,必须同将要称王于中国的蒙古政权拉上关系,取得蒙古大汗的支持。恰在此时金兴定三年(1219年)十二月,成吉思汗闻其名,自乃蛮(今蒙古境内)派使者召请,丘处机不顾72岁高龄,于兴定四年(1220年)正月,毅然率大弟子尹志平等18人,从莱州昊天观出发,跋涉万里,历尽艰难,于兴定六年(1222年)到达西域大雪山成吉思汗行宫。元太祖问他如何治理天下,他回答应以"敬天爱民"为本;问长生久视之道,回答以清心寡欲为要。并进言欲统一天下者,"必在乎不嗜杀人"。太祖深契其言,礼遇甚隆,尊为神仙。

丘处机在西域滞留近1年,于正大元年(1224年)三月回到燕京后,成吉思汗赐以虎符、玺书,令其掌管天下道教,诏免道观和道士一切赋税和差役。丘处机于是广发度牒,建立平等、长春、灵宝等八个教会,在燕京和各地建立道观宫庙,设坛作醮,一时间教门四辟,道侣云集,教门大盛。丘处机掌教期间,基本继承王重阳的思想,主张清心寡欲为修道之本。全真道大盛,全真道传承的主要教派——龙门派,丹法亦显。他全真教有严格的出家住庵制度,宗教素质较高,其教理融合儒、释,建立了一套完整的教义教制,成为中国道教的大宗。道教通过全真教的传播,得以在全国发扬光大。

丘处机于正大四年(1227年)羽化,时年80岁。元世祖忽必烈至元六年(1269年),诏赠丘处机为"演道主教真人"。元武宗至大三年(1310年)加封为"长春全德神化明应真君"。后世称为"长春真人"。丘处机撰有《大丹直指》2卷,系统阐述其内丹修炼的理论和方法。另外还著有《磻溪集》6卷,收存于《正统道藏》;《摄生消息论》1卷,收入《道藏精华录》;有《鸣道集》。

丘处机曾在嵩山奉天宫修道,曾在嵩阳崇福宫传全真龙门派,在此宫多次主持道场。丘处机在嵩山道教史上留有盛名,嵩山史料多有记载。

王庭筠

王庭筠(1151～1202年),金朝书画名家、大诗人。字子端,曾隐居隆虑(今林州市)黄华山寺,号黄华山主、黄华老人、雪溪翁。河东(今山西永济)人,一作熊岳(今辽宁盖平)人。左相张浩外孙,居河南林州黄华山下。少年聪颖,7岁学诗,11岁赋全题。金世宗大定十六年(1176年)进士,任恩州(今山东平原县西恩城)军事判官,馆陶县主簿。金章宗明昌元年(1190年)因犯赃罪而罢官。金章宗明昌三年(1192年)召任翰林文字、书画局督监,与张汝方等鉴定了金朝收藏的书画,分别定出品级。后为翰林院修撰。金章宗承安元年(1196年)因受赵秉文上书章宗之案的牵连而被降为郑州防御判官,泰和元年(1201年)复官翰林修撰。

王庭筠"文采风流,照映一时",以七言长诗造语奇险见称,其中描写自然风光的诗占有重要地位。亦善书画,其书法和枯木竹石学米芾,重视笔墨情趣,不为成法所囿,上逼古人。与党怀英、赵沨、赵秉文俱以书法成名家,其画与诗文紧密结合,发展了文人画派,对后世影响甚大。存世墨迹有《幽竹枯槎图题辞》,碑刻有《博州重修庙学记》、《重修蜀先主庙碑》等。其作品《幽竹枯槎图题辞》卷,绢本,墨笔。该画笔墨富有变化,柏树用笔潇洒爽朗,水墨淋漓,霜韵铁骨;画竹笔力挺劲,叶如刀裁,纵恣奔放,现藏日本京都藤井齐成会。

王庭筠

王庭筠文集有《黄华集》40卷、《藂辨》10卷传世,《中州集》录诗28首。《补遗》中又补录4首。其内容可分为反映人生感受、表现皈依佛门、记录狱中情思、描写自然风光等方面。王庭筠堪称金代东北第一文人,他能诗、能文、能书、能画,同代人或后来人对其评价都很高。赵秉文的《题黄华墨竹》和《寄王处士子端》、完颜璹的《黄华画古柏》、王若虚的《王内翰子端诗》、雷渊的《题黄华江皋烟村》、张行简的《题子端雪溪小隐图》、李纯甫的《子端山水同裕之赋》等。尤以元好问的《王子端内翰山水同屏山赋二首》评价最中肯,有"辽海东南天一柱"之誉。

金章宗明昌、承安之际,曾长期在翰林院供职,位至翰林修撰,世称"王内翰"。王内翰与嵩山少林寺住持性英有"唱酬诗轴"。当然,以年辈论,王是前辈名家,性英是晚辈,二人的唱酬说明王庭筠对这位晚辈的爱重。史料记载,王内翰"外若简贵,人初不敢与接。既见,和气溢于颜间,殷勤慰藉如恐不及,少有可取极口称道,他日虽百负不恨也。……世人以知人许之。"王内翰与性英的酬唱可算一例。

性英之所以以方外之身能从容游衍于金元两代士林的原因之一,就是在文学和书画上,得益于王庭筠,亦见其起点之高。

王庭筠一生好游览,他在嵩山游览时,曾写有《超化寺》、《超化寺塔》等诸多诗作。

宗端修

宗端修(1149~1208年),金朝大臣、诗人。字平叔,一字伯正,嵩山汝州人。自小聪慧好学,极爱名节,大定二十二年(1182年)进士,明昌年间补尚书省令史。承安元年(1196年),代孙椿年为监察御史,以敢于直言进谏而闻名。一次,章宗调动大量车马人役欲东巡泰山设坛祭天,当时天气寒冷,时有路人冻死,宗端修就劝阻章宗不要东巡,免得劳民伤财,民怨沸腾。章宗采纳了他的建议,不去东巡,免去了人民的一场灾难。章宗的元妃李师儿十分得宠,师儿的哥哥李喜儿(曾做过强盗),弟弟铁哥经常在朝中奔走,贪污受贿,徇私枉法,无恶不作。群臣畏于师儿的权势,敢怒不敢言。宗端修实在看不过去,便上书章宗要"乞远小人"。章宗故作不知,派李喜儿去问宗端修:"小人到底是谁?"宗端修对着李喜儿大声直言:"小人者,你李仁惠兄弟。"仁惠、喜兄赐名也。喜兄不敢隐,回宫后具奏之。章宗喜爱宗端修的正直,既不怪罪,也不采纳。承安四年(1199年),宗端修又上书言事,被宰相董师中责以"越级上书,上书不实"而削官。宗端修对自己的操守要求很严。妻子死了,独居20年不再娶,士论高之。汝州司侯游彦哲赴汝州上任,就为政之道向宗端修请教。他说:"为政并不难,治气养心而已。"彦哲听了不甚理解,他解释说:"养心就是心要正,心正则无私;治气就是要气平,气平则不暴。无私又不暴,还搞不好政务吗?"其为政之术是"心正"、"气平"。泰和四年(1204年),章宗升宗端修为大理丞,专管审案。因处理大同府纥石烈执中一案不合章宗的意见,又被削官,为全州节度副使,后死于任上。

宗端修还是金代诗人,元好问编著的金诗总集《中州集》卷八中收录有宗端修的诗,诗前有《宗端修小传》。嵩山地区临汝(今汝州市)汝阳书院诗宗祠中,设有宗端修神位。

秦 略

秦略(1161~1227年),金代诗人。字简夫,号西溪老人,金代陵川人。父名事轲,卓有诗名,善书法。略出身于书香门第,也以写诗见长。少年时,因举进士不第,专以写诗为业,是当时诗坛上颇负盛名的诗人之一。他写诗善于雕刻,而不见斧凿痕迹。临终曾留诗云:"躯壳羁栖宅,儿孙邂逅恩。云山最佳处,随意着诗魂。"有《西溪集》,已佚。

秦略与元好问交游达15年之久。元好问在《寄英禅师时住龙门宝应寺》诗中说"老秦诗最和,平易出艰深",并为之写有《送诗人秦略归苏坟别业》等诗。其诗见于《中州集》的有《拳秀峰》、《谷靡靡》等10余首。

秦略在嵩山活动期间,写有《赠赵宜之》、《同希颜、裕之赋乐真竹拂子》、《少室山卓剑峰》、《赵洛道中》等诗,史料有录。

刘昂霄

刘昂霄(1186~1223年),金代诗人。字季房,一作景元,即刘景元。山西陵川人。举进士不中,以荫补官,调监庆阳晕器库,不就,遂隐居洛西永宁山水间。元光二年(1223年)六月病卒,年38岁。

刘昂霄读书过目不忘,天赋极高,是个博闻强识的奇才。元好问专门在《中州集》卷七"刘昂霄小传"中评价他:"五经、诸子、世谱、官制、地理与兵家成败等,无所不窥。""为人细瘦,似不能胜衣,好横策危坐,掉头吟讽,指巾奋袖,谈辞如云,四座耸听,噤不得语。""遇其饮酒,眼花耳热后,其锋愈不可当。"被后世的朱元璋、刘伯温称为"开国文臣之首"。明代第一文臣宋濂曾于《哀志士》中赞颂了五个志士,刘昂霄是其中之一。

尝从李纯甫游,又与雷渊、辛愿、麻革、元好问友善。成语"耸壑昂霄",即出自元好问为其所作的《刘景玄墓铭》:"及吾未老,当见汝耸壑昂霄时耳。"一语意谓跳越溪谷,直入云霄。用来比喻出人头地。与元好问为至交。元好问曾作诗《寄答景元兄》:

故人相念不相忘,频着书来约对床。甚喜樵夫与争席,所忧簿吏复登堂。

春风和气随诗到,洛水秦山引兴长。奋袖高谈夜窗白,几时危坐听琅琅?

刘昂霄绝顶聪明,洒脱不羁,且非常有文人的傲骨,一如他诗句中的"直气南山相与高,争教尘土涴青袍"。他对军事亦有很高的造诣,半月即可背诵《太平广记》,甚至可以把商家账簿倒背如流。朝廷因慕其才,曾封他为庆阳军节度使,他却不屑一顾。有人为他作诗曰:

旷世奇才不为用,宁为林泉布衣人。笑讽天下李白二,惯作狂士醉中吟!

秦志安

秦志安(1188~1244年),金元时期嵩山文化名人。陵川(今属山西省)人。字彦容,号通真子、林间羽客、樗栎道人。元好问《遗山集》卷三十一《通真子墓碣铭》载:志安三举进士不中。贞祐初年(1213)避战乱南渡。正大五年(1228)父亡,志安40岁,乃置家事不问,放浪嵩少间。喜读黄老方外书,先习佛学,后从道士游。在河南遇兵乱,避地北归,遇宋披云法师,遂师事之,受上清大洞紫虚符箓。秦志安勤学好问,纵阅道教典籍。元太宗九年(1237)宋德方、李志全于山西平阳玄都观校刊《道藏》,秦志安总理其事。立局27,役工500余人。志安亲手补完订正三洞四辅1.8万余篇,同时编撰《金莲正宗记》5卷,记述全真教派北五祖七真人修道成仙故事。并与《烟霞录》、《绎仙》、《婺仙》等俱收入《玄都道藏》,成为后世研究全真道人物的重要典籍。秦志安参校道书,课授信徒,历近10年,于甲辰(1244)五月书成后,病逝于所居樗栎堂,享年57岁。著述有《林泉集》20卷、《金莲正宗记》5卷。后刘志应、谢西蟾合撰《金莲正宗仙源像传》1卷,与此书相应,广为流传。著名弟子有李志实、郭志希等。

秦志安和儒学家李俊民为友,写有《寄李俊民》一诗:

先生高见真吾师,速营菟裘犹恨迟。窗明炕暖十笏地,松风萧萧和陶诗。

山野已寻云外路,直入天坛最深处。踏开李愿旧游踪,请君自草盘谷序。

冯 璧

冯璧(1154～1232年),金朝官吏、诗人。字叔献,别字天粹,真定人。为官严苛,有"冯邻"之称,被列入酷吏传。幼年时即颖悟不凡,20岁时补太学生。承安二年(1197年)进士,历官郦州录事。承安五年(1200年),因功从东阿丞升任太学博士,至宁初年离职。历任翰林院修撰,监察御史、大理寺丞、礼部员外郎、权右司谏等职,官至集庆军节度使。贞祐四年(1216年)迁刑部郎中,历官守正持法,不避患难,屡审大案,因参与者弹劾宗室权贵一事获罪。元光、开兴年间(1222～1232年),冯璧在嵩山太室龙潭寺隐居。天兴元年(1232年),河南被元军攻破,遂北归。不久冯璧卒,年79岁,元好问为之撰写神道碑。冯璧在嵩山隐居期间,与著名诗人元好问、雷渊等多有来往,常在一起游历嵩少,同唱共吟。其中,与汴禅师往来诗篇甚多。史料记载,冯璧在嵩山活动期间,写有《会善寺怪松》、《雨后看并玉所控诸峰》、《同裕之再过会善有怀希颜》、《追述嵩少之游》等诗。

张 毂

张毂(?～1217年),金朝大臣、文学家。字伯英,金许州临颍(今临颍县)人。大定二十八年(1188年)进士,初任宁陵县主簿,改泰定军节度判官,又改同州观察判官。当时出兵备边,上限期交纳10万支雕雁羽箭。他以雕雁羽造价昂贵,甘愿身任其咎,另换它羽充之,大大地节约了费用。后以武宁军节度副使的职位伐宋。贞祐年间历任河南治中、隰州刺史、刑部郎中、河南知府、迁河东南路转运使、权行六部尚书、安抚使等职。

张毂在嵩山期间,写有游览嵩山风景名胜的诗,史料有录。

赵秉文

赵秉文

赵秉文(1159～1232年),金朝良臣大儒,文学家。字周臣,磁州滏阳(今河北磁县)人。著作等身,"自幼及老未尝一日废书",时人称为"斯文盟主"。后入万松行秀的门第,名为"闲闲居士",晚年号为"闲闲老人"。自幼聪颖好学,17岁预乡试。大定二十五年(1185年)进士。历任安塞主簿、邯郸令、唐山令、翰林文字、同知制诰、岢岚州事、北京路转运司支度判官、户部主事、翰林修撰、宁边州平定州刺史等职。赵秉文"历五朝,官六卿",朝廷中的诏书、册文、表以及与宋、夏两国的国书等多出其手。他的文章说理透彻精辟,而且通俗易懂,从来不受形式的束缚。他晚年起草的《开兴改元诏》,街头巷尾皆能传诵,洛阳人拜诏毕,举城痛哭,非常感人。但他"自奉养如寒士,与人交往不立崖岸,从未以大名自居。"他在平定州任职期间,关心百姓之疾苦,每逢灾年,就拿出自己的俸禄来救济难民。金大安初年（1209年），北兵南侵，军事统帅卫绍王召赵秉文与赵资道商议对策，赵秉文说："宣德城池狭小，布阵不便。现在我军聚集在宣德城外，天气炎热，淫雨不断，器械也不完备，将士易犯病。若敌人来攻，对我军不利。兵法上讲'出其不意，攻其不备'，不如派遣临潢的驻军去偷袭敌人的虚弱之处，这样便可解山西之围"。此建议未被卫绍王采纳。到了秋天，敌人来攻，宣德之战以失败告终。后皇上加封赵秉文为兵部郎中，兼翰林修撰和翰林直学士。贞祐元年（1213年）又上书进谏三件事：一是迁都；二是疏通河道；三是依功定职。这三项都被采纳，并付诸实施，对治国安民起了很大作用。不久，赵秉文又进谏说："皇上应勤俭，慎重考虑用兵和刑法"，此建议也被皇上采纳。金宣宗时累官礼部尚书。正大九年（1232年）五月，赵秉文在忧国忧民中病逝，年74岁。封"资善大夫、上护军、天水郡侯"。

赵秉文是金代重要的作家之一，诗、文、书、画皆工，是继王庭筠以后的金源文坛的盟主。他反对陈旧文风，提倡写文不拘一格。其散文所表现的哲学思想，以周程理学为主，宣扬仁义道德性命之说。他和李纯甫一样，同为当时"孔门禅"的倡导者之一。他在得了万松行秀的显诀后，将其发展为"孔门禅"。"孔门"者，儒家孔夫子之门槛儿，何以会生出禅来呢？这"孔门禅"亦不外时代思维之产物。全真道的王重阳主张会通儒释道；云门宗的澄徽，也在注解《道德经》；曹洞宗的万松更是一位"冶五宗为一炉"、"儒释兼备"的人物。而当此国破家亡，人心动荡之时代，传统的儒家道德思想和理论亦受到了挑战。士大夫们，如李纯甫、性英、福裕、元好问等，遂从"外佛内儒"，转而为"外儒而内佛"的形态。这便是"孔门禅"即脱胎一地这一思想的文化背景。赵秉文的诗歌清新豪放，律诗壮丽，多写自然景物。擅画梅花竹石。字兼古今，草书遒劲有力，深受国内外和邻国西夏人的崇拜。前后主文坛40年之久，成为金朝末期"文士领袖"。晚年逢金朝衰乱，以禅学求慰藉。著有《易丛说》10卷、《中庸说》1卷、《扬子发微》1卷、《太玄笺赞》6卷、《文中子类说》1卷、《南华略释》1卷、《列子补注》1卷、《删集论语·孟子解》20卷、《资暇录》15卷、《滏水集》30卷。

金哀宗正大年间（1224～1231年），赵秉文以礼部尚书奉侍哀宗祭祀嵩山。少林寺住持性英"倦于应接，思欲退席"。赵秉文上疏朝廷请求挽留性英，推崇性英为"诗僧第一代，无愧百年间。"并和性英多有唱和之作。赵秉文在嵩山活动期间，写有《嵩山承天谷》《留题崇福宫》《赠裕之》《虎牢》《少林》《同性英粹中赋梅》等多首与嵩山有关的诗，以此抒发他对嵩山的热爱和情怀。

完颜珣

完颜珣（1163～1223年），金宣宗，金朝第八位皇帝。女真族。本名吾睹补，汉名完颜珣，父完颜允恭。金世宗长孙，卫绍王侄，母昭华刘氏。金世宗大定十八年（1178年）封温国公，二十六年（1186年）赐名"珣"，二十九年（1189年）封丰王。承安元年（1196年）封冀王。泰和五年（1205年），改赐名从嘉，其后又改封邢王及升王。至宁元年（1213年）八月，胡沙虎杀卫绍王，自彰德府（今河南安阳）迎立为帝，是为"宣宗"，改元"贞祐"，以胡沙虎为太师、尚书令兼都元帅。闰九月，宣宗复旧名"珣"。十月，高琪杀胡沙虎，宣宗赦免高琪，封他为左副元帅。是年秋，蒙古军分三路攻金，几乎攻破所有河北郡县，金国只有中都、真定、大名等11

完颜珣

城未曾失守。宣宗遣使向蒙古求和,蒙古军北返。贞祐二年(1214)五月,迁都于汴(河南开封)。此举触怒蒙古,战争再起。次年五月,中都(今北京)失守;十月,蒲鲜万奴在辽东自立。此后,河北、山西重镇连续陷于蒙古,对宋、夏战争又连遭失败,国势日衰。兴定三年(1219年)腊月,宣宗诛高琪。其对外措施的不当,直接导致了金国的灭亡。他先向蒙古大汗成吉思汗屈辱求和,又与西夏断交,还不顾大臣们的反对,将都城由中都南迁汴京,并且发动侵宋战争。金国三面受敌,加上内部不和,叛乱频生。在位期间大量发行钞票,造成金国经济濒于崩溃。虽有励精图治之志,但无拨乱反正之才。金宣宗1213～1224年在位,元光二年(1223年)腊月卒,年61岁,庙号宣宗,谥圣孝皇帝,墓号德陵。

金宣宗在嵩山留下的遗迹主要有嵩山的御寨山。御寨山,即少室山,兴定二年(1218年),金宣宗完颜珣与元太祖成吉思汗交战时,宣宗被元兵追击出京,躲避险峻陡峭的少室山,并在少室山安营扎寨,因此,后人把他的驻兵之地称为"御寨山"。相传,就在金宣宗屯兵少室山时,金宣宗曾许诺少林寺方丈满公大和尚,要元军退兵后为满公在少室山南再建一所寺院。后在满公的指点帮助下,计退元兵,遂在少室山清凉峰下建清凉寺。少室山顶至今仍有与金宣宗有关的大御寨、小御寨、回楼地、饮马池等遗迹。

张行信

张行信(1163～1231年),金朝重臣。字信甫,先名行忠,张行简之弟。莒州日照人。大定二十八年(1188年)进士,任铜山县令。历拜参知政事。明昌元年(1190年),任监察御史。明昌四年(1193年)四月金章宗召见,他当面提出要"以除民害"和"便民"。泰和三年(1203年),任山东西路转运使、河东路按察司。崇庆二年(1213年),为左谏大夫。宣宗立,行信疏请立太子,更累谏时政,悉嘉纳之。贞祐二年(1214年),迁山东按察兼转运使,仍权本路宣抚副使。将行,奏去相臣之不忠者。贞祐三年(1215年)二月,改任武安军节度使,兼冀州管内观察使。始至,即上书言四事,朝廷多用其议。同年八月,召回朝中任吏部尚书,继任户部尚书、礼部尚书,兼同修国史。贞祐四年(1216年),为太子少保,酌定礼制。兴定元年(1217年),拜参知政事,可否时政,不避权奸。兴定二年(1218年),出为彰化军节度使,兼泾州内观察使。去未久,上谕宰臣曰:"自张行信降去,卿等遂缄默耶。"行信始而泾,即上书陈军政,多见采纳。元光元年(1222年),致仕。哀宗立(1224年),起为尚书左丞。寻复致仕,居嵩山。惟以抄书教子孙为事,葺园池汴城东,筑亭号"静隐",经常与侯挚等人诗咏其间。正大八年(1231年),薨于嵩山崇福宫,享年68岁。张行信初游嵩山时,曾尝曰:"吾意欲主此山。"后果终于此。

杨云翼

杨云翼(1170～1228年),金朝儒学家、文学家,与赵秉文被金史誉为"金士巨擘"。字之美,平定乐平(今山西昔阳)人。天姿颖悟,日诵数千言。明昌五年(1194年)经义进士第一,词赋亦中乙科。事母孝,与人交,款曲周密。南渡后,杨云翼主持科举30年,南渡后与赵秉文轮流执掌文柄,门生半天下。文章亦与赵秉文齐名,世称"杨赵"。一时高文大册,多出其手。天性雅重,待人宽、律己严。宣宗连年南伐,时相多避嫌不敢言,杨云翼练达吏事,直言极谏。宣宗兴定二年(1218年)拜礼部尚书,转吏部尚书,终于翰林学士,卒年59岁,谥文献。

作为一名儒学家,杨云翼主张"学以儒为正,不纯乎儒非学也;文以理为主,不根于理非文也"。作为一名诗人,杨云翼的诗作往往不加藻饰而近于质直,有工炼平稳之风。其古文则长于论辩,说理明晰,有一气呵成之势。元好问曾盛称"惟其视千古而不愧,是以首一代而绝出"。杨云翼博学多才,对历法、医药、经学均有研究,曾参订《太乙新历》,为历法家所称道。著有《云翼文集》若干卷,编校了《大金礼仪》《续通鉴》《周礼辨》《左氏》《庄子》《列赋》《勾股机要》《象数杂说》《五星聚井辨》等著作。诗存22首,收入《中州集》21首。杨云翼在嵩山活动时,与少林诗僧释性英多有来往,且极推崇释性英的诗。

李俊民

李俊民(1176~1260年),金、元之际学者,嵩山隐士。字用章,自号鹤鸣老人。泽州(今属山西晋城)人。少习二程理学,有文名。章宗承安五年(1200年)举经义进士第一,官应奉翰林文字。不久,任沁水县令,并提举长平(今高平西北)仓事,进升朝清大夫。因不满政治腐败,弃官归田,以所学教授乡里。由于他学问渊博,加之状元声威,从学者甚众,不远千里慕名而来投师者不绝于门。贞祐二年(1214年),他南渡黄河,隐于嵩山鸣皋。后元朝泽州长官段直从河南嵩山迎回,让其担任泽州教授。段直千方百计招延泽州散在四方的名士,协助李俊民教授学生,所以仅五六年,所培养的人才,以通经被选者有122人。

元初,忽必烈即汗位前,刘秉忠曾向忽必烈推荐李俊民,盛赞他"易理易数两造精微"。元宪宗蒙哥七年(1257年),忽必烈在藩邸,命以安车召见李俊民等金朝遗老,天天延访,从不间断。上至天文、下至地理,经史百家,无所不晓。忽必烈想授以高官,但李俊民拒绝入仕,恳赐还山,忽必烈钦佩其气节,尊重其人格,便派专人护送。忽必烈曾令张仲一向李俊民讨教有关祯祥方面的预言,因李俊民精通《皇极》数,所言神话般全部应验。当忽必烈即汗位,改元中统,李俊民已卒于嵩山,享年85岁,葬于晋城崔家庄北。元世祖中统初,赐谥"庄靖先生"。李俊民在金、元文坛上颇有名声,他每出一篇诗文,士大夫争相传抄,但以不见全集为恨。元世祖忽必烈曾对侍臣说:"朕求贤三十年,唯得窦汉卿及李俊民二人。"生平著述有数千上万篇,因遭战火毁坏,遗弃殆尽。诗作多能反映现实生活,或写人民苦于战乱,或关心水旱灾荒,有真情实感。元代泽州郡守段直,饶意文事,与诸大夫购求李俊民散落的诗文,仅得晚年作品诗赋、古文1000余篇,编为《庄靖集》10卷刊行。代表作《重修浮山女娲庙记》、《睡鹤记》。《四库全书总目》赞其诗"类多幽忧激烈之音,系念宗邦,寄怀深远,不徒以清新奇崛为工"。著有《庄靖集》(包括诗7卷,文3卷),词存68首,传于世。

李纯甫

李纯甫(1177~1223年),金朝儒学家、文学家,嵩山隐逸。字之纯,号屏山居士。弘州襄阴(今河北阳原)人。李纯甫自幼聪敏,初习词赋,后攻经义,少年时曾作《矮柏赋》。章宗承安二年(1197年)进士。少负其才,慨然有经世志,每以诸葛孔明自期。喜谈兵,屡上疏论时事。章宗南征,两上疏策其

李纯甫

胜负,上奇之,给送军中,后多如所料。金朝宰相执爱其文,荐入翰林。及大元兵起,又上疏论时事,不报。宣宗迁汴,再入翰林。当时,丞相高琪专权,李纯甫知其必然不得善终,就以母亲年龄大为由,辞官而去。由于仕途不得志,旋即归隐于嵩山,与赵秉文、刘从益、雷渊、李献能、李献卿、刘祖谦等交游,或谈儒佛异同,或论文作诗,被人称为"中州豪杰"。李纯甫工于散文。其文师法《左传》、《战国策》、《庄子》、《列子》,文风雄奇简古。当时雷渊、宋九嘉等人皆作古文,争相效法。嗜酒如命,未尝一日不饮,未尝一日不醉。眼花耳热之际,谈锋甚健,如倾江河,无有穷竭。啸歌袒裼,出礼法外。喜佛学,力探奥义。取儒道两家书,牵引杂说,错综诸经,著为别解。后李纯甫三入翰林院,连知贡举(管科举之事)。金哀宗正大八年(1231年),李纯甫去世于京兆府判官任上,年47岁。

金朝迁都汴京后,在金文学中形成了不同风格的诗歌流派。金代著名诗人赵秉文与李纯甫当时成为金代诗坛的两面旗帜。他们各有其理论主张,都有较高的创作成就,在金代诗坛上形成双峰对峙、二水分流的局面。对金朝迁都前那种浮艳尖新的诗风,他们都起到了逆挽颓流的作用。李纯甫的诗学理论强调标新立异,自成一家,《归潜志》云:"教后学为文,欲自成一家。当别转一格,勿随人脚跟。"因此,李纯甫在诗歌风格上追求奇特峻峭,造语险异,具有唐人卢仝、李贺的诗风。李纯甫为人谦恭,礼贤下士,成为金迁都后的士大夫魁首,在他的旗帜下形成了金代诗歌的一大流派,这派代表人物有雷希颜、李经、宋九嘉、赵宜之等人。李纯甫自传《屏山居士传》中写道:"语言謇吃,而连环可解;笔札迂滞,而挽回万牛。"精辟地概述了自己一生的文学特色和成就。

李纯甫信仰佛学禅道,李纯甫为万松行秀门下弟子,门为"屏山居士"。然而怀才不遇的李纯甫终于归心万松行秀,是当时"孔门禅"的倡导者之一。李纯甫著书立说,游戏禅儒,大胆地向传统(佛、儒、道)提出了挑战。雷渊认为,李纯甫的学说前无古人,卓然自见,不苟同于众人。还有学者认为李纯甫文法《庄子》、《左传》,词句雄奇简古,可称"当世龙门"。说到他的雄辩之才,更是"问如雨点,答似雷轰"。他的气节,尤为时所重,曰"宁为时所弃,不为时所囚。"他还研究军事,洞悉地理,逆料胜负。他在《重修面壁庵记》中自我表白:"屏山居士,儒家子也……深爱经学,穷性理之说。偶于玄学似有所得,遂于佛学亦有所入。学至于佛,则无可学者,乃知佛即圣人,圣人非佛,西方有中国之书,中国无西方之书也。"李纯甫始终坚持著书立说,他把自己的文章归为两类,凡论性理及有关佛老二家者编为"内稿",其余文字编为"外稿"。他注释解说了《楞严外解》、《金刚经别解》及《鸣道集解》、《中庸集解》、《老子解》、《庄子解》、《屏山翰墨佛事》等,融会儒、佛、道三家学说,从中会三圣人——佛、老子、孔子——"理性之学要,终归指佛祖而已"。耶律楚材为之作序。其诗收入《中州集》中。作《屏山居士传》,自赞云:"躯干短小而芥视九州,形容寝陋而蚁虱公侯,语言謇吃而连环可解,笔札讹痴而挽回万牛。宁为时所弃,不为名所囚。"

李纯甫逝世后,金代著名诗人元好问赋诗《李屏山挽章二首》悼念他:

世法拘人虱处裈,忽惊龙跳九天门! 牧之宏放见文笔, 白也风流余酒尊。
落落久知难合在,堂堂元有不亡存。中州豪杰今谁望? 拟唤巫阳起醉魂。
谈尘风流二十年,空门名理孔门禅。诸儒久已同坚白,博士真堪补太玄。
孙况小疵良未害,庄周阴助恐当然。遗编自有名山在, 第一诸孤莫浪传。

李纯甫隐居嵩山期间,与少林寺僧人多有来往。少林寺住持东林志隆重修"达摩面壁庵"和"雪庭西舍"时,请李纯甫撰有《重修面壁庵记》和《新修雪庭西舍记》。

麻九畴

麻九畴(1183～1232年),金朝儒学家、医家。字知几,号征君,初名文纯,易州(今河北易县)人,一说莫州(今河北任丘)人。3岁识字。7岁能草书,作大字有及数尺者,一时目为神童。弱冠入太学,有文名。南渡后,寓居郾、蔡间,入遂平西山,始以古学自力。博通《五经》,于《易》《春秋》为尤长。兴定末,试开封府,词赋第二,经义第一。再试南省,复然。声誉大振,虽妇人小儿皆知其名。及廷试,以误绌,士论惜之。已而隐居不为科举计。正大初(1224年),门人王说、王采苓俱中第,上以其年幼,怪而问之。乃知尝师九畴。正大三年(1226年),平章政事侯挚、翰林学士赵秉文连章荐之,特赐卢亚榜进士第。赐进士及第,应奉翰林文字。以病,未拜官告归。再授太常寺太祝,权博士,俄迁应奉翰林文字。九畴性资野逸,高蹇自便,与人交,一语不相入则径去不返顾。自度终不能与世合,顷之,复谢病去,居郾城。天兴元年(1232年),大元兵入河南,挈家走确山,为兵士所得,驱至广平,病死途中。

麻九畴初因经义学《易经》,后深研邵雍《皇极经世》,以象数学闻名于世。又喜卜筮、射覆之术。晚更喜医,与名医张子和游,尽传其学,且为润色其所著书。麻九畴为文雄丽巧健,诗则精深峭刻,力追唐人,颇为金代著名文学家赵秉文所赏。元好问《中州集》卷六选其诗31首。

麻九畴在嵩山活动期间,常与元好问、雷渊、王渥、李纯甫等山游,唱和甚多。其间,他写有《九日登少室绝顶》、《赠裕之》、《元裕之以山游见招》等诗多首,史料有录。

雷 渊

雷渊(1184～1231年),金朝名臣、诗人、嵩山隐士。字希颜,一字季默。大同市浑源(今陕西浑源县)人。父亲雷思,是著名的进士,官至同知北京转运使,注释《易经》流传于世。3岁丧父,7岁发愤读书,家贫,衣履破烂,坐榻无席,毫不介意。常袒肩露足,安坐读书,专心致志。后跟随翰林李之纯交往,于是知名于世。至宁元年(1213年)进士,任泾州录事。后因牵连入狱,出狱后改官东平,授徐州观察判官。凡事为民着想,百姓画像感念。兴定五年(1221年)任英王府文学兼记室参军,转任应奉翰林文学,拜监察御史,因对五件事提出进谏都符合皇帝的心意,得到宣宗赏识。任事刚直,弹劾不避权贵,出巡郡邑,发现奸豪不法之徒,立予笞杀。至蔡州,曾杖杀500名豪强犯法者,时号"雷半千"。遭豪强嫉恨,陷于诉讼,被罢官落职。数年后,由宰相侯挚推荐,被起用为太学博士、南京转运司户籍判官,徙官翰林修撰。雷渊为人仗义执言,每遇不平之事,则疾恶之形于面颜,或者嚼齿大骂,人称"真

雷 渊

豪士也"。正大八年(1231年),金军在倒回谷大败蒙古兵,是乘胜追击,还是就此鸣金,诸将主张不一。在编修任上的雷渊力排众议,指出机不可失,应当一鼓作气。在一片议和的气氛中,雷渊的高瞻远见被搁置一边,逃亡中的蒙古大军后来发现没有追兵,于是卷土重来,聚攻凤翔,朝廷闻讯,悔之晚矣。不久改朝换代,雷渊含恨而逝,享年48岁。

雷渊学问广博,善结交宾客,著文师法韩愈,作诗受苏轼、黄庭坚影响,追求新奇。所撰《祭高献臣文》,其词高古,传诵一时。喜好收藏古人书画,书法也颇可观。诗存于《中州集》中凡30首,《归潜志》中亦有收集。

雷渊罢御史时,寓居嵩山数载,与元好问、李纯甫、冯璧、高庭玉、赵秉文、陈规等多有交往,在嵩山探幽履胜,唱和甚多,所写《李道人嵩阳归隐图》、《启母石同裕之赋》、《九日登少室绝顶》、《叶县雨中》、《洛阳同裕之钦叔赋》等嵩山诸诗,散见于嵩山史料中。

王　渥

王渥(1186~1232年),金朝名儒、文学家。字仲泽,后名僧泽,太原(今属山西)人。兴定二年(1218年)进士。调管州司侯,不赴。连辟寿州、商州、武胜三帅府经历官,在军中凡10年。正大七年(1230年),王渥出使南宋,应对敏捷,有中州豪士之称。还入为尚书省掾,充枢密院经历官,权右司郎中。天兴元年(1232年)汴京被围,王渥随内族思烈引兵入援,自嵩山汝州过密县,遇蒙古军,殁于阵,卒年47岁。

王渥通《孝经》、《论语》、《春秋》、《左氏传》等经典。文章论议,与金末名儒雷渊、李献能比肩。博学无所不通,长于谈论,工尺牍,字画犹美,有晋人风,作诗多有佳句。元好问谓其"博通经史,有文采,善谈论,工书法,妙于琴事",又于《王渥传》中曰:"尝与予行内乡山中,马上赋诗云:霜风十月余,千山锦峥嵘。"

王渥在嵩山活动期间,与诗人元好问、李汾、李献能、雷渊多有来往,常有诗唱诗和之乐。其中一次,王渥送元好问还嵩山时,俩人就以诗相送。元好问《留别僧泽》诗云:"避俗无机日见侵,逐贫不去巧相寻。半生与世未尝合,前日入山唯不深。绿水红莲惭大府,清泉白石识初心。相思命驾非君事,能寄诗来或赏音。"王渥即以元好问此诗之韵,作诗《送裕之还嵩山》,以表达俩人的知音之情:

高怀不受簿书侵,清颍鸥盟欲重寻。老去宦情如我薄,闲来道念见君深。
对床夜雨他年梦,满马西风此日心。嵩顶胜游谁得共,伫闻仙驭待知音。

姬汝作

姬汝作(？～1233年),金朝民间豪杰。字钦之,金代汝阳(今汝南县)人。以才量称于时。正大末,蒙古进兵中原,姬汝作结乡里自保,受到众人推戴。授北山招抚使,迁入汝州。当时蒙古兵在汝州杀掠后刚刚退去,姬汝作招集散亡人众,复立市井。蒙军前来招降,姬汝作坚决拒绝,对攻城的蒙古军队作了顽强抵抗。金哀宗嘉其节义,授以汝州防御使。天兴二年(1233年),蒙古兵进攻汝州、蔡州,州人梁皋等乘机起事,将他杀害。

黄久约

黄久约,金朝官吏。字弥大,东平须城人,曾祖孝绰,一生不求功名,号潜山先生。父胜,通判济州。母刘氏,尚书右丞长言之妹。传说她夜里做了一梦,一只硕鼠口衔明珠,跳上床来,刘氏惊醒,久约呱呱坠地。人们说,这孩子有福,有享不尽的荣华富贵,是黄家的一颗明珠。黄久约擢进士第,任郓城主簿、曹州军事判官。他在地方做官体恤民情,爱民如子;任磁州刺史时,盗者被捕后,审录官不及时审理,多被杖杀或死在狱中,久约恻然,说:"民虽为盗,而不死于法,能行吗?"乃尽请谳之而后行。在朝做官,敢直言进谏。世宗时,郡县一职多空缺,久约认为这不是因缺乏人才造成,而是论资格的缘故。他对皇帝说:"请下诏责备那些因循守旧而淹没人才的大臣,要他们体谅朝廷苦衷,积极推荐人才。"皇帝采纳之。久约爽朗豁达,敢言直谏,善结友人,文章典雅优美,吏治、学识皆名于当时。章宗即位,久约领右丞相,以国富民贫、本轻末重、任人太杂、吏权太重、官盐价高、坊场害民等事上奏皇帝,皆采纳。后以老请求辞职,皇帝下诏不许:"卿忠直敢言,匡益甚多,不能离我左右。"改任太常卿,兼谏职。明昌二年(1191年)致仕,卒。黄久约在嵩山留下的遗迹有他撰写的位于中岳庙内的《大金重修中岳庙碑》,该碑至今保存完好。

辛 愿

辛愿(？～1231年),金朝嵩山隐逸、诗人。字敬之,自号女几山人,又号南溪诗老,元好问称之为"平生三大知己"之一。金代福昌(今宜阳县)人。年25岁始发愤读书,读白居易《讽谏集》,"一日便能背诵"。遇音义不通者,必多方搜访,通而后已。至《书伊训》、《诗河广》颇若有所省,欲罢不能,因更致力焉。喜杜诗韩文,精于《春秋》三传和佛经。由是博极书史,作文有绳尺,作诗吟唱有自得之趣。天性野趣,为人放达无拘,常麻衣草履,足胫赤露坦然于其间,列坐于公卿宴会,在达官贵人中笑谈豪饮,旁若无人。后因河南府尹诬陷同僚,受牵连下狱。出狱后,生活困窘。所作诗常贮竹橐中。金正大末兵乱,在颠沛流离中死于洛下。

辛愿一生潦倒又不畏强权,孤傲清高。嗜书苦学,六经百家,无不贯通。所作文章诗歌,纲目明晰,诗律精严,五言尤工,有自得之趣。雅负高气,不以从俗俯仰,迫以饥冻流离,往往见之于诗。其一诗云:"万山青绕一川斜,好句真堪字字夸。弃掷泥涂岂天意,折除时命是才华。百钱卜肆成都市,万古诗坛子美家。欲就溪南问遗事,不禁哀涕落烟霞。"其《乱后》诗云:"兵去人归日,花开雪霁天。川原荒宿草,墟落动新烟。困鼠鸣虚壁,饥乌啄废田。似闻人语乱,县吏已催钱。"感时伤乱,颇有代表性,为历代选家所激赏。在金代诗史上,辛愿是较早地提倡唐诗的诗人,著名诗人元好问《杨叔能小亨集序》云:"贞祐年间南渡后,诗学大行,初亦未知适从。溪南辛敬之,淄川杨叔能以唐为旨归。"可见辛愿倡导之功。辛愿与元好问交谊尤笃,生平赠答诗甚多。

辛愿诗原有数千首,今仅存20首,收入《中州集》卷十中。辛愿作有《过嵩山》《过箕山》等诗。嵩山史料有录。

元好问

元好问

元好问(1190～1257年),金朝杰出的文学家、诗人。字裕之,号遗山,太原秀容(今山西省忻县)人。因曾在遗山(今山西定襄县东北)读书,自号遗山山人,世称"元遗山"。元氏系拓跋氏,自北魏孝文帝迁都洛阳,改姓元。元好问的祖先,在五代以后,从嵩山南麓的汝州迁居山西平定,到他曾祖时,由平定移家忻州,从此,就成为忻州人了。元好问出生后7个月,过继给他叔父。5岁,跟叔父在掖县(今属山东省莱州市)任上。由于他生长在书香门第,聪明好学,8岁时就会作诗,人称"神童"、"才子"。14岁时,又跟叔父到陵川(今山西省陵川县),在当时名儒郝天挺门下学习6年,打下了坚实的文学基础。金宣宗贞祐元年(1213年),蒙古军进攻金的中都(今北京)。次年,金迁都汴京。蒙古军侵扰河东(今山西),屠秀容全境。元好问的哥哥元好古遇害。元好问也在太原被围攻。逃出后,奉母南渡黄河,到河南福昌(今宜阳)三乡镇避难,与中原民众一直遭受离乱之苦,开始了波澜跌宕的创作生活。金宣宗兴定二年(1218年),蒙古军继续南侵,元好问携家从三乡镇移居嵩山脚下的登封,前后在这里居住了9年。这期间,金宣宗兴定五年(1221年)中进士,先后任国史院编修官、镇平(今河南省镇平县)令、内乡(今内乡县)令。正大八年(1231年)又任南阳(今河南省南阳市)县令,后为尚书省左司员外郎。金亡不仕。元好问三任县令的时间虽然不长,但多年的农村生活,使他有机会看到豪绅、污吏们对劳动人民的迫害。因此,他的诗有些是表现了对劳动人民疾苦关心,并寄予深切的同情,有些是表现了写对祖国山川、民间风俗的热爱,还有一些是写战争时期的避乱诗。至元四十二年(1275年)9月,元好问卒于获鹿,他的学生郝经把他的灵柩从获鹿舁回忻州韩岩村,葬于元氏坟茔。

元好问一生擅长诗文,诗词风格沉郁,多有伤时感事之作。继承了我国文学的现实主义传统。其反映金元之际社会现实的诗歌,在我国文学史上占有一定的地位。代表作有《木兰花慢·游三台》《赤壁图》《台山杂咏》《十二月六日》等。其《论诗绝句三十首》是一部不朽的诗评,主张写诗要有真情实感,要刚健豪壮,崇尚天然,反对柔靡雕琢。他的词是金代词的最高成就,学苏、辛,内容多反映国家灾难,人民不幸,抒发悲壮胸怀。著有《遗山集》,编有《中州集》《壬辰杂编》,后两者既为修金史的人提供了可靠资料,又保存了金代许多作家的作品。

元好问一生对嵩山、对登封都有着特殊的感情。他在嵩山生活,与当地的劳动人民生活在一起,长期体验农村生活,在思想上与当地的百姓达到了交融。他在游览嵩山的风景名胜的同时,创作了《望嵩少》《少室南原》《驱猪行》《启母石》《嵩山玉镜》《颍亭》《食榆荚》《重阳过后过超化寺》《太室赋》《送登封张令》《少林寺》《楚汉战处》《怀州子城晚望少室》《送郝讲师往崇福宫》《洛阳》《龙门杂诗》《北邙山》等大量的优秀诗作。在与少林寺高僧的交往中,还写了《少林药局记》等散文。嵩山洛阳、禹州、汝州、登封等很多地方都立有他的诗碑。

元好问寓居登封何地,已无实物可考。是否与宣宗因蒙古军追迁退据嵩山少室山的御寨山呢?亦无佐证。但从他的《少室南原》《颍亭留别》等诗,可推知其住所就在登封市西部少室山前,颍水中源附近。

薛 玄

薛玄(1190~1271年),金朝理学家。年仅20岁就载书入少华,昼夜诵习,"又从明理学者游,遂一以圣贤为宗。"金亡后定居洛西,日与辛愿、张德直、元好问、吴杰、刘绘、李国维、杜仁杰、刘好谦等人"讲贯古学,且以淑人,伊洛之间复蔚然矣。"著有《易解》《中庸注》《圣贤心学编》《皇极经世图说》等等。在他的影响下,他的儿子翰林直学士薛友谅大力提倡理学,所兴创的义塾和伊洛五贤祠堂后来被升格为洛西书院和伊洛精舍,成为金代中期嵩山历史文化核心区传播理学的重要阵地。

李献能

李献能(1192~1232年),金朝诗人、隐逸。字钦叔,河中(今山西运城)人。先世有为金吾卫上将军者,时号"李金吾家"。献能昆弟皆以文学名,从兄献卿、献诚、从弟献甫相继擢第,故李氏有"四桂堂"。李献能苦学博览,善属文,尤长于四、六骈体之文。与元好问为至好。贞祐三年(1215年),特赐词赋进士,廷试第一人,宏词优等。授应奉翰林文字。在翰苑10年,出为鄘州(今陕西富县)观察推官。未几,迁为修撰。正大末(1231年),以镇南军节度副使,充河中帅府经历官。元兵破河中,奔陕州行省,权左右司郎中。李献能奔陕州,代理左右司郎中,遇赵三兵变被害,年41岁。李献能家中富有资财,然而尽丧于贞祐之乱,在京师无以自资。其母平素用度豪奢,厚于自奉,稍不如意,即有严词恶语加之于人。但李献能却能处之自若,时人称之"纯孝"。李献能为人渺小而黑色,颇有髯。善谈论,每说古论今之时,声音洪亮。作诗有志于风雅,又刻意于韵律乐章。任职翰林时,应对机敏,言辞得体。赵秉文、李纯甫尝曰:"李献能天生今世翰苑材。"每每称誉献能,使其不得离翰苑。

史载,兴定四年(1220年)夏,李献能与诗人雷渊、元好问、王渥同游嵩山,以诗唱和,颇有意义。李献能在嵩山活动期间,写有《玉华谷同希颜裕之分韵得秋字》《珠帘飞瀑》《追忆颍亭放舟》《秋夜怀李仁卿》等诗。

完颜彝

完颜彝

完颜彝(1192~1232年),金末将领,女真族英雄,原名彝,字良佐,小名陈和尚。同知阶州军事完颜乞哥之子,丰州(今内蒙古呼和浩特东)人。金宣宗贞祐初年,蒙古军攻入中原,占领丰州,时完颜彝20余岁,曾被蒙古军俘虏,供役于蒙古大帅帐下。大帅甚爱之,置帐下。其母仍留居丰州,由族兄完颜斜烈奉养。年余后,完颜彝以省母为由请还丰州,大帅遣一军卒监视同至丰州。完颜彝与兄斜烈劫杀监卒,夺马十余匹,奉母南逃归金。不料被蒙古兵发觉,合骑追击。他们弃马走小路得以逃脱。母老不能行,载以鹿角车,兄弟共挽,南渡黄河归金。宣宗闻知,以斜烈有世爵(猛安谋克世爵)授都统,完颜彝试补护卫,宣宗知其有才,未几转为奉御。不久,完颜斜烈出任行寿(今安徽凤台)、泗(今江苏盱眙西北)元帅府事,奏请陈和尚自随,诏充任宣差提控,从军。斜烈敬贤下士,辟太原王渥(字仲泽)为经历。完颜彝极聪慧,爱好文史。在充护卫居禁中时,就有秀才之誉。后完颜彝以金末名儒王渥为师,学习《孝经》《论语》《春秋》《左氏传》,尽通其义。军中无事,则窗下作牛毛细字,如一介书生。

正大二年(1225年),斜烈罢帅改任总领,完颜彝随兄屯守方城(今属河南)。斜烈卧病,军中事由他代掌,将领李太和与方城镇防军将葛宜翁相殴,诉于完颜彝,葛宜翁理屈,被完颜彝令军士杖之,后竟郁郁而死。其妻上诉台省,言完颜彝泄私忿杀其夫,并于龙津桥南积薪,言不治罪完颜彝则自焚以谢夫。于是完颜彝下狱18个月。正大三年(1226年),斜烈病愈,受命提兵守西边。不久去世。哀宗以斜烈之故,赦完颜彝,令其为金朝建功立业。

完颜彝出任紫微军都统,逾年转忠孝军提控。忠孝军是由回纥、乃满、羌、浑以及中原人被俘掠避罪来归者组成,情况复杂较为难制。完颜彝治理有方,皆俯首听命。所过州邑,秋毫无犯,每战则先登陷阵,疾若风雨,是一支劲旅。正大五年(1228年),蒙古军进攻大昌原(今甘肃宁县东南),总帅平章政事完颜合达问谁可为前锋,完颜彝应声而出。他带头沐浴易衣,誓决一死战,率忠孝军400骑力战,破蒙古兵8000之众,三军将士奋勇参战,取得了大昌原之捷,这是金蒙战争以来金朝打的第一次大胜仗。完颜彝论功第一,授定远大将军、平凉府判官,世袭谋克,一时名震朝野。完颜彝和他率领的忠孝军为诸军所倚重。正大七年(1230年),蒙古真定万户史天泽率领河北蒙、汉军围攻卫州(今河南汲县),完颜彝随平章政事完颜合达,副枢密使移剌蒲阿救援,他率忠孝军为先锋,击败蒙古军,解卫州围。正大八年(1231年),蒙古速不台部攻陕西,兵至潼关,完颜彝率忠孝军往救,大败蒙古军,追至倒回谷(今陕西蓝田东南)。完颜彝在获释后的四五年间,屡立军功,官至御侮中郎将。

天兴元年(1232年)完颜合达、移剌蒲阿驻邓州欲与蒙古军决战,但蒙古军统帅拖雷避开金军主力,分道趋开封。正月,完颜合达、移剌蒲阿率领骑兵2万,步兵13万,自邓州急赴开封,完颜彝亦在军中。蒙古军采取避实就虚、灵活多变的战术,不断邀击北上的金军,金军将士一路作战,疲惫不堪。

进至钧州三峰山（今嵩山禹州西南），适遇大雪，军士3日未食，披甲僵立在雪中，枪槊结冻如橡。蒙古军则利用时机充分休息，然后全线进击，金军损失惨重。最后，蒙古军有意让开一条通往钧州的路，放金军北走，乘势夹攻，金军全军覆没。移剌蒲阿被擒，完颜合达与完颜彝率金军残部数百骑败入钧州（今嵩山禹州市）。不久，蒙古军攻入钧州，完颜彝与军士顽强进行巷战，最后被俘。他在蒙古军队面前大声说道："我就是大金忠孝军统领完颜彝！在大昌原战胜你们的是我，在卫州城战胜你们的是我，在倒回谷战胜你们的还是我！我如果死在乱军之中，别人会以为我背叛国家，今天我死在你们面前也算死的轰轰烈烈不愧忠臣！"蒙古兵用酷刑妄图使其投降，先斫足折胫，后豁口至耳，完颜彝喷血而呼，至死不绝。时年41岁。蒙古主将也被他的忠义所感动，隆重地埋葬了他，并以马奶祝祷："好男儿，他日重生，当要与我做伴！"

完颜彝在战场上

同年六月，金哀宗在得知完颜彝壮烈牺牲的消息之后，甚为悲痛。为表彰其忠烈，诏赠镇南军节度使，塑像立褒忠庙，刻石立碑纪其事迹。完颜彝被蒙古军埋葬于最后战死之地的嵩山禹州，其表现出来的民族精神在嵩山地区广为传颂，流芳千古。

张 潜

张潜，金朝儒家、嵩山隐逸。字仲升，武清人。幼有志节，慕荆轲、聂政为人，年30岁始折节读书。时人高其行谊，目曰"张古人"。后到嵩山隐居，师从高仲振学习《易经》，讲学于嵩阳书院。年50岁，始娶鲁山孙氏。孙氏亦有贤行，夫妇相敬如宾，负薪拾穗，行歌自得，不知其贫也。邻里有为张潜种瓜者，等瓜熟后，要把瓜给张潜，结果张潜不答应，两人你推我让，最后只好把瓜分开一人一半吃掉了。张潜夫妇二人在山里行走，看到地上有一把斧子，就守着斧子在那儿等丢失的人来取，结果等来等去没见人来，过了很长时间，实在没办法了，只好把斧子拾回家来，然后又满山跑着找丢失斧子的人，最后终于把斧子还给了主人。山里人对张潜十分敬佩，有一对亲兄弟因为家事不和睦，要分家里的财物，当弟弟的说，"像我们家这样的，难道就不怕让张潜先生知道吗？"当哥哥的幡然醒悟。于是，兄弟二人又和好如初。可见张潜在嵩山的名声。

天兴年间，张潜挈家避兵嵩山少室，乃不食7日死，孙氏亦投绝涧死。

高仲振

高仲振，金朝儒家、嵩山隐逸。字正之，辽东（今吉林省农安县）人。其兄领开封镇兵，高仲振依之以居。由东北沃土而及中州大地,面对金兵的铁马金戈和北宋的沦亡,高仲振为尘世的纷扰浊乱所震撼,渐渐有志于道家的飘然离俗。所以,到开封后不久,高仲振便将家业尽数托付于兄,携妻挈子,隐居嵩山。高仲振博览群书,尤深《易经》、邵雍的《皇极经世》之学。醉心道妙,安贫自乐,远近闻名,即便山野之人亦知敬之。尝与其弟子张潜、王汝梅行于山谷间,人望之翩然如仙。据传,高仲振曾遇异人教以养生术,故"终日燕坐,骨节嘎嘎有声,所谈皆世外事,有人叩门打搅,辄不复语。"

王予可

王予可,金朝嵩山隐逸、诗人。字南云,河东吉州(今山西吉县)人。父本军校,予可亦尝隶籍。年三十许,大病后忽发狂,久之能把笔作诗文,及说世外恍惚事。南渡后,居上蔡、遂平、郾城之间,遇文士则称"大成将军",于佛前则称"谛摩龙什",于道则称"骑天玄俊",于贵游则称"威锦堂主人"。王予可躯干雄伟,貌奇古,戴青葛巾,项后垂双带若牛耳,一金镂环在顶额之间,两颊以青涅之为翠厣。衣长不能掩胫。落魄嗜酒,每入城,市人争以酒食遗之。夜宿嵩山土室中,夏月或尸秽在旁、蛆虫狼藉不恤也。人与之纸,落笔数百言,或诗或文,散漫碎杂,无句读、无首尾,多六经中语及韵学家古文奇字,字画峭劲,遇宋讳亦时避之。或问以故事,其应如响,诸所引书,皆世所未见。谈说之际稍若有条贯,则又以诞幻语乱之。麻九畴、张玨与之游最狎,言其诗以百分为率,可晓者才二三耳。壬辰兵乱,为顺天将领所得,知其名,窃议欲挈之北归,馆于州之瑞云观。王予可明日见将领自言曰:"我不能住君家瑞云观也。"不数日卒。后复有见于淮上者。

刘昂霄

刘昂霄

刘昂霄(1186～1223)金代诗人。字景玄,别字季房,山西陵川人。举进士不中,以荫补官,调监庆阳晕器库,不就,遂隐居洛西永宁山水间。元光二年六月病卒,年38岁。

刘昂霄是过目不忘、天赋极高、博闻强识的奇才。元好问专门在《中州集》卷七"刘昂霄小传"中评介他:"五经、诸子、世谱、官制、地理与兵家成败等,无所不窥。""为人细瘦,似不能胜衣,好横策危坐,掉头吟讽,拂巾奋袖,谈辞如云,四座耸听,噤不得语。""遇其饮酒,眼花耳热后,其锋愈不可当。"被后世的朱元璋、刘伯温称为"开国文臣之首"、明代第一文臣的宋濂曾于《哀志士》中赞颂了五个志士,刘昂霄是其中一个。

刘昂霄绝顶聪明,洒脱不羁,且非常有文人的傲骨,一如他诗句的"直气南山相与高,争教尘土涴青袍"。他六经子史无所不通,对军事亦有很深造诣,半月即可背诵《太平广记》,甚至可以把商家账簿倒背如流。朝廷因慕其才,曾封他为庆阳军节度使,他却不屑一顾。有人作诗曰:

旷世奇才不为用,宁为林泉布衣人。笑讽天下李白二,惯作狂士醉中吟!

元好问在陵川求学的6年里,与年庚相近的刘昂霄结成深厚友谊,及至成年,交情更笃。后来,元好问与李纯甫、李汾、雷渊、辛愿、刘昂霄、麻革等一大群儒生,常往活动于豫西至嵩山,传播儒学,切磋诗艺,咏诗唱和,他们为儒学在嵩山地域的传播和发展起到了很大的作用。

刘昂霄去世后,惺惺相惜悲痛于怀的元好问,专门为他写了墓志铭,并写下《三乡光武庙怀故人刘公景玄》一诗,痛彻心扉地挥毫感慨

黄土英雄何处在?须待,醉寻萧寺哭春风。

李 汾

李汾(1192~1232年),金朝诗人。字长源,太原平晋人。沙陀族李唐皇族后裔。李汾虽然一介布衣,但受祖先功业的影响,社会动乱的刺激,使他胸怀建功立业的抱负,刻苦力学,才识过人。元好问编《中州集》,即在小传中称许他"旷达不羁,好以奇节自许",避乱入关,"关中无一人敢与相轩轾者"。刘祁《归潜志》也说他"喜读史书,览古今成败治乱,慨然有功名心"。李汾出关东游,为元好问三知己之一。李汾是沙陀李唐皇族后裔,元好问是鲜卑元魏皇族后裔。入关后,初为京兆尹子容所赏,入其门下,留二年。后之泾州,受知于左丞张行信。元光末,被荐为国史馆书写,因与雷渊、李献能有争,被迫离开史馆。复来京师上书言时事,不合,又去之。客居唐邓间。后蒙古兵日益进逼,金朝形势越紧。李汾想解救时难,上书朝廷不受理,乃把眼光转向握有军权的实力人物。当时封爵恒山公的武仙率兵驻扎豫西南的邓州一带,李汾往说之,想为武仙参谋军事。入武仙幕,团行尚书省讲议官。武仙却有拥兵自重观望形势的思想,武仙与另一支军事力量的首领参知政事完颜思烈又有矛盾,李汾眼光和言辞锐利,容易揭穿武仙的意图,因而害怕李汾的言论,欲除之。天兴元年(1232年)六月,汾觉,遁之泌阳,仙令总帅王德追获之,锁养马平,绝食而死,年未40岁。

李汾工诗,长于七言和歌行,雄健有法,诗风豪放,写景抒情,极富意境。元好问称其诗"清壮磊落,有幽并豪侠歌谣慷慨之气"。李汾平生诗甚多,不自收集。其诗作《中州集》收25首,《全金诗》补1首。《中州集》小传和《归潜志》又录有零散佳句20句。

李汾诗在金代诗史上有不可磨灭的地位。金代前期中期,宋诗影响较大。前渡后诗风发生变化,转以唐人为法。《归潜志》卷八说:"赵闲晚年,诗多法唐人李、杜诸公,然未尝语于人。已而,麻知几、李长源、元裕之辈鼎出,故后进作诗者争以唐人为法也。"可以说,李汾、元好问这批青年诗人,在学唐上有更自觉更鲜明的倡导和实践。他们也取得了超越前辈的创作成绩,产生了很大影响,因而促成整个诗坛风气的转变。

李汾在嵩山活动期间,写有《下第绝句》、《望少室》、《雪中过虎牢》等诗传于世。

杜时升

杜时升(?~1232年),金朝儒学家,嵩山隐士。字进之,霸州信安(今河北霸州市)人。博学知天文,精通地理,对历史和时政很有见解。承安、泰和年间(1196~1208年),当时的宰相认为杜时升可

以重用,曾多次荐举他。杜多次拒绝,不肯为官。杜时升对周围亲近的人说:"吾观正北赤气如血,东西亘天,天下将有大的动乱,动乱之后南方和北方将会统一。事物生长与灭亡,荣盛与衰败的互相更替循环不尽,这一规律没有人能够违背。"是时,他对风俗侈靡,纪纲大坏,世宗之业逐渐衰落的社会很是失望。杜时升于是南渡黄河,隐居嵩山教授二程理学,从学者甚众。大抵以"伊洛之学"教人自杜时升开始。史料记载,杜时升代表了金代理学的最高学术成果,是引领一个时代的儒学大师。

金哀宗正大年间(1224~1231年),蒙古军队进攻潼关,金军防守非常坚固,人们都有互相祝贺,杜时升说:"大兵皆在秦、巩间,若假道于宋,出襄(今湖北襄樊一带)、汉入宛(今河南南阳)、叶(今河南叶县),铁骑长驱势如风雨,无有高山大河阻挡,金国军事形势将如土崩瓦解之势。"不久蒙古军队果然从饶峰关经襄阳出击南阳,金军在三峰山被打败,汴京(今开封)不能守护,都像杜时升所预料的一样。天兴元年(1232年),杜时升去世。

杜时升子杜瑛研习理学,金亡后,教授汾、晋间。后居彰德,百般征召不起。杜门著书,优游道艺,著有《春秋地理原委》10卷、《语孟旁通》8卷、《皇极引用》8卷、《皇极疑事》4卷、《极学》10卷等等。

杜 瑛

杜瑛(1204~1273年),金朝理学家、文学家。嵩山隐士。字文玉,霸州信安人。杜时升之子。金末,避居嵩山之阳的猴氏山中,读书讲学。金亡,转居汾晋间,授徒为业,声闻渐著。与文友辛愿、李献卿、杨奂等,涵肆六经百家之书,探究古今治乱之理。中书粘合珪开府彰德,聘为幕宾,尝与言,兵荒之余,生民穷困,宜缓刑薄赋以遂民生,修学养士以兴治化。蒙古宪宗九年(1259年),忽必烈召问取宋之策,对以为国者当重法、兵、食三事。蒙古中统初,诏徵之,辞不就。后奏起为大名、彰德、怀孟等路提举学校官,亦辞。杜门谢客,以修学著书为事。卒年70岁,临终嘱其子于棺中置《杜甫诗集》一编,题志石云:"处士杜猴山墓。"追封魏郡公,谥文献。著有《猴山文集》10卷、《春秋地理原委》10卷、《语孟帝通》8卷、《皇极引用》8卷、《皇极疑事》4卷、《极学》10卷、《律吕律历礼乐杂志》30卷。

释继洪

释继洪(1218~?),金朝名医。号澹寮,嵩山汝州人。幼年因家贫被迫送往寺中为僧,法名继洪。他聪颖好学,且有名师指导。大兴二年(1233年)25岁时便精通"五明"(古印度的5种学科,即声明:文法、文学;工巧明:技术、天文学;医方明:医学;因明:伦理学;内明:哲学、教育学),被授予"师"的称号,获准单独出外从事佛教与医疗活动。先后云游岭南地区的柳州、熙平、连州、五羊、封州等地区。南宋咸淳元年(1265年),又翻越大庾岭游历江西丰城、临川及浙江沿海一带。云游期间,他对岭南瘴疟盛行,虫蛊为害,且严重缺医少药,病死者常十之八九的惨景深表同情,于是他便在宗教活动之余义务为群众治病防病。由于他医术精湛,而且以朴素的唯物主义作指导,根据人(禀赋、思想、劳逸、性别、性情)地(岭南、朔北、沙漠、海边)病、时等不同条件而精心诊断、审慎用药,所以能起死回生,疗效如神,深受岭南及浙赣人民的爱戴。释继洪著有《卫生补遗回头瘴说》《指要方续论》《治瘴续说》《蛇》《蛇虺螫蠱诸方》《治瘴用药七说》等书,极大地丰富了南方医学宝库。晚年,他又将名医李璆、张致远、王棐、章杰等人有关瘴疟的专著进行研究探索,然后结合自己的经验与心得综合写成极为珍贵的《岭南卫生方》和《澹寮集验秘方》。两书出版后,备受国内外医学家的重视。15世纪,朝鲜著名医学家金礼蒙编纂巨著《医方类聚》时,引用澹寮秘方100余条。《岭南卫生方》在元、明代曾4次刊印,日本也有多种刻本。1983年9月,中医古籍出版社出版的《岭南卫生方》就是根据日本天保十二年的刻本影印的。

赵宜之

赵宜之(1173~1236年),金代诗人。名元,一名鼎。字乃其,又字宜禄,号愚轩居士。忻州定襄人。13岁应童子试,高中榜首,一举闻名。官巩西簿,未几失明,往来洛西。自幼即博通书传,作诗有规矩。失明后,万处归一于诗,诗益工。泰和后已有诗名,李纯甫至称许其诗"落笔突兀无黄初"。南渡后,受到赵秉文、雷渊等众多士人推重,元好问亦非常称许其诗,认为"若其五言平淡处,他人未易造也",曾为他写诗《愚轩为赵宜之赋》。赵宜之以诗鸣世,著述有后人刊行的《愚轩集》,有诗260首。《中州集》辑诗34首,《全金元词》存词3首,《中州集》有《赵元传》。赵宜之传世诗作有《早发宝应龙门道中有感》《宿少林寺》《渡洛口》《寄裕之》《书怀》等。

吕大鹏

吕大鹏,金朝诗人。字鹏举,嵩山密县(今新密市)人。宣宗南迁后,连年伐宋,大鹏作诗谏止,宣宗不纳。《中州集》中收有其诗。《中州集》卷九载有《吕大鹏小传》,作诗欲以撼主兵者云:"缝掖无由挂铁衣,剑花生涩马空肥。灯前草就平南策,一夜江神泣涕归。"其以气岸自许,皆此类也。

胡天作

胡天作,金朝大臣。字景山,管州(今郑州市)人。金末以乡兵守御本州,官至少中大夫、管州刺史。兴定二年(1218年),授同知太原府事。平阳(今山西临汾)陷于蒙古,改同知平阳府事。次年,复取平阳,胡天作言:"汾、潞皆置帅府,平阳大镇,今稍完复,所管州县,不下十万户,复业者相继不绝,其过汾、潞远甚,宜一体置之。"是时,晋安、岚州皆有帅府,乃以胡天作充便宜招抚使、权元帅左都监。兴定四年(1220年)封平阳公。以平阳、晋安府、隰、吉州隶焉。胡天作请以晋安府之翼城县为翼州,以垣曲、绛县隶焉。置平水县于汾河之西,朝廷皆从之。金史初,轩成本隶程琢麾下,琢死,成率众保隰州,以为同隰州军州事、兼提控军马。成增缮器甲,招纳亡命,颇有他志。是时,隰州方用兵,未可制,胡天作请增置要害州县,以分其势。隰州之境蒲县最居其冲,可改为州,隰川之仵城镇可改为县,选官守备。诏升蒲县为蒲州,以大宁县隶之,仵城镇为仵城县。守平阳4年,屡有战功,诏录其子定哥为奉职。

金宣宗元光元年(1222年),胡天作以其地降元,佩虎符,招抚怀(今沁阳)、孟(今孟州市)之民。金宣宗命张开、郭文振等招抚,欣然受命,被蒙古兵发觉,恶其反复,杀之。

元 代

杨 奂

杨奂(1186~1255年),元代官吏、诗人。字焕然,号紫阳。奉天县华严里杨汉村(今乾县杨汉村)人。父亲杨振,书香门第,教子以严;母亲程氏,读书识文,训子有方。金正大八年(1231),杨奂到了汴梁,他已为前辈士大夫们所赏识,为太学诸生之首,同当时的上层名流赵秉文、李屏山、冯璧等交往密切。他开始著《朝政近鉴》(亦名《天兴近鉴》),到1234年完稿成书,计30卷,被誉为"胡氏之春秋"。金天兴二年(1233),金京城汴梁失陷,杨奂微服北渡,流落到了元好问所在的赵天锡门下。元好问与杨奂交谊颇深,很受元好问推崇。杨奂在赵天锡门下,读书致学,吟诗作赋。蒙古太宗八年(1236),下诏诸道进士会考,杨奂辞别赵天锡,北上应试。同年八月,杨奂应试东平路,两中赋论第一,以进士及第,是为状元。中书耶律楚材钟爱杨奂的才气和人格,推荐他做了河南路征收课税所长官兼廉访使。

杨奂到任洛阳,经常在辖区之内,巡视调查。改革弊政,取消对长官额外的所有馈饷,力行廉政。杨奂从政15年,清正廉洁,政绩卓著。蒙古宪宗元年(1251),杨奂告老还乡,时年66岁,结束了15年的官场生涯。同年九月,元世祖召杨奂入阙,并任命他做参议京兆宣抚司事。在任不久,他屡次上书请求还乡,世祖允准后即回到故乡,修筑屋堂,起名"归来堂",为他养老之所。杨奂虽处垂暮之年,依然悉心经史。归来堂藏书甚丰,并置有三级圆转书橱一架,他坐在中间写作,若要查阅文献,便转动书橱,探取要用的书,非常方便。蒙古宪宗五年,杨奂患病,自感不支,唤侄子秀民等于病榻前,叮嘱他们"孝悌力田,以廉慎自保",不要舞文弄墨,以免"玷伤风化"。他神情自若,口授遗诗三章,怡然而逝,享年七旬。

杨奂在嵩山活动期间,写有《嵩山组诗十三首》等诗传于后世。

耶律楚材

耶律楚材(1190~1244年),蒙元开国名臣、大蒙古国的中书令(宰相)、杰出政治家。字晋卿,号玉泉老人,法号湛然居士。耶律楚材是契丹辽皇族的后裔,是辽太祖耶律阿保机的九世孙,辽朝东丹王耶律突欲的八世孙。出生于金代末期一个高度汉化的契丹贵族家庭。其父耶律履是金代著名学者,时任尚书右丞,年届六十得子,欣喜异常,便根据《左传》"楚虽有材,晋实用之"的典故,为儿子命名:名楚材,字晋卿。耶律楚材秉承家族传统,自幼学习汉籍,精通汉文,年纪轻轻就已"博览群书,旁通天文、地理、律历、术数及释老医卜之说,三教九流,无不精通"。初仕金,为开州同知。金宣宗迁都后,完颜复兴留守中都,辟为左右司员外郎。

成吉思汗十年(1215年),蒙古军攻占燕京,成吉思汗得知他才华横溢、满腹经纶,遂于漠北召见,甚为赞赏,称为"吾图撒合理"(长髯人)。成吉思汗十三年(1218年),耶律楚材随元太祖成吉思汗从军参政,官至中书令(宰相)。他随元太祖成吉思汗西征,常晓以征伐、治国、安民之道,屡立奇功,备受器重。成吉思汗二十一年(1226年),又随元太祖成吉思汗征西夏,谏言禁止州郡官吏擅自征发杀戮,使贪暴之风稍敛。成吉思汗去世以后,窝阔台即位,耶律楚材倡立朝仪,劝亲王察合台(太宗兄)等人行君臣礼,以尊汗权。从此更日益受到

耶律楚材

重用,被誉为"社稷之臣"。蒙古国原来并没有制定完整的法律,耶律楚材便提出《便宜十八事》作为临时法律,严禁地方官擅自滥杀老百姓,不准商人财主贪污公物,打击地痞流氓杀人盗窃,禁止地主富豪夺取农民田地,这样,社会秩序就渐渐安定下来。此外,耶律楚材还主张用孔孟之道作为治国治民的准则,选用儒生来担任各级官吏。窝阔台汗三年(1231年),任掌汉文字的必赤长(汉人称中书令,相当于宰相)。在政治、经济、文化等方面提出一系列有利于中原经济发展的政策措施,他积极恢复文治,逐步实施"以儒治国"的方案和"定制度、议礼乐、立宗庙、建宫室、创学校、设科举、拔隐逸、访遗老、举贤良、求方正、劝农桑、抑游惰、省刑罚、薄赋敛、尚名节、斥纵横、去冗员、黜酷吏、崇孝悌、赈困穷"的政治主张,使战争不断的乱世转为和平的盛世,使先进的中原封建农业文明得以保存和继续发展,也为后来忽必烈建立元朝奠定了基础。耶律楚材历事两朝,凡蒙古陋风,悉为改革,元立国规模多出其手定。耶律楚材不愧为"治天下匠",他辅佐成吉思汗和窝阔台治理国家将近30年,为蒙古国的发展做出了重要贡献。

公元1241年12月,元太宗窝阔台病逝,乃马真皇后临朝称制,她当政期间,朝政多乱,耶律楚材身为中书令,却力争不得。乃马真后称制三年(甲辰年)五月(1244年6月),耶律楚材悲愤以终,因病去世,享年55岁。耶律楚材去世后,乃马真后哀悼,赙赠甚厚。后有谮楚材者,言其在相位日久,天下贡赋,半入其家。后命近臣麻里扎覆视之,唯琴阮十余,及古今书画、金石、遗文数千卷。至顺元年(1330年),元文宗赠经国议制寅亮佐运功臣、太师、上柱国,追封广宁王,谥文正。

耶律楚材不仅是一位杰出的政治家,而且多才多艺,是一个在文化艺术方面有卓越修养和多种贡献的人。他是我国提出经度概念的第一人,编有《西征庚午元历》,还主持修订了《大明历》。耶律楚材博览群书,旁通天文、地理、律历、术数及释道之学,并善诗文。他曾随从成吉思汗和窝阔台远征四方,写下了大量诗歌,现存于世的《湛然居士文集》(14卷)收录了他660余首诗。耶律楚材作为契丹后人,十分重视保存辽代文化。现存辽代篇幅最长的契丹语诗篇《醉义歌》就是由耶律楚材译为汉文七言歌行体长诗并保存于《湛然居士文集》中。

蒙古大军南侵,兵戈遍地,中都的官吏士绅纷纷南迁避难。耶律楚材和大哥辨材、二哥善材奉老母杨太夫人,随金宣宗南迁,移居嵩洛。善材的女儿耶律淑卿曾入掖庭,后遁入嵩山为尼,法名了真。

耶律楚材以金臣投奔成吉思汗,被称为"吾图撒合里"(美髯公)。耶律楚材等一大批顶尖级的社会精英汇集嵩山,后入万松行秀的门第,名为"湛然居士"。万松行秀于此背景下乃公开阐扬他的禅法精髓——"显诀":"其法,忘死生,外身世,毁誉不能动,哀乐不能入。"万松行秀曾赞扬"湛然居士得此显诀,大会其心,精究入神,尽得其道。"

耶律楚材在嵩山居住活动期间,和嵩山少林寺关系密切,与佛教万松行秀、李纯甫、木庵性英、东林志隆等释门弟子都有往来。

姚 枢

姚枢(1201～1278年),元初重臣,著名理学家、私人出版家。字公茂,号雪斋,又号敬斋,柳城(今河南西华)人,后迁居嵩山洛阳。姚枢本是金朝人,天资聪颖,志向远大,以勤奋好学著称于世。金朝末年,父姚渊任许州(今河南许昌)录事判官,徙家于许州。1232年,蒙古军破许州城,姚枢到燕京(今北京)投靠儒士杨惟中,被引荐北觐窝阔台汗,得到赏识与重用。自此,他为蒙军挥师南下。其间,他作为一名文弱书生跟随蒙古大军南征北战,纵横驰骋,立下赫赫战功。公元1235年,皇子阔出统兵攻南宋,诏姚枢从杨惟中随军访求儒、道、释、医、卜等类人才。蒙古军陷德安(今湖北安陆),姚枢从俘虏中访得拥有大量程朱理学经卷的一代名儒赵复之后,从赵复处尽得程朱传注诸书,始攻习理学。之后,姚枢停止了战场上的厮杀,转而在元代中书令耶律楚材的支持下,弃官从教,来到了河南辉县的百泉太极书院,与赵复一起,开始系统讲解儒家讲义。这期间,姚枢和赵复开堂讲学,交四方儒士,开展学术交流,奔走于中原一些著名的书院。正是由于姚枢和赵复的努力,使程朱理学在战乱频繁的中原地区得以恢复、传播并使之发扬光大。

姚 枢

后来,姚枢的谋才大略被元世祖忽必烈所发现,便应召慨然出山为元廷服务。公元1250年,忽必烈召姚枢至漠北访问治道,姚枢上书陈述儒家传统的帝王之学,治国之道,深受器重。忽必烈受命总制漠南汉地军事,姚枢建议在与南宋接壤地区屯兵,积谷守边,徐图灭宋,被采纳。后从忽必烈攻大理、鄂州(今武汉),咨谋军中,屡谏屠戮。之后,姚枢利用儒家理学的治国经典帮助忽必烈完成了救世治国的宏图大志,成为元世祖忽必烈称雄天下的高级幕僚。姚枢以藩府旧臣预议朝政,参订一代制度,历任东平宣抚使、大司农、中书左丞,出为河南行省金事,官至中书左丞、昭文馆大学士,后全家隐居辉县。

姚枢在辉县农耕之余,著书立说,曾雕版印刷数种图书。并教学生杨古用泥活字印刷书籍,即"以《小学》书流布未广,教弟子杨古为沈氏活版,与《近思录》、《东莱经史论说》诸书散之四方。"这是河南历史上惟一的一次用泥活字印书。姚枢卒于至元十五年(1278年),忽必烈赐谥号文献,葬于百泉湖的东岸。

许 衡

许衡(1209～1281年),元朝杰出理学家、教育家、天文历法学家。字仲平,号鲁斋,祖籍怀州河内(今河南省焦作市)人。其父避战乱,迁居嵩山新郑西辛店镇许岗村。许衡儿时家境贫穷,为了能多学知识,读一本好书,他经常跋涉百里借书抄读。少学儒术,博通诸经。金大兴二年(1233年),蒙古兵临嵩山新郑,许衡和众人由嵩山洛阳过黄河经河阳(今孟州市)北上逃难,在河北大名府,开始办学讲授程朱理学。由于他恭谨,求学的人很多,并匾其斋为"鲁斋",自号"鲁斋先生"。蒙古宪宗四年(1254年),忽必烈出王秦中(今陕西省),设京兆宣抚司进行封建统治。经贤达推荐,许衡任京兆提学。他在治学中,规定"民至八岁,上至王公,下至庶民子弟,皆令入小学。"由于他"皆设学校,民大化之",使得秦地文化有了很大发展,有力地维护了忽必烈的统治。中统元年(1260年),忽必烈即位,许衡被招至京师,任国子监祭酒,总揽全国教学。他大兴学校,发展教育。后又被任命议事中书

许 衡

省,曾上《时务五事》,提出"北方之有中夏者,必行汉法乃可长久"的建议,推行汉人法制,学习汉人传统文化,为忽必烈采纳。至元二年(1265年),元世祖问翰林侍讲学士窦默:"我很想得到一个唐朝魏征那样的人,能敢于给我提意见,以帮我改正缺点,不知朝中有无这样的人。"窦默说:"犯颜谏诤,刚毅不屈,则许衡其人也。"于是,元世祖命许衡为议事中书省。许衡任职期间,"不为利诱","不为势屈",时有"元代魏征"之称。至元六年(1269年),许衡受命同太常卿徐世隆定朝权。接着又同太保刘秉忠、左丞张文谦等一起议定朝仪、官制,实行简政改革,定出了中央集权机构的设置,减掉了一些不必要的"冗长增置的台院",得到了忽必烈的恩准和赞赏。至元八年(1271年),蒙古正式改国号为元,元世祖开办太学,召许衡为集贤大学士兼国子监祭酒主持国子监。忽必烈亲自选择蒙古族子弟到国子监学习,许衡教以孔孟之道,君臣之礼,使他们接受封建文化。许衡博学多才,在天文星学历法方面也有很高的造诣。至元十三年(1276年),召许衡改订历法,与太史令郭守敬等共同修订历法,研制新的仪象圭表,历时5年,至元十七年(1280年),修成新历法,元世祖忽必烈授名为《授时历》,这是我国历史上使用时间最长的历法。《授时历》完成后,许衡因病返乡。至元十八年(1281年)卒,寿73岁。元成宗诏赠许衡司徒,封荣禄大夫、平章政事,谥文正,封魏国公,诏入祀孔子庙庭。

作为理学家的许衡,主张"理"是"所以然"和"所当然",前者是命,后者是义,"天有命,人有义","天命"决定一切,他的这些思想被收入《鲁斋遗书》中。作为教育家的许衡一生以从事教育为乐事,在他27年的仕途生涯中,刚直不阿,不附权势,8次被召入朝做官,又8次辞归故里躬耕桑粮。许衡在职时,竭力对蒙古贵族推行封建的经济、政治和文化制度,有利于蒙古族的汉化,符合历史发展的要求。"儒学君子"位居相位者,许衡为古今唯一。著有《鲁斋心法》《鲁斋集》《授时历经》《读易私言》等。经后世多次修订编辑再版并易名为《鲁斋遗书》《鲁斋全书》《许文正公遗书》等传世,并收入《四

库全书》。

许衡在嵩山留下的遗迹有位于嵩山东南麓的新郑市许岗村许衡故里。

孛儿只斤忽必烈

孛儿只斤忽必烈

孛儿只斤忽必烈(1215~1294年),元世祖,元朝的创始皇帝,第五代蒙古大汗。名字全称孛儿只斤忽必烈,姓奇渥温,讳名呼必赉,睿宗第四子,元太祖成吉思汗之孙,蒙哥汗(宪宗)弟。蒙古族,拖雷正妻唆鲁禾帖尼的第二子(总第四子)。藩王时期,忽必烈就思"大有为于天下",并热心于学习汉文化,曾先后召曾海云、刘秉忠、王鹗、元好问、张德辉、张文谦、窦默等,问以儒学治道。宪宗元年(1251年),忽必烈受命总领漠南汉地军国庶事。先后任用汉人儒士整饬邢州吏治,立经略司于汴梁,整顿河南军政,并屯田唐、邓等州。蒙哥汗三年(1253年),忽必烈率蒙古军攻云南,蒙哥汗四年(1254年)灭大理国。蒙哥汗九年(1259年),攻打南宋鄂州(今湖北武昌)时,得知蒙哥汗死讯,后决策北还,与其弟阿里不哥争夺帝位。中统元年(1260年),其弟阿里不哥在哈拉和林被选作蒙古帝国大汗,忽必烈在中原自立为大汗。至元元年(1264年),忽必烈打败了阿里不哥,但由于西方的四大汗国则因他违背大汗选举传统以及他的"行汉法"主张,而与他断绝了来往。因此他的政权只包括中原地区、西藏和蒙古本土。至元八年(1271年),忽必烈改国号为"大元",正式即位为皇帝。次年,确定以大都(北京)为首都,并开始南下实施攻打南宋的计划,兴元灭宋。他的军队用了6年时间攻陷重镇襄阳,但以后的进展则相当顺利。1279年,在厓山海战中,陆秀夫背着8岁的宋帝赵昺跳海而死,南宋亡,忽必烈统治全中国。元朝是中国历史上第一个少数民族统治疆国的王朝,它初步奠定了中国疆域的规模,其领土包括亚洲及欧洲东部,疆域之广,前古未有。元朝建立后,中央集权政治重新确立,采取了一些有利于农业和手工业生产的措施,如立司农司、垦荒屯田、劝课农桑,兴修水利、发展生产,限制抑良为奴等,使社会经济逐步得到恢复和发展。忽必烈注意选拔人才,知人善任,信用儒术,立经陈纪,规模宏远。他采用汉法,建立各种规章制度。地方建立行省,并创我国省制之端。他加强对边疆地区管理,开辟中外交通,巩固和发展多民族国家,促进了国内各民族的经济文化交流。在位35年(1260~1294年)。至元三十一年(1294年)病逝,年80岁。有子11人,谥号圣德神功文武皇帝(蒙古语尊称薛禅皇帝),庙号世祖。

在我国少数民族的皇帝中,忽必烈与嵩山的关系是最紧密的。至元三年(1266年)六月,元世祖忽必烈遣使祭祀嵩山于河南府境;至元五年(1268年)六月,遣使王沂祭祀嵩山(王沂撰有《代祀中岳记》);至元二十八年(1291年),加封中岳神号为"中天大宁崇圣帝"。诏曰:"朕惟名山大川,国之秩祀。今岳渎四海,皆在封宇之内。民物阜康,时惟神休。而封号未加,无以昭答灵贶。可加上中岳中天大宁崇圣帝。仍遣官诣祠致告,以称朕敬恭神明之意。命玄教师张留孙、必阐赤、养哥,赍奉锦幡、香帛致祠下。"

忽必烈对嵩山地区的佛教影响很大。他带头崇佛,于"万机之暇,自持数珠、课诵、施食。"在万松行秀、耶律楚材和刘秉忠等人的积极支持下,嵩山少林寺内的虚明教亨、东林志隆、性英粹中、乳峰德仁、雪庭福裕等少林高僧,与蒙古大汗们建立了良好的关系。忽必烈未登基即命万松行秀的大弟子雪庭福裕,住持嵩山少林寺。由于雪庭福裕大力经营,兴补起废,训徒说法,将少林寺恢复到金代的规模。公元1253年,元宪宗皇帝在开平府的帐殿里召见了福裕,奏对称旨,授以"都僧省"之职,总领全国佛教。中统元年(1260年),元世祖忽必烈即位,赐福裕以"光宗正法大禅师"之号,命他住持京都大万寿寺。元世祖还赐予福裕"光宗正法"的称号。皇庆元年(1312年)春,在福裕去世多年后,元仁宗封赠福裕为"大司空、开府仪同三司",并追封为"晋国公",又命文臣为之立碑。立于少林寺的《元代圣旨碑》上刻有四通圣旨,其中有两通为忽必烈颁发,一通为忽必烈鸡儿年颁发给少林寺长老福裕的回鹘式蒙古文圣旨,一通为忽必烈龙儿年颁发给足庵慧肃长老的回鹘式蒙古文圣旨,大意为少林寺除不承担任何差役和赋税,并且任何人不得旨行居住在寺院,不得在寺院里储存官粮,存放什物,不得在寺院里审理案件等。由于忽必烈对佛教的重视和影响,元代期间,嵩山的多个高僧曾被请到全国著名大佛寺任住持。

元世祖执政后,曾下令天文学家郭守敬和王恂等主持改革历法,在全国建立27座观测站,而嵩山登封的观星台则是当时的中心观测站。有了忽必烈这一英明的决定,才有了后来的郭守敬等利用简便而实用的天文观测仪器,测验各地的夏至日影、北极星出地高度及昼夜时刻等。经观测与推算,求得了回归年周期为365.2425日,合365日5时49分12秒,与世界上许多国家使用的阳历(格里高里历)一秒不差早300年,由此制订了当时世界上最先进的历法《授时历》,至元十八年(1218年),由元世祖颁布实行。

姚守中

姚守中(? ~约1290年),元朝杂剧作家。姚枢之孙,姚燧之侄。曾官为江平路吏。嵩山洛阳人。近人孙楷第先生新考出姚守中名埭,其先世为营州柳城(今辽宁朝阳市)人。钟嗣成《录鬼簿》将其列在"前辈已死名公才人,有所编传奇行于世者"第二十四人。贾仲明为其补有挽词:"《挂冠》解印汉逢萌,扫笔成章姚守中。布关串目高之吟,《牛诉冤》巧用工,扯诏谏《扶立中宗》。麒麟阁,狐兔冢,怨风雨愁。"姚守中所做杂剧3种,所作剧目现仅知有《汉太守郝廉留钱》(简称《郝廉留钱》)、《东都门逢萌挂冠》(一作《神武门逢萌挂冠》,简称《逢萌挂冠》)、《褚遂良扯诏立中宗》(一作《扯诏立中宗》,简称《立中宗》),三部皆为历史剧,俱不存。从姚守中所选的题材来看,他的剧作还注重昭彰社会名分和个人道德,颂扬清正廉洁的官吏。此外,姚守中尚存散套〔中吕·粉碟儿〕《牛诉冤》,全套用颇有寓言意味的拟人化手法,以一头将被屠杀的老牛的控诉,抒发了作者对是非颠倒的人间社会的愤怒。全套手法新颖,构思巧妙,在整个元散曲中,不失为上乘之作。贾仲名《凌波仙》挽词评其《牛诉冤》为"巧用工"之作。明朝朱权《太和正音谱》称其词"如秋月扬辉",可见其清丽高雅的风格。其《牛诉冤》入选《元曲三百首》。

刘庭秀

刘庭秀,元代初期富有艺术创造才能的民间石作匠师。从其负责雕刻的一些大型建筑上的石作雕花,到独立建造的小型单体建筑,创作了一些具有时代特色的作品,其中已知的有登封少林寺的3座建筑。它们分别是:1.转轮藏阁的石作。该阁位于天王殿与大雄宝殿之间的甬道西侧,面阔3间,进深3间,平面为方形,四重檐的高阁,现仍存雕花柱础和石雕残柱。后檐明间南柱上有高30厘米、宽19厘米的一方建筑题记:"大德元年岁次丁酉三月十六日立。石匠刊花都料洛京刘庭秀……"2.月岩长老寿塔。其为石结构实心喇嘛塔,圆形,上下由八层青石分别做成塔的基座、塔身、塔檐、塔刹等,造型玲珑秀劲。塔额左上角署"刘庭秀造"4个小字。3.还元长老塔。该塔位于月岩塔之西数米,也是实心塔,由基座、塔身、塔顶三部分组成,全塔高4.12米,是吸收佛教经幢造型而建造的一种幢式塔。塔门上额书"宣授少林住持还元长老之塔",其左下角书"洛京刘庭秀造"6个小字。

对上述3座建筑进行考察,其在造型上均具有比较明快轻松的特点,较少有死板的规式限制。如在塔的基座与塔檐的处理上就很自如。元人喜欢用猛兽作装饰,刘庭秀有时把兽头用于基座的莲花束腰上,有时有于塔檐的上头,不拘一格。在石刻上,刘庭秀注重继承前人成果,又有独自创新。如藏阁石柱上的人物花卉雕刻,粗看像北宋时期初祖庵大殿石柱;花卉也不像宋刻那么工整细腻;柱下脚图案也将初祖庵石柱统一做成的花盆状图案,改为横长的海马与青龙图案。

刘庭秀所造之塔,比之通常的砖结构或砖石结构塔,在建造方法上有其显著优点。即他的塔是积木式的,只要大体确定塔的式样,便可以几个人同时室外制作,也可以在室内做成,运到工地上安装,是一种极为方便的预制装配式的石塔。他所造的塔从塔身到塔檐以及门的装修,对元代盛行的喇嘛塔从头至脚都进行了改造。譬如将喇嘛塔刹的相轮代之以兽头、莲花和宝珠,上大下小的覆钵状塔改为挺拔俊俏的瓶式或八角幢塔,对最下部的基座也进行了改造。

刘庭秀是中国古代优秀石匠中的一个。他的创造才能反映了古代劳动人民的聪明智慧,他的建筑作品对丰富中国古代建筑和研究元代石作制度,具有重要的参考价值。

克烈士希

克烈士希,元朝将军。靖康元年(1126年)金兵南下,位于嵩山伊川县的鸣皋书院(被毁)。大德九年(1305年),元朝驻鸣皋炮手军总管勘实戴率兵镇守鸣皋,读二程《遗书》,慕程氏理学之博大,遂改名克烈士希。并筹资材,募工役,于旧址重修并扩建"伊皋书院",有大门、中门、廊庑、讲堂、仓库、厨房等,亲为之记。延祐初(1314年),克烈士希之子慕颜铁木在"伊皋书院"增建"稽古阁",藏书万余卷。延祐三年(1316年),慕颜铁木赴京,呈报"伊皋书院"修扩建情况,并乞上赐名。元仁宗爱育黎拔力八达赐额"伊川书院"。

嵩山伊川鸣皋村西北一里许的衡桃山,有克烈士希墓。现存墓碑一通,上书"元宣武将军克烈公墓"。史料记载:"克烈士希为元炮手总管,龙沙人。"

郭守敬

郭守敬(1231~1316年),元朝天文学家、数学家、水利家、仪器制造家。字若思。元太宗三年(1231年)出生于顺德邢台(今河北省邢台市)一个书香门第的家庭,其祖父郭荣精通天文、数学、水利,是金、元时期著名学者。耳濡目染,使郭守敬从小就对科学知识有浓厚兴趣,20岁时就制作出了一台非常精确的铜质莲花漏(计时器)。后来,他把这个莲花漏献给了元世祖忽必烈,深得赏识。又因他通晓水利,元世祖任命他为都水监(水利官员),由此,郭守敬走上了科学发明的道路。郭守敬入仕后,先后为都水少监、

郭守敬与《授时历》

太史令。1276年,忽必烈改革历法,派郭守敬、王恂制订新历。他们花费了3年时间,制成1套13种天文仪器,又派人在全国建立了27个观测站,嵩山脚下的登封观星台,就是中心观测站。郭守敬根据在观星台实际观测的结果,加上周密计算,到1280年,制订了我国古代最优秀的历法——《授时历》,把古代历法体系推向高峰。对日、月五星运动的研究也达到了新的水平。以往的历法,不满一日的尾数大多用分数来表示,使计算十分复杂,授时历改用了小数,计算出一年为365.2425日,和地球公转周期只差26秒,与目前世界上通用的公历(即格里高利历)相比较,分秒不差,但比欧洲人确立公历的时间要早出302年。这一巨大的成就,在世界天文历法史上占有重要的地位。郭守敬编成授时历后,集中精力从事著述,主要著作还有《推步》、《立成》、《历议拟稿》、《仪象法式》、《修改源流》等天文书稿10多种,100多卷。还有极其珍贵的两个星表。

郭守敬晚年从事水利工作。至元三十八年(1291年)春,任都水监,元世祖采纳郭守敬从北京至通县开挖一条新运河和大运河相连,以解决从南方至北京的水路运粮问题的建议,定名此运河为"通惠河",任郭守敬为总工程负责人。郭守敬根据北京附近西北地势高的特点,创造性地设计了把昌平县北的白浮村神仙泉的水导入昆明湖,再引进城里的什刹海,然后流入运河,在这段运河中设置一些堤坝和可以升降闸门来调节水量,使大船通行,通惠河工程一年完成,实现了从南方运粮可直达北京的愿望。

郭守敬毕生从事科学技术60多年,不仅在天文、历法、水利工程方面成绩卓著,而且在地理学、数学、文学和机械工程方面也做出了重要贡献,是13世纪世界上杰出的学者之一。1303年,郭守敬已经72岁,成宗发布政令:"凡七十二岁的官员都去职返里,独郭守敬以纯德实学,为世师法继续留任。"延祐三年(1316年),郭守敬因病去世,年86岁。

为了纪念郭守敬对人类做出的杰出贡献,1970年,国际天文学会把月球背面的环形山(134W、8W)命名为"郭守敬山";1977年,国际小行星研究会批准中国科学院紫金山天文台在1964年发现的编号为2012号小行星,正式命名为"郭守敬星";2009年,由郭守敬参与创建并在此进行天文科学研究的嵩山登封观星台被评为"世界九大神秘古天文台"之一。

王恂

王恂

王恂(1235~1281年),元代著名天文学家、数学家、历法计算家。父王良曾任金朝中山府吏,因故辞职回乡,潜心研究数学和伊、洛之学(即程朱理学),尤其对数学的研究颇有造诣。其母亦有文化,是位旧时才女。王恂出身书香门第,自幼聪颖好学。3岁时,其母授以《千字文》,王恂即过目成诵。13岁学《九数》(即方田、粟米、衰分、少广、均输、盈不足、方程、勾股、商功)演算题二四六则达顶峰。14岁时,被前来拜会其父王良的元朝太保刘秉忠收为弟子,遂将王恂带到磁州(今磁县)天文台培育深造,学习数学、天文,后与郭守敬一道学习历算之学。18岁时被刘秉忠推荐给元世祖忽必烈任太子伴读。元中统二年(1261年)任太子赞善(太子的老师)。翌年,裕宗被封为燕王、中枢令兼领枢密院事,他对王恂非常器重,口令两府大臣,"凡有事咨禀,都必须让王恂听奏"。此时王恂已兼管太子起居,常为裕宗讲解尧舜善政、治国安邦之道,并将辽金兴亡主事编成故事讲给裕宗听,让其区别善恶。王恂精通算数,对裕宗说:"算数,'六艺'之一(即礼、乐、射、御、书、数),定国家,安人民,大事也。"深得太子赞赏,说王恂学识渊博,是难得的良师益友,召令大臣子弟随王恂学习。后拜为国子监祭酒,掌管国子监所属各学校。

世祖忽必烈时代,所用前朝历法,因年代久远,常出现时差,意欲修订。知王恂精通天文、算数,遂令王恂组班修历。王恂受命后,举荐已告老还乡的许衡,并由郭守敬、杨恭懿等人组成精干的改历班子,开始修改历法。王恂等人通考前代历法40余家,考察了13家历律推算方法,前后三年派专人分赴全国四方,定点做日晷实地测量,精心计算,大胆创新,计算出一年为365.2425天,一月为29.530593天,一年的二十四分之一作为一个节气,以没有中气的月份为闰月。至元十七年(1280年)改历成功,以古语"敬授民时"之意赐名《授时历》,是年颁行天下。明朝实行的《大统历》基本上就是《授时历》。如果把这两部历法看成一部《授时历》是我国历史上实行年代最久的历法,历时长达364年。在《授时历》的编制工作中,其贡献与郭守敬齐名。

在这次改历过程中,王恂充分发挥算数在改历中的作用,能计算的不推算。如他用"弧矢割圆术"(即球面直角三角形解法)来处理黄经和赤经、赤纬之间的换算,利用"招差法"(即三次内插公式)推算太阳、月亮和各行星的运行度数,正式废除了古代"上元积年而截取任意一年为历元,所订数据全凭实测"的方法。这是我国历法上的第四次重大改革。

至元十六年(1279年)王恂被封为太史令(掌管历法和观测天文的机构)、嘉议大夫。至元十八年(1281年),王恂丧父,去官守孝。守孝期间,因悲伤过度,不思饮食,饥饿染病而亡,享年46岁。王恂患病期间,朝廷曾派专人探望,死后拨钱2000贯办理丧事,又念其改历有功,拨帑银5000贯赐补家用。延祐二年(1315年)元仁宗赐王恂推忠守正功臣、光禄大夫(从一品)、司徒上柱国(从一品)、谥号文肃公。

位于嵩山脚下天地之中的登封观星台是王恂参与创建并在此进行天文科学研究的地方。2009年,登封市观星台被被评为"世界九大神秘古天文台"之一。

姚 燧

姚燧(1238~1313年),元朝著名儒学家、散曲作家、诗人。字端甫,号牧庵,嵩山洛阳人。祖籍营州柳城(今辽宁朝阳),后迁居洛阳。3岁而孤,由伯父、著名理学家姚枢抚育成人。自小研读程、朱理学,13岁拜许衡为师,18岁就学于长安,24岁起即以擅长文学而称颂于世。38岁开始为官,始秦王府文学大学士,兼管陕西、四川、中兴等地的学校工作,极力倡导"文学赈民"之主张。元贞元年(1295年),他以翰林大学士身份主持修订《世祖实录》并兼修国史。曾3次入蜀为官,后累迁至翰林直学士、大司农丞。大德五年(1301年)授中宪大夫,江东廉访使。1305年,任中奉大夫,江西行省参知政事。至大元年(1308年),为太子宾客,次年授荣禄大夫,翰林学士承旨,知制诰兼修国史。1311年告老还乡。元仁宗几次召其入朝,均推病未出。元皇庆二年(1313年)卒于家,终年76岁。

姚 燧

姚燧历事三朝(世祖、成宗、武宗),为官36年之久,为地方官清明廉洁,执法如山,明察冤案,为民解难,兴办教育,赈济贫民,所至为民爱戴。姚燧在苏门山时,他读《通鉴纲目》,发现国统离合之年不详,且又不能达到一看就知其离合之要义,他就以病相告,回家著《国统离合表》若干卷,以年为经,以国为纬。

姚燧提倡唐宋古文,时人比之韩愈、欧阳修,其文章有独特的个性。《元史·姚燧传》中称赞其:"为文宏肆该洽,豪而不宕,刚而不厉,春容盛大,有西汉风,宋末弊习,为之一变。盖自延祐(元仁宗年号,1314~1320年)以前,文章大匠,莫能先之。"姚燧作品相当丰富,在散文、诗赋、散曲方面造诣颇深,尤以散文成就为时人称许,认为他"开一代风气之先",并因此把他推为大德、至大和皇庆间的文坛盟主。当时,社会上的一些孝子贤孙,如果想发挥其先祖之德行,就必须得到姚燧所作之文方可传信于世,得不到者,便深感羞愧耻辱。所以,30年间,朝中功臣名士的显赫德行全由姚燧书写。姚燧为文讲求真实,用词绝无溢美,而且诗文不轻易许人,很难得到。与卢贽齐名,世称"姚卢"。

姚燧不仅文章出色,而且散曲也很有名,是元曲发展初期的本色派代表人物之一。他的散曲,纵横捭阖,浅显明白,多抒发个人情怀或男女爱情,文辞浅易流畅,浑厚质朴,具有北方民族的特色。其内容也反映了社会的现实,具有时代特征。代表作有《凭栏人》、《寄征衣》等刻画思妇心理,婉曲细致,真挚感人。强烈的抒情性,使姚燧在散曲史上有着重要的地位。

姚燧善草书,宗怀素。所著《牧庵文集》50卷,已佚。诗词文赋689篇。清人辑有《牧庵集》,今存诗147首,尤以古诗成就为高;词47阕,多豪放,也有委婉别致之作;存世散曲有小令29首。雕版印刷图书数十种。

郑汝翼

郑汝翼,元初著名法律学家。字鹏举,嵩山洛阳人。幼好学,谓其"束发读书,学刑名家,罔不涉猎,得法外意。"金朝末年,中律科,选官刑部检法。入元后,升详议中书省,寻授大理丞,后以左三部郎中致仕。元世祖忽必烈中统四年(1263年),郑汝翼撰《永徽法经》30卷。该书自序称,唐永徽因隋参定为13章30卷,其法详备。金朝嘉尚制科,皇统大定,权定大略,未成章目。道陵敕设详定、校定两所,自明昌至泰和,以隋、唐、辽、宋遗文参订篇目,卷帙全依唐制。其间度时增损者十有一二。辽、宋皇统大定,文籍更革无存。永徽泰和,遗文足徵。因阅此书,以随款异同者分析编类,庶便于观览。其目仍用十三章之旧,每篇目下有议。自李悝以后,同异分合,前后之次,各析其沿革源流。其书则列唐律于前,而附金律于后。或有或无,或同或异,或增或减,俱详为之注,颇为精密。《文渊阁书目》载此书1部5册,不著卷数。《永乐大典》所载者并为4卷,今从之著录。四库存目系《永乐大典本》。

秦长卿

秦长卿,元朝学者。字不详,嵩山洛阳人。秦长卿姿貌魁特,性倜傥,有大志。中统元年(1260年),忽必烈自立为蒙古大汗后,秦长卿被召任枢密院宿卫之职。秦长卿尚风节,好论事,以气岸相高称。至元八年(1271年),忽必烈改国号为大元,正式即位为皇帝,在中央设中书省总理全国行政事务。花拉子横人阿哈马以兴办炼铁,增加盐课,获得大利而受到忽必烈的赏识,升任阿哈马为中书平章。阿哈马恃功骄傲,独揽大权,安插亲信,广积私财,诬陷异己,乱杀无辜。秦长卿不顾个人安危,上书极谏:"臣愚戆,能识阿合马,其为政擅生杀人,人畏惮之,固莫敢言,然怨毒亦已甚矣。观其禁绝异议,杜塞忠言,其情似秦赵高;私蓄逾公家赀,觊觎非望,其事似汉董卓。《春秋》人臣无将,请及其未发,诛之为便。"秦长卿弹劾阿哈马,在文中说他如同秦末赵高、汉末董卓,应诛杀之。忽必烈将其事交由中书省处理,阿哈马用巨资买通了中书省和忽必烈左右,逃脱了惩罚。阿合马对秦长卿却怀恨在心,除兴和宣德同知铁冶事,竟诬以折阅课额数万缗,逮秦长卿下狱,籍其家产偿官,又使狱吏杀之。狱吏濡纸塞其口鼻,即死。未几,王著聚徒杀阿合马。帝后悟,亦追罪之,斩棺戮尸,并诛其子。而秦长卿却冤终不白。

汪元量

汪元量(约1241~约1317年),宋末元间著名诗人、词人。字大有,号水云。钱塘(今浙江杭州)人。咸淳(1265~1274年)进士。南宋度宗时以晓音律、善鼓琴供奉内廷。德祐二年(1276年),元兵大破临安,南宋恭帝和后妃属员3000多人被俘北上,汪元量也未能幸免,留大都,侍奉帝后。时文天祥因抗元被俘,囚禁狱中,汪元量不顾个人安危,常去探望,两人以诗唱和,互相激励,结下了深厚情谊。至元二十五年(1288年)得元世祖许可,为道士,离大都还江南,暗中结交抗元志士,在浙、赣一带鼓动反元,图谋恢复宋室江山。与民族志士谢翱来往甚密。翱曾作《续操琴·哀江南》,歌颂其抗元活动。晚年退居杭州,为道士以终。

汪元量生于宋末元初,是南宋"遗民",其诗大多为记亡国之戚,去国之苦而作,在后世有"宋亡之诗史"之誉。汪元量在诗歌的创作上有很深的造诣,其中,《四库全书总目提要》评论道:"其诗多慷慨悲歌,有故宫离黍之感,于宋末之事,皆可据以征信。""西塞山前日落处,北关门外雨来天。南人堕泪北人笑,臣甫头低拜杜鹃。""钱塘江上雨初干,风入端门阵阵酸。万马乱嘶临警跸,三宫洒泪湿铃鸾。童儿剩遭追徐福,疠鬼终当灭贺兰。若说和亲能活国,婵娟应是嫁呼韩。"这两首作于元兵攻陷杭州时的诗篇,格调悲壮,感情真挚,读之使人泪下,表达了作者对国破家亡的悲怆和图谋再起的雄心。有《湖山类稿》5卷、《水云集》1卷传世。诗存400余首,词存50余首。

汪元量

汪元量在嵩山地区活动期间,写有《嵩山》《洛阳桥》《北邙山》《玉楼春》等诗。

白居敬

白居敬(1250~1320年),元朝儒学家。字行简,号嵩溪,嵩山登封人。生前在登封传承儒家思想、程朱理学,人品与师德足为后世楷模。白居敬父亲在元朝灭金时,从戎有功,擢升为千夫长,领兵巡太原戍忻州秀容,遂定居山西秀容县。6岁丧母,长大后拜杨来叔门下学习,无论寒暑,夜里和衣而睡,醒即苦读。为了生计织鞋卖鞋,对父亲孝顺,远近闻名。20岁时,儒家经典及诸子百家无不精通。当时,他的学问名闻太原、西京两路,人们都备礼币请他主持讲席,学子们从中收益很大。23岁时,父亲以77岁高龄病逝,殡殓一遵古礼。至元十年(1273年),山西发生大饥荒,白居敬携家南来,寓居嵩山少室之下,遂买田筑室,定居登封。他开馆授徒,著书传道,四方之学子从学者云集。教书30余年,甘守清贫,家无余粮。因其家居嵩山、颍水,遂自号嵩溪,学者皆尊称为白嵩溪先生。

白居敬一生致力于儒学,著有《春秋正义》《尚书新注》《易经本义附说》《周子通书附说》《诗集传附说》《女学书类内外篇》《四书集注附说》《张子东西铭解附说》《周易新注》《朱子孝经解义》《太学中庸语孟章句或问》《道学发明》《礼学》《诗说》等。延祐七年(1320年),白居敬卒于家中,年71岁。次年三月,葬于嵩山脚下登封寺庄保油房庄东1里处。

赵孟頫

赵孟頫

赵孟頫(1254~1322年),元朝画家,楷书四大家(欧阳询、颜真卿、柳公权、赵孟頫)之一。字子昂,号松雪道人,水晶宫道人。湖州(今浙江吴兴)人。宋太祖赵匡胤11世孙,秦王德芳之后。

赵孟頫的父亲赵与告官至户部侍郎兼知临安府浙西安抚使,善诗文,富收藏,给赵孟頫以很好的文化熏陶。宋灭亡后,归故乡闲居。元至元二十三年(1286年)行台侍御史程钜夫"奉诏搜访遗逸于江南",赵孟頫等10余人,被推荐给元世祖忽必烈。首次相见,元世祖赞赏其才貌,惊呼为"神仙中人",给予种种礼遇,先后被任兵部郎中、集贤直学士、济南路总管府事、集贤直学士行江浙等处儒学提举、翰林侍读学士、知制诰同修国史,官至翰林院学士承旨,荣禄大夫,官居从一品。至此,赵氏政治地位达到了一生中的顶峰。由于仁宗的青睐和赵氏艺术的出类拔萃,赵孟頫晚年名声显赫,"被遇五朝,官居一品,名满天下"。封魏国公,谥文敏。

赵孟頫博学多才,能诗善文,懂经济,工书法,精绘艺,擅金石,通律吕,解鉴赏。特别是书法和绘画成就最高,开创元代新画风,被称为"元人冠冕"。在绘画上,山水、人物、花鸟、竹石、鞍马无所不能;工笔、写意、青绿、水墨,亦无所不精。他在我国书法史上已占有重要的地位。自5岁起,赵孟頫就开始学书,几无间日,直至临死前犹观书作字,可谓对书法的酷爱达到情有独钟的地步。他善篆、隶、真、行、草书,尤以楷、行书著称于世,《元史》本传讲,"孟頫篆籀分隶真行草无不冠绝古今,遂以书名天下"。元代鲜于枢《困学斋集》称:"子昂篆、隶、真、行、颠草为当代第一,小楷又为子昂诸书第一。"其书风遒媚、秀逸,结体严整、笔法圆熟、世称"赵体"。赵孟頫传世书迹较多,代表作有《千字文》《洛神赋》《胆巴碑》《归去来兮辞》《兰亭十三跋》《赤壁赋》《道德经》《仇锷墓碑铭》等。著有《尚书注》《松雪斋文集》12卷等。

赵孟頫一生与道教有着密切的关系,曾经入松江北道堂事道,道号道渊。他的书法作品中与道教有关者有《洛神赋》《道德经》《玄妙观重修三门记》等。画作名品甚多,关于道教内容的有《玄真观图》《三教图》《轩辕问道图》《松石老子图》《溪山仙馆图》等。又有《玄元十子图》,画道教人物关尹子、文子等10人像,并旁书小传。该作笔墨高古,元大德九年(1305年)路道通于杭州刻版印摹,后被收入明正统《道藏》。诗文风格和婉。兼工篆刻,以"圆珠文"著称。有《松雪斋集》。元延祐六年(1319年),得请南归于家乡。

赵孟頫在嵩山留下的遗迹有立于少林寺常住院内由赵孟頫所书的《裕公道行碑》和《少林寺开山光宗正法大禅师裕公之碑》,有位于嵩山洛阳白马寺山门内东侧的赵孟頫所书的《洛京白马寺祖庭记》碑,有位于嵩山伊川县鸣皋乡伊川书院赵孟頫所书的《元敕赐伊川书院碑》,有位于汝州市哈剌鲁公墓前赵孟頫撰文的《飞骑校尉哈剌鲁公碑》,还有原立于新郑人明代宰相高拱祠堂现存郑州市博物馆的由赵孟頫题跋的《醉翁亭记》碑等。

赵宏伟

赵宏伟(？~1326年),元朝官吏。字子英,颖川阳翟(今禹州市)人。至元十三年(1276年),元兵攻宋,赵宏伟在元军中请见主帅宋都歹。宋重其才,派他带兵占吉州,并命代理吉州参佐。至元十七年(1280年)改调衡州路总管府,时值境内饥荒,群盗四起。赵宏伟计地兴办屯田,发展农业,人民足食,盗亦乐为农业,境内得安。大德五年(1301年),赵宏伟被起用为佥浙西道廉访司事,免去百姓赋税9万余石。因大风海水暴涨,润、常、江阴等州房屋多被淹没,民不得食。赵宏伟开仓赈济,得全活的有10余万人,后迁江南行台都事。至大二年(1309年),召任内台都事,出任浙东廉访副使。不久,升任江南行台治书侍御史。辞官后再起用为福建道肃政廉访使。泰定三年(1326年)卒。

明格公

明格公,元朝官员。元族人。元代至正元年(1264年)起任嵩山密县达鲁花赤尹,也就是县尹。在任期间,劝农兴学,岁旱虔祷,大雨立沛。蝗虫自北来,带领百姓扑打,民勒碑记其事。清嘉庆三年(1798年),知县杨泰起,建"名宦祠",请明格公入祠,荣享祀典。

石子章

石子章(约1279年在世),元朝杂剧作家。一作石子璋,嵩山郑州人。石子章生活在约元世祖至元中前后,曾随乌古孙仲端出使西域。石子章与著名诗人元好问、李显卿、王旭、将易皆为诗友。据近人孙楷考证,《元遗山集》有《赠石子章》诗1首,李显卿《寓庵集》亦有《答石子章因送其行》诗1首,杜善夫弟子王旭《兰轩集》亦有《送石子章归省郑南》诗1首,元人蒋易《国朝风雅》中亦见陈节斋《落花寄石子章韵》1首。贾仲明在《录鬼簿》中为石子章挽词云:"子章横槊战词林,尊酒论文喜赏音。疏狂放浪无拘禁,展腹施锦心。竹窗雨,竹坞听琴。高山远,水流深,戛玉锵金。"

石子章工作曲,著有杂剧《黄贵(一作桂)娘秋夜竹窗雨》及《秦筱然竹坞听琴》(简称《竹坞听琴》)2种,今唯《竹坞听琴》存。《秦筱然竹坞听琴》,写张彩鸾与秦筱然的爱情故事。朱权《太和正音谱》对其曲词极为赞赏,称之"如蓬莱瑶苹"。另有《黄桂娘秋夜竹窗雨》(简称《竹窗雨》),今仅存残曲一折。《元人杂剧钩沉》辑为〔仙吕宫〕一套。《太和正音谱》称石子章之词如"清风爽籁"、"如蓬莱瑶卿"。

欧阳玄

欧阳玄

欧阳玄(1273～1357年),元朝著名史学家、文学家。又称欧阳元,字元功,号圭斋,浏阳马渡人。祖籍庐陵(现在的吉安),系欧阳修的族裔。他从年轻时就开始对经史百家深入研究,特别对宋代理学的渊源演变尤为精通。元延二年(1315年),取中进士第三名。他为官40余年,六入翰林,两为祭酒,两任主考,因学识渊博,文绩卓著,被称为"一代宗师"。欧阳玄文章道德都值得称颂。他性格温和、平易近人、生活俭朴、待人谦和。至正十七年(1357年),欧阳玄病逝于大都(今北京),享年83岁。朝廷谥号文,追赠大司徒、柱国,封楚国公。

欧阳玄初为地方官,政绩显著。后来调到京城任职。历10余年,多次掌管国家文教、修史等大权。一生编修实录大典,计有《经世大典》、《四朝实录》、《通仪》、《元律》、《唐书纂要》等1120卷;带病主编了宋、辽、金三史600卷,其中发凡举例,论、赞、表、奏,对史事人物的评价及改定订正,多出自欧阳玄之手。三史分别修撰,使辽、金二朝在中国历史上得到了应有的地位,保存了丰富的史料,对全面了解10世纪至13世纪的中国政治、军事、经济和对外关系全貌提供了基础。元统六年(1333年),欧阳玄任翰林院直学士,负责编修《泰定帝实录》、《明宗实录》、《文宗实录》和《宁宗实录》,合称"四朝实录",受到朝野好评。至正年间(1341～1367年)元惠帝下诏修撰辽、金、宋三史时,又以欧阳玄为总裁官。三史修成后,欧阳玄因功升翰林学士承旨,朝廷又命他纂修"仿周礼之天官,作皇朝三大典"的《经世大典》。此外,他还编成《太平经国》、《至正条格》、《经考大典》、《纂修通议》、《康书纂要》、《元律》等史著多种,共达1120卷。

欧阳玄在诗文方面也享有盛誉,著有《圭斋文集》16卷,创作小说《睽车记》,以鬼神警世喻人,比蒲松岭所著《聊斋志异》还早300多年。其诗题材广泛,文辞典雅,《元诗选》、《全金元词》等共录入他的诗词百余首,其中不乏意境深远之作。散文成就也很高,效法族祖欧阳修,文章廉静深醇、舒徐和易。善制诰碑铭一类文体,当时朝廷宗庙制诰大多出自他手,海内名山大川佛寺道观、王公大人的碑文墓志,也都以能得到他的文辞为荣耀。对戏曲说唱也很在行,曾仿"鼓子词"作《渔家傲南词》12首。

欧阳玄在嵩山地区活动期间,遵令完成了《河平碑》的制作,将贾鲁治理黄河过程中所做的各种记录详加勘质,写就了《至正河防记》。详尽记载了这次至正年间治理黄河的方略方法,对后世治河有一定参考价值。至正七年(1347年),少林住持息庵把梁武帝撰写的《达摩大师碑》移刻至少林寺内,碑前有欧阳玄撰文的大元重建河南嵩山少林禅寺萧梁达摩大师碑序。原立于巩县站街镇大黄冶村西岭上,1979年运至巩县文物保管所,后调河南博物院保存的《大元敕赐河南行省参知政事张公(思忠)神道碑》,也是由欧阳玄撰文的一通名碑。

孛儿只斤·爱育黎拔力八达

孛儿只斤·爱育黎拔力八达(1285~1320年),蒙古帝国可汗,元仁宗,元朝第九代皇帝(改国号为"元"后第四位皇帝),在位时间为1311年4月至1320年3月。蒙古族,元武宗弟,早年从太常少卿李孟学习儒家典籍。大德九年(1305年),出居怀州。大德十一年(1307年),成宗死,回大都奔丧,与右丞相哈剌哈孙合谋,拥立统军北边的长兄海山(元武宗)为帝。元武宗封他为皇太子,相约兄终弟及,叔侄相传。至大四年(1311年)即位后,大张旗鼓地进行改革,取消尚书省,停用至大银钞,减裁冗员,整顿朝政。延祐元年(1314年),开科举取士。曾在江浙、江西、河南等地进行田产登记,史称"延祐经理"。出兵西北,击败察合台后王也先不花。后毁约将武宗子和世㻋徙居云南,立己子硕德八剌(元英宗)为皇太子。在位9年(1311~1320年),庙号仁宗。汉文谥号圣文钦孝皇帝,蒙古文谥号普颜笃可汗。

大德十一年(1307年),元仁宗撰文的《元仁宗皇帝赞达摩》碣石,嵌于少林寺碑廊东壁。碣石上刻覃怀乐享画的达摩画像,画像下面刻有元仁宗皇帝所做的赞达摩文:"坤之上,干之下,中间一宝难酬价。十万里来做证明,面壁九年不说话。如何赞,如何画,一面举起一面怕。"延祐元年(1314年),立于少林寺的《圣旨碑》,碑阳和碑阴分别用汉字和蒙古畏兀儿字(也称回鹘式蒙古文)、八思巴蒙古字,刻记了元朝皇帝蒙哥汗、忽必烈汗、元仁宗颁布的四道"圣旨"。其中一道是元仁宗于鼠儿年(1312年)颁给河南府少林寺、空相寺、宝应寺、天庆寺、维摩寺长老、提点、监寺为首和尚的圣旨。

延祐六年(1319年)春,皇太后遣侍臣赍楮币,诣中岳设醮。

邵 元

邵元(1295~1364年),元朝日本旅华高僧。双峰和尚的法嗣,嵩山少林寺书记、首座,日本国山阴道但州正法禅寺住持。俗姓源,号古源,又号幻道人、物外子,日本国越前(福井县)人。元泰定四年(1327年)即日本嘉历二年来到中国留学佛门,历访我国名山巨刹,先后到天台山、天目山、五台山,遍参宗匠。天历二年(1329年),他来到嵩山少林寺落迹,侍少林息庵义让门下尤久,受请为少林寺首座。在此参禅达10年之久。

13世纪中期,因蒙古兵侵略日本,两国断绝外交关系。元朝建立后,经过30年整治,政权已经相对巩固,统治集团又感到恢复中日两国友好对自己有益。大德三年(1299年),元成宗铁穆耳利用两国佛教的固有关系,派遣江浙释教总统普陀山高僧一山一宁和曾经到过日本游化的平山万寿寺和尚西涧士昙等去日本通好,他们在日本国传教数十年,"门下英才甚众,其中最有名的是龙山德见、雪林友梅、无著良缘、嵩山居中、东林友丘等。"他们都先后来嵩山朝拜祖庭少林寺,回到日本以后,把自己在嵩山所见所闻的佛门盛况大加宣扬,尤其是对经过雪庭福裕、五峰慧庆、足庵净肃、中林智泰、古岩普就几代经营嵩山诸刹金碧一新、僧尼参禅井然有序的情况详加介绍,对日本国禅僧产生了很大的吸引力。于是日本国禅僧来嵩山参禅的很多,元一代日本高僧西渡者,仅日本僧木宫泰彦的不完全统计,就有220多位,其中最出名的就是邵元。

邵元于公元1327年渡海入元,他的寻游路线大致是,自福建泉州而北上浙江,往天台山和天目山参扣。再北上河北省临济宗祖庭,直至大都(北京)。复南下五台山,渡黄河而至少林寺,驻锡四五载,更南至当阳玉泉寺,元至正七年(1347年)乘船返国,在元朝参扣达20年之久。

1335年冬至1339年间,邵元在嵩山少林寺曾久住二祖庵,曾任少林寺"书记"、"首座"等职,协助两任方丈僧,即菊庵法照和息庵义让办理日常佛事,把嵩山佛教治理得"玄风大振,声名籍甚,学徒云臻",得到广大僧众的热诚爱戴。今少林寺方丈室前东侧的一座重630斤的大铁钟,就是邵元和息庵等铸。邵元精通汉文,且擅长书法,后来成为禅学造诣很深的高僧,曾作为中国100名高僧之一,到元朝首都参与《大藏经》的翻译。

邵元所写的《息庵禅师行实之碑》(碑额)

邵元于至元五年(1339年)离开嵩山少林寺,游化到安徽各大禅寺。已故的菊庵长老门人子珍,受少林住持僧息庵之托,携带菊庵法照禅师的行实,找到邵元请求撰写寿塔铭文。邵元欣然表示:"余虽不敏,而以其悫之勤,略记始末,以铭于塔。"邵元当即撰书《显教圆通大禅师照公和尚塔铭并序》,交子珍带回嵩山少林寺,镌刻菊庵长老塔阴。至元六年(1340年),嵩山少林寺方丈息庵义让圆寂,门下参学小师胜安,到安徽宝林寺请损庵和尚撰写行实碑文。损庵说:"有日本国古源上人,豁达之士,汝可往衷悫,求之于文。"胜安又不辞劳苦找到邵元,说明来意:"公在先师会下久矣!实知师者也。作文以光扬其道,非唯不忘旧日道义,抑亦不虚宗摄老师诱引之意也。"邵元和尚十分谦虚地说:"文章之学,非我所知,矧少林老师道德与嵩少争高,巍巍乎!吾以间然。又跋涉千里。意在明珠,而得鱼目,可呼!"但"抚以缺然,固辞不可,不得已而焚香稽首,缀染短输",就撰写了《嵩山祖庭大少林禅寺第十五代住持息庵禅师行实之碑》。现在两篇铭(碑)文保存完好,拓片于1973年到日本展出,引起日本国朋友极大注意,这象征着中日友谊千古长存。

元至正七年(1347年),邵元回到日本以后,声望大显,曾在日本京都大圣寺、等持寺、东福寺和法云寺讲经说法。晚年,邵元静居南泉庵。日本贞治三年,即元至正二十四年(1364年),邵元圆寂,终年70岁。

邵元在嵩山留下的遗迹有铸于后至元二年(1336年)的少林寺铁钟,重325斤,高1米余。钟身铸有铭文,其中有"住持嗣祖沙门息庵"和"书记邵元"的题名;还有邵元撰写的《显教圆通大禅师照公和尚塔铭》和《息庵禅师行实之碑》等。邵元在我国留下碑刻文物数种,成为中日两国文化交流的历史见证。

王 沂

王沂,元朝宋、辽、金三史总裁官,诗人。字思鲁。先世云中(今陕西省榆林县)人。后徙真定(今河北省定县)。父亲王元甫也是一位诗人,官至承事郎兼黄池税务。王沂自幼受到良好的教育,元仁宗延祐二年(1315年)中进士,被任命为临淮令、同知嵩州。后又先后任国史院编修官、国子学博士、翰林待制、待诏宣文阁。《四库全书提要》说他"在职文字者几十年,庙堂著作,多出其手"。《宋史》、《辽史》、《金史》三部史书的总裁官,是《辽史》的4个执笔人之一。这时王沂已经位至列卿,任中大夫、礼部尚书。顺帝至正二十二年(1362年),"中原盗起",年过70的王沂又回到老家,侨居在山阴、应川间,后来,在这里也待不下去了,他又携家南度,不知所终。王沂工诗词,与当时的名诗人傅若金、周伯琦、许有壬、陈旅等多有唱和,《四库全书提要》评价他的诗"春容和雅,有先正规度"。著有《伊宾集》24卷。

至元五年(1268年)六月,元世祖忽必烈遣使王沂代祀中岳。据王沂所撰的《代祀中岳记》详细记述3代天子之礼,敬至于中岳祠下,圣祀中岳神的经过。文中记载:"今圣上出内府之财,修历代之典,经营缔构者三岁。适峻极之殿成,而香币来享,使神安新宫之洁,而歆圣祀之丰。"王沂在嵩山活动期间,曾写有散文《颍谷书院记》。

王 翰

王翰(1368前后在世),元朝著名学者。字时举,嵩山禹州(今禹州市)人。元代末年,因不满异族统治,耻为元代做官,遂隐居中条山。明洪武初出山为周王朱橚长史。王有异志,王翰屡谏不纳,乃自断手指,佯狂而去。后周王败,王翰未获罪,起用为翰林编修,降职任廉州教授。上任后,恰值羌族作乱,城陷后死于难。王翰始抗骄王,终殉国事,其立身具有本末。翰善写文章、古体诗,语多正直,声调高朗,抒发性情。诸体中以七言律诗成就较大,意境真切。著有《敝帚集》5卷、《梁园寓稿》9卷、《山林樵唱》1卷。

贾 鲁

贾鲁(1297~1353年),元代著名水利专家。字友恒,元代河东高平(今山西省高平市)人。早年任儒学教授、户部主事等官职,元顺帝时,曾参加编修《宋史》,后官至监察御史、行水督监。元至正四年(1344年)五月,黄河暴溢,河南、山东罹遭水患。位于黄河南岸的黄水河由于河道狭窄,河底高于地面,水涨决堤成灾。至正十一年(1351年)四月,贾鲁被任命为工部尚书、总治河防使后,迅速调集汴梁(今开封)、大名(今属河北)等地民工15万人,及庐州成军2

贾 鲁

万人参加治河。他采用疏浚堵塞并举的方法,进行全面治理。首先疏通了280余里的黄河故道及汴水等支流,接着又堵塞大小决口107处,修筑北岸大堤250余公里。经过7个月的全面治理,当年十一月全部完工,平息了多年的水患,口门合龙,使黄水河南流汇淮入海。万民感德,改名黄水河为贾鲁

元代治河场景

河,以示纪念。1855年,黄河河道变迁,由开封东的铜瓦厢(今属兰考)改道向东,经山东入海,即现在的黄河流向。原汴河东段遂淤塞为黄河故道,贾鲁河至颍河一段水流逐渐缩小,不再通航,但至今此河仍引黄灌田。

妥欢贴睦尔

妥欢贴睦尔(1320~1370年),元顺帝,元朝末代皇帝,也是北元的第一位皇帝。即元惠宗,元明宗和世㻋长。至顺四年(1333年)六月,妥欢贴睦尔即位于上都。任命有拥戴之功的伯颜为中书右丞相。伯颜独秉国政,专权自恣,排斥儒生,废除科举制。为了加强统治,他下令严禁汉人、南人私造私藏兵器和喂养马匹,阶级矛盾和民族矛盾进一步加剧。后至元六年(1340年),元顺帝支持脱脱逐走伯颜,起用脱脱为中书右丞相,复科举取士,开马禁,减盐额,修辽、金、宋三史,颁《至正条格》,史称脱脱更化。至正四年(1344年)黄河泛滥,国库空虚。他被迫于十年改变钞法,至正十一年(1378年)用贾鲁修治黄河。钞法变更,导致物价上涨;修河时紧工迫,官吏乘机对百姓敲诈勒索,社会矛盾更加激化,终于爆发了元末农民大起义。23年后,朱元璋势力壮大,渐次统一南方,元王朝已无力对抗。顺帝听信谗言,贬脱脱,于是国家大权尽归哈麻、雪雪兄弟。至正十六年(1356年),哈麻、雪雪谋废顺帝,事败被杀。其后,宫廷内分为两派,一派拥护皇帝,一派支持太子。两派矛盾尖锐化,顺帝的号令已失去作用。

至正二十七年(1367年)十月,朱元璋开始北伐。明代洪武元年(1368年)七月,明兵逼近大都。七月二十八日,妥欢贴睦尔率后妃太子奔上都。八月初二,明兵入大都,元亡。洪武二年(1369年)六月,顺帝奔应昌(今内蒙古克什腾旗西北),次年四月,因患痢疾死于应昌。在位35年(1333~1368年),享年52岁,谥号普孝皇帝,朱元璋加号顺帝,庙号惠宗(蒙古语为乌哈图可汗)。

元统三年（1335年），元顺帝妥欢帖睦尔二月游中岳嵩山，立《圣旨碑》于中岳庙。元顺帝下的圣旨，虽是汉文，但用的却是蒙古语法，其大意是告诫到中岳朝拜游幸的人们，上至文武官员，下至平民百姓，不得破坏庙内一草一木，若有违者，按国法处置。至正九年（1349年）春，元顺帝遣内臣资善大夫、宣政院使伯颜忽都驰驿，奉锦幡、白金、银盒祀中岳。至正十四年（1354年）正月，遗使奉香币祀中岳。至正二十五年（1365年）春，元顺帝遣翰林应奉李国凤代抵汴路，即于汴城望祭中岳。

明　朝

朱元璋

朱元璋(1328～1398年),明太祖、大明王朝的开国皇帝、杰出的地主阶级政治家和军事家、民族英雄。幼名重八,后取名兴宗。字国瑞,汉族,濠州钟离(今安徽凤阳东北)人。少时穷苦,一度出家于皇觉寺为僧。至正十二年(1352年)25岁的朱元璋加入郭子兴领导的红巾军反抗蒙元暴政,公元1355年郭子兴死后掌兵权,被韩林儿的宋政权任命为左副元帅。次年攻克集庆路(今南京),改名应

开国皇帝朱元璋

天府。采纳儒生朱升"高筑墙、广积粮、缓称王"策略,迅速壮大实力,先后消灭陈友谅、张士诚、方国珍等割据势力。接着以战功连续升迁,龙凤七年(1361年)受封吴国公,十年自称"吴王"。元至正二十八年(1368年),在基本击破各路农民起义军和扫平元的残余势力后,于南京称帝,国号"大明",年号"洪武",建立了统一的封建政权。同年出师北上,攻克元大都,逐步统一全国。在位30年(1368～1398年),为了缓和尖锐、复杂的阶级矛盾、民族矛盾和统治阶级内部各集团之间的矛盾,实行了抗击外侵、巩固边防、革新政治、整肃吏治、严惩贪官、发展生产、安定民生等一系列有利于国家的统一和发展政策,对社会的稳定起到了积极作用,在政治、经济、军事、思想等方面大力加强了君主专制的中央集权统治。特别是在经济上采取的与民安息、兴修水利、推行屯田、奖励农耕,减免赋税等一系列政

策,有力地推动了社会生产的恢复和发展,使得国家的租税额比元朝增加了三倍之多。朱元璋一生勤于政事,事必躬亲,是我国封建社会中不可多见的杰出君主。他建立了明王朝,为我国民族统一大家庭的发展做出了卓越贡献。但他这个地主阶级政治家与历史上许多皇帝一样,对官民实行残暴的专制统治,废除了元代行省制度,在全国设置了13个承宣布政使司,设布政使司,都指挥司,提刑按察使司分管行政、军事和司法。废除了中书省丞相制,抑制贤能的辅佐,由六部分理政务,听命于皇帝。同时,整顿吏治,制定严刑峻法,对贪官污吏的惩治采取了空前绝后的严酷手段。屡兴冤狱,诛杀功臣,设立锦衣卫,使权臣和宦官更容易控制政权,导致明末宦官专权,民乱纷起。1398年,71岁的朱元璋病逝,葬于孝陵,谥号圣神文武钦明应运俊德成功统天大孝高皇帝,庙号太祖。

史料记载:明洪武二年(1369年)太祖遣夏子成祭告中岳,夏写有《敕祀中岳记》;洪武三年(1370年),诏岳镇海渎,去前代所封号,嵩山称"中岳嵩山之神";同年七月,遣使祭告中岳;洪武十年(1377年)八月、十二年(1379年)八月、二十六年(1393年)十二月,太祖遣使致祭中岳;洪武二十八年(1395年)七月,以征广西蛮夷酋长,遣使祭告中岳;洪武三十年(1398年)九月,以征西南苗彝,遣使祭告中岳。

相传,朱元璋曾于元朝末年,安徽旱灾严重,民不聊生,为求生计,一路乞讨,来到中原。对于朱元璋来到中原后,在嵩山活动的地方说法不一:有传说他曾在嵩山洞林寺避难,后在嵩山一带给大户人家当长工、放牛为生;也有传说他曾在少林寺出家当和尚,在北伐灭元时,曾来少林寺搬兵助战;还传有他称帝后,曾派将军来嵩山寻访娘娘的故事。嵩山一带民间流传有大量朱元璋的传说与故事。

傅 英

傅英,明朝嵩山名人。睢州人。洪武二年(1369年)荐举,任登封学训导。爱其山川之秀,遂隶籍焉。于嵩山少室之南胥店自营寿城。

山锡之

山锡之,明朝官吏。苏州人。洪武六年(1373年),任登封知县。时邑务经始,锡之至,改创县治、学社、衙宇、坛庙等公宇焕然一新,至今赖焉。政尚宽和,民心稳定。性好吟咏,境内名胜,所至留题。时以文学饰吏治者,称首倡焉。

高逊志

高逊志(约1383年前后在世),明朝诗人。字士敏,明徐州府萧县人,寓居浙江嘉兴。嵩山洛阳人。元末为鄢山书院山长。洪武初(1368年),征修元史,入翰林,累迁吏部侍郎。建文初(1399年),召为太常少卿,与董伦同主会试,得王艮、胡靖、吴溥、杨荣、金幼孜、杨溥、胡濙、顾佐等皆为名臣。靖康之难,燕王朱棣兵入南京,遁迹雁荡山中,病卒。高逊志文章典雅,成一家言;亦工诗,与高启等称

"北郭十友"。著有啬斋集 2 卷,于《明史艺文志》传于世。

边 宁

边宁,明朝学者。《河南通志》卷六十五:边宁,字定之,禹州人。少有文名,永乐戊子举乡试,任绵州、鄌州学正,诏入文渊阁,纂修《永乐大典》,校正七馆书文。乡人称为边夫子。

任 昂

任昂,明朝大臣。字伯颙,河阴(今属荥阳市)人。元至正(1341~1360年)进士,授宁晋知县,不赴。洪武初(1368年),荐为襄垣训导,擢御史。洪武十五年(1382年)拜礼部尚书。帝加意太学,罢祭酒李敬、吴颙,命任昂增订国子监学规8条。奏请各地岁贡从翰林院考试,以分次第。次年,命科举与荐举并行。任昂上《科场成式》,始定明朝科举取士之制。又偕同吏部制定文官封赠、荫叙制度,颁布实施。复奏请更定冕服之制,及朝参坐次。又奏毁天下淫祠,正祀典称号:"蜀祀秦守李冰,附以汉守文翁、宋守张咏;密县祀太傅卓茂;钧州祀丞相黄霸;彭泽祀丞相狄仁杰,皆遗爱在民。李龙迁祀于隆州,谢夷甫祀于福州,皆为民捍患。吴丞相陆逊以劳定国,宜祀于吴,以子抗、从子凯配。元总管李黼立祀江州,元帅余阙立庙安庆,皆以死勤事。从阙守皖,全家殉义者,有万户李宗可,宜配享阙庙。"皆报可。第二年,命以乡饮酒礼颁天下,复令制大成乐器,分颁学宫。是时,以八事考课外吏,及次第云南功赏,事不隶礼部,帝皆令任昂主其议。寻予告归。

高 启

高启(1336－1374年),明初著名诗人,字季迪,长洲(今江苏苏州)人。元末隐居吴淞江青丘,因此自号青丘子。明洪武初,召其参修《元史》,授翰林院国史编修官。后擢户部右侍郎,不受。苏州知府魏观以改修府治获罪,高启受牵连,被腰斩于市,年仅39岁。

高启博学工诗,诗学众长,而各体兼备,为明代成就最高的诗人之一,与杨基、张羽、徐贲合称"吴中四杰"。高启诗歌中多是述志感怀、游山玩景以及酬答友人之作。他的写景诗描绘景物细致入微,新颖逼真,崇尚写实;抒情诗含蓄蕴藉,韵味深长;有些小诗清新流畅,饶有民歌风味。

著有诗集《高太史大全集》、文集《凫藻集》,词集《扣舷集》。

高启在嵩山活动期间,写有《武攸绪》、《卢鸿》诗传世。

朱 棣

朱棣(1360~1424年),明成祖,明朝第三代皇帝。明太祖朱元璋第四子,生于应天(今江苏南京)。洪武三年(1370年),受封燕王。曾居凤阳,对民情颇有所知。洪武十三年(1380年)就藩北平(今北京),多次受命参与北方军事活动,两次率师北征,加强了他在北方军队中的影响。朱元璋晚年,太子朱标、秦王朱樉、晋王朱棡先后死去,朱棣不仅在军事实力上,而且在家族尊序上都成为诸王之首。朱元璋去世后,继位的建文帝朱允炆实行削藩,朱棣遂于建文元年(1399年)七月发动靖难之役,四年六月攻入南京,从侄儿建文帝手中夺取了皇位。次年改元永乐(1403~1424年)。即位后五次北征蒙古,追击蒙古残部,缓解其对明朝的威胁;疏通大运河;迁都并营建北京,作为历史上第一个定都北京的汉人皇帝,奠定了北京此后500余年的首都地位;组织学者编撰长达3.7亿字的中国古代最大的百科全书《永乐大典》;设立奴儿干都司,以招抚为主要手段管辖东北少数民族。更令他闻名世界的是郑和下西洋,前后7次,最远到达非洲东海岸,沟通了中国同东南亚和印度河沿岸国家。明成祖可谓功绩累累的一代雄主。永乐十年(1412年)以后,为打击北元蒙古残部,缓解其对明朝的威胁,朱棣开始了北征,而且随着年龄的增长,北征的频率越来越快。永乐二十二年(1424年)七月,朱棣在第五次北征回师途中,病逝于榆木川(今内蒙古乌珠穆沁),谥号启天弘道高明肇运圣武神功纯仁至孝文皇帝,所以有的史书又称他为文皇。他的庙号是太宗,葬于长陵,所以在《明实录》中他的实录就被称作《太宗实录》。后来,嘉靖皇帝将他的庙号改为成祖,所以后人便一直称他为明成祖。

朱 棣

洪武年间(1368~1398年),嵩山法王寺僧释道衍,南京应僧试毕,归山途中经北固山,遇临济大宗师季谭宗泐,遂为宗泐门生。太祖朱元璋为诸王(子)选僧师,宗泐荐道衍为燕王朱棣师。建文元年(1399年),僧释道衍积极策动燕王朱棣发动"靖难之役"。朱棣即帝位,论功行赏,释道衍居首,授僧录司左善世。永乐二年(1404年),永乐帝再授释道衍资善大夫、太子少师。居北京庆寿寺,带冠而朝。永乐十六年(1418年),僧释道衍圆寂,年84岁。谥推诚辅国协谋宣力文臣,特进荣禄大夫,上柱国荣国公。

永乐元年(1403年),明成祖即位,遣使祭告中岳。永乐四年(1406年)七月,以征安南,明成祖遣使祭告中岳。永乐五年(1407年)五月,以平安南,明成祖遣使祭告中岳。

朱 橚

朱橚(1361~1425年),明朝科学家、文学家。周定王,明太祖第五子。洪武三年(1370年)封吴王。洪武七年(1374年),有司请置护卫于杭州。帝曰:"钱塘财赋地,不可。"洪武十一年(1378年)改封周王,命与燕、楚、齐三王驻凤阳。洪武十四年(1381年)就藩开封,即宋故宫地为府。洪武二十二年(1389年),朱橚弃其国来凤阳。帝怒,将徙之云南,寻止,使居京师,世子有炖理藩事。洪武二十四年(1391年)十二月敕归藩。建文初,以橚燕王母弟,颇疑惮之。朱橚亦时有异谋,长史王翰数谏不纳,佯狂去。朱橚次子汝南王有动告变。帝使李景隆备边,道出汴,猝围王宫,执橚,窜蒙化,诸子并别徙。已,复召还京,锢之。成祖入南京,复爵,加禄5000石。永乐元年(1403年)正月诏归其旧封,献颂九章及俏舞。明年来朝,献驺虞。帝悦,宴赐甚厚。以汴梁有河患,将改封洛阳。朱橚言汴堤固,无重劳民力。乃止。永乐十四年(1416年)疏辞所赐在城税课。永乐十八年(1420年)十月有告橚反者。帝察之有验。次年二月召至京,示以所告词。朱橚顿首谢死罪。帝怜之,不复问。朱橚归国,献还三护卫。仁宗即位,加岁禄至2万石。洪熙元年(1425年)薨,享年65岁,谥号定王,史称周定王。葬于钧州明山(今嵩山东南麓的禹州市老官山)。

周定王墓外观

周定王朱橚,是明初重要的藩王之一,喜爱读书,写诗作赋,对医学很有研究。在就藩河南期间,时多灾荒,他将野草可食者,分别叶、茎、根,图其形,著《救荒本草》,收录有可供人食用的野生植物414种,其中有267种为他所新增。著名大医药学家李时珍曾称该书"详明可据"。还对后来徐光启所写的《农政全书》起了很大的参考作用。朱橚还主持修撰了《普济方》200多卷,收录了方剂共61739方,是我国现存最大而又最完备的一部方剂著作。在文学上,朱橚写得一手好字,曾根据元朝宫中遗事,著《元宫词》共100章。《救荒本草》、《普济方》,均被收入清代《四库全书》。

周定王陵墓(含陪葬妃子墓)位于禹州市东北25公里的具茨山东麓无梁镇申家村和王家村。该墓的地宫建筑规模宏大,建筑工艺精细,为国内罕见。尤其是地宫的后室建筑在已见到的王侯级陵中尚属首例,设计奇特的圆形妃子陪葬墓形制独一无二,为研究明初建筑艺术、帝王丧礼葬制提供了珍贵的实物资料。朱橚王在嵩山留下的遗迹还有位于郑州西南郊和荥阳东南一带数十公里的范围内周定王后裔陵墓。郑州一带周定王的后代王陵有周靖王(周定王的孙子)陵、周懿王(靖王之弟)陵、原武温穆王(周定王七世孙)陵,另有鄢陵王陵、邬陵王陵等;还有位于荥阳市二十里铺乡石柱岗村西八棱石柱形的"朱氏宗族图记"。相传,此处为明藩王府花园,石柱为明代遗物;有位于荥阳市贾峪乡寺村北洞林寺后的明代周定王之后的周靖王墓,洞林寺也因此成为周靖王的家祠佛堂。

察罕帖木儿

察罕帖木儿(？~1362年)，元末名将。字廷瑞，畏吾儿(今维吾尔族)人。祖籍北庭(今新疆吉木萨尔北，即元之别失八里)。曾祖阔阔台随蒙古军入颍州，以探马赤军户留居。祖乃蛮台、父阿鲁温，皆居颍州，遂为颍州沈丘(今安徽临泉，非今河南沈丘)人，改姓李氏。察罕帖木儿自幼攻读儒书，曾应进士举，名闻乡里。至正十一年(1351)，元末农民红巾军起义爆发，作为地主阶级一员，察罕帖木儿深感自身利益受到威胁，率先组织地主武装，纠集当地数百人，号称义兵。察罕帖木儿治军有方，作战勇敢，迅速成为当时规模最大、装备精良的地方武装力量，并很快被元朝廷改编为官军，成为支撑元朝统治的柱石。

至正十二年(1352年)，察罕帖木儿起兵对抗刘福通所领导的红巾军，并和李思齐一起攻破农民起义军占领的罗山，从此受到元政府的重视。随着察罕帖木儿不断挫败红巾军，其官职和地位逐渐上升，由汝宁府达鲁花赤升至兵部尚书，后历任陕西行省平章政事、河南行省平章政事兼河南行枢密院事，中书省平章政事、知河南山东行枢密院事。

至正十五年(1355年)二月，红巾军首领刘福通等自砀山夹河迎韩林儿至，立为皇帝，号小明王，建都亳州，国号宋，改元龙凤，汴梁(今开封)以南邓、许、嵩、洛诸府州皆为红巾军所有。察罕帖木儿驻戍虎牢(今荥阳西北)，以遏制红巾军。十一月，刘福通部红巾军北渡孟津，破怀庆(今沁阳)。察罕帖木儿率军进战，红巾军败退。朝廷以其功，升中书刑部侍郎，阶中议大夫。时驻荥阳苗军叛元，察罕帖木儿夜袭之，尽虏其众，乃结营于中牟。未几，淮西红巾军30万来攻中牟营，察罕帖木儿率众奋力抵抗，红巾军不能支，弃旗鼓遁走，察罕帖木儿追杀十余里，无数红巾军惨遭杀戮。

至正十九年(1359年)，察罕帖木儿率军围攻汴梁数月，刘福通率领的红巾军被迫突围。此后，他以主力屯太行山，分兵驻防山陕、荆襄、嵩洛、江淮等地。至正二十一年(1361年)，察罕帖木儿攻打山东红巾起义军，占领济南，包围益都；至正二十二年(1362年)六月，察罕帖木儿被降将田丰、王士诚刺杀。察罕帖木儿被刺的消息传到朝廷，朝野为之震动。据载，善观天象的妥欢贴睦尔曾预言"山东必失一良将"。即驰诏察罕帖睦尔勿轻举，使者未到山东而察罕已丧命了。朝廷诏赠推诚定远宣忠亮节功臣、开府仪同三司、上柱国、河南行省左丞相，追封忠襄王，谥献武。后改赠宣忠兴运弘仁效节功臣，追封颍川王，改谥忠襄，食邑沈丘县。封其父阿鲁温为汝阳王，后又加封梁王。命其外甥、养子扩廓帖木儿(王保保)扩廓帖木儿承袭父职，拜银青荣禄大夫、太尉、中书平章政事、知枢密院事、皇太子詹事，继承其军队。朝廷加封其为河南王，以汝州为食邑，与弟弟脱因帖木儿同居河南府。

在察罕帖木儿死后的同年十一月初四日(11月20日)，扩廓帖木儿率军攻克益都，杀死田丰、王士诚，为察罕帖木儿复仇。

察罕帖木儿墓位于洛阳老城西北苗沟村东南的邙山脚下，现存墓冢，上圆下方，高约15米。

刘 先

刘先(1366~1388年)，明朝将领。字祖光，嵩山新密张固保坛头村人。刘先少负大志，有胆略，忠义慷慨,才识过人,以义勇保全一乡。元末纲纪瓦解,兵燹之祸蜂起,即招募民兵以图匡济,义旗所向,无所不克,以其功绩升平章政事郑国公。元朝灭亡,刘先已知天命难违,积极投奔大明朝,智者效谋,勇者效力。率部归从鄂国公常、信国公汤,浩浩荡荡而收复河北诸州。洪武二年(1369年)十一月由平凉觐见皇帝,钦恩授骠骑前卫指挥佥事,正五品。洪武四年(1371年)十一月,以征战迤北调骠骑左卫。洪武七年(1374年)调湖南长沙府茶陵卫。洪武十一年(1378年)四月加授广武将军。洪武十四年(1381年)调征云南,所在身先士卒,经历大小50余战,俘获斩首甚众。洪武十七年(1384年)八月钦调乌撒卫指挥使司,后升指挥同治以镇所在,时治所新设,莅事精勤,抚治有方,使其少数民族极为信服。洪武十八年(1385年)二月,赐诰进升怀远将军,从三品。卒于官,终年63岁。宣德四年(1429年)敕赠"骠骑将军"。因其所在有功,推恩赠其父如其职,母范氏、配王氏封为淑人,宣德四年赠太夫人。刘先故后,因其归乡道远,遂浮葬浅土10年,至戊寅年,其子刘广奉柩归葬于张固保坛头村北(今大隗乡刘湾村南张小寨村北)。刘先有子二,长广,次德。广袭父之职,能继承先绪,屡立战功,积官至骠骑将军右军,都督府都督佥事。永乐八年(1410年)三月敕谕充右哨骠骑将军,正二品,随驾东进,尝缎绢表里。次德,女二,皆适甘州。宣德三年(1428年)奉制谕总戍甘肃领符节佩平羌将军印,控制西北诸番,大著威望。

王　彰

王彰(1366～1427年),明朝御史。字文昭,嵩山郑州管城人。王彰自幼聪颖好学,博学多才。洪武二十年(1387年)举人,补国子监生。次年任吏部给事中,升刑部员外郎。奉使山东平籴,执法严明,力惩徇私舞弊,以廉著称。后迁山西左参政。永乐五年(1407年)召为礼部侍郎,改户部侍郎。陕西大旱,王彰奉使视西岳,见新安百姓鬻子女偿赋,遂奏蠲除,改右副都御史。陕西提刑按察使司佥事(正五品)马英鼓动番人"造反"作乱,王彰劾而诛之。朝野为之震惊,王彰由此名声日隆。不久,擢升右都御史。永乐十九年(1421年),明成祖朱棣遴选26位廷臣巡抚天下,王彰与给事中王励巡抚河南。河南水灾,民多流亡,长吏不恤百姓,王彰奏黜贪污官吏百余人,罢不急之征(赋)10余事,招抚流民,发粟赈饥,抚恤流亡近5万家。由于王彰处置得当,措施有力,全心为民,效果显著,受到朝廷的褒扬。后来,黄河决口,他奉旨巡抚开封;江浙地区遭灾,他又授命巡抚南京,所到之处,以身作则,雷厉风行,严惩贪官庸吏,安抚黎民百姓,政绩斐然,为人称颂。

宣德元年(1426年),王彰奉诏巡察山海关、居庸关等险关要隘,奏各关指挥以下擅离岗位者,严加惩治,使一些擅离职守、作威作福的将官受到处理,一时人心大快。不久,王彰因劳累成疾死于任上,终年61岁。王彰官至右都御史,时称都堂,后世称他"王都堂"。史籍中有人评价王彰:"严介自持,请托皆绝,然用法过刻。"

王彰在嵩山留下的遗迹,有位于二七纪念堂北侧的王彰墓遗址,当时立有大学士杨荣所撰写的碑文。史载,京汉、陇海铁路未修建以前,在郑州小西门外西北方2里许处,为王氏墓地。其中有一大墓,前立巨碑数通,侧置翁仲、石马、石羊等诸多石像,周围古柏参天,这就是当年郑邑赫赫有名的"王都堂坟"。晚清郑州知州王莲塘在《王都堂墓》一诗中写道:"古管城西王家墓,前明都堂埋骨处"。

朱高炽

朱高炽(1378~1425年),明仁宗,明朝第四位皇帝。明成祖朱棣长子,他生性端重沉静,言行适度,喜好读书,由于他的儒雅与仁爱,深受太祖朱元璋的喜爱。不过由于朱高炽喜静厌动,体态肥胖,行动不便,总要两个内侍搀扶才能行动,而且也总是跌跌撞撞,因此对于一生嗜武的明成祖朱棣来讲,他并不喜欢这个儿子。成祖起兵靖难,命朱高炽留守北京。朱高炽团结部下,以万人之军成功地阻挡了建文帝的大将李景隆的50万大军,保住了北京城。这一战役对整个靖难都具有极其重要的意义,也是朱高炽在靖难中最耀眼的一笔。成祖即位后立为皇太子。洪武二十八年(1395年)被册封为燕王世子。永乐二十二年(1424年),成祖病逝后继位,改年号为"洪熙"。登基后他赦免了建文帝的旧臣和永乐朝时遭连坐流放边境的官员家属。明仁宗随父征战多年,知道创业很难,重用户部尚书夏元吉,命杨荣、杨士奇、杨溥三人辅政,采取了一系列减少国家开支的措施,对国力的恢复发展起到一定的作用。在位期间,他褒奖直言,虚怀纳谏,减轻刑法,对开封、山东等地赈灾免粮。用人、行政均得后人称善。这一切都使得洪熙朝人民得到了充分的休养生息,生产力得到了空前的发展,明朝进入了一个稳定、强盛的时期,史称"仁宣之治"的开端。朱高炽对科举制度也做出了重要的贡献,当时由于南方人聪明而且刻苦,进士之中多为南方人,但北方人天性纯朴忠贞,也是皇家不可或缺的支柱,但北方人文采出众的较少,为了保证北方人可以考中进士,朱高炽规定了取中比例"南六十、北四十",这一制度一直被沿用至清朝。他一即位,即决定将首都迁回南京,以免漕运的巨大花费。

朱高炽在后宫之中不恋女色,除皇后张氏之外,仅谭妃一人。张皇后非常贤惠,与朱高炽相敬相爱;谭妃也是一位贤内助,在朱高炽死后自缢殉节,被谥为昭容恭禧顺妃。体弱多病的洪熙皇帝,登基后从政仅8个月,就一病不起。洪熙元年(1425年)五月朱高炽因心脏病突发猝死于宫内钦安殿,终年47岁,葬于北京昌平献陵(今北京十三陵)。谥号敬天体道纯诚至德弘文钦武章圣达孝昭皇帝,庙号仁宗。

后世评价,仁宗虽然在位时间很短,但他赦免了许多旧臣,平反了许多冤狱,废除了许多苛政,停止了永乐帝开始的大规模用兵,天下百姓得到了休息,文化得到了复兴,读书人的待遇比洪武、永乐两朝要好。因此后世对他的评价很高,痛悼他在位时间太短。如果从个人的能力来说,他显然不属于有锋芒、有魄力的改革派,比起秦皇汉武乃至他的祖父、父亲,相对平庸。所以,朱高炽的庙号为"仁"。

朱高炽即位之前曾留心诗文,著有《御制文集》、《御制诗集》。朱彝尊《静志居诗话》认为其诗风格"绝似唐太宗"。

洪熙元年(1425年),明仁宗即位,遣使祭告中岳,作有祭告文。其文曰:"岩岩嵩岳,永镇中土。时出云雨,用育万物。嗣位之初,聿严告祀。翼我皇祚,尚赖神庥。"

薛瑄

薛瑄(1389~1464年),明朝大臣、理学家、嵩山地区文化名人。字德温,号敬轩,原籍山西河津,后居嵩山荥阳、鄢陵。永乐十九年(1421年)中进士后,一直忙于料理祖父母及父亲丧事。直至宣德

薛瑄

三年(1428年),他才以广东道监察御史的身份步入仕途。宣德十年(1435年),改任云南道监察御史。正统元年(1436年),升佥事提督山东学政。正统六年(1441年)升大理寺左少卿。当时宦官王振权倾朝野,薛瑄见之不败,得罪王振,被逮捕下锦衣卫诏狱,以贪污受贿罪名判处死刑。处斩前夕,王振一位老仆人在厨房流泪,王振问他为什么哭,仆说:"我跟薛瑄是同乡,深知他的为人。"王振大为震动。后经兵部侍郎王伟等申救,得以免死,被削职回家。正统十四年(1449年)召为大理寺右丞。景泰元年(1450年)奉敕如四川云南督饷。景泰二年(1451年)又任大理寺右丞,寻迁南京大理寺卿。景泰四年(1453年)调北京大理寺卿。景泰六年(1455年),进阶通议大夫。天顺元年(1457年),薛瑄升礼部右侍郎,兼翰林院大学士,寻迁左侍郎,入内阁参与机务。不久,因不满石亨、曹吉祥乱政和屈杀忠臣于谦,愤而辞职,从此以教授学生为业。薛瑄是一位杰出的政治活动家。他40岁步入仕途,69岁致仕还乡,其间曾几经起落。他从政讲求重民、爱民,"以爱人为本",并严于律己,勤廉从政,坦然正直,光明俊伟,坚决同邪恶势力作殊死抗争,成为受时人称道的清官、直臣。

薛瑄致仕还乡以后,一面聚众讲学,一面进一步深钻细研正心复性理论,并进行更加严格的自我修养,使之达到了更高的境界。天顺八年(1464年)六月的一天,他忽觉身体不适,遂将所写文稿作了一番整理,之后伏案写诗道:"土炕羊褥纸屏风,睡觉东窗日影红,七十六年无一事,此心唯觉性天通。""通"字尚未写完便与世长辞,时年76岁。薛瑄逝世后,朝廷派官吏为他举行了隆重的葬礼。次年春又颁下《奉天诰命》,根据薛瑄生前的功绩,赠他为资善大夫、礼部尚书,谥号文清。隆庆五年(1571年)九月在薛瑄逝世107年后,朝廷降旨准予从祀孔庙(在孔庙内置神主牌位,随从孔子受人祭祀),他终以精深的学问和崇高的品节,跻于名儒之列。为此,世人都尊称他薛夫子。

薛瑄出生于一个职业教育家庭。祖父薛仲义,"通经术,以元末不仕,教授乡里"。其父薛贞为明初的儒学教谕。薛瑄7岁《小学》、《四书》即能成诵,十三四岁《五经》、《四书》能通大义。在严格的儒学思想教育下,他从小便立志要成为"大儒"、"伟士"。薛瑄推崇程朱理学,在思想上总的是同程朱理学一脉相承,但又并非程朱理学的简单延续,而是进一步完善和发展了程朱理学。难能可贵的是,他在"理无穷,故圣人立言亦无穷"的思想指导下,弃旧图新,提出了不少具有唯物主义思想倾向的观点,对明中叶兴起的理学唯物主义思潮起到了首倡和先导作用。薛瑄从维护朱熹理学的正统地位出发,从克服朱学弊端入手,发扬理学。首先,他适应时代要求,批判和改造了朱熹"理在气先"和"理、气决是二物"的唯心主义理气观,并在朴素唯物论色彩的宇宙观和认识论思想基础上,明确提出了"理在气中,以气为本"的新观点。他反复强调:"理只在气中,决不可分先后。""理与气一时俱有,不可分先后;若无气,理定无止泊处。"他坚持气是构成宇宙万事万物最原始的物质本体的观点,他说:"天地间只一气。""天地万物皆气聚而成形。"从而确立了系统的实学理论和学风,对明代实学思潮的兴起,起了直接的先导作用。但他同时受儒学影响深刻,他对理学的根本思想依然牢牢恪守,特别是在心性天人问题上,从而成为替封建制度作辩护的思想工具。

薛瑄是明代有名的理学大师,他的学说对当时和后世的影响很大。他通过长期聚徒讲学,按照自己的思想体系,培养造就了大量学者,创立了著称于史的河东学派,从而与王阳明为首的姚江学派构成明代理学思潮的两大主要流派。在之后的一个多世纪里,河东学派不断壮大,薛瑄弟子遍及山西、陕西、河南、湖北等地,他们在弘扬薛瑄思想学说和发展程朱理学方面发挥了巨大作用。

薛瑄是有素养的作家和诗人。他的文学作品有散文、杂文等260余篇,诗歌1570首,成就颇大。薛瑄的散文、杂文大体可分为游记、随感、对友人题赠以及寓言故事等。在写作上大都结构严整,行文流畅,格调清新,寓意深刻。如《游龙门记》叙述简洁明快,写景绘声绘色,给人以身临其境之感,被称为明代散文佳作,20世纪60年代曾被选入中学课本。薛瑄工诗,凡行旅、登临、居住、怀古、读书、会友、赠别等,多有诗歌问世。对薛瑄的诗,清人纪晓岚在《四库全书总目提要》中给予了很高评价,曾称:"大致冲淡高秀,吐言天授,往往有陶(渊明)韦(应物)之风。盖有德有言,瑄足当之。"

薛瑄的主要著作有:《读书录》11卷、《理学粹言》、《从政名言》、《策问》、《读书二录》等,结集有《薛文清集》24卷。其中《读书二录》是集薛瑄理学思想大成的代表作,也是他平生所作读书笔录或读书心得之集中总汇。它集中反映了薛瑄毕生矢志求道,专精性命的思想进程,是他作为著名理学大师的最重要学术成就。

薛瑄一生在荥阳居住多年:明洪武末、永乐初,其父薛贞两次任荥阳教谕八九年之久,薛瑄在荥阳别墅寄居的时间很长;宣德末年,母亲死于荥阳家中,薛瑄在荥阳为母亲守孝3年。从进士到擢御史出监湖广银场期间,均以荥阳为家。薛瑄在嵩山活动期间,写有很多诗文,如散文《游龙门记》,诗歌《巩洛道中》、《重过郑州》、《送白司训序》、《荥阳送别图诗序》、《送驿丞汤伯禹序》、《荥阳道中》8首、《荥阳咏古》、《河阴怀古》、《子产祠》、《王辅嗣墓二首》等。

周　叙

周叙(1392~1452年),明朝诗文家。字功叙,号石溪。吉水人。汉末东吴偏将军周瑜38世裔孙。负气节,笃行谊。曾祖以立曾为元时翰林编修,父歧凤为明初国子监博士,周叙为歧凤之次子。少时聪明灵颖,11岁能吟诗。永乐十二年(1414年),中乡试第十一名举人。永乐十六年(1418年)会试第二名,殿试二甲第一名进士,选庶吉士。因作《黄鹦鹉赋》而称旨授翰林院编修官。宣德初预修两朝实录成,转修撰,正统年间升侍读。正统十年(1446年)调升南京翰林院侍讲学士,执掌南京翰林院事。正统十二年(1447年),周叙上书,建议在南京翰林院组织人员重修宋、辽、金三朝史。英宗的答复是:"不必择人,叙其自修。"周叙编撰了数年,但因劳成疾,未能完成。于景泰三年(1452年)三月辞世,终年60岁。周叙不仅才华横溢,诗赋出众,更可贵的是他注意于国事,忧国忧民,以社稷为重,不顾个人安危,敢于犯颜直谏,前后章疏皆切时政的精神,更值得敬佩。著有《诗学梯航》、《唐诗类编》,今不传。有《石溪文集》7卷,《四库总目》行于世。

宣德元年(1426年)三月,周叙奉诏祭宋陵。他在此行中,祭祀宋陵后,在巩义庠生王庸、刘清、李暄的陪同下,用了3天的时间,游历了嵩山的轘辕关、少林寺、会善寺、中岳庙、嵩阳书院、崇福宫、启母石、法王寺、测景台、观星台等景观。他临走时,将所写的游历日记书写两份,一份赠予巩县县令吴逊志,一份留给了登封学宫,以作纪念。此行还写有游记《游少林记》《游嵩阳记》和诗《春日护驾谒陵(二首)》《经少陵墓》等。

朱瞻基

朱瞻基(1398~1435年),明宣宗,明代第五位皇帝。明仁宗朱高炽长子,仁宗病故后继位。永乐九年(1411年)十一月十日立为皇太孙,数度随成祖征讨。永乐二十二年(1424年)仁宗即位,十月十一日,立为皇太子。洪熙元年(1425年)即位,年号宣德,成为明朝第五位皇帝。宣德元年(1426年)平定汉王朱高煦叛乱,他听从阁臣杨士奇、杨荣等建议,停止对交址用兵,与明仁宗并称"仁宣之治"。宣宗时君臣关系融洽,经济也稳步发展。朱瞻基既是一个有较高文化素质的皇帝,又是一个喜欢射猎、美食、斗促织(蟋蟀)和戏游无度的皇帝。《聊斋志异》里的名篇《促织》里的皇帝正是明宣宗,人称"蟋蟀皇帝"。明宣宗当政10年,重点在治理内政方面:宣德元年(1426年)平定了汉王朱高煦的叛乱,将汉王朱高煦用鼎烹煮至死,诸子全部处死。为了休兵养民,宣宗一改永乐时期的讨伐政策,主动从交址撤兵,节省了财力,减轻了人民的负担,促进了交址与中国各族人民的交流。整顿统治机构,罢免"贪津不律"、"不达政体"、"年老体疾"的官员,实行精简和裁冗措施,以振朝风。在用人方面限制入仕人数,实行保举和欠任。实行了一些减轻民困的措施,减免税粮、复业流民、赈灾救荒等。朱瞻基被史学家称之为太平天子、历史上著名的守成之君,他开创了明王朝的"永宣盛世"。宣德元年(1426年),明宣宗下令,设置内书堂,教导宦官们读书,此举开启明代宦官干政之先兆。后朱瞻基染上不明之症,大明宣德十年(1435年)正月,逝于乾清宫,享年38岁。谥宪天崇道英明神圣钦文昭武宽仁纯孝章皇帝。庙号宣宗,葬北京昌平景陵。朱瞻基好书画、促织。书法作品有《雪意歌》,绘画作品有《瓜鼠图轴》《武侯高卧图》《花下狸奴图》《戏猿图》《万年松图》等传世,具有较高艺术水平。因爱好促织,朱瞻基被后世称作"促织天子"。

宣德元年(1426年)三月,宣宗朱瞻基即位,遣使祭告中岳。宣德十年(1436年)五月,以祈年,遣登封县知县梁成致祭中岳。

刘定之

刘定之(1409~1469年),明朝宰相。字主静,号呆斋,江西永新县人。正统元年(1436年)会试第一,廷试第三,授编修。历官编修、洗马。正统四年(1439年)五月,京师大雨,水溢邻近三府州县与河南,波及江苏。刘定之奉诏上疏十事,提出"抑豪强以恤贫困",从公卿侍从至郡县守令,都应"数召问观其才能,察其心术","详加考课","赏罚必信","凡富民输粟授官者,应予坐犯,追夺其财"。秩满进侍读。正统十三年(1448年),因受牵连下狱,辩白后获释,复前官职。景泰元年(1450年)再次上疏十事,从战阵、守备、练兵、选将才、官吏升降、考察、赏罚到总揽权纲、经筵讲学,皆治国大计,得到景帝赞许。景泰三年(1452年)迁洗马。是年,也先使臣要求朝廷派使臣往报,景帝以其怀窥伺之心,不许。刘定之上疏主张暂遣使臣,以笼络边人,争得安宁时间,加紧修备边塞。未纳。景泰七年(1456年)迁右春坊右庶子。自洪武十三年(1380年)罢中书省,废宰相之后,设大学士数员参与机务,称为"内阁"。仁宗、宣宗时,"阁职渐崇",英宗天顷以后,"阁权益重",成为实际上的宰相。英宗复位后,任通政司左参议兼侍读,不久进翰林学士。成化元年(1465年),进太常少卿兼侍读学士。次年十二月,入内阁预典机务。成化三年(1467年)八月,升工部右侍郎兼内阁学士。是年,江西、湖广等地旱灾,百姓张口待哺。刘定之进言免征粮赋,以示"圣主恤下意",宪宗准予停征。成化四年(1468年)三月,又建议荆州等处14府75州县及武昌等23卫所少纳粮赋。后进礼部左侍郎,兼任阁臣如故。成化五年(1469)八月,病卒于任上。终年61岁,赠礼部尚书,谥文安。

刘定之为人性情耿直,刚正不阿,但又十分谦恭勤勉,尤以文学之名享誉中外。他文思敏捷,知识宏博,"名闻天下,擅一代文宗,虽武夫悍卒,亦无不慕传焉。"一次,皇上命他做《元宵诗》,内使太监站立一边等候,刘定之据案伸纸,立成七言绝句百首,令人折节叹服。又有一次,刘定之一天之内,起草了9个文告,笔不停书。自他入内阁后,朝廷大作多出其手。

刘定之为人谦恭,以文学名著一时。他的文学著作种类很多,诗歌、散文、小说、杂文、史论、琐记等等,无所不有。刘定之著有《易经图释》12卷,《宋史论》3卷、《文安策略》10卷、《代祀录》等,《四库全书》著录《呆斋集》45卷,存目于集部别集类。另有笔记《否泰集》、《出征录》、《刘氏杂志》、《十科采略》等传世。

天顺元年(1457年)二月,明英宗朱祁镇以复辟,遣通政司参议兼翰林院侍讲刘定之祭告中岳。刘定之撰有《祀中岳嵩山碑阴记》,记述了他承命代祀中岳的情况和对嵩山的颂辞。

刘定之

周 济

周济,明朝官吏。字大亨,嵩山洛阳人。永乐中,以举人入太学,历事都察院。永乐十一年(1413年)出任安庆知府。当地连年水旱,民间卖子女,他借漕粮以赈灾。宣德时,授江西都司断事。正统初年(1436年)擢御史。大同镇守中官骄横,周济便服负薪入其宅,尽得不法状,还报,帝大嘉之。后巡抚四川。所到之处,民称颂。

邢 恭

邢恭,明朝政治人物。官吏。字克敬,河南承宣布政使司开封府郑州(今嵩山郑州市)人。明永乐九年(1411年)举人,宣德二年(1427年)进士,授翰林院庶吉士。宣德八年(1433年),授中书舍人,后任翰林院编修。

陈 纪

陈纪,明朝官吏。字南夫,嵩山郑州人。明永乐九年(1411年)举人。十六年(1418年)进士。授翰林院检讨。改翰林院庶吉士。迁大理寺礼部员外郎。

李 春

李春,明代官吏。嵩山郑州人。明宣德十年(1435年)举人。正统元年(1436年)乡试解元。曾任宁波府知府。

曾 泉

曾泉,明朝嵩山地方官员。原籍江西泰和,晚年客居荥阳汜水。永乐十八年(1420年)进士,后又任庶吉士改监察御史。宣德元年(1426年),都御史邵玘对曾泉有成见,就借甄别属僚的名义将曾泉给撸了下来,被贬到嵩山汜水邑任掌管缉捕、监狱的典史小官。在任期间,曾泉勤政廉洁,集诸生讲举学业,亲编通俗俚言,提高民德民尚。汜水是个小县,平地少,大多是黄土高坡,坡陡沟深。曾泉就向全县百姓发出布告:开垦荒地者奖,不开荒者罚!一时间,汜水各村百姓纷纷行动,到稍远一点的沟里、岭上开荒,甚至黄河滩地都得到了开垦。为了防止有人耍滑,谎报垦荒亩数。曾泉身穿布衣,脚穿布鞋,亲自深入田间,看是否真的把原来的荒地垦成了农田。并助民买牛助耕,教民种桑育蚕,栽培果树,造船打鱼,收谷麦,伐材木,备营缮,通商贾。官有储积,余泽百姓。饥者给食,寒者给衣;婚丧大事无能力操办者,都给予资助,极大地发展了经济,稳定了民心。在荥阳享有很高的声誉。曾泉年老谢官,于荥阳西南筑土室为居,百姓登门看望者如市。曾泉病故,荥阳大街小巷皆为人哭。人们为了纪念曾泉,汜水县老百姓将曾泉曾经所住的地方叫做"曾家窑",还集资为曾泉盖了一所庙宇,叫曾公祠。民族英雄于谦曾亲往祭拜,作有《挽曾公祠》:"霜台临汜水,破壁两三椽。草蔓庭前竹,苔侵砌下砖。英风怀吕布,善政忆曾泉。却恨青袍吏,无功窃俸钱。"

滕 昭

滕昭(1421~1480年),明朝名臣。字子明,嵩山汝州滕莹坊村人。父滕霄,曾任黄州知府。滕昭虽生于官宦之家,但生性淳朴,不事奢华,天资聪颖,力学不懈。正统五年(1440年)中举人,后入太学(国家最高学府)进修,毕业后,于景泰四年(1453年)被吏部推荐为陕西道监察御史。景泰七年(1456年),他监督顺天(今北京市)乡试时,制订许多措施,力除考场弊端,使许多富豪权贵之子不得入选。天顺二年(1458年),四川都司有一谋杀案,长期不能定案,皇帝命滕昭前去审讯。他到四川后,明察暗访,掌握了大量材料,然后升堂审问,一讯定案,双方皆服。回京后被提拔为左佥都御史。不到一年,因母丧,按制度离任回乡守墓。1465年宪宗即位,下诏令滕昭巡抚辽东。任后多备粮草,严加巡逻,加紧训练部队,又告诫将士不要主动挑起事端,边境相安无事。不久,升为右副都御史,总督漕运(用船往北京运送公粮)兼淮阳巡抚。他审时度势,制订了"长运法",简化运输手续,制止虐待漕卒,因此"兵民皆得苏息"。因督办漕运有功,升任佐院理事。在出巡福建时,正值闽西紫云台农民邓茂七率众起义,滕昭予以镇压后又审视地理,相其要害,建立归化县(今长汀县)。滕昭在福建还未回京,朝廷又命他巡抚苏(州)松(江)。所属江阴县有一名镇马驮沙,与江阴隔江相望,来往公事均须渡江,甚为不便,滕昭奏请将马驮沙从江阴分出,建为靖江县,受到民众欢迎。成化七年(1471年),因滕昭政绩卓著,升为兵部侍郎,食正二品俸禄。成化十二年(1476年),汝州仍隶属南阳府,农民运送公粮往返千里,旷日持久,劳民伤财,民间流传有"南阳送回(一次)粮,孩子会喊娘"的歌谣。鉴于人民的痛苦,滕昭和河南布政使原杰联合上疏,经宪宗批准,将汝州从南阳分出,成为省布政司直接管辖的直隶州。成化十四年(1478年),滕昭因病致仕还乡,在家2年病故。他死后,群众在汝州城隍庙大阅楼东侧建立一座滕公祠以示纪念,还将城壕外围的空地定为祠产,以作香火之资。

马文升

马文升(1426～1510年),明朝大臣、政治家、军事活动家。是明朝代宗、英宗、宪宗、孝宗、武宗五帝之重臣,有"五朝元老马文升"之称。字负图,号约斋,又号三峰居士,晚年更号友松道人。嵩山钧州(今禹州)人。马文升身材魁伟,相貌俊奇,勇力超群。少时即聪明好学,博览经史,涉猎兵法。景泰三年(1451年)进士,授御史。成化四年(1468年),以右副都御史巡抚陕西,与项忠镇压满四起义,迁左副都御史,巡抚如故。十一年(1475年),总制三边军务,旋入为兵部右侍郎。后两次赴辽东整饬军务,抚慰急变,因忤汪直。十五年(1479年),马文升被陷下诏狱。十九年,汪直败,马文升复官。次年,以左副都御史巡抚辽东。马文升凡三至辽东,军民闻其来皆欢欣鼓舞,于是益禁抑中官、总兵,使其不得剥削官兵,民众大喜。二十一年(1485年),进右都御史、总督漕运。淮、徐、和三州民众大饥,马文升移江南粮10万石,盐价银5万赈之。是年冬,召为兵部尚书。次年,被李孜省谮害,调任南京。孝宗朱祐樘继位,召拜左都御史,寻命提督13营。次

马文升

年,复兵部尚书,兼督团营。马文升严核将校,黜贪懦,练士卒,强兵备,认为"赋重役繁,未有甚于此时者",故多次上书请节财用,宽民力,停斋醮,游绝宴,勤庶政。鞑靼小王率领数万骑牧于大同塞下气势汹汹,时马文升告病在家,孝宗问其计,文升说:"彼方败于他部,无能为。请密而备,而扬声逼之,必徙去。"依计行,胡兵果退。土鲁番袭取陕巴,称可汗,侵沙州,迫使罕东诸部附己。马文升以其桀骜,须大创方令其畏惧,用汉陈汤故事,令许进率精骑6000突袭,一战功成,西方稳定。马文升为兵部13

年,尽心戎务,在屯田、马政、边备、守御诸方面,以需要设条款以利国家。国事当言者,即使非己所辖,也言无不尽,赈灾民,轻徭役,抑构筑,所论多为朝廷采纳,孝宗也推心任用。官至吏部尚书加少师兼太子太师。孝宗崩,后朝政已移于宦官。正德元年(1506年),马文升老疏告官,方为准,家居不问时事,无事不入州城。居三年,刘谨乱政,以文升擢用雍泰,为朋党,除其官籍。正德五年(1510年)六月,卒于家,年85岁。及刘谨被诛,复其官,赠特进光禄大夫、太傅,谥端肃。嘉靖初,赠左柱国、太师。

马文升才兼文武,长于应变,朝廷大议常常等他决定。功在边镇,外国闻其名。尤其气节务求廉政,虽遭谗诟,屡仆屡起。子璁,以贡士待选吏部,马文升使其任外官。历事五朝声教达于四方,吏卒士民无不悦服。卒后逾年,大盗赵镫等打劫河南,掠至钧州,以马文升家在此地,舍之而去。文升暮年居钧州城南观稼园,春秋虽高,仍手不释卷,笔耕不辍。著作有《马端肃奏议》、《奏西征城》、《城抚安东夷》、《镇哈密国王》及《约斋集》等数十卷流传于世。

禹州市朱阁乡马坟村北面有马文升墓,墓址原建有规模很大的一个墓园,墓园内碑刻林立,有排列整齐的翁仲、石兽,后均遭毁坏。现禹州市文物保管所存有马文升的墓志铭石。墓志铭由韩文撰文,李钺书丹,比较详尽地记述了马文升的生平事迹,有较高的史学价值。

马文升在嵩山地区活动期间,写有《过桃花源》、《崆峒山》、《辞朝》等诗,史料有录。

朱祁镇

朱祁镇(1427~1464年),明英宗,明朝第六代皇帝。宣宗长子。被宣宗立为太子,宣宗病死后继位,年号正统。英宗即位时,年仅9岁,宦官王振专权擅政。自王振掌权后,政治开始腐败,塞外瓦刺南犯,正统十四年(1449年),在王振的纵拥下英宗亲征,王振不懂军事,在土木堡战败,王振死,英宗被俘,明王朝没落。史称"土木之变"。北京的明众臣为稳定人心,英宗之弟朱祁钰被于谦等大臣拥立为帝(1428~1457年),是为代宗,明朝第七代皇帝,年号景泰。不久,于谦率军战败瓦刺军。景泰元年(1450年),英宗被瓦刺释放后,代宗尊他为太上皇,囚禁南宫。后趁代宗病危复辟,并大杀群臣,包括抗瓦刺的名将于谦。1457年,代宗卧病,宦官曹吉祥勾结武清侯石亨,发动政变,迎南宫英宗登基,改年号天顺。史称"夺门之变"或"南宫复辟"。代宗不久气死。英宗复位,天顺八年(1464年)正月,英宗病重时,命废除宫妃殉葬制度。英宗病逝,两次在位22年,终年38岁,葬于裕陵。庙号英宗,谥号法天立道仁明诚敬昭文宪武至德广孝睿皇帝。皇太子朱见深继承皇位。

明正统元年(1436年),英宗睿皇帝即位,遣使祭告中岳;正统二年(1437年)五月,英宗以祈年,遣登封县知县孙谦致祭中岳;正统九年(1444年)四月,英宗以大旱祷雨,遣翰林院编修萨琦致祭中岳;天顺元年(1457年)二月,英宗复帝位,遣通政司参议兼翰林院侍讲刘定之祭告中岳。

朱祁钰

朱祁钰(1428~1457年),明代宗,明朝第七位皇帝。明宣宗次子,明英宗弟,母亲是贤妃吴氏,明英宗(正统帝)即位后封他为郕王。正统十四年(1449年),英宗在土木堡被瓦刺俘获(土木之变)。郕王被拥立为帝,年号景泰,1450~1456年在位。尊英宗为太上皇,立英宗之子朱见深为皇太子。代宗即位后,用于谦为兵部尚书,粉碎了瓦剌对北京的进攻,迫使瓦剌放回英宗。景泰二年(1451年)英宗被释回京,被代宗软禁于南宫。次年,代宗废太子见深,改立己子朱见济为太子,但朱见济在次年去世。代宗在位期间,任用于谦等人,安定社稷,励精图治。派人分行天下,考察官吏。重视农业生产,诏天下镇守、巡抚督课农桑,减赋息民。多次击败瓦剌,后瓦剌入贡,边境得安。景泰八年(1457年)一月,代宗病危,武清侯石亨、副都御史徐有贞等迎英宗复位,十七日清晨夺门复位。史称"夺门之变"。代宗被降为郕王,软禁在西苑,一个多月后去世,享年30岁。以亲王礼葬金山。明宪宗成化十一年(1475年),追谥号恭仁康定景皇帝。南明弘光元年七月上庙号代宗,谥号符天建道恭仁康定隆文布武显德崇孝景皇帝。明清史书多称明代宗为景帝。

景泰元年(1450年)闰正月,以即位,遣使祭告中岳;景泰四年(1453年)三月,以多雨雪,遣使祭祷中岳;七月,又以旱及河决,遣使祭祷中岳;景泰五年(1454年)四月,以祈年,遣使致祭中岳;景泰六年(1455年)闰六月,以旱灾,遣使祭祷中岳。

李 原

李原(？~1471年),明朝荆襄流民起义领袖。别号李胡子。嵩山新郑人。原为荆襄流民起义领袖刘通部将。明成化元年(1465年),随刘通起义。次年,起义失败,刘通牺牲,他和王彪、小王洪等脱险,继续在鄂、豫、陕交界山区活动。成化六年(1470年),他和小王洪再度起义,称太平王。起义军活动在南漳、房县(今属湖北)和内乡(今属河南)、渭南诸县,众至百万,屡败官兵,成为明代中叶人数最多的一支起义军。朝廷恐惧,命右都御史项忠率领禁军及湖广官兵25万,分八路围攻。成化七年(1471年)十一月,起义军在竹山(今属湖北)与官兵激战。因山洪暴发,起义军为项忠部将所败,被俘杀。

刘 槃

刘槃,明朝诗人。字克昌,昌乐县令刘原的儿子,嵩山新郑人。刘槃自幼好学,文才冠当时。正统十二年(1447年)中举,天顺元年(1457年)进士。初任直隶宿州(今安徽宿州)知州。刘槃识大体,崇实务,宽赋税,轻劳役,爱百姓。打击不法豪强,扶持良弱,为民撑腰,申冤雪恨。同时严肃纪律,对贪污侵害百姓者,坚决打击严惩。官吏畏惧,百姓爱戴,社会一新。6年任满,升任宁国府(治所在今安徽宣城)知府。刘槃像治理宿州一样,爱护百姓,崇尚实务。大办学校,选拔百姓子弟读书。家贫者给予补助,优秀者给予奖励。还亲自到各校检查督导、登台讲授,文风得到振兴。9年任满,应当升职,当权太监却责备刘槃,索要贿赂。刘槃气愤地说:"大丈夫不能自立,怎么能够投靠宦官来寻求升迁?况且我又从哪里得到贿赂呢?"弘治元年(1488年),辞官回乡,当地百姓挽留不住,就竞相刻他的肖像纪念。济南陶元素称赞他:"今人之相,古人之德,盛世循良,中原豪杰。"回乡后,自号"闲闲老人",以诗酒自娱。

刘槃擅长作文,曾经纂修《新郑县志》,撰写《邑侯黄公德政碑》。弘治三年(1490年),撰写《重修卧佛寺碑记》。弘治六年(1493年),撰写《重修城隍庙前门及寝宫碑记》。刘槃的诗作也很有名气,曾写有《渔父冢》、《塔寺晚钟》、《大隗晴岚》等诗。其中,《大隗晴岚》诗曰:"仙山佳气郁葱葱,雨后奇观迥不同。暖翠浮蓝千万状,轻烟薄雾有无中。远疑网树看还没,近觉湿衣视又空。鸾驭不来丹灶冷,唯余洞口瑞气濛。"

刘槃80岁去世,葬刘氏祖坟。新郑百姓把他入祀"乡贤祠",并在城里为他建有"恩荣石坊"。刘槃的曾孙子刘绍芳,字振寰,曾任山东邹平县令。该县粮赋有民运转军运一事,费用很重,百姓不堪重负。刘绍芳率众向上陈诉,多年积弊被革除。县里有恶豪侵占别人田地不成,就诬告田主杀人。刘绍芳详细调查,落实证人,为其昭雪,百姓佩服,视为神明。回归乡里,多有善行,撰有《重修太乙宫碑记》,81岁逝世。

刘 健

刘 健

刘健(1430～1524年),明朝重臣。字希贤,嵩山洛阳人。明朝中期内阁大学士,内阁首辅,先后为官于英宗、宪宗、孝宗、武宗,为4朝元老。父亮,三原教谕,有学行。健少端重,得河东薛瑄之傅。天顺四年(1460年)进士,改庶吉士,授编修。孝宗时,累官礼部尚书兼文渊阁大学士,加太子太傅。他学问深粹,正色敢言,以身任天下之重,上书朝廷奋发励精,进贤黜奸,明示赏罚,绝无益之费,躬行节俭,以振纲犯。《大明会典》成,加少师兼太子太师,吏部尚书,华盖殿大学士。与李东阳、谢迁同赐莽衣。阁臣赐莽从此始。刘健等3人同心辅政,竭性尽虑,知无不言。所奏请无不纳,呼为先生而不名。每进见,帝辄屏去左右。弘治十八年(1505年),帝召刘健托孤。武宗嗣位,刘健等厘诸弊政,凡孝宗所欲兴罢者均按遗诏执行。而刘瑾等8人,结党乱政,蛊惑武宗。刘健以死上疏,不纳乞归。后刘瑾诛,复官,致仕。他一生教人治经穷理,事业光明俊伟,明世辅臣鲜有比者。

刘健少年时就端正持重,曾跟随薛瑄读书。他熟读经书,有经世之志。明英宗天顺四年(1460年)进士,改庶吉士,授编修。明宪宗成化年间(1465～1487年)曾参与《英宗实录》的修撰,充东宫(太子朱祐樘)讲官,和朱祐樘关系十分融洽。弘治元年(1488年),朱祐樘即位为帝,刘健也升为礼部右侍郎兼翰林学士,进入内阁,参与国家大事。孝宗弘治四年(1491年)升为尚书兼文渊阁大学士,加太子太保,改武英殿大学士。弘治十一年(1498年)春,成为首辅,加少傅兼太子太傅。

刘健学行端重,理学造诣颇深,又以身任天下之重,竭忠尽智,深得孝宗信赖,每呼为先生而不名,故多有建树,为弘治中兴名臣之首,章太炎先生称其为中国历史上六大儒相之一。弘治十八年,孝宗驾崩,遗诏命刘健等辅政。孝宗死后,由朱厚照即位,是为武宗。武宗被身边以刘瑾为首的宦官诱惑,贪玩享乐,不理政事。于是刘瑾与马永成、谷大用、魏彬、张永、邱聚、高凤、罗祥等8人乘机干预朝政。刘健等人多次上书要求武宗上朝处理政务,清理后宫的玩乐设备,武宗总是表面答应,实际并不执行,反而变本加厉地在后宫玩乐。刘健等人眼看武宗被宦官诱惑,沉迷享乐,不理朝政,于是决心铲除"八党",朝中大臣纷纷响应。刘瑾等人非常害怕,于是哭着向武宗求救。武宗听了他们的哭诉,非常恼怒,于是下令将部分反对宦官很积极的官员下狱。正德初年(1506年),宦官刘瑾被任命为司礼监。刘瑾专权,刘健屡疏举政得失,劝谏武宗改革弊政,均不准。刘健知志终难行,上疏乞致仕。

刘健回家后,刘瑾等人更加嚣张,增设特务机构,四处活动,镇压异己,排斥忠臣,引进私党,大肆掠夺农民土地,导致阶级矛盾迅速激化。河北、河南、山东、山西、湖广、江西等地都爆发了大规模的农民起义。在刘健退休的第二年三月,刘瑾等人诬陷53人为奸党,榜示朝堂,而刘健位列第一。正德五年(1510年),刘健被削职为民,并夺去一切封号。同年,刘瑾被另一个宦官张永杀掉,刘健官复原职。刘瑾被杀后,武宗仍然宠幸宦官张永等人,数次南下巡游,沿途不断骚扰人民。刘健听说后,连连叹息说:"我辜负了先帝的重托啊!"嘉靖元年(1522年),武宗驾崩,朱厚熜即位,为明世宗嘉靖帝。他专门派人来慰问刘健,把他比做司马光、文彦博,并大加赏赐。这年刘健年满90岁,嘉靖帝下诏命令大臣专门到刘健家里送上束帛、饩羊、上尊等,并封他的孙子刘成学为中书舍人。嘉靖五年(1526年)卒,年94岁。刘健死后,留下数千言的奏章,奉劝皇帝正身勤学,亲近贤才,远离奸佞。嘉靖帝看了,十分感动。于是再次赏赐刘健家人,并赠刘健为太师,谥文靖。刘健前后辅佐4帝,忠于职守,呕心沥血,所以《明史》说他:"其事业光明俊伟,明世辅臣鲜有比者"。刘健著有《刘文靖公奏议》传世。

白良辅

白良辅,清朝嵩山儒学家。字尧佐,嵩山洛阳人。白良辅小时候就很端正持重,喜读性理诸书,和同乡邑刘健、净禹锡一同游学,得到河东薛家的传授。初,薛瑄未许,良辅乃以十月廷为贽,跽于门,日昃不反,薛瑄以其诚,延置弟子列,居岁余(淹贯经史及性理诸书)尽得其所学。景泰二年(1451年)进士,恩受学于河东薛瑄。初官为监察御史,搏击权豪不避艰险,巡按山西、陕西,奸宄遁迹俱有声。迁太仆卿。天顺中卒于家。

白良辅所著有儒学专籍《太极图解》、《律吕新书释义》、《中庸肤见》若干卷。

朱见沛

朱见沛,明朝徽藩家族的开基始祖,是明英宗与韦德妃所生的庶九子。成化二年(1466年)被明英宗封为徽王,藩王府就设在钧州(今嵩山禹州市),1481年就国。死后谥为庄,史称徽庄王。传到他的孙子徽简王朱厚爝和曾孙徽王朱载埨时,昏庸无道,迷信妖道神仙,抢掠民女,干尽了伤天害理之事。最后徽王朱载埨罪发被革爵废为庶人,不久自杀而亡,子女被迁到河南开封府。至此,徽藩国被削除,但旁支仍存。

朱见沛在嵩山留下的遗迹,有位于禹州市鸠山乡一带的明代徽王墓群,墓群包括被封为徽王的朱见沛的陵墓(徽庄王墓)、朱见沛的庶子朱祐台的陵墓(徽简王墓)和朱祐台的庶子朱厚爝的陵墓(徽恭王墓)。

董 敬

董敬,明朝官吏。字克恭,钧州(今禹州市)人。成化初年(1465年)学业有成。初任陕西宜川县丞,后暂代延川县事,时值西安郡邑向边疆输运储粮,因道路险阴,人心畏惧。但他不避辛劳,亲率民众开辟自韩城至延川的道路800余里,使运输大为方便。又带领延川民众完成储边任务。朝廷按功行赏,赐他白金彩缎,以示慰劳。后升通渭知县,到任后,他深知地处边陲,有备无患,增设燧台(古代边疆报警的烽火台)、建置碉堡,开掘藏兵洞。后董敬辞官归里,卒于家。

杜 忠

杜忠(1441~1508年),明朝官吏。字世臣,嵩山河阴(今属荥阳)人。明成化十四年(1478年)进士,任河北新城县(今高碑店市)令,擢监察御史。历任平阳知府、四川右布政使、山西左布政使、都察院右副都御使等职。

朱见深

朱见深(1447~1487年),明宪宗,明朝第八代皇帝。原名朱见浚,父亲明英宗朱祁镇,母亲周贵妃。在他3岁的时候,父亲英宗朱祁镇在与蒙古瓦剌部的交战中被俘。他的叔父明代宗朱祁钰继承皇位。他被立为太子。但是,当他的叔父逐渐牢固地控制了政权之后,就改立了自己的儿子为太子,而废除了他的太子身份,改封为沂王。在他11岁时,英宗复位,他又成了太子。英宗死后他继位,年号成化。宪宗即位后,平反了于谦冤案,恢复代宗帝号。但他重用宦官汪直等专权,设立了著名的特务机构"西厂",使得明朝的厂卫制度达到顶峰。后宪宗皇帝开始宠信佛道,任用奸佞。大批贤能之士或贬逐或罢官或去世,中难有直臣容身。许多社会无赖,骗子得以混进宫中,而朝廷的重要官吏也腐败到了极点,明朝政治出现了前所未有的混乱。其政治昏暗,奸臣当道,西厂横行不法,王室奢侈而官吏贪污盘剥,加上连年的水、旱灾,人民处于饥寒交迫、水深火热之中。成化二十三年(1487年)八月,宪宗病死,为太子朱佑樘留下了一个千疮百孔的江山。宪宗在位23年,终年41岁,葬于明十三陵之茂陵,谥号继天凝道诚明仁敬崇文肃武宏德圣孝纯皇帝(简称纯皇帝),庙号宪宗。

成化元年(1465年),明宪宗即帝位,遣使祭告中岳;成化四年(1468年)五月,宪宗以祈年,遣河南左布政使孙遇使致祭中岳;成化十三年(1477年)五月,宪宗以灾异,遣右副都御史张瑄祭祷中岳;成化二十年(1484年)三月,宪宗以地震及大旱,遣使祭祷中岳;成化二十三年(1487年)六月,英宗以旱祷雨,遣吏部右侍郎吕受致祭中岳。

刘 宇

刘宇,明朝大臣。字至大,嵩山钧州(今禹州市)人。依附宦官刘瑾,权重位显。肆暴为常,阴险难测。明宪宗成化八年(1472年)进士。曾任上海知县。后擢御史,坐事遭贬,复累迁山东按察使。弘治年间,经大学士刘健举荐,晋右佥都御史,巡抚大同,召为左副都御史。正德改元,吏部尚书马文升荐之,进右都御史,总督宣府,大同、山西军务。初抚大同,便私买名马贿赂权要。兵部尚书刘大夏受孝宗皇帝召见时,谈及刘宇行径。帝密派锦衣百户邵琪前往调查,因亦受宇厚贿,琪为之庇护解脱。明自英宗后,朝政日趋腐败,大权渐为宦官所控。正德年间,宦官刘瑾专权。刘宇通过阉党分子焦芳,结交刘瑾。正德二年(1507年)正月,升任左都御史。刘瑾以虐待谏官为乐,刘宇顺其意,奏请钳制御史,言者每有小人,就痛加鞭笞侮辱,瑾认为宇很有才干。瑾初受贿时往往不过数百金,而宇首次则贿以万金。刘瑾大喜,宇寻转兵部尚书加太子太傅。刘宇之子刘仁应殿试,求一甲不得,复贿刘瑾,内批授庶吉士(翰林院),逾年即擢为编修。是时,许进为吏部尚书,刘宇逸于瑾,遂代其位,兵部尚书付于曹元。刘宇在兵部时,贿赂狼藉,及至吏部,铨选权归郎官张彩,文史官员的赠送又不如武弁,常悒郁叹道:"兵部自佳,何必吏部也。"后瑾用张彩,刘宇转兵部尚书兼文渊阁大学士。刘宇大喜过望,设宴款待刘瑾。次日,刘瑾告诫他;"尔真欲相耶? 次地岂可再入。"刘宇无奈,乃奏请归乡扫墓。逾年,刘瑾伏法。君臣弹劾,宇遂削官致仕,子刘仁废黜为民。

刘宇为尚书后,其暴虐行为与日俱甚,偶逆其鳞,身命即危。他于府第中私设毒刑,特铸铁鞋,以火烧红,名为"红绣鞋"。一次宴客,厨师王藩烹调鲫鱼,偶忘加蜜酒,刘宇大怒,殴捆厨师,并令其穿红绣鞋。即刻足烂趾脱,惨不忍睹,王藩惨叫怨愤,刘宇便示意左右将其拖入后院活剥,并将肉皮献于宴前,客人见壮大惊,而刘宇则不屑地说:对此厨师、稍事处罚耳!

李 瀚

李瀚(1452~1535年),明朝官吏、私人刻书家。字淑渊,山西沁水(今沁水县)石楼人。明成化十六年(1480年)中举,次年中进士,任河北乐亭县知县。后升任南京户部尚书。弘治二年(1489年)任监察御使时,他亲自前往洮州、河州、西宁,视察大小关隘,查处茶叶走私,使得官茶畅销,换来马匹,充实军需;任河南副使时依法将依仗父势、格杀项城县典史的陈州卫都指挥之子斩首,大快人心;在御使令掌各道奏折时,发现古北口守将吴昭因犯法畏罪,贿赂朝中权势,陷害好人,虽然多次查究,因为奸臣作梗,不能决断,即奏明皇上,并奉诏查办,落实了罪证,处决了吴昭;任左副都御史监管漕运时,将私通阉党、贪污渎职、恣意妄为的淮南太守上奏罢免,就连皇子荣王府中有人不规他也敢管。他为官清正刚直,不畏权势,很受人拥护。告老还乡后,居住沁水县石楼村,自称"石楼居士"。晚年编修有《沁水县志》。

史料记载:李瀚擅长刻书,在任巡按河南监察史期间,于嵩山汝州时,刻印有《遗山先生文集》40卷、《附录》1卷、《遗山先生文集》20卷。在许州(今许昌市)又刻印有《吕氏春秋训解》26卷与《容斋随笔》。

乔 宇

乔宇

乔宇（1457～1524年），明朝大臣、诗人。字希大，号白岩，山西乐平（今山西昔阳）人。明成化二十年（1484年）进士，授礼部主事，官至兵部尚书，参赞机务。宁王朱宸濠反，扬言旦夕下南京，他严为警备，斩朱宸濠潜伏南京为内应之羽300人，使其不敢东向。朱宸濠败，武宗幸南京，以功为乔宇加太子太保，又加少保。世宗即位，召为吏部尚书，朝政为之一清，凡为权贵所黜者，皆起列庶位。"大礼"之争起，世宗召席书、桂萼等，他力谏，因忤帝意，被夺官。隆庆初复官。嘉靖十年（1531年）十月卒，年68岁。赠少傅，谥庄简。

乔宇幼从父入京师，学于杨一清，中进士后复从李东阳游，诗文雄隽，兼通篆籀。明梁维枢《玉剑尊闻》曰："徐霖尝语人，有明以来，乔宇篆法第一，他人莫敢望也。"著有《乔庄简公集》、《游嵩集》等。

嘉靖十年（1531年）八月，乔宇从南京归里行自京口时，取道登封，登上了嵩山太室之巅，连续5天，先后游历了嵩山的中岳庙、卢岩寺、卢崖瀑布、崇福宫、嵩阳观、少林寺等景观，写有散文《游嵩记》和《少林寺僧话》、《游嵩山用薛考功君采韵》、《游嵩山少林》等诗，辑有《游嵩集》传世。

都 穆

都穆手迹

都穆（1459～1525年），明朝大臣、金石学家、藏书家。字玄敬，一作元敬。吴县（今属江苏苏州）人。7岁能诗文，及长，遂博览群籍。少于唐寅交好，有说牵涉于唐氏科举之案。精修博学，曾在濠上（今安徽凤阳）任教20年，与沈周等文学臣子关系友善，常在一起以酒会诗。弘治十二年（1499年）进士，授工部主事。正德三年（1508年），任礼部郎中，八年奉使秦川，访其山川形势、故宫遗址，搜访金石遗文，拓印缮定，作《金薤琳琅录》20卷。都穆官至礼部郎中，至太仆少卿致仕，居苏州间山南濠街，故号南濠居士，人称南濠先生。

都穆好学不倦，又富藏书，每得异本，则向人夸示以为乐趣。都穆对于书画的收藏兴趣源于其先祖的喜好，他尝自言："余自高祖南翁以来，好蓄名画。闻之家君云,妙品有《吴道子鱼蓝观音像》《王摩诘辋川图》《范宽袁安卧云图》,惜今不存。"所撰写的《寓意编》是此期吴门地区出现的书画著录中重要的一部。

都穆著有《周易考异》《都公谈纂》《方外集》《泉石膏肓》《使西日记》《游名山记》《史补类抄》《史外类抄》《听雨纪谈》《沧螺集》《惠山集》《玉壶冰》《铁网珊瑚》《吴下冢墓遗文》《寓意编》《工部器皿志》及《南濠居士跋》《南濠诗话》《南濠文略》等。

明正德八年(1513年)冬,都穆从洛阳到偃师,先后游历了嵩山的恭陵、少林寺、戒坛寺、会善寺、嵩阳寺、中岳庙、嵩阳观、崇福宫、启母石等景观,写有游记《游嵩山记》。

秦 金

秦金(1467~1544年),明朝诗人。字国声,号凤山,明常州无锡(今属江苏)人。弘治六年(1493年)进士。正德初任河南右参政、湖广巡抚,嘉靖间官户部尚书。嘉靖十五年致仕,终南京兵部尚书。著有《凤山诗稿》、《安楚录》等。

史料记载,秦金在嵩山活动期间,留有诗《子产祠》传世。

朱祐樘

朱祐樘(1470~1505年),明孝宗,明朝第九代皇帝。明宪宗第三子,生母孝穆纪太后。1475年被立为太子。成化二十三年(1487年)明宪宗逝世,太子朱祐樘即位,年号弘治。孝宗自幼在苦水中泡大,九死一生。所以即位后廉洁而贤明。斥逐了宪宗时的佞臣和外戚,重用为人正直的贤臣,使当时的朝政焕然一新;为于谦建旌功祠;减贡停役,及时赈济水旱灾害,兴修水利。弘治一朝,孝宗勤于政事,政治清明,经济发达,文化上则出现了李东阳的茶陵诗派、邱濬的理学,号称"太平盛世"。据说他不设"三宫六院",只娶张皇后一人,再无一个嫔妃。孝宗也曾宠信过宦官李广,并迷信神仙。李广死后,他以为李广家中有天书,命人搜寻,却搜出了李广贪污、受贿的账本。他这才醒悟,从此远佞臣。《明史》对孝宗的评价也很高,主要有八字,即"恭俭有制、勤政爱民"。他的勤政、宽容、尊礼儒臣、体恤民生,使他赢得儒家士大夫的一致好评,被视作明代历史上最符合儒家伦理的君主典范。1505年五月病死,在位18年,终年36岁,葬于明十三陵之泰陵。谥号达天明道纯诚中正圣文神武至仁大德敬皇帝,庙号孝宗。孝宗去世后传位太子朱厚照,即明武宗。

弘治元年(1488年)四月,孝宗即位,遣武安侯郑英致祭中岳;弘治四年(1491年)四月,孝宗以旱祷雨,遣太常寺少卿李璋致祭中岳;弘治六年(1493年)四月,孝宗以旱祷雨,遣右副都御史徐恪致祭中岳;弘治十年四月,以旱祷雨,遣右副都御史陈道致祭中岳。

李梦阳

李梦阳(1472~1530年),明朝中期文学家、复古派前七子的领袖人物。字天赐,又字献吉,号空

李梦阳

同子,庆阳府安化县(今属甘肃省属县)人,后迁居河南扶沟,再后迁居祥符(今河南省开封市)。李梦阳精于古文词,与何景明、徐祯卿、边贡、康海、王九思和王廷相等结成文学团体,谈诗论文,针对"台阁体"学派文风萎弱、创作内容乏之弊端,倡导"文必秦汉,诗必盛唐"的复古运动,成为一时文人风尚,被誉为文坛"前七子"。嘉靖、万历年间,在文学上又出现了以李攀龙、王世贞为代表的"后七子"。前后七子,主持明朝文坛百余年,时天下文人争效其文体。明弘治七年(1494年)进士,授户部主事,迁郎中。李梦阳在政治上敢于和残暴贪婪的大贵族、大官僚、大宦官进行斗争。弘治十八年(1505年)二月,李梦阳针对当时社会弊端,大胆向皇帝上书,陈言政务,指出国有二病(元气之病,谓士气日衰;胆心之病,谓内宫日横)、三害(兵害、民害、庄场饥民之害)、六渐(匮、盗、坏名器、驰法令、方术眩惑、外戚骄恣),文中同时痛斥外戚张鹤令招纳无赖,势如翼虎,攫取财利,残害百姓。凡5000言,极论得失。此次上书触怒权贵,被抓进监狱。虽尝尽铁窗之苦,但仍不屈服,后获释。武宗朱厚照在位期间,重用宦官刘瑾等"八虎",分居要职,擅权跋扈;收养义子百余人,皆赐国姓。武宗纵容此辈鱼肉百姓,酿成各地农民起义。朝中官员虽多恨刘瑾一伙,但敢怒不敢言。李梦阳为尚书韩文起草奏疏,建议尽逐刘瑾等"八虎"。刘瑾得知后,又将李梦阳投入狱中,欲杀之以泄私愤。后经人营救,才保住性命。正德三年(1508年),因忤刘瑾,谪为亳州判官,改调高淳知县。刘瑾被诛,正德五年(1510年),李梦阳出任江西提学副使。又为权贵所恶,遂以冠带闲住家中。李梦阳居家,治园池,招宾客,纵侠少射猎,名震海内。李梦阳一生的主要贡献是在文学方面。李梦阳等倡导文学复古运动,"倡导文必秦汉,诗必盛唐",反对"台阁体"。提倡传统的、优秀的古代文学,提倡读古书,增长知识学问,开阔心胸眼界,对打击"台阁体"、"行篇一律"的文风,扫除八股文的恶劣影响,起到了一定的积极作用。但李梦阳等人的复古派文学走上了盲目复古尊古的道路,在篇章结构、句法、词汇方面苦心模拟,唯古是尚。由于李梦阳一生在宦海中碰钉子多,对社会现实认识较为深刻,因此,也写了一些关心现实生活,有一定现实意义的作品。宁王朱辰濠谋反被诛,李梦阳受牵连被捕,为人解救,免于一死。从此归隐林泉,不问政治,埋头著述。

李梦阳工书法,得颜真卿笔法,《自书诗》师法颜真卿,结体方整严谨,不拘泥规矩法度,书卷气浓厚。其诗歌、散文在当时文学界颇有影响力。著有《古文选增定》、《空同集》和《空同子集》66卷。李梦阳在嵩山活动期间,写有《望少林寺》《少林寺》《宿少林寺》《送苏文学往王汝州三贤书院》《洛阳道》《秋望》等诗歌多首。

陈凤梧

陈凤梧,明朝官吏、诗人。字文溜,又字静庵,庐陵泰和(江西泰和县柳溪)人。明弘治九年(1496年)进士,历任湖广提学佥事、河南按察使、右副都御使、巡抚应天十府、吏部郎中。正德中官湖广右参政,终南京都御史。陈凤梧曾修《岳麓志》,著有《四书六经集解》、《修辞集》、《湖南道学渊源录》、《仪礼注疏》、《集定古易》12卷等。

陈凤梧好游历,足迹遍及曲阜、泰山、沂山、九华山、冠山、大茅山、田横山、嵩山等。所到之处,皆写有诗篇。陈凤梧在任河南提刑按察司按察使时,注重保护嵩山的文物古迹,曾重修登封告成周公庙及庙内的测景台,并遣儒官每年春秋两次祭告。撰有《周公测景台暨新庙碑记》。陈凤梧在嵩山活动期间,曾写有《自汴城出游嵩山大参李春山有诗见赠次韵答之》《密县道中望嵩山有作》《早行望嵩山偶成》《达摩庵》《游少林寺二首》《游嵩》《登嵩阳宫遗址并望崇福宫》《寺中观山雾》等诗。

王尚絅

王尚絅(1478~1531年),明朝理学家、文学家、书法家。字锦夫,号苍谷。嵩山南麓郏县李口乡人,被祀为乡贤。其父王璇对理学很有研究,著有《谦卦图》。受父影响,王尚絅少年有志,5岁读《孝经》,读至立身扬名以显父母时,乃谓其父曰:"儿长当如此。"明弘治十五年(1502年)中进士,曾任兵部主事、吏部郎中,后历任山西、陕西、四川参政,浙江右布政使等职。后因父亲年迈,疏请回家侍养。居家19年,在苍谷山从事著书讲学。后任总制三边,官至浙江布政使,卒于官。曾为先祖在郏县城立进士坊、丹桂坊、文衡坊、天官坊、司马坊等。父亲以子王尚絅贵,赠兵部主事。王尚絅曾为三苏坟石坊题写挽联,撰写《祭三苏先生文》。嵩山汝州创建圣学书院,王尚絅撰《圣学院碑铭》,勉励诸生学孔子、二程,自幼志于圣人之道,涵养践履,致知笃实,言必信,行必果。

王尚絅

王尚絅学问渊博,史称"文追秦汉、诗逼苏李"。他不仅是一代学者,更重要的他还是一个正直廉洁的官吏,其为政刚直不阿、不趋炎附势、严而能恕。能体恤民情、惜民爱民。后不忍宦官当道、官场龌龊,上疏朝廷恳请辞官乞养。在野敢冒斧钺之险上疏,如实陈述灾情,并列举赈灾建议十余条,恳请为民赈灾。书中所收的《陈情乞养亲疏》、《献民艰苦疏》、《仓中鼠》二章等篇章可以为证。该书著录"赋4篇、诗诸体804首、12章文诸体146篇"。

王尚絅一生重二程,轻三苏;崇理学,鄙文章书翰。工于行草大书,著述颇富,著有《义方堂》、《维正诗稿》、《苍谷集》诗集、文集等数十、百卷,有《苍谷集》12卷传世。其生平传略在《河南通志》和《浙江通志》均有记载。

王尚絅在嵩山活动期间,为嵩阳书院题写《兴复嵩阳书院题名记》,汝州风穴寺的《风穴赋》、《汝州洗耳河重治石桥记》,郏县文庙的《建题名塔记》《密止堂记》等多篇,写有《嵩山》《三祖庵》《卢崖飞瀑》《新郑宋王状元墓》《游卢岩寺观瀑布水》《宋王状元墓》等诗多首。其中,《咏嵩》、《少林》二诗被刻石成碑,立于少林寺碑廊。嘉靖八年(1529年),登封知县侯泰将王尚絅为嵩阳书院题写的《咏汉柏》一诗,摹刻于嵩阳书院前的大唐碑碑阴上部。

李乘云

李乘云(1479~1553年),明朝官吏。原名李子雨,号荆阳,嵩山禹县人。举于乡。嘉靖十一年(1532年)进士,先任行人司行人职,相当于今之外交部礼宾司司长。又选山东监察道御史,相当于现在的地方纪检和监察工作。在此期间,他尽职尽责,秉公执法,不怕得罪人,故能"以直声动中外"。嘉靖十五年(1536年),晋升山东道监察御史,钱财银两,过手如流。李乘云洁身自爱,敛手以避之。对于借征税而收受贿赂的人,则给以严厉打击。百姓中流传有民谣曰:"吏寝尾肥"。嘉靖二十一年(1542年),乘云任平阳州知州。由于当地一些藩王宗亲,仗势欺人,恣戾蛮横,家中蕴养许多无赖,骄横不法,为所欲为。李乘云到任后,不负众望,以凌厉之威势,力挫强藩。同时,李乘云还大力兴办学校,教化风气,提倡节俭,均役平赋,很快使市场繁荣,民风大变。

嘉靖二十七年(1548年),李乘云调任霸州兵备副使,担任武职。次年,蒙古俺答部落族进犯,李乘云衣胄披甲,一马当先,观察形势,制定策略。当他看到有许多群众拥挤在城外寻求避难时,便打开城门,让老百姓都进城躲避,并发给衣食。他率军驰赴前线,英勇杀敌,打败了异族的侵略,最终使三河固守无恙。因功升为陕西右参政,相当于今之副省级职务。嘉靖三十二年(1553年),李乘云因工作繁重,积劳成疾,辞官归里,两个月后去世,时年74岁。

李乘云的两个弟弟李登云和李凌云,也分别于嘉靖十四年(1535年)和嘉靖十七年(1538年)先后考中进士。在中央和地方担任要职,很有政绩。李登云以廉洁著称,"虽位职台座,未尝无淡泊自明之意。"至于李凌云,则在重庆知府任内,由于"教化大行",使当地人民深受感动。由于李门三兄弟先后进士及第,在禹州传为佳话,旧时在禹州城内曾立有一座"三士坊"。城北的花园村,也因其最初为李氏花园而得名。

《禹州志·经籍志》载,李乘云著有诗集《鸠鸣山集》,李凌云著有文集《宦游集》。李乘云工诗,有《游少林寺》一诗传世,其诗曰:"乱山突兀问嵩林,福地烟霞望处深。石壁倚天青漠漠,女萝悬雾碧阴阴。落花风定栖禅影,樵唱月明应梵音。独坐悠然尘虑息,不知身世有华簪。"

胡缵宗

胡缵宗(1480~1560年),明朝诗人。字世甫,号克泉,鸟鼠山人。泰安(今属山东)人。正德三年(1508年)进士,官至右副都御史巡抚山东,改河南。好古文辞,著有《鸟鼠山人集》。胡缵宗在嵩山活动期间,曾和诗人吕蒙正、楚荆瑞、曾班、康海、秦金等一起游览嵩山地区的鸿沟等名胜古迹,并以诗唱和,作有同题同韵诗《过鸿沟次吕文穆韵》和《闻大驾幸楚恭记》、《游嵩岳》等诗多首。

何景明

何景明(1483~1521年),明朝诗文家。字仲默,号大复,信阳浉河区人。弘治十一年(1498年)举于乡,弘治十五年(1502年)举进士,授中书舍人,后任吏部员外郎。正德初,宦官刘瑾擅权,何景明谢病归。刘瑾诛,官复原职。官至陕西提学副使。与李梦阳同倡复古,为"前七子"代表人物,又与边贡、徐祯卿并称"四杰"。其诗取法汉唐,一些诗作颇有现实内容。曾作有《大复集》《雍大记》《大复论》《四箴杂言》等。

何景明在嵩山活动期间,作有《河嵩篇寿张母》《赠望》《新郑道中》《嵩山题游诗》《黄河》《张良》《寄赠张方伯》《夜访黄明甫》《大梁吟郑李进士》等诗歌多首,为嵩山历史文化增添了精彩的诗歌内容。

何景明

高尚贤

高尚贤(1484~1536年),明朝官吏、理学名臣。字大宾,号凤溪,嵩山新郑人。工部郎中高魁子,高拱之父。高尚贤幼年聪明好学,年长后在学校每天读数千字,博览经传,旁通子史;作文奇思妙想,快如泉涌;品行纯正,志在治国。正德五年(1510年)中举。正德十二年(1517年)考中进士,初任工部主事,分管临清砖厂。该厂财物混乱,贪污贿赂成风。他核对出纳,杜塞漏洞,对行贿的人依法惩处。以廉干称,改礼部仪制司主事、升任精膳员外郎(负责宴会布置的官员)。嘉靖初年(1522年),乾清宫发生火灾,皇帝修德反省,允许直言朝政。高尚贤上书指出:皇戚奢侈骄横,宦官弄权肆虐,侍奉纷繁苛求,纳谏日益困难等事。言语恳切,皇上嘉纳,为时人所称道。后升任山东按察司佥事(一省负责司法的按察使的属官)。当时矿徒聚众闹事,高尚贤率兵捉拿首领,严厉查办,一省安宁。后改任督学使,重视德行,严格遴选,抑制投机钻营,选拔名士众多。嘉靖四年(1525年)十月,高尚贤父亲高魁逝世,请假回新郑为父亲守孝,期满后,被任命陕西按察司佥事。当时,关中诉讼成风,又遭灾歉收,奸邪勾结煽动,阻挠执法牟利。高尚贤酌情询问,剖析明断,严惩奸邪,打击豪强,因此,良善褒扬,风气一新。又升任光禄寺少卿(主管朝廷祭品、膳食、酒宴的副长官)。同事大多依仗朝中贵人,藏垢纳污,动辄牵制。高尚贤会同僚属,查找故典,裁减浪费,严格开销,年年有所节余,受到皇上赏赐。偶以题奏误失,解职回乡。

高尚贤回到家乡,在大隗山盖了草庐,研究程朱理学,读书人竞相跟随他学习。御史举荐,闭门谢绝。平日为古文,词淳雅如。他先后为新郑学宫和许多庙宇的重建撰写碑文,这些文章均载入清乾隆年间《新郑县志》。嘉靖十五年(1536年)去世,享年53岁,葬在新郑城东高老庄祖茔。安阳人郭朴为高尚贤写了神道碑。入祀乡贤祠,省志为其立传。诗文仅存100多篇,辑为《凤溪遗稿》。

毛伯温

毛伯温(1487~1544年),明朝军事家。字汝厉,吉水人。正德三年(1508年)进士,授绍兴推官。嘉靖初(1522年),调任大理寺丞,升右佥都御史,巡抚宁夏,升左副都御史。后长御史,巡按福建、河

毛伯温

南。嘉靖十五年（1536年）冬，以安南久失朝贡，礼部尚书夏言不当遣使，请出兵讨伐。遂起用伯温为右都御史，治兵出发。次年五月，刚遇上安南世孙黎宁遣使控诉莫登庸弑逆，请出兵为其复仇。帝疑其不实，命缓出兵，着两广、云南守臣查明具报，命伯温协理院事。是年冬，升工部尚书。嘉靖十八年（1539年），诏伯温总督大山西军务，边防得以加强。有功，加太子少保。同年七月，毛伯温奉旨南征安南，进驻南宁公布檄文，谕以恩威利害，安南莫登庸纳图籍降服。毛伯温统大军一年多，不发一矢，而安南诚心臣服。嘉靖二十一年（1542年）正月还朝，复理院事。十月毛伯温迁兵部尚书，他整顿兵部宿营，革新戎政，帝称善。嘉靖二十三年（1544年）秋，因守军获罪被削籍，杖80，归里后疽发于背而死。穆宗立，复伯温官，赐恤。天启初，追谥襄懋。毛伯温文格颇舒畅，诗非其长。著有《毛襄懋集》18卷、《东塘诗集》10卷，均于《四库总目》并行于世。毛伯温任兵部尚书时，曾到嵩山地区活动，写有《过少林寺再吟》、《咏棋》等诗。

薛 蕙

薛蕙（1489～1541年），明朝诗人。字君采，号西原，晚号大宁居士。嵩山偃师人，后迁家于亳州（今属安徽）城内薛家巷。12岁就能诗能文，于书无所不读。明正德九年（1514年）进士，授刑部主事。因谏武宗皇帝南巡，受廷杖夺俸，引疾归里。后复起用，任吏部考功司郎中。薛蕙性情耿直，明嘉靖初，朝中发生"大礼"之争，薛蕙撰写《为人后解》、《为人后辨》等万言书上奏，反对皇上以生父为皇考，招致皇帝大怒，被捕押于镇抚司，后赦出。嘉靖二十年（1541年）病卒于家，追封为太常少卿。

薛蕙与著名诗人杨慎论诗时曰："近日作者，模拟蹈袭，致有拆洗少陵、生吞子美之诮"（钱谦益《列朝诗集小传》）。就文学批评史的流变脉络来看，薛蕙的诗观实已发王士祯"神韵说"之先声。在《西原遗书》卷下《论诗》中他提出"曰清，曰远，乃诗之至美者也"的观点，又倡言"论诗当以神韵为胜"的主张。他特别推崇谢灵运、王维、孟浩然的诗作，以为"陆不如谢"。其诗温雅丽密，有王孟之风，对明代诗风的改变起到了一定的作用。

薛蕙一生著有《西原集》10卷、《补遗》1卷、《大宁斋日录》5卷、《西原遗书》2卷及《考功集》、《五经杂录》、《老子集解》、《庄子注》、《约言》等著作。

薛蕙在嵩山活动期间，写有《嵩丘歌》、《游嵩山二首》、《渡伊洛河》等多首歌咏嵩山风景名胜的诗作，散见于嵩山史料中。

黄省曾

黄省曾（1490～1546年），明代著名诗人与学者。字勉之，号五岳山人，黄鲁曾之弟。吴县（今属江苏苏州)人,先世为河南汝宁人。《明儒学案》记其"少好古文,解通《尔雅》。为王济之、杨君谦所知"。嘉靖十年(1531年)以《春秋》乡试中举,名列榜首,后进士累举不第,便放弃了科举之路,自此醉心于游览山川,足迹遍于五岳,故自号为"五岳山人",且多以号行,人称"五岳先生"。海内名耆如李梦阳、康海、王廷相、杨一清、霍韬等或以翰札见知或以经济加器,可谓声噪一时。《明史》卷二百八十七《文苑传》附见于文徵明传中,称其"从王守仁、湛若水游,又学诗于李梦阳"。多藏书,于书无所不览,详闻奥学,好谈经济,长于农业与畜牧,诗作以华艳胜。

黄省曾一生著述颇丰,内容涉及经学、史学、地理、农学等多方面。《申鉴注》是较为重要的史学著作,为《四库全书》所收录。涉及西洋地理与中西交通方面的重要著作《西洋朝贡典录》3卷、《吴风录》1卷。农学著作主要有：《稻品》(又称《理生玉镜稻品》)1卷、《蚕经》(又称《养蚕经》)1卷、《种鱼经》(又称《养鱼经》及《鱼经》)1卷、《艺菊书》(又称《艺菊谱》)1卷。此四书合称为《农圃四书》。此外,还有《芋经》(又称《种芋法》)1卷、《兽经》1卷。文学著作为《拟诗外传》、《骚苑》及《五岳山人集》38卷。《五岳山人集》由王世贞为之序。除著述外,省曾还辑佚、校注和刊刻了一批重要的文献著作,如辑《稽中散集》10卷,刊刻《水经注》、《山海经》等,为古文献的保存和整理工作做出了一定贡献。此外,黄省曾还是一个较有成就的书法艺术家,并曾命子黄姬水学书于祝枝山,文徵明的多幅图轴留有其题跋。殁于嘉靖二十五年(1546年),年51岁。

黄省曾在嵩山活动期间,曾写有诗《巢父颂》、《许由颂》等诗传世。

朱厚照

朱厚照(1491～1521年),明武宗,明朝第十代皇帝。父亲明孝宗朱佑樘,母亲张皇后,1505～1521年在位,年号正德。正德十五年(1520年),南巡途中的武宗于清江浦垂钓,不慎落水受寒,身体每况愈下。次年,武宗病死于豹房,终年31岁,葬于北京十三陵之康陵,谥号承天达道英肃睿哲昭德显功弘文思孝毅皇帝,庙号武宗。武宗一生贪杯、好色、尚兵、无赖,荒淫暴戾、怪诞无耻,所行之事多荒谬不经,为世人所诟病;同时武宗又处事刚毅果断,弹指之间诛刘瑾、平安化王、宁王之叛,应州大败小王子。精通佛学,会梵文,还能礼贤下士,亲自到大臣家中探望病情,甚至痴情于艺妓。其实,明代自英宗正统朝以来,国势渐弱,如果武宗能够兢兢业业,尽心尽力,是完全有可能做一代明君而成为中兴之主,功垂史册,但他恣意妄为的行径却为后人所訾议。然而通过近些年来历史学界的研究,人们对武宗的认识有所改变,有人认为他追求个性解放,追求自由平等,是极具个性色彩的一个皇帝。

明武宗朱厚照

正德元年(1506年)五月,明武宗以即位,遣使祭告中岳;正德四年(1509年)二月,武宗以旱祷雨,遣使致祭中岳;正德六年(1511年)十月,武宗以宁夏水旱盗贼交作,遣河南布政司右参政胡拱致祭中岳;正德八年(1513年)四月,武宗以盗贼、水旱灾异,遣河南布政司右参议董锐祭祷中岳。

赵 迎

赵迎(1492～1544年),明朝术数家。字汝宾,号嵩洛主人,嵩山北麓巩义稍柴人。幼年就读于青龙山慈云寺,15岁入县学,31岁中乡试,嘉靖五年(1526年)中进士,值父母相继辞世,丁父母忧5年。嘉靖十年(1531年)再赴吏部,授南京工部营缮清吏司主事。他主持修建"御制神烈山碑亭",亲自勘测设计、督工建造,以其"节省民财,勤劳可嘉",受到上司称赞。次年,分司真州。因各县地方水运管理混乱,粮道不畅。他多方协调,很快疏通了粮道,"国之粮赋充裕,皆其力也",得到朝廷的褒封。后升任云南清吏司主事,刑部江西清吏司员外郎、兼理刑治狱,山西提刑按察使司兵备佥事、分巡口北道等职。在山西任职期间,他以督运粮草为突破口,禁改奸弊,风纪大振,并"习知戎务,巡视边疆",使大明西北部门户安然太平。"皇上赐白金五十两,以旌其功"。嘉靖二十一年(1542年),赵迎升任冀州知州,他立法惟严,兴废举坠,革弊除奸,以清廉刚正之风获得百姓称颂。当时鞑靼不断侵犯边疆,他组织修城布防,使百姓安居。冀州常有蝗虫和旱灾为害,民不聊生。赵迎一方面组织百姓灭蝗抗灾,一方面祈祷上天降雨润泽,致使四境之内民众欢呼拥戴。因其清廉刚正和严纪峻法,使属县某些官员贪残不遂,后遭诬陷而辞官归乡,以教导子孙读书为事。

赵迎归乡后,授课之余,专注于对术数的研究。写出了《范围数》2卷,计15门。赵迎的"范围数"学,通俗地说,就是堪舆之学和预测之学。赵迎认为世上的一切事物都是有规律、有定数的,也是客观存在的。如果按规律追寻其踪,是可以弄清其中的奥秘。书前有嘉靖壬辰自序,其法本之河洛,以干支配合先后天成数,推人禄命。相传以为出于陈抟。盖取甲己子午九、乙庚丑未八之数为先天,为范。天一生水,地六成之数为后天,为围。故用《易》系辞范围天地之意以命名。起于111数,而极于2354数。其起大小运流年悉如星平家例,盖又以图书之学窜入禄命。考元贾颢先有此法,集诸家论说为书,其文颇繁,今犹存《永乐大典》中。是书自图式至流年断诀,凡15门。详其体例,盖即约贾书以成编。

赵迎虽身在乡里,但关心国事。当时国家边患不断,屡有边事消息传来。他听后总是以"术数学"的方法,精演古代名将兵法,自负豪雄勇敢,又不能为国效忠,遂忧郁道:"天下事皆我分内事,今若此,不几于虚生天地间哉?"因此"悒悒懑懑,偶得一疾,数日不起,卒于正寝",年52岁。

赵迎所著《范围数》一书后被存入《永乐大典》中,清代又被收入《四库全书》中。另有诗《慈云寺》传世。

谢 榛

谢榛(1495～1575年),明朝文学家、文论家。字茂秦,自号四溟山人,又号临屺山人。山东临清人。"后七子"之一。谢榛一目失明,16岁时作乐府商调,早工词曲,为少年争相传诵。此后,摒除他志,潜心于诗歌创作。不久,即以律、绝闻名于世。入京后与李攀龙、王世贞相识,为首结社论诗。倡导为诗模拟盛唐,主张"选李杜十四家之最者,熟读之以夺神气,歌咏之以求声调,玩味之以裒精华。"在当时文坛上享有一定名声,诗坛称他们为"后七子"。后与李攀龙论诗见解不同,遭到排挤。但诗名已著,晚年遂以布衣身份长期客游诸藩王之间,均受到盛礼接待。万历三年(1575年)到大名府,有客请他赋寿诗百章,至80余首,投笔死去。

谢榛主张模拟盛唐的文学复古,但他的复古理论并不仅仅拘囿于浅表的层次上,他更主张领会古人的精髓,强调复古人之内在风骨与精髓,复古重在创造。重视诗歌创作中的"天机"和"妙悟"。其诗歌多是写他浪迹外乡,与友人唱酬、抒情言怀之作。仅有少数作品客观上反映了外族侵扰、人民遭受灾难的现实。有诗文《四溟集》24卷(一说为10卷)、诗论《四溟诗话》4卷。

史载,作为一个文学家,谢榛一生曾两登嵩山,寻访禅僧,走访过嵩山的许多风景名胜,但所写诗文未见传世。

焦子春

焦子春,明朝官吏。字德元。嵩山登封人。焦子春是从嵩阳书院走出来的优秀学生,嘉靖八年(1529年)进士,官为南京户部主事。隆庆五年(1571年),忽调武选,又改仪部。是时新郑高拱为相,识公贤,故三月两迁,而子春不知。时张居正与高拱不协,以焦子春为高拱乡人而讽都察院。后出知六安州,量移东昌丞。江陵败,由南北部擢金事,备兵肃州,累迁陕西太仆少卿,监军宁夏。寻致仕,与友人刘思敬、李轼结嵩阳耆社。万历二十二年(1594年),河南直指使焦子春出山,因邑令丁应泰为劝驾,焦子春坚志不起,逍遥林泉35年,卒年86岁。

李 升

李升,明朝官吏。字翔汉,钧州(今禹州市)人。李升为人洒脱,不受礼法拘束,素有大志。少年时,家贫而刻苦读书。弘治十四年(1501年),河南乡试,他考取第一。初任新安知县,到任后,根除河患,平息盗贼。当年大饥,他开仓赈济,但官仓空乏,他又设法赈灾,有千余户性命得以全活。李升后任东平府太守,造善、恶牌各一面,把最好和最坏的人的名字写上,以示标榜与劝诫。他以廉直再升左长史。辞官归里时,行囊如洗,其弟李晃将自己的地划出50亩给他。从此,他务农为生,暇时写文吟诗,生活清苦,人称"清白吏"。

王 冕

王冕(?~1524年),明朝军事将领。字服周,嵩山洛阳人。明正德十二年(1517年)进士,除万安知县。宸濠反,长吏多奔窜。王冕募

王冕在战场上拼杀

勇壮士,得死士数千人,从王守仁攻复南昌。宸濠解安庆围,还救,至鄱阳湖,两军相拒。濠尽出金制犒士,殊死战,官军不利。王冕密白守仁,以小艇实苇于中,拟建昌人语,就贼舰,乘风举火。濠兵大惊,遂溃败,焚溺死者无数。濠易舟,挟宫人遁。王冕率部掉渔舟追执之。后擢兵部主事,镇守山海关。嘉靖三年(1524年)十二月,辽东妖贼陆雄、李真等作乱,突入关。侍吏欲扶王冕趋避,王冕不可,曰:"吾有亲在。"急趋母所,执兵以卫。贼至,母被伤,王冕奋前救之,被执。胁以刃,大骂,遂见害。诏赠光禄少卿,有司祠祀。

王冕墓葬位于伊川县彭婆乡槐庄村西北1华里处。墓前立碑1通,上刻明嘉靖间御祭文1篇,字迹清晰,完好无损。

王应鹏

王应鹏(？~1536年),明朝官吏、诗人。字天宇,浙江承宣布政使司宁波府鄞县(今属浙江省宁波市)人。正德三年(1508年)进士,授苏州府嘉定知县。任职期间,一身正气,从不敢有丝毫徇私。为人端正廉洁而审慎,言行不苟。对公文簿册等细小繁琐之事,无不亲自查核。由于在嘉定任上处事公断,人称"王青天"。他曾经核实判处副职黄某的罪行,斥责县丞张某的贪污行为。修筑城墙防备强盗,使得县内安定宁静。他倡导文会,召集具有才华的年轻人,住在学舍内,亲自督促,因此先后有7人应试考中。后来,他被提拔御史离开嘉定时,他的同僚赠送他路费和礼物,丝毫不受。正德十年(1515年),任福建道监察御史,巡按福建、清戎八闽兼理盐政、出按山东。嘉靖元年(1522年),调提北直隶学校,后任山东道监察御史。嘉靖三年(1524年),任河南按察司副使。嘉靖六年(1527年),担任山东按察使,后授大理寺少卿。嘉靖七年(1528年),担任右佥都御史,巡抚保定等府兼提督紫荆关,后改巡抚山西兼提督雁门等关。嘉靖十年(1531年),升任右副都御史,协理都察院事。嘉靖十五年(1536年)卒。

王应鹏善诗文,著有《定斋诗集》2卷。史料记载,王应鹏在嵩山活动期间,写有《谒中岳》《登封尹侯安甫陪谒中岳》《登嵩岳携程儿》《崇福宫》《少林寺》《望少林》等诗。

刘六　刘七

刘六、刘七,明朝农民起义军首领。刘六本名刘宠、刘七本名刘宸,兄弟二人皆河北霸州文安县刘庄子村人。二人皆自幼习武,善骑射,尚侠义,骁勇过人,均"胆力弓矢绝伦",最初协助官府捕捉"响马盗"。明朝正德四年(1509年)大太监刘瑾独揽朝政,集军政大权于己手,"民困已极,庐舍几空"。刘瑾家人梁洪向刘家索贿,遭到拒绝,梁洪怀恨在心,于是诬告刘氏兄弟是"畿南大盗",二刘的家属遭到逮捕,并且到处张贴刘氏兄弟画像进行缉捕,刘氏兄弟闻讯逃匿,投靠响马首领张茂。官军将其家抄掠焚烧一空,并逮捕了妻孥。正德五年(1510年)十月,刘六、刘七在霸州起义,数千农民响应。并在安肃(现在的河北徐水)劫狱,救出齐彦名、赵鐩、杨虎等,当地贫苦农民纷起响应,迅速发展为万余人。起义军分兵两路,一路由刘六、刘七、齐彦名率领,另一路由杨虎、刘惠、赵鐩、邢老虎等率领。两路义军时分时合,互相倚重。明廷命太监谷大用总督军务,调京师及宣府、大同、延绥等地军队前往镇压。

正德七年(1512年)杨虎一路起义军被击溃。明正德七年(1512年),刘六、刘七部孤军奋战,攻破巩义县城,东进占汜水、荥阳,率部走湖广,至黄州(今湖北黄冈)。在黄州,朝廷集结10万重兵围剿,混战中刘六中流失,与其子仲淮皆落水而死。刘七与齐彦名弃马登舟,退至通州(今江苏南通)之狼山(长江北岸),激战中,刘七中箭落水死于江中,齐彦名中枪身亡,一场轰轰烈烈的畿南农民大起义,最终失败。

高 捷

高捷(1502~1568年),明朝官吏。字渐卿,号存庵,嵩山新郑人。光禄寺少卿高尚贤长子,明代南京都察院佥都御史。高捷身材高大,长须飘然,性情刚正自负,讲求节操侠义,并且引以为自豪。嘉靖十四年(1525年)登进士第,初授户部主事,到临清督运粮食时,发现兵卒冒名的很多,就亲自唱名逐人发给,余额上交国库,并上报给户部。尚书梁庵是朝中名臣,从不轻易赞许别人,但是却夸奖高捷"实心济事"。后改任兵部职方司主事,又升任武选司员外郎。武官选授和封荫的文件资料藏在皇宫内府,经常因为宦官抑制勒索查阅多有不便。高捷坚韧有力,富有心计,就亲自核查整理注选,条例合理实用,选法严肃清洁,竟然引起上官不快,被调出任兖州知府。高捷到任后,采取多种措施,给穷人提供实惠,对豪强进行打击,诸多弊端根除,州郡百姓称为"神明"。亲王宗室横行不法,巧取豪夺,高捷给予严处。巨盗李邦珍聚集流寇抢劫,高捷不用武力,用智谋瓦解徒众,两个月时间就平定了局势。3年期满,升任山西按察副使。核查吏治,洞察奸邪,制强扶弱,百姓非常拥戴。代州传来警报,督抚命令高捷率兵防守。

代州兵力薄弱,高捷就虚张声势,让士兵在城外列营显示实力,让运送粮草的队伍在路上游动,等待调遣,敌人见声势浩大,就不战而退。巡抚上疏为高捷请功,说他"可当大任"。不久,升任江西右参政(布政使的助手)。这时倭寇在长江残杀官兵,官兵抵抗不住。皇上震怒,下旨吏部选拔得力人才,朝中大臣推举高捷任南京都察院佥都御史,兼提督操江(负责江防)。高捷了解南方士兵脆弱,就招募北方勇士。有一天,倭寇突然进犯,南京官民震惊。高捷就身穿甲胄,披挂上阵,募集商船,授予金鼓旗帜,一种大战之态。北方勇士来到后,高捷亲自督促训练,并杀牛备酒,犒劳将士。于是,士气大振,威震四海,倭寇闻风丧胆,远逃而去,南京才得以安宁。论功行赏,诸将都上了功劳簿,只有高捷无名。南京各衙门,上疏为高捷请功封爵,其弟高拱在翰林院竭力阻止:"皇朝祖制文官不封公侯。"后当权者嫉妒高捷功高,指责高捷让北兵骚扰地方,改任曹濮兵备副使。后以陕西右参政致仕。

高捷解甲归田,在家乐读秦汉文章,教导弟子学习。并且乐善好施,准备百件布衣,赠给贫困族人;族中丧不能办、婚不能娶的,高捷都热心捐助。隆庆二年(1568年),一晚忽觉倦怠,端坐无疾而终,享年67岁。葬于新郑城北包嶂山,高捷与其父高尚贤、祖高魁、曾祖高旺共祀一祠,人称高氏4代一品祠,位于北门内西侧。乡人在北街为高捷建有"都堂总宪"石坊。

俞大猷

俞大猷(1503~1580年),明朝武学名家、抗倭名将、诗人、兵器发明家。字志辅,又字逊尧,号虚

江,福建泉州北郊濠市(今洛江区河市镇)濠格头村人。世系军官家庭出身。先后拜儒学大师王宣、林福和军事家、《赵注孙子兵法》的作者赵本学等人为师,学习《易经》与兵书,皆得三家所长,精通《易经》与兵书。后又从师于棍法大师李良钦学剑(棍)术和骑射,使其武艺集诸大家之精华,达到了"剑术天下第一",跨马而骑,引弓飞矢,百发百中的境界。20岁时因为父亲死去,家贫再无法供他读书,只能弃文从武。嘉靖十四年(1535年)中武进士,授千户,授任为守卫金门、同安一带。历任百户官、参将、总兵、都督同知等职。明嘉靖三十一年(1552年),以汪直、徐海为首的一伙海上盗寇,勾结倭寇进犯镇海关,骚扰浙东、苏南。明廷将俞大猷调防宁、绍、台、温四府,常驻镇海拒寇。次年,俞大猷使倭贼连败于松门、普陀、昌国、临山、观海等地,取得了金塘岛抗倭大捷。嘉靖三十四年(1555年),俞大猷于浙江嘉兴斩倭寇约2000人。嘉靖三十五年(1556年)接任浙江总兵,先后平定浙西倭患,以及盘踞舟山的倭寇巢穴。嘉靖四十一年(1562年),俞大猷从山西被调任福建总兵。次年,会同戚继光等人攻克福建莆田东南平海卫,再度给予倭寇强烈打击,歼敌2200多人,并收复平海卫和兴化城(今莆田)。经过俞大猷的努力,至嘉靖四十五年(1566年),基本消除倭寇对东南沿海的侵扰与祸害。他历任明代三朝,血战倭寇13年,虽身经百战,军功显赫,但一生宦途坎坷,四为参将,六为总兵,累官都督。在47年的戎马生涯中,"时而受重用,名声显赫;时而受贬责,沦为囚徒"。万历元年(1573年)秋,俞大猷已70高龄,因计议进攻澎湖倭寇失利,又被夺职。复以署都督佥事起右府佥书,领车营训练。至是,三疏乞归。万历八年(1580年)卒于家中,年78岁,直至死前还在领兵训练。赐祭葬,赠左都督,谥武襄。墓在晋江县磁灶镇苏垵村,明刑部尚书潘湖人黄光升为铭其墓(墓志铭上半部珍藏于晋江博物馆)。广东的崖州、饶平,福建的武平、金门,浙江的宁波等地都建祠祀奉。

俞大猷不但是个军事天才,在创造发明上也是出类拔萃的。他创造了一套用楼船歼灭倭寇的独特海战战术。嘉靖三十二年(1553年)三月,俞大猷率闽中楼船突击普陀山的倭寇新巢。时徽州人汪直勾结倭寇据烈港,俞大猷击破之,战于宁波、绍兴、松阳诸郡,焚舟数十艘,斩俘敌千余人,显示了楼船的威力。他还发明一种陆战用的以抵御敌人骑兵的独轮车,曾用百辆独轮车和3000骑兵在安银堡大败敌人,明朝廷因此设置了兵车营。

俞大猷精通六经,博学宏论,堪称明朝一代儒将。他把理学思想中的积极成分付诸实践,其治军,以《易》来指导剑术和战阵法式,以儒家的忠、义、仁、信等取信于士兵;其理民事,亦以儒家的仁、信等来折服百姓;其在抗倭战争中的杰出表现,主观上是激发民族正气,发扬朱熹的攘夷思想,以维护明朝的封建统治。有学术著作《续武经总要》(含《剑经》、《兵法发微》和俞大猷老师赵本学所著的《韬铃内外编》)、《洗海近事》、《镇闽议稿》、《广西选锋兵操法》、《征蛮将军都督虚江俞公功行纪》等,有诗文杂著汇编的《正气堂集》30卷。

俞大猷在中国武术发展史中,传承了少林武术中的拳术和棍法,丰富了遗留在福建的少林拳,现称南拳,突显与少林拳之差异。此外,他将自己编制的《临阵实用》棍法,传接给泉州南少林寺寺僧,使南少林寺寺僧对少林拳、棍法也有了新的认识。并在公务之余,又把他的棍法编著成《剑经》(现为我国武术经典著作之一),用于实战,传于后世。

史载:嘉靖四十年(1561年),俞大猷由北方云中奉命南征时,途经河南,因素闻"河南嵩山少林寺有神传击剑之技"(俞大猷历来以棍为长剑,所以"击剑之技"即为棍术),故特别造访少林寺。俞大猷观摩了有1000多名寺僧表演的少林棍术后,直言不讳地对方丈小山宗书说:"此寺以剑技名天下,乃传久而讹,真诀皆失矣!"并说学习棍术必须掌握总诀,即刚柔、阴阳、攻守、动静、审势、功力、手足等动作的运用。他在小山陪同下,游历了嵩山大小庵场及达摩壁洞等处,见寺前有块山地,形势更奇,便说："此地可建一个十方禅院,以增少林之胜。"小山方丈慨然说："建院之责,愚僧任之,即可平治地基以经始也。而剑诀失传,请示真诀,则有望于名公了。"俞大猷说："此必积之岁月而后得,非旦夕可授而使悟也。"为向少林寺回传少林棍法真诀和《剑经》(实为《棍经》),小山方丈挑选了两位年少而勇力的僧人宗擎、普从,随俞大猷南行抗倭前线。俞大猷在出入营阵之中,时时授二人以阴阳变化真诀,又教以智慧觉照之戒。三年之间,二人皆得真诀,虽说未入得心应手之神通,但"十步一人,千里不留行"的功夫是学得差不多了。俞大猷令二僧"以所授之教转授寺众,以永其传。"俞大猷写《少林寺僧学成予剑法告归》一诗赠送,云："神机阅武再相逢,临别叮咛意思浓。剑诀有经当熟玩,遇蛟龙处斩蛟龙。"此后,二人辞行,北归少林寺。他们将所学剑诀禅戒传给寺众,所学最深者达百人。从而,使少林棍法得以继传。

俞大猷带少林僧人宗擎、普从到抗倭前线

万历四年(1576年),宗擎赴京师戒坛受戒并留下听经论。次年四月某日,他专程去神机营拜访在北京神机营提调兵车的俞大猷。师徒相逢,一叙往事。宗擎除告知普从早已去世外,并禀报恩师云："回寺以剑诀、禅戒传之众僧,所得最深者近百人,其传可永也。"俞大猷甚喜,赠以《剑经》,勉其精益求精。临别时,俞大猷赠诗一首《诗送少林寺僧宗擎》："学成伏虎剑,洞悟降龙禅。杯渡游南粤,锡飞入北燕。能行深海底,更陟高山颠。莫讶物难舍,回头是岸边。"以表师徒情谊之长。次年,宗擎将《剑经》带回了少林寺。

鉴于俞大猷与少林僧人宗擎亲密的师徒关系和传承少林棍法的意义,福建泉州洛江区俞大猷纪念馆亦塑宗擎像侍于俞大猷塑像右侧。

因少林寺十方禅院是由俞大猷来少林寺时,向时任少林寺住持小山提议所建,后由其本负责十方禅院具体工程的少林寺僧人普明,在少林寺十方禅院竣工之时,特此到北京请俞大猷给新落成的"十方禅院"赐文勒碑,以垂不朽。俞大猷欣然命笔,写下了《新建十方禅院碑记》。此碑至今保存完好。

唐顺之

唐顺之(1507~1560年),明朝儒学大师、军事家、散文家。字应德,一字义修,号荆川,人称荆川先生。武进(今属江苏常州)人。嘉靖八年(1529年)会试第一,任翰林院编修。一年后即告病归里,闭门读书20年,于学无所不精。唐顺之文才武略,刀枪骑射,无不娴熟。抗倭名将戚继光曾向他学习枪法。唐顺之51岁时,被朝廷重新起用,任兵部主事。当时倭寇屡犯沿海,唐顺之以兵部郎中亲督海师,狙击倭寇,屡建奇功,于崇明破倭寇于海上。当时正值盛暑,他的部队在海上连续苦战,他与士兵

唐顺之

都染上了疾病,于是下令退兵,返回太仓。唐顺之因作战勇猛而升任右佥都御史与凤阳代理巡抚。但这时他因久居海中,足腹尽肿,病情越来越重,明嘉靖三十九年(1560年)春,到达江苏通州时,因病情恶化在兵船上逝世,年54岁。崇祯时追谥襄文。

唐顺之学识渊博,对儒学、天文、地理、数学、音乐、历法、兵法及乐律皆有研究,是一位在事功、学术、文学、自然科学等多方面皆有一定建树和影响的人物。他是明中叶重要散文家,是明代重要文学流派唐宋派代表之一。嘉靖初年与王慎中同为当代古文运动的代表,世称"王唐"。后又与归有光、王慎中合称为"嘉靖三大家"。后人把王、唐、归与宋濂、王守仁、方孝孺共称为"明代六大家"。他一方面多推崇三代、两汉文学传统,同时也肯定了唐宋文的继承和发展。提出学习唐、宋文"开阖首尾经纬错综之法"。在其选辑的《文编》中,既选了《左传》、《国语》、《史记》等秦汉文,也选了大量唐宋文,并从此逐步确立了"唐宋八大家"的历史地位。另一方面,唐顺之又提出诗文写作应"直据胸臆,信手写出",要师法唐、宋而"卒归于自为其言"。要有"真精神"及"千古不可磨灭之见"。其文章实践了自己的主张,文风简雅清深,间用口语,不受形式束缚。散文有叙有议,情思遐飞而哲理蕴其中,自然浑厚而畅达豁然。著有《荆川先生文集》17卷,其中文13卷,诗4卷。辑有《文编》64卷。是集取由周迄宋之文,分体编列,其中选录了大量唐宋文章。其他著作有《右编》40卷,《史纂左编》124卷,《两汉解疑》2卷,《武编》10卷,《南北奉使集》2卷,《荆川稗编》120卷,《诸儒语要》及旧本题为李攀龙撰唐顺之校的《韵学渊海》12卷等。近代林纾辑有《唐荆川集》,为较通行的唐顺之选集。

唐顺之在嵩山活动期间,曾写有《中岳》、《嵩阳宫柏》、《游嵩山少林寺》等诗歌多首。

卢 楠

卢楠(1507~1560年),明朝文学家。字少楩,又字子木,河南浚县人。卢楠出身富家,以资为国学生,博闻强记,落笔数千言。一生放荡不羁,好使酒骂座。卢楠由于非常好诗酒,结交了许多气味相投的朋友,却因醉酒无意间得罪了主动上门拜访他的县太爷汪岑,汪岑小肚鸡肠,借卢楠家人与长工厮打而致死人命为由,诬陷卢楠指使所为,为此系狱数年。卢楠在狱中益加发愤读书,作《出鞠》、《放诏》二赋,词旨沉郁。著名诗人谢榛赴京师,奔走于公卿之间,为其鸣冤。平湖陆光祖迁得浚令,因谢榛言平反其狱。卢楠出,走谒谢榛。谢榛方客赵康王所,王立召见卢楠,礼为上宾。诸宗人以王故争客卢楠,酒酣骂座如故。及光祖为南京礼部郎,卢楠往访之,遍游吴会无所遇,归益落魄嗜酒,病三日卒。

卢楠志向高远、才能卓异,是活跃在明中期文坛上的一个重要作家。他少负才名,一生坎坷。不幸的个人遭遇和险难的生活环境,使他精神上受到沉重的打击,但也成就了他在文学上的成就。《明史》称其骚赋最为王世贞所称,诗亦豪放如其人。著有《蠛蠓集》、《卢楠琐语》等。

卢楠嵩山活动期间,写有散文《嵩阳赋》,嵩山史料大都有录。

朱厚熜

朱厚熜(1507~1566年),明世宗,嘉靖皇帝。宪宗庶孙,兴献王朱佑杬嫡子,母蒋氏。武宗正德十六年(1521年)四月即位,改年号为嘉靖。即位之初,革除先朝蠹政,朝政为之一新。但不久与杨廷和等朝臣在议兴献王尊号的问题上发生礼议之争。史称"大礼仪"之争。他打击旧朝臣和皇族、勋戚势力,总揽内外大政,皇权高度集中。他还重视内阁作用,注意裁抑宦官权力。但与此同时,他日渐腐朽,不仅滥用民力大事营建,而且迷信方士,尊尚道教。嘉靖二十一年(1542年)更移居西苑(今北京北海、中南海),一心修玄,日求长生,不问朝政,首辅严嵩专国20年,吞没军饷,吏治败坏,边事废弛,倭寇频繁侵扰东南沿海地区,造成极大破坏。在长城以北,蒙古鞑靼部首领俺答汗不断寇边,嘉靖二十九年(1550年)甚至兵临北京城下,大肆掠夺。在嘉靖年间,南倭北虏始终是明王朝的莫大祸患。在用人上,世宗"忽智忽愚"、"忽功忽罪",功臣、直臣多遭杀害、贬黜。户部主事海瑞上《治安疏》,世宗怒不可遏,下瑞诏狱。嘉靖四十五年(1566年)十二月,朱厚熜卒于乾清宫,年59岁。谥钦天履道英毅圣神宣文广武洪仁大孝肃皇帝,庙号世宗,葬北京昌平永陵(十三陵之永陵)。

朱厚熜是明武宗的堂弟,本来与皇位无缘,他的父亲兴献王是明孝宗的弟弟,就藩湖广安陆。明武宗是明孝宗的独子,继大位后荒淫无度,31岁即早逝,且无子嗣。国不可一日无君,于是时在湖广安陆府、年仅15岁的朱厚熜匆忙赴京继位(1521年),次年改元嘉靖帝。从16岁登基,到60岁去世,嘉靖帝在位45年,公元1521~1566年在位,是明朝实际统治时间最长的皇帝。

嘉靖元年(1522年)四月,明世宗以即位,遣使祭告中岳;嘉靖八年(1529年)五月,世宗以灾异,明世宗遣使祭祷中岳;嘉靖九年(1530年)六月,世宗以灾异,明世宗遣使祭祷中岳;嘉靖十一年(1532年)六月,世宗以祈嗣遣使致祭中岳;嘉靖十七年(1538年)七月,世宗以诞生元子,遣使祭谢中岳;嘉靖四十年(1561年)八月,世宗以万寿圣节,遣使祭祷中岳;嘉靖四十三年(1564年)八月,世宗以万寿圣节,遣使祭祷中岳。

高 拱

高拱(1512~1578年),明朝中后期宰相,哲学家。时人称他为"救时宰相"。字肃卿,号中玄子,晚号中玄山人。嵩山东麓新郑人。高拱出身于官宦世家。祖父高魁,官至缮部郎中。父高尚贤,明正德十二年(1517年)进士,官至光禄少卿,著有《风溪遗稿》百余篇。伯兄高捷,嘉靖十四年(1535年)进士,官至南京佥都御史,著有《易学象辞二集》12卷,《漕黄要览》2卷。仲兄高掇,金吾卫千户。高拱在家排行第三,自幼颖敏好学,17岁中举。嘉靖二十年(1541年)登进士第,选庶吉士。嘉靖二十二年(1543年)授翰林院编修。三十一年(1552年)穆宗朱载垕任裕王出阁讲读,首任其讲读官。嘉靖三十七年(1558年)主持顺天乡试,升侍讲学士,讲读9年,很得朱载垕的赏识和器重。嘉靖末,由赵阶荐入阁。嘉靖四十五年(1566年)以礼部尚书拜文渊阁大学士。穆宗即位,官至太子太师、中极殿大学士。因徐阶揽权,自以帝旧臣与阶言路交劾,遂称病辞职。隆庆三年(1569年)冬再起,为内阁首辅兼吏部尚书事。高拱练达政体,负经济才,所建议均可行。其在吏部,遍识人才,主张增置兵部侍

高 拱

郎,以储总督之选,并立兵者为专门之学,非素习不可应卒。他改革吏治,奏请科贡与进士并用,勿循资格。考察官员,要多所参伍,不尽凭文书为黜陟,亦不拘人数多寡,对免者说明理由,使大家信服。选拔官吏,惟考政绩,不问出身。为加强边备,又请选拔、培养和储备军事人才,镇兵部及边地官员之选,皆纳之。由此,在政府机构中提拔任用了一大批人才。隆庆、万历年间的名臣、名将,绝大部分是高拱所推荐、提拔、培养起来的,就连万历年间的名相张居正也不例外。高拱以边境稍宁,恐将士堕玩,复请敕边臣严为整顿,帝从之。穆宗死后,神宗继位,宦官冯保劾高拱擅权数罪,被解职归家居数年卒,终年67岁。万历三十年(1602年),神宗追念高拱安边定业,功不可泯,赠太师,谥文襄。

高拱的学术思想包括范围甚广,涉及哲学、政治、军事、经济、教育、人才诸多领域。在哲学思想上,高拱能够突破正统的儒学思想的束缚,敢于标新立异,不以先儒的是非为是非,敢于提出自己的见解,在宇宙观上,主张"理与气俱",认为二者是不可分的。在天人关系上,继承和发展了王廷相的无神论思想,集中地揭露和批判了"天人感应论",提出实理实事、人定胜天的观点。在认识论上,从气本论出发,坚持"事必求其实"的认识路线,重视见闻之知,认为感觉、经验是人类认识事物的来源。特别强调学习的重要性,人们要认识客观世界,就必须不断学习,反复实践。只有这样,才能认识事物本质,进而利用其规律,以解决政治上和学术上的实际问题。还对朱熹、王守仁所宣扬的"三纲五常"、"去人欲,存天理"等封建道德思想提出了有力批判,顾当时,可谓鹤立鸡群。高拱对中国唯物论的理论贡献,不只限于他的本体论和认识论,更重要的在于他的历史辩证法思想。他关于"义"和"利"、"义"和"力"、"经"与"权"等的关系,都有明确的辩证论点。高拱30多年,实践经验丰富,其政治智慧中集中体现在他的辩证唯物论思想。

高拱学问广博,著述甚丰。著有《防边纪事》、《高文襄公集》、《兵略》4卷、《掌铨题稿》34卷、《纶扉外稿》4卷、《南宫奏牍》4卷、《政府书答》4卷、《玉画公草》10卷等,其中《春秋正旨》1卷、《问辩录》10卷、《本语》6卷,是他哲学思想的代表作。

高拱在嵩山留下的遗迹,有位于新郑市的高拱祠及石坊,有位于新郑市区高拱祠内、后移至郑州博物馆收藏的《醉翁亭记》刻石(由欧阳修撰文苏轼草书),有位于新郑市北约0.5公里阁老坟村西北约1000米处的高拱墓及高拱墓碑,有高拱撰文并于嘉靖年间立于新郑留下侯祠内的《汉留侯祠碑》,有位于登封市大冶镇西卢医庙高拱捐资修庙撰文的庙碑(现存嵩阳书院西碑廊)等。

朱 衡

朱衡(1512~1584年),明朝治水专家。字士南,万安人。嘉靖十一年(1532年)进士,历官尤溪、婺源县令,有治声。迁刑部主事,历郎中。出为福建提学副使,累官山东布政使。嘉靖三十九年(1560年),进右副都御史巡抚其地。嘉靖四十四年(1565年),进南京刑部尚书。同年秋天,黄河决口沛县,大片农田被淹,百姓财产损失巨大。时任南京刑部尚书不久的朱衡,接到皇帝诏令,改官工部尚书兼右副都御史,总理河漕。他一上任,就火速赶赴现场视察,了解灾情,妥善安排百姓生活。他见旧渠已成陆地,定议开挖新河,筑堤吕孟湖以防溃。他坐镇工地指挥,撤换不尽职的官吏,工程进展顺利,新河全长194里,漕运船只航行畅通无阻。朱衡因此封太子少保,食俸正一品。隆庆元年(1567年),山东、江苏等地山洪暴发,新河被凶猛的洪水冲坏,使数百艘漕船受损。朱衡虚心听取意见,找到了新河决口的重要原因在于"以一堤捍群流",决定再开4条支河分流以减少洪水对新河堤岸的冲击。同时建议在东平、兖州等地改凿新渠,以远避黄河之害,保持渠流平稳。治水需要大量经费,朱衡不畏强权,大胆为民请命。但在施工过程中,他又精打细算,"裁抑浮费,节省甚众",终使新河畅通无患。隆庆六年(1572年),兼任左副都御史,经理河道。在盛应期罢后30年,他循新河遗迹完成了新河的开通工程,给河道运输带来了很多便利。万历初(1573年),言官劾其刚愎无人臣礼,辞官还乡。朱衡著有《道南源委录》、《朱镇山先生集》。

朱　衡

朱衡在嵩山活动期间,见中岳庙大门不足以"望气览秀",遂倡议改创。在登封知县刘汝登的主持下,遂"表以崇台,覆之重屋,洞辟门阙"。巡抚河南户部侍郎兼从来金都御史迟凤翔、巡按河南监察御史颜君鲸"有事岳祠,踵登斯构,顾见河流带绕王屋,少室夹峙,云冉冉时起封中",高兴地说:"嵩高之胜萃于斯,豫土之大萃于斯,不有嘉名何以标美?"后登封知县就派人见到了正在沛上治河的朱衡,向他说明了重建中岳庙大门的来由和经过。朱衡听后,欣然为改建的中岳庙大门命名为"天中阁",让著名书法家周天球书丹了"天中阁"3个大字为匾额,自己则认真撰写了《天中阁记》一文,以此纪念。另外,朱衡还写有游历嵩山的诗,流传下来的有诗《经行二室望少林未达有作》、《宿少林寺(二首)》等。

李攀龙

李攀龙(1514~1570年),明朝文学家。字于鳞,自号沧溟。历城(今山东济南)人。李攀龙9岁丧父,家境贫寒,无力延师,但刻苦好学。稍长嗜好诗歌。嘉靖二十三年(1544年)进士。初授刑部主事,历员外郎、郎中。嘉靖三十二年(1553年),迁顺德知府,饶有政绩,3年后擢为陕西提学副使。李攀龙为官时,正是明朝严嵩专权的时候,他初任吏部文选司为职,后来授刑部主事,他办事认真,成绩显著,很受上级器重。有一次,他遇到了一个案子,一个边将犯了法,但还不至于处死罪,由于没有给行贿,面临着置于死地的危险,而李攀龙力行本职,四处奔走为这个人据理力争,使之公平判决。所以对李攀龙有这样的评论,"雅不欲以刀笔见长,而其听谳最号公平"。李攀龙由"狂生"而入仕,自号"傲吏",不会"摧眉折腰事权贵",在京数年受到压制。隆庆元年(1567年),严嵩父子伏法,朝廷征召旧臣,李攀龙得到再次起用,出任了浙江按察司副,分管沿海防务,后来又升任浙江布政司。隆庆三年(1569年),李攀龙升任河南按察使,几个月后,因母亡故,持丧还家,哀伤过度,不久去世,终年58岁。

李攀龙

在文学方面，李攀龙继"前七子"之后，与当时诗人谢榛、王世贞、宗臣、徐中行、梁有誉、吴国伦结诗社，倡导文学复古运动，"诸人多少年，才高气锐，互相标榜，视当世无人，七才子之名播天下"（《明史·李攀龙传》），世号"后七子"。林攀龙为"后七子"的领袖人物，被尊为"宗工巨匠"。李攀龙主盟文坛20余年，其影响及于清初。

李攀龙诗文，由其友人、"后七子"领袖之一的王世贞整理编集为30卷，题《沧溟先生集》，其后屡有翻刻，历百年而不衰。李攀龙所编《古今诗删》，选各代之诗，影响颇大，后又摘取其中唐代诗歌编为《唐诗选》，成为当时通行的学塾启蒙读本，明清两代，影响超过《唐诗三百首》。所写《拟古诗》，临摹过甚，受人指责。

李攀龙在嵩山活动期间，写有诗歌《黄河》、《虎牢关谒三义庙》、《过密邑咏天仙宫白松》等多首，史料有录。

徐学谟

徐学谟（1521～1593年），明朝官吏、诗文家。原名学诗，字思重。改字叔明，一字子言，号太室山人。南直隶苏州府嘉定（今属上海）人。嘉靖二十九年（1550年）进士，授兵部主事。仇鸾受命筑堡寨，多以私人冒领食金，徐学谟督此工役，尽去其弊。仇鸾大恨，竣工后，人皆有赏，唯徐学谟无奖。后改任稽勋司，入直内阁。严嵩曾令撰写青词，恰逢母丧，推辞不撰。服丧期满，任礼部主事，历员外郎中，出任荆州知府。在任上，曾为辽王校阅《庚申稿》。皇族景王封德安，多以富饶地占为己有，荆州沙市亦在其中，徐学谟以其违先王制，不与。景王弹劾徐学谟抗旨，无人臣礼。有诏逮问，御史按实情，减罪归家。明穆宗即位（1567年），徐学谟起用为南阳知府，升湖广副使，分巡襄阳。有人诬辽王有异谋，徐学谟坚持以为辽王不会谋反。又被弹劾，罢官归里。明神宗即位（1573年），徐学谟复起用，任湖广按察使，升副都御史，巡抚郧阳。入京任刑部侍郎，升礼部尚书，加太子少保衔。是时，皇帝正在营建陵寝，有图谋官职者，投上所好，对风水吉凶，多加议论。徐学谟说：车驾一出，所需费用就难以计算，此辈有何见识而竟喋喋不休。但徐学谟竟为持异议者所中伤，遂请求解职归里。徐学谟归后，在嘉定建归有园。著名诗人娄坚、程嘉燧纪诗，王世贞撰《归有园记》。

徐学谟擅诗文，被誉为"制作巨手"，著述甚多。主要著作有《世庙识余录》、《万历湖广总志》、《春明稿》、《徐民海隅集》、《归有园稿》、《春秋亿》等。徐学谟在嵩山活动期间，写有《少林杂诗》等诗。

董世彦

董世彦（1526～?），明朝官吏。字子才，嵩山钧州（今禹州）人。22岁时考中嘉靖二十五年（1546年）举人。嘉靖三十二年（1533年）登进士。初授浚县知县，为政有"和乐简易"的声誉。历任户部主事员外、郎中、山西副使、浙江参政、山西按察使。后升任都察院右副都御史,巡抚陕西,曾带兵平沙麻之乱,即修筑长城千余里、敌台墩堡360余座,招抚生熟番71族,使边境平定。又升任兵部右侍郎,总督三边军务。当时蒙古鞑靼部落首领俺答率众往西海(今青海)迎佛经,突然进入甘肃境内。董闻信后,亲率兵马兼程赶往皋兰(今兰州),提防俺答军侵扰边境,回镇一日后卒。

镏 绩

镏绩,明朝著名诗人、诗论家,嵩山文学的代表人物。字孟熙,嵩山洛阳人。通经学,隐居不仕,教授乡里为生。家贫,转徙无常地,所至,署卖文榜于门,有所值则沽酒而饮。诗以雄健为长。著有《嵩阳稿》、《诗律》及《霏雪录》2卷。惜前两者已佚。惟《霏雪录》尚存。《霏雪录》为诗话之类著作。《四库全书总目提要》称其"辨核诗文疑义颇有根据"。其座诗则抑而尊唐,以为唐人诗纯而宋人诗驳,唐人诗活而宋人诗滞,唐诗浑成而宋诗饾饤等等,对明代七子派诗学有一定的影响。镏绩与元末诸老诗人颇有交游,故《霏雪录》杂述旧闻多有渊源。然其常纪梦幻及诙谐之事,颇有小说意味。

温新 温秀

温新、温秀,明朝官吏、诗人。嵩山洛阳人。温新,字伯明,号大谷。嘉靖十七年(1538年)进士,官户部主事。精于诗,著有《大谷诗集》。温秀,字仲实,号中谷,由举人官至襄阳府同知。温秀亦善诗,著有《中谷诗集》。温新、温秀二人合称"二温",著有合集《二温诗集》。其诗多为咏物抒怀、赠别酬答之作。《四库全书总目提要》称:"秀游李梦阳之门,故诗多亢厉之音。新诗刻意学杜……盖亦宗北地之学者也。"

陈万言

陈万言,明代官吏。字一策,号海庄,嵩山汜水人。明正德五年(1510年)举人,正德十二年(1517年)进士,任浙江湖州推官,历常州、扬州、宁国府同知,升南京户部员外郎,转刑部山西司郎中,左迁大名府通判。治河有政绩。

赵之韩

赵之韩,明代地理学家、文学家。嵩山汜水人。嘉靖四年(1525年)举人,官至浑源州知州。撰《恒岳志》,分外记、星记、山记、庙记、礼记、事记、物记、游记、仙记、文记、特记11类,又取曲阳岳庙诗附于卷末。辑录材料丰富,考释亦详。赵之韩在《果老岭》诗中写道:"一岭迢迢古树多,仙人览胜此经过。秋苹春草年年发,不见重来奈若何?"赵之韩《龙山霁雪》诗曰:突兀龙山万丈高,背岩六出几曾消。

琼楼皓皓开三界,玉树亭亭插九霄。凝结应知占瑞兆,□畫以见净尘嚣。年来对此添佳兴,每欲攀萝度小桥。

陈　纲

陈纲,明朝嵩山地方官吏。山西沁源人,明正德年间举人,嘉靖元年(1522年)任密县知县。在位期间,坚强正直,公正廉洁,吏民称之"处事如神"。因此,社会安定,人民安居乐业,吏民思之。清朝嘉庆三年(1798年)知县杨泰起建"名宦祠",请陈公入祠,荣享祀典。

王世懋

王世懋

王世懋(1536~1588年),明朝文学家。字敬美,号麟州,又号损斋、墙东居士,史学家王世贞之弟,太仓州(今江苏省太仓市)人。嘉靖三十八年(1559年)中进士。同年,王世懋父王忬以滦河失事,被严嵩所构论死。遂与兄王世贞闻讯后奔赴京师告免,兄弟俩伏跪在严府大门前,央求严嵩为其父放一条生路。严嵩对王家两位后生看都不看一眼,最后王忬还是被处斩。兄弟俩眼见父亲被置于死地而相救不能,悲愤之极,却又无奈之极,两人相泣号恸,持丧而归,这一惨痛经历使王家人刻骨铭心,终生难忘,3年丧满后犹却冠带。嘉靖四十五年(1566年)世宗服丹中毒而死,其子朱载坖即位,是为穆宗。隆庆元年(1567年)王氏兄弟再次进京讼父冤,几经争辩,终于使朝廷为其父平反。其父昭雪后,王世懋才做官,历任南京礼部主事,陕西、福建提学副使,累官至太常少卿。明万历十六年(1588年)王世懋病卒,终年仅52岁。著有《王仪部集》《二酉委谭摘录》《名山游记》《奉常集词》《窥天外乘》等,诗话《艺圃撷余》等传世。

王世懋自幼聪明好学,以诗、文著称于世,有"少美"之称。其文学才气名声和在文坛地位仅次于其兄王世贞。王世懋为文主张复古模拟,文推秦汉,诗尚盛唐。诗作推重盛唐律诗,推崇李梦阳、李攀龙。主张作诗"先须辨体"、"严于格调",但反对过于模拟古人。强调"触物比类,宜其性情","顾取情性",赞扬具有艺术个性,能"成一家之言"之徐祯卿、高叔嗣,《四库提要》谓其"能不为党同伐异之言"。史载,王世懋是明朝嘉靖、隆庆、万历年间著名诗人、文学家、园艺家、鉴赏家、书法家。他工书法,书无俗笔,多从晋帖中流出。尝书王羲之分甘、青李二帖,王维辋川疏,苏轼种橘帖,王世贞谓用黄庭小法,出入洛神。

王世懋在嵩山活动期间,写有散文《宿暖泉寺游嵩山少林寺记》。

朱载堉

朱载堉(1536~1611年),明朝杰出的乐律家、算学家、历学家、自然科学家、音乐理论家、音乐家。明太祖朱元璋的九世孙,明六世祖仁宗朱高炽的六世孙,明宗室郑恭王朱厚烷之子。字伯勤,号句曲山人,自号狂生、阳酒狂仙客,怀庆府(今河南省沁阳市)人。从小喜欢音乐,聪明过人。早年从舅父学天文和算术,是一个多才多艺,广通博学的奇才。嘉靖二十九年(1550年),朱载堉15岁时,因皇族之间的权力纷争,其父被诬告削爵,禁锢于祖籍安徽凤阳。为抗议明朝政治的黑暗与腐败,他愤然离宫,在宫门外筑土屋,睡草荐,避开尘世,潜心攻读。十年之后,即嘉靖三十九年(1560年),他在音乐学上的大型处女作《瑟谱》一书完成,长10卷,记载了朱载堉对音乐理论的早期认识和研究成果。穆宗朱载垕嗣位后,大赦天下,朱载堉的父亲被释放,隆庆元年(1567年)正月复爵还怀庆府。朱载堉也随之恢复了世子名义,搬出小屋,重居王

朱载堉

室。此后,朱载堉在父亲的指导下继续从事音乐研究,他们父子合作撰写了《操缦》、《旋宫》等古乐谱。父死后不袭爵位,让爵于载玺。特别是让爵之后,自行搬出府邸,迁居怀庆府城外,丹水之滨,远离尘世,自称道人,继续从事科学研究。朱载堉在音乐、舞蹈、数学、历法、物理等方面取得了光辉的成就。在音乐方面,他在世界上第一个发现并实践了用数学的等比级数来划分音律的方法,最早提出了十二平均律的理论原理(即将八度音程平均地分为十二等份,这样,在八度内的十二个律,每个律与相邻之间的音程都相等),用此制造了调音用弦乐器——弦准。在历史上首先解决了两千多年来音乐上所追求实现旋宫转调的理论难题。并为创建十二平均律,找到了求解等比数列的方法。解答了不同进位的小数换算问题,将珠算用于开方。提出了适用于中国律管系统的管口校正方法。在舞蹈艺术方面,朱载堉的《乐律全书》中,舞蹈占有相当的分量,其中《六代小舞谱》、《小舞乡乐谱》、《二佾缀兆图》和《灵星小舞谱》是专门叙述舞蹈内容的。他的拟古舞谱是最突出的成就之一。在拟古舞谱中,他用科学的手法,在理论上对古代舞蹈进行了探讨,并极详尽地记下了古代舞蹈的舞法、描绘了舞图和舞谱。这种拟古舞谱,对后世影响很大。他创作的《豆叶黄》舞谱,比世界著名的拉班舞谱早300年。其对舞蹈的贡献,就在于他集历代舞谱和舞蹈论述之大成,第一次详尽地论述和描画了字舞谱和图舞谱,提倡舞蹈应成为一门专门的学问,创立了"舞学",并在他那个时代初步提出了舞学大纲。在数学方面,除了在《律学新说》、《律吕精义》、《乐学新说》中充分体现了他的这些数学工作外,还有几种专门的数学著作:《算学新说》、《嘉量算经》、《圆方勾股图解》,这些专门的数学著作和他的乐律研究也是密切相关。在天文历法方面,曾写出《黄钟历》、《圣寿万年历》两部新历,还精确地引算出了回归年长度值,精确地测量了北京的地理纬度和地磁偏角,其度量衡史的研究结论一直影响到今天。在乐器制造方面,他制造了律准、律管等乐器,对古代的一些乐器作了考证分析,对它们的构造、规范、形状特点、定音方法及历史沿革作了研究,得出了一些新的结论,为今天的乐器史研究提供了一定价值的参

考材料。在绘画方面,他擅长白描画,《乐律全书》中还有600多幅人物白描木刻画,全是为舞蹈图谱而作。他在文学、哲学方面,也有所建树。明万历三十九年(1611年)卒,谥号端清。

朱载堉一生著作宏富,主要有《乐律全书》、《律吕正论》、《瑟谱》、《嘉量算经》、《韵学新说》、《醒世词》、《先天图正误》、《律吕质疑辨惑》、《万年历备考》、《律历融通》、《圣寿万年历》等。这些著作涉及音律学、音乐学、历法、数学和珠算、计量学、乐器制造、乐谱和舞谱、物理学、文学、哲学和绘画等丰富的内容。与我国古代其他大家所不同的是,朱载堉首先是在欧洲学术界出名。他的十二平均律在西方被很普遍地看作"标准调音"、"标准的西方音律",在世界各国键盘乐器上,十二平均律均已广泛应用。十二平均律的发明是朱载堉对世界音乐理论的巨大贡献,在世界文化史上占有重要地位。遗憾的是他和他的学术在我国却一直被历史的尘埃所淹没。在经历400多年风风雨雨之后的今天,朱载堉这位伟大的学术巨星,被英国著名学者李约瑟博士称为"东方百科艺术全书式的人物",终于重新现

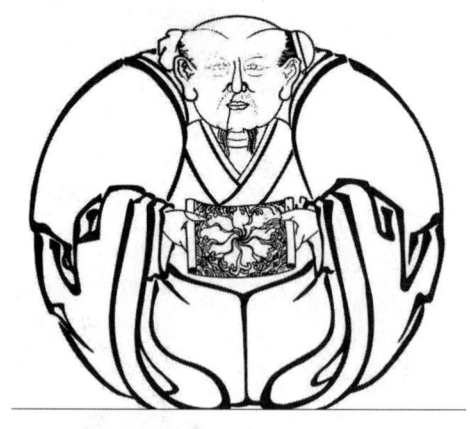

混元三教九流图

出了炫目的光彩。

嘉靖四十四年(1565年)三月,郑藩掌国事德庆王撰《小山禅师行实碑》,朱载堉为之书丹并篆额,其后署"三教中人,狂仙载堉书"。碑阴为朱载堉撰制的《混元三教九流图赞》,上面刻有《混元三教九流图赞》和《混元三教九流图》,此图落款为钤印文"酒仙狂客"、"三教九流中人"。此碑一直立于少林寺钟楼前,是少林寺珍贵的文物之一。特别是《混元三教九流图赞》,构思巧妙,人物形象逼真,寓儒、释、道三教于一体,形象地说明了三教合一的嵩山文化特质。

朱载垕

朱载垕(1537～1572年),明穆宗,明朝第十二任皇帝。朱厚熜三子,嘉靖四十五年(1566年)十二月,明世宗嘉靖皇帝病死,朱载垕于同月壬子日继位,第二年改年号为"隆庆"。隆庆帝在位期间,几乎没有爆发什么重大的变故。由于在作皇子期间处处小心谨慎,很少张狂,从小就养成了贞静、仁义的性情。同时隆庆朝人才济济,文有徐阶、张居正、高拱、杨博,武有谭纶、戚继光、李成梁。这些人之所以出名,还要归功于隆庆皇帝给了他们发展的空间。朱载垕的一大优点就是用人不疑,放手让他的臣子去发挥才能,使得隆庆朝和万历朝前10年成了明王朝回光返照的时期,这一时期社会比较稳定,经济比嘉靖朝有了重大的改观,可以说朱载垕在使明王朝向最后一个繁荣时期发展的过程中,起了重要的过渡作用。

隆庆六年(1572年)闰三月,朱载垕因与妃子玩得过火得病,休养了2个月后又强起上朝视事,一上朝嘴和手就不停抖动又突然头晕目眩,支持不住而回宫,他自知病情不轻,急召高拱、张居正及高仪3人接受顾命,吩咐"遗诏与皇太子。朕不豫,皇帝你做。一应礼仪自有该部题请而行。你要依3辅臣并司礼监辅导,进学修德,用贤使能,无事荒怠,保守帝业。"明穆宗在位6年,终年36岁。谥号契天隆道渊懿宽仁显文光武纯德宏孝庄皇帝,庙号穆宗,葬于昭陵。

万历二年(1574年),张居正修纂《穆宗实录》评价:"上(穆宗)即位,承之以宽厚,躬修玄默,不降

阶序而运天下,务在属任大臣,引大体,不烦苛,无为自化,好静自正,故六年之间,海内翕然,称太平天子云。"《明史》评价穆宗"端拱寡营,躬行俭约","继体守文,可称令主"。

隆庆元年(1567年)十月,穆宗以即位,遣使祭告中岳。

陆 束

陆束,明朝修志家。字道函,号梦洲,祥符(今开封)人。明嘉靖二十九年(1550年)进士。曾任大理寺评事,仕至贵州都匀知府。爱读书,工诗文,学识渊博,尤留心地方文献,醉心于金石考古。常跋涉于荒野苍茫间,每遇有价值的断碑残碣,皆执笔抄录之。郡邑文献多所搜录。著有《陆道函集》、《读律管见》,已佚。明代隆庆年间(1567～1573年),身为监察御史的蒋机巡按河南,游览了嵩山,"病其名山无志",遂嘱咐登封知县草创嵩山志。但书稿交到蒋机手中后,蒋机认为编纂粗率,体例不全,因而携稿到省会开封,敦请开封著名文人、迁官过里省亲的陆束加工重编。不久,蒋机离任,陆束又得到了蒋机的后任杨家相和河南巡抚栗永禄的支持,历时一年有余,于隆庆五年(1571年)完成了《嵩岳志》。编辑《嵩岳志》同时,陆束把大批的诗文资料另编为《嵩岳文志》。现存陆束所编的《嵩岳志》2卷、《嵩岳文志》8卷,为现存年代最早的嵩山专志。另著有《陆道函集》、《读律管见》,已佚。

陆束虽然在编辑《嵩岳志》和《嵩岳文志》,这两部志书中已经熟悉了嵩山,可他并没有到过嵩山。原本可借所编《嵩岳志》之机,到嵩山考察,但又因要前去山西上任,期限紧迫,遗憾的是,只能在赶往山西途中遥望嵩山,并写下了《巩洛道中望嵩(二首)》诗,表达了他对嵩山的向往之情。

冯时可

冯时可(约1542～1621年),明朝官吏、文学家。字元成,号文所,松江华亭人。隆庆五年(1571年)进士,曾任处州同知。后任湖北右参政,分巡郧阳道。先后任浙江按察使、广东按察司佥事、云南布政司右参议,官至湖广布政使参政。万历四十五年(1617年)因事被贬为贵州布政司参政。冯时可的父亲是明末著名的"四铁"御史冯恩,冯恩因为斥责大学士张学敬、方献夫和都御史汪宏而触怒朝廷,差一点被杀头,被人们称为铁口、铁膝、铁胆、铁骨的"四铁"御史。冯时可本是首辅张居正的门生,却不肯附和张居正的权势,因此并不受张居正的重用。冯时可一生淡泊名利,酷爱文学,他与邢侗、王稚登、李维桢、董其昌被誉为文学"中兴五子"。冯时可不善治家理财,他将自己的宅田让给兄弟,自己四处漂泊。晚年罢官回乡以后,家徒四壁,经常以写字卖字维持家用。

冯时可以著作甚富闻名,撰有《左氏释》《左氏讨》《上池杂识》《超然楼》《天池》《石湖》《皆可》《绣霞》《西征》《北征》等诸集。以《雨航杂录》一书特别有名,该书上卷多论学说文,下卷记各地风物,而间涉杂事。冯时可在其《雨航杂录》中说:文章,士人之冠冕也;学问,士人之器具也;节义,士人之门墙也;才术,士人之童隶也;德行,士人之栋宇也;心地,士人之基石也。《四库总目提要》中评价说:"隆万之间,士大夫好为高论,故语录、说部往往溷漾自恣,不轨于正。时可独持论笃实,言多中理。"

冯时可在嵩山活动期间,曾写有有嵩山自然名胜方面的诗歌多首,如《达摩颂》、《嵩山杂咏》、《游少林宿无言精舍》、《赠令傅元鼎》等,嵩山史料有录。

千万里

千万里

千万里(1543～?),明朝将领,朝鲜、韩国千氏鼻祖。千万里的远祖千岩是明初著名将领,官至版图丞相,于氏得姓始祖之一。明洪武元年(1368年)武科及第,因有战功,明太祖朱元璋赐姓为千,其后代定居于嵩山登封颍阳。千万里曾祖千一河任文科内赏院直阁,祖父千载圣任文科按廉使,父亲千钟岳任侍讲院教官,以广原殉节,诏立忠义祠。千万里幼年多病,其母抱而泣曰:"妊汝时有奇梦,虑其远离也,故以万里为名,今汝大人远在谪所,汝病又如此,岂不深忧耶?"千万里9岁丧父,至京师托于内舅工部尚书钱伦,钱伦爱之如亲子。隆庆辛未年,千万里"登魁武科",乙亥年为北路总节使,率兵破蒙古5部,升为内卫镇抚使,后被小人陷害,谪守阳陵,后召拜为太清殿守卫使兼总督五军师。据《韩国千姓大同谱传》载:"朝鲜半岛本无千姓,生于河南登封颍阳的明朝将军千万里是落籍朝鲜半岛的千氏第一人。明万历二十年(1592年),日本入侵朝鲜半岛。应朝鲜王朝请求,大明王朝任命大将李如松为总输使赴朝抗日。随军运粮官兼总督将千万里领携二子千祥、千禧率铁骑两万作为后勤保障。由于千万里出色地完成了任务,使明军在平壤、郭山、东莱等战役中大胜日寇。5年后,在丁酉战役中,千万里率军在蔚山、樱山等又三战三捷,战功卓著。战后,明万历二十五年(1597年),千万里被朝鲜宣祖李昖录任为一等功臣,任正二品资献大夫,封花山君。在朝鲜宣祖的一再挽留下,定居于朝鲜半岛。"保存至今的韩国釜山镇支城,是由倭将毛利辉父子在朝鲜宣祖二十六年(1593年)创建的日式城墙,又名为子城台。至今,子城台上还保存着千万里的后代设立的千将军纪念碑。每年清明节,韩国千氏都举办"颍阳千氏环峰祠春季祭享",来纪念先祖。

千万里及子孙落籍朝鲜半岛后,定居花山(今韩国庆尚北道永川区),并以祖国的世居地颍阳(嵩山登封颍阳)为本贯,牵千万里的先祖千岩为始祖,千万里为中始祖,世代秉承了中原文化,崇文尚武,人才辈出。千氏子孙在朝鲜很快发展成为名门望族。1985年,韩国经济企划院进行国情调查时,千氏已有23184户、97412人,在韩国274个姓氏中排序第53位。朝鲜史籍《大明遗民史渊源补遗》认为:"千氏始祖千岩明洪武元年(1368年)武科及第,因出生地为中国蜀西终北山千高峰万切崖壁,故朝廷赐姓千。千岩后裔世居河南登封颍阳,在朝廷世代为武将,地位显赫。因此,韩国千氏以颍阳为本贯。"

陆 仁

陆仁,明朝著名诗人、书法家。字良贵,号樵云生,又号乾乾居士。嵩山洛阳人,曾流寓昆山太仓(今江苏省)。陆仁一生沉静简默,明经好古,其诗清俊奇伟。他关心社会,同情人民,对当时的社会黑暗、贪官污吏、流氓恶棍横行愤愤不平,并敢于揭露、鞭笞和嘲讽。如"城中之民势亦孤,安得千金觅壮夫!""俯视浑浊秽九州,鸿漾希夷谁克求!"诸句便是如此。另如《绛雪亭》、《石妇辞》、《买妾言》、《江雨谣题偶武孟江雨轩》诸篇都表现了对人民的深切同情。他又是一位多情的人,见花落而流泪,见鸟伤而悲切,这与他同情人民的心理一脉相承。陆仁明经好古,以诗名于时,楷书、草书皆矜贵。被时人推崇,称为"陆河南"。陆仁一生以诗会友,见于记载者即达50余人。著有《乾乾居士集》传世。

周梦旸

周梦旸,明朝官吏、诗人。字启明,湖北襄阳府南漳县人。明万历二年(1574年)进士,曾任河南提学副使、官至工部都水司郎中、布政司参政。著有《青溪山人文集》、《常谈考误》4卷、《水部备考》等,辑注有《批点考工记图说》。其中,《常谈考误》作为出现在俗语辞书的初创期明代的俗语辞书,在记录保存民俗语汇,为大型辞书编纂拾遗补阙等方面,都有极高的学术参考价值,在中国辞书史上占有重要地位。

周梦旸任河南提学副使时,从中牟、郑州、新密到嵩山,游历了中岳庙、嵩阳宫、会善寺、少林寺、二祖庵、崇福宫等景观,在少室山上的炼魔台看到了黄河、洛河、伊河。写有散文《嵩少游记》和诗歌《游少林寺》、《登二祖庵四首》、《观瀑布》、《由二祖庵登炼魔台眺望》、《少林夜坐待月》等多首,并与同来的著名诗人吴三乐、吕孔良、温如璋在崇福宫流觞亭饮酒联句赋诗《崇福宫饮流觞亭联句》:"殿古花含碧(吴三乐),泉通草自青。相看临曲水(吕孔良),渐似在兰亭。山色林中见(温如璋),钟声树里听。寻幽怀往迹(吴三乐),欲赋几回停(温如璋)"。

王士性

王士性(1547~1598年),明朝杰出的人文地理学家、旅行家。字恒叔,号太初,又号元白道人。王宗沐侄,临海城关人。王士性少年好学,喜游历。万历五年(1577)进士,授确山知县。相继在河南、北京、四川、广西、云南、山东、南京等地做官,历任礼科给事中、吏科右给事中、兵备副使、广西参议、河南提学、山东参政、右佥都御史、南京鸿胪寺正卿等官职。万历九年(1581年)在礼科给事中任上行程2300里,对治理黄河、淮河、运河及漕运等提出了一套有创见的计划。王士性敢于言事,任事,《明史稿·王士性传》对他的才能见识评价相当高。而就他的生平说,对人类最大的贡献还是他的游历和他的人文地理思想。

王士性一生好游历,漫游我国名山大川。除福建外,他的足迹遍及当时的两京12省,凡所到之

王士性雕像

处,"穷幽极险,凡一岩一洞,一草一木之微,无不精订";对地方风物,广事搜访,详加记载,并成著作。著有《五岳游草》12卷、《广游志》2卷、《广志绎》5卷、《玉岘集》及《吏隐堂集》、《东湖志》等。王士性游记的最大特点是不仅仅对自然的记述,对游历和考察的对象还加以理论思维,特别是在人文地理方面的观点和论述,都已经走到了当时世界的前列,是我国古代人文地理发展史上的一座丰碑。他在地理学方面的杰出贡献与晚他40年出生的徐霞客一样享有盛名。地理学术界认为,徐霞客的主要贡献是在自然地理方面,而王士性的主要贡献是在人文地理方面。与徐霞客自助式游历不同,王士性是学者和循吏,主要是利用在各地做官之便饱览河山,有时也特意走访名胜。和徐霞客日记式的旅游录实不同,他所到之处,都详细记述山川、气候、地貌、道路及农林特产、风俗、文化、古迹等自然和人文要素,并善于将地理现象和人文现象结合研究。其记游内容文博丰厚,文字淡雅清丽。

王士性在朗陵知县任期届满,经南阳赴开封途中,绕道登封,游历了嵩山的启母石、崇福宫、嵩阳宫、法王寺、会善寺、少林寺、初祖庵、中岳庙等名胜古迹,写有游记《嵩游记》。

李维桢

李维桢(1547~1626年),明朝大臣、文学家。字本宁,湖广京山(今属湖北)人。隆庆二年(1568年)进士。由庶吉士授编修,进修撰。李维桢博闻强记,与同馆许国齐名,馆中为之语云:"记不得,问老许;做不得,问小李。"万历时,曾参修《神宗实录》。万历三年(1575年)出为陕西右参议,迁提学副使,历河南、江西、四川参政,进浙江按察使。天启初(1621年),以布政使家居,年七十余。时朝议登用耆旧,召为南京太仆卿,旋改南京太常卿,未就。又荐为南京礼部右侍郎,官至礼部尚书。"负重名垂四十年",告老归,卒于家,年80岁。

李维桢博闻强记,性乐易阔达,文章弘肆。著有《大泌山房集》134卷及《史通评释》,诗集《题曹荄之诗卷》。史料记载,李维桢不但是个诗人,还是一诗学理论家。他个性温厚平和,其诗学理论兼收并蓄而自成一家。虽然他无专门的诗学论著,但在《大泌山房集》中大量的序、跋蕴涵了丰富的诗学批评理论。其中,明代《嵩书》、《赠润上人住持少林寺》的序都是李维桢所作,其特点明显可见。

赵南星

赵南星(1550~1627年),明朝散曲作家,明朝后期著名的政治家。明高邑(今属河北)人。字梦白,号侪鹤。别号清都散客。万历进士,任河南汝南县推官,后任文选员外郎。因直言上疏,陈述时政四大害,触犯时忌,不得已乞归乡里。后再起考郎中,主京察,旋即遭诬陷,被贬斥为民。在乡里与邹元标、顾宪成,同被称为"三君",为东林党重要人物。光宗即位,任左都御史。天启三年(1623年),任吏部尚书。时宦官魏忠贤专政,政治腐败,他与之对抗,革除旧弊,选用贤能。为魏忠贤所嫉,魏忠贤假托君命,发布诏旨,革去官职,谪戍山西代县,不久病死。后被追谥忠毅。所作散曲淋漓酣畅,小曲也有成就。笑话集《笑赞》中多有讽世之作。有曲作《芳茹园乐府》和《赵忠毅集》、《味檗斋文集》、《史韵》、《学庸正说》等。

赵南星在嵩山活动时,写有《送友人游嵩山》等诗,史料有录。

朱朝伦

朱朝伦(1552～1607年),明朝宗室武温穆王。别号朱凤山,又称端和王子,是明代开国皇帝朱元璋的八世孙,袭封为原武郡王。朱朝伦一生节俭,乐于助人,不好声色,爱收集图书及诸家墨宝。死后谥温穆,故此得名。

位于嵩山荥阳市东南16公里二十铺乡瓦屋孙村东南的原武温穆王墓,是朱朝伦和元配夫人张太妃的合葬墓,也是一座壁画墓。该墓的整个内壁布满了彩绘壁画,构图和谐,色彩鲜明,代表了明代绘画的极高水准,对了解、研究明周藩王陵墓葬的形制、建筑、葬俗等均有重要的价值。

李化龙

李化龙(1554～1611年),明朝大臣、诗人。字兰田,号霖寰,直隶大名府长垣县(今河南省长垣县)人。万历元年(1573年)中举,次年中进士,授嵩县知县,年方20岁。常出访察奸,惩治恶顽,众人惊服。在任6年,多兴水利,资励生产,嵩县大治。升南京工部主事,其后又高史部任右通政史、河南提学、山东提学、太仆通政等职。万历二十二年(1594年)五月,升为都察院右佥都御史,巡抚辽东。因镇守辽东,在蒙古族泰宁贵族来犯的战斗中获胜,边塞惊服。因功,李化龙晋升为兵部右侍郎。在恢复马市和木市,广泛开展各民族贸易,发展辽东经济,改善人民生活方面,体现了东北各少数民族的要求与愿望,为汉族与女真、蒙古等少数民族的经济文化交流创造了有利条件,深得人心,从而扭转了东北地区干戈常动的局面。同时,将不断骚扰东北一带的倭寇赶到朝鲜南端大丘釜山,并在釜山留守三年,使边境得以安宁。明万历二十七年(1599年),西南地区播州土司杨应龙集结数万叛军,发动武装叛乱,声势浩大,自恃凶悍,图谋独霸四川、割据称雄。播州位于四川、贵州之间,是苗、瑶、彝等族聚居地区。朝廷赐李化龙尚方宝剑,部督湖、广、川、贵4省军务,兼任四川巡抚,前往平乱,大获全胜。后在地方政权建设中,明政府采纳了他提出的治播安蜀的12条建议,完成了播州地区建立府、州、县政权的各项工作。万历三十一年(1603年),李化龙任工部右侍郎,总理河

李化龙

务。次年大开伽河、直河至李家巷260里,尽避黄河之险。"开伽济漕,打通南北交通,南粮可以北运,年数千万石,缓和了华北因连年荒旱而造成死人无数的困境。同时,也发展了造船工业和航运事业,更有利于运兵防倭,平息了沿海一带的倭患,使沿海居民得以安居乐业。"朝廷追叙前平叛之功,晋升李化龙为兵部尚书加少保,追封上三代均为一品,荫一子世袭锦衣指挥使。万历三十五年(1607年)夏,李化龙任兵部尚书,协理戎政。晚年因官居一品,特加封柱国光禄大夫、少傅兼太子太保。后卒于官,终年58岁。谥襄毅,赠少师,加赠太师。

史称李化龙俱文武才,经营地方、平叛抚远、开河济漕、文博宇内,功莫大焉。在建功立业方面,李化龙的成就一直为世人所知。明代后期东林党领袖之一、吏部尚书赵南星在《李于田诗集序》说:"(李化龙)为县令时,恩泽一方;兴办文教时,文人向风;统军抚辽时,边境安然;征讨杨应龙时,开疆辟地;治理河槽时,江河安澜。"李维桢称其"东北讨房距倭,西南定播斥地"。尤其是他指挥平定西南杨应龙叛乱的平播战役,被称为万历年间三大战役中最漂亮的一仗,巩固了明王朝的统治;他巡抚辽东地方兼赞理军务时,亲自领兵出塞,直捣敌巢获得大捷,并开设木市,发展边境贸易,修守效劳,使东北地区得到了长期安宁;他任工部右侍郎总理河道时,"开伽(河)济漕,南北通航,南粮北运,年数千万石,缓和了华北因连年灾荒死人无数的困境"(历史学家范文澜语),清代治河名臣、河道总督靳辅把开伽河作为明朝的最大成就。

在文学方面,李化龙文风超然,文理纯正,文采飞扬,"名位比肩文正",成就斐然,堪称明代晚期文坛大家。东林党"后七子"对李化龙的诗作尊崇有加,说他引领当时的文风。只是后来对李化龙的文学成就记述的不够详细,现在仅能从他留下来的著作中窥其一斑。据《明史》记载,李化龙著有《场居策》二卷,《田居稿》一卷,《河上稿》一卷,及《平播全书》、《治河奏疏》,都被《四库总目》收录而流传下来,成为历代典范。除此之外,后人搜集整理到的还有《抚辽疏稿》8卷、《平播全书》15卷、《总河疏》6卷、《邦政条例》10卷、《兰田诗集》10卷、《场居集》和《李于田诗集》等。李化龙的这些著述,都代表了当时文坛的很高水平,无论大江南北、朝野上下都广为收藏,尤其在齐鲁河洛一带,一些文人墨客以拥有李化龙诗作为荣。李化龙还题写许多传序碑文等,具有很高的文学价值,但大多已损毁。李化龙为后人留下的诗主要见诸《李于田诗集》,共分为《嵩下稿》、《中州稿》、《辽阳稿》、《田居稿》、《西征稿》、李化龙特别喜爱诗词歌赋,留下了大量诗作。《河上稿》、《东省稿》、《都下稿》、《南都稿》(上、下)、《场居稿》(上、下),共12卷1000余首。

李化龙在嵩山活动期间,写有《登中岳》、《将军柏》、《天中阁》、《嵩阳宫》、《孙熙宇令登封三年嵩高诸峰尚未识焉戏为此嘲》、《五品封槐》、《春日登九皋山游鹤鸣溯遇雨》等诗,全都收录于他的诗集中。

穆光胤

穆光胤(1554~1618年)明代诗人。光胤字仲裕,山东省曹县人。系穆文熙之子,明朝著名的书法家。书法碑刻遗存较多,泰山岱庙石刻有其碑文。仕履不详。穆氏论诗,尤其佩服《品汇》"尽一代之风雅,归一人之矩矱",因此他立志仿照《品汇》的缩编本《唐诗正声》,"妄取昭代诸名家集,自洪(武)永(乐)而下,隆(庆)万(历)而上,其间名已著,而人已仙游者稍为次第"。

穆光胤在嵩山活动期间,写有《少林寺观十二灵芝图》、《寄傅元鼎明府》、《登太室》、《登少室》、

《游少林寺》、《龙潭》、《箕山》、《颍水》、《紫云洞》等诗,嵩山史料有录。

董其昌

董其昌(1555～1636年),明朝书画家、绘画理论家、书画鉴赏家、书画收藏家。字玄宰,号思白、思翁,别号香光居士,松江华亭(今上海闵行区马桥镇)人。"华亭派"的主要代表。万历十七年(1589年)进士,授翰林院庶吉士。礼部侍郎田一俊教习庶吉士,死于任所,董其昌请假,奔走数千里路,把田一俊的灵柩护送回家乡福建安葬。回来后被任为翰林院编修官。万历二十二年(1594年),皇长子朱常洛出阁讲学,充任讲官。他在讲书中借史事随时对他进行启发诱导,皇长子不时报以会心的一瞥。万历二十六年(1598年),任湖广按察司副使。万历三十二年(1604年),出任湖广提学副使。泰昌元年(1620年),明光宗即位,为太常寺少卿、掌国子司业事。两年后,升太常卿,兼侍读学士。当时修撰《神昌实录》,派他去

董其昌

南方搜集神宗朝时大臣的奏章和遗闻佚事,董其昌文事搜集,记录有300本之多。他又选择没有批复的奏章中有关太子、藩封、人才、风俗、河渠、食货、吏治、边防的论述,分门别类,录成40卷。天启五年(1625年)官至南京礼部尚书。天启六年(1626年)辞官。崇祯四年(1631年)任礼部尚书、掌詹事府事。卒谥文敏,后世又称董文敏。著有《容台集》、《容台别集》、《画禅室随笔》、《画旨》等文集。

董其昌才溢文敏,通禅理、精鉴藏、工诗文、擅书画及理论,是一位集大成的书画家,在中国美术、书法史上具有一定地位。他是海内文宗,执艺坛牛耳数十年,是晚明最杰出、影响最大的书画家。董其昌的绘画擅长山水,师法董源、巨然、黄公望、倪瓒等人,注重师法传统技法,追求平淡天真的格调,讲究笔致墨韵,墨色层次分明,拙中带秀,清隽雅逸。其山水画大体有两种面貌,一种是水墨或兼用浅绛法,这种面貌的作品比较常见;另一种则是青绿设色,时有出以没骨,比较少见。《画史绘要》评价道:"董其昌山水树石,烟云流润,神气俱足,而出于儒雅之笔,风流蕴藉,为本朝第一。"董的绘画对明末清初的画坛影响很大,并波及近代画坛。他的书法初学颜真卿、米芾,后又学唐人,上溯魏晋,综合了晋、唐、宋、元各家的书风,自成一体,其书风飘逸空灵,风华自足。笔画圆劲秀逸,平淡古朴。他的书法作品,秀丽超逸,布局疏宕有致,对明末清初的书坛影响很大。董其昌有句名言:"晋人书取韵,唐人书取法,宋人书取意。"这是历史上书法理论家第一次用韵、法、意三个概念划定晋、唐、宋三代书法的审美取向。这些看

董其昌画作

法对人们理解和学习古典书法,起了很好的阐释和引导作用。董其昌一生勤于书画,又享高寿,所以传世作品很多,代表作有《白居易琵琶行》、《三世诰命》、《草书诗册》、《烟江叠嶂图跋》、《倪宽赞》、《前后赤壁赋册》等。

董其昌不但是个书画大家,还是一位书画鉴赏家和收藏家。他精于书画鉴赏,收藏有我国古代绘画名家董源、李思训、巨然、李成、郭忠恕、江贯道、赵大年、赵子昂、王蒙等很多名人画作,足以令其傲视当代。

董其昌留下的与嵩山有关的诗书画迹有多处,除史料记载的诗文以外,其中最有名的要数少林寺内立有他为少林寺方丈无言道公书写的《嵩山少林寺赐紫住持曹洞正宗第二十六代禅师道公碑铭》和《明钦命道公无言禅师行实碑》。书家评论,这两通碑柔润可观,品相完好,其书法不失为董氏佳作,为碑拓中之珍品;少林寺文殊殿内的木制屏风上,刻有他书写的两首偈语:一偈为"路行跨水复逢阳,独自凄凄暗渡江。日下可怜双象马,二株嫩桂久昌昌。"另一偈为"震旦虽阔别无路,要假儿孙脚下行。金鸡喜衔一粒米,供养十方罗汉僧。"

明天启元年(1621年),董其昌创作的《仿古图册》的第四幅画就是董其昌所仿唐代著名画家、嵩山隐士卢鸿的《嵩山十志图》而作,所画右上角题:"仿卢鸿草堂笔",并题:"鸿乙草堂明皇,尝令人就图之,鸿乙画入神品,与右丞伯仲。嵩山十志各有题诗。至宋时李伯时作图令诸名公书其诗,人各一景。秦少游、僧参寥、米元章皆与焉。余见之项氏者亦十体,不显名姓。谢时臣亦临一本,第得其位置耳。唐人用墨高简,意到而笔不到,所以妙绝。"

金忠士

金忠士(1556~1618年),明朝官吏。字元卿,号丽阳,宿松城关人。金忠士幼聪颖,家贫而不辍学。万历十九年(1591年),一跃举于乡,深为临川章伯玉所器重。万历二十年(1592年)进士,授江西乐平县令。忠士初任有声,民歌德政,1599年,召为监察御史,屡疏陈时事,言皆耿直,声震天下。劾潞王不法,忤旨,出为福宁参议。不久,金忠士奉命巡按贵州、浙江、河南三省,天子甚嘉其功。万历三十八年(1610年)还京,迁掌河南兼山东、陕西监察御史。在万历四十四年(1616年),诏为都察院右佥都御史,巡抚延绥。因奏行筹边七议,抗倭平乱有功而威名大震。金忠士著有《旭日集》16卷。

万历三十六年(1608年)六月,时任河南巡按御史的金忠士从孟津渡过黄河来到洛阳,在洛阳地方官员的建议安排下,按旧例前往登封,祭祀中岳嵩山。他在洛阳分守廖如龙、登封县令傅梅、登封司理杨体仁等人的陪同下,游历了嵩山的少林寺、达摩面壁庵、嵩阳宫等景观,晚上食宿在登封县衙。当夜大雨不止,天明到达中岳庙祭祀后,方才雨住天晴。当他离开登封前往汝州时,因当年嵩山大旱,自春至夏无雨,父老乡亲们纷纷伏地泣道旁,请求赈灾,金忠士当即"命下藩司议之"。金忠之的这次嵩山之行,写有散文《游嵩山少林记》和《谒中岳庙》、《题达摩面壁》诗。登封县令傅梅将金忠士的《题达摩面壁》诗,刻石成碑,立于嵩山五乳峰下达摩洞外(后移入少林寺),作以纪念。

公 鼐

公鼐(1558~1626年),明朝文学家、诗人。字孝与,号周庭,今山东蒙阴人。明朝万历前期"山左三大家"之一。官至礼部右侍郎兼翰林院侍读学士、协理詹事府詹事、两朝实录副总裁、赠礼部尚书,谥文介。公鼐出生于明代后期的江北一个声势显赫的"馆阁世家"里。从其高祖公勉仁开始,代代蝉联进士,至公鼐一代,正所谓"五世进士"。他们或文治,或武功,多有建树,一时彪炳海内,而公氏家族的集大成者,应以公鼐为最,他也是公氏家族在文学上最有成就的一位。他提出"齐风"的诗歌主张,与于慎行、冯琦时称"万历前期山左三大家",在晚明诗坛占有重要的地位,三人一起标举"齐风",共同推动了万历前期山左诗坛的发展,以地域之风影响全国,成为晚明诗风走向的先导。"齐风"主张有其自身的内涵和产生的原因,同时也对后世产生了深远的影响。对于公鼐在中国文学史上的地位,明朝著名史学家、文学家焦竑,清著名学者朱彝尊都给予了公鼐极高的历史评价。焦竑评公鼐:"先生才识独出,综鉴复富。故其原本山川,极命草木,能牢笼载籍之菁华,不为靡曼剥夺之语。盖直取独见,上媚千古。犹烟云之出没,忽乎满前,不可以为方,卒其所为法者,丙丙如丹。噫,可谓异已!"清著名学者朱彝尊评公鼐:"言诗于万历,则三齐之彦,吾必以文介为巨擘焉。"据王重民《中国善本书提要补遗》载,公鼐所著的《问次斋稿》31卷,为明万历刻本,藏于美国国会图书馆,国内版本的《问次斋集》则毁于战乱。

公鼐在嵩山地区活动期间,写有散文《龙门山观石像》。

程　绍

程绍(1557～1639年),明朝官吏。字公业,明德州(今山东德州市)左卫人。其先祖本为掖县(今属山东省招远)人,曾祖程贤,为人沉雅,刚正不阿,性格慷慨雄迈,做好事不图名利,被乡邻所重。祖父程瑶,字子彬,明嘉靖十一年(1532年)考中进士,授怀庆府(今河南省沁阳市)推官,廉洁正直,每做一事都认真细致,从不拖泥带水。后擢户科给事中,迁吏部左给事中。后因抗论矿税之使,帝怒斥,遂被削职为民。家居20年,从不讲个人得失,也不请托,如遇有人拿金钱托他求一功名时,随即训斥门外。泰昌元年(1620年),光宗即位,任太常寺少卿,掌管祭祀、礼乐。天启四年(1624年),擢都察院右副都御史,巡抚河南,精心吏治,按时接受军队所需粮草,为防出现问题,还将粮草存入洞穴内。崇祯六年(1633年),任工部右侍郎。"激浊扬清,使兵民安定和睦,河工、屯田为淮(安)、徐(州)地区,民害,绍治之",深受民众爱戴。约两年,以年老四疏乞休得请,卒于家,年86岁,赠工部尚书。著有《西河奏议》、《出山三事疏草》、《澹息居遗稿》,均未得刊行。《明史》有传。

程 绍

程绍任右副都御史,巡抚河南期间,曾视察嵩山,在少林寺观看了僧人的武术表演,并写有《少林观武》诗,详细地描述了少林僧人高超的武技。

张维新

张维新,明朝政治家、文学家。字宪周,嵩山南麓汝州人。万历五年(1577年)进士,初为山东冠县(今聊城)县令。因政绩突出升为给事中,在兵、礼两部先后任职,负责侍从、规谏及稽查六部百司等事。他不阿权贵,敢于对社会弊端条陈上疏,对皇帝直述己见。曾大胆揭发考场中的舞弊现象,又谏议停止宫内太监们无谓的"内操",对廓清考场、严饬宫禁起了一定的作用。他还荐用正直无私的邹元标、孟一脉等人为提意见的"言官",使一些宵小咋舌,佞人敛足,促进了朝政的改革。在他的《请改折漕粮疏》中,痛陈漕粮运送中"部解"、"歇斗"、"放揭"等弊,以致开封、河南(洛阳)、归德(商丘)三府及汝州大户败家荡产,准备逃往外乡,给国计民生带来很大灾难。根据此情况,他提出"改纳折色"(把应纳的粮不往北京运,而折成银子就地交纳,把银子运往北京再买粮)和"互相代纳"两种办法,既利国又利民。因他的建议有理有利,朝廷果然采取了他的办法。张维新官至山西布政使。最后病故于家中,葬在汝州。族人为他建立祠堂,所在的街也因此名为"张公巷街"。明代宋至立任汝州知州时,重视文化建设,别出心裁在儒学建了汝州诗宗祠,将唐诗人刘希夷、金代诗人宗端修和明代诗人张维新等一同祭拜,以营造汝州尚诗的好风气。万历二十四年(1596年),张维新和知州方应选(主编)合编的《汝州志》出版(可惜已成孤本),后存于日本宫内省图书寮,国内仅存有胶卷本。

张维新善诗,写有很多歌咏嵩山风景名胜的诗歌,主要有《嵩山歌》、《谒颜鲁公祠》、《登嵩》、《龙潭贯珠》、《少林寺》等诗,《嵩岳志》、《汝州全志》有录。

董九贡

董九贡(1559～?),明朝官吏。字君需,嵩山禹州人。董九叙之胞弟,少年时与兄立志读书。20岁时,中万历七年(1579年)举人,名列第一。中举后,仍坚持不懈,生活自甘淡薄,精研苦读古文词,历时16载,登万历二十三年(1595年)进士。初任户部主事,升任郎中,因母去世返里。后起用为大司农(主管钱粮田赋),又经赵南渚推荐并上书奏准他管崇文门税。到任后,他清谨自守,惩治贪污,扫除积弊。先后在户部20年。升任山西参政,巡察冀南道。年70余卒。董九贡善写文章,有人请著文,便欣然命笔,著有文集藏于家。

程宗猷

程宗猷(1561～?),明朝军事家、武术著作家。字冲斗,号耕叟。明代徽州休宁(今属安徽)人,一说四川新都人。程宗猷自幼习文练武,且立鸿鹄之志,凡闻名师,不惮远访。后挟资远游嵩山少林寺苦练达10余载。从少林僧洪纪、洪转、宗相、宗岱与广安等习练棍法,对刀、马、枪、棍、弩诸艺皆认真研习,皆有较高造诣,尤以棍法为精。其棍法得自少林僧人洪纪,刀法得自浙江人刘云峰传授,得倭刀真传。枪法得自河南刘光渡、李克复传授,得八母枪、六合枪之传。据传他游寿春(今安徽省寿县)时,从当地土人洞穴中得"铜机"一具,经其精心研习并改革,创制出一种效力强大、轻巧适用的新型"蹶张弩"机。程宗猷一生勤于习武,技艺纯青,从游讲艺者甚众。

万历四十四年(1616年),程宗猷著《少林棍法阐宗》3卷,详述少林棍法,明末茅元仪将其中部分内容冠以《少林棍谱》之目,编入军事百科全书《武备志》。天启元年(1621年),程宗猷写成《蹶张心法》《长枪选法》《单刀选法》《射史》,与《少林棍法阐宗》并合,更名为《耕余剩技》。近代浙江吴兴人周由廑取家藏版本重印,改名《国术四书》。程宗猷著作中的棍、枪、刀法,均为势势相承的套路。他认为,只有进行成套动作的训练,才能全面提高进退、跳跃、环转之法,避免临敌掣肘。程宗猷主张"胆量、意志和武艺"

程宗猷

三者并重,不拘泥于古法,力求从实战需要出发练兵,故殊见成效。其所著《耕余剩技》曾被誉为继戚继光《纪效新书》之后,研究明代和继承古代武术技击的重要文献之一。天启二年(1622年),后金入侵,明王朝出塞抗击。由于军兵训练素质不佳,东北兵事松弛,以致临战败北。已62岁的程宗猷,受天津巡抚李辟之召,被委任为天津都司佥书,训练津兵,率弟子家族80余人,自带粮饷,赶至津门从戎。以其所创强弩及刀、枪诸法,日夜操练津兵。后李辟调离津门至内地,程宗猷亦以年老辞归故里。崇祯二年(1629年)程宗猷撰写《射史》一部8卷。

叶秉敬

叶秉敬(1562~1627年),明朝官吏。字敬君,号寅阳,浙江衢州府西安县峡川(今衢江区峡川镇)人。秉性好学,幼通经史。万历二十九年(1601年)进士。历任工部都水司主事,守开封府,提督河南学政、江西布政使司、大中大夫、右参政等职。官至荆西道布政司参议。寻移南瑞,未行而卒。

天启三年(1623年),叶秉敬应知府林应翔邀,编纂《衢州府志》16卷。叶秉敬学问淹通,多处讲学,著作宏富,诗有《叶子诗言志》12卷及其他《字孪》《千字说文》《韵表》《教儿识数》《字学疑似》《诗韵纲目》等教材,著有《兰亭讲会》《开沟法》《赋役握算》《书肆说铃》《明谥考》《寅阳十二论》《治汴书》《学政要录》等书,内容涉及政治、财经、赋税、教育、水利。《均四库总目》共有四十余种。叶秉敬不但著述宏富,是文化名人,而且为官清廉公正,誉称"明可照肝胆,精可析秋毫",成为明朝的一代名人。

叶秉敬书法也自成一体,其为官河南时所做的《灵山酌水赋》,笔法豪放遒劲,别有神韵,堪称书法艺术中的珍品。已为中国书协作为著名草书收集。

叶秉敬任河南提学副使时,曾在登封县令傅梅的陪同下,游历了嵩山,写有《嵩高行》《谒中岳庙四首》《偕傅元鼎游石淙,望潭而饮,尚欲添一斗牛槎也,遂成一律》《万岁峰嵩呼行》《登卢崖看水出处》

《偕傅元鼎游石淙》《登测景台》等诗。其中,《偕傅元鼎游石淙》这首诗,被刻石成碑,立于登封告成观星台院内,至今保存完好。

靳于中

靳于中(1562~1645年),明朝官吏。字尔时,号习鲁。原籍河南尉氏县人。后养亲告归,筑别墅于大隗山北麓,洧水南岸,所称靳砦,遂籍密县(今嵩山新密市苟堂镇靳砦村)。世代书香世家,天资聪颖,博学多才,文章超群。明神宗万历二十六年(1598年)进士。先以户曹主政的身份,到浙江监管税务;后任山东省主管教育。不久,兵备辽东,皆有善政;升迁山西州牧、南京左司徒,后升为工部尚书。靳于中为官清廉,尽职尽责,每次履任,政绩赫然。所到之处,无论官方和民间均有口皆碑。他一生清白干净,一尘不染。所得俸金均给弟侄,自奉淡泊,治家俭约。宽厚待人,和蔼可亲。因父亲去世后,母亲年事已高,养老告归,流寓密县,筑别墅于大隗山下。其子滋昂,秉有奇才,攻读诗书,效法圣贤,存心济世。靳于中喜曰:"尔超我一等矣。"晚年的靳于中在这里,凿池种竹,著书赋诗,与自号大隗山樵的阮汉闻相娱乐。著有《庸行直义》、《参同易测》等诸书行于世。崇祯十七年(1644年),靳于中病逝,年83岁。闾里百姓罢市停耕,织队吊唁,村民百姓亲切地称他为"靳老官",门人学者称他为"贞惠先生"。10年后,当地人思公父子之德,立祠塑像祀之,现庙宇尚存。

明末,靳于中任山西州牧时,一天,他接到衙役禀报,说活捉了一名"流贼",已捆绑在大堂柱子上。靳于中询问后,得知是为民除害的义军领袖李自成。便对他说:"久仰将军大名。为避外人耳目,待我升堂审问时,只要你一口咬定说是穷苦百姓,我可设法相救,望将军见机行事。"果然,在大堂上,李自成大喊冤枉:"我在家是穷苦老百姓,你的差役把我抓来,硬说我是流贼,附近三里五村的人都认识我,叫他们说说我是不是流贼,请大老爷明察。"后第二次升堂,靳于中对李自成说:"现已查明,你确实是个老百姓,本官向来不杀无辜,现在宣布李自成无罪,释放回家。"时隔不久,高迎祥战死,李自成被推为闯王,他率部由山西转战河南,攻克洛阳、开封后,回师嵩山攻打密县。在新郑得知救命恩人靳于中现就隐居密县靳砦,他们互通信件后,为掩当局和人们耳目,也为靳于中的安全,李自成没有直接探望恩人,而站在胡坡咀高地,隔河遥望靳砦村,给靳于中作揖相拜而去。当地人为纪念李自成秋毫无犯,把李自成相拜的地方,修了一座阁楼,称"作揖楼",此楼于20世纪60年代被拆除。

崔应科

崔应科,明朝官吏。字杰儒,号登吾,嵩山登封大金店文村人。祖居直隶大名府长垣县,明初,其远祖崔义方授任河南府登封县儒学副堂,遂定居于登封。父亲崔光宇曾任户部浙江清吏司郎中,敕封承德郎。崔应科就学于嵩阳书院,万历乙酉年(1585年)中举,万历二十三年(1595年)中进士,历任广东外郎、刑部主事、汉中知府、湖广兵备副使、湖广按察使等职。任汉中知府期间,他兴修水利,在《四六分水记》中写道:"万历二十三年(1595年)制定上下坝轮番灌水的协定,每10日为一轮,按所辖灌溉地亩多少分配用水时间,上坝(灌田19000多亩)前4天用水,下坝(灌田25000多亩)后6天用水。协定的执行有专人监督,上坝洞口封闭之日,许下坝派人看守……周而复始,在上者不知其余,在下者无忧不足。"万历三十年(1602年),崔应科修筑汉中城墙,"禁人耕于畔,以固城根,环以池,阔十丈,深八丈八尺。"他还建文庙,激励文人。当时,汉中一带虎害严重,崔应科曾募人入山捕虎,亲撰《捕虎文》传世。崔应科居官清正,并有节操,是位有名的清官。

崔应科善诗,但流传下来的不多,有关描写嵩山形势和风物的主要作品有《登嵩》、《禹碑》、《观音大士像》等,史料有录。崔应科墓位于登封大金店文村,墓前有"明朝广兵备副使登吾崔公神道碑",碑上刻有万历二十八年(1600年)颁的圣旨及万历三十三年(1605年)颁的圣旨。神道碑后有崔应科为先人建的石牌坊一座。崔应科墓地尚有其子崔冲奎、崔冲壁、崔冲台、崔冲泰刻立的"奉天诰命"碑一通,诰封崔应科父亲崔光宇为"中宪大夫、陕西汉中府知府"、诰赠崔应科母亲安氏为"恭人"。"民国"八年(1919年),崔应科15世孙崔国桢、崔国栋又重新为崔应科立墓碑。

区大相

区大相(?~1614年),明代诗人。字用孺,号海目,广东佛山市高明区阮埇村阮东人。为文有奇气,援笔数千言。万历癸酉(1589年)与兄大枢举于乡,己丑(1589年)与弟大伦中进士。官翰林检讨,同修国史,经筵展书,历赞善中允,掌制诰,居词垣十五年。万历乙巳年(1605),区大相调任南太仆丞。在任3年,称病回乡。居乡8年。著有《太史诗集》、《诗集》、《图南集》、《濠上集》和《制诰馆课杂文》等。工于诗,诗律板严,铸必炼,为明代岭南诗家之最。

区大相在嵩山活动期间,写有《游嵩山四首》、《嵩阳书院观汉封三柏》、《游少林值雨》、《再游嵩少》、《少林晚坐》、《晓过南溪偕道公》、《题无言上人溪南精舍二首》、《山中赠丁元父给谏》、《登少室绝顶》、《登箕山》、《城颖》、《颖阳道中赠登封燕明府》等诗,嵩山史料有录。

朱翊钧

朱翊钧(1563~1620年),明神宗,明朝第十三代皇帝。明穆宗长子,穆宗在位朱翊钧6岁时被立为太子。隆庆六年(1572年)六月即位,以次年为万历元年,史称"万历皇帝"。隆庆末年,明王朝政治腐败,财政枯竭,危机四伏。朱翊钧10岁即位,内廷倚仗慈圣太后和司礼监太监冯保,朝事主要依靠内阁大学士张居正。张居正为政以尊主权、课吏职、信赏罚、一号令为主,清丈全国土地,推行一条鞭法,整饬边备,治理黄河,使明王朝在政治、经济、军事等方面都有所振兴。神宗20岁时,张居正逝世。神宗亲政后,开始追夺张居正官阶,逐步废止其改革措施,晏处深宫,留中章奏,不常视朝。又大肆兼并土地,把皇庄从北直隶扩展到南直隶长江沿岸。后期因和文官集团的矛盾而罢朝,竟30年不上朝,荒废朝政。神宗溺志于财货,万历二十四年(1596年)起,派宦官到处搜索珠宝,

朱翊钧

以勘矿、开矿为名,广搜民财,大兴土木,营建宫苑,各地不断起义。后期不问边计,对建州女真弄兵塞外,蚕食疆土不以为意。万历四十四年(1616年)正月,努尔哈赤在赫图阿拉(今辽宁新宾西老城)建立后金政权,并于万历四十六年(1618年)攻占抚顺,挑起后金与明之间的战争。神宗则力主挞伐,次年,明军在萨尔浒(今辽宁抚顺东浑河南岸)惨败,此后明对后金取守势,无力进攻。在明与后金的战争中,神宗3次下诏增派辽饷,加重了对内地人民的剥削,导致民愤纷起,民族矛盾与阶级矛盾日益激化。史书道:"明之亡,亡于神宗"。自此,明王朝走向灭亡之路。明神宗是明朝享国最久的帝王,也是典型的荒淫怠惰的君主。万历四十八年(1620年)神宗病死,在位48年,终年58岁,谥号孝显皇帝,庙号神宗,葬定陵。

万历元年(1573年)四月,神宗即位,遣光禄寺寺丞岳相祭告中岳;万历十五年(1587年)二月,神宗以旱灾严重,遣河南巡抚、右副都御史衷贞吉祭祷中岳。

傅 梅

傅梅(1563~1643年),明朝县吏。字元鼎,明顺德府邢台县人。万历十九年(1591年)辛卯举人。万历三十五年(1607年)任登封知县。任职后,发奸摘伏,有神明之称。大灾之年,清除义仓之蠹,亲自赈济穷乡,带领百姓开展生产自救,虽遇两年干旱,老百姓却没有挨饿。修缮治署、学宫、庙祠等,并将正德年间筑的登封城土城墙更换成砖城墙,城堞易以坚甓,改建了四城门,创起四城楼。废祀中岳庙四岳殿神像,将他们改作神库、神厨等;修复许由庙、许由阙,并拨出三顷田作为许公祭田;想方设法保护历史文物古迹,创建存古书院,以为诸生讲业之所,并将嵩山散落的断碑残碣甃置四壁,故以"存古"名之,并作《存古书院记》,并将自己积存20年的3000多卷图书,谱列其目录后捐献给黉宫。因他在登封做了很多有益于百姓之事,后虽迁为京官,登封百姓却特意为他立了"去思碑",颂扬他的功德,思念他的政绩。登封县城西关还为他立有生祠,《通志》《明志》《登封县志》有传。

万历时,任刑部主事的傅梅以主事竭力审讯张差"梃击"案,得罪权贵被罢官。崇祯中,傅梅历官台州知府,勤政惠政,后解职归家。崇祯十五年(1642年)冬,清兵攻打顺德府,傅梅捐金帮助知府吉孔嘉抗清,并分守南城,城陷后殉节,年80岁。赠太常寺少卿。乾隆四十年(1775年),赐谥忠节。光绪元年(1875年),入邢台忠义祠。

傅梅以才见称,政文兼擅,为官登封时,广搜博览,纂集有关嵩山地理、历史、人文等史料,效《史体》体例,撰写《嵩书》13篇22卷,该书是历史上第一部分类详细、体例完备的嵩山专志。此外,他以饱满热情,走遍嵩山的峰峰岭岭,写有大量的吟诵嵩山的诗文,代表作有《嵩山六十峰诗》《增定十二峰诗》《嵩阳十八咏》《游象极洞》等。

袁宏道

袁宏道(1568~1610年),明朝著名散文家。字中郎,又字无学,号石公,又号六休。荆州公安(今属湖北公安)人。万历二十年(1592年)进士,曾任江苏吴县县令,断狱敏快,有政绩;为人洒脱,不拘礼法。由于对官场不适应,辞去吴县县令,在苏杭一带漫游,看见了徐渭写的诗稿《阙编》,通过采访,发现徐渭诗文书画,堪称四绝,但遭遇坎坷,人生悲凉。几天以后,写出《徐文长传》。正是因为他的推崇和评价,徐渭在文坛和画坛取得了崇高的地位。袁宏道回到家乡不过30岁。父兄都认为他正是事业发扬的时候,不应该退居林下。因此他仍回北京候选。万历二十六年(1598年),为顺天府教授,后升国子监助教、礼部主事。31岁时,因兄长宗道去世,他以此为理由辞官回乡。他像一位林泉老人,尽情享受闲谈恬静的生活。这样过了7年。老父对他闲居大为不满,强烈要求入仕。袁宏道不忍拂却父意,于万历三十四年(1606年),他回京接着做礼部主事,后转吏部主事。袁宏道在吏部做了两年官。由于看不惯官场陋习,于万历三十八年(1610年)辞官归乡,不久去世,年43岁。袁宏道与兄袁宗道、弟袁中道,在当时并称"三袁"。他们不满前后七子的文学复古主张,反对模拟汉唐,要求革新,被称为"公安派"。他几次弃官求学,游历山川,指点江山,激扬文字,在登山临水中,他的思想得到了解放,个性得到了张扬。他的创作充满着由儒、道、禅混合的自由放纵思想。袁宏道的散文成就突出。他写散文能够"灵窍于心,寓于境。境有所触,心能摄之,心所欲壮,腕能运之"。他的记、游文章,大都写得有意境,富情趣,景物优美,作者的个性又活跃其中。他开拓了小品文的领域,抒情小品写得清丽动人,艺术技巧较高,确有百花争艳之势。主张写诗文要"信口而出,信口而谈"。其作品代表着晚明文学个性解放的精神。袁宏道著有《袁中郎集》《满碧堂集》《广陵集》《解脱集》《觞政》《破砚斋集》《明文集》《华嵩游草》《锦帆集》《瓶花斋杂录》《敝箧集》等,另存有其尺牍280余封。

袁宏道

万历三十七年(1609年)冬,时任吏部郎中的袁宏道在登封县令傅梅等人的陪同下,游历了嵩山的少林寺、初祖庵、达摩洞、会善寺、嵩阳宫、崇福宫、启母石、启母阙、石淙河等名胜,经万岁峰登上了嵩山太室峰顶,写有游记《嵩游记》5篇,《游少林记》、《游超化寺记》和诗歌10多首,都收录在嵩山史料中。袁宏道在少林寺,不但观看了武僧的"手搏"表演,还遇到一位"少时从征有功"的老和尚。袁宏道在一首《山中逢老师衲——少时从征有功者》的诗中对这位有功的老和尚有具体的描述:

　　头发遮眉白,归来五乳峰。梦中闻房笑,定起看经慵。
　　戒铁支为枕,衲衣挂在松。闲时穿洞壁,欲去缚狞龙。

黄承玄

黄承玄,浙江秀水(今嘉兴)人。明朝官员。万历十四年(1586年)丙戌科进士。万历年间,曾任福建巡抚,主要从事福建之军政事务。黄承玄基于当时倭寇侵扰中国,提出要加强澎湖防卫,并随时察视台湾。当时台湾北部的居民主要居住在鸡笼和淡水两个渔港,为防御的重点。

黄承玄在嵩山活动期间,曾写有《太室》《少室》《卢崖瀑布》《石淙》《少林寺》《少林夜怀》等诗。

文翔凤

文翔凤,明朝官吏、理学家。字天瑞,号太清,明陕西三水县文家村(今旬邑县太村镇文家村)人。文在中长子。万历三十八年(1610年)进士。文翔凤曾在山东莱阳,河南伊阳县、洛阳县及山西任县官等职。均以文学、政事闻名。后任山西提学使,使"晋之人文一变"。升任南京光禄寺少卿后,遂倦于仕途,辞职归里,闭门著书,潜心钻研"皇极经世之学"。

文翔凤是一位理学家,对邵雍《皇极经世》有深刻的研究,并从中受到启发。他论学以事天为最高准则,力斥"西来之教"。文翔凤论学的最高宗旨是"事天尊孔而黜佛氏"(《皇极篇》自序)。他的所谓的"天",也就是后人所说的人伦,即人与人之间的一种尊卑长幼的社会关系。他说:"天亘万古而常尊,……盖人心有不可灭之君父在,所以圣人扼其命而号召之,尊之。"因为父母是生身之人,他们的恩是至大无比的,而君王呢,则是统治我身之人,其义最大,所以上天命令我们的性灵应该尊崇他们。按天命侍奉亲人就能够成为孝子,以天命来侍奉君王就能够成为忠臣。所以说天,是最重要的,我们只要言"尊天",就把忠孝二者都包括在其中。也正是因为人们心头都有这样一个万古不灭而又无时不在的"天"的存在,所以"人欲之魂消"。著有《太微经》以阐发《易》理。

文翔凤的著作主要有《九极篇》、《太微经》20卷、《文太青文集》2卷,录于《四库总目》并传于世。其中,《皇极篇》是文翔凤诗文代表作的集子,是《九极篇》之一。全书一共分为诗、文、子、史4部分,其中诗有5卷,文部5卷,子部6卷,史部10卷,加上纲目共30卷,共有23.98万字。

文翔凤在任县官一职中,以他的能力处理一个县的日常政务,真可以说大材小用。所以每到一地,他都畅游天下,任意游弋目光,放纵思想。文翔凤还特爱辞赋,曾作《金陵六赋》。文翔凤写诗离奇傲兀,不受约束,晚年作七言近体《嘉莲诗》400余首,时称"古所未有"。文翔凤在伊阳、洛阳任职期间,曾多次游历嵩山,写有散文《嵩高游记》《游少林记》《列台壮丘合游记》《盐台万公迓启》和诗《游戒坛寺》《望箕山许由冢》《秦槐》等诗文。

弓省矩

弓省矩(?~1633年),明朝官吏。字从心,号梅巅,明朝荥泽县弓家寨(今郑州惠济区弓寨村)人。弓省矩性情敦厚朴实,不善言谈,然而聪颖异常,祖父教他《五经》、《四书》,课一授完,他就学通弄懂了,一天诵读数千言,且过目不忘,同伴们无不折服,说他日后必成大器。明天启四年(1624年)举人。天启五年(1625年)进士。初授内阁中书舍人。皇帝念其才高有为,命他出使高丽(今朝鲜)。他不辱使命,胜利而归。朝廷大加赞扬他的功绩,赏了他许多金银玉帛,并晋升为吏部侍郎,后人称他为弓吏部。弓省矩为官清正,秉公办事,刚直不阿,深得百姓的拥戴和同僚赏识。然而,有一件偶发事件却断送了他的人生。有史记载,崇祯六年(1633年)七月,锦衣卫密探侦察到江西彭泽县知县张子廉买通吏科给事中曹履泰谋求升为运同,而且抓获了作为这次交易中间人的监生项珍,还搜到张子廉写给吏部郎中王三重和吏部员外郎弓省矩的请托信件。这本来是明末官场中最常见的事情,但既然被皇帝抓到了,就当成大案处理起来。崇祯帝亲自指示要认真追查,严肃处理,有关人员全部被逮捕。

因为案情很简单,又没有涉及有势力的大官僚,案子很快了结,几个官员都被革职,张子廉和曹履泰遣成充军,弓省矩在狱中自缢。弓省矩妾罗氏晚上噩梦醒来,料弓必死,遂自缢以殉。其妻赵氏生有一女,数年内,母女俩常抱头痛哭,从京城返乡后也抑郁而死。弓吏部含冤死去不久,朝廷查清了此事,将诬陷者绳之以法,为弓吏部平反昭雪,御史杜之昂撰文记述此事,石碑至今尚存于弓寨村文化室。后督学张天植巡案刘元浚等,曾赠匾额表彰弓省矩一门是忠贞节义,世人楷模。

毛文炳

毛文炳(? ~1644年),明朝官吏。字仲韬,号梦石,明末郑州荥泽县毛庄人。毛文炳年少即胸怀大志,入试连连夺冠,祖父对他甚为器重,常常自叹弗如。熹宗天启七年(1627年)考中举人,崇祯元年(1628年)进士,任寿阳县知县,调任榆次。初为官,毛文炳便有所成就。他数次向朝廷陈述时事,如避免官员调动频繁及约束宗藩等,皆切中时弊。他惩贪官,倡廉洁,并身体力行。在任时减免赋税,平定夷乱,修建城池,功绩昭彰。崇祯十六年(1643年)晋升山西按察司副使,岁末,又转蒲州任职。此时山西已陷入战乱,皇帝诏令他全力坚守,他义不容辞,慨然赶赴太原,辅佐巡抚蔡懋德尽忠职守。崇祯十七年(1644年)二月,在与李自成起义军战中,敌军攻至城下,毛文炳协同蔡懋德指挥将士,日夜防守不懈。数日后,城内粮草俱尽,城被攻破,毛文炳被俘,不降,被杀。百姓闻讯痛哭者甚众,其妻妾赵氏、李氏闻丈夫被杀,双双投井自尽,仆人带其独子兆梦投奔其五弟毛文耀。清初赐谥节愍。顺治二年(1645年)四月,毛文炳被葬入祖茔,碑上刻其生平。后人称赞他说:"昔人云,国不可背,城不可降,夫妻同死,节义成双,其毛公也。"《河南通志》及《明史》皆载有他的事迹。毛文炳著有《诸名公诗传》及《公疏草》各1集。

朱由校

朱由校(1605~1627年),明熹宗,明末皇帝。明光宗朱常洛长子,父亲光宗在位仅29天便因"红丸案"而暴毙,朱由校经过"移宫案"的风波,为群臣拥立继位。即位后令东林党人主掌内阁、都察院及六部。天启二年(1622年)诏复张居正原官,录方孝孺遗嗣,给予祭葬及谥号。宠信宦官魏忠贤,使其入掌司礼监并统领东厂。任由魏忠贤与乳母客氏勾结,把持朝政。天启五、六年间,屡兴大狱,诬杀东林党人杨涟、左光斗、魏大中等,并毁天下东林讲学书院。六年,命顾秉谦等人修《三朝要典》,为魏忠贤等歌功颂德。在位期间,土地兼并剧烈,苛捐杂税繁重,社会矛盾激化。天启七年,农民起义爆发,后金势力壮大,占领辽阳,攻取沈阳,进逼宁远(今辽宁兴城),明代统治濒临溃灭。在位7年,年号天启(1621~1627年)。因嬉乐过度成病(一说曾落水,留下病根),于1627年服用"仙药"而死,终年23岁,谥号达天禅道敦孝笃友张文襄武靖穆庄勤悊皇帝,庙号熹宗,又称为天启皇帝,葬于德陵(今北京市十三陵)。天启帝有3男2女,无一长成。终无子,遗诏立五弟信王朱由检为皇帝,即后来的明思宗(崇祯帝)。

明熹宗时,外有金兵侵扰,内有明末起义,正是国难当头,内忧外患的时期。明熹宗却不听先贤教诲去"祖法尧舜,宪章文武",而是对木匠活有着浓厚的兴趣,整天与斧子、锯子、刨子打交道,只知道制

作精美的木器、木人像,盖小宫殿,将国家大事抛在脑后不顾,世人戏称"木匠皇帝"。

天启元年(1621年),熹宗以即位,遣尚宝司卿柯杲祭告中岳。

田 珍

田珍(1570~1631年)明朝官吏。字聘,号待溪,河南虞城县人。明万历进士。历任山东东昌府冠县县令、山东监察御史、四川道监察御史、大理寺右寺丞、右少卿、左少卿、南京通政使、司通政使、代摄南京户部督储侍郎。明崇祯四年正月,卒于所任,享年61岁。钦赐祭葬,赠通议大夫、南工部右侍郎。田珍在嵩山活动时,写有嵩山方面的诗歌多首。

汤九州

汤九州(?~1636年),明朝将领。安徽石埭(今并入太平)人。崇祯初为昌平副总兵。崇祯六年(1633年)夏,汤九州奉命协助左良玉在河北、河南等地与张献忠、李自成、高迎祥领导的农民起义军作战。战斗中,与左良玉等屡破农民起义军兵,积功加署都督金事。崇祯八年(1635年)春,被劾褫官,从军自效。洪承畴入关,以吴村、瓦屋为商南农民起义军走内乡、淅川要地,令汤九州偕左良玉扼之。寻移驻洛阳。崇祯九年(1636年)二月,农民起义军走嵩山登封石羊关,与嵩山伊阙、偃师、嵩县本地农民起义军汇合。汤九州期望左良玉夹击,左良玉半道归。后在河南嵩县,汤九州以孤军1200人深入,农民起义军屡败,穷追40余里,误入深崖。遇农民起义军数万,据险攻围。汤九州势不敌,夜移营,农民起义军乘机攻击,遂战殁,汤九州全军覆没。从孙文琼伏阙三上书请恤,不报。文琼后亦殉难。

连 标

连标,明朝官吏。字孟准,明代禹州人。连标的胞兄连格也是进士及第,官至御史,以刚毅正直出名。"遇事剖决如流,士民皆称其德。"连标颇具其兄之个性,少年时曾与富豪子弟同塾就读,富豪子弟常常无端欺凌穷家弟子,老师也无办法主持公正。连标看不过,就联络5位同窗学友将富豪子弟捆绑起来,找其父亲理论,并将其劣行一一列出,贴于富豪之家的大门上。乡里众人无不跷拇指称赞连标"年少而有胆识。"富豪碍于众怒难犯,遂对其子严加训教。后来其子成才,富豪反备丰礼登门感谢连标。

万历十年(1582年)中举,次年(1583年)连登进士。初授"行人"(即掌管传旨、册封之事的官吏)。后选升山东道御史。是时,山东正是多事之秋。外有异族侵扰,内有匪盗逞强,更加贪官污吏敲诈百姓,社会很不安定。他听说武定知府飞扬跋扈,目无法纪,鱼肉地方,民怨鼎沸。但因其朝中有人,靠山强硬,怕扳不倒他,反遭其害,因此历任御史过境皆作视而不见,听而不闻。连标至此,察听诸多事实,决心从他"掐尖",以治内外混乱。随从人员说:"眼下是天下乌鸦一样黑,贪官污吏遍地都是,随手摸一个,杀头都不会冤,何必摸这种老虎屁股呢?弄不好反而连累自己,甚至走不出武定府哩!"连标下车,命人将车轮卸下来埋于地下,说:"豺狼当道,安问狐狸。整顿吏治,清理风化,就是要从抓大头、抓刺头、抓硬头做起。今天到此下车,若不将此地整顿好,我就不走了!"他深入民间,明察暗访,搜集了武定知府及其亲属的大量罪行,连续6次上书,终于弹劾了武定知府及其亲属18人。当地其他州县的贪官污吏闻风丧胆,有的官吏自知罪责难逃,纷纷自首,有的则解印弃官逃匿而去。山东地面很快归于平静,百姓安居乐业,齐称连标为"铁御史"。

后来连标任河南道,开启了由中州人执掌河南道的先例,也表明朝廷对他严肃执政的信任。不久,连标升任副都御史,曾修长城千余里,置墩台若干座,保证了边境安宁。任职内也曾反复上书请立太子事,被视为"干预皇帝家事",几乎遭受难以预想的大罪。但终因他公正廉洁,铁面无私而幸免。连标一生勤政为民,积劳成疾,卒于任所。皇上赠为右都御史。他死后,家人将其全部积蓄捐给乡里,办义学,置义田,表示对贫困家乡的扶持。著有《历游草》若干卷传世。

高 出

高出(1574~1655年),明朝官吏、诗文家。字孩之,号槎亭,海阳县徽村人。明万历二十六年(1598年)进士。历任曲周、卢氏两县知县及户部主事、郎中、江南布政使司参议、山西按察使、按察副使、辽东监军道等职。一生不畏权贵,廉洁奉公。卢氏县大饥,高出捐俸救灾,并上书请求赈济,救活饥民数万。任按察使期间,获悉恶豪王一民恃势横行,为害地方。他查明罪状,依法惩治。其子私收富商马华堂10幅唐寅画卷,高出得知后,当众送子入狱悔罪;自己免薪3个月,以示教子不严之过。高出常微服出访,体察民情。目睹贫富悬殊,慨然赋诗:"公余信步察民情,朱门筚户景不同。公孙陶陶居楼阁,农子茕茕栖窑洞"。曾试行改革租佃制,以减轻富户对佃民的盘剥,民受其益,敬献"德泽蓬门"颂匾。豪门贵族惧高出执法森严,唆使致仕名宦进京告状,以"收买民心,图谋不轨"之诬词陷害高出。天启帝降旨,命高出率军镇守辽阳。因军事失利,下狱12载,死于监牢。

高出著有《崂山记》、《鹤山观海市记》等散文,后在狱中著有《镜山庵全集》。高出在嵩山活动期间,曾写有《嵩阳十八咏》《箕山》《同傅元鼎游中岳》《观星台》《石淙同元鼎修禊事》《中岳别傅元鼎二首》《赠傅元鼎明府二首》《嵩阳宫作歌》《赠别傅元鼎三首》《与元鼎游卢崖寺》《春时偕元鼎沿洛入嵩》诗歌多首,嵩山史料有录。

高 出

刘理顺

刘理顺(1582~1644年),明朝著名官吏。字复礼,号湛陆,河南杞县人。少年时家贫,欲赴京应考,然而缺少路费,于是在一员外家中任教,赚取路费。刘理顺日间教员外的儿子读书,夜间自修学习,经过3年苦读,学业大进。明崇祯七年(1643年),刘理顺赴京殿试,高中第一甲第一名,例授翰林

刘理顺书法

院修撰,后历官南京国子监司业、左中允、右谕德、侍经筵兼东宫讲官等。时李自成在中原屡败官军,诸将帅争相贿赂上司,掩饰败绩,逃避罪责,刘对此忧心忡忡。李自成围汴,刘陈述防御之策,被当权者斥为庸论,不予采纳。崇祯十七年(1644年),李自成义军攻陷北京,为效忠明王朝,刘理顺与妻妾家仆12人投缳俱死。义军制将军李岩系刘的同乡,至刘宅欲加保护,见刘等已死,遂令军士守护,禁止抢掠,叹息而去。

刘理顺死后,南明王朝赐谥号文正,追封为詹事;清顺治四年(1647年)家人迎其棺尺归杞;顺治十年(1653年)清王朝追赐谥号文烈,遣使臣来杞安葬、致祭,祀于杞县乡贤祠、忠义孝悌祠;康熙二十五年(1686年)为其建专祠于县城大西关官道北侧,赐祭田70亩,永免赋役;后又祀于五状元祠,位列第五。刘理顺著有《刘文烈文集》12卷,由其长子刘菖石刊行。

刘理顺在河南期间,曾到嵩山地区活动,拜谒黄帝故里,写有《怀具茨》、《忧豫寇》等诗,《新郑县志》有录。

禹好善

禹好善(1582~1656年),明朝官吏。字存诚,号海岩,嵩山荥阳人。资性颖异,好学上进。明熹宗天启二年(1622年)进士,初授河间府推官,屡决疑案。为母丁忧后,起复武昌府推官,檄查全楚,咸诵明允。崇祯五年(1632年),授予山东道监察御史。有关国是者,章奏凡300例以上,多蒙嘉纳。时漕运多艰,禹好善被委以重任,他慨然从之。上任后,单骑视事,经营督运,昼夜焦劳,使漕运任务完成较往年早至两月,受朝廷褒扬,加俸一级。后擢至巡抚,又巡按北直隶,督修皇陵。

崇祯十一年(1638年),时有考选翰林之命,行取者争奔竞,给事中陈启新论之。帝怒,命吏部上访册,罪廷臣滥徇者,尚书姜逢元、王业浩等6人俱闲住,禹好善亦与焉,遂归故里。后抚按累疏起荐,谢病不就。清顺治十三年(1656年)病卒,年75岁,葬密县南百栗沟父墓左。少傅刘公铭之曰:"功业烂漫,日有同久,正气凛凛,高尚其守。"盖遗荣遁迹,不以存亡易虑,令名克全,可谓善始善终矣。

徐霞客

徐霞客(1586～1641年),明朝伟大的旅行家、地理学家、游记作家。名弘祖,字振之,号霞客,以号行世。明南直隶江阴(今江苏江阴市)马镇南旸歧村人。出生在一个没落士绅家庭,祖父以上四世均有文名,父徐有勉隐迹田园,母王氏豁朗节俭,能"贸布以易糈"。徐霞客自幼聪慧过人,好读书。15岁博览祖遗"绛云楼"藏书,尤钟情于古今史籍、地经图志,萌远游五岳之志。18岁,父受群豪欺侮,忧愤而死。徐霞客决意不应科举,不入仕途,问奇名山大川。万历三十五年(1607年)徐霞客21岁,辞别母亲和新婚妻子开始出游。徐霞客以30多年的时间,登名山,涉大川,足迹遍及今全国19个省、市、自治区。行江苏、山东、河北、天津、北京、陕西、山西、河南、浙江、安徽、江西、福建、广东、广西、湖南、湖北,最后

徐霞客

进贵州入云南,横穿云南直至腾冲,遍游山川奇境。徐霞客的旅游生涯,大致可分为三个阶段:第一阶段为28岁以前的纪游前段。重点放在研读祖国的地理文化遗产,并凭兴趣游览太湖、泰山等地,没有留下游记。第二阶段为28岁至48岁的纪游中段,游览了浙、闽、黄山和北方的嵩山、五台、华山、恒山诸名山。但游记仅写了1卷,约占全书的十分之一。第三阶段为51岁至54岁为纪游后段,游览了浙江、江苏、湖广、云贵等江南大山巨川,写下了9卷游记。

徐霞客所到之处,探幽寻秘,总要把当天的经历与观察所得记录下来。有时日行百里,露宿残垣,寄身草莽,仍坚持燃枯草照明,走笔为记。记录观察到的各种现象、人文、地理、动植物等状况。徐霞客尤其对石灰岩地貌(喀斯特地貌、岩溶地貌)进行了深刻的研究和记录,包括溶洞分布,石钟乳、石笋、溶沟、石芽、石梁成因都有详细的考释,是举世第一人。同时对长江源头作了考察,纠正了古代文献对"岷山导江"的错误论断。徐霞客在旅游中,以惊人的毅力和非凡的胆略,克服了令人难以想象的困难,"闻奇必探,见险必截","不避风雨,不惮虎狼","凡是亘古人迹未到之区,不惜捐驱命,多方竭虑以赴之,必穷其奥而后止",故被后人称之为"奇人"。徐霞客

徐霞客游记

不畏艰险,曾3次遇盗,数次绝粮,仍勇往直前。崇祯十三年(1640年),进入云南丽江,因足疾无法行走,仍坚持编写《游记》和《山志》,云南地方官用车船送徐霞客回江阴。去世前托其外甥季梦良(字会明)整理原稿。崇祯十四年(1641年)56岁的徐霞客正月病逝于家中。遗作经季梦良、王忠纫、徐李寄等整理编辑成约60余万字的《徐霞客游记》。后人评价,《徐霞客游记》,开辟了地理学上系统观察自然、描述自然的新方向;既是系统考察祖国地貌地质的地理名著,又是描绘华夏风景资源的旅游巨篇,还是文字优美的文学佳作,在国内外具有深远影响。

明天启三年(1623年)仲春朔,32岁的徐霞客历经19天的跋涉,由邓州、汝州至郑州黄宗店,从荥阳入嵩山。在荥阳、新密、登封等地考察了嵩山东麓的香炉山,石佛岭,游览了郑州的黄宗店,密县的天仙庙,登封的石淙河、卢崖瀑布、中岳庙、太室山景观、嵩阳宫、会善寺、少林寺、二祖庵、初祖庵、五乳峰、达摩洞。后经轘辕关,游览了伊水、龙门石窟。徐霞客以一个地理学家的眼光,详细地记录了所到之处的地质地貌、山川河流、自然环境、名胜古迹等,写有著名的《嵩山旅行日记》7篇。

朱常洵

朱常洵(1586~1641年),明朝宗室藩王,荒淫残暴的典型。明神宗朱翊第三子。万历四十二年(1615年)被封为福王,就藩洛阳。神宗特赐良田4万顷,洛阳田地不足,取山东、湖广之田以补给。朱常洵到洛阳后,不惜花费白银28万两,首先营造王府,其豪华气派,十倍于常制。在神宗父皇的包庇纵容下,福王不可一世,为所欲为。其下属官吏更是如狼似虎,气焰熏天。他对巨额的田租收入仍不满足,又垄断了洛阳的盐业,且任意提高盐价,以牟取暴利。崇祯十三年(1640年),嵩山一带发生罕见的旱、蝗灾害,赤地千里,哀鸿遍野,出现了人食人的惨象。正在洛阳家居的南京兵部尚书吕维祺替福王焦虑,极力劝福王疏财济贫,散银助饷,以缓和矛盾,安定民心,激励士气,但朱常洵若无其事,置之不理,依旧催粮带租,甚至哄抬粮价,使百姓恨之入骨。崇祯十四年(1641年)正月,明末李自成农民军进军豫西,攻打洛阳,福王迫于危急形势,匆忙组织人马负隅顽抗。农民军在明朝倒戈亲兵的策应下,一举攻入城内,活捉朱常洵,并将其押赴周公庙公开审判,列举十大罪状后当场处决,结束了他罪恶的一生。

刘景曜

刘景曜(1587~1639年),明朝军事家。字嵩曙,嵩山登封东金店村人。出身于书香门第,其祖父刘一濂为定远县儒学训导,其父刘思让"治乡课子",教书育人,累封文林郎、承德郎、中宪大夫。刘景曜未成童即补弟子员,15岁进秀才,25岁中举人,33岁会进士。初任河北霸州大城县知县,县多豪族强霸,横行乡里,屡为民害,颇难治理。刘景曜到任后明察暗访,惩办了一批劣绅,豪族震惊,人民得安。任职4年,政绩卓著,升兵部车驾司主事。当时军队南北调遣十分频繁,他废寝忘食,日夜筹划,无一贻误,后升任兵部车驾司员外郎。巡视京郊驻军,严明军纪,升任山东布政使司右参政兼佥事永平监军兵备道。永平为边疆要冲,后金常来侵犯。他上任后,察看地形,设立哨所,检查武器,操练士卒,常以火攻制胜。又曾用伏兵计于七家岭,以3000之众大胜数倍之敌,边境稍安。后宦官高起潜来监督永平军,作威作福,践踏将领尊严,刘景曜遂向皇帝上疏,指责高起潜的行为。皇帝得疏报后,认为总监是以节制体统行事,而刘景曜"无人下礼",给予降职二级处分,一时朝中大臣都为他鸣屈。不久,后金进攻济南,山东告急,崇祯皇帝任他为山东巡抚提督军务兼理营田都察院右佥都御史,命其率部前往。受命后,有人说山东危在旦夕,建议他不要急于上任。他以民族危亡为重,不计个人得失,遂不避艰险,整顿军队,率领家勇士卒,昼夜不息,兼程去济南赴任。路上曾与敌人骑兵相遇,但敌人因一向惧怕他的威名,也不敢相追。他上任后,一方面积极备战,一方面开仓放赈,招回流亡群众,修复房、灶,安定民心。他在山东任职7个月,因积劳成疾,卒于职。其子刘闻胤也是一代奇士,有学行,不治家产,明末大饥荒时,拿出全部家产3000金、500石粟赈灾,活民甚众。著有《面壁文集》、《永平杂诗》、《永平杂录》等,今仅存《永平杂诗》,明末清初著名书法家王铎曾为之作序。清朝《登封县志》及嵩山史料收录有他的《汉柏》、《游卢崖寺》、《游钓鱼台》等诗。

刘景曜墓位于嵩山登封东金店,墓冢前原有石人、石马、石羊、望柱、石狮和石坊,惜于"文革"时被毁。乾隆五十二年《登封县志》中保存有焦钦宠为刘景曜作的传记《刘中丞传》,《刘氏家乘》中保存有高祐为其做的传记《刘中丞公传》及其元孙刘成璐所作的《高祖中丞公暨高祖妣高恭人墓表》。其中,高祐在为其作的传记《刘中丞公传》中评价:"中丞刚直,为嵩阳数百年之冠,人咸以是称之。及考其生平行事,非独有气谊也,胸裕经纬,识志异常。"刘景耀是嵩阳书院走出来的优秀学生,因是嵩山本地的朝官,登封流传有很多他的传说和故事。

王述古

王述古,明代官吏。字信甫,嵩山禹州人。万历十六年(1586年)举人,万历十七年(1587年)连登进士,授富阳知县。后调任繁县、崇德知县,升任户部主事,因母去世归乡。服丧期满,补刑部湖广司员外。这时荆州乡居同知胡化患癫狂症,为妖书事前往京师诬告大学士沈鲤和礼部侍郎郭正域等人。述古尽力为之辩白冤情,被株连入狱。后得旨:按照顾耆硕(年高有德望的人)、温淳(和善有实学的人)的条例释放出狱。王述古历官常州知府、升阳和兵备副使,官至山西布政使。后王述古病故于任所。著述有《律历》、《兵筌》、《四书屑考》等,均刊印成书,流传于世。

阴化阳

阴化阳(? ~1642年),明朝官吏。字太乙,嵩山郑州圃田人。明万历二十八年(1600年)举人。授南阳叶县教谕,旋知溧阳县事,任中庭无积狱。迁户部主事,历任户部广东司郎中。崇祯十五年(1642年)五月,李自成起义军破郑州,阴化阳不降而死。

吕维祺

吕维祺(1587~1641年),明朝名儒。字介孺,号豫石,学者称明德先生。明末河南府新安县人。

吕维祺

万历四十一年(1613年),吕维祺考中进士,任兖州推官,后转任吏部主事。天启初年,他先后任考功、文选员外郎、验封郎中。时宦官魏忠贤专权,毁天下书院以建祠堂,各地官员阿谀逢迎,纷纷为魏建祠。维祺不愿同流合污,辞官还乡,在洛阳建立"芝泉讲会",敬奉"伊洛七贤",传播程朱理学。崇祯元年(1628年),吕维祺复官,任尚宝卿,后转任太常少卿。他进言崇祯皇帝:勤政、虚怀、严律己、镇刑狱,深得崇祯赏识。崇祯三年(1630年),任南京户部右侍郎,主管国库钱粮。任内制定严格管理制度,严惩贪污盗窃,政绩卓著。崇祯六年(1633年),升任南京兵部尚书,参赞机务。崇祯八年(1635年),李自成率起义军攻占皇族故乡安徽凤阳后,他获罪罢官,再次归居洛阳。其间,设立"伊洛会",广招门徒,宣扬理学。崇祯十二年(1639年),豫西发生大灾荒,官府却不予赈济,百姓生活极度困苦。李维祺屡次上书河南地方官乃至朝廷,力主革除弊政,减轻杂税,赈灾救民,以平民怨。同时,倾自家钱粮,设局赈灾,以定人心。崇祯帝闻讯,对其赞赏不已,并官复原职。崇祯十四年(1641年)正月,李自成兵破洛阳,吕维祺等人在洛阳周公庙被处死,年55岁。追赠太子少保,谥号忠节。

吕维祺主要作品有《孝经本义》《或问大全》《明德堂文集》《敬学诗》《吕豫石集》《奏疏音韵日月灯》。崇祯二年(1629年),吕维祺与文友王铎、郭光言、何宜键等人在中岳庙祭祀中岳神,并立《告文》碑。

焦宏祚

焦宏祚,明朝诗人。字丕显,幼颖悟甫就传,读书辄解大意。万历四十一年(1613年)进士,授刑部主事。生平高望远志,以千秋大业自期许。成家于河北邢台。所著诗文很多,为登封知县傅梅深器重焉。焦宏祚在嵩山活动期间,与傅梅多有诗文往来。焦宏祚所著《笼匣余集》,有傅梅为叙。焦宏祚早卒,未见其才,人竟惜之。焦宏祚有《少林诗》云:"高峰六六抱幽奇,云暝山深钟磬迟。风雨数朝槐与柏,鲜苔百道碣连碑。僧闲古殿仍谈武,鸟立空阶似答诗。处处楼台皆随喜,何缘觅得贝多枝。"

王则古

王则古,明朝官吏。字继则,嵩山禹州人。王述古弟。万历三十四年(1606年)举人,四十一年(1613年)登进士。授任雄县知县,兴办学校,后调任宝坻县知县。任职中,则古刚毅果断,因不会同流合污,被降为江西藩司幕。终因才能声望素著,起用为济南府推官,升大理评事。调兵部主事时,魏忠贤专政,指东林党为邪党,因则古与赵南星友好,受株连削职。魏忠贤败,起用为礼部主事,历员外、郎中,升任大同知府。由于才干练达移任冀北道参议。因与镇守总监意见不合,辞官归里。

李际遇

李际遇(？~1644年),明末农民起义军领袖。嵩山登封唐庄乡磨沟村人。家境贫困,通少林武术。明崇祯十一年(1638年),登封县役前往磨沟逼粮要款,态度凶悍,时值大旱,五谷不收,李际遇为义愤所激,打了衙役,遂率众进城请免粮税。知县鄢廷海以"殴打役吏,率众哄堂"之罪名,将李际遇带枷锁于衙门前石狮示

李际遇

众,后在群众帮助下逃脱。归家,即竖起招兵聚将的起义大旗,一日内招兵数百人,不久发展到5万余人。崇祯十五年(1642年)八月,李自成攻开登封县城西去,李际遇率部进驻登封县城,杀死了登封知县鄢廷海、县尉王大璧。李际遇的起义军主要活动于嵩山的荥阳、汜水、临汝、登封、密县等地,他们杀富济贫,打击贪官污吏、土豪劣绅,并提出"禁暴恤民"的口号,后来饥民从者达数十万,起义军遂控制了河南中西部的12个州县。崇祯十六年(1643年)闰十一月,清兵入关,李际遇接受明廷委任的总兵官一职,镇守洛阳,率众抗清,后转战河南各地。清顺治元年(1944年)底,清兵攻陷洛阳,在据守洛河、孟津渡口抵抗清兵时,因寡不敌众而被清兵所俘,被解至北京。清廷赐宫娥美女,劝其降,不为所动,于顺治二年(1645年),终与原明襄卫伯常应俊、原明督师闲散官丁启睿以及手下一批总兵将领以"坐与贼党王道士通谋"之罪,并兄弟及子女俱伏诛于北京菜市口。

李际遇在嵩山留下的遗迹,主要有登封市东北15公里磨沟南窑村的李际遇故里;有位于登封市旧城衙门前原有的三条腿石狮(后不知下落),据说是县官将李际遇用铁链绑在石狮腿上,李际遇用金刚石砸折了石狮的一条腿才得以逃脱;有位于嵩山新密市超化乡超化寺内的拴马柏、金花泉;有位于嵩山登封市东北15公里唐庄北山峰顶(磨沟村北)的旗杆穴,有唐庄磨沟村北的尖山。除这些风物及名胜外,登封、新密、巩义一带还流传有李际遇和起义军的故事。

王 升

王升(？~1644年),明朝农民起义军首领。嵩山巩县(今巩义市)杜沟村人。崇祯十三年(1640年)大旱成灾,人相食。李际遇先起事于登封,王升在口头村竖旗响应,打富济贫。其舅父曹太芝,为富不仁。王升起义后,杀曹太芝,名声大震。贫民附之者,达5000余人,在口头村、峡谷等地,依山之险,安营扎寨,与官军抗衡,直逼城邑。知县宋文瑞,橄马指挥,协同典史魏光策捕之而不得。后设重赏,收买熟知地理之徒,偷袭口头村;又使张本善勾结张本库,夜半暗杀王升,致使群龙失首,属众星散。嵩山系列的浮戏山、青龙山,峡峪山头,寨堡遗址尚存。

王铎

王铎

王铎(1592~1652年),明末清初大书画家、诗人。字觉斯、觉之,号嵩樵、石樵、十樵、嵩淙道人、痴仙道人、雪山道人等。河南省孟津县人。王铎的先世本是山西太原的望族,从王铎十世祖王成起自山西太原府的洪洞移居洛西,遂籍孟津。天启二年(1622年)进士,授翰林院庶吉士、编修,又任少詹事,经筵讲官等,累官礼部尚书。李自成占领洛阳一带时,正在家乡的王铎却开始了他逃难的流浪生活,这使他深谙民间疾苦,满怀忧国忧民之心。崇祯十七年(1644年),52岁的王铎擢礼部尚书,然而尚未进京到任,李自成就攻克北京。这样,王铎就滞留于浚县、内黄一带。五月,王铎到达南京,即被授以礼部尚书旋升东阁大学士。这时,清兵攻占扬州,将到渡口,福王逃往芜湖。留守南京的王铎见大势已去,就与礼部尚书钱谦益一起率领文武百官出城迎接清兵。这与日后有人说他有悖于中国人向来崇尚"舍生取义"、"杀身成仁"的民族气节,故对王铎卑其气节,以致因人废书,对他晚年书法大加攻击。清顺治皇帝器重王铎,先后任礼部尚书、充明史副总裁、殿试读卷官、太子太保、少保等职,死后赠太保,谥号文安。

王铎一生,虽然几次身居高位,但他的特殊经历使他总是泄孤愤于诗酒书画,耻辱而又悲哀地苟活于世,然而这种特殊的人生遭际,反而造就他独特的艺术个性,在他政治生活的粪土中,却生长出了奇绝的艺术之花。王铎学问渊博,才思敏捷,其古文、诗、词、赋都写得很好。明代诗坛,复古倾向严重,王铎在"前后七子"的影响下,虽然也主张诗必学杜甫,文必宗韩愈,但他更重视诗文的内容,反对一味泥古。王铎的诗文在清代影响较大,当时就有人写文推崇,认为王铎诗歌造诣全面,可以说是无所不备、无所不畅,是一代大手笔。王铎的书法,篆、隶、楷、行、草无不精妙。尤长于行草,宗二王(羲之、献之),取米芾。笔力雄健,纵横取势,被誉为"书穷蝌蚪,笔竞龙蛇",在当时风行的赵孟頫、董其昌书派之外,别树一帜,自成一格。他奇崛恣肆的书法艺术,充分体现了王铎自己所说的:"凡作草书须有

王铎书法

登嵩山绝顶之风"的内涵,有"王孟津"、"神笔王铎"之称。王铎墨迹传世较多,不少法帖、尺牍、题词均有刻石,主要散存于国内及日本各地。其遗贴主要有《拟山园帖》、《琅华馆帖》、《柏香帖》等。著有《拟山园集》。日本朋友编辑印有《王铎墨迹全集》。王铎还是一位成就卓著的画家,十四五岁开始学画,历经40余载,他的画,以描摹山光水色、花木草石见长。山水图潇洒明快、淡泊高远;花卉以梅、兰、竹、木最为精良,深沉丰蔚,神韵别具,肃然有象外之妙趣。晚年日趋成熟,流传下来的寥若晨星。

王铎的家乡孟津与嵩山很近,王铎年青时常在嵩山活动,曾游学于嵩阳书院,在嵩山之阳还有王铎书屋。王铎与登封还有亲戚关系,王铎的三弟王鑨之女嫁给了登封的才子傅而师。王铎在嵩山地区活动期间,写有《登太室顶》、《缑岭》、《宋陵》、《游嵩阳书院观汉封三柏》、《重过虎牢关》、《黄盖峰有闻》等诗作,由王铎所撰并书的至今还立于嵩阳书院西碑廊中的《告文》碑[此碑是崇祯二年(1629年),王铎与文友吕维祺、郭光言、何宜键、常克念、傅应星、焦复亨等人在中岳庙祭祀中岳神之后而刻立]。

黄守才

黄守才(1603～1664年),明末清初嵩山著名的治水功臣。字完三(又字英杰),号封泉,嵩山偃师市岳滩乡王庄村人。因治水有功,世称"黄大王"。其先祖郡望晋阳,世居洪洞,元末遭"红巾"乱迁偃师。黄守才幼失怙恃,由舅母刘氏抚育成人。舅母为船工,一方面令其习练水性,操持船务;一方面督责业儒甚严。15岁即往嵩阳书院寻访程夫子遗书,欲明禹贡治之道。并潜心搜求历代治水方略。崇祯八年(1635年),时值谷洛交溢,淹没村舍。王与太守副镇听说黄识水性,谙河理,向其谋求退水之策。黄守才指出某处洛水的流量,某处谷水的流量,如何疏导。按其策行事二水立退。43岁时,黄河封丘段金龙口溃水北流,粮道淤塞,工部侍郎周公堪赓治之,费金数十万两仍于事无补,后请黄守才出计,治理三日,水归故道,粮道遂通。顺治二年(1645年),金龙口大堤现次决口,钦命工部侍郎修复,限日竣工,而费金数万两未果。后向黄守才求策,他至金龙口,令召河伕党柱,让党柱献策。党柱愿以身挡卷埽。党柱自投埽中,入水少顷而决口合龙,其功告成。黄守才开淤泥,退水患,治水济民,功并神禹,泽被中州。河洛之间,家喻户晓,有口皆碑。时人尊之为河神,建生祠于河岸者甚多。他在治水实践中,运用和发展了禹贡治水之道,著有《禹贡注疏大中讲义》,惜已失专。黄守才谢世后,清朝乾隆、嘉庆、咸丰、光绪帝累赠封号,御赐匾额:"黄大王"、"上管三门七井,下理九江八河"。皇帝与百姓共同把他搬上了神坛,每年春、秋、诞辰三祭,历久不衰。

嵩山地区有河流之处的地方大都建有黄大王庙,以求黄大王之神主,保护水流平安,免去灾难。

李自成

李自成(1606～1645年),明末农民起义领袖。本名鸿基,米脂(今山西省米脂县)人。崇祯七年(1634年),高迎祥、李自成率领起义军破豫、楚、晋、蜀四省官军的合击,东出潼关,连下灵宝、汜水、荥阳等地。同年十二月,山东明军也由东线赶来"围剿",起义军处于包围中。在此不利的形势下,明崇祯八年(1635年),闯王义军攻占汜水、荥阳、河阴、荥泽等县,进军广武山。为了粉碎明王朝的"围

李自成

剿"，高迎祥、张献忠、罗汝才、马守应、许可变、李万庆、横天王、惠登相、马进忠、九条龙、顺天王等13家农民起义军72营，达20余万人，在荥阳集会，商讨对敌策略，史称"荥阳大会"。在这次大会上，闯王高迎祥的部将李自成提出了联合作战、分兵迎击的战略方针，即将农民起义军分成东、西、南、北四路出击，主力放在敌人薄弱的东路。与会者一致赞同并采纳李自成的"分兵定所向"策略，以部分义军分别抵御南、西、北三面进犯之敌，高迎祥、张献忠和李自成率起义军主力奋勇突围，向明军设防空虚的东南方向东进，攻无不克，锐不可当，并乘胜攻陷了明王朝的祖籍地安徽凤阳，名震天下。战争中，李自成不断提高他卓越的军事才能和政治远见，在农民起义军中的威望不断提高。第二年，高迎祥在一次战役中被俘牺牲，起义军遂拥立李自成为闯王。在李自成的领导下，这支农民起义军逐渐壮大，驰骋中原，纵横全国大部地区，最终推翻了明王朝的统治。崇祯十三年（1640年），中原大旱，赤地千里。这时明政府征发新兵，加派饷银，迫使农民不断揭竿而起。十二月，李自成突入中原。在群众的支持协助下，连克宜阳、永宁（今河南省洛宁县）、偃师、登封、密县、禹县、荥泽、汜水等地。杞县举人李岩率众来投。在李岩的协助下，李自成提出了"均田免粮"、"平买平卖"、"割富济贫"等革命口号，深受广大人民的拥护。"吃他娘，穿他娘，开了城门迎闯王，闯王来了不纳粮"等歌谣在嵩山地区广为流传。崇祯十四年（1641年）一月，李自成农民起义军攻破洛阳、汝州，处斩福王朱常洵，抄获福王府中大批粮食及金银财物，青年踊跃参军，队伍发展到百万之众，其足迹遍布嵩山地区。

朱敏汀

朱敏汀，明朝嵩山地方官吏。山西太原人。明崇祯宗贡，崇祯十二年（1639年）任密县知县。来密任职，时逢旱灾蝗灾，土地荒芜，粮食歉收。次年灾害更为严重，道路上饿死人很多，出现了人相食，竟有父子、夫妇者相食的悲剧。朱敏汀悲愤填膺，痛哭流涕，绘制"流民图"奏之朝廷。崇祯帝朱由检，特为密县"蠲免正赋"，民困得解。崇祯十四年（1641年）春，李自成农民起义军由汴京至密县，从城东北隅，攻陷密县城。据《明史·忠义传》记载：崇祯十四年正月，陷密县，知县朱敏汀及里居太仆卿魏持衡、举人马体健死之；敏汀妻张氏、一女、一孙及家藏数人俱死，赠金事（金事：官名，在按察使下设金事，以分领各道）。清嘉庆三年（1798年）知县杨泰建"名宦祠"，尊请朱敏汀入祠，荣享祀典。

常克念

常克念，明朝嵩山地方官吏。嵩山登封人。嵩山书院培养出来的学生，后中进士，为平阳推官，有政声。明崇祯十三年（1640年），李自成农民起义军攻入洛阳，抗节而死。常克念为推官时，单骑抚寇,民甚德之。丁艰回籍,寓洛阳,值闯至,李克念巡南城。城陷,骂贼不屈,身中七刃,抗节而死。其子常山,潜负出城寻死。

朱由检

朱由检(1611~1644年),明思宗,即崇祯皇帝,明末最后一位皇帝。明光宗第五子。朱由校无子,临终遗诏,以其五弟朱由检即皇位。朱由检18岁即位,面对着危机四伏的政治局面,殷切地寻求治国良方,勤于政务,事必躬亲。与前两朝相比较,朝政有了明显改观。天启七年(1628年)十一月,他先翦除魏忠贤的羽翼后,最后惩治魏忠贤。此后将阉党260余人或处死,或发配,或终身禁锢。与此同时,平反冤狱,重新启用天启年间被罢黜的官员。紧接着,崇祯帝又调整了内阁班底。起用袁崇焕为兵部尚书,赐予尚方宝剑,托付他收复全辽的重任。为剿流寇,崇祯先用杨鹤主抚,后用洪承畴,再用曹文诏,再用陈奇瑜,复用洪承畴,再用卢象升,再用杨嗣昌,再用熊文灿,又用杨嗣昌,13年中频繁更换围剿农民军的负责人。这其中除熊文灿外,其他都表现出了出色的才干。然皆功亏一篑。"闯王"李自成数次大难不死,后往河南聚众发展。无奈积重难返,时天下饥馑,疫疾大起,各地民变不断爆发,北方皇太极又不断骚扰入侵,加上明思宗求治心切,生性多疑,刚愎自用,因此在朝政中屡铸大错:前期铲除专权宦官,后期又重用宦官;后中反间计,自毁长城,冤杀袁崇焕。崇祯十七年(1644年)明王朝面临没顶之灾。这年正月,崇祯帝召见阁臣时悲叹道:"朕非亡国之君,事事皆亡国之象。祖宗栉风沐雨之天下,一朝失之,何面目见于地下。朕愿督师,亲决一战,身死沙场无所恨,但死不瞑目耳。"在大臣反对之下未能下决心迁都南京,后李自成攻入北京,崇祯帝逼周后自杀,手刃袁妃、乐安公主、昭仁公主,后在景山歪脖子树上自缢身亡。时年35岁。上吊死前于蓝色袍服上大书"朕凉德藐躬,上干天咎,然皆诸臣误朕。朕死无面目见祖宗,自去冠冕,以发覆面。任贼分裂,勿伤百姓一人"。

崇祯帝死后,南明弘光政权(福王),为他定庙号为思宗,谥烈皇帝。后以"思"非美谥,改庙号为毅宗。隆武(唐王)时,又定庙号为威宗。清军入关,初定崇祯帝庙号为:怀宗,谥端皇帝。后以"兴朝谥前代之君,礼不称,数不称宗"。顺治十六年(1659年)十一月,改谥为庄烈愍皇帝,庙号怀宗,葬北京昌平思陵。

崇祯元年(1628年),明思宗以即位,遗督馆太常寺少卿朱太启祭告中岳。

顾炎武

顾炎武(1613~1682年),明清思想家、语言学家、史学家、经学家。字忠清,初名绛。明朝灭亡后改字为宁人,号亭林。学者称他为亭林先生。后改名炎武。也曾经署名蒋山佣,江苏昆山亭林山镇人。《清史·儒林传》说他生下来眼睛就有双瞳,中白边黑,读书能一目十行。明南都亡后,他侍奉老母在常州躲避兵祸,杨永言起兵抗清,他同"复社"同仁一道参加。失败后,他避山东垦荒种田,曾经游历山东、河北、山西各地的边寨,考察地理形势;又在山西雁门以北垦荒,纠合志同道合的人,为恢复故国做准备。他的民族气节很高,曾经十次谒见明朝皇陵,即"四谒泰陵,六谒思陵",以告亡国之痛;有人推荐他修《明史》,参加博学鸿儒考试,都被他拒绝。他一面生活在下层社会中,一面组织秘密团体,

顾炎武

进行抗清活动,著书立说,宣传"天下兴亡,匹夫有责"的思想,激发人们的爱国主义感情。他敏而好学,终老很少离开书本。每到一个地方,都用两匹骡子两匹马驮载书籍。考察时发书对勘,经常在鞍上默诵诸书。晚年定居华阴,70岁卒于曲沃。

作为思想家和学者的顾炎武,他学问渊博,国家典制、郡邑典故、天文仪象、河漕兵农、间韵训诂等学问,他都探究源委。主张学以经世致用为本,反对空谈心性。晚年致力于学术研究,侧重经学的考证。善诗,强调文学的社会作用;散文不事词藻,纯朴自然。著有《日知录》、《天下郡国利病书》、《肇域志》、《音学五书》、《韵补正》、《亭林诗文集》等流传。

明亡以后,顾炎武到处串联组织反清义士。顾炎武慕名来到嵩山的超化,游览了超化寺、超化寨,会晤了超化名流,发现超化仅是一个地方自保势力和文人雅士的空谈,不是他反清复明的基地,不无遗憾地离开了超化。顾炎武在嵩山活动期间,曾游历嵩山风景名胜,写有《嵩山》、《题大隗卓茂祠》、《三月十九日行次会善寺》等诗。

蔺完植

蔺完植,明朝清官、诗人。字无翳,号六一。偃师(今山化乡蔺窑村)人。万历三十五年(1607年)进士。历任山西屯留、陕西韩城、天津武清等县知县,后又仕潮广衡知府、户部郎中、南京都察院经历等职。为人刚正廉洁,不畏权贵,减轻贡赋,平反无辜,尽力抑强扶弱,受到百姓的拥戴。晚年归依偃师乡里,64岁卒于蔺窑家中。

蔺完植工诗,在嵩山生活期间,写有很多诗,其中最有名的诗,为《偃师古代八大景诗》。

徐日泰

徐日泰,明朝嵩山官吏。明崇祯十三年(1640年)李自成攻嵩山偃师,一日而陷。知县徐日泰大骂不屈,为贼脔割死。

钱祚徵

钱祚徵,明朝嵩山官吏。字锡吉,掖县人。崇祯中,由乡举历官汝州知州。汝州为流贼往来孔道,土寇又窃据山中。钱祚徵欲先除土寇,募壮士千人训练,而遣人为好言招抚,夜半取间道直捣其巢,寇大败。乃令民千家立一大寨,有急鸣钲相救,寇势衰息,其魁遂降。崇祯十四年(1641年)正月,李自成骤来犯,钱祚徵乘城守,身中流矢,守益力。月余,大风霾,炮炸楼焚,城遂陷,骂贼而死。汝人立庙祀之。

方汝浩

方汝浩,明朝晚期神魔小说家。字履先,号清溪道人、清心道人等。嵩山郑州人(一说洛阳人),明万历至崇祯年间人。方汝浩笔耕一生,善写长篇小说,问世著作有《禅真逸史》、《禅真后史》、《东渡记》等小说。其中《禅真逸史》全称《新镌批评出像通俗奇侠禅真逸史》,共8卷40回;《禅真后史》全称《批评出像通俗演义禅真后史》,共60回;《东渡记》,全称《新编扫魅敦伦东度记》。(亦称《东游记》,全称《续证道书东游记》)。其中,《禅真逸史》为代表作,该小说流布较广,主要用现实主义与浪漫主义相结合的手法,反映某寺院住持林澹然与邪恶势力做斗争的事,从而揭露了明代官场尔虞我诈,社会黑暗的丑恶现象。小说结构谨严,情节曲折,语言优美。方汝浩善于将讲史、言情、神魔三种小说糅为一体,假托历史,兼及世情,有着浓重的神怪气息,堪称晚明神魔小说的主要代表作家,也是嵩山地区所出的惟一的长篇大家。

方汝浩著《禅真后史》

刘禋

刘禋,明朝嵩山官吏。字诚吾,中部人。祖仕,刑部郎中,以诤大礼廷杖。后与定李福达狱,下吏遣戍。穆宗朝起太仆少卿,不就。父尔完,历知商丘、名山,有学行。刘禋性孝,母殁于名山,4000里扶榇,过剑阁云栈,以肩任之。父少寐,爱听《史记》,刘禋每夕朗诵,俟父熟寝乃已。崇祯四年(1631年),贼陷中部,刘禋负父走免。十四年(1641年),刘禋由乡举授登封知县。土寇为乱,刘禋练壮士,且守且战,寇不敢近。崇祯十五年(1642年),李自成陷其城,刘禋被缚。李自成以同郡故欲降之,刘禋叱曰:"岂有奕世清白吏肯降贼耶!"李自成义之,遣贼将反复说,刘禋执弥厉,乃见杀。赠佥事。

鲁世任

鲁世任,明朝嵩山官吏、忠烈。字愧尹,山西垣曲县人。性端方,事亲孝。从安邑曹于汴学,又交绛州辛全,学日有闻。天启末举于乡。明思宗崇祯十年(1637年),任知郑州的鲁世任重视教育,为给郑州一带的读书人提供一个学习的场所,鲁世任在花园门街(今郑州书院街)创建了一座"天中书

院"。书院建成后,郑州及周边的文人学子纷纷到此攻读诗书,切磋学问,远近从学者达千人。崇祯十三年(1640年)秋,给事中范士髦荐鲁世任及临城诸生乔已百、内丘太原通判乔中和于朝,称为德行醇儒,堪继薛瑄、陈献章之后。乞召试平台,置左右备顾问,不报。

崇祯十五年(1642年)五月,李自成起义大军数十万人逼近郑州,鲁世任勒民兵御之河干,战败自刭死。郑州市士民祀之书院中。

李乘云

李乘云,明末官吏。字腾洲,直隶高阳(今河北高阳县)人。李乘云举人出身。崇祯初,知浮山县。流贼数万来寇,李乘云手发一矢毙其魁,众遂遁。屡迁山西佥事。崇祯十四年(1641年),受任分巡大梁道。明代的河南省,划分为四个分巡道。大梁道的辖区,包括现在的开封、商丘、许昌、周口四市以及郑州市的部分县(市),虽以开封为中心,但其行政机构却长设禹州,因此,李乘云驻禹州。当时的局势是,外有清军入侵,内有李自成、张献忠崛起,再加上频繁的大面积天灾,使得明朝政府岌岌可危,处于风雨飘摇之中。李乘云刚莅任,李自成大军已进入河南,连陷鄢陵、陈留诸县,遂很快包围禹州。李乘云率兵誓死固守,贼多毙于炮。俄以10万众攀堞登,城陷,李乘云被俘。李自成喝令其下跪,李乘云大义凛然地说:"我堂堂朝廷命官,岂能屈服于叛贼!今既被俘,但求一死!"当李自成要下令屠城时,李乘云据理力辩说:"我的部下,我令其守城,他们不能不守。正如你的部下,你令其攻城,他们不能不攻是一样的道理。我尽忠报国,万死不辞,但不可伤及无辜!"李自成被李乘云的凛然大义所折服,终于没有屠城,但将李乘云寸磔,以泄其心头之恨。李乘云视死如归,从容就义。同时,还有6位读书人,也以追随李乘云牺牲为荣,同他一起牺牲。三日后,李自成撤兵。城中士民痛哭着安葬了李乘云的尸首,并在他牺牲处建了一座"忠烈祠",供奉着他和追随他6人的牌位。

清　代

陈元赟

陈元赟(1567~1671年),清朝杰出学者、嵩山少林寺俗家弟子、著名武术家。本名珦,字义都,又字士升,号芝山、升庵,另号虎魄道人、瀛壶逸史、菊秀轩、羲都甫、既白山人、玄香斋逸叟等。祖籍河南禹州,生于浙江杭州府余杭。陈元赟自幼学书文,年27岁时,入少林寺从师习武。乃通晓武术、书法、绘画、诗词、建筑、医术、制陶技术,为文武兼备之才。元赟与日本早有渊源,前后三次去过日本。明万历四十七年(1619年)随着商旅东渡,当时33岁。并且先后在长崎、江户、名古屋等地寄宿。公元1638年东渡日本,寓止于江户西久保区(今东京市)国正寺,收了三浦义辰、福野正胜、矶贝次郎、左卫门等一批日本弟子,传授武术。明朝灭亡之后,故国遗臣辗转迁移南方,建立南明政权。由于南明政局一直不能稳定,各

陈元赟

势力间的关系也相当紧张。直到郑成功出佐永历帝,从事反清。郑部反清据点狭小,其军事力量亦难与清军抗衡,乃于顺治十六年(1695年),派遣专使陈元赟、朱舜水和李梅溪3人与幕府将军商议借兵抗清。陈元赟至日本后,寄宿于江户西久保的国昌寺。由于在日本借兵一事无成,随后就在日本定居,并且发扬中华文化。虽终在扶桑定居,但是并未归化日本,一直以中国人自命。陈元赟居于国昌寺期间,遇当地浪人挑衅,随后陈元赟以武术击退浪人一幕,被当时寺中3位武士看见,他们即日后的"陈门三浪士":福野正胜右卫门、三浦义辰右卫门、矶贝次郎左卫门。这3位武士对陈元赟武艺相当折服,拜于门下学习武术。陈元赟传授"少林擒拿跌扑之法"给他们。并且这些武术也与日本原有的武术相结合,丰富了日本的柔术内容。后日本柔术分流为三个流派:一是福野正胜创立福野流(良移心当流)柔术;福野正胜传寺田平左卫门,寺田平创立"起倒流"。二是三浦义辰创立三浦流柔术。三是矶贝次郎创立矶贝流柔术。陈元赟也因此被尊为日本柔术之父。陈元赟在中日文化交流史上具有相当的贡献,在日本享有很高的声望。陈元赟著有《虎林诗人集》、《既白山人集》、《升庵诗话》、《老子经通考》、《元元唱和集》、《陈元赟书牍》等流传于世。

孙奇逢

孙奇逢

孙奇逢(1584~1675年),清朝理学大家。字启泰,一字钟元,号夏峰先生。直隶保定府容城县(今属河北省)人,后迁居河南卫辉府辉县。孙奇逢14岁中秀才,17岁中举人,与东林党人来往密切。清兵入关,率数百家坚守容城,城坚不克。明亡,清廷征召17次,屡召不仕,人称孙征君。孙奇峰长期讲学著述、高扬修身立命之学,由于其为人诚挚平实,加之德高望重,孙奇逢终成为明清之际北学宗师,与南方的黄宗羲、关中的李颙并称"清初三大儒"。孙奇逢之学,原本陆象山、王守仁,晚而倾慕程、朱理学,"不欲制程朱陆王为二途",故具有调和两派的特点。孙奇逢学易于雄县李封,至年老,乃撮其体要以示门人。发明义理,切近人事。以象、传通1卦之旨,由1卦通64卦之义。其哲学思想可以概括为几个方面:首先,孙奇逢将朱熹的"格物致知"与王守仁的"致良知"合二为一。指出朱熹和王守仁的穷理、致知和良知均得自孔子,而这是殊途同归,并无矛盾之处,不应将二者对立起来。其次,提出了"顿从渐来"的顿渐合一说。再次,将"道问学"与"尊德性"合二为一。最后,他提出了"躬行实践"、"经世载物"的思想,在知行关系上,肯定了王守仁"知行合一"合理的一面,认为做学问的,不应是空谈家,应注重实践,重视经世致用。他曾选周敦颐、程颢、程颐、张载、邵雍、朱熹、陆九渊、薛瑄、王守仁、罗洪先、顾宪成等11人为理学大宗。康熙十四年(1675年)孙奇逢卒,年92岁。河南北学者祀之百泉书院;道光八年(1828年),从祀文庙。

孙奇逢虽然一生身居山野乡村,却始终心系国家社会。在其社会政治活动中,他倡扬正义痛斥邪恶,慷慨不顾生死,誓不为官以明志节,德操声闻朝野,充分展示了儒家学者居仁行义深造自得的至善刚健人格精神。孙奇逢门徒甚众,著名者有孙博雅、王余佑、汤斌、耿介、魏一鳌、耿极、张果中、薛凤祚、马尔楹、高鐈、王之征、申涵光、崔蔚林、赵御众等。孙奇逢一生著述颇丰,学术著作主要有:《理学宗传》、《圣学录》、《北学编》、《洛学编》、《四书近指》、《读易大旨》5卷、《书经近指》等。

孙奇逢主讲于卫辉苏门山下的百泉书院时,和他的学生聚居夏峰村,世称夏峰先生。密县超化寺钱佳选、滦城赵御众、沛人翁深、登封耿介、上蔡张仲诚、中牟冉觐祖、睢阳汤斌等皆为孙奇逢门徒。后来,他们曾跟随孙奇逢,讲学于中原各大著名书院,蜚声于全国理学界。史载,孙奇逢到嵩山密县超化寨时,时任密县县令李居易由于久仰奇逢大师道学,闻说大师到来,立即辞去县令之职,以从学大师为乐。他们在王朝兴替之时,奉行儒术,无道则隐,特立独行,超然世外,不畏权贵,不仕新朝。在超化一隅,他们一起研究理义,阐明程朱理学,赋诗论文,著书立说,十分活跃。有人说,他们是在超化办了一所一流的流亡大学。清人梁廷授《白云庄》诗记载了他们在超化受到的供养和对超化的思念,诗曰,"三年不见老王孙,每念云庄屋漏痕。""传餐或肯仍留客,乞食宁羞再叩门。"

赵来鸣

赵来鸣,清初官吏、诗人。字开先,赵日跻之子,明清之际禹州(今禹州市)人。20岁时以文章驰名。崇祯六年(1633年)中举,顺治三年(1646年)登进士。授安徽舒城知县,当时县城垣破毁,来鸣到任后即着手修筑。赵来鸣任职期间为政锄强扶弱,不滥用刑罚,注重培育人才,并利用闲暇亲自讲课,教授学生。半年之间,百废俱兴,民称赵青天。后因母亲年迈辞官归里,母老告归,以咏诗著文为乐,并参与编纂顺治版《禹州志》。主要著作有《锦囊集》、《中州集》、《交游集》等藏于家,终年68岁。

艾元复

艾元复(1603~1665年)。清朝县吏。字亨伯,号意九,米脂县(今陕西省子洲县)苗家坪镇梁渠人。明崇祯十五年(1642年)考中举人。艾元复经历了明清移代,最终以举人身份,于清顺治十三年(1656年),任河南府偃师县知县。在此之前,先是李闯王"屠城"偃师,继是明末战争不断。艾元复上任时,偃师县已经破败不堪,百姓急需休养生息。吃过苦的艾元复一上任,就下令开仓赈灾,招抚流民,让他们开荒种地,并修建学校,培养人才,数年之后,偃师境内成为百姓乐土。艾元复在偃师三年,为官清正,衣食简朴,与百姓和衷共济。顺治十四年(1657年)3月,皇帝下旨表彰艾元复,并赐进士;顺治十六年(1659年),皇帝钦点23名清

艾元复

官升任监察御史,艾元复名列其中。他离任时,偃师百姓哭着为其送行。一年后,艾元复因公途经洛阳,偃师百姓出境欢迎,人群蜂拥,马不得行。康熙四年(1665年),皇帝命艾元复巡视京通二仓,兼巡视通惠闸河,巡历北京、通州和天津事务。为了储存巨额漕粮,明朝政府在北京和通州设置了许多粮仓,统称京通二仓。京仓为天子之内仓,通仓为天子之外仓。漕运和仓储事关国计民生,意义重大,可见皇帝对艾元复的信任和重用。艾元复也不辱使命,他以除奸清蠹、稽核查勘为己任,政声显赫,后不幸殁于任上。艾元复去世后,与父亲艾郢胤同祀乡贤祠。在清乾隆五十四年(1789年)版《偃师县志》中,艾元复成为清朝偃师第一位被列入"名宦传"的知县。

艾元复在偃师县任职时,主持编撰了《偃师县志》4卷,于顺治十六年(1659年)刊刻。

张光祖

张光祖(1607~1680年),清朝官吏、诗人。字大光,号抱嶂,嵩山新郑南街人。他的曾祖张兰,明

朝为太医院御医,与宰相高拱友好,遂徙居新郑。光祖7岁时父母相继去世,祖母吴氏把他抚养。后吴氏受其孝养,年97岁寿终。光祖好学,家贫志坚,刻苦读书,力求上进。清顺治六年(1649年)进士。历任山东恩县知县、兵部督捕郎中、四川提督学政等职。张光祖为官勤政廉洁,卓有政绩。为人敦厚纯正,事君忠,为官廉,持己敬,待人恕。治家御下严,处邻里亲属和而厚。生活节俭,生性淡泊。著有《广曾稿》、《见山草劝学书》、《见山草》、《政暇余谈》及诗文等。并参与编纂顺治十六年《新郑县志》、撰写《李侯读书堂记》。康熙十九年(1680年)病死乡里,享年74岁,葬新郑县城北郊东村东,祥符人王廷壁为其撰写墓志。

王 鑨

王鑨(1607~1671年),清朝文学家、戏剧家、诗人。字大陶,号大愚。王铎三弟,二人并称孟津二王。早岁即有诗名。明代贡生,顺治元年(1644年)即应豫王试,为较早投身清政权的汉族文人之一,入清任鹿城知县,徙昆山,著名文学家徐乾学、元文昆季皆列名门下。顺治五年(1648年)升刑部主事,出为山东提学道按察司佥事,号称"拔士为天下第一"。

王鑨著有《大愚集》27卷、《红药坛集》13卷(其中诗12卷,单折杂剧《拟牡丹亭寻梦》1卷),有戏剧《华山缘》、《秋虎丘》、《双蝶梦》、《司马衫》、《大孝子》、《秋虎丘》等戏剧之撰。吴伟业《大愚集序》称其"不减关郑白马。兴酣落笔,随命小奚拍板应节。淋漓变幻,闻者动色。"董讷对其戏曲亦推崇不已,称之为"日月之余照,江海之细波,泰华之半麓。"

王鑨论诗亦与王铎相类,但却自具特色。杨淮《中州诗抄》称:"子陶少学诗于文安,文安诗瑰玮光怪,而子陶《大愚集》坚质雄浑。品地虽殊,而造极则一。"其诗颇具风华,"得元四家神髓"(毕振姬《大愚集序》)。如《哀洛阳故宫》写洛阳被李自成屠城之事,于强烈的今昔对比当中,蕴含着无尽的沉痛。全诗音韵和谐,婉转流畅。风华之胜,情韵之深,皆有吴梅村歌行之风致。王氏后人中,王无党、王无咎、王鹤等皆以诗文名,王氏遂成为清代嵩山地区著名的文学世家。王鑨所写《嵩阳三柏,汉封之,其来莫纪》、《望少林寺》、《宋村道中望嵩山》、《少林寺》等有关嵩山的诗作很多,散见于嵩山地区的方志或诗选中。

马上骧

马上骧,清朝嵩山诗人。字天衢,洛阳孟津人。顺治间举人。是王铎的内侄,从受诗法,篇翰斐然,绰有盛唐之风,有推为"孟津诗派"者。但其诗中多伤乱之作,悲者之语每每溢于纸上。官至山东学官。康熙十四年(1675)刻其诗集《纫兰斋七言律》。《清诗纪事初编》选《汴梁城上》句云:"猎骑连镳争射弩,农畴悬耜罢耕犁",可窥见康熙初北地荒凉状况。

张 璠

张璠,清朝官吏。字蓝生,嵩山禹州人。顺治五年(1648年)拔贡,廷试为一等,选授浙江金华府通判。到任时,正当浙中连年荒歉,东阳、义乌等地山民据险起事。提督命张璠前往镇压,逮捕山民40余人。后又放归。山民首领何德成归从。张璠任粤西梧州府同知并代理桂州府推官后,查狱理案,一案释放苗、彝500余人。后因母去世归里,服丧期满,任武昌府知府。当时,黄鹤楼为战火所毁,璠捐俸资助修复。当时名流如李笠翁、毛椎黄等,暇日多和他登楼畅游,饮酒赋诗。后张璠因父去世归里,隐居禹县三峰山南范村,足迹十余年不进城。病卒。

耿 介

耿介(1622~1693年),清朝著名理学家、教育家、方志家,嵩山本土文化名人。原名耿冲壁,字介石,号逸庵,人称"嵩阳先生"。嵩山登封城关人。初名耿冲壁,崇祯六年(1633年)到嵩阳书院春游,看到书院破败景象,听到"程门立雪"的故事,立志从教,兴复嵩阳书院。崇祯九年(1636年)三月,李自成进入登封,八月与明军大战。冲壁停学,在家自学,读《北山移文》至"耿介拔俗"处时,遂改名耿介。崇祯十年(1637年)二月,应县内童生考名列榜首,为生员。崇祯十四年(1641年)贡生,顺治八年(1651年)举人,顺治九年(1652年)进士,授翰林院庶吉士,翰从院检讨。参与编修《明史》、《大清会典》等。顺治十二年(1655年)出任福建巡海道按察副使。顺治十四年(1657年)三月十日,皇帝诏令其耿续皋"道在褆躬,爱被丝纶之重,志存作室,式弘堂构之遗",赠中宪大夫。康熙元年(1662年),补江西湖东道,改直隶大名道。

耿 介

在任一年,清理积压狱案300多起。次年,任河北大名府兵备道按察副使。康熙三年(1664年)任河南按察使。同年绝意仕途。耿介为官10年,他两袖清风,是著名的廉吏。在"三年清知府,十万雪花银"的清朝,群众对耿介这样的清官非常感激,称为"官府先生"。耿介在任上的事迹传到京城,在朝廷引起很大震动,顺治皇帝颁旨,对耿介的父母进行褒奖,赞扬他们教子有方,耿介的父亲被皇帝封为中宪大夫,其母被封为太恭人。康熙三年(1664年),丁母忧归里行孝,3年期满,不愿复职。朝廷甚为挂念,特派两位差官到登封耿家打探情况,催促其迅速回任上复职。但耿介对仕官已无兴趣,婉言谢绝了复职的要求。但两位差官中午在耿家用饭时发现,耿介家和穷苦人家一样,吃的竟然是一盘盘野菜!差官回到京城后,将所见所闻如实报告,康熙皇帝深受感动,下旨赐予耿介田地三顷半、庄院一处。消息传到登封,城乡一片轰动,有人还编了顺口溜:"一顿野菜饭,得地三顷半。小屋待高客,换处大庄院。"

耿介归里后,主持嵩阳书院。康熙六年(1667年)耿介到大梁书院讲学。康熙十三年(1674年)耿介建嵩阳书院诸贤祠,并搬迁崇福宫内宋代先贤牌位入书院诸贤祠内。康熙十四年(1675年),耿介动员家人,将全部田产330亩地捐献于嵩阳书院。由于他的影响,河南太守王楫、学政吴子云,以及府、县官员、社会名流皆捐银资助,共购办学田地1750余亩,兴复嵩阳书院,自任院长。在他任嵩阳书院院长期间,书院经费充裕,购买集存了大量的经、史、子、集图书。嵩阳书院主讲理学、讲经史词章之学兼习自然科学。他以提倡理学为己任,不仅能够吸收儒家经典及理学先辈的思想,而且能向同时代理学家和其他儒学家学习。耿介为传播理学,到百泉苏门山,受业于儒学大师孙奇逢。与汤斌、张沐往复辩论,其程朱理学造诣甚深。耿介亲自执教,传经授业,人称"嵩阳先生"。在他的领导下,嵩阳书院广聘名师。当时他聘请中州名儒孙奇逢、窦克勤、李来章、冉觐祖、张沐、汤斌、张度正、孙淦、焦贲亨等来嵩阳书院授学,慕名前来求学的人络绎不绝,当时学生最多时达500余人。从此,嵩阳书院文风大振。进士景日昣、乔昆、傅树崇,举人郭英、赵俊、王又弼、谢昌等名流皆出其门,使嵩阳书院成为闻名全国的书院办学典范。

康熙二十五年(1686年),康熙帝选召全国有名望的巨儒名师作皇太子之师,经好友、当朝礼部尚书汤斌推荐,耿介被选入朝,授詹事府少詹事,辅皇太子。后因不同意康熙帝要求太子每篇文章都要读120遍的僵化学习方法,觉得这样误人子弟,绝意仕进。任职40天,他托病辞职,回登封继续掌管嵩阳书院。耿介家中产业不丰厚,但他乐于施舍。贫苦农民交不上农税,他代为交纳;春季粮价上涨,他则以平价出售粮食;遇荒年则将余粮施舍给无依无靠的贫民。翰林窦克勤称赞他:"于世一无所营,于道独有默契,言仁、言孝,陶然自乐,登其堂者,如坐春风中也。"康熙三十二年(1693年)病卒,终年71岁。

耿介著有《理学正经》《性理要旨》《中州道学编》《孝经易知》《省克录》《敬恕堂文集纪年》《松风草阁诗》《嵩阳书院志》《河南通志》等书名于时,传于世。

耿介在嵩山地区留下的活动遗迹,有嵩阳书院内的耿介墓碑和规劝学生准则的《百思箴并序》《创建嵩阳书院专祀程朱记》《太极图疏义》《"大学"首章》《"中庸"首章》《辅仁会约》《为学六则》等文与诗。有他出资重修的嵩阳书院、登封市区西南街的耿介祠堂。

叶 封

叶封(1623~1687年),清朝官吏。字井叔,号慕庐,晚号退翁。先世为浙江嘉兴人,后因其父任湖北黄陂县令,殉难死于任所,而迁籍定居于湖北黄陂。顺治十六年(1659年)进士,康熙二年(1663年)授福建延平府推官。康熙七年(1668年)改任嵩山登封知县。重修嵩阳书院,选博士弟子有文行者,讲肆其中。康熙八年(1669年)为同考官。云南吴三桂叛,出任西城兵马司指挥。康熙十七年(1678年),被荐举参加博学鸿儒的考试,经铨叙拟任命为工部主事时,他已去世。

晚年,叶封居于武昌樊湖,以渔钓自娱,著书为乐。其诗风雅健丽,以诗作闻名于当时,与著名诗人王士祯、宋荦等并称"十子"。王士祯还亲自为他点定诗集《慕庐集》和《嵩游集》,并为之作序刊刻。叶封性淡泊,嗜读书,精于《尔雅》、《说文》。工书法,其篆隶在当时亦颇有名。亦爱画,偶作小景,颇有可观。叶封在登封任职期间,著有《嵩山志》、《嵩阳石刻集记》。其中,《嵩阳石刻集记》,后被选入钦定的《四库全书》。叶封还创作了大量吟诵嵩山风景名胜的诗文,主要作品有《恭祀中岳庙有述》、

《重过嵩阳书院》、《铁梁峡》、《少林寺》、《测景台》等,著有诗集《慕庐集》和《嵩游集》。

王日藻

王日藻(1623～1700年),清朝大臣,诗人。字印周,号闲敕,却非,一号无住道人,江南华亭(今上海金山干巷)人。顺治十二年(1655年)进士,授工部主事,累官至河南巡抚。先后上疏请改折捐粮(以银代粮)、赈饥平狱、定盐引(盐的计量单位)、免堡课(军粮)等事,均被采纳施行。又请开垦荒田44万余顷,悉成良田。擢刑、户两部侍郎,拜工部尚书,后至户部尚书。任纂修《赋役全书》总裁。后因事被削职,遂置别业"秦望山庄"逍遥林下。康熙三十八年(1699年),康熙帝南巡时召见和慰问,御书"连云"两字,赐题"秦望山庄",褒赏有加。康熙三十九年(1700年),北京无定河(治河竣工后,朝廷将此河改为"永定河")泛滥成灾,朝廷重新起用王日藻督办。在任期间,为治理此河殚精竭虑,最后积劳成疾,翌年卒于治河工所。死后诏复其户部尚书原职。王日藻书法超妙,亦工诗文,著有《秦望山庄集》、《梁园草》、《爱日吟庐书画别录》。

康熙二十三年(1684年),时任河南巡抚的王日藻为嵩阳书院重建了规模壮观的藏书楼。耿介撰写的《创建嵩阳书院藏书楼记》中评价王日藻说:"先生瞻言岳降之胜,拭目洛学之兴,慨然节损捐俸,建藏书楼五楹。选择时鸠工,辨方审势,掘三尺许,适符旧基,阶级俨然,铺地砖皆细腻润泽,非近代物。东西南北,长短广狭,与今日所审定不爽毫发。"王日藻任河南巡抚期间,以兴起文教为首图,多次幸嵩,关注、支持嵩阳书院的建设与发展,使嵩阳书院有了很大的改观。对此,我们从他写的《嵩阳书院记》中可见其对嵩阳书院的真情实感。

毛奇龄

毛奇龄(1623～1716年),清代经学家、文学家、书法家。与兄毛万龄并称为"江东二毛"。原名甡,字大可,又字于一、僧开、僧弥,斋于,号秋晴,又号初晴、晚晴及河右僧。万龄弟,浙江萧山人。萧山城厢镇(今属浙江)人,以郡望西河,学者称"西河先生"。4岁识字,由其母口授《大学》,即能琅琅成诵。少时聪颖过人,以诗名扬乡里,10多岁就中秀才。明亡,清兵南下,他与沈禹锡、蔡仲光、包秉德避兵于县之南乡深山,筑土室读书。毛奇龄生性倔强而恃才傲物,曾谓:"元明以来无学人,学人之绝于斯三百年矣。"评判言词过激,得罪人多,因此仇家罗织罪名,遭几度诬陷。后辗转江淮,遍历河南、湖北、江西等地。赖友人集资向国子监捐得廪监生。清康熙十八年(1679年),毛奇龄中博学鸿儒科,被授翰林院检讨、国史馆纂修等职。其间以《古今通韵》1卷进呈,得到赞赏,诏付史馆。康熙二十四年(1685年)任会试同考官。康熙二十六年

毛奇龄

(1687年)因两膝肿胀,关节僵硬,辞职归隐,专心著述。曾结识汤斌,与阎若璩等多有辩难。从学者甚多,著名的有李塨、邵廷采等。毛奇龄70岁时,自撰墓志铭,提出死后"不冠、不履,不易衣服,不接受吊客"。康熙五十五年(1716年)在家病逝,卒年94岁。

毛奇龄学识渊博,能治经、史和音韵学,亦工词,擅长骈文、散文、诗词,都自成家数。

奇龄对经学词章,各擅胜场。遇有异说,必"搜讨源头"、"字字质正",挟博纵辩,务欲胜人。其所撰《四书改错》是针对朱熹《四书集注》之抨击,阮元尝推他对乾嘉学术有开山之功。毛奇龄一生以辨定诸经为己任,力主治经以原文为主,不掺杂别家述说。他的《大学知本图说》,为其得意之作,以及其他众多著作,均阐明他的治经思想。他还写了一部《仲氏易》,把宋人讲的《易经》推倒了。毛奇龄认为周敦颐的《太极图》是来自道佛的文献。其学术著作有《仲氏易》30卷、《推易始末》、《易小帖》、《易韵》、《河图洛书原舛编》、《经集》、《太极图说遗议》、《易宗》等。

毛奇龄对地方志也有研究,著有《湘湖水利志》3卷、《萧山县志刊误》3卷等。

毛奇龄善书,在书法艺术上也功力深厚,有自己的艺术风格,在清代初年很受推崇。毛奇龄的书法,骨力骏健、笔势挺拔、儒雅清奇、个性强烈,是文人书法中很有代表性的一位。观毛奇龄的书法处处都能使人体味到一种超逸的格调,通篇洋溢着诗的纯情,纯得醇厚高古,出尘超迈,具有饱学之士的风雅。毛奇龄画梅及麻姑得天趣,工山水,王宸称其意到笔随。

毛奇龄对文学、音乐颇有造诣。好诗词歌赋,著有《西河诗话》、《西河词话》多卷;又精通音律,曾教授乐律,并从事诗词的理论批评。著有《竟山乐录》4卷、《乐本解说》2卷等。近人邵瑞彭评其词"雅近齐、梁以后乐府,风格在晚唐之上"。毛奇龄著述甚富,仅《四库全书》收录他的著录就有52种。他的遗著由学生编为《西河全集》,共493卷。

史载:毛奇龄在嵩山活动时,曾在少林寺著《大学知本图说》。游历中亦写有诗作,散见于嵩山市县的史料之中。

陈维崧

陈维崧(1625~1682年),清朝著名词人、骈文作家。字其年,号迦陵,江苏宜兴人。陈维崧出生于一个显贵的家庭,祖父陈于廷官至左都御史、太仆少卿等职。明史说陈于廷,"端亮有守",特别是他召拜左都御史时,"以巡方责重,列上纠大吏、荐人才、修荒政、核屯盐、禁耗羡、清狱囚、访奸豪、弭寇盗八事,请于回道日核实课功"。后来宜兴周廷儒当政,作为老乡的陈于廷"无所附丽",更显示出君子风范。其父陈贞慧为"明末四公子"之一,反对"阉党",曾受迫害。康熙十八年(1679年)陈维崧举博学鸿词,授翰林院检讨。54岁时参与修纂《明史》,4年后卒于任所。

陈维崧的名维崧,出自《大雅崧高》"崧高维岳,峻极于天",是国运长存,子孙贤惠的意思。陈维崧由于

陈维崧

自幼的家学渊源，10岁时就代父撰《杨忠烈像赞》，及长侍从于陈贞慧侧，每每名流云集，他代父援笔作序，千言立就，瑰丽无比。同行及长辈都为之折腰。陈维崧能诗善词工骈文，尤以词采瑰玮著称，吴伟业曾誉之为"江左凤凰"。但这只凤凰在他后来的人生中，并不平坦。15岁那年，陈维崧中乡试。顺治十二年（1654年）出山应试，没有结果，第二年其父陈贞慧去世，这时候陈维崧已经32岁，家道日益衰败。他不得不背井离乡，开始了20多年的漂泊生涯。这期间，陈维崧攻读经史，广结名士，为他以后成为词坛一代宗师而奠定了坚实的基础。当时陈维崧身边还聚居一些风格相近的词人任绳隗、曹亮武、蒋景祁、陈维岳等，阳羡词风逐渐形成。他们相互唱和。在学术上主张推尊词体，不视词为"小道"，认为词足以于杜甫的歌行、西京之乐府并列。特别是陈维崧的词敢用大题目，往往写出大意义，吟咏国家轮替，民生疾苦，实为罕见。

康熙十七年（1678年）正月，清廷开博学鸿词科，命在京三品以上，各省官员举荐贤才，康熙亲试后录用。陈维崧也被保荐，在京城初识了当时著名的词人纳兰性德并居住其家，朱彝尊、秦松龄、严绳孙、梁佩兰、姜宸英、顾贞观等人也在北京，以纳兰性德的绿水庭为中心的唱和活动，再次掀起清初文学的一个高峰。他们常常在一起合作诗歌联句，诗唱诗和。陈维崧和当时浙西词派的创始人朱彝尊并称为"阳羡派"词领袖，俩人词派虽然风格迥异，但在京师时尤其接近，切磋词学，并合刊过《朱陈村词》。陈维崧的方外好友——广东长寿寺主持大汕，为他画了一幅填词图，陈维崧长髯飘逸，仪表伟岸。朱彝尊为赋《摸鱼儿》推崇之情溢于言表："擅词场，飞扬跋扈，风烟一壑家阳羡，最好竹山乡里"，"作者古今能几？团扇底，也直得樽前，记曲呼娘子。旗亭药市，听江南江北，歌尘到处，柳下井华水。"此赋明确指出陈维崧在当时的地位，以及风格特点。以辛弃疾比喻陈维崧，赞美他学识渊博，才气横溢，笔端驱使经史，信手千言。康熙十八年（1678年）年逾五十的陈维崧受翰林检讨，入史馆撰修《明史》。而他的生活并没有因为这些而改变，他的妻子储氏也在故乡病故。当时的新贵高士其几次拜访他，有心结交，但是陈维崧对于高的为人有看法，所以以词委婉拒绝。康熙二十一年（1682年）陈维崧病卒于京师。晚年的陈维崧也曾有告老还乡的意愿，但终其一生没有实现。

陈维崧中年以后开始写词，到晚年他的词创作已入化境。陈维崧的词风格雄壮，由于处在明清异代之际，家事国事寄托其中，时代特点鲜明，而格外显得波澜壮阔。陈维崧的词作数量很多，约有1800余首，为古今词人所罕见，现存《湖海楼词》就有1600多首。其词题材广泛，风格豪迈奔放，兼有清真娴雅之作，继承了苏、辛以诗为词的传统。除词、诗以外，陈维崧的骈体文，在清初亦是一大家。毛先舒为其作序，评为："具龙跳虎卧之奇"，"得歌行顿挫之致"；毛际可作序，评为"言情则歌泣忽生，叙事则本末皆见。至于路尽思穷，忽开一境，如凿山，如坠壑……"。《与芝麓先生书》、《余鸿客金陵咏古诗序》、《苍梧词序》等，都写得跌宕悱恻，有很强的感染力。陈维崧著述有《朱陈村词》、《陈迦陵文集》、《湖海楼诗集》等，合有诗文集《湖海楼诗文词全集》54卷，其中词占30卷。

康熙七年（1668年）陈维崧第一次到北京，寻求施展才能的机会。著名的诗词大家龚芝麓对他的词赞赏有加。但当时他不过是一个诸生的身份，还不得不过着贫困潦倒的生活。在京的那段岁月里，龚芝麓时有接济才勉强温饱，最后不得不南归。就在这次南归途中，陈维崧游历了中原大地，游历了嵩山。陈维崧在嵩山活动期间，与郑州、荥阳的文人雅士多有往来与交流，留下了很多脍炙人口的词作，如《雪后从偃师至登封度少室山峨岭》、《荥阳》、《满江红·咏广武山》、《过汜水县虎牢关作》、《洞仙歌》等，为嵩山历史文化增添了一代词坛宗师所歌的光彩与荣耀。

李经世

李经世(1626~1698年),清朝嵩山本土文化名人。字孟常,号函子。父果琦,其叔果珍无子,以李经世为子。嵩山禹州白沙人。李经世性庄重,甚得名人王则古器重。州人任应辰抢劫白沙,李果珍事先闻风远避,州守得知此情,疑李果珍通贼,囚于狱中。李经世为叔李果珍怀冤难平,申诉辩白,终得平雪。清朝建立后,李经世为禹州生员,重修白沙书院,竭力助人向学,多赖成就,专心性之学。张沐来主丹山书院,经世时年60岁,求为弟子。张沐题其斋名"静庵"。又与冉觐祖、耿介、李来章交往,反复辩论,颇有所得。修复白沙书院,接引后学。后李经世患病,拒绝就医,遂作《逍遥歌》2章,并自整衣冠,就枕而逝。年72岁。著有《一得录》一卷(刊本)、《录乐录》一卷(刊本)。

傅景星

傅景星(? ~1669年),清朝官吏。字梦正,嵩山登封人。明崇祯十年(1637年)进士。授山西平阳府推官、山东道监察御史、陕西巡按御史等。以廉慎称。调繁平阳,考最擢侍御。弹劾不避权贵,直声大振。明亡后归附清朝,顺治二年(1645年),任顺天府巡按,寻掌印台中,累官至少司空。顺治四年(1647年),授太仆寺少卿。顺治六年(1649年),改左通政。顺治八年(1651年),升任通政使。历都察院左副都御史、工部右侍郎、河南承宣布政使司。傅景星在官多所条奏,其陈河工利弊,尽职尽责。致仕后,归乡居20余年,读书甘淡泊,乡民推重之。

汤 斌

汤 斌

汤斌(1627~1687年),清朝大臣、著名理学家。字孔伯,又字荆岘,号潜庵,河南睢州(今河南睢县)人。汤斌的家庭为阀阅旧族,明末时已衰败。汤斌8岁入私塾读书,勤奋好学,15岁以前,便读完《左传》、《战国策》、《公羊》、《史记》、《汉书》等书。明崇祯十四年(1641年),应童子试,取第一名。顺治九年(1652年)进士,授宏文院庶吉士,后诏选翰林科道,汤斌膺首选,出任监司,补潼关道副使。顺治十六年(1659年),任江西北道参政。后因病辞官,从理学大师孙奇逢学习研究理学。并在孙奇逢的指导下,编写了《洛学编》,记述了理学的发展史。康熙二十三年(1684年),以"学有操守"升迁内阁学士兼礼部侍郎,同年出任江宁巡抚。康熙称其为官能"洁己率属、实心任事"。于巡抚任上,奏请减轻苏松田赋,蠲免苏、松、淮、扬等九府州积欠税粮及明末"三饷"加派银。淮、扬、徐三府水灾,不待诏下即行赈济,深得黎民的称颂。又以儒学为正统,大力整饬风俗,令诸州县尽毁淫祠,广兴义学、倡导礼教,教民以德,整修先贤祠宇,讲授《孝经》等儒家经典、禁妇女游观,不准刻印小说,革除火葬等。教化大兴,神巫敛迹,百姓崇尚节俭,民风大变。不久,康熙帝特授汤斌为礼部尚书、侍讲皇太子等职,汤斌去任将行,苏州百姓城门抱马腿泣留,舍不得他离去。从苏州到扬州1000多里路程,10余万人自发地跪在路旁,捧香叩头,为他送行。受命纂《明史》,编明太祖本纪,裁定英、景、宪、考四朝圣训和历法,主纂《两朝对训》,任《明史》总裁官,礼部、工部尚书等。

汤斌政绩突出,道德纯净,在哲学、史学、文学等方面都有突出贡献。在哲学思想中,提出"天人同原说"、"学问真积久"、"学问真积力久"、"经道合一"等学说,颇有新意。汤斌一生治程朱理学,也不废王守仁之说,提倡身体力行,充养愈粹,推中原真儒。与孙奇逢、张沐、耿介友善。著述有《明史稿》20卷,有《孙征君年谱》、《洛学篇》、《潜庵语录》、《睢州志》、《明史稿》、《汤子遗书》、《汤文正公全集》10卷等多种。

汤斌与嵩山本土文化名人、儒学大师耿介多有交往。耿介在修复嵩阳书院之后,曾多次邀请汤斌到嵩阳书院讲学,汤斌写有《嵩阳书院记》。康熙二十二年(1683年),汤斌还将其所撰《嵩阳书院记》恭呈康熙御览,康熙阅后曾询问汤斌:"嵩阳书院在何处?汝曾到否?"汤斌去世之后,耿介还写有《祭汤潜庵先生文》,以此纪念。

李芝兰

李芝兰,清朝嵩山县吏。字毓秀,奉天(今沈阳)铁岭卫人。岁贡,清顺治五年(1648年)任密县知县。时值明末清初,兵燹初定,百废待兴,由于战争、灾荒等原因,人烟稀少,群狼入城吃人时有发生。自然灾荒频繁,当年阴雨连绵两个月,次年夏天大旱,民尽流亡,田赋不充,加之前任官吏虚报土地400余顷,官署、祠庙荡为瓦砾,集镇邱墟,商旅不行。李芝兰念民大困,劝课3年,大胆改革明末旧制,废除苛捐杂税,以足前报之虚。李芝兰多方召集,入城者至500余家,在大隗、牛店两地,助民造房,招商贸易,复通城乡,兴办义学,渐有起色。由于战争和灾荒,全县白骨露野,哀声夜号,民间惊扰,李芝兰遂置地凿20冢,使每保各占其一,捐俸募工,掩埋尸体,设坛祈祷,冤号顿息,不受骚扰,人民安定。并在老城法海寺后,捐俸置买地基2亩,创立社学,建书舍9间,聘请社师授课,凡邻近子弟年12岁以上,20岁以下,皆可入学,入学者免差役。又在县西南置田50亩,牛2头,抛佃收租,补贴社师生活。李芝兰在密县时,还大胆改革明朝旧制,废除农民承担的苛捐杂税。密县旧志,始修于明成化二十年(1484年),后于万历、崇祯年间相继续修,都毁于兵火。李芝兰在任时,同邑举人韩继文征文考献,广为搜罗,于顺治十年(1653年),完成《密县志》共8卷,现仅存残本,藏于北京图书馆。顺治十年(1653年),李芝兰升任山东登州通判,离任前,全县人口已达4万余人。清康熙时入山东登州府名宦祠,清嘉庆三年入密县(今新密市)"名宦祠"荣享祀典。

阮汉闻

阮汉闻,清初文学家、诗人。字太冲,顺天(今北京)人。学问广博,有治世之才。明末,他见天下

将要大乱,政事不可为,绝意仕进。朝廷以遗逸荐,要他出来做官,不出。不久,他出走京师,避开了明廷政治旋涡。古代的知识分子,奉行儒家"有道则行,无道则隐"、"穷则独善其身,达则兼济天下"的行为准则。在政治昏暗的时代,很多知识分子为保持自己不与时人同流的高洁旨趣,选择了隐逸的行动路线。阮姓祖在晋代有个名人,叫阮籍,字嗣宗,三国时期的思想家、文学家,"竹林七贤"之一,陈留尉氏人。阮汉闻为寻嗣宗,追慕竹林七贤之风,千里迢迢,举家迁到尉氏,受到尉氏辞官家居的明尚书靳于中的热情接待。靳于中是万历进士,曾做过山西州牧,在山东掌管教育,任过辽东兵备,官至南京工部尚书。在靳于中的挽留下,阮汉闻就在靳府住下,闭户著述,但是朝廷的举荐书又到了,而且接二连三地催促阮汉闻赴京,阮汉闻屡征不出。阮汉闻是海内闻名的文学家、诗人,他的到来,使靳府更为增色。不少读书人一看,文学大家阮汉闻在此,慕名前来从学者一天比一天多,阮汉闻静心治学的环境又被打破。为避开喧嚣纷扰,靳于中带阮汉闻一起隐居到他早在密县秘密修成的寨堡(后称"靳寨")。密县西去尉氏200里,这里西有嵩山为依,南有具茨山巍峨壮丽,北浮戏山岗峦起伏,中间溱洧二水襟带潆洄,三面环山,形势险要,进退可据。靳寨就位于具茨山下洧水北岸一个山坳里。

阮汉闻是个军事理论家,喜欢研究兵法,好论兵言战,他曾编撰一部《尉缭子标释》一书,是明清之际唯一一部研究尉缭子的专著。靳于中做过兵备道,曾带兵部署边防,修筑工事,并与满人对垒。俩人在军事问题上很有共同语言。面对明末匪寇四起,明朝军队无以应对的局面,阮汉闻十分着急,又无能为力。清周亮工《书影》中记载,"贼寇盘踞吾豫十余年,阮太冲愤兵骄将懦,作《女云台》二卷以讥之。记中杂取古女子妇人建义旗、灭盗贼诸事,多至数十百人,一时传之。"以古代妇女从军杀敌故事以讽刺当时明朝军队的昏庸无能。

阮汉闻居在嵩山密县靳寨期间,读书之余,乐得做一名樵夫,悠游山水间,遂自号"大隗山樵"。黄帝遗迹风后顶、具茨山水、超化古寺、郑国古迹等名胜之地都留下了他的影踪。凭古吊今,每有所得,他皆挥毫赋诗。在嵩山留下的诗有《游超化寺》、《游大鸿山》、《艾河坪诗》、《风后顶诗》、《新郑古城》等,辑有诗集《太冲集》存世。清人周亮工在《太冲集》序中对他的学问给予高度评价,说他"积学嗜奇,留心当世之务,发为诗文,郁郁卓烁。"

阮汉闻在大隗山住了很多年,崇祯十五年(1642年)他回到尉氏,不料却被李自成起义军围困,他参与组织军民守城,百计防御,给义军造成重大杀伤,最终不敌,城破以后,阮汉闻被俘,武威不屈,被处死。

郜锦屏

郜锦屏,清朝将领。字如城,嵩山登封人。幼同兄攻举业,以明末爆发农民起义,遂从少林寺僧学拳法。不久,随孙传庭镇压农民起义军,擢登封营千总。顺治二年(1645年)中武乡试,授天津卫千总。擢苏州广武桥守备,迁江西袁州府都司金书。以不能曲事上官,告归。

蔺挺达

蔺挺达,清朝官吏。字金芝,嵩山偃师人。蔺完植的孙子。明崇祯六年(1633年)举人,清朝顺治九年（1652年）得中进士，历任刑科给事中、吏科右给事中、户科左给事中等职，官至吏科掌印都给事中。蔺挺达在顺治、康熙年间任官20余年，为人耿直清廉，从不贪污受贿，对贪官污吏深恶痛绝、极力弹劾。以敢言事，疏数十上，皆关国计民生为名。

蔺挺达和顺治皇帝下棋

蔺挺达和他的祖父一样，也是一个清正廉洁、性格耿直的人，为百姓仗义执言，一生艰苦朴素，民间传说中称他为"老实官"。说到老实官，还有一个耐人寻味的故事。原来，蔺挺达在康熙帝时，曾兼任"撞钟御史"，撞钟御史是皇帝的近臣，也是个肥缺。那时，三、六、九日是皇帝临朝会见百官的日子，皇帝连续两次不登殿，是惩治不法官员的预兆；如接连三次不登殿，便是斩杀不法大臣的凶兆。此时，也只有撞钟御史才有权去劝说皇上。那些手脚不干净的官员便个个坐卧不安，带着重金厚礼到蔺御史住处，一为打听消息，二为请蔺御史在皇上面前为自己美言。可是，他毫不动心，将送礼的人逐之门外。康熙帝对他拒不受贿的事时有所闻，但是也听到过他暗中受贿的流言。为了弄清真相，这月初三，撞钟三遍，康熙帝一连三次没有登殿，但蔺挺达仍然拒收礼品，还在门上贴了一张条幅，上写"议国事请进，送财礼问罪"。康熙帝得知详情后赞叹道："蔺爱卿真乃老实官也。"于是，亲笔写了一块"老实官"的匾额，让太监挂在蔺挺达寓所的门上。300多年来，关于蔺老实的轶事，在偃师县城一代一代口传下来，这里的老百姓都知道他当过御史，称他"蔺御史"、"蔺老实"。蔺挺达著有《存心堂奏疏》、《存心堂集》。

蔺挺达曾是顺治皇帝的棋友。顺治皇帝喜欢下象棋，尤其喜欢和蔺挺达下棋。别的官员和皇上下棋，总是正襟危坐，显得非常紧张，心里盘算着怎样才能不赢棋，生怕皇上输棋后场面尴尬。而蔺挺达与皇上下棋，总是自自然然的，该穿什么衣服就穿什么衣服，该怎么走棋就怎么走棋。这自然得到顺治皇帝的喜欢。

蔺挺达在嵩山留下的遗迹，有位于偃师蔺窑村北的蔺挺达之墓。一座圆形墓冢前，一通青石雕制的石碑高大异常，上刻"敕授文林郎吏科掌印都给事中蔺公之墓"，落款为"乾隆三十年（1765年）"。

蔺挺达工诗，他写的《元日踏雪行邙山道中》、《偃师怀古》等诗，偃师史料有录。

刘延祐

刘延祐，清朝学者。字受之，明朝御史刘调羹之子，禹州（今禹州市）人。幼年刻苦力学，性沉静，不慕名利，没有官宦弟子的习气，常徒步田野间，人不知他是贵族子弟。早年丧偶，终身不再娶。康熙元年（1644年）以廪贡廷试，授新蔡县训导。修建学馆，教授文艺，振起士风。后移补巩县训导，兴办文教，如在新蔡时，巡抚至巩，深加奖励。年六旬，告老归乡，巩县生员苦留不得，为立碑纪其学政。家居20余年，乡里都敬重他的德行。卒年87岁。著有《居家须知》、《集闲编》。

余正华

余正华,清朝官吏、诗人。字君贞,明清之际禹州(今禹州市)人。明兵部主事余爵之子。崇祯十五年(1642年)爵监左良玉军,战死朱仙镇。他奉母避乱南昌、九江间,依左良玉以居。清顺治二年(1645年)拔贡,时需才甚亟,拔贡多得美官。祭酒薛所蕴,余正华父同年友,劝余正华为官,拒之。86岁病卒。因其父马革未还,无颜厚葬,嘱家制小棺敛。著有《丧葬预议》、《余氏家谱》、《亦政堂诗集》4卷。

郭一鄂

郭一鄂,清朝官吏。字元庵,嵩山洛阳人。顺治六年(1649年)进士。官翰林院编修,升任吏科给事中,累迁广东左布政使。著有《太极图解》、《封事稿》。

董色起

董色起,清朝诗人。字印韩,号緱山,偃师人。顺治八年(1651年)举人。初署鄢陵教谕,以兴才育士为己任。升直隶沙河县知县,在官数年,弊绝风清,政事修举。著有《尚书家训》6卷,有诗歌《佛光峪》等多首,多见于嵩山史料中。

张奇勋

张奇勋,清朝嵩山文化名人。字鼎传,荥阳人。顺治五年(1648)拔贡,官终湖广衡州府知府,有遵理守法名声。著有《读史偶及》、《敦素堂文集》。写有《宿洞林寺》、《故城有感》、《同友登万山》等诗,《荥阳县志》有录。

张凤鸣

张凤鸣,清朝诗人。字仲喈,号箕硕,嵩山汝州(今汝州市)人。顺治十六年(1659年)进士。授浙江景宁县知县,任官年余卒。张凤鸣工书善篆刻,喜为诗,著作有《箕梦诗稿》。

史永禬

史永禬,清朝诗人。字伯梗,嵩山偃师人。清顺治十四年(1657年)举人。史永禬工书翰,所作古文辞高迈远俗。诗风沉雄古健,当时人称其类似杜甫。官上蔡县教谕,教士有方,为时称颂。著有《拟丹烟舍文集》、《坦葬诗草》、《公余翰呈散著》。

张 沐

张沐(1630～1712年),清朝理学家、修志家、嵩阳书院讲师。字仲诚,号起庵,河南上蔡人。顺治十五年(1658年)进士,张沐一生只做过两任知县,官虽不大,却以清廉爱民有名。他18岁考中秀才,28岁中进士,最初任内黄知县。在内黄任上,他崇尚儒学,倾心教育,创办了"繁阳书院",即内黄书院,为内黄县培养了许多人才。他为官清正俭约,平时不着锦绣,不重钱财。在调离内黄赴四川资阳任知县时仅取银31两3钱作为路资,余者尽散于贫苦人家。在资阳任上,他招抚流民,奖励垦荒,务教化,轻刑法,在极短的时间内使混乱的资阳百废俱兴。他离任时百姓立下"去思碑"。后乞病归,从孙奇逢游,与汤斌、耿介往来讲学,深受汤斌推重,时称"当代真儒"。康熙三十二年(1693年),张沐应河南巡抚顾汧之聘,掌教于大梁书院,巡抚亲带僚属及八郡名士听讲,一时从学者云集,颇具影响,"两河之士,翕然归之。"其后,雍正、乾隆、道光、同治各朝都屡有修葺,不断扩大。热心教育,曾创办繁阳书院,又掌教天中书院,被聘游大梁书院,主讲在汴中。

张沐知识渊博,文笔清新流畅,内容剀切详明,独标精蕴,一扫剿袭雷同之见,当时颇有影响。善写作刻书,著述刻书有《周易疏略》《学道六书》《溯流史学钞》《书经疏略》《诗经疏略》《礼记疏略》《春秋疏略》《为学次弟》《四书疏略》《家教小篇》《道一录》《六渝敷言通俗》《孝经疏略》《前川楼诗集》《前川楼文集》《图书秘典一隅解》(以上见《四库全书总目》)等书30多种。特别在纂志方面,不仅有丰富的实践经验,而且有独到的理论和见解。张沐编纂的《上蔡县志》15卷、《开封府志》、《河南通志》,这3部志书,与前后时期其他人纂的省、府、县志相比,实属上乘。张沐的志书为后世方志学大家章学诚,以及河南方志学名家武亿等,无不予以启迪,就是对于今天编纂新方志,仍有极大的影响和启发。

张沐在任嵩阳书院讲学期间,与嵩山名儒耿介关系密切。耿介曾向张沐赠有《与张仲诚先生书》《奉邀张仲诚先生游嵩少兼宽夫、升阶诸公》《张仲诚先生游嵩少书赠(四首)》《秋日赠别张仲诚先生(四首)》《送张仲诚先生之蜀中资县任》等诗,从中可以看出他们之间的友谊。张沐在嵩阳书院讲学期间,除写有《太室》、《汉柏》等歌咏嵩山风景名胜的诗歌外,还写有《嵩阳书院讲学纪事》一文。

陈日章

陈日章(1632～1698年),清代史学家、康熙帝老师。字子隐,嵩山新密市白寨镇光武陈人。陈日

陈日章家的金匾"庆余两朝"

章出身于明末光武陈豪门大族,祖上五代具官。清顺治年间考上举人后,被派到鹿邑县当教谕。他用半年时间走遍鹿邑县的每个村庄,了解教育情况。为提高教育质量,协助县令办起教书先生轮训班,同时挂匾表彰对教学贡献大的老师。倡导私塾先生要多收些贫民子弟入学,减少或减免学费。由于他的努力,鹿邑县在几年内出了许多人才,陈日章也被列为地方名士上报朝廷。

康熙二年(1663年),孝庄皇太后下旨在全国各地为康熙皇帝寻找老师,陈日章成为八位候选人之一被召到翰林院,经过大臣和孝庄皇太后的筛选面试,最后陈日章被定为康熙帝的正式老师。他教书严格,教育有方,被封为"翰林院大学士加三级"。陈日章从康熙二年(1663年)入翰林院到康熙二十八年(1689年)病逝,陈日章一直在康熙帝身边,不仅为康熙帝介绍前朝代的典章制度,治国方略,利弊得失,且帮助康熙帝在除鳌拜、平三藩等大事和治理国家方面,出谋划策,为康乾盛世的出现奠定了基础。约在康熙十四年(1675年),陈日章任明史馆牧掌官,奉命专修明史。他用10余年时间,共收集明史资料10余册,400多万字,为乾隆年间修成明史拿出了初稿,做出了卓越的贡献。康熙十二年(1673年)仲秋吉日,康熙帝为他题赠金匾"庆余两朝"。

陈日章晚年,回归故乡。死后葬于新密市白寨镇光武陈村沟北顶,俗称"翰林坟"。

高一麟

高一麟(1632～1709年),清朝理学家、诗人。字玉书,号钜菴,高氏第7世孙,嵩山登封界头村人。岁贡,曾任登封县训导。肆力于古文词,设教于嵩颖之间。曾在嵩阳书院讲学多年,潜心于程朱理学的研究。他的诗作多反映下层人民的疾苦,如《园丁苦》、《损田行》皆为当时现实惨状的实录。景日昣在其诗集序中称:"先生以穷而工于诗,其诗触景兴怀,酷追子美。"邓之诚先生则称:"诗不能工,然言之有物,间亦有可观者。"

高一麟著有《理学标正》《闽游记事》《矩菴文汇》《嵩阳考稿》《李锡传》等著作。高一麟身在嵩山,长在嵩山,对家乡有着深厚的感情,一生写有《秋日嵩阳书院》《冬日诣中岳瞻礼御书嵩高峻极匾额》《嵩山》《嵩山雪亭》《登黄盖峰》《待仙峡》《游少林寺》《王家窑》《恭陪胡茨村臬宪醮醮告中岳佑圣酬恩礼成》等大量的有关嵩山的诗篇,当地志书有录。

王士祯

王士祯(1634～1711年),清朝杰出诗人。原名士禛,字子真、贻上,号阮亭,又号渔洋山人,人称王渔洋。新城(今山东桓台县)人,常自称济南人。出生在一个世代官宦家庭,祖父王象晋,为明朝河南省布政使。出生于河南官舍,祖父呼其小名为豫孙。王士祯六七岁时读《诗经》。顺治七年(1650年),应童子试,连得县、府、道第一,与大哥王士禄、二哥王士禧、三哥王士祜皆有诗名。顺治十五年(1658年)进士,文名渐著。23岁游历济南,邀请在济南的文坛名士,集会于大明湖水面亭上,即景赋秋柳诗四首,此诗传开,大江南北一时和者甚多,当时被文坛称为"秋柳诗社",从此闻名天下。顺治十六年(1659年),任扬州推官,"昼了公事,夜接词人"。康熙十七年(1678年),受到康熙帝召见,转侍读,入值南书房,升礼部主事,康熙四十三年(1704年),官至刑部尚书,颇有政声。不久,因受王五案牵连,被以"瞻徇"罪革职回乡。康熙四十九年(1710年),康熙帝眷念旧臣,特诏官复原职,因避雍正讳,改名士正。乾隆赐名士祯,谥文简。

王士祯

《四库全书总目提要》说:"当我朝开国之初,人皆厌明代王(世贞)、李(攀龙)之肤廓,钟(惺)、谭(元春)之纤仄,于是谈诗者竞尚宋元。既而宋诗质直,流为有韵之语录;元诗缛艳,流为对句之小词。于是士祯等以清新俊逸之才,范水模山,批风抹月,倡天下以'不著一字,尽得风流'之说,天下遂翕然应之。"

王士祯博学好古,能鉴别书、画、鼎彝之属,精金石篆刻,诗为一代宗匠,与朱彝尊并称。王士祯书法高秀似晋人。康熙时继钱谦益后而主盟诗坛,论诗创神韵说。早年诗作清丽澄淡,中年以后转为苍劲。王士祯擅长各体,尤工七绝。但未能摆脱明七子摹古余习,时人诮之为"清秀李于麟"(李攀龙),然传其衣钵者不少。

王士祯的诗清新蕴藉、刻画工整,散文、词也很出色。王士祯是清初诗坛上"神韵说"的倡导者。后人所辑《带经堂诗话》,反映了他的论诗主张。王士祯论诗以"神韵"为宗,而其渊源则本于司空图和严羽。他鼓吹"妙悟"、"兴趣",以"不着一字,尽得风流"为诗的最高境界。强调淡远的意境和含蓄的语言。王士祯一生著述达500余种,作诗4000余首,主要有《渔洋山人精华录》、《蚕尾集》、杂俎类笔记《池北偶谈》、《香祖笔记》、《居易录》、《渔洋文略》、《渔洋诗集》、《带经堂集》、《感旧集》、《五代诗话》等。

史载,王士祯在嵩山活动时,曾与嵩山本土诗人多有交流,并写有《七夕雨抵汜水县》、《宋陵》、《渡洛水》、《过郑州》、《王辅嗣冢》、《田横客墓》等诗。使嵩山的古代诗歌长廊中,有了王士祯这样大家的诗作。

傅而师

傅而师(1635~1661年),清朝著名修志家。字余不,又字左启,号霄嶂。著名文学家王鑨的女婿,嵩山登封人。明朝傅文后裔,傅作舟之子,其叔父傅作霖、傅作砺皆为进士。父亲傅作舟于崇祯九年(1636年)中解元,嗜酒,自称谟觞居士,一生不得志,负气傲倪。6岁时,父亲为熊白龙构陷而死。

傅而师天资绝伦,自小读书过目不忘,8岁时就能"日诵万言,为文援笔立就。"民间有"神童"之称。17岁中举,候选知县,曾任西安教谕,婚娶大书法家王铎的三弟王鑨之女为妻。傅而师博览群书,工诗赋,下笔千言立就。后来曾被推为中州诗文两坛盟主,博学多识,天文地理、星相医卜等无不精通。因此被称为"天下才子傅而师"。两仕礼闱不第,郁郁卒,年仅27岁。葬于登封城南北旨村,其墓志铭现存中岳庙。曾就读于嵩阳书院,深受老师耿介的器重,耿介在他的多首诗中,都表现了他们的师生情谊。其中耿介在《公车北上留别傅左启门人》一诗中这样写道:"与君但醉酒,远道怯征鞍。云暗嵩山色,雪深燕地寒。仗书怀帝阙,把剑舞文坛。明日有新月,即成两地看。"

　　岳父王鑨为傅而师的诗作选刻《枕烟亭集》,有诗7卷。另有诗文《避暑少林》、《游少林寺》、《同人踏雪少林寺夜饮成赋》、《傅氏家乘序》等。其中,《上田邑侯书》被收入顺治年间《河南通志》第四十卷。其诗文多作于顺治十年(1653年)之后,邓之诚先生称之"感事伤时,随事吐露。虽词含蓄,然怨而近于怒也。豫中人文,商丘与洛阳相竞爽。侯宋之作,不事质言。若贵质言,则而师为得风人之旨焉。"傅而师才力沉厚,胸襟不凡,于天下事多所关注,集中有关时局之作甚多,其七绝《选女》二首最为冷峻有胆识,不独其二揭露宫中曾选娈童之可备稗史也。诗云:

　　　　使者初颁燕地诏,传言次第下周秦。吴越远人引领望,欣逢天子结朱陈。
　　　　官道鸾车日夜驰,调筝调瑟奉盘匜。君王忽厌红妆好,更有新传选少儿。

　　嵩山民间流传有很多傅而师的故事,散见于《嵩山民间故事选》、《登封神话传说故事选》等书籍中。

田　雯

清初大臣田雯

　　田雯(1635～1704年),清初大臣,诗人。字紫纶、子纶、纶霞,号漪亭,自号山薑子,晚号蒙斋。山东济南府德州人。顺治十七年(1660年)举乡试,康熙三年(1664年)进士,授秘书院中书舍人,累迁户部主事、员外郎,工部郎中。时常与在京为官的王士禛等人切磋诗文。康熙十九年(1680年)提督江南学政,每次巡察考场,只有两仆人相随,禁止官员铺张接待,所取之士多异才。康熙二十三年(1684年)授湖广督粮道。后回京历任光禄寺少卿、鸿胪寺卿。康熙二十六年(1687年)出任江苏巡抚,又调任贵州巡抚,见贵州经济文化落后,致力发展当地文教事业,增建县学,整修书院,奖掖黔中人才。公余暇日,亲至书院督课,黔省文风日盛。时黔省东南的苗民偶有骚乱,广东总督建议合兵会剿,田雯以"制苗之法,犯则治之,否则防之而已,毋庸动众劳民也",力阻之。康熙三十年(1691年)七月,因母丧离职。丧期满后起补刑部侍郎。康熙三十八年

(1699年),调任户部侍郎,主管宝泉局,曾奉旨督修淮安高安堰河工。田雯为官廉正,多有建树。康熙四十年(1701年)以病辞职归里。康熙四十三年(1704年)二月卒于家。

田雯天资聪颖,博览群书,工诗善文,自成一家,与文学大家王士祯、施闰章等人同享盛名。田雯一生著述甚丰,著有《山薑诗选》5卷、《古欢堂集》12卷、《长河志籍考》10卷、《黔书》3卷、《黔苗蛮记》1卷、《蒙斋年谱》4卷等,均收《四库全书》。编有《幼学编》4卷、《历代诗选》、《历代文选》、《诗传全体备义》等行于世。

康熙三十五年(1696年)二月,田雯奉朝廷之命祭祀嵩山,著有《嵩岳考》1卷、《游太室》1卷,并写有《嵩阳观汉柏二株》(六首)等诗。

陈鸣皋

陈鸣皋(约1635~1705年),清代嵩山地区文化名人。字鹤士,号兰崖,又号輖山,嵩山禹州人。性高旷,读书过目成诵。少年读书乡里,出语不俗,塾师惊叹其才华。年未二十,即补禹州生员。才思敏捷,数千言文章挥笔立就。康熙十一年(1672年)被学使史逸裘取为拔贡。初赴省试,搜检欲解其衣,便指袖而归。自此,绝意仕进,于城隅辟园林,与河内钟尔知、同里刘东里、杨道南、马子陶、赵友春、刘苍佩六老从,晨夕过从,饮酒唱和。诗既成,更大呼称善。其代表作有《打虎儿》。陈鸣皋慷慨好义,施舍不惜千金,后家境渐贫,又闻禹西南产煤,人多开矿谋利。陈鸣皋也投资开矿,并开辟一石洞,在内读书饮酒。于是矿利无所得,诗歌却大有进益。知州刘国儒素知陈鸣皋博学,聘修《禹州志》,有"考核精确"的称誉。著有《輖山呓语》及《五服指掌摄要图》、《小令》若干卷。

陈鸣皋在嵩山活动期间,写有《嵩阳书院成寄呈逸庵先生》《瓢岩》等诗,史料有录。

阎兴邦

阎兴邦

阎兴邦(1635~1698年),清朝官吏。字韬仲,号梅公,直隶宣化(今张家口宣化)人。阎氏先祖为山西忻州人,先人阎海明以武略跟随常遇春战于宣化,因功被授予宣府前卫指挥使,世袭指挥同知。从此,阎家就成为宣化人,而且都以武功显赫于世,直到阎兴邦才开始励志于学业。康熙二年(1663年)中举人,康熙九年(1670年),被补授直隶新城知县。新城位于畿南要道,来往的车辆多,尤其是邮递的驿马都要从这里经过,驿马累病了,或者赶不上趟的时候,官员就要拉老百姓的牲口使用,百姓苦不堪言。阎兴邦上任后,拿出自己的钱来买了几百匹马,养在民间,有官用的时候官用,不用的时候,就由老百姓支配,或家用,或挣钱,深受百姓的欢迎。有坏人冒充官员和皇族在集市上垄断生意,欺压百姓。阎兴邦骑马去到集市明察暗访,坏人闻风收敛,集市即恢复繁荣。后阎兴邦升通州知州,他在州任上更是修桥梁、平道路,办了不少好事。康熙十五年(1676年)升任工部员外郎,在一次随大学士视察治河工程后,向皇帝汇报时,阎兴邦的才能引起康熙的注意,阎兴邦指着图,把河道的情况汇报得非常详细、清楚。几天后,阎兴邦升任监察御史,后再升鸿胪寺卿、光禄卿。康熙二十七年(1688年)阎兴邦任顺天府尹,为首都最高长官。是时,湖广发生叛乱,康熙考虑到中州与楚疆接壤,该有重臣镇抚。于是,阎兴邦被委任以河南巡抚。康熙在金銮殿接见了阎兴邦,并赐予鞍马。阎兴邦连夜赴任,他一下马就询问百姓疾苦、详察官员得失,并把河南的情况及时向朝廷禀报,争取朝廷的支持,赢得百姓的信赖,"两河左右千里戴公若慈母"。在任时,曾下令河南各县修志。4年后,阎兴邦调任贵州巡抚。他到任后,把搞好民族关系放在首位,严饬属下不要侵扰诸苗,并针对贵阳地狭民寡的实际,向朝廷建议并县,针对驻军困难,请求预拨粮饷,最为人称道的是,请求朝廷增加贵州等边疆少数民族地区乡试的名额,得到朝廷的允准。为表彰阎兴邦治黔的功绩,皇帝诰授他文职正一品散官光禄大夫。康熙三十七年(1698年),阎兴邦卒于任上,次年葬入宣化祖茔。

阎兴邦工诗,所为古文词皆端雅有体。少年时就跟随舅父游走于江浙间,结交了不少名士,一起吟诗作赋,在文学上打下了很好的功底。著有《冰玉堂集》行世。

阎兴邦在河南任职时,曾多次在嵩山活动,特别是在保护名胜古迹方面,使很多古寺庙建筑得以维修保护。并写有《登黄中楼》《谒中岳》《嵩阳书院》《冬日游少林》等多首诗歌,皆被嵩山史料收录。

王又旦

王又旦(1636～1687年),清朝著名诗人。字幼华,号黄湄,明郃阳县(今陕西省合阳)百良乡百良村人。顺治十五年(1658年)进士,由潜江知县历官户科给事中,户部都给事。康熙七年(1668年)起任湖广潜江知县6年。当潜江正值兵灾水患之后,力革除弊政,召集流亡,奖励农桑,变乱为治。潜江居汉水下游,常因决堤成灾,其除率众修堤外,又建议上级改各县联合修堤为分县划段管修,以防敷衍推诿,使湖北免除汉水之患20余载。同时于潜江建立"传经书院"和"说诗台",培育人才。康熙九年(1670年)在县衙内东侧建立了一个草堂,取杜甫"老树空庭得"之意,名"得树"。每得空闲,他就把那些未仕和致仕归里的文人们邀来得树草堂,"置酒联吟"。康熙二十三年(1684年)升任吏部给事中,户部都给事。后到广东主持考试,奏准于盗匪常出没的南海花山建城设县,遂得长治久安。

王又旦博学能文,善缔章绘句,文采风流,官声诗名并重,时与诗坛领袖王士祯相唱和,交谊尤契。时海内言诗者必称"二王"。时朱竹坨谓"又旦诗能兼综汉宋人之长"。王士祯曰"幼华诗一变而清真古淡,再变而为奇恣雄放。及归龙门,读书太史公祠下,而其诗益瀹泫澄深,渺乎莫窥涯涘。"王又旦生平与著名诗人阮亭来往频繁,故阮亭序先生诗曰"幼华之诗凡数变,而予皆能道其所以然。"诗家姜西溟在评论阮亭对王又旦的说法时曰:"王又旦诗与阮亭又溪径自别,古体老而益肆,外露奇倔而内涵静穆,非学醇而功力深至,不易臻斯境界,宜阮亭亟称之也。"康熙二十六年(1687年)病卒,终年仅51岁,葬于郃阳县百良村南。著有《河渠》《黄湄诗选》《黄湄集》(10卷)等传世。

王又旦在嵩山活动期间,常同耿介、焦钦宠、耿洯、梁家蕙、冯五典、耿升、薛京、耿昌、傅锡畴、李谦益等许多当时的文化名人,聚集嵩阳书院,在书院开展讲学、庆典、咏诗活动。文人相聚,以诗唱咏,不仅浓郁了嵩山当时的文化氛围,还为嵩山留下了许多脍炙人口的诗篇。史载,王又旦所作诗有《游嵩阳书院川上亭子》《川上亭》《登藏书楼》《藏书楼落成,赋得八韵》《九日携同人登藏书楼,因有怀张庸如别驾即席漫赋》、《九日登藏书楼》等诗,嵩山史料有录。

赵士毅

赵士毅(1636~1693年),清朝官吏。字修远,岁贡赵允升之子,嵩山禹州人。赵士毅性沉静寡言,少年苦读,日以寸为度。年18岁中顺治十一年(1654年)举人,授任广西柳城县令。不久,因父去世归里。服丧期满,补湖北郧西知县。郧西地处万山丛中,赵士毅单骑赴任。到任后,为政以简略便民为主,民有事可直接到榻前处理,亲如家人。康熙三十二年(1693年)盛夏,赵士毅行千余里,前往省城校阅试卷。得病,在归郧西途中去世,时年57岁。郧西民众闻讯,罢市3日。赵士毅死后,行囊空无他物,同僚、亲友捐金送柩归里,郧西老幼哭送百余里,立"遗爱碑"以志纪念。

爱新觉罗·福临

爱新觉罗·福临(1638~1661年),清世祖顺治,清代入关后第一位皇帝。爱新觉罗皇太极太宗文皇帝的第九子。其母为永福宫庄妃,博尔济吉特氏,即孝庄文皇后。他自幼醉心骑射围猎,骑术甚精,弓法娴熟。皇太极猝死后,未满6岁的福临继位,由两位叔父济尔哈朗和多尔衮辅政。1644年改元顺治,多尔衮率兵入关,相继夺取河北、山东、山西数省。九月自盛京迁都北京,十月即皇帝位,清王朝从此定鼎中原。顺治八年(1651年),多尔衮死于喀喇城,时福临14岁,开始亲政。他借鉴中国历代帝王治国经验,军事上,"剿抚并用,抚重于剿",招降弭乱,稳定社会秩序,缓和各种矛盾;农业上,以国计民生为首务,推行屯田开荒,招抚流民,实行"轻徭薄赋",安抚百姓;政治上,整顿吏治,用人注重公正、才能,严惩贪官,禁止宦官干政,重用汉人。亲政10年,一扫明末弊政及满族自身落后因素,发展了社会生产力。但福临性格暴躁,感情脆弱,多愁善感,曾为宠妃之死郁郁寡欢,有出家之念。顺治帝在位不足18年。顺治十八年(1661年),染天花病死于北京养心殿,年24岁,谥号体天隆运定统建极英睿钦文显武大德弘功圣仁纯孝章皇帝,庙号世祖,葬河北遵化清东陵孝陵。

顺治八年(1651年),顺治帝以亲政,遣太常寺卿段国璋祭告中岳。顺治十八年(1661年),顺治帝遣使祭告中岳。顺治帝这前后两次的御祭文都于当年刻石成碑,后都嵌于中岳庙黄箓殿东顺山房内。

冉觐祖

冉觐祖(1638~1719年),清朝经学家。字永光,号潭庵。河南中牟人。康熙二年(1663年)乡试第一,潜心于经学研究。康熙十八年(1679年),开博学鸿词科,巡抚将要推荐他,想见一见他,他说:"去见巡抚,是想求其推荐。"故不去见巡抚。康熙十九年(1680年),始与中州名儒耿介鱼素传书,成为神契之交。康熙二十八年(1689年)秋,应少詹事耿介、进士景日昣邀请,到嵩阳书院讲学。曾著《为学大指》和《天理主敬图》以授诸生。受业者云集。次年,巡抚阎兴邦委托耿介重修《中州通志》,冉觐祖则秉笔主编。康熙三十年(1691年)中进士,选翰林院庶吉士,其策问为李光地所赏。康熙三十三年(1694年),授翰林院检讨,充会试同考官,深受康熙帝赏识,有"气度老成"之褒。康熙三十七

冉觐祖

年(1698年)辞官还乡,再赴嵩阳书院讲学,以程朱理学为宗。康熙四十年(1701年),应召进京任翰林院原职,蒙康熙赐书法、砚台等。两年后,因病告老还乡,专心著述,治学严谨,兼教授子弟。康熙五十七年(1718年)去世,年82岁,葬中牟县北将台坡。嵩山本土文化名人耿介在《嵩阳书院请冉永光先生启》一文中,曾称赞冉觐祖"科名冠中豫,文章追先辈之遗。理学擅东京,著作洗末流之弊。蔼如霁月光风雅度,俨然泰山乔岳德辉。"

冉觐祖精研《四书集注》20年,"章求其旨,句求其解,字求其训,订正群言,归于一是。"他研究群经,兼采汉儒、宋儒之说,对其它经书也各有所述。冉觐祖一生著述甚丰,尚有诗文《易经详说》50卷(刊本)、《书经详说》76卷(刊本)、《诗经详说》94卷(刊本)、《春秋详说》56卷(刊本)、《礼记详说》178卷(刊本)、《五经四书详说》、《孝经详说》2卷(刊本)、《四书玩注详说》40卷(自刊本)、《孔氏三出辩》(刊本)、《性理纂要》8卷(刊本)、《正蒙补训》4卷(刊本)、《阳明疑案》、《为学大指》、《天理主敬图》、《语录类编》4卷(刊本)、《寄原堂测》4卷(刊本)、《嵩吟》(抄本)等20余种。其中,他的《五经四书详说》曾为康熙所欣赏。《中州诗征》卷9收其诗5首。

冉觐祖在嵩阳书院讲学期间,多与耿介、李来章、窦克勤、焦钦宠、景日昣等文化名人,游历嵩山风景名胜,诗酒唱和,留下了许多诗文。其中,诗歌有《阎大中丞抚军先生嵩阳书院创建道统祠,恭成十二韵纪事》《登三公石至仁智亭寻七星泉》《同耿逸庵先生游叠石溪》《游即园,遂至卧牛石北望嵩顶》《从逸庵先生叠石溪灌竹》《同逸庵先生坞上探藤花》《禹履倩一峰石图题辞》等,散文有《嵩阳书院考》《游嵩顶记》《游嵩阳书院记》等。

郭遇熙

郭遇熙(1639~1698年),清朝方志学家。字骏臣,号省斋,别号钟山。河南新乡县定国村人。康熙二年(1663年)中河南乡试第四名举人,康熙十八年(1679年)会试第95名,殿试三甲第84名进士。初授广东从化县知县,兼署广东清远、东莞两县事。官至刑部主事。郭遇熙潜心理学,师苏门孙奇逢,于学业多有成就。后多编纂方志,主张"略者补之,疑者阙之。"

郭遇熙著有《西斋文集》《廊南集》《粤东集》《燕台集》《西斋诗集》《廊南草》《西斋草》《孟城草》《东山草》《西山草》《燕游草》《游汯草》《粤东草》《西斋词集》《西斋匾联》《东园唱和集》《半优亭小景杂记》《粤归日记》《鹤园课艺》《麟经要旨》《双清馆麟经题解》《大清律例注解》《海棠小谱》《大事录》《拈花册》等。其方志之作有《郭氏族谱》《大事录》《从化新志》《从化县志》等。

郭遇熙游历嵩山时,曾写有诗歌多首,嵩山史料有录。

高绪之

高绪之,清朝嵩山地区文化名人。字显凤,嵩山新郑人。性仁慈,不喜杀生。尤嗜书,生平竭力购求,所蓄古今典籍略备。清顺治时贡生,曾任卢氏县训导。所藏古今书籍甚富。常向乡亲施舍衣食,乡人多感其德。死后,门人谥之曰"孝靖先生"。著有《荐遗诗集》、《杀生辨》。其中,他的诗《溱洧晚归》被多家史料录用。

张庆发

张庆发,清朝官吏。字月湄,郑州人。清康熙十六年(1677年)举人,授四川于潜县知县,以能治著称。康熙四十五年(1706年)乡试同考官。著有《字学集要》。

景暹

景暹,清朝名儒。号遯翁,河南省通许县人。清康熙岁贡生。精研性命之学,躬行不懈,学者称"北冈先生",冉觐祖誉他为"中州学人"。嵩阳书院兴隆盛时,曾请景暹、冉觐祖等儒家到书院讲学。景暹著有《孝经贯通正解》2卷,《随笔琐言》、《家训》20卷。

董祚宏

董祚宏,清朝乡野诗人。字玉昆,号前月,又号崆峒道人,清禹州(今禹州市)人。康熙二十九年(1690年)岁贡,工诗古文辞,洒洒数千言立就。善书画,爱州北崆峒名胜,时策蹇驴登临其上,数月忘返,因号崆峒道人。著有《峒山集》、《醉吟集》、《狂山放言》、《丹青引》。其中,他的诗《风雨游嵩崆峒》被多家史料录用。

贾之彦

贾之彦,清朝官吏,学者。字汉公,嵩山洛阳人。清康熙三十年(1691年)钦点进士。官陕西会宁县知县,与李中孚往复讲学,致仕。康熙五十五年,贾之彦辞官回归故里洛阳孟津,在村中建立义学瀍阳书斋,亲自启教后生。现存瀍阳书斋内有《瀍阳义学记》、《训蒙要略》两通石碑,文字内容均为义学创办人贾之彦所撰。《瀍阳义学记》以抒情的笔调,讲明了义学所处位置:"河南天下之中也,而洛阳又居河南之中,自周公卜洛,历汉晋唐宋建都于此,乃四方清淑之气所汇集,帝王将相之所钟也……"碑文后半部分主要内容是对其办学宗旨"学者也,非徒取荣名与厚禄,所以致知力行,求为圣贤也"的论证和解释碑文记载,此碑为康熙五十五年(1716年)所立,与学舍主梁上的建造年月一致。《训蒙要略》则为贾之彦对学生进行教育的"行为准则",内容四字一顿,八字一句:"天地之内,惟人为灵;欲令成人,需先正蒙。""先生讲书,倾心敬听;再将注解,细加研穷。"瀍阳义学在20世纪50年代村小学建成之前,一直有学生在此就读,曾经培养了很多学子,在嵩山地区是一个成功的私人办学典范。瀍阳书斋经历近300年的历史,至今保存较好。贾之彦著有《恭绎至谕条讲》《大学注传要录》《幼学格言要录》。

何锡爵

何锡爵

何锡爵,清朝官吏。字晋侯,号澹园,奉天广宁县(今辽宁省北镇市)人。满洲正黄旗贡生,后升入位于京师的国子监读书。康熙十八年(1679年),何锡爵由国子监的太学生被直接选派到陕西宝鸡县任要职。康熙二十年(1681年),被升任为宝鸡知县。何锡爵在公务繁忙之余,注意收集、整理当地的历史资料。经过不懈努力,最终编修出《宝鸡县志》一书。后来,何锡爵先后调任云南定边县、南涧县知县。他在任南涧知县时,见当地因偏远闭塞、文化落后,学子求学困难,便力排众议,在当地设置黉学(也称黉馆、泮宫、学宫,属官学,因多设于孔庙,传授儒道,所以也称庙学)一所。为当地培养了大批人才。康熙三十年(1691年),何锡爵奉命接任郑州知州一职。通过调查、考证,主持确定编修内容、人选等,两年后使《郑州志》编纂成书。此书内容翔实,体例严谨,保存了郑州古代的很多珍贵文献,如疆域图、建置图、开元寺图等,以及关于农民战争、兴修水利的记载等。

何锡爵十分重视农业生产,曾多次发布垦荒令,并到田间考察,了解百姓疾苦。根据水旱灾害时有发生的现状,他率众积极兴建水利设施。一次,何锡爵在民间走访中,见有个村庄存在大片无人耕种的"荒地",便进村去问缘由。当得知"农夫觉得那些地为沙土,产量低,便放弃耕种"时,何锡爵便创作了一首《劝农》诗,以劝告农夫不要轻言放弃。其诗曰:"日静风和鹤步迟,端思农事亟乘时。犁开南亩花盈陌,舍出东郊榆蒲篱。漫道荒沙为可弃,还将茂草好加耔。桑麻四野流亡少,击壤兴歌夫子嬉。"何锡爵在郑州任职的5年中,多有建树,其事迹在郑州的古籍中被记载为"杜苞苴,雪沉冤,除苛政,兴水利,崇重学校,减免田粮。"康熙三十五年(1696年),何锡爵升南阳府同知。此后,他又历任陕西平凉、云南顺宁知府等职。

何锡爵好为诗,所为古文词皆端雅有体。著有诗集《冰玉堂集》。

何锡爵之子何源洙,于乾隆十二年(1747年)八月任郑州知州。何源洙上任后,对几近废弃的子产祠(现郑州东大街第二小学一带,为彰扬子产业绩而建)进行了修整,使这里再次成为官员、文士朝拜的圣地。同时,对原郑州知州张钺、董榕所修的《郑州直隶州志》书稿进行了少量增补,并最终促成这部耗时多年、历经三任知州的志书手稿正式刊印成书。何源洙善诗词,现存作品有《夏日招同王潜亭、郭隆吉两广文游东皋别墅小集荷亭》《雨后因公赴京水镇书见》《初秋郊行即目》《凤台荷香》等描述郑州风物的诗,散见于《荥泽县志》、《新郑县志》等史料中。

程宗濂

程宗濂,清朝嵩山著名儒生。程一杰之子,嵩山禹州人。程宗濂生性方正耿直,不善阿谀逢迎。少年时勤奋好学,闭门苦读,直至晚年终生不曾废学。在乡里教授学生百余人,并多有成就。顺治五年(1648年)拔贡生,后学校秋试,又中副榜贡生。初授通判,后改任南昌府的僚属。因才学出众,备受赏识,所以,凡书写文告,代理印章,转拨粮饷的事都由他去作。在他升任兵马司指挥后,不受请托,使奸诈扰乱的人大为收敛。宗濂年老辞归,居家10余载,教授弟子,讲经课艺,一如往昔。终年88岁。

焦复亨

焦复亨,明朝方志学家。字阳长,嵩山登封人。幼孤,事母以孝闻。明代崇祯末隐士,征知县坚辞不赴,自称箕颍外臣。幼颖敏,读书轻视章句,工古文辞。性喜山水,以诗歌古文自娱。读书鄙章句,以诗古文辞不适。明季曾决策拒骚乱,守城27天。啸歌嵩麓颍水间,年83岁卒。焦复亨曾在登封知县张朝瑞的主持下,编纂有《登封县志》,于顺治九年(1652年)刻本问世。其兄焦贲亨与叶封编纂的《嵩山志》,其子焦钦宠纂成康熙三十五年(1696年)《登封县志》10卷,其孙焦如蘅纂成乾隆九年(1744年)《登封县志》10卷。焦氏三代纂志,于方志学颇有贡献,也定有家传纂志的方法和理论,惜不见文字流传。另著有《关圣世家》《诗缶音》《洛阳秋》《缶音緱籁》等若干卷,《中州诗征》收诗1首。

焦贲亨

焦贲亨(？～1684年),清朝名儒、方志学家。字汝将,号丘园,嵩山登封人。祖父焦子春,嘉靖乙丑年进士,历官宁夏兵粮道行太仆寺少卿,中年挂冠,德惠及乡人,人称"焦太仆"。其父焦一霱,补博士弟子员,早卒,诰赠文林郎。焦贲亨少年好学,未弱冠即游黉序。顺治五年(1648年)举人,授福建兴华府推官,平反了很多冤案。不久,摄泉州司李,兼绾蒲田、仙游两县,力请减免供给军队的粮草,赈济灾民。清初严海防之禁,沿海30里内居民皆令内迁,道路相望,哭声震天。他给百姓以宽限,使能从容搬迁,古田、将乐等4县人民说"焦公生我也"。康熙元年(1662年),擢江西瑞州府同知,闽人刻石纪念他的治绩,文人刊布诗歌歌颂他的功德,福建百姓追送数百里。赴瑞州第二年,"计典与以前任赎锾未清诖误,虽部议赦前获免",但他因不堪诬陷,弃官归故里,以教育为事。

焦贲亨归乡后与耿介兴复嵩阳书院,焦贲亨与耿介主讲嵩阳书院多年,使文风大变。晚年与耿介研讨性命之学,惠及后泽,影响很大。他去世后,耿介在为之所作墓志铭中,对他高度地评价:"公体貌修伟,气度冲和而庄重敬惧,虽独居危坐,终日无惰慢之容。与人交洞达坦白,始终如一。雅好读书,寝食未尝去手,学深博无涯涘而涵咏义理,一言一行,悉衷诸道。"

焦贲亨诗古文辞皆有法。在叶封任登封县令时,编纂《嵩山志》。为编好志书,焦贲亨曾遍访嵩山的古碑,搜寻遗迹,历时6载,10易其稿,最终编成《嵩山志》。焦贲亨另有《诗文》2卷。其中,他的《卢崖行》、《达摩影石》等诗多首,被多家史料录用。

张 埙

张埙(1640～1695年),清朝登封知县。字墉如,江苏长洲(治所在今苏州市)贡生。张埙从小笃志好学,然而,屡试不第。后以明经应八旗官教习,任务是教授镶蓝旗子弟,他循循善诱,从学者多成材。三年官学教习结束后,通过铨试获得了出任知县的资格。康熙十八年(1678年),张埙一个人骑马上任登封知县。第三天,就拜岳立誓:"不取一钱,不枉一人。"张埙鼓励垦荒,招民复业,劝农桑,请免税捐,减轻百姓负担。他召集流亡人员,督促他们耕种田地,并根据土地状况因地制宜,督促百姓种植木棉及各种果树。并亲自率领衙吏抽空"操耒为农,开荒岭200里,复辇辕路"。革除了官署行户、铁犁私税、机户征银、里役坐催、盐贾牟利、赂官赠价、马骡草料、学使者供应派民等10多项不合理的苛捐杂税。其中,盐贾牟利赂官增价一项,登封百姓每年可减轻"钱百二十万"。他重视赈灾济民,轻缓刑罚。有一年嵩山大旱,出现大规模虫灾。张埙一方面动员百姓驱除害虫,出资"县捕虫赏格";一方面借调粮食,到外地购买麦数百斛,及时无偿分发于灾民。他崇尚德治,以仁义劝导教化,各种案件明显减少。重教育,修学堂,以文化来教化百姓。当时嵩阳书院年久废圮,他出资修复,并请当时著名学者耿介主持,用程朱理学教导学生。修学宫,在全县设立义学21处,亲自到明伦堂讲学,并用揖让礼节来教导他们,使全县学风为之大振。编写《劝民俗语》,"导民以悌,教以忠信,劝以勤俭";还在义学中"讲学约,置善恶簿,示劝惩";并下乡到私塾中视察,为子弟"正其句"。张埙在登封为官5年,由于他勤政廉政,有人曾在他门额上写下了"官清民乐"4个大字,登封的确出现了历史上少有的"路不拾遗,狱讼日少"百姓安居乐业的安定局面。康熙三十四年(1695年)秋,张埙在北京逝世,在京的中州士大夫都到其寓舍设位以祭,见其清贫家庭,"无不泣下沾襟","讣至中州,登封人比户罢春持香楮走哭于张公四祠,匍匐吊唁"。登封百姓请其衣冠葬于嵩山脚下,"岁风春秋以时享,亲若祖考"。在四乡张公祠堂中供其塑像,榜为"天下清官第一"。嵩阳书院崇儒祠内原供奉有张埙的长生位,现东碑廊保存有张埙的衣冠冢碑。

张埙在登封任职期间,曾领导编纂《登封县志》(由张圣诰修,焦钦宠、景日昣纂,刻于康熙三十五年)。他多次到嵩阳书院讲学,写有《秋日嵩阳书院》、《嵩阳书院记》、《鄢公墓表》、《嵩阳书院会业序》等诗文传世。

焦钦宠

焦钦宠(1644～1722年),清朝修志家、诗人,清朝嵩山本土文化名人。字锡三,号樗林,明太仆与嵩公曾之孙。嵩山登封人。少颖悟,过目成诵。曾与郭文华同读于壶丘。崇祯十六年(1643年)李闯王攻入登封,其母杨氏殉节,投梧桐树下井死,后葬烈母骸骨于城南。当地农民起义军李际遇,盘踞登封城中。焦钦宠随城民流落他乡。患难之际,糊口无资,妻纺织,以供父隐君菽水。后栖居庐舍,奋发学习,参加科举,不料运蹇,屡试棘围,竟不获。然焦钦宠学识渊博,即补博士弟子员,以明经辑志终其身。康熙年间岁贡,曾任夏邑训导。

康熙年间,在登封知县张圣诰主持下,焦钦宠和高一麟以及进士景日昣等人互相考订,编纂《登封县志》10卷,于康熙三十五年(1696年)刻本问世,后此志被《四库全书》存目,《皇朝文献通考》、《八千卷楼书目》、《清史稿·艺文志及补编》著录。康熙三十五年,焦钦宠奉登封县令,完成《少林寺志》初稿。后由其子焦如蘅在此稿基础上,加以裁酌,编纂成《少林寺志》。焦钦宠出身于修志世家,父亲焦复亨,伯父焦贲亨,儿子焦如蘅皆修志。清代《登封县志》共修5次,现仅存有4种版本,其中前3种,皆出于焦氏家族。焦钦宠之父焦复亨编纂有顺治年间的《登封县志》,焦钦宠之子焦如蘅还编纂了于乾隆九年(1744年)刻本问世的《登封县志》。祖孙三代百年内连续修志数部,享有盛名。

焦钦宠在当地纂修通志,皆出自直笔,人称信史。焦钦宠虽不得志,而生平所历名山大川,历太行、上苏门、游白泉、去王屋、登华岳,所去之处屡有诗文见存。和当时汤斌、张平倩、李云湘、冉觐祖、李礼山、耿介等文人哲士,常有聚会,在学问上相互探讨,以理学相质。然焦钦宠未伸其志,惜中年而殁,殁后十余年,其子焦如蘅魁于乡,后也成为嵩山修志家。

焦钦宠工书法,善书隶。耿介编的《怀嵩堂赠言》,江琏画《嵩山总图》,皆由焦钦宠题词。少林寺的《凝然改公禅师碑》、《道公行实碑》的碑阴文字也为焦钦宠撰书。

焦钦宠在嵩阳书院讲学时,和耿介、王又旦、李谦益、高一麟、吴子云、冉觐祖、梁家蕙等四方文化名人相互交往,活动频繁,他们在一起共讲儒学,相互探讨,使嵩阳文风清新而蓬勃;登嵩山,赏美景,触景生情,即兴赋诗,同题同韵,唱诗联句,不仅为嵩山留下了许多美丽的诗文,还增加了诗人之间的友谊和情趣,活跃了嵩阳书院庄重严肃的文化生活,浓郁了嵩山的文化氛围。代表诗作有《轘辕踏雪》、《汉柏行》、《登嵩岳绝顶》、《题达摩面壁石》、《中岳庙祭告礼成》、《嵩阳川上亭子》等。焦钦宠多才多艺,在诗作和文辞上都有建树。著有文集《樗林文存》、《樗林诗存》。

杨 晋

杨晋(1644～1728年),清朝著名宫廷画家。字子和、子鹤、水村,号西亭、二雪、谷林樵客、鹤道人、野鹤,江苏常熟人。为清代大画家石谷(王翚)入室弟子,关系亲密。王翚出游,杨晋随行之。王翚画中凡有景物,如舟桥、人物、牛马、驼羊等往往由杨晋补笔。杨晋与王翚绘制《康熙帝南巡图》颇精。他学王翚画风神酷似,几可乱真。以画界画见长,他能恰到好处地发挥传统工笔界画的特长,把人工建筑的楼阁台榭及人物举止和天然山水景色紧密结合起来,在结构上作了极好的剪裁,满而不闷,画风细致明秀、娟丽清新,层次过渡非常自然。写实造诣颇深,造型能力极强。善写平林村景,轻烟淡雾,锋毫精整,饶有情趣。尤擅画牛,蹄角生动,人物、花鸟"俱臻古人阃奥"。论者谓其追踪耕烟,种种入妙,可称能手,然未能另出手眼,摆脱师规,纵极工妙,终不免为石谷所掩耳。传世作品有康熙十三年(1674年)与王翚合写《王时敏小像》及《王翚骑牛图》轴,现藏故宫博物院;康熙十九年(1680年)作《赤壁赋图》卷、康熙二十七年(1688年)作《豪家佚乐图》卷、康熙三十三年(1694年)作《空山独往图》卷藏辽宁省博物馆;康熙三十四年(1695年)作《山水图》轴藏南京博物院;康熙四十六年(1707

杨晋画选

年)作《山水图》轴藏上海朵云轩;康熙五十五年(1716年)作《花鸟写生图》卷藏沈阳故宫博物院;康熙五十八年(1719年)作《四季花卉图》卷藏常熟博物馆;《山水花鸟图册》藏上海博物馆。

杨晋以嵩山卢鸿草堂附近的山、水、林、瀑、亭、榭、楼、阁等景物为素材,绘有山水画《嵩山图》,款识:"结隐嵩山下,悠然神上清,世尘元不染,猿鸟亦忘情。容膝乾坤大,挥毫洞壑横。"

潘 耒

潘耒(1646～1708年),清代儒学家、文学家。原名棟吴,字次耕,又字稼堂,晚自号止止居士,吴江(今江苏)人。潘柽章弟,幼孤。生而奇慧,自小过目成诵。少因其兄柽章罹庄廷鑨之狱,家累北徙戍边,备尝艰辛。师事徐枋、顾炎武,对于群经、诸史、算术、宗乘等学无不通贯。博通经史、历算、音学。康熙十八年(1679年),以布衣试"博学鸿词"科,授翰林院检讨,参与纂修《明史》,主纂《食货志》,兼修《实录》、《圣训》。在《明史》馆时,上书总裁,提出八点主张。康熙称得士,充会试同考官,名益盛,招致很多人的妒忌,终以浮躁降职,遂辞官南归。康熙三十四年(1695年),在福建建阳刻成《日知录》32卷本行世。潘耒性好山水,每游胜景,必有诗文纪之。晚年钻研"易象数",颇有心得。康熙四十二年(1703年),康熙南巡,给他赐复原官,大学士陈廷敬乘势力荐起用,他坚辞不受。

潘耒工于诗文,他的登临怀古之作,折服了很多名流。名篇有《游南雁荡记》、《火焰峰》、《天柱峰僧饷黄独》、《仙居诸山游记》等。著述有《遂初堂诗集》16卷、《遂初堂文集》20卷、《遂初堂别集》4卷、《溯字学源流辩》;又因顾炎武的《音学五书》作《类音》8卷。皆行于世。

潘耒在嵩山活动时,曾写有《测景台》、《石淙》、《会善寺》、《箕山》、《具茨山》、《巩县》、《田横墓》等诗,以抒发他对嵩山的热爱和景仰的情怀。

仝 轨

仝轨(1648～1707年),清朝嵩山本土学者、诗人。字车同,号平山,清代河南汝州直隶州郏县人(今河南郏县)。出身于书香世家。曾祖仝梧,明朝万历四十七年(1619年)进士,官至云南按察司副使。祖父廷举,顺治五年(1648年)河南乡试解元。父于门,增生。仝轨自幼聪颖惠敏,读书过目成诵。17岁即见知于河南督学张九征,张九征颇赏其文。仝轨几次参加乡试都未中举。康熙三十三年(1694年),知县金世纯聘请他修《郏县志》,该志体例完备,考据翔实,秉笔直书。后多次续修县志。仝轨诗清新自然,皆为真情之流露。叔父家遭难,仝轨奔走营救,半年行八千里,家业荡尽,而叔父得免卒成辽阳。康熙四十四年(1705年),仝轨考取河南乡试解元,时年已经58岁。次年赴礼部试,京中文坛名士争来识面。可惜殿试未能进士,然其已名噪京华。著名诗人王士禛把他介绍给河南巡抚徐青来,徐聘请仝轨主持大梁书院。仝轨遂成为中州学术界领袖。不久因病去世,享年60岁。仝轨一生写有《杜工部宅》、《秋日渡汝》、《王辅嗣墓》等很多嵩山地区的诗文,但传下来的不多。有著作《真直堂文集》、《真直堂诗集》行世。

刘 湛

刘湛,清代修志家。字东里,号黍山。禹州训导刘延祐之子,嵩山禹州人。刘湛学识渊博,善写文章,对于掌故尤为熟悉。康熙九年(1670年)恩贡,任湖广辰州府通判。到任时府中空无一人,刘湛独任一郡政务,尽力经营筹划。后因父去世辞官归里,居父丧三年不食荤酒。当时纂修《河南通志》的人,每遇到各项典章制度中的疑难问题大多向他请教,得刘湛一言才能决断。当时的碑版志铭等也大多请他撰文,四方求文的人络绎不断。卒年78岁。刘湛一生致力于钻研《左传》及古文诗赋,著有《酌古堂汇稿》。刘湛写的《游白沙》、《乱后过家题壁》、《天宁万寿寺》等诗,史料有录。

吕履恒

吕履恒(1649~1719年),清朝修志家,戏曲家、诗人。字元素,号月岩,一号坦庵,又号月岩、青要山樵。吕维祺之孙,河南省新安人。康熙三十年(1691年)进士,官至户部侍郎、仓场总督。祖吕维祺,明南京兵部尚书;父吕兆琳,进士,官至都察院左佥都御史。吕履恒幼承家学,博览群书,尤耽于诗,不落唐宋以下。吕履恒系明末重臣吕维祺孙,明末书画家、诗人王铎外孙,曾得著名诗人王鑨授诗法,亦宗七子。吕履恒薄游南北,交其贤豪,考其风土。喜交遗民布衣辈如"太仓十子"中许旭、王摅等,诗奉陈廷敬、王士禛为师。吕履恒又于王渔洋、陈说岩称诗弟子,成就较高,徐世昌称其"气息醇厚,于国初中州诸贤中当推大家"。吕履恒诗歌的题材亦极其丰富,大都能切合时事。如《斫榆谣》、《邻人别》、《哀流亡》诸作,极言民间疾苦,可看作是对杜诗精神层面的一种继承。吕

吕履恒

履恒亦擅散文,更是清代嵩洛地区最重要的词人。吕履恒著有《冶古堂文集》5卷、《梦月岩诗集》20卷(末附词24首)、《梦月岩诗余》、《嘤鸣》、《闻幽集》、《名山集》及《宁乡县志》等。杨淮《中州诗抄》

录其诗达 53 首,居所有入选诗人之首。《中州诗征》卷 9 收其诗 10 首。吕履恒所做的《氾水道中》《望少林寺》《登封雨》《游叠石溪观澜亭漫成》《双洎河》《饮鹤池》《黑石关》等很多嵩山诗,大都收录在嵩洛地区史料之中。

吕履恒工戏曲,一生创作有 4 部剧作,并在长沙、杭州等地演出,然今存《洛神庙》一部。写明朝洛阳秀才何寅与妻巫友娘、妾贾绿华的生死离合,以二枚返魂香附周旋其间。其作品有强烈的虚幻色彩,语言上追求诗的意境与韵致,演绎洛水河畔的人情世态,离合情缘。全剧除故事传奇外,在情节构成以及舞台效应上,都遵循了戏曲文体的要求,做到了"从心所欲不逾矩"。

窦克勤

窦克勤(1653～1708 年),清朝理学家、教育家、修志家、嵩山文化名人。字敏修,号静庵。柘城县城南窦老村人。窦克勤出身于书香门第,天资聪颖,学习刻苦。康熙十一年(1672 年)举于乡,为泌阳教谕。康熙十七年(1678 年)进士,授翰林院检讨(史官名)。此时,他以父母年迈和自己身体不适为由告假返回乡里,致力于朱阳书院的建设。他一生学而不厌、诲人不倦。耿介讲学于嵩阳书院,他在 6 年中 5 次到嵩阳书院听讲,非常虚心,学业大进。康熙十一年(1672 年)在北京见到汤斌,他又虚心向汤斌请教,他的学业更是突飞猛进,视野更为宽阔。窦克勤一生致力于教育事业。在他为泌阳教谕时,便仿效朱熹先生的白鹿调规,并推而广之,分立五社长,奖罚分明,又立童子社,教育儿童学习礼仪。他见家乡文风不振,便与父亲于康熙二十九年(1690 年)择地于柘城东门外创立朱阳书院,聚徒讲学。强调明学术、正教训、立人品,要求从小立志,笃于信道。教学上经史并重,旨在知古今之变,明理应事。并制定"朱阳书院"条规:"对生徒求讲官情,求照私事,求发书函,求荐舍馆宾者,一律除名;而对于讥讽时势,谈人闺门,戏谑滋漫,诓诈作为,爱取人物,忌毁人善,藏匿书籍,阴窥私箧者,更不宽容。院规严,秩序井然。"他治书院严格,因此,"每月集邑弟子讲学课艺其中,远方来学者鳞集。登堂学业娓娓不倦,理学之盛,继美嵩阳。"康熙四十七年(1708 年)猝然病逝于柘城,时年 56 岁。

窦克勤一生著述甚丰,主要著作有《理学正宗》15 卷、《四书阐义》、《孝经阐义》、《婚礼丧礼辑略》、《圣学集成》、《天德王道编》、《事亲庸言》、《寻乐堂札记》、《泌阳学规》、《寻乐堂学规》、《寻乐堂家规》、《游燕日录》、《周志谱》、《寻乐堂诗文集》、《晋游草》、《乐饥集》2 卷、《嵩阳酬和集》、《悲饥诗》、《劝善歌》等。涉及志书的有《游嵩杂记》、《寻乐堂家乘》、《周志谱录》,以及《朱阳书院志》等。这些专志,叙述详审,富于史料价值。

窦克勤在嵩阳书院听学、讲学期间,与嵩阳书院的著名儒学大师耿介多有交往,并在听学、讲学、观景方面多有相互赠诗唱和,耿介写有《窦敏修先生以诗赠别,即和原韵奉寄》《登三公石和窦敏修先生韵》《冬至后一日咏雪和窦敏修先生韵》《送窦敏修先生东归四首》《与窦敏修先生书》《与窦静庵先生书》《窦太孺人传》《窦克敏先生"家乘"序》等诗文,窦克勤也写有《书院和逸庵先生韵即呈教正》《和耿逸庵林澹亭嵩阳书院讲学》《奉和耿逸庵先生嵩阳书院四时读书乐,效紫阳先生体四首》《同逸庵先生游川上亭》《九日登三公石三章,章十六句》《嵩阳书院夜雨联句序》《冬日读书嵩阳书院述怀》《雪夜》《书院与宋体仁、王裕九谈学》等诗,并写有《嵩阳书院讲学记》《嵩阳书院读书赋》《嵩阳书院记》等文章,成为当时名副其实的嵩山文化名人。

李来章

李来章(1653~1721年),清代理学家、修志家,嵩山地区文化名人。本名灼然,字礼山,晚号寒香,嵩山南麓襄城人。出身理学世家。康熙十四年(1675年)举人。康熙二十九年(1690年)与耿介、冉觐祖主讲嵩阳书院,世称"中州三君子"。康熙三十年(1691年)主讲南阳书院。寻以母老谢归,重葺紫云书院,讲学其中。康熙四十三年(1704年)选广东连山知县,连山县瑶族人多,李来章推诚以待之。访民疾苦,招募流民,劝之垦荒,实行轻徭薄赋。创办连山学院,亲订学规,终日授徒,让瑶民子弟就学。康熙五十一年(1712年),授兵部武选司主事,监北新仓,革除弊端。不久因病归里。大学士田从典、侍郎李先复等以实学可大用荐,得旨征召,但他以疾力辞,遂不出。病卒,年68岁。

李来章

李来章研理学,曾从学于名儒孙奇逢。他为人内行淳笃,刻厉自治。一生讲学于嵩阳书院、南阳书院、紫云书院,并创连山书院,曾制订《南阳书院学规》、《达天录》等以教学生。是名副其实的理学家、教育家。母亲年老而谢归,就重新修葺了紫云书院,读书其中,学者多从远方而来。母亲得了眼病,他每天早上起床后用舌头舐之,终使母亲眼睛复明。

李来章著有文集《洛学编》《游嵩草》《礼山园文集》《京华见闻录》《岭南拾遗》等四十余种。纂有专志《连山书院志》6卷、《敕赐紫云书院志》2卷、《衾影录》,以及《连阳八排瑶风土记》8卷。《连阳八排瑶风土记》系其访问父老,略为诠次。《四库全书总目》评曰:"中多自叙政绩;其向化一门,纪所判断之案,各为标目",但"殆非传奇,尤乖体例。"

李来章在嵩阳书院讲学期间,与耿介、冉觐祖、焦钦宠、王又旦、梁家蕙等当时一些嵩山本土文化名人,相互唱和,共同营造了嵩阳书院浓郁的文化氛围,并著有大量诗文,如《谒道统祠》《谒中岳庙》《书院紫薇》《从逸庵先生叠石溪灌竹》《同观汉柏记》《同游叠石溪记》《嵩阳书院看月》《谒周公测景台》《自赤脚岩至三祖庵》《同逸庵先生坞上探藤花》等诗,是清代嵩山著名诗人中的一个代表。

吕谦恒

吕谦恒(1653~1728年),清朝诗人、修志家。字天益,一字涧桥,号涧樵。吕履恒之弟,河南新安县人。康熙四十八年(1709年)进士,改庶吉士,官翰林院编修,历御史,转给事中。雍正年间,官至光禄寺卿,以老致仕。吕谦恒系明末重臣吕维祺孙,明末书画家、诗人王铎外孙,曾得著名诗人王鑨授诗法,亦宗七子。因以兄履恒同以文学为名,时称新安二吕。新安吕氏家族是中州"诗书风流"延绵最久的世家之一,自吕谦恒和其兄吕履恒享名之后,其子侄辈法曾、耀曾、宣曾、守曾、仰曾等"昆弟数十人,皆灵运惠连之选"(杨槐《中州诗钞》),其孙辈公溥、公滋、燕昭、申、雍等亦代有人才。

吕谦恒工诗,风格以严谨著称。其诗风格,历来所论亦颇有不同。方苞称:"《青要集》兼初盛唐人之长,而风骨酷肖子美。"《四库全书总目提要》则云:"其诗纯作宋略,疏爽有余。"从这些评价中可以看出,吕谦恒在清初中州诗坛风气转变上,比乃兄走得更远。他的古文推崇桐城派,堪称桐城派在河洛地区最重要的作家。方苞《吕光禄卿谦恒墓志铭》深以其为知己:"余尝以古文法绳班史柳文,多可瑕疵,世士骇诧,虽安溪李文贞不能无疑,惟公笃信也。"

吕谦恒因在青要山读书数十年,故书名都带有"青要山房"。著有《青要山房诗选》12卷,收录《四库总目》。另有《青要山房文集》。《中州诗征》卷11收其诗11首。吕谦恒在志书方面编纂有《一统志万姓通谱》。

吕谦恒游历嵩山时,曾写有《游石淙》、《关壮缪墓》、《苌弘墓》、《石窟寺》等风景名胜方面的诗,嵩山史料有录。

爱新觉罗·玄烨

康熙皇帝

爱新觉罗·玄烨(1654~1722年),清圣祖康熙,清代第二位皇帝。伟大的政治家、军事家,多才多艺的学者。清世祖顺治帝第三子。康熙8岁(1662年)即位,14岁亲政,16岁铲除了权臣鳌拜。康熙文武双全,既精通传统文化,又涉猎西方科学;既御驾亲征击退噶乐丹,又部署重臣与沙俄进行外交谈判,订"尼部楚条约";既坐镇北京,运筹帷幄,决胜千里,取得剿撤三藩、南收台湾、北拒沙俄、西征蒙古等战争的胜利,又能治国安邦,兴修水利,治理黄河,鼓励垦荒,薄赋轻税,爱民如子。康熙一生好学敏求,勤于政事,雄才大略,崇尚节约。钱宗范在《康熙》中说:"他一生勤奋好学,博览群书。自然科学方面的数学、天文、历法、物理、地理、农学、医学、工程技术;人文方面的经、史、子、集;艺术方面的声律、书法、诗画。他几乎都有所研究。"康熙一生兴文重教,亲自主持编纂了《康熙字典》、《古今图书集成》、《律历渊源》、《全唐诗》、《清文鉴》、《历象考成》、《数理精蕴》、《皇舆全览图》、《佩文韵府》、《康熙永年历法》等重要典籍总计60余种,2万余卷。还先后兴建了被称为古典园林艺术典范的畅春园、避暑山庄、木兰围场等。康熙在位61年,由于他的文治武功,使中华的多民族统一的局面得到巩固发展,出现"康乾盛世"的繁荣,开创中华民族的另一黄金时代,康熙是中国历史上善于治国、为数不多的伟大封建政治家和军事家。康熙六十一年(1722年)十一月逝世,谥号合天弘运文武睿哲恭俭宽裕孝敬诚信功德大成仁皇帝,庙号圣祖,葬于景陵(清东陵)。后人评价在中国近200个帝王中,他是最出色的皇帝。

史料记载:康熙一生虽然没有到过嵩山,但在他执政期间,始终把中岳嵩山奉为上天的神明,祀以对国家的祐护。顺治十八年(1661年)八月,康熙帝登基,遣使祭告中岳;康熙六年(1667年)七月,康熙帝以亲政,遣户部左侍郎艾元征祭告中岳;康熙十五年(1676年)二月,康熙帝以建诸,遣礼部右侍郎兼翰林院学士加一级杨正中祭告中岳;康熙二十一年(1682年)三月,康熙帝以疆域底定,遣内税侍读学士加二级图纳致祭中岳;康熙二十三年(1684年)十二月,康熙帝以"时迈省方",遣户部右侍郎鄂尔多致祭中岳;康熙二十七年(1686年)十二月,康熙帝以孝庄文皇后升祔太庙,遣正白旗汉军副都统对亲祭告中岳;康熙三十三年(1694年)十月,康熙帝遣使钦颁御书"嵩高峻极"匾额悬中岳庙;康熙三十五年(1696年)正月,

康熙御书《少林寺》匾额

康熙帝以灾侵,遣刑部左侍郎加一级田雯致祭中岳;康熙三十六年(1697年)八月,康熙以塞北永清,遣翰林侍讲特默德致祭中岳;康熙四十二年(1703年)五月,遣翰林侍读钟申保致祭中岳。并奉颁御书"宝树芳莲"四字匾额悬挂大佛殿内,奉颁御书"少林寺"三字匾额悬挂天王殿外。康熙四十八年(1709年)五月,康熙帝以复储遣内阁侍读学士李中极致祭中岳。康熙五十二年(1713年)闰五月,康熙帝遣兵部左侍郎李先复,致祭中岳。康熙五十八年(1719年)三月,康熙帝以孝章皇后升祔太庙,遣翰林侍读魏廷珍致祭中岳。

傅而保

傅而保,清朝官吏。字公定,嵩山登封人。少从耿介学,康熙中选拔为贡生,康熙二十六年(1687年)任福建福清县知县。傅而保任职期间,清丈土地,4次上书朝廷,请免荒田赋税,百姓怀之。后改江西永丰知县,升安徽六安州知州。严保甲,兴学校,打击豪强,平反冤狱,有政声。

梁家蕙

梁家蕙,清朝名儒、诗人。字树柏,号蒙庵,嵩山登封东金店骆驼崖人。相传7岁能写文章,稍长入嵩阳书院从耿介学习,授以《理学要旨》。县学应诸生试,成绩第一,为弟子员。其间,回家奉养父亲,耿介亲自到他家讲授。在嵩阳书院受业于冉觐祖、窦克勤等,结业后精通理学,留在嵩阳书院讲学。梁家蕙是耿介最为器重的学生。康熙十七年(1678年),耿介在《与梁树柏》中说:"英敏之姿,奋然励求之志,虚怀高谊,迥绝流俗。"给梁家蕙以极高的评价。耿介的《秋日寄梁树柏》中有:"每从北山阳,怅望南山阴。秋色正潇洒,想象故人心。故人有远度,安和德愔愔。三时希会面,两月不嗣音。我欲往从之,日日忧采薪。"从中可见耿介与梁家蕙之间深厚的师生情和朋友情。相传耿介任少詹事时,携梁家蕙赴京读书,梁家蕙曾与乾隆同窗学习。晚年,乾隆曾诏其进京做官,但终未应诏,安心在嵩阳书院讲学授徒。耿介去世后,梁家蕙受登封知县张埙延请,继任嵩阳书院院长,主讲嵩阳书院,并曾一度讲学白沙书院。在其担任嵩阳书院院长期间,求学者络绎不绝,数百里之外慕名而来嵩阳书院者达数百人之多,使得嵩阳书院继续维持兴盛局面。其墓碑所列受业门人67人,分别来自登封、密县、郑州、禹州、汝州、偃师、洛阳、卢氏、太康、鄢陵等地。

梁家蕙著有《存遗集》、《梁氏家乘》、《藏书楼录》等。其诗有《游三公石记》、《冬至日独游嵩阳书

院》、《甲子仲春二月,莆阳林澹先生洛中试竣,讲学嵩阳书院,发挥孔门言仁诣,为诗纪其事》、《嵩阳书院四时读书乐,效紫阳夫子体四首》、《登三公石》、《嵩阳书院藏书楼观月》等。

雍正八年(1729年),梁家蕙的弟子为弘扬其刻苦讲学,精心育人之美德,为其刻立了墓碑,现存于嵩阳书院西碑廊。"民国"四年(1915年),梁家蕙后人恐其事迹湮没,请洛阳著名书法家高佑撰文并书丹了《梁树柏先生碑》,现存于嵩阳书院碑林。

宋 至

宋至(1655~1725年),清朝官吏、诗人。字山言,河南商丘人。晚号方庵,又号纬萧散人。宋荦之子,同邑刘勋之婿。宋至出身于世代名宦之家。祖父宋权,字雨恭,为天启五年(1625年)进士,历官县令、巡抚等职。顺治二年(1646年)拜国史院大学士,入参政文。不久,以太子太保致仕。且能诗善文,著有《白华堂诗集》和《三垣疏稿》。为诗骨气森老,古调苍凉,沉郁顿挫,长于歌行,俨然有杜少陵之风。其父宋荦,字牧仲,官至吏部尚书,善书法,喜收藏名画经籍,精通声律。青年时期,与贾开宗、侯方域、徐邻唐、徐作肃、徐世琛结"雪苑六子社",相互砥砺,研讨并创作诗文,造成了清初商丘诗坛的鼎盛局面,使商丘诗派崛起于豫东平原,成为北方诗坛盟主,与大江南北及岭南诸名家分庭抗礼,为全国所注目,著有《绵津山人诗集》、《筠廊偶笔》和《西陂类稿》等。

宋至为康熙四十二年(1703年)进士,选庶吉士,授翰林院编修。康熙五十年(1711年)典贵州乡试,康熙五十一年(1712年)督学浙江,所拔多名士。后以忧归,不复出仕,放情山水。宋至工诗,著有《纬萧草堂诗集》6卷(刊本)、《烊牁集》1卷。宋至书工行、楷。《纬萧草堂诗集》序云:"年十三四,耽嗜声律,博采当世名家,雅知中原文献,萃于商丘,一门祖孙父子,人人有集。"

宋至在嵩山地区活动期间,他写有《草阁》一诗,传于后世,史料有录。

颖如琇

颖如琇(1658~1731年),清朝高僧、洛阳白马寺住持。俗姓潘,字颖石,法名颖石琇,世籍洛阳。如琇自幼多疾,托身于白马寺,9岁入寺,依本师培之剃染。攻内外典,了无障义。在嵩山风穴寺受戒、学道30余年,为传临济正宗第35世法嗣。兼善诗文,工书画,著有《句瞿诗集》及白马、白云语录。曾遇闽禅青雷师,从之游燕蓟,礼五台诸名刹。后入风穴寺(今汝州市东北),得戒于憨公乾,与其高足参风穴寺数载,独委心并得法于默公辉,辉得法于憨公乾。如琇从默公住伏牛山演讲坪,默公以从上源流付之。康熙四十年(1701年),默公继风穴寺祖席,如琇从之,主西堂事。时洛阳县令久闻其名,遂与官绅士庶同请如琇归白马寺,开堂演教。入院之日,四众云集,遐迩不期而会者几百人。如琇10年来辛苦经营,台阁殿宇、诸堂寮舍焕然一新,使白马寺钟鼓冠于中土。雍正元年(1723年),风穴寺席虚,耆旧凋谢,非具大圆通者不克负荷。如琇遂应函约而去。法师丰度从容,道气浑穆,入风穴寺7载,大工屡兴,佛法广传。时法师世寿72岁,累求谦退,因风穴寺极盛难续,莲庄僧众坚留坐镇。门人欲于风穴山预营法师寿塔,窥其意在白马寺,遂聘人卜吉于寺左(今白马寺东隔壁荣康医院内),作《颖石琇公和尚寿塔铭》。雍正九年(1731年)法师圆寂,次年立塔铭。

颖如琇善诗文,工书画,才学横溢。"说诗中禅,示画中意",对佛学有相当高的造诣。他在嵩山风穴寺和白马寺期间,于"禅诵之余",创作有大量的诗画可惜保存下来的为数极少,其中现存诗"白马寺六景"、"风穴寺八景"和"喜公池"都属于碑刻之作,故流传至今。

赵冬晟

赵冬晟(1658~1743年),清朝嵩山乡野诗人。字友真,号松园,嵩山禹州人。赵来鸣之子,康熙四十七年(1708年)恩贡。幼时聪慧过人,有神童之称。10岁能诗,赋诗《登偃莲顶》,佳句为人传颂。12岁入学,志趣不凡,常讥笑说:"绛、灌无文(指绛侯周勃、颍阳侯灌婴,均为西汉高祖时名将),随、陆无武(指随何、陆贾,西汉高祖时文臣)。"因此,他把书斋匾额题为"兼习"(意为习文兼学武)。但考场不利,康熙四十七年(1708年)选为贡生,时已年届50岁。平时与陈兰崖、马子陶、刘苍佩诗文唱和,往来甚密,可称忘形交。赵冬晟79岁授林县教谕,因年老坚辞不就。终年85岁。赵冬晟著有《松园诗草》、《吴越游草》、《怡山堂草》、《四书日讲偶笔》等书。赵冬晟有诗《龙泉寺》、《禹州犊水园》传于后世。

赵御众

赵御众,清朝嵩山理学家、诗人。字宽夫,原籍河北滦州,后迁嵩山新密超化寨入籍。中过秀才,早年绝意仕进,学及"六经"、群史及秦汉以来诸大儒书,旁及诗文翰墨。顺治十七年(1660年)从孙奇逢受业于辉县苏门百泉书院,与魏一鳌、汤斌共为入门弟子。他为学的功夫,讲究"事心如事天",常念两句诗,"垂名千古易,无愧一心难"。为此每日惴惴然,唯恐此心坠落;自我检讨不止于"日三省吾身",觉错事,往往百计弥补。孙奇逢曾拿他与汤斌并称,称其善补过。明鼎革后,携家来密,居嵩山超化寨十载。明清之交,超化寨相继吸引来多位亡明遗臣、名公鸿儒。思想家顾炎武、理学家孙奇逢及子孙博雅、前明河南道监察御史温源、河南布政使杨思圣、江苏沛县举人翁深等都相继来到超化。一时之间,白云庄内,高朋云集,名士荟萃。赵御众与这些名人在超化寨就有了格物致知,登高临流,相互唱酬,诗文自娱的气氛。

赵御众晚年自号"超化老人"。与上蔡张沐、登封耿介、雄县李非射、范阳马尔楷、杞县马之骐、辉县孙博雅及超化钱佳选等名公鸿儒,相互讲学,活跃于中原各大书院,有志于儒学的传播。赵御众是个书痴,每次出游,必满载书籍归,一览成诵。赵御众善诗文,尤工行楷书,学者们竞相把他的墨迹当作瑰宝。赵御众居密县超化寨期间,以一个理学家和诗人的思想和眼光,游历于嵩山、具茨和所在的寺庙之间,写有很多诗文,辑有诗集《山晓堂诗集》和文集《弗措录》、《困亨录》、《夏峰传信录》、《夏峰答问》等。

张 信

张信,清朝诗人。字中孚,嵩山新郑人。四川学使张光祖之子。清康熙贡生。有逸才,读书数行,俱下目一过,辄终身不忘。日沉酣典籍,于书无所不窥,为文章援笔相唱和。绝志仕进,沉酣典籍,尤长于诗,通音律,与同里王九式、徽人汪其试辈相唱和。晚年失明,益纵酒赋诗,或寄兴小词。著有《覆瓿》10卷、《懒余》2卷。

任 枫

任枫(? ~1681年),清朝官吏。字木庵,号砸庄,嵩山汝州人。幼年聪慧,过目成诵,15岁补博士弟子员,康熙六年(1667年)进士,十三年(1674年)授山西灵石县(今介休县)知县。他宽厚清介,不取民间一物,也不冤枉伤害一个人。县内豪绅们互相倾轧,不少人向任枫送礼求情,他总是说:"为民父母,岂能贪赃枉法。苟且从事?深夜吵嚷,弄脏了我的耳朵!"遂叫人来打水洗耳。送礼的人见到情况,只好灰溜溜地走了。灵石县为陕西、山西经太原通往北京的要道,来往官员、军队粮草等都要经过此地,派车拉夫,迎送招待,官民备受其扰而无可奈何。任枫与上司痛陈百姓之苦,据理力争,上司无法,只好下令免去灵石县一切供应。康熙十九年(1680年),任枫晋升为内阁中书,百姓不忍他离去,不少人哭泣相送。他先回汝州省亲,未及赴京上任,于家中病逝。任枫学识渊博,精于诗文,兼工书法,晚年对程朱理学颇有研究。他热爱家乡的山山水水,对名胜古迹题咏尤多。著有《风穴志》、《史勺》、《琐记》等书。

郭文华

郭文华(? ~1684年),清代名儒。字元甫,号厚庵,嵩山登封唐庄人。先世山西洪洞人,明初其始祖避乱于登封,遂定居唐庄。顺治八年(1651年)辛卯科中举,丁酉年因母亲去世在家丁忧3年。服满后授江西上高知县,用轿抬着父亲赴任,以尽孝心。不久父亲去世,又归里丁忧。服满后又补直录宁津县。在任期间,宁津地亩缺额240顷,老百姓缺地少粮。在颁行"丈地即升"制度大形势下,他执法严明,清正廉洁,排除当地豪强的干扰,重新丈量土地,补上缺额,按实有土地征收赋税,深得百姓拥戴。在宁津4年,他"至于立塾师以教子弟,联保伍以弭寇盗,严劝谕以息狱讼,捐金赎难以全人之父子夫妇,仁心仁政固堆难以悉数也。"后考绩升迁内府中书,旦夕可得铨补。郭文华因年龄已磊,遂不赴任,而告老还乡。临别之际,百姓攀辕卧辙,三天才得以出宁津境。郭文化生性直率,见人有过,就直言不讳。闻人善,即津津乐道,赞不绝口。他孝敬父母,扶养幼弟,教诲子孙。他教子:"积德务滋,读书务勤,谦能受益,忍不辱亲。"晚年,郭文华精研易学,曾在嵩阳书院讲学,著有《嵩阳书院程朱子祠记》,此文与吴子云撰文的《嵩阳书院讲学记》、窦克勤撰文的《嵩阳书院记》同刻在《嵩阳书院碑记》的碑阳一面上,立于嵩阳书院大将军柏东侧。

邵　定

邵定,清朝著名刻书家。邵雍的28代孙,嵩山洛阳人。刊印有《击壤集》传世。

高有闻

高有闻,清朝著名刻书家。嵩山新郑人。明朝名臣高拱的后人。曾以笼春堂名号刻印其著《高文襄公集》。

史料记载,明代宰相高拱得到由北宋欧阳修撰文、苏轼书法的《醉翁亭记》的真迹长卷,上面还有元代书画家赵孟頫,明代书画家宋广、书法家吴宽、画家沈周、画家文彭、文学家王士祯、书法家兼收藏家赵崡的题跋,自己也为此作了跋语,高拱将此视为至宝,并命其妹夫刘巡(鄢陵人,其父刘切为明工大司寇)为之刻石。刘巡即请当时著名篆刻家文彭、吴应析,用勾勒石之法刻成。后来,刘巡携石返回故乡鄢陵,立石于其郭氏祠堂。清康熙三十一年(1692年),高有闻见鄢石已经磨损不清,遂将家中所藏原拓本和自己所写的一篇序文,请工重刻,立石于高拱祠堂。这套石刻共24块,其刻法与技巧较之鄢石有过之而无不及,实为文物之珍宝,现存郑州市博物馆。

罗夔友

罗夔友(1662~1734年),清朝私塾先生。字伯龙,嵩山禹州人。少时喜欢读书,因家境不好,无力供养。因此他白天劳作,夜晚读书,以夜为昼。日复一日,年复一年,不以为苦,反以为乐。7岁开始发奋,10岁贯通经籍,12岁以善写文章名噪乡里。正当他读书上进的时候,天遭荒年。为养生糊口计,父亲不得不驱使年仅10岁的他去学烧砖、种菜、垦荒、做买卖等,十余年的体力劳动,迫使他废止吟诵诗文,但出应州试,却名列第一。当地学子赏识他的才华,有"醇而后肆"的评语。罗夔友补禹州生员后,全州都敬服他的才学,好学的后生前来向他请教的每日不绝。经他指教的人多能考中科第,而罗夔友一生却未能登高科,很多人为之惋惜。他自己却从容自若,不以为意。雍正十三年(1734年)罗夔友卒,终年72岁。乡人敬爱他,送号"和易先生"、"人梯伯龙"。罗夔友著有《四书发明》一书。

刘青藜

刘青藜(1664~1709年),清朝诗人。字太乙,一字卧庐,号啸月,嵩山南邻襄城县人。以《春秋》中乡试第一,入京受业于王士祯,士祯以为其文学成就在王铎、侯方域之左。清康熙四十五年(1706年)进士,深受康熙赏识,选为翰林院庶吉士。早有文名,与宗兄弟青芝、青骏、青霞、青震、青莲,人称"襄城六刘"。刘青藜积学能文,以诗的成就为最,以古乐府115首得名。其弟青震在其《高阳山人诗

集·凡例》中说:"先伯氏性喜为诗,凡忻愉忧戚,与夫一切家国身世之感,无不指事陈情,一一形诸篇什。计生平所作,不下数千首。"其代表作有《宫市行》《蝗虫谣》《邓州怀古》等。在清代诗坛上,刘青黎的诗当属上乘。杨淮在《中州诗钞》中认为:"太乙之学问文章,洵足以昭垂千古,乃以其不世之才,未得少展经济,为可惜耳! 诗则出入杜、韩、苏三家,而不袭其貌。咏史、古乐府,熔铸千古,独抒所见。古体今体,无不超迈,今人无处琢磨。"刘青黎著有《金石续录》4卷(收录《四库总目》)、《高阳山人诗集》20卷、《高阳山人文集》12卷行世。《清诗铎》收其诗7首。

刘青黎在嵩山活动期间,写有《杜少陵墓》《宋陵行》《登巩县南城楼》等很多诗歌,史料有录。

郜 煜

郜煜,清朝儒学家。字重光,嵩山登封人。康熙五十三年(1714年)举人。曾官山西道监察御史。郜煜一生深研儒学,著有《易经理解》《孝经集注》《太极图说》《通书集注》等。

苌仕周

苌仕周,清朝儒学家。字姬臣,号穆亭,著名武术家苌乃周同父异母之兄,嵩山汜水县(今荥阳)人。清乾隆七年(1742年)进士,官宜君县知县。苌仕周对《易经》钻研甚深,著有8卷,收入《四库全书目录》。

苌仕周的《易经讲义》以程《传》及《本义》为宗,不用象数之说,于卦变辨之尤力。大旨谓"凡卦有二体,即有内外上下。有内外上下,即有上下往来。凡《象传》言上下往来者皆虚象耳。大概在内卦曰来,在外卦则曰往也"云云,其说与魏枢《东易问》同。今按《贲》言"柔来而文刚"、"刚上而文柔",《噬嗑》《涣》俱言"刚柔分",分者是合而分也,不用卦变自《泰》、《否》之说,亦当用卦本《乾》、《坤》之说,方于分字之解有合,以《泰》、《否》即《乾》、《坤》也。今但云柔在下为来,刚在上为往,三阴三阳为平分,恐可以解上下往来,而不可解分合也。此书其词简而直,其义切而约,对《易经》可谓深得其解。

景日昣

景日昣(1661~1733年),清朝儒学家、修志家、刻书家。字冬旸,号嵩崖。嵩山脚下大冶镇人。康熙二十六年(1687年)举人,三十年(1691年)进士。初任广东肇庆府高要县令。他任高要县令时,劝善惩恶,兴修水利,发谷赈灾,兴利除弊,群众誉其为"良吏"。高要县水灾严重,常常溺死人畜,淹没村庄。在汛期水灾时,他没有像其他官员那样躲在衙门里避雨,而是顶风冒雨观察水情,指挥民众筑堤抗洪,疏渠排流。经多次治理终解除水患,群众得以安居乐业。高要人民非常感激他,在他曾经治水站立的地方建立了生祠(为活人建立的祠堂),年年岁岁进行祭祀。因政绩卓著,后升为京畿监察御史,疏奏《粤中征米浮价》、《矿商病民》等。到任后,不到3个月就迅速处理了大批积案,民众一时传为佳话。此后,景日昣屡次升迁,先后九任陕西道、山西道、浙江道、江南道、河南道监察史,又升任鸿胪寺、太仆寺少卿、宗人府府丞、都察院左副都御史，最后升任礼部、户部侍郎、资政大夫，加礼部尚书衔。曾教授乾隆。他任礼部侍郎时，对礼乐制度做了许多修订，朝中的典礼大半都由他制定，为此他成了一位礼学名臣。他还3次主持科考。景日昣年幼家贫，因母亲有病苦于无钱医治，少时便学习医术，曾经专门到少林寺向老僧人学医，大量收集民间验方、偏方，并收集大量的医学书籍进行研究。入朝为官后，传说因给康熙（玄烨）皇后治好久治不愈的虮包病，深为皇帝器重，因此还被选到太医院作了一段时间的太医。在此基础上，晚年他结合自己的精心研究和临床验证，编写了一部医药名著《嵩崖尊生》，后人评为我国的医学珍品，后传入日本，享有盛誉。他为人平和，持政清简，敢于直言，为百姓所爱戴，登封民间号称"景大人"。雍正三年（1725年），年近70岁的景日昣告老还乡，在嵩阳书院的东邻叠石溪建造房屋居住，在嵩阳书院以讲学与著述为乐。

景日昣

景日昣在嵩阳书院讲学期间，以嵩阳书院为讲学中心，广泛联系中州著名理学家汤斌、耿介、李来章、冉觐祖、刘玉威等一些文人学士在中州部分书院游讲宋儒之学，传播理学之道，在当时颇有名气。他们常聚集嵩阳书院，游历嵩山的自然风光与历史名胜，赏景吟诗，在漫山遍野的谈笑风生中，相互间文采飞扬，以诗唱和，竞显风流。这期间，景日昣写下了大量的诗作，为嵩山历史文化增添了非常靓丽的光彩。

景日昣其诗文以古奥而著称，著述刻书有《嵩阳学》《景日昣诗集》《嵩台随笔》《嵩崖集》《说嵩》《嵩岳庙史》《嵩台学制》《会善寺志》《龙潭寺志》等书14部之多，字数达数千万言。作为刻书名家，景日昣的书大都是自己刻书印刷，其《说嵩》的印刷木版原来就存放在他老家大冶镇上的景家祠堂里，现存登封市档案馆。

景日昣在嵩山留下的遗迹，有登封市东南大冶镇区景日昣故里，故里内仅存景家祠3间，房顶龙兽传为乾隆皇帝所封。祠堂中还存清代碑数通。另有位于登封市唐庄乡陈村南200米处的景日昣墓，冢前原有横幅墓志铭一座。茔地前沿有墓阙，阙旁有"奉天敕命"碑一通。此碑康熙四十二年（1704年）立，碑面上部刻满文，下部刻汉文，文意为皇帝赞誉景氏美词。神道两旁，对称排列有2米高的石人，1米高的石马、石羊、石猴以及4米高的华表等。景日昣墓在"文化大革命"中遭破坏，现仅存部分石雕。

顾嗣立

顾嗣立（1669～1722年），清代诗人。字侠君，号闾邱、秀野，江苏长洲（今属江苏苏州市）人。顾嗣立嗜书如命，每日吟诗赋词不辍。弟兄6人，皆有文名，以顾嗣立为最出众。兄嗣协建造的"依园"、嗣立建造的"秀野园"，水木亭榭之胜，甲于吴下。康熙三十八年（1699年），中乡举。正值康熙南巡，有人推荐他，他向皇帝进呈自己选述的《元诗选》。康熙看了很赞赏。车驾回来又经苏州，巡抚宋荦又

顾嗣立

在康熙面前举荐嗣立,康熙就在巡视途中对他进行了考试,当即被选到京师。康熙四十四年(1705年),顾嗣立分纂宋、金、元、明四代《诗选》以及《皇舆全览》。整个编撰期间,顾嗣立的表现,最为勤竞劳苦。论功行赏,顾嗣立被授予内阁中书。康熙五十一年(1712年),经过会试,特赐顾嗣立进士,改翰林院庶吉士。后以散馆选授知县,不巧的是他病了,只得挂冠归里。康熙六十一年(1722年)卒,年54岁。

顾嗣立性豪爽轻财,乐善好施。好豪饮,终因其身无有御抗者,故有"酒帝"之称。

顾嗣立博学有才名,喜藏书,尤擅五、七言古体纪游。辑《元诗选》3集,网罗极富。自元遗山(元好问)而下,汇集百家,随即又扩编到300人,共分4集,辑成1200卷,可谓卷帙浩繁,搜罗广博。顾嗣立所笺注的《昌黎诗集注》、《温飞卿集笺注》,对韩昌黎(愈)和温飞卿(庭筠)二家诗,引疏注笺全面、公允。著有诗集《诗林韶漫》、《间邱辨囿》、《秀野堂诗集》、《闾丘诗集》、《寒厅诗话》等,文集有《秀野集》、《闾丘集》等皆传于世。

顾嗣立在嵩山活动时,作有《宿少林寺》、《崇福宫》、《嵩岳寺》、《永泰寺》、《大法王寺》、《面壁石》、《飞来碑》、《初祖庵杂咏三绝》、《六祖手植柏》等诗,大多收录在嵩山史料中。

毛汝诜

毛汝诜(1678~1754年),清朝官吏。字云诒,号京川、行一,嵩山郑州人。康熙十四年(1675年)举人,康熙五十二年(1713年)进士,任陕西宜君县知县署直隶郿州知州事。雍正四年(1726年),乡试同考官。后辞官归家,敝衣羸马,依然保留寒士之风。享年86岁。著有《畏天斋稿》(刊本)。张铖任郑州知州时,毛汝诜参修《郑州直隶州志》,于乾隆十三年(1748年)编纂成书。毛汝诜幼而失怙,长而笃学,躬行实践一生以率真为主,有理学之实而不居其名。任于陕署郿门,日做官而一心常如水,愿吾民四季总是春。旋里课徒家益窘,作门联曰:"当前寻乐趣,触处见天机。"

李淑沅

李淑沅,清朝名儒。字天泉,号蟾庵,嵩山洛阳人。乾隆元年(1736年)举人。官甘肃两当县知县,升狄道州州判。李淑沅潜心理学,砥节砺行。卒年80余岁。道光年间,河道巡抚程祖洛举配飨嵩庙。著有《博喻集》、《释褐集》、《来东轩草》。

任天笃

任天笃,清朝嵩山居家敦睦名人。偃师顾县人。因家族曾九世同居,受到乾隆皇帝旌表。当时,任天笃家居顾县中镇东北,俗称"任拐"。其西任姓又成一村落,称"任庄"。据乾隆《偃师县志》载:乾隆四十九年(1784年)八月十七日内阁奉"上谕:据何裕城奏,'偃师民任天笃等,自四世祖任光玉至四世孙任瑞丰,九世同居(160多口人),洵为郅治休征(实为国家大治的吉祥征兆),请旨旌表。'等语。任天笃家庭聚顺,雍睦可风,宜推旌淑之恩,并广型仁之化,兹亲制诗一章,并书匾以赐,其应赏缎匹、建坊、旌表之处,该部照例具题擢并发。钦此。"赐额"义门敦睦"。乾隆的制诗为《赐九世同居任天笃诗》:

三咏同居承西陕,兹吟九世乃天中。清时自是称盛事,豫土由来敦厚风。
八宁七张今过一,陈牢杨爨古齐公。任邻孝友适为姓,彰表应教笃庆崇。

施奕簪

施奕簪,清朝嵩山登封县吏。字佩其,福建晋江人。施奕簪是施琅留居北京的后代,在顺天(今北京)考取的举人。雍正十三年(1735年)任登封知县,勤于政事,多所修建,辑邑乘。秉公无私,人尤称之。施奕簪在任登封县知县10多年间(1735~1740年),重修了登封西关望楼、白龙王庙、中岳庙、嵩阳书院、文庙大殿及其附属建筑明伦堂等,为发展登封文教事业和保护嵩山文物古迹做出了重要贡献。乾隆五年(1740年),施奕簪督察嵩阳书院课试,发现书院房廊年久将倾,遂把应没官田的龙泉寺130多亩土地逐渐归于书院,岁计所入,作为修补书院房舍费用。当年秋雨连绵,藏书楼、道统祠势不几支,遂次第修复,随年经营,"行见斯院完好如初,兴复之功诚一日而千古也。"乾隆九年(1744年),施奕簪又续修《登封县志》。次年,主持重修嵩山少林寺大雄宝殿、山门,并主持编修了有史以来第一部《少林寺志》。

施奕簪著有《中州道编补编》,曾写有《少林新成有感四首》、《少林寺紧那罗像二首》、《上元后三日偕友游少林寺》等诗。施奕簪在嵩山留下的遗迹还有位于施奕簪所建的登封观星台前的周公庙照壁,照壁上刻有"千古中传"4个大字,至今犹存;有位于嵩阳书院东侧的一通《登封县正党加六级施断入书院岁修地一百二十三亩》碑等。

马士光

马士光,清朝坊刻印刷家。嵩山汜水(今荥阳市)人。马士光开有刻坊"马集文斋",是清光绪至民国设在河南开封的一家主要以雕版刊刻图书、碑帖、印章的刻字局。店内通常有写工、刻工、印工10余人。马家四世以刻字为业,与河南文化教育界学者名流张嘉谋、邵次公、许均等交往甚密,影响极大。马家刻品精工细雕,遒劲洒脱,装帧考究,字体优美,时人甚为赞赏。马集文斋印书用纸,一为杭连纸,即单宣纸,色白;一为毛边纸,色稍发黄。版用梨木。书有8开本、6开本。所留天地上4寸,下2寸,特殊情况由出书人自定。出版程序为缮写、刻字、印刷与装订。马集文斋刻印种类有诗文集、方志、释家经籍、曲词乐府集、石经、丛书等,尤以《三怡堂丛书》《华严经》《三体石经》《中州诗钞》、《中州艺文录》《中州先哲传》《巩县志》等著称于世。

杨居午

杨居午,清朝县吏。字中天,嵩山禹州人。康熙五十六年(1717年)举人,授绍兴府新昌县知县。任职期间,杨居午兴利除害。县东有溪水可灌田,长年失修,他便捐薪资助修复。新昌与嵊县(今浙江嵊州市)交界处有湖,两县常因灌田争论不休。杨居午据实情定例,按三七分水,并立石为证,两县称便。嵊县地处山僻,无驿运站,便设均平夫,负责转运,乡民经常无偿应付差役。后杨居午命免除乡民差役,雇人按工发给粮食。他还让农民在河滩垦荒,自种自食,不交田赋。杨居午任职两年余,因劳瘁去世。杨居午还精医术,著有《伤寒夺命》一书。

爱新觉罗·胤禛

爱新觉罗·胤禛

爱新觉罗·胤禛(1678～1735年),雍正帝,清朝入关后第三位皇帝。满族,清圣祖玄烨第四子。年轻时学习经史,又与禅僧接近,稍懂佛学。曾随康熙巡幸江南,朝佛五台山,巡狩热河,并奉命往祭曲阜孔庙、盛京(今辽宁沈阳)祖陵。康熙亲征噶尔丹时从征,掌正红旗大营。初封雍亲王,康熙死后,得隆科多、年羹尧之助,夺得帝位,年号"雍正",史称"雍正帝"。

雍正帝以统治手段严苛而闻名。雍正元年(1723年),接受山西巡抚诺岷的建议,施行耗羡归公和养鸡廉银的措施。以此限制、减少官员的贪赃舞弊和横征暴敛。后针对康熙末年各地亏空钱粮严重,决定严格清查,对贪官污吏即行抄家追赃。在整肃皇族中反对派的同时,对当年的功臣、即位后的心腹之患隆科多和年羹尧,雍正也毫不手软,以"居功自傲,蔑视皇权"为由,施以削权、调任、抄家、遣戍,直至处决的严酷惩罚。雍正在位13年,在政治、经济上实行了几项很有影响的改革:"摊丁入亩",将人头税并入土地税之中,结束了中国几千年征收人头税的历史,有利于穷人,也对人口迅猛增长起了作用;雍正二年(1724年),颁布诏令,首先在直隶实行,后向全国各省逐步推行"地丁合一"的赋役制,鼓励垦荒,兴修水利,发展农业;雍正五年(1727年),与沙俄缔结了《恰克图条约》,划定了中俄中段的边界;在西南等地实行改土归流、耗羡银归公,建立养廉银制度,废除世袭土司,改由朝廷排遣流动官员,加强了对少数民族地区的控制;为进一步强化皇权,于雍正七年(1729年),在中央设立由皇帝直接控制的军机处,作为处理军政大事的核心机构,铸就了沿袭至清末的帝后独揽军政要务的集权模式。同时,推广奏折制度,向皇帝直接呈送,直达皇帝本人。不同身份的官吏可及时反映情况,报告政务,使皇帝能及时洞察下情,以便制定政策,也使官员们相互监督,得以了解他们的贤愚、勤惰、政绩和操守;雍正十一年(1734年),下达开放书院令,拨帑金于各省建立省城书院,促进书院进一步官学化,使之置于朝廷监督之下。雍正一朝,为康乾盛世起到了承前启后的作用。鉴于康熙朝诸皇子争储位的惨痛教训,雍正创立秘密建储制,即将已选定的储君姓名,写好密藏匣内,再置于乾清宫"正大光明"匾后,以备不测。雍正十三年(1735年)八月,胤禛因迷信道士,服用丹丸过度死于圆明园。卒谥敬天昌运建中表正文武英明宽仁信毅睿圣大孝至诚宪皇帝,庙号世宗。

雍正元年(1723年)二月,世宗宪皇帝以登极,遣内侍读瓦浑岱,致祭中岳。雍正年间,河东总督王士俊给雍正皇帝上书,要求整修嵩山少林寺。雍正亲览寺图,审定方案,并下旨:"据河东总督王士俊奏称,豫省少林寺岁久失修,今委员相度确估,重加修建,绘图呈览等语。朕览图内门头二十五房,距今寺较远,零星散处,俱不在此寺之内。向来直省房头僧人,类多不守清规,妄行生事,为释门败种。今少林寺即行修建,成一丛林,即不应令此等房头散处寺外,难于稽查管束。应将所有房屋俱拆,造于寺墙之外左右两旁,作为寮房。其发何改造之处,着王士俊酌量办理。至竣工后,应令何人住持,候联谕旨,从京中派人前往,钦此!"王士俊遵旨,主持此项工程,用去雍正十二年漕运节省米价、银两和河南省的积存、河北捐项存公银共9000两,砍伐了少林寺周围成材的柏树,创建了少林寺山门,重修了少林寺千佛殿、寮房等。

雍正元年(1723年),雍正帝遣使祭告嵩山,其御祭文被刻石成碑,立于中岳庙黄箓殿西顺山房内。

吕法曾

吕法曾,清朝诗人。字宗则,号力园。吕履恒侄,洛阳新安人。康熙五十二年(1713年)举人,任祥符教谕。吕法曾善音韵、训诂之学,著有《韵可》、《力园诗草》等。其于诗极为慎重,几经删削方成。其内容主要是游览名胜、写景咏物。鲁曾煜在《力园诗草序》中曾评云:"力园与予论诗,贯串古今,有本有末,而选声谐韵,按部分班,揆之考文,功令不差铢黍。"从中颇可看出乾嘉考据学派对他的影响,他也因此而成为代表着嵩山地区诗风转变的又一关键人物。吕法曾在嵩山活动期间,写有《广武山》、《阿衡伊尹墓》等,史料有录。

张 汉

张汉(1680~1759年),清朝官吏、诗人。字月槎,号栽思,晚号蛰存。石屏(今属云南)人。康熙五十二年(1713年)进士,雍正五年(1729年)任河南府知府。乾隆间举博学鸿词科,授检讨,改御史。著有《月槎集》、《留砚堂诗集》。

张汉在嵩山地区活动期间,写有《苌弘墓》《秦槐》《嵩山汉柏歌》《偃师晓发》《诗圣祠》《巩县东看隔水桃花》《颜鲁公墓》《游石淙》《会圣宫旧址望宋陵》等很多歌咏嵩洛风景名胜的诗作,大多散见于

嵩洛史料之中,但未曾见有集出版。张汉留在嵩山地区的遗迹有时任河南府尹张汉所立的位于洛阳市东关大街文庙旧址前的《孔子入周问礼》碑,有位于巩义市杜甫祠内的《建杜工部祠记》碑,有位于偃师市周大夫苌宏墓前的《周大夫苌宏墓碑》等。

岳钟琪

岳钟琪(1686~1754年),清朝著名将领。字东美,号容斋。生于新郑西八里岳庄。岳飞第21世嫡孙,三支霖私法后裔。新郑岳庄村《岳代宗谱》载:"钟琪提督四川,由京之川,问道新郑,访其故居,曰,祖上系新郑张王庄人也。"其父岳升龙为康熙时代的议政大臣、四川提督,当年随康熙皇帝西征噶尔丹,颇有建功。岳钟琪颇受父亲教益,自幼熟读经史,博览群书,习武学射,样样精通。岳钟琪一生戎马,平西藏,定青海,粉碎新疆准噶尔部的分裂反叛,为维护清王朝统一,开拓中国西部做出了重大贡献,历经康熙、雍正、乾隆三朝,乾隆皇帝制怀旧诗,称其为"三朝武臣巨擘"。

康熙五十八年(1719年),准噶尔部策旺阿拉布坦遣将袭击西藏,康熙14皇子胤禵为大将军,噶尔弼为定西将军,岳钟琪为先锋,进行征讨。他与士兵同甘共苦,身先士卒。一次,他带600人,去抚定里塘、巴塘的反叛,但当地长官达哇兰坚持反叛立场,拒不接受安抚。于是,岳钟琪当机立断,将其拘捕并斩于军前,杀散叛乱分子3000余人。此举的威慑效果使得其他反叛各部相继献户籍,请求归降,叛乱很快平息。雍正元年(1723年),为稳定西部,由岳钟琪任参赞军事,率6000精兵,抚定青海出师15天,收复了被叛军占领的全部领土,抚定青海。后历任左都督、四川提督、甘肃提督兼甘肃巡抚、川陕总督、兵部尚书、太子少保等职。在康熙、雍正、乾隆朝,每遇国家征战大事,岳钟琪总是领兵打仗,冲锋陷阵,为国尽忠,依靠他的智慧和勇敢,在多次大战中得胜,并多次受到皇帝的提拔和奖励。因为他功勋卓著,遭人忌恨,在雍正当朝时,曾因某战失利而免官拘禁。岳钟琪20岁从军,一生征战,为国立下了汗马功劳,至69岁病逝于平乱凯旋途中,葬于成都。乾隆皇帝手谕褒勉,赐祭葬,谥襄勤。

王士俊

王士俊(1691~1756年),清朝名臣。字灼三,号犀川,贵州平越(今福泉)牛场渚浒人。出身书香门第、官宦世家。"十岁即能诗善文,十九岁入平越府学,广交良友,不耻下问。见事不平,据理争辩。"康熙四十五年(1706年)冬,王士俊乡试不成,时年23岁,便往河南丰润县探望做官的父亲,一面帮父亲做一些文书事项,一面也研习朝廷律令、熟识政务吏治。后返乡于康熙五十六年(1717年)考中举人,六十年(1721年)赴京会试,中进士改庶吉士,入翰林院任检讨。雍正皇帝即位,号召天下百官士子向朝廷进言,王士俊也提交了几条意见,被接纳后于雍正元年(1723年)选送河南任许州知州。当时许州濒临黄河,黄河经常决口,地方河防物资年年缺乏,灾荒时时发生,百姓困苦。王士俊到任后,施以仁政"革除衙门买卖官价,国课重耗,派办物料等陈规",以市价买卖防河材料,杜绝以往官价高于市价弊端,又"严惩盗贼,平反冤狱错案","减免赋税,鼓励农耕",许州百姓生活得以缓解。后任祁县、祥符知县,皆有政声。雍正三年(1725年),王士俊得广东巡抚杨文乾赏识,奏准带他赴广东任事,任命为琼州(今海南)知府、分巡岭西道。次年,升任广东布政使,钦赐貂皮、绸缎,得"专折奏事"特权。雍正八年（1730年），主修《广东通志》。旋升迁湖北巡抚，得雍正皇帝三次召见，赐物。雍正十年（1732年），王士俊调迁河东总督，专管山东、河南两省内黄河事务。雍正十一年（1733年），王士俊受命兼任河南巡抚。因王士俊政绩突出，雍正皇帝特赐王士俊孔雀花翎。清制，凡进士出身而任过翰林院职务的官员，皇帝是不赏赐孔雀花翎的。而自从王士俊得此殊荣后，雍正以后历代皇帝才开始赏赐翰林出身的臣下孔雀花翎。终雍正一朝，王士俊历任数省督抚，政绩声誉皆佳，得皇帝宠信不亚于他人，史称"世宗（即雍正）不次用人，士俊被特达之知，与李卫、田文镜并称"。乾隆元年（1736年）四月，以兵部侍郎衔署理四川巡抚。王士俊到达成都后，曾先后捐银650两，分赈成都火灾灾民和给参加乡试的穷苦考生购买肉米食用。不久，因越职上奏言事被参劾，逮捕回京，下刑部狱。同年十一月，王士俊因垦荒劝捐事被户部尚书史贻直弹劾，解任回京，任兵部侍郎。乾隆二年（1737年），皇帝下诏，削职为民回籍，后病逝于家。

王士俊书迹

王士俊回原籍至终老，数遭家难，"囊中无资"，死后已无家产留给后人。刘藻在云贵总督任上，曾派出使者，前来祭扫王士俊墓，并"赠金三百"，以解决其子孙之贫困。王士俊从政仅仅16年，官至封疆大吏。但他从不畏惧强权，凡他所到地方，皆有作为："必以兴利除弊，摧锄奸贪，忠精于济，百折不回。卓然为一代名臣所不愧焉！"王士俊一生不但官声卓著，而且学术也很有成就，著有《吏治学古编》2卷、《河南山东古吏治行》、《河东从政录》、《困之录》、《清流县志》等书稿行世。

雍正十三年（1735年），任河东总督、河南巡抚的王士俊看到曾赫赫有名的少林寺已经呈现出一派颓圮之势，便奏请皇上重修少林寺。雍正皇帝为此下旨并做了详细的批示，着王士俊办理。并在批示中，对少林寺人事也做了打算："至竣工后，应令何人住持，候朕谕旨，从京中派人前往。"可惜，雍正在当年八月去世，乾隆帝即位，但修整少林寺的9000两白银如数下拨。在地方官员的负责下，按照雍正皇帝的具体批示，对少林寺进行了大规模的整修，增加了山门，拆除了寺外散存的25处门头房，对天王殿、大雄宝殿、法堂等做了翻修，在寺院山墙两侧，加盖了寮房。这次的整修奠定了今日少林寺的格局。少林寺碑林中有一通王老太公修复少林寺工程记碑，详细记载了这次修复的情况。

刘　靖

刘靖（1694～1768年），清朝官吏。字原圃，号畅亭，嵩山新郑人。刘靖相貌英俊，聪明异常，不到1岁就能清清楚楚地讲话，7岁入学，老师讲授一遍，他就能比较准确地朗诵。稍微大一点，经常偷看《左传》、《国语》、《史记》、《汉书》等书籍，随手提笔作文，气势不凡。15岁入乡校学习，每考都名列榜首。康熙五十九年(1720年),刘埕参加乡试中副榜,入国子监读书。雍正五年(1727年),下诏举荐孝友端方、有才干可用的人,河东知府推荐把刘埕放在卷首。第二年,朝廷派刘埕到福建试任知县,随后就让他到莆田正式任职。刘埕刚到任就收到诉状2000多份,还有很多没有了结的案子。刘埕黎明就起来整理诉状,从不拖延,晚上点灯查阅案卷,经常通宵达旦。3个月后治理得井井有条,诉讼的案件少了许多。后改任德化、南平、南靖知县,都勤勉自励,治理有方。凡事关百姓生活的,祸患尽力根除,弊病尽力革除。即使不亲自审问断案,也要想办法用笔记下来。所刻的《宦闽公牍》和《封禁山纪事》都是他的断案录。乾隆元年(1736年),刘埕调任台湾漳化县令。3年后按惯例应升职,可是福安发生水灾,刘埕被急召去处理事务。水灾波及面很广,死人很多,光着身子逃到山顶的就有几千人。刘埕就命依山建棚,煮粥赈灾,花费了自己2000多两俸银。当地的男女老少没有一个失去住所的,生存下来的不计其数。一个月后,刘埕赴任景州(今河北景县)知州,随后赴任遵化。临别景州,人人沿街追送。有的景州人去遵化,对遵化人说:"你们真是遇到了一个好官啊!"遵化地处内外交通要道,轺车络绎不绝,汉满杂居。马兰峪是皇帝陵寝重地,祭祀所需的物品,消费的银两和祭祀事务等,上级长官都委派刘埕办理,很少出现差错。刘埕以清政勤政著称,京师都流传说:"地方治理有方的官员首推刘埕。"乾隆二十二年(1757年),刘埕升任顺宁(今云南风庆)知府。他到任后,就积极筹措资金,整修顺宁城以坚固城防。并捐出俸银在澜沧江上建了一座铁索桥,长50丈,横跨河流,方便夏秋时节两岸人员的往来。

乾隆二十八年(1689年),刘埕兼任迤西道篆。后致仕回乡。乾隆三十三年(1768年),刘埕去世,终年75岁。著有《官闽公牍》、《闽行日志》、《宦余录》2卷、《片刻余闲集》2卷、《封禁山纪事》、《滇南归途志》等。

桑调元

桑调元(1695~1771年),清朝名儒、诗人。字伊佐,一字弢甫,又号殷甫,自号独往生、五岳诗人。桑天显之子,浙江钱塘(今杭州市)人。少有异才,下笔千言。15岁从学于劳史,研习性理之学。雍正四年(1726年)举顺天乡试。雍正十一年(1733年)会试时,选举人之明性理者8人,桑调元亦入选,特赐进士,授工部屯田司主事。丁父忧,服阕补官,旋引疾归田。先后主持讲学于九江濂溪、嘉兴鸳湖、滦源书院,辟余山书屋于东皋别业,友教四方之士。桑调元为人清正绝俗,足迹遍布五岳。晚主滦源书院,益畅师说。桑调元尊崇程朱理学,"以尚志力行为先",主张"穷经之要有三:博综、折衷、自得",强调"不通群经,不足以治一经;不知史法,不足与以谈;不博研象纬度、山川、方名、器数之岩迹,不足以穷遐极幽。"桑调元精于史学与性理之学,在教学方面卓有成就,编撰《大梁书院学规》、《道山书院学规》、《江西瀛溪书院》与《泺源书院学规》等。桑调元著有《韬甫集》84卷、《躬行实践录》15卷、《文集》30卷、《五岳诗集》20卷、《桑弢甫诗集》14卷、《桑弢甫诗集》续集20卷、《桑孝子旌门录》及《论语说》2卷,均《清史列传》并行于世。

桑调元在嵩山活动期间,作有《轩辕关》《少室山》《会善寺》《杜工部故里》《碑杜当阳工部墓处》《颍水》《测景台》《黄盖峰》《谒子产祠》《三田故里》等诗,散见于嵩山部分市县史料中。

王聿修

王聿修(1707~1788年),清朝方志学家。字念祖,号孝山。祖籍山西洪洞县,清初诏令移民,其曾祖发舜迁入禹州,至聿修已三代。幼年秉性刚毅,夜读无钱置灯火,常焚香借光,诵读达旦。州试进秀才后,即设馆授徒。乾隆元年(1736年)举人。乾隆九年(1744年),邵大业知禹州。次年八月设立禹州志局,聘请王聿修、孙广生等重修《禹州志》。历时3年,于乾隆十二年(1747年)五月成书,计14卷,后人称为邵志。乾隆三十一年(1767年)举进士,授确山县教谕。3年后擢珙县(四川省南部)知县。王聿修上任,不携家眷,布衣素食,俭约自持。珙县县城原无城墙,历任知县以工程浩大,皆未敢贸然动工。聿修接任,即慨然兴建。珙县修城一事,前任县令已支付大量库金,但功效甚微;聿修筑城成功,却大为亏空,虽任满不得归。他只好在崇庆书院讲学3年,将全部束修抵偿。幸得珙县百姓为他捐钱9000补足,方归故里。乾隆四十三年(1778年),年已古稀的王聿修任云南南安州通判,府署设在居住着保夷族的边陲山区,分理埒嘉县地。王聿修在任期间,竭力革除当地的殡葬陋习,破除迷信;设立村塾,选才任用;减轻赋税,发展经济;减免徭役,予民生息。南安府经济大增。王聿修以老辞归,告老还乡时已风烛残年,但他仍执教与颍南书院。乾隆五十三年(1788年),王聿修病卒,享年81岁。禹州人于城内迎风阁上街(今迎上街)建孝山夫子祠以示纪念。王聿修一生其著述甚丰,著有《景贤录》4卷、《四书五经简明讲义》、《易说》(钞本)、《全史提要》4卷、《禹州纪年》4卷等,其方志著作有《续纂禹州志》、《叶县志》、《确山县志》、《埒嘉县志》4卷、《珙县志》8卷等。

李绿园

李绿园(1707~1790年),清朝文学家。原名海观,字孔堂,号绿园,亦号碧圃老人。河南宝丰宋寨人(今平顶山市湛河区曹镇乡宋家寨)。出身书香门第,父亲是秀才。从小就学于祖父李玉琳,30岁考中丙辰恩科举人。40岁时,他3次赴京应试,都名落孙山,最后一次科考后,留京谋职,当了3年教师。后经其学生举荐,李绿园被皇帝选任江浙漕运之职。从此,李绿园开始了他"舟车海内"的宦游生涯。晚年任思南府印江县(今属贵州)知县。20年中,他走遍大江南北,阅尽人世间百般风情,身经宦海沧桑变幻,留下了许多诗文名篇。并于乾隆十四年(1749年),开始创作长篇小说《歧路灯》。乾隆四十年(1775年),李绿园68岁,方回老家续写小说。他把《歧路灯》书稿重新修改一遍,到70岁时才脱稿刻印。《歧路灯》主要以康、乾盛世社会生活为背景,反映了富家子弟谭绍闻如何由一个败家子到浪子回头重振家业的故事。这是一部中国小说史上仅有的以"浪子回头"为题材的长篇白话小说。作为一部文学作品,李绿园用他的巨笔丰富了我国文学艺术的人物长廊,这部伟大作品为后人了解封建社会提供了宝贵资料。

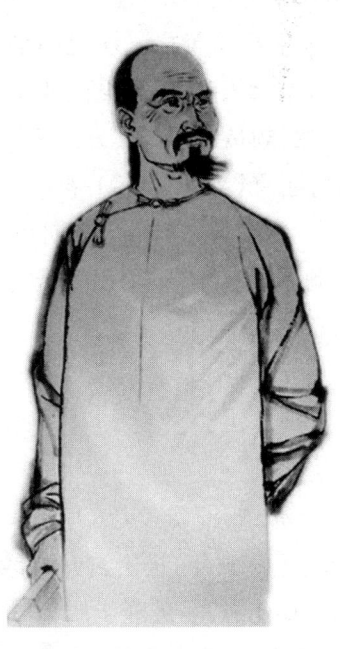

李绿园

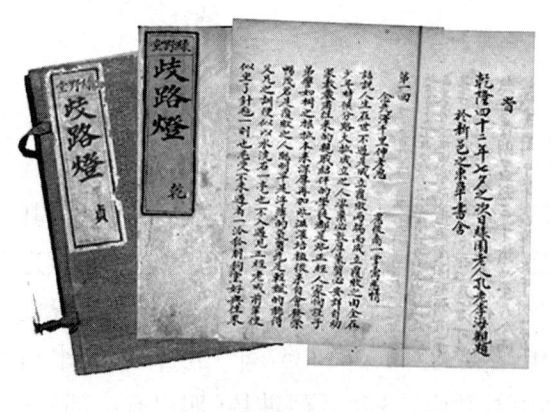

李绿园的《歧路灯》

李绿园能兴利除弊,爱民如子,疾盗若仇。乾隆三十四年(1769年)秋,邑大旱,步祷滴水崖,雨立沛。百姓设筵迎劳,李绿园教之食时用礼,以度岁歉。乾隆五十五年(1790年)李绿园逝世于北京,享年84岁。

李绿园一生博览群书,舟车海内,见多识广,曾写下大量文学作品,堪称18世纪中国杰出的文学家和教育家。李绿园在其早期作品《李孔堂制义》中就曾针对当时的文学艺术和教育界存在的弊端发出"有志斩伐俗学"、"名方正学"、"发常人所未发"等振聋发聩的高论,为其日后的诗歌及小说创作奠定了理论基础。李绿园还创作了《东郭传奇》等戏剧剧本,并采用戏剧的方式编写了《四谈集》教学读本。李绿园的诗在其文学创作上占有重要地位。《李绿园诗抄》是其主要诗集,收集了李绿园的主要诗篇佳作将近百首。主要体裁包括近体、古体、七言、杂言;内容包括吟咏风土人情、叙事、说理、名胜游记等。他的诗别具特色,耐人寻味,当时影响远超过其小说。李绿园是个学问博洽,见识通达的学者。他的主要著作除了著名的《歧路灯》外,还有《绿园文集》《绿园诗钞》《拾捃集》等。

李绿园在嵩山活动期间,写有很多有关汝州、洛阳、登封方面的诗作,大都收录在他的诗集《李绿园诗抄》中。

乔履信

乔履信(约1708~1746年),清朝修志家、诗人。字实夫,号郭峰。乔廷谟孙,嵩山偃师人。因祖鲁庵秉铎居商水,遂占籍。雍正八年(1730年)进士,授礼部主事。分发陕西,会修通志,承委分编。同馆名硕咸推之。性温厚平易,处事明敏决断。历官眉县、富平、咸宁、频阳知县。乾隆十年(1745年)奉旨入都,以御史记名,后补授礼部主事。乔履信为官一处,重教化,体民情,轻徭赋,创书院,政绩卓然,颇负民望。其方志著作为《陕西通志》3卷、《富平县志》8卷、《频阳县志》若干卷、《偃师县志》14卷,还有《乡甲条约》1卷等,致可称述,不愧南董,且富史料价值。另著有《宁远堂诗草》1卷。

乔履信在嵩山活动期间,写有诗《古城咏怀》(系列诗)、《颂王公环》、《吊田横墓》、《怀伊尹祠》、《颜鲁公墓》、《同舅祖仝楷公姑丈高景天两先生登缑山景天指说葬剑冢故迹即赋》等多首。

张 钺

张钺,清朝官吏。字有虔,号毅亭,直隶保定府清苑(今属河北)人。雍正二年(1724)举人,雍正八年(1730年)进士,初任新乡县知县。乾隆三年(1738年)和乾隆八年(1743年)两任郑州知州,曾主修《郑州志》。乾隆十二年(1747)调任信阳州知州。后任光州知州、署理怀庆府知府。张钺在郑州任职期间,曾撰有著名的《郑州古代八大景》诗。

何源洙

何源洙,清朝官吏。字鲁存,号燮友。奉天广宁县(今属辽宁)人,属满洲正黄旗籍。雍正七年(1729年)拔贡,此后曾任许州州判以及商城、沈丘、固始、巩县、嵩县、项城知县。幼年的何源洙曾于父亲何锡爵任郑州知州时在郑州小住。殊不知,在清代的多位郑州知州中,何源洙和父亲何锡爵为有名的父子知州。父亲何锡爵,字晋侯,号澹园。曾于康熙三十年(1691年)任郑州知州。在任期间,除编修出版《郑州志》(康熙三十二年成书)外,还多次兴建水利设施,为百姓减少水旱灾害。其事迹在郑州的一些古籍中有记载。康熙三十五年(1696年),何锡爵由郑州知州升任南阳府同知。

乾隆十二年(1747年)八月,何源洙升任父亲曾经所拥有的职务——郑州知州。何源洙在父亲工作过的地方任职,虽然只有一年之多,但他继承了父亲勤民廉政的作风,在任郑州知州期间,何源洙对原郑州知州张钺、董榕所修的《郑州直隶州志》书稿进行了少量增补,并最终促成这部耗时多年、历经三任知州的志书手稿在乾隆十三年(1748年)正式刊印成书。何源洙对郑州几近废弃的子产祠(现郑州东大街第二小学一带,为彰扬子产业绩而建)进行了修整,使这里再次成为官员、文士朝拜的圣地。

何源洙在文学上还善于诗词创作,作品现存有《夏日招同王潜亭、郭隆吉两广文游东皋别墅小集荷亭》《雨后因公赴京水镇书见》《初秋郊行即目》《凤台荷香》等描述郑州风物的诗。这些诗作散见于《荥泽县志》《新郑县志》等志书中,既具有较高的文学价值又极具史料价值。

赵 经

赵经,清朝县吏。字仲常,嵩山禹州人。赵经幼年聪慧,对民诚信,重义气。12岁时补禹州生员。雍正八年(1730年)行保举法,赵经以"人才荐举"试用,暂代青州高苑县知县。赵经到任时,正当荒年,因修建青州城垣,官府向高苑县摊派木车1000辆应差。他以官位力争,才得减免,只出40辆。县南有小清河,连年水患,高苑、长山两县经常遭灾,两县均上诉州守。由州守议令只加固高苑县旧堤,而赵经坚持两县黎民都是好百姓,要兼顾双方利益,并据理说服州守。郯城诸县蝗灾,正是盛夏伏天,赵经奉命前往捕灭。赵经不辞劳苦,终染疾病,辞官归里,卒于家。

爱新觉罗·弘历

爱新觉罗·弘历(1711~1799年),乾隆帝,清朝入关后第四代皇帝。清世宗雍正帝第四子。雍正十三年(1735年)即位,年号"乾隆"。乾隆一生喜文喜诗,作诗数以万计,又精通擅长武术。主要施政特点是宽猛相济。他在位时期,平定新疆、蒙古,还使四川、贵州等地继续改土归流,人口不断增加,突破了3亿大关,约占当时世界人口的三分之一,开创了中国封建社会最后一个盛世——康乾盛世,强大的中国屹立于世界东方。但他同时又比较好大喜功、专制骄横,曾六下江南,大肆搜刮民脂民膏,大兴文字狱,政治上也越来越腐败。尤其是其晚年重用大奸臣、"贪官之王"——和珅,使清朝国库逐渐虚空,百姓生活贫苦,据说甚至出现了人吃人的惨剧。应该说,清朝是从乾隆中后期开始走向衰落的。乾隆六十年(1796年),乾隆以在位期不越祖父康熙帝为名,禅位于子颙琰,是为"清仁宗",又号"嘉庆帝",自称"太上皇",仍然继续执政,无疾而终,终年89岁。谥号法天隆运至诚先觉体元立极敷文奋武钦明孝慈神圣纯皇帝,庙号高宗,史称"乾隆皇帝",葬于裕陵(今河北遵化西北70里昌瑞山)。

乾隆和历史上众多的皇帝一样,把中岳嵩山奉为神明。他从登极始,就不断地祭祀嵩山。史料记载:从乾隆元年(1736年),乾隆帝登极始,到乾隆五十一年(1786年)间,乾隆共12次遣使到登封致祭中岳,且每一次都作有祭文。不但如此,乾隆皇帝于乾隆十五年(1750年),亲临嵩山,祭祀了中岳神。

据乾隆二十二年《登封县志》记载:乾隆皇帝于乾隆十五年(1750年),因"大道咸淳,至治翔洽,加以年谷顺成,讴歌遍野",乃修唐虞巡守之典,翠华临幸,修礼同律,来祭祀嵩山。他选定金秋八月,陪同老太后携皇后并率文武百官100余人,乘坐銮舆离开北京。九月二十九经洛阳渡洛水,东涉香山寺,当晚驻跸洛阳南的李村;九月三十,驾幸缑山,"将到轩辕,先驱传谕,俾接驾者可以瞻仰皇容,毋庸

乾隆巡游嵩山

俯伏。"当地群众云集关内,并制彩亭香案,欢迎銮驾。乾隆皇帝见这么多百姓都高兴地迎接他,当即下令:"耄老民妇,各赐白金一锭。"百姓夹道高呼"万岁,万万岁!"当晚,夜宿嵩山少林寺方丈室。十月初一,从少林寺出发,乘马东经会善寺、嵩阳书院、万岁峰,中午到中岳庙,行宫设在中岳庙内东北角的三清殿前。扈从排銮仪,鸿胪太常司达仪礼,协律郎奏国乐。驾由中岳庙遥参亭,至天中阁外下马,入登峻极殿,御制"嵩高峻极"额,至香案行礼,礼毕驻跸行宫。其间,越南国臣数人,来向中国皇帝进贡,先到北京,闻皇帝出巡南下,即一路跟踪至登封。越南国人向乾隆皇帝献上了贡品:玉如意9只(其中,水晶1只、云碧2只、白玉2只、翡翠1只、黄玛瑙1只、红白玛瑙2只),共五种颜色,配为九五之数,造型生动逼真,雕工极为精细,个个玲珑剔透,实为稀世珍宝。

十月初二黎明,致祭中岳嵩山之神。由鸿胪太常司达礼仪,协律郎48人组成的国乐队奏乐,司仪官赞引,乾隆皇帝躬行三献礼。礼毕,御制诗一章:"明禋亲举备宫悬,德并高峰峻极天。秩视三公伊古重,名尊五岳匪今名。会重有极神如在,允建于中道岂偏。胙醼愿陈心所愿,笃生申甫佐蕃宣。"晨刻,乾隆皇帝乘舆登嵩山峻极峰,数百人前呼后拥,排成长蛇阵登嵩山,到达峻极峰,遂赐峰顶名为凤凰山,并在山顶垒石为台,举行祭典仪式。乾隆皇帝身穿蟒袍礼服,站在台上,文武官员分立两旁,先由国乐队奏国乐,接着行祭拜礼,并诵读祭文。礼毕,放鹤入云际,御制诗《登嵩山华盖峰歌》,以记登

临。跸回至黄盖峰,又放鹿、鹤各三,以彰恩被庶物至意。未刻,驾临山麓,只见男女老幼,万民百姓齐拥马前瞻仰。乾隆皇帝俯顺舆情,为揽辔少停,乃入御营设宴,除诸王和大臣以外,凡是修祠宇、道路的人员,"咸得与荣焉"。是日,又特下制,谓登封为望秩之所,宜沛优施,并蠲免了第二年的全部租赋。

十月初三,皇太后、皇后的銮驾自少室而来,乾隆帝亲自迎接,并和皇太后同入嵩阳书院。午刻,皇上先行,皇太后、皇后乘辇从嵩阳书院出发,东行去中岳庙,老幼妇女,跪在路旁迎接御驾的有数千人,皇上各赐赉有差。当晚,皇上奉皇太后驻跸御营。御营设在中岳祠东门外,行宫在东门内,行殿崔巍,两相辉映,诸王大臣,分驻左右。

十月初四黎明,乾隆皇帝将越南贡品九如意赐予中岳庙道士收藏,作为中岳嵩山的震山之宝,专供每年祭祀之用。为此,临行前,在中岳庙大殿前再次祭祀了中岳神。这次祭祀在中岳庙大殿前增设香案12张,点燃巨型蜡烛一对,宫灯12只,将国宝九如意摆在中岳神像前的供桌上,按国祭大典配齐各类供品。参祭人员按规章仪制,依次列跪大殿前月台和参拜台上。24名道士分立两旁,各执乐器,诵念经文,由国乐队奏国乐,司仪官赞引,乾隆皇帝身着蟒袍礼服,诵读祭文,躬亲献礼。礼毕,已是凌晨时刻,乾隆皇帝御驾先行,皇太后、皇后相继起銮,东出登封景店,至密县,憩留牛镇。尖营膳毕,易骑围猎,射虎于城西北隅之裴家凹。日夕驻跸于城东大营,百姓顶香跪道旁迎送者以数万计,老民老妇恩赏银牌。

十月初五,銮舆由郑州还都。

乾隆这次在嵩山地区巡游期间,共写了10余首诗,匾额对联10余副,并下了3道圣旨。其中,圣旨一:乾隆帝巡幸嵩山,所有河南经过的地方,着加恩蠲免钱粮十分之三。圣旨二:銮舆驻跸,宜沛优施。着将该二县乾隆辛未年,应征地丁钱粮,全行蠲免。俾恺泽均沾,以惬小民近光之愿;圣旨三:着督抚查明,经过州县内,男妇70以上者,照前恩诏之例,分别赏赉。

乾隆这次来嵩山巡游前后,当地的清政府官员将嵩山著名的文物古迹全部进行了一次大的整修,有许多整修之后的文物古迹,一直保存至今。南宋以前,中国的国都一直是建在距嵩山不远的地方。南宋以后,随着中国的都城南移或北移,在很长一段时间,曾经是中华民族起源和华夏文明发祥地的中岳嵩山在人们的记忆中变得有些遥远。然而,在康乾盛世的大背景中,正是乾隆皇帝不远千里,专程来到远离北京的嵩山巡游,以行国典大礼隆重祭拜嵩山,以求天下稳定的祭告,又一次确立了嵩山为中华名山的神圣地位。这在帝王与嵩山的历史上,在对嵩山文化发展有重大影响的武则天皇帝之后,其意义更加现实和深远。

李时升

李时升(1712~1767年),清朝官吏。嵩山巩义桑家沟人。乾隆二十六年(1761年)后,任云南曲寻镇总兵正二品云南提督。皇帝嘉奖,授予"武显大夫",其妻王氏、杨氏被封为一品诰命夫人。乾隆三十年(1765年),缅甸部酋孟银部入侵云南,清军屡战不胜。乾隆三十二年(1767年),清廷命两广总督杨廷章赴云南督战,杨遣云南提督李时升率兵进驻铁壁关。李时升遂遣总兵乌尔登额出兵木邦,朱仓出兵新街。缅军迫于形势,遂施缓兵之计,伪装求和,一面与清军谈判,一面绕道入万仞关,在腾越地区大肆劫掠。李时升复遣总兵乌尔登额、刘德成驰援,缅军被逼急退,驻铁壁关之清军未及截杀。福灵安即以"诸总兵失地退守,李时升未亲行阵"密奏清廷,以上人等遂被问罪。是年五月二十五日已

云南提督李时升

时,李时升被害于北京。乾隆三十四年(1769年),皇帝复调大批精兵驱逐缅军,十二月双方勉强议和。是役,耗资数千两,死伤主将多人,边境仍不得安。乾隆皇帝翻阅前案奏折,深悟对李时升杀头处罚不妥,遂下旨"平反",将李时升遗体送回家乡巩义桑家沟殡埋,并立"云南提督李时升之墓"大碑1通。李时升被杀案是乾隆三十二年(1767年)影响较大的案件,据说处死李时升时,天空黄沙蔽日,夜有彗星出现,至今,桑家沟村仍流传"错杀李时升,天上出扫星,七天七夜刮黄风"的民谣。乾隆四十二年(1777年),李时升得以平反昭雪。其女甚烈,守父不嫁。今"云南提督李时升之墓"碑尚在。其后裔将当时李时升重彩画像交文物管理所保存,乾隆所颁"圣旨"惜被文物贩子骗卖于外地。

许勉燉

许勉燉,清朝嵩山地方县吏。字思晦,浙江省海宁人。许勉燉出身于一个知识分子家庭。父惟植,康熙甲午举人,深沐庭训,淹贯博通,发为诗古文词,皆炳炳琅琅,自成一家言,工楷书,一日可作万字,悉精美合度,一时望重艺林。雍正四年(1726年)举于京兆,简发河南,历任汜水、鲁山、永宁等邑,皆有政绩。许勉燉任职荥阳知县的7年期间,为人谦和,秉公办事。城堤久圮,夏日汜河泛滥成灾,西南隅屡遭覆隍之患,他捐俸300余金,倡率士民筑两坝以御水,修长堤以卫城,且令沿堤种柳。重视教育,修成皋、振雅两书院,建三山书院,并到书院,亲讲经学,阐发义类。政务之余,勤揽文学。作为一个这样博学多才、勤政爱民的知县,想来一定是感慨万端。他在《戊午孟冬捧檄至成皋》的诗里,以豪爽乐观的笔触记述了自己的宦况:"三度领山县,烟霞兴自豪。盟心瀼水洁,腊屐鲁阳高。奇境探熊耳,雄关镇虎牢。天应怜寂寞,到处供游遨。"

许勉燉善诗文,工楷书,常召集当地文化名人聚会交流,同唱共吟,在嵩山文化名人中享有很高的声誉。许勉燉在嵩山地区活动期间,主修了《汜水邑志》,写有大量的诗文,民国《汜水县志》收录了许勉燉168首诗歌作品,收集个人诗作之多,在旧志书中是十分罕见的。这些诗歌,有些反映了汜水人民和他个人的劳动生活,有些反映了汜水的山水风光,有些是吊古咏怀之作,有些是与汜水文人雅士的酬唱之作,也有少数作品反映了他的宦衙生活。他的这些诗作,成为嵩山历史文化中非常靓丽的一笔。

曹鹏翊

曹鹏翊,清朝诗画家。字万如,号洛门,嵩山巩县人。雍正四年(1726年)举人,官广东省和平县知县。曹鹏翊善诗书画,工古文辞。著有《竹兰画谱》、《大中一贯录》2卷行世。诗文集有《尚友编》

《自适集》《宿雨编》《存存堂文集》《存存堂诗草》等,传世诗有《兴佛寺桐风》《沦溪忆竹林》等。

刘　墉

刘墉(1719～1804年),清朝名臣,著名政治家、书画家。字崇如,号石庵,另有青原、香岩、东武、穆庵、溟华、日观峰道人等字号,人称"刘罗锅"。诸城县逄戈庄(今属山东省高密市)人,大学士刘统勋之子。乾隆十六年(1751年)进士,官至吏部尚书,体仁阁大学士加太子太保。刘墉一生廉洁奉公,处处从人民利益着想,深受百姓爱戴,没贪过国家一分银两,一件器物。修坝建桥时,自己带领百姓及工作人员努力奋战在第一线。衣着简陋,粗粮杂饭。他最爱吃的食物是煎饼卷大葱,可以看出为官的他,生活相当艰苦。

刘　墉

刘墉工书法,擅长行、楷书,尤精小楷。他的书法,少年时从赵孟頫、董其昌入门,中年学颜真卿、苏轼,晚年潜心于北朝碑版。他融合储体书法之长,形成了自己独特的风格,与翁方纲、梁同书、王文治齐名,合称乾隆时四大书法家。刘墉作书喜用浓墨,重魄力貌丰骨力,与重风神的王文治相对,故时人称刘墉为浓墨宰相,王文治为淡墨探花。刘墉的传世书法作品以行书为多。位于嵩山会善寺院东廊房北端面西的墙壁上,镶嵌有刘墉亲笔书写的碑刻,其文为:"雨后双禽来占竹,秋深一蝶下寻花。石庵"。那"貌丰骨劲,味厚神藏,超然独出,锋颖四溢"的书法,在嵩山地区现存的历代名碑中,独树一帜。有专家考证,此碑虽未署年款,但从字体的用笔结构来看,当是刘墉中年的作品。

钱九府

钱九府(1721～1784年),清朝诗人。字相书,别号南浦,嵩山新密超化人。父亲钱憕,清朝恩贡,著有诗集《一梅园诗》藏于家。九府聪慧敏捷,少承庭授,经书一经指教,即能领会,很受父亲钟爱。自少家贫,师会友之资皆源于为人抄写书册而得。20岁入庠,为增广生员。因双亲年事已高,自己从不远游,就在嵩山地区的巩县、荥阳、洛阳、汜水一带讲学。后努力仕进,刻苦用功,终于乾隆二十三年(1758年)科中举,钦赐为国子监学录。时年已61岁。

钱九府博览群书,学识渊博,尤工于诗,刻意于七言诗,诗承唐宋,不落俗套,每一篇出,邑人争相传诵,影响密县一时诗风。与钱九韶同以诗闻名,时称"中州二钱"。书画篆刻亦皆卓然有成,人称诗书画全才。其诗画得江山之助,苍穆挺拔之势直逼古人。善画竹子,特别是酒至半酣,挥笔泼洒所画之竹犹如风雨驰聚,为人称奇。晚年爱好游览,曾游于燕、赵、齐、鲁、吴、越之间。在江南游览时,苏州、松江等官府观其书画争相宴请,长达半年之久,每日求画者络绎不绝。后其将书画所得购得一舟,南下杭州尽兴而游。乾隆四十九年(1784年)病故,享年64岁。钱九府一生著作非常丰富,惜没有及时整理,多已散佚,仅留《南浦诗集》8 卷存世。

苌乃周

苌氏武技全书

苌乃周(1724～1783 年),清朝嵩山著名民间武术家、武术理论家,苌家拳的创始人、一代儒学拳术大师。字洛臣,号纯诚,又名苌三。进士仕周之弟,嵩山荥阳苌村人,祖籍四川。明朝指挥使苌守忠第 12 代孙。幼年从兄学《周易》,酷爱武术,文武兼备。乾隆武科获隽杰士第三名。成年后随张八习枪、拳法,又从梁道习棍法,从阎圣道习罗汉拳法,还到温县陈家沟等地遍访名师。后得字拳 40 法,又得猿猴 32 棒。又以周易、吐纳、导引、阴阳哲理、经络气象等,致力于拳术、拳理之研究,删繁就简,终于集各派武术之精华,创造自称一家的苌氏武技和理论,立苌家拳于中州,成为清代河南省颇负盛名之24 拳。其武术兼习各家,遇洛阳府净圣道指点,终集武术之大成,以少林、峨眉、武当三派为基础,又总三派所长,日益精练,遂成绝技,独树一帜,创苌氏武术理论和苌家拳,与豫北陈氏拳齐名而别具特色,后 200 多年相传不衰。苌家拳项目有40 字拳、24 大战拳、36 枪、猿猴拳、双剑谱等多种,主要特点是"以气为体,以字为拳,以形合气,以势变法,刚柔相济,身法多变,体用兼备,结构严谨。"所著《二十四拳谱序》载:"……又数年得字拳 40 法,猿猴拳 32 套,积为72 则,乃约归为 24 路,命以名,示以窍,使学者便于学习,……就 24 而扩充之,第一又分为 8,共合192,纵横奇变,于些毕举。"从此,苌乃周拳术已达炉火纯青地步。嵩山荥阳、密县、巩义一带,流传有很多苌乃周的传说和故事。苌家拳历代相传。苌乃周一生勤于授徒传艺,门徒数百人,其中不乏高足,如柴如桂、高六庚、李清文。

相传,苌乃周读书时,每次出门,手抓门前树干,久之,能抓掉树皮。他给学生讲气贯金石,学生不懂,当时他正依石案饮茶,举杯击案,案石立裂。他说:"这就是气贯金石。"一日苌乃周探亲,亲翁说:"你能否将台阶石踩断?"苌乃周上阶断一石,八阶断了七阶,后一阶主人制止,才没踩断。苌乃周身穿白长衫,将棒染黑,棒舞开时,只见他周身皆黑。他在汝州教技,外人与学生争斗,苌乃周不便动手,只将院中枣树拔起,在街上拉了一圈,外人见状才放弃争斗。

苌乃周总结拳技,阐发拳理,著书立说,推动了武术理论的发展。其编著有《养炼全书》4 种(抄本)、《青龙出海谱》(抄本,附《猿猴棒》)、《二十四字拳谱论》(附《中气论》、《养气论》、《吕祖剑谱》)、《武备参考》、《熟极生巧》、《二十上字拳》、《二十四犬战拳》、《纯阳十三剑》、《三十六枪谱》(抄本)、《猴势谱》(钞本)、《双棒》、《双剑抵枪》、《黑虎拳》、《白虎拳》、《大罗汉》、《猿猴三十六棒》、《双剑谱》、《小罗汉》、《炮拳》、《小红拳》、《双棒》、《虎尾鞭》、《峨嵋镰》、《单剑抵枪》、《双剑抵枪》等书,有谱有解,实属珍品。后汇刻成《苌氏武技书》行世。

钱青简

钱青简,清朝诗人。字史章,号竹堂,嵩山新密市超化人。自小聪明好学,悟性很高,不善谈笑。每日手不释卷,凡读过的书大多都能背诵。7岁能通读《五经》,9岁能赋诗答对。识者莫不称为奇才,预言将来必登金榜。13岁考入府庠。青简少年家贫,但其酷爱读书,遇有好书,必予购之,常为书债所累。因为家庭贫寒,经常接触下层人士,对当时黑暗社会深为不满,视恶霸劣绅和盘剥人民的官府为饕鼠。他在《饕鼠》一诗中写道:"有鼠似豹豹乃鼠,情性饕饕惯咬咀,黑夜结群三复五。尔勿穿我屋,我屋破尔何以宿?尔勿盗我谷,我谷尽尔何以育?诅尔祝尔尔无知,饕鼠饕鼠我心悲。"钱青简少年气盛,胸有抱负,正如其诗所写"龙鲤挟风雨,岂与虾鳝俦?文凤巢梧桐,不随燕雀游。河水大且深,欲渡无轻舟。舟子胡我弃,徒能汛其流。"钱青简小小年纪,即显露才华奇迹,很多诗为当时社会名人所赞赏。其代表作《讲武门》脍炙人口,成为千古绝唱。可惜这位少年奇才,刚过18岁即因病而故,空负了满腹才华和一腔豪情,世人莫不惋惜。钱青简临死时,嘱其族兄九韶"临死无他嘱,诗卷令保藏。"钱九韶没有辜负族弟的期望,"挑灯检旧草,字字有余芳,会当一编辑,为汝留光芒,何处见颜色,落月满空梁。""洒向人间十八年,急流石火总堪怜,诗书已了生前债,文章不妨死后传。"钱九韶将钱青简所留诗稿整理汇编为诗集《东溪诗草》传世,以了钱青简所愿。其中数首诗被清代《中州诗抄》所录。

王刻石

王刻石(约1728~约1758年),清朝嵩山民间石雕家。名土金,禹州城西王村(今火龙镇西王庄巧匠王)人。自幼随父学做石活以养家。15岁时,适值村西正觉寺重修寺院,方丈请其父做石供桌,事先言明,若图案尺寸完全合乎要求,赏钱两串,否则罚钱两串。不料即将完工时,老石匠不慎打掉了外腿一角,懊悔不迭。土金灵机一动,在腿脚雕石狮子一对。待交工时,方丈观两狮昂首挺胸,口含宝珠,蹲踞桌前,天然成趣。特加赏两串。三天后,适逢香烟大会,人们奔走相告,争相观看。土金声名鹊起,绰号"刻石"代替了本名。

乾隆十六年(1751年),王刻石承担了鸿畅王家牌坊的石雕工程。他在两厢过梁上雕出二龙戏珠和双凤牡丹图案,在石柱上刻成嫦娥奔月和吴刚伐桂等神话故事,结构奇巧,浑然一体。乾隆十九年(1754年),禹州城西龙池周国才家敕建过街牌坊一座。王刻石根据周家要求及自己创作,于牌坊上顶雕十八罗汉,中间雕八仙过海、八仙庆寿、缚子上朝、文王访贤、喜鹊登枝、鹌鹑啄谷等图案,浮雕、全雕、镂空皆巧夺天工。建成后,该牌坊及刻石艺名远播。此后不久,临汝一财主不甘示弱,用重金聘请刻石建坊。王刻石在龙池花牌坊上又添一石算盘,稍有风吹便哗然作响。竣工后,该财主怕有人再聘请王刻石造牌坊,更胜他家一筹,将其暗害,终年31岁。人们为纪念他,遂将其故里"王村"改为"巧匠王村"。

钱九韶

钱九韶(1731～1796年),清朝名儒、诗人。又名九同,字太和,号南渟。钱九府之弟,嵩山密县超化乡河西村人。清乾隆五十年(1785年)恩贡,是当时名闻中州的诗人。其自幼聪明过人,日读数千言,过目成诵。少年时,县试院试均为第一名。他从古代诗歌中吸取营养,在写作实践中逐步形成了自己秀拔奇丽、朴质典雅的艺术风格;他素喜六朝诗,但摒弃脱离现实的浮靡文风;他宗法盛唐,崇拜杜甫和白居易,使他的诗歌具有现实主义倾向。诗赋名重一世。他早年写的《芦花诗》被当时文人名流所推崇,人送雅号"钱芦花"。从此,海内以诗为名者,皆知密县有个"钱芦花"。

钱九韶少年时家境贫寒,但他事亲至孝,勤谨赡养父母,不离左右,族人称他为孝子。父母弃世后,他更致力于学习,省吃俭用,到大梁书院,拜师于名流。人到中年,进学汴梁,设馆教徒,诲人不倦。晚年主讲于桧阳书院,其门徒多有成就,优秀者考中了进士,不少人成为当时名流。由于他处于社会底层,和贫苦农民有着相同的命运,目睹统治阶级穷奢极欲,贪官污吏的横征暴敛,劳动人民的悲惨遭遇,爱与憎的情感自然流露于笔端。他的不少诗篇,敢于揭露封建社会的黑暗,给统治阶级以无情的鞭笞,对民间疾苦表示了无限的同情和关怀。其讽刺诗《筑城谣》就是一首代表作。他晚年多病,就在他的住室外南面,建了一座小院,名"锦树山庄",名其园为"倩园",高处叫"听濑山房",宴门内是他写作赋诗的地方。这时的他过起了"采菊东篱下,悠然见南山"的隐士生活。卒于嘉庆元年(1796年),享年65岁。

钱九韶毕生勤奋,著述甚丰,计有《葩经正韵》8卷(家藏本)、《四书正字》4卷(刊本)、《研来斋杂记》12卷(抄本)、《密县志补遗》6卷(家藏本)、《南渟文集》10卷(抄本)、《南渟外集》8卷(家藏本)、《南渟诗集》24卷(抄本又刊本)、《南渟诗集拾遗》1卷(抄本)、《南渟赋稿》(刊本又抄本)、《南渟诗谱》16卷、《南渟制艺》6集、《河岳集》120卷等皆藏于家中。其诗作被选入《清诗铎》、《中州诗征》、《中州艺文录》及当地多种版本的文史资料中,其生平事迹详载于《文苑传》。其代表作有《芦花》、《筑城谣》等。

刘 潜

刘潜(1735～1829年),清朝诗人。字季含,号草窗,嵩山巩义双河人。爱读书,善诗文,与禹州马时芳友善。以教书为业。著有《草窗文集》4卷、《草窗诗稿》2卷。

刘玉威

刘玉威,清代名儒、诗人。字苍佩,号樾庵,清禹州(今禹州市)人。名人刘湛之子,因为父子二人皆有才,世人将他们并称为"二刘"。刘玉威沉静寡言,口不评论人物,善文章,工诗词,且擅长草书。因此,年方20便名噪中州。康熙五十五年(1716年)岁贡。工诗文,兼喜草书,弱冠名噪中州。北游赵、魏,入北京,达官贵人多与交往,但他却辞谢归里,与当时嵩山文化名人窦克勤、冉觐祖、张沐、耿介一道讲苏门之学,后讲学于嵩阳书院。刘玉威才思敏捷,学识渊博,为文不暇构思,挥笔立就,求文者均如愿而去。终年70岁。著有《古欢堂文集》、《来松阁诗集》18卷、补遗1卷(抄本)。

史料记载,刘玉威写有《神芝图歌》、《观音阁》、《来嵩阁》、《嵩阳书院》、《游叠石溪》、《闻尔知钟子巡嵩阳书院之胜,兼读逸庵先生登嵩高诸作,恭赋志怀》等诗传世。

张 抱

张抱,清朝官吏。字春普,嵩山郑州人。清康熙五十八年(1719年)进士,任陕西安塞县知县,自持寒苦,招抚流民,竭尽家财代交赋税,深得民心。著有《见山堂集》(刊本)。

万邦荣

万邦荣,清朝诗人。字伯仁,号西田,嵩山南部襄城人。清康熙五十九年(1720年)举人。乾隆元年(1736年)举博学鸿词科未遇,官莘县知县。雍正年间,曾授清代明史馆对《明史》的纂修。乾隆年间官山东莘县知县。万邦荣博学能文,尤长于诗。著有《红崖草堂诗集》12卷(刊本)。《中州诗征》卷10收其诗10首。万邦荣在嵩山活动期间,写有《虎牢关远望》、《缑氏道中》、《商酒务谒程子祠》、《偶感》等多首歌咏嵩山风景名胜的诗作,嵩山史料有录。

王九式

王九式,清朝嵩山文化名人。字抑之,山西高都人。本朱姓,明之宗室。遭乱无家,寓于嵩山新郑。王九式素精秦越人术,为人疗病辄触手愈,然多不取值。王九式笃嘟吟咏,举所遭身世流离之感,皆于声律法之,故虽不必尽合体格,而沉深有思,致读者多悲其志。王九式像许多平民诗人一样,一生生活清贫,但所到风景名胜之处,诗咏依然。他的诗作中著有《晚窗诗集》数卷。王九式在嵩山活动的遗迹有位于密县大隗镇东去5公里陈庄村的洪山庙,庙中立有王九式于清乾隆三年三月所所立的《敕封洪山普济观真人之墓碑》。

裴希纯

裴希纯(1736~1811年),清朝嵩山名儒、修志名家。敬斋,号寄亭,嵩山偃师人。屡试不第,深研经学,置嵩山少室之麓明月湾,筑室教授其中。为人清介鲠亮,从武亿交游;学究本源,解经不随前人异同。

裴希纯一生好文,著述颇丰。著有《易箴》10卷。涉及志书的有《太少六十峰志》3卷、《河南郡物产志》5卷、《原谚》1卷;并参与编纂乾隆四十四年(1779年)出版的《河南府志》。裴希纯长于纂专志,如《原谚》一书,述方言土音之异同,涉笔成趣,关于义理者,味道腴资多识。

武 亿

武 亿

武亿(1744~1799年),清朝嵩山儒学家、考据学家、志学家、金石学家、刻书家。字虚谷,一字小石,自号半石山人。嵩山北麓偃师人,祖籍山东聊城县(今聊城市)。远祖武恂在明代任怀庆府指挥使,遂寄籍河南;曾祖武维翰于清顺治间迁居偃师;父武绍周中雍正元年(1723年)进士,官安徽东流县知县,累官吏部验封司郎中。武亿兄弟6人,三兄武伸,乾隆年间进士,官翰林院检讨。武亿在书香门第的熏陶下,自幼好学,刻苦自励。20岁取得童子考试第一,25岁取得举人第6名。以读书自励,博学多通。乾隆四十五年(1780年)进士。中进士后,并未做官,只以授徒为业。一边教课,一边搜集金石和著述。45岁时,任山东博山县知县。他处理积案,遣嫁青年尼姑,亲讲民约,开办书院讲学,使博山大治,为民拥戴。和珅派番役以捕盗为名,横行乡里,武亿执而杖之。得罪权贵,被罢官,博山数千民众,集聚巡抚大堂,"叩首乞留我好官"。嘉庆继位后,和珅被责令自杀。嘉庆四年(1799年)十一月,此冤案得以昭雪,朝廷召武亿进京咨部引见,可武亿已于一个月以前去世了(《清史稿》中,有《武亿本传》)。

武亿不仅是一位刚直不阿的循吏,还是造诣很深的著名学者。武亿曾开办博山范泉书院,传道授业齐鲁间,诲人不倦。武亿品德纯正,作述等身,学力深厚,见解精辟。武亿热心教育,曾创办博山范阳(泉)书院,主持偃师二程书院,讲学邓州春风书院等,先后在博山、亳州、临清、鲁山、安阳等县书院讲学,以经史训诂教授生徒。

武亿学问渊粹,一生博通经史,精于金石考据,精于方志之学,为乾嘉学派中北方最著名的学者。其作品达100余卷,其中以编纂志书居多,书后均附有艺文。著志刻书有《释读考异》8卷、《授堂金石文字三跋》10卷、《授堂金石文字续跋》14卷、《群经义证》8卷、《四书考异》、《经读考异》、《三礼义证》、《金石三跋》、《授经堂诗文集》、《偃师县志》(主要负责金石志)、《宝丰县志》、《郏县志》、《鲁山县志》26卷、《安阳县志》14卷等10多种,以《安阳县志》最有名,文杰纪晓岚在为之写的序中说:《安阳县志》具备图、表、志、传、纪诸体,"井井有条,多合古法","先殿以艺文,乃仿古之目录,不似近人之附载诗文,其体例不亦善乎?而每条必有考证,不徒杂袭旧文,其叙述不亦确乎?"武亿所著目录学刻书之作有《授堂金石文字续跋》、《读史金石集目》、《金石三跋》、《金石文字续跋》、《偃师金石录》4卷(附县志2卷)、《偃师金石遗文补录》、《安阳金石录》、《钱谱》等。史料载,读《授经堂诗文集》,可知所为诗文亦不为浮词,朴实真切。而《跋汉吉羊池》、《汉匜壶》、《题访碑图》等则悉以考据入诗,可视为典型的乾嘉诗风。著名学者姚鼐在《武亿墓表》中说:"今中州士知读古书,为汉学,自君始。"其子穆淳亦善诗文,有《读画室诗文集》。

洪亮吉

洪亮吉(1746～1809年),清朝著名诗人、书法家、哲学家、人口论学者。初名莲,又名礼吉。字君直,又字雅存,号北江,晚号更生居士。江苏阳湖(今江苏常州)人。自幼丧父而刻苦读书。以博学多才名世,于经学、史学、文学、地理学、方志学、文学都有很深的造诣。乾隆五十一年(1786年)应登封知县陆继萼聘,主纂《登封县志》,被称为地方志书之善本,为历代修志者奉为楷模,流传极广。乾隆五十五年(1790年),已是全国知名学者的洪亮吉以一甲第二名进士及第,授翰林院编修,出为贵州学政、派充实录纂修官。嘉庆四年(1799年)上书《乞假将归留别成亲王极言时政启》,指责朝政时弊,言辞激烈,不避锋芒,指责内外大臣误国害民,贪赃枉法,甚至指出皇帝"视朝稍晏,荧惑圣听",触怒了嘉庆皇帝,得罪拟斩。后被充军流放新疆伊犁,在极端艰苦的环境中,完成了《伊犁日记》及《天山客话》2集。百日之后,遇赦归里,自号更生居士。从此,家居撰述至终。洪亮吉因人口方面的学说而著称。洪亮吉认为,人口的增长既然远远超过了田地与房屋的增长,就使得"田与屋之数常处其不足,而户与口之数常处其有余"(《治平篇》)。在当时人们对中国的人口问题尚麻木的时代,他却敏锐地洞见到了这一问题的严重性。洪亮吉的人口论,与英国经济学家马尔萨斯的看法竟不谋而合。他的完成在公元1793年,比马尔萨斯的还早5年。

洪亮吉

洪亮吉一生好游名山大川,足迹遍及吴、越、楚、黔、秦、晋、齐、豫等地,所以他见多识广,无论搞学问,还是作文写诗,皆有建树。洪亮吉的考据,精于经学、史地、训诂之学。其考据学方面著有《左传诂》、《公羊穀梁古义》、《汉魏音》等,并参加过《续资治通鉴》的编纂。其经学与孙星衍并称"孙洪"。在史地方面,提出了"一方之志,苟简不可,滥收亦不可。"洪亮吉见陈寿《三国志》有纪传而无志,即按纪传所载,参以《后汉书》、《晋书》诸志,条分缕析,互证旁通,正其讹误,撰成《三国疆域志》,至今仍是古地理研究中的重要文献。另有志书《淳化县志》、《长武县志》、《泾县志》、《固始县志》、《怀庆县志》等,有诗文著作《卷施阁诗文集》、《附鲒轩诗集》、《更生斋诗文集》、《毛诗千支考》、《洪北江全集》、《北江诗话》、《春秋左传诂》等。

孙枝荣

孙枝荣(约1754~1812年),清朝儒学家、方志学家、诗人。字于阳,号大朴子,嵩山巩义人。乾隆四十四年(1779年)举人。家世传伊洛之学,蓄书万卷,博览群书,深研经学。字画诗文俱佳,恩赐八品,爱好读书、结交,在其时很有影响,曾有"诗著百篇集诗社,书藏万卷号书楼"之称。时河南府(今洛阳)知府施诚修府志,聘其为山川古迹卷编辑。孙枝荣因"病旧志沿袭旧闻,多舛误,乃详为考订,穷岩绝壑,无不亲至,为河南郡山川开一生面。"并仿《禹贡》导山导水例,著《河南府山川志》10卷,"有经有纬,秩然不紊。"孙枝荣还著有《周南古迹考》22卷,设都邑、宫殿、苑囿、宅里、书院、沟渠、关塞、库藏、庙坛、陵墓等目。撰《罗志》6卷,考所居罗庄,在夏为夏伯鄩城,又为阳无固,又为斟鄩氏国,在周为鄩罗之邑,而怪邑旧志之陋。

孙枝荣有学术著作《周官传》5卷(抄本)、《四书余论》4卷、《剑经注疏》1卷、《春秋集传》、《春秋三传摘句》12卷、《四书余论》4卷,有诗文集《青桐阁文草》1卷、《青桐阁诗草》1卷。《中州诗征》卷17收其诗4首。

孙枝荣所作《杜工部词》、《青龙山纪游》、《石人峰》、《慈云寺》、《斋中杂咏》、《馆苏五咏》、《月夜行船》、《咏古》等嵩山之诗文,大都收录在《巩县志》、《嵩山志》、《慈云寺》等史料中。

白 昭

白昭,清朝官吏、诗人。字耿斋,嵩山新郑县(今新郑市)人。天资聪颖,有逸才,入庠试辄为冠军。为文精深雄健,有国初诸老风格。清乾隆十三年(1748年)进士,授直隶赵州高邑县知县。白昭为官期间,"廉仁明决,兴利除弊,民怀其德,"被百姓称为"神君"。上宪嘉奖,方推循卓,惜天啬其寿,以勤劳殁,高邑为其立碑纪其德政。生平著作甚富,殁后散佚,仅存有《衣德堂诗集》及《制艺》。

杜苪

杜苪(约1649~1728年),清朝嵩山本土文化名人、学者。字仲发,号省宝,嵩山汝州(今临汝)人。乾隆二十八年(1763年)岁贡。杜苪博览群书,授校官不就,隐居授徒。曾主持主讲于嵩山区的春风书院和龙山书院。著有《礼记类稿》、《太极新图新说》、《省宝文集》等。

爱新觉罗·颙琰

清仁宗爱新觉罗·颙琰(1760~1820年),嘉庆皇帝。原名永琰,清朝入关后第五位皇帝,乾隆帝第十五子。乾隆五十四年(1789年)被封为嘉亲王,乾隆六十年(1795年)登基,改元嘉庆,在位25年。

(1795~1820年在位)。在位前四年是太上皇乾隆帝发号施令,嘉庆帝并无实权。乾隆帝死后才独掌大权。他惩治贪官和珅,肃清了吏治。嘉庆帝是一位勤政图治的守成君主。他亲政后采取的一系列政策,措施,对于改变乾隆后期的种种弊政起了一定的作用,但没有从根本上扭转清代中衰之势。他在位期间是世界工业革命兴起的时期,也是清朝由盛转衰的时期。内忧外患此起彼伏,国内爆发了白莲教起义,清朝统治危机出现。他继续推行闭关锁国和重农抑商政策,导致清朝沿着衰败的道路滑下去。卒年61岁,庙号仁宗,谥号受天兴运敷化绥猷崇文经武光裕孝恭勤俭端敏英哲睿皇帝,葬于清西陵之昌陵。

嘉庆皇帝

史料记载:嘉庆皇帝在位期间,多次遣使祭告中岳。嘉庆五年(1800年),遣使祭告中岳;嘉庆九年(1804年)三月,遣太常寺卿邵自昌到登封致祭中岳;嘉庆十四年(1809年),遣使祭告中岳;嘉庆二十五年(1820年),遣使祭告中岳。前后4次的御祭文都于祭告中岳的当年刻石成碑,之后嵌于中岳庙黄箓殿西顺山房内,现保存完好。

白士宏

白士宏,清朝嵩山本土文化名人。字任重,嵩山新郑人。幼而颖悟,日诵数千言。9岁能文,14岁补博士弟子员。雍正年间进士。乾隆十五年(1750年)任四川资州并研县知县,催科抚字,咸得其平。后以终养告归,行囊萧然,攀留载道。家居孝养益笃,杜门谢客,专以奖诱后进为务。诸弟子执经者户外屦常满,莫不有所成。就学者每谓从先生游,如入大匠之门:大以成大,小以成小,无弃材也。生平方正和雅,风度蕴藉,名满中州。终年73岁。著有《衣德堂讲义制义》。

马时芳

马时芳(1761~1837年),清朝理学家、文学家。字城之,号平泉,又号见吾道人。嵩山禹州人。明中叶大臣马文升之后,禹州三峰山北观耜园人。14岁时,随父任住江西安福官署,受业于豫章(今江西南昌)王宜震门下。乾隆四十六年(1781年),马时芳对李绂的《陆子学谱》和孙夏峰之徒赵御众的亲笔遗稿发生了兴趣,潜心研读。其学说已与邵康节、程明道、周派溪、陆象山、王阳明等名家如出一辙,深相契合,属于理学的唯心主义流派。

乾隆四十八年(1783年),马时芳乡试中副榜。以后屡试不中。嘉庆十二年(1870年),再次应试,因文章不合考官意图,试卷被横批乱抹。时芳愤慨之余,写《归来诗》以志悲愤,并绝意进取。但由于他的道德学问颇受地方人士推崇,于嘉庆十九年(1814年),任封丘县教谕。仅年余,因母亲去世,丁忧回家守制,闭户读书、著述达十余年,直至道光七年(1827年)才又被启用,任巩县儒学教谕。在巩县10余年,深受学生和地方人士的敬重,为巩县培养了不少人才,最后病故于任上,享年76岁。在任教谕期间,除执教外,马时芳仍致力于理学研究。为宣扬其唯心学说,他积60年研究之所得,凝聚一生心血写成了逾10万言的《求心录》。几经删修,著成《马氏心书》4卷(刊本又石印本)。此外,他还著出了融佛教教义寓书的名篇《朴丽子》19卷(原稿本、刊本又石印本),在自序中他自称是涉世之方。马时芳一生著述甚多,除《道学论》《求心录》《马氏心书》《朴丽子》外,还有《风烛学钞》4卷(刊本又石印本)、《黄池随笔》2卷(抄本又石印本)、《鸣竹随笔》(钞本)、《闻鸡随笔》(钞本)、《芝田随笔》6卷(原稿本又石印本)、《来学纂言》1卷(钞本又石印本)、《垂香楼文稿》《垂香楼续稿》(原稿本)、《垂香楼诗稿》(刊本又石印本)、《风槛待月》1卷(刊本又石印本)、《挑灯诗画》9卷(刊本又石印本)、《周易引》、《论语义疏》20卷(原稿本,又石印本)、《来学纂言》、《山肖堂诗集》、《评点智囊补》、《四家辑语》等,总计不下百卷。又有校订古籍《四家辑语》(刊本)、《传信录》、《困亨录》等10余种书传于世,汇编有《平泉遗书》。马时芳还擅长书法,笔力苍劲有神,时人有所珍藏。

马时芳流传后世的诗有《携友人登风后岭放歌》《崆峒山中》《登新郑凤凰台》《太平庵》等。

徐攀桂

徐攀桂,清朝官吏。字步蟾,号柳塘,嵩山郑州马头岗人。乾隆三十六年(1771年)副榜。考授山西代州直隶州州判。历任绛县、万全、静乐、定襄、繁峙、河曲等县知县,升岢岚州知州。任知州时,平反乾隆五十年(1785年)孟木成"故杀孔林"一案,影响很大。曾任河南巡抚,但有关徐攀桂在任河南巡抚期间的事情史料记载很少,可在荥阳苌家拳的史料中,有这样的记载:苌家拳的创始人苌乃周于清乾隆四十八年(1783年)过世时,河南巡抚徐攀桂曾吊唁以诗:"南游楚蜀西游秦,不见成皋苌洛臣,回首梁垣都是梦,满门桃李竟如神。拳师武穆根源正,枪接桓侯衣钵真,盖世英雄今渺矣,升堂入室有三人。"

魏士俊

魏士俊,清朝官吏。字越千,号醇斋。嵩山密县城关镇西瓦店人。清乾隆四十年(1780年)庚子科举人,嘉庆七年(1802年)进士。嘉庆十年(1805年)任山东蓬莱县知县,并担负登州府海防重任。魏士俊酷爱学习,聪明过人,好善乐施,扶弱济贫。在蓬莱首次任职的3年期间,针对有人乱开煤矿、铅矿,严重破坏蓬莱风景,损害人民群众切身利益的现实,他果断地处置了一批不法棍徒,并在乡贤祠门左立下了《禁开煤窑告示碑》,在名宦祠门前立下了《禁开铅矿告示碑》,做到了令行禁止。为了发展教育,在县城修建了规模宏大的学宫,还亲自撰写了《文昌庙碑记》、《陈贞女箴言》等,使蓬莱三年大治。嘉庆十四年(1809年)又第二次复任蓬莱知县。蓬莱遇瘟疫,他动员官宦人家和当地富户捐助白银2000多两,买米施饭,并拿出自己的全部积蓄和薪俸为百姓买药。同时,又发帑金巨万,赈济蓬莱人民。为了防止银、粮、药物被滑吏侵吞,他早出晚归巡查,毫不懈怠。由于辛劳过度,不幸染上了瘟疫,不久以身殉职。《蓬莱县志》中保留有他的《禁开煤窑告示碑》、《禁开铅矿告示碑》和《陈贞女箴》3篇文章。特别是从《陈贞女箴》一文中,可以看到魏士俊学风、文风和从政的大概。一个人官职不论大小,凡是为人民办了一些好事、实事的,人民群众总也忘不了他。魏士俊虽官居六品,没有留下更多的田产家业,但是他困而学之,扶弱济贫,廉洁勤政的精神,在嵩山地区广为流传。

余 靖

余靖(1769~1826年),清朝理学家。字上田,号存斋,嵩山禹州梁北镇余楼人。嘉庆二十四年(1819年)进士,任资阳盐亭县知县。道光四年(1824年)改派直隶省,当时直隶总督是蒋攸铦,历来很看重靖,即派他辅助办理广平县的诉讼工作,又派他到磁州(今河北磁县)查催粮饷一事。当时直隶连年闹水灾,筹粮困难,靖即上书条陈利害,应以排除洪涝积水为根本,而对筑堤修堰的做法作了深入的剖析,认为水本来就是要向下流淌的,怎能把水从两边夹堵起来使其高出地面呢。后来被递补为章村县县丞。余靖学识渊博,政事认真,德以教民,深得人心,百姓感怀,赠"实心实政"匾额颂扬。余靖父辈及其后人多有贡生、举人、秀才,曾出资治理颍水,参与修订县志、深山剿匪,遇到灾年荒情,开仓放粮,深得乡人爱戴。其门风朴实、乐善好施、书香耕读、德泽乡里,处处体现着嵩山官儒阶层忧国忧民的传统面貌和精神。

余靖少年时跟随同族伯父珨接受儒学前期教育,对朱熹的客观唯心主义思想极为推崇。一次,余靖与乡里学子相约,各带几名子弟,一起设祭品礼拜孔夫子,另设一桌按顺序讲解四子(程朱陆王四位朱程理学的代表人物)书数条,条条都切合他治家要有方、待人要严格而宽厚的理念。余靖一生著有:《春秋传说授读》12卷,《宋五子言行录》1卷,《存斋偶录》4卷,《忠孝堂古文》1卷,《古本大学辨》、《格物辨》、《王学辨》、《辨晚年定论》各1卷,《六艺考略》1卷,《存斋偶录》若干卷,《文钞》若干卷以及《存斋诗集》1卷。现仅留《存斋偶录》1部,书中敢于和明代哲学家、教育家、政治家、军事家的心学大师王明阳叫板,崇朱批王。

余靖之子余珨承父训,专心理学。著有《笙诗备览》1卷、《林署考典》4卷、《润亭学鉴》26卷(刊本)、《柁心集》10卷(刊本)、《乡约纂言》、《读志随笔》、《柁心斋古文》、《柁心斋诗钞》3卷等。

王勋臣

王勋臣,清朝诗人。字麟阁,号竹川,嵩山汜水皮王村人。乾隆五十四年(1789年)拔贡。嘉庆五年(1800年)举人,历任广东茂名知县、顺德知县、开化州知州。王勋臣工诗书,著有《半笏堂剩吟草》、《对菊草》等,其传世诗为《田家妇》。

弓士骏

弓士骏,清朝医学家。字伯起,嵩山郑州人。生活在乾隆、嘉庆年间,长于医药和医术,在嵩山地区很有名气。著有《弓氏医书辩论》16卷,现存4卷。

白居敬

白居敬，清代嵩山本土儒学者。字行简，号嵩溪，嵩山登封人。至元庚戌生。6岁丧母，事父孝闻乡里。及冠，群经诸子无为精究。壬申父卒殡殓一遵古礼。年二十三州邑知其名，咸备礼币请居讲席，多所开益。以其居近嵩颖间，因与嵩溪。著书传道，远方受业之徒，户屦满百，如是作30余年。延祐庚申卒，年七十有一。学者皆尊之曰，嵩溪先生。甘守一贫，储无甔石，宴如也。识者，谓其清风苦节，不以得失累其心；处顺安常，不以穷约易其素。得朱子学注述千五百年后，乘尧夫车优游三十六峰前，盖其实录云。著有《春秋正》《正尚书新注》《诗集传附说》《易经本义附说》《四书集注附说》《周子通书附说》《周子太极图附说》《张子东西铭解义附说》《小学书详见》《道学发明》《礼学诗说》等。

刘受书

刘受书，清代嵩山本土儒学者。字中一，号颖谷，登封阳城人。天资聪颖，看书过目成诵，9岁娴音韵，倾口即诗。作字端劲有古法，长博览群书，尤邃于易理。性至孝，年十八入庠，即失怙哀毁过人。体母李氏教，燃香烛，书或映月默吟，夜沉不倦，成童食饩于庠。未几登万历丁酉科榜，铨授南直隶池州府建德县令。适大饥，条上利病12事，设厂煮粥，虽山谷穷壤，必躬亲查赈，务获实惠，锐意作人，于建城东西立讲席二，聚邑士诠解《孝经》、《小学》并《六经要语》、《性理吃紧俚语》，俾晓大指，毅然以励名节，敦士风，鄙章句，探道原为本务。离任时囊中无吴越一物，惟书史数筒而已。著有《易说衍义》、《续编》、《图极广略》，并汇定为《青藜世业》诸书。

李炳南

李炳南，清朝嵩山文化名人。字寅庵，号怀嵩，清许州（今许昌）人。乾隆五十八年（1793年）进士。先后主持舞泉、鹿鸣、平原书院。任仙居县知县时，有惠政。归是，除有图书数囊外，别无他物。著有《怀嵩堂诗古文集》（刊本）。

周开谟

周开谟，清朝官吏。字叔献，号广严，嵩山汜水县白杨村人。天性孝友，曾为母疾数月未解衣。博通经史，所作诗文心平气和，无一字无来历。乾隆二十五年（1760年）举乡试第一。乾隆四十年（1775年）进士。在京主文会，众推重之。后出知德安府，以廉谨闻名，却盐商赟金，陋弊一清。修学宫，葺书院，延名师以教士子，数年文风大振。治狱以哀矜为主，俗尚健讼，上控辄置不理，弗改。离官时，当地百姓纷纷沿途至馆谢之。学使杨公校士德安，以"子谓子产"命题曰："吾以赠太守也。"历任翰林院编修、德安府(今湖北安陆)知府、礼部郎中。周开谟任职德安府知府时,主持修纂有《安陆县志》。周开谟工诗,著有诗集《燕中集》、《郧中集》付梓行世,有传世诗《成皋月》等多首。

爱新觉罗·旻宁

清宣宗爱新觉罗·旻宁(1782~1850年),道光皇帝。原名绵宁,清朝第八位皇帝,在位期间清朝积贫积弱,他为挽救清朝颓势做了一些努力,如整顿吏治,整厘盐政,通海运,平定张格尔叛乱,严禁鸦片,起到了一定积极作用。他本人力行节俭,勤于政务,但作为一个帝王他的资质不高,加之社会弊端积重难返,清王朝在道光帝的统治时期进一步衰落,和西方的差距也越来越大,1842年清朝在鸦片战争中失败,签订丧权辱国的《南京条约》,条约规定:中国割让香港给英国,赔偿英国共2100万元,开放广州、福州、厦门、宁波、上海为通商口岸等。此后十年道光帝苟安姑息,得过且过,没有任何学习西方,振兴王朝的措施。在位30年(1820~1850年)。道光三十年正月崩于圆明园,终年67岁。葬于河北易县清西陵的慕陵。庙号宣宗,谥号效天符运立中体正至文圣武智勇仁慈俭勤孝敏宽定成皇帝。

道光皇帝

史料记载:道光皇帝在位期间,曾多次遣使祭告中岳。道光元年(1821年),遣使祭告中岳;道光九年(1829年),遣使祭告中岳;道光十六年(1836年)二月,遣河南、河北镇总兵官谢金章到登封致祭中岳文;道光三十年(1850年)五月,遣南阳镇总兵图塔布到登封致祭中岳文。这前后4次的御祭文都于祭告中岳的当年刻石成碑,之后都嵌于中岳庙黄箓殿西顺山房内。

刘廷芳

刘廷芳(1795~1849年),清朝官吏。嵩山禹州人。幼名卯金,字德兴,外号刘疯魔、刘神仙。幼年读书聪慧,因屡试不第,改习弓马,为禹州武生员。流行于豫西、豫中等地的"天仙庙道"(简称庙)的创始人。刘廷芳船工出身,为人刚直。乾隆五十八年(1793年)中武举,以兵部差官任江西吉安卫千总。督运粮米,夜泊岸边,会起大风,船只多遭覆沉,刘廷芳事前系船于柳树上,才能幸免。后升任南昌卫守卫,在官2年,因老告归。道光二十四年(1844年),刘廷芳利用生日宴请亲朋之机装疯下神,声言姜子牙附体,要"治国法,灭贪官,定乾坤。"附近群众闻讯,纷纷前来求神问卜,刘乘机成立"天仙庙道",发展道徒。后又秘密制订军纪、法规,准备聚众起义。刘廷芳晚年好学,虽逾70仍手不释卷。同文士交谈,都服他知识渊博,风度文雅。廷芳更善书法,最喜米芾体,当时禹州匾额多出其手。刘廷芳善饮酒,虽痛饮从不失礼。每酒后乘兴挥笔,大笔淋漓,字迹雄健,颇有意到笔随之妙。道光二

十九年（1849年）四月起义事泄，清朝地方政府派兵剿捕，将刘廷芳烧死，终年77岁。

魏文翰

魏文翰，清朝官吏。字纶阁，嵩山郑州东街人。道光十五年（1835年）进士。历任湖北黄梅、郧县知县，山东郓城、阳谷等县知县。道光三十年（1850年）长高唐州知州。咸丰四年（1854年），在与农民军战争中战死。

赵广思

赵广思，清朝名儒。字晋斋，号晓峰。嵩山洛阳人。道光十四年（1834年）举人。历任湖北宣恩、石首、利川、远安知县，随州知州，被巡抚胡林翼称为"牧令上品"。晚年居家河洛，潜心研习儒学，著有《河洛真儒传记》、《晋斋退问文集》、《孝友堂语录家训》以及《鄂寅殉难录》、《山城留和集》、《楚游寄意》等。

阎 坛

阎坛，清朝学者。字杏圃，嵩山郑州人。光绪元年（1875年）举人。他致力于经史研究，潜心于汉唐古文，曾名噪一时。其讲学以王阳明为宗，主张"良知"，从学者甚多，以致房舍不能容纳。著有《中西学派异同考》（抄本）。

秦阿灼

秦阿灼，清朝数学家。字桃溪，嵩山河阴（荥阳东北）人。光绪八年（1882年）恩贡。秦阿灼为学广博，好为诗，善书法，喜丹青，擅篆刻，尤长冥术。著有《课虚责有》（家藏本）、《数学初基》（家藏本）、《菊圃虫鸣集》（家藏本）。

董以威

董以威，清朝理学家。字惠夫，号石斋，嵩山巩县人。光绪十五年（1889年）举人。从学于清初著名理学家孙奇逢，主讲于汴源、河阳、嵩阳、东周各书院。著有《论语心传》10卷（抄本）、《大学中庸心锦》2卷（刊本）、《心花偶灿》2卷（抄本）。

马 鉴

马鉴,清朝嵩山本土文化名人。字心镜,一字秋塘,号竹斋,晚年号索东逸士,嵩山荥阳人。贡生。一生著述颇丰,著有《未可堂论稿》1卷(抄本)、《未可堂碑记稿》2卷(抄本)、《未可堂书牍稿》1卷(抄本)、《未可堂杂著稿》1卷(抄本)、《索东闻见纪实录》4卷(抄本)、《未可堂诗稿》1卷(抄本)、《未可堂赋稿》等。

陈亢勋

陈亢勋,清朝著名数学家。字子庸,号简庵,汜水沙固村(今属荥阳市)人。贡生。中岁其母失明,因家居奉母,20余年不外出,教授乡里,声誉远播。有巧思,精于天文舆地之学,尤精通数学,被日本誉为世界第三人。曾造日晷、月晷、星晷等仪器。陈亢勋著作有《算学简言录》《天文节略》《地理节略》《地理沿革考》《禹贡考》《职官考》《古制录》《史鉴》等。

王兆吉

王兆吉,清朝篆刻家。字笠夫,原名肇基,清河阴(荥阳市东北)人,约生活在道光、咸丰年间。官东湖知县、施南宜昌府同知,升施南府知府,为政尚宽大。王兆吉少负奇志,倜傥不羁,好剑术,工技击,通医学,善丹青,尤善秦汉以来印玺,专精篆刻。王兆吉著有《新心别馆印存》6卷(自藏本)、《古文存钞》、《公余丛咏》等。

郜 锦

郜锦,清朝诗人。字文江,嵩山登封人。郜锦治学贯通诸子百家,对《易》学研究尤为精到。思如泉涌,下笔风发,千言立就。性爱山水,每咏嵩岳风光,情深理胜。郜锦晚年喜爱濂洛关闽之书,尤工"二王"书法,人们视为珍宝。著有《卧云轩文集》和《卧云轩诗集》。《中州诗征》收其诗3首。郜锦写有《登嵩高》等诗作,嵩山史料有录。

程式渊

程式渊,清朝画家。字芳墅,清霍山(今为汝州市)人。善画梅,大幅横披,纵横自如,颇有气派。

嵩山文化大系

张可象

张可象,清朝儒士。嵩山南邻陕县人,拔贡。官嵩山密县教谕。晚年辞官,迁居叶县。著有《四书五经注解》、《金匮要略注》、《诗学指南》、《鸿雪斋诗钞》等。

武穆淳

武穆淳,清朝官吏。字敬斯,号小谷,嵩山偃师人。名儒、修志家武亿之子。嘉庆十二年(1807年)举人,任江西信奉县知县。著有《安阳县志》28卷、《桃江日记》2卷,另著有诗文《谈画室文集》、《谈画室诗集》等。

陆继辂

陆继辂(1772～1834年),清朝修志名家。字祁生,嵩山洛阳人。9岁而孤,母林氏教养之。年十七,应学使者试,识丁履恒、吴廷敬二人,母察知以为贤,遂纵之结客。先后交恽敬、庄会贻等,学日进。与兄子耀遹齐名,人称"二陆。"仪干秀削,读书如夙成,吐辞隽婉,常倾座人,人皆礼敬之。嘉庆五年(1800年)举人。官合肥县训导,甚得时誉。以修安徽省志叙劳,选江西贵溪县知县。位居3年,以疾乞休。颇具学识,其文足传。纂《洛阳县志》60卷,其特点为:古迹搜辑颇富,源委亦较他志加详。冢墓记考证甚多;伽蓝记、名园记,尤较旧志为多。又帝王则以定都洛阳者为限,后妃则以洛阳人为限,斟酌尚有理。陆继辂工于诗。所著有《崇百药斋文集》44卷,《合肥学舍札记》8卷,均《清史列传》并行于世。

康应魁

康应魁(1773～?),清朝封建地主,著名大富豪。嵩山之阴巩县(今巩义市)康店人。明清以来嵩山巩义富豪,其家族上自6世祖康绍敬、下至18世康庭兰,富泽12代,其家庭由兴到衰绵延400余年,因慈禧太后封赐"康百万",而名扬天下。历史上的康家曾有康大勇、康道平、康鸿猷等10多人都是嵩山地区的富豪,但最具代表性的为清代中期的康应魁。康应魁历经乾隆、嘉庆、道光三朝,在他这一代,康家进入了鼎盛时期。乾隆三十八年(1773年),康应魁出生时,清朝廷赠给他父亲康云从"良田千顷"匾。康应魁一生做有两件大事:一是垄断陕西布市,二是从官方拿到一份长达10年的军需品订单。时逢嘉庆川楚白莲教大起义,白莲教横扫湖北、河南、陕西、四川、甘肃5省,前后历时9年。清王朝为了镇压起义军调动了全国各地的军队。军队的粮食、装备等都需要从各省补给,康家的航运船队如虎添翼,所增运费给康应魁凭空增加了许多银两。康家船行的船多势力大,一些单干船户,争着打

— 704 —

康家的旗号。同时,康家以银子开路,结交了满族大员——陕西巡抚勒保,用钱买到了专门供应军需布料和棉花的供应权。陕西泾阳的黄土地非常适宜种棉花,泾阳的布市雄霸西北诸省,康应魁一次性把泾阳的一条长街的布市统统吃下,于是就掌控了一个辐射半个中国的布匹批发市场。他临终时还叮嘱儿子:"宁舍巩县,不失泾阳。"

康应魁身为封建地主,在祖辈的基础上,除占有土地外,利用清廷镇压白莲教之机"尽忠发财",晚期又经营商业,土地、商铺遍及山东、陕西、河南3省8县,因富甲3省、船行6河,土地达18万亩,财富无以数计,因两次悬挂"良田千顷"的金字招牌,被称为"百万富翁",成为"头枕泾阳、西安,脚踏临沂、济南"的大富豪。康百万家靠河运发财,靠土地致富,靠"贡献"得官,多次得到皇帝赏赐,最高时官至三品,数次钦加知府名衔。巩县民间有顺口溜:"河里行的康家船,岸上种的康家田。路上跑的康家马,栈房里借的康家钱。"

康应魁

康应魁的《墓志铭》载:"平生孝慈,勤俭持家,好善乐施,赋性纯厚,尤有大过人者本领,识时务"。道光八年(1828年),他55岁,正是精力旺盛之时,家产雄厚,独资修筑巩县圣水庙,后适逢祥符、中牟黄河段决堤泛滥成灾,他出资修筑黄河堤坝。道光年间(1845~1846年),河南遇大饥荒,他出粟赈灾,使灾民度荒求生。当时朝廷掌管河道官吏实报详情,奉旨加康应魁为直隶州分州衔(直隶州通判)。道光二十七年(1847年),康应魁75岁生日时,族人和乡亲们来为他祝寿。在寒暄祝贺、酒过三巡之后,他又一把火当众烧掉了族人和乡亲们欠债的账单。康应魁的焚券、赈济一次又一次展现了他好善乐施,慈悲为怀的品质。

康百万庄园

康应魁的儿子康垣园为康家第十五世,在治家上,谨遵先祖遗风,于同治年间,请翰林牛瑄撰题《留余匾》,以训示教育子弟。留耕道人《四留铭》云:"留有余,不尽之巧以还造化;留有余,不尽之禄以还朝廷;留有余,不尽之财以还百姓;留有余,不尽之福以还子孙。"为康家治家立业的座右铭。

1900年,八国联军侵入北京,慈禧、光绪逃亡西安。1901年,他们回京途经嵩山巩县时,康家出钱监工修造黑石关、巩县城、宫殿行宫和"龙窑",花费了100多万两银子,又向慈禧捐赠白银100万两。因此,慈禧说:"不知此地还有一个富翁康百万呢!"从此,"康百万"这个皇称就广泛传开,后泛称康家为"康百万"。

位于嵩山之阴的巩义市西3公里康店乡康店村的康百万庄园,是嵩山地区保留下来清代以来最大的民居建筑群,现为全国文物保护单位。

孙九同

孙九同(约1775~1845年),清朝嵩山本土文化名人。字喻庵,嵩山禹县人。孙寅柄之子。在他童年发束双角时,其父带他拜访先辈王聿修先生,王赞许说:"郎君他日必为禹州闻人。"孙九同虽在幼年,纯朴大方,治事有方,其父因病不进食物,自己也不进食,深得乡里好评。嘉庆五年(1800年)中举。因母年迈,不再参加会试。孙九同治学务重实际,曾作《逊敏斋记》自警。认为不以圣贤之道治其身心,虽学贯古今,文重当时,也不足贵。尤垂意州志,境内山川,躬身跋涉,考脉络之异,正名称之讹,核人物之实。所纂《禹州山川志》,内容翔实,叙述清晰,"叙山,先干后支,支山或连数山,叙支山毕,重接干山。叙水,于细流入经流者曰入;细流,几于经流者曰会;昔有别名,后合一者曰得;其左右注者皆以方向别之。"终年58岁。

刘光三

刘光三(1781~1839年),清朝名臣。字显庵,号屺南,嵩山新郑东花园村人。嘉庆十九年(1814年)进士,初授吏部主事,后升员外郎。道光五年(1825年)考选御史,历任山东道监察御史、江南道监察御史、四川道监察御史。迁兵科给事中(皇帝的谏官)。刘光三任职吏部,忠于职守,熟习部务,多次考绩才德兼优,部拟举荐他外入出行知府。这对部里郎官来说是求之不得的美职,可他认为居官必为民造福,忠臣当为国除害,于是放弃知府美职,而选择了品级低于府州,又多风险的监察御史。刘光三任谏官9年,建言弹劾10次,不阿谀权贵,据事直谏,无所顾忌,凡所陈奏,皆中时弊。他说:"国家简拔御史,期于拾遗补阙,弹劾不法,裨益圣德。若撅拾博击,不务大体,徒有虚名,我以此为耻。"朝野称之"真御史"。道光十一年(1831年)巡视西城,是夏京师大旱,因直谏拂上意,停迁。差满,又奉命巡视南城。道光十三年(1833年)稽查兴平仓。晚年以疾离京告归,主讲百泉、周南二书院期间,道光皇帝下诏,召他回京师再任谏官一职。他欲再次为国尽忠,为民除害,由于年近花甲,常有身体不适,在众人劝阻下辞召,没有再复出。后卒于乡里。

弓翊清

弓翊清,清朝官吏。字菱溪,嵩山郑州弓家寨人。清嘉庆十三年(1808年)举人,十四年(1809年)进士。历任四川资阳、新宁、夹江、广元、内江、成都等县知县,成都府知府、眉州直隶州知州。勤政爱民,有政绩,被当地称为"杜母"(指东汉南阳郡太守杜诗)。道光三年(1823年)任川东兵备道。道光六年(1826年)四月,弓翊清莅任眉州知州。道光十二年(1832年)复任眉州知州。弓翊清慈惠爱民,学术湛深,著有田家诗百首,曲尽闾阎疾苦;他所留题,多具卓识。弓翊清在"补刻三苏全集跋"中说:"道光丙戌夏(1826年),翊莅任眉州,瞻拜先贤祠宇,取旧刻三苏集而读之,颇病其草略未完,且有以弥逢其阙。文忠公集,坊间印本极多,至以明允之《嘉祐集》,次公之《栾城集》,自明兵燹后无再镌者,数年之间蒐罗匪易。步辛卯(1831年),乃得至泸州牧朱菽原簏中,邂宪山河,终获见面,毋亦精英之气,应永其传。于豪梓之邦欸爱,借钞一通,重付剞劂,至检阅习梓之事,则州人士力也。道光癸巳年(1833年)三月,中州弓翊清跋。"弓翊清任职眉州知州期间,主持刊印了《三苏全集》(含苏洵《嘉祐集》、苏轼《东坡集》、苏辙《栾城集》、苏过《斜川集》)刻本共13套,每套204卷(80册)。为使三苏作品传世,做出了重要贡献。后弓翊清病卒于任内。弓翊清曾主修《四川通志》,著《春曦堂诗集》4卷。

张调元

张调元(1784~1853年),清朝名儒。字燮臣,号寅皋,又号佩渠,嵩山郑州贾鲁河村(今郑州毛庄镇贾河村)人。幼年从其父学习诸经,及成童,先师从密县学者陈汗斋,继而受知于河南督学鲍桂星,由是遵闻力学,日益闻其所不闻。嘉庆十二年(1807年)举人。历任太康、浚县教谕。嘉庆十三年(1808年)入京条陈十策,于例不得上。其治学务实,博览多闻,在学界声望颇著,时与苏源生齐名。道光十五年(1835年)俸满乞病归里,潜心研究儒学,著述授徒,惠泽乡梓。咸丰三年(1853)卒于乡,享年70岁。

张调元著有《贵耳集考释》3卷、《新辑服注春秋左传解谊》7卷、《竺肆》4卷、《佩渠文集》2卷、《京澳纂闻》25卷、《佩渠随笔》16卷、《佩渠前后集》2卷、《贵耳集考释》3卷及《历代文粹》等,另有《郑州先贤志》2卷、《诗文类纂》4卷亦有刻本已散佚而罕见。由其学生孙钦昂(咸丰进士,郑州须水镇孙庄人)于光绪七年(1881年)汇编为《张佩渠所著书三种》刻印行世。

王格正

王格正(?~1840年),清朝官吏。字任夫,嵩山密县(今新密市)老城南街人。幼失祖、父,事祖母杨氏、母周氏,孝养殖倍至。同时,笃学励品。嘉庆二十一年(1816年)举人,道光元年(1821年)举孝廉方正。历任山西永和、屯留、河曲、汾阳等县知县,官至浑源州知州。推行保甲、裁冗役陋规,除奸禁暴,革除宿弊,一时号称"神君"。被百姓祀入浑源州名宦祠。

梁文秀

梁文秀(约1842~?年),清末农民起义领袖。登封县东金店骆驼崖人。自幼习武练拳,好打不平。同治十年(1871年),登封县衙役下乡,诬良为盗,任意讹诈。梁文秀极为不满,率众到县衙喊冤。

知县周起俊袒护衙役,不仅不公断,反而将梁文秀戴上木枷在衙门前示众。梁文秀恼怒,破枷而逃。夜晚联合亲友数十人,复入县衙。因找不到周起俊,便将他儿子、女儿杀死,并焚烧了衙署。梁文秀又率众起义,后转入登封县西南一带的大山中。1863年11月,张宗禹率捻军来登封,梁文秀便与捻军汇合。黄河结冰时,渡过黄河,进攻直隶。后在卢氏县大山中活动。捻军失败后,梁文秀解散部下,隐姓埋名,收徒传艺,以终余年。

胡玉如

胡玉如(？~1870年),清朝官吏。字小眉,嵩山禹州城内旗毒庙街人。道光初年(1821年)贡生,时值知州朱炜重修《禹州志》,聘请娄县姚椿、武进县洪符孙等人纂修。胡玉如得知后参与修志,三人相见恨晚。《禹州志》成书后,胡玉如在禹州州署承办文书。历经李嘉礼、程佶、朱光宇、宫国勋等4任州守,都将他当作幕宾(参与机密的幕僚)。在宫国勋任期内,禹州市面萧条,忽然接到忠亲王僧格林沁的急信,限3日买黄金3000两送京备用。宫国勋大惊,手足无措。胡玉如说:"别无他法,只有据实恳请不能办理禀报。"他随即援笔作稿。到元宵节(农历正月十五日)接上级复文,准予免办。宫国勋才转忧为喜说:"此君文章之劳也。"自此对胡玉如更加重用。同治九年(1870年)胡玉如病终。宫国勋亲笔为其题门匾:"端懿先生之庐"。胡玉如著有《小眉庵诗草》二卷、《槐荫堂文稿》一卷传世。

杨炳堃

杨炳堃(1787~1858年),清朝嵩山县吏。字蕉雨,浙江归安县(今湖州市)人。清嘉庆十七年(1812年)拔贡,十九年(1814年)朝考得官,分配到河南。道光二年(1822年)二月任密县知县。他到密县后,励精图治,兴利除弊。密县山高土燥,旱灾为虞。他勘察了洧水流域,从平陌、超化、芦村、大隗到新郑县界,计程60余华里。他在沿河考察中,发现有很多河滩荒地,适宜开垦种植。他家居浙江西部,插秧种稻,素有经验。根据洧水地势高低,河流缓急,发动农民捡石垒堰,以御涨水,将河滩荒地一律开平,改成水田,筑塍打埂,开渠引灌,播种水稻。他设法请来湖广稻农,来密租地播种稻谷,取得成功,为当地农民纷纷效法、推广。两年时间,洧水两岸的芦村、王村、院青、官泽、西邢、张固等保共开挖水渠15道,开垦稻田2007亩,以中等年成计算,每年收稻谷4000余石。经过数年经营,洧水两岸,林茂粮丰。杨炳堃发现有的窑户在幽阴沟壑设立厂局,围禁工人,名曰"寓铺",实为"人圈"(即:有的工人做工几次后,不愿再干,一被工头逼迫,轻则剁指,重则跳窑;有的任意剥夺工人正当休息时间;有的工人有病不给治,致使很多人病毙于窑中;有的只顾赚钱,不管工人安全,伤亡事故不断出现;有的窑井出水,仍强令工人下窑采煤,手脚浸淹,俱成疮疥),针对这种情况,对窑户和工头明立6项约法条文,并申明:如窑户和工头置若罔闻,玩忽职守,一有事故,从严追究,对贪利无厌者,不能稍存宽恕之心。从根本上废除了惨无人道的剥夺工人人身自由的"人圈"制度。杨炳堃在密县倡导兴办义学,发动乡绅捐助。他首捐俸禄500串,绅士皆从,共捐学田596亩,每年可收租息近3000串,捐钱1462串,全部用于义学经费和塾师工资。全县20保设立义学21处,招募贫民子弟271人入学。对教学成绩优异的塾师分别给予奖赏,以资鼓励。从此,大部分贫民子弟都能入学读书。杨炳堃在密县7年,生活朴素，自奉俭约，一切薪蔬食物，均系现钱购买，无丝毫累民之举。下乡考察，自备鞍马，不扰民间一草一木，深得密县人民的拥戴。道光八年(1828年)调离新密。

常茂徕

常茂徕(1788～1873年)，清朝修志名家。字逸山，号秋崖，又号痛定思痛居士。祥符(今开封)人。24岁为秀才，道光五年(1833年)拔贡。官嵩山偃师、登封教谕。因屡试不遇，遂专心研究学问，尤其注重乡邦文献的搜集和整理。长春秋，精考据，好金石，收藏称富。于经史均有论解。一生著述30余种，大都与志书有涉：《春秋国都考》《祥符金石记》《增订小名录》《汴京拾遗》《增订如梦录》《汴梁水灾纪略》《汴中岁时记》《汴中风土记》《广古今同姓名录》《春秋女谱》《增订春秋世族源流考》《石田野语》《洛阳石刻录》《怡古堂文钞》等。其中，他整理、注释的《如梦录》一书，是研究明代开封及明代城市社会、经济的重要书籍，一向为史家所重视。而《增订春秋世族源流考》是其竭三年之力，遇有"缺者增补之，讹误者订正之，世代支脉必加注释"，足以可裨于观览。

曹肃孙

曹肃孙(1795～?)，清朝文学家。字伯绳，号小亭，又号柏亭外史。曾任颍川训导。著有《迟悔斋文集》、《迟悔斋年谱》及《洛学拾遗补编》等。曹氏家族是嵩山地区最大的文化世家。其祖逢庚、父敏皆以理学文章驰名嵩山地区，而曹肃孙的文学成就相对而言最为突出。他的诗歌时人谓之"格老气苍，骎骎乎入作者之室。"

其子谦亦工诗，有《养云斋诗稿》。当时嵩山诗人赵逢庚评其诗曰："其自然处如陶靖节，其奇擎处如苏东坡，其发于忠孝，忧及时事，形为歌咏处如杜工部。"虽不免过誉，然亦可见其性情之正，颇有风雅遗音。

杨万辉

杨万辉，清朝嵩山著名乡绅。字耀山，乳名扬鼎，号菜猗，祖居嵩山新密市来集镇马武寨村。清道光年间监生。自幼上学，热爱农业。道光元年(1821年)密境灾害频繁，民不聊生，盗贼蜂起，社会不宁。为避祸，他携眷趋大坡寨(新密市大隗镇洧水南岸)，以求偏安。一日偶然登高俯瞰，看洧水东流，浪涛翻滚，白白逝去，思之可惜，意欲筑堤拦河以用于水磨、灌田，又恐洪水决堤，便思一良策，乃在白石崖上开凿渠口引河水自流

杨万辉修的实颖渠

入渠,既可得益,亦不惧洪水暴涨;既可推磨转碾,又可灌溉农田,水有所归,又获渠道,一举多得。后经县令杨炳堃嘉许,杨万辉把渠址选在今大隗乡山头湾村附近,并自卖田地百亩,与一家远亲共同筹资,于清道光初年开始凿石开渠,并亲自督工指挥。因密县地处山区丘陵,沟壑坡岭,地形连绵起伏,在此修渠,开凿艰巨,工程浩大。杨万辉历时15年,终于梦想成真。新渠修成后,知县杨炳堃亲自命名为"实颍渠",并订立了实颍渠规约。因是在白石崖上开凿而成,又称"白石渠",后人称"密邑都江堰"。实颍渠全长4华里,断面深1.2米,底宽1.5米,口宽1.8米,纵坡1%,流量0.5立方米/秒。该渠于20世纪70年代初修建一次,现在能灌溉1800多亩农田。

杨万辉在嵩山留下的遗迹,除实颍渠外,现还存有位于新密市来集镇马武寨上的杨万辉故居。该建筑是3套南北并列、结构相同的四合院。约建于清道光初年。此建筑群规模宏大,气势壮观,设计合理,工艺精湛,具有较高的历史价值和艺术价值。

郭祥泰

郭祥泰(1796~?),清朝嵩山著名医家。郭祥泰以习医为生,交友广泛,仁厚豪侠,常救助受困路人和道士僧侣。其所在的洛阳平乐古镇紧邻"释源祖庭"白马寺,距洛北著名道观吕祖庵、上清宫不远。古代出家人习武强身,积累了大量治疗跌打损伤的经验。郭祥泰在行医过程中,先得明末清初洛阳薛衣道人祝尧民医治骨伤密书。史载,祝尧民,字巢夫,本为一文人,因感伤明代之亡,"弃举业为医"。他曾"得仙传疡医,凡诸恶疮,敷药少许即愈。或有断胫折臂者,延治无不效,时人比之华佗"。后郭祥泰又得同姓道人郭益元医治骨伤的真传。在先师所传医术的基础上,郭祥泰潜心学习所得正骨医术,经过长期的钻研和实践,于嘉庆元年(1796年),创立了独特的中医正骨流派——"平乐郭氏正骨"医术。郭祥泰为百姓医治骨伤,疗效奇特,医德清廉,受到百姓传颂,在嵩山地区有着广泛的影响。

郭祥泰晚年将其正骨医术传给长子郭树楷和侄子郭树信。郭祥泰之后,致力于中医骨伤医学的发展、创新,使得"平乐郭氏正骨"由治病救人的民间朴素医技上升为造福人类的中华骨伤科学。晚清许鼎山所著《龙嘴山馆文集》和1946年出版的《洛阳县志》记述了平乐郭氏正骨医术及其几代传人的故事。

弓嵩保

弓嵩保,清朝官吏。字生岑,嵩山郑州弓家寨人。弓翙清之子。道光八年(1828年)举人,考充觉罗镶蓝旗教习。道光二十年(1840年)进士,任为知县,分派江西。同治元年(1862年)为江西乡试同考官。历任江西金谿、安远、长宁、泰和、广昌、万年等知县。为清朝最有影响力的人物、著名政治家曾国藩的幕僚。咸丰八年(1858年),以"克复金陵功",被曾国藩、李鸿章保荐提升,补直隶州知州,加知府衔。著有《周易集解》(家藏本)、《清名臣传》(家藏本)。

刘凌汉

刘凌汉,清朝官教。字星槎,号椿园。嵩山巩县人。道光十二年(1832年)进士,初仕陈留教谕,后任湖南桑植县知县。任职数月,请改教职,授南阳府教授。平日为学,极意省察克治。刘凌汉一生任教,不事著述,门人辑平日检身警论,名曰《检身辑语》。

翟峒山

翟峒山(1800~1855年),清朝官吏。字访岩,世居嵩山密县城东南来集镇王堂村翟沟,俗称南翟沟。曾祖刚、祖汶运,以农桑起家。父逢年,字休亭,号冰心,太学生,家系小康,配宋氏,生三子,均有功名。翟峒山体貌英伟,与群儿戏,稍触之,无不仆者;善骑射,难驯之马,无不鞚控如意,刀石举重若轻。17岁以武应县试冠军入庠,道光元年(1821年)中武举,道光二年(1822年)中武进士,钦点卫用守备,补兵部差官,勤劳主事,血染马鞍,昼赤三载不懈,于道光六年(1826年),奉旨授补山东登州右营守备,公单骑至任,不以内眷随。阁僚见公气度端凝,让其孤灯独宿,以美婢四人,令其自择,公勃然严厉拒之。翟峒山在任期间,见城垣倾圮,军装残缺,亲捐俸金,重为修理,焕然一新。登州城三面临海,海寇不时出没行动,商人多被其害,为搞清敌人虚实,他匹马单枪直冲贼穴,歼厥巨魁,余党闻风尽溃潜逃;他屡教部下,不能借察船为名,以索行旅货贿。为此,军威大振,敌人丧胆,人民安居乐业。后调升曹州府桃园营守备,在任期间因痰症发作,屡药不瘥,连三次上书请退,遂得其志。他为官数年,清正廉明,归时,行李肃然平常。回乡后,生活节俭,常以稠粥为食,所居简陋,坦然处之;严于律己,平易待人,与其谈笑,初不觉其为官人。后因痰症突发,吐血数升而亡,享年55岁,葬于先茔之旁。清道光进士、郴州直隶州知州、族孙翟允之在撰写翟峒山公墓志铭中云:"吊公之忠勇兮,射叶穿杨;吊公之廉惠兮,春风秋霜;吊公之安贫守道兮,将神游乎帝乡;惟公之英灵常存于千古兮,与嵩俱高,与洧俱长。"

牛浩然

牛浩然(1812~1867年)清朝军事将领。嵩山荥阳人。十八打锅牛楷祖第十七代孙,牛斗南长孙,文麟长子。字养吾,号果山,太学生。清道光十七年(1837年),安徽庐州守备任中整顿丁壮、户口、漕运,捐资修筑县城,保卫地方,因功经安徽巡抚程某十三次保荐,升任直隶营都司,开始戎马生涯。浩然与士兵关系融洽,提为游击。咸丰初年,太平军北伐至山东,浩然奉调到山东、河北交界处截击,在龙山庙一带攻杀有功,受清廷重赏。咸丰六年奉调徐州剿捻有功,河北总督郐庚保奏升为参将。咸丰七年(1857年)奉调亳州合剿捻军,又因功升为副将,赏戴花翎。咸丰九年(1859),英法联军进攻天津,浩然归清忠王僧格林沁调遣,在天津紫竹林设防。回民沙秃投敌泄密,敌人骤起,攻杀北炮台,主军失势,各军惊溃。浩然独自迎战,左拇指、左肋两处受伤,包扎后仍力战不退,直至坠马落水,被救出后愤不欲生,士卒苦劝,将其强扶上马离开战场。僧格林沁以其忠勇可嘉,向清廷保荐,擢授河南、河北镇总兵,晋封振威将军,荣禄大夫。

牛昶昞

牛昶昞

牛昶昞(1838~1895年)清朝著名军事专家、军事将领,字星斋,嵩山荥阳人。牛浩然之长子。以恩荫生考授通判,入选至北京,深受北洋大臣、直隶总督李鸿章的赏识,任北洋代理机器制造局会办,负责制造枪械子弹。1882年被李鸿章任命为总理威海水陆营务处兼工程局事宜,二品顶戴花翎。任职6年,李鸿章以劳绩优异,奏请他留在直隶作候补道员,皇帝准奏,御批至吏部。1894年中日甲午战争爆发。11月旅顺口陷落,日军步步紧逼。1895年1月20日在山东荣成登陆,抄袭威海卫。海军提督丁汝昌等爱国官兵,要求率舰队出海抗敌,李鸿章严令不准出海迎战。日军猛攻,东西口炮台相继失陷。日军封锁港口,北洋水师坐困港内,牛昶昞与丁汝昌及刘公岛护军张文宣,据守孤岛。2月初,日本海陆军以巨炮、鱼雷四面袭击,昼夜不停。牛昶昞在枪林弹雨中与众将协力抵御,双方损失都很惨重。日军联合舰队司令伊腾加紧劝降,中国舰队上的副统带马格禄(英国人)和浩威、泰勒、瑞乃尔(均为美国人)等串通一气,逼丁汝昌投降,丁气愤难忍,服毒自杀,张文宣以身殉国。牛昶昞欲杀身成仁而被诸将簇拥不得自裁,后因积愤死于天津。

苏鹏翥

苏鹏翥,清朝嵩山本土文化名人。字子羽,一字子遇,号翼之,又号鸾轩,嵩山荥阳河阴人。同治元年(1862年)举人,学问渊博,曾主掌东渠书院及荥阳汴源书院。史载:苏鹏翥曾与荥阳须水孙庄的翰林孙钦昂组织成立了豫剧(梆子)小窝班,学徒30余人,边学戏边演出,主要演员有小眼迷、秃四、二鑫等人,演唱以豫西调为主(俗称"靠山吼"),发音多系二本嗓,男角常用下五音。旦角全部由男演员饰;小眼迷工青衣,秃四工靠把武生,二鑫工红生。伴奏乐器中,弦乐以胡琴为主,打击乐有大鼓、小鼓、大锣、梆子等。1901年因书院迁回荥阳县城而解体。苏鹏翥学识广博,尤殚力乡邦文献,以一人之力撰《河阴县志》15卷。并著有《苏子羽年谱》1卷、《事物逢源》2卷、《伪字辨谬录》3卷、《杂著诗文》2卷等问世。

刘玉渊

刘玉渊(？~1863年)，清朝捻军首领。乳名刘狗，祖籍山东，自幼丧父，兄弟4人全靠乞讨为生。山东闹灾，由母领其兄弟四人，随饥民逃荒。咸丰三年(1853年)六月六日，白莲教首领张捷三聚众起义，打着"太平天国金四正将军"旗号，自称"太平顺天王"，封刘狗为南路总兵，拥众千人。不久，教军败，余部由刘狗收容，换旗成捻军，领黑旗，为旗主。咸丰十年(1860年)三月，刘玉渊联合刘天福、刘天祥、张慎德蓝旗，从韩庄渡黄河远征山东峄县、兰山等地，支援起义，大胜而归。是年底，张宗禹率黄旗骑兵回淮北。当时捻军粮匮，刘玉渊邀杨兴泰、赵浩然、孙葵心、李廷彦等部，随张宗禹攻克苏北清江浦，虏获大批辎重，接济部队。咸丰十年(1860年)八月，"蒙亳大水，田庐浸没"，刘玉渊率部入豫，九月二十日，在汝阳城南15公里野猪岗，击溃清军河北镇总兵承惠部，杀承惠及同知田玉梅。二十六日，刘玉渊部与清军在巨野县东南山羊集激战，杀清军一品顶戴副都统格绷额、清将忠伦、侍卫德成等，清军大败，大学士帮办军务瑞麟负伤逃汶上。清咸丰十一年(1861年)八月，刘玉渊率捻军从郑州进入嵩山地区，攻荥阳、破汜水，克巩县，后转攻郑州，与清军穆正春等部激战3日，退走。十一月八日，捻军张宗禹部，联络太平白莲教余部，两次攻入河阴、荥泽、汜水，居广武山，经荥阳西进，斩荥阳知县。同治二年(1863年)初，捻军在雉河集告急，刘玉渊率军驰尹沟援张乐行。二月一日，刘玉渊趁清军部署未就，夜率千余人突围。僧格林沁派蒙古骑兵追之。当时，雉河集、张村铺相继失守。刘玉渊战败逃匿。后在义门集南小刘庄被俘，旋被害。

景 纶

景纶(？~1875年)，清朝嵩山县吏。满族，满洲镶黄旗人。嘉庆十四年(1809年)进士，嘉庆年间曾两任密县(今新密市)知县。嘉庆十六年(1811年)开始任密县知县，4年后回任密县知县。景纶刚正廉明，遇事果断。在密县任职时，自然灾害连年不断。特别是嘉庆十八年(1813年)春，大风刮得白天如夜，夏大旱，秋大雨，庄稼不收，人吃人。十二月地震，房屋倒塌严重。嘉庆十九年(1814年)春，大雪，路上饿死人很多，瘟疫流行。嘉庆二十年(1815年)夏天，大雨下个不停，人多患疟疾，后霍乱流行，病后一二日即死，县城更为严重。景纶在多灾多难面前，一方面请示上级免除或缓交税赋，一方面筹集巨款，在城乡均设粥厂，救活很多贫苦百姓。同时在县东施茶庵地十亩，要求各保俱施义冢，收埋无主尸骸，深得黎民称颂。黄河马营口决堤，上司下文督促密县出料助工，景纶以密县不产料具文，再三申详，后物料之役，遂永远豁免。嘉庆二十二年(1817年)，景纶与江苏武进人谢增重修《密县志》，并刻雕成书。景纶卒后，密县人在老城西门外关岳庙内建邑贤侯祠，被请入祠祭祀。

刘化镇

刘化镇，清朝农民首领。嵩山禹州城北古城寺村人。生性耿直，爱打抱不平。清咸丰四年(1854

年),禹州遭蝗灾。知州不但不减粮赋,反而增加税银,刘化镇率紫金里农民奋起抗交浮加粮赋。知州程佶慑于民威,辞官而去。新知州朱光宇变本加厉,当地民众抵抗情绪强烈。刘化镇率众围攻州衙,怒打门官,捣毁门房,并占据高庙山屯兵练武。后河南巡抚英桂派开封府和获嘉县、密县出官兵合击。刘化镇火烧密县县衙,并杀死县令妻室,而后自杀身亡。刘化镇余众率部返回禹州,与襄县民众汇合,东西夹击,大败知州朱光宇。

杨逵渐

杨逵渐,清朝官吏。字仪九,嵩山禹州人,居禹州西白沙镇。由州生员捐(纳钱授官)授兵马司正指挥。道光十年(1830年)代理南城副指挥。为倭仁(蒙古人、大学士,清政府军机大臣)、李棠阶等推许尊重。皇族弟子有犯烟禁的,杨逵渐直言揭发,毫不畏避,因而声名大振。京城发生火灾,严禁游人观望,而御史于树凤更换便衣前往观看,被杨逵渐发觉,命人鞭打。为此事诸御史打抱不平,联名劾奏。军机大臣穆彰阿得知后为他尽力辩白,才免于罪。后杨逵渐改任七品京官,遂辞官归里。返乡后他将住室额名为"老圃斋",每日读书其中,闲暇养花种竹。终年63岁。

王德魁

王德魁,清朝著名将领。字梅亭,嵩山荥阳马固人。于咸丰年间投效军营,随同张勤果公转战河南、湖北、山东、直隶、山西、甘肃、新疆等省,屡立战功。王德魁在山东统军处延巡缉办理河务,不辞劳苦,旋因伤病故。清朝廷以王德魁功德在民,其生平事迹宣付史馆立传,并准附祀张勤果。立功省份,各专祠以彰劳勋。

翟允之

翟允之(1801~1877年),清朝官吏、名儒。字诚斋,号静庵。嵩山新密市来集镇云蒙山阳翟沟人。23岁县试入庠,道光己亥乡试举人,壬子科会试中第三甲77名进士。历任湖南郧县、黔阳、临武、攸县知县,道州知州。咸丰戊午科湖南乡试同考官,同治甲子科湖南武闱点名官,后升授郴州直隶知州加一级随带加二级。咸丰年间曾捐八千金助军饷,钦加二品封典,敕授文林郎,诰授奉政大夫,例授通奉大夫,晋封资政大夫。翟允之在任期间劝农桑,振学校,明礼乐,培民风,祷雨泽,理狱讼,访父老,举宾贤,弭盗贼,抑

翟允之故里

豪猾,除暴安良,奖励人才,周济困穷,实心实政,所在民和,所去民思,其匾牌、伞帐、碑铭诗文,颂扬之词,史料可查。根据明清例制,一人荣耀,祖上诰封。其曾祖父、祖父、祖母、父亲、母亲、夫人、叔叔、弟弟都受到皇上诰封。

翟允之告老返乡,嵩阳(登封)、桧阳(新密)两书院争相聘请讲学,后以就近主讲桧阳书院,远近学士麇集而来,讲理学、授明经,入庠者不下百余人。翟允之治学语录、读理节录、读史笔记、程子四笺注释、朱子读书法则、枕泉书屋记、明道书屋记、感应篇直讲等流传于世。

位于嵩山新密市来集镇马沟村翟沟组的翟允之故里,据统计有房80多间,属四进四合院落,大门匾额为"文武进士"。

牛凤山

牛凤山(1806~1880年),清朝武状元。字梧阶,世居嵩山汜水穆沟村(今属荥阳),清道光间迁居巩县河洛镇明月坡村。牛瑄父。幼年时,家境贫寒,身高体健。因居住偏僻,为防身护家,喜欢武术,跟着叔父,苦练武功。据说他熟悉18般兵器,又自习铁弹子功,曾用弹弓击毙头狼,驱散狼群。用弹弓不仅可以百步穿杨,而且可以盘中取果,又称凤凰夺窠。道光十三年(1833年),27岁的牛凤山在汜水县穆沟村、竹园村等地借钱赴京赶考,参加殿试。因他力量超人,力拔千钧,能拉开"出号弓"而中一甲第一名,钦点武状元,授一等侍卫,赐封为昭武都尉,又封武功将军,赏戴花翎。历任甘肃梁州(今甘肃省武威地区)中营游击,加副将衔。后晋封总兵,官得四世一品封赠。英国侵略中国时,他从戎江浙。道光末年,曾从琦善"攻剿番逆"。父亲病故,牛凤山归里丁忧。后因病离职还乡。咸丰五年(1855年),黄河为患,巩县滩地淤沙,收成大减,农民纳赋困难。百姓贫困无食,有卖妻子交租赋者。全县18名秀才联名上书,直达朝廷,历数百姓饱受黄河之害,生活无着。时年,牛凤山已告老还乡,他查明情况,通过知府贾某,将实情奏报朝廷,使滩地赋税得免,民困稍解,沿滩25村村民自发为之树碑志感。后捻军兴起,牛凤山率众重修虎牢关以御之,曾在虎牢关大败捻军将领李占虎。

牛凤山在嵩山留下的遗迹有位于巩义市境内的状元坟、墓碑和位于嵩山巩义市河洛镇官殿村明月坡(旧称瞪眼坡)的牛凤山庄园。

沙春元

沙春元(?~1858年),清朝鸦片战争的民族英雄、爱国将领。嵩山郑州人。回族,外交家沙祖康六世祖。道光十一年(1831年)武举,蓝翎侍卫。后任山西吉州营都司。咸丰六年(1856年)任天津镇标后营游击。咸丰八年(1858年)清廷与英法第二次鸦片战争爆发,沙春元调任大沽口营副将,当年二月二十日,英、法军舰进攻北炮台时,他不顾枪弹横飞,毅然挺身炮台之上,神色自若,亲燃巨炮,奋起迎击,击沉英法军舰两艘,敌人死伤数十人。后因敌人炮火猛烈,炮台被炸毁,沙春元中炮身亡。朝廷下令,让他入祀昭忠祠,并赐云骑尉职衔。沙春元是近代史上抗击帝国主义列强侵略中国的回族英雄。

王守基

王守基(？～1873年),清朝官吏。字少芳,嵩山密县(今新密市)人。咸丰二年(1852年)进士,授户部主事,迁云南司郎中,后在山东司20余年,对盐法有认真的研究。同治二年(1863年)病卒。著有《盐法议略》2卷,主论盐政利弊得失。

李常华

李常华(1824～1874年),清朝外交官。字叔充,嵩山郑州东街人,清道光九年(1829年)举人。咸丰六年(1856年)任户部主事,主管钱法堂事务,升户部福建司员外郎,仍帮办钱法堂事务。咸丰十一年(1861年)总理各国事务衙门。同治七年(1868年)查办恰可图税务,因功赏加二品顶戴。同治十年(1871年)授江苏常镇通海道,时美国领事因事违法,以治外法权为由不服裁判。李常华据理交涉,促使总理衙门照会美国公使,迫使撤换其领事,捍卫了中国人的尊严。

王莲塘

王莲塘,清朝官吏。字吏香,山东青州府诸城县人。咸丰三年(1853年)进士,同治四年至光绪四年(1865～1878年)任郑州知州。在他治郑期间,重视教育,郑州地区的文风明显变化,其中有5人考中了进士;赈灾济民,减免赋税,减轻了农民负担;维修城垣,使他所管辖的城区面貌出现了新的变化。王莲塘好诗,在郑州任职期间,作有诗歌18首,离任时辑为诗集《管城留别》。

牛 瑄

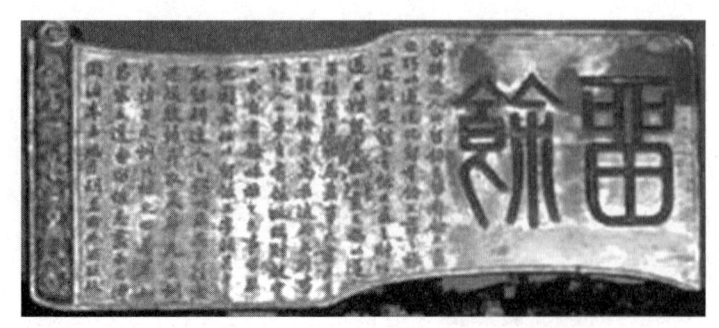

牛瑄书《留余匾》

牛瑄(？～1877年),清朝名臣。字荔庵(又蕊庵),牛凤山之子。嵩山巩义市河洛镇官殿人。同治四年(1865年)进士、殿试获二甲第一,任翰林院编修,官至传胪。牛瑄为人正直无私,不阿谀奉承。在京朝考时,他住在父亲朋友某大臣家里,此大臣是主考官,权势很大。但牛瑄不托他帮忙。殿试时,一阵大风将牛瑄的考卷污染一点。评卷时,慈安太后以为牛瑄文章最好,可以点元,主考方则以卷面污染为由,力争不能为状元(当时密封卷子),才改为二甲一名。到皇榜揭晓,主考方知所力争的是牛瑄,大为懊悔,回府见到牛瑄说:"你不让我看看你的字体,以致这次失掉一个状元。"牛瑄则不以为然。光绪三年(1877年)嵩山大荒,饿死人甚多。当时,牛瑄的好友吴元炳在江苏任巡抚,他专程拜访,拟借助筹粮,赈济乡里。因为此事忧劳过度,在随同筹募的第一批稻米北归时,途中不幸染病,卒于上海。

牛瑄善书法,工文辞,对人谦和,受民爱戴,是本县富豪康百万家门婿。其书法之作,人多视作珍品。康百万庄园中著名的《留余匾》就出自于他的手笔。

张汝梅

张汝梅(? ~1902年),清朝名臣。字汉仙,嵩山密县人。其父为江苏丰县知县,被捻军打死,他逃奔安徽临淮,投靠袁甲三。因剿捻方略,得袁甲三器重,遂独领一军,与捻军作战。张汝梅领军先后攻占亳州、庐州等地,累"功"至道员,赐巴图鲁勇号,加按察御史衔,时年23岁。同治元年(1862年)奉命回豫办营务,镇压捻军,加布政使衔。历官山西按察使、陕西布政使、山东巡抚。光绪二十四年(1898年),张汝梅任山东巡抚。但在任仅一年多,即被撤职。而在几个月前,到山东勘察治黄工程的李鸿章,在给朝廷的奏折中写道:"张汝梅熟悉地方情形,河防、海防及贩务都能尽力整访,尚可胜东抚之任。"尽管如此,还是有人对他的表现不满意,朝廷以贪污腐化为名,解除了张汝梅山东巡抚的职务。

牛长庚

牛长庚,清朝末汜水(今荥阳汜水)人。习儒学,教授四方,成就甚众。著有《救荒记》、《贞烈传》。

胡振南

胡振南(1823~1899年),清朝官教。字亭午,嵩山禹州人。咸丰八年(1858年)举人。选补固始县教谕。任职中,胡振南对贫苦学生不但不收学费及礼物,反而资助衣食。任职期满后,保举他做知县,胡振南坚辞不就。他的同榜同学、好友、江苏巡抚吴元炳向河南巡抚涂宗瀛推荐,让他做大梁书院监院,胡振南也坚辞不就。光绪四年(1878年)禹州遭受荒灾,乡人到固始逃荒,胡振南尽力授粮,又据各人职业妥为安排。光绪六年(1880年),胡振南因病辞归,前后共任教谕12年,兼书院讲习8年。光绪二十五年(1899年)冬,胡振南无病正坐而卒,年76岁。

王 鋡

王鋡,清朝名儒。字宝儒,号萝溪,一号淡泉。嵩山新郑人。道光五年(1825年)举人。少放狂,后读《理学宗传》,遂以斯文为己任。静坐收心,体认天理,为程、朱、陆、王混合学派。曾居京师修儒学。道光十五年(1835年)归居新郑,主讲于成皋书院。王鋡以所学者教人,兴起者众多。道光二十年(1840年),授项城训导,镌俸考,人文大振。次年疾革,后病卒。王鉁于汜水时编辑有《儒粹三编》,另有著作《陆文安公要书》、《阳明良知谱》、《责善日记》、《觉照轩藏书》等。

王化堂

王化堂,清朝官吏。字莅元,嵩山新密市来集镇王堂村王家楼人。幼时清苦,自励读书,讲求实用。清道光二十四年(1844年)甲辰科举人,咸丰二年(1852年)壬子科考取第二甲86名进士,入翰林院庶吉士,后任山东河运道、浙江盐运司使。清同治六年丁卯(1867年),任山东河运道,到任后视察堤坝,疏筑培补,各应共事,使运道畅行。又开十字河,以避湖险,使公私船运受其利。清光绪三年(1877年),密县大旱,义捐千金,以惠乡邻。村西水口,冲坏路段,出资以工代赈修筑。后升为浙江盐运司使,整理盐务,革除积弊,国家得以丰惠。诰授通奉大夫,花翎二品衔,三年届满,告老归里,以哀毁成疾,卒于家中。王化堂死后,其埋葬形式豪华隆重,开门半月,吊唁人士不绝。村上邻居,每去一次发白绸3尺。其坟地辟为40亩,栽植柏树百余株,周围砌起半人高青砖花墙,坟前置石马、石羊,并盖有房舍,雇有看护坟茔人员。其棺木为上等海底木,又说沉香木,棺材由"五漆五裹"制成。新中国成立后,坟墓被挖开,内有珠宝、玉器、金银元宝三类,物品用两乘轿运往县城展览;其尸体虽有百年,仍未化尸,还有弹性;服饰如新装,但被风一吹,如纸一样刮走。

王化堂在嵩山留下的遗迹有位于嵩山新密市来集镇王堂村东二里许的王化堂故居。

叶赫那拉·杏贞

慈禧太后

叶赫那拉·杏贞(1835~1908年),清朝慈禧太后,又称"西太后"、"那拉太后"、"老佛爷"。满族,镶蓝旗满洲人。咸丰二年(1852年)选入宫中,她精娴文艺,歌声委婉动人。生子载淳,次年晋贵妃。咸丰帝死,以其子继帝位"同治",被尊为皇太后,上徽号"慈禧",称慈禧太后,俗称西太后。慈禧太后与恭亲王奕䜣发动政变,处死、革职八大臣后,垂帘听政,历同治、光绪两朝。她镇压太平天国及捻军起义,批准兴办近代军事及洋务事业。光绪支持戊戌变法,遭慈禧封杀,幽禁光绪帝,捕杀维新人士。利用义和团运动对外宣战,下令剿杀义和团。派李鸿章等签订《辛丑条约》。光绪三十四年(1908年)病死,葬清东陵,谥号为孝钦慈禧端佑康颐昭豫庄诚寿恭钦献崇熙配天兴圣显皇后。慈禧博学多才,能书善画,书法长于行书、楷书,绘画有花卉等传世。

光绪二十六年(1900年),八国联军入侵北京。慈禧太后被迫携光绪皇帝和一小股军队逃离北京。光绪二十七年(1901年)八月,慈禧、光绪从西安返京途中,路经河南。他们游洛阳时,曾拜祭关林,并赐其匾联,发帑银千两,令整修关林。慈禧亲书"气壮嵩高"、光绪亲书"光照日月"二匾额,今分别悬于关林大殿、二殿正门上方。他们还游览了龙门涌珠泉、宾阳洞、伊水浮桥、香册寺,登白居易"九老诗社"故地、赏伊阙美景;此后又至夹马营故地拜祭太祖庙。在洛其间,还曾派人到嵩县二程祠致祭,赐予"希踪彦孟"、"伊洛渊源"的匾额;他们还专程到了巩县黑石关行宫。为修此行宫,巩县康氏家族捐银百万两。慈禧、光绪赐予康家一块"神州甲富康百万"的金匾。此时,慈禧、光绪这帮人已是山穷水尽。在这危难之际,康家掌柜康英奎雪中送炭,向慈禧太后一行捐献了百万两银子。从此,康家获得了"康百万"的称谓。

杜鹿鸣

杜鹿鸣(1841~1916年),清朝官吏。字燕侯,嵩山密县(今新密市)宋村人。清同治十年(1871年)殿选拔贡,出任广东省廉江县知县,继调北京任军机大臣参赞。光绪十一年(1885年)晋升广东省雷州府知府,整肃吏治、清剿海盗、抑制豪强、促进生产发展,深得百姓好评。武昌起义爆发后辞官回家,与同盟会联系,组织红枪会击溃了当地清军正蓝旗两营、毅军一标。辛亥革命胜利后,被密县各界人士推选为县参议会长。积极提倡职业教育,改良农桑品种,修筑道路桥梁,1916年病逝。

魏联奎

魏联奎(1849~1924年),清朝著名官吏。又名星五,字文垣,号燹余,晚年号燹余老人。嵩山荥阳峡窝魏岗村人。其幼年家贫,爱读书而无钱上学,常倚学校窗外旁听,塾师王调元为之感动,不收学费让其入学,后考入大梁书院。光绪八年(1882年)举人。光绪十二年(1886年)进士,在京任刑部主事和左丞20多年。时值晚清政治腐败,尤多倒行逆施,旧民主革命声势汹涌,公自度无力匡济时艰,辞职归豫,侨寓郑州。晚年为发展生产,联合几个老友,集资创办"郑州贾鲁河水利公司",在郑州北郊开挖水渠。此工程历时3年,修拦河坝高12米,占地约8亩,能蓄水10余万立方米,两岸修渠,可浇地10余万亩。亩产由以前的60公斤,增至200公斤。沿河又安水磨数盘,植树、栽藕、养鱼、喂鸭、插蒲、种苇,民众衣食渐丰,百姓饮水思源,命此渠为"魏公渠"。魏联奎造福于民的第二件大事是为河南减漕粮耗尽全部精力,事成后使近运河54县每年减漕银24万余两。

明清时期,南方各省向北京输粮,称为漕运。后因离运河远的州县运粮困难,且易误期,经私下协商,距运河远的州县,委托邻近运河的54县代办漕运,距运河远的州县每年按代办数付给54县银两。后几经战乱,文卷遗失,54县漕运成为定额,而远运河州县渐不付补贴,54县白白代人向京输粮。清朝以后,漕数折为银子,多次增加,每年百姓运完粮时,每担漕费竟达银子7两左右。后来,银子折为银元,银1两折银元2.2元,近河54县百姓,负担奇重。"民国"七年(1918年),魏联奎联络54县代表呼吁减漕,开封成立"漕粮商榷会"领导此事。后经多方奔走,历时3年,减漕一案终于成功。计为河南省每年减漕折银元23万多元,仅嵩山汜水县每年减漕折银元2764元。此事之后,在开封刷绒街"漕粮商榷会"址刻石立碑,记减漕始末。汜水民众在汜水县城为联奎建生祠一座,刻石记其功德。魏联奎写有《减漕录》2册(现存北京图书馆),记述减漕经过。"民国"十三年(1924年),魏联奎病逝于

山西平陆岳庄别墅。生前著有《燹余诗集》《知行辨》《减漕录》等。

刘莲青

刘莲青(1855~1930年),清朝教育家。字镜湖,嵩山巩县站街大黄冶人。清光绪年间举人,曾任陈留训导、淅川和汝州学政、河内(今沁阳市)教谕等职。光绪三十一年(1805年),刘莲青顶着守旧势力的激烈反对,倡导新学,创办巩县公立小学堂,继又开办师范科,促进了巩县教育事业的发展。宣统二年(1910年),到开封中州公学任教。辛亥革命爆发,随中州公学师生参加潼关起义,"中华民国"成立后被选为巩县参议会议员。晚年为《河南通志》搜集和撰写史料,并参加了民国《巩县志》的纂修。

许作霖

许作霖,清朝嵩山名儒。字砦卿,号五云。嵩山荥阳张家沟人。做人诚实,性情坦荡。光绪年间举人,历任永城教谕、邓州学正,均以传播程朱理学为宗旨。致仕归里,居所名曰"望洛斋"。许作霖治家列有8条:"务耕读、务勤俭、务忠厚、务谦恭、戒吃烟、戒赌嫖、戒斗殴、戒嬉骂。"并逐条详释,定为家法。光绪年间,与荥阳邑绅及前令冯尔炽创建龙山书院。民国办理自治,晚年与邑人魏联奎、赵东阶等结为"九老社"。邑令梁有庚赠额曰:"香山高会"。许作霖卒年77岁。

许作霖长子其襄历任山西高等法院独任推士,彰德地方检察厅检察长,江西高等检察厅检察官。次子其清邑廪生。

曹广权

曹广权(1858~1934年),清朝官吏。字东寅,湖南长沙人。光绪二十七年(1901年),曹广权任禹州知州。任后他办的第一件事即"光学育才",初以城内丹山书院为校址,招收社会各阶层子女就近入学。严格选拔名师,进行启蒙教育。将城东张良洞改建成颍滨经舍,办起高等学堂。在教学内容上由过去授《四书》、《五经》改为教授天算(自然、数学)、格致(理、化),并广购书籍,确立学约。清光绪二十八年(1902年),土人勾结比利时人欲开禹州三峰山煤矿,上级官府檄饬保护。曹广权在上司面前,据理力争,申明三峰山煤矿禹人已先开,洋人不得侵占。遂主持成立禹州三峰山煤矿公司。是年,曹广权主持首开颍河航运,使禹煤能直运周口。但因上游沙阻,下游桥阻,便购刷沙机械,又改修许州、临颍下游桥10余座。先用竹筏载梭行,次年夏颍运遂通。沿颍各处均设三峰山煤分售处,改行销为坐销。一时帆船络绎不绝,景观甚佳。运行4年,终因水弱沙阻,运费昂贵,颍运遂废。曹广权还主持开办了罪犯习艺所、钧兴公司和实业学堂。旧志称:"皆倾私囊为之"。光绪三十一年(1905年),在曹广权支持下,决暖泉,开义成渠和东南渠,引水灌田800亩,重视农桑,派人从南方引进蚕桑良种,并总结植桑经验,著《植楮说》。曹广权虽为州守,但亲善慈祥,胸无城府,善谈吐,出口成章,每掀髯大笑,声彻重垣。注重教化,不用笞杖,以朴素亲民,尤其对于骨肉之讼,总是苦口劝导。且办案果断,审明随结,不给衙役以舞弊之机。光绪三十一年(1905年),曹广权卸任东渡日本,将在任时绘制的禹州地图在日本制成铜版,为禹州最早的铜版地图。归国后,先后任四品京堂、礼总参议和典礼院学士。清宣统三年(1911年),曹广权视清朝将亡,携其弟广桢、其子典储隐于宝应城内南园。禹人为其立去思碑,建去思亭,为其作实政纪。1922年,曹广权应禹人之约,返禹居百余日,禹人犹如家人久别之喜。同年,曹广权闻禹灾荒,当时虽家境困窘,但仍出百金作赈,遂又挥毫卖字,将其收入赈济禹民。曹广权著有《名伦通义》、《瓷说》和《植楮说》流传于世。1934年,曹广权病逝,次年4月灵柩至禹州出殡时,万人空巷,哭声连陌,参加葬礼者数千人。

杜希春

杜希春(1859~1911年),清朝艺术杂家。乳名旺,字少台,嵩山禹州褚河乡杜庄人。清末秀才,与拔贡陈嘉桓、举人王棽林、秀才艾银章等名流交往甚密,常在一起研讨学问,吟诗诵文。杜希春青年时代主要以教书为业,淡于仕途进取。在书法上颇有造诣,楷书尤其媚秀。后又主工行草。杜希春认为行草为制事之需,况且古代行草皆有人杰,今日行草应"让我独步"。所著《演草百韵》一书,主讲自己行草的章法,并在序言中提出对中国古代文化应该吸收"欧人字母"之类的精华。杜希春一生著有许多剧本,主要有《同胞根》、《驱癖验方》(即禁大烟)、《小寡妇上坟》、《花园赠金》、《红绣鞋占课》等10余部,并亲自登台演出自编剧目。

杜希春为人倜傥不羁,胸无城府,出语见胆,遇人不为小节所拘。鄙视科举仕进,蔑视权贵,上司几次请他做官,杜希春均不理睬,并若无其事地对自己的唱本边折边读,悠然自得。杜希春入州衙办事总在辫子上系一铜钱,人们问其原因,他说:"无钱不得进衙门"以示讽刺。因此,在民间流传大量有关他的轶文趣事。宣统三年(1911年)三月,杜希春病重感叹:"唔众处则为尘俗踩死,独处则为群书溺死,死无逃矣!"不久卒,终年52岁。

赵秉钧

赵秉钧(1859~1914年),曾任袁世凯内阁总理,中国现代警察制度创始人。字智庵,嵩山汝州人。幼年父母皆无考,到处流浪,曾在临汝县(今汝州市)一个仕宦人家做书童。他生性慧黠,强悍而有胆识,颇得主人欢心,因此获得自修学习机会,掌握了一定文化知识。光绪四年(1878年)考秀才未中,遂投入左宗棠楚军效力,随军进驻新疆。光绪十五年(1889年),改捐典史,分发直隶省,次年到省。袁世凯小站练兵时,赵秉钧曾随习军政,专攻侦探、警察两门,与袁世凯遂有一定的渊源;加之他在巡防营时,镇压京津一带义和团运动有功,也颇为袁世凯所赏识。1899年充直隶保甲局总办,兼统帅边防营。光绪二十七年(1901年),袁世凯委以创办巡警的

赵秉钧

重任,翌年初,命其担任保定巡警局总办。同时,还奏保为知府加盐运使衔。他率新军改编成 1500 名巡警驻天津。光绪二十九年(1903 年),赵秉钧将天津、保定两处的巡警学堂合并为北洋巡警学堂,其后又在各州县设立巡警传习所,建立全省巡警网。他在天津经营警务,深得袁世凯的欢心。同年 3 月,免补知府,以道员留原省补用。1912 年 3 月,袁世凯就任临时大总统,赵秉钧出任内务总长。同年 8 月,任代理国务总理。9 月 25 日,由代理改为实任国务总理。

1913 年,在孙中山的支持下,宋教仁被选为国民党参议员,赵秉钧看到宋教仁有夺走自己权力的危险,便在袁世凯密谋下杀害宋教仁。3 月 20 日,宋教仁在上海车站准备登车北上时,遭歹徒枪击,身中三弹,抢救无效死亡。事情败露后,赵秉钧虽几经逃脱,但国人惩办凶手的呼声强烈。袁世凯见事情难以掩盖,便派人用电刀将凶手应桂馨杀死,8 天后又将赵秉钧毒死。

赵秉钧死时,心中明知是袁世凯在杀人灭口,但怕连累家人,不敢声张,只遗嘱家人:"葬身陵麓,近先帝。"直到这时,赵秉钧才明白,迫宣统退位,为袁世凯尽忠卖命是多大的错误。但历史不能重写,赵秉钧永远是清廷的罪人。赵秉钧死后,他的家人把他埋葬在汝州市梁格庄兴隆山南麓,将兴隆寺搬迁,寺庙外作为他的家祠,现仍有遗址。

田春荣

田春荣(1860~1914 年),清朝名医。字向棠,嵩山禹州城西沙陀李村。田春荣 13 岁参加州试,名列第一。光绪十一年(1885 年)中举人,名列第五,后任南诏教谕,复任汤阴训导,不久告离。以范文正"不为良相,当为名医"为座右铭,潜心习医。尤精研张仲景《伤寒论》、《金匮要略》和《神农本草经》,遂成一方名医。1914 年卒于家,年 54 岁。

康有为

康有为(1859~1927 年),清朝著名改革家、"戊戌变法"倡导者。原名祖诒,字广厦,号长素,广东省南海县银河乡苏村人。清光绪二十一年(1895 年)进士,授工部主事。曾 7 次上书要求变法,史称"公车上书"。光绪十四年(1888 年),第一次上书清帝,建议变成法,通下情,慎左右三事,以图中国的富强。1891 年起,在广州"万木草堂"学馆聚徒讲学,并从事变法理论的著述,写成《新学伪经考》、《孔子改制考》,为变法维新奠定了理论基础。光绪二十一年(1895 年)《马关条约》签订时,联合在北京会试的 1300 多名举人上书清帝,要求拒签和约,迁都抗战,变法图强。年 8 月,与文廷式、陈炽等在北京组织学会,编印《中外纪闻》,宣传维新变法。光绪二十四年(1898 年)4 月,于北京成立保国会,以"保国、保种、保教"为宗旨。在翁同龢、徐致靖等支持下,与梁启超、谭嗣同、杨深秀等人全力策划推行新政,协助光绪皇帝,进行"戊戌变法"。变法失败后,清政府以"结党营私,莠言乱政"的罪名,下令通缉,乃逃亡国外,但仍坚持改良主义,组织保皇会。1917 年和张勋策划清帝复辟,遂以失败。著《新学伪经考》《孔子改制考》《戊戌奏稿》《大同书》《康同海先生诗集》等。

据《登封文史资料》记载,康有为在"民国"十二年(1923 年)12 月初,康有为从关中来到洛阳,受到直系军阀首领吴佩孚的接待。几日后在吴佩孚的秘书杨圻陪同下,冒着漫天大雪,乘一辆马轿车,在车门前插一面小红旗,上书"孔教会"三个字,后随一车坐五六个人役护送,到嵩山览胜。登封县知县率领县府公务人员和学校200余人,迎接至西十里铺,进北城门时还有60余位乡儒在寒风中站立等候,看望这位年过花甲、神采奕奕、飘飒着苍须的"康圣人"。在县署,应乡绅邀请,写了《登封县志》的书名,在重印的乾隆五十二年《登封县志》上保留下来。此外又为登封乡绅杜作梅、傅作舟等人集资创办的学堂题写了"育英学社"横额(现移存嵩阳书院)。康有为在登封玩了6天,游览了中岳庙、嵩阳书院、崇福宫、少林寺等景点。攀登了嵩山,在山中的白鹤观投宿,后从峻极峰下山途中,经炼丹庵,夜宿逍遥洞。在崇福宫院内发现一只绿色的殿顶脊兽,当听到这里的道士说是汉武帝修万岁观时的遗物,渐生占有之意。当他看完少林寺,临回洛阳之前,便派人把崇福宫的脊兽搬到自己的车上带走。当时登封县师范学校校长申阁岑得知情况后,急忙带领100多名学生跑步追赶康有为,在嵩山西麓的崿岭口,将其带走的脊兽追回。

王棽林

王棽林(1863~1935年),清朝嵩山私人藏书家。原名森林,字槐三,禹州市方岗乡栗子沟村人。父王永超颇能文字,时教时农,家庭文学

康有为和梁启超、光绪帝在一起

气氛甚浓。自幼天资聪慧,勤思好学,曾拜师于朱阁乡犊水沟的举人樊海澜。开考之年,师中进士。翌年,他中举人,俩人同登金榜。清光绪二十八年(1902年),在河南乡试中,主考官胡嗣芬阅到禹县生员王棽林的答卷时,拍案赞曰:"真乃中原霸才也。"是年,这位生员从河南10万考生中拔秀而出,考中举人。王棽林曾留学日本,思想较开明,喜欢办公益事业。百姓送匾"文达先生之庐",并立双碑于道旁。王棽林后复游日本,观其国政,从日本维新经验中寻找民族崛起之路。维新变法失败后,"各不可为,绝口不言时事,一意著书,以学隐矣。"同时经营经济,参与禹州三峰山煤矿的开采活动。

王棽林一生不置家产,唯喜购书,所藏书籍绕深洞1周,高达6尺,远近闻名。王棽林主要著作有《民史传》(130卷)、《角山文集》8卷、《遣日录》8卷、《孟子学案》、《庄子钩玄》、《训古丛话》、《简易识字法》、《读书随录》、《解山书牍》、《畏秋楼诗稿》、《家训》等,传世诗有《山雨即景》、《何陋居》等多首。

刘邦骥

刘邦骥(1868~1930年),清朝著名商人。生于湖北汉阳府汉川县麻河镇。赴日留过学,毕业回国后,考中湖北乡试举人,人称"刘先生"。曾任浙江省钱塘县道尹(管理所辖县行政事务的官名),为

家乡商人出了很多能赚钱的好主意,灌输了很多经商理念,博得了大家的尊敬。1903 年,刘邦骥在汉口协助梁鼎芬主持修建张公堤,以防水患。一次他出差路过郑州,小游一番,看到京汉铁路、陇海铁路正在郑州修筑,而火车站东边一大片叫"野鸡岗"的沙岗地还在荒芜着,将来必有发展前途。于是,他动员一个名叫芦澍清的同乡商贾合伙,以刘三、芦七的比例投资,用 100 根金条购买现今郑州大同路两侧的大片地段,经过开发,规划成街巷。光绪三十一年(1905 年)初,首先在"野鸡岗"这片沙土地上建起一条宽 8 米、长 300 多米的商业街,出租地皮、门面房。消息传开,老城里精明的生意人争先恐后地进驻这条街开店做生意。该街最初叫"惠仁街",后被人讹呼为"毁人街",商户听了不吉利,后请刘邦骥与商界名人陈耀堂、潘殿元共同商议,由刘邦骥提出参考《韩非子·惟一》上"圣人德化乎"的话,取名"德化街",寓意"以德立高,以德育人,以德化人"的经商理念,提倡讲道德、重诚信的生意经。后此街名一直流传至今。

林东郊

林东郊

林东郊(1868~1937 年),清代晚期名儒。字莘原,又字霁园,洛阳老城人。光绪二十四年(1898 年)进士,授翰林院庶吉士,历任国史馆协修、编书处协修、详校等职。光绪三十二年(1906 年),受命赴日本考察政治,归国后编纂完成《皇清奏议》。宣统三年(1911 年),授广西桂林知府,并加正二品衔,因清朝的灭亡而未赴任。"民国"二嫌年(1913 年),任临时参议院议员。民国七年(1918 年),任众议院议员。由于时局混乱,退居洛阳。林东郊是当时嵩山地区最有声望的宿儒。当时河南省最大的公共图书馆,林东郊受邀担任名誉馆长。次年,国民党都洛阳,国民党政府主席林森到达的当日,就拜访了林东郊。林东郊与著名学者蔡元培是同科进士,并有很好的交情。由蔡元培兼任主委的中央古物保管委员会拟在洛阳设立办事处,办公地址就定在河洛图书馆。"民国"二十四年(1935 年)中央古物保管委员会正式成立,法国留学归来不久的傅雷担任主任,他到洛阳赴任,首先拜访了林东郊。傅雷在洛阳编译《各国文物保管法规汇编》一书,林东郊就曾给他大力支持。

林东郊在洛阳闭门读书,从事著作,专心致力于《易经》的研究,并著有《易易》,这也是他在洛阳国学专修馆的讲义。史料记载,林东郊在国学专修馆主讲《易经》,每当他开讲之日,听者云集。林东郊晚年吟诗绘画,临池篆刻,无不精绝。他的书画传世作品众多,其书法峻劲雄伟,风神秀逸;其绘画构思高妙,尤工山水,他所做的山水画有唐代卢鸿之风,颇得平远之趣,笔法洒脱,清气袭人。辑有《爱日草庐诗集》传世。

爱新觉罗·载湉

爱新觉罗氏·载湉(1871～1908年),清朝光绪皇帝。满族,其父奕譞是道光帝的第七子,其母是慈禧的胞妹。年号光绪,习称光绪帝。同治十三年(1875年)十二月,同治帝病死,无子,4岁的载湉被慈禧太后立为皇帝,由慈禧太后垂帘听政至18岁。光绪十五年(1889年)始亲政,但朝中大权仍操在慈禧太后手中。光绪二十年(1894年)中日甲午战争爆发,中国战败。光绪帝主张抵抗,派刘永福到台湾布防,下令停止继续移用海军经费修建颐和园。次年,《马关条约》签订后,康有为连续上书,请求变法。光绪帝受到启迪,六月,发布一道命令,列举一系列应革事项,由于慈禧太后阻挠,未能实施。光绪二十三年(1897年)十月,德国占领胶州湾,中国危机四伏,康有为再次来到北京,上书指陈时局紧迫。光绪帝力排众议,启用康有为、梁启超等进行"戊戌变法",于光绪二十四年(1898年)五月下"明定国是"诏书,宣布变法开始。为推行

光绪皇帝

新政,他允许士民上书言事,极力任用维新人才,裁并机构,改革臃肿的官僚体制,延聘东西各国政治专家研讨制度,通盘筹划,一时颇有维新气象。但变法危及封建守旧势力的利益,受到以慈禧太后为首的顽固守旧派的反对。光绪帝打算依靠袁世凯囚禁慈禧,但被袁出卖。同年八月初六,慈禧太后发动政变,推翻新政,将载湉囚禁于颐和园。整个变法维新不过历时103天,故称"百日维新"。光绪二十六年(1900年),八国联军逼近北京时,被挟逃亡西安。还京时,路经河南,经嵩山巩县时,曾到康百万庄园小憩。还京后,慈禧太后让其备位随朝,以欺天下视听。光绪三十四年(1908年)十月暴卒于宫中,终年38岁。庙号德宗,葬于河北易县崇陵。

弓 泰

弓泰,晚清著名医学家。字仁斋,嵩山郑州人。精通医术,长于眼科和儿科。著有《方脉合编》、《眼科正谬》、《幼科医案》。

卢士选

卢士选,清朝嵩山名医。号月川,嵩山巩县北官庄村人。出身于名医世家。由禀贡议叙教职,历任新蔡县、林县、获嘉县教谕,卫辉府学训导,开封府学教授。卢士选少时,屡患失血,故多浏览医病验方书籍,自疗即愈。于是,刻苦钻研,精读《三指禅》、《医宗金鉴》、《徐灵胎》、《陈修圆》等书,受益匪

浅。嗣后,设帐于汴垣行医,因求医者甚多,即改药室行医,颇知名。卢士选喜爱吟诗,积久成册。著有《月川医案》《醉吟窗诗草》《规劝录》《闻见录》《别墅闲谈》等作品。

田春同

田春同(1873~1933年),清朝嵩山名儒。字荔轩,号肥园,光绪二十九年(1903年)应癸卯科乡试,考中第43名举人。与解元陈嘉桓、举人王棽林同被称为"禹县三杰"。曾讲学于汲县经正书院和河南优级师范及一些中学。一生著述很多,主要有《周易法何》《周易集论》《诗经讲义》及《六深精舍诗文集》等,志书有《禹县志》《考城县志》《汲县志》《巩县志》等,总计约160多卷。田春同病逝后,全县文人前往吊唁,评价他说:"读书万卷,下笔千言,于诗为佛,于酒为仙。"

王抟沙

王抟沙(1876~1933年),清朝嵩山诗人。名敬芳,嵩山巩义市站街镇北瑶湾人。王抟沙目睹清政府政治腐败,中国屡受帝国主义列强欺凌,乃起草万言书,历陈朝政得失。光绪二十八年(1902年)应乡试中举人。光绪三十一年(1905年)留学日本,是年冬,日本政府颁布《取缔清国留学生规则》,激起中国留学生之愤慨。于是,相继返国者近两千人,推举王抟沙、刘幼芝为归沪留学生招待代表。王抟沙与秋瑾、姚宏业、于右任等即在上海筹办中国公学,于光绪三十二年(1906年)租屋开学,开创了中国民间自办新学的先河。后应豫人之请,任河南学务公所豫西议董。不久,辞职回巩县,与刘莲青等人力行男剪发、女放足、兴办新学。先后创办巩县高等小学堂、强华女校、黑石关县立中等农桑学堂与回郭镇速成工艺学堂,为巩县兴办新学树立了典范。1915年,王抟沙返回河南,成立中原煤矿公司。1916年,出资在本村王氏祠堂创办抟沙小学。1919年,又任中国公学校长。翌年,将中国公学所办的商科改办为大学。1922年,任中州大学(河南大学前身)董事。是年,任陕西宣抚使,与陕西督军冯玉祥合作,实施善政,建树颇多。1923年,曹锟贿选总统,王抟沙拒贿弃选,以示抗议。1929年,蒋介石任命翁文灏接任中原煤矿公司经理,王抟沙离职寓居北平,1933年病逝。巩义市站街镇杜甫故里北约1公里处的瓦窑沟有王抟沙故居。

王天纵

王天纵(1879~1920年),清朝著名军事家。又名天同,字旭升,号光复,嵩山伊川鸣皋乡曾湾村人。父亲王来斌原是农民,靠种几亩薄田度日,后因家距鸣皋镇较近,故弃农经商,在鸣皋镇做小本生意。王天纵幼年无钱读书,冬春随父到集市上卖蒸红薯,夏秋给村里看护庄稼。劳作之余,他总爱到附近的练武场上,学习骑马使枪,舞刀弄棒。18岁经人介绍到鸣皋镇陆合总局当局勇。时局里已有几支枪,王天纵爱不释手,精心练习射击,不久便成为名闻一方的"神炮"。光绪二十四年(1898年),王天纵奉局长之令,火焚贾村士绅赵遇泰的楼房,赵告至河南府。知府刘庚寿派兵将局长等人拿获处死,王天纵越狱逃跑,到嵩县聚众拉竿。杨山北通嵩洛,南扼宛要,山势陡峭,易守难攻。王天纵率众占据此山,仗义行侠,打富济贫。由于他勇猛善战,对朋友豪爽慷慨,被豫西各路绿林推为盟主,人称"河南大侠"。宣统二年(1910年),王天纵去日本游历,与同盟会革命志士多有接触,深受影响。武昌起义后,王天纵在杨山召集部众起义,自号为"丁部大将军",加入张钫的秦陇复汉军东征军。后出西安、收复潼关、灵宝,占据南阳,与清军南征北战,在战斗中部队不断壮大。民国元年(1912年),王天纵到北京,袁世凯委以北京地区稽查长,授陆军中将衔。不久,又任命他为冀苏、豫、鄂四省攻匪联军总司令。"民国"三年(1914年)二月又授予三等文虎章等。袁世凯死后,黎元洪继任总统,黎与王天纵有旧交,曾数次召见,表示另有重用。民国六年(1917年)七月,张勋拥宣统帝复

王天纵和孙中山在一起

辟。王天纵身先士卒,率卫队冒着枪林弹雨,扒开南河沿以北的围墙,架云梯猛攻张勋公馆,迫使张勋不敢继续抵抗而逃入荷兰公使馆。同年八月,孙中山在广州召开国会非常会议,成立护法军政府。孙中山任命王天纵为靖国豫军总司令。次年元月,王天纵率军纵横于豫、鄂、川三省边界,同北洋军阀作战。民国九年(1920年)病逝于夔州,时年42岁。

宋淑信

宋淑信(1893～1921年),清朝官吏。字孟芳,嵩山禹州城东火龙庙宋村人。光绪六年(1880年)进士。光绪十九年(1893年),光绪皇帝钦命宋淑信为顺天府(北京)乡试提调督学。后又委以北京颐和园万寿山石路工程督修。竣工后,尚余工款千金。满人铁良讥讽他说:像你这品德高尚的人,还看见我这白发老翁吗?宋淑信诧异不解其意,铁良遂以年月说明前事,宋淑信终不以为然,愤然离去。光绪三十二年(1906年),宋淑信调任湖北某地知府。次年,令其都办武昌上下游江堤工程。光绪三十四年(1908年),坚守清理卫田局。宣统元年(1909年),总办内试盐课税局。不久任得安府同知。宣统三年(1911年),宋淑信告老还乡,杜门谢客。自此,不再步入官府一步。"民国"十年(1921年)卒,时年82岁。

赵承元

赵承元,清朝嵩山方技名人。字统三,贡生,嵩山荥阳白杨村人。精弹射,家世传其术。赵承元能

以一瓦飞于前,一丸承其后,击于空际,百无一失。还可令一童子头顶百钱,距数十步而立。他能弹无虚发,一弹射出,只去其一钱。他一弹一弹将童子头上的铜钱一一打掉,从无失者。赵承元让人手举一瓦,盘立于前方,他一弹射出,仅穿一孔。后子孙渐失其术,然也能树下取果,犹能指得之,绝无伤损。

席书锦

席书锦,清末名儒、官教。字相圃,汜水县(今荥阳)洼子村人。出身于书香门第,其父席广润,为岁贡。幼年家贫,家教极严,但聪敏好学。早年在汜水县学学习,后又到大梁书院学习,在同辈中名列前茅。后于大梁书院肄业,为开封府学生员。光绪十一年(1885年)中举。席书锦深研儒学,曾在登封、嵩县、偃师、荥泽等县书院任教,主讲儒学四书五经及理学。后游幕于北京,并将自己虎坊桥附近的寓所命名为嵩阳别墅。光绪三十二年(1906年)选授河南省正阳县儒学教谕。"民国"初年,被委任调查河南地方文献和担任河南通志局编辑。光绪十一年(1885年)始,席书锦任登封嵩阳书院院长(类似现在的校长),并主讲嵩阳书院5年。这时,他一方面致力于教学,一方面用业余时间,游历嵩山,并记下所到之处的风景名胜面貌、渊源与观感。光绪二十年(1894年),席书锦到偃师任教后,将历年游历嵩山所写的旧稿加以整理,编辑成《嵩岳游记》4卷,由"民国"大总统徐世昌作序。此书列述了席书锦亲身游历嵩山各处的名胜古迹139处,偏重于人文景观,如寺庙宫观、碑碣、故事等,是继《说嵩》刊行200年之后又写嵩山体貌、变化、状况的嵩山专著。此书名虽为游记,其内容则与游记体例不雷同,而是模仿《洛阳伽蓝记》和《汴京遗迹志》,以嵩阳书院为中心,介绍了嵩山139处的名胜古迹。"民国"年间《汜水县志》有传。

后　　记

　　嵩山历史文化核心区是指以嵩山为中心的登封、伊川、偃师、巩义、新密、荥阳、新郑、禹州、汝州及郑州市和洛阳市。历史上,尽管有很多历史专家学者在划定嵩山区域时,将其范围划得更大,但就近几年的嵩山历史文化研究来说,嵩山历史文化核心区是一个被专家学者所公认的一个概念。嵩山位居中原腹地,是中华民族的发祥地。在这块神奇的土地上,历史名人层出不穷、灿若星河,为后人留下了一座璀璨的文化长廊。遥望他们在不同领域产生过的重大影响,仿佛穿越深邃的时空,感受华夏五千年文明的沧桑巨变。了解中国就必须了解中原,了解中原就必须了解嵩山历史文化核心区。这是因为在上古时期,黄河流域是中华民族的重要发祥地之一;在相当长的一段历史时期,嵩山核心文化区都是中国政治、经济、文化的中心;在这个特殊的嵩山地域中,黄河、溱河、洧河、伊河、洛河、颍河、汝河的乳汁曾哺育出成千上万的在中国叱咤风云的人物。一个地区的发展,固然在于它的经济建设。但它传承下来的历史人文精神才是永恒的。一个地方的人民只要有了强大的精神、深厚的文化,是注定会以自己的聪明和勤劳使当地繁荣强盛。然而,一个地方的思想板结了,文化贫瘠了,没有了信仰,那么他的精神便不能像广袤的森林和浩瀚的草原那般辽阔而有生命力。作为一部人物历史书,该书可以为广大读者了解历史、了解历史人物的活动,振奋民族精神起一定的作用;可以对研究嵩山历史上的社会发展变化提供资料;还可以为地方史志的编写提供线索。本书的编选,圣主与暴君并列,创造与毁灭兼书,不以道德价值取舍,功罪自在人心,还历史以原貌。因此,在这座历史人物长廊中,我们尽可能地还原每一个名人的历史真实面貌。古人云:"以史为鉴,可以知兴替;以人为鉴,可以知得失。"一个民族的振兴和发展,都脱离不开这个民族的历史和气质。中华民族是一个伟大的民族,它有5000年悠久的文明历史,在漫长的历史长河中,铸成了这个民族的不屈不挠、勤劳勇敢、奋发向上、文明朴实的民族气质。而这个优秀的民族特质,在建设现代化和谐社会的今天,尤其需要人们去认识、去发扬。

作者
2011 年春节